Heinrich Peter

Lexikon der Geschichte des Altertums und der alten Geografie

Heinrich Peter

Lexikon der Geschichte des Altertums und der alten Geografie

ISBN/EAN: 9783742870667

Hergestellt in Europa, USA, Kanada, Australien, Japan

Cover: Foto ©Thomas Meinert / pixelio.de

Manufactured and distributed by brebook publishing software
(www.brebook.com)

Heinrich Peter

Lexikon der Geschichte des Altertums und der alten Geografie

Lexikon

der

Geschichte des Altertums.

Das vorliegende Lexikon der alten Geschichte und Geographie findet seine geeignetste Ergänzung in dem der gleichen Sammlung angehörenden

Lexikon der Altertumskunde

von

Dr. O. Seyffert,

enthaltend die Litteratur, Mythologie, Kunst= und Kultur=geschichte der klassischen Völker, mit zahlreichen Abbildungen.

Vorwort.

Vorliegendes Buch hat den Zweck, dem gebildeten Publikum über die Geschichte des Altertums und auch über die alte Geographie, soweit sie zur Erläuterung der geschichtlichen Vorgänge notwendig erscheint, möglichst bequemen und leichtfaßlichen Aufschluß zu geben. Deshalb ist die Form alphabetisch geordneter Einzelartikel gewählt, welche in einfacher, gemeinverständlicher Sprache geschrieben sind und gelehrte Streitfragen sowie noch nicht genügend festgestellte Einzelheiten vermeiden.

Die größern Artikel: „Griechenland" und „Rom", enthalten nur eine allgemein gehaltene Übersicht, weil der genauere Sachverhalt in den Biographien, den Geschichten der Länder und Städte und andern Spezialartikeln bereits gegeben ist. Für die Artikel über die alte Geographie ist dem Verfasser das „Lehrbuch der alten Geographie" von H. Kiepert (Berlin 1878) ein sehr wertvolles und nützliches Hilfsmittel gewesen.

Berlin.

Der Verfasser.

Äakos (Äacus), Sohn des Zeus und der Ägina, der Tochter des Flußgottes Asopos, die, von ihrem Vater und Hera bedroht, von Zeus auf die Insel Önone (nach ihr Ägina benannt) gerettet wurde und dort den Ä. gebar. Dieser ward Herrscher der Insel und ihrer Bewohner, der aus Ameisen in Menschen verwandelten Myrmidonen. Seine Frömmigkeit und Milde machten ihn zum Liebling der Götter und Menschen, die ihn oft zum Schiedsrichter erwählten. Durch frommes Gebet und Opfer erwirkte er einst, als Hellas von großer Dürre heimgesucht war, den ersehnten Regen. Nach seinem Tod ward er mit Minos und Rhadamanthys Richter in der Unterwelt. In Ägina, wo ihm ein Heiligtum, das Äakeion, geweiht war, und in Athen verehrte man ihn als Heros. Seine Söhne waren Telamon und Peleus; sie und deren Söhne Aias und Achilleus hießen die Äakiden, deren Ruhm Pindar besang.

Abdēra, griech. Stadt in Thrakien, in der Mündungsebene des Nestos (jetzt Mesto), nach der Sage von Herakles zum Andenken an den von den Rossen des Diomedes zerrissenen Abderos gegründet. Nach einem vergeblichen Niederlassungsversuch des Klazomeniers Timesios (656 v. Chr.) ward die Stadt 541 von Bürgern von Teos (in Jonien) erbaut, welche vor der persischen Fremdherrschaft geflüchtet waren. Dennoch 492 von den Persern unterjocht, ward Ä. 479 befreit und trat dem Athenischen Seebund bei, zu dessen mächtigsten Städten es gehörte. 352 ward es von König Philipp von Makedonien erobert und gehörte bis zur Römerzeit zu diesem Reich. Obwohl berühmte Männer, wie Protagoras, Hekatäos und der »lachende« Philosoph

Demokritos, aus Ä. stammten, gerieten die Bürger der Stadt doch in den Verruf der Einfalt und Dummheit, wie die Schildbürger in Deutschland. Daher wählte Wieland in seinem Roman »Die Geschichte der Abderiten« die Abderiten als Typus der Kleinstädterei.

Abimēlech, Sohn des israelit. Helden Gideon, wurde nach dessen Tod von dem Städtebund in Sichem zum König erwählt, ermordete darauf alle seine Brüder, ließ, als sich drei Jahre später die Städte gegen ihn empörten, die Einwohner von Sichem niedermachen und 1000 Menschen im Tempel des Baal Berit verbrennen, wurde aber bei der Belagerung von Thebez getötet (um 1120 v. Chr.).

Abner, König Sauls Vetter und Feldhauptmann, kämpfte tapfer gegen die Philistäer und rettete nach Sauls Niederlage und Tod bei Gilboa (1033 v. Chr.) dessen Sohn Isboseth die Herrschaft über Israel. Auch befreite er die nördlichen Stämme von den Philistäern, kriegte glücklich mit David, ging aber, von Isboseth mit Undank belohnt, 1025 zu David über und ward darauf durch Joab ermordet.

Aboriginer (»Ureinwohner«), alter Volksstamm Italiens, im Reatinerland am Fuß des Apennins wohnhaft, drangen von da in Latium ein, wo sie als Latiner einen Bundesstaat gründeten.

Abrāham (»Vater vieler Völker«), der Stammvater der Hebräer und ihnen verwandter arabischer Stämme, nach der biblischen Erzählung (1. Mos. 12—22) Sohn Thorahs, der aus Ur in Chaldäa nach Haran (Carrhä) in Mesopotamien wanderte, zog von da mit seinem Weib Sara und seinem Neffen Lot auf Befehl Jehovahs nach Kanaan, das Gott ihm und seinen Nachkommen verlieh, verteidigte daſſelbe glücklich gegen den König von Elam, Kedor Laomer, und errichtete Jehovah mehrere Altäre; auch ſtiftete Gott mit ihm den Bund, deſſen Symbol die Beſchneidung war. Mitten unter den Kanaanitern wohnend, erwarb er ſich großen Beſitz. Seine ägyptiſche Sklavin Hagar gebar ihm Jsmael, den Stammvater der Araber, ſein Weib Sara den Jsaak. Er ſtarb 175 Jahre alt und ward neben Sara in der Höhle Makphela bei Mamre beſtattet. Auf A. führten die Hebräer nicht bloß ihren Urſprung zurück, ſondern auch die Stiftung ihrer Religion und ihres Bundes mit Jehovah ſowie ihr Anrecht auf Kanaan, das »gelobte« Land. Auch die mohammedaniſchen Araber verehrten A. als ihren Stammvater und Erbauer der Kaaba.

Abſälom, Sohn Davids, ein ſchöner, ſtattlicher Mann, wegen ſeiner Leutſeligkeit beim Volk beliebt, rächte die Schmach ſeiner Schweſter Thamar an dem Schänder ihrer Ehre, ſeinem älteſten Bruder, Amnon, durch Ermordung deſſelben und ward deshalb von David verbannt, aber nach fünf Jahren als Thronerbe anerkannt. Er erwarb ſich nun die Anhänglichkeit des mit Davids Regierung unzufriedenen Volks, beſonders in Juda, gewann mehrere angeſehene Männer für ſich und erhob in Hebron einen Aufſtand. Siegreich zog er in Jeruſalem ein, ergriff die Herrſchaft und nahm vom königlichen Harem Beſitz. Dem Rate des liſtigen Huſai vertrauend, verzögerte er die Verfolgung des flüchtigen David, der inzwiſchen in Machanaim ein Heer ſammelte, welches das des A. im Wald Ephraim am Jordan ſchlug. Auf der Flucht mit ſeinem langen Haar an einer Terebinthe hängen bleibend, ward er von Joab erſtochen.

Abhdos, 1) myſiſche Stadt in Kleinaſien an der engſten Stelle des Hellespont, Seſtos gegenüber, ſchon bei Homer genannt, ſpäter eine Kolonie der Mileſier. Die Bewohner waren wegen ihrer wollüſtigen Sitten berüchtigt. Die Stadt iſt bekannt durch die Sage von Hero und Leandros, der in A. wohnte. 480 v. Chr. überſchritt Xerxes bei A. den Hellespont, und 411 ſchlugen hier die Athener die ſpar-

taniſche Flotte. 201 wurde die Stadt nach tapferer Verteidigung von Philipp III. von Makedonien, 188 von den Römern erobert. Ruinen des alten A. ſind noch beim jetzigen Dorf Avido vorhanden. — 2) Griech. Name der Stadt Abti in Oberägypten, am linken Ufer des Nils, unterhalb Thebens, mit einem von den Königen Sethos I. und Ramſes II. erbauten Palaſt (Memnoneion) und einem Grabtempel des Oſiris, in deſſen Nähe ſich zahlreiche vornehme Ägypter beſtatten ließen. In den Ruinen des Oſiristempels bei dem Dorf El Birbe fand man wichtige hieroglyphiſche Königsliſten.

Achäer, einer der Hauptſtämme des griech. Volks, welcher ſeinen Urſprung von Achäos, dem Sohn des Xuthos und Enkel des Hellen, ableitete. Sie wohnten der Überlieferung nach urſprünglich in Phthiotis in Theſſalien, von wo ſie ſich über einen großen Teil des Peloponnes, Argolis, Lakonien, Meſſenien und Elis, ausbreiteten. Sie hatten vorzugsweiſe die Küſten des Ägäiſchen Meers inne und erſcheinen nicht als eigentliche Volksmaſſe, ſondern als hervorragende Geſchlechter, als Adel, aus dem Könige und Helden hervorgehen; ſie ſind daher als ein Teil des äoliſchen Stammes anzuſehen, mit dem ſie ſich ſpäter wieder verſchmelzen. Ihre berühmteſten und mächtigſten Könige waren die Atriden, die Nachkommen des Tantaliden Pelops, unter denen ſie in der vordoriſchen Zeit ſo alle andern Stämme überragten, daß bei Homer die Griechen überhaupt A. genannt werden. Infolge der doriſchen Wanderung gingen ihre Staaten im Peloponnes zu Grunde. Ein Teil der A. verſchmolz mit den doriſchen Eroberern, ein andrer wanderte nach Mittelgriechenland und von da, im Verein mit Äoliern, nach dem nordweſtlichen Kleinaſien, wo im Kampf mit den Darbanern der Ruhm der achäiſchen Könige wieder auflebte; ein dritter Teil endlich verdrängte die Jonier aus Agialeia, das fortan nach den Achäern Achaia (ſ. b.) genannt wurde. Vgl. Gerhard, über den Volksſtamm der A. (Berl. 1854).

Achaia (Achäa), griechiſche Landſchaft im nördlichen Peloponnes, ein ſchmaler

Küstenstrich zwischen dem hohen Nordrand des arkadischen Hochlands und dem Korinthischen Meerbusen, zum größten Teil von Gebirgszügen, besonders dem Panachäischen Gebirge (1930 m hoch), welche bis zum Meere reichen, und von denen wilde Gebirgsbäche in der Regenzeit herabstürzen, ausgefüllt; nur im W., an der Grenze von Elis, befand sich eine größere Ebene, die von Dyme. Die ganze Landschaft hatte einen Flächeninhalt von 210 qkm. Die Abhänge der Berge waren mit schönen Wäldern bedeckt; an der Küste baute man Getreide und Wein. Durch den Mangel an guten Häfen wurden Handel und Verkehr beeinträchtigt; nur Paträ hatte eine gute Reede. Das Land hieß ursprünglich Ägialeia (Küstenland) und ward von Joniern bewohnt, die aber nach der dorischen Wanderung um 1100 v. Chr. von den Achäern unter Tisamenos, dem Sohn des Orestes, verdrängt wurden. Die Achäer gründeten in der fortan nach ihnen benannten Landschaft zwölf Städte: Ägion, Pellene, Paträ, Helike, Dyme, Ägä, Olenos, Hyperasia, Bura, Rhypes, Pharä und Tritäa, welche einzelne gleichberechtigte politische Gemeinwesen bildeten und nur locker miteinander verbunden waren; sie hatten ein gemeinschaftliches Heiligtum des Zeus Homagyrios in Ägion und des Poseidon in Helike. Ihre Verfassung war eine demokratische. Aus Haß gegen die dorischen Spartaner hielten sich die Achäer vom Peloponnesischen Bund fern und nahmen weder an den Perserkriegen noch am Peloponnesischen Krieg teil. 373 wurden Helike und Bura bei einem furchtbaren Erdbeben vom Meer verschlungen und in der Bundeszwölfzahl durch die kleinen Bergstädte Leontion und Keryneia ersetzt. In der Schlacht von Chäroneia kämpften sie 338 gegen die Makedonier für die griechische Freiheit, und 280 schlossen die achäischen Städte zum Schutz ihrer Unabhängigkeit den Achäischen Bund (s. d.). Nach dessen Unterwerfung durch die Römer 146 ging der Name A. auf ganz Griechenland als neu errichtete römische Provinz über.

Achäischer Bund, 280 v. Chr. gestiftet von den achäischen Städten Paträ, Dyme, Tritäa und Pharä, denen sich später auch die übrigen achäischen Städte mit Ausnahme von Olenos und Helike anschlossen. Zweck des Bundes war die Aufrechterhaltung der äußern Unabhängigkeit und der innern Freiheit. Größere Bedeutung erhielt der Bund aber erst 251, als Aratos, der seine Vaterstadt Sikyon von der Herrschaft des Tyrannen Nikokles befreit und dem Bund zugeführt hatte, zum Bundesfeldherrn (Strategen) erwählt wurde. Aratos gewann die bedeutendsten Städte des Peloponnes, wie Korinth, Epidauros, Megalopolis und Argos, sowie einige Staaten Mittelgriechenlands, wie Megaris und Athen, für den Anschluß an den Bund und gab demselben eine treffliche Verfassung. Die verbündeten Städte, welche die demokratische Verfassung annahmen, waren in ihren innern Verhältnissen selbständig und einander gleichberechtigt. Im Frühling und Herbst jedes Jahrs trat in einem Hain bei Ägion die Bundesversammlung zusammen, zu der jeder 30 Jahre alte Bürger Zutritt hatte, und in der nach Staaten abgestimmt wurde. Sie entschied über Krieg und Frieden und über Abschluß von Bündnissen. Im Frühjahr wurden die Bundesbehörden für ein Jahr gewählt: der Oberfeldherr (Strateg), dem Unterfeldherren zur Seite standen, und die Bule, eine leitende Behörde von zwölf Mitgliedern. Auf dem Peloponnes trat dem Bund besonders Sparta feindlich gegenüber, in Mittelgriechenland der Ätolische Bund, und die Eifersucht und Feindschaft gegen diese zerstörten bald die Hoffnungen, welche man für die Freiheit der griechischen Staaten an den Achäischen Bund geknüpft hatte. Als Sparta unter Kleomenes 224 einen mächtigen Aufschwung nahm und die Achäer Megalopolis verloren und mehrere Niederlagen erlitten, scheute sich Aratos nicht, die Makedonier unter Antigonos Doson zu Hülfe zu rufen, welche die spartanische Macht 221 bei Sellasia vernichteten. Hierdurch kam der Bund ganz in Abhängigkeit von Makedonien, dessen Beistand er auch in dem Bundesgenossenkrieg (220—217) mit den Ätoliern anrufen und das er im

1*

erften Krieg mit den Römern (211—205) unterſtützen mußte. Seit 208 unter der geſchickten Leitung des Strategen Philopömen, traten die Achäer 198 während des zweiten makedoniſch-römiſchen Kriegs auf die Seite der Römer über und erlangten nach deren Sieg 196 die völlige Unabhängigkeit und die Erlaubnis, die bisher von den Makedoniern beſetzten Städte des Peloponnes wieder in den Bund aufzunehmen. Im Bund mit Rom beſiegte Philopömen 195 den Tyrannen Nabis von Sparta und zwang dieſes ſowie Meſſenien zum Eintritt in den Bund. Aber nun reizten die Römer ſelbſt die unverſöhnlichen Feinde der Achäer zum Abfall und verwickelten den Bund in unaufhörliche Fehden, welche ſeine Kraft aufrieben und innern Unfrieden hervorriefen. Im dritten makedoniſch-römiſchen Krieg blieb der Bund unter der klugen Leitung des Lykortas dem römiſchen Bündnis treu, aber auf die Anklage des römiſch geſinnten Kallikrates wurden 167 Lykortas und 1000 der edelſten Achäer nach Rom geladen und hier teils hingerichtet, teils gefangen gehalten; nur 300 kehrten i. J. 151 nach Griechenland zurück, wo der Bund inzwiſchen durch die Ränke der Römer in völlige Ohnmacht verfallen war. Als 147 ein neuer Krieg mit Sparta ausbrach und die Römer die Entlaſſung von Sparta, Korinth, Orchomenos, Argos und Herakleia am Öta aus dem Bund forderten, beſchloß die Bundesverſammlung in Korinth 146, Widerſtand zu leiſten, und erwählte Kritolaos zum Strategen. Kritolaos wurde aber von Metellus bei Skarpheia in Lokris, wo er ſelbſt fiel, und ſein Nachfolger Diäos mit dem letzten achäiſchen Heer von L. Mummius bei Leukopetra beſiegt, Korinth erobert und zerſtört, der Bund vom römiſchen Senat für aufgelöſt erklärt und die demokratiſchen Verfaſſungen in den Städten durch oligarchiſche erſetzt.

Achämeniden, perſ. Königsgeſchlecht, nach Achämenes (Hachamanis), einem Fürſten der Paſargaden, des vornehmſten Stammes der Perſer, benannt, welcher die verſchiedenen perſiſchen Stämme zur Zeit des Phraortes zu Einem Reich unter mediſcher Oberhoheit vereinigte, und deſſen Nachkomme Kyros 559 v. Chr. den mediſchen König Aſtyages ſtürzte und ſich zum Oberkönig des iraniſchen Reichs machte; die A. herrſchten bis zum Tode des Dareios Kobomannos (330).

Achelöos (jetzt Aspropotamo), der größte Fluß Griechenlands, faſt 200 km lang, entſpringt auf dem Lakmon, durchſtrömt Epeiros in einem langen, engen Thal, bildet dann die Grenze zwiſchen Akarnanien und Ätolien und mündet am Eingang des Korinthiſchen Meerbuſens, gegenüber den Echinadiſchen Inſeln, in das Joniſche Meer; die fruchtbare Ebene an ſeiner Mündung wurde von ihm angeſchwemmt. Nach der Sage iſt A. ein Sohn des Okeanos und der Tethys, der älteſte der 3000 Bruderflüſſe und kämpfte in verſchiedener Geſtalt mit Herakles um Deïaneira, wobei ihm als Stier eins ſeiner Hörner abgebrochen wurde, welches die Najaden zum Horn des Überfluſſes machten; dieſe Sage deutet auf die Beſchränkung des Stromlaufs und die Fruchtbarkeit der Mündungsebene hin.

Acheron, Fluß in der epeirotiſchen Landſchaft Thesprotia, durchſtrömt in rauhem Gebirgsland eine düſtere, von gewaltigen nackten Felswänden eingeſchloſſene Schlucht und verliert ſich bald in einem ſumpfähnlichen See (Acherusia Palus), der bei Gläa in das Joniſche Meer mündet; ſein Waſſer iſt, ebenſo wie das ſeines Nebenfluſſes Kokytos, ſchlammig und bitter. Daher ward der A. als Sohn des Helios und der Gäa (Erde) ein Fluß der Unterwelt, in welchen der Pyriphlegethon und der Kokytos, der Abfluß des Styx, münden.

Achilleus (Achilles), berühmter griech. Held im Trojaniſchen Krieg, Sohn des Myrmidonenkönigs Peleus in Phthia und der Nereïde Thetis, Enkel des Äakos (daher »der Pelide« oder »der Äakide« genannt). Nach Homer, in deſſen Ilias A. der Haupthheld iſt, ward er von Phönix in der Wohlredenheit und der Kriegskunde, von dem Kentauren Cheiron in der Heilkunde unterrichtet. Das Schickſal ließ ihm die Wahl zwiſchen einem

langen, aber thatenlosen und einem kur=
zen, ruhmvollen Lebenslauf; er wählte den
letztern und schloß sich, als Odysseus und
Nestor nach Phthia kamen und ihn zur
Teilnahme am Zuge gegen Troja auf=
forderten, bereitwillig denselben an. Von
seinem Freund Patroklos und dem alten
Phönix begleitet, führte er seine Myrmi=
donen auf 50 Schiffen vor Troja. Unter
dem Schutz der Hera und der Athene that
er sich durch glänzende Kriegsthaten her=
vor, zerstörte zwölf Städte zur See und elf
zu Land und ward der gefürchtetste Kriegs=
held. Als aber im zehnten Jahr des
Kriegs Agamemnon ihn schwer beleidigte,
indem er ihm zum Ersatz für die auf
Apollons Geheiß zurückgegebene Chryseïs
die von A. erbeutete Briseïs wegnahm,
zog er sich grollend mit den Seinen vom
Kampf zurück und flehte die Mutter um
Rache an, auf deren Bitte auch Zeus den
Troern Sieg verlieh. Erst als diese in
das griechische Lager eindrangen, erlaubte
er Patroklos, mit seiner Rüstung ange=
than, die Myrmidonen den Griechen zu
Hülfe zu führen. Aber Patroklos fiel,
und seine Rüstung ward von den Troern
erbeutet. A. schwur, an den Troern für
seinen toten Freund schreckliche Rache zu
nehmen, erhielt durch seine Mutter eine
neue herrliche Rüstung von Hephästos'
Hand, darunter einen kunstreich geschmie=
deten Schild, und versöhnte sich mit Aga=
memnon. Nun stürmte er in die Schlacht,
richtete unter den Feinden ein furchtbares
Blutbad an und trieb sie hinter die Mauern
Trojas zurück. Hektor, der allein es wagte,
ihn vor den Thoren zu erwarten, tötete
er im Zweikampf und schleifte seinen Leich=
nam ins griechische Lager. Nun erst, nach=
dem er den Tod seines Freundes gerächt,
bestattete er die Leiche desselben unter
glänzenden Feierlichkeiten und gab auf
Bitten des greisen Priamos die Leiche Hek=
tors zurück. Noch bevor Troja erobert
war, fiel er in der Schlacht am Skäischen
Thor durch Paris und Apollon und ward
am Vorgebirge Sigeion neben Patroklos
unter einem hohen Grabhügel bestattet.
Um seine Waffen stritten Aias und Odys=
seus; letzterer erhielt sie. Seinem Schat=
ten begegnete Odysseus in der Unterwelt.

So erscheint uns bei Homer A. als der
herrlichste und schönste der Helden, von
erhabener Seelengröße, festem, unbeug=
samem Sinn, tapfer, großmütig, zärt=
lich gegen die Mutter und Freunde, mild
gegen Unglückliche, gastfrei, Freund des
Gesangs und der Leier, fromm gegen die
Götter, im Drang nach Ruhm und herr=
lichen Thaten des Todes nicht achtend,
aber auch übermäßig in seinen Leiden=
schaften sowie hart und grausam in seinem
Zorn und seiner Rachsucht. A. genoß an
verschiedenen Orten (Elis, Sparta und
Leuke) göttliche Verehrung als Heros und
ward durch seinen Sohn von des Lyko=
medes Tochter Deidameia, Neoptolemos,
Ahnherr des epeirotischen Königshauses.

Acta diurna (»Journal«), auch A.
d. urbis oder populi genannt, hieß eine
Art Tageschronik, welche seit Cäsars erstem
Konsulat 59 v. Chr. amtlich zusammen=
gestellt und veröffentlicht wurde, und
teils amtliche, teils Familiennachrichten
enthielt. Nach dem in Rom ausgehäng=
ten Original, welches darauf im Staats=
archiv niedergelegt ward, wurden Ab=
schriften in die Provinzen versendet.
Acta senatus hießen die amtlichen Ver=
handlungsprotokolle des römischen Se=
nats, welche neben den Beschlüssen auch
einen überblick über die Diskussion, der
die Ansichten der Hauptredner wiedergab,
enthielten; sie wurden ebenfalls seit 59
veröffentlicht. überreste von beiden Arten
der Acta haben sich nicht erhalten.

Actium (griech. Aktion, jetzt La
Punta), Stadt und Vorgebirge in Akar=
nanien am Eingang in den Ambrakischen
Meerbusen, mit einem berühmten Apol=
lontempel. Hier besiegten 434 v. Chr. die
Korkyräer die Korinthier in einer See=
schlacht, und 2. Sept. 31 ward bei A. das
Schicksal Roms und der Welt durch die zwi=
schen Octavianus und Antonius ge=
lieferte Schlacht entschieden. Ersterer hatte
sein Landheer (92,000 Mann) in einem
Lager nördlich vom Eingang in den Ambra=
kischen Meerbusens, A. gegenüber, ver=
einigt, während seine Flotte (250 Schiffe)
dicht dabei ankerte; die Landtruppen
(112,000 Mann) des Antonius lagerten
bei dem Apollontempel, die Flotte (500

Schiffe) lag in einem südlich davon ge=
legenen Hafen des Jonischen Meers.
Mangel an Lebensmitteln nötigte Anto=
nius zu einer Entscheidungsschlacht, und
auf den Rat seiner Bundesgenossin Kleo=
patra wählte er den Kampf zur See, weil
seine Schiffe zahlreicher, größer und stär=
ker bemannt, freilich auch schwerfälliger
waren als die des Octavianus, die, klei=
ner und leichter und mit einer vortreff=
lich eingeübten Rudermannschaft besetzt,
von Agrippa ausgezeichnet geführt wur=
den. Dieser verlockte den linken Flügel
der feindlichen Flotte unter Sosius, allein
zum Angriff vorzugehen, wodurch die
feindliche Schlachtreihe zerrissen und es
den Schiffen Agrippas möglich wurde, die
Feinde einzeln anzugreifen und in völlige
Verwirrung zu bringen. Da ergriff Kleo=
patra mit ihren 60 Schiffen die Flucht,
Antonius folgte ihr in unbegreiflicher
Verblendung und überließ Flotte und
Landheer ihrem Schicksal. Die erstere
setzte noch bis 4 Uhr nachmittags den
Kampf fort, gab ihn aber dann als nutz=
los auf. Das Landheer wartete sieben Tage
vergeblich auf die Rückkehr des Antonius
und ergab sich dann ebenfalls dem Sieger.
Octavianus ehrte durch ein Weihgeschenk
von zehn Schiffen Apollon, dessen Tempel
er vergrößerte, und richtete ihm zu Ehren
die Aktischen Spiele ein; an der Stelle
seines Lagers, A. gegenüber, erbaute er die
neue Stadt Nikopolis.

Abes, s. Abys.

Adherbal, König von Numidien, Sohn
des Micipsa, Enkel des Masinissa, wurde
nach der Ermordung seines Bruders Hiem=
psal durch seinen Vetter Jugurtha zu einer
Teilung des Reichs gezwungen, in der
er den wüstern östlichen Teil des Landes
erhielt, dennoch aber von Jugurtha be=
kriegt, in Cirta eingeschlossen und, nach=
dem er vergeblich Rom um Hülfe gebeten,
zur Übergabe genötigt und ermordet
(112 v. Chr.).

Ädilen (v. latein. ædes, Tempel),
röm. Beamte. Zuerst wurden gleichzeitig
mit den Volkstribunen und zu deren Un=
terstützung 494 v. Chr. zwei plebejische
Ä. eingesetzt, welche, von den Plebs jähr=
lich gewählt, die Aufsicht über den Tempel
der Ceres, den religiösen Mittelpunkt der
Plebs, zu führen, die plebejischen Spiele
zu feiern, die städtische Polizei zu hand=
haben und den Volkstribunen beizu=
stehen hatten. Hierzu kamen 366 zwei
patricische Ä., welche die den höhern
Magistraten zukommende Ehre des Pur=
purstreifens an der Toga (prætexta) und
des kurulischen Stuhls genossen und da=
her »kurulische Ä.« genannt wurden. Diese
erhielten die Besorgung der damals vom
Senat angeordneten großen Spiele und
die Aufsicht über die patricischen Tempel,
und wenn sie auch die Polizei mit den
plebejischen Ä. gemeinsam verwalteten
und bald auch Plebejer zu den kurulischen
Ädilität zugelassen wurden, so standen
die kurulischen Ä. doch stets höher als die
plebejischen und hatten mehrere Vorrechte.
Die amtliche Wirksamkeit der Ä. umfaßte
die Erhaltung der öffentlichen Bauten,
der Straßen=, Gesundheits= und Sitten=
polizei, die Sorge für hinlängliche Zu=
fuhr auf dem Markt, für tadellose Be=
schaffenheit der Viktualien, für richtiges
Maß und Gewicht, endlich die Besorgung
der öffentlichen Spiele. Durch diese letzte
Pflicht wurde die Ädilität ein sehr kost=
spieliges Amt, da die meisten Spiele aus
ihren eignen Mitteln veranstaltet wur=
den. Ehrgeizige Männer machten als Ä.
ungeheuren Aufwand, um Popularität
zu erlangen und sich die Wahl zu höhern
Ämtern zu sichern. Cäsar setzte 44 noch
zwei Ädiles cereales ein, welche die Ge=
treidezufuhr zu beaufsichtigen hatten. Un=
ter Augustus wurden Ansehen und Einfluß
der Ädilität sehr vermindert, indem er
ihre Funktionen auf andre Ämter über=
trug. Im 4. Jahrh. ging sie ganz ein. —
Auch in den Municipien gab es Ä., und
in einigen nahmen sie die Stelle des höch=
sten Magistrats ein.

Abramytteion (Abramyttion),
Stadt in Mysien in Kleinasien, am Kai=
kos und in der Nähe des nach ihr benann=
ten Abramyttenischen Meerbusens; jetzt
Abramit.

Abrastos, König von Argos, ward von
Amphiaraos vertrieben und floh zu seinem
mütterlichen Großvater Polybos nach Si=
kyon, wo er die Herrschaft erhielt. Mit

Amphiaraos wieder ausgeföhnt, kehrte er nach Argos zurück, vermählte seine Töchter an Tydeus und Polyneikes und veranlaßte, um letztern in sein Reich wieder einzusetzen, den Zug der Sieben gegen Theben, auf dem aber alle Könige umkamen außer A. selbst, den sein göttliches Roß Areion rettete. Zehn Jahre später zog er mit den Söhnen der Gefallenen, den Epigonen, gegen Theben und eroberte und zerstörte die Stadt, verlor aber im Kampf seinen Sohn Agialeus und starb darüber aus Gram in Megara. Er ward hier, in Sikyon und in Athen als Heros verehrt.

Abria (Habria oder Hatria), Stadt im Gebiet der Veneter zwischen der Mündung des Po und der Etsch, eine Ansiedelung der Etrusker, später von den Korinthern kolonisiert, 213 v. Chr. von den Römern erobert, welche einen großen Hafen daselbst anlegten. Nach der Stadt erhielt das Meer A. (auch Mare adriaticum oder superum) zwischen Italien und Jllyrien den Namen.

Abrianopölis (jetzt Abrianopel), s. Hadrianopolis.

Abrymeton, s. Hadrumetum.

Abuatuker (Aduatūci), germanische Völkerschaft im belgischen Gallien, zwischen Maas und Rhein seßhaft, auch Tungern genannt, welche ihren Ursprung von den Cimbern und Teutonen ableitete und 57 v. Chr. von Cäsar unterworfen wurde. Die A. beteiligten sich 54 an dem Aufstand der Eburonen und besetzten nach deren Vernichtung ihr Gebiet.

Abüer (Häduer, Ædui), kelt. Völkerschaft Galliens zwischen Loire und Saône, die erste, die sich den Römern anschloß und schon vor Cäsar die Ehrennamen »Brüder und Bundesgenossen« erhielt. Jhr Oberhaupt, Vergobretus genannt, ward von den Priestern gewählt und durch einen Senat beschränkt. Jhre Hauptstadt war Bibracte (jetzt Autun). Nachdem Cäsar sie von der Unterjochung durch Ariovist befreit hatte, erwies er ihnen besondere Gunst.

Abys (Abes), Küstenstadt in Afrika, südlich von Karthago, bei der Regulus 255 v. Chr. die Karthager besiegte.

Aëtius, röm. Feldherr zur Zeit der Völkerwanderung, geboren um 395 zu Durosturum in Niedermösien, Sohn des Reiteranführers Gaudentius, trat früh in die kaiserliche Leibwache, verweilte aber seit 409 längere Zeit als Geisel bei den Westgoten und Hunnen und führte 424 dem Geheimschreiber Johannes, der nach Honorius' Tode die Herrschaft über Westrom usurpierte, hunnische Hülfstruppen zu. Später aber schloß er sich der Kaiserin Placidia an, welche für ihren unmündigen Sohn Valentinianus III. die Regierung führte, und ward als Oberbefehlshaber des Heers der mächtigste Mann im Reich. Seinen Nebenbuhler Bonifacius, Statthalter von Afrika, verleitete er zum Abfall, und als derselbe trotzdem die Gunst des Hofs wiedererlangte, besiegte und tötete er ihn (432). Mit Umsicht und Tapferkeit schützte er nun 20 Jahre die Grenzen des Reichs gegen die Barbaren, schlug die Burgunder und Franken in Gallien zurück und unterdrückte daselbst den Bagaudenaufstand. Als der Hunnenkönig Attila 451 mit einem gewaltigen Heerhaufen in Gallien einfiel, sammelte A. Westgoten, Burgunder und Franken unter seinem Oberbefehl, schlug in der Schlacht bei Catalaunum Attila zurück und rettete so die abendländische Kultur. Auch Jtalien schützte er 452 gegen die Hunnen. Beim Volk deshalb angesehen und beliebt, erregte er den Neid der Höflinge und des Kaisers Valentinianus selbst. Dieser verweigerte ihm trotz frühern Versprechens die Hand seiner Tochter, und als A. trotzig auf Erfüllung des Versprechens drang, stieß ihm der Kaiser das Schwert in die Brust; die Höflinge vollendeten den Mord (454). Vgl. Wurm, De rebus gestis Aëtii (Bonn 1844).

Afränius, Cajus, Pompejanischer Feldherr, diente im Kriege gegen Sertorius und Mithridates, ward durch die Gunst des Pompejus 60 v. Chr. Konsul und, als diesem die Provinz Spanien zugeteilt wurde, 54 Legat daselbst. Als 49 der Bürgerkrieg zwischen Pompejus und Cäsar ausbrach, verteidigte er im Verein mit Petrejus die Provinz tapfer gegen Cäsar, mußte aber bei Jlerda die Waffen strecken. Er begab sich darauf in das Pompejanische Lager nach Griechenland, nach der Schlacht bei Pharsalos nach Afrika, nahm 46 an der Schlacht bei Thapsos teil und flüchtete endlich nach Spanien zurück, wo er den Cäsarianern in die Hände fiel und hingerichtet wurde.

Afrika (Afrĭca) hieß bei den Griechen Libye und ward bis auf Herodot nicht als besonderer Erdteil angesehen, sondern bald zu Europa, bald zu Asien gerechnet. Die Kenntnis der Alten beschränkte sich auf die Nord- und Ostküste und das Nilgebiet; nur einzelne Teile der Wüste und der Westküste kannte man. Die Umschiffung des Erdteils durch Phöniker, welche im Auftrag des Königs Necho von Ägypten um 600 v. Chr. vom Roten Meer aus- fuhren und nach drei Jahren durch die Säulen des Herakles (Straße von Gibraltar) zurückkehrten, wurde von den Griechen nicht geglaubt und daher vergessen. Der Karthager Hanno drang um 470 an der Westküste bis zur Sierra Leone vor. Der Name A. rührt von den Römern her, welche den nach dem Untergang Karthagos in eine Provinz verwan- delten Teil der Nordküste so nannten, und wurde von ihnen dann über das ganze Atlasgebiet und über den von ihnen entdeckten Teil der Wüste Sahara aus- gedehnt. Auch die Römer rechneten an- fangs Ägypten zu Asien.

Agä, Stadt in Achaia (s. d.).

Agää, s. Emathia.

Agabir, s. Gabes.

Agäisches Meer, das Meer zwischen Griechenland und Kleinasien, auch Ar- chipelagos genannt, im N. von Make- donien und Thrakien begrenzt und durch die Meerenge des Hellespontos mit der Propontis in Verbindung stehend, im S. durch die lang gestreckte Insel Kreta vom Mittelmeer geschieden. Die Inseln Euböa und Chios, die sich einander nähern, teilten das Meer in eine nördliche Hälfte, das eigentlich Ägäische oder das Thrakische Meer, und in eine südliche. In der erstern lagen die Inseln Skyros, Thasos, Samothrake, Imbros, Lemnos und Les- bos, in der letztern die Kykladen und die Sporaden. Das Meer zwischen dem Pelo-

ponnes und den Kykladen hieß das Myr- toische, das südlich von diesen das Kreti- sche, das südöstliche das Ikarische Meer.

Agamémnon, König von Mykenä, Sohn des Atreus, daher »Atride« genannt, floh nach der Ermordung seines Vaters durch Ägisthos mit seinem Bruder Mene- laos nach Sparta, wo er sich mit der Toch- ter des Königs Tyndareos, Klytäm- nestra, vermählte, eroberte dann das vä- terliche Reich Argos zurück und vergrößerte es durch mehrere unterworfene Städte, so daß er der mächtigste Herrscher Griechen- lands wurde. Als daher von den Fürsten ein Zug gegen Troja beschlossen wurde, um die Entführung der Helena zu rächen, ward A. zum Oberfeldherrn erwählt. Er selbst führte 100 Schiffe nach Aulis, wo er, um die auf ihn erzürnte Göttin Artemis wieder zu versöhnen und zur Be- endigung der von ihr verhängten Wind- stille zu bewegen, seine Tochter Iphigeneia opferte. Vor Troja zeichnete er sich durch Tapferkeit aus und leitete sowohl die Kämpfe wie die Beratungen, zeigte sich aber im Gefühl seiner Gewalt oft über- mütig und stolz und fügte besonders durch die Beleidigung des Achilleus, der sich nun vom Kampfe fern hielt, den Grie- chen großen Schaden zu. Nach der Zer- störung Trojas kehrte er mit der Seherin Kassandra, die ihm als Beute zugefallen war, nach Mykenä zurück. Hier aber wurde er von Ägisthos, der Klytämnestra zum Ehebruch verleitet und sich der Herr- schaft bemächtigt hatte, beim Mahl über- fallen und erschlagen, während Klytäm- nestra Kassandra tötete; nach den Tra- gikern wurde A. von Ägisthos und Klytämnestra im Bad erschlagen, indem diese ihn durch ein übergeworfenes Ge- wand wehrlos machte, aber später von seinem Sohn Orestes gerächt. Seine Kin- der hießen nach Homer Iphianassa (bei den Tragikern Iphigeneia), Chrysothemis, Laodike (Elektra) und Orestes. A. wurde als Heros verehrt und sein Grabmal in Mykenä gezeigt; neuerdings glaubte es Schliemann entdeckt zu haben.

Agathókles, Tyrann von Syrakus, geb. 361 v. Chr. zu Thermä in Sicilien als Sohn eines Töpfers, der später nach

Syrakus übersiedelte, erlernte zuerst das Handwerk seines Vaters, trat aber dann in Kriegsdienste, rückte bald zum Chiliarchen auf und warb nach dem Tode des Damas, dessen Witwe er heiratete, auch dessen Nachfolger als Feldherr. Zwar wurde er zweimal von der herrschenden oligarchischen Partei aus Syrakus vertrieben, wußte sich aber das Vertrauen des Volks zu erwerben und wurde 317 von demselben an die Spitze des Staats gestellt. Um seine Macht zu befestigen, ließ er 4000 Bürger niedermetzeln, eine gleiche Zahl verbannen und ihre Güter an seine Anhänger verteilen. Als Alleinherrscher ordnete A. das Finanzwesen der Stadt und schuf ein zahlreiches, wohlgeübtes Heer und eine starke Flotte, womit er ganz Sicilien zu erobern begann. Von den Karthagern 311 am Fluß Himera geschlagen und in Syrakus eingeschlossen, durchbrach er mit 60 Schiffen die den Hafen blockierende Seemacht der Karthager, landete 310 plötzlich in Afrika, schlug die überraschten Karthager in wiederholten Schlachten, gewann das Heer des Königs Ophellas von Kyrene, welchen er treulos ermordete, für sich, eroberte viele Städte und bedrohte schon Karthago selbst, als ihn 307 die Siege der Agrigentiner über Syrakus zur Rückkehr nach Sicilien nötigten. Hier war er jedoch nicht glücklich und begab sich daher wieder nach Afrika, wo seine Söhne inzwischen mehrere Niederlagen erlitten hatten. Er versuchte, das Kriegsglück durch eine Entscheidungsschlacht wiederherzustellen, wurde aber besiegt und floh heimlich nach Sicilien, seine Söhne und das Heer feigherzig preisgebend. Das verratene Heer rächte sich, indem es die Söhne ermordete, und ging zu den Karthagern über (306). In Syrakus wütete A. gegen alle Verwandten derer, die seine Söhne ermordet, vermehrte hierdurch den Anhang der syrakusanischen Flüchtlinge unter Deinokrates, besiegte aber denselben, nachdem er mit Karthago Frieden geschlossen, und stellte seine Alleinherrschaft wieder her. Durch Eroberung vieler sicilischen Städte breitete er seine Macht aus und regierte fortan milder als früher,

wurde aber 289 von seinem Enkel Archagathos mit einem Zahnstocher vergiftet. Von unheilbaren Schmerzen gequält, ließ sich A. lebendig verbrennen. Archagathos erbte die Herrschaft über Syrakus. Des A. Tochter Lanassa war an den König Pyrrhos von Epeiros vermählt. Sein Leben beschrieben Timäos und Kallias.

Ägätische Inseln (»Ziegeninseln«), Inselgruppe an der Westspitze von Sicilien, bekannt durch den Sieg, welchen der römische Konsul Gajus Lutatius Catulus 10. März 241 v. Chr. mit der römischen Flotte über die karthagische unter Hanno, die, schwer belastet und schlecht bemannt, auf ihrer Fahrt nach Eryx überfallen wurde, erfocht, und welcher den ersten Punischen Krieg entschied.

Agbatāna, s. Ekbatana.

Ager publicus, s. Agrargesetze.

Agesilaos, König von Sparta, Sohn des Archidamos, geb. 442 v. Chr., wurde nach dem Tod seines ältern Bruders, Agis, 399 auf Betreiben seines Freundes Lysandros an Stelle seines Neffen Leotychides, dessen Legitimität angezweifelt wurde, vom Volk zum König erwählt. Obwohl von kleiner, unscheinbarer Gestalt und an einem Fuß lahm, zeigte der neue König doch große Schärfe und Energie des Geistes und wußte sich durch leutseliges Benehmen auch beim Volk beliebt zu machen. Er erwirkte von den Ephoren die thatkräftige Fortsetzung des Kriegs gegen die Perser in Kleinasien und zog selbst 396 mit 8000 Mann dahin. Unterstützt von den kleinasiatischen Griechen, besiegte er den Satrapen Tissaphernes, eroberte Phrygien und Lydien und schickte sich an, weiter in das Innere vorzudringen, als er infolge des Ausbruchs des Korinthischen Kriegs, den die Perser in Griechenland gegen Sparta angestiftet hatten, 394 von den Ephoren zurückberufen wurde. Er zog von Kleinasien zu Lande durch Thrakien, Makedonien und Thessalien nach Hellas und erzwang sich durch den Sieg über die verbündeten Feinde bei Koroneia (20. Aug.) den Durchmarsch nach dem Peloponnes. Er kämpfte sodann mit wechselndem Glück bei Korinth gegen Iphikrates. An dem Kriege gegen Theben nahm A. anfangs keinen Anteil; erst als nach der Niederlage der Spartaner bei Leuktra die Thebaner 370 in den Peloponnes einfielen, rettete er durch Mut, Besonnenheit und kluge Maßregeln das Vaterland, indem er zweimal das von Epameinondas bedrohte Sparta vor Eroberung schützte. In der Schlacht bei Mantineia 362 befehligte er die Spartaner und ihre Bundesgenossen, und als nach derselben ein Waffenstillstand mit Theben geschlossen wurde, ging er an der Spitze eines geworbenen Heers nach Ägypten, wo er die einheimischen Könige Tachos und Nektanabis II. gegen die Perser unterstützte. Reich beschenkt kehrte er nach Sparta zurück, starb aber auf der Reise, 84 Jahre alt, 358. Sein Leben beschrieben sein Freund Xenophon und Plutarch. Vgl. Hertzberg, Das Leben des Königs A. (Halle 1856); Buttmann, A. (das. 1872).

Ägialeia (»Küstenland«), der ältere Name Achaias (s. d.) zur Zeit der Jonier.

Ägialeus, Sohn des Adrastos (s. d.).

Ägina, griech. Insel im Saronischen Meerbusen (jetzt Meerbusen von Ä.), zwischen Attika und Argolis, 83 qkm groß, von dreieckiger Gestalt, größtenteils gebirgig, aber fruchtbar und reich an Bausteinen und Thonerde, welche zu trefflichen Gefäßen verarbeitet wurde. Die Insel, ursprünglich Onone genannt, erhielt ihren Namen von der gleichnamigen Tochter des Flußgottes Asopos, die von Zeus hierher gebracht wurde und den Äakos gebar; dieser herrschte über das aus Ameisen entstandene Volk der Myrmidonen. Später wurde Ä. von Epidauros aus mit dorischen Ansiedlern besetzt. Die dorischen Ägineten machten sich um die Mitte des 6. Jahrh. v. Chr. von der Mutterstadt frei und erhoben durch Eifer und Betriebsamkeit in Handel und Gewerbe die Insel bald zu großer Blüte. Die Bevölkerung stieg auf eine halbe Million (davon 9/10 Sklaven), die stärkste in ganz Griechenland, und ihr Handel, durch Kolonien unterstützt, umfaßte die entferntesten Länder. Der Münzfuß und das Maß- und Gewichtssystem Äginas galten für ganz Griechenland.

Die zahlreichen Siege ihrer Jünglinge auf den Wettspielen wurden von Pindar gefeiert. In den Perserkriegen zeichneten sich die Ägineten durch ihren Patriotismus aus und errangen in der Schlacht bei Salamis den ersten Preis der Tapferkeit. Die äginetische Kunst, welche nicht bloß Thongeschirre, sondern auch Erzgußwerke und plastische Werke aus Marmor herstellte, versuchte sich zuerst in der lebendigen Nachahmung der Natur. Schon vor den Perserkriegen war es aus Handelseifersucht zu einem Krieg zwischen Ä. und Athen gekommen. Im Bund mit Korinth und Epidauros erneuerte Ä. 458 den Angriff auf Athen, wurde aber zur See besiegt und 456 nach hartnäckiger Belagerung der Stadt Ä. durch die Athener gezwungen, deren Mauern einzureißen, ihre Schiffe auszuliefern und Tribut zu zahlen. Nach Beginn des Peloponnesischen Kriegs vertrieben die Athener aus Mißtrauen die Ägineten von ihrer Insel und besetzten dieselbe mit attischen Kolonisten. Die Spartaner siedelten die Flüchtigen in der Landschaft Thyreatis an und führten sie nach dem Fall Athens 404 zurück, doch erlangte Ä. nie wieder die frühere Blüte und politische Bedeutung. Von der an der Westseite gelegenen Hafenstadt Ä. sind noch die zwei Molen, einige Säulenreste und Grabkammern übrig. Das bedeutendste Denkmal des alten Ä. ist die Ruine des berühmten Athenetempels auf einem 190 m hohen Hügel, 2 Stunden östlich von der Stadt, dessen 1811 aufgefundene Giebelgruppen jetzt den Äginetensaal der Münchener Glyptothek schmücken.

Ägion, Stadt in Achaia (s. d.).

Agis, Name mehrerer Könige von Sparta: 1) A., Sohn des Eurysthenes, sagenhafter Stammvater der Agiaden, der einen (achäischen) königlichen Linie von Sparta.

2) A. I., Sohn des Archidamos; folgte demselben 426 v. Chr. während des Peloponnesischen Kriegs auf dem Thron, befehligte 425 den letzten Einfall der Peloponnesier in Attika, besiegte 418 die Argeier und ihre Verbündeten bei Mantineia und besetzte 413 auf den Rat des Alkibiades die Veste Dekeleia in Attika,

von wo aus er den Athenern großen Schaden zufügte. Später verfeindete er sich mit Alkibiades, den er beschuldigte, seine Gemahlin Timäa verführt zu haben (weswegen er auch deren Sohn Leotychides für unecht erklärte), und veranlaßte denselben, zu den Persern überzugehen. Nachdem er 405 an der Belagerung Athens teilgenommen und 400 Elis unterworfen hatte, starb er 399; ihm folgte statt des Leotychides sein jüngerer Bruder, Agesilaos.

3) A. II., Sohn des Archidamos III., wurde 338 v. Chr. König von Sparta und versuchte, als Alexander d. Gr. 334 gegen Persien gezogen war, Griechenland wieder von der makedonischen Herrschaft zu befreien. Er verbündete sich mit den persischen Satrapen, erhielt von ihnen Geld und Schiffe, bemächtigte sich Kretas, zog dann 8000 griechische Söldner, die nach der Schlacht bei Issos entkommen waren, an sich und drang 330 in Arkabien ein. Während er Megalopolis belagerte, erschien Antipatros mit einem großen makedonischen Heer. A. wagte eine Schlacht, wurde aber besiegt und fand selbst einen rühmlichen Tod.

4) A. III., Sohn des Eudamidas, bem er 244 v. Chr. in der Regierung folgte, versuchte die alte Lykurgische Verfassung und damit auch die frühere Macht Spartas wiederherzustellen. Denn die Zahl der Spartiatenfamilien war auf 700 gesunken, von denen kaum 100 Grundbesitz hatten und in Prunk und Schwelgerei lebten, während die übrigen Spartiaten, verarmt und verschuldet, mißmutig und unthätig dem Verfall des Staats zusahen. Das Heer bestand nur aus Perioken und Heloten. Es war daher der gänzliche Untergang des alten spartanischen Staats zu befürchten. Dem beschloß A. zuvorzukommen, indem er die alten strengen Gesetze und Einrichtungen wiederherstellte. Er ging selbst mit gutem Beispiel voran, indem er die alte einfache und strenge Lebensweise annahm und sich bereit erklärte, sein großes Vermögen dem Gemeinwohl zu opfern. Mehrere angesehene Männer, wie sein Oheim Agesilaos und Lysandros, schlossen sich ihm an, während der zweite König, Leonidas II., ihm im geheimen entgegen-

wirkte. Nachdem er die Wahl des Lysandros zum Ephoren erwirkt, schlug er der Gerusia vor, die Zahl der Spartiaten durch die Aufnahme von Perioken und Fremden auf 4500 zu erhöhen und den gesamten Grundbesitz in 4500 Spartiaten- und 15,000 Periökengüter neu zu verteilen, alle Schuldforderungen aber zu tilgen. Durch den Einfluß der Gegner und auch des habsüchtigen Agesilaos wurde jedoch bewirkt, daß bloß der letztere Vorschlag angenommen, die Güterverteilung aber verschoben wurde. Inzwischen verließ A. Sparta, um die spartanischen Hülfsvölker dem Achäischen Bund zuzuführen. Als er, ohne nennenswerte Kriegsthaten vollbracht zu haben, nach Sparta zurückkehrte, hatten infolge der Gewaltthätigkeiten des Agesilaos die Feinde der Reform die Oberhand gewonnen. A. flüchtete in einen Tempel, ward aber aus seinem Asyl herausgelockt, von den Ephoren zum Tod verurteilt und erdrosselt (240). Seine Großmutter Archidameia und seine Mutter Agesistrata hatten dasselbe Schicksal.

Ägisthos (Agisthus), Sohn des Thyestes und der Tochter desselben, Pelopia, die ihn nach der Geburt aussetzte; Hirten fanden und pflegten, eine Ziege säugte ihn. Dann von seinem Oheim Atreus als Sohn aufgenommen und erzogen, erhielt er von diesem den Auftrag, seinen Vater Thyestes zu töten, wandte sich aber gegen Atreus und ermordete ihn, worauf er mit Thyestes über Mykenä herrschte, bis er von Atreus' Sohn Agamemnon vertrieben wurde. Während dieser vor Troja kämpfte, verführte A. seine Gemahlin Klytämnestra und erstach den König nach seiner siegreichen Rückkehr meuchlerisch beim Gastmahl. An der Seite der Klytämnestra saß er sieben Jahre auf dem Thron von Mykenä, bis Orestes, Agamemnons Sohn, den Tod des Vaters durch Ermordung des A. rächte.

Ägospotamos (Agospotamoi, »Ziegenfluß«), Flüßchen und Stadt auf der Thrakischen Chersones, Lampsakos gegenüber. Auf der Reede von A. vernichtete der spartanische Feldherr Lysandros im Dezember 405 v. Chr. die letzte athenische Flotte und entschied hierdurch den Aus-

gang des Peloponnefifchen Kriegs zu Gun=
ften Spartas.

Agrargefeße (leges agrariæ, »Ader=
gefeße«), bei den Römern Gefeße, welche
eine gleichmäßigere Verteilung des zum
Nußungsrecht oder zum Übergang in das
Eigentum der Bürger beftimmten Ge=
meinbelands (ager publicus) bezwecten.
Schon feit ältefter Zeit gab es in Rom
Gemeinbeland, das fich durch Eroberun=
gen beträchtlich vermehrte. Nur ein Teil
des von den unterworfenen Städten ab=
getretenen Grundbefißes wurde an ärmere
Bürger verteilt (assignatio), der größere
blieb Staatseigentum und wurde den
Bürgern gegen einen Pachtzins zur Nuß=
nießung als Weideland (possessio) über=
laffen. Diefes Nußungsrecht beanfpruch=
ten nun nach Vertreibung der Könige die
Patricier als ihr ausfchließliches Privi=
legium, für das fie auch keinen Zins mehr
zahlten. Diefer Anfpruch gab den Plebe=
jern Anlaß zu heftigen Klagen über Zu=
rücfeßung und zu der Forderung von
Verteilungen des ager publicus an Plebe=
jer oder Affignationen, welche fie wieder=
holt beantragten A. durchführen follten.
Das erfte Agrargefeß war das des Konfuls
Spurius Caffius Viscellinus 486
v. Chr., der aber diefen Angriff auf die pa=
tricifchen Vorrechte mit dem Tod büßen
mußte. Einzelne Landverteilungen kamen
zwar vor, aber eine gründliche Reform durch
Gefeße wußten die Patricier immer zu ver=
hindern, bis Cajus Licinius Stolo
und Lucius Sertius 367 eine lex
agraria zur Annahme brachten, welche
beftimmte, daß 1) niemand mehr als 500
Jugera (zu 17 Ar) vom ager publicus im
Befiß haben, 2) niemand mehr als 100
Stüc großes und 500 Stüc kleines Vieh
auf der Gemeinweide halten, 3) die Nußung
derfelben allen Bürgern gegen eine Ab=
gabe freiftehen folle. Dies Gefeß hatte
die wohlthätigften Folgen, indem fich ein
wohlhabender freier Bauernftand bildete,
auf dem vornehmlich die Kraft Roms be=
ruhte; 232 wurde durch die lex Flaminia
z. B. das Gebiet der Gallier und Picen=
ter an ärmere Bürger verteilt. Die=
fer Bauernftand verfchwand aber im 2.
Jahrh., als der reiche Adel die Bauern=

güter auffaufte und zu großen, durch
Sflaven bewirtfchafteten Latifundien ver=
fchmolz, während die frühern Bauern
nach Rom ftrömten und hier die befißlofe
Menge vermehrten. Deshalb beantragten
Tiberius Gracchus 133 und nach ihm
123 fein Bruder Gajus die Erneuerung
des Licinifchen Ackergefeßes in der Art, daß
die Staatsländereien, welche diejenigen,
die mehr als 500 Jugera befaßen, gegen
Entfchädigung für errichtete Bauten und
Anlagen herausgeben mußten, an ärmere
Bürger als fefter, unverkäuflicher, mit
einer Staatsabgabe belafteter Befiß ver=
teilt werden follten. Die Gefeße der
Gracchen wurden auch von den Tribut=
komitien angenommen, aber ihre Aus=
führung, die wegen der fchwierigen Er=
mittelung, was ager publicus, was Pri=
vateigentum war, viele Zeit erforderte,
durch den Untergang der Brüder unter=
brochen und 111 durch die lex Thoria das
Staatsland den Inhabern als abgaben=
freies Privateigentum zugewiefen. Hier=
mit war die Verteilung von Staatsland
an ärmere Bürger für die Zukunft un=
möglich gemacht, zumal das Volk in Rom
fich aller Arbeit entwöhnt hatte und fich
lieber vom Staat ernähren ließ. Spätere
A. hatten nur .Acerverteilung an Vete=
ranen zum Ziel.

Agrianes, f. Hebros.

Agricola, Gnäus Julius, röm.
Feldherr, geb. 40 n. Chr. in der römifchen
Kolonie Forum Julii (Fréjus) in Gal=
lien, Sohn des auf Caligulas Befehl hin=
gerichteten Julius Grächus, erhielt eine
ausgezeichnete wiffenfchaftliche Bildung
in Maffilia, trat 59 in das Heer ein und
machte feinen erften Feldzug in Britan=
nien mit, ward 62 Quäftor in Kleinafien,
65 Volkstribun und 68 Prätor, fchloß
fich nach Neros Sturz Vespafian an und
erhielt 69 den Oberbefehl über die 20. Le=
gion in Britannien. Wegen feiner aus=
gezeichneten Dienfte dafelbft ward er 74
in den Patricierftand aufgenommen und
zum Statthalter von Aquitanien ernannt.
Nachdem er 76 Konful gewefen, erhielt er
77 die Statthalterfchaft von Britannien.
Er eroberte nun in glüclichen Kämpfen
das Land bis an die fchottifchen Gebirge

und schützte die Nordgrenze durch eine Befestigungslinie; zugleich verwaltete er die Provinz mit solcher Gerechtigkeit und Klugheit, daß er die Einwohner für die römische Herrschaft und Kultur gewann. Von dem mißtrauischen und neidischen Kaiser Domitian 85 zurückberufen, starb er 93. Sein Schwiegersohn, der Geschichtschreiber Tacitus, hat ihm in einer trefflichen Biographie ein unvergängliches Denkmal gesetzt.

Agri decumātes (»das Zehntland«), das Gebiet zwischen dem obern Rhein und der obern Donau, welches um 100 n.Chr. von den Römern den Germanen entrissen und durch eine Befestigungslinie von Regensburg bis zum Taunus (limes Germanīcus, vallum Hadriāni) geschützt wurde, von der die Überreste als »Teufelsmauer« oder »Pfahlgraben« bekannt sind. Das Land wurde mit Veteranen und gallischen Kolonisten besetzt und nach dem von diesen zu entrichtenden Pachtzehnten benannt. Zahlreiche römische Städte, Bäder, Villen schmückten das von einem Straßennetz durchzogene Gebiet, welches im 3. Jahrh. von den Alemannen wiederholt erobert und verwüstet und nach dem Tode des Kaisers Probus 282 den Römern für immer entrissen wurde. Vgl. Hübner, Der römische Grenzwall in Deutschland (1878).

Agrigéntum (griech. Akragas, jetzt Girgenti), Stadt an der Südküste Siciliens, einige Stadien vom Meer auf ansehnlicher Höhe (die Akropolis steigt bis 350 m) zwischen den Flüssen Hypsas und Akragas gelegen. 581 v. Chr. von dorischen Rhodiern aus Gela gegründet und durch ionische und sicilische Einwanderer reich bevölkert, entwickelte es sich durch Industrie und Handel rasch zu erstaunlicher Blüte. Nach der grausamen Tyrannis des Phalaris (565—549) und der milden und wohlthätigen Herrschaft Therons (488—472), der im Bund mit Gelon den glänzenden Sieg bei Himera über die Karthager erfocht, genoß A. einer durch den hier gebornen Philosophen Empedokles gegebenen vortrefflichen demokratischen Verfassung, und indem es sich von den Kriegen in Sicilien fern hielt, stieg

die Bevölkerung auf 20,000 stimmfähige Bürger, 200,000 Schutzverwandte, im ganzen auf 800,000 Einw. Die Stadtmauer hatte einen Umfang von 15 km, prachtvolle Tempel schmückten die Stadt. Ihr Gebiet reichte quer durch die Insel bis zur Nordküste. Es herrschten zwar Prachtliebe und Üppigkeit, aber auch Kunstliebe und Gastfreundschaft in A. Im Jahr 405 wurde es nach achtmonatlicher Belagerung von den Karthagern erobert und zerstört. Obwohl 340 von Timoleon wiederaufgebaut, erlangte es seine frühere Blüte doch nicht wieder. Im ersten Punischen Krieg wurde es nach siebenmonatlicher hartnäckiger Verteidigung durch die Karthager 262 von den Römern erobert, 255 von den Karthagern wiederbesetzt und zerstört. Im zweiten Punischen Krieg bemächtigten sich die Römer 210 von neuem der Stadt, die sich unter ihrer Herrschaft durch die natürliche Gunst ihrer Lage und die Regsamkeit ihrer Bewohner zur drittgrößten Stadt der Insel entwickelte. Von der alten Stadt ist ein Tempel in dorischem Stil, der sogenannte Concordientempel, fast ganz erhalten, ebenso der etwas kleinere Tempel der Juno Lucina; von dem großen, niemals vollendeten Tempel des Zeus Olympios (111 m lang, 54 m breit, 37 m hoch) sind noch 21 Säulen von 17 m Höhe und darüber riesige Karyatiden erhalten. Auch von den Wasserleitungen des Baumeisters Phäax gibt es noch ansehnliche Überreste. Vgl. Hittorf, Notice sur les ruines d'Agrigente (Par. 1859); Schubring, Historische Topographie von Akragas (Leipz. 1870).

Agrippa, Marcus Vipsanius (Vipsanus), röm. Feldherr und Freund des Augustus, geb. 63 v. Chr. aus niederm Stande, trat bald mit dem gleichalterigen Octavianus in ein freundschaftliches Verhältnis, studierte mit ihm zu Apollonia und stand ihm seit Cäsars Ermordung bei seinem Streben nach Herrschaft in Rom als Ratgeber und Feldherr treu zur Seite. (Er kämpfte 41 tapfer im Perusinischen Krieg, worauf er Prätor wurde, dämpfte 38 einen Aufstand der Aquitanier in Gallien und

besiegte, nachdem er 37 das Konsulat bekleidet, 36 Sertus Pompejus in der Seeschlacht bei Naulochos. Er begleitete
35 und 34 Octavianus in den illyrischen
Feldzug, errang 31 durch seine Geschicklichkeit den Sieg bei Actium und ordnete
dann die Angelegenheiten Italiens. Der
neue Alleinherrscher belohnte ihn durch
die höchsten Ehrenstellen und die Hand
seiner Nichte Marcella; 23 wurde er sogar
durch seine Vermählung mit Julia
Schwiegersohn des Augustus, der seine
Söhne Gajus und Lucius adoptierte und
zu Nachfolgern ernannte. Wiederholt
wurde er von Augustus in die Provinzen
geschickt, um Aufstände zu unterdrücken.
In Rom legte er Wasserleitungen an, verbesserte die Kloaken und verschönerte die
Stadt durch prächtige Bauten, namentlich
das Pantheon. Auch als Schriftsteller
war er thätig und hatte an der Vermes-
sung des Reichs unter Augustus bedeutenden Anteil. Er starb schon 12 v. Chr.
auf der Rückkehr aus Pannonien in
Kampanien. Seine Tochter erster Ehe,
Vipsania, ward später Tiberius' Gemahlin; von seinen Kindern mit Julia starben
Gajus und Lucius früh, Agrippina ward
die Gemahlin des Germanicus, A. Po-
stumus, ein nachgeborner Sohn, ward
7 n. Chr. wegen seines zügellosen Lebenswandels von Augustus nach der Insel
Planasia verbannt und nach dessen Tod
auf Antrieb der Livia ermordet. Vgl.
Frandsen, A. (Altona 1836).

Agrippīna, 1) A. die Ältere, Tochter des Marcus Vipsanius Agrippa und
der Julia, einziger Tochter des Augustus,
ward mit Germanicus, Drusus' Sohn,
vermählt und begleitete denselben auf
allen seinen Feldzügen, wobei sie eine fast
männliche Seelenstärke zeigte und manches
Unglück milderte. Nach dem Tod ihres
Gemahls in Syrien kehrte sie nach Italien
zurück, ward aber, da sie, wegen ihres großherzigen Charakters und Edelmuts beliebt,
Tiberius' Argwohn erweckte, auf die Insel
Pandataria verbannt, wo sie 33 n. Chr.
Hungers sterben mußte. Es gibt von ihr
mehrere treffliche Porträtstatuen; die berühmteste ist die sitzende im Kapitol zu
Rom. Vgl. Burkhard, A. (Augsb. 1846).

2) A. die Jüngere, Tochter der vorigen und des Germanicus, geboren zu
Colonia Ubiorum, das ihr zu Ehren
Colonia Agrippina (jetzt Köln) genannt
wurde, war zuerst mit Cnejus Domitius
Ahenobarbus, dann mit Passienus Crispus vermählt und wurde 49 v. Chr. die
zweite Gemahlin ihres Oheims, des Kaisers Claudius. Ihr ganzes Bestreben war
nun darauf gerichtet, ihrem Sohn erster
Ehe, Nero, die Thronfolge zu verschaffen
und Claudius' Sohn Britannicus zu verdrängen. Sie erreichte auch 50 die Adoption
Neros. Da jedoch Claudius den Britannicus vorzuziehen schien, beseitigte sie jenen
54 durch Gift. Als aber Nero als Kaiser
sich ihr nicht unbedingt unterordnete, sondern sich von Burrus und Seneca leiten
ließ, suchte sie ihn durch Britannicus zu
stürzen; doch Nero kam ihr zuvor, indem
er, nachdem ein Versuch, sie in Bajä mittelst eines dazu eingerichteten Schiffs zu er-
tränken, mißlungen war, sie in ihrem Landhaus 59 ermorden ließ. Vgl. Stahr, A.,
die Mutter des Nero (2. Aufl., Berl. 1880).

Agylla, s. Cäre.

Ägypten (Ægyptus), das älteste Kul-
turland des Mittelmeergebiets und eins der
mächtigsten Reiche des Altertums. Der
griechische Name (Aigyptos), der in ältester Zeit bloß den Nil bezeichnete, ist unge-
wissen Ursprungs; der einheimische Name
Chemi (»schwarz«) ist hergenommen von
der Farbe des Nilschlamms, der gegen den
weißlichen und gelben Wüstenboden sich
scharf abgrenzt. Bei den Hebräern hieß
A. Mizraim (assyr. Mussur), bei den
Persern Mudrāja. A. begreift im engern
Sinne nur das Nilthal von den letzten
Stromschnellen oder Katarakten bis zum
Mittelmeer und erstreckt sich von 24° 5'
bis 31° 35' nördl. Br. und von 27° 30'
bis 30° 41' östl. L. (von Paris). Der
Strom tritt mit einer gewaltigen, 1000 m
mehr breiten, aber bei dem Mangel
aller Zuflüsse durch Verdunstung stets ab-
nehmenden Wassermenge in 160 m Mee-
reshöhe in A. ein und bildet eine Thalebene, welche, anfangs nur 5 km breit,
allmählich sich bis zu 20 km erweiternd,
sich auf 900 km Länge zwischen niedrigen
Kalkhöhen im W. (der libyschen Wüsten-

seite) und höhern im O. (arabische Wüste) hinzieht, bis, etwa unter dem 30. Breitengrad, die schon flachen, aber immer felsigen, den urzeitlichen Küstenrand des Kontinents bezeichnenden Höhenzüge sich beiderseits zurückziehen. Hierdurch wird eine weite, bis zum Meere reichende Ebene, das Nildelta, gebildet, welche ursprünglich ein Meerbusen war, der mit dem fetten Thonschlamm des Nils ausgefüllt ist. Die gleichmäßige Verteilung dieses Schlammes, den der Strom aus seinem obern Stromgebiet mit sich führt, und die allmähliche Erhöhung des Bodens werden durch die Überschwemmung des Nils bewirkt, welche infolge der tropischen Regengüsse im Quellgebiet Mitte Juni beginnt und im September ihren Höhepunkt (7 m über dem niedrigsten Wasserstand) erreicht. Ebenso allmählich, wie er gestiegen, fällt der Fluß nach mehr als vier Monaten gegen Ende des Jahrs auf seinen gewöhnlichen Wasserstand zurück, nachdem er, soweit er das Land bedeckte, seinen fruchtbaren Schlamm zurückgelassen. Die Erfrischung des Bodens durch die Überschwemmung, seine Befruchtung durch den Schlamm und die Abkühlung der Luft durch die Wassermenge sind um so unentbehrlicher für Ä., als es an Quellen und Bächen gänzlich fehlt und Regengüsse, namentlich im obern Land, äußerst selten sind, so daß schon Herodot Ä. treffend »ein Geschenk des Nils« nannte. Durch Ableitung des Nilwassers in parallelen Seitenkanälen längs der Thalwände in höherer Lage und mit geringerm Gefälle als der Strom selbst hat, ferner durch künstliche Wasserbehälter, welche, zur Zeit der überschwemmung gefüllt, in der trocknen Zeit den Acker bewässerten, wurde das anbaufähige Areal bis zum Fuß der Thalränder ausgedehnt und der Verheerung durch den vordringenden Wüstensand wirksam begegnet. Nur das Delta und das Nilthal waren für den Ackerbau geeignet, im ganzen eine Fläche von etwa 30,000 qkm, welche aber bei ihrer außerordentlichen Fruchtbarkeit eine große Bevölkerung, gegen 8 Millionen Menschen, ernähren konnte. Die öden Wüstenseiten lieferten bloß vortreffliches Baumaterial.

Diese Beschaffenheit Ägyptens, das eine schmale grüne Oase von üppiger Fruchtfülle und willkommener Kühlung mitten in unabsehbarer Wüste bildete, mußte frühzeitig zu fester Ansiedelung anlocken. Ackerbau und allerlei Gewerbe entwickelten sich in diesem gesegneten Land rasch, das enge Zusammenleben der zahlreichen Bevölkerung, die Verwischung der Grenzen durch die jährliche Überschwemmung, die gemeinschaftlichen Anlagen zur weitern Ausbeutung derselben nötigten zu festen Rechtsnormen, die Notwendigkeit sichern Schutzes gegen die begehrlichen Nachbarn zu einer einheitlichen Staatsform unter einem starken Königtum an Stelle der ursprünglichen Teilfürstentümer, die den spätern Bezirken (Nomen) entsprachen. So ist die frühzeitige Bildung eines Kulturstaats in Ä. zu erklären. Die Bewohner Ägyptens waren semitischen Stammes und aus Asien eingewandert, doch wurde ihr semitischer Typus durch Vermischung mit der unterworfenen Urbevölkerung schwarzer afrikanischer Rasse verändert; namentlich die dicken Lippen und die dunkle Hautfarbe sowie die Sitte der Beschneidung und der Tierkultus waren afrikanischen Ursprungs. Ihre geschichtliche Überlieferung, welche uns teils in den Aufzeichnungen des ägyptischen Chronisten Manethos bei den griechischen Chronographen, teils in hieroglyphischen Stammtafeln erhalten ist, reicht bis mehrere Jahrtausende vor der christlichen Zeitrechnung zurück und nennt Menes als ersten ägyptischen König, der nach den einen um 4500, nach andern 3900 oder auch erst 3000 gelebt haben soll. Er gilt für den Gründer des Reichs und den Erbauer von Memphis, der ältesten Hauptstadt. Die Bauten aus jener Zeit und ihre Inschriften bezeugen eine schon hoch entwickelte Kultur. Die Ägypter besaßen bereits bedeutende technische Kenntnisse in der Baukunst; den Königen muß eine außerordentliche Menschenmenge zur Ausführung der Bauten zur Verfügung gestanden haben. Ihre Religion war eine Naturreligion. Als höchster Gott wurde in Unterägypten Ptah verehrt, der Gott des Lichts, der Herr des Himmels,

der Geist der Wahrheit, der Schöpfer der
Welt und Anfang der Götter und aller
Dinge. Gott der Sonne war Ra, der be-
sonders in On (Heliopolis)verehrt wurde;
er war die erhaltende Macht der Gottheit,
und die Könige nannten sich Söhne des
Ra. In den Göttinnen Neith und Bast
(Pacht) war die schaffende Naturkraft in
weiblicher Form personifiziert. In Oberägypten nahm die Stelle des Ptah der
Gott Ammn (Ammon) ein, mit dem der
Gott Chaum häufig verschmolzen wurde;
seine Gemahlin war die Göttin Mut. Der
Sonnengott hieß in Theben Tum. Als
Göttin der Schönheit und Liebeslust, des
Gebärens ward Hathor verehrt. Aber mit
diesen wohlthätigen, lebenschaffenden Kräften der Natur rangen verderbliche, der
Wüstensturm, die Dürre, um die Herrschaft. Diesen Kampf der bösen Natur-
kräfte mit den segenbringenden, welcher
stets mit dem Sieg der letztern endete,
personifizierten die Ägypter in dem Mythus von Osiris, der nach segensreicher
Herrschaft von Typhon (Set) und seinen
72 Genossen gestürzt und getötet wurde;
sein in den Nil geworfener und bis nach
Phönikien verschlagener Leichnam wurde
von seiner trauernden Gemahlin Isis nach
A. zurückgebracht, Typhon aber von ihrem
Sohn Horos überwunden. Typhon war
die verderbliche Sonnenhitze in der Zeit
der Trockenheit, welche jedes Jahr Fruchtbarkeit und Leben in der Natur vernichtete, aber von Horos, der durch die Überschwemmung erneuten Kraft der Natur,
überwunden wurde. In diese jüngern
Gottheiten, Osiris, Isis und Horos, wurden die ältern Götter verschmolzen und
fortan nur für Modifikationen des höchsten Gottes, Osiris, angesehen.

Den Göttern waren Tiere geheiligt,
in denen sich ihre besondern Eigenschaften und ihre Bedeutung wiederfanden,
und die, des Wesens der Gottheit teil-
haftig, ebenfalls verehrt wurden. So gehörte der Stier den lebenschaffenden Göttern, die Kuh den Göttinnen der Em-
pfängnis und Geburt, der Sperber und
die Katze den Gottheiten des Lichts und
der Sonne ꝛc. Tiere, welche durch besondre Zeichen bevorzugt waren, galten

als Inkarnationen der Gottheit, so namentlich der Stier im Tempel des Ptah
zu Memphis, der Apis, dessen Erscheinen
als Gewähr für die Fortdauer der Gnade
des Lebensgottes hochgefeiert wurde. Die
heiligen Tiere wurden sorgfältig gepflegt,
und ihren Leichnamen widmete man dieselbe Sorgfalt wie den menschlichen, von
deren Erhaltung das ewige Leben, die
Unsterblichkeit der Seele, abhing. Die Leichen der Ägypter wurden, durch Einbalsa-
mierung vor Verwesung geschützt, in kostbaren Särgen in Grabkammern beigesetzt,
an deren Wänden durch Bilder und Inschriften die Thaten der Verstorbenen ver-
ewigt waren. Die Seele stieg in die Unterwelt hinab, um von Osiris gerichtet zu
werden und, wurde sie rein erfunden, zu
neuem Leben auf den Gefilden des Son-
nengottes einzugehen; sie erhielt dann auch
die Kraft, neue Existenzen anzunehmen,
in Tier- oder Menschengestalt wiederzu-
erscheinen, um endlich in die göttliche Sub-
stanz, der sie entstammte, zurückzukehren.

Die Macht des Königtums war eine des-
potische, unbeschränkte; die Könige (Pharaonen) wurden als Götter, als Spen-
der des Lebens, als die Sonne selbst, als
Herren der Wahrheit und der Gerechtigkeit verehrt, Opfer ihnen dargebracht und
Tempel erbaut. Sie waren die obersten
Priester und standen an der Spitze des
Kultus wie des Staats; sie waren daher
auch einem sehr strengen Ceremoniell unterworfen. Der Hofhalt war prunkvoll,
der Hofstaat überaus zahlreich. Neben
der königlichen Gewalt war weder der Krie-
ger= noch der Priesterstand von Einfluß.
Der erstere war kein reich begüterter Adel,
sondern er bestand aus einfachen Bauern,
die für ein gewisses, nicht großes Acker-
maß (12 Morgen), das ihnen der König
gab, zum Kriegsdienst verpflichtet waren
und ihre Waffen aus den königlichen Zeug-
häusern erhielten. Sie konnten 400,000
Mann ins Feld stellen, die zu Fuß oder auf
Streitwagen kämpften; ihre Hauptwaffe
war der Bogen. Der Priesterstand bezog
die Einkünfte eines Drittels des Bodens,
und diese sowie die Schenkungen setzten
ihn in den Stand, ganz seinen gottesdienstlichen Pflichten, der Vollziehung

ber Reinheits= und Speisegebräuche und dem Stubium der heiligen Schriften zu leben. Dafür waren die Priester an ein überaus strenges Ritualgesetz gebunden. Aus ihnen wurden auch die meisten Beamten und Richter genommen, sie entwickelten die alte Bilberschrift, die Hieroglyphenschrift, zu freiern, einer Lautschrift nahekommenden Formen (hieratische und demotische Schrift), sie pflegten die Künste, Baukunst, Skulptur und Poesie, sowie die Wissenschaften, besonders Astronomie und Astrologie. Die übrigen Bewohner teilten sich in Ackerbauer, Handwerker und Hirten, von denen die letztern am geringsten geschätzt wurden. Wenn auch ber Beruf sich, entsprechend dem konservativen Charakter der Ägypter, meist vom Vater auf den Sohn vererbte, so gab es doch in Ä. keine Kasten. Die Ackerbauer mußten ein Fünftel von dem Bodenertrag dem König steuern, der sogar als Eigentümer alles Grund und Bodens angesehen wurde. Ackerbau, Viehzucht, Gewerbfleiß, Handelsverkehr standen auf einer sehr hohen Stufe ber Entwickelung, das Leben entbehrte nicht feinerer Genüsse und zierlichen Schmuckes. Und diese Kultur hat sich infolge des konservativen, stabilen Sinnes der Bevölkerung jahrtausendelang auf gleicher Höhe erhalten.

Geschichte.

Die Nachfolger des ältesten Königs, Menes, des Erbauers der Hauptstadt Memphis, errichteten zum Schutz ihrer Gräber auf dem westlich des Nils gelegenen öben Felsplateau gegen 70 Pyramiben, die besto höher und größer wurden, je länger ihre Regierung bauerte. Die brei größten erhaltenen wurden um 3000 v. Chr. von den Königen Chufu (Cheops), Chafra (Chephren) und Menkera (Mykerinos) erbaut. König Pepi breitete die Herrschaft Ägyptens im Süden bis zu den Negern aus, und Amenemha (2380—71) verlegte den Sitz des Königtums bauernd nach Theben in Oberägypten. Von seinem Nachfolger Sesurtesen I. (2371—25) rührt der älteste Obelisk (in Heliopolis) her, der auf unsre Zeiten gekommen ist. Sesurtesen unternahm siegreiche Eroberungszüge nach Nubien, welche seine Nach=

folger Amenemha II. und Sesurtesen II. und III. fortsetzten. Amenemha III. (2221—2179) ließ Höhe und Dauer ber Nilüberschwemmung an Uferselsen in Nubien genau beobachten und vermerken und legte den See Möris (s. b.) im Thal Fayûm an, ein großartiges Wasserreservoir, welches burch Aufnahme eines Teils ber Wassermasse bas Delta vor Versumpfung schützen und zur Bewässerung ber höher gelegenen Acker und ber Umgebung selbst dienen sollte. In der hierburch der Wüste abgewonnenen Landschaft erbaute er einen großen Reichstempel, das Labyrinth, an bessen einer Ecke sich die Pyramibe mit bem Grab bes Erbauers erhob. Trotz seiner Macht und Blüte erlag aber bas Reich einem Angriff von außen her. Die Hyksos (Hafu=Schafu, »Könige ber Hirten«), semitische Hirtenstämme, brangen um 2100 von Norbosten her ein, stürzten die einheimische Königsherrschaft und den Kriegerstand und setzten Könige aus ihrem Stamm auf den Thron. Bloß in Oberägypten behaupteten sich einheimische, wenn auch tributpflichtige Fürsten. Von Theben ging auch die Befreiung von der Frembherrschaft aus. König Amosis von Theben (1684—59) entriß ben Hyksos Memphis und beschränkte sie auf das östliche Nilbelta. Nur noch in Avaris (bei Pelusion) behaupteten sich die Hyksos noch einige Zeit, wurden aber endlich auch von da, noch 240,000 Mann stark, vertrieben und zum Rückzug nach Syrien gezwungen. Ä. war nun wieder frei und nahm unter der siegreichen thebanischen Dynastie einen mächtigen Aufschwung. Tuthmosis III. (1591—65) unternahm 17 Felbzüge nach Syrien, Mesopotamien, Arabien und Nubien und zwang Hunderte von Städten und Stämmen zur Zahlung von Tribut. Seine Nachfolger Amenophis II. (1565—55), Tuthmosis IV. (1555—24) und Amenophis III. (1524—1488) behnten die ägyptische Herrschaft von Ninive bis hoch in bas obere Nilgebiet aus. Ihre Siege verherrlichten diese Könige burch großartige Palast= und Tempelbauten, womit sie ihre Hauptstadt Theben schmückten. Nachbem barauf unter schwächern Königen die aſiatiſchen Eroberungen wieder verloren gegangen waren, wurde die frühere Macht wiederhergeſtellt und noch vermehrt von den beiden großen Herrſchern Sethos I. (1439—1388) und Ramſes II. (1388—1322), den die Griechen Seſoſtris nannten. Sethos vollbrachte eine Reihe von glücklichen Kriegszügen nach Syrien und Meſopotamien, unterwarf mehrere arabiſche Stämme und erweiterte die Südgrenzen Ägyptens. Ramſes unterjochte Phönikien und Kypros und ließ bei Berytos zwei ſeine Siege darſtellende Bilder in den Felſen hauen. Das Rameſſeum in Theben, die Koloſſalſtatuen des Königs, die Felſentempel von Abu Simbal verherrlichten die Thaten Ramſes' II. Namentlich eroberte er im Süden Dongola und das Wüſtengebiet bis zum Roten Meer. Auf dieſem errichtete der König eine Flotte und begann den Bau eines Kanals, um das Rote Meer mit dem Mittelländiſchen zu verbinden. Bei dem Bau dieſes Kanals und der feſten Stadt Ramſes an demſelben wurde der ſemitiſche Hirtenſtamm der Hebräer, welche ſeit langem unter ägyptiſchem Schutz ihre Herden im Land Goſen weideten, zu harten Fronbienſten gezwungen und zog daher unter König Menephta (1322—1302) nach der Halbinſel Sinai aus, ohne daß es die Ägypter hindern konnten. Zugleich brachen libyſche Stämme von Weſten und europäiſche Inſelvölker vom Meer her in Ä. ein, wurden aber in einer großen Schlacht geſchlagen, und Ramſes III. (1269—44) unterwarf die ganze libyſche Küſte bis zur Grenze des karthagiſchen Gebiets und kämpfte glücklich zur See. Dem dritten Ramſes folgten noch elf Könige dieſes Namens (1244—1091), unter benen aber keine Eroberungszüge unternommen und bloß Nubien behauptet wurde.

Nach dem Erlöſchen der Rameſſiden beſtieg 1091 mit König Smendes eine neue Dynaſtie den ägyptiſchen Thron, welche die Stadt Tanis in Unterägypten zur Reſibenz erwählte. Unter ihr erlangte der Prieſterſtand, beſonders der Oberprieſter des Amun in Theben, herrſchenden Einfluß. Auf die Dynaſtie von Tanis folgte 961 mit Siſak (Geſonchis) ein neues Fürſtenhaus, welches nach der Stadt Bubaſtis, ebenfalls in Unterägypten, benannt wurde. Siſak machte 949 zur Unterſtützung Jerobeams von Israel einen Raubzug gegen Rehabeam von Juda, auf dem er Jeruſalem plünderte. Nachdem die Dynaſtie von Bubaſtis 179 Jahre regiert und dann brei Könige von Tanis und zwei von Saïs gefolgt waren, warb Ä. 730 ber Herrſchaft des äthiopiſchen Reichs unterworfen, welches ſich ſeit 900 am mittlern Nil in dem früher Ä. unterworfenen Nubien gebildet und bereits in Oberägypten feſten Fuß gefaßt hatte. Die Herrſchaft der Äthiopen, welche ſchon in ihrer Heimat ägyptiſche Sprache, Sitten und Religion angenommen hatten, änberte nichts an dem hergebrachten Leben und der beſtehenden Verfaſſung Ägyptens. Die äthiopiſchen Könige Sabako (Saba), Sebichos (Sabataka) und Tirhaka (Tahalka) regierten völlig in der Weiſe der Pharaonen. Sie verſuchten auch, dem Vordringen der aſſyriſchen Macht in Syrien entgegenzutreten. Aber Sabako konnte den Fall Israels nicht hindern und erlitt ſelbſt eine Niederlage. Tirhaka rettete zwar 701 burch den Sieg über ben aſſyriſchen König Sanherib bei Altaku (Eltekuh) das Reich Juda. Aber 672 warb Tirhaka von Sanheribs Nachfolger Aſſarhabbon in Ä. ſelbſt angegriffen und geſchlagen und bamit das äthiopiſche Königtum geſtürzt und Ä. der aſſyriſchen Herrſchaft unterworfen. Aſſarhabbon ſetzte 20 Fürſten als Statthalter über die verſchiedenen Bezirke ein. Alle Verſuche Tirhakas, das Reich wiederzuerobern, mißlangen.

Bei der Bekämpfung der Äthiopen zeigten ſich der Statthalter von Memphis und Saïs, Necho, und ſein Sohn Pſammetich beſonders treu und hülfreich und wurden reich belohnt. Als aber unter Aſſurbanipal das aſſyriſche Reich durch einen großen Aufſtand Babyloniens erſchüttert wurde, erhob ſich Pſammetich 655 gegen die Fremdherrſchaft, errang mit Hülfe ioniſcher und kariſcher Söldner, welche ihm die griechiſchen Städte in Kleinaſien und König Gyges von Lybien geſandt hatten, bei Momemphis einen Sieg über die

Aſſyrer und ſeine Mitfürſten und machte ſich zum Alleinherrſcher von Ä. Er ſicherte die Nordoſtgrenze des Reichs durch Erobe=rung einiger philiſtäiſchen Grenzplätze und durch Anſiedelung der griechiſchen Söld=ner in ſtehenden Lagern am peluſiſchen Nilarm; dieſer Schutz hielt auch die Sky=then vom Eindringen in Ä. ab. Zwar war Pſammetich bemüht, das alte ägyp=tiſche Weſen, namentlich den religiöſen Kultus, in ſeinem Glanz und ſeiner Pracht wiederherzuſtellen; aber er öffnete zum Dank für geleiſtete Hülfe den Frem=ben die ägyptiſchen Häfen, erlaubte den Mileſiern die Errichtung einer Kolonie in Naukratis am kanobiſchen Nilarm und den Phönikern die Anſiedelung in Mem=phis, begünſtigte die kariſchen und ioni=ſchen Söldner durch reichliche Landver=teilung und ließ ägyptiſche Knaben, aus denen ſpäter die Kaſte der Dolmetſcher er=wuchs, ja ſogar ſeine eignen Söhne in der griechiſchen Sprache unterrichten. Die einheimiſchen Krieger wurden dagegen zurückgeſetzt, und entrüſtet hierüber wan=derten 200,000 Mann nach Äthiopien aus. Pſammetichs Sohn und Nachfolger Necho (610—595) beſchloß, den Zuſam=menbruch des aſſyriſchen Reichs zu be=nutzen, um Ägyptens Herrſchaft wieder über Syrien auszudehnen. Er erbaute eine Kriegsflotte im Mittelmeer, landete 609 an der Küſte Paläſtinas, beſiegte bei Megibbo den König Joſias von Juda, der in der Schlacht fiel, und eroberte im Laufe von drei Jahren ganz Syrien bis nach Hamath und Damaskos hin. Aber als er 605 nach Meſopotamien vordrang, ward er von den Babyloniern unter Nebukad=nezar, denen inzwiſchen die Eroberung Ninives und die Zerſtörung des aſſyriſchen Reichs gelungen war, bei Karchemis am Euphrat vollſtändig geſchlagen· und verlor alle ſeine Eroberungen in Syrien an den ſiegreichen babyloniſchen König. Trotz dieſes Mißerfolgs faßte Necho be=deutende maritime Pläne; auch auf dem Roten Meer erbaute er eine Flotte, nahm die Durchſtechung der Landenge von Suez durch einen Kanal, das unvollendete Werk Ramſes' II., wieder auf und ließ durch phönikiſche Seeleute Afrika umſchiffen.

Doch ſein früher Tod unterbrach ſeine Unternehmungen; der Kanal wurde trotz eifriger Arbeit nur bis zu den Bittern Seen fortgeführt. Nach der kurzen Regie=rung Pſammetichs II. (595—589) ver=ſuchte Nechos Enkel Hophra (Apries, 589—570), Nebukadnezars Vordringen in Syrien zu hemmen und durch Unter=ſtützung Judas die Nordoſtgrenze ſeines Reichs zu ſchützen. Aber er wurde 587 von den Babyloniern geſchlagen, worauf auch Jeruſalem fiel. Auch ein Heereszug, den er gegen Kyrene unternehmen ließ, endete mit einer Niederlage der ägyptiſchen Krie=ger, die, wähnend, der König habe ſie ab=ſichtlich ins Verberben geſchickt, die frem=den Söldner·aber geſchont, ſich auf dem Rückzug empörten und Amaſis, den Ho=phra ausgeſchickt, um ſie zum Gehorſam zurückzuführen, zum König ausriefen. Hophra zog· den Aufſtändiſchen an der Spitze der Jonier und Karer entgegen, ward aber 570 bei Momemphis beſiegt und von dem wütenden Volk erwürgt. Obwohl aus Haß und Argwohn gegen die Fremden auf den Thron erhoben, befolgte Amaſis (570—526) doch das Syſtem ſei=ner Vorgänger aus dem Geſchlecht Pſam=metichs und bemühte ſich, das alte Ä. zu einem ägyptiſch=griechiſchen Staat umzu=geſtalten. Die Ägypter ſuchte er durch groß=artige Tempelbauten, eifrige Pflege des Gottesdienſtes und erfolgreiche Fürſorge für den Wohlſtand des Landes zu gewinnen; daſſelbe ſoll unter ihm ſo blühend und volk=reich geworden ſein, daß es 20,000 Gemein=den zählte. Er galt für einen milden, gerech=ten Herrſcher. Aber er verſäumte es, das Reich rechtzeitig vor der drohenden Gefahr von Oſten her zu ſichern. Schon rüſtete der Perſerkönig Kambyſes zu dem Heereszug gegen Ä., als Amaſis 526 ſtarb und ſeinem Sohn Pſammetich III. (Pſamme=nit) die ſchwere Aufgabe hinterließ, dem perſiſchen Angriff zu widerſtehen. Kambyſes ſchritt 525, nachdem er die Fürſten von Kypros und Polykrates zum Abfall von Ä. bewogen, zum Angriff auf Pſammetich, der ſich den Perſern bei Pelu=ſion entgegenſtellte, aber in einer blutigen Schlacht gänzlich beſiegt wurde. Pſamme=tich ſchloß ſich darauf in Memphis ein, das aber mit Hülfe der phönikischen und griechischen Flotte bald erobert wurde. Ohne weitern Widerstand unterwarf sich nun das Land den Persern. Psammetich wurde allerdings wegen eines Empörungs= versuchs später getötet, aber sonst wurde in Ä. durch die neue Herrschaft in Kultus, Ver= waltung, Gesetz und Recht nichts geändert, nur ein persischer Satrap an die Spitze des Landes gestellt und persische Besatzung in die wichtigsten Plätze gelegt. Dennoch herrschte Unzufriedenheit, und die Ägypter machten wiederholte und mit Hartnäckigkeit unter= nommene Versuche, das fremde Joch abzu= schütteln. Die Empörungen, welche 485 und 460 ausbrachen, und von denen die letztere unter dem Libyer Inaros von den Athenern unterstützt ward, wurden von den Persern unterdrückt; nur in den Sümpfen des Deltas behaupteten sich die Aufständischen unter Amyrtäos. Um 370 erhob sich Nektanabis I. und befreite einen großen Teil des Nillands von der Fremd= herrschaft; er regierte bis 361 und ver= herrlichte seinen Namen, wie die alten Pharaonen, durch Tempelbauten, Denk= mäler und Inschriften. Nach dem Sturze seines Sohns Tachos erlangte sein Enkel Nektanabis II. 358 die Herrschaft in Mem= phis. Aber 346 wurde er von dem persi= schen Heer unter Artarerres Ochos bei Pe= lusion geschlagen und flüchtete nach Äthio= pien, während in Ä. die Perser besonders gegen die Priester und benägyptischen Kul= tus grausam wüteten und das Land hart bedrückten. Daher wurde Alexander d. Gr., als er 332 siegreich an den Grenzen Ägyptens erschien, als Befreier von der verhaßten Perserherrschaft freudig begrüßt. Alle Städte öffneten ihm die Thore, und ohne jeden Widerstand bemächtigte er sich des reichen Landes. Er achtete dessen Re= ligion, Sitten und Gebräuche und opferte selbst den ägyptischen Gottheiten; die Priesterschaft des Ammonion in der Oase Siuah begrüßte den König als Sohn des Gottes Amun. Um aber zugleich die Verschmelzung des griechischen mit dem ägyptischen Wesen zu befördern und dem Hellenismus in Ä. zur dauernden Herrschaft zu verhelfen, gründete Alex= ander am westlichen Nilarm die Stadt

Alexandria, die durch ihre günstige Lage bald Mittelpunkt des Handels und Ver= kehrs im Orient und der hellenistischen Weltlitteratur und Weltbildung wurde. Nach dem Tode des großen Eroberers und der Auflösung seines Weltreichs wurde Ä. wieder ein selbständiges Reich unter seinem bisherigen Statthalter, dem Lagi= den Ptolemäos. Dieser legte den Grund zu einer großen Militär= und Seemacht, zu einem ausgedehnten, streng geglieder= ten Verwaltungs=, Steuer= und Gerichts= wesen unter einem unbeschränkten König= tum und zu den großartigen wissenschaft= lichen Anstalten in Alexandria. Während im Innern Handel und Gewerbe auf= blühten, stieg durch Eroberung Kyrenes, Palästinas, eines großen Teils von Syrien und Kypros die äußere Macht des Reichs fast bis zur frühern Höhe. Die Ptolemäer geboten über ein Heer von 200,000 Mann, 1500 Kriegsschiffe und 15,000 Talente (54 Mill. Mark) jährlicher Einkünfte. Träger dieses neuen Kultur= und Geistes= lebens waren allerdings die Griechen; die hellenische Sprache war die Hof= und Staatssprache. Aber daneben blieben die alten Götter, die hierarchischen Einrich= tungen, die Kultusformen, der Unterschied der Stände, die frühern Gebräuche. In die Religion mischten sich mancherlei grie= chische Elemente, aber ihren Mittelpunkt bildete doch der prachtvolle Serapis= (Osi= ris=Apis=) und Isisdienst. Die großarti= gen Bauten der Ptolemäerzeit bewahrten den altägyptischen Baustil. So bestand Ä. als eins der blühendsten Länder der alten Welt, bis es nach der Niederlage der letzten Ptolemäerin, Kleopatra, bei Actium und deren Tod 30 v. Chr. von Octavianus zur römischen Provinz gemacht ward, die von den Kaisern direkt durch Statthalter verwaltet wurde. Das Land war fortan die Kornkammer des römischen Reichs, und seine materielle Blüte überstieg noch die Zeit der Pha= raonen und Ptolemäer. Noch standen die herrlichen Bauten und Denkmäler der Vorzeit trotz des Alters von Jahrtausenden unversehrt, und das altägyptische Wesen war trotz jahrhundertelanger Berührung mit dem Ausland, trotz der zahlreichen

griechischen Bevölkerung noch wenig ver=
ändert. Erst das Eindringen des Chri=
stentums untergrub die Grundlage des=
selben, den althergebrachten Götterkultus.
Das drückende Besteuerungssystem trieb
das niedre Volk mitunter zu Empörun=
gen, die zwar unterdrückt wurden, aber
allmählich Verfall und Verarmung zur
Folge hatten. Fremde Eroberer, wie der
Sassanide Chosroës, verheerten das Land,
und 638 fiel es unter die Herrschaft der
Araber, unter der das alte Ä. gänzlich
verschwand und die großartigen Überreste
desselben in Verfall und Vergessenheit ge=
rieten, denen sie erst durch Napoleon Bo=
napartes ägyptische Expedition 1798 wie=
der entrissen wurden.

Vgl. »Description de l'Égypte« (fran=
zösische Expedition; 2. Ausg., Par. 1820—
1830, 26 Bde. Text und 12 Bde. Kupfer);
Lepsius, Denkmäler aus Ä. und Äthio=
pien (Berl. 1849—59); Brugsch, Geo=
graphische Inschriften altägyptischer Denk=
mäler (Leipz. 1857—60, 3 Bde.; Bd. 1
unter dem Titel: »Geographie des alten
Ä.«); Ebers, Ä. in Bild und Wort
(Stuttg. 1878—80, 2 Bde.); Bunsen,
Ägyptens Stelle in der Weltgeschichte
(Hamb. 1844—57, 5 Bde.); Brugsch,
Geschichte Ägyptens unter den Pharaonen
(Leipz. 1877); Lauth, Ägyptische Chro=
nologie (Münch. 1877); Wiedemann,
Geschichte Ägyptens von Psammetich I.
bis auf Alexander d. Gr. (Leipz. 1880).

Ahab, König von Israel, Sohn Omris,
folgte diesem 875 v. Chr. auf dem Thron
und behauptete die von seinem Vater er=
worbene Machtstellung. Mit Tyros stand
er in freundschaftlicher Verbindung und
vermählte sich mit Isebel, der Tochter
König Ethbaals; auch mit dem Reiche
Juda knüpfte er ein Familienbündnis
an, indem er seine Tochter Athalja mit
König Jehoram verheiratete. Er herrschte
über die Moabiter und Ammoniter, be=
siegte in mehreren Schlachten den König
Benhadad von Damaskus und wehrte, mit
diesem vereint, 854 einen Angriff der
Assyrer ab. Da er aber seiner Gemahlin
zu Gefallen in seiner Hauptstadt Samaria
den phönikischen Gottheiten Baal und
Astarte Tempel errichten ließ, erregte er

die Opposition der Propheten und ihres
Führers Elia gegen sich. A. vertrieb die
Priester Jehovahs, aber infolge einer
Dürre und Hungersnot erhob sich das
Volk, erschlug die Baalspriester, und A.
mußte den Propheten die Rückkehr ge=
statten. In einem neuen Krieg mit Da=
maskos fiel der König tapfer kämpfend 853
bei Ramoth. Ihm folgte sein Sohn Ahasja.

Ahas, König von Juda 734—728 v.
Chr., rief, von Philistäern und Edomitern
bedrängt, zugleich von den Königen von
Israel und Damaskos angegriffen,
Tiglath Pilesar, den König von Assyrien,
zu Hülfe, indem er ihm alle Schätze des
Tempels und des Königspalastes schickte.
Tiglath Pilesar unterwarf auch A.'
Feinde, zwang ihn selbst aber, ihm in Da=
maskos zu huldigen, Tribut zu zahlen
und assyrischen Götzendienst in Jerusalem
einzuführen.

Ahasverus, hebr. Form des persischen
Königsnamens Xerxes.

Aias (Ajar), Name zweier grie=
chischen Helden im Trojanischen Krieg:
1) A. der Lokrer oder der Kleinere,
Sohn des Oïleus, Königs von Lokris.
Er führte die Lokrer in 40 Schiffen nach
Troja, wo er einer der tapfersten Streiter
war, klein zwar und in leinenem Panzer,
aber ein ausgezeichneter Speerwerfer und
nächst Achilleus der schnellste Läufer. Be=
sonders zeichnete er sich im Kampf um
die Leiche des Patroklos aus. Da er Kas=
sandra bei der Einnahme der Stadt vom
Altar der Athene wegriß, ließ ihn die
Göttin am südlichen Vorgebirge Euböas
scheitern, und da der übermütige der
Hülfe Poseidons trotzig zurückwies, zer=
schmetterte dieser ihn an den Felsklippen.
Die opuntischen Lokrer verehrten ihn als
Heros und ließen ihm als Helfer im
Kampf in ihrer Schlachtordnung stets
einen Platz offen.

2) A. der Große oder der Salami=
nier, Sohn des Aakiben Telamon, Kö=
nigs von Salamis, Bruder des Teukros,
kam mit zwölf Schiffen nach Troja und war
nächst Achilleus der stärkste und tapferste
Kämpfer, als dieser sich vom Kampf zurück=
zog, der »Turm der Achäer«, welcher einst
allein ihnen auf der Flucht nach dem Lager

den Rücken deckte. Er nahm um Patroklos' Leiche den Kampf mit Hektor auf. Als beim Wettstreit um die Waffen des Achilleus nicht ihm, sondern Odysseus der Preis erteilt wurde, gab er sich selbst den Tod; nach Pindar verfiel er infolge der Zurücksetzung in Wahnsinn, wütete im Glauben, es seien die verhaßten Griechen, mordend unter den Herden des Heers und stürzte sich, als er aus seiner Raserei erwachte, aus Scham in sein Schwert. Dies unglückliche Ende behandelte Sophokles in seiner Tragödie »Der rasende A.« In Attika ward er als Nationalheros verehrt, ihm zu Ehren das Fest der Aiantien gefeiert und die Phyle Aiantis benannt.

Ajax, s. Aias.

Aineias, s. Aneias.

Akanthos, Stadt auf der Halbinsel Chalkidike am Strymonischen Meerbusen (s. Akte).

Akarnanien (Akarnanía), westlichste Landschaft von Mittelgriechenland, ein rauhes, wald- und weidereiches Gebirgsland, im O. an Ätolien grenzend, im N. vom Ambrakischen Meerbusen, im W. und S. vom Jonischen Meer bespült, vom Acheloos durchflossen, an dessen Ufern allein sich zum Ackerbau geeignete Flächen finden. Die Einwohner (Akarnanen), welche der Sage nach zur Zeit des Trojanischen Kriegs von Akarnan, dem Sohn des Alkmäon, von dem sie auch den Namen erhielten, nach A. geführt wurden, gehörten zu den illyrischen oder epeirotischen Stämmen, wie denn das Land in älterer Zeit zu Epirus gerechnet wurde, waren ein Naturvolk von einfachen, aber rohen Sitten, kriegerisch und namentlich geschickte Schleuderer und nahmen die griechische Sprache (im dorischen Dialekt) und Sitte erst von den korinthischen Kolonien an, welche seit dem 7. Jahrh. v. Chr. an ihrer Küste gegründet wurden. Unter diesen war Anaktorion am Eingang des Ambrakischen Meerbusens die bedeutendste. In ihrem Gebiet lag auf Aktion der Tempel des Apollon, das Bundesheiligtum der akarnanischen Städte, während die Bundesversammlung bis 300 in Stratos gehalten wurde. An der politischen und geistigen Entwickelung Griechenlands nahmen die Akarnanen fast

gar keinen Anteil. Im Peloponnesischen Krieg hielten sie zu den Athenern, später waren sie heftige Feinde des Ätolischen Bundes und standen daher auch auf seiten König Philipps III. von Makedonien, unterwarfen sich aber nach der Schlacht von Kynoskephalä 197 den Römern, und ihr Land wurde zur Provinz Epirus geschlagen.

Akkádier (Akkabs), altes Volk, welches das Euphrat- und Tigrisgebiet in ältester Zeit bewohnte und eine nicht flektierende, agglutinierende Sprache redete, also nicht semitisch, wahrscheinlich turanisch war. Sie werden auch Sumerier genannt. Sie besaßen bereits eine bedeutende Kultur, welche die Semiten, die spätern Einwohner jenes Gebiets, neben denen sich aber die A. noch lange behaupteten, von ihnen annahmen. Die auf den bilinguen Thontäfelchen der Bibliothek Assurbanipals erhaltenen Lieder, Hymnen, Gesetzsammlungen, Schriften astronomisch-astrologischen Inhalts u. a. zeigen, daß sie sorgfältige astronomische Beobachtungen anstellten, ihren Rechnungen das Seragesimalsystem zu Grunde legten, welches sich bis auf unsre Zeit in der Einteilung der Stunde und Minute, der Grade 2c. erhalten hat, daß sie eine reich entwickelte Religion besaßen, aus der Gottheiten wie Istar (Astarte), Sin, Nergal u. a. in die semitische Religion übergingen; endlich besaßen sie die Keilschrift, welche nicht bloß Assyrer und Babylonier, sondern auch Meder und Perser von ihnen annahmen.

Akragas, s. Agrigent.

Akrokeraunia, das nordwestlichste Vorgebirge Griechenlands, mit dem das Keraunische Gebirge am Adriatischen Meer endete (jetzt Kap Linguetta).

Akropolis (»Oberstadt«), Burg, Feste, eine hoch gelegene, durch Natur und Kunst befestigte und die Stadt und Umgegend beherrschende Festung über der Stadt, welche als Schutz- und Zufluchtsort diente und daher auch die wichtigsten Gebäude, namentlich Tempel, in sich schloß. Am berühmtesten ist die A. von Athen, ferner die von Korinth (Akrokorinth), Theben (Kadmeia), Messene (Jthome) u. a.

Akte, 1) südöstliche Landzunge der

Halbinsel Chalkidike zwischen dem Singitischen u. Strymonischen Meerbusen, deren äußerste Spitze der Berg Athos bildete; die Landzunge ward 480 v. Chr. bei Akanthos auf Befehl des Xerxes durch einen künstlichen Kanal durchstochen, damit die Flotte den gefährlichen Athos vermeiden könne. — 2) Name der Argolischen Halbinsel bei den Joniern, s. Argolis.

Aktike, s. Attika.

Aktion, s. Actium.

Alänen (Alāni), sarmat. Reitervolk, erst am Kaukasos wohnhaft, wo sie 65 v. Chr. von Pompejus bekämpft wurden, und von wo sie zur Zeit Vespasians in Medien und Armenien einfielen; später wanderten sie nach dem südlichen Rußland, machten wiederholte Einfälle in das Römische Reich, wurden 375 n. Chr. von den Hunnen unterworfen und zogen 411 nach Frankreich und Spanien, wo sie mit andern Völkern verschmolzen und ihr Name verschwand.

Alba, Name zahlreicher Städte im Altertum. Bemerkenswert: 1) A. Fucentia, am Lacus Fucinus im Lande der Äquer auf hohem Felsen gelegen und mit gewaltigen kyklopischen Mauern, die gut erhalten sind, umgeben (jetzt Alba); seiner festen Lage wegen diente es den Römern als Staatsgefängnis, z. B. für König Perseus von Makedonien. Die Bewohner hießen Albenses zum Unterschied von Albani, den Bewohnern von — 2) A. longa, einer alten Stadt in Latium, welche sich am Fuß des Mons Albanus und über dem Albanersee in einer einzigen langen Straße erstreckte. Nach der Sage wurde sie von Askanios, dem Sohn des Äneias, gegründet und von 14 Königen beherrscht, bis die Herrschaft mit Romulus, dem Enkel des Numitor, auf das neu gegründete Rom überging und die Stadt wegen des Verrats ihres Diktators Mettius Fuffetius zerstört, ihre Bewohner nach Rom auf den Mons Cälius verpflanzt wurden. Die Stadt wurde nicht wiederaufgebaut, indes bauten sich die Römer später in der herrlichen Umgebung, doch mehr westlich vom See, an der Appischen Straße, zahlreiche Landhäuser, aus denen das Municipium Albanum (jetzt Albano) entstand.

Albánergebirge (Montes Albāni), vulkanische Gebirgsgruppe, 22 km südöstlich von Rom. Über dem Rande des innern Kraters (jetzt »Hannibals Lager«) erhebt sich der Mons Albanus (jetzt Monte Cavo), 955 m hoch, mit dem Tempel des Jupiter Latiaris, bei dem das Bundesfest der Latiner, die Feriæ Latinæ, gefeiert wurde. Römische Feldherren, denen ein vollständiger Triumphzug zum Kapitol versagt war, feierten ihn hier. Den innern Krater umgibt ein größerer und älterer mit den beiden Trichterseen, dem Lacus Albanus, dessen Wasserspiegel ein alter Abzugskanal oder Emissar regelte, und dem Lacus Nemorensis oder Speculum Dianæ (jetzt Lago di Nemi), sowie dem Mons Algidus auf dem Nordostrand.

Albúla, s. Tiber.

Alcibiádes, s. Alkibiades.

Alemannen (Alemanni), german. Völkerbund zwischen Oberrhein, Donau und Main, in zehn Gaue unter besondern Königen geteilt, begann im 3. Jahrh. n. Chr. Angriffe auf die Agri decumates und wurde den Römern furchtbar durch seine Reiterei. Caracalla legte sich zwar wegen eines Siegs über die A. 213 den Namen Alemannicus bei, doch drangen sie unter Gallienus und Aurelianus (270) sogar in Italien ein. Probus jagte sie 278 wieder über den römischen Grenzwall zurück, und Julianus errang 357 einen großen Sieg über sie bei Straßburg; doch behaupteten sie schließlich das Gebiet zu beiden Seiten des Oberrheins.

Alesia, hoch gelegene feste Stadt im Gebiet der Mandubier in Gallia Lugdunensis, berühmt durch die Verteidigung der Gallier unter Vercingetorix und Cäsars Belagerung 52 n. Chr.; jetzt Alise Sainte Reine am Berg Aurois bei Flavigny im Departement Côte d'Or. Napoleon III. ließ auf der Spitze des Bergs eine Kolossalstatue des Vercingetorix errichten.

Aleuaden (Aleuadæ), thessal. Herrschergeschlecht, das seinen Ursprung von dem Herakliden Aleuas ableitete. Sie residierten in Larissa. Während der Perserkriege schlossen sie sich den Persern, später, durch die Tyrannen von Pherä in ihrer Macht beschränkt, Makedonien an.

Alexander (griech. Alexandros, b. h. der Männerbeschützende), Name mehrerer makedonischen und epeirotischen Könige. Der berühmteste ist:

1) A. der Große, der größte Eroberer aller Zeiten, Sohn des Königs Philipp und der Olympias, der Tochter des Aakiden Neoptolemos von Epeiros, geboren im Herbst 356 v. Chr. zu Pella, ward zuerst von einem Verwandten seiner Mutter, Leonidas, einem rauhen und strengen Mann, erzogen und mit 13 Jahren dem berühmten Philosophen Aristoteles aus Stageiros übergeben, der in dem ehrgeizigen, feurigen Knaben jene Hoheit und Strenge des Denkens zu wecken wußte, die seine Leidenschaften adelte und seiner Kraft Maß und Bewußtsein gab. Jeder sinnlichen Ausschweifung feind, brannte der Jüngling nur vor Begierde nach Ruhm und war von schwärmerischer Begeisterung für seine Ideale erfüllt. Frühzeitiges Lesen des Homer erfüllte ihn mit dem glühenden Wunsch, Achilleus nachzueifern. Wie dieser den Patroklos, so liebte er seinen Jugendfreund Hephästion. In allen ritterlichen Übungen zeichnete er sich aus; schon sein Äußeres: der heftige Gang, der funkelnde Blick, das zurückfliegende Haar, die Gewalt der Stimme, kündigte den Helden an. Unter seines Vaters Leitung that er sich bald im Krieg hervor, und der Sieg von Chäroneia (338) wurde durch seine persönliche Tapferkeit gewonnen. Sein Vater Philipp erwartete Großes von ihm. Später störten jedoch die Verstoßung der Olympias und die zweite Vermählung Philipps mit Kleopatra das Einvernehmen zwischen Vater und Sohn und führten Konflikte herbei, die mühsam beigelegt wurden.

Nach der Ermordung Philipps 336 bestieg A., 20 Jahre alt, den Thron. Der Thronwechsel rief einige Verwirrung hervor. Alexanders Erbrecht wurde bestritten, und Griechenland reizte Demosthenes sofort zur Erhebung gegen die Fremdherrschaft auf. Aber der junge König ergriff die Zügel der Herrschaft mit sicherer Hand. Attalos, der Oheim der Kleopatra, der von Philipp mit einem Heer nach Kleinasien geschickt worden war und sich

für das Thronrecht des jungen Sohns der Kleopatra erklärte, wurde getötet, während Olympias sich an Kleopatra durch ihre und ihres Kindes Ermordung rächte. Schon vorher war A. nach Hellas geeilt; er passierte ungehindert die Thermopylen, besetzte Theben und ließ sich in den Amphiktyonenbund aufnehmen und auf der Bundesversammlung in Korinth zum Oberfeldherrn gegen die Perser erwählen; denn die Eroberung Asiens war das Ziel, das seinem hochstrebenden Geist von Anfang an stets vor Augen schwebte. 335 zog er nach Norden gegen die Triballer, welche er bis über die Donau verfolgte und zur Unterwerfung zwang, und nötigte sodann die illyrischen Völker im Nordwesten Makedoniens zum Frieden. Die falsche Nachricht von seinem Tod rief in Griechenland einen Aufstand hervor: Theben vertrieb die makedonische Besatzung und Athen rüstete energisch zum Kampf. Aber ehe sich noch die Aufständischen vereinigt hatten, erschien A. mit 23,000 Mann in Böotien, erstürmte Theben mit Hülfe der demselben feindlichen Griechen und gab es völliger Vernichtung preis; nach diesem Strafgericht gewährte er den übrigen Griechen Amnestie und überließ den Athenern, denen er aus Rücksicht auf ihre glänzende Vergangenheit und ihre geistige Größe besondere Ehre erwies, die Bestrafung der Anstifter der Empörung. Nach Makedonien zurückgekehrt, rüstete er nun für den Krieg gegen Persien, der ein Rachezug für die einstigen Angriffe der Perser auf Hellas sein und den Orient unter Alexanders Herrschaft zu einem Reich vereinigen sollte, das durch Verschmelzung der orientalischen Kultur mit der höhern hellenischen die Civilisation der Welt zu steigern und auszubreiten bestimmt war.

Nachdem der König Antipatros mit 13,500 Mann als Reichsverweser Makedoniens und als Hüter der unterworfenen Barbaren und der Hegemonie über Hellas in Europa zurückgelassen, trat er im Frühjahr 334 mit einem Heer von 30,000 Mann zu Fuß und 5000 Reitern, teils Makedoniern, teils griechischen Hülfstruppen, seinen Zug an, überschritt den Hellespont, opferte bei Ilion am Grab des Achilleus

und zog dann den persischen Satrapen ent=
gegen, welche, 40,000 Mann stark, barunter
20,000 griechische Söldner unter dem Rho=
bier Memnon, sich am Fluß Granikos
in Phrygien aufgestellt hatten. A. er=
zwang in heftigem Kampf mit der feind=
lichen Reiterei, in welchem er durch den
schwarzen Kleitos vom Tod errettet wurde,
den Übergang über den Fluß und besiegte
dann auch die griechischen Söldner, die
bis auf wenige niedergemetzelt wurden.
Nach diesem Sieg beschloß A., sich der
Küsten des Perserreichs zu bemächtigen,
um die feindliche Flotte, welcher er eine
eigne nicht entgegenstellen konnte, un=
schädlich zu machen und Persien von dem
Meer und den Griechen abzuschneiden.
Er besetzte die Städte an der Westküste
Kleinasiens, meist ohne Widerstand zu fin=
den, und gab ihnen ihre Autonomie und
demokratische Verfassung zurück; nur Mi=
let und das von Memnon hartnäckig ver=
teibigte Halikarnaß mußten erstürmt wer=
den. Nachdem er die Küsten Lykiens, Pam=
phyliens und Pisidiens in seine Gewalt
gebracht, wandte er sich nach der Mitte
der Halbinsel und überwinterte in Gor=
bion, wo er den Schicksalsknoten des Gor=
bois mit dem Schwerte durchhieb und da=
mit ein Anrecht auf die Herrschaft Asiens
gewann.
Im Frühjahr 333 unterwarf A., durch
4000 Neugeworbene verstärkt, Kappado=
kien und zog über den Tauros nach Kili=
kien. In Tarsos erkrankte er infolge eines
Bades im Kydnos heftig, wurde aber durch
seinen Leibarzt Philippos gerettet. Von
hier rückte er im November dem persischen
Heer, das König Dareios selbst gegen
ihn heranführte, durch die Strandpässe bis
Myriandros entgegen, kehrte aber auf die
Kunde, daß Dareios in seinem Rücken die
Amanischen Pässe überschritten habe und
bei Issos am Fluß Pinaros stehe, dahin
um und griff das gewaltige, zehnmal stär=
kere Perserheer sofort an; er warf sich mit
aller Macht gegen die Mitte, wo Dareios
selbst kämpfte, und zersprengte hier die
feindliche Schlachtreihe. Die Flucht des
Dareios riß das ganze Heer mit fort,
kräftige Verfolgung bewirkte seine gänz=
liche Auflösung. Das persische Lager mit

ungeheuren Schätzen und der Familie des
Perserkönigs geriet in Alexanders Ge=
walt. Die Friedensvorschläge des Dareios,
der eine Teilung des Reichs anbot, wies
er zurück; er wollte König von ganz Asien
sein. An seinem ursprünglichen Plan fest=
haltend, folgte er den Persern nicht in das
Innere, sondern bemächtigte sich erst der
syrischen Küste, wo ihm Tyros sieben Mo=
nate lang hartnäckigen Widerstand leistete,
auch Gaza mit Gewalt bezwungen werden
mußte, während Samaria und Jerusa=
lem freiwillig ihre Thore öffneten, und
erreichte nach siebentägigem Wüstenmarsch
Ägypten, dessen Bevölkerung ihn als Be=
freier von der verhaßten Herrschaft der
Perser begrüßte. Der König ehrte hier, wie
überall sonst in den eroberten Ländern, die
einheimischen Gottheiten durch Opfer und
Feste und ward von der dankbaren Prie=
sterschaft, als er das berühmte Heiligtum
des Amun in der libyschen Oase Ammo=
nion (Siuah) besuchte, für einen Sohn
des Gottes erklärt. Zugleich aber bereitete
er durch Gründung der Stadt Alexandria
am westlichen Nilarm die Ausbreitung
hellenischer Kultur über Ägypten vor.
Da inzwischen Dareios in Babylonien
ein neues ungeheures Heer gesammelt
hatte, zog A. im Frühjahr 331 durch Sy=
rien in das Innere des persischen Reichs,
überschritt den Euphrat bei Thapsakos,
den Tigris, ohne Widerstand zu finden,
bei Bedzabbe und stieß auf das Perserheer
in der Ebene von Arbela in Assyrien, bei
Gaugamela in der Nähe der Ruinen des
alten Ninive. Hier fand 1. Okt. 331 die
britte Entscheidungsschlacht statt, in wel=
cher zwar der rechte persische Flügel sieg=
reich vordrang und das makedonische La=
ger eroberte, A. selbst aber mit der Pha=
lanr das feindliche Centrum durchbrach
und dies und den König selbst in die Flucht
schlug, auf der sich das Heer auflöste. Die
Schätze, der Wagen und die Waffen des
Dareios wurden wiederum die Beute des
Siegers. Mit dieser Schlacht war die
Macht des Großkönigs gebrochen, und
während er selbst mit einem kleinen Reste
des Heers nach Ekbatana floh, begann
die Auflösung des Reichs. Als A. sich von
Arbela wieder nach Süden wandte, um

die Hauptstädte des Reichs zu besetzen, öffnete ihm der Satrap Mazäos freiwillig die Thore von Babylon. Viele Satrapen und Große schlossen sich dem Sieger an, der sie im Besitz ihrer Provinzen und Würden ließ und nur die militärischen Kommandos Makedoniern verlieh. Die Bevölkerung gewann A. für sich durch Achtung ihrer Sitten und religiösen Gebräuche sowie durch Annahme des gewohnten orientalischen Ceremoniells und Prunks. Susa mit seinen ungeheuren Schätzen wurde mit leichter Mühe genommen. In ben von Susiana nach Persis führenden Pässen leisteten die Urier und der Satrap Ariobarzanes noch hartnäckigen Widerstand, nach dessen Überwindung auch die persischen Königsstädte Persepolis und Pasargadä erobert wurden; der berühmte Palast von Persepolis ging in Flammen auf.

Erst im Frühjahr 330 brach A. zur Verfolgung des Dareios nach dem Norden auf. Ekbatana hatte derselbe bereits verlassen; die Stadt fiel daher ohne Schwertstreich in die Hände Alexanders, der Parmenion daselbst zurückließ. In höchster Eile folgte der König dem Dareios, der durch die Kaspischen Thore nach Hyrkanien geflohen war. Aber er erreichte ihn nicht mehr. Dareios war auf der Flucht von den aufrührerischen Satrapen gefangen genommen und, als die Makedonier herannahten, von Bessos ermordet worden. A. ließ seinen Leichnam in Persepolis bestatten und betrachtete sich fortan als seinen Nachfolger in der Herrschaft über Asien; zugleich beschloß er, die blutige That an den Mördern zu rächen. Diese waren nach den östlichen Provinzen geflüchtet und entschlossen, deren Unabhängigkeit zu verteidigen. Bessos nahm in Baktrien die Tiara mit dem Königsnamen Artaxerxes an. Als A. aber nach der Unterwerfung Hyrkaniens nach Osten aufbrach, um Baktrien anzugreifen, wurde er durch einen Aufstand des Satrapen von Areia genötigt, sich nach dem Süden zu wenden. Er setzte sich noch 330 in den Besitz der Provinzen Areia, Drangiana und Arachosien, wo er die Stadt Alexandreia gründete, die (jetzt Kandahar) seinen

Namen bis auf die Gegenwart erhalten hat, und schnitt hierdurch Baktrien und die nordöstlichen Provinzen von dem übrigen Perserreich ab. Den Winter brachte er zu Prophthasia in Drangiana zu. Hier kam es zur Entdeckung einer Verschwörung im Heer. A. hatte dadurch, daß er die Völker des persischen Reichs nicht bloß unterjochen, sondern für sich gewinnen, ihre Eigenart schonen, aber sie von dem bisherigen harten Druck befreien und zu einer höhern Kulturentwickelung befähigen wollte, das Mißtrauen und den Unwillen vieler Makedonier, auch hochgestellter Heerführer, erregt. Er behandelte zwar seine Landsleute nach wie vor als seine Freunde und Kriegskameraden und verlangte bloß von den Asiaten die gewohnten sklavischen Zeichen der Unterwürfigkeit und zeigte sich nur ihnen in orientalischem Pomp. Aber er ließ viele vornehme Eingeborne in hohen Ämtern und zog sie zu Rate. Dies erregte Neid und Argwohn. Mit Ungestüm forderten viele Makedonier Ende des Kriegs, Teilung der Siegesbeute und Rückkehr in die Heimat; nicht um ein asiatisches Reich zu gründen und endlose Feldzüge mitzumachen, sondern um des Ruhms und der Beute willen waren sie A. gefolgt. Besonders waren es Parmenion und sein Sohn Philotas, der Befehlshaber der Leibwache, gewesen, welche die Unzufriedenheit des Heers genährt und sogar die Ermordung des Königs geplant hatten. In Prophthasia kam die Verschwörung zur Anzeige; Philotas wurde durch die Folter zum Geständnis gezwungen und vom Heer zum Tod verurteilt und hingerichtet, Parmenion in Ekbatana heimlich ermordet.

Im Frühjahr 329 trat A. den Weitermarsch nach Baktrien an. Er überschritt unter unsäglichen Mühen und Gefahren die hohen Pässe des Hindukusch und kam Bessos in den Rücken, der zwar floh, aber von seinen Genossen ausgeliefert und 328 in Ekbatana hingerichtet wurde. A. drang darauf unaufhaltsam durch Sogdiana über die letzte Stadt des persischen Reichs, Kyropolis, nach Norden vor und erreichte den Jaxartes, an dessen Ufern er das äußerste Alexandreia (A. eschate) grünbete. Ja, er überschritt den Fluß und zwang die Skythen zur Unterwerfung. Wiederholte Empörungen in Sogbiana hielten den König längere Zeit im Norden fest. Während eines längern Aufenthalts in Marakanda ermordete er 328 im Jähzorn seinen Lebensretter Kleitos; auch eine neue Verschwörung einiger Edelknaben und des griechischen Rhetors Kallisthenes gegen das Leben des Königs, da derselbe auch von den Griechen die Proskynesis (Begrüßung des Königs durch Niederwerfen) verlangt hatte, bildete sich, wurde aber entdeckt. Endlich 327 wurde die Ruhe in Sogbiana durch Bezwingung der schwer einnehmbaren Felsenburgen wiederhergestellt. Bei der Einnahme der Burg des Oxhartes fiel dessen schöne Tochter Roxane in Alexanders Gewalt, der als äußeres Zeichen der Verschmelzung Europas und Asiens sich mit ihr vermählte. Noch aber glaubte der kühne Held seine Aufgabe nicht beendet. Bis an die Grenzen der Erde wollte er vordringen, vor allem das Wunderland Indien seinem Scepter unterwerfen. Ende 327 brach er mit 120,000 Mann dahin auf. Er überschritt zum zweitenmal den Hindukusch und stieg dann in zwei Heerhaufen, die Gebirgsvölker unterwerfend, das Thal des Kophen (Kabul) abwärts in das Indusgebiet hinab. Hier fand er von dem Vortrab schon eine Brücke über den Strom geschlagen, der indische Fürst Tariles schloß sich ihm an, und ohne Schwierigkeiten drang er 326 bis zum Hydaspes vor, an dem Poros mit einem gewaltigen Heer seinen Weitermarsch hinderte. A. überschritt angesichts der Feinde kühn den Fluß und errang trotz der Kriegselefanten einen glänzenden Sieg. Durch Edelmut gewann er den gefangenen König Poros für sich und hatte hinfort an ihm einen treuen Bundesgenossen. Auch die Ströme Akesines und Hydraotes wurden überschritten, aber am Hyphasis weigerten sich die Soldaten, erschreckt durch die Schilderungen der großen Wüste, die sie noch vom Gangesgebiet trennte, dem König dorthin zu folgen. Alle Drohungen und Bitten waren vergeblich, und A. mußte sich zur Umkehr entschließen, nach-

dem er am Hyphasis zwölf turmhohe Altäre als Denkzeichen errichtet und prächtige Festspiele gefeiert hatte. Nach dem Hydaspes zurückgekehrt, ließ er 2000 Schiffe bauen und schiffte sich auf denselben mit einem Teil des Heers ein; die übrigen Truppen führten Krateros und Hephästion zu Land am Hydaspes und dann am Indus stromabwärts bis Pattala. Alle Völkerschaften, deren Gebiet berührt ward, wurden unterworfen; bei der Erstürmung der Felsenfestung der Maller gerieth A. durch seine stürmische Tapferkeit in Lebensgefahr und wurde schwer verwundet. Nachdem er an der Mündung des Indus selbst in das Meer hinausgefahren war und den Göttern auf hoher See ein Opfer dargebracht hatte, sandte er Nearchos mit der Flotte an der Küste entlang nach dem Persischen Meerbusen, während er selbst 325 den Marsch zu Lande durch Gedrosien nach Karamanien antrat. Nach 60tägigen furchtbaren Leiden und Strapazen in der Wüste und großen Verlusten gelangte er nach Karamanien, wo er sich mit Krateros vereinigte, der den bequemern nördlichen Weg durch Drangiana eingeschlagen hatte, und von Nearchos erfuhr, daß er glücklich den Persischen Meerbusen erreicht habe. Unerwartet traf er in Susa ein, wo man seine Rückkehr aus Indien nicht so bald erwartete, und verhängte über mehrere gewaltthätige Statthalter ein strenges Strafgericht. Nun setzte er seine Bemühungen fort, die hellenischen Sieger mit den Asiaten zu verschmelzen. Zu diesem Zweck vermählte er sich selbst mit des Dareios Tochter Stateira und gleichzeitig 80 seiner Großen und 1000 andre Makedonier, die er reich beschenkte, mit Perserinnen. Auch ließ er, um sein Heer zu ergänzen, 30,000 Barbaren nach makedonischer Art bewaffnen und einüben und stellte sie seinen makedonischen Truppen gleich. Dies erweckte aber trotz der großen Geschenke Alexanders von neuem den Ingrimm der Makedonier; als der König in Opis am Tigris 324 die Veteranen in die Heimat entlassen wollte, brach unter den Truppen ein Aufstand aus; sie verlangten alle, nach Hause geschickt zu werden.

A. unterbrückte den Aufstand, indem er unter die Aufrührer sprang und 13 Rädelsführer zum Tod führen ließ. Er erklärte, den Wunsch der Truppen erfüllen zu wollen, und umgab sich mit asiatischen Soldaten. Hierdurch betroffen, erbaten die Makedonier des Königs Verzeihung und erhielten sie. Ein großes Versöhnungsfest wurde gefeiert und nur 10,000 Veteranen unter Krateros entlassen. Nachdem der König das Begräbnis seines in Ekbatana verstorbenen Freundes Hephästion durch glänzende Kampfspiele, wie einst Achilleus das des Patroklos, geehrt, trug er sich für die Zukunft mit großartigen Plänen einer Eroberung Arabiens, Umschiffung Afrikas, Unterwerfung Italiens, um den Traum einer Weltmonarchie zu vollenden. Mitten in diesen Entwürfen raffte den durch die geistigen und körperlichen Anstrengungen und üppige Schwelgereien angegriffenen König 11. Juni 323 in Babylon ein hitziges Fieber dahin. Seine Leiche wurde später zu Alexandreia in Ägypten beigesetzt. A. hinterließ keinen regierungsfähigen Nachfolger. Erst nach seinem Tod gebar ihm Roxane einen Sohn, Alexander Ägos, der zwar zum König ausgerufen, aber 311 mit der Mutter von Kassandros ermordet wurde. Auch die übrigen Verwandten Alexanders endeten gewaltsam, und das alte makedonische Herrschergeschlecht erlosch wenige Jahre nach dem Tode des großen Eroberers. In den Kämpfen der makedonischen Feldherren (der Diadochen) erst um die Regentschaft, dann um die Herrschaft selbst zerfiel Alexanders Weltreich in mehrere kleinere Reiche. Aber das welthistorische Ergebnis seiner Thaten blieb, daß Vorderasien und Ägypten dauernd der griechischen Kultur, dem Hellenismus, gewonnen wurden; selbst in den östlichsten Provinzen behaupteten sich noch lange griechische Sprache und Sitte. Der Ruhm seiner Thaten beschäftigte aber die Phantasie der Völker bis in die spätesten Zeiten. Die Alexandersage, wie sie zuerst in griechischer Sprache unter dem Namen des Kallisthenes fixiert ward (Ausgabe von Meusel, Leipz. 1871; vgl. Zacher, Pseudokallisthenes,

Halle 1867), wurde im Abendland bis in das späteste Mittelalter wiederholt poetisch bearbeitet, im Orient unter andern von Firdusi und Nizami (vgl. Bacher, Nizami und das Nizami'sche Alexanderbuch, Götting. 1871; Spiegel, Die Alexandersage bei den Orientalen, Leipz. 1861).

Die Quellen der Geschichte Alexanders bilden, da die gleichzeitigen Biographien und Geschichtswerke verloren gegangen sind (vgl. Geier, Alexandri Magni historiarum scriptores aetate suppares, Leipz. 1844), spätere, teilweise unzuverlässige Geschichtswerke, wie die des Diodor, Curtius, Trogus Pompejus (ein Auszug bei Justinus) und Plutarchos. Die wertvollste, auf Aufzeichnungen des Lagiden Ptolemäos und des Aristobulos aus Alexandria begründete Geschichte der Feldzüge Alexanders ist das Werk Arrians. Beklagenswert ist der Mangel an authentischen Nachrichten über die politischen und civilisatorischen Bestrebungen des großen Königs. Vgl. Hertzberg, Die asiatischen Feldzüge Alexanders d. Gr. (Halle 1864); Droysen, Geschichte Alexanders d. Gr. (3. Aufl., Gotha 1880).

2) A., König von Epeiros, Sohn des Neoptolemos, Bruder von Alexanders d. Gr. Mutter Olympias, vertrieb mit Hülfe Philipps von Makedonien 342 v. Chr. seinen Vetter Aakibes und bestieg den Thron von Epeiros. Durch seines Neffen Heldenthaten wurde sein Ehrgeiz erweckt, und er zog 332 den Tarentinern zu Hülfe, um ihre Feinde in Unteritalien, die Lukaner und Bruttier, zu besiegen. Er errang anfangs große Erfolge und faßte den Plan, sich in Italien ein Reich zu gründen; doch wurde er 331 von einem lukanischen Flüchtling ermordet und sein Heer von den Sabellern aufgerieben.

3) A. Severus, röm. Kaiser, s. Severus.

Alexandreia (Alexandria). Unter den zahlreichen Städten dieses Namens, die sämtlich von Alexander d. Gr. gegründet worden sind, z. B. in Troas, bei Issos (jetzt Alexandrette oder Iskanderun), in Arachosien (jetzt Kandahar), in Areia (jetzt Herat), in Baktrien, am Paropamisos, am Jaxartes (jetzt Chobschent), endlich am Indos, hat A. in Ägypten Namen und Bedeutung am meisten gewahrt und war im Altertum eine der glänzendsten Großstädte. Die Stadt wurde 332 v. Chr. nach dem Entwurf der Baumeister Deinochares und Kleomenes mit regelmäßigen, rechtwinkelig sich kreuzenden Straßen auf der sandigen Landzunge zwischen dem Mittelmeer und dem Strandsee Mareotis angelegt und hatte die Form eines Parallelogramms von 30 Stadien Länge und 10 Stadien Breite (19 km Umfang). Die Stadt bestand aus zwei Teilen: 1) dem Brucheion im NO., dem prächtigsten und größern, von Griechen bewohnten Stadtteil mit dem königlichen Palast, dem weltberühmten Museion, in dem sich die große, 400,000 Bücherrollen enthaltende Bibliothek befand, dem Mausoleion (Sema), dem Erbbegräbnis der Könige, wo auch die überreste Alexanders d. Gr. beigesetzt waren, dem Gymnasium, dem Nadeln der Kleopatra und dem Hippodrom vor dem östlichen, dem Kanobosthor; 2) der Rhakotis im SW., dem von dem niedern Volk bewohnten Stadtteil mit der Akropolis und dem Serapeion, in dem sich eine zweite wertvolle Bibliothek befand. Vor dem westlichen Thor lag die große unterirdische Gräberstadt (Nekropolis). Den Mittelpunkt der Stadt bildete ein großer Platz, auf dem sich die beiden Hauptstraßen der Stadt rechtwinkelig schnitten. Vor der Meerseite erstreckte sich, durch einen Damm (das Heptastadion) mit dem Festland verbunden, die schmale Insel Pharos, auf deren hoher Nordostspitze sich der von Sostratos im 3. Jahrh. v. Chr. erbaute, 130 m hohe prächtige Leuchtturm befand, dessen Licht 300 Stadien (50—60 km) weit sichtbar war. Zwischen der Insel und dem Festland lagen die beiden durch das Heptastadion, welches aber von zwei großen überbrückten Kanälen durchschnitten war, getrennten, noch jetzt erhaltenen Häfen, der östliche große und der westliche kleinere (Eunostos, »glückliche Heimkehr«). Neben der günstigen Lage an der Grenze von zwei Weltmeeren und inmitten von drei Erdteilen nahm A. besonders durch die Gunst der Ptolemäer einen großartigen

Aufschwung. Dieselben schlugen hier ihre Residenz auf, errichteten die prachtvollen Bauten und gründeten die Gelehrtenakademie des Museion, welche mehrere Jahrhunderte den wissenschaftlichen Mittelpunkt der griechischen Welt (»die Alexandrinische Schule«) bildete und neben Philosophie und Grammatik namentlich Mathematik und systematische Erdkunde pflegte. Der Handel der Stadt beherrschte die ganze damals bekannte Welt, die Industrie war namentlich in. Papier, Glas und feinen Kleidungsstoffen berühmt. Freilich erzeugte der überschwengliche Reichtum bei den Einwohnern auch Üppigkeit und Sittenlosigkeit. Zur Zeit der letzten Ptolemäerin, Kleopatra, zählte A. über eine Million aus allen Völkern gemischte Einwohner. Die während Cäsars Alexandrinischem Krieg (48—47 v. Chr.) verbrannte Bibliothek des Serapeion ward durch die pergamenische ersetzt. Auch in christlicher Zeit nahm A. eine hervorragende Stellung in geistiger Beziehung ein. Berühmte Kirchenväter und Theologen lebten und lehrten hier, und heftige geistige Kämpfe wurden hier ausgefochten. Durch den religiösen Fanatismus des Erzbischofs Theophilus wurden die berühmten Bibliotheken vernichtet. Die Eroberung durch die Araber zerstörte die Blüte der Stadt für lange Zeit. Von der Pracht des alten A. zeugen nur wenige überreste, wie die sogen. Pompejussäule, eine korinthische Säule von 32 m Höhe, die Diocletianus zu Ehren errichtet wurde. Vgl. Kiepert, Topographie des alten A. (Berl. 1872).

Alexandrinischer Krieg, s. Cäsar.

Alise Sainte Reine (spr. alihs'ßängt rähn), s. Alesia.

Aliso, ein röm. Kastell in Germanien, von Drusus 11 v. Chr. an der Mündung des Flusses A. in die Lupia (Lippe) angelegt als Stützpunkt für die Operationen gegen die Germanen an der Weser, nach der Niederlage der Römer im Teutoburger Wald von den Germanen zerstört, aber 15 n. Chr. von Germanicus wiederhergestellt. Die Lage ist streitig; einige vermuten den alten Ort in dem heutigen Dorf Elsen bei Paderborn.

Alkibiädes (Alcibiades), berühmter Athener, geboren um 450 v. Chr., Sohn des reichen Kleinias, verlor, erst drei Jahre alt, seinen Vater, der 447 in der Schlacht bei Koroneia fiel, und erhielt von seinem Oheim Perikles eine vortreffliche Erziehung. Von der Natur mit körperlichen und geistigen Vorzügen fast verschwenderisch ausgestattet, schön, liebenswürdig, beredt, geistig hochbegabt, dabei reich, ward er überall gefeiert und beim • Volk beliebt, das er auch durch seine verschwenderische Freigebigkeit gewonnen. Aber diese Huldigungen und Schmeicheleien verdarben seinen Charakter und steigerten seinen Leichtsinn, seinen Hang zu Ausschweifungen, seinen zügellosen Mutwillen und seine maßlose Eitelkeit und Eigenliebe. Das Streben seines Lehrers Sokrates, ihn zu höherer Tugend und Sittlichkeit zu bilden, war erfolglos; derselbe vermochte wohl seinen Geist auszubilden, aber nicht seine Leidenschaften zu zügeln. Die erste Waffenprobe legte A. im Kriege gegen Potidäa ab, gegen das er 432, 18 Jahre alt, kämpfte; Sokrates focht hier an seiner Seite und rettete ihm das Leben, was dieser dem Lehrer 424 bei Delion vergalt. Als Preis seiner Tapferkeit gab ihm der reiche Hipponikos seine Tochter Hipparete zur Gemahlin, doch ließ er sich durch die Ehe in seinen Ausschweifungen nicht hindern. Als er zum Mann herangewachsen, war sein höchstes Ziel, gleich Perikles an der Spitze des Staats zu stehen und durch die Erhebung desselben zu höchster Macht und Blüte sich selbst unsterblichen Ruhm zu erwerben. Die geistige Befähigung hierzu besaß er wohl, aber nicht die erforderliche Charakterfestigkeit und Uneigennützigkeit. Seine Eitelkeit und gewissenlose Selbstsucht haben bewirkt, daß selten ein Mann seinem Vaterland so großen Schaden zugefügt hat wie A. Athen.

A. glaubte nur im Krieg Ruhm und herrschenden Einfluß gewinnen zu können. Deshalb war er mit der Unterbrechung des Peloponnesischen Kriegs durch den Frieden des Nikias (421) höchst unzufrieden und knüpfte sofort Verhandlungen mit Argos, Mantineia und Elis an, um unter Athens Führung einen peloponnesischen Gegenbund gegen Sparta zu errichten. Dies Unternehmen wurde aber durch den Sieg der Spartaner bei Mantineia 418 vereitelt. Nun betrieb er mit allem Eifer die Unternehmung gegen Sicilien, an die er die ausschweifendsten Hoffnungen knüpfte, und für die er die Athener durch die Macht seiner Beredsamkeit so zu begeistern wußte, daß trotz aller Abmahnungen angesehener Männer, wie des Nikias, eine großartige Rüstung beschlossen und A. selbst zu einem der Feldherren erwählt wurde. Schon lag die Flotte zur Abfahrt bereit, als in der Nacht vom 10. zum 11. Mai 415 der Hermenfrevel geschah. A. wurde auf Anstiften seiner geheimen Neider und Feinde der Teilnahme an dem Frevel und der Verhöhnung der eleusinischen Mysterien beschuldigt. Indes er trat dagegen so fest auf und forderte so entschieden eine Untersuchung, daß die Anklage zurückgezogen wurde. Aber kaum war die Flotte abgesegelt, als die Ränke seiner Gegner wieder begannen und die Wiederaufnahme der Anklage durchsetzten, da A.' Leichtsinn eine Verhöhnung der Mysterien allerdings möglich erscheinen ließ. A. wurde durch das Staatsschiff Salaminia aus Katane abgeholt, entfloh aber in Thurii und begab sich nach dem Peloponnes, während in Athen seine Flucht als Eingeständnis seiner Schuld angesehen und er zum Tod verurteilt wurde. Er beschloß nun, sich bitter für dieses Unrecht zu rächen und den Athenern zu zeigen, wie furchtbar er als Feind sei. Unbekümmert darum, ob die Wunden, die seine gewissenlose Rachsucht der Vaterstadt schlug, wieder zu heilen seien, wollte er sie durch Not und Unglück zwingen, ihn zurückzurufen und an die Spitze des Staats zu stellen. Er ging also nach Sparta, riet den Spartanern, den Widerstand von Syrakus durch einige Schiffe unter Gylippos zu unterstützen, die Feste Dekeleia in Attika dauernd zu besetzen, um die Athener nicht zur Ruhe kommen zu lassen, und mit persischer Hülfe auch zur See den Krieg aufzunehmen und den athenischen Seebund zu sprengen. Er begab sich selbst nach Kleinasien, brachte ein

Bündnis mit dem persischen Satrapen Tissaphernes zu Stande und bewog die Jonier zum Abfall von Athen. Bald machten aber die Eifersucht der spartanischen Heerführer und der Haß des Königs Agis, dessen Gemahlin Timäa er verführt hatte, seine Stellung unhaltbar, und er floh 412 zu Tissaphernes, und während er diesen Sparta abwendig zu machen suchte, knüpfte er mit den Oligarchen in Athen geheime Verhandlungen an, um nach dem Umsturz der demokratischen Verfassung durch eine oligarchische Regierung zurückgerufen zu werden. Der oligarchische Staatsstreich gelang (411), aber die neuen Machthaber riefen A. nicht zurück und begannen mit Sparta über den Frieden zu verhandeln. Da verbündete er sich mit der vor Samos ankernden demokratisch gesinnten Flotte der Athener, deren Führer Thrasybulos und Thrasyllos ihn feierlich aus Kleinasien abholten und ihm den Oberbefehl übertrugen. Da Tissaphernes ein Bündnis mit Athen ablehnte, so wandte sich A., während in Athen die oligarchische Regierung zusammenbrach, nach dem Hellespont und besiegte die spartanische Flotte 411 bei Abydos und 410 bei Kyzikos. Er eroberte sodann die wichtigsten Städte an der Propontis, welche die Verbindung Athens mit dem Schwarzen Meer sicherten, wie Byzantion, Selymbria und Chalkedon, und kehrte nun, mit Ruhm und unermeßlicher Beute beladen, 408 nach der Heimat zurück, wo er von dem Volk jubelnd empfangen und nach Aufhebung des frühern Urteils zum Oberbefehlshaber aller Streitkräfte ernannt wurde. 407 lief er mit einer neu gerüsteten Flotte aus. Aber da ihm die Eroberung der Insel Andros nicht gelang und sich sein Unterfeldherr Antiochos, während er selbst sich nach Karien begeben hatte, von Lysandros zu der Schlacht von Notion verleiten und besiegen ließ, wurde er auf die Anklage seiner Feinde vom wankelmütigen Volk wieder abgesetzt und begab sich auf eine Burg in Thrakien in freiwillige Verbannung. Als die athenische Flotte 405 bei Ägospotamos lag, warnte sie A. vor einem feindlichen Überfall; doch

ward sein Rat schnöde zurückgewiesen. Nach dem Fall Athens flüchtete er zu dem Satrapen Pharnabazos von Phrygien, wurde aber auf Verlangen des Lysandros durch die Brüder desselben ermordet: sie umzingelten sein Landhaus, steckten es in Brand und töteten ihn, als er aus dem brennenden Haus herausstürzte, mit Pfeilschüssen (404). Plutarch und Cornelius Nepos beschrieben sein Leben. Vgl. Hertzberg, A. der Staatsmann und Feldherr (Halle 1853).

Alkmäoniden, berühmtes athen. Geschlecht, das seinen Ursprung von Alkmäon, einem Urenkel des Nestor, herleitete. Sie waren zur Zeit der aristokratischen Verfassung die schroffsten Verteidiger der Vorrechte der Eupatriden und lockten, als der Versuch des Kylon, die Tyrannis zu erlangen, 612 v. Chr. mißlungen war, dessen Anhänger aus dem Tempel heraus, wo sie ein Asyl gefunden, und metzelten sie nieder. Wegen dieses »kylonischen Frevels« wurde das ganze Geschlecht verflucht und aus Athen verbannt. Zwar wurde ihnen durch Solon die Rückkehr gestattet, aber wiederholt wurde jene Blutschuld benutzt, um die A. zu vertreiben oder ihr Ansehen zu untergraben. So zwang Peisistratos den A. Megakles, den Führer der Partei der Paralier, Athen zu verlassen. Dieser, welcher die Tochter des Tyrannen Kleisthenes von Sikyon, Agariste, geheiratet und die reichen Schätze ihres Vaters geerbt hatte, übernahm in der Verbannung den Neubau des durch eine Feuersbrunst zerstörten Apollontempels in Delphi, welchen er und sein Sohn Kleisthenes in glänzender, kunstvoller Weise ausführten. Zum Dank dafür bewog die delphische Priesterschaft die Spartaner, den letztern 510 bei Vertreibung der Peisistratiden zu unterstützen. Im 5. Jahrh. erlosch das Geschlecht im Mannesstamm. Doch gehörten Perikles und Alkibiades durch ihre Mütter dem Geschlecht der A. an.

Allia (Alia), linkes Nebenflüßchen des Tiber, das 11 Millien oberhalb Rom mündete, bekannt durch die furchtbare Niederlage, welche die Römer 390 v. Chr. am 18. Juli (dies Alliensis) von den Galliern erlitten.

Allier (ſpr. alljeh), ſ. Elaver.

Allobröger (Allobröges), kelt. Volk im narbonenſiſchen Gallien, zwiſchen Iſère, Rhône, Genferſee und Grajiſchen Alpen, im jetzigen Dauphiné und Savoyen wohnend, wurden 123—121 v. Chr. von Quintus Fabius Marimus, der den Beinamen Allobrogicus erhielt, unterworfen, aber erſt von Cäſar, der ſie gegen die Helvetier ſchützte, der römiſchen Provinz Gallia einverleibt. Hauptſtädte: Vienna und Genava (Genf).

Alma Dagh, ſ. Amanus.

Alpheios (Alpheus, jetzt Ruphia), der größte Fluß des Peloponnes, entſprang bei Phylake auf dem Parnongebirge, ſüdlich von Tegea, floß in zahlreichen Krümmungen in die Ebene von Tegea hinab, verſchwand öſtlich vom Boreion unter der Erde und brach bei Pegä wieder hervor, um die Ebene von Megalopolis zu durchfließen und von Heräa ab mit weſtlichem Lauf unterhalb Olympias in das Joniſche Meer zu münden. Sein unterer Lauf in der eleiſchen Ebene war die Grenze zwiſchen den Landſchaften Triphylia und Piſatis. Durch ſeine zahlreichen Nebenflüſſe bildet er das Hauptſtromſyſtem des Peloponnes. Sein Verſchwinden unter der Erde hat zu der Sage von der Nymphe Arethuſa Anlaß gegeben.

Altaku (Eltekuh), Stadt im ſüdlichen Paläſtina, bei welcher der König von Ägypten, Tirhaka, den aſſyriſchen König Sanherib 701 v. Chr. ſchlug.

Alyattes, Sohn des Sadyattes aus dem Geſchlecht der Mermnaden, König von Lydien 617—563 v. Chr., belagerte vergeblich Milet, trat darauf dem Vordringen des Mederkönigs Kyarares entgegen und lieferte demſelben am Halys 30. Sept. 610 eine Schlacht, die jedoch durch eine Sonnenfinſternis unterbrochen wurde, worauf beide Könige Frieden und Bündnis ſchloſſen und den Halys als Grenze ihrer Reiche feſtſetzten. A. unterwarf darauf die Karer und mehrere ioniſche Städte, wie Smyrna und Kolophon, und ſammelte aus den Tributen der unterjochten Völker einen ungeheuren Schatz in Sardes. Über ſeiner Grabkammer am Hermos wurde ein gewaltiger Stein- und Erdhügel aufgetürmt.

Amalekiter, ein ſemit. Hirtenvolk, in der Wüſte ſüdlich von Kanaan, im N. der Sinaihalbinſel hauſend, nach der hebräiſchen Überlieferung von Amalek, einem Enkel Eſaus, abſtammend, lagen mit den Iſraeliten vielfach in Fehde. Als ſie unter Saul tief in deren Gebiet eindrangen, wurden ſie von dieſem bei Karmel, ſüdlich von Hebron, geſchlagen und ihr König Agag gefangen und getötet. Völlig vernichtet wurden ſie von David. Der überreſt verſchmolz mit den Edomitern. Vgl. Nölbeke, über die A. (Götting. 1864).

Amänus (jetzt Alma Dagh), ein Zweig des kilikiſchen Tauros, der ſich in einer Höhe von 1700—2000 m öſtlich vom Golf von Iſſos bis zum Promontorium Rhosicum nach S. zog. Über ihn führten zwei Päſſe, die Pylæ Amanides nördlich und die Pylæ Syriæ ſüdlich, welche die Verbindung zwiſchen Kleinaſien und Syrien bildeten. Durch den letztern zog 333 v. Chr. Aleranter d. Gr.

Amaſeia (Amaſia), Stadt in Pontos in Kleinaſien zu beiden Seiten des Fluſſes Iris, mit einer auf unzugänglicher Felshöhe gelegenen Burg, ward von König Mithridates VI. zur Hauptſtadt des pontiſchen Reichs gemacht, blieb auch Metropole der römiſchen Provinz Pontus und blühte durch Handel und Gewerbe. A. war Geburtsort des Geographen Strabon.

Amaſis, König von Ägypten 570—526 v. Chr., aus Siuph im Bezirk von Saïs gebürtig, von niederer Herkunft und lockern Sitten, aber von Verſtand und Ehrgeiz, ſtieg im Dienſte des Königs Hophra zu hohen Ämtern auf und ward 570 von demſelben den Truppen entgegengeſchickt, welche ſich wegen der Begünſtigung der griechiſchen Söldner empört hatten, um ſie zum Gehorſam zurückzuführen. Statt deſſen ließ er ſich von ihnen zum König ausrufen, beſiegte Hophra und die griechiſchen Söldner bei Momemphis und überließ den gefangenen Hophra der wütenden Menge, die ihn erwürgte. Obwohl von den Ägyptern auf den Thron erhoben, um den Einfluß der Fremden zu beſeitigen, ſetzte er doch das Streben ſeiner Vorgänger, durch Aufnahme der Griechen das erstorbene Volk zu beleben und zu einer höhern Kultur zu führen, fort, machte die griechischen Söldner zu seiner Leibwache, nahm zwei Griechinnen zu Frauen, begünstigte die ionische Kolonie Naukratis, erlaubte, dort den griechischen Göttern Tempel zu bauen, und brachte ihnen selbst Weihgeschenke dar. Aber auch die ägyptischen Gottheiten ehrte er und errichtete große Bauten. Auch förderte er Handel und Gewerbe und mehrte den Wohlstand des Landes. Seine Regierung war gerecht und mild. Das gefährliche Emporwachsen der persischen Macht wußte er freilich weder durch sein Bündnis mit Krösos noch durch das mit Polykrates von Samos zu hindern; er suchte sich bloß durch die Besetzung von Kypros zu schützen und überließ seinem Sohn Psammetich III. (Psammenit) die schwere Aufgabe, den Kampf mit den Persern zu bestehen.

Amathūs (semit. Chamath, »Festung«), alte Stadt an der Südküste von Kypros, mit einem berühmten Tempel der Aphrodite, die hier neben Adonis verehrt wurde und daher den Beinamen Amathusia führte; die Umgegend war reich an Kupfergruben. Jetzt Limasos.

Amazōnen, sagenhaftes kriegerisches Frauenvolk, das seinen Hauptsitz in Themiskyra am Thermodon in Kappadokien hatte, von da aus nach Skythien und an den Tanaïs zog und auf weiten Kriegszügen bis nach Phrygien und Hellas vordrang. Der historische Kern der Amazonensage sind die langwierigen Kämpfe, welche die Jonier bei ihrer Ansiedelung in Kleinasien mit den kriegerischen Tempeldienerinnen (Hierodulen) in Ephesos zu bestehen hatten. Die Kunde von der großen Hierodulenschar zu Komana in Kappadokien, Nachrichten von Weiberherrschaft, Vererbung des Adels und der Königswürde in weiblicher Linie u. dgl. bei fremden Völkern sowie die Phantasie der Dichter und der bildenden Künstler, welche sich die A. mit Vorliebe zum Gegenstand wählten, trugen zur weitern Ausschmückung der Sage bei.

Ambianer (Ambiāni), Volksstamm der Belgen, mit der Hauptstadt Samarobriva (jetzt Amiens).

Alte Geschichte.

Ambiŏrix, Fürst der Eburonen im belg. Gallien, erregte 54 v. Chr. mit Cativolcus einen Aufstand gegen die Römer und vernichtete die römischen Legionen unter Titurius Sabinus, welche im Gebiet der Eburonen ihr Winterlager aufgeschlagen hatten; Quintus Cicero griff er aber in seinem Lager vergeblich an. Nach Niederwerfung des Aufstands durch Cäsar flüchtete A. über den Rhein.

Ambrakïa (jetzt Arta), bedeutende Stadt in der epeirotischen Landschaft Molossis, nördlich vom Ambrakischen Meerbusen, in einer sehr fruchtbaren Ebene am Arachthos gelegen. Die Stadt wurde 630 v. Chr. von den Korinthern gegründet und blühte wegen ihrer günstigen Lage rasch auf. Ein herrlicher Tempel der Athene schmückte sie. Pyrrhos erhob sie zur Hauptstadt von Epeiros. 189 wurde sie von den Römern erobert und geplündert und erholte sich nur langsam wieder.

Ambrōnen (Ambrōnes), kelt. Volk, welches sich den Cimbern und Teutonen anschloß und 102 v. Chr. mit den letztern von Marius bei Aquä Sertiä vernichtet wurde.

Amenemha III., König von Ägypten 2221—2179 v. Chr., bei den Griechen Möris genannt, legte, um die Überschwemmung des Nils zu regulieren und die wohlthätigen Wirkungen derselben zu steigern, ein großes Reservoir in der Oase Fayûm an, nachdem er zu diesem Zweck die Höhe des Nilwassers in verschiedenen Zeiten genau hatte beobachten lassen. Das Becken, See Möris (s. b.), war durch einen Kanal mit dem Nil verbunden. Neben ihm erbaute er einen großen Tempel und seine Grabpyramide.

Amiliānus, Gajus Julius, röm. Kaiser, von Geburt ein Mauritanier, schwang sich durch Tapferkeit im Kriegsdienst zu höhern Ämtern empor und ward Statthalter von Mösien und Pannonien. Er schlug die in das Römische Reich einfallenden Goten und wurde dafür 253 n. Chr. von den Soldaten zum Kaiser ausgerufen, unterlag aber schon nach vier Monaten dem Valerian und wurde ermordet.

Amilius Paullus, Name zweier römischen Konsuln. Der erste, Lucius Amilius Paullus, triumphierte als Konsul

3

219 v. Chr. über die Jllyrier, ward mit Gajus Terentius Varro 216 gegen Hannibal zum zweitenmal zum Konsul gewählt, fiel aber in der gegen seinen Willen gelieferten Schlacht bei Cannä. — Sein Sohn Lucius Ämilius Paullus Macedonicus ward 192 Ädil und 182 Konsul. Er besiegte die räuberischen Ligurer und hielt einen Triumph über sie. Schon bejahrt, übernahm er 168, zum zweitenmal Konsul, den Oberbefehl gegen den König Perseus von Makedonien, stellte die erschütterte Mannszucht und Ordnung im römischen Heer wieder her und besiegte 22. Juni bei Pydna den König Perseus so vollständig, daß sich derselbe unterwerfen mußte. Ä. machte in Makedonien und Griechenland so große Kriegsbeute (200 Mill. Sestertien), daß seitdem den römischen Bürgern die Steuern erlassen wurden. Er starb 160. Er zeichnete sich durch altrömische Strenge und Vaterlandsliebe aus. Von seinen Söhnen starben zwei vor dem Vater, zwei gingen durch Adoption in andre Familien über; von diesen letztern ist ber eine als der jüngere Scipio Africanus berühmt. — Andre Familien des altpatricischen Geschlechts der Ämilier führten die Namen Lepidus und Scaurus.

Amisos (Amisus, jetzt Samsun), Stadt in Pontos am Schwarzen Meer, wichtiger Hafen, oft Residenz der Könige.

Ammiānus Marcellīnus, röm. Geschichtschreiber, um 330 n. Chr. zu Antiochia in Syrien von griechischen Eltern geboren, trat in das Heer ein, kämpfte unter Constantius und Julian in Gallien, Germanien und Persien, begab sich 376 nach Rom und starb daselbst nach 390. Von seiner lateinisch geschriebenen römischen Geschichte von Nerva bis Valens (91—378) sind uns die letzten 18 Bücher, welche die Geschichte seiner eignen Zeit von 352—378 behandeln, erhalten. Sein Werk ist zwar in einer schwülstigen, gezierten und schwer verständlichen Sprache geschrieben, aber dennoch wegen gefunden Urteils und guter Beobachtungsgabe wertvoll; namentlich die Sittenschilderungen der Völker und geographische Beschreibungen, zum Teil auf eigner Anschauung beruhend, sind wichtig. Neueste Ausgabe von Gardthausen (Leipz. 1875).

Ammonion (Ammonium), Oase in der Libyschen Wüste (jetzt Siuah), 12 Tagereisen westlich von Memphis, mit einem berühmten Tempel und Orakel des ägyptischen, mit Zeus und Jupiter identifizierten Gottes Amun, von dem noch Überreste beim Dorf Agermi zu finden sind. Alexander b. Gr. besuchte das Ä. 331 v. Chr. Vgl. Parthey, Das Orakel und die Oase des Ammon (Berl. 1862).

Ammoniter, semit. Hirtenvolk, nach hebräischer Überlieferung von Ammon, dem in Blutschande gezeugten Sohn des Lot, abstammend, wohnte, den Moabitern benachbart, in der Wüste des nördlichen Arabien, zwischen den Flüssen Arnon und Jabbok; sie bedrängten die östlich vom Jordan wohnenden israelitischen Stämme Ruben und Gad, bis Jephtha und Saul sie zurückschlugen und David, durch eine Beschimpfung seiner Gesandten gereizt, ihre Hauptstadt Rabbath eroberte, einen großen Teil der männlichen Bevölkerung töten ließ und das Volk zinspflichtig machte (1015 v. Chr.). Später suchten sie sich der Herrschaft Israels wieder zu entziehen, leisteten Nebukadnezar Hülse gegen Juda und hinderten unter Nehemia den Wiederaufbau Jerusalems. Nach dem 2. Jahrh. n. Chr. verlor sich ihr Name unter dem der Araber.

Amneias (Amnīas), Fluß in Paphlagonien, welcher links in den Halys mündet; an ihm schlug der Feldherr des Mithridates, Archelaos, 88 v. Chr. den König Nikomedes von Bithynien.

Amoriter, ein kanaanit. Volk, welches nordostwärts vom Jordan, vom Fluß Jabbok im S. bis zum Gebirge Hermon im N. wohnte. Zahlreich und kräftig, unterwarfen sie um 1300 v. Chr. die südlich wohnenden Moabiter und entrissen den Chetitern und Chevitern die Herrschaft über das eigentliche Kanaan zwischen dem Jordan und dem Mittelmeer. Sie lebten gesondert in den einzelnen Gebirgsgauen unter 30—40 kleinen Fürsten. Ihre Macht wurde aber durch die Israeliten gebrochen, welche um 1250 Jericho eroberten und den Amoritern bei Gibeon eine große

Niederlage beibrachten. Doch behaupteten sich einzelne Stämme der A., wie die Jebusiter, inmitten der Israeliten noch lange Zeit unabhängig.

Amos (Hämus), s. **Hämos**.

Amphiarāos, griech. Held und Seher, König von Argos, nahm an der Kalydonischen Jagd und am Argonautenzug teil, weigerte sich anfangs, den Zug der Sieben gegen Theben zu begleiten, weil er den unglücklichen Ausgang desselben und seinen Tod voraussah, wurde aber von seiner Gemahlin Eriphyle, die von Polyneikes durch das verderbenbringende Halsband der Harmonia bestochen war, zur Teilnahme bewogen und verrichtete große Heldenthaten. Als aber die Sieben von Theben zurückgeschlagen wurden, entrückte ihn Zeus seinen Verfolgern, indem die Erde ihn mit seinem Streitwagen verschlang. Er ward unter die Unsterblichen versetzt und göttlich verehrt. An der Stelle, wo die Erde sich geöffnet hatte, bei Oropos, erhob sich später ein Tempel, das **Amphiareion**, mit berühmtem Traumorakel.

Amphiktyonen (eigentl. Amphiktiōnen) hießen bei den Griechen die Nachbarvölker eines Heiligtums, welche sich in einem Bund (Amphiktyonie) vereinigt hatten zum Schutz des Heiligtums, zu gemeinschaftlicher Festfeier und zur Beobachtung des Völkerrechts und innern Friedens. Die berühmteste Amphiktyonie war die von Delphi und Thermopylä, vorzugsweise »der Amphiktyonenbund« genannt, deren Entstehung die Sage auf Amphiktyon, den Sohn des Deukalion, zurückführte. Die delphische Amphiktyonie wurde in sehr früher Zeit von den zwölf Stämmen der Dorier, Jonier, Böotier, Thessaler, Phoker, Lokrer, Doloper, Anianen oder Ötäer, Magneten, Malier, Phthioten und Perrhäber gestiftet, von denen jeder zwei Stimmen hatte, und deren Kolonien gleichfalls dem Bund angehörten, während andre griechische Stämme nicht aufgenommen wurden. Zweck des Bundes war Schutz der Heiligtümer des Apollon in Delphi und der Demeter in Anthela, gemeinschaftliche Feier gewisser Feste, namentlich seit 586 v. Chr. der

Pythischen Spiele, und die Aufrechterhaltung gewisser völkerrechtlicher Grundsätze, wie: keine der Städte von Grund aus zu zerstören, keiner im Krieg oder Frieden das Wasser abzuschneiden u. dgl. Jährlich wurden zwei Bundesversammlungen abgehalten, im Frühjahr zu Delphi, im Herbst zu Anthela, wobei Streitigkeiten geschlichtet und Vergehungen gegen das Völkerrecht und gegen die Heiligtümer mit Geldbußen oder Ausschließung bestraft wurden. Fügte sich eine Stadt der Strafe nicht, so wurde gegen sie ein »Heiliger Krieg« beschlossen. Die Zahl der verbündeten Staaten stieg allmählich auf 17, doch blieb die Zahl der Stimmen auf 24 beschränkt, so daß nur noch 7 Staaten Doppelstimmen hatten, einige in der Führung der Stimme abwechselten, während andre Stämme, wie Dorier, Jonier und Lokrer, in mehrere Stimmen zerfielen. Jeder Staat schickte in die Ratsversammlung, das »Synedrion«, Abgeordnete, die sogen. »Hieromnemonen« und »Pylagoren«. Nach dem Heiligen Kriege gegen Phokis, 346, wurde dieses ausgestoßen und seine Stimmen dem König Philipp von Makedonien übertragen. Augustus schloß mehrere Städte aus und übertrug ihre Stimmen auf die von ihm gegründete Stadt Nikopolis. Zuletzt wird der Bund zur Zeit der Antonine erwähnt. In der Blütezeit Griechenlands war sein politischer Einfluß gering; dagegen trug er in der ältern Zeit zur Aufrechterhaltung des Friedens, zur Bildung eines Nationalbewußtseins und durch Schutz Delphis zur Begründung des Einflusses der delphischen Priesterschaft und der Einheit des religiösen Kultus wesentlich bei.

Amphipolis, Stadt im östlichen Makedonien, auf einer vom Strymon gebildeten Halbinsel zwischen dem Meer und einem Landsee gelegen, 437 v. Chr. von den Athenern an Stelle des alten Ennea Hodoi (»neun Wege«) im Lande der Edoner gegründet; das von den Persern gegründete Eion blieb der Seehafen. A. war der Stapelplatz für die Erzeugnisse der Bergwerke und Wälder der Umgegend. Durch starken Zuzug chalkidischer Einwanderer den Athenern entfremdet, ging es 424,

3*

als der Spartaner Brasidas in Makedo=
nien erschien, zu Sparta über. Alle Ver=
suche der Athener, es wiederzugewinnen,
waren vergeblich; Kleon verlor vor A. 422
Schlacht und Leben. Die Stadt blieb eine
unabhängige, blühende Handelsstadt, bis
sie 358 von Philipp von Makedonien er=
obert wurde. Die Römer machten sie zur
Hauptstadt von Macedonia prima (Ebo=
nis). Jetzt Trümmer bei Neo=Chorio.

Amphissa, Stadt im ozolischen Lokris,
mit einer starken Akropolis, in einer wald=
umkränzten Bergebene nordwestlich von
Delphi. Da die Bewohner die fluchbela=
dene Feldmark der Krisäer bebaut hatten,
so wurden sie auf Antrieb des Atheners
Aschines beim Amphiktyonengericht ver=
klagt und ein Heiliger Krieg gegen A. be=
schlossen, in dem Philipp von Makedonien
339 v. Chr. die Stadt zerstörte. Später
wurde sie wiederaufgebaut und unter rö=
mischer Oberhoheit autonom. Jetzt Sa=
lona mit Trümmern der alten Stadt.

Amu Darja, s. Oxos.

Amulius, Sohn des Procas, Königs
von Alba longa, beraubte seinen ältern
Bruder, Numitor, der Herrschaft und setzte
sich selbst auf den Thron von Alba longa,
wurde aber von Romulus und Remus
gestürzt.

Amyklä, alte Stadt in Lakonien, süd=
östlich von Sparta gelegen, behielt auch
nach der dorischen Wanderung seine freie
achäische Bevölkerung und wurde erst 750
v. Chr. von Taleklos erobert — der Sage
nach, weil die Amykläer, schon oft durch
blinden Lärm getäuscht, verboten hatten,
eine Nachricht von der Ankunft der Feinde
zu verbreiten. Die Stadt war in ältester
sagenhafter Zeit Residenz des Tyndareos
und also Heimat der Dioskuren, der He=
lena und der Klytämnestra. Berühmt
war der Apollontempel mit einem uralten
Kolossalbild des Gottes.

Amyntas, Name mehrerer Könige
von Makedonien: A. I. regierte von 540—
498 v. Chr. und war der erste makedonische
Herrscher, der mit den Griechen, besonders
den Peisistratiden von Athen, in nähere
Verbindung trat. — A. II., Sohn des Ar=
rhidäos, entriß die Krone 393 dem Pau=
sanias, hatte aber selbst viel mit Aufstän=

ben der altmakedonischen Partei und mit
Thronstreitigkeiten zu kämpfen. Er starb
369. Sein jüngster Sohn war der be=
rühmte König Philipp.

Anagnïa (jetzt Anagni), Hauptstadt
der Herniker (s. b.).

Anaria (Pithekussa, jetzt Jschia),
felsige Insel vulkanischen Ursprungs im
Tyrrhenischen Meer, an der Küste Kam=
paniens gegenüber dem Vorgebirge Mi=
senum gelegen, von dem es nur durch
einen 8 km breiten Kanal getrennt ist,
in dem die kleinere, flache Insel Prochyta
(jetzt Procida) liegt. Jonische Griechen
ließen sich schon im 11. Jahrh. v. Chr.
auf der Insel nieder und gründeten von
hier aus Cumä.

Ancöna (griech. Ankon, der »Ellbo=
gen«), Stadt in Picenum am Adriati=
schen Meer, an der Stelle, wo die Küste
eine scharfe Biegung macht (daher der
Name), um 380 v. Chr. von syrakusischen
Griechen gegründet, mit einem trefflichen
Hafen, der von Trajan durch Molen=
bauten noch vergrößert wurde, einem
Tempel der Venus und einem Triumph=
bogen des Trajan, der noch erhalten ist.
Neben dem Handel trugen auch Purpur=
färbereien zum Wohlstand der Stadt bei.

Ancus Marcius, vierter König von
Rom, 640—616 v. Chr., Enkel des Numa
von seiner Tochter Pompilia, setzte das
Werk desselben fort, indem er die Römer
an die friedlichen Thätigkeiten des Han=
dels und Ackerbaus zu gewöhnen suchte.
Er gründete den Hafen Ostia an der Mün=
dung des Tiber und sicherte Rom durch
die Befestigung des Janiculum, welches er
durch eine hölzerne Brücke (pons subli=
cius) mit der Stadt verband. Als die La=
tiner den friedfertigen König angriffen,
eroberte er mehrere ihrer Städte und ver=
pflanzte ihre Bewohner nach Rom, wo er
sie am Aventinischen Hügel ansiedelte; er
legte so den Grund zur Bildung der Plebs.
Nach seinem Tod wurden seine beiden un=
mündigen Söhne von Tarquinius Pris=
cus um die Nachfolge betrogen und ermor=
deten denselben später deshalb.

Anchyra, s. Ankyra.

Andokides, berühmter athen. Redner,
geboren um 444 v. Chr. aus edlem Ge=

schlecht, Sohn des Leogoras, schloß sich der aristokratischen Partei an und ward 415 nebst seinem Vater in den Hermokopiden= prozeß verwickelt und verhaftet, und obwohl er sich und seinen Vater durch Anzeige der geheimen Verbindung, welche den Frevel verübt habe, von dem Tod rettete, so ward er doch 414 mit Atimie bestraft und ging in die Verbannung. Er versuchte im Aus= land mehrere Handelsunternehmungen, kehrte 411 nach dem oligarchischen Staats= streich der Vierhundert nach Athen zurück, mußte es aber nach deren Sturz von neuem verlassen und begab sich nach Elis. Erst bei der allgemeinen Amnestie 401 kam er wieder in seine Vaterstadt. Er verteidigte sich mit Erfolg gegen Anklagen wegen sei= nes frühern Verhaltens, kehrte aber, als 394 seine Gesandtschaft nach Sparta miß= lang, nicht nach Athen zurück und starb im Exil. Die Echtheit seiner Rede über die Mysterien, welche jene Selbstanzeige behandelt, wird angefochten.

Andros, die nördlichste Insel der Ky= kladen, nur 10 km von der Südspitze Euböas entfernt, 260 qkm groß, ward von Joniern bevölkert und sandte schon um 650 v. Chr. mehrere Kolonien nach der Nord= küste des Ägäischen Meers aus, wie Akan= thos, Stageiros u. a. Während der Per= serkriege von den Persern unterworfen, ward sie nach denselben von den Athenern erobert und hart bedrückt. Später kam sie unter makedonische Herrschaft, dann an Attalos von Pergamon und mit dem per= gamenischen Reich an Rom. Die Stadt A. lag an der Ostseite, ein trefflicher Ha= fen, Gaurion, an der Westküste.

Äneias (Anēas), berühmter trojan. Held, Sohn des Anchises und der Aphro= dite, Fürst der Dardaner am Ida, kam (nach der Ilias) dem König Priamos von Troja zu Hülfe und zeichnete sich neben Hektor vor allen andern Helden aus; tapfer, weise und fromm, wurde er gleich einem Gott hochgeehrt. Ein Liebling der Götter, wurde er von ihnen in den Kämp= fen mit den Griechen geschützt; als Aphro= dite hierbei verwundet ward, rettete ihn Apollon, und dem mutig unternomme= nen Kampf mit Achilleus entriß ihn Po= seidon, damit das Geschlecht des Dardanos

nicht untergehe und Ä. und seine Nach= kommen nach dem Sturz des ben Göttern verhaßten Priamos über die Troer herr= schen könnten. Von einer Auswanderung und Gründung eines neuen Reichs weiß Homer nichts. Erst die spätere Sage, welche der Dichter Stesichoros zuerst er= wähnt und Dionysios von Halikarnaß in seiner römischen Geschichte und Vergi= lius in seiner Äneïs weiter ausgeführt haben, erzählt davon: Als die Griechen Troja in nächtlichem Kampf eroberten, verließ Ä., seinen Vater, der die Haus= götter trug, auf den Schultern, mit sei= ner Gemahlin Kreüsa, der Tochter des Priamos, die er im Gewirr der Flucht verlor, und seinem Sohn Askanios die brennende Stadt, sammelte auf dem Ida die flüchtigen Trojaner und verließ mit ihnen auf 20 Schiffen die Heimat, um in fremden Ländern Zuflucht zu suchen. Er landete zuerst in Thrakien, wo er Änos und Äneia gründete, dann auf Delos und Kreta. Von hier durch eine Pest ver= scheucht, gelangte er nach Epirus, wo ihm der Priamide Helenos seine künftigen Schicksale weissagte. Dessen Rat folgend, fuhr er nach Sicilien, wo Anchises starb, und von da nach Latium. Auf der Fahrt dahin wurde er aber auf Befehl der Hera, die aus Vorliebe für Karthago die Grün= dung Roms verhindern wollte, nach Afrika verschlagen und von Dido, der Gründerin Karthagos, gastlich aufge= nommen. Die von Aphrodite und Hera beabsichtigte Vermählung zwischen Ä. und Dido verhinderte aber Zeus, der Ä. die Weiterfahrt nach Latium befahl. Nach= dem er in Sicilien seinem verstorbenen Vater zu Ehren Leichenspiele gefeiert und Weiber und Greise bei dem Trojaner Akestes zurückgelassen, landete er in Cumä, wo er von der Sibylle in die Un= terwelt geführt wurde, und dann am Ti= ber, wo ihn der König Latinus von Lau= rentum freundlich aufnahm und ihm seine Tochter Lavinia zur Ehe versprach. Aber des Latinus Gattin Amata reizte auf Anstiften der Hera den jungen König der Rutuler, Turnus, gegen Ä. auf. Aus= gerüstet mit herrlichen, vom Vulkan ge= schmiedeten Waffen und von Euander unterſtützt, beſiegte A. den Turnus und seinen Bundesgenoſſen Mezentius von Cäre in der Schlacht am Numicius und tötete Turnus im Zweikampf. Er vermählte ſich darauf mit Lavinia, die ihm den Silvius gebar, und gründete Lavinium. Sein Sohn Askanios (röm. Julus) gründete Alba longa und ward Stammvater des Juliſchen Geſchlechts und des erſten römiſchen Kaiſers, Silvius Ahnherr der albaniſchen Könige und des erſten römiſchen Königs. — Hiſtoriſcher Kern der Sage iſt eine Wanderung von barbaniſchen Teukrern nach Italien; die Verbindung des A. mit vielen Örtlichkeiten wurde durch Heiligtümer der Aphrobite Aneias, einer Göttin des Meers und der Schiffahrt, veranlaßt.

Angora, ſ. Ankyra.

Angrivārier (Angarier, Engern), german. Völkerſchaft an der mittlern Weſer, ſüblich von den Chauken, nördlich von den Cheruskern wohnhaft, meiſt mit den Römern verbündet, breiteten ſich unter Nerva auch über das Gebiet der Brukterer in Weſtfalen aus und ſchloſſen ſich dem Sachſenbund an.

Aniänen, kleiner Volksſtamm in Mittelgriechenland, im Spercheiosthal am Nordabhang des Öta wohnhaft, Mitglied des Amphiktyonenbunds; ihre Hauptſtadt war Hypata.

Anio (jetzt Aniëne, Teverone), Fluß in Mittelitalien, entſpringt bei Treba im Hernikergebirge, bildet in reißendem Lauf bei Tibur berühmte Waſſerfälle und fließt dann ruhig in erweitertem Thal in Windungen dahin, die Grenze zwiſchen Latium und dem Sabinerland bezeichnend; 3 km oberhalb Rom bei Antemnä mündet er in den Tiber. Sein Waſſer wurde durch eine der älteſten Waſſerleitungen (272 v. Chr. von Manius Curius Dentatus angelegt) von Tibur nach Rom geleitet; eine andre bauten Caligula und Claudius.

Ankyra (Anchyra, jetzt Angora), Stadt in Großphrygien, der Sage nach von Midas gegründet, ſpäter Hauptſtadt der Tektoſagen und der römiſchen Provinz Galatia. In den Ruinen des prächtigen, der Dea Roma und dem Kaiſer Auguſtus errichteten Tempels, des Auguſteum, fand

man 1553 und 1861 bedeutende Fragmente des Rechenſchaftsberichts des Kaiſers über ſeine Verwaltung in lateiniſcher und griechiſcher Sprache inſchriftlich eingegraben (Monumentum oder Marmor Ancyranum, Fakſimile bei Perrot, »Exploration archéologique de la Galatie«, 1872; erläutert von Mommſen 1865 und von Bergk 1873).

Antaki, ſ. Antiochia.

Antalkidas, Spartaner, wurde während des Korinthiſchen Kriegs von Sparta an den Hof des Perſerkönigs geſchickt, um denſelben den verbündeten Athenern und Thebanern abwendig zu machen, und wußte durch ſeine Ränke 387 v. Chr. den »Frieden des A.« zuſtande zu bringen, in welchem die griechiſchen Städte in Kleinaſien der perſiſchen Herrſchaft preisgegeben, in Griechenland aber durch die Herſtellung der Autonomie aller Staaten und das Verbot jedes Bundes die Übermacht Spartas begründet wurde.

Antēnor, vornehmer Trojaner, einer der Älteſten der Stadt, welcher ſich durch Weisheit und Friedensliebe auszeichnete. Er nahm die griechiſchen Friedensgeſandten Menelaos und Odyſſeus gaſtfreundlich auf und riet vergeblich zur Verſöhnung durch Rückgabe der Helena, was die ſpätere Sage ihm als Verrat an Troja auslegte; er ſoll ſogar den Griechen die Thore Trojas geöffnet und zum Lohn für ſeinen Verrat die Erlaubnis freien Abzugs erhalten haben. Er ließ ſich in Kyrene, nach andern in Oberitalien nieder, wo er die paphlagoniſchen Veneter in Patavium anſiedelte.

Anthemius, Procopius, weſtröm. Kaiſer 467—472 n. Chr., aus Galatien gebürtig, Gemahl der Euphemia, Tochter des Kaiſers Marcianus, war Konſul und Patricius in Konſtantinopel, als ihn 467 der oſtrömiſche Kaiſer Leo I. im Einverſtändnis mit dem Führer ſeiner Truppen, Ricimer, auf den Thron von Weſtrom ſetzte, ward aber ſchon 472 von Ricimer, der Rom erſtürmte, geſtürzt und ermordet.

Antichra, ſ. Antikyra.

Antigoneia, ſ. Mantineia.

Antigōnos, 1) A., genannt Kyklops, »der Einäugige«, berühmter Feldherr

Alexanders d. Gr., stammte von den Fürsten von Elymiotis ab, führte beim Zug Alexanders nach Asien die Bundesgenossen und erhielt 333 v. Chr. die Statthalterschaft von Großphrygien, wozu nach des Königs Tod 323 noch Lykien und Pamphylien kamen. Er verweigerte dem Reichsverweser Perdikkas den Gehorsam und schloß sich Antipatros an, in dessen Auftrag er besonders Eumenes, den treuen Anhänger der Familie Alexanders, bekriegte. Er schloß denselben in der kappadokischen Bergfeste Nora ein, besiegte auch die Verbündeten des Eumenes, Alketas und Attalos, in Pisidien (321) und erlangte in Kleinasien die herrschende Macht. Nach Antipatros' Tod (319) schloß er mit Ptolemäos und Kassandros ein Bündnis gegen den neuen Reichsverweser Polysperchon, besiegte denselben 317 in einer Seeschlacht in der Propontis, vertrieb den aus Nora entwichenen Eumenes aus Phönikien und ließ ihn, nachdem er ihm von den Argyraspiden ausgeliefert worden, töten (316). Er entriß Seleukos auch Syrien und strebte nun nach der Alleinherrschaft. Dies bewog indes die übrigen Diadochen, sich gegen ihn zu vereinigen, und nach wilden, wechselvollen Kämpfen mußte A. 311 einen Frieden schließen, in dem er Vorderasien behielt. Aber schon 310 brach der Krieg von neuem aus. A., von seinem Sohn Demetrios Poliorketes unterstützt, eroberte Kypros, worauf er den Königstitel annahm, drang in Ägypten ein, besiegte Kassandros in Griechenland, verlor aber 301 in der blutigen Entscheidungsschlacht bei Ipsos in Phrygien, 81 Jahre alt, Reich und Leben. A. war nicht frei von Herrschsucht, Härte und Grausamkeit, aber von festem Charakter, Feind aller Schmeichelei und Üppigkeit und ausgezeichnet als Feldherr.

2) A. I. Gonatas (d. h. mit einer Eisenplatte am Knie), König von Makedonien, Enkel des vorigen, Sohn des Demetrios Poliorketes und der Tochter des Antipatros, Phila, nahm von Jugend an teil an den Kriegen seines Vaters und blieb 287 v. Chr., als derselbe nach Asien ging, als Oberbefehlshaber im Peloponnes zurück, wo er sich auch nach dessen Nieder-lage und Tod (283) behauptete. Den Thron von Makedonien erlangte er erst 276 nach mannigfachen Kämpfen und herrschte mit Kraft und Milde. Er schlug die einbrechenden Gallier zurück, wurde aber 273 von Pyrrhos von Epeiros besiegt und auf den Besitz weniger Seeplätze beschränkt, bis es ihm nach Pyrrhos' Zug nach dem Peloponnes und nach dem Tod von dessen Sohn Alexander, dem er zuerst unterlag, glückte, Makedonien wiederzugewinnen und auch Epeiros zu erobern. Er starb 240.

3) A. II. Doson (»der geben will, aber nichts gibt«), König von Makedonien, Sohn des Demetrios von Kyrene, Enkel des Demetrios Poliorketes, führte nach Demetrios' II. Tod (229 v. Chr.) als Vormund von dessen Sohn Philipp die Regierung, vermählte sich aber dann mit Demetrios' Witwe Chryseïs und wurde selbst König. Er herrschte mit Einsicht und Kraft. Nach Unterdrückung eines Aufstands in Makedonien zog er dem Achäischen Bund gegen Sparta zu Hülfe, wurde als Oberfeldherr der Hellenen anerkannt und besetzte Akrokorinth. 221 besiegte er den König Kleomenes von Sparta entscheidend bei Sellasia, hob in Sparta die Reformen des Kleomenes auf und zwang den Staat zur Anerkennung der makedonischen Herrschaft. Durch einen Einfall der Illyrier nach Makedonien zurückgerufen, starb er plötzlich 221.

Antikyra (Antichyra, auch Antikirrha, jetzt Aspraspitia), Stadt in Phokis an einer Bucht des Korinthischen Meerbusens, mit gutem Hafen und schönen Tempeln, namentlich der Artemis mit Praxiteles' Statue der Göttin, war berühmt durch ihre Nieswurz (Helleborus), welche den Alten als Mittel gegen Wahnsinn u. Melancholie galt (daher die Redensart: »Naviga Anticyram«). Im Heiligen Krieg ward A. von Philipp von Makedonien zerstört, aber bald wieder aufgebaut.

Antilibanos, s. Libanon.

Antinoos, schöner Jüngling aus Claudiopolis in Bithynien, Liebling des Kaisers Hadrianus, den er auf seinen Reisen begleitete, ertränkte sich aus Schwermut freiwillig im Nil (130 n. Chr.). Hadrianus ließ ihn unter die Heroen versetzen, benannte die Stadt Antinoopolis in Mittelägypten nach ihm, erbaute ihm in Bithynien und zu Mantineia in Arkabien Tempel und ordnete ihm göttliche Ehren und Festspiele an. Ein Sternbild erhielt seinen Namen. Als Ideal jugendlicher Schönheit wurde er ein sehr beliebter Gegenstand für die bildenden Künste.

Antiocheia (Antiochia), Name vieler Städte des Altertums, die von den seleukidischen Königen Syriens erbaut und nach ihrem Ahnherrn Antiochos benannt wurden. Die bedeutendste Stadt dieses Namens ist A. Epidaphnes (ad Daphnem, so genannt nach einem nahegelegenen Lorbeerhain Daphne), Hauptstadt von Syrien und Residenz der Seleukiden, am Orontes in fruchtbarer Thalebene gelegen, um 300 v. Chr. von Seleukos Nikator gegründet und zu Ehren seines Vaters benannt. Sie wuchs infolge ihrer günstigen Lage rasch empor und wurde immer neue Anlagen vergrößert, so daß sie endlich aus vier durch eine gemeinschaftliche Befestigung geschützten Städten bestand. Die Seleukiden schmückten die Stadt durch eine Reihe von Prachtbauten, so eine 6 km lange vierfache Säulenstraße. Durch Handel und Gewerbe wurde sie eine der blühendsten Städte des Orients und zählte im Christi Geburt ½ Mill. Einw.; nur Rom und Alexandreia übertrafen sie an Volkszahl. Die römischen Kaiser residierten oft daselbst, verliehen der Stadt das Münz- und das italische Bürgerrecht und erhoben es zur Hauptstadt der asiatischen Provinzen. In A. bildete sich die erste christliche Gemeinde außerhalb Palästinas, ward der Name Christen zuerst genannt und residierte ein Patriarch; hier blühte die christlich-theologische Wissenschaft und tagten 252—380 zehn wichtige Kirchenversammlungen. Die Zerstörungen durch die persischen Könige Schahpur (260) und Chosroës (541) und viele Erdbeben vernichteten die Blüte der Stadt. Jetzt Antaki.

Antiochos, Name mehrerer syr. Könige aus der Dynastie der Seleukiden: 1) A. I. Soter, Sohn des Seleukos Nikator. Als ihn heftige Liebe zu seiner Stiefmutter Stratonike ergriff und er darüber schwer erkrankte, gab sein Vater, von der Ursache der Krankheit unterrichtet, ihm 293 v. Chr. Stratonike zur Gemahlin und trat ihm die Herrschaft über die Länder jenseits des Euphrat nebst dem Königstitel ab. 281, als sich Seleukos nach Makedonien zurückzog, wo er von Ptolemäos Keraunos ermordet wurde, überließ er ihm die Herrschaft über das ganze syrische Reich. Wegen Unruhen in Asien schloß A. mit dem Mörder seines Vaters Frieden und ließ ihm Makedonien. Mit Eumenes von Pergamon kämpfte er erfolglos, dagegen besiegte er die Gallier, weswegen er den Beinamen Soter (»Retter«) annahm. Er fiel in einem neuen Krieg mit den Galliern 261.

2) A. II. Theos (»Gott«), 261—247 v. Chr., Sohn des vorigen, kämpfte unglücklich mit Ptolemäos Philadelphos von Ägypten und mußte den Frieden 250 dadurch erkaufen, daß er seine Gemahlin Laodike verstieß und des Ptolemäos Tochter Berenike heiratete. Nach dem Tode des Ptolemäos 248 rief er Laodike zurück; aus Furcht vor einer zweiten Verstoßung ließ dieselbe 247 A., Berenike und deren Kind ermorden. Den Beinamen Theos hatten ihm die Milesier zum Dank für ihre Befreiung vom Tyrannen Timarchos gegeben.

3) A. III. der Große, zweiter Sohn des Seleukos Kallinikos, geb. 242 v. Chr., bestieg nach dem Tod seines Bruders Seleukos Keraunos 224 den Thron. Er fand das Reich in sehr bedrängter Lage, da Baktrien und Parthien sich losgerissen hatten und Ägypten in Syrien erobernd vordrang, während gleichzeitig mehrere Statthalter sich empörten. A. verlor zwar gegen die Ägypter 217 die Schlacht bei Raphia und mußte ihnen Kölesyrien und Phönikien überlassen; auch Baktrien und Medien konnte er nicht wieder unterwerfen. Dagegen gelang es ihm, die innern Aufstände zu unterdrücken. Von einem Heereszug nach Indien kehrte er mit reicher Beute heim und nannte sich seitdem »der Große«. Als 205 in Ägypten Ptolemäos Epiphanes, ein fünfjähriger Knabe, auf den Thron kam, verbündete er sich mit Philipp von Makedonien, zog gegen die Ägypter,

schlug sie 198 bei Phaneas am Jordan und eroberte Phönikien und Paläftina wieder. Als er Philipp gegen die Römer Hülfe leisten wollte, kam er zu spät und wurde nach deffen Niederlage von den Römern aufgefordert, die griechischen Städte am Hellespont und auf der Thrakischen Cherfones, deren er sich bemächtigt hatte, zu räumen und Ägypten die eroberten Provinzen zurückzugeben. A. lehnte dies Verlangen ab und rüstete zum Krieg; auch nahm er ben flüchtigen Hannibal bei sich auf, befolgte aber nicht deffen Rat, die Römer sofort in Italien selbst anzugreifen. Erst 192 setzte er auf den Hülferuf der Ätolier nach Griechenland über, verbrachte aber ben Winter unthätig auf Euböa und wurde 191 von Manius Acilius Glabrio bei den Thermopylen geschlagen. Auch seine Flotte erlitt bei Chios und Myonnesos Niederlagen. A. konnte das Eindringen der Römer unter Lucius Scipio in Kleinafien nicht hindern, wagte bei Magnefia am Sipylos noch einmal eine Schlacht, wurde jedoch 190 wieder besiegt und mußte 189 den Frieden durch Abtretung von ganz Kleinafien westlich vom Tauros, Auslieferung aller Schiffe und Elefanten, Stellung von 200 Geiseln, barunter sein Sohn Antiochos, und die Zahlung von 15,000 Talenten erkaufen. Seine Macht war hiermit gebrochen, auch sein Ansehen im Innern erschüttert. Als er, um den Tribut an die Römer aufzubringen, den Sonnentempel in Elymais am untern Tigris plünderte, wurde er 187 von den erbitterten Einwohnern erschlagen.

4) A. IV. Epiphanes (»der Erlauchte«), zweiter Sohn des vorigen, ward 189 v. Chr. den Römern als Geisel gegeben und erst 175 freigelassen, um an Stelle seines ermordeten Bruders Seleukos Philopator den Thron zu besteigen. Er führte 171—167 einen glücklichen Krieg gegen Ägypten, um demselben die inzwischen abgetretenen syrischen Provinzen zu entreißen, eroberte sie auch wieder sowie einen Teil von Ägypten selbst, mußte aber das letztere auf Verlangen des römischen Gesandten Popilius Länas räumen. Die Juden bedrückte er hart und erregte durch das Verbot des jübischen

Kultus und die Einführung des Zeusbienstes einen Aufstand derselben unter Führung der Makkabäer, ben er 167—164 erfolglos bekämpfte. Er starb auf einem verunglückten Zug nach Osten zu Tabä in Persien 163.

5) A. V. Eupator, Sohn des vorigen, folgte demselben, obwohl noch unmündig, 163 v. Chr. unter Vormundschaft des Feldherrn Lysias, ward aber schon 161 mit Lysias von Demetrios, dem in Rom bisher als Geisel zurückgehaltenen, jetzt aber als Gegenkönig aufgestellten Sohn des Seleukos Philopator, ermordet.

6) A. VII. Sidetes (von Siba in Pamphylien, dem Ort seiner Erziehung, benannt), jüngerer Sohn des Demetrios Soter, Bruder des Demetrios Nikator, heiratete, als derselbe von den Parthern gefangen genommen wurde, beffen Gemahlin Kleopatra, stürzte ben Usurpator Tryphon und regierte 139—130 v. Chr. Er besiegte den Makkabäer Johannes und fiel gegen die Parther.

7) A. VIII. Grypos (»Habichtsnase«), zweiter Sohn des Demetrios Nikator, ward nach seines Vaters Ermordung (126 v. Chr.) von einem Teil des Reichs anerkannt, vertrieb 123 seinen Nebenbuhler Alexander Zabina, zwang seine herrschsüchtige Mutter Kleopatra, das für ihn selbst bereitete Gift zu trinken (daher Philometor, »der die Mutter liebt«, genannt), ward aber von seinem Halbbruber A. Kyzikenos eines Teils des Reichs beraubt und 97 ermordet.

8) A. XIII. Afiaticus, Enkel des vorigen, Sohn Antiochos' X., wurde 68 v. Chr., da seine Ansprüche auf den syrischen Thron vom römischen Senat anerkannt wurden, durch Lucullus nach Besiegung des Tigranes von Armenien, welcher sich Syrien unterworfen hatte, als König von Syrien eingesetzt, aber schon 65 von Pompejus entthront und behielt bloß Kommagene. Er ward wegen Meuchelmords an einem Gesandten seines Bruders von Octavianus nach Rom beschieden und dort 29 v. Chr. hingerichtet. Er war der letzte König aus der Dynaftie der Seleukiden.

Antipatros (Antipäter), makedon. Feldherr, geboren um 400 v. Chr., erprobter Freund des Königs Philipp, ward 346 nach Athen geschickt, um den Frieden zu verhandeln, und dort Demosthenes' Gastfreund, hatte 338 an dem Sieg bei Chäronea hervorragenden Anteil, unterstützte Alexander bei seiner Thronbesteigung und ward von demselben bei seinem Aufbruch nach Asien 334 mit 13,000 Mann als Statthalter in Makedonien zurückgelassen, um die benachbarten Provinzen und Griechenland im Zaum zu halten. Er unterdrückte einen Aufstand der Thraker und sicherte durch seinen Sieg über König Agis von Sparta bei Megalopolis 330 die Herrschaft der Makedonier in Hellas. Die Ränke der Olympias veranlaßten Alexander, A. 324 nach Asien zu rufen; aber sein Tod verhinderte die Ausführung des Befehls, und A. behielt mit seinem Schwiegersohn Krateros die Statthalterschaft Makedoniens. Er beendigte die Erhebung der Griechen und den Lamischen Krieg 322 durch den Sieg bei Krannon und ward nach Perdikkas' Ermordung 321 zum Vormund der Kinder Alexanders und zum Reichsverweser ernannt. Er nahm nun eine neue Verteilung der Statthalterschaften vor und ernannte bei seinem Tod 318 mit Übergehung seines Sohns Kassandros den Polysperchon zum Reichsverweser. Mit seinem Enkel Antipatros, dem Sohn des Kassandros, der 296 König von Makedonien, aber 288 von Lysimachos ermordet wurde, endete das Geschlecht des A.

Antiphon, athen. Redner, geb. 480 v. Chr. im Gau Rhamnus, Sohn des Sophisten Sophilos, der ihn in der Beredsamkeit unterrichtete, schloß sich der oligarchischen Partei an und nahm am politischen Leben seiner Vaterstadt lebendigen Anteil, obwohl er nicht als Redner in den Volksversammlungen auftrat. Im Peloponnesischen Krieg zeichnete er sich als Truppenführer aus. Besonders thätig war er als Mitglied der oligarchischen Hetärien und betrieb vorzüglich 411 den Umsturz der demokratischen Verfassung und die Einsetzung der Vierhundert, nach deren Vertreibung er von Theramenes des Hochverrats angeklagt und trotz seiner meisterhaften Verteidigung hingerichtet wurde; seine Güter wurden eingezogen, sein Haus niedergerissen und seine Kinder für ehrlos erklärt.

Antium (jetzt Porto d'Anzo), uralte Stadt der Volsker in Latium auf einer weit ins Meer vorspringenden Felsspitze, nach der Sage früher Sitz etruskischer Seeräuber; 468 v. Chr. wurde sie von den Römern unterworfen, fiel aber wieder ab und ward 338 zum zweitenmal erobert und zur römischen Seekolonie gemacht; die Schnäbel ihrer Kriegsschiffe wurden zur Ausschmückung der Rednerbühne auf dem Forum verwendet. Die Stadt wurde in späterer Zeit ein beliebter Erholungsort der vornehmen Römer, die viele Paläste und Villen daselbst bauten; auch Nero besaß dort einen prachtvollen Palast, in dessen Trümmern der Apoll von Belvedere und der Borghesische Fechter gefunden wurden.

Antonīnus Pius, röm. Kaiser (eigentlich Titus Aurelius Fulvus Bojonius Arrius Antoninus, welche vielen Namen davon herrührten, daß er von mehreren Verwandten adoptiert und zum Erben eingesetzt wurde), geb. 19. Sept. 86 n. Chr. zu Lanuvium, Sohn des Titus Aurelius Fulvus aus einer aus Nemausus stammenden Familie, trat frühzeitig in den Staatsdienst und erlangte hohe Ämter. Er war einer der vier Konsularen Italiens, dann Prokonsul in Asien und wurde nach dem Tode des Älius Verus von Hadrian adoptiert, dem er 138 auf dem Thron folgte. Sein milder, edler Charakter gewann ihm bald die Zuneigung der Römer; die Pietät, mit der er vom Senat für Hadrian göttliche Verehrung erwirkte, verschaffte ihm seinen Beinamen. Er hob das Beamtentum, achtete die Rechte des Senats, gab treffliche Gesetze, lebte selbst einfach und sparsam, war aber freigebig gegen andre, unterstützte die durch Unglücksfälle heimgesuchten Provinzen, baute mehrere von Erdbeben zerstörte Städte in Kleinasien wieder auf, linderte eine Hungersnot in Italien und verschönerte Rom durch herrliche Bauten, namentlich das Mausoleum Hadrians. Auch begünstigte er Künste und Wissenschaften; die Christen behandelte er mild und gütig. Das Reich genoß unter

seiner Regierung eine fast ununterbro=
chene Ruhe, und das goldne Zeitalter
schien wiedergekehrt zu sein. Fremde Für=
sten und Völker wählten den Kaiser, durch
ben Ruhm seiner Gerechtigkeit bewogen, zu
ihrem Schiedsrichter oder stellten sich unter
seinen Schutz. Seine Feldherren kämpf=
ten glücklich an den Grenzen gegen· die
Mauren und gegen die Briganten in Bri=
tannien; ein Aufstand der Juden wurde
rasch gebämpft. Er starb nach 23jähriger
Regierung 7. März 161 und wurde vom
Senat »ber Göttliche« genannt. Ihm
folgte sein Schwiegersohn Marcus Aure=
lius Antoninus (s. Marcus Aurelius),
ben er adoptiert hatte; dieser ließ ihm zu
Ehren auf dem Forum Antonini eine
rote Granitsäule, auf beren Marmor=
piebestal die Apotheose des A. bargestellt ist,
errichten.

Antonius, Gentilname mehrerer be=
rühmten Römer: 1) Marcus A., der
Redner, geb. 143 v. Chr., klagte 113 Pa=
pirius Carbo wegen ber gegen die Cimbern
verlornen Schlacht an, war 108 Volkstri=
bun, 103 Prätor in Asien mit dem Rang
eines Prokonsuls und besiegte die kilikischen
Seeräuber; 99 Konsul, 97 Censor, schloß
er sich im Bürgerkrieg ber Senatspartei an
und warb 87 auf Befehl des Marius er=
morbet. Seine Reden und seine Schrift
»De ratione dicendi« sind nicht erhalten;
in Ciceros Schrift »De oratore« vertritt
er die natürliche nationalrömische Bereb=
samkeit gegenüber ber auf griechischer
Bildung beruhenden des Crassus.

2) Gajus A. Hybriba, Sohn des
vorigen, begleitete Sulla 87 v. Chr. nach
Griechenland und bereicherte sich, 83 ba=
selbst zurückgelassen, burch schamlose Plün=
berungen und Erpressungen. Er warb des=
wegen 76 von Cäsar verklagt, verurteilt und
70 aus dem Senat ausgestoßen. Doch warb
er balb wieder in benselben aufgenommen,
erlangte auch 65 die Prätur und, obwohl
er mit Catilina in geheimem Einverständ=
nis gewesen war, mit Cicero gemeinschaft=
lich 63 das Konsulat. Doch wagte er nicht,
Ciceros energischen Maßregeln gegen die
Catilinarische Verschwörung offen ent=
gegenzutreten, und mußte sogar den Ober=
befehl über das Heer in Etrurien überneh=

men, das gegen Catilina geschickt wurde.
Doch schützte er am Tag der Schlacht Krank=
heit vor und übergab den Oberbefehl sei=
nem Legaten Petrejus, nach bessen Sieg bei
Pistoria er sich Imperator nennen ließ.
Er übernahm barauf die Provinz Make=
bonien, ließ sich baselbst aber solche Ge=
walltthätigkeiten und Erpressungen zu
schulden kommen, daß er abberufen und
59 beswegen und wegen Anteils an der
Catilinarischen Verschwörung angeklagt
wurde. Trotz Ciceros Verteidigung warb
er verurteilt und nach Kephallenia ver=
bannt, von wo ihn Cäsar 44 zurückrief.
42 bekleidete er noch die Censur, die ihm
sein Neffe, der Triumvir, verschaffte.

3) Marcus A., ber Triumvir, Sohn
bes Marcus A. Creticus, Enkel bes
berühmten Redners, burch seine Mutter
Julia mit der Familie Cäsars verwandt,
wurde 83 v. Chr. geboren und verlebte seine
Jugend in Schwelgerei und Ausschweifun=
gen. 58 trat er in bas Heer ein und kämpfte
als Reiterführer gegen Aristobulos in Pa=
lästina und 55 in Ägypten. Auf Cäsars
Empfehlung zum Quästor gewählt, machte
er mehrere Feldzüge in Gallien mit und
wurde 50 Volkstribun. Er erhob mit
Curio ben Beschluß des Senats,
baß Cäsar seine Legionen entlassen solle,
Einspruch und flüchtete, von ben Konsuln
bebroht, in Cäsars Lager, ber ihn nach
der Eroberung Italiens als Oberbefehls=
haber baselbst zurückließ. Anfang 48 folgte
er bemselben nach Griechenland und befeh=
ligte in ber Schlacht von Pharsalos den
linken Flügel. Er wurde barauf zum
Oberbefehlshaber ber Reiterei ernannt,
zerfiel zwar wegen seines ausschweifenden
Lebenswandels auf einige Zeit mit dem
Diktator, warb jebod) nach erfolgter Aus=
söhnung (45) Cäsars Kollege im Konsu=
lat und suchte ihm die Königswürde zu
verschaffen. Seine Anhänglichkeit an Cä=
sar bewies er namentlich nach bessen Er=
mordung, nachbem er selbst einem gleichen
Schicksal nur durch die Geringschätzung
der Verschwornen entgangen war. Er
bemächtigte sich sofort ber Papiere und
des Privatschatzes Cäsars, berief den Ma=
gister equitum Amilius Lepibus zu sei=
nem Schutz mit einer Legion nach der

Hauptſtadt und zwang ben Senat, ſich von
ben Mördern loszuſagen und Cäſars Re-
gierungsmaßregeln anzuerkennen. Durch
ſeine Rede bei der Leichenfeier Cäſars und
die Veröffentlichung des Teſtaments mit
ben reichen Schenkungen reizte er das
Volk gegen die Mörder auf und zwang ſie,
Rom zu verlaſſen. Nachdem er ſich vom
Volk das cisalpiniſche Gallien mit vier
Legionen hatte übertragen laſſen, begab
er ſich nach Oberitalien, um Decimus Brutus dieſe Provinz zu entreißen. Während
er aber Brutus in Mutina belagerte,
verband ſich der Senat mit dem von A. ge-
ringſchätzig behandelten und daher erbitterten Erben Cäſars, Octavianus; Cicero
reizte durch ſeine Philippiſchen Reden die
öffentliche Meinung gegen ihn auf, und
der Senat befahl ihm die Räumung Galliens und erklärte ihn, als er nicht ge-
horchte, für einen Feind des Vaterlands.
Die Konsuln Hirtius und Panſa, denen
Octavianus als Proprätor beigegeben
wurde, erhielten den Befehl, A. zu unterwerfen. Derſelbe wurde auch 27. April 43
vor Mutina gänzlich geſchlagen und mußte
ſich nach dem transalpiniſchen Gallien
zurückziehen; hier verſtärkte er ſich aber
durch ſpaniſche und galliſche Legionen, die
ihm Lepidus, Ventidius und Aſinius Pollio
zuführten, tötete Decimus Brutus, der
von ſeinen Truppen verlaſſen wurde, und
kehrte nach Oberitalien zurück, wo er Ende
43 mit Lepidus und Octavianus, der ſich inzwiſchen mit dem Senat entzweit hatte, bei
Bononia das ſogen. zweite Triumvirat abſchloß, nach welchem die Triumvirn
als außerordentliche Magiſtrate die Verwaltung des Reichs auf fünf Jahre übernahmen, die Provinzen unter ſich verteilten
und die Gegner durch Proſkriptionen zu
vernichten beſchloſſen. Nachdem dieſe mit
rückſichtsloſer Grauſamkeit vollzogen und
dadurch die Geldmittel für die Rüſtungen
gegen Brutus und Caſſius gewonnen
waren, brachen A. und Octavianus nach
Makedonien auf. Das überlegene Feldherrntalent des A. bewährte ſich in der
Schlacht bei Philippi (42), wo er zuerſt
Caſſius, dann auch Brutus ſchlug. Er
übernahm nun die Verwaltung des Oſtens,
überließ ſich aber bald, namentlich ſeitdem

er, durch die Reize der Kleopatra gewonnen, dieſer nach Ägypten folgte, ganz ent-
nervender Schwelgerei. Als ſeine Gemahlin Fulvia und ſein Bruder Lucius A.
in Italien gegen Octavianus ben Peruſiniſchen Krieg erregten, benutzte er dieſe
Gelegenheit nicht, um ben Entſcheidungskampf über die Alleinherrſchaft mit Octavianus zu beginnen, ſondern erneuerte ben
Vertrag mit letzterm, der ihm die Herrſchaft über ben Oſten ſicherte, und heiratete deſſen Schweſter Octavia. Während
Octavianus die ſchwierigen Verhältniſſe in
Italien ordnete und ben Krieg mit Sertus
Pompejus unternahm, in bem er von A.
nur wenig unterſtützt wurde, ſchädigte dieſer ſein Anſehen durch erfolgloſe Feldzüge
gegen die Parther und durch verſchwende-
riſches, hoffärtiges Auftreten; Kleopatra
und ben ihm von dieſer gebornen Kin-
bern ſchenkte er die römiſchen Provinzen
Aſiens mit bem Königstitel. Als er baher
32 ſich mit Octavianus entzweite, Octavia
verſtieß und im Senat gegen jenen Klage
erheben ließ wegen eigenmächtiger Beſitz-
nahme der Provinzen des Pompejus und
Lepidus, erwirkte Octavianus mit leichter
Mühe beim Senat und Volk, baß A. wegen des hochverräteriſchen Verhaltens gegen Kleopatra für einen Feind des Vaterlands erklärt wurde. In Wolluſt verſun-
ken und ohne jede Willenskraft, verbrachte
er ben Winter 32 auf 31 mit Kleopatra unthätig in Griechenland, um ſchwelgeriſche
Feſte zu feiern. Bei Actium erwartete
er ben Angriff des Feindes, und als Kleopatra während der Seeſchlacht 2. Sept. 31
mit ihren Schiffen flüchtete, folgte ihr A.,
ohne dem Landheer auch nur einen Befehl
zu hinterlaſſen. Auch in Ägypten vermochte er ſich nicht zu thatkräftiger Energie aufzuraffen. Kleopatra ließ ihn im
Stiche und verleitete ihn durch die Nachricht von ihrem Tod, ſich in ſein Schwert
zu ſtürzen; als er aber hörte, baß Kleopatra noch lebe, ließ er ſich zu ihr bringen
und ſtarb in ihren Armen (30 v. Chr.).
A. war ein hochbegabter Feldherr und
trefflicher Redner, liebenswürdig und gewandt im Verkehr mit andern Menſchen,
aber ein Sklave ſeiner Leidenſchaften und
ſinnlichen Gelüſte. —Sein Enkel Lucius,

der letzte seines Geschlechts, starb 26 n. Chr.
in der Verbannung zu Massilia.

4) **Lucius Ä.**, jüngerer Bruder des
Triumvirs, kämpfte während des Bürger=
kriegs im Heer Cäsars, stand nach dessen Er=
mordung seinem Bruder zur Seite, ward
41 Konsul und triumphierte nach einem
glücklichen Feldzug gegen die Alpenvölker.
Als Octavianus nach der Schlacht bei Phi=
lippi nach Italien kam, um hier die Herr=
schaft in die Hand zu nehmen, spann A.
im Bund mit Fulvia, der Gemahlin sei=
nes Bruders, allerlei Ränke gegen ihn, be=
nutzte die Schwierigkeiten, welche die Acker=
verteilung an die Veteranen machte, um
die alten Legionen des Antonius an sich zu
ziehen, und begann im Herbst 41 in Etru=
rien den offenen Krieg. Er wurde jedoch
von Salvidienus und Agrippa in Perusia
eingeschlossen und im Frühjahr 40 durch
Hunger zur Ergebung gezwungen. Octa=
vianus gewährte ihm Verzeihung und er=
nannte ihn zum Prätor in Hispanien.
Seine weitern Schicksale sind unbekannt.

Äolier, einer der vier Hauptstämme
des griech. Volks, der seinen Ursprung von
Äolos, dem ältesten Sohn des Deukalion,
ableitete. Er war über ganz Griechenland
verbreitet, in Thessalien, Böotien, Lokris,
Phokis, Ätolien, Messenien und Elis.
Die Ä. sind daher auch nicht als ein be=
sonderer Stamm, sondern als Gesamt=
name für die durch Einwanderung von
Joniern und andern kleinasiatischen Grie=
chen und durch Vermischung mit ihnen
zu höherer Kultur gelangten Pelasger=
stämme anzusehen, welche besonders an
den Küsten wohnten. Durch den Einfall
der Thessalier in Thessalien verloren sie
dies Land zum größten Teil, und auch
aus dem Peloponnes wurden sie durch
die Dorier verdrängt. Die vertriebenen
Ä. sammelten sich in Böotien, von wo sie,
mit Achäern vermischt, die Küsten Thra=
kiens, die Inseln des nördlichen Archipe=
lagos und endlich nach harten Kämpfen
mit den phrygischen Dardanern die Nord=
westküste Kleinasiens kolonisierten. Hier
in dem fruchtbaren Mysien ob. Äolis grün=
deten die Ä. dreißig Städte, von denen
die bedeutendsten Kyme, Larissa, Neon=
teichos, Killa, Notion, Ägiroessa, Pitane,

Ägä, Myrina, Gryneia, Temnos und
Smyrna waren und einen Staatenbund
von zwölf, nach Smyrnas Übertritt zum
Jonischen Bund von elf Städten mit einem
gemeinsamen Heiligtum auf dem Vor=
gebirge Kane, dem Panäolion, gründeten.
Eine wichtige äolische Kolonie war auch
Lesbos mit den Städten Mytilene und
Methymna. Hier entwickelten sich auch
eine höhere Kultur und ein reges Geistes=
leben, und es entstand eine lyrische Poesie
in äolischem Dialekt. Die politischen
Schicksale der äolischen Städte in Klein=
asien waren dieselben wie bei der Jonier:
unter Krösos wurden sie dem lydischen
Reich, durch Kyros dem persischen Reich
unterthan. Durch die Perserkriege 479
v. Chr. befreit, gerieten sie 387 wieder
unter persische Herrschaft und teilten nach
Alexanders d. Gr. Tode das Schicksal
Kleinasiens bis zur Unterwerfung unter
das Römische Reich.

Äolische Inseln, s. Liparische
Inseln.

Aosta, s. Augusta 2).

Apollonia, Name mehrerer Städte des
Altertums, von denen folgende bemer=
kenswert sind: 1) A. in Jllyrien, un=
weit der Küste in der Ebene zwischen Aoos
und Apsos gelegen, mit dem Hafenort
Aulon (jetzt Valona). Es wurde 634
v. Chr. von korinthischen Korkyräern ge=
gründet und gelangte durch Handel zu
großer Blüte. 229 von den Römern
unterworfen, welche der Stadt aber die
municipale Autonomie ließen, wurde sie
als Ausgangspunkt der nach Makedonien
führenden Via Egnatia wichtig und als
nächstgelegene rein griechische Stadt be=
liebter Aufenthalt junger Römer (wie Oc=
tavianus und Mäcenas) zur Verfolgung
ihrer Studien griechischer Künste und
Wissenschaften. Ruinen beim jetzigen Klo=
ster Pollina. — 2) A. in Thrakien,
am Pontos Eureinos, alte Kolonie der
Milesier mit berühmtem Apollontempel,
aus dem Lucullus die von Kalamis ge=
fertigte Kolossalstatue des Gottes nach dem
römischen Kapitol brachte. Später hieß
die Stadt Sozopolis, jetzt Sizeboli.

Appianos (Appianus), Geschicht=
schreiber, geboren zu Alexandria, lebte um

die Mitte des 2. Jahrh. n. Chr. zuerst als Sachwalter in Rom, dann als Prokurator des kaiserlichen Fiskus in Ägypten. Er schrieb eine römische Geschichte in griechischer Sprache, welche in ethnographischer Einteilung die Geschichte jedes Landes und Volks bis zu ihrem Aufgehen in das Römische Reich darstellte. Das Werk umfaßte 24 Bücher, von denen die 5 ersten zum Teil, mehrere andre ganz verloren gegangen und nur folgende erhalten sind: 6 und 7 (Spanien, Krieg mit Hannibal), 8 (punische Geschichte), 11 (syrische und parthische Geschichte, letztere unecht), 12 (Mithridates), 13—17 (römische Bürgerkriege, der wichtigste und wertvollste Teil des Werks) und 23 (illyrische Geschichte). Fragmente von Buch 1—5 und 9 sind uns in den Excerpten des Kaisers Konstantin Porphyrogennetos erhalten. A. stand durchaus auf römischem Standpunkt und betrachtete das Römische Reich als eine Schöpfung der Gottheit. In der Benutzung seiner Quellen zeigt er sich sehr unkritisch und oberflächlich; doch ist die Schreibart einfach, leicht und klar. Ausgabe von J. Bekker (Leipz. 1853, 2 Bde.).

Appische Straße, s. v. w. Via Appia.

Appius, s. Claudius.

Apries, griech. Name des ägyptischen Königs Hophra (s. d.).

Apulien (Apulia, griech. Japygia), italische Landschaft, umfaßte in weiterm Sinn den ganzen südöstlichen Teil der Halbinsel, die drei Distrikte Daunia, Peucetia und Messapia oder Calabria, in engerm, in späterer Römerzeit gebräuchlichem Sinn nur die beiden ersten. Es war ein östlich vom samnitischen Bergland sich abdachendes Hügelland, das in eine nur von der isolierten Berggruppe des Garganus unterbrochene Küstenebene überging; es war durchflossen von den Flüssen Aquilo, Cerbalus und Aufidus und wenigen kleinen Bächen, wasserarm und nur stellenweise ergiebig. Wein- und Ölbau sowie Pferde- und Schafzucht gediehen besonders. Die Einwohner waren illyrischen Stammes und bildeten zwei Königreiche, das der Daunier im NW. und das der Peucetier (Pödikuler) im SO., welche sich um 400 v. Chr. in einzelne Stadtrepubliken auflösten. Sie nahmen durch den Einfluß des Verkehrs mit den Tarentinern griechische Sprache und Sitte an. Industrie und Handel waren in Blüte; reich entwickelt waren namentlich die Kunst des Bronzegusses und die Vasenfabrikation. Die Römer setzten sich seit 330 in A. fest, das ihnen geringen Widerstand leistete, und vollendeten 317 die Eroberung. Im zweiten Punischen und im Bundesgenossenkrieg war die Landschaft vorzugsweise Kriegsschauplatz und wurde arg verwüstet.

Aquæ, röm. Name vieler Städte mit Mineralquellen und Bädern; am bekanntesten sind: A. Aurellæ, jetzt Baden-Baden; A. Gratiänæ (oder Allobrögum), jetzt Aix in Savoyen; A. Mattiäcæ, jetzt Wiesbaden; A. Sextiæ, jetzt Aix in der Provence, römische Kolonie, 123 v. Chr. von C. Sertius Calvinus gegründet, wo Marius 102 die Teutonen besiegte; A. Statiellæ in Ligurien, jetzt Acqui; A. Tarbellæ in Aquitanien, jetzt Dar.

Aquer (Æqui), kleines ital. Volk im latinischen Bergland am obern Anio und Tolenus, südlich von den ihnen stammverwandten Sabinern, mit den Städten Carsioli und Alba Fucentia und andern kleinern Ortschaften. Sie waren in ältester Zeit heftige und gefährliche Feinde der Römer, bis sie 389 v. Chr. von Camillus gedemütigt und nach dem zweiten Samniterkrieg 304 gänzlich unterworfen wurden.

Aquilēja (Aquilēia), röm. Kolonie in Oberitalien, am Flüßchen Natiso, unweit der Küste des Adriatischen Meers. Sie wurde 182 v. Chr. gegründet und mit einer bedeutenden Zahl von latinischen Kolonisten besetzt, um die Nordostgrenze Italiens zu schützen und die Istrier im Zaum zu halten. Hierher führte die Via Æmilia, die Hauptverkehrsstraße Italiens mit dem Orient zu Lande; von hier gingen die Straßen nach den östlichen Provinzen aus. Es ward daher auch eine blühende Handelsstadt. Marcus Aurelius befestigte es sehr stark, so daß es lange die Vormauer Italiens gegen die Barbaren bildete, bis es 452 n. Chr. von Attila zerstört wurde. Im Mittelalter wieder aufgebaut, zeigt es noch Trümmer der frühern Größe.

Aquitanien (Aquitanīa), Landschaft in Gallien, zwischen Garumna und Pyrenäen (jetzt Gascogne), von iberischen Stämmen bewohnt. Bei der Neueinteilung der Provinzen wurde der Name auf die alles Land zwischen Loire, Cevennen, Pyrenäen und Atlantischem Ocean umfassende Provinz ausgedehnt, welche im 4. Jahrh. wieder in Aquitania prima im N. mit Avaricum (Bourges), Aquitania secunda in der Mitte mit Burdigala (Bordeaux) und Aquitania tertia im S. geteilt wurde.

Arabien (Arabīa), die südwestliche Halbinsel Asiens, war im Altertum wenig bekannt und nahm an dem geschichtlichen Leben geringen Anteil. Während der nördliche, mit der syrischen Wüste in Verbindung stehende Teil das »Wüste A.« genannt wurde, hielt man, nach den Küsten auf das Innere schließend, die ganze übrige Halbinsel für ein durchaus bewohntes und fruchtbares Land und nannte sie daher das »Glückliche A.« (Arabia felix). Die Bewohner hießen Araber und waren Semiten. Den nordwestlichsten Teil, Arabia Petræa (nach der Stadt Petra), bewohnten die Idumäer (Edomiter), Nabatäer und Midianiter, das Wüste A. die Ismaeliten und Keturäer; in Südarabien bestanden das Reich der Minäer und das der Sabäer mit der glänzenden Hauptstadt Mariaba, gegen welche 24 v. Chr. der römische Statthalter von Ägypten, Älius Gallus, einen erfolglosen Kriegszug unternahm. An der Südküste wohnten die Homeriten und die Chatramotiten mit der Hauptstadt Sabattha endlich an der Südostküste die Maken und am Persischen Meerbusen die Gerrhäer. Einzelne Stämme und Teile des nördlichen A. wurden von den Assyrern, Babyloniern und Persern unterworfen. Die Römer unter Trajan unterwarfen 105 n. Chr. das Peträische A. und machten es zur Provinz Arabia. Vgl. Sprenger, Die alte Geographie Arabiens (Bern 1875).

Arachosien (Arachosīa), Provinz im O. des Hochlands von Iran nördlich von Gedrosien, das Gebiet des Flusses Etymandros (jetzt Hilmend), gehörte zum persischen Reich und ward 329 v. Chr. von Alexander d. Gr. erobert, der am Arachotos

die Stadt Alexandreia Arachoton (Kandahar) gründete.

Arados (phönik. Arvâd, »Zuflucht«), die nördlichste der selbständigen phönik. Städte, lag zuerst auf einer kleinen, 20 Stadien vom Festland entfernten und nur 7 Stadien im Umfang messenden Insel, umfaßte aber bei wachsender Größe bald auch eine Stadt auf dem gegenüberliegenden Festland, Antarados. A. beherrschte mehrere kleinere Küstenstädte und wetteiferte in älterer Zeit mit Tyros und Sidon.

Arar, bei den Römern Name des Flusses Saône in Frankreich.

Ärarium, der röm. Staatsschatz, in den die regelmäßigen Abgaben flossen, und aus dem die laufenden Staatsausgaben bestritten wurden. Es ward im Tempel des Saturnus aufbewahrt und von den Quästoren und Ärartribunen verwaltet. Augustus ließ seine Verwaltung dem Senat und stiftete noch ein neues Ä. für die Kosten des Heers, das Æ. militāre, in welches neue Konsumtions- und Erbschaftssteuern flossen, während er eine besondere kaiserliche Privatkasse, den Fiskus, errichtete. Um 200 n. Chr. ging die Verwaltung aller Staatskassen an die Kaiser über.

Arătos, Stratege des Achäischen Bundes, geb. 271 v. Chr. zu Sikyon, Sohn des Kleinias, wurde nach dessen Ermordung in Argos erzogen und versammelte, zum Jüngling herangewachsen, die sikyonischen Flüchtlinge um sich, um seine Vaterstadt von dem Tyrannen Nikokles zu befreien. Dies gelang, und A. bewog Sikyon 251, dem Achäischen Bund beizutreten. Er gewann demselben die Unterstützung des Königs Ptolemäos Philadelphos von Ägypten und ward 245 zum Strategen gewählt. Er bewährte in dieser Stellung politische Schlauheit und Berechnung; doch fehlte es ihm an kriegerischer Tüchtigkeit und uneigennütziger, hochherziger Gesinnung. Als er im Kampf gegen die Ätolier und Spartaner unglücklich war, scheute er sich nicht, die Makedonier zu Hülfe zu rufen und dem König Antigonos Doson mit der Festung Akrokorinth die Herrschaft über Hellas zu überliefern; bei Unabhängigkeit des dem Achäischen Bund feindlichen Sparta ward freilich durch die Schlacht bei Sellasia vernichtet (221). 213 ward er auf Anstiften Philipps III. von Makedonien, dem er lästig wurde, vergiftet; sein Andenken wurde von den Achäern hoch geehrt. Er schrieb dreißig Bücher »Denkwürdigkeiten«, die zwar verloren gegangen sind, aber von Polybios wie von Plutarchos in seiner Biographie des A. benutzt wurden.

Arausio (jetzt O r a n g e), Stadt im narbonensischen Gallien, am Rhône, eine röm. Kolonie, bei der die Römer 105 v. Chr. unter Quintus Servilius Cäpio von den Cimbern eine furchtbare Niederlage erlitten.

Arbēla, Hauptstadt der Landschaft Adiabene im östlichen Assyrien, in deren Nähe, bei Gaugamela, 1. Okt. 331 v. Chr. Alexander d. Gr. zum zweitenmal den Perserkönig Dareios entscheidend besiegte.

Arcādius, oström. Kaiser, älterer Sohn Theodosius' d. Gr., geb. 377 n. Chr. in Spanien, erhielt bei der Teilung des Reichs nach dem Tod seines Vaters Ostrom mit der Hauptstadt Konstantinopel. Schwach und willenlos, ward er erst von dem Gallier Rufinus, dann von dem Eunuchen Eutropius beherrscht, der ihn mit Eudoxia, der Tochter eines fränkischen Häuptlings, vermählte. Fortan stand er unter deren Einfluß bis zu ihrem Tod, 404. Während das Reich durch Einfälle der Barbaren, Erdbeben, Hungersnot und andre Unglücksfälle heimgesucht wurde, verharrte der Kaiser in Trägheit und entfaltete an seinem Hof einen prunkhaften Pomp. Er starb 1. Mai 408.

Archelāos, 1) König von Makedonien 413—399 v. Chr., natürlicher Sohn des Königs Perdikkas II., bahnte sich durch Ermordung seiner Verwandten den Weg zum Thron, bezwang 410 die abgefallene Stadt Pydna und stand während des letzten Teils des Peloponnesischen Kriegs auf seiten der Athener. Er erwarb sich durch den Bau von Landstraßen, Gründung von festen Städten und Verbesserung des Heerwesens große Verdienste um das Reich. Er pflegte die griechischen Künste und Wissenschaften, und sein Hof war von den berühmtesten Dichtern und Malern, wie Euripides, Agathon, Zeuxis u. a., besucht. Er starb 399.

2) Feldherr des Königs Mithridates von Pontos, aus Kappadokien gebürtig, kämpfte zuerst gegen Nikomedes von Bithynien, den er 88 v. Chr. am Amneias schlug, und wurde darauf 87 mit einer großen Flotte und 120,000 Mann nach Griechenland geschickt, wo er die Athener, Spartaner, Achäer und Böotier gewann und sich im Peiräeus festsetzte, den er gegen Sulla hartnäckig verteidigte. Als aber Athen 86 in dessen Hände gefallen, räumte A. den Peiräeus und zog nach Böotien, wo er 86 bei Chäroneia und 85 mit einem neuen Heer bei Orchomenos von Sulla geschlagen wurde. Er verhandelte darauf den Frieden mit den Römern, erweckte aber dabei den Argwohn des Mithridates und flüchtete 81 zu den Römern. Sein Sohn gleichen Namens ward 63 von Pompejus zum Priester der Enyo in Komana ernannt, suchte sich 56 durch Vermählung mit Berenike, die ihren Vater Ptolemäos Auletes vertrieben, auf den Thron von Ägypten zu schwingen, verlor aber gegen den römischen Prätor Gabinius Schlacht und Leben. Dessen Sohn Archelaos ward 34 v. Chr. von Antonius zum König von Kappadokien erhoben, aber von Tiberius wieder entsetzt und starb in Rom 17 n. Chr.

3) Jüd. Ethnarch, Sohn Herodes' d. Gr., folgte demselben in der Herrschaft über Juda 4 v. Chr. Da er mit Aufständen der Juden zu kämpfen hatte, suchte er Hülfe bei Augustus, der das Land zwischen ihm und seinen Brüdern Antipas und Philipp teilte. Als ihn aber diese und das jüdische Volk seiner Grausamkeit wegen bei dem Kaiser verklagten, wurde er 6 n. Chr. abgesetzt und nach Vienna in Gallien verbannt.

Archidamischer Krieg, s. Peloponnesischer Krieg.

Archidāmos, Name spartan. Könige: 1) A. II., Enkel und Nachfolger des Leotychides, regierte 468—427 v. Chr. mit Weisheit und Umsicht. Er beendete den Aufstand der Messenier und Heloten 455 durch die Eroberung von Ithome und befehligte im Peloponnesischen Krieg, von dem er vergeblich abgeraten, die Einfälle des peloponnesischen Heers in Attika 431,

430 und 428, weswegen auch der erste
Teil des Kriegs bis 421 Archibami=
scher Krieg genannt wird. Er starb 427.
2) A. III., Enkel des vorigen, Sohn des
Königs Agesilaos, besiegte 367 v. Chr. die
Arkadier und Argeier bei Megalopolis in
der sogen. »thränenlosen Schlacht«, in der
kein Lakedämonier fiel, und verteidigte
362 Sparta glücklich gegen den Einfall des
Epameinondas. Er folgte seinem Vater
361 und fiel 338 am Tag der Schlacht bei
Chäroneia (1. Aug.) in Italien, wohin
er den Tarentinern zu Hülfe gezogen war,
im Kampf gegen die Lukaner.

Archipelágos, s. Ägäisches Meer.

Archon (im Plural: Archonten:
»Herrscher, Anführer«), Name der ober=
sten Behörde in Athen nach Abschaffung
des Königtums. Nach der sagenhaften
Überlieferung ward nach dem Opfertod des
Kodros, 1068 v. Chr., der Königstitel ab=
geschafft und aus dem Königsgeschlecht der
Medontiden ein A. auf Lebenszeit gewählt.
752 wurde die Amtsdauer des Archontats
auf zehn Jahre beschränkt, 714 das Vor=
recht der Medontiden aufgehoben und das
Wahlrecht auf alle Eupatriden ausge=
dehnt; seit 683 wurden neun Archon=
ten mit nur einjähriger Amtsdauer ge=
wählt und waren fortan nur ein Regie=
rungsausschuß der Eupatriden. Durch
die Solonische Verfassung 594 ward ihre
Amtsgewalt zu Gunsten der Ratsver=
sammlung und der Heliäa beschränkt und
die Berechtigung zum Archontat auf die
erste Vermögensklasse, die Pentekosiome=
dimner, übertragen, 509 durch Kleisthenes
die Wahl durch das Los eingeführt, end=
lich 477 durch Aristeides der Zutritt zum
Archontat allen Klassen eröffnet. Der erste
A. hieß schlechtweg so oder A. Epony=
mos; nach ihm wurde das Jahr benannt,
ferner hatte er die Verwaltung der großen
Staatsfeste und die Besorgung der Theo=
rien, endlich den Vorsitz in allen das Fa=
milienrecht betreffenden Prozessen und die
Obervormundschaft. Der A. Basileus
hatte die priesterlichen Funktionen des alten
Königtums, vollzog die öffentlichen Opfer
und hatte den Vorsitz bei allen religiösen
Prozessen. Der A. Polemarchos ver=
waltete die militärischen Angelegenheiten,

ohne jedoch den Oberbefehl im Krieg zu
führen, und leitete die Prozesse der Me=
töken und Fremden. Jeder dieser drei Ar=
chonten hatte das Recht, sich zwei Beisitzer
(Paredroi) zu wählen. Die sechs übrigen
Archonten hießen Thesmotheten; sie
hatten den Vorsitz bei den Gerichten. Aus
den frühern Archonten, welche ihr Amt ta=
bellos verwaltet, wurde der Areopag ge=
wählt. Im allgemeinen war der politische
Einfluß des Archontats seit der Solonischen
Verfassung gering. Das Amt überdauerte
die Zeit der politischen Selbständigkeit
und bestand auch noch zur Zeit der Rö=
mer; mehrere Kaiser ließen sich zu Archon=
ten wählen.

Ardēa, ehemalige Hauptstadt der Ru=
tuler und des Königs Turnus, in Latium,
südlich von Rom, in sumpfiger, ungesun=
der Gegend unfern der Küste gelegen, eine
der ältesten Städte, seit 441 v. Chr. rö=
mische Kolonie, 311 im Samniterkrieg
zerstört und seitdem verödet; jetzt liegt ein
kleiner unbedeutender Ort, A., auf dem
Felsplateau der ehemaligen Burg.

Ardeschir, s. Artarerres.

Areia (Aria, altpers. Haraiva, »Was=
serreich«), 1) Landschaft im nördl. Teil des
Hochlandes v. Jran, durchflossen vom Areios
(jetzt Heri=rud), mit der Hauptstadt Aleran=
dreia Areion (früher Artakoana, jetzt He=
rat). — 2) See in Drangiana (s. d.).

Aremorica (Armorica, kelt. ar
more, »am Meer«), der nordwestlichste
Teil Galliens, das Küstenland zwischen
der Mündung der Sequana (Seine) und
des Liger (Loire), die jetzige Normandie
und Bretagne. Die Landschaft wurde von
den keltischen Völkerschaften der Veneti,
Curiosolites, Redones, Lerovii, Unelli u. a.
bewohnt; im 5. Jahrh. n. Chr. besetzten
die aus Britannien geflüchteten Briten
den westlichen Teil und nannten ihn Bri=
tannia (Bretagne).

Areopag (Areiopagos, »Areshü=
gel«), ein Hügel in Athen, westlich der
Akropolis, Sitz des nach ihm benannten
berühmten athenischen Gerichtshofs, der
in die mythische Zeit zurückreichte, durch
den schon Orestes von der Blutschuld freige=
sprochen wurde. Er hatte von alters her
die peinliche oder Blutgerichtsbarkeit und

genoß ein hohes Ansehen. Deshalb übertrug ihm Solon, um seiner Verfassung einen festen Halt zu geben, noch andre, politische Funktionen und erhöhte seine Autorität noch dadurch, daß nur gewesene Archonten, die ihr Amt löblich geführt und sich durch untadeligen Lebenswandel die öffentliche Achtung erworben hatten, auf Lebenszeit in den A. berufen wurden. Er erhielt die oberste Aufsicht über die Staatsverwaltung, über Heilighaltung der Staatsreligion, über öffentliche Zucht und Sitte und über die Wahrung der Verfassung und der Gesetze; er konnte gegen verfassungswidrige Gesetzvorschläge und ungesetzliche Maßregeln der Beamten sein Veto einlegen, treulose, eigenmächtig handelnde Staatsbeamte, politische und religiöse Neuerer, Gottesverächter und grobe Beleidiger der Volkssitte zur Verantwortung ziehen und mit Verlust des Bürgerrechts, Verbannung u. a. bestrafen. Er führte ferner auch die Oberaufsicht über gewisse Heiligtümer, über Wege, Straßen und Bauten, über Maße, Gewichte und das Sanitätswesen. In außergewöhnlichen Fällen erhielt er vom Volk besondere Vollmachten zur Leitung gewisser Staatsgeschäfte und zum Einschreiten gegen staatsgefährliche Männer. Durch seine Zusammensetzung aus den gewesenen Archonten ward der A. ein Hort der konservativen Interessen und Bestrebungen, und deshalb richteten sich die Angriffe der Verfechter der reinen Demokratie besonders gegen ihn. 460 v. Chr. gelang es Perikles, durch ein von Ephialtes beim Volk durchgebrachtes Gesetz den A. aller politischen Macht zu berauben und ihn auf seine richterliche Kompetenz zu beschränken. Schon während des Peloponnesischen Kriegs erlangte er aber wieder Einfluß und ward bei der Wiederherstellung der Solonischen Verfassung nach dem Sturz der Dreißig vollständig in der frühern Machtfülle hergestellt. Noch zur Zeit der Römer bestand er und besaß das höchste Ansehen. Vgl. Philippi, Der A. und die Epheten (Berl. 1874).

Arezzo, s. Arretium.

Arginüsen(Arginussen), drei kleine Inseln zwischen der äolischen Küste Kleinasiens und der Insel Lesbos, in deren Nähe die Athener 406 v. Chr. die spartanische Flotte unter Kallikratidas besiegten; Kallikratidas fand in der Schlacht den Tod, die athenischen Feldherren wurden aber auf Antrieb ihrer Feinde, weil sie die Leichen der getöteten Athener nicht gesammelt und bestattet hatten, zum Tod verurteilt und sechs hingerichtet. Vgl. L. Herbst, Die Schlacht bei den A. (Hamb. 1855).

Argölis, griech. Landschaft im Peloponnes. Sie bestand aus der zwischen dem Saronischen und dem Argolischen Meerbusen sich nach SO. erstreckenden, von kahlen, wasserarmen Gebirgen erfüllten Argolischen Halbinsel, auch Akte genannt, und der Ebene von Argos (s. d.) am Argolischen Meerbusen. Die Argolische Halbinsel oder Akte, deren höchste Erhebungen im N. der Arachnäon (1200 m), im S. der Dibyma (1075 m) sind, war arm an Ackerboden, besaß dagegen zahlreiche gute Häfen, in welchen sich in vorhistorischer Zeit Karer und Dryoper (in Hermione), später Jonier in Trözene und Epidauros ansiedelten. Später wurden diese Städte durch Einwanderung von Dorern, welche das politische Übergewicht erhielten, ebenso wie die vorliegenden Inseln Hydrea, Kalauria und Ägina, dem dorischen Stamm gewonnen.

Argonautenzug, die Fahrt der Argonauten (Argoschiffer) nach Kolchis, um das Goldne Vließ zu holen, welches einst Phrixos, von dem zauberkundigen König Ädtes gastlich aufgenommen, im Hain des Ares daselbst an einer Eiche aufgehängt hatte. Ein Menschenalter vor dem Trojanischen Krieg, um 1350 v. Chr., unternahm Jason, Sohn des Äson, im Auftrag seines Oheims Pelias, Königs von Jolkos, die Fahrt und baute mit Hülfe der Athene ein schnelles 50ruderiges Schiff, die »Argo«, auf welchem sich die Minyer oder nach späterer Sage die 50 edelsten Helden jener Zeit, Orpheus, Amphiaraos, Amphion, Zetes und Kalais (die geflügelten Söhne des Boreas), die Dioskuren Kastor und Polydeukes, Herakles, Peleus, Telamon, Theseus, Tydeus u. a., einschifften. Die Fahrt ging von Jolkos über Samothrake und Lemnos zu den Dolionen von Kyzikos an der Propontis, von da an Kios vorbei, wo Herakles seines Lieblings Hylas wegen zurückblieb, nach Salmydessos, wo Zetes und Kalaïs den blinden König Phineus von den Harpyien befreiten. Zum Dank belehrte Phineus die Argonauten, wie sie die zusammenschlagenden Felsen am Eingang des Schwarzen Meers, die Symplegaden, durchfahren müßten, welche nach der glücklichen Durchfahrt der Argo stillstanden. An der Südküste des Pontos entlang fahrend, gelangten sie nach der Insel Aretias, wo sie die stymphalischen Vögel verjagten, endlich nach Kolchis am Fuß des Kaukasos. Aetes legte Jason als Bedingung der Auslieferung des Vließes schwierige Arbeiten auf: er solle mit zwei feuerschnaubenden Stieren einen Acker pflügen, Drachenzähne säen und die daraus erwachsenden Riesen bekämpfen. Mit Hülfe der zauberkundigen Tochter des Aetes, Medeia, die Jason liebte, vollbrachte dieser die Arbeiten, und als der König bennoch das Vließ verweigerte, schläferte Medeia den es bewachenden Drachen ein, Jason raubte die kostbare Beute und fuhr mit ihr und Medeia eiligst davon. Auf der Rückfahrt erlebten die Argonauten wiederum allerlei Abenteuer und gelangten erst nach weiten Irrfahrten durch unbekannte Meere und an fremden Ländern vorbei nach Griechenland zurück. Dort überlieferte Jason dem Pelias das Goldne Vließ und weihte die Argo dem Poseidon. Er rächte sich nun an Pelias, der seinen Vater ermordet hatte, indem Medeia die Töchter desselben beredete, ihn zu zerstücken, um ihn zu verjüngen, dann aber ihre Kunst verweigerte. Medeia aber tötete, als sich Jason in Korinth mit Kreusa vermählen wollte, diese und ihre eignen Kinder. — Daß eine geschichtliche Thatsache, eine wirkliche Seeunternehmung der Griechen in ältester Zeit, der Argonautensage zu Grunde liege, ist kaum anzunehmen. In ihr wurden vielmehr, ähnlich wie später in der Odyssee, die Erzählungen und Märchen von den Erlebnissen auf den ersten Seefahrten der Minyer von Jolkos, dann auch der andern Griechen, die sich besonders nach der Propontis und dem Schwarzen Meere richteten, zusammengefaßt; dafür sprechen auch die vielfachen Ausschmückungen der Rückfahrt mit Abenteuern, mit dem Besuch der Kirke, der Sirenen, der Skylla und Charybdis, endlich der Phäaken, die sich mit dem Inhalt der Odyssee, welche die Argonautenfahrt kennt, begegnen.

Argos, Stadt und Landschaft in Argolis, eine fruchtbare, »rossenährende« Ebene am Argolischen Meerbusen, vom Jnachos und seinem Zufluß Charabros durchflossen, aber arm an Regen, daher »viel dürstend« genannt, und an der Küste versumpft; im heißen Sommer versiegen die von den umgebenden Bergen herabfließenden Bäche ganz. Als einzige dem östlichen Meer zugewendete Küstenebene des Peloponnes ward die argeiische früh besiedelt. Die ältesten pelasgischen Einwohner gründeten die mit kyklopischen Mauern geschützten Burgen Mykenä auf den Vorhöhen am Nordende der Ebene und Tiryns, Larissa und Nauplia auf isolierten Felshügeln in der Ebene selbst. Als ältester Herrscher wird Jnachos genannt. Fremde Einwanderer, wie Agenor, Danaos, Perseus u. a., brachten den Pelasgern eine höhere Kultur. Dann brangen von Norden her Achäerfürsten erobernd ein und errichteten das Königreich der Atriben in Mykenä, das des Diomedes u. a. Um 1100 v. Chr. wurden diese achäischen Staaten nach langen Kämpfen durch die von Süden eindringenden Dorier unterworfen, und diese gründeten am Fuß der pelasgischen Felsenburg Larissa die Stadt A., welche sie nach dem ursprünglichen Namen der Ebene benannten. Die neue Stadt, Sitz der dorischen Könige aus dem Haus des Temenos, wurde bald die mächtigste Stadt der ganzen Landschaft; sie unterwarf und zerstörte nach und nach die übrigen Städte der Ebene, namentlich Tiryns und Mykenä, und unterjochte die jenseit des nördlichen Gebirgskamms gelegenen Städte Orneä und Kleonä mit Nemea. Der mächtigste König von A. war Pheidon (um 670), der, obwohl ein Temenide, als Tyrann bezeichnet wurde, weil er die Macht der dorischen Aristokratie brach. Er unterwarf Korinth,

Ägina, Epidauros und Trözene, entriß den Spartanern durch den Sieg bei Hysiä die Landschaft Kynuria und erlangte die Hegemonie im Peloponnes. Nach seinem Tod sank die Macht von A. wieder. Doch stand es stets in feindlichem Gegensatz zu Sparta und weigerte sich, dessen Hegemonie anzuerkennen. Deshalb überfiel der spartanische König Kleomenes um 520 A. und ließ 6000 Argeier niedermetzeln. Die Macht der Stadt war damit für längere Zeit gebrochen; Leibeigene (die Gymnesier) mußten in die Zahl der Bürger aufgenommen werden, und aus Haß gegen Sparta nahm A. nicht an den Perserkriegen teil und schloß sich später den Athenern an. Die Einwohnerzahl wurde im 5. Jahrh. durch Verpflanzung der Bewohner der zerstörten Städte Mykenä und Tiryns nach A. beträchtlich vermehrt; durch Handel und Gewerbe blühte der Wohlstand. Die Verfassung wurde demokratisch umgestaltet und auch, freilich nicht ohne blutige Kämpfe, wie den Skytalismos 370, wo 1200 Bürger vom aufgereizten Volk mit Knütteln erschlagen wurden, gegen aristokratische Umwälzungsversuche behauptet. Im Peloponnesischen Krieg hielt es sich anfangs neutral, machte aber dann, von Alkibiades angereizt, im Bund mit Elis und Mantineia einen Versuch, die spartanische Hegemonie über den Peloponnes zu stürzen, welcher durch den Sieg der Spartaner bei Mantineia 418 vereitelt wurde. Auch im Korinthischen Krieg und im Krieg Spartas mit Theben 379—362 auf seiten des letztern und trat 243 dem Achäischen Bund bei, mit dem es 146 der Herrschaft der Römer unterworfen wurde.

Aria, s. Areia.

Ariāna, das heutige Iran (Eran). Für das ganze Hochland kam der Name allerdings erst unter der Herrschaft der Sassaniden auf; die griechischen Geographen gebrauchten ihn nur für die östlichen Provinzen des alten persischen Reichs: Paropamisos, Drangiana, Arachosia, Gedrosia, Karmania, Areia und Parthia. Die Bewohner gehörten in der Mehrzahl dem arischen (indogermanischen) Völkerstamm an.

Aricia (jetzt Ariccia), alte latin. Stadt am Fuß des Albanergebirges und an der Appischen Straße, nach dem Fall Alba longas Vorort des Latinischen Bundes, wurde von den Römern nach tapferm Widerstand unterworfen und zur römischen Kolonie, später (338 v. Chr.) zum Municipium gemacht. In der Nähe in einem Hain am Lacus Nemorensis lag der Tempel der aricinischen Diana, deren Dienst ein barbarischer war, ähnlich dem der taurischen Artemis.

Ariminum (jetzt Rimini), uralte Seestadt in Umbrien, südlich von der Mündung des Rubico am Adriatischen Meer gelegen. Nach Vertreibung der Gallier kehrten die alten umbrischen Bewohner zurück und wurden 268 v. Chr. durch römische Kolonisten verstärkt; die große römische Heerstraße nach dem Norden, die Via Flaminia, endete und die Via Æmilia begann in A. Erst 82 wurde die Stadt zu Italien gezogen, aber schon 42 durch Augustus wieder der Regio cispadana zugeteilt.

Ariovistus, suevischer Fürst, zog 72 v. Chr. mit 15,000 Germanen aus Süddeutschland über den Rhein, um der gallischen Völkerschaft der Sequaner gegen die Äduer beizustehen. Er unterwarf diese und setzte sich in Gallien fest, wohin er noch mehr Germanen, im ganzen 120,000 Köpfe, nachkommen ließ. Als die Sequaner sich mit den Nachbarstämmen verbündeten und ihn vertreiben wollten, schlug er sie bei Magetobria und nahm den Sequanern zwei Drittel ihres Gebiets ab. Der römische Senat begrüßte ihn 59 als König und Freund des römischen Volks und anerkannte seine Herrschaft. Als aber nach Cäsars Ankunft in Gallien 58 die Gallier seine Hülfe gegen A. anriefen, lud ihn Cäsar zu einer Unterredung ein und forderte ihn, als diese abgelehnt wurde, auf, keine Germanen mehr über den Rhein zu rufen und die Gallier nicht zu hart zu bedrücken. A. wies aber trotzig jede Einmischung der Römer in seine Angelegenheiten zurück. Als Cäsar darauf gegen ihn heranrückte, wich er an den Rhein zurück, um germanische Hülfstruppen heranzuziehen. Bei

Mülhausen im obern Elsaß ereilte ihn Cäsar, und nachdem eine Unterredung zwischen beiden Feldherren erfolglos geblieben, zwang er ihn zur Schlacht, in der A. nach tapferm Kampf besiegt wurde. Er entfloh über den Rhein; seine weiteren Schicksale sind unbekannt.

Aristagoras, Tyrann von Milet, Nachfolger seines Schwiegervaters Histiäos, als derselbe von Dareios mit der thrakischen Herrschaft beschenkt und dann nach Susa berufen worden war. Aus Furcht vor dem Zorn des Perserkönigs wegen des Scheiterns einer mit dem Satrapen Megabates unternommenen Expedition gegen Naxos und angereizt durch den in Susa wider Willen zurückgehaltenen Histiäos, plante A. einen Aufstand der griechischen Städte in Kleinasien gegen die Perser. Um Hülfe von den Hellenen zu erlangen, begab er sich zu Kleomenes nach Sparta, wurde aber abgewiesen und erhielt bloß von den Athenern 20 und von den Eretriern 5 Schiffe. Nachdem er die von den Persern begünstigten Tyrannen aus den Städten verjagt und überall demokratische Verfassungen hergestellt hatte, begann er 500 v. Chr. die Empörung. Er zog mit den Joniern und Athenern 499 nach Sardes und verbrannte die Stadt, konnte aber die Burg nicht einnehmen und wurde auf dem Rückzug bei Ephesos von den Persern geschlagen. Er flüchtete nun nach Myrkinos in Thrakien, wurde aber hier 498 von den Thrakern erschlagen.

Aristeides (Aristīdes), berühmter Athener, Sohn des Lysimachos, geboren um 540 v. Chr., beteiligte sich mit Kleisthenes und Xanthippos bei Vertreibung der Peisistratiden 509 an der Wiederherstellung und Reform der Solonischen Verfassung und erlangte durch seine Uneigennützigkeit und seine streng rechtliche Gesinnung großes Ansehen bei den Athenern. 490 ward er zum Strategen erwählt und zeichnete sich durch seine Tapferkeit in der Schlacht bei Marathon aus. Zum Lohn erhielt er 489 das Archontat. Obwohl zu thatkräftigem Widerstand gegen die Perser entschlossen, widersetzte sich A. doch den Plänen des Themistokles, die ganze Kraft des Staats auf die Herstellung einer

großen Flotte zu verwenden und den Schwerpunkt in die Seeherrschaft und den Handel zu verlegen; er befürchtete davon die Zurückdrängung des Ackerbaus und die Vernichtung des Grundbesitzerstandes, der Grundlagen des attischen Staats. Da sein großes Ansehen die Athener zwar nicht von der Annahme der Vorschläge des Themistokles abhalten konnte, aber ihrer Durchführung hinderlich war, so bewirkte Themistokles 483 eine Entscheidung des Volks zwischen ihm und A. durch den Ostrakismos, die gegen letztern ausfiel. A. wurde auf zehn Jahre verbannt, kehrte aber 480 kurz vor der Schlacht bei Salamis zurück, teilte Themistokles die Bewegungen der persischen Flotte mit und eroberte in der Schlacht die Insel Psyttaleia. Hierauf wurde das Verbannungsurteil aufgehoben und A. 479 zum Befehlshaber des Landheers erwählt, welches er in der Schlacht bei Plätää siegreich befehligte. Obwohl streng konservativ gesinnt, bewog er die Athener, zur Belohnung für die von allen Bürgern bewiesene Vaterlandsliebe und Tapferkeit allen Athenern ohne Unterschied der Klassen den Zutritt zu den Ämtern zu eröffnen. Als Anführer der athenischen Flotte, welche die kleinasiatischen Griechen befreite, erwarb er sich durch seine Gerechtigkeit, Mäßigung und Leutseligkeit deren Vertrauen in dem Grade, daß sie nach der Abberufung des spartanischen Oberbefehlshabers Pausanias ihm den Oberbefehl übertrugen und sich unter seiner Führung 476 zu dem Seebund einigten, der Athens Herrschaft zur See begründete. A. ordnete die erste Einrichtung des Bundes an, bestimmte die Beiträge jedes Bundesgenossen an Geld, Schiffen und Truppen und verlegte den Sitz des Bundes nach der Insel Delos. A. starb 468 in völliger Armut, so daß der Staat seine beiden Töchter ausstattete und seinen Sohn Lysimachos beschenkte. Plutarch und Cornelius Nepos beschrieben das Leben des A. Vgl. vom Berg, Das Leben des A. (Götting. 1871).

Aristobulos, jüdischer König, Sohn des Alexandros Jannäos, stieß seine Mutter Alexandra 69 v. Chr. vom Thron und schloß von demselben auch seinen

Bruder Hyrkanos II. aus; eine Er=
hebung desſelben unterdrückte er. Als
64 Pompejus nach Paläſtina kam, ſuchte
er denſelben durch reiche Geſchenke zu
gewinnen, erreichte aber ſeinen Zweck nicht
und wurde, als er ſich gegen den von
Pompejus unterſtützten Hyrkanos be=
haupten wollte, beſiegt, gefangen genom=
men und mit ſeinen Söhnen und Töch=
tern in Rom im Triumph aufgeführt,
während Hyrkanos Ethnarch wurde. Er
entfloh 56 aus der Gefangenſchaft und
ſuchte ſich der Herrſchaft in Judäa wieder
zu bemächtigen, wurde aber zum zweiten=
mal gefangen und nach Rom abgeführt.
Cäſar gab ihm 49 die Freiheit und zwei
Legionen, um Judäa zu erobern; doch
ward er auf Befehl des Pompejaners
Metellus Scipio vergiftet.

Ariſtodēmos, 1) Heraklide, einer
der Anführer der Dorier bei der Erobe=
rung des Peloponnes, ward in Naupaktos
vom Blitz getötet; ſeine Söhne Prokles
und Euryſthenes wurden in Sparta
die Stammväter der beiden Königsfami=
lien. — 2) Meſſeniſcher Held im erſten
Meſſen. Krieg (743—724 v. Chr.),
opferte einem Orakelſpruch zufolge, ſein
ſein Vaterland zu retten, ſeine Tochter,
ward 731 nach dem Tode des Euphaes
ſelbſt zum König erwählt und verteidigte
die Feſte Ithome mit hartnäckiger Tapfer=
keit. Als endlich das Orakel den Fall
Ithomes verkündete, tötete er ſich ſelbſt
am Grabe ſeiner Tochter.

Ariſtogeiton (Ariſtogīton), ſ. Har=
modios.

Ariſtomēnes, meſſeniſcher Held, zeich=
nete ſich im zweiten Meſſen. Krieg (685—
668 v. Chr.) durch glänzende Tapferkeit
ſo aus, daß ihn die Meſſenier zum An=
führer wählten. Er ſchwächte die Spar=
taner durch die Schlachten bei Derä und
Stenyklaros ſo, daß ſie ſich nach Hülfe um=
ſehen mußten und erſt durch Tyrtäos'
Schlachtgeſänge wieder Mut gewannen.
Dreimal wurde A., der die verwegenſten
Streifzüge nach Sparta ſelbſt unternahm,
von den Spartanern gefangen, wußte ſich
aber immer wieder auf wunderbare Weiſe
zu befreien. Nach der durch den Verrat des
Arkadiers Ariſtokrates verlornen Schlacht

am Großen Graben zog ſich A. 679 auf
die Bergfeſte Eira zurück, die er noch elf
Jahre hartnäckig verteidigte. Nach der
Eroberung der Feſtung durch die Sparta=
ner ging er, während die übrigen Meſſe=
nier nach Sicilien auswanderten, nach
Aſien, um bei den Lydern und Medern
Hülfe zu ſuchen, ſtarb aber in Jalyſos
auf Rhodos.

Arkadien (Arcadĭa), die Binnenland=
ſchaft des Peloponnes, ein von hohen
Randgebirgen umgebenes, von Bergzügen
erfülltes Hochland mit im allgemeinen
weſtlicher Abdachung. Der Erymanthos im
NW. (2220 m hoch), der Kyllene im NO.,
der Parthenion im SO. und der Lykäon
im SW. bilden die vier Ecken des Hoch=
lands, das von einer hohen Bergkette mit
dem Mänalon (1980 m) in nordſüblicher
Richtung durchzogen wird, von dem meh=
rere Querriegel nach dem öſtlichen Rand=
gebirge laufen. So bildet A. kein zuſam=
menhängendes Plateau, ſondern zerfällt
in mehrere durch hohe Gebirgszüge ge=
trennte Hochebenen und Hochthäler. Das
größere weſtliche A. wird gebildet vom Thal
des Alpheios und ſeiner Nebenflüſſe, na=
mentlich des Ladon; das öſtliche zerfällt
in mehrere von Bergen umſchloſſene Hoch=
ebenen, welche von fruchtbarem Boden
bedeckt ſind, und deren Gewäſſer ſich teils
in kleinen, im Sommer austrocknenden
Seen, wie denen von Pheneos und Stym=
phalos, ſammeln, teils in Katabothren
(unterirdiſche Waſſerläufe) verſinken, um
nach oft langem Lauf dem Alpheios oder
der argoliſchen Küſte zuzufließen. Das
Klima iſt kühl, die ſchneereichen Winter
lang. Die Sohle der Ebenen und Thäler
iſt für den Ackerbau wohl geeignet; die
Abhänge der Gebirge ſind mit ſchönen
Weiden und herrlichen, wildreichen Eichen=
und Fichtenwäldern bedeckt. Während
die hohen Gebirge am Rand, welche nur
im O. und W. bequeme Päſſe nach Argo=
lis und Elis darboten, A. vom übrigen
Peloponnes ſchieden, begünſtigte die Bo=
denbeſchaffenheit im Innern die Zerſplit=
terung des Landes in einzelne politiſch ge=
trennte Gemeinweſen. Die Einwohner
(Arkadier), welche die Griechen für Au=
tochthonen, ja für die älteſten Bewohner

Griechenlands, älter als der Mond(»Pro=
selenen«), hielten, welche aber Pelas=
ger, vermischt mit eingewanderten Ao=
liern, waren und einen dem äolischen
ähnlichen Dialekt sprachen, waren ein
kräftiges, arbeitsames, freiheitliebendes,
gastfreies, aber kunst= und bildungsloses,
abergläubisches Bauern= und Hirtenvolk,
das die Einfachheit seiner Sitten und sei=
nen harmlosen Frohsinn lange bewahrte
und deshalb von den Dichtern als das
Volk der Unschuld und des stillen Frie=
dens gepriesen wurde. Die dorische Er=
oberung erstreckte sich über A. nicht; nur
vorübergehend unterwarfen die Spartaner
einzelne Teile des Landes, namentlich
das Gebiet von Tegea, ihrer Herrschaft.
Ihre politische Zersplitterung ließ die Ar=
kadier aber auch nicht zu politischer Bedeu=
tung gelangen. Die mächtigste Stadt war
Mantineia, in der größten fruchtbaren
Ebene des östlichen A. an dem niedrig=
sten, nach Argolis führenden Paß gelegen.
Die Gegner Spartas, wie Alkibiades
und Epameinondas, versuchten vergeblich,
A. zu einem Sparta an Macht gewachse=
nen Gesamtstaat zu vereinigen. Epamei=
nondas begründete 370 v. Chr. einen Ar=
kadischen Bund und machte die neu erbaute
Stadt Megalopolis zur Hauptstadt dessel=
ben. Doch hatte derselbe keinen Bestand,
und auch dem Achäischen Bunde trat nicht
ganz A., sondern die einzelnen Städte bei.
Vgl. Schwab, A. (Stuttg. 1852).

Armenien (Armenia), hohes Gebirgs=
land in Vorderasien, zwischen Iran im
O. und Kleinasien im W., mit deren
Gebirgen es in Verbindung steht, wäh=
rend es sich nach S. zu der mesopotamischen
Ebene, nach N. zum Pontos Euxeinos und
zum Kaspischen Meer abdacht; doch ist es
nach N. auch mit dem Kaukasos durch
einen Gebirgszug verbunden. In A.
entspringen die Flüsse Kyros und Araxes,
welche zum Kaspischen Meer fließen, der
Tigris und die beiden Quellströme des
Euphrat; die Thäler dieser wasserreichen
Ströme bilden größere fruchtbare Thal=
ebenen von 600—1000 m Höhe. Außer=
dem befindet sich noch im SO. das Hoch=
thal des Sees von Van (Thospitis).
Das Klima ist rauh, der Winter lang und

schneereich; doch besitzt das Land großen
Wald= und Wildreichtum und erzeugt in
den Thälern Obst und Wein. Der höchste
Berg war der Masis (5150 m), fälschlich
Ararat genannt, welcher Name eigentlich
der mittlern Araxesebene, dem Sitz des
ältesten armenischen Reichs, zukommt.
Man unterschied die Landschaften Sophene
mit der Hauptstadt Amida am obern Ti=
gris, östlich davon Arzanene mit Tigrano=
kerta, Korduene, das Land der medischen
Karduchen (Kurden), Van, Ararat mit
Artarata, Nasiane, Karenitis, Derxene,
Akilisene, Jspis, Gogarene, Otene und
Sakasene. In späterer Zeit teilte man
A. in Großarmenien im O. und Klein=
armenien im W. des Euphrat.
Die Armenier, welche sich selbst Haikh
(d. h. Herren) nannten, daher ihr Land
persisch Hajastan hieß, gehörten zum ari=
schen oder indogermanischen Völkerstamm;
sie bildeten in dem von ihnen unterworfe=
nen Land einen kriegerischen Lehnsadel,
der in eine Menge kleinerer Lehnsfürsten=
tümer zerfiel; neben ihm gab es nur leib=
eigene Bauern. Sie standen unter natio=
nalen Königen, welche aber schon früh die
Oberhoheit des assyrischen, dann des me=
dischen Reichs anerkennen mußten. Nach
der nationalen Überlieferung half Tigra=
nes, der letzte jener alten Könige, Kyros
die Herrschaft der Meder stürzen. Dann
bildete A. eine Satrapie des persischen
Reichs, hierauf eine Provinz des syrischen
Reichs der Seleukiden. Nach der Niederlage
des Königs Antiochos d. Gr. gegen die Rö=
mer 190 v. Chr. machte sich in Großarme=
nien der Satrap Artaxias unabhängig,
während in Kleinarmenien Zabiadres ein
selbständiges Königreich gründete. Groß=
armenien wurde 165 teilweise wieder
von den Syrern erobert, aber 150 densel=
ben von neuem durch die Arsakiden, eine
Nebenlinie des parthischen Königshauses,
entrissen. Kleinarmenien wurde von
Mithridates unterworfen und mit dem pon=
tischen Reich vereinigt. Der mächtigste Kö=
nig der Arsakiden war Tigranes II. d. Gr.,
Schwiegersohn des Mithridates, der Kap=
padokien, Mesopotamien und 84 auch
Syrien eroberte, aber in den Mithrida=
tischen Krieg mit den Römern verwickelt

und von Lucullus 69 bei Tigranokerta, der von ihm gegründeten Hauptstadt, besiegt wurde. Nach dem Untergang des Mithridates mußte Tigranes auf seine Eroberungen verzichten und die Krone von Großarmenien 63 v. Chr. als Gnabengeschenk aus der Hand des Pompejus annehmen. Kleinarmenien wurde ein von Rom abhängiges Fürstentum und 70 n. Chr. römische Provinz. Großarmenien blieb jahrhundertelang Gegenstand des Kampfes zwischen den Römern und den Parthern, später den Saffaniben. Diese eroberten 428 n. Chr. den größten östlichen Teil, der fortan Persamien hieß; der kleinere westliche fiel als **Armenia III.** und **IV.** an das Römische Reich. Damit hatte das Reich der Arsakiden ein Ende.

Arminius, Fürst der Cherusker, Sohn Segimers, geb. 17 v. Chr., trat als Jüngling mit seinem Bruder Flavus in den römischen Kriegsdienst und focht gegen Marbob und in Pannonien. Als Lohn für seine Tapferkeit erhielt er von Augustus die römische Ritterwürde. Nach Germanien zurückgekehrt, vermählte er sich mit Thusnelda, die er ihrem ihm feindlichen Vater Segestes entführte. Als der neue Statthalter des den Römern unterworfenen Germanien, Quinctilius Varus, das Land hart bedrückte, stellte er sich an die Spitze der Unzufriedenen und bereitete im geheimen eine Empörung vor, während er sich das Vertrauen des Varus durch seine Kenntnis des römischen Kriegswesens so zu erwerben wußte, daß dieser ihm den Oberbefehl über die germanischen Hülfstruppen übertrug und alle Warnungen des Segestes vor dem Verrat des A. unbeachtet ließ. Durch die falsche Nachricht von dem Aufstand der Angrivarier lockte er darauf 9 n. Chr. Varus aus seinem festen Lager an der Weser und sammelte in seinem Rücken die Scharen der Aufständischen, mit denen er im September die drei Legionen des Varus auf ihrem Rückmarsch nach dem Kastell Aliso im Teutoburger Wald überfiel und vernichtete. Doch drang er nicht in Gallien ein, sondern begnügte sich, sein Vaterland bis zum Rhein von der Fremdherrschaft befreit zu haben. Er geriet

darauf in Streit mit Segestes, der ihm Thusnelda entriß und sich in eine Burg einschloß. Hier belagerte ihn A., doch entsetzte Germanicus mit einem starken römischen Heer 15 die Burg und führte Thusnelda als Gefangene fort; sie gebar in der Gefangenschaft einen Sohn, Thumelicus, der auf traurige Weise umkam. A. rief nun die Cherusker und ihre Nachbarstämme zum Kampf gegen Rom auf und trat dem römischen Heer des Germanicus bei Idistavisus an der mittlern Weser entgegen. In der blutigen Schlacht daselbst wurde A. schwer verwundet und die Germanen besiegt; dennoch wagten sie eine zweite Schlacht am Steinhuber Meer, und die furchtbaren Verluste, die er erlitten, nötigten Germanicus zum Rückzug. An der Spitze des Cheruskerbunds bekämpfte A. darauf den Markomannenkönig Marbob und führte dessen Sturz herbei. Aber sein Ruhm und seine Macht reizten den Neid seiner Feinde; er wurde beschuldigt, nach der Alleinherrschaft zu streben, und 21 ermordet. 1875 wurde sein Kolossalstandbild auf der Grotenburg bei Detmold enthüllt. Vgl. Böttger, Hermann der Cheruskerfürst (Hannov. 1874).

Armorica, s. Aremorica.

Arnus (jetzt Arno), der Hauptfluß Etruriens, entspringt auf dem Apennin, fließt durch zwei Gebirgsthäler, dann nach W. durch eine fruchtbare Thalebene und mündet unterhalb Pisa in einer sumpfigen Küstenebene in das Tyrrhenische Meer.

Arpinum (jetzt Arpino), alte Stadt im Volskergebiet, auf einem steilen Felshügel am Fibrenus, unweit von dessen Mündung in den Liris gelegen. Es hatte uralte, noch jetzt teilweise erhaltene kyklopische Mauern. Den Volskern ward die Stadt von den Samnitern entrissen, 302 v. Chr. von den Römern besetzt und zu einer Stadt mit latinischem Recht gemacht, 188 aber mit vollem Bürgerrecht beschenkt. Marius und Cicero stammten aus A.

Arretium (jetzt Arezzo), eine der bedeutendsten Städte Etruriens mit sehr großem, fruchtbarem Stadtgebiet, im Apennin unweit des obern Arnus gelegen, wegen ihrer strategischen Lage im

zweiten Punischen Krieg und im Bürgerkrieg zwischen Cäsar und Pompejus von
großer Bedeutung. Neben der hoch gelegenen Altstadt (A. vetus) entstand unter
Augustus in der Ebene eine Militärkolonie, aus der das jetzige Arezzo sich gebildet hat.

Arrhidäos, Sohn des Königs Philipp von Makedonien und der thessalischen
Tänzerin Philinna aus Larissa, ward
bei Alexanders d. Gr. Thronbesteigung,
weil er blödsinnig war, nicht, wie seine
beiden andern unechten Brüder, ermordet
und begleitete den König nach Asien. Nach
dessen Tod 323 v. Chr. ward er von einem
Teil des Fußvolks als Philipp III. zum
König ausgerufen und mit der herrschsüchtigen Eurydike, Amyntas' Tochter,
vermählt. Er stellte sich zuerst unter den
Schutz des Perdikkas; nach dessen Ermordung 321 begab er sich nach Makedonien, wo ihn Antipatros, dann Kassandros unterstützten. 317 wurde er nebst
seiner Gemahlin von Olympias gefangen
genommen und grausam getötet.

Arria, Gemahlin des Römers Cäcina
Pätus, der als Haupt einer Verschwörung
gegen den Kaiser Claudius 42 n. Chr. zum
Tod verurteilt wurde. Sie suchte ihren
Gemahl anfangs durch die Flucht zu retten; als sie aber die Unmöglichkeit derselben einsah und Pätus in seinem Entschluß,
sich selbst zu töten, wankte, stieß sie sich
selbst den Dolch in die Brust und reichte
ihn ihrem Gatten mit den Worten: »Pæte,
non dolet!« (»Pätus, es schmerzt nicht!«).

Arrianos (Arrianus), Flavius,
griech. Geschichtschreiber, gegen das Ende
des 1. Jahrh. n. Chr. zu Nikomedeia in
Bithynien geboren, Schüler des stoischen
Philosophen Epiktetos, erhielt von Hadrian
das römische Bürgerrecht, ward Senator
und Konsul in Rom und 136 Statthalter
von Kappadokien. Auch die Gunst des Antoninus Pius genoß er und ward von ihm
zu hohen Ehrenstellen befördert. Er starb
unter Marcus Aurelius in seiner Vaterstadt Nikomedeia. Sein Hauptwerk ist die
»Anabasis«, eine Geschichte der Feldzüge
Alexanders d. Gr. in sieben Büchern, welche
nach den besten Quellen mit Umsicht und
Geschick und mit Kenntnis der Kriegskunst
gearbeitet ist und schon im Altertum als
die beste Geschichte Alexanders d. Gr. galt;
er nahm sich dabei Xenophon zum Vorbild, den er in Stil und Darstellung geschickt nachahmte. Daran schlossen sich eine
verloren gegangene Geschichte der Nachfolger Alexanders und mehrere historisch-
ethnographische Werke, von denen bloß die
im ionischen Dialekt geschriebenen »In-
dica« erhalten, die »Parthica«, »Bithy-
nica« und »Alanica« leider verloren sind.
Außerdem sind noch erhalten mehrere philosophische Schriften, eine Abhandlung
über die Jagd, ein Lehrbuch der Taktik,
die Beschreibung einer Küstenfahrt um
das Schwarze Meer u. a.

Arsakiden, Name einer parthischen Königsfamilie, welche 256 v. Chr. bis 226
n. Chr. über das parthische Reich herrschte,
und deren 31 Könige alle neben ihrem
Eigennamen den Titel »Arsakes« führten,
und einer Nebenlinie derselben, einer armenischen Dynastie, welche 150 v. Chr.
mit Balarses die Herrschaft über Großarmenien erlangte und bis 428 n. Chr.
behauptete. Der letzte Arsakide in Armenien hieß Ardasches IV.

Arta, s. Ambrakia.

Artábrer (Arotrebæ), kelt. Volksstamm, s. Galläcia.

Artachsatra, s. Artaxerxes.

Artaxata, Hauptstadt des armen.
Reichs, von Artaxias, nachdem er sich
von Syrien losgerissen, im Thal des
Araxes nach den Plänen des flüchtigen
Hannibal um 185 v. Chr. erbaut und
mit griechischen Kolonisten bevölkert, 58
n. Chr. von dem Feldherrn des Kaisers
Nero, Corbulo, zerstört.

Artaxerxes (pers. Artachsatra),
Name mehrerer pers. Könige: 1) A. I. Longimanus (Makrocheir, »Langhand«),
Sohn des Xerxes und der Amestris, ließ
nach der Ermordung seines Vaters seinen
ältern Bruder, Dareios, welcher jener That
fälschlich beschuldigt wurde, töten und bestieg 465 v. Chr. den Thron. Er war ein milder, aber schwacher Herrscher und ließ sich
ganz von seiner Mutter und seiner Schwester Amytis leiten. Bei Beginn seiner Regierung hatte er in Baktrien und in Ägypten mit Unruhen zu kämpfen, wo der Auf-

stand des Inaros von den Athenern un=
terstützt, nach mehrjährigem Kampf aber
doch durch die Satrapen des Königs über=
wältigt wurde. Gegen die Athener erlitt
seine Flotte 449 bei Kypros eine Niederlage,
und A. verzichtete nun darauf, die klein=
asiatischen Griechen wieder zu unterwerfen.
Eine Empörung des Megabyzos, Satra=
pen von Syrien, wurde aber gedämpft.
Überhaupt gelang es A., die Ruhe und
Ordnung im Reich vollständig wiederher=
zustellen, die Finanzen zu regeln und viele
Mißbräuche abzustellen. Er starb nach
40jähriger Regierung 425. Ihm folgte
sein Sohn Xerxes II.

2) A. II. Mnemon (»der Gedächt=
nißstarke«), Sohn des Dareios Nothos und
der Parysatis, hieß eigentlich Arsakes
und folgte seinem Vater 404 v. Chr.. Doch
machte ihm sein jüngerer Bruder, Kyros,
der eine fast unabhängige Herrschaft in
Kleinasien ausübte, von Parysatis begün=
stigt, den Thron streitig und zog 401 mit
einem starken Heer, darunter 13,000 grie=
chische Söldner, gegen A. Schon war er in
Babylonien eingedrungen, als sich ihm das
königliche Heer bei Kunaxa entgegenstellte.
Zwar siegte nur dessen rechter Flügel, und
der König wurde verwundet; aber Kyros
fiel, und so behauptete A. die Herrschaft.
Da die Schwäche des Perserreichs auf die=
sem Zug den Griechen bekannt geworden,
begannen die Spartaner den Krieg in
Kleinasien, um dies den Persern zu ent=
reißen. Aber die Uneinigkeit der Griechen
kam A. zu Hülfe, er zwang durch den
Korinthischen Krieg die Spartaner, Klein=
asien zu räumen, und erlangte durch den
Frieden des Antalkidas 387 die Herrschaft
über die kleinasiatischen Städte und In=
seln zurück. Auch gelang es ihm, den ge=
fährlichen Aufstand des Euagoras auf Ky=
pros nach achtjährigem Krieg zu bewälti=
gen. Dennoch begann der Verfall des
Reichs unter A., indem sich namentlich
der westliche Teil des Reichs loszulösen
drohte. Rachsucht und Mordlust wüteten
in der Familie des Königs. Er hatte
seinen Sohn Dareios zum Nachfolger be=
stimmt. Dieser verschwor sich aber gegen
des Vaters Leben, da er ihm eine Geliebte,
die jüngere Aspasia (s. b. 2), entriß, und

warb hingerichtet. Zwei andre Söhne,
Ariaspes und Arsames, wurden durch die
Hinterlist des jüngsten, Ochos, beseitigt.
94 Jahre alt, starb A. endlich 361.

3) A. III. Ochos (pers. Bahuka),
361—338 v. Chr., beseitigte nach dem Tod
seines Vaters, um sich den Thron zu sichern,
alle seine Verwandten. Da Ägypten, das
seit längerer Zeit unabhängig war, auch
Phönikien und Kypros zum Abfall be=
wogen hatte, zog Ochos mit einem großen
Heer zunächst gegen Phönikien, unterwarf
Sidon und eroberte sodann Ägypten wie=
der, das hart gestraft wurde. Er regierte
darauf kraftvoll und erfolgreich. Dem
Emporkommen der makedonischen Macht
suchte er durch Unterstützung der Griechen
vorzubeugen, wurde aber schon 338 von
dem Eunuchen Bagoas vergiftet und auch
sein Sohn und Nachfolger Arses 336
umgebracht.

4) A. (Ardeschir) Babegan, Stifter
des neupersischen Reichs und der Dynastie
der Sassaniden, Sohn Papeks (daher Ba=
began), eines Persers, der sich zum unab=
hängigen König von Persis gemacht, be=
siegte den letzten König des Partherreichs,
Artaban IV., in drei Schlachten und er=
schlug diesen selbst 226 n. Chr. im dritten
Kampf bei Hormuz. Er eroberte darauf
die Satrapien des Partherreichs und be=
gründete sein Anrecht auf die Herrschaft
über das alte Perserreich durch seine an=
gebliche Abstammung von den Achämeni=
den. Auch stellte er die Zoroastrische Re=
ligion und das altpersische Wesen wieder
her. Einen Angriff des römischen Kaisers
Alexander Severus vermochte er zwar nicht
abzuwehren, doch besetzte er nach dem Ab=
zug der Römer Mesopotamien wieder. Er
starb 240.

Artemisia, 1) Tochter des Lygdamis,
Beherrscherin von Halikarnassos und Kos,
folgte dem Heereszug des Xerxes gegen
Griechenland 480 v. Chr. mit fünf Schif=
fen und zeichnete sich in der Schlacht bei
Salamis durch ihre Tapferkeit aus. —
2) Königin von Karien, Schwester und Ge=
mahlin des Königs Maussolos, ehrte nach
dessen Tod 352 v. Chr. sein Andenken
nicht nur dadurch, daß sie, um selbst sein
Grab zu sein, seine Asche unter ihr

tägliches Getränk mischte, sondern ließ ihm auch durch die berühmtesten Künstler Griechenlands ein prächtiges Grabmal, das Mausoleion, errichten, das zu den Wunderwerken des Altertums gerechnet wurde. Sie starb 350.

Artemifion (Artemifium), das nördliche Vorgebirge der Insel Euböa, mit einem Tempel der Artemis Proseoa, wo sich die griechische Flotte unter Eurybiades und Themistokles 480 v. Chr. vor Anker legte, um das Eindringen der Perser in den Malischen Meerbusen, in den Rücken der Thermopylen, zu verhindern, und ein breitägiges unentschiedenes Gefecht mit den Feinden bestand.

Arvâd, s. Arados.

Arverner (Arverni), mächtiges kelt. Volk in Gallien, im Centralgebirge der Cevennen und im Thal des Elaver (Allier), der jetzigen Auvergne, wohnhaft, im zweiten Punischen Krieg Hasdrubals kräftige Bundesgenossen, sollen im 2. Jahrh. v. Chr. unter ihrem König Celtillus fast ganz Gallien und Aquitanien unterworfen haben und beherrschten noch zu Cäsars Zeit das Land zwischen Liger und Garumna. Sie beugten sich zwar unter Cäsars Herrschaft, standen aber 52 unter Vercingetorix an der Spitze der Empörung und verteidigten ihre Festung Gergovia mit Tapferkeit und Erfolg. Ihre Hauptstadt war Nemossus, später Augustonemetum (jetzt Clermont).

Ascanius, s. Askanios.

Aschines, athen. Redner und Staatsmann, geb. 389 v. Chr. aus niederm Stand, erwarb sich als Schreiber und Schauspieler Kenntnis der Geschäfte und des Rechts sowie Gewandtheit der Rede, trat zuerst 347 als Redner und Staatsmann auf und ward bei den Friedensverhandlungen mit Philipp von Makedonien von diesem für seine politischen Ziele gewonnen, so daß er fortan in heftigem Kampf gegen Demosthenes das makedonische Bündnis in Athen vertrat. Als athenischer Pylagore im Amphiktyonenbund begünstigte er das Interesse Philipps und veranlaßte 339 den dritten Heiligen Krieg gegen Lokris unter dem Oberbefehl des Königs, der mit der Schlacht von Chäroneia endete. Er bekämpfte in seiner glänzenden Rede ge-

gen Ktesiphon den Antrag, Demosthenes für seine Verdienste den goldnen Kranz zuzuerkennen, unterlag aber dennoch seinem Gegner, der 330 die berühmte Rede »über den Kranz« hielt, und ging nach Kleinasien in freiwilliges Exil, in dem er 314 zu Samos starb. Vgl. Stechow, De Æschinis oratoris vita (Berl. 1841).

Asculum (Ausculum), 1) A. Picenum (jetzt Ascoli Piceno), Hauptstadt von Picenum, 268 v. Chr. von den Römern unterworfen und zu einem Municipium gemacht, stellte sich durch Ermordung der römischen Gesandten 90 an die Spitze des Aufstands der Bundesgenossen und ward erst nach hartnäckiger Verteidigung 89 von Pompejus Strabo erobert und zerstört. — 2) A. Apulum (jetzt Ascoli Satriano), Stadt in Apulien, wo Pyrrhos 279 v. Chr. zum zweitenmal die Römer schlug.

Asdrubas, s. Hasdrubal.

Asien (Asia), im Altertum der östliche Teil der Erde (v. semit. assu, der Aufgang, nämlich der Sonne). Bei den Griechen war der Name in ältester Zeit auf Lydien beschränkt; später rückte der Name, je mehr Länder bekannt wurden, immer weiter nach Osten vor und bezeichnete alles Land östlich vom Nil, dem Mittelmeer, dem Agäischen Meer, der Propontis, dem Pontos Euxinos und dem Phasis. Die Kenntnis des Altertums erstreckte sich auch in späterer Zeit nicht viel weiter als die Grenzen des persischen Reichs und des Reichs Alexanders d. Gr.; nur Vorderindien mit Ceylon und das Skythenland um Kaspiund Aralsee lernten die Alten durch Handelsreisen und politische Unternehmungen kennen. Während man in der Römerzeit Ägypten zu den neuen dritten Erdteil Libyen oder Afrika rechnete, wurde die Nordgrenze Asiens bis zum Tanaïs (Don) ausgedehnt. Das Taurosgebirge teilte nach der Anschauung der Alten A. in eine nördliche und eine südliche Hälfte.

Asinäros, kleiner Fluß im SO. Siciliens, an welchem im September 413 v. Chr. das von Syrakus abziehende athenische Heer unter Nikias und Demosthenes von den Syrakusiern unter Gylippos vernichtet wurde. Zur Erinnerung an dieses Ereignis feierten die Syrakusier jährlich 7. Sept. ein Fest, die Asinaria.

Asinius Pollio, Gajus, röm. Feldherr, Staatsmann, Dichter und Gelehrter, geb. 76 v. Chr. aus plebejischem Geschlecht, machte sich 54 zuerst durch eine von Pompejus vereitelte Klage gegen Cato wegen dessen Verhaltens als Volkstribun im Jahr 56 bemerklich. Im Bürgerkrieg schloß er sich an Cäsar an, kämpfte unter Curio in Afrika und rettete die Trümmer des von König Juba geschlagenen Heers. Auch an den Schlachten bei Pharsalos, Thapsos und Munda nahm er in Cäsars Heer teil. Er wurde Volkstribun und Prätor und stand bei Cäsars Tod 44 mit mehreren Legionen in Spanien, die er nach längerm Schwanken, da er sich zur republikanischen Partei neigte, 43 Antonius zuführte. Zur Belohnung erhielt er die Verwaltung der Provinz Gallia transpadana; bei der Ackerverteilung an die Veteranen erwarb er sich den Dank des Vergilius, indem er ihm das bereits eingezogene väterliche Landgut bei Mantua zurückgab; mehrere Eklogen Vergils sind ihm gewidmet. 41 vermittelte er den Friedensvertrag von Brundisium zwischen Octavianus und Antonius, verwaltete 40 das Konsulat und feierte 39 wegen seines siegreichen Feldzugs gegen die Parthiner in Dalmatien und der Eroberung von Salona einen Triumph. Seitdem zog er sich vom politischen Leben zurück und lebte den Wissenschaften und Künsten. Er gründete aus der dalmatischen Beute die erste öffentliche Bibliothek in Rom und legte eine reiche Kunstsammlung an. Ausgezeichnet war er als Redner, gefürchtet wegen seiner scharfen Urteile als Kritiker. Seine Geschichte der Bürgerkriege vom ersten Triumvirat bis zur Schlacht bei Philippi zeichnete sich durch Selbständigkeit des Urteils, Tüchtigkeit der Gesinnung und kernigen Stil aus. Auch Tragödien und Epigramme schrieb er. Doch haben sich von seinen Werken nur Bruchstücke erhalten. A. starb, 80 Jahre alt, 4 n. Chr. auf seiner Villa bei Tusculum. — Sein Sohn Gajus Asinius Gallus Saloninus,

8 n. Chr. Konsul, ward, dem Kaiser Tiberius, dessen frühere Gemahlin, Vipsania, er geheiratet, wegen seiner Freimütigkeit verhaßt, 30 zum Tod verurteilt und starb 33 im Gefängnis den Hungertod. Er schrieb eine Schrift: »De comparatione patris ac Ciceronis«, zu Ungunsten des letztern, den Kaiser Claudius in einer besondern Schrift gegen A. verteidigte. Vgl. Jacob, A. P. (Lüb. 1852).

Askalon, eine der fünf Hauptstädte der Philistäer in Palästina, am Meer in fruchtbarer Ebene, in welcher die Askalonzwiebeln wuchsen, liegend, mit einem uralten Heiligtum der Göttin Derketo (Aphrodite). Jetzt noch großartige Ruinen bei dem Flecken Askalân.

Askanios (Ascanius), Sohn des Äneas und der Kreusa, Gründer von Alba longa, s. Äneas.

Asopos, Name mehrerer Flüsse in Griechenland: 1) Fluß im Peloponnes, der, im S. von Phliasia entspringend, diese Landschaft und Sikyon durchströmt und in den korinthischen Meerbusen mündet. — 2) Fluß im südlichen Böotien, entspringt bei Platää am Nordabhang des Kithäron, durchfließt die Landschaft Parasopia, nimmt unterhalb Tanagra den Thermodon auf und mündet bei Oropos auf attischem Gebiet in den Euripos.

Asowsches Meer, s. Maeotis Palus.

Aspasia, 1) Tochter des Axiochos, aus Milet gebürtig, kam als Hetäre nach Athen, wollte aber, gleich ihrem Vorbild, der Milesierin Thargelia, nicht bloß dem Sinnengenuß frönen, sondern durch Schönheit und Bildung die bedeutendsten Männer der Zeit an sich ziehen und durch die Verbindung mit ihnen Einfluß und Macht gewinnen. Hochbegabt, geistreich und fein gebildet, wußte sie sich über Staat, Philosophie und Kunst, über alles, was die Athener jener Zeit interessieren konnte, mit solcher Anmut zu unterhalten, daß selbst Männer wie Sokrates sie aufsuchten, um ihr Gespräch zu hören. Bedeutung und Einfluß erlangte sie, als Perikles mit ihr bekannt wurde und einen dauernden Freundschafts- und Liebesbund mit ihr schloß; nur, daß sie eine Ausländerin war, verhinderte den formellen

Abschluß einer Ehe. A. stand Perikles treu zur Seite, unterstützte ihn mit ihrem Scharfblick und ihrer Menschenkenntnis, erfrischte seinen Geist durch ihre liebenswürdigen Gaben und erhielt ihn im Verkehr mit dem täglichen Leben. Die Spottsucht und Oppositionslust der Athener ließen sie allerdings nicht unangefochten; die komischen Dichter nannten sie die »Hera des olympischen Zeus«, die »neue Omphale« und gaben ihr schuld, den Krieg gegen Samos, ja sogar den peloponnesischen Krieg angezettelt zu haben. 431 v. Chr. trat der Komödiendichter Hermippos mit einer Anklage wegen Gottlosigkeit und Verletzung der ehrbaren Sitte gegen sie auf, und Perikles, der sie selbst verteidigte, erlangte nur durch Bitten und Thränen ihre Freisprechung. Nach dem Tode des Perikles, dem sie einen Sohn, Perikles, gebar, heiratete sie einen reichen Viehhändler, Lysikles, der als Demagog durch sie zu politischer Bedeutung gelangte.
2) Eine jüngere A., Tochter des Hermotimos aus Phokäa, hieß eigentlich Milto, ward aber von dem jüngern Kyros, ihrem Geliebten, wegen ihrer Klugheit und Anmut so genannt. Nach dem Tode des Kyros in der Schlacht bei Kunaxa 401 v. Chr. kam sie in den Harem des Königs Artaxerres; dessen Sohn Dareios bat sie sich aus und empörte sich, als Artaxerres sie ihm wieder entriß und zur Priesterin machte, worauf er hingerichtet wurde.

Aspraspitia, s. Antikyra.

Aspropotämo, s. Acheloos.

Assarhaddon, König von Assyrien 681—668 v. Chr., Sohn Sanheribs, folgte demselben nach Besiegung seiner Brüder, die den Vater ermordet hatten, auf dem Thron. Er unterwarf Babylonien wieder und machte sich zum König des Landes, stellte auch die assyrische Herrschaft in Syrien wieder her und eroberte Kypros. An einem Felsen bei Berytos ließ er als Zeugnis seines Siegeszugs sein Bildnis mit Inschrift einmeißeln. 672 drang er nach Unterjochung der nördlichen Araberstämme auch gegen Ägypten vor und stürzte dort die Herrschaft der äthiopischen Könige. Als Statthalter setzte er

in dem unterworfenen Ägypten 20 Fürsten ein. Der großartige sogen. Südwestpalast, den er in Kalach (Nimrud) errichtete, blieb unvollendet.

Assuân, s. Syene.

Assur (»der Gütige«), Beiname des babylonischen Gottes El, dann Name dieses Gottes bei den Assyrern, nach dem die älteste Stadt derselben und dann auch das Land benannt wurde.

Assurbanipal, König von Assyrien 668—626 v. Chr., Sohn Assarhaddons, schlug einen Angriff der äthiopischen Könige Tirhaka und Urdamane auf Ägypten siegreich zurück und behauptete auch in den andern Provinzen des Reichs trotz verschiedener Aufstände die Herrschaft; der König von Lydien huldigte ihm. Dagegen brach um 650 eine furchtbare Empörung in Babylonien und Elam aus, wo sich sein Bruder Samas zum ukin, den er selbst als Vicekönig eingesetzt hatte, unabhängig zu machen suchte. A. besiegte zwar die Empörer, zwang Babylon durch Hunger zur Übergabe und bestrafte die Führer mit grausamem Tod, sein Bruder wurde verbrannt, Elam wurde verwüstet, auch eine Erhebung der Meder unterdrückte der König; aber Ägypten, das unter Psammetich abgefallen war, konnte er nicht wiedererobern. Gegen Ende seiner Regierung begannen dann die gefährlichen Einfälle der Skythen. A. legte im Palast seines Großvaters Sanherib zu Ninive, wo er sich selbst einen Palast baute, eine große Bibliothek an, welche aus Tausenden von beschriebenen Thontäfelchen bestand; dieselben enthalten in Keilschrift historische, chronologische und geographische Aufzeichnungen, Lieder, Hymnen, mathematische und astronomische Notizen 2c., wurden von Layard entdeckt und befinden sich jetzt zum Teil im Britischen Museum in London.

Assyrien (Assyria), das Land am obern Tigris, im N. an die armen. Gebirge, im O. an den Zagros reichend, vom Tigris und seinen Nebenflüssen, dem Großen und dem Kleinen Zabatos, durchflossen, eine baumlose, aber fruchtbare, von niedrigen Höhenzügen durchschnittene Ebene. A. wurde in ältester Zeit von dem turanischen Volk der Sumerier oder Akkabier bewohnt, welche bereits eine nicht unbedeutende Kultur, eine ausgebildete polytheistische Religion und die Keilschrift besaßen. Nachdem die Semiten in Babylonien die Herrschaft erlangt hatten, gründeten sie um 1900 v. Chr. auf dem rechten westlichen Ufer des Tigris die Stadt Assur (jetzt Ruinen von Kalat Schirgath), welche sie so nach dem Beinamen des babylonischen Gottes El, »der Gütige«, benannten. Hier residierte ein babylonischer Statthalter, der Patis von A. Die Semiten nahmen von den Akkabiern wichtige Teile ihrer Kultur, die Schrift, das Serageſimalſyſtem, mehrere Gottheiten, an, behaupteten aber ihre Sprache. Um 1500 machten ſich die Statthalter zu unabhängigen Königen. Die griechiſche Überlieferung des Kteſias von der Gründung des aſſyriſchen Reichs und ſeiner Hauptſtadt Ninua durch Ninos und der Eroberung ganz Vorderaſiens bis zum Indos durch ſeine männlich-kräftige, ſtolze Gemahlin Semiramis iſt eine Fabel mediſch-perſiſchen Urſprungs. Das aſſyriſche Reich entwickelte ſich langſam zu größerer Macht. Der erſte Eroberer bedeutenderer Landſtriche war König Tiglath Pileſar I. (um 1100), der ſich ganz Meſopotamien unterwarf, Babylonien erfolgreich bekämpfte und im Weſten bis zum Mittelmeer vordrang. Feſt gegründet ward dieſe Macht Aſſyriens aber erſt durch Aſſurnaſirpal (885—860), der die Reſidenz von Aſſur nach Ninua (jetzt Kujundſchik), dann nach Kalach (jetzt Nimrud), in dem Winkel zwiſchen Tigris und dem Großen Zabatos gelegen, verlegte. Sein Sohn Salmanaſſar II. (860—825) dehnte ſeine Eroberungszüge über Armenien, Medien, Babylonien und Syrien aus, bekriegte viermal den König von Damaskos, kämpfte auch gegen die Könige Ahab und Jehu von Iſrael und verherrlichte ſeine Siege durch Denkmäler und Inſchriften an ſeinem Palaſt in Kalach. Seine Nachfolger Samſibin, Binninar, Salmanaſſar III. bewahrten das Erworbene und feſtigten das Reich, bis Tiglath Pileſar II. (745—727) durch ſeine glänzenden Erfolge A. zu einer Weltmacht erhob. Er unterwarf Babylonien vollſtändig

und nannte ſich König dieſes Landes, vereinigte einen großen Teil Mediens mit ſeinem Reich, eroberte ganz Syrien, einen Teil von Iſrael und Phönikien, Kappadokien und Kleinarmenien. Salmanaſſar IV. begann die Belagerung von Tyros und von Samaria, welches letztere Sargon (722—705) eroberte; die Iſraeliten wurden nach Medien verpflanzt. Sargon beſiegte die Agypter bei Raphia, unterjochte Elam (Suſiana) und Kypros und erbaute einen Prachtpalaſt in Chorſabäd, nordnordöſtlich von Ninive. Sein Sohn Sanherib (705—681) erlitt zwar bei ſeinem Verſuch, Juda zu erobern, durch die Agypter 701 bei Altaku eine Niederlage, gewann aber Kilikien der aſſyriſchen Herrſchaft und behauptete Babylonien. Er wurde von zweien ſeiner Söhne ermordet, dieſe aber von dem dritten Sohn, Aſſarhaddon, beſiegt und beſtraft, der während ſeiner Regierung (681—668) Agypten eroberte und einen großartigen, aber unvollendet gebliebenen Palaſtbau in Nimrud errichtete. Er hinterließ das Reich auf dem Gipfel ſeiner Macht ſeinem Sohn Aſſurbanipal (668—626), der durch die Empörung ſeines Bruders Samas ſum ukin, den er zum Vicekönig von Babylonien erhoben, 650 in große Bedrängnis gebracht wurde. Zwar gelang es ihm nach langem, blutigem Kampf, den Aufſtand zu dämpfen; der treuloſe Bruder wurde verbrannt. Aber während desſelben hatten ſich Agypten und Elam von A. losgeriſſen und konnten nicht wieder unterworfen werden. Ein Aufſtand der Meder unter Phraortes wurde unterdrückt, aber dann brachen die Skythen in das Reich ein und überſchwemmten es bis zu ſeinen äußerſten Grenzen. Die Nachfolger Aſſurbanipals waren nicht imſtande, dieſe Feinde wieder zu vertreiben; die Machtſtellung Aſſyriens war in ihren Grundfeſten erſchüttert. Babylonien erhielt wieder einen eignen König, Nabopolaſſar; an die Spitze der Meder ſtellte ſich Kyarares, und indem es dieſem gelang, Vorderaſien wieder von den Skythen zu befreien, ward er der mächtigſte Herrſcher Aſiens, der nun im Bund mit Nabopolaſſar die Aſſyrer beſiegte und durch Eroberung

Ninives nach hartnäckigem Widerstand 606 der Herrschaft des assyrischen Reichs ein Ende machte. Die Erzählung von dem weibischen König Sarbanapal (Assurbanipal), der sich mit Weibern und Schätzen in Ninive verbrannte, ist wieder eine medisch-persische Sage, welche im Gegensatz zu der mannweiblichen Semiramis, der Gründerin des Reichs, einen weibischen Mann an das Ende der assyrischen Geschichte stellte, wozu auch der semitische Kultus eines Gottes, welcher Frauenkleider trägt, Anlaß gab. A. östlich des Tigris fiel an das medische Reich. Das assyrische Volk verschwand aus der Geschichte; es war mit seinem Reich zu Grunde gegangen, welches es durch die Gewalt und den Schrecken seiner Waffen gegründet hatte und zusammenhielt, welches aber zusammenbrechen und das Volk selbst in seinen Untergang mit fortreißen mußte, sobald die kriegerische Überlegenheit verloren ging.

Die bedeutenden Überreste der großartigen Tempel- und Palastbauten der assyrischen Könige mit ihren bildlichen Darstellungen und Inschriften, welche neuerdings aufgedeckt und entziffert wurden, geben uns ein anschauliches Bild von der Kultur des assyrischen Volks. Sie stellen dar und berichten, wie die Könige in den Krieg und auf die Jagd ziehen, wie die unterworfenen Könige ihre Gnade anflehen, wie rebellische Fürsten auf das grausamste hingerichtet werden 2c. Die Könige waren unumschränkte Herrscher, welche unter dem unmittelbaren Schutz der Gottheiten selbst deren Gebote ausführten; zahlreiche Eunuchen waren mit dem persönlichen Dienst bei ihnen betraut. Die Zahl der Beamten war eine bedeutende, ihre Reihenfolge genau geordnet: neben dem Feldhauptmann, dem Haremsobersten, dem Palasthauptmann gab es Landeshauptleute, Präfekten der Städte, Schreiber u. a. Das Kriegswesen war wohlgeordnet und hoch entwickelt. Das Fußvolk war teils schwer, teils leicht bewaffnet. Der König und die Fürsten kämpften mit Pfeil und Bogen vom Streitwagen herab. Auch Reiterei fehlte nicht. Die Assyrer verstanden es, ihr La-

ger zu befestigen, feindliche Städte mit Einschließungswällen zu umgeben und mit Belagerungsmaschinen zu bestürmen. In der Schlacht stritten sie in wohlgeordneten Reihen. Ihre großen Städte waren stark befestigt. Die großen Palast- und Tempelbauten waren zwar aus Erdziegeln errichtet, die Wände der Säle aber mit großen Kalkstein- oder Alabasterplatten bekleidet und die Gebäude mit Skulpturen reich geschmückt. Die assyrische Kunst hat einen starren, stereotypen Charakter und entbehrt der Freiheit und Individualität; aber die Technik ist eine bedeutende und die Nachahmung der Natur lebensvoll. Ihre Religion war der babylonischen ähnlich. Ihr höchster Gott war Assur, der El der Babylonier, andre Götter der Mondgott Sin, die Sterne, die Göttin Istar; geflügelte Stiere und Löwen mit dem Menschenhaupt waren die Symbole der Götter. Der Gebrauch der Keilschrift war ein ausgedehnter; Assurbanipal sammelte eine ansehnliche Bibliothek von mehreren Tausend beschriebenen Thontäfelchen, welche teils historischen und geographischen, teils naturwissenschaftlichen Inhalts sind, teils auch Poesie, Grammatik, Mathematik und Astronomie betreffen. Gewerbe aller Art, Weberei, Metallarbeiten, Glas- und Thonwaaren, waren hoch entwickelt.

Um die Ausgrabungen und die Entzifferung der Inschriften und Erklärung der Bildwerke haben sich besonders Botta, Layard, Oppert, Hincks, Rawlinson, G. Smith, Lenormant, Schrader u. a. verdient gemacht. Vgl. Lenormant, Lettres assyriologiques (Par. 1871—79, 5 Bde.); Place, Ninive et l'Assyrie (das. 1867—69, 3 Bde.); Schrader, Die assyrisch-babylonischen Keilinschriften (Leipz. 1872); Oppert, Histoire des empires de Chaldée et d'Assyrie (Versaill. 1865); Rawlinson, The five great monarchies of the ancient eastern world (4. Aufl., Lond. 1879, 3 Bde.); Lenormant, Manuel d'histoire ancienne de l'Orient (Par. 1869, 3 Bde.); Ménant, Annales des rois d'Assyrie (das. 1875); Hommel, Abriß der babylonisch-assyr. Geschichte (Leipz. 1880) u. a.

Astyages, König von Medien 593—559 v. Chr., Sohn und Nachfolger des Kyarares, vermählte, da er keinen Sohn hatte, seine Tochter (Amytis oder Mandane) mit dem Meder Spitames, dem er damit auch die Anwartschaft auf den Thron verlieh. Dies erregte aber den Neid andrer medischen Großen und Anverwandten des Königs, so daß der Unterkönig der Perser, Kyros, 559 einen Aufstand wagte, die Meder erst in Persien selbst bei Pasargadä, dann in Medien besiegte und A. in seiner Hauptstadt Ekbatana gefangen nahm. Der gefangene und gestürzte König wurde mild behandelt und später zum Statthalter von Hyrkanien ernannt; Spitames wurde getötet und A.' Tochter die Gemahlin des Kyros. Die spätere überlieferung, wie sie uns Herodot berichtet, machte Kyros zu einem Sohn der Mandane, den A., durch einen Traum erschreckt, umzubringen befahl. Harpagos aber schonte das Kind, das von einem Hirten aufgezogen und später erkannt wurde. Den ungehorsamen Harpagos bestrafte A., indem er ihm seine Kinder als Speise vorsetzen ließ, worauf derselbe Kyros zur Empörung und zum Sturz des A. anreizte.

Astyboras (Atbara), rechter Nebenfluß des Nils, s. Äthiopien und Meroë.

Astypaläa, eine der Sporadischen Inseln im südlichen Teil des Ägäischen Meers, durch dorische Megarer kolonisiert.

Asymnetes (»Schiedsrichter«) hieß in Griechenland ein Mann, der zur Schlichtung innerer Wirren und Begründung einer neuen Verfassung auf eine Reihe von Jahren oder auf Lebenszeit mit unbeschränkter Gewalt an die Spitze des Staats gestellt wurde; die Äsymneten unterschieden sich also von den Tyrannen dadurch, daß ihre Gewalt keine angemaßte, sondern eine freiwillig übertragene war. Der bekannteste ist Pittakos, der 610 v. Chr. in Mytilene zum Äsymneten gewählt wurde. Auch Solon kann man so bezeichnen.

Atbara, s. Astyboras.

Athalia, s. Ilva.

Athália, Königin von Juda, Tochter des Königs Ahab von Israel und der phönikischen Königstochter Isebel, Gemahlin des Königs Jehoram von Juda, riß nach der Ermordung ihres Sohns Ahasja durch Jehu 843 v. Chr. die Herrschaft des Reichs Juda an sich und ließ alle männlichen Mitglieder der Königsfamilie, auch ihre eignen Enkel, ermorben, damit ihr niemand die Gewalt nehmen könne; nur der einjährige Sohn Ahasjas, Joas, wurde gerettet. Da sie den Baalsdienst begünstigte, so stellte sich der Hohepriester Jojada an die Spitze einer Verschwörung, welche Joas auf den Thron setzte; A. wurde ermordet (837).

Athen (Athēnæ), Hauptstadt der griech. Landschaft Attika und des athenischen Staats, der Mittelpunkt des hellenischen Geisteslebens in seiner Blütezeit. Die Stadt lag am Fuß des Lykabettos in einer von den Bergen Attikas umgebenen und den kleinen Flüßchen Kephissos und Ilissos durchflossenen Ebene, welche sich nach S. zu dem Saronischen Meerbusen öffnete; an diesem lagen die drei Häfen der Stadt, der Peiräeus, Munychia und Phaleron, 8 km von ihr entfernt und später durch die drei langen oder Schenkelmauern zu Einer Festung mit ihr verbunden. Inmitten der Stadt erhob sich der Burgfelsen, die Akropolis (auch nach dem sagenhaften Erbauer Kekrops Kekropia genannt), zu 154 m über dem Meer und fast 100 m über dem Ilissosthal. Der Rücken des Felsens war nur 300 m lang und 130 m breit und rings von einer durch Kimon vollendeten Mauer umgeben. Auf der Akropolis befanden sich die ältesten Heiligtümer der Stadt, welche, zur Zeit der Perserkriege zerstört, von Perikles als die herrlichsten Kunstbauten des Altertums neu errichtet wurden. An der schmalen Westseite der Burg lag das Haupthor, die Propyläen, zu dem von der Stadt eine gewundene, mit Marmorplatten belegte Bahn hinaufführte. Die Propyläen waren von Mnesikles aus pentelischem Marmor erbaut und kosteten über 2000 Talente; sie hatten fünf mit dorischen Säulen geschmückte Durchgänge und zwei vorspringende Seitenflügel, in deren einem, nördlichen, der Poikile, sich eine Gemälbegallerie, vor deren anderm sich der kleine, zierliche Tempel der Nike Apteros befand. Auf der Fläche des Burgfelsens selbst erhob sich inmitten von Heiligtümern, Weihgeschenken und Bildsäulen, deren größte die 26 m hohe Erzstatue der Athene Promachos von Pheidias war, rechts der herrliche Parthenon, der von dorischen Säulen getragene Tempel der Athene Parthenos, den Perikles an Stelle des alten von Peisistratos erbauten und von den Persern zerstörten 444 v. Chr. durch die Baumeister Jktinos und Kallikrates erbauen und durch Pheidias mit herrlichen Bildwerken ausschmücken ließ; in der Cella stand das kostbar aus Gold und Elfenbein gefertigte Bild der Göttin von Pheidias' Meisterhand. Links vom Parthenon lag das uralte Heiligtum der Athene Polias und des Poseidon Erechtheus, gewöhnlich das Erechtheion genannt, mit dem alten hölzernen Bilde der Athene, dem heiligen Ölbaum, dem Salzbrunnen und dem Grabe des Kekrops. Der in ionischem Stil errichtete Neubau stammte aus der Zeit des Peloponnesischen Kriegs.

Die Stadt lag rings um die Akropolis. Westlich von derselben erhoben sich der Hügel des Ares (Areiopagos, der Sitz des berühmten Gerichtshofs), die Pnyx mit dem ältesten pelasgischen Heiligtum des »höchsten Zeus« und das Museion; inmitten dieser Hügel und der Burg war die alte Agora. Am Südabhang der Burg lag der Bezirk Lenäon mit dem großen Theater des Dionysos. Dies Gebiet und die sumpfige Thalsenkung des Flusses bildeten den ältesten Stadtteil, Kybathenäon. Aber auch schon der Nordabhang der Akropolis und des Areshügels war bebaut und in den Mauerkreis eingeschlossen, welcher die Stadt vor den Perserkriegen umgab. Nach der Zerstörung der Stadt durch Xerxes (480) wurde beim Wiederaufbau unter Themistokles' Leitung 479—478 die neue Stadtmauer nach allen Seiten hinausgerückt, so daß sie einen Umfang von 44 Stadien (8 km) hatte und mehrere attische Demen ganz oder zum Teil umfaßte. Nun wurde die neue Agora im N. der Burg und des Areshügels Mittelpunkt der Stadt; sie war von prächtigen Tempeln und öffentlichen Gebäuden umgeben, wie dem Buleuterion (dem Sitzungssaal des Rats der 500), der Poikile (einer Säulenhalle mit Wandgemälden), der Königshalle, dem Gerichtslokal des Archon Basileus u. a. Über sie lief die von Säulengängen eingeschlossene Hauptstraße Athens, welche vom Piräischen Thor zwischen Pnyx und Museion hindurch nach dem innern und durch das Thor Dipylon zum äußern Kerameikos führte. Nordwestlich vom Markt lag auf einem Hügel das Theseion, ein noch wohlerhaltener dorischer Tempel, während der größte athenische und griechische Tempelbau, das Olympieion, das Heiligtum des olympischen Zeus, im SO. der Stadt lag; es war im korinthischen Stil erbaut, schon von Peisistratos begonnen, aber erst von Hadrianus vollendet.

Während die den Göttern und dem öffentlichen Staatsdienst gewidmeten Gebäude in der Blütezeit Athens stattlich, prächtig und kunstvoll erbaut wurden, waren die Privatwohnungen meist unansehnlich und ärmlich, aus Fachwerk oder ungebrannten Lehmziegeln errichtet, die Straßen eng und unregelmäßig. Erst in der spätern Zeit wurden auch Privathäuser groß und prächtig ausgeführt. Man zählte um 400 v. Chr. 10,000 Häuser in A. und 21,000 freie Bürger, was auf eine Einwohnerzahl von 180,000 Seelen schließen läßt.

A. war die einzige Stadt (polis) Attikas und sein politischer Mittelpunkt, daher auch der attische Staat A., seine Bürger Athener (Athenäer) genannt wurden, während sich der Name »attisch« auf Sprache und Sitte beschränkte. Die Geschichte Athens ist also die ganz Attikas und des ganzen attischen Volks, dessen politische Bedeutung und Geschichte ja erst mit der Vereinigung der zwölf attischen Gemeinden zu der politischen Gemeinde A., dem sogen. Synoikismos, begannen. Diese Vereinigung wurde dem attischen Heros Theseus zugeschrieben. Die ältesten Einwohner Attikas waren Pelasger, weswegen sich auch die Einwohner Attikas als Autochthonen (Ureinwohner) ansahen. Eine höhere Kultur erhielten diese durch fremde Einwanderer, wie denn die geistige

Alte Geschichte. 5

Regsamkeit und der rastlos vorwärts stre=
bende Thätigkeitstrieb der Athener auf die
Mischung verschiedener Bevölkerungsele=
mente durch fortwährende fremde Ein=
wanderung zurückzuführen sind. Zuerst
ließen sich Jonier von Euböa aus im Osten
Attikas, in der marathonischen Ebene,
nieder und erlangten durch ihre über=
legene Bildung das politische Übergewicht
über die Pelasger, so daß die ganze attische
Bevölkerung in die vier ionischen Phylen:
Gelonten, Hopleten, Argadeis und Ägiko=
reis eingeteilt wurde. Die älteste Staats=
form war das patriarchalische König=
tum, welches Theseus als Ahnen verehrte.
Als nach der dorischen Wanderung um
1100 v. Chr. zahlreiche edle Geschlechter des
Peloponnes in A. Zuflucht suchten und
Aufnahme fanden, wurde die Königs=
würde den Neliden Melanthos aus dem
pylischen Geschlecht des Nestor übertragen.
Da dessen Sohn Kodros sich 1068 bei dem
Versuch der Dorier, auch Attika zu erobern,
wie die Sage erzählt, opferte und dadurch
das Land vor der Fremdherrschaft rettete,
wurde das Königtum abgeschafft und
fortan ein Archon auf Lebenszeit aus der
Königsfamilie gewählt, dessen Macht und
Würde sich allerdings vom Königtum nur
durch Abhängigkeit vom Adel, den Eupa=
triden, unterschieden. Die Macht dieser
Aristokratie wuchs mehr und mehr, und
während sie das Archontat allmählich be=
schränkte, indem sie erst die Dauer dessel=
ben auf zehn Jahre verringerte, dann das
ausschließliche Anrecht der Nachkommen
des Kodros beseitigte, endlich seit 683 diese
Amtsgewalt auf neun nur ein Jahr herr=
schende Archonten verteilte, die ganz von ihr
abhingen, unterdrückte sie die übrige Be=
völkerung, die Geomoren (die Bauern)
und die Demiurgen (die Handwerker).
Namentlich die erstern suchten die Eupatri=
den ihres Grundbesitzes zu berauben, in=
dem sie die Schuldgesetze mit rücksichts=
loser Härte anwendeten. Da sie im Allein=
besitz des Rechts und der Gerichte waren,
konnten sie das Volk für geringe Ver=
gehen mit den schärfsten Strafen an Ver=
mögen, Freiheit und Leben belegen. 620
bewirkte wohl der Archon Drakon eine
schriftliche Aufzeichnung der Gesetze, ver=

schärfte aber die Strafen gegen Verletzung
des Eigentums und die Schuldgesetze in
der Art, daß die Lage des bedrückten Volks
noch schlimmer wurde als vorher. Zwar
wurde 612 der Versuch Kylons, die ver=
haßte Adelsherrschaft mit Hülfe des Volks
zu stürzen und eine Tyrannis zu errich=
ten, vereitelt; aber der dabei von einem
der vornehmsten Geschlechter, den Alk=
mäoniden, begangene »Kylonische Fre=
vel« (s. Kylon), ein unglücklicher Krieg
mit Theagenes von Megara, in dem Sa=
lamis verloren ging, und andre Unglücks=
fälle erschütterten die Macht der Aristokratie
und steigerten den Zwiespalt in der Bür=
gerschaft zu so gefährlicher Höhe, daß selbst
angesehene Eupatriden die Notwendigkeit
einsahen, durch Zugeständnisse das Volk
zu versöhnen und den innern Frieden wie=
derherzustellen.

Dieses segensreiche Werk vollbrachte
Solon, der 594 das Archontat beklei=
dete. Nachdem er durch Wiedergewinnung
der Insel Salamis sein Ansehen begründet,
begann er sein Versöhnungswerk mit der
Seisachtheia (Lastenabschüttelung), der
Erleichterung der Schuldenlast durch Er=
mäßigung der Schulden um 27 Proz. und
Aufhebung der Schuldknechtschaft, und gab
darauf dem Staat eine timokratische
Verfassung, in der nicht die Geburt und
Abstammung allein Rechte verliehen, son=
dern die Rechte der Bürger nach ihren
Pflichten und Leistungen abgemessen wur=
den. Die Vollbürger wurden nach dem Er=
trag des Grundeigentums in vier Klassen
eingeteilt: die Pentekosiomedimnen,
welche wenigstens 500 Scheffel Getreide
oder 500 Maß Öl oder Wein ernteten;
die Hippeis, welche 300—500 Scheffel
ernten mußten; die Zeugiten, die kleinern
Bauern, welche wenigstens ein Gespann
Ochsen und 150—300 Scheffel Ertrag hat=
ten, und endlich die Theten, welche noch
weniger ernteten oder gar keinen Grund=
besitz hatten. Diese waren steuerfrei und
dienten nur als Leichtbewaffnete, während
die drei ersten Klassen Steuern zahlten
und als Hopliten oder Schwerbewaffnete
dienten, die Hippeis ferner die Reiter, die
erste Klasse die Schiffe stellten. Demgemäß
hatte die erste Klasse das Vorrecht, daß nur

aus ihr die Archonten gewählt wurden
und der Areopag hervorging; aus den drei
erften Klaffen wurde der Rat der 400
(Bule), der die eigentliche Verwaltung
und Gefetzgebung hatte, gewählt; die Theten hatten nur Anteil an der Volks-
verfammlung (Ekkleſia), welche viermal
im Jahr zufammentrat und die Beamten
zu wählen, den Rechenfchaftsbericht abzu-
nehmen und die Entscheidung über Krieg
und Frieden zu erteilen hatte. Zur
Bildung der niebern Gerichte wurden
jährlich 4000 Gefchworne, die Heliäa,
ausgeloſt. Die höhere Gerichtsbarkeit be-
faß der Areopag, welcher auch mit dem
Rechte der Oberaufficht über die Gefetzgebung und die Staatsverwaltung fowie
über die Sitten der Bürger ausgeftattet
wurde. Die Heranbildung patriotifchen
Sinnes und politifcher Selbftändigkeit im
Volk wurde durch Gefetze über die Bildung
der Jugend gefichert. Neben den Vollbürgern gab es noch zahlreiche Metöken,
die Fremden, welche fich in A. und den
Häfen zum Betrieb des Handels oder eines
Gewerbes niedergelaffen hatten und für
den Schutz des Staats ein Kopfgeld zahlten, felbft aber vor Gericht nicht felbftän-
dig und den Bürgern gleichberechtigt waren, und viele Sklaven, welche in der Blütezeit Athens als Hausbiener, Taglöhner
und Fabrikarbeiter zwei Drittel der Bevölkerung ausmachten, deren große Menge
dem Staat aber deshalb nie gefährlich
wurde, weil fie eine gute Behandlung ge-
noffen.

Die Parteileidenfchaften im Volk und
der Ehrgeiz hervorragender Männer wurden durch die Solonifche Verfaffung freilich nicht bauernd im Zaum gehalten. Es
bilbeten fich drei neue Parteien: die Pe-
biäer, die großen Grundbefitzer aus dem
alten Abel, die fich durch die neue Verfaffung beeinträchtigt und zurückgefetzt glaubten; die Paralier, die Handels- und Ge-
werbtreibenden, und die Diakrier, die kleinen Bauern und Hirten des Gebirgslands,
welche nach größerm politifchen Einfluß
ftrebten. Nach mancherlei Kämpfen und
Unruhen bemächtigte fich der Eupatribe
Peififtratos mit Hülfe der Diakrier
der Alleinherrfchaft, welche er 538—527

bauernd behauptete. Zwar regierte der-
felbe mit Milde und Mäßigung, ließ die
Solonifche Verfaffung und die gefetzlichen
Behörden ungehindert beftehen und begnügte fich mit dem herrfchenden Einfluß
auf das Volk und die gewählten Körper-
fchaften und Beamten; auch verfchönerte
er die Stadt durch Bauten, hob den Han-
bel und Verkehr durch Straßen- und Ha-
fenanlagen und pflegte Künfte und Wif-
fenfchaften; dennoch war die Tyrannis
nicht geeignet, die Kraft des Volks zu ftär-
ken, es zu politifcher Selbftänbigkeit und
Freiheit zu erziehen und fo die Entwickelung des Staats zu größerer Macht und
höherer geiftiger Kultur zu förbern. An-
gefehene Familien lebten in der Verbannung, in A. felbft regte fich immer mächtiger der Freiheitsbrang. Von den Söhnen
des Peififtratos, Hippias und Hipparchos, welche dem Vater in der Herrfchaft
gefolgt waren, fiel der letztere 514 der Pri-
vatrache des Harmobios und feines Freundes Ariftogeiton zum Opfer, deren That
aber vom Volk als ein Helbenakt der
republikanifchen Freiheitsliebe geprefen
wurde; der andre, Hippias, wurde 510
von dem verbannten Gefchlecht der Alkmäoniben, welche die delphifche Priefter-
fchaft gewonnen und durch fie den fparta-
nifchen König Kleomenes bewogen hatten,
ihnen mit einem Heer zu Hülfe zu kommen, vertrieben.

Das Haupt der Alkmäoniben, Kleifthenes, ftellte nun die Solonifche Verfaffung
wieder her, aber mit einigen wefentlichen
Änderungen in bemofratifchem Sinn.
Um den Zufammenhang der alten eupa-
tribifchen Gefchlechter und ihren Einfluß
auf die Landbevölkerung zu befeitigen,
erfetzte er die Einteilung des Volks in
die vier alten ionifchen Phylen burch eine
neue in zehn nach den attifchen Heroen
benannte Phylen, welche wieder in geo-
graphifch getrennte Demen (100, fpäter
174) zerfielen; auch nahm er viele Metöken in die Zahl der Vollbürger auf. Demgemäß warb die Zahl der Mitglieder ber
Bule auf 500, 50 aus jeder Phyle, welche
je den zehnten Teil des Jahrs die Prytanie, b. h. die Leitung der Verwaltung,
hatten, die Zahl der Heliaften auf 5000

vermehrt. Die Volksverſammlung trat
fortan zehnmal im Jahr zuſammen. Un=
ter den Bewerbern um die Ämter ſollte
das Los entſcheiden und die Freiheit des
Staats ſowie der innere Friede durch den
Oſtrakismos, die Verbannung gefähr=
licher Männer durch das Scherbengericht,
geſichert werden. Zu ſpät erkannte Kleo=
menes, daß der Sturz der Tyrannis in
A. nicht die Wiederherſtellung einer den
Spartanern genehmen Ariſtokratie zur
Folge hatte, und veranlaßte 507 den Ari=
ſtokraten Iſagoras, den gewaltſamen
Verſuch zur Errichtung einer ariſtokrati=
ſchen Regierung zu machen. Kleiſthenes
wurde vertrieben, und Kleomenes beſetzte
zum Schutz des von Iſagoras eingeſetzten
Rats der 300 die Akropolis. Aber das Volk
fügte ſich nicht, Iſagoras und ſeine An=
hänger wurden ergriffen und hingerichtet,
und Kleomenes mußte den freien Abzug
durch einen ſchimpflichen Vertrag erkau=
fen. Nun rief er die Peloponneſier, die
Böotier und Chalkidier zu einem Rache=
zug gegen A. auf, wo er ſogar Hippias
wieder als Tyrannen einzuſetzen beabſich=
tigte. Indes als das peloponneſiſche Heer
ſchon in Attika war, brach ein Zwiſt zwi=
ſchen den ſpartaniſchen Königen Kleome=
nes und Demaratos aus, und die Korin=
thier weigerten ſich, die Freiheit Athens
mit Waffengewalt zu unterdrücken. Das
peloponneſiſche Heer löſte ſich auf, und die
Böotier und Chalkidier wurden von den
Athenern geſchlagen, die den ſüdlichen
Teil Böotiens dem Einfluß der Theba=
ner entzogen und ein großes Gebiet in
Euböa eroberten. Die Behauptung ihrer
Freiheit und der erſte glänzende Sieg
über die neidiſchen Nachbarn begründeten
Athens Machtſtellung in Mittelgriechen=
land und erweckten in den Bürgern ein
Bewußtſein ihrer Kraft und eine kühne
Zuverſicht, welche zu weitern Erfolgen
anſpornten. Entſchloſſen und kraftvoll
ſetzten die Athener fortan ihre materielle
und geiſtige Macht für die Vermehrung
des Ruhms und der Größe ihres Vater=
lands ein.

Glänzende Gelegenheit für die Erpro=
bung des neu erwachten Heldengeiſtes der
Athener boten die Perſerkriege, in welche

ſie durch ihre allerdings nur vorüber=
gehende und wirkungsloſe Unterſtützung
des ioniſchen Aufſtands verwickelt wur=
den. Sie verweigerten die darauf gefor=
derte Unterwerfung unter die perſiſche
Oberhoheit, welche viele andre griechi=
ſche Staaten anerkannten, und traten
490 dem perſiſchen Heer unter Datis und
Artaphernes, welches nach der Zerſtörung
Eretrias bei Marathon gelandet war, un=
ter Führung des Miltiades mit ihren
10,000 Hopliten, nur von 1000 Platäern
unterſtützt, kühn entgegen. Der herrliche
Sieg bei Marathon hob den Stolz und
das Selbſtgefühl der Athener und ermu=
tigte ſie, ſich an die Spitze der Hellenen
bei der fernern Verteidigung ihrer Frei=
heit gegen die Perſer zu ſtellen. Um dies
zu können, beſchloſſen ſie auf den Rat
des Themiſtokles, welcher bereits früher
als Archon den neuen Kriegshafen Pei=
räeus angelegt hatte, eine große Seemacht
zu errichten und hierfür den Ertrag der
lauriſchen Silbergruben zu verwenden,
in der richtigen Erkenntnis, daß nur eine
tüchtige Flotte den übermächtigen Perſern
mit Erfolg entgegentreten und im äußer=
ſten Fall die Freiheit des Volks in einem
fremden Land zu ſichern vermöge. Aller=
dings mußte die Umwandlung Athens in
einen Seeſtaat Handel und Gewerbe zu
den wichtigſten Thätigkeiten und Erwerbs=
quellen des Volks machen und die Bedeu=
tung des Ackerbaus und der Landbevölke=
rung, der Fundamente des bisherigen
Staatsweſens, zu Gunſten der Gewerb=
treibenden ohne Grundbeſitz vermindern.
Deshalb widerſtrebte Ariſteides, und
wegen ſeines großen Anſehens nicht ohne
Erfolg, der neuen Politik. Indes ſeine
Verbannung durch den Oſtrakismos 483
beugte unheilvollen Störungen und Rück=
ſchritten in der Verfolgung des einmal
beſchloſſenen Ziels vor, und der glänzende
Erfolg, den Themiſtokles an der Spitze
der atheniſchen Flotte 480 bei Salamis
errang, dieſer Sieg, der die unzählige
Streitmacht des Xerxes zum Rückzug be=
wog, obwohl derſelbe ganz Mittelgriechen=
land erobert und auch A. zerſtört hatte,
rechtfertigte die Begründung der Seemacht,
ſo daß ſelbſt Ariſteides fortan dieſe Politik

billigte und durch gleichmäßige Zulassung aller Bürger zu den Ämtern die demokratische Fortentwickelung der Verfassung, die er früher bekämpft, beförderte.

Obwohl nicht dem Namen nach an der Spitze der Hellenen, deren Führung im Krieg noch immer Sparta beanspruchte, waren die Athener in den Perserkriegen doch in Wahrheit die Vorkämpfer Griechenlands. Sie waren es, welche 479 darauf bestanden, daß das hellenische Heer den Persern bei Platää die Spitze bot, und in der Schlacht am mutigsten kämpften; sie errangen über die persische Flotte den Sieg von Mykale und drangen auf Befreiung aller griechischen Inseln im Ägäischen Meer und der Städte in Kleinasien von der Fremdherrschaft durch energische Fortsetzung des Kriegs. Infolge ihrer hervorragenden Verdienste um diese Befreiung erlangten sie die Hegemonie zur See durch Begründung des Athenischen Seebunds (476), während die Bemühungen Spartas, durch Verhinderung des Wiederaufbaus der athenischen Mauern die Selbständigkeit und Erstarkung der Nebenbuhlerin unmöglich zu machen, durch die Schlauheit des Themistokles vereitelt wurden. Trotz dieser feindseligen und gehässigen Haltung Spartas und des schlecht verhehlten Neides der andern griechischen Staaten waren die konservativen Staatsmänner Athens dafür, das Bündnis mit Sparta und den griechischen Staaten aufrecht zu erhalten und alle Kraft zu der weitern Bekämpfung der persischen Macht zu verwenden. An der Spitze des trefflich organisierten Seebunds, welcher eine große Flotte und bedeutende Landtruppen aufzustellen gestattete, errang Kimon 466 den Sieg am Eurymedon; die verräterischen Abfallsgelüste der größern Inseln, wie Naxos und Thasos, wurden durch völlige Unterwerfung derselben geahndet und das Übergewicht Athens über seine Bundesgenossen immer mehr verstärkt, besonders dadurch, daß viele kleinere Bundesgenossen sich der lästigen Stellung von Kriegsschiffen und Mannschaften durch Geldzahlungen, für die A. diese Stellung übernahm, entzogen. A. bezog schließlich jährlich bedeutende Einkünfte (bis 600

Talente), die nicht mehr in Delos, dem ursprünglichen Bundesheiligtum, sondern auf der Akropolis aufbewahrt wurden, und übernahm dafür den Schutz gegen die Perser und die Seeräuber, der bald nur noch geringe Kraftanstrengung erforderte; die übrigen Mitglieder des Bundes sanken aber allmählich zu zinspflichtigen Vasallen Athens herab.

Diese großartige Machtentfaltung Athens hatte wichtige Veränderungen seiner Politik zur Folge. Es erhob sich jetzt eine Partei im Staat, welche als höchstes Ziel der auswärtigen Politik die politische Einigung von ganz Hellas unter athenischer Hegemonie ins Auge faßte, nötigenfalls im Kampf gegen Sparta, und, um diesen hohen Preis erringen zu können, durch Vollendung der Demokratie alle Kräfte des Volks entfesseln und zu den höchsten Leistungen befähigen wollte. Der bedeutendste Vertreter dieser Richtung war Perikles, und er gelangte zu herrschendem Einfluß, als Sparta durch Zurücksendung des ihm auf Kimons Betrieb im Messenischen Krieg zu Hülfe gesandten athenischen Hülfskorps die Athener aufs empfindlichste beleidigte und Kimon infolge davon verbannt wurde. Durch das Gesetz des Ephialtes wurde 460 das Oberaufsichtsrecht des konservativ gesinnten Areopags aufgehoben und der Schwerpunkt der innern Politik in die Volksversammlung gelegt, deren Besuch wie auch die Ausübung der übrigen bürgerlichen Rechte und Pflichten den Ärmern durch Geldentschädigung, das Ekklesiastikon, das Dikasastikon u. a., erleichtert wurden. Alle Bürger sollten auf Grund eingehender Kenntnis und selbständigen Urteils an den Abstimmungen über öffentliche Angelegenheiten teilnehmen und keine Gelegenheit zu ihrer weitern Ausbildung aus Rücksicht auf ihren Lebensunterhalt versäumen müssen, wobei freilich zu berücksichtigen ist, daß die Bürger nur einen kleinen Teil der attischen Bevölkerung bildeten, der attische Demos also im Verhältnis zu den zahlreichen Metöken und Sklaven eine Aristokratie war. Gleichzeitig begann der Kampf um die Ausbreitung der athenischen Herrschaft. Während

eine Flotte nach Ägypten geschickt wurde, um durch Unterstützung des Aufstands des Satrapen Inaros die Perser zu beschäftigen und zu schwächen, brach 458 der Krieg mit den benachbarten Seestaaten Korinth, Epidauros und Ägina aus. Diese letztere Insel, seit lange auf Athens mächtigen Aufschwung eifersüchtig, wurde von den Athenern nach zwei Niederlagen der äginetischen Flotte eingeschlossen und belagert. Um sie zu entsetzen, fielen die Korinther und Epidaurier in Megaris ein, wurden aber von Myronides an der Spitze der Greise und Knaben zurückgeschlagen. Ein spartanisches Heer, welches in Mittelgriechenland eingedrungen war, und dem die Athener den Weg nach dem Peloponnes verlegten, öffnete sich zwar denselben durch den Sieg bei Tanagra (457); aber die Schlacht bei Önophyta, welche Myronides 456 gewann, hatte den Anschluß der böotischen Städte, in denen überall die demokratische Partei die Oberhand gewann, sowie von Phokis und dem opuntischen Lokris an den Athenischen Bund zur Folge. Auch Ägina wurde zur Unterwerfung gezwungen, und Tolmides plünderte auf einer Fahrt um den Peloponnes die spartanische Küste, nahm Methone, Chalkis und Naupaktos und gewann Zakynthos und Kephallenia für den Seebund, dem 454 auch Achaia beitrat. Sparta erkannte die so gewonnene Hegemonie Athens auf dem Festland in dem fünfjährigen Waffenstillstand 450 an, und Kimon bewirkte nun, daß, um das durch den inzwischen erfolgten Untergang der athenischen Flotte in Ägypten gesunkene Ansehen Athens im Orient wiederherzustellen, 449 ein neuer Feldzug gegen die Perser zur Eroberung von Kypros unternommen wurde. Er starb auf demselben, doch hatte der nach seinem Tod erfochtene Sieg von Salamis zur Folge, daß Persien auf die Herrschaft über die kleinasiatischen Griechen verzichtete und den Athenern das Ägäische Meer überließ. A. hatte hiermit den Höhepunkt seiner Macht erreicht, und die Erreichung des weitern Ziels schien um so eher möglich, als jetzt ein Mann wie Perikles den unbestrittenen Einfluß besaß.

Dennoch veranlaßten mehrere Unglücksfälle der Athener den Verlust ihrer kontinentalen Herrschaft. Infolge der Niederlage des Tolmides bei Koroneia (447) riß sich Böotien vom Athenischen Bund los, worauf auch Phokis und Lokris nicht zu halten waren, und 445 fielen Euböa und Megaris ab. Mit Mühe gelang es, das erstere, dessen Verlust auch die Seeherrschaft Athens erschüttert hätte, wieder zu unterwerfen und das spartanische Heer, das in Attika eingefallen, zum Rückzug zu bewegen. Perikles zog es aber, um weiterm Unglück vorzubeugen, vor, 445 den 30jährigen Frieden mit Sparta abzuschließen, in dem A. auf die Hegemonie zu Lande gänzlich verzichtete. Sein Augenmerk war fortan darauf gerichtet, die Seeherrschaft auszubilden und zu verstärken und den Staat für den Entscheidungskampf mit Sparta über die Herrschaft in Hellas, den Perikles zwar nicht suchte, dem er aber auch nicht auszuweichen gewillt war, kräftig zu machen. Schon unter Kimon war durch den Bau von zwei langen Mauern, welche A. mit dem Peiräeus verbanden, die Stadt vor der Gefahr, vom Meer abgeschnitten zu werden, geschützt worden. Perikles fügte zur weitern Sicherheit eine dritte hinzu. Der Abfall von Bundesgenossen wurde streng bestraft, durch Gründung von Kolonien, wie Thurioi und Amphipolis, und Ansiedelung attischer Kleruchen auf Naxos, Andros, in der Chersones, an den Küsten des Schwarzen Meers die Macht Athens in fernen Meeren befestigt. Zur Behauptung derselben waren Kriege nur selten nötig; es genügte die stete Bereitschaft einer ansehnlichen Kriegsflotte von 300 Schiffen. Die Staatsausgaben erreichten daher nicht entfernt die Höhe der Einnahmen aus dem Tribut der Bundesgenossen, den Zoll- und Hafengeldern, dem Kopfgeld der Metöken, dem Ertrag der Bergwerke u. a., welche auf 1000 Talente jährlich stiegen. Perikles verwendete diese bedeutenden Überschüsse, um A. durch die hervorragendsten künstlerischen Kräfte von ganz Hellas mit den prachtvollen Bauten und Bildwerken zu schmücken, welche noch heute von der edelsten Blüte der bildenden

Künste Zeugnis ablegen. Das athenische Volk entwickelte einen idealen Schwung, eine geistige Produktivität, wie sie kaum je in der Geschichte vorgekommen. Das Drama wurde aus dürftigen Anfängen durch die Tragiker Äschylos, Sophokles und Euripides sowie durch die Komiker Krates und Kratinos zur höchsten Vollendung ausgebildet. Die dramatischen Aufführungen und Feste wurden von Staats wegen aufs großartigste ins Werk gesetzt. Philosophie und Beredsamkeit wurden gepflegt; die berühmtesten Philosophen aus allen hellenischen Städten, wie Anaxagoras, Parmenides, Zenon, Protagoras, der Sophist Prodikos, ließen sich in A. nieder; die Geschichtschreiber, wie Herodotos, feierten die Thaten der Athener. Die attische Mundart wurde durch ihre knappe Form und ihre fein und kunstvoll gegliederte Syntax die herrschende Schriftsprache in Griechenland. In A. hatten hellenische Geistesbildung und Kunst ihre höchste Entwickelung gefunden, von hier empfing das geistige Leben von ganz Hellas Anregung und Leitung. Die attische Bildung war auch die nationalgriechische und A. als geistige Hauptstadt der ganzen griechischen Nation auch von denen geachtet, die seinem politischen Vorrang widerstrebten. Auch der ärmste athenische Bürger nahm am politischen Leben, an der richterlichen Thätigkeit, an der Entwickelung der Künste eifrigen Anteil und wetteiferte mit den Reichern in der Ausbildung seines Geschmacks und Urteils. Die socialen Unterschiede zwischen vornehm und gering, reich und arm verwischten sich in A. fast ganz. Die Bürgerschaft gewann hierdurch an Einigkeit und Festigkeit und konnte durch eine weise Leitung zur höchsten Kraftentwickelung angespornt werden. Diese hatte Perikles inne, der in bewunderungswürdiger Weise es 15 Jahre lang verstand, das Volk durch seine Beredsamkeit und seine geistige Überlegenheit von der Notwendigkeit seiner Politik zu überzeugen, des Volks beste Gedanken und Empfindungen auszusprechen und das edlere Bewußtsein der Menge gewissermaßen in sich darzustellen. So vereinigte die damalige Verfassung Athens

die Vorteile einer völligen Ungebundenheit in der Entwickelung aller Volkskräfte mit denen einer einheitlichen, zweckbewußten obersten Leitung und bewirkte eine politische, geistige und materielle Blüte des kleinen Staats, welche das Perikleïsche Zeitalter zu einer der herrlichsten Erscheinungen in der Geschichte der Menschheit machte.

Als 431 plötzlich infolge der Eifersucht Korinths der Entscheidungskampf um die Herrschaft Griechenlands zwischen A. und Sparta ausbrach, nahm Perikles denselben an in der nicht unberechtigten Zuversicht, daß A. durch seine bedeutenden einheitlich organisierten Machtmittel den Sieg über die Peloponnesier davontragen u. die politische Einigung des hellenischen Volks vollenden werde. Der Anfang des Peloponnesischen Kriegs (431—404) schien diese Erwartung zu rechtfertigen. Doch wurde sie vereitelt durch die Pest, welche 430 in der übervölkerten Stadt ausbrach und mehrere Jahre wütete, und durch den Tod des Perikles (429) in einem Augenblick, wo seine feste und besonnene Leitung nötiger war denn je. Der Kern der athenischen Bürgerschaft ging durch die furchtbare Seuche zu Grunde, die Leidenschaften und die Triebe der Selbstsucht wurden durch sie entfesselt; in dem fortdauernden Krieg entartete das jüngere Geschlecht, unwürdige Demagogen traten an Perikles' Stelle und suchten Einfluß und Macht zu erlangen, indem sie den niedrigen Neigungen des Volks schmeichelten und Befriedigung verschafften. Übermut, Leichtsinn, Selbstüberschätzung und Mißachtung fremden Rechts bezeichneten fortan die athenische Politik und rissen das Volk zu empörender Härte gegen die Bundesgenossen, wie 427 gegen Lesbos, 416 gegen Melos, und zu verderblichen Wagnissen hin. Nur vorübergehend vermochte die gemäßigte Partei den radikalen Wühlereien der Volksredner erfolgreich die Stirn zu bieten und der Vernunft und Mäßigung Gehör zu verschaffen. So gelang es 421 Nikias, den Krieg, der nach Athens empfindlicher Schwächung trotz mehrerer kriegerischer Erfolge keine Entscheidung brachte, aber darum um so verberblicher wirkte, durch einen Frieden mit Sparta zu beenden. Aber schon 418 bewirkte der unruhige Ehrgeiz des Alkibiades den Wiederausbruch der Feindseligkeiten im Peloponnes, und 415 ließen sich die Athener durch ihn zu der sicilischen Unternehmung (415—413) verleiten, die mit den überspanntesten, phantastischsten Hoffnungen begonnen, für die das schönste Heer und die stattlichste Flotte ausgerüstet wurden, und die mit dem gänzlichen Untergang dieser Flotte und eines Heers von 60,000 Mann endete. Die kriegerische Kraft Athens war damit erschöpft und damit seine Autorität bei den Bundesgenossen, deren Liebe und Anhänglichkeit es durch seine unverantwortliche Härte verloren, erschüttert. Dabei war das Gemeinwesen infolge des Hermokopidenprozesses im Innern zerspalten, geheime Gesellschaften untergruben durch gewissenlose Angebereien und blutige Verfolgungssucht das öffentliche Vertrauen und den Frieden der Bürgerschaft; der einzige Mann, der A. aus seiner furchtbaren Lage hätte retten können, Alkibiades, war durch den Neid seiner Feinde in das Lager der Spartaner getrieben worden, wo er diese aus verblendeter Rachsucht zum neuen verderblichen Kampf gegen sein Vaterland aufhetzte, um seine Zurückberufung zu erzwingen und sein Ziel, die Herrschaft über den Staat, zu erreichen. In diesem zweiten Teil des Kriegs, 413—404, handelte es sich für A. nicht mehr um den Sieg, sondern um die Existenz. Während die Spartaner durch die Besetzung von Dekeleia die Athener wieder nötigten, hinter die Mauern der Stadt zu flüchten, nahmen sie nun auch mit Hülfe Persiens den Krieg zur See auf und unterstützten den Abfall der wichtigsten Inseln und Städte vom athenischen Seebund. Wiederholt errang trotz dieser bedrängten Lage die athenische Flotte, namentlich seit Alkibiades wieder an ihre Spitze getreten, wichtige Erfolge. Aber das athenische Volk, an sich selbst verzweifelnd und von verräterischen, selbstsüchtigen Parteimännern betrogen, vernichtete selbst die Wirkungen der Siege seiner Feldherren und beschleunigte durch selbstmörderische Fehler den Untergang seiner Macht. 411 gelang es den geheimen oligarchischen Verbindungen, einen Staatsstreich ins Werk zu setzen: die Solonische Verfassung wurde beseitigt und eine oligarchische Regierung von 400 Männern an die Spitze des Staats gestellt. Zwar führte die Opposition der bei Samos ankernden Flotte bald den Sturz dieser Oligarchie herbei, aber der gewissenlose Ehrgeiz eines Kritias, Theramenes u. a. wurde auch durch das nur vorübergehende Gelingen des Streichs zu weitern Unternehmungen gereizt. Vor allem mußte es ihnen darauf ankommen, niemand anders zu Ansehen und Einfluß beim Volk gelangen zu lassen. Deswegen wurde Alkibiades wegen des Mißgeschicks seines Unterfeldherrn Antiochos bei Notion (407) seines Oberbefehls wieder entsetzt und zum zweitenmal in die Verbannung getrieben; die Feldherren, welche bei den Arginusen 406 einen glänzenden Sieg erfochten, wurden zum Tod verurteilt und zum Teil hingerichtet, weil sie des Sturms wegen die Leichen nicht gesammelt hatten. Als 405 die letzte athenische Flotte bei Agospotamos vernichtet war und die Spartaner A. zu Wasser und zu Lande belagerten, verhinderte die Verräterei der Oligarchen, welche auch jetzt nur ihre Herrschbegier zu befriedigen suchten und mit Lysandros über eine Verfassungsveränderung verhandelten, die Athener an einer heldenmütigen Verteidigung ihrer Stadt, welche ihnen günstige Friedensbedingungen oder einen ruhmvollen Untergang gesichert hätte. Durch Hunger gezwungen, sich im Frühjahr 404 zu ergeben, verdankten sie ihre Errettung vor völliger Vernichtung, welche ihre heftigsten Feinde, Theben, Korinth und Ägina, forderten, nur der Gnade Spartas; ein Dekret der Ephoren legte ihnen als Friedensbedingungen auf: Niederreißung der Häfen- und Verbindungsmauern, Auslieferung der Flotte, Verzicht auf jede Herrschaft außerhalb Attikas und Anschluß an den Peloponnesischen Bund mit Pflicht der Heeresfolge. Im Sommer darauf wurde mit Hülfe des Lysandros die alte Verfassung gestürzt und die Staatsverwaltung 30 Männern (den 30 Tyran=

nen) übergeben, zu deren Schutz 700 Spartaner die Akropolis besetzten. So ging die athenische Großmacht durch die eigne Schuld der Bürger, durch die innern Parteiungen, durch die Verachtung der Tugenden der Väter, welche A. groß gemacht hatten, zu Grunde.

Die Gewaltherrschaft der Dreißig, an deren Spitze Kritias und Theramenes standen, konnte sich wegen der Uneinigkeit ihrer Führer und ihres Mangels an Mäßigung nicht lange behaupten. Sie wurde bereits 403 durch die Verbannten unter Thrasybulos wieder gestürzt und, nachdem eine Intervention der Spartaner glücklich abgewendet worden, unter dem Archontat des Eukleides die alte demokratische Verfassung in etwas gemäßigter Form wiederhergestellt. Belehrt durch die furchtbaren Erfahrungen der letzten Jahre, gingen die Athener mit Ernst und Gewissenhaftigkeit an die Wiederherstellung des alten Staatswesens, des religiösen Kultus, der alten Einfachheit der Sitten, an die Wiederbelebung der väterlichen Tugenden der Vaterlandsliebe, der Uneigennützigkeit, der Ehrfurcht vor dem Göttlichen. Um die Bürgerschaft von den zahlreichen fremden Elementen zu reinigen, wurden viele Metöken aus derselben ausgestoßen. Dieser aufrichtig gemeinten Reaktion fiel auch 399 Sokrates zum Opfer, der von seinen Mitbürgern nicht verstanden wurde. Die ganze Bewegung blieb aber bei dem Äußerlichen stehen und konnte deshalb keinen tiefer greifenden, nachhaltigen Erfolg haben. Das athenische Volk war eben ein andres geworden als zur Zeit des Perikles und blieb es trotz der Wiederherstellung der alten Formen. Es war verarmt, es hatte das alte Selbstbewußtsein und den idealen, auf alles Große und Schöne gerichteten Zug verloren. Die frühern Machtmittel waren vernichtet, die Hülfsquellen des Wohlstands, Handel und Gewerbe, waren versiegt. Zwar fehlte es nicht an tüchtigen Staatsmännern und Feldherren; aber die politischen Unternehmungen, auf welche sich A. seit dem Peloponnesischen Krieg beschränken mußte, vermochten weder das Volk noch seine Führer zu außergewöhnlichen Leistungen zu begeistern und sie durch

neue glänzende Erfolge zu höhern und freiern Anschauungen zu erheben. Da die Kriege meist mit Söldnerheeren geführt wurden, so gewöhnten sich die Bürger, durch die Entschädigungsgelder der unmittelbaren Lebenssorge enthoben, die Dinge mit kleinlicher Kritik zu beobachten und die Politiker handeln zu lassen. Gleichwohl gelang es den Athenern, sich langsam von ihrem Sturze zu erheben. Der Korinthische Krieg verschaffte ihnen die Möglichkeit, sich von Spartas Hegemonie loszumachen und nach Wiederherstellung der langen Mauern und der Befestigungen des Peiräus durch Konon wieder eine Seemacht zu gründen. Im Antalkibischen Frieden behielt es von den neu erworbenen Schutzstaaten Lemnos, Imbros und Skyros. Während des langen Kampfes zwischen Theben und Sparta stand A. anfangs auf des erstern Seite, vernichtete die spartanische Seemacht in den Schlachten bei Naxos (376) und bei Leukas (375) und stiftete einen neuen Seebund, der bald 70 Mitglieder zählte. Sowie Spartas Macht gebrochen war und Thebens Übergewicht bedenklich wurde, zogen sich die Athener vom Krieg zurück und sammelten während längerer Neutralität ihre Kräfte, so daß sie nach dem Tode des Epameinondas und dem Verfall Thebens bessen Flotte aus dem Ägäischen Meer verdrängen und die größern Inseln sowie die Städte an der makedonischen und thrakischen Küste unter ihrer Hegemonie vereinigen konnten. Aber mit dem Glück der Athener kehrten auch ihre Fehler zurück. Sie belegten die Bundesgenossen wieder mit hohen Steuern und Leistungen und siedelten attische Kleruchen in ihrem Gebiet an; ihre Feldherren und Söldnerheere übten Erpressungen und Gewaltthaten. So entstand infolge des Abfalls der hervorragendsten Verbündeten der Bundesgenossenkrieg (358—355), der Athens Kräfte aufrieb und damit endete, daß es den abgefallenen Staaten Chios, Rhodos, Kos, Byzantion u. a. die Unabhängigkeit zugestehen mußte. Seine Autorität über die wenigen übrigen Bundesstaaten war gering; die Einkünfte des Bundes sanken auf 45 Talente.

Dennoch schien A. durch seine große Vergangenheit und durch seine immerhin noch beträchtlichen Streitmittel dazu berufen zu sein, den Eroberungsgelüsten des Königs Philipp von Makedonien an erster Stelle entgegenzutreten. Sein Freiheitsgefühl und sein nationaler Stolz empörten sich gegen eine Unterwerfung unter die Barbaren. Gleichwohl war sein Verhalten schwankend. Während angesehene Männer, wie Phokion und der Redner Demosthenes, das Volk zu entschlossenem, thatkräftigem Widerstand gegen Philipp anfeuerten, rieten andre, wie Äschines und Demades, zu einem Freundschaftsbündnis mit dem König, das derselbe aus Rücksicht auf Athens nicht zu verachtende Macht und auch aus Ehrfurcht vor seiner geistigen Größe wiederholt anbot. Allerdings würdigten die Athener dies Entgegenkommen nicht; der Gedanke, in freiwilliger Unterordnung unter Makedoniens politische und militärische Leitung die athenische Kultur siegreich über die Welt zu verbreiten und so den Ruhm der Vergangenheit in andrer Weise zu erneuern, lag den Athenern fern. Indes strengten sie auch nicht alle Kraft zur entschiedenen und nachhaltigen Bekämpfung Philipps an. Sie verwehrten ihm 352 das Eindringen in Mittelgriechenland durch Besetzung der Thermopylen und unterstützten Olynth. Aber sie hinderten nicht dessen Fall 348 und gaben die Phoker 346 den Makedoniern im Frieden des Philokrates preis. Vorübergehende Erfolge der Athener in Thrakien gegen Philipp waren ohne Bedeutung. Als endlich im dritten Heiligen Krieg Demosthenes ein Bündnis mit Theben zu Stande brachte und die athenischen Bürger selbst zur Verteidigung ihrer Freiheit in den Kampf zogen, unterlagen sie 338 in der Schlacht bei Chäronea der makedonischen Kriegskunst. Philipp behandelte das besiegte A. sehr mild; er ließ ihm seine staatliche Selbständigkeit und verlangte bloß den Verzicht auf seine Seeherrschaft und den Beitritt zum Hellenisch-Makedonischen Bund. Auch Alexander d. Gr. ehrte 335 Athens Verdienste um die hellenische Kultur, für die er begeistert

war, durch rücksichtsvolle Behandlung der Stadt, obwohl die Athener sich zur Erhebung zugleich mit Theben vorbereitet hatten. Härter war das Geschick der Stadt, als der von Demosthenes nach Alexanders Tod erregte Aufstand im Lamischen Krieg 322 scheiterte. Die hartnäckigen Gegner Makedoniens, Demosthenes, Hypereides u. a., mußten dem Untergang preisgegeben werden; A. erhielt eine makedonische Besatzung und wurde durch eine von Antipatros eingesetzte oligarchische Regierung beherrscht. Diese Oligarchie wurde schon 318 wieder gestürzt und von Kassandros Demetrios von Phaleron an die Spitze der Stadt gestellt, der sie bis 307 vortrefflich verwaltete und ihren Wohlstand wieder hob. Von da ab geriet A. bald in Besitz eines der makedonischen Gewalthaber, bald erlangte es wieder für kurze Zeit seine Unabhängigkeit; aber eine politische Rolle vermochte es fortan nicht mehr zu spielen, auch im Achäischen Bund nicht, dem es seit 229 angehörte. Die Römer gewährten A. ebenso wie die Makedonier große Rücksichten. Es behielt seine municipale Selbständigkeit, nur wurde den Behörden eine größere Machtfülle verliehen. Vor allem blühte es wieder auf als ein Mittelpunkt hellenischer Wissenschaft und Kunst, besonders als Sitz von Philosophen- und Kunstschulen, die von vornehmen Römern für ihre Studien aufgesucht wurden. Empfindlichen Schaden erlitt die Stadt, als sie sich 88, von dem Demagogen Aristion aufgereizt, dem Feldherrn des Mithridates, Archelaos, anschloß und ihm ihre Thore öffnete. Sulla belagerte Archelaos in A. und nahm es nach hartnäckiger Verteidigung ein; zwar wurde es aus Rücksicht auf seine großen Toten nicht gänzlich zerstört, aber die Vernichtung der Werften und Arsenale im Hafen zerstörte für lange den Wohlstand. Unter Kaiser Hadrianus erlebte A. noch eine Nachblüte, indem dieser Kaiser wiederholt einen längern Aufenthalt daselbst nahm, prächtige Bauten errichtete, den Tempel des olympischen Zeus vollendete und die Schulen und Bildungsanstalten reich ausstattete. Die Universität in A. behielt für die griechische Philosophie noch längere Zeit Be-

beutung, bis auch sie 529 von Justinianus geschlossen wurde. Vgl. Wachsmuth, Die Stadt A. im Altertum (Leipz. 1875, Bd. 1); Curtius und Kaupert, Atlas von A. (Berl. 1878).

Äthiopien, das obere Nilgebiet und die Ostküste Afrikas bis südlich zum Äquator. Bei Homer und andern Dichtern sind die Äthiopen die fernsten der Männer, wo die Sonne auf- und untergehend der Erde und ihren Bewohnern nahekommt und diese schwärzt; sie sind fromm und untadelig und Freunde der Götter, welche sie oft besuchen. Die Griechen bezeichneten überhaupt alle Nationen von dunkler Hautfarbe mit dem Namen Äthiopen. In geschichtlicher Zeit unterschied Herodot die östlichen Äthiopen, die bis zu den Indern wohnten, und die westlichen, die Bewohner des obern Nillands (semit. Kesch oder Kusch). Dieses eigentliche Ä. (jetzt Nubien) war schon seit ältester Zeit ägyptische Provinz, riß sich aber im 11. Jahrh. v. Chr. von Ägypten los und bildete ein eignes Reich mit der Hauptstadt Napata, dessen Könige 730—672 sogar Ägypten beherrschten. Viele Überreste von Bauten und Denkmälern sind noch erhalten. Höher stromaufwärts lag der ägyptische Priesterstaat Meroë, der erst im 1. Jahrh. v. Chr. unterging; im jetzigen Abessinien lag das von den unter Psammetich ausgewanderten ägyptischen Kriegern gestiftete Reich Aröme, nach der im obern Thal des Astyboras (Atbara) gelegenen Stadt (jetzt Arûm) benannt. Die Küste des südlichen Ä. hieß bis zum östlichen Vorgebirge (Aromata, jetzt Guardafui) Barbaria, südlich davon bis zum Äquator Azania.

Athos (jetzt Athonas oder Hagion Oros), Südostspitze der Landzunge Akte auf der makedonischen Halbinsel Chalkidike, eine riesige Bergkuppel von 1935 m Höhe, an deren steil abfallenden Ufern 492 v. Chr. die persische Flotte des Mardonios scheiterte.

Atlas, hohes Schneegebirge im nordwestlichen Afrika, welches nach der Vorstellung der Alten die westlichste Grenze der Erde bildete und als mächtige Säule den Himmel trug. Man unterschied den A. major in Mauretania Tingitana, der bei den Eingebornen Dyris hieß und bis zum Atlantischen Ocean reichte, und den A. minor an der Mittelmeerküste.

Ätna, feuerspeiender Berg auf der Ostküste Siciliens, jetzt Monte Gibello, 3320 m hoch, die Bergmasse, welche Zeus auf die Giganten Typhon und Enkelados gewälzt hatte, deren Schnauben die Ausbrüche bewirkte. Werkstätte des Feuergottes Hephästos und seiner Kyklopen. Der Philosoph Empedokles soll sich bei Erforschung des Bergs in den Krater gestürzt haben. Im Altertum scheint der Vulkan seltener Eruptionen gehabt zu haben als in der neuern Zeit. — Auch eine Stadt am Fuß des Bergs hieß Ä.

Ätolien, Landschaft im westlichen Hellas, zwischen Akarnanien, Epeiros, Thessalien, Doris und dem ozolischen Lokris gelegen, im S. vom Korinthischen Meerbusen begrenzt, an der Westgrenze vom Acheloos, ferner vom Gebirgsfluß Euenos durchflossen. Es besteht aus einer Küstenebene, dem alten Ä., mit den alten Städten Kalydon u. Chalkis, der nördlich davon gelegenen, durch das Kalkgebirge des Arakynthos getrennten, sehr fruchtbaren »großen Ebene«, einem vormaligen Seebecken, dessen seichte Stellen von Seen und Sümpfen bedeckt blieben, mit der 218 v. Chr. zerstörten Stadt Thermon, endlich dem rauhen Gebirgsland im N. Als älteste Bewohner werden Kureten und Hyanten genannt, die der Sage nach von Ätolos, dem Sohn Endymions, der mit einer Schar Epeier von Elis aus Ä. eroberte, unterworfen wurden. Die Bewohner des gebirgigen Teils waren illyrische Barbaren, aber auch die hellenisierten Ätolier galten in der Blütezeit der griechischen Geschichte wegen ihres rauhen Dialekts und ihrer geringen Kultur den übrigen Hellenen als Barbaren, und die Landschaft nahm an der politischen und geistigen Entwickelung des hellenischen Volks fast gar keinen Anteil. Erst nach Alexander d. Gr. erlangten die Ätolier durch den Ätolischen Bund (s. d.) politische Bedeutung. Vgl. Brandstäter, Die Geschichte des ätolischen Landes und Bundes (Berl. 1844).

Ätolischer Bund, eine Vereinigung der ätolischen Gemeinden, die 322 v. Chr. zum Schutz ihrer Unabhängigkeit gestiftet wurde, als nach dem Lamischen Krieg Antipatros und Krateros in Ätolien einfielen. An der Spitze des Bundes standen ein Strateg und ein Hipparch, die auf den regelmäßigen Bundesversammlungen beim Panätolion bei Thermon gewählt wurden; die Ausführung der Bundesbeschlüsse durch die Häupter wurde durch die Apokleten, einen ständigen Ausschuß, überwacht. Der Bund breitete sich über Lokris, Phokis, Ötäa, Doris aus; im Peloponnes gehörten ihm Tegea, Mantineia, Orchomenos und Phigalia an; auch Elis und Messenien hielten meist zu ihm. Roheit und Plünderungssucht des Volks, Trotz und Mangel an Überlegung seitens der Führer beeinträchtigten seine Wirksamkeit. Seit der Stiftung des Achäischen Bundes war er im Bund mit Sparta in unaufhörliche Kämpfe gegen die Achäer verwickelt. Nachdem diese sich mit den Makedoniern verbündet hatten, war der Ätolische Bund auch deren Feind und schloß sich 211 den Römern an. Als aber der römische Konsul Titus Quinctius Flamininus nach dem Sieg bei Kynoskephalä (197) und der Unterwerfung König Philipps den Ätoliern nicht Akarnanien auslieferte und den verhaßten Achäischen Bund bestehen ließ, empörten sie sich gegen die Römer und riefen 191 König Antiochos von Syrien nach Griechenland. Das syrisch-ätolische Heer wurde aber bei Thermopylä besiegt, der Ätolische Bund nach hartnäckigem Widerstand und nach Eroberung seiner meisten Städte 189 vom Konsul Fulvius unterworfen und aufgelöst. Die Ätolier mußten 500 Talente zahlen, Geiseln stellen und die Majestät des römischen Volks anerkennen. Innere Uneinigkeit vollendete die Zerrüttung des Landes, das 146 zur römischen Provinz Achäa geschlagen wurde.

Atrebaten (Atrebātes), kelt. Volk in Belgien, zwischen Somme und Schelde, mit der Hauptstadt Nemetocenna (Arras); sie stellten im Kriege gegen Cäsar 15,000 Krieger und wurden nebst den Nerviern an der Sambre besiegt.

Atreus, Sohn des Pelops und der Hippodameia, tötete mit seinem Bruder Thyestes den Stiefbruder Chrysippos und floh vor dem Zorn des Vaters nach Mykenä, wo er gastlich aufgenommen wurde und nach dem Tode des Königs Eurystheus die Herrschaft erhielt. Als Thyestes seine Gattin verführte und vertrieben wurde, schickte dieser den Pleisthenes, A.' Sohn, den er heimlich als den seinigen erzogen, aus, um A. zu ermorden; doch tötete A. den eignen Sohn, ohne ihn zu erkennen. A. söhnte sich darauf zum Schein mit Thyestes aus, rief ihn nach Mykenä zurück und setzte ihm das Fleisch seiner geschlachteten Kinder zum Mahl vor. Pest und Dürre kamen zur Strafe für diesen Frevel über das Land; A. aber wurde von Thyestes' Sohn Ägisthos ermordet. Seine Söhne waren Agamemnon und Menelaos, die Atriden.

Attalos, Name mehrerer Könige von Pergamos: 1) A. I., geb. 269 v. Chr., folgte seinem Vetter Eumenes I. 241 in der Herrschaft und nahm nach einem Sieg über die Gallier bei Sardes 239 den Königstitel an. Da er trotz wiederholter Kämpfe mit den Königen von Syrien sein Reich nicht zu erweitern vermochte, so schloß er sich 211 den Römern an, wurde deswegen 203 von Philipp von Makedonien angegriffen und nahm am Krieg der Römer gegen Philipp besonders mit seiner Seemacht teil. Er starb 197 infolge eines Schlagflusses. A. war ein Freund der Künste und Wissenschaften, legte den Grund zur pergamenischen Bibliothek und stiftete nicht nur zur Verherrlichung seines Siegs über die Kelten vier große Gruppen auf der Akropolis in Athen, von denen noch mehrere lebensgroße Figuren in Paris, Rom und Neapel erhalten sind, sondern begann auch den Bau eines Altars mit großen den Kampf der Götter gegen die Giganten darstellenden Reliefs, den 1878 wiederentdeckten und jetzt in Berlin befindlichen pergamenischen Skulpturen.

2) A. II. Philadelphos, jüngerer Sohn des vorigen, geb. 210 v. Chr., wurde von seinem Bruder, König Eumenes II., nach Rom geschickt, um dort

das Interesse des pergamenischen Reichs zu vertreten, und folgte Eumenes nach dessen Tod 159. Er kämpfte gegen Prusias von Bithynien, begünstigte die Erhebung des Alexander Balas auf den syrischen Thron und unterstützte die Römer bei der Bekämpfung des falschen Philipp in Makedonien und des Achäischen Bundes in Griechenland. Auch er förderte Künste und Wissenschaften. Er starb 138.

3) A. III. Philometor, Sohn Eumenes' II., Neffe und Nachfolger des vorigen, verfiel bald in finstere Schwermut, überließ die Regierung seinen Räten und beschäftigte sich nur mit Gartenbau und Bildhauerkunst. Er starb 133 v. Chr. und vermachte in seinem Testament sein Reich und seine Schätze den Römern.

Attika (Attike, »Küstenland«, Attica), Landschaft Mittelgriechenlands, die Halbinsel, in welche dieses nach SO. ausläuft, grenzte im N. an Böotien, im W. an Megaris, im O. an das Ägäische Meer und den Euripos und umfaßte einen Flächeninhalt von 2200 qkm mit 500,000 Einw. in der Blütezeit des Landes. An der Nordgrenze erhoben sich die dicht bewaldeten, durch eine tiefe Einsattelung getrennten und etwa 1400 m hohen Bergrücken Kithäron (jetzt Elatea) und Parnes (jetzt Ozea). Sonst enthielt A. nur vereinzelte, nach S. hin an Höhe abnehmende, aus Marmor bestehende Berggruppen, den Brilettos oder Pentelikon (jetzt Mendeli, 1110 m), Hymettos (jetzt Trelovuni, 1027 m) und die silberhaltigen Laurischen Berge, welche in das Vorgebirge Sunion (jetzt Kap Kolonnäs) ausliefen. Diese Berggruppen waren schon im Altertum wegen Wasserarmut baumlos und nur mit aromatischen Kräutern bedeckt, die großen Schaf- und Ziegenherden sowie Bienen Nahrung gewährten; besonders der hymettische Honig war berühmt. Der größte Teil Attikas war flachhügelig, aber wasserarm und nur für Olivenkultur vorzüglich geeignet; der attische Wein war mittelmäßig. Fruchtbare Ebenen gab es nur an einigen kleinen Flußläufen, namentlich im W. Hier lag die Pedias, welche durch den schmalen

und niedrigen Rücken des Agaleos in zwei größere Ebenen geteilt wurde: die östliche von den Bächen Kephissos und Ilissos durchflossene, in der Athen lag, und die westliche zwischen dem Kithäron und dem Eleusinischen Golf mit dem eleusinischen Kephissos und der Stadt Eleusis. Aus der eleusinischen Ebene führte eine Straße nach dem N., nach Böotien durch die Engpässe des Kithäron, welche durch die kleine Festung Eleutherä verteidigt wurde. Aus der berathenischen Ebene gingen zwei Straßen nach N.: die eine über Acharnä am Fuß des Parnes, durch die Einsenkung zwischen diesem und dem Kithäron, beherrscht durch die Burg Phyle; die andre nach Oropos, um den Ostfuß des Parnes, durch den Demos Dekeleia. Die nördliche und östliche Abdachung Attikas zum Euböischen Meer, meist steiniges und unfruchtbares Gebiet, hieß Diakria; nur zwei kleine Ebenen, die von Marathon und die des Asopos mit dem den Böotiern entrissenen Oropos, lagen hier, zwischen den beiden Rhamnus an der Küste. Das Küstenland im südlichen Teil der Halbinsel ward Paralia genannt. Unter den zu A. gehörigen Inseln war die bedeutendste Salamis. Die Bodenerzeugnisse allein, so vortrefflich Oliven und Feigen waren, und so sorgfältig der Boden gepflegt wurde, konnten bie Bevölkerung nicht ernähren, zumal da sie immer mehr anwuchs. A. mußte daher bedeutende Mengen Getreide einführen, namentlich aus dem Pontosgebiet (jährlich gegen 500,000 hl). Dafür exportierte A. die Erzeugnisse seiner vielseitigen und hoch entwickelten Industrie nach fremden Ländern und wurde ein Mittelpunkt des Handels und Gewerbes. Das Land war in Demen, Gemeinden mit abgesonderten Gebieten, eingeteilt, deren es zuletzt 174 gab. Die ältesten Einwohner waren Pelasger, die sich mit den von Osten her eingewanderten Joniern und andern Fremdlingen verschmolzen. Die ursprünglichen zwölf Stadtgemeinden wurden darauf zu einem Staatswesen verschmolzen, dessen Hauptstadt Athen (s. b.) war, nach dem fortan der Staat genannt wurde, während der Name A. nun der Landschaft blieb und die Bezeichnung (»attisch«) für Sprache und Sitte abgab.

Aufidus (jetzt Ofanto), Hauptfluß Apuliens, entsprang im Gebiet der Hirpiner, floß in nordöstlicher Richtung an Canusium und Cannä vorbei und mündete bei Aufidenum in zwei Armen ins Adriatische Meer.

Augusta, Name mehrerer von römischen Kaisern angelegten oder nach ihnen benannten Städte. Die bemerkenswertesten sind: 1) A. Emerita, Hauptstadt von Lusitanien, am Anas, 23 v. Chr. von dem Legaten des Augustus, Publius Carisius, für die Veteranen der 5. und 10. Legion angelegt; jetzt Merida. — 2) A. Prætoria, Stadt der Salassier, im Duriathal in Oberitalien, von Augustus kolonisiert und befestigt; jetzt Aosta. — 3) A. Rauracorum, Hauptstadt der Rauraker, in Helvetien, von Munatius Plancus unter Augustus angelegt, im 5. Jahrh. zerstört; Ruinen beim Dorf Augst in der Nähe von Basel. — 4) A. Suessionum, früher Noviodunum, Hauptstadt der Suessionen, im nördlichen Gallien; jetzt Soissons. — 5) A. Taurinorum, früher Taurasia, Stadt der Tauriner, am Padus im cisalpinischen Gallien; jetzt Turin. — 6) A. Trevirorum, Hauptstadt der Trevirer, an der Mosel; jetzt Trier. — 7) A. Vindelicorum, Hauptstadt von Vindelicien oder Rætia secunda, am Licus, von Augustus 14 v. Chr. nach der Eroberung Rätiens durch Drusus angelegt; jetzt Augsburg.

Augustus (eigentlich zuerst Gajus Octavius, dann Gajus Julius Cäsar Octavianus), erster röm. Kaiser, geb. 23. Sept. 63 v. Chr., Sohn des G. Octavius, der als Statthalter von Makedonien 58 starb, und der Atia, der Tochter der Julia, einer jüngern Schwester Julius Cäsars, also Großneffe des großen Diktators, erhielt nach dem frühen Tod seines Vaters unter der Obhut seiner Großmutter Julia, dann seines Stiefvaters L. Marcius Philippus in Rom eine treffliche Erziehung und erwarb sich die Gunst Cäsars, der ihn, nachdem er 48 kaum die männliche Toga erhalten, zum Pontifex machte und, nachdem er ihn 45 mit nach

Spanien genommen, zum Haupterben einsetzte und adoptierte. Als Cäsar ermordet wurde, befand sich Octavius zu Apollonia in Epeiros, wo er dem Studium der Beredsamkeit oblag und sich mit den für den Partherkrieg zusammengezogenen Legionen bekannt machte. Auf die Kunde von Cäsars Tod begab er sich sofort nach Italien, nahm, als er hier seine Adoption erfuhr, den Namen Gajus Julius Cäsar Octavianus an und faßte, obwohl kaum 19 Jahre alt, den Plan, die Alleinherrschaft Roms als Erbschaft Cäsars zu erringen, welchen er auch mit klarer Überlegung und zähem, ausdauerndem Willen verfolgte. Von brennendem Ehrgeiz erfüllt, aber nüchternen, scharfen Verstandes, schlau und besonnen, scheute er vor keinem Mittel, auch Heuchelei und Grausamkeit, nicht zurück, wenn es seinem Zweck dienlich war; aber er schoß nie über sein nächstes Ziel hinaus und ließ sich nie durch Ungeduld oder Übermut zu einem falschen Schritt verleiten. So wußte er auch die größten Schwierigkeiten zu überwinden. Als Antonius seine Erbansprüche mit Hohn zurückwies, suchte er einen offenen Bruch mit diesem möglichst hinauszuschieben, zugleich aber durch Ausführung des Testaments Cäsars, namentlich der Schenkungen, auf Kosten seines Privatvermögens sich dem Volk und den Legionen als wahren Erben Cäsars vorzustellen und sich bei ihnen beliebt zu machen. Er gewann in kurzer Zeit fünf Legionen für sich. Dann erwarb er sich das Vertrauen der Senatspartei und besonders Ciceros, welche mit seiner Hülfe den verhaßten Antonius zu stürzen hofften. Er erhielt daher vom Senat den Auftrag, an der Spitze seiner Veteranen mit den Konsuln Hirtius und Pansa gegen Antonius, der Decimus Brutus in Mutina belagerte, zu ziehen, und entschied den Sieg von Mutina 43. Nach dem Tode der Konsuln erlangte er auch den Oberbefehl über deren Legionen, und als der Senat ihm den geforderten Triumph und das Konsulat verweigerte, zog er mit seinem Heer nach Rom, besetzte die Stadt, bemächtigte sich des Staatsschatzes und erzwang seine Wahl zum Konsul und die Achtung der Mörder Cäsars. Da er indes noch nicht mächtig genug war, um die Alleinherrſchaft an ſich zu reißen, ſo verſtändigte er ſich mit Antonius und Lepidus und ſchloß mit denſelben 43 das zweite Triumvirat, kraft deſſen die Triumvirn für fünf Jahre die höchſte Gewalt im Staat ſich aneigneten. Um die Senatspartei zu ſchwächen und einzuſchüchtern und Geld für den Krieg gegen Brutus und Caſſius zu gewinnen, wurden zahlreiche Proſkriptionen beſchloſſen, bei denen Octavianus auch Cicero dem Haß des Antonius opferte. An der Schlacht bei Philippi 42 nahm Octavianus einer Krankheit wegen nicht teil; ſein Flügel wurde zweimal von Brutus geſchlagen, Antonius allein errang den Sieg. Aber nach demſelben übernahm er die ſchwierige Aufgabe, die Verhältniſſe in Italien zu ordnen und die verſprochene Ackerverteilung an die Veteranen durchzuführen. Durch ſeine Umſicht und Klugheit löſte er dieſelbe und überwältigte auch im Peruſiniſchen Krieg Lucius Antonius, der im Verein mit Antonius' Gemahlin Fulvia ihn zu ſtürzen verſuchte. Mit Marcus Antonius verſtändigte er ſich 40 im Vertrag von Brundiſium und gab ihm ſeine Schweſter Octavia zur Gemahlin; bei der Teilung des Reichs erhielt er die weſtlichen Provinzen. Darauf beſeitigte er durch den Siciliſchen Krieg (38—36) Sertus Pompejus, der, im Beſitz der Inſeln Sicilien, Sardinien und Corſica und einer großen Flotte, Rom und Italien durch Abſchneidung der Zufuhr wiederholt in Not brachte; er ſammelte eine große Flotte, die ihr ſein treuer Feldherr Vipſanius Agrippa 36 Pompejus bei Mylä in Sicilien entſcheidend ſchlug und zur Flucht nach Aſien nötigte. Da Lepidus ſich bei der Bekämpfung des Pompejus zweideutig und unzuverläſſig gezeigt hatte, gewann Octavianus deſſen Legionen für ſich, nahm ihm ſeine Provinzen und die Würde eines Triumvirs und machte ihn durch die Ernennung zum Pontifex maximus unſchädlich. So erlangte er die ausſchließliche Herrſchaft über den Weſten des Reichs und erwarb ſich das Vertrauen des Volks, indem er in Italien die friedliche Ordnung wiederherſtellte und die Nordoſtgrenze durch glückliche Feldzüge

gegen die Illyrier und Dalmatier ſicherte, während Antonius durch ſein ſchwelgeriſches Leben im Orient, die Verſchenkung römiſcher Provinzen an Kleopatra und unglückliche Kriege alles Anſehen bei den Römern verlor. So konnte Octavianus 31 den Entſcheidungskampf mit ſeinem Nebenbuhler um die Alleinherrſchaft im Römiſchen Reich wagen. Der Senat erklärte Antonius der ihm übertragenen Macht für verluſtig und für einen Feind des Vaterlands und an Kleopatra den Krieg, und unter der geſchickten Leitung des Agrippa errang Octavianus' Flotte 2. Sept. 31 den Sieg bei Actium, der über die Weltherrſchaft zu ſeinen Gunſten entſchied. Als er nach dem Tode des Antonius und der Kleopatra Ägypten für ſich perſönlich in Beſitz genommen, kehrte er im Monat Sertilis (ſeitdem »Auguſt«) des Jahrs 29 nach Rom zurück, wo er einen glänzenden Triumph feierte und das Volk durch reiche Geſchenke und großartige Feſtlichkeiten erfreute. Darauf ſchloß er den Janustempel. Der Senat übertrug ihm, nachdem er alle ſeine Verfügungen beſtätigt, den bleibenden Titel Imperator und die cenſoriſche Gewalt, welche er dazu benutzte, den Senat von allen oppoſitionellen und unwürdigen Elementen zu ſäubern und die Mitgliederzahl auf 600 zu vermindern. In richtiger Erkenntnis, daß Rom weder völlige Freiheit noch gänzliche Knechtſchaft ertragen könne, herrſchte er mild und gerecht, vermied den äußern Prunk und die Einrichtungen einer Monarchie und ließ die republikaniſche Staatsform unberührt, ſteigerte aber allmählich ſeine Amtsgewalt, indem er, des Senats und Volks gewiß, wiederholt ins Privatleben zurücktreten zu wollen erklärte und nur durch Bitten und durch Übertragung neuer Ämter und Rechte ſich bewegen ließ, die Herrſchaft weiter zu führen. So erhielt er 17. Jan. 27 auf Antrag des Munatius Plancus vom Senat den Ehrennamen A., »der Ehrfurchtswürdige«, welchen er fortan führte, und der auf ſeine Nachfolger überging. 23 wurde ihm die tribuniciſche Gewalt mit dem Rechte der Unverletzlichkeit, 19 die Oberaufſicht über die Sitten (præfectura

morum) ſowie die konſulariſche und die
geſetzgebende Gewalt und 12 nach Lepi=
dus' Tode die Würde des Pontifex maxi=
mus mit der Befugnis, die Prieſterkolle=
gien zu ernennen, übertragen. Auch wur=
den die Provinzen zwiſchen dem Senat
und ihm derart geteilt, daß er alle Grenz=
provinzen, in denen der Friede nicht ge=
ſichert war, und damit den Oberbefehl über
die geſamte Kriegsmacht erhielt. Dieſe
wurde anſehnlich vermehrt und trefflich
reorganiſiert. In Rom bildete er ſich eine
Leibwache von 10 Kohorten, meiſt Barba=
ren (die ſpätern Prätorianer). Die
Einkünfte der kaiſerlichen Provinzen floſſen
in einen beſondern Schatz, den Fiskus.
Alles Herrſchergepränge vermied A.,
vielmehr lebte er mit der Einfachheit eines
Privatmanns. Vor Gericht erſchien er
als Zeuge oder Patron wie ein andrer
Bürger, ſtimmte in den Komitien mit
und ging bei Wahlen mit ſeinen Kandi=
daten herum, um Stimmen bittend. Doch
wurden zu Magiſtraten nur die Männer
erwählt, welche ihm genehm und unbe=
dingt ergeben waren. Seine vertrauteſten
Ratgeber waren Agrippa u. Mäcenas.
Außerdem ſtand ihm ein aus 20 Senato=
ren gebildeter Geheimer Rat zur Seite.
Der Staatsverwaltung widmete ſich A.
mit unermüdlicher Thätigkeit. Durch be=
ſondere Geſetze ſuchte er die frühere ein=
fache Sittlichkeit und Religioſität wieder=
herzuſtellen und namentlich die Heilig=
haltung der Ehe zu fördern. Er begün=
ſtigte Künſte und Wiſſenſchaften, ließ
Rom mit prächtigen Bauten ſchmücken
und zog Dichter und Schriftſteller an ſei=
nen Hof, die ihn dankbar feierten; auch
verſuchte er ſich ſelbſt in Schriftſtellerei.
Nach den furchtbaren Leiden der Bürger=
kriege empfand der größte Teil der Rö=
mer die Ruhe und den ungeſtörten innern
Frieden unter A. als eine Wohlthat und
als einen Segen. Für die Provinzen
wurde durch A. viel beſſer geſorgt als in
der republikaniſchen Zeit und den Erpreſ=
ſungen und Räubereien durch Ernennung
von Statthaltern mit längerer Amtsdauer
und feſtem Einkommen ein Ende gemacht.
Kriege führte A. nur zum Schutz der
Reichsgrenzen. In Hiſpanien beſiegte er

25 die Aſturer und Kantabrer, deren Un=
terwerfung Agrippa 19 vollendete. Durch
einen Feldzug gegen die Parther erlangte
er die Rückgabe der 53 von Craſſus ver=
lornen Feldzeichen und Gefangenen. Seit
15 begannen ſeine Stiefſöhne Druſus und
Tiberius die Eroberung des Alpengebiets
und Germaniens, doch wurde ein großer
Teil der errungenen Erfolge durch die Nie=
derlage der drei Legionen unter Quincti=
lius Varus im Teutoburger Wald 9 v. Chr.
wieder vernichtet. Dieſer Verluſt beugte
A. ſehr, noch mehr die widerwärtigen
Schickſale in ſeiner Familie, beſonders die
Ausſchweifungen ſeiner einzigen Tochter
Julia. Dieſe verbitterten ihm das häus=
liche Leben, das er ſonſt ſo ſehr liebte.
Denn ſein Herz war für heitere Gemüt=
lichkeit empfänglich, oft unterrichtete er
ſeine Enkel ſelbſt. Auch war er ein nach=
ſichtiger und beſtändiger Freund und un=
befangen=vertraulich im Geſpräch. Er
war dreimal vermählt; ſeine erſte Gattin
war Clodia, die Tochter des berüchtigten
Clodius und der Fulvia, die zweite Scri=
bonia, welche ihm Julia, ſein einziges
Kind, gebar, welche er aber nach deren Ge=
burt verſtieß, die dritte Livia, welche er
ihrem erſten Gemahl, Tiberius Nero, ent=
führte, und welche ihm Tiberius und
Druſus als Stiefſöhne zubrachte. Julia
war zuerſt mit Marcellus, ſodann mit
Agrippa vermählt und hatte aus letzterer
Ehe zwei Söhne, Gajus u. Lucius, die aber
2 und 4 n. Chr. ſtarben. Da Druſus ſchon
9 v. Chr. geſtorben war, ſo blieb bloß Tibe=
rius als Erbe übrig, den A. adoptierte und
zum Mitregenten annahm. Der Kaiſer
ſtarb auf einer Reiſe in Kampanien 19.
Aug. 14 n. Chr. im 76. Lebensjahr nach
44jähriger Regierung. Sein Äußeres
war angenehm und gewinnend, ſeine Ge=
ſtalt nicht groß, aber wohlproportioniert;
das klare, große Auge zeugte von ſeinem
Verſtand und ſeiner milden Geſinnung.
Die Thaten ſeiner Regierung ſind aufge=
zeichnet im Monumentum Ancyranum
(ſ. Ankyra). Die beſte erhaltene Statue
iſt die 1863 gefundene Marmorſtatue im
Vatikan, die ihn als Imperator darſtellt.
Vgl. Beulé, A., ſeine Familie und ſeine
Freunde (deutſch, Halle 1873).

Aulerker (Aulerci), großes Volk der Gallier, in Gallia Lugdunensis zwischen der untern Seine und Loire wohnend, zerfiel in die drei Stämme der Eburoviker, Cenomanen (s. b.) und Diablinter.

Aulis, Hafenstadt in Böotien, am Euripos, zu Tanagra gehörig, wo sich die Flotte der Griechen sammelte, um nach Troja zu fahren.

Aurelianus, Lucius Domitius, röm. Kaiser 270—275 n. Chr., geb. 211 zu Sirmium in Pannonien; von niedriger Herkunft, aber von einem Senator Ulpius Crinitus adoptiert, schwang er sich im Kriegsdienst durch seine Tapferkeit zu höhern Stellungen empor und ward, von Kaiser Claudius empfohlen, nach dessen Tod von den Legionen an der Donau 17. Okt. 270 zum Kaiser ausgerufen. Rauh, aber tüchtig und thatkräftig, wußte er durch Tapferkeit, Energie und heilsame Strenge den Verfall des Reichs einige Zeit aufzuhalten. Zuerst hatte er mit germanischen Völkern an der Donau und in Oberitalien zu kämpfen; nach deren Zurückdrängung und nach der blutigen Unterdrückung einer Verschwörung umgab er Rom mit einer neuen, der »Aurelianischen« Stadtmauer, die zehn Hügel umfaßte. Dann wandte er sich nach dem Orient, wo die Königin Zenobia herrschte, die Syrien, Ägypten und den größten Teil Kleinasiens an sich gerissen hatte. Er besiegte dieselbe 272 bei Emesa, belagerte Palmyra und nahm Zenobia auf der Flucht gefangen; die Stadt Palmyra ward erobert und nach einem Empörungsversuch zerstört. Nachdem A. Ägypten wieder unterworfen, unterdrückte er 274 durch den Sieg bei Châlons den Aufstand des Gegenkaisers Tetricus in Gallien und hielt einen glänzenden Triumph in Rom. Er stellte darauf die Kriegszucht im Heer her und züchtigte mehrere Rebellionen mit blutiger Härte, erwarb sich aber durch die Wiederherstellung der innern Ordnung den Namen eines Restitutor imperii (Wiederhersteller des Reichs). Mitten unter großen Rüstungen für einen Krieg gegen die Perser ward er in Känophrusion bei Byzanz auf Anstiften seines Geheimschreibers Mnestheus, welcher wegen eines entdeckten Betrugs Strafe fürchtete, im März 275 ermordet.

Aurelius Victor, röm. Geschichtschreiber, s. Victor.

Aurunker (Aurunci, von den Griechen Ausones genannt), kleines ital. Volk oskischen Stammes, welches, der unabhängig gebliebene Rest eines größern, vor der samnitischen Eroberung auch Kampanien besitzenden Volks, das untere Liristhal im östlichsten Latium bewohnte, ein durch üppige Vegetation und Naturschönheit ausgezeichnetes Gebiet mit den Städten Minturnä, Sinuessa, Fundi, Cajeta, Suessa Aurunca und Formiä.

Ausculum, s. Asculum.

Ausöner (Ausönes), griech. Name der Aurunker, dann auch Gesamtname der Völker Mittel- und Unteritaliens in der Urzeit; daher Ausonia, s. v. w. Italien.

Avaricum (jetzt Bourges), s. Bituriger.

Aventinischer Hügel (Mons Aventinus), einer der sieben Hügel des alten Rom, im südwestlichsten Teil der Stadt, am linken Ufer des Tiber gelegen, vom Palatinus durch den Circus Maximus getrennt, auf welchem unter den Königen die Bevölkerung der eroberten sabinischen und latinischen Städte, aus der die Plebs hervorging, angesiedelt wurde; deswegen setzten sich die Plebejer in den spätern Streitigkeiten mit den Patriciern vorzugsweise auf dem Aventinus fest.

Aveyron (spr. awäróng, Veronius), s. Garumna.

Axios (jetzt Barbar), Hauptfluß Makedoniens, entsprang auf dem Skarbos, durchfloß ganz Makedonien in südöstlicher Richtung und mündete zwischen Pella und Thessalonike in den Thermäischen Meerbusen.

B.

Baalbek, s. Heliopolis.

Babègan, s. Artaxerxes 4).

Babylon (Bāb = ilu, »Thor Got=
tes«), Hauptstadt Babyloniens, war
jünger als die akkadischen Städte des süd=
lichen Landesteils und erst etwa seit dem
16. Jahrh. Residenz der einheimischen
semitischen Dynastie, welche die Herrschaft
der Elamiten gestürzt hatte. Auch die
assyrischen Unterkönige, welche die assy=
rischen Eroberer während deren wieder=
holter, aber vorübergehender Herrschaft
über Babylonien einsetzten, residierten in
B. Diese ältere Stadt, welche auf dem
rechten westlichen Ufer des Euphrat lag,
ward nach wiederholtem Aufstand durch
den König Sanherib von Assyrien 683
v. Chr. fast gänzlich zerstört, so daß keine
überreste derselben mehr erhalten sind.
Nach Wiederherstellung der Unabhängig=
keit und Macht des Reichs durch Nabo=
polassar und Nebukadnezar ward auch
B. wiederaufgebaut und zwar in solcher
Größe und in solchem Glanz, daß es als
Residenz der babylonischen Könige und
als Winterresidenz der persischen Herr=
scher bis nach Alexanders d. Gr. Erobe=
rung drei Jahrhunderte lang durch Volks=
zahl, Reichtum und Pracht seiner Bau=
werke die erste Stadt Asiens war. Eine
ungeheure Ringmauer von 480 Stadien
(88 km) Länge mit 100 Thoren umgab
nach Herodot die im regelmäßigen Viereck
angelegte, von geradlinigen Straßen durch=
schnittene Stadt, welche vom Euphrat
durchflossen wurde; auch an den Ufern
des Flusses liefen Mauern hin. Die aus
Backsteinen und Asphaltmörtel errichtete
Mauer war 50 Ellen breit und 200 Ellen
hoch. Eine feste Brücke mit steinernen
Pfeilern verband die beiden Hälften der
Stadt, deren Flächenraum, 490 qkm,
teilweise Gärten und Ackerfelder um=
faßte. Auf der Ostseite lag auf einer durch
Kanäle gebildeten Insel am Euphrat, von
einer besondern dreifachen Mauer um=
geben, der großartige, 4 km im Umfang
haltende Königspalast, der mit Reliefs
und Statuen reich geschmückt war, und
an den sich die sogen. »hängenden Gärten«,

ungeheure Terrassen mit künstlichen Gar=
tenanlagen, schlossen. Von diesem Palast
sind ansehnliche Trümmer erhalten, welche
die Araber El Kasr (die Burg) nannten.
Nördlich vom Palast lag der kolossale turm=
artige Tempel des Bel=Merobach
(bei den Griechen Tempel des Belos), wel=
cher von einer 200 m im Quadrat halten=
den Grundfläche in sieben Terrassen zu
200 m Höhe sich erhob; der noch 40 m
hohe Rest heißt jetzt Bābil. Die Stadt
soll damals 2 Mill. Einw. gehabt ha=
ben. Bei der ersten Eroberung durch
Kyros 538 v. Chr. wurde die Stadt ge=
schont. Nach der zweiten Einnahme 518
durch Dareios wurden Mauern und Thore
niedergerissen, viele Einwohner getötet
oder hinweggeführt. Xerxes raubte aus
dem Tempel des Bel die goldne Statue
des Gottes und beschädigte das Gebäude
selbst, das seitdem verfiel. Alexander d. Gr.
wollte es wiederherstellen und B. zur
Hauptstadt seines Weltreichs erheben, aber
als er daselbst im Palast des Nebukadnezar
gestorben, verlor B. unter der Herrschaft
der Seleukiden durch die Erbauung der
neuen Hauptstadt Seleukeia am Tigris
alle Bedeutung und war schon im 2. Jahrh.
n. Chr. eine menschenleere Ruine. Vgl.
Rich, Memoirs on the ruins of B. (4.
Aufl., Lond. 1839); Layard, Discoveries in the ruins of Niniveh and B.
(deutsch, Leipz. 1856); Wattenbach,
Ninive und B. (Heidelb. 1868).

Babylónien (Chaldäa), das frucht=
bare Tiefland zwischen dem untern Eu=
phrat und Tigris, südöstlich bis zum Per=
sischen Meerbusen reichend, im NW. von
Mesopotamien durch die Medische Mauer
getrennt, im W. von der syrisch=arabischen
Wüste, im O. von Elam (Susiane) be=
grenzt. Durch Dämme und Kanäle war
das Wasser der Ströme, welche im Som=
mer über ihre Ufer treten, über das Land
verteilt und durch diese künstliche Be=
wässerung (an Regen fehlt es gänzlich)
die Fruchtbarkeit des fetten Bodens so ge=
steigert, daß das Getreide, Weizen und
Hirse, nach den Berichten der Alten zwei=
bis dreihundertfältige Frucht trug. Außer=

bem gebiehen Seſam unb Dattelpalme. An Holz unb Steinen war bas Land arm; als Baumaterial gebrauchte man Ziegel aus ber fetten Thonerbe unb als Mörtel ben Aſphalt, ber in reichlicher Menge bem Boben entquoll. Bei feiner günſtigen Lage am Perſiſchen Meerbuſen unb an zwei ſchiffbaren Strömen, ber Üppigkeit feiner Vegetation unb ber Bequemlichkeit ber Anlage von Bauten entwickelte ſich in B. ſchon in früheſter Zeit eine höhere Kultur unb entſtanben mächtige Reiche. Doch iſt die älteſte Geſchichte bes Landes bei bem Mangel von Bauüberreſten unb größern Inſchriften (bie Bauziegel zeigen nur wenig mehr als ben Namensſtempel ber Könige) noch in Dunkel gehüllt. Nach Beroſos, ber um 280 v. Chr. eine Geſchichte Babyloniens in griechiſcher Sprache ſchrieb, von ber uns wenige Bruchſtücke erhalten find, erhielten die Babylonier die Anfänge ihrer Kultur durch Oannes, einen Fiſchmenſchen, ber bem Perſiſchen Meerbuſen entſtieg unb ben Menſchen die Sprache unb bas Wiſſen, die Künſte unb die Schrift, ben Acfer-bau u. a. lehrte. Zehn Könige, beren erſter Aloros, ber letzte Xiſuthros hieß, herrſch-ten barauf 432,000 Jahre, bis Bel die Menſchen burch eine große Flut vernich-tete unb bloß Xiſuthros mit feiner Fa-milie ſich auf Befehl bes Gottes in einem großen Fahrzeug rettete, bas auf ben gor-byäiſchen Bergen ſich feſtſetzte. Nach ber Flut regierten zahlreiche Könige aus ver-ſchiebenen Dynaſtien, einer mediſchen, chalbäiſchen, arabiſchen, aſſyriſchen, 36,000 Jahre bis auf Nabopolaſſar. Doch ergeben die neu entbeckten Inſchriften, baß die älteſten Einwohner bes Landes nicht die Semiten, ſondern bie Akkabier (Sume-rier) waren, nach benen bas Land auch bis in bas 7. Jahrh. Sumi unb Akkab genannt wurde. Ein akkabiſcher Stamm waren bie Chalbäer, nach benen ber Sü-ben befonbers Chalbäa hieß. Von Sü-ben her wanberten barauf Semiten ein, welche ben Ureinwohnern die Grundlagen ber Geſittung u. die Keilſchrift entlehnten, die alte turaniſche Bevölkerung allmählich unb langfam aufzehrten unb ein entſchie-ben femitiſches Staatsweſen ausbilbeten. Älteſte Herrſchaftsſitze waren Uru, rechts

vom untern Euphrat (Ur-Kasbim, Stabt ber Chalbäer, jetzt Mugheir), Uruku ober Erek (Warka), Larfak (Senkereh) unb Nipur (Niffer). Doch hatte in biefer frühe-ſten Zeit bas Reich Elam bas Übergewicht, unb B. ſtanb mehrere Jahrhunderte unter ber Herrſchaft von elamitiſchen Königen, bis zu Anfang bes 2. Jahrtauſenbs v. Chr. norbbabyloniſche Fürſten bie elamitiſchen Könige vertrieben unb bem Semitismus zur Herrſchaft verhalfen, worauf auch ber Name ihrer Hauptſtabt Babylon auf bas Land übertragen wurde. Als Könige von Babylon werden Sarrukin, Hammu-rabi, Merobach Balaban u. Nebu-kabnezar genannt. Das felbſtänbige ba-byloniſche Reich erſtreckte ſich auch über einen Teil Mefopotamiens unb Affyriens, bis biefes um 1500 ſich felbſtänbig machte unb im 9. Jahrh. bas Übergewicht er-langte, ja um 700 B. ſich auf 70—80 Jahre gänzlich unterwarf.

In ber Zeit feiner Selbſtänbigkeit, von 1900—700, war B. burch feine Macht, feine Wiſſenſchaft unb feine Kunſtfertig-keit ber erſte Staat Vorberaſiens. Als höchſten Gott verehrten die Babylonier ben El, bann Anu, Bel unb Hja (ben Herrn ber Erbe), Sin (Monb), Samas (Sonne) unb Bin, ferner die Götter ber fünf Planeten: Abar (Saturn), Me-robach (Jupiter), Nergal (Mars), Iftar (Venus) unb Nebo (Merkur). Weib-liche Gottheiten waren Bilit (Mylitta), die Göttin ber Fruchtbarkeit, ber Zeugung unb Geburt, unb Iftar (Aftarte), die Göttin bes Kriegs, bes Verberbens unb ber Zerſtörung. Die Bahnen ber Him-melskörper verfolgten die Babylonier mit großer Aufmerkfamkeit unb ſchrieben ihnen, ben Planeten fowohl wie ben Fir-ſternen, einen herrſchenben Einfluß auf bas menſchliche Leben zu. Aus bem Stanbe ber Sterne unb ber Sternbilber lafen fie die Zukunft. Die aftronomiſchen Kennt-niſſe ber babyloniſchen Prieſterſchaft waren fehr bebeutenb. Sie fetzten die Maße ber Sonne unb bes Sonnenlaufs, ber Zeit unb bes Raums miteinanber in Be-ziehung. Die Palaſt- unb Tempelbau-ten waren zwar aus Backfteinen errichtet unb beshalb gebrechlich unb wiberſtanbsunfähig gegen zerstörende Gewalt und die Einflüsse der Zeit, aber ihre Trümmer zeugen von ihrer gewaltigen Größe und von ihrer Ausschmückung durch Skulpturen. Berühmt war im Altertum besonders der turmartige Tempel des Bel in Babylon. Die Erzeugnisse des babylonischen Kunstfleißes, Teppiche, bunt gewirkte Gewänder, Töpfer- und Glaswaren, Schmucksachen in Gold und Edelsteinen, Salben, wurden hochgeschätzt und weithin verkauft. Ihr ausgedehnter Handel verbreitete die babylonischen Maße und Gewichte nach dem Westen zu den abendländischen Völkern.

Gegen Ende des 7. Jahrh. v. Chr. machte sich der von Assyrien eingesetzte Unterkönig von B., Nabopolassar, unabhängig und verbündete sich mit Kyarares von Medien zum Sturz des assyrischen Reichs. Nach der Eroberung Ninives 606 erhielt B. die Herrschaft über Mesopotamien und Syrien. Die Eroberung des letztern vollendete Nabopolassars Sohn Nebukabnezar (604—561), der schon bei seines Vaters Lebzeiten 605 den ägyptischen König Necho, der in Syrien eingefallen war, durch den Sieg bei Karchemis daraus vertrieben hatte. Nebukadnezar unterjochte die nördlichen arabischen Stämme, machte 586 mit der Zerstörung Jerusalems dem Reiche Juda ein Ende und eroberte 573 auch die letzte noch unabhängige phönikische Stadt, Tyros. Er stellte das Kanalsystem in B. wieder her und erweiterte es und vergrößerte Babylon und Borsippa (Birs Nimrud) durch kolossale Prachtbauten. Auch umgab er die erstere Stadt mit einer großartigen Befestigung und erbaute die Medische Mauer. Aber nach seinem Tod verfiel das Reich sehr rasch. Seine Nachfolger ergaben sich bloß dem trägen Genuß der Herrschaft, statt sie zu befestigen und zu erweitern. Nebukadnezars Sohn Evilmerodach ward nach zweijähriger Herrschaft 559 von Neriglissar ermordet. Noch ein andrer König, Laborsoarchab, wurde durch eine Verschwörung der Verwandten und Hofbeamten gestürzt, welche 555 Nabonetos auf den Thron erhoben. Unter dessen Herrschaft griff der Perserkönig Kyros 538 B. an, besiegte das babylonische Heer vor den Mauern der Hauptstadt und drang während eines Festes bei Nacht durch das trocken gelegte Flußbett des Euphrat in die Stadt ein, wobei Nabonetos das Leben verlor. B. bildete fortan eine Satrapie des Perserreichs, welche jährlich 1000 Talente Tribut zahlte, so blühend war der Wohlstand des Landes. Während der Empörung des Pseudo-Smerdis erhob sich auch Babylon und konnte erst nach 18monatlicher Belagerung 518 von Dareios I. wiedererobert werden, der die Babylonier für ihren Abfall grausam bestrafte. Das Land teilte fortan die Geschicke des Perserreichs, gehörte von 321 ab zum Reich der Seleukiden und ward 140 v. Chr. von den Parthern erobert, denen es die Römer nur vorübergehend entrissen. Vgl. Oppert, Histoire des empires de Chaldée et d'Assyrie d'après les monuments (Versailles 1865); Lenormant, Manuel d'histoire ancienne de l'Orient (Par. 1869, 3 Bde.).

Babylonische Gefangenschaft (Babylonisches Exil), der Aufenthalt der Juden in Babylonien nach Vernichtung ihres Reichs durch Nebukadnezar 586 v. Chr. und ihrer gewaltsamen Wegführung aus ihrer Heimat, nachdem schon 597 ein Teil des Volks (10,000 Mann) nach Babylonien verpflanzt worden war. Nach der Zerstörung des babylonischen Reichs 538 erlaubte Kyros den Juden die Rückkehr nach Palästina, und 536 führte Serubabel 42,000 Juden, 457 Esra eine zweite Schar nach Judäa, während ein Teil der Juden in Babylonien blieb.

Bäcula, Stadt in Hispania Bætica, nördlich vom Bätis, bekannt durch die Siege des Publius Cornelius Scipio über die Karthager im zweiten Punischen Krieg 209 und 207 v. Chr.; wahrscheinlich jetzt Baylen.

Bagauden (Bagaudæ), gall. Bauern, die, durch den Druck der römischen Verwaltung gereizt, sich unter Kaiser Diocletianus empörten. Nur mit Mühe wurde der Aufstand vom Cäsar Maximianus 285 v. Chr. auf einige Zeit gedämpft, doch nicht gänzlich unterdrückt. Er verbreitete sich vielmehr später auch über Italien und

Spanien und brach während des 4. und noch im 5. Jahrh. wiederholt in gefahrdrohender Weiſe aus.

Bagiſtäne (Bâghaſtâna, »Götterort«), ein quellenreiches Thal in Medien, an der von Ekbatana durch das Zagrosgebirge nach Babylon führenden Straße, bemerkenswert durch die wohlerhaltenen Skulpturen und Inſchriften, welche der perſiſche König Dareios I. auf einer weißen Marmorfelswand 100 m über der Ebene anbringen ließ, um ſeine Thronbeſteigung und die Unterdrückung der Empörungen des Gaumata und andrer Könige zu verherrlichen. Das Relief ſtellt Dareios dar, von Ahuramasda beſchützt, vor ihm die unterworfenen Könige; die Inſchriften in Keilzeichen und drei Sprachen ſchildern die Thaten des Königs. Schon Kteſias ſchrieb das Werk der fabelhaften Königin Semiramis zu.

Bajä (Baiæ), Stadt in Kampanien, zwiſchen Miſenum und Puteoli am Golf von B. gelegen, mit einem trefflichen, von Auguſtus angelegten Hafen. Die herrliche Lage des Orts, das milde Klima, natürliche Schwefeldampfbäder, endlich die intereſſanten Punkte der Umgebung, wie der Avernerſee, die Grotte der Sibylle, Cumä u. a., luden die vornehmen Römer zur Anſiedelung ein und erhoben B. zu einem der belebteſten, eleganteſten, aber auch zügellos-üppigen Bade- und Vergnügungsorte der römiſchen Welt. Zahlreiche kaiſerliche Paläſte, Tempel und Villen wurden errichtet und nahmen faſt die ganze Küſte des Golfs ein. Hier ſchloſſen Pompejus, Cäſar und Craſſus das erſte Triumvirat und ließ Nero ſeine Mutter Agrippina ermorden. Jetzt iſt die Küſte verödet, nur wenige Ruinen der alten Pracht erhalten.

Bakchiaden, Herrſchergeſchlecht in Korinth, welches ſeinen Urſprung von dem Herakliden Aletes herleitete und nach dem fünften König von Korinth nach Aletes, Bakchis, benannt wurde. Sie herrſchten als Könige 150 Jahre über Korinth und brachten durch ihre weiſe Fürſorge den Handel und die Seeherrſchaft der Stadt zu hoher Blüte. Nachdem um die Mitte des 8. Jahrh. v. Chr. mit Teleſtes der

letzte König geſtürzt war, herrſchten die 200 Familien, welche ſich von Bakchis herleiteten, als Oligarchie, machten ſich aber durch ihren engherzigen Hochmut und ihre Selbſtſucht beim Volk ſo verhaßt, daß ſie mit Hülfe desſelben von Kypſelos, deſſen Mutter Labba einem bakchiadiſchen Geſchlecht angehörte, geſtürzt und aus Korinth vertrieben wurden (658).

Baktra (Zariaspa, jetzt Balch), Hauptſtadt von Baktrien (ſ. b.).

Baktrien (Baktriâna), eine Landſchaft in Centralaſien, die überaus fruchtbare Thalebene des Oxos, welche im S. vom Paropamiſos, im O. vom indiſchen Kaukaſos (Hindukuſch) und im N. durch die weſtlichen Ausläufer des indiſchen Imaos (Thianſchan), der Grenze gegen Sogdiana, eingeſchloſſen wird. Die Hauptſtadt war Zariaspa ob. Baktra (Balch). B. war die größte, ergiebigſte und volkreichſte der oſtiraniſchen Landſchaften und Wohnſitz eines mächtigen ariſchen (indogermaniſchen) Volks, welches in älteſter Zeit unter der Dynaſtie der Kâvja ein großes Reich bildete, und unter dem 1000 v. Chr. Zarathuſtra die Zendreligion ſtiftete. Schon 600 kam es unter die Herrſchaft der Meder und bildete ſeit Kyros eine Provinz des Perſerreichs, genoß aber unter ihren Satrapen, meiſt königlichen Prinzen, eine gewiſſe Selbſtändigkeit und machte wiederholt Verſuche, ſeine Unabhängigkeit wiederzugewinnen, wie ja noch Beſſos nach dem Sturz des Perſerreichs ſich zum unabhängigen König von B. machen wollte. Nachdem Alexander d. Gr. jedoch das Land unterworfen hatte, fiel es bei der Teilung ſeines Weltreichs an die Seleukiden. 256 entzog ſich der Statthalter Diodotos der ſyriſchen Herrſchaft und gründete ein beſonderes griechiſch-baktriſches Reich, welches unter Eukratidas (um 180) ſich über das öſtliche Iran und das nördliche Indien erſtreckte, aber ſchon 165 den Angriffen des turaniſchen Stammes der Saken erlag, deren Herrſchaft bis zum 4. Jahrh. n. Chr. dauerte.

Balbinus, Decius Cälius, röm. Kaiſer, ein Mann von edler Abkunft, reich, hochgebildet und friedlich geſinnt, warb, nachdem er zweimal Konsul und Statthalter gewesen, 238 v. Chr. vom Senat nebst Maximus Pupienus gegen Maximinus Thrax als Gegenkaiser aufgestellt. Beide regierten, nachdem Maximinus ermordet worden, einige Monate friedlich, wurden aber von den übermütigen Prätorianern bei den kapitolinischen Spielen überfallen und erschlagen.

Balch, s. Baktra.

Balearische Inseln (Baleārides, bei den Griechen Gymnesiæ), eine hauptsächlich aus zwei Inseln bestehende Gruppe an der Ostküste Spaniens im Mittelmeer. Die größere Insel warb als major (Majorca), die kleinere als minor (Minorca) unterschieden. Die Einwohner (Balearen) waren ein rohes Volk, welches von Viehzucht lebte und im Gebrauch der Schleuder sehr geschickt war, weswegen sie von den Karthagern als Schleuderer in Sold genommen wurden. Diese besetzten die Insel in ziemlich früher Zeit und gründeten auf der kleinern Insel die Städte Jamo (Ciubadela) und Mago (Mahon). Die Römer eroberten die Inseln, welche Schlupfwinkel der Seeräuber geworden waren, 123 v. Chr. unter Quintus Cäcilius Metellus »Balearicus« und legten mit latinisierten Südspaniern die Städte Palma und Pollentia auf der größern Insel an.

Balkan, s. Hämos.

Barbija, s. Smerdis.

Barsip, s. Borsippa.

Bassä, Waldthal im südwestlichen Arkadien, in dem die Stadt Phigalia (s. b.) mit dem berühmten Apollontempel lag.

Bastarner (Basterner, Bastarnæ), mächtiges, kriegerisches Volk, nach Tacitus german. Stammes, während ältere griechische Berichte es zu den Kelten rechneten, wohnte zuerst nördlich von den Karpathen, drang aber sodann bis zur Küste des Schwarzen Meers zwischen Borysthenes (Dnjepr) und Thyras (Dnjestr) und bis zur untern Donau vor und kam früh mit den Griechen und Römern in Berührung. Philipp III. von Makedonien knüpfte 182 v. Chr. mit ihnen Verhandlungen an, um ihre Hülfe für den Krieg mit den Römern zu gewinnen. Als sein Sohn Perseus denselben begann, brachen auch 70,000 B. nach dem Süden auf und vereinigten sich mit dem makedonischen Heer, kehrten aber wieder um, als ihnen Perseus den verlangten Sold verweigerte. Dann standen sie auf seiten des Mithridates gegen die Römer. 30 v. Chr. wurden sie von M. Crassus besiegt und aus Thrakien über die Donau zurückgetrieben. Später kämpften sie mit den Markomannen gegen Marcus Aurelius und unternahmen mit den Goten mehrere Raubzüge in das römische Gebiet. Seit dem 3. Jahrh. verschwand ihr Name unter dem der Goten. Ein Zweig des Bastarnervolks waren die Peukiner auf der Insel Peuke an der Mündung der Donau.

Bataver (Batāvi), german. Volk, welches im belgischen Gallien im Delta und Mündungsgebiet des Rheins auf der batavischen Insel (Insula Batavorum, jetzt Betuwe) wohnte; die Kaninefaten nördlich zwischen dem Meer und dem Flevosee (Zuidersee) waren ein Stamm der B. Diese, wahrscheinlich den Katten nahe verwandt, wurden unter Augustus Bundesgenossen der Römer und leisteten ihnen als gewandte Schiffer und treffliche Reiter bei den germanischen Feldzügen vorzügliche Dienste. Ihr Gebiet wurde zur römischen Provinz Germania inferior gerechnet und war von römischen Heerstraßen durchzogen und mit römischen und gallischen Städten besetzt, wie Batavodurum (Durstede), Lugdunum (Leiden), Noviomagus (Nimwegen), Albiniana (Alphen) und Trajectum (Utrecht). Allmählich wurde ihnen das drückende Joch der Fremdherrschaft lästig, sie empörten sich 69 n. Chr. unter Civilis (s. b.), wurden zwar 70 durch Cerealis wieder unterworfen, behielten aber ihre Steuerfreiheit und andre Vorrechte.

Bätika (Baetīca), Provinz des röm. Reichs in Spanien, durch die Teilung der frühern Provinz Hispania ulterior in B. und Lusitania unter Augustus gebildet, umfaßte das im N. vom Mons Mariorum (Sierra Morena) und Anas (Guabiana), im S. von der Jlipula (Sierra Nevada) eingeschlossene Gebiet des Bätis und seines Nebenflusses Singulis (Jenil), also die jetzigen Provinzen Andalusien und Granada. Es war ein sehr fruchtbares Land und daher sehr stark bevölkert; es soll nach Strabon 250 Städte gehabt haben. Seine Produkte, Getreide, Wein, Öl, Honig, Wachs, feine Wolle, gesalzene und geräucherte Fische, wurden in großer Menge besonders nach Rom ausgeführt. Hauptstädte waren: der große Handelshafen Gades an der Küste, Hispalis und Corduba am Bätis und Astigi (Ecija) am Singulis, jede Hauptort eines der Gerichtsbezirke (conventus juridici). Die Einwohner hießen Turter (davon der phönikische Name des Landes, Tarsschisch, griech. Tartessos) und zerfielen in die Turbuler im obern Binnenland und die Turbetaner an der Küste; ihnen schloß sich östlich von der Meerenge der Säulen des Herakles das Küstenvolk der Bastuler an. Das Land wurde zuerst um 1100 v. Chr. von den Phönikern besucht und zum Zweck des Handels und der Ausbeutung der reichen Silberbergwerke kolonisiert. Auch die Griechen dehnten ihre Schiffahrt und Handelsthätigkeit bis nach B. aus. 237 ward das Land von den Karthagern unter Hamilkar erobert und diesen im zweiten Punischen Krieg von den Römern entrissen und im Lauf des 2. Jahrh. gänzlich unterworfen. Die Einwohner, besonders an der Küste schon längst durch die Fremden civilisiert, nahmen sehr rasch römische Sprache und Sitte an und waren in der Zeit der ersten Kaiser so gänzlich romanisiert, daß bekannte römische Schriftsteller, wie Seneca, Lucanus, Pomponius Mela, Martialis, und römische Kaiser, wie Trajan und Hadrian, aus B. stammten.

Bätis (Certis, jetzt Guadalquivir), Fluß in Spanien, entsprang auf der Orospeda und durchfloß Bätika, um westlich von Gades in den Atlantischen Ocean zu münden.

Battos (libysch »König«), Name oder vielmehr Titel der Beherrscher von Kyrene aus dem Geschlecht der Euphemiden von Thera, welche von hier aus 631 v. Chr. die Kolonie Kyrene gründeten und als Dynastie der Battiaden in mehreren Generationen beherrschten und mit Er-

folg gegen Ägypten verteidigten, bis sie von dem Perserkönig Kambyses 525 gestürzt wurden. Vgl. Kyrenaïka.

Bedriäcum, Stadt am Ollius (Oglio) in Gallia transpadana, wo Kaiser Otho 69 n. Chr. von den Legionen des Vitellius unter Cäcina besiegt wurde.

Belgen (Belgæ), die das nördliche Gallien, das von Cäsar Belgium genannte Gebiet, bewohnenden Stämme, welche zwar nicht Germanen waren, wie Cäsar und andre meinten, aber sich doch mit germanischen Einwanderern vermischt hatten und sich von den reinen Galliern durch verschiedenen Dialekt sowie durch größere Tapferkeit und stolzen Freiheitssinn so unterschieden, daß das nördliche Gallien rechts der Marne und Seine Gallia belgica im Gegensatz zu Gallia celtica, dem mittlern Land, genannt wurde. Kriegslustig und eroberungssüchtig, waren sie auch nach Britannien übergesetzt und hatten sich der Südküste bemächtigt. Cäsar mußte blutige Kämpfe mit ihnen bestehen und mehrere erbitterte Aufstände unterdrücken, ehe er sie zum Gehorsam zwingen konnte. Noch 69 n. Chr. schlossen sie sich der Empörung der Bataver an. Der mächtigste belgische Stamm waren die Remer mit der Hauptstadt Durocortorum (Reims); andere sind die Suessionen (um Soissons), die Silvanekten (Senlis), die Bellovaker (bei Beauvais), die Ambianer (bei Amiens), die Viromanduer, die Atrebaten (bei Arras), endlich die nördlichsten, die Moriner und die Nervier, die rohesten und kulturfeindlichsten, die sich am hartnäckigsten gegen das römische Joch wehrten. Im ganzen sollen die B. über 1 Mill. bewaffnete Männer gezählt haben.

Belgica (Gallia), eine der vier Provinzen, in welche unter Augustus Gallien geteilt wurde, umfaßte das Land nördlich von dem Seinegebiet oder der Gallia Lugdunensis, zwischen dem Meer und den beiden Provinzen Germania inferior und superior, mit dem Gebiet der Sequaner und Helvetier an der Saône, dem Doubs und dem obersten Rheinthal, welches letztere aber später von B. wieder getrennt wurde. Dieses ward später durch die Maas in B. prima und secunda geteilt.

Bellovaker (Bellovăci), mächtiges belg. Volk, zwischen Somme und Seine wohnhaft, konnte 100,000 Krieger stellen und machte wiederholte Aufstände, um sich der römischen Herrschaft zu entziehen. Seine Hauptstadt Cäsaromagus hat im 4. Jahrh. n. Chr. den Stammnamen erhalten, daher jetzt Beauvais.

Belsazar, der biblische Name des letzten babylon. Königs, Nabonetos, der 538 v. Chr. von Kyros gestürzt wurde.

Beneventum (jetzt Benevento), alte ital. Stadt im Gebiet der Hirpiner, am Zusammenstoß der drei Thäler des Calor, Sabatus und Tamarus, hieß ursprünglich (angeblich wegen der schlechten Luft) Maleventum, wurde aber nach dem glänzenden Sieg, den die Römer 275 v. Chr. über Pyrrhos bei dieser Stadt erfochten, in eine starke römische Militärkolonie umgewandelt und B. genannt. Sie war eine volkreiche, wichtige Stadt, welche durch die verlängerte Via Appia mit Rom verbunden wurde. Ein wohlerhaltener Triumphbogen Trajans und andre Architektur- und Skulpturreste zeugen noch von der frühern Pracht der Stadt.

Bengasi, s. Berenike 3).

Benhadad, Name mehrerer Könige von Damaskos (s. d.).

Berenike (eigentlich Pherenike, »die Siegbringerin«, davon Veronika), 1) Name mehrerer ägypt. Königinnen: a) Tochter des Lagos, Gemahlin des Makedoniers Philippos und Mutter des Magas, des spätern Beherrschers von Kyrene, ward von Antipatros als Begleiterin seiner Tochter Eurydike, der Braut des Königs Ptolemäos, des Sohns des Lagos, 321 v. Chr. nach Ägypten geschickt, wo sich Ptolemäos, ihr Stiefbruder, in sie verliebte und mit ihr vermählte. Auch ernannte er den mit ihr gezeugten Sohn Ptolemäos Philadelphos zu seinem Nachfolger. Sie war eine vortreffliche, geistvolle Frau und wurde von den Dichtern, namentlich Theokritos, verherrlicht. — b) Tochter des Magas, also Enkelin der vorigen, verschwor sich 250 v. Chr. gegen die Herrschaft ihrer Mutter Arsinoe, die ihr den zum Bräutigam bestimmten Demetrios, Sohn des Demetrios Poliorketes,

entrissen und zu ihrem Liebhaber erwählt hatte, und heiratete nach der Ermordung des Demetrios 246 den König Ptolemäos III. Euergetes von Ägypten. 220 ward sie auf Anstiften des Günstlings ihres Sohns Ptolemäos IV., Sosibios, ermordet. Nach ihrem glänzend schönen Haupthaar benannte man ein Sternbild des nördl. Sternhimmels Coma Berenices. 2) Tochter des Königs Herodes Agrippa I. von Judäa, war zuerst Gemahlin des Fürsten Herodes von Chalkis, lebte dann im Verdacht blutschänderischen Umgangs mit ihrem Bruder Agrippa II. und ward während des jüdischen Aufstands Geliebte des Titus, der sie zu Rom in seinen Palast aufnahm, aber wegen der Abneigung des Volks gegen die Ausländerin sie nicht heiraten durfte. 3) Name einer Stadt in Oberägypten am Arabischen Meerbusen (Roten Meer), welche mit Koptos am Nil durch eine Handelsstraße verbunden war, und der westlichsten, an der äußersten Spitze der Großen Syrte gelegenen Stadt der kyrenäischen Pentapolis (früher Euhesperidä, jetzt Bengasi).

Bergäma, s. Pergamon.

Berosos, babylon. Geschichtschreiber, Priester am Tempel des Bel zu Babylon, schrieb unter der Regierung des Königs Antiochos Soter 280—270 v. Chr. eine babylonische Geschichte in griechischer Sprache in drei Büchern, wozu er die im Beltempel erhaltenen Aufzeichnungen der Priester benutzt haben soll. Wenige Bruchstücke, besonders über die älteste Geschichte, sind bei Josephus, Eusebius u. a. erhalten (gesammelt von W. Richter, Leipz. 1825). Auch astronomische und astrologische Schriften verfaßte B.

Berytos (»die Brunnen«, jetzt Beirut), phönik. Hafenstadt am Ausfluß des Magoras, nördlich von Sidon gelegen und wohl zu diesem gehörig, ward nach seiner Zerstörung in den syrisch-ägyptischen Kriegen durch Augustus als römische Militärkolonie (Colonia Julia Augusta Felix Berytus) wiederaufgebaut und als nächster Hafenort von Damaskos eine blühende Handelsstadt mit berühmter Rechtsschule.

Bessos, pers. Satrap von Baktrien

unter König Dareios Kodomannos, Verwandter des Königshauses, nahm den König auf dessen Flucht nach der Schlacht bei Gaugamela in Hyrkanien 330 v. Chr. gefangen und ergriff selbst im Verein mit mehreren andern Satrapen die Zügel der Regierung, um, gestützt auf die nordöstlichen Provinzen, den Widerstand gegen Alexander d. Gr. energisch fortzusetzen. Als er bei dessen eifriger, rascher Verfolgung fürchten mußte, daß Dareios in makedonische Gewalt fallen könne, tötete er denselben und ließ sich in Baktrien als Artarerres IV. zum König ausrufen. Er verteidigte auch die Provinzen Baktrien und Sogdiana mit Hartnäckigkeit, ward aber 329, als er vor den siegreichen Makedoniern nach Sogdiana fliehen mußte, von den Satrapen dem Feldherrn Alexanders, Ptolemäos, ausgeliefert, in Zariaspa von den persischen Großen zum Tod verurteilt, durch Abschneiden von Nase und Ohren verstümmelt und in Ekbatana gekreuzigt.

Bibracte, Hauptstadt des gall. Stammes der Äduer, in fester Lage auf den Höhenzügen zwischen Arar (Saône) und Liger (Loire) gelegen, groß und stark bevölkert. Überreste wurden neuerdings ausgegraben auf dem Mont Beuvray. Hier besiegte Cäsar 58 v. Chr. die Helvetier. Vgl. Kampen, Die Helvetierschlacht bei B. (Gotha 1878). Später wurde das unter Augustus erbaute, 15 km östlich gelegene Augustobunum, jetzt Autun, die Hauptstadt der Äduer.

Bibulus, Marcus Calpurnius, wurde mit Hülfe der römischen Senatspartei für 59 v. Chr. zum Konsul gewählt, weil man in ihm einen Cäsar gewachsenen Gegner der Volkspartei zu haben glaubte. Doch wurden alle seine Bemühungen, die von seinem Kollegen Cäsar beim Volk beantragten Gesetze durch seinen Einspruch zu vereiteln, durch List und Gewalt vereitelt, und B. gab zuletzt allen Widerstand auf. Er wirkte nach seinem Konsulat eifrig für die Aristokratie und Pompejus, und nachdem er die Provinz Syrien 52 gut verwaltet, schloß er sich bei Ausbruch des Bürgerkriegs den Pompejanern an. Er erhielt den Oberbefehl über die Flotte im Jonischen Meer. Als es Cäsar trotz derselben gelang, Ende 49 von Brundisium nach Epeiros zu gelangen, strengte sich B. bei der Bewachung des Antonius in Italien so an, daß er starb. Seine Gemahlin Porcia, eine Tochter des jüngern Cato, heiratete später Brutus.

Birs Nimrud, s. Borsippa.

Bithynien (Bithynia), die nordwestliche Küstenlandschaft Kleinasiens an der Propontis, am Bosporos und am Schwarzen Meer, im S. von Mysien und Phrygien, im O. von Galatien und Paphlagonien begrenzt. Im O. und S. ist es von Hochgebirgen, dem Orminion und dem mysischen Olympos (2500 m), erfüllt und dacht sich nach NW. zu mäßigen, von weiten fruchtbaren Thalebenen durchschnittenen Bergzügen ab. Die Hauptflüsse sind der Sangarios und Billäos, die in das Schwarze Meer münden. Die Propontis bildete an der bithynischen Küste zwei tief einschneidende Meerbusen, den von Astakos und den von Kios, in den der aus dem Askanischen See kommende Askanios mündete; zwischen beiden Meerbusen sprang das Vorgebirge Poseidion vor. Die ältesten Einwohner, die Marianbyner u. Kaukonen im O., Myser im SW., wurden von thrakischen Stämmen, die aus Europa herüberkamen, den Thynern und Bithynern (mit der Hauptstadt Bithynion), unterjocht, die als Unterthanen des lydischen, dann des persischen Reichs ihre eignen Fürsten behielten. An den Küsten setzten sich griechische Kolonisten fest, so die Megarer in Herakleia, andre Dorier in Kalchedon (Chalkedon) und Astakos, die Milesier in Kios und Myrleia. Nach dem Tod Alexanders d. Gr. fiel B. in den Diadochenkriegen an Lysimachos, der die Stadt Astore vergrößerte und nach seiner Gemahlin Nikäa benannte. Nach dem Fall des Reichs des Lysimachos (281) gelang es dem Fürsten der Bithyner, Nikomedes, sich unabhängig zu machen und alle thrakischen Stämme im Königreich B. mit der Hauptstadt Nikomedeia (früher Astakos) zu vereinigen. Mit Hülfe der aus Europa herübergerufenen keltischen Söldner, der Galater, erweiterte er 275 sein Reich durch Eroberung phrygischer

Grenzgebiete. Unter seinen Nachfolgern ist Prusias II. zu erwähnen, der nachdem Plan des flüchtigen, von ihm aufgenommenen, aber dann nicht gegen die Römer geschützten Hannibal die Stadt Prusa (jetzt Brussa) am nördlichen Fuß des Olympos erbaute und glückliche Kriege gegen die pergamenischen Könige führte. Nikomedes III. Philopator, der zweimal von Mithridates vertrieben, aber von den Römern wieder zurückgeführt wurde, vermachte bei seinem Tod 74 sein Reich den Römern, die es anfangs zur Provinz Asia, dann zu Pontus schlugen, bis es Augustus zu einer besondern Prokonsularprovinz machte, welche unter Trajan der jüngere Plinius als Statthalter verwaltete.

Bituriger (Biturīges), großes kelt. Volk im aquitanischen Gallien, vor den keltischen Wanderungen im 5. Jahrh. v. Chr. das herrschende Hauptvolk Galliens, zerfiel später in zwei getrennt wohnende Stämme. Die Bituriges Cubi wohnten nördlich von den Arvernern in einer flachen, sumpfigen Landschaft am linken Ufer des Liger (Loire), welche aber reich war an Raseneisenstein, den die B. zu Schmiedearbeiten verwendeten. Ihre Hauptstadt Avaricum (Bituricum, jetzt Bourges) wurde 52 von Cäsar nach langer Belagerung erstürmt und zerstört. Die Bituriges Vivisci wohnten zu beiden Seiten der untern Garumna mit der Hauptstadt Burdigala (Bordeaux).

Bizerta, s. Hippo.

Bocchus, 1) König von Mauretanien, Schwiegervater Jugurthas von Numidien, stand diesem in seinem Krieg mit den Römern nach langem Schwanken erst 107 v. Chr. bei, als derselbe ihm einen Teil seines Reichs abgetreten hatte, wurde aber zweimal von Marius besiegt und ließ sich von Sulla zur Auslieferung des Jugurtha bereden (106), wofür er einen Teil Numidiens erhielt und Verbündeter Roms wurde.

2) Sohn des vorigen, herrschte in Gemeinschaft mit seinem jüngern Bruder, Bogub, und erhielt wie dieser als Anhänger Cäsars in dem Bürgerkrieg mit Pompejus den Königstitel. Auch 46 während des Kriegs in Afrika unterstützte er Cäsar, indem er in das Reich Jubas von Numidien einfiel, dessen Hauptstadt Cirta eroberte und ihn hierdurch nötigte, sich von Metellus Scipio zu trennen. Zur Belohnung wurde sein Reich vergrößert, und als er in dem Streit zwischen Octavianus und Antonius zu ersterm hielt, während sein Bruder Bogub zu Antonius übertrat, erhielt er von Octavianus auch dessen Anteil an Mauretanien. Er starb 33 v. Chr.

Bodensee (Lacus Venetus oder Brigantīnus), s. Brigantium.

Bojer (Boii), großes kelt. Volk, welches bei der großen Wanderung der Kelten weit nach O. vordrang, sich teilweise in Böhmen festsetzte, zumeist aber in Gallia cispadana sich niederließ, wo es 112 Tribus zählte und die mächtigste und ausgebreitetste Stamm war. Seine Hauptstadt war Bononia (Bologna). Die B. hatten eine aristokratische Verfassung; der im Kriege gewählte Oberfeldherr hieß Bojorir, Bojerkönig. Sie wurden von den Römern zuerst 224 v. Chr. besiegt, fielen im zweiten Punischen Krieg wieder ab und schlossen sich Hannibal an. Sie brangen tief in Etrurien ein und leisteten den Römern zähen Widerstand, der erst 191 gebrochen wurde, als der Konsul Scipio Nasica ihren ganzen Adel vernichtete. Ihr Gebiet wurde darauf mit römischen Militärkolonien besetzt und das Volk selbst bald romanisiert. Aus Böhmen wurden die B. durch die Markomannen verdrängt, doch blieb ihr Name in bem von Böhmen (Bojohämum) und dem der Bayern (Bojoarier oder Baiwaren) erhalten.

Bologna (spr. -lónnja), s. Bononia.

Bolsena, s. Volsinii.

Bononia (jetzt Bologna), älteste bekannte Stadt in Oberitalien, in Gallia cispadana, an der Via Æmilia, etwas östlich vom Fluß Rhenus gelegen, war in ältester Zeit unter dem Namen Felsina Hauptstadt der Etrusker, von denen ein jetzt entdecktes Gräberfeld herrührt, und wurde nach ihrer Einnahme durch die Bojer von diesen auch zu ihrer Hauptstadt gemacht und B. genannt. Nach der Unterwerfung der Bojer ward

189 v. Chr. eine starke römische Bürger=
kolonie nach B. geführt und 32 von Oc=
tavianus noch vergrößert. 43 ward bei B.
auf einer Insel des Rhenus zwischen
Antonius, Octavianus und Lepidus das
zweite Triumvirat geschlossen.

Böotien (Bœotía), Landschaft Mittel=
griechenlands, im S. von Attika, Mega=
ris und dem Korinthischen Meerbusen, im
W. von Phokis, im NO. vom opuntischen
Lokris und vom Euripos begrenzt, zerfiel
in drei Ebenen von größerer Ausdehnung,
zwischen welchen vereinzelte Berggruppen
sich erhoben. Die höchste und ausgedehn=
teste war im W. der Helikon (1570 m).
In der Mitte des Landes lagen der Teu=
messos (1915 m) und der Phikion oder
Sphingion (570 m), an der Ostküste
Ptoon (715 m) und Messapion (1025 m).
Die südlichste Senkung, welche sich längs
des Nordabhangs des Kithäron und des
Parnes vom Korinthischen bis zum Eu=
böischen Meer hinzog, wurde nach O. vom
Asopos, nach W. von dem kleinern Fluß
Oroe durchflossen. In der Mitte lag die
aonische und tanarische Ebene, durch
welche der Ismenos zum Binnensee Hy=
like floß; sie hatte überaus fruchtbaren
Thonboden. In ihr lag Theben. Die
größte Ebene bildete im N. der Landschaft
der Kessel des Kopaïssees, in welchen der
Kephissos von W. her mündete. Der See
war fischreich, aber flach, und im Sommer,
wenn das Wasser des Kephissos abnahm,
trocknete der westliche Teil des Sees so
zeitig aus, daß auf dem Boden desselben
zweimal gesäet und geerntet werden konnte.
Nur in dem östlichen und nördlichen,
durch bergige Ufer abgeschlossenen, rohr=
erfüllten Teil blieb dann Wasser stehen.
Im Winter füllte sich der See wieder
durch das steigende Wasser des Kephissos.
Seinen Abfluß hatte der See durch unter=
irdische Spalten im Kalkgebirge der
Küste, die sogen. »Katabothren«, nach der
Bucht von Larymna, aber nur in der
Höhe des mittlern Wasserstands. Die
ältesten Einwohner des Landes, die Mi=
nyer, legten daher, um den See zu ver=
ringern und die angrenzenden Ländereien
vor Überschwemmungen im Winter und
Frühjahr zu schützen, einen künstlichen

Abzugsstollen mit senkrechten Luftschächten
an, der das Gebirge ebenfalls in der Rich=
tung nach Larymna durchbrach, ein großes
Werk, das aber schon im Altertum durch
Verschlammung und Erdbeben zu Grunde
ging, und zu dessen Ausräumung und
Herstellung schon zu Alexanders d. Gr.
Zeit die Kräfte des Landes nicht mehr
ausreichten. Die fruchtbaren Ebenen und
die schönen, grasreichen Triften ermög=
lichten einträglichen Ackerbau und vor=
treffliche Vieh=, namentlich Pferdezucht.
Das Klima war rauher als im übrigen
Griechenland, die Luft besonders in der
Ebene des Kopaïssees feucht, neblig,
schwer und ungesund, namentlich im Ge=
gensatz zu dem heitern, klaren Himmel
Attikas, und man schrieb ihr den schwer=
fälligen, plumpen Charakter der Böotier
zu, welche für genußsüchtig, aber geistig
stumpf galten.

Die ältesten Einwohner waren Pelas=
ger, welche durch fremde, wohl semitische,
Einwanderer, wie die Minyer in der
nördlichen Ebene, die Phöniker in der
mittlern und die Gephyräer im Asopos=
thal, die Kunst des Mauer= und Wasser=
baus, die Schiffahrt und die Schrift ken=
nen lernten und eine reich entwickelte
Kultur besaßen. Noch vor der dorischen
Wanderung, etwa im 12. Jahrh. v. Chr.,
wanderten aus Thessalien die Böotier,
ein durch die Thesproter von hier vertrie=
bener äolischer Stamm, in B. ein, gaben
dem Land seinen Namen und gründeten
einen Bundesstaat von 13 Stadtrepubli=
ken, deren Zahl allmählich auf 7 sich ver=
ringerte; an der Spitze des Bundes stand
Theben. Die höchste Behörde waren die
Böotarchen, welche auf ein Jahr gewählt
wurden und zwar von Theben zwei, von
den übrigen Städten je einer. Sie hatten
den Oberbefehl im Krieg und führten die
Beschlüsse der Bundesversammlung aus.
Die bedeutendsten Städte des Bundes
waren neben Theben: Orchomenos, Koro=
neia, Tanagra, Labadeia und Platää.
Streitigkeiten in den einzelnen Städten
zwischen der aristokratischen und der de=
mokratischen Partei und zwischen den ver=
bündeten Städten selbst, namentlich Op=
position gegen die Herrschsucht des Vororts

Theben, schwächten oft den Böotischen Bund und brachten ihn unter fremde Botmäßigkeit, wie denn die centrale Lage Böotiens es zu einem politisch höchst wichtigen Gebiet und seine Ebenen zu den Schlachtfeldern Griechenlands machte. 515 riß sich Platää ganz vom Bund los und schloß sich Athen an, welches von der Schlacht bei Onophyta 456 bis zu der von Koroneia 447 auch die Hegemonie über B. besaß. Seine höchste politische Bedeutung erlangte das Land unter Epameinondas und Pelopidas im 4. Jahrh., unter deren Leitung es sogar nach der Herrschaft über ganz Griechenland streben durfte. Doch ging die politische Kraft des Böotischen Bundes im Widerstand gegen die Makedonier zu Grunde. Dem Namen nach dauerte er auch noch in der Römerzeit fort.

Bordeaux (spr. ▪bóh), s. Burdigala.

Börebistes (Burvista), König von Dacien (s. d.).

Borsippa (Barsip), alte Stadt in Babylonien, am westlichen Ufer des Euphrat, in geringer Entfernung südwestlich von Babylon gelegen, mit großen Leinwandfabriken und einer Schule chaldäischer Astronomen (Borsippiner). Der Ruinenhügel Birs-Nimrud bezeichnet jetzt die Stelle, wo die Stadt lag.

Borysthénes (jetzt Dnjepr), Fluß im Skythenland, dessen Lauf den Alten zum größten Teil bekannt war. Bei seiner Vereinigung mit dem Hypanis (Bug), kurz vor seiner Mündung in das Schwarze Meer, lag die blühende Handelsstadt B. oder Olbia, eine Kolonie der Milesier.

Bospóros (lat. auch Bosphorus, »Rinderfurt«), bei den Griechen Name schmaler Meerengen: 1) Der Thrakische B. (jetzt Straße von Konstantinopel), die Meerenge zwischen Europa und Asien, welche den Pontos Eureinos mit der Propontis verbindet. Nach der griechischen Sage soll Jo, in eine Kuh verwandelt, sie durchschwommen haben; daher der Name. — 2) Der Kimmerische B. (jetzt Straße von Kaffa oder Kertsch), welcher aus dem Mäotischen See in den Pontos Eureinos führte und nach dem Volk der Kimmerier benannt wurde, dessen Wohnsitze die Alten in die Nähe des B. verlegten. An der

Meerenge lag die milesische Kolonie Pantikapäon oder B. (jetzt Kertsch), deren erbliche Archonten aus dem Geschlecht der Archäanaktiden allmählich zu beiden Seiten der Meerenge ein Bosporanisches Reich gründeten, welches eine beträchtliche Seemacht besaß und für Athen als Kornkammer große Bedeutung hatte. Die Athener standen daher mit der bosporanischen Dynastie der Spartokiden, die im 4. Jahrh. den Königstitel annahmen, in Freundschaftsbündnis. Der letzte König, Pärisades, übergab das Reich 115 v. Chr. Mithridates von Pontos, nach dessen Sturz und Tod sein Sohn Pharnakes das Reich von Pompejus erhielt. Unter den Nachfolgern des Pharnakes geriet das Reich ganz in Abhängigkeit von Rom, bis es in den Stürmen der Völkerwanderung zu Grunde ging.

Bosra (Bossra, »Ummauerung«), große und feste Stadt in der syrischen Provinz Auranitis (Hauran), südlich von Damaskos, mit altem Kultus der Göttin Astarte, ward nach der makedonischen Zeit von den nabatäischen Arabern erobert und 105 v. Chr. nach Eroberung des nabatäischen Reichs durch die Römer von Trajan unter dem Namen Nova Trajana B. zur Hauptstadt der neuen Provinz Arabia gemacht. Zugleich ward die Stadt vergrößert und unter Alexander Severus eine römische Kolonie daselbst gegründet. Ruinen der alten Stadt finden sich jetzt bei der Stadt Bosra.

Bourges (spr. buhrsch), s. Bituriger.

Branchiden, Priestergeschlecht, s. Didyma.

**Brasídas, spart. Feldherr, zwang gleich bei Beginn des Peloponnesischen Kriegs 431 v. Chr. die Athener, den Angriff auf Methone in Messenien aufzugeben. Darauf kämpfte er tapfer bei Pylos 425 und in Megaris. Hierdurch erwarb er sich das Vertrauen seiner Mitbürger und bewog die Ephoren, ihn 424 mit der Führung eines kleinen Heers von 1700 Hopliten zu beauftragen, mit dem er in Eilmärschen durch ganz Griechenland nach Makedonien zog, wo er den König Perdikkas für ein Bündnis mit Sparta gewann und die athenischen Kolonien und Bundesstädte, namentlich Amphipolis, dann Skione und Mende, zum Abfall bewog. Die Athener sahen sich daher genötigt, 423 Nikias und 422 Kleon mit einem Heer nach dem Norden zu schicken. Der letztere wagte eine Schlacht gegen B. bei Amphipolis, in welcher er aber besiegt wurde und selbst umkam. Aber auch B. wurde tötlich verwundet und starb kurz nach seinem Sieg in Amphipolis.

Bregenz, s. Brigantium.

Brennus, kelt. Fürstentitel, s. v. w. Häuptling. Bekannt sind unter diesem Namen: 1) B., der Anführer der senonischen Gallier, welcher 391 v. Chr. in Etrurien einfiel und Clusium belagerte, nach der Verletzung des Völkerrechts aber, welche die Fabier, die römischen Gesandten, begingen, gegen Rom zog und das römische Heer 18. Juli 390 an der Allia besiegte. Er rückte darauf in das verlassene Rom ein, verbrannte die Stadt und belagerte das Kapitol. Schon hatte die Besatzung desselben mit B. Verhandlungen über seinen Abzug begonnen. Die Römer wollten 1000 Pfd. Gold dafür bezahlen. Als dieselben abgewogen wurden, warf B. noch sein Schwert in die Wagschale mit den übermütigen Worten: »Vae victis!« (»Wehe den Besiegten!«) Da erschien der neue Diktator, Camillus, mit einem Heer und schlug B. in die Flucht, wie die allerdings nicht begründete römische Überlieferung erzählt. 2) Anführer der Gallier, welche, gegen 200,000 Mann stark, 278 v. Chr. von Norden her in Griechenland einbrangen, da die Thermopylen von den Griechen verteidigt wurden, den Öta überstiegen und das Heiligtum von Delphi angriffen. Hier aber wurde B. von wenigen tausend tapfern Griechen, welchen ein furchtbares Unwetter und Erdbeben zu Hülfe kam, besiegt und tötete sich selbst.

Brentésion, s. Brundisium.

Brettier, s. Bruttier.

Briganten (Brigantes), das mächtigste und ausgebreitetste Volk im römischen Britannien, im nördlichen Teil desselben wohnhaft, mit der Hauptstadt Eboracum (York). Sie wurden unter Kaiser Domitian von Agricola unterworfen.

Brigantium (jetzt Bregenz), Stadt in der röm. Provinz Vindelicia, am Bodensee, der nach ihr Lacus Brigantinus hieß.

Brilessos, s. Pentelikon.

Brindisi, s. Brundisium.

Britannicus, eigentlich Claudius Tiberius B. Cäsar, Sohn des Kaisers Claudius und der Messalina, geb. 41 n. Chr., ward zuerst vom Vater Germanicus zubenannt, erhielt aber nach dem Feldzug des Claudius in Britannien, wie der Ermordung seiner Mutter und des Kaisers zweiter Vermählung mit Agrippina, welche die Adoption ihres Sohns Nero zu erreichen wußte, wurde B. auf alle Weise zurückgesetzt, für untergeschoben und blödsinnig erklärt und wie ein Gefangener gehalten. Als Claudius das ihm zugefügte Unrecht sühnen und ihn wieder zum Thronerben machen wollte, ward jener von Agrippina vergiftet und Nero Kaiser. Als erstere aber später mit ihrem Sohn in Streit geriet und ihm drohte, sie werde B. zum Kaiser ausrufen lassen, wurde dieser 55 von Nero beim Mahl vergiftet.

Britannien (Britannĭa), die größte der britischen Inseln. Dieselben waren schon den Phönikern unter dem Namen Kassiteriden (»Zinninseln«) bekannt. Pytheas, der sie um 300 v. Chr. auf dem Seeweg besuchte, unterscheidet die beiden großen Inseln mit ihren einheimischen Namen als Bergion (kelt. Bergyn, »die westliche«, woraus Jvernia entstanden ist) und Albion (Albainn, »die Berginsel«). Letztere erhielt um 200 nach ihren Bewohnern, welche von der Sitte, den halbnackten Körper zu bemalen, Brython (Britanni) hießen, den Namen Britannia. Die Einwohner waren Kelten und zerfielen in zwei verwandte Sprachgruppen, die gabhelische im W. und N., die kymrische im S. Sie stimmten in Religion, Sitte, Sprache, Tracht etc. wesentlich mit den gallischen Kelten überein; doch waren sie roher, tättowierten sich und kämpften auf Streitwagen. Die Hülfe, welche sie den stammverwandten Venetern und Belgen gegen Cäsar leisteten, veranlaßte diesen 55 und 54 zu zwei Zügen nach B., auf benen er aber nur den südöstlichsten Teil an der Mündung der Tamesa (Themse) berührte und auch nach Besiegung des britischen Königs Cassivelaunus dauernde Eroberungen nicht machte. Erst auf Bitten vertriebener britannischer Fürsten unternahm Kaiser Claudius 43 n. Chr. die Eroberung des südlichen Teils der Insel. Nachdem ein Aufstand der Königin Boadicea, welche Londinium eroberte und 70,000 römische Soldaten und Kolonisten niedermetzeln ließ, 62 von Suetonius Paulinus unterdrückt worden, unterwarf Agricola 78—85 auch den Westen und den Norden der Insel bis zum Clyde, worauf B. in zwei Provinzen, B. inferior (diesseitiges, südliches) und superior (jenseitiges, nördliches), geteilt wurde. Die Eroberung des nördlichsten Teils der Insel und Iverniens wurde nicht durchgeführt, vielmehr auch das nördlichste Gebiet der Eroberungen Agricolas vom Kaiser Hadrian aufgegeben und die Provinz 122 durch einen Wall (the Roman wall) mit 17 Kastellen geschützt, welcher in der Richtung von West nach Ost die ganze Insel in den Einsenkungen der Flüsse Eden und Tyne durchschnitt. Antoninus Pius drang wieder bis zu der von Agricola erreichten Linie vor und sicherte 142 auch Northumberland und Südschottland für die römische Herrschaft durch die Anlegung eines zweiten Walles mit 10 Kastellen, der vom Meerbusen Clota (Clyde) bis zu dem von Bodotria (Firth of Forth) lief. Septimius Severus führte zwar bis zu seinem 211 in Eboracum erfolgten Tod in Nordbritannien Krieg, scheint aber den Wall des Pius wieder aufgegeben zu haben. 287 nahm der Menapier Carausius, ein römischer Feldherr, in B. den Kaisertitel an und herrschte sieben Jahre, bis er von Alectus gestürzt wurde, der wieder 296 Constantius' Chlorus unterlag. Nach Constantius' Tod 306 in Eboracum ward sein Sohn Constantinus zuerst in B. zum Kaiser ausgerufen. Trotz mancher Unruhen breitete sich die römische Herrschaft in B. wieder bis zum Piuswall aus. Das Land zwischen beiden Wällen hieß Valentia, während das übrige B. in die Provinzen Prima, Secunda, Flavia Cæsa-

riensis und Maxima Cæsariensis zerfiel. Kaiser Honorius zog aber Anfang des 5. Jahrh. die römischen Legionen aus B., und um 450 eroberten es die Angelsachsen, welche die römische Kultur vernichteten. Nur zahlreiche Inschriften und bauliche Überreste, namentlich von Viroconium (Wroxeter), auch von dem alten Londinium (London), haben sich erhalten.

Brucheion, Stadtteil von Alexandreia (s. d.) in Ägypten.

Bruttĕrer (Bructĕri), german. Volk im nordwestlichen Germanien (im jetzigen nördlichen Westfalen), nahm an der Befreiung Germaniens vom Joch der Römer durch Arminius teil und erbeutete in der Schlacht im Teutoburger Wald einen römischen Adler. Auch dem Aufstand der Bataver 69 n. Chr. schlossen sich die B. an. Später jedoch anerkannten sie die römische Oberhoheit. Berühmt war ihre Seherin Belleda, welche in einem Turm an der Lippe wohnte.

Brundisium (griech. Brentesion, jetzt Brindisi), Hauptstadt Kalabriens, an einer kleinen Bucht des Adriatischen Meers, mit völlig sicherm und geräumigem natürlichen Hafen, welchem es seine Bedeutung verdankte. Die Römer erhoben es sofort nach der Besitznahme 244 v. Chr. zu einer der größten Kolonien und setzten die Appische Straße bis dahin fort. Sowohl kommerziell wie strategisch war es besonders wichtig wegen der Beherrschung der Passage nach den nur 175 römische Meilen entfernten griechisch-illyrischen Küsten. Namentlich im Bürgerkrieg zwischen Pompejus und Cäsar 49—48 spielte es eine wichtige militärische Rolle, und 40 schloß Octavianus mit Antonius nach dem Perusinischen Krieg daselbst einen neuen, den »Brundisinischen Vertrag«, in welchem er diesem den Osten überließ und ihm seine Schwester Octavia vermählte.

Bruttier (Bruttĭi, griech. Brettier), ein ital. Mischvolk, welches aus der hellenisierten Urbevölkerung (Önotrern) und zum kleinen Teil aus sabellischen Lukanern bestand und, als es sich von den Lukanern trennte, von diesen seinen »Räuber, Rebellen« bedeutenden Namen empfing. Sie bewohnten den Bruttius ager, das alte Önotria, die südwestliche Halbinsel Italiens (jetzt Kalabrien), welche von Lukanien durch den Fluß Laus getrennt und vom Apennin durchzogen wurde. Die bedeutendste Erhebung desselben war der fichtenreiche Silawald; seine Ausläufer bildeten mehrere Vorgebirge an der Ost- u. Südseite, wie Crimisa, Lacinium, Cocynthus, Zephyrium, Promontorium Herculis, Leucopetra u. a. Es hatte wasserreiche Thäler und Schluchten. Das bedeutendste, meist ebene Thal ist das des nach N. in den Lacentinischen Meerbusen fließenden Krathis, in dessen oberm Teil die Hauptstadt der B., Consentia, lag. Die Küsten waren von den Griechen besetzt, die hier blühende Kolonien gründeten, wie Sybaris, Thurioi, Kroton, Skyllakion, Lokroi Epizephyrioi, Rhegion, Hipponion, Tempsa u. a. Das Land war fruchtbar und reich an schönen Triften mit einträglicher Viehzucht; der Silawald lieferte Pech. Durch die Kämpfe der Kolonien untereinander, dann der Lukaner gegen die Griechen litt das Land sehr. Gegen die Römer verbündeten sich die B. mit Pyrrhos und wurden nach dessen Niederlage von den Römern 272 v. Chr. unterworfen. Im zweiten Punischen Krieg schlossen sie sich Hannibal an, der sich in ihrem Gebiet festsetzte. Nach dessen Abzug wurden sie dadurch gestraft, daß sie nicht mehr als Bundesgenossen angesehen, sondern für unfähig zum Waffendienst und zu Staatssklaven (Bruttiani servi) erklärt wurden. Furchtbar litt auch das Land durch den Sklavenkrieg des Spartacus (73—72); viele Städte lagen in Ruinen, das Innere war entvölkert und in große Latifundien mit Weidenwirtschaft und Sklavenbevölkerung eingeteilt. Auch in der Kaiserzeit erholte sich das Land nicht, sondern verfiel immer mehr in Barbarei.

Brutus, 1) Lucius Junius B., Roms sagenhafter Befreier von der Königsherrschaft und erster Konsul, Sohn des Marcus Junius und der Tarquinia, einer Schwester des Königs Tarquinius Superbus, stellte sich, als der König seinen Vater und seinen ältern Bruder

töten ließ, blödsinnig, um sein Leben zu retten, weshalb er B. (»vernunftlos«) genannt wurde. Als Tarquinius das delphische Orakel durch seine Söhne Titus und Aruns um Rat fragen ließ, wurde er denselben als Begleiter mitgegeben und faßte allein den Orakelspruch, es werde in Rom einst der herrschen, welcher nach der Rückkehr zuerst die Mutter küsse, richtig auf, indem er nach der Landung in Italien die Mutter Erde küßte. Als Lucretia die ihr von Sextus Tarquinius angethane Schmach ihren Verwandten erzählte und sich dann den Tod gab, schwur B. den Tarquiniern Rache und bewog durch eine feurige Rede das Volk, während der König Ardea belagerte, zur Absetzung und Verbannung desselben, worauf er und Collatinus zu Konsuln für das Jahr 509 v. Chr. erwählt wurden. Als der vertriebene König von Tarquinii aus eine Verschwörung unter den jungen Patriciern anstiftete, an der sogar die Söhne des B. teilnahmen, und durch den Verrat eines Sklaven dieselbe entdeckt wurde, verurteilte er seine eignen Söhne zum Tod und ließ sie trotz ihrer und des Volks Bitten vor seinen Augen hinrichten. Nicht lange darauf zog er dem Heer entgegen, welches Tarquinius heranführte, um Rom wiederzuerobern, und fiel im Zweikampf mit Aruns, dem Sohn des Königs, indem beide Kämpfer sich gegenseitig mit den Lanzen durchbohrten. Mit ihm erlosch der patricische Zweig der Junier; die spätern Junier waren Plebejer. Die Matronen betrauerten B. ein Jahr lang als Rächer der Ehre ihres Geschlechts. Der Staat errichtete ihm auf dem Kapitol eine eherne Statue mit gezogenem Schwert.

2) Marcus Junius B., geb. 85 v. Chr., Sohn des Marcus Junius B., eines Anhängers der Volkspartei, welcher 77 auf Befehl des Pompejus getötet wurde, und der Servilia, der Stiefschwester des jüngern Cato, ward von seiner Mutter trefflich erzogen und schloß sich eng an seinen Oheim Cato an, der auf seine geistige und sittliche Entwickelung großen Einfluß ausübte. Er beschäftigte sich eifrig mit philosophischen Studien und erlangte hierdurch

eine geiſtige Freiheit und Vielſeitigkeit der Intereſſen, die ihn für ein klar bewußtes, entſchloſſenes Handeln wenig tauglich machten. Doch ſicherten ihm die Reinheit und Unbeſcholtenheit ſeiner Sitten und ſein ernſtes, freimütiges Auftreten die Achtung und Zuneigung der angeſehenſten Männer wie auch des Volks. In das politiſche Leben trat er ſpät ein; er wandte ſeine Muße litterariſchen Beſchäftigungen und der Abfaſſung mehrerer philoſophiſchen Schriften zu oder begleitete ſeinen Oheim Cato nach Cypern (58) und Appius Claudius, deſſen Tochter Claubia ſeine erſte Gemahlin war, nach Kilikien (53), um in den Provinzen ſich mit den Geſchäften vertraut zu machen. Als 52 in Rom mit der Ermordung des Clodius innere Unruhen ausbrachen, ſchloß er ſich der Senatspartei an und entſchied ſich 49 auch für Pompejus, obwohl derſelbe ſeinen Vater ermordet hatte. Er nahm an den Schlachten von Dyrrhachion und Pharſalos gegen Cäſar teil, der ihn aber nach ſeinem Sieg aus Zuneigung zu ſeiner Mutter Servilia ehrenvoll bei ſich aufnahm und ihm 46 die Verwaltung des ciſalpiniſchen Galliens übertrug. 45 vermählte er ſich mit Catos Tochter Porcia, der Witwe des Bibulus, nachdem er ſeine erſte Ehe mit Claudia gelöſt hatte, und ſchloß einen engen Freundſchaftsbund mit dem gleichgeſinnten Cicero, der ihm mehrere ſeiner Schriften widmete und ihm im Dialog »Brutus« die Hauptrolle zuteilte. Cäſar zeichnete ihn 44 durch Verleihung der ſtädtiſchen Prätur und der Provinz Makedonien nach Ablauf dieſes Amtes aus. Dennoch ließ ſich B. durch die Einflüſterungen des Caſſius und durch unklare, von der Erinnerung an ſeinen Ahnen genährte Schwärmerei für die Republik zur Beteiligung an der Verſchwörung gegen das Leben Cäſars beſtimmen, die in den Augen des Volks durch ſeinen Namen eine höhere Weihe empfing. Er zückte 15. März 44 ſelbſt den Dolch gegen ſeinen Wohlthäter, deſſen Tod durch ſeinen Anblick unter den Mördern ſchmerzlich verbittert werden mußte, trug jedoch dann, frei von perſönlichem Ehrgeiz, aber auch ohne praktiſchen

Verſtand, das meiſte zum Mißlingen des Unternehmens bei, indem er die Schonung des Antonius durchſetzte und dieſem ſogar die Erlaubnis zur Abhaltung der Leichenfeier erwirkte, dagegen nichts that, um die freie Republik wiederherzuſtellen und zu befeſtigen. Als Antonius und Octavianus in Rom den herrſchenden Einfluß erlangten, ging er nach mehrmonatlichem Aufenthalt auf ſeinen Gütern über Athen nach ſeiner Provinz Makedonien, wo er die Truppen für ſich gewann und den Bruder des Antonius, Gajus Antonius, 43 beſiegte und tötete. Darauf begab er ſich nach Aſien, wo er in Gemeinſchaft mit Caſſius Geld und Truppen ſammelte. Erſt 42 brach er mit Caſſius an der Spitze eines Heers von 80,000 Mann und 12,000 Reitern von Sardes nach Makedonien auf, wohin inzwiſchen die Triumvirn vorgedrungen waren. In der erſten Schlacht bei Philippi trug B. über den ihm gegenüberſtehenden Octavianus einen entſchiedenen Sieg davon; aber der Tod des Caſſius, der ſich nach ſeiner Beſiegung durch Antonius ſelbſt getötet, düſtre Viſionen und Gewiſſensbiſſe über die nutzloſe Blutthat an Cäſar raubten ihm die Siegeszuverſicht. Er wagte 20 Tage nach der erſten Schlacht eine zweite, wurde aber geſchlagen und ſtürzte ſich, an der Rettung verzweifelnd, auf der Flucht in ſein Schwert. Seine edle Gemahlin Porcia folgte ihm freiwillig in den Tod, indem ſie glühende Kohlen verſchluckte. Von ſeinen philoſophiſchen Schriften und Reden iſt nichts erhalten; einige mit Cicero gewechſelte Briefe finden ſich in Ciceros Briefſammlung.

3) Decimus Junius B. Albinus, geb. 84. v. Chr., von Aulus Poſtumius Albinus adoptiert (daher ſein Beiname), focht als Legat Cäſars in Gallien tapfer und glücklich gegen die Veneter und gegen Vercingetorix, befehligte im Bürgerkrieg 49 die Belagerungsflotte Cäſars vor Maſſilia und ſiegte in zwei Seetreffen. Auch dämpfte er einen Aufſtand in Gallien. Deshalb ward er von Cäſar mit großen Ehren überhäuft, zum Magiſter equitum ernannt, mit der Statthalterſchaft des ciſalpiniſchen Galliens betraut und für den Fall,

daß Octavianus sterben solle, zum Nach=
erben eingesetzt. Dennoch schloß er sich aus
politischen Beweggründen der Verschwö=
rung gegen Cäsar an und übernahm es, den
zögernden Diktator in die Senatssitzung
zu geleiten. Nach der Ermordung Cäsars
44 begab er sich in seine Provinz Gallien
und weigerte sich, dieselbe auf Antonius'
Verlangen gegen Makedonien umzutau=
schen. Als dieser mit einem Heer heran=
rückte, verschanzte er sich in Mutina und
behauptete sich durch tapfre Verteidigung
den ganzen Winter 44—43 über, bis er
im April 43 von den Konsuln und Octa=
vianus entsetzt wurde. Er erhielt darauf
vom Senat den Oberbefehl im Kriege gegen
Antonius, entschloß sich aber wegen der
Unzuverlässigkeit seiner Truppen, nach
Makedonien zu Marcus Brutus zu ziehen.
Auf dem Marsch verließen ihn seine Le=
gionen, und er selbst wurde auf der Flucht
ergriffen und von Reitern, die Antonius
nachsandte, getötet.

Bryger, s. v. w. Phrygier (s. Phry=
gien).

Bubastis (Pa=Bast, »Stätte der
Bast«), Stadt in Unterägypten, Haupt=
ort eines Nomos, am östlichen bubasti=
schen Hauptarm des Nils, wo der Kanal
zum Roten Meer sich abzweigte, mit
einem berühmten, bei dem jährlichen Fest
von zahlreichen Pilgern besuchten Heilig=
tum der Göttin Bast (Pacht). Die volk=
reiche Stadt war 961—782 v. Chr. Resi=
denz einer ägyptischen Königsdynastie. Die
Blüte der Stadt ging infolge der Zerstö=
rung durch die Perser 352 unter.

Bug, s. Hypanis.

Bukephala, Stadt in Indien am Hy=
daspes, wurde 326 v. Chr. von Alexan=
der d. Gr. nach seinem Sieg über Poros
als Veteranenkolonie gegründet und nach
seinem in der Schlacht gefallenen berühm=
ten Streitroß Bukephalos genannt.

Bulē (Ratsversammlung), Name der
Ausschüsse der souveränen Volksgemeinde
in den griechischen Staaten, namentlich
in Athen. Hier wurde die B. von Solon
eingesetzt und bestand aus 400 Mitglie=
dern (Buleuten), deren Zahl Kleisthenes
auf 500, 50 aus jeder Phyle, erhöhte. Die
Buleuten wurden auf ein Jahr aus den

drei ersten Klassen, seit Aristeides aus
allen gewählt. Die B. hatte die Verwal=
tung des Staats, besonders der Finanzen,
und eine beschränkte Gerichtsbarkeit. Zur
Erleichterung der Geschäftsführung be=
sorgten die Mitglieder je einer Phyle den
zehnten Teil des Jahrs, also 35—36 Tage
hindurch, die Geschäfte; diese 50 hießen
Prytanen, ihr Amt die Prytanie.
Das Versammlungshaus der B. hieß das
Buleuterion.

Bundesgenossenkriege, Name von drei
Kriegen der griechischen und römischen Ge=
schichte: 1) Der athenische Bundesge=
nossenkrieg, 357—355 v. Chr., hervor=
gerufen durch den Abfall der mächtigsten
Mitglieder des neuen Seebunds, Chios,
Kos, Rhodos und Byzantion, welche, von
den Thebanern und von Mausolos von Ka=
rien aufgereizt, die schweren Abgaben zu
zahlen sich weigerten, die Athen forderte.
Die Athener wurden bei Chios zweimal be=
siegt und mußten, von Philipp von Makedo=
nien und von den Persern zugleich bedroht,
den abgefallenen Bundesgenossen ihre Un=
abhängigkeit zugestehen. — 2) Der äto=
lische Bundesgenossenkrieg, 220—
217 v. Chr., wurde von dem mit Philipp
von Makedonien und mehreren mittelgrie=
chischen Staaten verbündeten Achäischen
Bund den Ätolern erklärt, weil diese wieder=
holte Einfälle in Messenien gemacht hatten.
Den Ätolern standen die Spartaner und
Eleier bei. Beide Teile begnügten sich, das
feindliche Gebiet zu verwüsten; Entschei=
dungsschlachten wurden nicht geschlagen.
König Philipp schloß 217 nach Hannibals
Sieg am Trasimenischen See zu Naupak=
tos Frieden mit den Ätolern, um sich in
den Krieg in Italien einmischen zu können.
— 3) Der italische Bundesgenos=
senkrieg, auch Marsischer Krieg ge=
nannt, 91—88 v. Chr., hatte seinen Grund
in der Unzufriedenheit der Bewohner Ita=
liens über die Vorenthaltung des römischen
Bürgerrechts, dessen Verleihung wieder=
holt beantragt, vom römischen Senat aber
abgelehnt worden war. Er begann mit
der Ermordung des Prokonsuls Servilius
in Asculum. Die sabellischen Stämme
der Marser, Päligner, Vestiner, Marru=
ciner, Samniter und Lukaner schlossen sich

der Empörung an und gründeten mit Corfinium, das sie Italica (Vitellia) nannten,
als Hauptstadt einen Föderativstaat, an bef-
sen Spitze ein Senat von 500 Mitgliedern,
2 Konsuln und 12 Prätoren standen. Ihr
Heer war 100,000 Mann stark. Den Römern erschien die Gefahr so groß, daß sie das
Kriegskleid anlegten und die bedeutendsten
Feldherren als Legaten Dienst thaten. Der
Krieg wurde mit wechselndem Glück vom
Konsul Lucius Julius Cäsar im S., vom
Konsul Publius Rutilius Lupus im N. geführt. Als auch die Etrusker und Umbrer
abzufallen drohten, gab Cäsar durch die lex
Julia allen treu gebliebenen Bundesgenossen das Bürgerrecht, und die lex Plautia-
Papiria vom Jahr 89 gewährte es auch
den abgefallenen Bundesgenossen, welche
sich binnen 60 Tagen beim Prätor melde-
ten. Dieses Zugeständnis und die größere
Konzentration der römischen Heere gaben
dem Kampf eine günstigere Wendung.
Gnäus Pompejus Strabo unterwarf die
Marser, Sulla im S. die Samniter und
Lukaner. Um das numerische Übergewicht
der Neubürger unschädlich zu machen,
wurden sie nicht auf alle 35, sondern nur
auf 8 Tribus verteilt.

Burbigala (jetzt Bordeaux), Hauptstadt der keltischen Bituriges Vibisci, an
der Garumna im aquitanischen Gallien
gelegen, wichtiger Handelsplatz und Hauptsitz der Wissenschaft in Gallien. Der Dichter Ausonius wurde in B. geboren.

Burvista (Börebistes), König von
Dacien (s. d.).

Byblos, eigentlich Gebal, alte phönik.
Stadt, auf einer Anhöhe am Meer zwischen Berytos und Tripolis gelegen, Sitz
des Adoniskultus, mit einem berühmten
Tempel der Astarte. Auch unter der
Fremdherrschaft hatte B. eigne Fürsten,
deren letzten Pompejus hinrichten ließ.

Byzantion (Byzantium, Byzanz),
Stadt an der Westseite des südlichen Eingangs des Thrakischen Bosporos, auf einer
Landzunge zwischen der Propontis und
dem schmalen Meerbusen des Goldnen
Horns, der einen vortrefflichen Hafen bildete, gelegen. Die Megarer gründeten

hier 667 v. Chr. und, nachdem die erste
Anlage durch die Thraker zerstört worden,
wiederholt 628 eine griechische Kolonie,
welche sie nach der daselbst vorgefundenen
thrakischen Burg des Byzas B. nannten.
Dieselbe gedieh wegen ihrer günstigen Lage
außerordentlich; sie beherrschte und be-
steuerte den ganzen Handelsverkehr zwischen dem Ägäischen Meer und den Pon-
tosländern und trieb einträglichen Thun-
fischfang, so daß sie sehr reich und volkreich
wurde und ihre Mauern einen Umfang
von 40 Stadien (7,5 km) hatten. Dareios
unterwarf sie 515 auf seinem Skythen-
feldzug und ließ sie wegen ihrer Teilnahme an dem ionischen Aufstand hart
züchtigen und mit einer starken Besatzung
belegen, weswegen ein großer Teil der
Einwohner nach Mesembria am Pontos
auswanderte; die Stadt war während der
Perserkriege der einzige dauernde Besitz
persischer Satrapen. 478 ward sie von
Pausanias den Persern entrissen und
schloß sich dem Athenischen Seebund an,
für den sie nächst Paros die höchste Steuer-
quote, 15 Talente, zahlte. Im Peloponnesischen Krieg drehte sich seit 412 der Kampf
wiederholt um den Besitz der Stadt, und
nach der Schlacht von Agospotamos 405
schickte Lysandros den Klearchos als Harmosten nach B., der eine tyrannische Herrschaft daselbst ausübte. Die Stadt schloß
sich 394 wieder an Athenern an, erlangte
aber im Bundesgenossenkrieg 355 ihre
völlige Selbständigkeit und behauptete sie
auch 340 gegen Philipp von Makedonien
mit Hülfe der athenischen Flotte. Schwer
litt sie durch die Gallier 279, erreichte
aber wieder ihre frühere Blüte unter den
Römern, denen sie sich seit 215 anschloß,
und die ihr ihre Freiheit, ihr Gebiet und
ihre Zölle ließen. Als aber der Kaiser
Pescennius Niger sie zur Hauptstadt des
Reichs machen wollte und sie sich 196 n.Chr.
für diesen gegen Septimius Severus erklärte, ward sie nach dreijähriger Belagerung von Severus erobert und zerstört.
Erst Konstantin d. Gr. baute die Stadt
330 unter dem Namen Konstantinopolis wieder auf.

C.

Cäcilius Metellus, s. Metellus.

Cäcina, 1) Aulus C. Severus,
röm. Feldherr, der vierzig Feldzüge gegen
die nordischen Barbaren mitmachte, be=
kämpfte 6 n. Chr. den Aufstand der Panno=
nier und Dalmatier und war 14—16 Un=
terfeldherr des Germanicus bei seinen Un=
ternehmungen in Deutschland. Er befeh=
ligte 15 einen Zug gegen die Cherusker und
führte 16 auf dem Landweg vier Legionen
nach der Weser, während Germanicus auf
dem Wasserweg dahin vordrang, und kehrte
nach den Schlachten von Jdistavisus und
am Steinhuber Meer auf demselben Weg
nach dem Rhein zurück, wobei er von den
Germanen arg bedrängt wurde, alles Gepäck
verlor und nur mit knapper Not sich rettete.
2) Aulus C. Alienus, Legat Galbas
in Spanien, von dem verletzt er zu Vi=
tellius übertrat und dessen Ausrufung zum
Kaiser durch die germanischen Legionen
betrieb. Er zog darauf mit Vitellius über
die Alpen, um den an Stelle Galbas auf
den Thron erhobenen Kaiser Otho zu stür=
zen, und gewann 69 n. Chr. nach mehreren
unglücklichen Gefechten die Entscheidungs=
schlacht bei Bedriacum; 70 von Vitellius
gegen das Heer Vespasians geschickt, suchte
er seine Legionen zum Abfall zu diesem zu
bewegen, ward aber von den eignen Sol=
daten gefangen genommen. Bald darauf
wieder befreit, wurde er von Vespasian
gnädig aufgenommen, aber von Titus 79
wegen Teilnahme an einer Verschwörung
zum Tod verurteilt und hingerichtet.

Cadiz, s. Gades.

Cadurker, s. Kadurker.

Calabrien, s. Kalabrien.

Caledonien, s. Kaledonien.

Caligula, Gajus Cäsar, Sohn des
Germanicus und der Agrippina, geb. 30.
Sept. 12 n. Chr. zu Antium, verlebte
seine Jugend im Heerlager seines Vaters
am Rhein und ward wegen des Soldaten=
stiefels (caliga), den er schon als Knabe
trug, von den Soldaten C. genannt. Nach
dem Tode des Germanicus lebte er in
Rom und entging dem Tode, der seine
Mutter und seine Geschwister traf, ba=

durch, daß er durch serviles Betragen die
Gunst des Tiberius gewann, der ihn auch
in seine Umgebung nach Capri berief.
Mit Hülfe des einflußreichen Macro be=
mächtigte er sich nach dem Tode des Ti=
berius 37 des Throns und herrschte an=
fangs mild und wohlwollend; er stellte
die Rechte des Verbannten zurück, schaffte die Maje=
stätsverbrechen ab und regierte im Ein=
verständnis mit dem Senat. Aber eine
gefährliche Krankheit zerrüttete seinen
Geist; nach seiner Genesung zeigte er sich
gänzlich umgewandelt und verfiel in einen
an Verrücktheit grenzenden Größenwahn.
Er wütete mit blutigster Grausamkeit ge=
gen seine Freunde und Verwandten, ließ
die vornehmsten Römer als Gladiatoren
kämpfen oder den wilden Tieren vorwerfen,
um seiner Lust am Blutvergießen zu frö=
nen; ja, er wünschte einmal, das römische
Volk möchte Einen Kopf haben, um ihn ab=
schlagen zu können. Seine Wollust ging
so weit, daß er angesehene Frauen und
Jungfrauen, ja sogar seine eignen Schwe=
stern schändete. In unsinniger Verschwen=
dung vergeudete er den Schatz des Tiberius
durch Spiele, Spenden an das Volk und
Bauten, wie die 1½ Stunden lange Schiff=
brücke über den Golf von Bajä. Seine
Menschenverachtung trieb er so weit, daß
er sich selbst als Gott verehren und einen
Tempel bauen ließ, auch sein Lieblings=
pferd in das Kollegium der Priester auf=
nahm und es zu seinem Mitkonsul ernen=
nen lassen wollte. Als seine Kasse erschöpft
war, ließ er reiche Männer hinrichten und
ihre Güter einziehen. Da auch dies nicht
genügte, unternahm er eine Reise nach Gal=
lien, wo er plünderte und raubte. Um einen
Triumph feiern zu können, ließ er Mu=
scheln an der Nordküste Galliens sammeln
und ein paar Gallier als Germanen klei=
den und zog darauf 40 als Besieger Bri=
tanniens und Germaniens in Rom ein.
Endlich machten die prätorianischen Tri=
bunen Cassius Chärea und Cornelius Sa=
binus durch seine Ermordung 24. Jan. 41
seinem tollen Treiben ein Ende.

7*

Cælius mons, der südöstlichste der sieben Hügel Roms, auf dem von Tullus Hostilius die Albaner angesiedelt wurden; der auf und an dem C. liegende Stabtteil hieß Cälimontium. Es fehlte ihm an hervorragenden Gebäuden; erst in der spätern Kaiserzeit wurden an seinem Südfuß die großartigen und prachtvollen Thermen des Caracalla (Thermæ Antoninianæ) erbaut.

Camerina, f. Kamarina.

Camillus, Marcus Furius, röm. Diktator, zeichnete sich zuerst 431 v. Chr. in der Schlacht am Algibus gegen die Volsker und Äquer aus, wurde 403 Censor, dann sechsmal hintereinander Konsulartribun und erhielt, als die Belagerung Vejis sich lange verzögerte, den Oberbefehl gegen diese Stadt, welche er durch Ausdauer und List eroberte (396). Auch Capena und Falerii brachte er zur Unterwerfung, letzteres durch seinen bei der Auslieferung der Kinder der Falisker bewiesenen Edelmut. Wegen seines aristokratischen Stolzes dem Volk verhaßt, ward er der Veruntreuung eines Teils der in Veji gemachten Beute angeklagt und verbannt; er verließ Rom mit dem Wunsch, es möchte, wenn er Unrecht leide, seiner bald wieder bedürfen. Als nun die Gallier 390 Rom besetzt hatten und das Kapitol bedrängten, ernannte ihn der Senat zum Diktator, und er erschien der Sage nach an der Spitze eines Heers in Rom, als gerade die Besatzung des Kapitols den Abzug der Gallier mit einer hohen Geldsumme erkaufen wollte; er nahm den Galliern die gemachte Beute ab und vertrieb sie. Darauf verhinderte er die von den Plebejern gewünschte Übersiedelung nach Veji und betrieb den raschen Wiederaufbau der Stadt. Noch viermal ward er zum Diktator gewählt, um die durch Roms Schwächung im Gallierkrieg kühn gewordenen Nachbarvölker, Äquer, Volsker, Etrusker und Gallier, zu bekämpfen, und erwarb sich um die Wiederherstellung der römischen Macht und die Reorganisation des Heerwesens große Verdienste, weshalb er auch »Roms zweiter Gründer« genannt wurde. Auch in den innern Kämpfen wirkte er wohlthätig, indem er die Patricier zur Annahme der Licinischen Gesetze bewog, und baute zum Andenken an die wiederhergestellte Eintracht im Volk neben dem Kapitol einen Tempel der Concordia. Er starb 365 an der Pest.

Campanien, f. Kampanien.

Campi Raudii, f. Raubische Felder.

Campus Martius, f. Rom.

Caninefaten, f. Kaninefaten.

Cannä (jetzt Canne), Stadt in Apulien am rechten Ufer des Aufidus, bekannt durch die furchtbare Niederlage, welche die Römer 216 v. Chr. durch Hannibal erlitten. Die Römer hatten für dies Jahr ein großes Heer von 80,000 Mann Fußvolk und 6000 Reitern ausgerüstet und es unter den täglich wechselnden Oberbefehl der Konsuln Gajus Terentius Varro und Lucius Ämilius Paullus gestellt, während Hannibal nur 50,000 Mann zählte. Varro drängte zur Schlacht und ließ sich von Hannibal auf das linke Ufer des Aufibus locken, wo der Angriff der römischen Reiterei auf die erheblich stärkere punische auf den Flügeln zurückgeschlagen wurde und, während das römische Fußvolk in das Centrum des absichtlich zurückweichenden karthagischen Heers eindrang, die siegreiche Reiterei Hannibals die Römer im Rücken umfaßte. So wurden die Römer völlig eingekeilt und immer mehr zusammengedrängt, so daß ihre persönliche Tapferkeit gänzlich nutzlos blieb und sie zuletzt wehrlos niedergemetzelt wurden. 70,000 Mann fielen, unter ihnen Lucius Ämilius Paullus; 10,000 wurden gefangen genommen. Nur mit einem kleinen Haufen rettete sich Varro nach Venusia. Hannibal verlor bloß 8000 Mann.

Canösa, f. Canusium.

Canulejus (Canulëius), Gajus, röm. Volkstribun, stellte 445 v. Chr. zwei Anträge, wonach Ehen zwischen Patriciern und Plebejern rechtsgültig sein, also das Konubium zwischen beiden Ständen bestehen, und ferner es dem Volk freistehen solle, die Konsuln nach Belieben aus den Patriciern oder den Plebejern zu wählen. Der erste Antrag wurde nach heftigem Widerstand der Patricier Gesetz (lex Canuleia de conubio), der zweite wurde aber dahin

verändert, daß statt der Konsuln Kriegstribunen mit konsularischer Gewalt gewählt und zu diesem Amt auch Plebejer
zugelassen werden durften; die Ehren und
der Name des Konsulats blieben bis zu
den Licinischen Gesetzen den Patriciern
vorbehalten.

Canūsium (jetzt Canosa), Stadt der
Daunier (s. Daunia) in Apulien am
rechten Ufer des Aufidus, der Sage nach
von Diomedes gegründet, in älterer Zeit
ein durch Handel blühender Ort mit dem
Hafen Salapia, welcher im zweiten Punischen Krieg eine militärisch wichtige Rolle
spielte, aber, obwohl römische Kolonie,
später verfiel.

Capitōlium (Mons Capitolīnus), die
Burg von Rom (s. d.).

Capreä (jetzt Capri), Felsinsel vor
dem Golf von Neapel, gegenüber dem
Promontorium Minervæ, in ältester Zeit
Sitz des Seeraub treibenden Stammes der
Teleboer, dann Eigentum der Bürger
von Neapolis, denen es Augustus ab-
kaufte; Tiberius wählte 30 n. Chr. die
Insel zu seinem Aufenthalt und schmückte
sie mit herrlichen Palästen und Anlagen,
in denen er in völliger Abgeschiedenheit vom
öffentlichen Leben seinen Lüsten frönte.

Capua, alte Hauptstadt von Kampanien, dessen größter Teil zu ihrem Gebiet gehörte, unfern des linken Ufers des
Volturnus am Fuß des Bergs Tisata an
der Via Appia gelegen. Die fruchtbare
Umgebung, ausgebreiteter Handel und
blühende Industrie in Tüchern und Ge-
wändern, Leder und Töpferwaren machten es zu einer der reichsten, bevölkertsten
Städte Italiens, die wegen ihrer Üppigkeit berüchtigt war. Großartige Bauten: Tempel, Grabmäler, Wasserleitungen und ein prächtiges Amphitheater (die
Gladiatorenschulen von C. waren berühmt), schmückten die Stadt; von dem
Amphitheater sind noch ansehnliche Ruinen
vorhanden. Sie hatte regelmäßige, breite
Straßen mit nicht hohen Häusern und 6
Millien (8 km) im Umfang. Ursprünglich eine etruskische Stadt, Namens
Volturnum, ward sie um 420 v. Chr.
von den Samnitern besetzt, welche eine
mächtige Stadtgemeinde mit Senat und

Konsuln daselbst errichteten. 344 schloß
sich dieselbe, um Schutz gegen neue samnitische Eroberer zu finden, an Rom an
und wurde Verbündete desselben, fiel aber
216 nach der Schlacht bei Cannä von den
Römern ab und verbündete sich mit Hannibal. Die Römer richteten im weitern
Verlauf des zweiten Punischen Kriegs ihr
Hauptaugenmerk auf die Wiedereroberung
der wichtigen Stadt und schlossen sie endlich
ein. Vergeblich suchte Hannibal die Stadt
zu entsetzen; auch sein Zug vor Rom rettete C. nicht, das sich 211 den Römern
ergeben mußte und hart gezüchtigt wurde.
70 Senatoren wurden hingerichtet, die
angesehensten Männer in den Kerker geworfen, die übrigen Bürger als Sklaven
verkauft. Das Gebiet der Stadt wurde
römisches Staatsland; nur die Nichtbürger
durften wohnen bleiben, bildeten aber kein
Gemeinwesen und wurden von einem römischen Präfekten regiert. Erst als Cäsar
eine Kolonie von 20,000 Bürgern daselbst
ansiedelte, blühte die Stadt wieder auf
und wurde die zweitgrößte Stadt Italiens. Im 9. Jahrh. n. Chr. flüchteten die
Einwohner vor den Arabern nach Casilinum, das sie fortan C. nannten; die alte
Stadt wurde gänzlich zerstört, in ihren Ruinen liegt jetzt die kleine Ortschaft Santa
Maria di C. Vgl. Casilinum.

Caracalla, Marcus Aurelius Antoninus Bassianus, röm. Kaiser, geb.
4. April 188 n. Chr. zu Lyon, ältester
Sohn des Kaisers Septimius Severus
und der Julia Domna, nach seiner Lieb-
lingstracht, dem gallischen Kriegskleid, C.
benannt, ward 196 Cäsar, 198 Augustus und 202 Konsul. Schon früh neigte
er zu Ausschweifungen und zur Grausamkeit. Nach dem Tod seines Vaters
211 in Britannien wurde er von den Legionen zugleich mit seinem Bruder Geta
zum Kaiser ausgerufen, schloß darauf mit
den Feinden einen schimpflichen Frieden
und begab sich nach Rom, wo er 212
seinen Bruder Geta und dessen sämtliche
Anhänger, gegen 20,000 Menschen, darunter den berühmten Juristen Papinia-
nus, ermorden ließ; seine Mutter bedrohte er mit dem Tod, weil sie in seiner
Gegenwart über Getas Tod Thränen

vergoß. Die Soldaten gewann er durch reichliche Geldverteilungen. Auch errichtete er kostspielige Prachtbauten, wie die großartigen Thermæ Antoninianæ. Als die von seinem Vater gesammelten Schätze vergeudet waren, erpreßte er durch Konfiskationen, Steuererhöhung und Erfindung neuer Auflagen immer wieder große Summen; um von allen Einwohnern des Reichs gleich hohe Abgaben erheben zu können, gewährte er allen das römische Bürgerrecht. Auch seine wenig rühmlichen Kriege, durch die er Alexander d. Gr. gleichkommen wollte, waren nur Raub- und Plünderungszüge. Nachdem er die Alemannen, Sarmaten und Geten ohne Erfolg bekämpft, ging er nach Asien und bedrohte die Armenier und Parther mit Krieg. Als er sich zu Alexandreia in Ägypten aufhielt und dort Spottreden gegen ihn fielen, richtete er ein furchtbares Blutbad an. 216 drang er in Medien ein und errang durch einen verräterischen Überfall über die Parther einen Sieg, weshalb er sich »Parthicus« nannte. Als er den Zug 217 wiederholen wollte, ermordete ihn 8. April auf dem Marsch zwischen Edessa und Carrhä der Präfekt der Prätorianer, Macrinus.

Caralis (jetzt Cagliari), Stadt auf der Südküste der Insel Sardinien, von den Karthagern gegründet, aber auch von griechischen Kolonisten bewohnt, unter den Römern Hauptstadt der Provinz und mit dem römischen Bürgerrecht beschenkt.

Carausius, Marcus Aurelius Valerius, röm. Feldherr, aus dem gallischen Volk der Menapier gebürtig, zeichnete sich 285 n. Chr. im Kampf gegen die Bagauden aus und wurde von den Kaisern Diocletianus und Maximianus zum Befehlshaber einer Flotte ernannt, welche die gallischen Küsten gegen die germanischen Seeräuber schützen sollte. Aber 287 segelte er nach Britannien und ließ sich daselbst von der Flotte und den Legionen zum Kaiser ausrufen. Er befestigte sich so in seiner Herrschaft, daß ein Kriegszug des Cäsars Constantius 292 erfolglos war und dieser ihn als Mitregenten anerkennen mußte. Doch wurde er 293 durch einen Diener ermordet

Cäre, in ältester Zeit Agylla genannt, alte pelasgisch-tyrrhenische Stadt, gehörte zu den etruskischen Zwölfstädten, lag im südlichen Etrurien auf einem Hügel und war mit Mauern aus gewaltigen Blöcken umgeben. In der Aneïde ist sie Residenz des Mezentius. Sie stand als Handelsstadt schon in alter Zeit in lebhafter Verbindung mit Griechen und Karthagern und hatte an der Küste eine griechische (Pyrgi) und eine karthagische Faktorei (Punicum) sowie ein eignes Schatzhaus in Delphi. Aus Feindschaft gegen Veji war C. mit Rom verbündet und nahm 390 v. Chr. beim gallischen Brande die römischen Priester und Vestalinnen gastlich auf, ward aber 358 wegen Beteiligung an einem Aufstand der Hälfte seines Gebiets beraubt und erhielt das römische Bürgerrecht ohne politische Rechte. Sulla legte in C. eine Militärkolonie an. Jetzt Cervetri mit einer merkwürdigen Nekropolis der alten Etrusker. Vgl. Canina, Descrizione di Cere antica (Rom 1834).

Carini, s. Hykkara.

Carrhä, Stadt in Mesopotamien, südöstlich von Edessa, meist von Griechen bewohnt (daher auch Hellenopolis genannt), bekannt durch die Niederlage des Crassus gegen die Parther 53 v. Chr. C. ist das Charan oder Haran der Bibel, von wo Abraham nach Kanaan zog; jetzt Haran.

Carthago nova (jetzt Cartagena), s. Neukarthago.

Carus, Marcus Aurelius, röm. Kaiser, geboren zu Narbo im südlichen Gallien, war unter Probus Præfectus prætorio (Oberster der Leibwache) und wurde nach dessen Ermordung 282 n. Chr. von den Soldaten zum Kaiser erhoben. Nachdem er seine Söhne Carinus und Numerianus zu Cäsaren ernannt hatte, kämpfte er gegen die Sarmaten, dann gegen die Perser, denen er Ktesiphon entriß. Aber schon 283 starb er, der Überlieferung nach vom Blitz erschlagen, wahrscheinlich aber von Aper, dem Befehlshaber der Leibwache, ermordet. Ihm folgte Diocletianus, welcher die Söhne des C., Carinus und Numerianus, 284 ermorden ließ.

Cäsar, Gajus Julius, berühmter röm. Diktator, geb. 100 (oder 102) v. Chr., Sohn des Gajus Julius C. und der Aurelia, entstammte einem altpatricischen Geschlecht, welches seinen Ursprung auf Julus, den Sohn des Äneias, zurückführte. Seine Mutter hatte auf seine sorgfältige Erziehung den größten Einfluß; unter seinen Lehrern wirkte besonders der Grammatiker Marcus Antonius Gripho auf ihn ein. Seine Knabenjahre fielen in die Zeit des Bundesgenossenkriegs und den Beginn des Bürgerkriegs zwischen Marius und Sulla. Cäsars Verwandte standen meist auf seiten der Senatspartei, er selbst aber wurde durch die Gunst des Marius, welcher mit der Schwester seines Vaters vermählt war und ihn zum Flamen dialis erwählen ließ, und durch seine Heirat mit Cornelia, der Tochter Cinnas, mehr auf die Seite der Volkspartei gezogen. Schon früh allein stehend (sein Vater starb 85), erlangte er inmitten der politischen Verwirrung und in den schwierigen Verhältnissen, die ihn umgaben, bald eine Reife des Geistes und eine Kraft der Selbstbeherrschung, welche ihn neben seiner großen Begabung, seiner liebenswürdigen, freundlichen Gemütsart, seiner hochstrebenden Thatkraft und der Klarheit seines Verstands ebenso für die Kunst des klugen Zuwartens wie für den Entschluß des kühnen Eingreifens befähigten. Als Sulla den Sieg davongetragen hatte und von ihm die Verstoßung der Cornelia verlangte, zog C. die Gefahren blutiger Verfolgung und auch, nachdem er von Sulla auf Fürbitte andrer begnadigt worden, freiwillige Verbannung vor, indem er sich nach Asien begab, wo er an der Unterdrückung des Aufstands von Mytilene und dem Kriege gegen die Isaurier teilnahm und Beweise persönlichen Muts gab. Nach Sullas Tod (78) nach Rom zurückgekehrt, steigerte er allerdings durch Anklagen gegen vornehme Optimaten wegen Erpressungen, welche die senatorischen Gerichte zurückwiesen, die Unzufriedenheit des Volks gegen die herrschende Partei und lenkte die öffentliche Aufmerksamkeit auf sich, hielt sich aber von offener Opposition gegen die Sullanischen Gesetze

fern und ging 77 nach Rhodos, um sich unter dem Rhetor Apollonios Molon in der Beredsamkeit weiter auszubilden; in der That erreichte er in dieser Kunst eine vollendete Meisterschaft. Auf der Reise geriet er in die Gewalt von Seeräubern, von denen er sich durch kecken Übermut befreite, und die er dann an der Spitze einiger milesischen Schiffe auf eigne Hand überfiel und, wie er ihnen als Gefangener gedroht, ans Kreuz schlagen ließ. Als er sich wieder in Rom aufhielt, bemühte er sich, durch freiwillige Geld- und Getreidespenden das Volk zu gewinnen, und schloß sich Pompejus an, der nach seinen kriegerischen Erfolgen gegen Sertorius und gegen die Sklaven der einflußreichste Mann in Rom war. Indem C. diesen während seines Konsulats und bei der Übertragung des Oberbefehls gegen die Seeräuber und im Mithridatischen Krieg eifrig unterstützte, lockerte er das Verhältnis zwischen Pompejus und der Senatspartei und erlangte für sich selbst dessen Hülfe für sein weiteres Emporkommen, während er zugleich bei wiederholten Gelegenheiten sich als kühner Vertreter des Volks zeigte. So hielt er nach dem Tod seiner Gemahlin Cornelia und der Schwester seines Vaters, Julia, der Witwe des Marius, 68 auf dem Forum unter großem Beifall des Volks Lobreden auf beide Frauen und pries die Volksführer Cinna und Marius zum erstenmal öffentlich. Hierauf heiratete er Pompejus' Verwandte Pompeja.

68 ward er Quästor und begleitete nach Ablauf seines Amtes den Prätor Antistius ins jenseitige Spanien; 65 bekleidete er die kurulische Ädilität und verschwendete für Bauten und Spiele ungeheure Summen, um sich das Volk geneigt zu machen. Als 63 die Catilinarische Verschwörung entdeckt wurde, beschuldigten die Optimaten C., der in diesem Jahr vom Volk zum Pontifex maximus gewählt worden war, der geheimen Teilnahme, und allerdings stimmte er im Senat gegen die Verurteilung der Verschwornen zum Tod. Indes mag er bloß um die Verschwörung gewußt und ihre Bildung zugelassen haben, um die Macht der Senatspartei zu erschüttern, die er auch 62 als Prätor durch

Unterſtützung des Antrags, Pompejus die Rückkehr nach Rom an der Spitze des Heers zu geſtatten, bekämpfte. Der Senat unterſagte ihm die Ausübung der Prätur, doch ließ ſich C. ſein Amt vom Volk beſtätigen. Nach Ablauf ſeines Amtes übernahm er die Verwaltung des jenſeitigen Spanien, nachdem der reiche Craſſus ſich für den vierten Teil ſeiner Schulden, 830 Talente, verbürgt hatte. Obwohl ſeine Verwaltung der Provinz ſich durch Verbeſſerung der Rechtspflege und der Steuer- und Schulbgeſetze auszeichnete, ſo wußte er doch, indem er einige glückliche Feldzüge gegen die noch unabhängigen Stämme im Weſten unternahm, bedeutende Geldſummen für ſich ſelbſt zu gewinnen, mit denen er 60 nach Rom zurückkehrte, um nach Verzicht auf den ihm gebührenden Triumph ſich für 59 um das Konſulat zu bewerben. Mit glänzender Majorität neben Bibulus, einem unbedeutenden Optimaten, gewählt, trat C. jetzt mit Pompejus in Verbindung, den die kurzſichtige Senatspartei nach ſeinen großartigen Erfolgen im Orient durch Verweigerung der Zuſtimmung zu den dort getroffenen Einrichtungen und zu der den Soldaten verſprochenen Belohnung aufs empfindlichſte gereizt hatte. Er verſprach Pompejus, ihm die gewünſchte Genehmigung während ſeines Konſulats zu erwirken, und bewog ihn zum Abſchluß eines geheimen Bundes, des ſogen. erſten Triumvirats, zwiſchen C., Pompejus und Craſſus. Indem er den Widerſpruch ſeines Kollegen Bibulus durch Gewalt und Liſt unſchädlich machte, verſchaffte er als Konſul 59 den Wünſchen des Pompejus durch einen Beſchluß der Tributkomitien die gewünſchte Beſtätigung, erwarb ſich die Gunſt ſowohl des Volks durch eine Ackerverteilung an 20,000 unbemittelte Bürger als die der Ritter durch Erlaß eines Drittels der Zollpacht und erlangte für ſich ſelbſt durch die Unterſtützung des Pompejus und Craſſus die Verwaltung des cisalpiniſchen Gallien und Jllyricums nebſt drei Legionen auf fünf Jahre; der Senat fügte, um C. in einen Krieg zu verwickeln, aus freien Stücken das transalpiniſche Gallien und eine vierte Legion hinzu. Nachdem er dann ſeinen Bund mit Pompejus durch deſſen

Vermählung mit ſeiner Tochter Julia befeſtigt, während er ſelbſt ſich in dritter Ehe mit Calpurnia verheiratete, und durch den Tribunen Clodius zwei Stützen der Senatspartei, Cicero und Cato, aus Rom hatte entfernen laſſen, begab er ſich im April 58, ſicher, daß weder Pompejus noch Craſſus während ſeiner Abweſenheit ihm in der Volksgunſt zuvorkommen würden, in ſeine Provinz mit der Abſicht, ſich hier durch großartige Kriegserfolge und Eroberungen Ruhm und Verdienſte um den Staat zu erwerben, ſich ein tüchtiges, ergebenes Heer zu bilden und reichliche Geldmittel für ſeine politiſchen Zwecke zu gewinnen. Während ſeiner Feldzüge in Gallien entwickelte C. ſein Feldherrngenie in unerwartet glänzender Weiſe. Allerdings ſcheute er kein Mittel, ſein Übergewicht zu behaupten oder warnenden Schrecken zu verbreiten, und verfuhr oft mit grauſamer, ungerechter Härte. Aber mit ſpielender Leichtigkeit löſte er die ſchwierigſten politiſchen Fragen, war unerſchöpflich in Maßregeln und Hülfsmitteln zur Bewältigung der zahlreichen und tapfern Feinde und wußte ſeine Legionen zu der aufopferndſten Hingebung und Anhänglichkeit zu entflammen. Dabei beobachtete er mit ſcharfer Aufmerkſamkeit die Vorgänge in Rom. Im erſten Jahr, 58, zwang er durch die Schlacht bei Bibracte die Helvetier, nach der Schweiz zurückzukehren, vertrieb den Germanenfürſten Arioviſtus aus Gallien und erlangte durch dieſe Erfolge die Unterwerfung der Staaten des mittlern Gallien. 57 unterwarf er nach blutigen Kämpfen die Belgen und 56 die ſeetüchtigen Veneter und die Aquitanier an der Weſtküſte. Nachdem er die auf das rechte Rheinufer vorgebrungenen Uſipeter und Tenchterer vernichtet, überſchritt er 55 auf einer Brücke bei Andernach den Rhein, um die Germanen von weitern Einfällen in Gallien abzuſchrecken, und unternahm 55 und 54 zwei Expeditionen nach Britannien, um die dortigen Kelten von der Unterſtützung ihrer Stammesverwandten in Gallien abzuhalten. Im Winter 54—53 machten im nordöſtlichen Gallien bei Eburonen, Trevirer und Nervier eine gefährliche

Empörung und vernichteten 1½ Legionen. Aber C. bezwang sie, strafte die Aufständischen mit blutiger Grausamkeit und machte zum zweitenmal einen kurzen Streifzug auf das rechte Rheinufer. Seine Härte hatte freilich 52 einen noch schlimmern, fast allgemeinen Aufstand Galliens unter Vercingetorix zur Folge. C. erstürmte und zerstörte zwar die Hauptstadt der Bituriger, Avaricum; doch an der Festung der Arverner, Gergovia, scheiterten alle seine Angriffe. Unter großen Verlusten mußte er sich zurückziehen. Als sich nun aber die Gallier in das offene Feld wagten, wurden sie von C. besiegt und in Alesia eingeschlossen. Vortrefflich angelegte Befestigungen hinderten die eingeschlossenen Gallier am Durchbruch und sicherten die römischen Legionen zugleich gegen die Angriffe eines gewaltigen Entsatzheers. Endlich mußte sich Vercingetorix ergeben, aber noch das ganze Jahr 51 brauchte C., um die Empörung in allen Teilen Galliens zu dämpfen. Geschickte Verwaltungsmaßregeln verschafften ihm dann reichliche Einkünfte und bahnten die rasche Verschmelzung des eroberten Landes mit dem Römischen Reich an. Das Ziel aber, das er bei Übernahme des Prokonsulats im Auge gehabt hatte, war glänzend erreicht.

Inzwischen waren die Dinge in Rom zur Entscheidung gereift. Pompejus, immer bloß darauf bedacht, den Senat durch Einschüchterung zur Nachgiebigkeit und Unterordnung unter seinen herrschenden Einfluß zu bewegen, hatte allerdings 56 noch einmal Cäsars Mitwirkung in Anspruch nehmen und das Triumvirat in Luca erneuern müssen, um sich und Crassus für 55 das Konsulat und dann die Provinzen Spanien und Syrien zu sichern, während C. die Verwaltung seiner gallischen Provinz auf weitere fünf Jahre verlängert und ihm von Pompejus versprochen wurde, daß er sich vor Ablauf derselben auch abwesend um das Konsulat bewerben dürfe. Aber infolge der Unruhen, welche Anfang 52 nach der Ermordung des Clodius ausbrachen, erreichte Pompejus endlich sein Ziel, indem er vom Senat zum alleinigen Konsul ernannt wurde. Fortan strebte er danach, den Senat, an dessen Spitze er nun stand, im Besitz der ausschließlichen Herrschaft zu erhalten, und war entschlossen, C. nicht zur Macht kommen zu lassen, zumal dieser seit Crassus' Tod sein einziger Nebenbuhler und durch Julias Tod das verwandtschaftliche Band zwischen ihnen gelöst war. Er unterstützte daher die gegen C. gerichteten Anträge der Senatspartei, die endlich Anfang 49 in der Forderung gipfelten, daß C. sofort das Imperium niederlegen und als Privatmann, d. h. gänzlich machtlos, nach Rom zurückkehren solle, widrigenfalls er für einen Feind des Vaterlands erklärt werden würde; zugleich wurde Pompejus die Führung des Kriegs übertragen. C. beantwortete diese Herausforderung mit dem sofortigen Einmarsch in Italien, dessen Grenzfluß Rubico er im Januar 49 mit der 13. Legion und 300 Reitern überschritt. In kürzester Frist eroberte er, ohne auf erheblichen Widerstand zu stoßen, ganz Italien und zog in Rom ein, während Pompejus und seine Anhänger nach Griechenland flohen. In Rom bemächtigte er sich zwar des Staatsschatzes, bemühte sich aber, bei den zurückgebliebenen Senatoren und dem Volk jede Furcht vor Gewaltmaßregeln zu beseitigen. Da er keine Kriegsflotte hatte, um Pompejus nach dem Osten zu folgen, so beschloß er, sich zuerst des Westens zu bemächtigen. Mit bewundernswürdiger Schnelligkeit erreichte er seinen Zweck, zwang die Legaten des Pompejus in Spanien, Afranius und Petrejus, bei Ilerda zur Kapitulation und eroberte Massilia. Nachdem er darauf in Rom, wo er vom Volk auf Lepidus' Antrag zum Diktator erwählt worden war, eine Reihe von populären Maßregeln getroffen, seinen Anhängern die höchsten Staatsämter hatte übertragen und sich selbst für 48 zum Konsul wählen lassen, setzte er noch im Jahr 49, wegen der Schwäche seiner Seemacht unter großen Schwierigkeiten, mit sechs Legionen nach Epirus über, wo er sich zwar mehrere Monate gegen das weit größere Heer des Pompejus behauptete, aber bei seinem Versuch, Dyrrhachion zu erobern, eine Niederlage erlitt. Er zog darauf nach

Thessalien, und Pompejus folgte ihm dahin und bot ihm 9. Aug. (6. Juni) 48 bei Pharsalos auf das Drängen der siegeszuversichtlichen Senatspartei eine Schlacht an. Obwohl C. nur 22,000 Mann den 45,000 Mann des Pompejus, dessen Reiterei namentlich zahlreich war, entgegenstellen konnte, errang er doch durch sein überlegenes Geschick und die Kaltblütigkeit seiner Truppen einen glänzenden Sieg. Das Pompejanische Heer löste sich gänzlich auf, Pompejus selbst floh nach Ägypten, wo er von Mörderhand einen unrühmlichen Tod fand. C. folgte ihm dorthin mit wenigen Begleitern, ließ sich aber in Alexandreia, durch die Reize der Kleopatra gewonnen, in die Thronstreitigkeiten zwischen dieser und ihrem Bruder Ptolemäos verwickeln (Alexandrinischer Krieg) und geriet bei einem Aufstand des Pöbels in höchste Lebensgefahr. Indes gelang es ihm, denselben zu bewältigen und, nachdem Ptolemäos im Kampf gefallen, Kleopatra, die ihm einen Sohn, Cäsarion, gebar, auf den Thron zu setzen. Erst im Juni 47 verließ er Ägypten, um den bosporanischen König Pharnakes, der sich während des römischen Bürgerkriegs in Vorderasien festzusetzen versuchte, zurückzuweisen. Er besiegte ihn bei Zela — »Veni, vidi, vici«, »Ich kam, ich sah, ich siegte«, schrieb er über diesen kurzen Feldzug nach Rom — und begab sich nun erst, Ende 47, nach Rom, wo ihm während seiner Abwesenheit die Diktatur, die tribunicische Gewalt und das Konsulat auf fünf Jahre übertragen worden waren.

Mit großherziger Versöhnlichkeit empfing er in Italien zahlreiche Männer der Gegenpartei, mit besonderer Auszeichnung Cicero, und trug hierdurch wesentlich zur Herstellung des innern Friedens bei. Eine Soldatenmeuterei unterdrückte er mit gewohnter Geistesgegenwart und brach sodann nach kurzem Aufenthalt in Rom mit dem Heer 46 nach Afrika auf, wo sein Unterfeldherr Curio 49 eine Niederlage erlitten und die Pompejaner, unterstützt von König Juba von Numidien, von neuem ansehnliche Streitkräfte gesammelt hatten. Er schlug sie im April bei Thapsos, machte einen Teil Numidiens zur römischen Provinz und feierte, nach Rom zurückgekehrt, einen viertägigen glänzenden Triumph über Gallien, Ägypten, Pharnakes und Juba. Festlichkeiten und Spiele von unerhörter Pracht, großartige Volksspeisungen, Geld- und Getreidespenden berauschten das Volk. Die Soldaten wurden für ihre treuen Dienste fürstlich belohnt. Zum bleibenden Andenken seines Namens legte er das Forum Julii an und führte statt des bisherigen in völlige Verwirrung geratenen Kalenders den verbesserten »Julianischen Kalender« ein. Seine Amtsgewalt wurde dadurch verstärkt, daß ihm die Diktatur auf zehn Jahre und mit der Würde eines Praefectus morum auch die censorische Gewalt zuerkannt wurden. Die Erhebung der Söhne des Pompejus und einiger Führer ihrer Partei in Spanien nötigte C. Anfang 45 noch einmal, im Bürgerkrieg die Waffen zu ergreifen. Bei Munda im südlichen Spanien kam es 17. März zur Schlacht, in der die Pompejaner mit dem Mute der Verzweiflung kämpften und C. den Sieg so erschwerten, daß er mit eigner Lebensgefahr seine Truppen zu wiederholtem Angriff anspornen mußte, ehe es ihm gelang, die feindlichen Reihen zu zersprengen und ihre Führer außer Sertus Pompejus zu töten. Noch mehrere Monate waren erforderlich, um ganz Spanien zu unterwerfen. Dann aber war C. unbeschränkter Alleinherrscher im Römischen Reich. Seine Ehren und Befugnisse wurden von den unterwürfigen Römern noch vermehrt: er erhielt die lebenslängliche Diktatur und mit der Würde eines Imperators die oberste Militär- und Civilgewalt. Es wäre ihm ein Leichtes gewesen, durch eine Änderung der republikanischen Verfassung seine monarchische Gewalt auch gesetzlich zu begründen. Doch begnügte er sich vorläufig, die politischen und socialen Zustände durch eine Reihe weiser Maßregeln zu verbessern. Er erließ Gesetze gegen den Luxus, brachte das Proletariat in Kolonien unter, führte ein milderes Schuldrecht ein und bestrafte den Wucher der Kapitalisten, schritt streng gegen Ämterkauf, Bestechung und Aufruhr ein und sorgte für milde, sorgsame Verwaltung der Provinzen. Zwar trug er sich mit dem Plan, einen großen Feldzug gegen die Parther zu unternehmen, um die Schmach von Carrhä zu rächen; doch verschob er denselben bis zum Sommer 44. Es herrschte nun nach den Stürmen der Bürgerkriege ungewohnte Ruhe in Rom. C. suchte die noch unversöhnten Gegner durch großmütige Milde und Freundlichkeit zu gewinnen, Charakterzüge, die, ihm angeboren, jetzt nach dem Ende der furchtbaren politischen Stürme in edelster Weise zur Geltung kamen. Die republikanischen Vorurteile der Römer schonte er und wagte daher nicht, den entscheidenden Schritt zu thun und sich die Königskrone aufs Haupt zu setzen. Aber in diesen fünf Monaten innerer Ruhe kamen die Mitglieder der alten Aristokratie wieder zum Bewußtsein ihres Sturzes und der Gefahr einer Monarchie. In Männern wie Brutus lebten trotz persönlicher Anhänglichkeit an C. der republikanische Stolz und Freiheitssinn wieder auf. Verletzte Eitelkeit und Selbstsucht kamen bei andern, wie bei Cassius, hinzu, und so bildete sich eine Verschwörung von mehr als 60 Männern, meist Senatoren, zur Ermordung Cäsars als einzigem Mittel für die Wiederherstellung der alten Republik. In der für den 15. März (die Iden) 44 in der Kurie des Pompejus angesetzten Senatssitzung sollte die That vollbracht werden. C. wurde von seiner Gattin Calpurnia und dem Haruspex gewarnt, und schon war Antonius beauftragt, den Senat zu entlassen, als der Verschworne Decimus Brutus durch spöttische Worte C. reizte, die Warnungen zu verachten. Während ihn in der Kurie die Verschwornen umringten und ihn von seinen Freunden abdrängten, näherte sich ihm Tillius Cimber, um für seinen verbannten Bruder zu bitten, und gab, als C. mit der Antwort zögerte, das Zeichen, indem er ihm die Toga von der Schulter riß. Casca that den ersten Stoß, und nach kurzem Widerstand verhüllte C. sein Haupt und sank, von 23 Wunden durchbohrt, an der Statue des Pompejus nieder. Der Senat ließ die Mörder unbehelligt entfliehen. Diese hatten aber gar keine Maßregeln für die Wiederherstellung des alten Staatswesens getroffen, und nur zu bald zeigten

die Greuel der wiederausbrechenden Bürgerkriege und die noch schmählichere Unterwerfung Roms unter Octavianus, daß die Ermordung des größten Römers nicht bloß ein moralisches, sondern ein noch größeres politisches Verbrechen war.

C. war von hoher, imponierender Gestalt; sein Gesicht war von kühnem Schnitt und durch scharf blickende schwarze Augen belebt, drückte aber dennoch meist Wohlwollen und Freundlichkeit aus. Seine geistige Begabung war eine so vielseitige, daß er fast alle Gebiete des menschlichen Wissens und Könnens beherrschte. Seine Selbstbeherrschung zeigte sich in edelster Weise nach seinem Sieg, den er mit seltener Großmut benutzte. Von seinen zahlreichen Schriften sind uns nur die Kommentarien über den Gallischen und den Bürgerkrieg erhalten, Denkwürdigkeiten, die wegen ihrer klaren, anmutigen Sprache und ihrer vortrefflichen anschaulichen Schilderungen mustergültig sind. Die übrigen Schriften: »Anticato«, »Libri auspiciorum«, »De astris«, »De analogia« (eine Abhandlung über die lateinische Sprache), »Apophthegmata« (eine Sammlung von eignen und fremden Witzworten und Sprüchen), sind verloren gegangen. Sein Bildnis ist in zwei Büsten des Berliner Museums am besten erhalten. Vgl. Drumann, Geschichte Roms, Bd. 3 (Königsb. 1837); Napoleon III., Histoire de Jules César (Par. 1865—1866, 2 Bde.; deutsch, Wien 1866); Delorme, C. und seine Zeitgenossen (deutsch von Döhler, Leipz. 1873).

Der Name C. ging auf seinen Großneffen und Adoptivsohn Octavianus über und bezeichnete nach der Annahme des Titels »Augustus« durch den Kaiser alle Prinzen aus der kaiserlichen Familie, namentlich den Thronfolger; doch seit Nero führten mehrere Kaiser den Titel C., welcher dem Namen vorgesetzt wurde (Imperator C. Vespasianus Augustus). Seit Diocletianus hießen die Gehülfen der Kaiser »Cäsaren«. Noch jetzt bezeichnet der Name bei Deutschen und Russen die höchste Herrscherwürde.

Cäsarēa (Kaisareia), Name mehrerer Städte: 1) Hauptstadt von Kappabokien, im Thal des Melas am Nordfuß des Argäos in der Landſchaft Kilikien gelegen, zuerſt Mazaka genannt und Reſidenz der kappadokiſchen Könige, nach der Zerſtörung durch den armeniſchen König Tigranes von dem König Artobarzanes Eujebes als Euſebeia wieder aufgebaut, endlich von dem römiſchen Kaiſer Tiberius bei der Verwandlung Kappadokiens in eine römiſche Provinz C. benannt; im 4. Jahrh. ward ſie Hauptſtadt von Cappadocia prima. Die Stadt blühte durch Handel und Induſtrie und war ſehr ſtark bevölkert. Jetzt Kaiſarieh. — 2) C. in Paläſtina, früher Turm des Straton (Stratonis turris) genannt, am Mittelländiſchen Meer ſüdlich vom Karmel gelegen, von Herodes 13 v. Chr. vergrößert und zu Ehren des Auguſtus umgenannt. Mit prächtigen Bauten geſchmückt und mit einem vortrefflichen Hafen verſehen, wuchs ſie zu einer blühenden, volkreichen Stadt heran und ward Hauptſtadt des Landes und Sitz der römiſchen Statthalter. Vespaſian, der hier zum Kaiſer ausgerufen wurde, erhob die Stadt zu einer römiſchen Kolonie. Jetzt Kaiſarieh, in Ruinen und mit verſandetem Hafen. — 3) C. in Mauretanien, am Meer gelegen, war urſprünglich eine phönikiſche Kolonie Jol und ward von König Juba II. zur Hauptſtadt ſeines mauretaniſchen Vaſallenreichs erhoben und Auguſtus zu Ehren C. genannt. Die anſehnlichen Trümmer beim jetzigen Scherſchel zeugen von der ehemaligen Größe und Pracht der Stadt. — 4) C. Auguſta, jetzt Saragoſſa, ſ. Jlergeten.

Cafilinum, Stadt in Kampanien, auf einer vom Volturnus umfloſſenen Halbinſel, wichtig als Übergangspunkt über den Fluß, den die Via Appia auf einer Brücke überſchritt. 216 v. Chr. wurde es von 1000 Präneſtinern und Peruſinern hartnäckig gegen Hannibal verteidigt und nur durch den Hunger bezwungen. In der Nähe täuſchte Hannibal den Diktator Fabius durch die bekannte Liſt mit den Rindern. Die Stadt litt im zweiten Puniſchen Krieg ſehr und blühte nicht wieder auf. 840 n. Chr. flüchteten die Einwohner von Capua vor

den Arabern nach dem feſten, aber damals ſchon ganz menſchenleeren Platz und nannten die hier neu gegründete Stadt Capua.

Caspiæ portæ, ſ. v. w. Kaſpiſche Pforte.

Caſſánder, ſ. Kaſſandros.

Caſſius, Name eines der älteſten röm. Geſchlechter von urſprünglich patriciſcher Abkunft: 1) Spurius C. Viscellinus, der erſte Caſſier, der ſich geſchichtlich hervorgethan hat, beſiegte als Konſul 502 v. Chr. die Sabiner, war 501 der erſte Magister equitum und ward 493 zum zweitenmal Konſul. Er beförderte die Einigkeit zwiſchen Patriciern und Plebejern und ſchloß das Bündnis mit den Latinern, welches Rom und Latium von der Herrſchaft der Etrusker befreite. Als er 486 zum brittenmal das Konſulat bekleidete, nahm er auch die Herniker in das Bündnis auf. Um die Leiden des verarmten Volks zu lindern, gab er das erſte Ackergeſetz (lex agrária), welches den Plebejern Anteil an den bisher allein von den Patriciern in Anſpruch genommenen Staatsländereien zugeſtand, wurde aber nach Ablauf ſeines Amtes von den Kuriatkomitien wegen Verletzung der Standesvorrechte der Patricier zum Tod verurteilt und vom Tarpejiſchen Felſen herabgeſtürzt, nach andern von dem eignen Vater getötet.

2) Gajus C. Longinus, Urheber der Verſchwörung gegen Cäſar, war 53 v. Chr. Quäſtor des Marcus Craſſus in Syrien, ſicherte, als Craſſus ſeine weiſen Ratſchläge unbeachtet gelaſſen und untergegangen war, den Rückzug des Reſtes des Heers und verteidigte Syrien mutig und geſchickt gegen die Angriffe der Parther; doch machte er ſich in dieſer Provinz grober Erpreſſungen ſchuldig. 49 Volkstribun, ſchloß er ſich bei Ausbruch des Bürgerkriegs Pompeius an, erhielt den Oberbefehl über einen Teil der Flotte und ſchlug Cäſars Flotte an der Küſte von Sicilien. Nach der Entſcheidungsſchlacht bei Pharſalos ſegelte er mit zehn Schiffen nach dem Helleſpont und traf hier mit Cäſar, der mit wenigen Begleitern nach Aſien überſetzen wollte, zuſammen; obwohl nun

E. der Stärkere war und Cäsar leicht hätte gefangen nehmen können, ergab er sich doch in der Bestürzung des Augenblicks. Cäsar verzieh ihm und ernannte ihn zum Legaten, aber er nahm an dem weitern Bürgerkrieg nicht teil, sondern lebte in Zurückgezogenheit, mit Studien beschäftigt, zu Rom. 44 wurde er Prätor und erhielt Syrien zur Provinz, doch war seine Eitelkeit empfindlich dadurch verletzt, daß Brutus, obgleich der Jüngere, die städtische Prätur erhielt, und er faßte nun den Plan, durch Ermordung Cäsars größere Macht und Bedeutung im Staat zu erlangen. Er gewann Brutus für sein Unternehmen, nach dessen Ausführung 15. März 44 er aber ebenfalls ratlos und unthätig war, so daß der von Antonius beeinflußte Senat ihm die Provinz Syrien nahm und ihn beauftragte, in Asien Getreide aufzukaufen. C. verließ schon vor Ablauf seines Amtes Rom und Italien und begab sich nach Syrien, wo er die Legionen für sich gewann und den an seiner Stelle ernannten Prokonsul Dolabella bei Laodikeia besiegte. Nach Antonius' Niederlage bei Mutina 43 bestätigte ihn der Senat im Besitz der syrischen Provinz. Nach Abschluß des Triumvirats rüstete er eifrig zum Krieg, erhob in Asien hohe Kontributionen und vereinigte sich 42 in Sardes mit Brutus, dessen Absicht, sofort nach Epeiros vorzudringen, er vereitelt hatte. Beide ließen sich von den Legionen als Imperatoren begrüßen und zogen sodann mit ihren vereinigten Streitkräften, 19 Legionen und 20,000 Reitern, im ganzen 100,000 Mann, den Triumvirn Antonius und Octavianus entgegen, welche bereits bis Makedonien vorgedrungen waren. Bei Philippi nahmen sie auf den Höhen den Triumvirn gegenüber eine feste Stellung ein, so daß C. mit dem linken Flügel des Heers Antonius gegenüberstand. Obwohl die Verschwornen, das Meer beherrschend und im Besitz reichlicher Zufuhr, den Entscheidungskampf zu vermeiden suchten, wurde C. doch durch das überlegene Feldherrngeschick des Antonius zur Schlacht gezwungen. Antonius erstürmte die Höhe, auf der C. stand, und drang in sein Lager ein. Brutus hatte

zwar mit seinem Flügel gesiegt, aber C. hielt die Reiter desselben, welche ihm den Erfolg melden sollten, für Feinde und ließ sich in seiner Verzweiflung von seinem Freigelassenen Pindarus töten. Brutus ließ ihn auf Thasos bestatten.

3) Lucius C. Longinus, Bruder des vorigen, stand im Bürgerkrieg auf Cäsars Seite und zog als Legat desselben 48 v. Chr. vor der Schlacht bei Pharsalos nach dem südlichen Griechenland, um dasselbe zu besetzen. An der Verschwörung gegen Cäsar nahm er nicht teil, vereinigte sich aber als Volkstribun mit Antonius, dessen Maßregeln nach Cäsars Tod er sich widersetzte, wurde aus dem Senat ausgestoßen und mußte nach Asien fliehen; erst nach der Schlacht bei Philippi erhielt er Verzeihung von Antonius. — Sein Sohn Lucius C. kämpfte unter seinem Oheim Gajus gegen Dolabella in Syrien und fiel bei Philippi.

4) Quintus C. Longinus, ein naher Verwandter des Verschwornen Gajus C., war 55 v. Chr. Prätor und machte sich während der Verwaltung seiner Provinz Spanien durch Habsucht und grausame Bedrückung der Einwohner äußerst verhaßt. 49 Volkstribun, erhob er mit seinem Kollegen Marcus Antonius gegen den Beschluß des Senats, daß Cäsar sofort sein Heer entlassen oder für einen Feind des Vaterlands erklärt werden solle, Einspruch, wurde deswegen mit Gewaltmaßregeln bedroht und flüchtete zu Cäsar nach Ariminum. Er begleitete diesen nach Spanien und ward nach der Besiegung der Pompejaner mit vier Legionen als Statthalter daselbst zurückgelassen, herrschte aber mit solcher Härte und Grausamkeit und ließ sich so schamlose Erpressungen zu schulden kommen, daß 48 ein Aufstand gegen ihn ausbrach, an dem sich selbst mehrere Legionen beteiligten. C. wurde in Corduba eingeschlossen; mit Hülfe des Königs Bogud von Mauretanien verschaffte er sich freien Abzug und schiffte sich mit seinen geraubten Schätzen nach Rom ein, litt aber an der Mündung des Iberus Schiffbruch und ertrank.

5) C. Parmensis, so genannt von seinem Geburtsort Parma, nahm 44 v. Chr.

an der Verschwörung gegen Cäsar und dessen Ermordung teil, befehligte dann in Syrien die Flotte des Gajus C. und schloß sich nach der Schlacht bei Philippi an Sertus Pompejus in Sicilien an. Nach dessen Niederlage bei Mylä flüchtete er mit ihm 36 nach Asien, ging aber hier zu Antonius über und kämpfte auf dessen Seite bei Actium. Nach der Schlacht begab er sich nach Athen, wurde aber hier ergriffen und auf Octavianus' Befehl hingerichtet. Er war auch als Dichter bekannt, namentlich durch seine Tragödien: »Thyestes« und »Brutus«; doch ist nichts von seinen poetischen Werken erhalten. Vgl. Weichert, De Lucii Varii et Cassii Parmensis vita (Grimma 1836).

Caffivelaunus, Fürst der Britannier im Land nördlich der Themse, stellte sich bei Cäsars zweiter Landung in Britannien an die Spitze der britannischen Völker und lieferte Cäsar mehrere unentschiedene Gefechte, worauf er sich in die Wälder und Sümpfe nördlich der Themse zurückzog, von wo aus er die Römer durch fortwährende Überfälle beunruhigte. Endlich gelang es Cäsar, über die Themse vorzubringen und C. zu besiegen, dessen Angriff auf das römische Schiffslager mißlang. C. schloß nun Frieden und stellte Geiseln.

Casteggio (spr. -edsch{\o}o), s. Clastidium.
Castel Giubiléo (spr. -dsch{\u}u-), s. Fidenä.
Castro Giovanni (spr. -dschow-) s. Enna.
Catana, Stadt in Sicilien, s. Katane.
Catilina, Lucius Sergius, geb. 108 v. Chr., stammte aus dem alten, vornehmen Patriciergeschlecht der Sergier, welches aus heruntergekommen war. Seine Jugend verbrachte er in Ausschweifungen. Während der Sullanischen Proskriptionen 82 zeigte er sich als den wildesten Mörder und erwarb aus der Beute seiner Opfer ein großes Vermögen, das er in maßloser Verschwendung vergeudete. Um in zweiter Ehe eine reiche Witwe heiraten zu können, tötete er seinen eignen Sohn, an dem diese Anstoß nahm; mit einer Vestalin trieb er Unzucht. Sein wilder, lauernder Blick, sein unstäter, hastiger Gang verrieten seine verbrecheri-

schen Gelüste sowie die ihn quälenden Gewissensbisse. Ohne Scham wälzte er sich in viehischen Lastern und war unter der verderbten römischen Jugend jener Zeit der verderbteste; zugleich aber besaß er eine unverwüstliche Körperkraft, bedeutende Geistesanlagen und besonders die Gabe die Gemüter der Menschen zu fesseln und, zu gewinnen. So erlangte er trotz seiner Verbrechen und seines finanziellen Ruins doch höhere Ämter. 77 ward er Quästor, 68 Prätor und erhielt die Provinz Afrika, wo er so schamlose Erpressungen ausübte, daß er von Abgeordneten der Provinz in Rom angeklagt und 66 von der Bewerbung um das Konsulat ausgeschlossen wurde. Zwar ward er 65 von der Anklage freigesprochen, aber seine Kandidatur auch für 64 nicht zugelassen. Ein Mordanschlag auf die gewählten Konsuln scheiterte. Von brennendem Ehrgeiz erfüllt, zugleich durch eine ungeheure Schuldenlast gedrängt, stiftete er nun eine förmliche Verschwörung an, um sich das Konsulat für 63 zu sichern. Er sammelte eine Anzahl sittlich verderbter Leute um sich, die wie er durch den Umsturz alles Bestehenden sich ihrer Schulden zu entledigen und in den Besitz der Macht im Staat zu gelangen hofften, und versprach, ihnen als Konsul durch Vernichtung der Schuldbücher und Proskription aller Reichen und Vornehmen Reichtümer und einflußreiche Ämter zu verschaffen. Die Senatspartei war aber von dieser geheimen Verschwörung benachrichtigt worden und bot alles auf, Catilinas Wahl zu verhindern. Wirklich wurde an seiner Stelle Marcus Tullius Cicero gewählt, der den andern Konsul, Gajus Antonius, auf dessen Beistand C. gerechnet hatte, durch Abtretung der eigentlich ihm bestimmten reichen Provinz Makedonien ganz für sich gewann. C. bereitete nun alles für einen Gewaltstreich vor und setzte sich zu diesem Zweck mit den Veteranen des Sulla in Etrurien durch Gajus Manlius in Verbindung. Die Konsulwahl für 62 sollte die Entscheidung bringen. Dieselbe war vom Senat, um Zeit zu gewinnen, vom Juli auf den 28. Okt. 63 verschoben worden. Cicero wurde durch die Geliebte eines Verschwornen

von allen Plänen und Maßregeln Catilinas unterrichtet und legte an dem anfangs zur Konsulwahl bestimmten 21.
Okt. im Senat in Gegenwart Catilinas
alles dar, was ihm von der Verschwörung
bekannt geworden. C. erwiderte trotzig,
er wolle dem machtlosen Volk das Haupt
geben, das ihm bisher gefehlt habe. Obwohl nun der Senat den Konsuln außerordentliche Vollmachten erteilte und nach
Etrurien und Apulien Truppen schickte,
um die Rüstungen der Catilinarier zu
hindern, waren die Zahl und der Einfluß
der geheimen Gönner und Anhänger Catilinas in Rom selbst doch so groß, daß
derselbe in Rom bleiben und seine Bewerbung um das Konsulat fortsetzen konnte;
selbst Crassus und Cäsar begünstigten ihn,
um bei der bevorstehenden Staatsumwäl-
zung selbst in den Besitz der Gewalt zu
gelangen. Am Wahltag, 28. Okt., erschien er, von einer großen Schar Bewaffneter umgeben, auf dem Forum, um
Cicero zu ermorden; aber auch dieser hatte
eine stattliche Leibwache von Rittern bei
sich, und es gelang ihm wiederum, Catilinas Wahl zu verhindern. Auch ein Versuch desselben, 1. Nov. Präneste zu überrumpeln, glückte nicht. Nun entschloß sich
C., selbst zu dem in Etrurien gesammelten Heer zu gehen, vorher aber Cicero ermorden zu lassen. Ciceros Wachsamkeit
vereitelte den Anschlag, und derselbe hielt
8. Nov. im Senat seine erste Catilinarische Rede, in welcher er den Verschwörer
seiner verbrecherischen Absichten überführte
und ihn aufforderte, Rom von seiner An-
wesenheit zu befreien. C. versuchte, sich zu
verteidigen, wurde aber durch die allgemeine Entrüstung gezwungen, sich zu entfernen. Nachdem er die in der Hauptstadt
zurückbleibenden Anhänger, unter Führung des Prätors Lentulus und des Ce-
thegus, beauftragt, sein Eindringen in
Rom an der Spitze des Heers durch An-
zünden der Stadt und ein allgemeines
Blutbad zu erleichtern, begab er sich nach
Etrurien in das Lager des Manlius. Cicero aber, der sein Verfahren 9. Nov. in
seiner zweiten Catilinarischen Rede vor dem
Volk rechtfertigte, wußte sich in den Besitz von Schriftstücken zu setzen, welche die

Verschwornen in Rom allobrogischen Gesandten an C. mitgegeben hatten, und
welche die Schuld derselben klar bewiesen,
ließ die Verschwornen verhaften und überführte sie in einer 3. Dec. im Tempel der
Concordia abgehaltenen Senatssitzung;
5. Dec. wurden die fünf Häupter der Verschwörung trotz Cäsars Widerspruch vom
Senat zum Tod verurteilt und noch in
der Nacht im Tullianum durch Henkers-
hand erdrosselt. Das Volk begrüßte die
Kunde von der Hinrichtung mit Jubel und
pries Cicero als den Retter der Stadt.
C. hatte inzwischen in Etrurien zwei Legionen zusammengebracht; auf die Kunde
von den Vorgängen in Rom verließen ihn
aber viele, die sich ihm nur in der Hoffnung auf Raub und Plünderung angeschlossen hatten. C. wollte nun mit der
kleinen ihm treu gebliebenen Schar über
den Apennin nach Gallien entweichen,
fand aber die Apenninenpässe durch Metellus Celer versperrt und warf sich daher
auf das ihn verfolgende Heer des Konsuls
Antonius, der aber den Oberbefehl an den
Legaten Petrejus abgegeben hatte. Im Januar 62 kam es zur Schlacht bei Pistoria, in welcher die Catilinarier mit dem
Mute der Verzweiflung kämpften, aber der
Übermacht unterlagen. Als C. die Niederlage der Seinigen sah, stürzte er sich mitten unter die Feinde und fand den gesuchten Tod. — Die Catilinarische Verschwörung gewährt einen erschreckenden
Blick in die Verderbtheit der damaligen
römischen Zustände und in den Verfall der
republikanischen Institutionen und die
Schwäche der Behörden, wenn auch die
Senatspartei diesmal noch siegte. Der
Geschichtschreiber Sallustius hat in seinem
Werk »De conjuratione Catilinæ« eine
vortreffliche Geschichte des Ereignisses gegeben. Vgl. Hagen, C. (Königsb. 1854).

Catina, s. Katane.

Cato, 1) Marcus Porcius C.
(Censorius, auch Major (oder Priscus), der Ältere, im Unterschied von
seinem gleichnamigen Urenkel, dem C. Uticensis, genannt, geb. 234 v. Chr. zu Tusculum aus einer bisher unbekannten Familie, verlebte seine Jugend daselbst unter
ländlichen Beschäftigungen, welche seinen

Sinn früh auf den Ackerbau als die Grundlage jedes gesunden Staatswesens und auf die altrömische Einfachheit und Mäßigkeit als die vorzüglichsten Tugenden eines tüchtigen Bürgers hinlenkten. Als 17jähriger Jüngling kämpfte er gegen Hannibal, stieg bald zum Militärtribunen empor und nahm 209 an der Eroberung Tarents und 207 an der Schlacht am Metaurus teil. Zugleich bildete er sich zum Rechtsgelehrten und Redner aus. 204 begleitete er Scipio als Quästor nach Sicilien, ward 199 Äbil, 198 Prätor und darauf Statthalter von Sardinien, wo er gegen die römischen Wucherer mit größter Strenge vorschritt, und schon 195 Konsul. Nach Ablauf seines Konsulats erhielt er die Provinz Spanien, wo er mit großem Erfolg die kriegerischen Stämme des Innern bekämpfte und, wie er sagte, mehr Städte einnahm, als er Tage in Spanien zubrachte. 191 diente er als Legat unter Manius Acilius Glabrio im Kriege gegen Antiochos von Syrien und entschied den Sieg über dessen Heer durch Ersteigung des Kallidromos im Rücken desselben. Besonders einflußreich wurde aber sein Wirken im Innern, seitdem er 184 mit seinem Freund Lucius Valerius Flaccus zum Censor gewählt worden war. Er reinigte mit unnachsichtiger Strenge Senat und Ritterschaft von anrüchigen Mitgliedern und trat dem überhand nehmenden Luxus, namentlich der Putzsucht der Frauen, energisch entgegen; er wahrte mit unermüdlichem Eifer das Interesse des Staats gegen die Übergriffe der Einzelnen und vermehrte die Staatseinkünfte. Überall zeigte er sich als einen entschiedenen Gegner aller Neuerungen und alles fremden Wesens, und als 155 eine griechische Gesandtschaft unter dem Philosophen Karneades nach Rom kam, sorgte er für ihre baldige Entfernung, weil er von ihr einen ungünstigen Einfluß auf die altrömische Sittenstrenge befürchtete. In seinem Wesen und seiner Lebensweise stellte er das Musterbild eines alten Römers dar: er war einfach, streng gegen sich selbst und gegen sein Gesinde, ein guter Hausvater und Landwirt, scharf und derb, von gesundem, kräftigem Witz.

Die neue geistige Richtung, welche die Scipionen begünstigten, namentlich das Eindringen griechischer Litteratur, Kunst und Wissenschaft, bekämpfte er bis an das Ende seines Lebens mit hartnäckiger Zähigkeit, obwohl ohne Erfolg, wie er denn schließlich selbst Griechisch lernte und sich mit der griechischen Litteratur bekannt machte. Als Sachwalter war er unermüdlich thätig und trat viele Male als Ankläger auf, wurde freilich selbst 50mal angeklagt, aber stets freigesprochen. In der auswärtigen Politik war er ein Vertreter des rücksichtslosen römischen Staatsegoismus und forderte mit den Worten: »Ceterum censeo, Carthaginem esse lendam« unermüdlich die Zerstörung der besiegten Nebenbuhlerin. Seine litterarische Thätigkeit war groß. Außer verloren gegangenen juristischen Werken, Reden, von denen einige Bruchstücke erhalten sind, und didaktischen Schriften für seinen Sohn verfaßte er ein historisches Werk, »Origines«, eine Entwickelungsgeschichte des römischen Staats von der Gründung der Stadt bis auf seine Zeit in 7 Büchern, von der aber nur Fragmente übrig sind, und ein Werk über den Ackerbau, »De re rustica«, welches erhalten ist. Er starb 149 v. Chr., 85 Jahre alt. Vgl. Gerlach, Marcus Porcius C. der Censor (Stuttg. 1874). — Sein ältester Sohn, Marcus Porcius, nach seiner Mutter Licinia Licinianus genannt, zeichnete sich 168 in der Schlacht bei Pydna aus und war ein tüchtiger Jurist, von dem die Regula Catoniana in den Pandekten herrührt. Er starb schon 152.

2) Marcus Porcius C. Uticensis oder der Jüngere, Urenkel des Censors, geb. 95 v. Chr., verlor früh seinen Vater und ward im Hause seines Oheims Livius Drusus erzogen, welcher aber auch bald starb. Seine ersten Kriegsthaten verrichtete er 72 gegen Spartacus und diente dann als Tribun in Makedonien, kehrte aber bald nach Rom zurück, um sich rhetorischen und philosophischen Studien zu widmen; er schloß sich, seiner Charakteranlage entsprechend, der stoischen Schule an. 65 verwaltete er in ausgezeichneter Weise die Quästur. Als es sich

63 im Senat um die Bestrafung der Genossen Catilinas handelte und die Senatoren nicht für den Tod zu stimmen wagten, trat C. mit Entschlossenheit für das schärfste Strafmaß ein und erwirkte auch das Todesurteil. Für 62 ließ er sich zum Volkstribunen wählen, hauptsächlich um den Ränken des Metellus Nepos entgegenzutreten, welcher Pompejus für die Volkspartei gewinnen und die Macht des Senats vernichten wollte. Durch unerschütterlichen Mut erreichte C. auch seine Absicht. Das Ziel seines politischen Wirkens war die Aufrechterhaltung der alten Staatsverfassung Roms in aristokratischem Sinn, wonach bei der im Senat vertretenen Aristokratie die entscheidende Gewalt sein sollte; selbst charakterfest, sittenrein und uneigennützig, hielt er den römischen Adel für fähig und gewillt, dasselbe Ziel zu verfolgen, und die Erreichung desselben also für möglich. Daher trug er auch kein Bedenken, gegen Pompejus aufzutreten, als derselbe siegreich aus dem Orient zurückkehrte, und dem Senat die Ablehnung der Wünsche desselben zu empfehlen. Dadurch trieb er aber Pompejus nur zum Bund mit Cäsar und wurde nun von beiden verfolgt. 58 beseitigte man ihn durch eine Gesandtschaft nach Kypros, wo er den König Ptolemäos abzusetzen und die Insel für Rom in Besitz zu nehmen hatte. Zurückgekehrt, bekämpfte er 56 vergeblich die Wahl des Pompejus und Crassus zu Konsuln und beantragte Cäsars Auslieferung an die von ihm getäuschten Germanen. 54 ward er Prätor, ging aber nach Ablauf dieses Amtes nicht in eine Provinz, sondern blieb in Rom, um die Republik zu verteidigen. Als die Unruhen nach der Ermordung des Clodius 52 endlich eine Versöhnung der Senatspartei mit Pompejus herbeiführten, schloß er sich diesem an und drängte auf alle Weise zum Bruch mit Cäsar, den er als den gefährlichsten Gegner der Aristokratie erkannte. Beim Ausbruch des Bürgerkriegs 49 übernahm er den Befehl in Sicilien, konnte die Insel jedoch nicht gegen Curio behaupten und begab sich nach Epeiros in das Pompejanische Lager. Hier ward er der Senatspartei

durch seine freimütigen Ratschläge und Mahnungen so unbequem, daß er in Dyrrhachion zurückgelassen wurde, von wo er sich nach der Schlacht bei Pharsalos nach Afrika begab, um dort mit den übrigen Pompejanern den Kampf für die Republik fortzusetzen. Den ihm angetragenen Oberbefehl schlug er zu Gunsten des Metellus Scipio aus und übernahm die Verteidigung der Stadt Utica. Nach der Schlacht bei Thapsos rüstete er sich erst zum Widerstand, erkannte aber die Nutzlosigkeit desselben und entschloß sich, um die Republik nicht zu überleben und Cäsar nicht um Gnade anflehen zu müssen, zu freiwilligem Tod. Er sorgte zunächst für die Flucht aller, die Cäsars Rache zu fürchten hatten, las dann in Platons »Phädon« und stieß sich, als er die Kunde von der Abreise seiner Schutzbefohlenen erhalten, in der Nacht den Dolch in den Leib. Im Fallen stieß er einen Tisch um, seine Freunde eilten auf das Geräusch herbei und verbanden die Wunde; doch kaum war er wieder allein, als er den Verband abriß und durch Verbluten seinen Tod fand (8. April 46). In der That blieb ihm bei seinem Charakter und seinem Lebensideal nichts übrig, als mit dem Sturz der Republik selbst unterzugehen. Wohl täuschte er sich über die innern Zustände seines Vaterlands, die er irrtümlich für heilbar hielt, und verfolgte ein unerreichbares Ziel, indem er die alte aristokratische Republik wiederherzustellen strebte. Aber er war eine edle, ehrenhafte Persönlichkeit mit den Tugenden der großen Vorfahren.—

Seine Tochter, die berühmte Porcia, war an republikanischer Gesinnung und Sittenreinheit das Ebenbild ihres Vaters, welchem sie auch nach dem Tod ihres zweiten Gatten, Brutus, im Selbstmord nachfolgte. Sein Sohn Marcus Porcius C., der bei dem Tode des Vaters in Utica war und die That vergeblich zu hindern suchte, erhielt von Cäsar Verzeihung, ging aber nach dessen Ermordung zu den Verschwornen über und fiel 42 in der Schlacht bei Philippi. Er scheint der letzte seines Geschlechts gewesen zu sein. Vgl. Wartmann, Leben des C. von Utica (Zür. 1859); Gerlach, Marcus Porcius C. der Jüngere (Bas. 1866).

Catúlus, 1) Gajus Lutatius, aus dem alten plebejischen Geschlecht der Lutatier, ward 242 v. Chr. zum Konsul gewählt und mit dem Oberbefehl über die neu gebaute Kriegsflotte beauftragt, mit der er 10. März 241 die karthagische Flotte unter Hanno bei den Ägatischen Inseln zur Schlacht zwang und so entscheidend besiegte, daß die Karthager die von C. gestellten Friedensbedingungen sofort annahmen. Doch billigte das römische Volk dieselben nicht, sondern verschärfte sie beträchtlich. C. wurde die Ehre des Triumphs zuerkannt.

2) Quintus Lutatius, Kollege des Marius im Konsulat 102 v. Chr., erhielt, während dieser bei Aquä Sertiä die Macht der Teutonen vernichtete, den Auftrag, das Einbrechen der Cimbern über die Ostalpen nach Oberitalien zu verhindern. Er besetzte die Übergänge über die Alpen, wurde aber von den Cimbern geschlagen und mußte ihnen das ganze Land nördlich vom Po preisgeben. Für 101 wurde ihm der Oberbefehl verlängert, und er vereinigte sich mit Marius, der ihm aus Gallien zu Hülfe kam. In der Schlacht auf den Raudischen Feldern bei Vercellä entschied er durch seine Umsicht und Tapferkeit den Sieg, erweckte aber hierdurch den Neid und die Eifersucht des Marius. Auch im Bundesgenossenkrieg that er sich hervor. In den innern Kämpfen stand er auf der Seite der Optimatenpartei und ward 87 nach dem Sieg der Volkspartei von Marius, der ihn haßte, zur Hinrichtung bestimmt, kam derselben aber durch Selbstmord zuvor. Er war vielseitig gebildet und von mildem Charakter, aber ohne Energie. Seinen großen Reichtum verwendete er, um Rom mit prächtigen Bauten zu schmücken. Auch als Redner, Dichter und Geschichtschreiber erwarb er sich einen guten Namen und schrieb eine Geschichte seines Konsulats: doch hat sich von seinen Werken nichts erhalten.

3) Quintus Lutatius C. Capitolinus, Sohn des vorigen, ein Mann von großer Rechtschaffenheit und Mäßigung, hielt sich zur Senatspartei, war ein Anhänger Sullas und ward 78 v. Chr. mit Marcus Ämilius Lepidus zum Konsul gewählt. Als sein von Pompejus begünstigter Kollege zur Volkspartei überging und mit einem in Etrurien gesammelten Heere Rom selbst angriff, besiegte ihn C. an der Milvischen Brücke und bei Cosa (77), drang aber nach dem Sieg des Senats auf Mäßigung. Er blieb fortan meist in Rom und war eins der Häupter der Aristokratie. 69 weihte er den neu erbauten Tempel des Jupiter Capitolinus und gab dabei prächtige Feste. Die wachsende Macht des Pompejus beobachtete er mit Mißtrauen und widersetzte sich der Übertragung des unbeschränkten Oberbefehls in den Kriegen gegen die Seeräuber und gegen Mithridates an den glücklichen Feldherrn. Er starb 61.

Caudĭum, Stadt der Samniter an der Via Appia in der Nähe der durch die Taburnischen Berge führenden Caudinischen Pässe (Furculæ Caudinæ). Hier wurde 321 v. Chr. im zweiten Samniterkrieg das römische Heer unter den Konsuln Titus Veturius Calvinus und Spurius Postumius auf dem Marsch von Calatia nach Luceria von den Samnitern unter Gavius Pontius plötzlich umzingelt und erlitt bei dem Versuch durchzubrechen eine völlige Niederlage, so daß es sich auf Unterhandlungen einzulassen gezwungen war. Die Römer mußten sich den Bedingungen des Siegers fügen, einen Friedensvertrag beschwören, in welchem sie sich verpflichteten, alle besetzten samnitischen Städte zu räumen und nie wieder Krieg zu beginnen, und dann waffenlos durch das Joch gehen; 600 Ritter wurden als Geiseln zurückbehalten. In Rom ward der Vertrag auf Antrag der Konsuln selbst vom Senat für ungültig erklärt und die Konsuln und alle Offiziere, die den Vertrag beschworen, den Samnitern ausgeliefert, welche aber die Auslieferung für ein bloßes Possenspiel und einen schnöden Treubruch erklärten u. sie mit Verachtung zurückwiesen; auch die 600 Geiseln wurden von ihnen verschont.

Gelänä, s. Kelänä.

Celtiberer, s. Keltiberer.

Cenomänen (Cenomāni), kelt. Volksstamm in Gallien, zu dem Volk der Aulerker gehörig, wohnte im Gebiet der Sarthe am rechten Ufer der untern Loire mit der Hauptstadt Suindinum (Le Mans). Ein

Teil des Stammes zog bei der großen keltischen Wanderung um 500 v. Chr. mit nach Oberitalien und ließ sich in Gallia transpadana zwischen Ollius und Athesis nieder; ihre Hauptorte waren: Verona, Brixia, Cremona und Mantua.

Censoren, Magistrate in Rom, welche den durch die Servianische Verfassung eingesetzten Census vorzunehmen hatten, durch welchen die römischen Bürger nach ihrem Vermögen in Klassen eingeteilt und ihre Kriegsleistungen und Abgaben festgesetzt wurden. Der Census wurde alle fünf Jahre abgehalten und durch ein Reinigungsopfer (lustrum) beschlossen. Er wurde vorgenommen anfangs von den Königen selbst und nach dem Sturz des Königtums von den Konsuln. Als aber 444 v. Chr. die Wahl von plebejischen Konsulartribunen zugelassen wurde, bewirkten die Patricier, um ihrem Stand noch ein Vorrecht zu erhalten, die Errichtung eines besondern Amtes zur Vornahme des Census, der Censur, und zwar sollten alle fünf Jahre zwei C. gewählt werden, beren Amtsbauer indes schon 434 vom Diktator Ämilius Mamercus auf 1½ Jahre beschränkt wurde, so daß in jedem Lustrum 3½ Jahre lang keine C. fungierten. Auch die richterlichen Geschäfte wurden wahrscheinlich bis zur Einsetzung der Prätur den C. übertragen. Ihre amtliche Wirksamkeit vergrößerte sich mit der Zeit. Sie hatten nicht nur die Bürger in Centurien und Tribus einzuteilen und die Steuern auszuschreiben, sondern auch die öffentlichen Bauten anzuordnen und ihre Ausführung zu leiten, die dem Staat gehörigen Grundstücke, Nutzungen, Zölle und Gefälle zu verpachten, die Lieferungen für den öffentlichen Dienst auszuschreiben 2c.; vor allem aber war ein ungemein einflußreiches Sittengericht in ihre Hand gelegt, vor welches alle diejenigen Vergehen gezogen wurden, welche für den Arm der Justiz unerreichbar waren, wie Vernachlässigung des Ackerbaus und der Kindererziehung, Härte gegen Untergebene, Verschwendung, Verhöhnung der Religion, Verletzung der öffentlichen Sitte u. dgl., und zwar waren sie bei Handhabung dieses Rechts an keine bestimmten Gesetze

und Förmlichkeiten, sondern nur an ihr Gewissen und ihre persönliche Überzeugung gebunden. Die von ihnen verhängten Strafen bestanden in Rügen (notæ), Ausstoßung aus dem Senat oder dem Ritterstand oder endlich aus der Tribus, wodurch der betroffene Bürger seiner bürgerlichen Rechte verlustig ging und mit einer höhern Steuer belegt wurde. Auch hatten die C. die Befugnis, Edikte gegen den Luxus und andre Entartungen des sittlichen Lebens zu erlassen. Daher wurde das Amt hochgeschätzt und als würdiger Schluß einer ausgezeichneten öffentlichen Laufbahn angesehen. Gewöhnlich wählte man nur Männer, welche sich bereits durch die Verwaltung eines Konsulats bewährt hatten, und kein Censor war wiederwählbar. Bestätigt wurden sie durch die Centuriatkomitien. Als äußeres Abzeichen führten sie den kurulischen Stuhl und die purpurne Toga. 350 erlangten auch die Plebejer Zulassung zur Censur, und 338 bestimmte das Gesetz des Publilius Philo, daß immer einer der C. ein Plebejer sein müsse. Als infolge der unermeßlichen Kriegsbeute in den orientalischen Kriegen um 170 die Staatsabgaben der römischen Bürger aufhörten und durch Marius auch die besitzlosen Bürger zum Kriegsdienst herangezogen wurden, fiel der eigentliche Census, die Abschätzung, weg, und das sittenrichterliche Amt, besonders die lectio Senatus, die Ergänzung des Senats, ward die Hauptthätigkeit der C. Sulla schaffte daher 82 die Censur ganz ab, indem er die Besorgung der Bauten und die Aufsicht über die Finanzen den Konsuln und Prätoren übertrug und den Senat sich selbst ergänzen ließ. Doch wurde sie 70 wiederhergestellt. Cäsar und Augustus ließen sich unter dem Titel eines Præfectus morum die ganze censorische Gewalt übertragen. Erst Claudius führte wieder den Titel eines Censors und ernannte auch einen Kollegen, welchem Beispiel auch einige spätere Kaiser, wie Vespasian und Titus, folgten; seit Trajan führten die Kaiser den Titel nur während der Dauer des Census. Als letzter Censor ward Valerianus auf Befehl des Kaisers Decius gewählt.

8*

Centurie (Centūria, »Hundertschaft«, von centum, hundert), ursprünglich im röm. Heerwesen eine Abteilung von 100 Mann, vornehmlich von 100 Reitern. Durch die Servianische Verfassung wurde die Einteilung des Heers auf die politische Einteilung der Centuriatkomitien übertragen, indem außer den 18 Reitercenturien die erste Vermögensklasse der römischen Bürger in 80, die zweite, dritte und vierte in je 20 und die fünfte in 30 Centurien eingeteilt wurde; hierzu kamen noch 2 Centurien Zimmerleute und 2 Centurien Spielleute, endlich eine C. Proletarier oder capite censi, so daß das römische Volk zusammen in 193 Centurien eingeteilt war, welche also in der ältesten Zeit der Republik ein Heer von 1800 Reitern und 17,000 Fußsoldaten ausmachten. Doch zerfielen die letztern, die centuriæ peditum, in 2 Abteilungen: die jüngern (unter 45 Jahren), welche in den Kampf auszogen, und die ältern, welche nur die Stadt zu verteidigen hatten. Der Anführer einer C. hieß Centurio, und dieser Name blieb auch, als die Centurieneinteilung der Heere bei in Legionen und Manipeln wich, und ging auf die Anführer der letztern über. Die Art des Kriegsdienstes, die Rüstung und Bewaffnung sowie die Stellung im Heer und in der Schlacht richteten sich nach den Vermögensklassen; die reichsten Bürger dienten als Reiter oder als volle Schwerbewaffnete. In den nach den Centurien eingeteilten Volksversammlungen hatte jede C. eine Stimme, und damit hatte die erste Klasse, die mit den Reitercenturien 98 Stimmen zählte und überdies zuerst abstimmte, das Übergewicht. Vgl. Komitien.

Cephalonia, s. Kephallenia.

Cephīsus, s. Kephissos.

Cerāsus, s. Kerasos.

Cerigo (spr. tsche=), s. Kythera.

Certis, s. Bätis.

Chabrias, athen. Feldherr, ward 388 v. Chr. mit einer Flotte nach Kypros geschickt, um den Aufstand des Euagoras gegen die Perser zu unterstützen, brachte auf der Fahrt dahin den Spartanern auf Ägina einen empfindlichen Verlust bei und erfocht in Kypros glänzende Siege, so daß Euagoras die ganze Insel eroberte. Nach dem Frieden des Antalkidas abberufen, unterstützte er 379 die Befreiung Thebens von der Herrschaft Spartas, indem er dem spartanischen Heer den Weg nach Böotien verlegte und 378 ein Hülfsheer von 5000 Mann den Thebanern zuführte; durch eine geschickte Aufstellung auf den Höhen von Theben, wobei die Soldaten knieend und den Schild aufs Knie gestemmt mit gefälltem Speer den Feind erwarteten, machte er Agesilaos jeden Angriff unmöglich und zwang ihn zum Rückzug. Als Anführer der Bundesflotte errang er 376 den wichtigen Sieg bei Naxos über die Spartaner und befreite Abdera von den Angriffen der Barbaren. Weniger glücklich war er 368—366 im Kriege gegen Theben und wurde sogar wegen der Übergabe von Oropos angeklagt, aber freigesprochen. Nach der Schlacht bei Mantineia kam er dem König Tachos von Ägypten gegen die Perser zu Hülfe und befehligte dessen Flotte, kehrte aber nach dem unglücklichen Ende des Tachos nach Griechenland zurück und fiel 357 im Bundesgenossenkrieg beim Angriff auf Chios.

Chafra (Chephren), König von Ägypten, der Erbauer der zweitgrößten Pyramide; s. Ägypten.

Chalcēdon, s. Chalkedon.

Chalcis, s. Chalkis.

Chaldäer (Chaldæi), ein Volksstamm im südlichen Teil von Babylonien, an der Mündung des Euphrat, mit der Hauptstadt Ur, in der Bibel Kasdier (Kasdim) genannt, vermutlich ein Stamm der Akkabier, dem die letzte, seit 626 v. Chr. regierende Dynastie des babylonischen Reichs angehörte, und nach dem der südlichste Teil Babyloniens, dann auch das ganze Land Chaldäa genannt wurde. Ihr Name ist später auf den babylonischen Priesterstand und in neuerer Zeit (16. Jahrh.) irrtümlich auf den nachchristlichen babylonischen Dialekt (die »chaldäische Sprache«) übertragen worden.

Chalkēdon (Chalcēdon, richtiger Kalchēdon, jetzt Kabiköi), Stadt in Bithynien, am südlichen Eingang des Bosporos, Byzantion gegenüber, gelegen, 675

v. Chr. von den Megarern gegründet, war eine blühende Handelsstadt mit einem berühmten Tempel und Orakel des Apollon, deren Gebiet das ganze asiatische Ufer des Bosporos umfaßte, stand 515—478 unter persischer Herrschaft und schloß sich dann dem Athenischen Seebund an. Sie verlor ihre Blüte, als Nikomedes 140 einen Teil ihrer Einwohner nach dem neu gegründeten Nikomedeia verpflanzte. Sie kam 74 v. Chr. unter die Herrschaft der Römer. 323 n. Chr. erfocht Constantinus bei C. den Sieg über Licinius, der ihm die Alleinherrschaft sicherte. Verfallen, wurde die Stadt von Kaiser Valens wiederaufgebaut und unter dem Namen Justinianea Hauptort der Provinz Pontica prima.

Chalkidike (Chalcibice, Chalkibische Halbinsel), große Halbinsel an der Küste Makedoniens, welche zwischen dem Thermäischen und dem Strymonischen Meerbusen nach S. weit in das Ägäische Meer vorspringt und, im N. von mäßig hohen, metallreichen Waldbergen durchzogen, die sich nach dem Meer zu flachen Thal- und Küstenlandschaften abdachen, sich nach SO. in drei schmale, fingerförmige Landzungen, Pallene, Sithonia und Akte, spaltet, welche durch zwei tief einschneidende Golfe, den Koronäischen und Singitischen, voneinander getrennt sind, und von denen Pallene und Akte nur durch flache Landengen mit der Halbinsel selbst zusammenhängen. Die Landzungen sind von Felsgebirgen erfüllt, welche steil in das Meer abfallen; besonders hoch ist die Südostspitze von Akte, der Berg Athos. Dem südlichen Griechenland in Naturform und Klima ähnlich, wurde die Küste der Halbinsel schon früh durch ionische Kolonisten von den Inseln, namentlich von Andros, Chalkis und Eretria auf Euböa, besetzt und in ein völlig griechisches Land umgewandelt; die kleinen, aber zahlreichen ionischen Pflanzstädte wurden gewöhnlich die »chalkidischen Städte« und davon die ganze Halbinsel C. genannt. Die wichtigsten Städte waren: Stageiros, Akanthos, Torone, Mende, Potidäa (später Kassandreia), welche sich 432 v. Chr. gegen die wachsende Macht Makedoniens zur Anlage einer neuen, stark befestigten Haupt-

stadt, Olynthos, vereinigten, mit bessen Eroberung 348 auch ganz C. unter makedonische Herrschaft kam.

Chalkis (Chalcis), die bedeutendste Stadt Euböas, auf einer vorspringenden Landzunge an der schmälsten Stelle des Euripos gelegen, über welchen seit dem engern Bündnis mit Böotien 411 v. Chr. eine feste Brücke führte. Von phönikischen Purpurfischern gegründet (daher der Name, von chalke, die Purpurschnecke), dann von Joniern besetzt, von einer reichen, fruchtbaren Flur, der Lelantischen Ebene, umgeben, blühte sie durch Handel, Metallindustrie und Ackerbau rasch zu einer großen, volkreichen Stadt empor, welche einen Umfang von 70 Stadien hatte. Schon seit dem 8. Jahrh. gründete sie zahlreiche Pflanzstädte an der thrakischen und makedonischen Küste (s. Chalkidike), auf den Inseln Jos, Seriphos, Peparethos u. a., in Sicilien (Katane, Naxos, Leontinoi, Himera) und in Italien (Kyme und Rhegion). Ihre Verfassung war eine aristokratische; der herrschende Adel hieß die Hippoboten. Nachdem es im 7. Jahrh. mit dem benachbarten Eretria um den Besitz der Lelantischen Ebene einen großen Krieg geführt hatte, an welchem auch viele andre griechische Staaten teilnahmen, verband sich C. aus Handelseifersucht 507 mit Theben gegen das aufstrebende Athen, wurde aber von diesem besiegt und erobert und sein fruchtbares Gebiet unter 4000 attische Kleruchen verteilt. Eine Empörung gegen die Athener 445 mißlang. Zwar wurde es 411 im Peloponnesischen Krieg wieder frei, aber wegen seiner wichtigen strategischen Lage an der Meerenge wiederholt besetzt und endlich von Philipp von Makedonien durch eine neue Befestigung zu einer der drei »Fesseln Griechenlands« gemacht. Die jetzige, von den Türken erbaute Stadt, früher Evripo genannt, heißt wieder C.

Chalyber (Chalybes, später Chaldäei), ein Volksstamm an der Nordküste von Kleinasien, in Pontos in einem an Eisengruben reichen Land wohnend, welche als Bergwerkskundige und Eisenarbeiter berühmt waren, und auf welche als Erfinder die Griechen den nach ihnen chalybs benannten Stahl zurückführten.

Charan (Haran), s. Carrhä.

Chares, athen. Feldherr, Sohn des Theochares, hart, habsüchtig und ungerecht, im Krieg feig und ungeschickt, erlangte doch durch verschwenderische Spenden an das Volk und durch Ränke und Bestechungen wiederholt bei wichtigen Unternehmungen den Oberbefehl. 367 v. Chr. kam er mit athenischen Hülfstruppen den von Sikyon und Argos hart bedrängten Phliasiern erfolgreich zu Hülfe, erregte aber 361 im Feldzug gegen Alexander von Pherä durch seine Habsucht und sein brutales Benehmen die größte Erbitterung der Bundesgenossen gegen Athen, so daß der Ausbruch des Bundesgenossenkriegs ihm besonders schuld zu geben ist. In diesem Krieg wurde er an die Spitze einer Flotte gestellt und machte 357 einen unglücklichen Angriff auf Chios, bei dem Chabrias fiel. Trotz der Warnungen des Iphikrates und Timotheos, welche die zweite athenische Flotte befehligten, wagte er bei Chios an einem stürmischen Tag eine Schlacht, deren Verlust er seinen Mitfeldherren schuld gab, die deshalb abgesetzt wurden. Darauf trat er mit der ganzen Flotte in den Sold des Satrapen Artabazos, der sich gegen den Perserkönig empört hatte, nahm Lampsakos und Sigeion und machte große Beute, wurde aber auf die Drohungen Persiens hin abberufen. Als Olynthos von Philipp von Makedonien angegriffen wurde, schickten ihn die Athener zweimal, 349 und 348, mit Bürgerheeren der Stadt zu Hülfe; doch konnte er sie nicht retten. Als er 340 den Byzantinern Beistand bringen sollte, wurde er wegen seines frühern gewaltthätigen Verhaltens gegen die Bundesgenossen von denselben nicht aufgenommen. Bei Chäronea 338 befehligte er einen Teil des athenischen Heers und fand wahrscheinlich seinen Tod.

Charondas, aus Katane gebürtig, gab im 7. Jahrh. v. Chr. seiner Vaterstadt und andern chalkidischen Kolonien in Sicilien und Italien Gesetze, welche, ursprünglich in Versen abgefaßt, sich auf das gesamte öffentliche und häusliche Leben bezogen und eine streng sittliche Geistes- und Charakterbildung bezweckten. Eigentümlich war seiner Gesetzgebung die Anklage wegen falschen Zeugnisses. Jede Änderung der Gesetze erschwerte er dadurch, daß er festsetzte, derjenige, der einen Gesetzvorschlag mache, solle mit einem Strick um den Hals erscheinen, um sofort erdrosselt zu werden, wenn sein Vorschlag durchfiele. Als er einst, von einer Reise zurückkehrend, bewaffnet in die Volksversammlung trat und ihn jemand darauf aufmerksam machte, daß er damit sein eignes Gesetz verletze, welches bewaffnetes Erscheinen in der Volksversammlung verbot, rief er: »Nein, beim Zeus, ich bekräftige es!« und stieß sich das Schwert in die Brust.

Chäroneia (Chäronēa), Stadt in Böotien, im westlichen Teil des Kephissosthals am Fuß des steilen Felsens Petrachos, der die Akropolis trug, in einer fruchtbaren Ebene, war früher Orchomenos unterthänig, machte sich aber frei und gehörte zum Böotischen Bunde. Die Stadt ist besonders berühmt durch den hier erfochtenen Sieg des Königs Philipp von Makedonien über die vereinigten Athener und Thebaner (1. Aug. 338 v. Chr.), welche trotz tapfern Widerstands überwältigt wurden, womit die Abhängigkeit Griechenlands von Makedonien entschieden war. Von dem kolossalen sitzenden Löwen aus grauem Marmor, welchen die Thebaner auf dem Grabhügel ihrer in der Schlacht gefallenen Mitbürger errichteten, sind noch beträchtliche Überreste, namentlich der Kopf, in der Ebene östlich der Stadt zu sehen; auch hat man Gebeine der Gefallenen ausgegraben. 86 schlug Sulla bei C. das Heer des Mithridates unter Archelaos. Der Geschichtschreiber Plutarchos war aus C. gebürtig. Bedeutende Ruinen der alten Stadt finden sich bei dem Dorf Kapurna: die Akropolis mit viereckigen Türmen, ein Felsentheater, Felsengräber u. a.

Chatten, s. Katten.

Chauken (Chauci), german. Volk, zu beiden Seiten der untern Weser seßhaft, knüpften aus Eifersucht gegen die Cherusker zuerst mit den Römern freundschaftliche Beziehungen an und schlossen 5 n. Chr. ein Bündnis mit Tiberius. Unter Kaiser Claudius führten sie aber mit den Römern Krieg und schlossen sich 69 dem Aufstand der Bataver unter Civilis an. Ihr Name verschwand später.

Chemi (d. h. »schwarz«), einheimischer Name von Ägypten (s. d.).

Cheops (Chufu), König von Memphis, von dem die größte der erhaltenen Pyramiden in Ägypten herrührt, welche 147 m hoch war und an jeder Seite der Grundfläche 500 ägyptische Ellen (230 m) maß; nach Herodot sollen 100,000 Arbeiter 20 Jahre an ihr gearbeitet und dabei Rettiche, Zwiebeln und Knoblauch für 1600 Talente Silbers verzehrt haben. Die Pyramide ist in großen, regelmäßigen Stufen aus Granitquadern aufgemauert und mit gelben Kalksteinen bekleidet; in der untern, 200 m unter dem Scheitelpunkt liegenden Grabkammer befindet sich kein Sarkophag, wohl aber in der obern ein einfacher Sarg von rotem Granit ohne Inschrift; an den Wänden andrer kleinen Räume findet sich des Königs Name, Chnemu Chufu, angeschrieben. Neben der Pyramide erbaute er einen Tempel der Isis. Sein Bild findet sich auf einem Felsrelief auf der Halbinsel Sinai.

Chephren, s. Chafra.

Chersonēsos (Cherronesos), griech. Name für eine Halbinsel, besonders 1) die Thrakische C., gewöhnlich nur »die Chersones« genannt, die in südwestlicher Richtung lang gestreckte, schmale Landzunge Thrakiens zwischen dem Hellespontos und dem Schwarzen Meerbusen (Melas), welche bei Kardia durch einen 36 Stadien breiten Isthmos, den eine Mauer schützte, mit dem Festland zusammenhing; im N. von Kalkgebirgen erfüllt, verflacht sie sich nach S. plateauartig und endet in dem Vorgebirge Mastusia am südlichen Eingang des Hellespontos. Die Halbinsel war in ältester Zeit von thrakischen Dolonkern bewohnt und wurde im 6. Jahrh. v. Chr. von Äoliern, die Sestos, Agospotamos c. erbauten, und Joniern, die Eläus und Kardia gründeten, kolonisiert. Die Athener legten Kallipolis an. Um 550 vereinigte der ältere Miltiades

die zahlreichen kleinen Städte und die gräcisierten Dolonker zu einem Fürstentum, welches, nach den Perserkriegen durch neue attische Kolonisten bevölkert, bis zum Ende des Peloponnesischen Kriegs eine Provinz des athenischen Staats war und dann unter die Herrschaft thrakischer Fürsten fiel; 357 von diesen wieder an Athen abgetreten, kam die Halbinsel 343 unter makedonische Herrschaft. — 2) Die Taurische C. (jetzt die Krim), an der Nordküste des Pontos Euxeinos, durch den Kerkinitischen Golf und die Mäotis vom Festland geschieden, mit dem sie nur durch die Landenge von Taphros zusammenhing, Wohnsitz der Taurier, eines kriegerischen, durch Seeräubereien und blutigen, mit Menschenopfern verbundenen Kultus einer Waldgöttin (Artemis) berüchtigten Volks, von den Griechen mit Kolonien besetzt, unter denen das dorische Herakleia (s. d. 4) oder C. Herakleiotike an der Südwestspitze die bedeutendste war und einen eigenen Freistaat bildete; im O., der zum bosporanischen Reiche gehörte, lagen Theudosia und Pantikapäon. Die Halbinsel war im Altertum reich angebaut und lieferte Weizen, Fische und Salz in großer Fülle.

Chersonēsos Herakleiōtike, s. Herakleia 4).

Cherusker (Cherusci), german. Volk, zwischen Weser und Elbe, nördlich vom Harz wohnend, traten anfangs, nachdem Drusus 9 v. Chr. zuerst in ihr Gebiet eingedrungen, in freundschaftliche Verbindung mit den Römern, in deren Kriegsdienst mehrere vornehme cheruskische Jünglinge eintraten. Unter Arminius erhoben sie sich aber, mit den Nachbarstämmen verbündet, gegen Quinctilius Varus und befreiten 9 n. Chr. durch die Schlacht im Teutoburger Wald Germanien von der Fremdherrschaft. An der Spitze des Cheruskerbunds kämpften sie auch 16 tapfer gegen Germanicus und gegen Marbod. Nach dem Tode des Arminius erbaten sie sich den Sohn von dessen Bruder Flavus, Italicus, von den Römern als Herrscher. Innere Zwietracht und Kämpfe mit den Katten schwächten ihre Macht. Später verschmolzen sie mit den Sachsen, und ihr Name verschwand.

Chetiter (Chetäer), kanaanit. Volk, nach welchem auch die gesamten Bewohner Syriens und Kanaans benannt wurden, wohnten in Palästina in der Bergslandschaft um Hebron, dann in der Gegend von Bethel und wurden von Salomo dem Reich Israel dienstpflichtig gemacht; ein Teil der C. war schon früh nach der Insel Kypros übergesiedelt, deren Bewohner in ältester Zeit Kittim genannt wurden, und wo die Stadt Kition (jetzt Kiti) ihren Namen bewahrte.

Cheviter, kanaanit. Volk in Palästina, wohnten am Fuß des Hermon in Gibeon und schlossen sich bei der Eroberung des Landes durch die Israeliten benselben freiwillig an; sie wurden daher milb behanbelt und nur zur Unterwerfung unter die Oberhoheit des Reichs Israel gezwungen.

Chios, Insel im Ägäischen Meer an der Westküste Kleinasiens, der Halbinsel von Erythrä gegenüber, von der sie durch einen 7 km breiten Kanal getrennt ist; im N. erhob sich der Pelinäos zur höchsten Höhe der Insel; die Südspitze bildete das Vorgebirge Phanä. Die Hauptstadt C. mit einem guten Hafen lag an der Ostseite. Die Insel hatte zwar magern, felsigen Boden, war aber so vortrefflich angebaut, daß sie den besten griechischen Wein, berühmten Mastix, außerdem Feigen, Citronen und Öl lieferte. Die ältesten Bewohner waren Leleger, Kreter und Karier, welche von den Joniern unterworfen und verbrängt wurden. C. warb einer der blühendsten Staaten im ionischen Kleinasien und rühmte sich, Vaterland Homers zu sein; auch der Tragiker Jon und der Historiker Theopompos waren hier geboren. Den Persern unterwarfen sich die Chier 546 v. Chr. bereitwillig, nahmen aber bann am ionischen Aufstand teil und ihre 100 Schiffe kämpften 494 bei Lade mit großer Tapferkeit. Nach dieser Schlacht von neuem unterworfen, schlossen sie sich nach den Perserkriegen dem Athenischen Seebund an und waren einer der mächtigsten und angesehensten Bundesstaaten; ihre Blüte in Handel und Gewerbe erreichte bamals ihren Höhepunkt. Nachdem sie lange Zeit den Athenern treu geblieben und von diesen milb behanbelt und besonders geehrt worden waren, fielen die Chier 412 boch ab und schlossen sich bem Peloponnesischen Bund an. Die Athener verwüsteten die Insel, konnten sie aber nicht wiedererobern. Erst 376 trat sie bem neuen Athenischen Seebund bei, sagte sich 363 wieberum los, um sich Theben anzuschließen, und verteidigte sich im Bundesgenossenkrieg 357 erfolgreich gegen Chares, so daß die Athener ihre Unabhängigkeit anerkennen mußten. Der Wohlstand der Insel wurde durch Mithridates vernichtet, bem sie ihre Flotte ausliefern und 2000 Talente bezahlen mußte.

Chufu, s. Cheops.

Cibyra, s. Kibyra.

Cicero, Beiname einer bem Ritterstand angehörigen Familie des röm. Geschlechts der Tullier, welche in Arpinum ansässig war und ihren Beinamen wohl baher erhielt, baß sie die Kichererbse (cicer) zuerst angepflanzt hatte. Berühmt sind: 1) **Marcus Tullius C.,** berühmter Redner und Staatsmann, geb. 3. Jan. 106 v. Chr. auf einem Gut bei Arpinum, Sohn des Marcus Tullius, eines angesehenen und vermögenden Mannes, und der Helvia aus einer vornehmen römischen Familie, warb bald nebst seinem Bruder Quintus von seinem Vater nach Rom gebracht, um unter der Aufsicht des Redners Lucius Crassus von griechischen Lehrern, namentlich bem Dichter Archias, unterrichtet zu werden. Früh entwidelte sich sein lebhafter, reich begabter Geist; seine Anlage und Neigung zur Berebsamkeit wurden gewedt und genährt durch Anhören der bedeutendsten Redner der Zeit, wie Crassus, Antonius, Sulpicius, Cotta u. a. Nachdem er die toga virilis erhalten (90), wendete er sich neben den rhetorischen Studien mit Eifer der Rechtsgelehrsamkeit und ber Philosophie zu; in der ersten bilbete er sich durch den Umgang mit den beiden Scävola aus, in der Philosophie unterrichteten ihn der Akabemiker Philon von Larissa und ber Stoiker Diobotos. Seine Teilnahme am Marsischen Krieg unter Pompejus Strabo 89 unterbrach nur kurze Zeit seine Studien. Vortrefflich vorbereitet, betrat er 81 unter ber Diktatur

Sullas mit der Rede für Publius Quinctius die öffentliche Laufbahn. Die Idee
des Rechts und der gesetzlichen Ordnung
war auf derselben sein Leitstern. 80 ver-
teibigte er Roscius aus Ameria gegen
einen Günstling Sullas, ein nicht gefahr-
loses, aber um so rühmlicheres Unternehmen. Seiner angegriffenen Gesundheit
wegen verließ er 79 auf zwei Jahre Rom
und hörte in Athen den Akademiker Antiochos, den Epikureer Zenon und den Rhetor Demetrios, dann nach einer Reise durch
Kleinasien in Rhodos den Stoiker Posei-
bonios und vor allen den Rhetor Apollonios Molon, dessen Unterricht ihn in seiner oratorischen Ausbildung sehr förderte.
An Körper gestärkt und an Geist gereift, kehrte er 77 nach der Hauptstadt zurück und bewarb sich 76 um das erste öffentliche Amt, die Quästur. Er begann
damit seine staatsmännische Thätigkeit,
die für ihn insofern Schwierigkeiten bot,
als noch kein Mitglied seiner Familie
ein kurulisches Amt bekleidet hatte, er somit ein homo novus war. Gewissenhafte
Pflichterfüllung im Dienste der alten republikanischen Staatsverfassung war auch
hier sein höchstes Streben. Idealistisch,
leicht erregbar und mit lebhafter Phantasie begabt, schwärmte er für die glänzende alte Zeit Roms und glaubte in seiner optimistischen Begeisterung, daß die
aristokratische Republik durch die damalige
Senatspartei erhalten werden könne. In
aufrichtiger Hingebung schloß er sich daher
derselben an und widmete ihr mit Eifer
und Selbstverleugnung, aber ohne jeden
Eigennutz und ohne jede Verletzung des
Rechts seine Dienste. Nachdem er seine
Quästur in Lilybäum 75 musterhaft verwaltet, trat er in den Senat ein und ward
eine Hauptstütze desselben, während er sich
auch das Vertrauen des Volks zu erwerben
wußte. Sein bedeutendes Rednertalent
und seinen Eifer für das Recht bewährte
er 70 im Prozeß gegen Verres, den er im
Auftrag der Sicilier mit solcher Gewandtheit und Energie führte, daß Verres seine
Sache verloren gab und Rom verließ. 69
verwaltete er die Ädilität, für die er nur
mäßigen Aufwand machte, und 66 die
Prätur. In der Rede pro lege Manilia

befürwortete er die Übertragung des
Oberbefehls im Mithridatischen Krieg an
Pompejus, dessen Gunst und Unterstützung
er sich zu sichern bemühte.
Als die geheimen Wühlereien Catilinas
das Ansehen des Senats und der Behörden
erschütterten und das Volk beunruhigten,
übertrug man ihm für 63 das Konsulat,
und C., der Größe der ihm gestellten Aufgabe bewußt und hierdurch über sich selbst
erhoben, entwickelte eine Energie und Umsicht, wie er sie nie vorher und nachher
zeigte. Seinen Kollegen Antonius gewann
er durch Abtretung seiner Provinz Makebonien für sich; dann trat er gleich nach
Beginn seines Amtsjahrs kräftig gegen
das Agrargesetz des Tribunen Rullus auf,
welches das Staatsinteresse ernstlich gefährdete, und wußte durch die Macht seiner Beredsamkeit auch das Volk, dem das
Gesetz manche Vorteile zu bieten schien,
zu überzeugen, so daß der Vorschlag fiel.
Er verteidigte ferner mit kühnem Mute
den greisen Rabirius, der 100 an dem
Senatsbeschluß teilgenommen, durch welchen den Konsuln außerordentliche Vollmacht übertragen wurde, gegen die Anklage wegen Hochverrats und erwirkte
seine Freisprechung. Dann aber leitete er
die kräftigen Maßregeln gegen die Catilinarische Verschwörung und scheute nicht
vor der Hinrichtung der Rädelsführer zurück. In seinen Catilinarischen Reden
verteidigte er sein Verhalten vor Senat
und Volk und mit solchem Erfolg, daß
ihm ein Dankfest zuerkannt und er als
Vater des Vaterlands begrüßt wurde. Die
Rettung der Republik durch die Unterdrückung der Verschwörung war der Glanz-
punkt seines Lebens: er glaubte seinem
Vaterland damit den größten Dienst geleistet und die aristokratische Verfassung
für immer gesichert zu haben. Er war
baher auf dieses Verdienst sehr stolz; ja,
er rühmte sich desselben allzuoft und all-
zulange, und diese kleinliche Eitelkeit reizte
zum Widerspruch. C. wurde trotz seiner Verdienste oder vielmehr gerade wegen derselben sofort nach Ablauf seines
Konsulats heftig angefeindet und sah seinen Einfluß rasch schwinden. Als er am
letzten Tag seines Konsulats noch eine

Rede an das Volk halten wollte, unterbrach
ihn der Volkstribun Quintus Metellus
Nepos, ein Führer der Volkspartei, welcher
auch schon 62 eine Anklage gegen C. we=
gen Hinrichtung der Verschwornen erhob.
Während C. von den Demokraten als
Haupt der Senatspartei verfolgt wurde,
gefährdeten ganz gegen seine Absicht die
extremsten Mitglieder dieser durch hals=
starrigen Hochmut den innern Frieden,
und namentlich, als nach der Rückkehr
des Pompejus ein Konflikt zwischen die=
sem und dem Senat ausbrach, geriet
C. in eine schiefe Stellung. Seine ver=
mittelnde Thätigkeit war erfolglos, und
da er, obwohl mit der Haltung des Se=
nats unzufrieden, doch sich nicht den
Triumvirn anschließen mochte, so gaben
ihn diese der Rache seines unversöhnlichen
Feindes Clodius preis, der 58 gegen ihn
die Anklage wegen Hinrichtung der Ver=
schwornen erneuerte. Abgespannt und
entmutigt, erniedrigte sich C. zu flehent=
lichen Bitten bei dem allmächtigen Pom=
pejus. Sie waren fruchtlos, und er ent=
zog sich im April 58 der Anklage durch
freiwillige Verbannung, welche er in
Makedonien und dann, auf seine baldige
Zurückberufung hoffend, in Dyrrhachion
zubrachte; währenddessen wurde er in Rom
verurteilt, sein Haus niedergerissen und
seine Güter geplündert.

Sein Exil ertrug er, aufs tiefste ge=
bemütigt und enttäuscht, ohne männliche
Würde und bestürmte seine Freunde mit
Jammern und Klagen. Zwar erlebte er
schon 57 die Genugthuung, daß er 4. Aug.
zurückgerufen und vom Volk in Rom mit
Jubel begrüßt wurde; aber seine Zuversicht
in das Gelingen seiner politischen Hoff=
nungen kehrte nicht wieder. Er mußte in
dem Getriebe der Parteien, den Ränken
und Machinationen der Machthaber keine
feste Stellung zu gewinnen und schwankte
zwischen dem Senat, dessen Ohnmacht er
erkannte, und dem Triumvirn, bei denen
er Schutz vor Clodius suchte, haltlos hin
und her. Durch eifrige litterarische und
oratorische Thätigkeit bemühte er sich seiner
Verstimmtheit Herr zu werden; mehrere
seiner bedeutendsten Reden wurden in je=
ner für ihn politisch so unerquicklichen Zeit

vor Ausbruch des Bürgerkriegs gehalten
und die Schriften: »De oratore«, »De re
publica« und »De legibus« verfaßt. Auch
militärisch war er thätig: 51 mußte er in=
folge eines besondern Gesetzes noch die Ver=
waltung einer Provinz, Kilikien, überneh=
men, wo er einen Feldzug gegen die räu=
berischen Stämme des Amanos machte
und vom Heer zum Imperator ausgerufen
wurde. Als er im November 50 nach Ita=
lien zurückkehrte, stand der Bruch zwischen
Pompejus und Cäsar nahe bevor. Da er
Anspruch auf den Triumph erhob, durfte
er die Stadt nicht betreten und nahm da=
her an den entscheidenden Verhandlungen
des Senats nicht teil. Als der Krieg aus=
brach, konnte er lange zu keinem Entschluß
kommen. Endlich begab er sich im Juni 49
in das Lager des Pompejus und harrte in
demselben bis nach der Schlacht bei Phar=
salos aus, an der er wegen Krankheit
nicht teilnahm. Dann zog er sich wieder
vom öffentlichen Leben zurück, und wenn
er auch 47 von Cäsar in Brundisium mit
Freundschaft und Auszeichnung aufge=
nommen wurde, lebte er fortan doch auf
seinen Gütern und widmete sich ganz sei=
nen Studien, als deren Früchte mehrere
große philosophische Werke, wie: »De fini=
bus«, die Tusculanen, »De officiis«,
»De divinatione«, »De natura deorum«,
ferner: »Cato major«, »Lælius«, »Bru=
tus« und »Orator«, erschienen. Nur selten
trat er als Redner auf, um frühern Par=
teigenossen Gnade zu erwirken.

Die Ermordung Cäsars erfüllte ihn
wieder mit der Hoffnung auf die Rückkehr
besserer Zeiten, und er eilte nach Rom, wo
er eine allgemeine Amnestie beantragte und
durchbrachte. Das Auftreten seines Tod=
feinds Antonius verscheuchte ihn aber wie=
der, und nach fünfmonatlichem Schwan=
ken ermutigte ihn erst der Zwist zwischen
Antonius und dem Senat, dem sich Octavia=
nus angeschlossen, im September 44 mit
der ersten Philippischen Rede einen halbjäh=
rigen energischen Kampf gegen Antonius
zu beginnen, der ihn eine Zeitlang wieder
in den Vordergrund des politischen Lebens
stellte, aber ihn auch ins Verderben stürzte.
Die Sache des Senats war verloren, als
sich die bisherigen Gegner Antonius und

Octavianus im zweiten Triumvirat 43 vereinigten. C. war einer der ersten, der auf Antonius' Verlangen geächtet wurde. Auf die Kunde davon wollte C. zuerst zu Brutus fliehen, begab sich aber dann auf sein Landgut Formianum, von wo ihn seine Diener wider Willen in einer Sänfte nach der Küste trugen, damit er die Flucht fortsetze. Auf dem Weg wurde er bei Cajeta vom Kriegstribunen Popilius Länas ereilt und vom Centurio Herennius getötet (7. Dez. 43). Kopf und Hände wurden Antonius überbracht und auf der Rednerbühne ausgestellt. C. war zweimal vermählt, 77 mit Terentia, von der er sich wegen ihres hochfahrenden, ungestümen Wesens nach 46 trennte, dann mit Publilia, welche er aber bald verstieß. Die Kinder der Terentia waren Tullia, die dreimal vermählt war, und deren Tod 45 ihn tief betrübte, und Marcus. Er war von Haus aus nicht reich, erwarb sich aber trotz seiner Uneigennützigkeit ein beträchtliches Vermögen, so daß er zwei große Landgüter (Formianum und Tusculanum) und in Rom ein prächtiges Haus kaufen konnte. C. besaß alle Tugenden eines Privatmanns: Sittenreinheit, geistige Regsamkeit, Begeisterung für das Edle und Schöne, unermüdlichen Fleiß und uneigennützigen Pflichteifer; daneben allerdings war er eitel und ruhmredig. Seine Vaterlandsliebe und seine schwärmerische Verehrung der altrömischen Republik befähigten ihn bei besondern Gelegenheiten zu mutigen Thaten für das öffentliche Wohl. Aber es fehlten ihm der politische Scharfblick, konsequente Beharrlichkeit bei einem für richtig erkannten Prinzip, Entschlossenheit und Festigkeit, wie sie in jener sturmbewegten Zeit für einen Staatsmann unerläßlich waren, um ihn vor Schwächen und Mißgriffen zu bewahren und ihm den Erfolg zu sichern. Seine Gutmütigkeit und sein trotz aller Verstimmung und Mutlosigkeit unverwüstlicher Optimismus waren hauptsächlich die Ursachen seines schwankenden Verhaltens nach seinem Konsulat. Das harte Urteil Neuerer (Drumann und Mommsen) über C. ist daher ungerecht. Noch größer freilich als Ciceros

politische sind seine schriftstellerischen und rednerischen Verdienste. Er erhob die römische Beredsamkeit und die Prosa überhaupt auf eine bisher nicht erreichte, später nicht übertroffene Stufe und schuf in dieser Richtung mustergültige Werke. Er vermittelte ferner den Römern und der spätern Nachwelt die Schätze der griechischen Litteratur und Philosophie in einer Reihe von Schriften, welche zwar keinen selbständigen wissenschaftlichen Wert besitzen, aber die lateinische Sprache zu einer vollkommnern Form ausbildeten und durch ihren edlen, sittlich-erhabenen Inhalt auf Mit- und Nachwelt einen günstigen Einfluß ausübten. Seine Briefe geben ein treues Gemälde der Zeit und ein vollständiges Bild von dem Charakter, Leben und Wirken Ciceros, dessen schwankende Stimmungen und Gedanken einen oft allzu getreuen, zu seinem Nachteil ausgelegten Ausdruck darin finden. Vgl. Forsyth, Life of C. (2. Aufl., Lond. 1869); Boissier, C. und seine Freunde (a. d. Franz., Leipz. 1870); Gerlach, Marcus Tullius C. (Bas. 1864).

2) Quintus Tullius C., des Redners jüngerer Bruder, geb. 102 v. Chr., wurde mit diesem zusammen erzogen und unterrichtet, erhielt 65 das Amt eines Adilen, 62 die Prätur und verwaltete 61—58 die Provinz Asien mit großer Umsicht und anerkanntem Erfolg, stand dann seinem Bruder gegen Clodius bei, war 57 Statthalter in Sardinien und ging 54 nach Gallien zu Cäsar, in dessen Heer er eine Legion befehligte und sich beim Aufstand der Treviter und Eburonen 53 in seinem Winterlager standhaft behauptete. 51 begleitete er seinen Bruder nach Kilikien und schloß sich bei Ausbruch des Bürgerkriegs Pompejus an, erhielt zwar von Cäsar Verzeihung, ward aber 43 von den Triumvirn proskribiert und getötet. Er beschäftigte sich ebenfalls litterarisch und schrieb mehrere Tragödien.

3) Marcus Tullius C., der Sohn des Redners und der Terentia, geb. 65 v. Chr., wurde vortrefflich erzogen und erhielt, nachdem er 51 den Vater nach Kilikien begleitet hatte, 49 die männliche Toga. Sogleich begab er sich in das Lager des

Pompejus und diente als Reiteranführer in dessen Heer mit Auszeichnung. Von Cäsar 47 begnabigt, studierte er in Athen und trat 44 in das Heer des Brutus, dessen Reiterei er mit großem Geschick führte. Nach der Schlacht von Philippi flüchtete er zu Sextus Pompejus, schloß sich aber 39 Octavianus an, der ihn 30 zum Konsul ernannte. Sein Todesjahr ist unbekannt. Geistig wie sittlich kam er seinem Vater durchaus nicht gleich.

Cilicien, s. Kilikien.

Cimbern und Teutonen, die ersten german. Völkerschaften, welche mit den Römern in feindliche Berührung traten. Die Cimbern, welche auf der Jütischen Halbinsel (Chersonesus Cimbrica) wohnten, verließen um 120 v. Chr. diese Wohnsitze und zogen mit ihrer Familie und Habe nach Süden, wo sie 113 in den Ostalpen auf ein römisches Heer unter dem Prokonsul Gnäus Papirius Carbo stießen. Von diesem verlangten sie Land zu friedlicher Niederlassung unter römischem Schutz. Papirius lockte sie in einen Hinterhalt, um sie zu vernichten, wurde aber selbst völlig geschlagen. Doch drangen die Cimbern nicht nach Italien vor, sondern wandten sich durch Süddeutschland nach Gallien, wo sich ihnen die helvetischen Tiguriner, die Ambronen und die germanischen Teutonen anschlossen, und plünderten das Land zwischen Rhône und Pyrenäen mehrere Jahre. Vergeblich suchten die Römer sie zu vertreiben: 109 wurde der Konsul Marcus Junius Silanus, 107 der Konsul Lucius Cassius Longinus von ihnen besiegt und 105 ein Heer von 80,000 Römern unter den Konsuln Servilius Cäpio und Manlius bei Arausio (Orange) von ihnen vernichtet. Während die C. u. T. nach Spanien zogen, um dies zu verwüsten, übertrug man in Rom, wo der »cimbrische Schrecken« (terror cimbricus) herrschte, Marius den Oberbefehl in Gallien, dem die Germanen Zeit ließen, sein Heer kriegstüchtig zu machen. Als die Germanen 102 wieder in Gallien erschienen und einen Einfall in Italien versuchten, wurden die Teutonen und Ambronen, welche über die Seealpen vorzudringen beabsichtigten, 102 ei Aquä Sextiä von Marius vollständig

aufgerieben. Die Cimbern und Tiguriner waren über den Brenner gezogen, hatten den Konsul Catulus bei Verona zurückgeschlagen und sich in Oberitalien festgesetzt. Hier wurden sie aber 30. Juli 101 bei Vercellä auf den Raudischen Feldern von dem vereinigten Heer des Catulus und Marius besiegt; was an Männern, Weibern und Kindern nicht auf dem Schlachtfeld fiel, geriet in römische Gefangenschaft. Vgl. Pallmann, Die Cimbern und Teutonen (Berl. 1870).

Ciminischer Wald (Saltus Ciminius, jetzt Monte Cimino), ein mit dichtem Wald bedeckter vulkanischer Höhenzug im südlichen Etrurien, der den Ciminischen See (Lacus Ciminius, jetzt Lago bi Vigo) umgab. Er bildete längere Zeit die Nordgrenze des römischen Gebiets und ward erst 310 v. Chr. von Quintus Fabius überschritten, der die Etrusker nördlich desselben besiegte.

Cimon, s. Kimon.

Cincinnatus, Lucius Quinctius, röm. Diktator, aus einer patricischen Familie, welche zu den schroffsten Vertretern der patricischen Vorrechte gehörte, hatte, als sein Sohn Käso, wegen mehrerer Gewaltthaten gegen Plebejer angeklagt, sich der Verurteilung durch die Flucht entzogen hatte, sein ganzes Vermögen für die Zahlung der verfallenen Bürgschaft opfern müssen und sich darauf auf sein nur 4 Morgen großes Landgut am rechten Tiberufer zurückgezogen, welches er mit eigner Hand bebaute. 460 v. Chr. ward er an Stelle des gefallenen Valerius zum Konsul gewählt und widersetzte sich mit Erfolg dem Terentilischen Gesetzvorschlag auf Einführung geschriebener Gesetze. Als 458 die Äquer den Konsul Minucius eingeschlossen hatten, wurde C. zum Diktator ernannt. Er erhielt die Nachricht hiervon, als er gerade seinen Acker pflügte, eilte nach Rom, sammelte rasch alle waffenfähige Mannschaft, schlug die Äquer, welche durch das Joch gehen mußten, und befreite Minucius und sein Heer, welche er für ihre Unfähigkeit bestrafte. Am 16. Tag kehrte er wieder auf sein Landgut zurück, ein hochgefeiertes Vorbild römischer Strenge und Einfachheit. Als 439 der reiche Plebejer Spurius Mälius beschuldbigt wurde, sich mit Gewalt der Alleinherrschaft bemächtigen zu wollen, wurde der mehr als 80jährige Greis nochmals zum Diktator erwählt und erklärte in seinem patricischen Hochmut die Ermordung des Mälius durch den Magister equitum Servilius Ahala für gerechtfertigt.

Cincius Alimentus, Lucius, röm. Geschichtschreiber, kämpfte im zweiten Punischen Kriege gegen Hannibal und wurde von diesem gefangen genommen. Von 211 v. Chr. ab befehligte er als Prätor in Sicilien und leitete mehrere kriegerische Unternehmungen mit Umsicht und Geschick. Er verfaßte in griechischer Sprache Annalen der römischen Geschichte von der Gründung der Stadt an, welche sich durch Sorgfalt und Glaubwürdigkeit auszeichneten. Vgl. die Monographien von Hertz (Berl. 1842) und Plüß (Bonn 1865).

Cinna, Lucius Cornelius, Führer der röm. Volkspartei, aus patricischem Geschlecht gebürtig, diente, nachdem er die Prätur bekleidet, als Legat im Bundesgenossenkrieg und warb 88 v. Chr. nach dem Sieg Sullas über die Volkspartei unter Marius und Sulpicius mit Gnäus Octavius für 87 zum Konsul erwählt, obwohl er der Hinneigung zur Volkspartei verdächtig war. Sulla verpflichtete ihn durch einen feierlichen Eid, daß er nichts Feindseliges gegen ihn und die von ihm getroffenen Einrichtungen unternehmen wolle. Doch kaum hatte Sulla Italien verlassen und C. das Konsulat angetreten, als er die Aufhebung von Sullas Maßregeln beantragte; er wurde deshalb von Octavius mit Gewalt aus Rom vertrieben und vom Senat abgesetzt. Er rief nun die italischen Bundesgenossen um Beistand an, brachte das Heer des Appius Claudius in Kampanien auf seine Seite und zog gegen Rom. Nachdem er ein Heer des Senats vor den Thoren der Stadt besiegt und seine Streitkräfte sich durch Überläufer vermehrt hatten, zog er mit Marius, der aus Afrika zurückgekehrt war, in die wehrlose Hauptstadt ein, und beide vernichteten ihre Gegner durch ein mehrtägiges Blutbad. Darauf ließ sich C. mit Marius für 86 zum Konsul ernennen

und behielt dieses Amt auch 85 und 84 eigenmächtig bei. 84 rüstete er sich, mit einem Heer nach Griechenland überzusetzen, um Sulla vom Oberbefehl im Mithridatischen Krieg zu verdrängen, ward aber bei den Vorbereitungen zur Überfahrt in Ancona bei einem Aufstand der Truppen erschlagen. Seine Tochter Cornelia war mit Cäsar vermählt, sein Sohn Lucius Cornelius C. beteiligte sich 78 an dem Versuch des Ämilius Lepidus, die Sullanische Verfassung zu beseitigen, flüchtete dann zu Sertorius nach Spanien und wurde erst durch Cäsars Vermittelung zurückgerufen, der ihn 44 zum Prätor ernannte. Als er nach Cäsars Ermordung diese That pries, erbitterte er das Volk so, daß es ihn beim Leichenbegängnis Cäsars ermorden wollte; statt seiner fiel aber der Dichter Gajus Helvius C. der Volkswut zum Opfer. Sein Sohn Gnäus Cornelius C. Magnus stand erst auf seiten des Antonius und nahm, obwohl von Augustus nach der Schlacht bei Actium begnadigt und begünstigt, doch an einer Verschwörung gegen dessen Leben teil; Augustus verzieh ihm abermals und ernannte ihn zum Konsul, wodurch er ihn ganz für sich gewann.

Circeii (Circëji, jetzt San Felice), uralte Stadt im südöstlichen Latium am Circäischen Vorgebirge (Promontorium Circeium, jetzt Monte Circello), auf einer durch die Pomptinischen Sümpfe von dem Festland getrennten Felshalbinsel, der Sage nach dem Sitz der Kirke, gelegen. Die Stadt ward von den Tarquiniern gegründet, 488 v. Chr. von den Volskern erobert und 393 römische Seekolonie.

Circesium, s. Kirkesion.

Cirta (phönik. Kartha, »Stadt«), Stadt der Massylier in Numidien, auf einem steilen Felsen an einem Nebenfluß des Ampsaga gelegen, ward von Micipsa mit Hülfe griechischer Kolonisten neu gegründet und zur Hauptstadt des numidischen Reichs gemacht. 46 v. Chr. kam es bauernd unter römische Herrschaft und ward zur Kolonie erhoben, die 312 n. Chr. zu Ehren Kaiser Constantinus' Constantina (jetzt Constantine) genannt wurde.

Cisalpinisches Gallien, s. Gallien.

Civīlis, Claudius (oder Julius), Anführer der Bataver im Aufstand gegen die Römer 69—70 n. Chr., stammte aus königlichem Geschlecht und war gegen die Herrschaft der Römer, bei denen er früher Kriegsdienste gethan, äußerst erbittert, weil diese seinen Bruder Julius Paulus und ihn selbst zweimal verhaftet und mit dem Tod bedroht hatten. Als daher 69 Vitellius, um den Kaiserthron einzunehmen, nach Italien zog und nur wenige Truppen in Germanien zurückließ, benutzte er eine von den Römern befohlene Aushebung unter den Batavern, um diese zum Aufstand aufzureizen, dem sich auch die stammverwandten Kaninefaten und Friesen anschlossen. Schlau und listig, erklärte er, nur gegen Vitellius zu kämpfen, nicht gegen die Römer, und lähmte dadurch die untereinander uneinigen römischen Feldherren. Nachdem er die schwachen römischen Streitkräfte zweimal zu Wasser und zu Lande besiegt hatte, belagerte er Castra Vetera (Xanten), während der Aufstand sich immer weiter ausbreitete und nicht bloß die benachbarten Germanenstämme, sondern auch Gallier sich gegen die Römer erhoben; auch römische Truppen, besonders acht batavische Kohorten, gingen zu C. über. Anfang 70 wurden Castra Vetera und Novesium (Neuß) von den Aufständischen erobert und die römischen Legionen bewogen, ihren Feldherrn Vocula zu ermorden und sich der Empörung anzuschließen. Schon dachte man an die Errichtung eines gallischen Reichs, indes gerade darüber kam es zum Streit zwischen den Aufständischen; die Germanen zogen sich von dem Kampf zurück, und als Petilius Cerealis mit neuen Streitkräften in Gallien erschien, unterwarfen sich die Gallier, mit Ausnahme der Trevirer und Lingonen unter Tutor und Classicus. Auch diese wurden von Cerealis bei Trier besiegt; C. erlitt bei Vetera eine große Niederlage und vermochte das Vordringen der Römer in die Bataverinsel nicht zu hindern, so daß er sich entschloß, Frieden zu schließen, welcher den Stand der Dinge vor der Empörung herstellte. Doch weiß man nichts Genaueres, da der Bericht des Tacitus

(Histor. V, 26) beim Beginn der Unterredung zwischen Cerealis und C. abbricht. Vgl. C. Meyer, Der Freiheitskampf der Bataver unter C. (Hamb. 1856).

Cività Castellāna (spr. tschiwi-), s. Falerii.

Cività Lavigna (spr. tschiwita lawinnja), s. Lanuvium.

Clastidĭum (jetzt Casteggio), Stadt der keltischen Ananen im nordwestlichen Teil des cispadanischen Gallien, wo Marcus Claudius Marcellus 222 v. Chr. einen Sieg über die Insubrer erfocht.

Claudier (Claudĭa gens), ein röm. Geschlecht, welches, der Überlieferung nach ursprünglich sabinisch, um 504 v. Chr. von Regillum im Sabinerland nach Rom übersiedelte und, mit den Klienten 5000 waffenfähige Männer zählend, eine eigne Tribus bildete; das Haupt des Geschlechts, Atta (Attus) Clausus, nannte sich Appius Claudius. Das Geschlecht, von welchem sich ein plebejisches Geschlecht abzweigte, von dem die Marceller besondern Ruhm erlangten, that sich von Anfang an durch aristokratischen Trotz und starre Opposition gegen die Ansprüche der Plebejer auf politische Gleichberechtigung hervor. Schon der erste Appius Claudius reizte 494 durch seine Härte gegen die Schuldner hauptsächlich die Plebejer zur Auswanderung auf den Heiligen Berg. Von seinen Söhnen entzog sich der eine, Appius Claudius Sabinus, einer Verurteilung wegen Verletzung der geheiligten Personen der Tribunen 470 durch Selbstmord; der andre war im Kampf um das Terentilische Gesetz einer der schroffsten Vertreter der patricischen Vorrechte. Bemerkenswert sind ferner:

1) **Appius Claudius**, Enkel des ersten Claudiers, beantragte, scheinbar auf die Wünsche der Plebejer eingehend, 451 v. Chr. die Wahl von Decemvirn zur Aufzeichnung der Gesetze und ward selbst gewählt. Er erlangte durch seine Herrschsucht und Energie die Leitung des Decemvirats und übte, nachdem er 450 wiedergewählt worden war, eine drückende Gewaltherrschaft über das Volk aus, welche er auch gegen alles Recht noch 449 fortführte. Mehrere

Gewaltthaten, wie die Ermordung des Siccius Dentatus und der Frevel gegen Verginia, reizten endlich das Volk zum Aufstand und führten seinen Sturz herbei. Er wurde ins Gefängnis geworfen und gab sich in demselben selbst den Tod.
2) Appius Claudius Cäcus, bekleidete 312 v. Chr., noch ehe er Konsul gewesen war, das Amt eines Censors und legte die erste große Wasserleitung und die erste große Kunststraße, die Via Appia, an, welche vom Capenischen Thor durch Latium nach Kampanien führte. Wie seine Vorfahren ein starrer Gegner der Bestrebungen der vornehmern plebejischen Familien, den Patriciern in politischen Rechten gleichgestellt zu werden, suchte er dieselben zu schwächen, indem er ihnen die niedern Stände und das Proletariat abwendig machte. Zu diesem Zweck nahm er Männer aus diesen niedrigen Ständen in den Senat auf und verleibte die Freigelassenen und die besitzlosen Einwohner der Stadt in die Tribus ein, wodurch er sich eine anhängliche Mehrheit in denselben bildete. Gestützt auf diese, legte er auch nach Ablauf seiner gesetzlichen Amtszeit die Censur nicht nieder, sondern bekleidete sie, allen Angriffen einzelner Tribunen zum Trotz, volle fünf Jahre. Die von ihm aufgenommenen Senatoren wurden nach seinem Rücktritt sofort wieder ausgeschlossen, die Proletarier und Freigelassenen dadurch unschädlich gemacht, daß sie 304 den vier städtischen Tribus zugeteilt wurden. Doch erreichte es Claudius noch mit ihrer Hülfe, daß er 307 Konsul wurde. 296 zum zweitenmal Konsul, bekämpfte er die Samniter und Etrusker. Im Greisenalter erblindet, zog er sich von den Geschäften zurück, ließ sich aber, als Pyrrhos 279 durch Kineas den Römern Frieden anbot, in den Senat tragen und bewog diesen durch eine feurige Rede zu dem Bescheid: erst müsse Pyrrhos den Boden Italiens geräumt haben, dann möge Rom um Frieden bitten.
3) Publius Claudius Pulcher, Sohn des vorigen, war 249 v. Chr. Konsul und erhielt den Befehl über die römische Flotte, welche während des ersten Punischen Kriegs Lilybäum von der Seeseite einschloß. Da seiner Absicht, die karthagische Flotte unter Abherbal im Hafen von Drepanon zu überfallen, die Auguren Unglück weissagten, weil die heiligen Hühner nicht fressen wollten, ließ er diese ins Meer werfen mit den Worten: »Wenn die Hühner nicht fressen wollen, so mögen sie saufen!« Er erlitt aber bei seiner Unternehmung eine völlige Niederlage und verlor fast seine ganze Flotte. Vom Senat abberufen und mit der Ernennung eines Diktators beauftragt, ernannte er dazu seinen Freigelassenen und Schreiber Marcus Claudius Glicia, der sogleich wieder abgesetzt werden mußte. Einer Verurteilung wegen seiner Religionsspötterei entging er durch ein Gewitter, das während der Komitien ausbrach, wurde aber infolge einer neuen Anklage wegen Verletzung der Majestät des Volks zu einer hohen Geldstrafe verurteilt. Er endete durch Selbstmord.

Seit Publius Clodius (f. b.) nannte sich die Familie der C. Pulcher Clodius. Eine andre Familie der C. war die durch den Beinamen Nero bezeichnete, deren Ahnherr Gajus Claudius Nero sich im zweiten Punischen Krieg auszeichnete und als Konsul 207 v. Chr. mit seinem Kollegen Livius Salinator den Sieg am Metaurus erfocht. Dieser Familie gehörte Tiberius Claudius Nero an, der Octavianus seine Gemahlin Livia überließ, wodurch seine Söhne Tiberius Claudius Nero und Drusus Claudius Nero in das Julische Kaiserhaus eintraten und der Name Claudius auf einige Julische Kaiser, namentlich auf den vierten, Claudius, überging.

Claudius, 1) röm. Kaiser 41—54 n. Chr., eigentlich Tiberius C. Drusus Nero Germanicus, Sohn des Drusus, geb. 1. Aug. 10 v. Chr. zu Lugdunum in Gallien, wuchs, von Jugend auf kränklich und auch geistig schwach, in gänzlicher Zurückgezogenheit unter der Zucht von Freigelassenen und Frauen auf und ward von Augustus und Tiberius vom öffentlichen Leben gänzlich fern gehalten; er brachte seine Zeit mit litterarischen Arbeiten zu. Erst Caligula ernannte ihn zum Konsul, schonte sein Leben aber aus Geringschätzung. Als Caligula 24. Jan.

41 v. Chr. ermordet ward, versteckte C. sich aus Angst hinter einem Vorhang, wurde jedoch von den Prätorianern hervorgezogen und zum Kaiser ausgerufen. Wohlgesinnt und gutmütig, bemühte er sich, Ersprießliches zu wirken, schaffte die Majestätsgesetze ab, war rücksichtsvoll gegen den Senat und wohlthätig gegen die ärmern Bürger. Aber er war schwach und unselbständig und ganz unter dem Einfluß seiner Freigelassenen und seiner Frauen, welche ihn zu Grausamkeiten verleiteten. Während er pedantisch-gelehrte Studien trieb, drei neue Buchstaben erfand, mehrere historische Werke, wie eine tyrrhenische und karthagische Geschichte in griechischer, eine Geschichte seit Cäsars Tod und eine Selbstbiographie in lateinischer Sprache, verfaßte, welche von den Zeitgenossen gering geschätzt und verlacht wurden, und sich um die Rechtspflege kümmerte, überließ er seiner ersten Gemahlin, Messalina, deren schamlosen Ausschweifungen er nicht entgegentrat, und deren Günstlingen Pallas und Narcissus die Regierung, bis diese, durch Messalinas Frechheit selbst gefährdet, den Kaiser 48 nötigten, sie zu verstoßen, und sie ermordeten. C. vermählte sich darauf mit seiner Nichte Agrippina, die ihn bald vollständig beherrschte und ihn bewog, ihren Sohn Nero zu adoptieren. Nach außen hin waren die römischen Heere unter C.' Herrschaft siegreich, und er selbst nahm 43 an einem Feldzug in Britannien teil, wofür er und sein Sohn den Beinamen Britannicus erhielten. In Rom baute er eine neue Wasserleitung (Aqua Claudia), stellte den Hafen von Ostia wieder her und leitete den Fucinersee ab. Als er 54 Nero zu Gunsten seines Sohns von Messalina, Britannicus, die Nachfolge entziehen zu wollen schien, ward er von Agrippina vergiftet (13. Okt. 54). Vgl. Lehmann, C. und seine Zeit (Gotha 1858).
2) **Marcus Aurelius Flavius C. Goticus**, röm. Kaiser 268—270 n. Chr., Illyrier von Geburt, ein tapferer Krieger, der sich unter den Kaisern Decius, Valerianus und Gallienus auszeichnete und nach des letztern Tod von den Soldaten 268 zum Kaiser ausgerufen

wurde. Er schlug zuerst die Alemannen zurück, welche in Oberitalien eingefallen waren, und begab sich sodann nach Rom, wo er sich eifrig bemühte, durch strenge, aber gerechte Herrschaft Ordnung und Frieden im Reich herzustellen. Aber schon 269 nötigte ihn ein furchtbarer Einfall der Goten in die Donauländer, gegen diese zu ziehen. Er besiegte sie in der Schlacht bei Naïssos und erhielt dafür den Beinamen Goticus, starb aber schon 270 in Sirmium an der Pest.
Clitus, s. Kleitos.
Clodius, Publius C. Pulcher, röm. Demagog, aus dem patricischen Geschlecht der Claudier, nahm zuerst unter seinem Schwager Lucullus an dem dritten Mithridatischen Krieg teil, wiegelte aber 67 v. Chr., da er die erwartete Auszeichnung nicht fand, das Heer zur Meuterei auf und zwang so Lucullus zum Rückzug aus Armenien. Nachdem er in Kilikien gegen die Seeräuber gekämpft hatte und von ihnen gefangen genommen, aber bald wieder freigelassen worden war, dann in Syrien Unruhen erregt hatte, begab er sich 65 nach Rom, wo er Catilina wegen Erpressungen anklagte, aber sich von diesem bestechen ließ. Wegen eines Frevels gegen die Bona Dea, an deren Fest im Haus Cäsars 62 er sich in Frauentracht zu dessen Gemahlin Pompeja, seiner Geliebten, schlich, angeklagt, ward er durch seine Gönner, welche in ihm ein geschicktes Werkzeug, das Volk zu gewinnen, erkannten, gerettet, indem diese den Senat einschüchterten und die Richter bestachen. Da Cicero in diesem Prozeß gegen ihn Zeugnis abgelegt und im Senat gegen ihn gesprochen hatte, verfolgte ihn C. seitdem mit unversöhnlichem Haß. Nachdem er die Quästur in Sicilien verwaltet hatte, schloß er sich an die Triumvirn an und wurde von diesen dazu ausersehen, den Senat im Zaum zu halten und Cicero zu beseitigen. Er ward daher 59, nachdem er sich von einem Plebejer hatte adoptieren lassen und statt Claudius den Namen C. angenommen, mit Hülfe Cäsars für 58 zum Volkstribunen erwählt, und nachdem er durch mehrere volkstümliche Gesetzvorschläge, unter

anbern auch eine Getreideverteilung, das
Volk für sich gewonnen, auch die Konsuln
durch Zusicherung der ihnen erwünschten
Provinzen auf seine Seite gebracht hatte,
griff er Cicero durch die Rogation an, daß
jeder, der einen römischen Bürger ohne
Urteil und Recht getötet habe, geächtet
werden solle. Dieses Gesetz wurde nach
Ciceros freiwilliger Verbannung ange=
nommen, und C. ließ nun dessen Land=
güter plündern und sein Haus zerstören,
das er halb abgebrannt kaufte, um sich selbst
einen prächtigen Palast zu errichten. An
der Spitze bewaffneter Banden hauste er
nun in Rom ganz nach Willkür und ver=
übte in Mißhandlung von Personen und
Zerstörung von öffentlichen Gebäuden
ungescheut und ungestraft die größten Ge=
waltthätigkeiten. Selbst Pompejus und
Cäsar, seine bisherigen Beschützer, griff
er an, und der erstere wagte aus Furcht
vor seinen Frechheiten kaum, auf dem
Forum und in der Kurie zu erscheinen,
weswegen er 57 auch Ciceros Rückkehr be=
trieb. Bloß dessen Freund Titus Annius
Milo, der ebenfalls Gladiatorenscharen
um sich hatte, trat ihm energisch entgegen,
und beide lieferten sich 53, als sich C. um
die Prätur, Milo um das Konsulat be=
warb, förmliche Schlachten in den Straßen
Roms, so daß die Wahlkomitien unter=
bleiben mußten und Rom zu Anfang
des Jahrs 52 weder Konsuln noch Prä=
toren hatte. Als Milo 20. Jan. 52 auf
der Appischen Straße nach Lanuvium
reiste, begegnete ihm bei Bovillä C., und
es entspann sich zwischen dem beiderfei=
tigen Gefolge ein Streit, in dem C. ver=
wundet wurde. Er wurde in ein nahes
Wirtshaus gebracht, aber auf Befehl
Milos, welcher meinte, der tote C. sei ihm
weniger gefährlich als der verwundete,
wieder herausgerissen und auf der Straße
ermordet. Sein Leichnam ward nach
Rom gebracht und vom aufgeregten Volk
auf dem Forum verbrannt, wobei die
hostilische Kurie und die Basilica Porcia
ebenfalls in Flammen aufgingen. — Seine
Schwester Clodia war eine schöne, aber
so sittenlose Frau, daß sie den Beinamen
»Quadrantaria«(von quadrans, ein Vier=
telas) erhielt; sie vergiftete ihren Gemahl

Alte Geschichte.

Metellus Celer und beschuldigte ihren Buh=
len Cölius Rufus eines gleichen Verbre=
chens, weil er sie verlassen hatte; Cölius
wurde von Cicero in einer noch erhaltenen
Rede gegen diese Anklage verteidigt. Sie
ist wahrscheinlich die Lesbia des Catullus.
Clölia, eine röm. Jungfrau, welche
nach der röm. Sage, dem König Porsena
als Geisel übergeben, mit den andern
Jungfrauen, die das gleiche Schicksal hat=
ten, entfloh, durch den Tiber schwamm
und glücklich nach Rom entkam. Vom
Senat wieder an Porsena ausgeliefert,
ward sie von diesem in Anerkennung
ihres Muts und Freiheitssinns entlassen
und erhielt die Erlaubnis, eine Anzahl
ihrer Genossinnen mitzunehmen, worauf
sie die jüngsten wählte. In Rom wurde
C. durch eine Reiterstatue geehrt.
Clusium (jetzt Chiusi), eine der zwölf
Stadtrepubliken Etruriens, früher Ca=
mers genannt, auf einer Anhöhe am
Clanis gelegen, einst Residenz des Königs
Porsena, der von hier ganz Etrurien be=
herrschte. 391 v. Chr. wurde es von den
Galliern belagert, und 225 erlitten die
Römer bei C. durch die Gallier eine Nie=
derlage. Von der einstigen Größe und dem
Reichtum der Stadt zeugt die ausgedehnte
Nekropolis derselben.
Cocytus (Kokytos), s. Acheron.
Codrus, s. Kodros.
Cölesyrien, s. Kölesyrien.
Collatinus, Lucius Tarquinius,
Sohn des Egerius, den Tarquinius Pris=
cus, sein Oheim, in Collatia, einem ben
Sabinern entrissenen Ort am Anio, an=
siedelte, Gemahl der Lucretia, ward nach
deren Tod und der Vertreibung der Kö=
nige mit Brutus zum Konsul erwählt, aber
wegen seiner Verwandtschaft mit den Tar=
quiniern bald genötigt, sein Amt nieder=
zulegen und Rom zu verlassen.
Colonia mit Beinamen (Julia u. a.),
Name zahlreicher Städte, die in der römi=
schen Kaiserzeit neu erbaut oder meist nur
neu benannt wurden. Bemerkenswert
besonders: C. Agrippina, jetzt Agrippi-
nensis, jetzt Köln am Rhein.
Commodus, Lucius Älius Aure=
lius, röm. Kaiser, Sohn des Marcus
Aurelius und der Faustina, geb. 31. Aug.

9

161 n. Chr., zeigte ſchon als Jüngling großen Hang zur Wolluſt und Grauſamkeit und war träge und feig. Er begleitete den Vater auf den Kriegszügen gegen die Germanen und nach dem Orient und ward ſchon 176 Imperator. Als ſein Vater 180 während des Kriegs mit den Markomannen in Vindobona ſtarb, ſchloß er mit den Barbaren eiligſt einen ſchmählichen Frieden, um nach Rom zurückkehren zu können. Hier überließ er ſich ſeinen Launen und Leidenſchaften und geriet ganz in Abhängigkeit von ſeinen Günſtlingen. Als 183 ſeine herrſchſüchtige Schweſter Lucilla eine Verſchwörung gegen ihn anzettelte, ließ er aus Angſt und Rachſucht eine Menge vornehmer Männer hinrichten. Die Spiele im Cirkus waren ſeine größte Leidenſchaft, und er trat ſelbſt als Gladiator öffentlich auf. Als ſeine Buhlerin Marcia entdeckte, daß C. ſie und zwei Günſtlinge zum Tod beſtimmt habe, ließ ſie ihn 31. Dec. 192 ermorden.

Conſtans, jüngſter Sohn Konſtantins d. Gr. und der Fauſta, geboren um 320 n. Chr., ward 333 Cäſar im weſtlichen Illyrien und Afrika und erhielt 337 bei der Teilung des Reichs nach ſeines Vaters Tod Italien, Sicilien und Afrika. Über eine neue Teilung kam es zwiſchen ihm und ſeinem ältern Bruder, Conſtantinus II., 340 zum Krieg, in welchem letzterer umkam, worauf ſich C. ſeines Reichs, des ganzen Weſtens, bemächtigte. Deſpotiſch und wolluſtig, von ſeinen eignen Soldaten gering geſchätzt, wurde er bei einem Militäraufſtand in Gallien von ſeinem Heer verlaſſen und auf der Flucht zu Helena in Spanien durch Magnentius, den Anführer der Leibwache, ermordet (350).

Conſtantina (jetzt Conſtantine), ſ. Cirta.

Conſtantīnus I., Gajus Flavius Valerius Aurelius Claudius, röm. Kaiſer, auch Konſtantin d. Gr. genannt, geb. 28. Febr. 274 n. Chr. zu Naiſſos in Obermöſien, Sohn des Conſtantius Chlorus und der Helena, wuchs im Waffendienſt heran und ward 292, als ſein Vater zum Cäſar des Weſtens erhoben wurde, als ein Unterpfand für deſſen Treue im Orient zurückbehalten, wo er unter Diocletianus in Ägypten und unter Galerius gegen Perſien Kriegsdienſte that. Er wurde von Galerius mit Argwohn bewacht und zu den gefährlichſten Unternehmungen verwendet; zwar ernannte ihn dieſer zum Tribunen erſten Ranges, indeſſen nach Diocletians Abbankung 305 nicht zum Cäſar, weshalb er vom Hof in Nikomedeia zu ſeinem Vater nach Britannien entfloh. Hier nahm er an einem Zuge gegen die Pikten teil, wurde von Conſtantius zu ſeinem Nachfolger ernannt und bei deſſen Tod (25. Juli 306) vom Heer als Imperator und Auguſtus begrüßt, aber von Galerius nicht anerkannt. Vielmehr erhoben Marentius und Maximianus Anſpruch auf die Würde des Auguſtus im Occident. C. ſchlug zunächſt einen Einfall der Franken und Alemannen in Gallien zurück, deren Gefangene er zu Trier den wilden Tieren im Cirkus vorwerfen ließ, nahm dann den von ſeinem Sohn Marentius vertriebenen Maximianus bei ſich auf, ließ ihn aber 310, weil er eine Meuterei in ſeinem Heer angeſtiftet hatte, töten und zog 312 nach Italien, wo Marentius an der Milviſchen Brücke von C. geſchlagen wurde und im Tiber ertrank. Da inzwiſchen Galerius 310 geſtorben und Maximinus 313 von Licinius bei Abrianopel geſchlagen und auf der Flucht umgekommen war, ſo blieben nur C. und Licinius als Kaiſer übrig. Zwiſchen beiden brach ſchon 314 der Krieg aus. Licinius wurde in zwei Schlachten, bei Cibalis und bei Abrianopel, geſchlagen und zu einem Frieden genötigt, in welchem ihm außer Aſien und Ägypten nur Thraſien blieb. 323 kam es zu einem neuen Krieg; Licinius wurde bei Abrianopel (3. Juli) und bei Chalkedon (18. Sept.) beſiegt und fiel ſelbſt in die Hände ſeines Gegners, der ihn gegen das gegebene Wort 324 in Theſſalonike hinrichten ließ. So war C. Alleinherrſcher des geſamten römiſchen Reichs. Er führte die Umgeſtaltung desſelben in eine abſolute Monarchie mit einer feſten Beamtenorganiſation, die Diocletianus begonnen hatte, durch. Er verlegte die Reſidenz definitiv von der alten Hauptſtadt Rom nach dem

Orient und gründete an der Stelle des alten Byzantion eine neue Stadt, deren Bau 326 begonnen wurde, und die schon 330 eingeweiht werden konnte; er nannte sie Konstantinopolis. An der Spitze des festgegliederten Beamtentums standen sieben oberste Reichs= und Hofbeamte, die das oberste Ministerium bildeten, und von denen jeder einen bestimmten Geschäfts= bereich hatte. Durch Ehrenprädikate wa= ren die Rangstufen der Beamten genau bezeichnet, und die Nichtbeachtung dieser Abstufungen wurde streng bestraft. Alle Beamten waren sacri, und ihre Ver= letzung wurde als Hochverrat angesehen. Das Reich wurde in 4 Präfekturen, 13 Diö= cesen und 116 Provinzen neu eingeteilt und Militär= und Civilverwaltung völlig getrennt. Da diese büreaukratische Organi= sation sowie die Verstärkung der Heeres= macht beträchtliche Mehrkosten erforderten, so war die Erhöhung der bestehenden und die Einführung neuer Steuern notwendig, von denen eine Kopf= und Gewerbesteuer (»Chrysargyron«) besonders drückend em= pfunden ward. Von großer Bedeutung wa= ren die Erhebung des Christentums zur Staatsreligion 324 und die Anerken= nung der christlichen Hierarchie, wodurch C. in den Bischöfen eine kräftige Stütze für die Monarchie gewann. Obwohl der Kaiser die Taufe an sich selbst erst auf seinem Toten= bett vollziehen und bis dahin von den Hei= den sich göttliche Verehrung darbringen ließ, so hatte er doch schon 313 durch das Mai= länder Edikt den Christen Duldung zuge= sichert und sie bei der Besetzung von Äm= tern u. dgl. bevorzugt. Die Kirche dankte ihm durch Lobpreisungen und durch Aner= kennung seiner Oberhoheit auch in kirch= lichen Dingen; so präsidierte er z. B. 325 dem ersten ökumenischen Konzil in Nikäa. Sein persönlicher Charakter war nicht ohne Flecke: er war argwöhnisch und grausam, wie er denn seinen Sohn Cris= pus 326 aus Eifersucht auf seinen krie= gerischen Ruhm und 327 seine Gemahlin Fausta auf die Anklage des Ehebruchs, ohne eine Untersuchung anzustellen, hin= richten ließ. Er starb, mit Zurüstungen zu einem Feldzug gegen die Perser beschäf= tigt, 22. Mai 337 in Nikomedeia, nach=

dem er sein Reich unter seine Söhne Constantinus, Constantius und Constans und seine Neffen Dalmatius und Hanni= balianus geteilt hatte. — Constanti= nus II., der Gallien, Britannien, Spa= nien und Mauretanien erhalten hatte, ge= riet über das Erbteil der Vettern, die er= mordet wurden, mit seinen Brüdern in Streit und ward 340 von Constans besiegt und getötet. Vgl. Manso, Leben Konstan= tins d. Gr. (Bresl. 1817); Burckhardt, Die Zeit Konstantins d. Gr. (2. Aufl., Leipz. 1880); Keim, Der Übertritt Konstan= tins d. Gr. zum Christentum (Zür. 1862).

Constantius, 1) C. I. Chlorus, d. h. der Blasse (Flavius Valerius), Sohn des Dardaners Eutropius und einer Tochter des Kaisers Claudius, geb. 250 n. Chr., zeichnete sich als Anführer im Heer aus und ward 292 bei der Teilung des Reichs unter Kaiser Diocletianus von dem Augustus Maximianus zum Cäsar ernannt; er erhielt die Verwaltung von Spanien, Gallien und Britannien mit der Hauptstadt Trier. Auch adoptierte ihn Maximianus und vermählte ihn, nachdem er seine erste Gattin, Helena, verstoßen, mit seiner Tochter Theodora. C. sicherte die Rheingrenze, indem er die Franken zurückschlug, und nahm 296 auch Britan= nien wieder in Besitz, wo nach der Er= mordung des Carausius (293) Allectus die Herrschaft an sich gerissen hatte. Auch die Alemannen besiegte er 298 bei Vindo= nissa. Er regierte gerecht und mild und machte sich durch seine Einfachheit und Uneigennützigkeit beliebt; obwohl er nicht offen zum Christentum übertrat, so war er ihm doch geneigt und begünstigte die Christen. Nachdem Diocletianus und Ma= ximianus 305 die Regierung niedergelegt hatten, ward C. Augustus, starb aber schon 25. Juli 306 auf einem Feldzug gegen die Pikten zu Eboracum in Britannien.

2) C. II., Constantinus' I. zweiter Sohn von seiner zweiten Gemahlin Fausta, geb. 13. Aug. 317 n. Chr. zu Sirmium, erhielt eine treffliche körperliche und geistige Ausbildung. Bei der Teilung des Reichs nach Konstantins d. Gr. Tod 337 bekam er den Orient, Asien und Ägypten, vergrößerte aber sein Reich sofort durch

9*

Ermordung seiner Vettern Hannibalia=
nus und Dalmatius, welche die griechische
Halbinsel erhalten hatten, und ließ auch
zur Sicherung seiner Herrschaft alle
andern Verwandten außer Gallus und
Julianus töten. Während seiner ganzen
Regierung fast hatte er mit dem König
Sapor von Persien Krieg zu führen und
erlitt 348 bei Singara eine blutige Nie=
derlage. Mehrere Gegenkaiser, wie Ve=
tranio und Magnentius, den Mörder
seines Bruders Constans, besiegte er und
gelangte hierdurch 353 in den Besitz des
ganzen Reichs. Doch ernannte er zum
Cäsar des Ostens seinen Vetter Gallus,
und nachdem dieser von ihm wegen seiner
Grausamkeit abgesetzt und 354 hingerichtet
worden war, übertrug er dessen jüngerm
Bruder, Julianus, die Verwaltung Gal=
liens und Britanniens. Er kämpfte dar=
auf ohne große Erfolge gegen die Quaden
an der Donau und gegen die Per=
ser. Neidisch auf den Kriegsruhm, den
sich Julianus in Gallien erwarb, ver=
langte er von demselben den besten Teil
seines Heers für den Krieg gegen Persien.
Doch die Truppen wollten diesem Befehl
nicht gehorchen und riefen Julianus gegen
seinen Willen zum Kaiser aus. C. zog sofort
gegen ihn, starb aber auf dem Marsch zu
Mopsukrene in Kilikien 3. Nov. 361. Im
Innern des Reichs war seine Regierung
nicht glücklich; er schritt gewaltthätig gegen
das Heidentum ein, schädigte aber auch das
Christentum durch seine schwankende Hal=
tung in den dogmatischen Streitigkeiten,
welche das Parteiwesen förderte.

Corbulo, Gnäus Domitius, röm.
Feldherr, Bruder der Gemahlin Caligu=
las, Cäsonia, war unter Tiberius Prä=
tor, unter Caligula Konsul und wurde
von Claudius an den Niederrhein ge=
sandt, um die Chauken und Friesen zu
bekämpfen. Er führte den Krieg mit
Glück, wenn auch die Eifersucht des Kai=
sers ihm nicht die siegreiche Beendigung
gestattete, und legte Kanäle und Befesti=
gungen an. Unter Nero kämpfte er gegen
den Partherkönig Vologeses und dessen
Bruder Tiridates in Armenien und be=
siegte dieselben in mehreren Feldzügen
58, 63 und 66 n. Chr. Von dem neidischen

Kaiser Nero zurückgerufen und zum Tod
verurteilt, kam er seiner Hinrichtung zu=
vor, indem er sich zu Kenchreä, dem Ha=
fen von Korinth, in sein Schwert stürzte.

Corduba (jetzt Cordova), Stadt in
Hispania Bætica, am rechten Ufer des
Bätis gelegen, schon von den Phönikern
gegründet, 154 v. Chr. zur römischen Ko=
lonie Patricia gemacht und zur Haupt=
stadt der Provinz und zum Sitz des obersten
Gerichtshofs erhoben. Die Dichter Se=
neca, Lucanus und Martialis waren hier
geboren.

Corcyra, s. Korkyra.

Corfinium, Hauptstadt der Päligner
in Samnium, im Thal des Aternus ge=
legen, ward im Marsischen Krieg 90 v. Chr.
von den gegen Rom vereinigten italischen
Völkern unter dem Namen Italica zur
Hauptstadt erhoben und bei Beginn des
Bürgerkriegs 49 von Julius Cäsar er=
obert. Ruinen bei der Kirche San Pel=
lino bei Pentima.

Coriolānus, Gnäus Marcius, rö=
mischer Patricier, zeichnete sich durch seine
Tapferkeit aus und erwarb sich seinen Bei=
namen 494 v. Chr. durch die Eroberung und
Zerstörung der Stadt der Volsker, Corioli.
Er gehörte zu den stolzesten und hochmütig=
sten Vertretern des Patricierstands und
sah mit Unwillen die 494 von den Pleber=
jern errungenen Zugeständnisse. Als da=
her 491 eine Hungersnot in Rom aus=
brach und der Senat Getreide in Si=
cilien gekauft hatte, riet er dazu, dasselbe
an das hungernde Volk nur unter der Be=
dingung zu verteilen, daß es auf das
eben zu seinem Schutz eingesetzte Volks=
tribunat verzichtete. Er ward daher von
den Tribunen bei den Tributkomitien we=
gen Verletzung der Rechte des Plebejer=
stands angeklagt und verurteilt. Von
Rachedurst erfüllt, begab sich C. zu den
Volskern nach Antium, um mit deren
Hülfe die Plebejer zu züchtigen. Von
dem Anführer der Volsker, Attius Tullius,
gastfreundlich aufgenommen, führte er
die Volsker gegen Rom, eroberte mehrere
latinische Städte und drang 488 bis vor
die Thore seiner Vaterstadt, vor denen er ein
Lager aufschlug. Auf seinen Streifzügen
verwüstete er bloß die Äcker der Plebejer,

ließ aber die der Patricier verschont, um die Uneinigkeit in Rom zu vermehren. In der That beschuldigte das Volk die Patricier des geheimen Einverständnisses mit C., weigerte sich, die Waffen zu ergreifen, und verlangte Frieden um jeden Preis. Der Senat schickte auch eine Gesandtschaft an C.; dieser stellte aber so harte Friedensbedingungen, daß die Verhandlungen erfolglos blieben. Auch eine Gesandtschaft der Priester richtete nichts aus. Endlich zogen die römischen Frauen, an ihrer Spitze Coriolans alte Mutter Veturia und seine Gattin Volumnia mit ihren kleinen Kindern, ins Lager. Die mahnende Anrede der Mutter brach seinen Trotz. Mit den Worten: »Rom hast du gerettet, Mutter, aber deinen Sohn verloren!« brach er das Lager ab und führte die Volsker zurück. Nach der einen Nachricht wurde er auf Anstiften des erbitterten Tullius erschlagen, nach andrer starb er in hohem Alter im Exil. Die Geschichte C.', wie sie von den Römern erzählt wird, ist namentlich in ihrem zweiten Teil sagenhaft und unwahrscheinlich.

Cornelia, edle Römerin, Tochter des ältern Scipio Africanus, Gemahlin des Tiberius Sempronius Gracchus, Mutter der Gracchen, gebar ihrem Gatten zwölf Kinder, von denen sie neun verlor; die übrigen, die Tribunen Tiberius und Gajus und Sempronia, die Gemahlin des jüngern Scipio Africanus, erzog sie in ausgezeichneter Weise, so daß sie als das Muster einer römischen Mutter gepriesen wurde. Als sie einst nach ihrem Schmuck gefragt wurde, sagte sie, auf ihre Kinder zeigend: »Diese sind mein Schmuck!« Nach dem Tod ihres Gemahls schlug sie die ihr angetragene Hand des Königs Ptolemäos von Ägypten aus. Das traurige Schicksal ihrer beiden Söhne ertrug sie in ihrer Zurückgezogenheit mit standhaftem Sinn. Auch ihrer seltenen Geistesbildung wegen war sie gefeiert, ihre Briefe waren wegen der Schönheit ihrer Sprache berühmt und wurden viel gelesen. Die Echtheit zweier in den Handschriften des Cornelius Nepos erhaltenen Bruchstücke eines Briefs an ihren Sohn Gajus wird angefochten.

Cornelius, Geschlechtsname mehrerer weitverzweigten röm. Familien teils patricischen, teils plebejischen Standes. Die bekanntesten Familien führten die Beinamen Scipio, Sulla, Lentulus, Dolabella, Cinna, Gallus und Tacitus.

Cornelius Nepos, s. Nepos.

Corrèse, s. Cures.

Corsica (griech. Kyrnos), Insel im Mittelmeer, nördlich von Sardinien, von dem es durch die Meerenge von Taphros (Fretum Gallicum) getrennt wurde, ist in seinem westlichen Teil von hohen Gebirgen (der Mons Aureus, jetzt Monte b'Oro, 1600 m) erfüllt, welche steil nach der Westküste abfallen und diese in größere und kleinere Felsbuchten spalten. Nur die Ostseite hat einen schmalen für den Ackerbau geeigneten Küstenstrich, ist aber arm an Häfen. Die Nadelholzwälder lieferten Schiffbauholz, Pech und Teer; Viehzucht, Wein- und Ölbau bildeten die hauptsächlichsten Nahrungszweige. Die Eingebornen, der ligurische Stamm der Corsen, waren rohe, wilde Barbaren, die bloß von Milch und Fleisch lebten und Ackerbau gar nicht kannten. 560 v. Chr. gründeten an der Ostküste der die Mündung des Rhotanus (jetzt Tavigniano), Jonier von Phokäa die Pflanzstadt Alalia (Aleria), wurden aber schon 544 durch die vereinigten Flotten der Etrusker und Karthager wieder verdrängt. Die Etrusker beuteten eine Zeitlang die Bergwerke auf C. aus, während die Karthager sich der meisten Handelsplätze bemächtigten. 259 besetzten die Römer Aleria und zwangen 238 die Karthager zur Abtretung der Insel, welche nach einem Aufstand der Bergbewohner 231 völlig unterworfen wurde. Marius legte nach Unterdrückung wiederholter Empörungen auf der Ostküste an der Mündung des Tuola (jetzt Golo) die Kolonie Mariana an, Sulla stellte Aleria als römische Kolonie wieder her. Die Verwaltung wurde dem Prätor von Sardinien übergeben. Auch zur Römerzeit waren die Corsen wegen ihres wilden Charakters berüchtigt und C. ein gefürchteter Verbannungsort.

Cortona (Crotona), eine der zwölf Städte Etruriens, auf einer steil ansteigenden Vorhöhe des Apennin über dem Thal des Clanis gelegen (die Burg 660 m hoch); die Stadt war uralt, wie ihre noch erhaltenen mächtigen kyklopiſchen Mauern beweiſen, ſank aber in der Römerzeit von ihrer Bedeutung herab und blühte auch nicht durch eine dahin geſandte römiſche Kolonie auf.

Cotrōne, ſ. Kroton.

Craſſus, Beiname einer Familie des plebejiſchen Geſchlechts der Licinier. Bemerkenswert: 1) **Publius Licinius C. Dives,** geboren um 250 v. Chr., erlangte durch Talente und Reichtum ein ſolches Anſehen, daß er noch vor der Ädilität das Amt eines Oberprieſters erhielt. Als Ädil 211 gab er Spiele von unerhörter Pracht, bekleidete 210 die Cenſur, dann erſt die Prätur und 205 mit Publius Scipio das Konſulat. Er kämpfte als Konſul und 204 als Prokonſul in Unteritalien gegen Hannibal und lieferte dieſem bei Kroton ein ruhmvolles Treffen. Er ſtarb 183. C. war ein gewandter Redner und erfahrener Rechtsgelehrter.

2) **Lucius Licinius C.,** berühmter Redner, geb. 140 v. Chr., trat ſchon 119 als 21jähriger Jüngling als Redner auf, indem er den Optimaten Gajus Papirius Carbo anklagte und durch ſeine Beredſamkeit ſo vernichtete, daß derſelbe ſich das Leben nahm. Seine Rednergabe bildete er als Quäſtor in Aſien und auf der Rhetorenſchule in Athen weiter aus. Nach ſeiner Rückkehr bekleidete er 107 das Volkstribunat, 103 die kuruliſche Ädilität, welche ſich durch prachtvolle Spiele auszeichnete, und 95 das Konſulat, worauf er als Prokonſul das cisalpiniſche Gallien verwaltete. Er gehörte zu der gemäßigten ariſtokratiſchen Partei, ſprach 106 für das Serviliſche Geſetz, durch welches der Senat für kurze Zeit wieder in den Beſitz der Gerichte kam, und gab als Konſul mit ſeinem Kollegen Publius Scävola die lex Licinia Mucia, durch welche den Bundesgenoſſen die ungeſetzliche Ausübung des Bürgerrechts unterſagt wurde. Als Cenſor gab er 92 das Geſetz gegen die Schulen der lateiniſchen Rhetoren. Er ſtarb 91. Als Rechtsgelehrter ſtand er in großem Ruf und war einer der ausgezeichnetſten Red-

ner Roms, von ruhigem, plaſtiſchem Vortrag und treffendem Witz.

3) **Marcus Licinius C. Dives, der Triumvir,** geb. 114 v. Chr., Sohn des Publius C., der ſich während des Marianiſchen Blutbads 87 ſelbſt tötete, um nicht in die Hände der Marianer, ſeiner Feinde, zu fallen, entrann mit Mühe dem Schickſal ſeines Vaters und flüchtete nach Spanien, von wo er 83 Sulla Hülfstruppen nach Italien zuführte; er kämpfte tapfer gegen die Volkspartei und zeichnete ſich namentlich in der Schlacht am Colliniſchen Thor aus. Während der Proſkriptionen wußte er ſeine Habſucht zu befriedigen und trotz großen Aufwands ein Vermögen von 7100 Talenten (30 Mill. Mark) zuſammenzubringen. Als Prätor erhielt er 71 den Oberbefehl gegen die aufſtändiſchen Sklaven unter Spartacus, den er in Bruttium beſiegte und tötete. Darauf wurde er für 70 mit Pompejus zum Konſul gewählt und unterſtützte dieſen bei ſeinen dem Volk günſtigen Geſetzanträgen, während er ſelbſt das Volk durch reiche Spenden (einmal ſpeiſte er es an 10,000 Tiſchen) für ſich zu gewinnen ſuchte. Sein Ehrgeiz und ſeine Empfindlichkeit entzweiten ihn bald mit dem tüchtigern und glücklichern Pompejus, ſo daß er ſich Cäſar anſchloß, für deſſen Schulden er 62 Bürgſchaft übernahm. Während der Catilinariſchen Verſchwörung verharrte er in zweideutiger Zurückhaltung, in der Hoffnung, während der bevorſtehenden Wirren größere Macht zu erlangen. 60 verſöhnte er ſich durch Cäſars Vermittelung mit Pompejus, der mit dem Senatspartei zerfallen war, und die drei Männer ſchloſſen das erſte Triumvirat, in welchem aber C. neben ſeinen größern Rivalen eine unbedeutende Rolle ſpielte. 55 ward er nach der Erneuerung des Triumvirats in Luca mit Pompejus zum zweitenmal Konſul und erhielt nach Ablauf des Amtsjahrs die reiche Provinz Syrien auf fünf Jahre mit dem Recht, Krieg zu führen und Frieden zu ſchließen. Er hoffte, ſich zugleich bereichern und Ruhm erwerben zu können, und begann daher ſofort einen Krieg gegen die Parther. Er zog nach Meſopotamien, ließ ſich dann von einem

verräterischen Häuptling in die Wüste
locken und ward auf dem Rückzug von den
Parthern bei Carrhä besiegt; als er sich
darauf mit den Parthern in Unterhand=
lungen einließ, wurde er bei einer Unter=
redung hinterlistig getötet (53). — Sein
jüngerer Sohn, Publius, der sich als
Legat Cäsars in Gallien ausgezeichnet
hatte, war schon vor ihm im Kampf gegen
die Parther gefallen.

Cremera, rechtes Nebenflüßchen des
Tiber, welches bei Fidenä mündet, bekannt
durch den Untergang der Fabier im Kampf
gegen die Vejenter 477 v. Chr.

Cremona, Stadt in Gallia transpadana, am linken Ufer des Po, östlich von
der Mündung der Abbua gelegen, ward
219 v. Chr. auf dem von den Insubrern
abgetretenen Gebiet von den Römern ge=
gründet und zu einer starken Grenzfestung
gemacht. Durch ihre für den Handel
höchst günstige Lage gedieh die Stadt zu
bedeutendem Reichtum, von welchem
prächtige Paläste und ein großartiges
Amphitheater Zeugnis ablegten, ward aber
70 n. Chr. von den Soldaten Vespasians
gänzlich zerstört.

Crotona, s. Cortona.

Cumä (griech. Kyme, s. b.), Stadt
an der Küste von Kampanien, nördlich vom
Vorgebirge Misenum, wurde schon in sehr
alter Zeit (nach der Überlieferung im 11.
Jahrh. v. Chr.) von ionischen Griechen aus
Euböa gegründet und gelangte durch
Handel und Industrie bald zu großem
Reichtum. Sie beherrschte ein ausge=
dehntes, die Phlegräischen Gefilde bis zum
Vesuv umfassendes Gebiet und konnte
5000 Hopliten ins Feld stellen. Der
alten aristokratischen Verfassung machte
um 500 der Tyrann Aristodemos ein
Ende. Auch nach der Eroberung durch
die Samniter 420 und unter der Herr=
schaft der Römer erhielten sich in C. grie=
chische Sprache und Sitte bis in die Kai=
serzeit, und manche aus der griechischen
Mythologie hergeleitete Sagen, wie die
von der Sibylle, dem Avernersee u. a.,
knüpften sich an C. und seine Umgebung.
Als Hafen benutzten die Cumaner den
Lukrinersee, der durch eine schmale, von
einem Basaltdamm gebildete Meerenge

mit dem Golf von Bajä in Verbindung
stand. In den Kriegen der Gotenzeit ward
C. gänzlich zerstört, und es sind nur ge=
ringe, von Wald überwachsene Trümmer=
reste vorhanden.

Cures (jetzt Corrêse), alte Stadt im
Sabinerland an einem linken Nebenflüß=
chen des Tiber, deren Einwohner (Quirites) nach dem Raub der Sabinerinnen
unter dem König Titus Tatius Rom an=
griffen und fast eroberten, aber von Ro=
mulus zum Frieden bewogen wurden und
sich auf dem Kapitolinischen und dem Qui=
rinalischen Hügel ansiedelten. Ihr Name
wurde dem des römischen Volks beigefügt,
das fortan populus Romanus Quiritium
hieß, auch mitunter allein für das ganze
Volk gebraucht.

Curiatier (Curiatii), patricisches Ge=
schlecht in Alba longa, aus welchem drei
Brüder, Drillinge, in dem Krieg zwischen
Rom und Alba mit den ihnen verwandten
römischen Horatiern den Entscheidungs=
kampf um die Herrschaft kämpften, in
welchem sie anfangs zwei Horatier töte=
ten, dann aber von dem letzten derselben
durch List einer nach dem andern nieder=
gemacht wurden. Das Geschlecht wurde
nach dem Untergang Albas nach Rom
verpflanzt und blühte hier fort.

Curio, Gajus Scribonius, geboren
um 84 v. Chr., Sohn des Konsuls und
Optimaten Gajus Scribonius C., zeich=
nete sich durch glänzendes Rednertalent
aus, bekleidete 54 die Quästur in Klein=
asien und ward 50 Volkstribun. Bisher
Anhänger der Senatspartei und Freund
des Pompejus, leistete er unter der Maske
eines Pompejaners bei dem Streite des
Senats mit Cäsar diesem, der ihn mit
60 Mill. Sestertien (6 Mill. Mark) be=
stochen hatte, die nützlichsten Dienste, in=
dem er durch gewandte Parteimanöver
die entscheidenden Beschlüsse des Senats
bis Anfang 49 hinausschob. Nach Ab=
lauf seines Amtsjahrs begab er sich zu
Cäsar und überbrachte dessen letzte Ver=
mittelungsvorschläge an den Senat nach
Rom. Nach Ausbruch des Bürgerkriegs
ward er von Cäsar nach Sicilien geschickt,
um diese Provinz in Besitz zu nehmen,
und ging, nachdem ihm dies gelungen,

nach Afrika, wo er anfangs die Pompeja=
ner in mehreren siegreichen Gefechten zu=
rückschlug, dann aber sich durch Juba von
Numidien in einen Hinterhalt locken ließ;
als er sein Heer verloren sah, suchte und
fand er 49 den Tod im Schlachtgewühl.
Curius Dentatus, Manius, röm.
Feldherr, aus plebejischem Geschlecht ge=
bürtig, trat zuerst als Volkstribun gegen
Appius Claudius Cäcus auf und ward 290
v. Chr. zum Konsul gewählt. Er schlug die
Samniter und unterwarf die Sabiner
völlig. 275 zum zweitenmal Konsul,
rüstete er mit aller Macht ein stattliches
Heer aus und siegte bei Beneventum
über Pyrrhos, der darauf Italien räumte.
Nachdem er einen glänzenden Triumph
gefeiert, wurde er 274 zum drittenmal
zum Konsul gewählt und zwang die Völ=
ker Unteritaliens zur Unterwerfung. Dar=
auf zog er sich wieder auf sein kleines Gut
im Sabinerland zurück, seine einzige Beute
aus dem Sabinerkrieg, das er mit eig=
nen Händen bebaute. Auch aus der großen
dem Pyrrhos entrissenen Beute nahm
er für sich nur ein hölzernes Opfergeschirr.
Er wurde daher als Muster echt römischer
Einfachheit, Uneigennützigkeit und Unbe=
stechlichkeit gefeiert. Als ihm einst Ge=
sandte der Samniter, da er gerade am Herd
mit dem Kochen von Rüben beschäftigt
war, Geschenke überbrachten, wies er sie
mit den Worten zurück: »Ich will lieber
über reiche Leute herrschen, als selbst reich
sein«. Er erweiterte den Abzugskanal,
durch den der Velinersee in den Wasser=
fällen von Terni in den Nar abfließt, und
baute 272 als Censor eine Wasserleitung
aus dem Anio nach Rom. Er starb 270.

Curtius, 1) Marcus C., ein edler
röm. Jüngling, der sich für sein Vater=
land aufopferte. Der Sage nach ent=
stand 362 v. Chr. mitten auf dem Fo=
rum in Rom ein ungeheurer Schlund,
der nicht auszufüllen war. Die Wahr=
sager verkündeten, derselbe werde sich nur
schließen, wenn der kostbarste Schatz Roms
hineingeworfen würde, dann aber Rom
eine ewige Dauer beschieden sein. Da rief
C.: »Nichts Besseres hat Rom als Waffen
und Heldenmut!« bestieg in vollem Waf=
fenschmuck sein Roß und stürzte sich in
den Abgrund, worauf sich dieser schloß.
2) Quintus C. Rufus, röm. Ge=
schichtschreiber, über dessen Leben nichts
bekannt ist, der aber wahrscheinlich im
1. Jahrh. n. Chr. zur Zeit des Kaisers
Claudius lebte. Sein Werk, zehn Bücher
»De rebus gestis Alexandri Magni«,
beruht auf griechischen Quellen von zwei=
felhafter Glaubwürdigkeit, ist daher voll
von geographischen und chronologischen
Fehlern und Widersprüchen, zeigt in den
Schlachtbeschreibungen sehr geringe tech=
nische Kenntnisse und ist auch parteiisch.
Die Sprache ist in den Reden und man=
chen Schilderungen lebendig und blühend,
leidet aber doch an gezierter Rhetorik und
affektierter Kürze. Beste Ausgaben von
Mützell (Berl. 1841, 2 Bde.), Zumpt
(2. Aufl., Braunschw. 1864) und Vogel
(2. Aufl., Leipz. 1875).
Cypern, s. Kypros.
Cypselus, s. Kypselos.
Cyrenaïca, s. Kyrenaïka.
Cyrus, s. Kyros.
Cythēra, s. Kythera.
Cyzicus, s. Kyzikos.

D.

Dacien (Dacia), das Land nördlich
der untern Donau, zwischen Theiß und
Pruth, bis zum Nordabhang der Kar=
pathen, also die fruchtbare Tiefebene und
das Hügelland des jetzigen Rumänien,
das gebirgige, mit Wald bedeckte Sieben=
bürgen, das östliche Ungarn und die Bu=
kowina umfassend. Es wurde von ältester
Zeit her von einem Volk thrakischen Stam=
mes bewohnt, welches von Herodot Agathyr=
sen (Trauser) genannt wird, später bei den
Griechen Geten (die östlichen Bewohner),
bei den Römern Dacier oder Daker (im
Westen) hieß. Der östliche Teil des Ge=
biets war eine Zeitlang den Scythen un=
terworfen. Mit den Geten in D. kämpften

Alexander b. Gr. 335 v. Chr. und Lysi-machos 292. Von der westlichen bacischen Landeshälfte aus erweiterte um 60 der König Börebistes (Burvista) sein von den Römern als »bacisches«, von den Grie-chen als »getisches« bezeichnetes Reich öst-lich bis zum Borysthenes, südlich bis zum Hämos, westlich bis zu den Alpen und be-drohte die römischen Provinzen Make-donien und Dalmatien. Nach Börebistes' Tod (44 v. Chr.) zerfiel das Reich wieder in vier kleinere Reiche, welche die Römer wiederholt zur Zurückweisung ihrer An-griffe zwangen. Unter Domitianus ver-einigte König Decebalus die bacischen Reiche wieder zu einer den Römern gefähr-lichen Macht und zwang Domitianus zu einem schmählichen Frieden. 101 n. Chr. unternahm Kaiser Trajanus seinen ersten Dacischen Krieg, besiegte Decebalus in drei Schlachten und zwang ihn zur Un-terwerfung. Ein Aufstand des Königs nötigte Trajanus 104 zu einem zweiten Krieg, in dem er die Donau auf einer neu erbauten steinernen Brücke am Eisernen Thor überschritt, die Hauptstadt Sarmize-gethusa (jetzt Bárhely in Siebenbürgen) eroberte und nach dem Selbstmord des Decebalus das Land in eine römische Provinz verwandelte, die er durch Ansiede-lung mehrerer großer Militärkolonien und einer zahlreichen Civilbevölkerung aus allen Teilen des Reichs sowie durch An-legung von Straßen wenigstens in ihrem südlichen und westlichen Teil rasch und gründlich romanisierte. Hadrianus teilte die Provinz in zwei: Dacia superior, der westliche gebirgige Teil, und Dacia inferior, die südöstliche Ebene; später zer-fiel sie in drei Provinzen. Die Hauptstadt war Sarmizegethusa oder Colonia Ul-pia Trajana Augusta, andre Städte: Apulum (jetzt Karlsburg oder Weißen-burg), Napoca (jetzt Klausenburg) u. a. In der Mitte des 3. Jahrh. ging während der innern Wirren im Römischen Reich der größte Teil Daciens an die Goten verloren und wurde 271 von Aurelianus durch Zurückziehung der letzten römischen Kolonisten völlig aufgegeben, der Name aber auf ein Gebiet südlich der Donau zwischen den beiden Mösien, wo jene Ko-lonisten wieder angesiedelt wurden, über-tragen, welches Dacia Aureliani hieß. Aber ein Teil der ursprünglichen roma-nisierten Bevölkerung behauptete sich in den Stürmen der Völkerwanderung, und von ihnen stammen die jetzigen Bewoh-ner, die Walachen oder Rumänen, ab. Vgl. Rösler, Dacier und Romänen (Wien 1866); Derselbe, Romänische Studien (Leipz. 1871); Gooß, Studien zur Geographie und Geschichte des Traja-nischen D. (Hermannst. 1874); J. Jung, Römer und Romanen in den Donaulän-bern (Innsbr. 1877).

Dajauku, s. Dejokes.

Dalmatien (Dalmatia oder Delma-tia), der Küstenstrich an der Ostseite des Adriatischen Meers, von Gebirgen durchzogen, welche zu der von tief ein-schneidenden Buchten zerrissenen Küste steil abfallen; zahlreiche Inseln sind dem Land vorgelagert, welche im 4. Jahrh. v. Chr. von Syrafusiern kolonisiert wurden. D. wurde von illyrischen Stämmen (den Dalmatæ) bewohnt, die von Jagd, Fische-rei und Viehzucht, hauptsächlich aber von Seeraub lebten und sich um 180 von dem illyrischen Reich, zu welchem sie bisher ge-hört hatten, losrissen. Sie gründeten einen republikanischen Bund mit der Hauptstadt Delminium an der Mündung des Tilu-rius, welche aber schon 155 von den Römern zerstört wurde. Diese eroberten 118 den ganzen Küstenstrich bis zum Fluß Titius und vereinigten ihn mit der illyrischen Pro-vinz. Wiederholte Aufstände 50—35, 16 und 11 v. Chr., 6—9 n. Chr. nötigten die Römer zu öftern Kriegen, in welchen sie tief in das Innere vordrangen. Unter Au-gustus wurde D. zu einer besondern Pro-vinz, dem diesseitigen Illyrien (Illyricum superius) oder Dalmatia, gemacht und durch Anlegung von Militärkolonien ro-manisiert. Unter den römischen Kolonien waren die bedeutendsten Städte: Narona, die südöstlichste, Risinium an der Rhizäi-schen Bucht (jetzt Cattaro) und Salona (s. b.), die Hauptstadt und Sitz des kaiser-lichen Legaten, mit einem großartigen Palast Diocletians (Spalato).

Damaskos (hebr. Dammesek), alte Stadt Syriens in dem wohlbewässerten,

fruchtbaren Thal des Chrysorrhoas (Bara=
das), war Sitz eines semitischen Reichs, das
von König David erobert wurde, aber sich
unter Salomo wieder unabhängig machte
und unter seinen Königen Benhabab I.
und II. und Hasael das Reich Israel
wiederholt hart bedrängte. Das Reich von
D. umfaßte den ganzen Osten Syriens,
ward aber 810 v. Chr. von den Assyrern
unterworfen. Doch blieb D. auch unter
der Fremdherrschaft der Babylonier und
Perser Hauptstadt Syriens und verlor
diese Stellung erst unter der Herrschaft der
Seleukiden. Nach dem Fall des Seleukidi=
schen Reichs 85 v. Chr. ward D. von arabi=
schen Fürsten beseßt, welche unter römischer
Oberhoheit herrschten, 105 n. Chr. aber
von Trajanus der römischen Provinz
Syrien einverleibt. Die Stadt war be=
rühmt durch ihren großen Handel und
ihre Gewerbthätigkeit, namentlich in Waf=
fen und Feinweberei.

Damokles, Günstling des Tyrannen
Dionysios des Ältern von Syrakus,
rühmte einst diesen als den glücklichsten
aller Sterblichen. Dionysios erbot sich
darauf, sein Glück ihm abzutreten, und
räumte ihm seinen Palast mit allen Herr=
lichkeiten und Genüssen ein. D. war an=
fangs entzückt über sein Los; als er aber
über sich ein Schwert erblickte, das von
der Decke herab an einem Pferdehaar ge=
rade über seinem Haupt hing, erkannte
er die Unsicherheit und Gefahr irdischen
Glücks und beschwor Dionysios, ihn aus
dem Palast zu entlassen. Daher ist das
»Schwert des D.« sprichwörtlich für die
inmitten des Glücks jedem Menschen
brohende Gefahr.

Danaos, nach der griech. Sage König
von Argos, Sohn des ägyptischen Königs
Belos, aber von Io, also von Griechen,
abstammend, floh aus Chemmis in Ägyp=
ten vor seinem ihm nach Thron und Leben
trachtenden Bruder Ägyptos nach Argos,
ward daselbst zum Herrscher gewählt, baute
die Burg und gründete dem Apollon Ly=
kios einen Tempel. Seine 50 Töchter (die
Danaiden) sandte er aus, in dem wasser=
armen Land nach Quellen zu suchen. Er
galt als Begründer der Kultur der Ebene
von Argos, deren Bewohner daher Da=

naer genannt wurden, ein Name, der in
der Sage vom Trojanischen Krieg von dem
Argeierfürsten Agamemnon auf die Grie=
chen überhaupt übertragen wurde.

Danuvius (Donau), s. Istros.

Darantla, s. Drangiana.

Dardanellen, s. Hellespontos.

Dardaner (Dardāni), phryg. Volk
in Kleinasien, westlich vom Ida bis zum
Hellespont wohnend, welches Dardanos
als seinen Stammvater verehrte und die
feste Sadt Dardania (Dardanos) zur
Hauptstadt hatte. Später gründeten die
Nachkommen des Dardanos (die Darda=
niden) die Stadt Ilion oder Troja und
hießen fortan Trojaner oder Troer.

Dareios (Darius), altpers. Königs=
name (Darjawusch): 1) D. I., Sohn
des Hystaspes aus dem alten persischen
Königsgeschlecht der Achämeniden, nahm
schon unter Kyros eine hohe Stellung ein,
begleitete Kambyses als Leibwächter nach
Ägypten und trat nach dessen Tod 522
v. Chr. als Haupt des Königshauses an die
Spitze der Verschwörung, welche Gaumata,
der sich für den Bruder des Königs, Bar=
dija (Smerdis), ausgegeben hatte, stürzte.
Nach der Ermordung des Betrügers be=
stieg D. 521 den Thron, hatte aber mehrere
Jahre mit den Empörungen zu kämpfen,
welche in fast allen Provinzen ausbrachen;
besonders hartnäckig wehrte sich Babylon,
das er erst 518 mit Hülfe des Zopyros
unterwarf. Durch die allmähliche Unter=
drückung dieser Aufstände, welche er durch
eine großes Reliefbild und Inschriften auf
einer Felswand bei Bagistane (s. d.) in Me=
dien verherrlichte, gründete die die persische
Königsherrschaft von neuem; hierauf or=
ganisierte er das Reich, das er in 20 Sa=
trapien teilte, bestimmte die Abgaben der
einzelnen Provinzen und die Zahl ihrer
Truppen. Er selbst schlug sein Hoflager in
Susa auf, von wo aus das Reich regierte.
Auch seine Grenzen erweiterte er, indem
er die Völker südlich vom Kaukasos un=
terwarf und auch das nordwestliche Indien
eroberte. 515 unternahm er einen Zug
gegen die Skythen, überschritt mit
einem Heer von 700,000 Mann den Bos=
poros auf einer Schiffbrücke, unterwarf
Thrakien und Makedonien und drang über

den Istros (Donau) in das Skythenland ein. Die Skythen wichen ihm aber aus, u. nachdem D. bis zum Oaros (Wolga) vorgerückt war, mußte er umkehren und erreichte nur mit einem Verlust von 80,000 Kriegern den Istros wieder, wo die Jonier zu seinem Glück auf den Rat des Histiäos die Brücke nicht abgebrochen hatten, obwohl die ihnen bestimmte Frist abgelaufen war. Er ließ nun einen Teil des Heers unter Megabyzos in Thrakien, vollendete 494 nach Besiegung des ionischen Aufstands die Unterwerfung der griechischen Städte und Inseln an der Westküste Kleinasiens und unternahm, um die Athener und Eretrier für ihre Teilnahme am ionischen Aufstand zu züchtigen, die Eroberung Griechenlands. Aber der erste Feldzug unter seinem Schwiegersohn Mardonios verunglückte 492 durch das Scheitern der persischen Flotte am Berg Athos. Auf dem zweiten, den Datis und Artaphernes leiteten, wurde zwar Eretria zerstört; aber das Heer erlitt durch die Athener die Niederlage bei Marathon. über den Zurüstungen zu einer neuen größern Unternehmung, welche ein Aufstand in Ägypten verzögerte, starb D. 485 und hinterließ das Reich seinem Sohn Xerxes.

2) D. II. Nothos (eigentlich Ochos), unehelicher Sohn des Königs Artarerxes Longimanus, brachte, nachdem seines Vaters einziger rechtmäßiger Sohn, König Xerxes II., von seinem natürlichen Bruder Sogdianos ermordet worden war, das Heer und einen Teil der Großen auf seine Seite, ermordete seine Brüder und bestieg 424 v. Chr. den Thron. Doch verließ er selten seinen üppigen Königssitz und ließ sich ganz von seiner Gemahlin Parysatis leiten. Es brachen daher überall im Reich Empörungen aus, die meist mit List und Grausamkeit unterdrückt wurden; nur in Ägypten behauptete sich Amyrtäos 414—408. Im Peloponnesischen Krieg ließ er durch seine Satrapen die Spartaner mit Geld und Schiffen gegen die Athener unterstützen. Er starb 405 zu Babylon und hinterließ das Reich seinem Sohn Artaxerxes II.

3) D. III., vor seiner Thronbesteigung Kodomannos genannt, der letzte König

des altpersischen Reichs, war der Sohn des Achämeniden Arsanes und der Sisygambis, der Tochter des Artaxerxes II., hatte sich früh durch Tapferkeit im Kriege gegen die Kadusier ausgezeichnet und war von Artaxerxes Ochos zum Satrapen von Armenien ernannt worden. Als der Eunuch Bagoas 338 v. Chr. den König Ochos und darauf auch dessen Sohn Arses durch Gift beseitigt hatte, gelangte D., als letzter Abkömmling des Königshauses und als ein durch seine Sanftmut, Schönheit und Tapferkeit beliebter Fürst, 336 auf den Thron. Er zwang Bagoas, der auch ihm nach dem Leben trachtete, den Giftbecher zu trinken, und regierte gerecht und milb. Aber der von Makedonien her nahenden Gefahr waren das zerrüttete Perserreich und der zwar edle, aber schwache König nicht gewachsen. Bei Issos 333 trat D. seinem großen Gegner Alexander zum erstenmal gegenüber, riß aber durch seine übereilte Flucht das ganze Heer ins Verderben und ließ seine Familie in der Gewalt des Siegers. Nachdem sein Anerbieten, die Herrschaft über Asien mit Alexander zu teilen, abgewiesen worden, erwartete er 331 mit einem neuen großen Heer bei Gaugamela den makedonischen König, erlag aber in einer zweiten Schlacht dessen überlegener Kriegskunst und Tapferkeit und flüchtete nach seinen nordöstlichen Provinzen. Auf der Flucht ward er in Hyrkanien 330 von dem treulosen Satrapen Bessos gefangen genommen und, als Alexander auf rascher Verfolgung sich näherte, getötet, damit die Mörder Zeit zur Flucht gewännen. Alexander ließ die Leiche des D. in der Königsgruft zu Persepolis beisetzen.

Darius, s. Dareios.

Daulis, Stadt in Phokis, an der Straße von Orchomenos nach Delphi auf einem steilen, isolierten Felsrücken des Parnassos gelegen. Sie ward zwar 480 v. Chr. von Xerxes, 346 durch Philipp von Makedonien zerstört, galt aber noch in der Römerzeit als starke Festung, deren kyklopische Mauern noch jetzt beim Dorf Davlia erhalten sind.

Daunia, der nordwestliche Teil der ital. Landschaft Apulien, nördlich vom Aufidus,

so genannt nach dem Volk der Daunier,
die in ältester Zeit ein eignes Königreich
bildeten; die drei Städte der Daunier
waren: Teanum, Arpi und Canusium.

David, König von Israel, geboren um
1063 v. Chr., Sohn Isais von Bethle-
hem, eines nicht unbegüterten Mannes
aus gutem Geschlecht im Stamm Juda,
zeichnete sich im Kampf gegen die Philistäer
aus. König Saul ernannte ihn zu seinem
Waffenträger, und als er auf seinen Kriegszügen immer größere Erfolge errang, ward
er Oberster der Leibwache und Tischgenosse
des Königs, der ihm seine Tochter Michal
zum Weibe gab, und dessen Sohn Jonathan mit ihm enge Freundschaft schloß.
Da aber Saul den Argwohn faßte, daß
D. mit Samuel und der Priesterpartei,
welche dem neu errichteten Königtum
feindlich gesinnt waren, gegen ihn und
seine Herrschaft sich verschworen habe,
mußte D. vor seinem Zorn flüchten. Er
versuchte, den Stamm Juda zu einem Aufstand aufzureizen; doch ward derselbe unterdrückt, und D. fand bei den Feinden
seines Volks, bei den Philistäern in Ziklag,
Aufnahme, von wo er den kleinen Krieg
gegen Saul und sein Vaterland führte.
Doch durfte er nicht mitziehen, als die
Philistäer 1033 einen großen Heereszug
gegen Israel unternahmen. Als auf diesem Saul bei Gilboa besiegt war und sich
getötet hatte, erlangte D. die Herrschaft
über den Stamm Juda unter der Oberhoheit der Philistäer, und nach der Ermordung Isboseths, des Sohns Sauls, ward
er 1025 zu Hebron von ganz Israel als
König anerkannt. Zur Sicherung seines
Königtums ließ er Sauls ganze männliche Nachkommenschaft, mit Ausnahme
eines gebrechlichen Knaben, ermorden.
Aber einmal im Besitz des Throns, war
er entschlossen, die hinterlistigen und gewaltthätigen Mittel und Wege, durch
welche er zur Krone gelangt war, vergessen
zu machen. Er eroberte die Stadt der Jebusiter, wo er seine Burg Zion erbaute, und
begann, auf diese Festung gestützt, den Be-
freiungskampf gegen die Philistäer, der
sehr hartnäckig und schwer war, aber doch
damit endete, daß die Philistäer in ihre
alten Grenzen zurückgewiesen wurden und,

durch empfindliche Niederlagen geschwächt,
auf lange Zeit von allen fernern Angriffen
auf Israel abstanden. Darauf vernichtete
er die Amalekiter, besiegte die Moabiter,
Ammoniter und Edomiter und machte ihr
Gebiet zinspflichtig; auch die Syrer schlug
er und eroberte Damaskos. Er gebot nun
von der Nordspitze des Roten Meers und
von den Grenzen Ägyptens bis nach Damaskos. Die große Kriegsbeute weihte er
Jehovah und dankte ihm für seine Rettung
aus so großen Gefahren und für seine
Siege durch schwungvolle Lieder. Nachdem er Israel zu einem mächtigen Reiche
gemacht, organisierte er es durch zweckmäßige, dauernde Einrichtungen. Die
Stadt der Jebusiter, welche er Jerusalem
nannte, machte er zu seiner Residenz und
zur Hauptstadt des Reichs; er erbaute sich
da einen Palast, befestigte die Stadt stark
und vergrößerte sie durch Ansiedelung von
Einwohnern aus den Nachbarstämmen.
Dann brachte er die Bundeslade nach Jerusalem und erhob es zum Mittelpunkt
des nationalen Kultus, dessen Pflege er
einem neu organisierten, von dem Königtum abhängigen und ihm ergebenen Priesterstand übertrug. Aus den Tributen der
unterworfenen Völkerschaften und den
Einkünften der königlichen Güter bildete
er einen ansehnlichen Schatz und errichtete
eine meist aus Fremden bestehende Leibwache für seinen persönlichen Schutz. Die
waffenfähige Mannschaft des Volks ließ
er mustern und das Aufgebot in 12 Abteilungen von je 24,000 Mann teilen.
Die Fürsten und Richter der Stämme
wurden von ihm ernannt. Doch war seine
Regierung eine willkürlich-despotische und
durch Einflüsse des Harems bestimmt.
Daher erregte sie in Israel vielfach Miß-
stimmung, und als sein Sohn Absalom,
diese benutzend, eine Empörung versuchte,
um seinen Vater zu stürzen, fand er in
allen Teilen des Reichs, ja unter den
vertrautesten Räten des Königs Anhänger, dessen Herrschaft nur durch die List
Husais gerettet wurde. D. mußte auf
das linke Jordanufer flüchten und sein
Reich mühsam wiedererobern. Einen
neuen Aufstand erregte er kurz vor seinem
Tod, als er nicht seinen ältesten Sohn,

Abonia, sondern Salomo, den Sohn der Bathseba, die er Uria geraubt hatte, zu seinem Nachfolger bestimmte. Abonias Versuch, sein Erbrecht zu behaupten, miß= lang. D. starb 993. Seine Verdienste um Israel waren groß, und die Priester= schaft, welche ihm ihre Bedeutung ver= dankte, pries D., der ein lebendiges reli= giöses Gefühl besaß, als den »Mann nach dem Herzen Gottes«. Aber neben seiner Thatkraft und Tapferkeit, seiner Klugheit und Umsicht hatte er auch häßliche Cha= rakterzüge: Selbstsucht, Grausamkeit und eine heimtückische Rachsucht, welche ihn noch auf seinem Sterbebett bewog, seinem Sohn Salomo die Ermordung von Män= nern zu empfehlen, denen er, wie Joab, seinen Thron verdankte, oder denen er selbst Schonung verheißen. **Debora,** israelit. Prophetin, Frau La= pidoths aus dem Stamm Isaschar, wohnte zwischen Bethel und Rama und erteilte dem Volk Rat und Auskunft. Auf ihr Geheiß bekämpfte Barak den König Jabin von Hazor, der besiegt wurde. Das Sie= geslied Deboras (Richt. 5) ist ein wert= volles Denkmal althebräischer Poesie.

Decebalus (nicht Name, sondern Kö= nigstitel), König der Dacier, vereinigte die kleinern Staaten, in welche diese zer= fallen waren, zu einem mächtigen Reich und fiel 86 n. Chr. in Mösien ein, das er bis zum Hämos verwüstete. Domitianus schickte 87 den Präfekten der Prätorianer, Fuscus, gegen ihn; D. lockte ihn aber über die Donau, schlug ihn und vernich= tete fast sein ganzes Heer. Zwar siegte der römische Feldherr Julianus über die Da= cier bei Tapä, doch sah sich Domitianus, von den Quaden bedrängt, genötigt, mit D. Frieden zu schließen und ihm sogar einen Tribut zu bewilligen. Trajanus be= gann aber 101 den Krieg von neuem und zwang 102 D. durch mehrere siegreiche Schlachten und Eroberung seiner Haupt= stadt Sarmizegethusa zur Unterwerfung; D. mußte einen Teil seines Reichs abtre= ten und knieend seine Krone aus der Hand des Kaisers wiederempfangen. Doch zwang seine feindliche Haltung die Römer 104, den Krieg abermals zu eröffnen. Trajanus überschritt auf einer steinernen

Brücke am Eisernen Thor die Donau, drang siegreich in das Innere des daci= schen Reichs ein, und D. gab sich, als ein Anschlag, den Kaiser durch Meuchel= mord zu beseitigen, mißlang und er nach hartnäckigem Widerstand alles verloren sah, 101 selbst den Tod. Seine Schätze, die er unter dem Flußbett des Sargetia vergraben, fielen dennoch in die Hände der Römer.

Decembirn (Decemviri, »Zehnmän= ner«), eine Behörde, welche infolge des Gesetzvorschlags des Tribunen Terentilius Arsa 451 v. Chr. von den Römern er= wählt wurde, um die Gesetze aufzuschrei= ben (legibus scribendis) und ein allge= meines Landrecht auszuarbeiten, damit Patricier und Plebejer vor dem Gesetz und dem Recht gleich seien. Es wurde ihnen, wie in ähnlichen Fällen im Alter= tum, ganz unbeschränkte Vollmacht und Gewalt erteilt, daher alle übrigen Ma= gistrate, auch das Volkstribunat, ja sogar das Recht der Appellation für die Zeit ihrer Amtsdauer aufgehoben. Im ersten Jahr verwalteten sie ihr Amt mit Mäßi= gung und zu allgemeiner Zufriedenheit, indem sie von fünf zu fünf Tagen in der obersten Leitung der Geschäfte wechselten. Sie brachten zehn Gesetztafeln zu Stande, welche zuerst zu allgemeiner Prüfung aus= gestellt, dann verbessert und endlich von den Centuriatkomitien genehmigt wur= den. Da die Gesetzgebung damit noch nicht abgeschlossen war, wurde die Decemviral= verfassung auch noch für 450 beibehalten, und zwar setzte der Decemvir Appius Claudius mittelst schlau erworbener Volks= gunst durch, daß er selbst und seine An= hänger gewählt wurden. Noch zwei Ge= setztafeln wurden zu Stande gebracht. Hauptsächlich aber benutzten die neuen D. ihre Macht, um eine rücksichtslose Schreckensherrschaft zu errichten, welche besonders auf den Plebejern lastete, sowie Recht und Gesetz ganz nach Willkür und nur zur Befriedigung ihrer Grausamkeit und Habsucht zu gebrauchen. Weder Se= nats= noch Volksversammlungen wurden abgehalten, und als ihr Amtsjahr (15. Mai 449) ablief, legten sie ihre Gewalt nicht nieder, sondern herrschten nur um so gewaltthätiger. Als aber ein Krieg mit den Sabinern und Äquern ausbrach und die D. aus Haß den kühnen, freimütigen Siccius heimtückisch ermorden ließen, Claudius ferner, der in der Stadt zurückgeblieben war, Verginia durch Betrug und ungerechtes Urteil in seine Gewalt zu bringen suchte, entflammte Verginius durch Ermordung seiner Tochter das Volk und das Heer zur Empörung. Als die Patricier zögerten, die D. abzusetzen und die gesetzmäßigen Behörden wählen zu lassen, zogen die Plebejer auf den Heiligen Berg und erzwangen die Erfüllung ihrer Forderungen. Die D. gingen freiwillig ins Exil, außer Claudius und seinem Genossen Oppius, die angeklagt und ins Gefängnis geworfen wurden, in welchem sie sich selbst töteten. — Andre Kollegien von D. waren: die Decemviri sacris faciundis, ein Priesterkollegium, welches die Sibyllinischen Bücher einzusehen und auszulegen hatte; die Decemviri litibus (stlitibus) judicandis, ein Richterkollegium, das Prozesse über Freiheit, Bürgerrecht ꝛc. entschied; die Decemviri agris dividundis und coloniis deducendis, welche ernannt wurden, um Assignationen von Staatsland vorzunehmen oder Kolonien zu gründen.

Decius, Name eines röm. plebejischen Geschlechts: 1) Publius D. Mus rettete als Kriegstribun unter dem Konsul Aulus Cornelius Cossus im ersten Samniterkrieg 343 v. Chr. das von den Feinden in einem Gebirgsthal in Samnium eingeschlossene Heer durch kühne Besetzung einer das feindliche Lager beherrschenden Höhe und trug zur Besiegung der Feinde wesentlich bei, wofür er 2 Kränze und 100 Ochsen erhielt. 340 ward er mit Titus Manlius Torquatus zum Konsul gewählt und zog mit dem konsularischen Heer gegen die Latiner nach Kampanien. Als die Konsuln am Besuv dem Feind gegenüberlagen, verkündete ihnen ein Traum, daß dem Heer, dessen Feldherr die Feinde und mit ihnen sich selbst dem Tod weihe, der Sieg beschieden sei. Jeder gelobte hierauf, den Spruch zu erfüllen, sobald sein Flügel anfangen würde, zu weichen. Als nun in der Schlacht die Legionen des D. zurückwichen, weihte er nach der vom Oberpriester vorgesagten Formel die Feinde und sich selbst den Göttern der Unterwelt und sprengte mitten unter die Latiner, Tod und Verderben unter ihnen verbreitend, bis er den gesuchten Tod fand; die Latiner wurden geschlagen. 2) Publius D. Mus, Sohn des vorigen, war 312 v. Chr. zum erstenmal Konsul, kämpfte 309 als Legat gegen die Samniter in der Schlacht bei Longulä und besiegte, 308 wieder Konsul, die Etrusker. 306 war er Magister equitum des Diktators Scipio Barbatus und 304 Censor mit Quintus Fabius, den er bei der Aufhebung der von Appius Claudius getroffenen Maßregeln unterstützte. Während seiner zweiten Censur (300) bewirkte er die Annahme des Ogulnischen Gesetzes über die Zulassung der Plebejer zu den Priesterämtern. 297 und 295 bekleidete er mit Quintus Fabius Maximus Rullianus das Konsulat und besiegte im ersten Jahr die mit den Samnitern verbündeten Apulier bei Maleventum; 295 zogen die Konsuln gegen die vereinigte Macht der Samniter, Etrusker, Umbrer und Gallier. In der Schlacht bei Sentinum befehligte D. den linken Flügel gegen die Gallier. Als die Römer vor den gallischen Streitwagen zurückwichen, stürzte er sich nach seines Vaters Beispiel, vom Pontifex maximus den Göttern der Unterwelt und der Mutter Erde geweiht, unter die Feinde und fand so seinen Tod, errang aber auch den Römern den Sieg. — Nur dieser letztere Opfertod eines Deciers ist wohl historisch, der des ältern von der panegyrischen Familientradition erfunden.

Decius, Gajus Messius Quintus Trajanus, röm. Kaiser, aus altem, vornehmem Geschlecht, geboren zu Bubalia in Niederpannonien, ward unter dem Kaiser Philippus Arabs römischer Senator und Feldherr, erhielt 249 n. Chr. von diesem den Befehl, die widerspenstigen Legionen in Pannonien und Mösien zum Gehorsam zurückzuführen, ward aber selbst mit Gewalt in den Aufruhr hineingezogen und von den Legionen zum Kaiser ausgerufen. Er besiegte Kaiser Philippus in der Schlacht bei Verona, in welcher dieser fiel, und zog in Rom ein. Eifrig bemüht, im Innern des Reichs Ordnung und Gehorsam wiederherzustellen und altrömische Sitte und Religion von neuem zu beleben, verhängte er über die Christen, als eine staatsgefährliche Sekte, eine grausame Verfolgung. Er führte besonders Krieg mit den Goten, welche in Mösien und Thrakien eingefallen waren; anfangs bei Beröa besiegt, schloß er die Goten bei Philippopolis ein und brachte sie durch Mangel an Lebensmitteln in solche Not, daß sie um freien Abzug baten; die Verweigerung desselben zwang sie zu einem Verzweiflungskampf, in welchem erst des Kaisers Sohn D., dann der Kaiser selbst den Tod fanden und das römische Heer unterging (251). Auch des Kaisers zweiter Sohn, Hostilianus, der bereits den Kaisertitel führte, starb kurz darauf an der Pest.

Deïokes (Dajauku, Deïoces), ein Meder, der nach der Erzählung Herodots, von den Medern nach ihrer Befreiung von der assyrischen Herrschaft 710 v. Chr. wegen seiner Klugheit und Gerechtigkeit zum Richter erwählt, allmählich königliche Gewalt zu erringen wußte, indem er sich vom Volk abschloß, sich mit einer Leibwache umgab und eine große Hauptstadt mit einem prächtigen Palast, Ekbatana, baute. Er herrschte 53 Jahre und wurde Begründer der medischen Königsmacht, die sein Sohn Phraortes noch erhöhte. Nach den assyrischen Inschriften war D. oder Dajauku ein den Assyrern unterthäniger medischer Stammeshäuptling.

Dejotarus, Tetrarch (Vierfürst) von Galatien, leistete den römischen Feldherren, welche in Asien gegen Mithridates Krieg führten, treue und nützliche Dienste und erhielt deshalb vom römischen Senat den Königstitel und eine Vergrößerung seines Gebiets. Im Bürgerkrieg zwischen Pompejus und Cäsar schloß er sich dem erstern an und zog ihm mit 600 Reitern zu Hülfe. Nach der Schlacht bei Pharsalos begab er sich nach Galatien zurück und geriet durch den Angriff des Pharnakes in größte Bedrängnis, aus der ihn Cäsar 47 v. Chr. errettete. Diesem unterwarf er sich, erhielt Verzeihung und be-

kam den größten Teil seines Reichs zurück. Cäsar hielt sich während seines Feldzugs gegen Pharnakes einige Zeit am Hof des D. in Lucejum auf. Auf Anstiften seiner Schwiegersöhne Brogitarus und Castor wurde D. 45 von seinem Enkel Castor, des ältern Castor Sohn, bei Cäsar in Rom angeklagt, daß er diesen während seines Aufenthalts in Lucejum habe ermorden wollen. Cicero übernahm die Verteidigung des Angeklagten und erwirkte wenigstens, daß Cäsar die Sache fallen ließ. D. rächte sich, indem er die Eltern des Anklägers ermorden ließ. Nach Cäsars Tod gelangte er durch Bestechung der Gemahlin des Antonius, Fulvia, wieder in den Besitz seines frühern Reichs, stand im dritten Bürgerkrieg anfangs den Verschwornen Brutus und Cassius bei, ging aber nach der Schlacht bei Philippi 42 zu den Triumvirn über und behauptete sich in seiner Herrschaft. Er starb 40 in hohem Alter.

Dekeleia, attischer Demos, nördlich von Athen, an dem nach Oropos führenden Paß zwischen Parnes und Pentelikon gelegen, ward 413 v. Chr. im Peloponnesischen Krieg von den Spartanern befestigt u. dauernd besetzt gehalten, um das attische Gebiet zu verwüsten und die Verbindung Athens mit Euböa zu unterbrechen. Daher heißt der letzte Teil des Peloponnesischen Kriegs 413—404 Dekeleiischer Krieg.

Delatoren (delatōres, »Angeber«), in der röm. Kaiserzeit die Ankläger, besonders von Hochverratsverbrechen, welche ein förmliches Gewerbe daraus machten, da sie gewöhnlich den vierten Teil der dem Angeklagten auferlegten Straffumme oder des eingezogenen Vermögens erhielten. Namentlich Tiberius, Caligula und Domitianus nahmen auch die grundlosesten Anklagen (Delationen) entgegen und belohnten sie reichlich, so daß fast niemand vor den falschen D. seines Vermögens, seiner Freiheit und seines Lebens sicher war. Bessere Kaiser, wie Titus, Nerva und Trajanus, bestraften zwar falsche D. mit dem Tod, vermochten aber dem Unwesen nicht ganz zu steuern.

Delion (jetzt Dilisi), Hafenstadt in Böotien, am Euripos, zum Gebiet von

Tanagra gehörig, mit einem großen, nach dem Muster des delischen erbauten Apollontempel, welchen die Athener im Peloponnesischen Krieg zu einer Festung umgestalteten; 424 v. Chr. erlitten sie hier eine Niederlage durch die Böotier.

Delmatia, s. Dalmatien.

Delos (jetzt Mikra-Dilos, »Klein-D.«), die fast kleinste der Kykladischen Inseln, ein nur 5 km langer, schmaler, an seiner schmälsten Stelle bloß 700 Schritt breiter, flacher Granitrücken, dessen höchste Erhebung, der Kynthos in der Mitte der Insel, zu 106 m aufsteigt, erlangte im Altertum als hochgefeiertes Nationalheiligtum der ionischen Griechen große Bedeutung. Nach dem Mythos schwamm die Insel auf dem Meer, bis Poseidon sie als Zuflucht für die von Hera verfolgte Leto an vier Diamantsäulen befestigte. Leto gebar hier Apollon und Artemis, welche auf der Insel besonders verehrt wurden. Namentlich hatte Apollon auf D. einen prachtvollen, von Erysichthon erbauten Tempel, mit dem ein Orakel verbunden war, und bei dem alle fünf Jahre die Delischen Spiele gefeiert wurden, zu denen die ionischen Staaten Festgesandtschaften (Theorien) mit reichen Opfergaben schickten. Infolge davon entwickelte sich auf D. auch ein reger Handelsverkehr, der durch die Sicherheit der von D. und der westlich gelegenen größern Insel Rhencia (jetzt Megali-Dilos, »Groß-D.«) gebildeten Hafenbucht begünstigt wurde. Die Einwohner waren Jonier, welche die Insel um 1050 v. Chr. besetzt hatten und 506 durch attische Kleruchen verstärkt wurden. Eine höhere politische Bedeutung erlangte die Insel, als sie 476 Hauptort des Attenischen Seebunds wurde, wo die Bundesversammlungen abgehalten und der Bundesschatz aufbewahrt wurde; 454 ward dieser aber nach Athen verlegt. Bis 320 war D. im Besitz von Athen, dann kam es an Ägypten und später unter makedonische Herrschaft, 168 an die Römer, die es den Athenern zurückgaben. Als Handelsplatz blühte die Stadt D. besonders nach der Zerstörung Korinths (146) auf; namentlich ward sie ein viel besuchter Sklavenmarkt und wegen ihrer Zollfreiheit

Mittelpunkt des Verkehrs zwischen dem Schwarzen Meer und Alexandreia. Ein schwerer Schlag, von dem sie sich nie wieder erholte, traf die Stadt im ersten Mithridatischen Krieg, in welchem Menephanes, Feldherr des Mithridates, auf D. landete, die Einwohner ermordete oder als Sklaven fortschleppte und die Stadt sowie den Apollontempel plünderte und zerstörte. Jetzt ist die Insel veröbet und nur wenige Trümmer der alten Stadt vorhanden.

Delphi (Delphoi), Stadt in Phokis, südlich vom Parnassos in einem 700 m ü. M. gelegenen engen Felsenkessel am Fuß der gewaltigen, senkrecht abstürzenden Phädriadischen und Hyampeischen Kalkfelsen, vom klaren und kalten Kastalischen Quell durchflossen, wegen der übermäßigen Hitze im Sommer sowie der strengen Kälte und der scharfen Winde im Winter ungesund, aber dennoch wichtig und viel besucht wegen des Orakels im Apollontempel. Derselbe lag auf einer mit gewaltigen Einfassungsmauern umgebenen Terrasse über der amphitheatralisch aufsteigenden Stadt und war, nachdem der ältere Bau 548 v. Chr. abgebrannt war, durch den korinthischen Baumeister Spintharos auf Kosten der athenischen Alkmäoniden mit außerordentlicher Pracht in dorischem Stil erbaut und 478 vollendet worden. Das Innerste des Tempels, das Abbyton, aus pentelischem Marmor, umschloß die goldne Statue des Apollon, den Omphalos (»Erdnabel«, eine kuppelartige Erhebung von weißem Marmor, die als Mittelpunkt der Erde galt), ferner einen Lorbeerbaum und die eigentliche Orakelstätte, einen Erdschlund, aus welchem ein aufregender Dunst (kohlensaures Wasserstoffgas) emporstieg; über demselben stand ein eherner Dreifuß mit dem Sitz der wahrsagenden Priesterin, der Pythia, welche die Orakel verkündete, die unter Leitung der fünf Hauptpriester in einem Spruch zusammengefaßt, den Fragern mitgeteilt wurden. Der Raum um den Tempel, der Peribolos, war mit vielen Tausenden der durch Stoff und kunstvolle Ausführung höchst wertvollen Weihgeschenke, welche zum Teil in besondern

Schatzkammern (Thesauren) einzelner Staaten aufbewahrt wurden, angefüllt; Plinius erwähnt allein 3000 Statuen aus Gold, Silber, Erz oder Marmor. Ferner erhoben sich in D. noch kleinere Tempel, Priesterwohnungen, die Lesche der Knidier, eine Art Herberge mit berühmten Wandgemälden des Polygnotos, die Stoa der Athener, das Buleuterion der Amphiktyonen u. a. Diese Kunstwerke und Bauten machten D. zu einer der prächtigsten Städte; die vielen Wallfahrer brachten ihr viele Reichtümer, aber auch arge Sittenverderbnis.

Das delphische Orakel war sehr alt und schon zu Homers Zeiten berühmt. Eine höhere Bedeutung erhielt es durch die Dorier und den von diesen gestifteten Amphiktyonenbund, der seinen Sitz nach D. verlegte. Der Einfluß der delphischen Priesterschaft breitete sich nach der dorischen Wanderung (1104 v. Chr.) auch über den Peloponnes aus. Die Priester entschieden durch die Sprüche der Pythia Verfassungsstreitigkeiten, beeinflußten die Gesetzgebung und die gottesdienstlichen Einrichtungen und wirkten für die Erhaltung einer gewissen Einheit im religiösen Kultus, indem Zeus als der höchste Gott und Weltregierer über die übrigen nationalen Gottheiten gesetzt wurde, deren Zahl sie auf zwölf beschränkten. Sie leiteten besonders mit Umsicht die Gründung von Kolonien, bei denen sie stets um Rat gefragt wurden, und beförderten hierdurch die Ausbreitung des Hellenismus, wie sie denn überhaupt unter den Hellenen das Bewußtsein ihrer Einheit und das Nationalgefühl weckten und steigerten. Das Orakel, durch welches Apollon die göttlichen Rechtsordnungen, den Willen des Zeus verkündete, diente dazu, Entzweiungen unter den einzelnen Stämmen vorzubeugen oder sie beizulegen und die geistige Verbindung der weit verstreuten Hellenen aufrecht zu halten; Selbstprüfung, weise Mäßigung und klare Besonnenheit wurden vom Orakel als wichtigste, gottgefällige Tugenden empfohlen. Die Ordnung der Zeiten, die Umgestaltung der phönikischen Schrift in die griechische, die Anfänge der Geschichtschreibung, die An-

wendung der Kunst im Dienste der Religion gingen von der delphischen Priesterschaft aus, deren Heiligtum der ideale Mittelpunkt der griechischen Welt wurde. Es ward daher allgemein hoch geehrt, selbst von mächtigen Völkern und Königen des Auslands um Rat befragt und reich beschenkt. Besonders eng war der Bund der Priesterschaft mit Sparta, dessen Hegemonie sie begünstigte, und mit dem vereinigt sie die Tyrannis bekämpfte und die aristokratische Verfassungsform aufrecht zu erhalten bestrebt war. Doch wich sie aus Herrschsucht und Eigennutz mit der Zeit von ihren Grundsätzen ab. So nahm sie die Hülfe des Tyrannen Kleisthenes von Sikyon an, um sich der Herrschaft Krisas zu entziehen und nach Zerstörung dieser Stadt im ersten Heiligen Krieg 590 sich des ganzen Gebiets zwischen dem Parnassos und dem Korinthischen Golf zu bemächtigen. Dann wirkte sie für die Alkmäoniden zum Dank für deren Hülfe beim Tempelbau und bewog Sparta zu dem Zug nach Athen 510, der den Sturz der Peisistratiden zur Folge hatte. Auch die ausländischen Mächte gewannen Einfluß auf die delphische Priesterschaft, welche sich namentlich zur Zeit der Perserkriege zweideutig und haltlos benahm. Gehässige Streitigkeiten mit den Phokern, gegen welche wiederholt der Amphiktyonenbund aufgeboten wurde, schädigten ihr Ansehen, und schon zur Zeit des Peloponnesischen Kriegs war ihr politischer Einfluß durch Parteilichkeit und Bestechlichkeit sehr gesunken. Als sie 357 im Interesse Thebens Phokis wiederum des Tempelraubs anklagte und die Verurteilung der Phoker erwirkte, rächten sich diese durch Plünderung des Heiligtums, aus welchem sie 10,000 Talente an Wert geraubt haben sollen. Die 279 von den Galliern drohende Gefahr wurde wie durch ein Wunder durch einen Gewittersturm abgewendet. Später aber schleppten Sulla und Nero zahlreiche Kunstwerke fort, und nach einer kurzen Nachblüte unter Hadrianus wurde das Heiligtum, dem noch Konstantin d. Gr. wertvolle Werke, wie das berühmte griechische Weihgeschenk nach der Schlacht bei Plataä, einen goldnen Dreifuß, zur Aus-

schmückungKonstantinopels entführt hatte,
Ende des 4. Jahrh. n. Chr. von Theodo=
sius geschlossen und das Orakel, das Kai=
ser Julianus vor seinem Zuge gegen die
Perser zuletzt befragt hatte, für erloschen
erklärt. Jetzt sind nur noch überreste des
Unterbaus der Tempelterrasse beim ärm=
lichen Dorf Kastri erhalten; die neuer=
dings vorgenommenen Ausgrabungen ha=
ben nur Funde von Inschriften, aber nicht
von Kunstwerken ergeben. Vgl. Götte,
Das delphische Orakel in seinem politisch=
religiösen und sittlichen Einfluß auf die
alte Welt (Leipz. 1839).

Demades, athen. Redner und Staats=
mann, von niedrer Herkunft, diente in sei=
ner Jugend als Ruderknecht, schwang sich
aber durch sein Talent, gewandt und witzig
aus dem Stegreif zu reden, zu politischem
Ansehen und Einfluß empor, obwohl er
verschwenderisch, ausschweifend und be=
stechlich war. Er war ein Todfeind des
Demosthenes und bekämpfte auch dessen
Politik, namentlich nachdem er, bei Chä=
roneia 338 v. Chr. in makedonische Ge=
fangenschaft geraten, von König Philipp,
der, durch seinen kecken Freimut gewon=
nen, ihm und den übrigen athenischen
Gefangenen die Freiheit schenkte, durch
reiche Gaben ganz in das makedonische
Interesse gezogen worden war. Er war
in diesem fortan in Athen thätig, das er
335 durch seinen Einfluß bei Alexander
vor dessen Zorn und Rache zu schützen ver=
mochte. Seine Verschwendung und Üp=
pigkeit zogen ihm mehrmals Strafen und
sogar die Atimie zu, von welcher er aber
befreit wurde, um von Antipatros die
Entfernung der makedonischen Besatzung
aus Munychia zu erwirken. Als Antipa=
tros später durch aufgefangene Briefe von
verräterischen Umtrieben des D. unter=
richtet wurde, ließ er ihn ergreifen und
318 hinrichten. Von seinen Reden ist
nichts erhalten. Vgl. Lharby, De De-
made oratore Atheniensi (Berl. 1834).

Demaratos, König von Sparta, Sohn
des Ariston, trat an die Spitze der Ge=
mäßigten den kriegerischen Unterneh=
mungen seines Mitkönigs Kleomenes ent=
gegen und ward daher von diesem im
Bund mit Leotychides gestürzt, indem sie

ihn für einen unechten Sohn des Ariston
erklärten und diese Behauptung durch das
bestochene delphische Orakel bestätigen
ließen. Verhöhnt und verspottet, flüchtete
er 492 v. Chr. zum Perserkönig Dareios,
der auf seinen Rat Xerxes zu seinem
Nachfolger ernannte. Als dieser 480 sei=
nen großen Zug gegen Griechenland un=
ternahm, begleitete ihn D. und gab ihm
wiederholt gute Ratschläge, die aber un=
beachtet blieben. Seine Nachkommen
herrschten noch lange in einigen Städten
Mysiens.

Demetrias, Stadt in Thessalien, am
Fuß des Pelion in der Landschaft Mag=
nesia im innersten Winkel des Pagasäi=
schen Meerbusens gelegen, von Demetrios
Poliorketes 290 v. Chr. gegründet und
nach ihm benannt; wichtige Hafenstadt,
Residenz der makedonischen Könige und
starke Festung, neben Chaltis und Korinth
eine der »Hauptfesseln Griechenlands«.
Die Römer bemächtigten sich der Stadt
im Krieg mit Philipp von Makedonien,
dann die Atolier, worauf 192 König An=
tiochos von Syrien hier landete.

Demetrios, 1) Könige von Make=
donien: a) D. I. Poliorketes, Sohn
des Antigonos Kyklops, geb. 337 v. Chr.,
stand seinem Vater in den Diadochenkrie=
gen gegen Eumenes, Ptolemäos, Lysima=
chos u. a. tapfer bei und zeigte sich als
geschickter Feldherrn, dessen Mut indes
leicht in Ungestüm und jugendliche Hitze
ausartete und seine Erfolge gefährdete.
So verlor er 312 gegen Ptolemäos die
Schlacht bei Gaza und ward von Se=
leukos vor Babylon zurückgeschlagen. 307
befreite er Athen von der Herrschaft des
Kassandros, zog triumphierend in die
Stadt ein und ward von den Athenern mit
Ehren überhäuft. Darauf begab er sich
nach Kypros, schloß hier den Bruder des
Ptolemäos, Menelaos, in Salamis ein und
belagerte die Stadt, wobei er großartige
Kriegsmaschinen erfand, die ihm den Na=
men des »Städteeroberers« (Poliorketes)
verschafften. Nachdem er eine ägyptische
Flotte, die zum Entsatz herbeieilte, besiegt
hatte, nahm er Salamis ein und legte sich
seitdem (306), wie auch Antigonos, den
Königstitel bei. Eine Belagerung von

Rhodos 304 hatte keinen Erfolg. Er vertrieb darauf von neuem Kassandros aus Griechenland, verbrachte längere Zeit in Athen unter rauschenden Vergnügungen und Schwelgereien und zog 302 mit seinem Vater nach Kleinasien, mit dem er 301 bei Ipsos eine große Niederlage erlitt, aus welcher er nur einen geringen Teil seiner Streitmacht rettete. Von Athen zurückgewiesen, schweifte er in Asien umher, kehrte dann nach Griechenland zurück, bemächtigte sich Athens wieder, das er mild behandelte, und benutzte 294 die Wirren in Makedonien, um den Thron dieses Landes an sich zu reißen. Doch machte er sich durch seine Verschwendung und durch seinen Übermut verhaßt und reizte durch seine großen Rüstungen die bedrohten Könige Seleukos', Lysimachos' und Ptolemäos zu einem Bündnis gegen ihn. Bald nach Ausbruch des Kampfes von seinen Soldaten verlassen, mußte er 287 aus Makedonien fliehen und ward 286 in Kilikien von Seleukos gefangen, der ihn nach Apameia in Syrien bringen ließ, wo er 283 starb — ein Bild seiner unruhigen, stürmischen Zeit, witzig und geistreich, kühn und thatkräftig in der Gefahr, aber abenteuerlustig, ohne Ausdauer und Mäßigung, daher ohne dauernden Erfolg. — b) D. II., Sohn des Antigonos Gonatas, Enkel des vorigen, folgte 240 seinem Vater in der Herrschaft über Makedonien und regierte bis zu seinem Tod 229 unter fortwährenden Kriegen mit Alexander von Epeiros und den barbarischen Grenzvölkern im Norden des Reichs.

2) Könige von Syrien: a) D. I. Soter, Sohn Seleukos' IV. Philopator, verlebte seine Jugend als Geisel in Rom, verließ aber 163 v. Chr. nach dem Tod seines Oheims Antiochos Epiphanes, der nach dem Tod seines Vaters die Herrschaft Syriens an sich gerissen, wohl mit Vorwissen des Senats, die römische Hauptstadt, um den syrischen Thron in Besitz zu nehmen. Er stürzte 161 die Herrschaft des Antiochos Eupator, den er ermorden ließ, und wurde von Rom anerkannt. Da er die Babylonier von der Tyrannei des Satrapen Timarchos befreite, erhielt er den Beinamen Soter (»Retter«). Gegen die Juden kämpfte

er ohne Erfolg und konnte auch das eroberte Kappadokien nicht behaupten. Der Trunkenheit ergeben und grausam, machte er sich so verhaßt, daß ein angeblicher Sohn des Antiochos Epiphanes, Alexander Balas, sich gegen ihn erhob und ihn, von Ägypten und Pergamon unterstützt, stürzte; in einer Schlacht 151 besiegt, ward er auf der Flucht getötet. — b) D. II. Nikator, Sohn des vorigen, flüchtete nach dessen Tod nach Kreta, kehrte aber 147 nach Syrien zurück und bemächtigte sich mit ägyptischer Hülfe der Herrschaft, nachdem Alexander Balas 146 ermordet worden war. Er schloß einen Bund mit Jonathan Makkabäus, den er als Herrn von Juda anerkannte. Durch den Aufstand des Antiocheners Tryphon von der Herrschaft vertrieben, aber 142 wieder in deren Besitz gelangt, unternahm er 140 einen Krieg gegen die Parther, ward aber von König Arsakes gefangen genommen und zehn Jahre in Hyrkanien festgehalten, obwohl gut behandelt und sogar mit einer Tochter des Königs vermählt. Erst als des D. Bruder Antiochos Sedetes Parthien mit Krieg bedrohte, ließ ihn Arsakes 130 frei, worauf er Antiochos vertrieb und wieder den syrischen Thron bestieg. In einem neuen Aufstand ward er 126 ermordet.

Demetrios Phalereus, geboren um 345 v. Chr. aus niederm Stand in der athenischen Hafenstadt Phaleron (daher der Beiname), ward von Theophrastos in der Philosophie und Beredsamkeit unterrichtet und erlangte als Redner solches Ansehen, daß Kassandros ihn 317 als Prostates an die Spitze des athenischen Staats stellte. Seine zehnjährige Verwaltung war eine so glückliche und gesegnete, daß die dankbaren Athener ihm so viel Statuen (360) errichteten, wie sie Tage im Jahr zählten. Als jedoch Demetrios Poliorketes 307 Athen eroberte, mußte er flüchten, und das wankelmütige Volk ließ sich sogar von seinen Gegnern verleiten, ihn zum Tod zu verurteilen. Er begab sich zu dem Lagiden Ptolemäos nach Ägypten, der ihn freundlich aufnahm und oft zu Rate zog. Dessen Nachfolger Ptolemäos Philopator schickte ihn

10*

jedoch nach Oberägypten ins Exil, wo er 283 an dem Biß einer giftigen Schlange ſtarb. Seine zahlreichen Schriften ſind verloren gegangen.

Demoſthenes, 1) der Feldherr, Sohn des Alkiſthenes, zeichnete ſich im Peloponneſiſchen Krieg als kühner und geſchickter Anführer der Athener aus. 426 v. Chr. ward er mit 30 Schiffen nach dem Joniſchen Meer geſchickt, um die weſtlichen Landſchaften Griechenlands für die Athener zu gewinnen. Er kam den Akarnaniern gegen die Atolier und Ambrakia zu Hülfe und ſchlug ein peloponneſiſches Heer bei Olpä. 425 beſetzte er Pylos in Meſſenien, behauptete ſich im Beſitz des Platzes gegen den Angriff einer ungeheuren ſpartaniſchen Übermacht und ſchloß mehrere hundert Spartaner auf der Inſel Sphakteria ein, welche ſich ergeben mußten. Sein Anſchlag auf Megara 424 mißlang, doch beſetzte er die Hafenſtadt Niſäa. Als Nikias vor Syrakus durch Gylippos in Bedrängnis geriet, ward er im Frühjahr 413 mit einer Flotte von 73 Schiffen und 5000 Hopliten ihm zu Hülfe geſchickt. Da der Angriff auf Epipolä ſcheiterte, riet D. zum Abzug; doch Nikias ging darauf nicht ein und verſäumte auch aus Aberglauben den geeigneten Moment zur Seeſchlacht. Auf dem Rückzug zu Lande führte D. den Nachtrab und ward nach tapferm Widerſtand umzingelt, gefangen genommen und nebſt Nikias hingerichtet. Er war ein ausgezeichneter Feldherr, der ſowohl einen Kriegsplan ſtrategiſch zu entwerfen, wie taktiſch auszuführen verſtand und Terrainverhältniſſe, Beſchaffenheit der Truppen, Schwächen des Gegners geſchickt zu erkennen und zu verwerten wußte. Untadelig von Charakter, war er doch nicht politiſch begabt und daher ohne Einfluß auf das Volk, welches er nicht zu einer einheitlichen, konſequenten Kriegführung zu bewegen vermochte.

2) Der Redner, Sohn des reichen Fabrikanten D. und der Kleobule aus Phanagoria, geb. 384 v. Chr. im Demos Päania, verlor ſchon im ſiebenten Jahr ſeinen Vater und wurde durch die Gewiſſenloſigkeit und Betrügerei ſeiner Vormünder um ſein Vermögen von 14 Talenten gebracht. Von ſeinen Altersgenoſſen als ein Schwächling verſpottet, wuchs er in völliger Zurückgezogenheit im Hauſe ſeiner Mutter auf, mit ernſten Studien beſchäftigt und früh entſchloſſen, ſich zum Redner auszubilden, wozu er Iſäos für ein Honorar von 10,000 Drachmen als Lehrer gewann. 20 Jahre alt, begann er unter den ſchwierigſten Verhältniſſen den Prozeß gegen die betrügeriſchen Vormünder und erreichte auch durch ſeine Geſchicklichkeit und Ausdauer, daß dieſelben verurteilt wurden, wenn er auch von ſeinem Vermögen nur einen geringen Teil zurückerhielt. Mit unermüdlichem Eifer arbeitete er nun an ſich ſelbſt, um mancherlei äußerliche Schwächen, welche den Eindruck ſeiner Beredſamkeit beeinträchtigten, zu beſeitigen. Die Thätigkeit als Sachwalter befriedigte ihn bald nicht mehr. Mit ſeinen Reden gegen Androtion und Leptines betrat er 355 die politiſche Laufbahn, auf welcher er das Recht zu verteidigen und die Freiheit und Größe ſeines Vaterlands zu ſchützen unabläſſig bemüht war. Als der gefährlichſte Feind derſelben erſchien ihm König Philipp von Makedonien, der ſeine Macht in Makedonien und Thrakien immer weiter ausbreitete, und auf die von ihm drohende Gefahr hinzuweiſen, das indolente Volk zu warnen und zur Thatkraft anzuſpornen ſowie zur Abſtellung der einer energiſchen Politik und Kriegführung entgegenſtehenden Mißbräuche zu beſtimmen, ſetzte er ſeit 351 die ganze ſittliche Energie ſeiner Perſönlichkeit und die Macht ſeiner Rede ein. Dabei hatte er mit dem hartnäckigen Widerſtand und mit dem gewiſſenloſen Ränken einer makedoniſchen Partei, welcher talentvolle Redner, wie Aſchines, angehörten, zu kämpfen wie auch mit den Schwierigkeiten, welche der Mangel an tüchtigen Feldherren und die Beſchränktheit der Mittel verurſachten. So geſchah es, daß trotz ſeiner olynthiſchen Reden Olynthos 348 fiel und D. ſelbſt zum Frieden mit Philipp reden mußte. 341 gelang es ihm, ein Bündnis mit mehreren andern Staaten gegen Makedonien zu Stande zu bringen, und Byzantion und Perinthos wurden vor Philipp gerettet. Ein gold-

ner Kranz, der 340 D. verliehen wurde, war der Lohn seiner Verdienste. Als Philipp 339, von den Amphiktyonen herbeigerufen, Amphissa zerstörte und sich in Mittelgriechenland festsetzte, bewahrte D. inmitten des allgemeinen Schreckens Mut und Besonnenheit, bewog die Thebaner zu einem Bund mit Athen und zog selbst als Hoplit in den Kampf. Die Niederlage bei Chäroneia 338 vernichtete freilich alle seine Hoffnungen. Doch besaß er die Achtung der Athener in so hohem Maß, daß ihm die ehrenvolle Aufgabe zu teil wurde, die Leichenrede für die bei Chäroneia Gefallenen zu halten, und daß von neuem von Ktesiphon der Antrag gestellt wurde, ihm einen goldnen Kranz zu verleihen. Äschines bekämpfte den Antrag; nach achtjährigem Streit siegte D. mit seiner Rede »vom Kranz« über Äschines, der Athen verlassen mußte. Auf die Kunde von Alexanders Tod 335 hatte D. eine Erhebung Athens im Bund mit andern griechischen Staaten zu Stande zu bringen gesucht, welche indeß Alexanders rasches und strenges Strafgericht über Theben im Keim erstickte; nur dem Einfluß des Demades gelang es, den erzürnten König zu bewegen, von der Forderung der Auslieferung des D. und seiner Gesinnungsgenossen abzulassen. Endlich gelang es seinen Feinden, ihn zu beseitigen. Als Harpalos mit dem Reste der aus Ekbatana geraubten Schätze Alexanders 324 nach Athen kam und die Athener zum Kriege gegen Makedonien zu bewegen suchte, ward auch D. beschuldigt, sich haben bestechen zu lassen, und, obwohl unschuldig, verurteilt. Er entfloh aus dem Gefängnis nach Ägina, ward aber schon 323 nach dem Tod Alexanders feierlich und ehrenvoll zurückgerufen. Er stand an der Spitze der neuen Freiheitsbewegung, welche zum Lamischen Krieg führte. Als die Griechen in demselben unterlagen und Antipatros die Auslieferung der Häupter der Volkspartei verlangte, flüchtete D. nach der Insel Kalauria und gab sich, auch hierhin von den Schergen des Antipatros verfolgt, im Tempel des Poseidon durch Gift den Tod (Oktober 322). Glühende Vaterlandsliebe, Erhabenheit

und Reinheit der Gesinnung, Ausdauer im Kampfe für die Freiheit und das Recht zeichneten D. aus und reihen ihn den edelsten Männern des Altertums an, obwohl seinen Bestrebungen der Erfolg versagt blieb. Vgl. Schäfer, D. und seine Zeit (Leipz. 1856—58, 3 Bde.).

Dentatus, Manius Curius, s. Curius Dentatus.

Derkyllidas, spartan. Feldherr, zeichnete sich schon im Peloponnesischen Krieg aus, gewann 411 v. Chr. Lampsakos und Abydos für Sparta und ward in letzterer Stadt Harmost. 399 erhielt er den Oberbefehl über das spartanische Heer im nordwestlichen Kleinasien und errang nach Wiederherstellung der erschlafften Kriegszucht durch schlaue Benutzung des Zwistes zwischen den Satrapen Pharnabazos und Tissaphernes bedeutende Erfolge, indem er einen großen Teil von Äolis eroberte. 398 schützte er die Thrakische Chersones durch eine Mauer gegen die Einfälle der Thraker, eroberte Atarneus und fiel in Karien ein. Die Versöhnung des Tissaphernes mit Pharnabazos nötigte ihn 397 zu einem Waffenstillstand, worauf er den Oberbefehl an Agesilaos abtreten mußte. 394 rettete er nach der Niederlage der spartanischen Flotte bei Knidos durch Umsicht und Standhaftigkeit Sestos und Abydos und ward daselbst wieder Harmost. 390 mußte er aber diese Stelle niederlegen.

Diadochen (griech., »Nachfolger«), die Feldherren Alexanders d. Gr., welche nach seinem Tod 323 v. Chr. um den Besitz seines Reichs langjährige Kriege führten. Die bedeutendsten unter ihnen waren: Perdikkas, Antigonos und sein Sohn Demetrios Poliorketes, Antipatros und sein Sohn Kassandros, Ptolemäos, Seleukos, Lysimachos und Eumenes. Die Zeit dieser Kämpfe, welche durch die Schlacht bei Ipsos 301 einen gewissen Abschluß erhielt, heißt »die Diadochenzeit«. Aus dem Alexandrinischen Weltreich entstanden infolge dieser Kämpfe eine Anzahl Staaten, in welchen die hellenische Kultur die herrschende blieb, und die man daher als »hellenistische« zu bezeichnen pflegt. Die bedeutendsten waren:

Ägypten unter den Ptolemäern, Syrien unter den Seleukiden, Makedonien unter den Nachkommen des Antigonos und Pergamon unter den Attaliden. Alle diese Reiche wurden später dem Römischen Reich einverleibt. Vgl. Droysen, Geschichte der D. (»Geschichte des Hellenismus«, Bd. 2, 2. Aufl., Gotha 1878).

Diakria (auch Epakria oder Hyperakria), das Bergland im nördlichen und östlichen Attika, dessen Bewohner, die Diakrier, zur Zeit des Peisistratos eine politische Partei bildeten.

Didius Juliānus, mit vollem Namen Marcus Didius Salvius Juliānus, röm. Kaiser, Sohn des Petronius Didius Severus, Urenkel des berühmten Rechtsgelehrten Salvius Julianus, geb. 132 n. Chr., ward von der Mutter des Marcus Aurelius, Domitia Lucilla, erzogen und erlangte durch deren Einfluß hohe Ämter, 179 auch das Konsulat, worauf er mehrere Provinzen verwaltete. Nach der Ermordung des Pertinar 193 erkaufte er von den Prätorianern zu Rom für eine ungeheure Summe (gegen 60 Mill. Mark) die Kaiserkrone; allein das Volk und die Legionen in den Provinzen lehnten sich gegen ihn auf und riefen Gegenkaiser aus. Von diesen drang Septimius Severus siegreich in Rom ein, worauf D. auf Befehl des Senats nach 66tägiger Regierung getötet wurde.

Dido, phönik. Mondgöttin und Beschützerin des Handels und der Kolonisation. In der griechisch-römischen Überlieferung wird sie als die Gründerin von Karthago genannt, welche eigentlich Elissa (s. d.) hieß; sie soll sich selbst den Tod auf dem Scheiterhaufen gegeben haben, nach den einen, um der Vermählung mit dem numidischen König Hiarbas zu entgehen, nach Vergilius' »Aneis« aus Schmerz über die Abreise des Aneias, den sie gastfreundlich aufgenommen hatte.

Didyma, Ort im Gebiet von Miletos, südlich von der Stadt gelegen und mit dem Hafen Panormos durch eine mit Sphinren und sitzenden Statuen geschmückte Straße verbunden, mit dem uralten Heiligtum und Orakel des didymäischen Apollon, welches von dem mäch-

tigen Priestergeschlecht der Branchiden verwaltet wurde. Der Tempel ward 494 v. Chr. von den Persern zerstört, aber prächtiger wiederaufgebaut. Von dem allerdings nie ganz vollendeten Neubau sind außer andern Trümmern noch zwei 19 m hohe Säulen mit Architrav erhalten.

Diglat, s. Tigris.

Dikäarchia, s. Puteoli.

Diktātor (auch magister populi), eine außerordentliche, in Zeiten der Not oder für besondre Geschäfte ernannte und vorübergehend mit der höchsten Gewalt bekleidete Magistratsperson der römischen Republik. Der erste D., Titus Lartius, ward ernannt, als die Römer 498 v. Chr. in einen gefährlichen Krieg mit den Latinern verwickelt waren, und zwar entlehnte man das neue Amt von den Latinern selbst: Die Diktatur hatte den Zweck, die Einheit und Kraft der Regierung sowohl bei äußern Gefahren wie gegen innere Unruhen zu stärken und somit für besondre Fälle die königliche Gewalt zu ersetzen. Deswegen waren dem D. alle übrigen Magistrate, mit Ausnahme des Volkstribunen, untergeordnet, deswegen war er wenigstens in der ältern Zeit von der Berufung an das Volk und von der Pflicht, Rechenschaft abzulegen, befreit. Er wurde, nachdem der Senat die Einsetzung beschlossen, von einem der Konsuln oder einem Konsulartribunen ernannt, der dieses Geschäft unter Beobachtung der Auspicien in der Stille der Nacht vollziehen mußte; der D. ernannte dann selbst einen Magister equitum als Reiteroberſten und zweiten Befehlshaber. Als Zeichen seiner außerordentlichen Gewalt schritten ihm 24 Liktoren voran, welche in den Rutenbündeln auch die den Konsuln verbotenen Beile führten. Außer für Erhaltung der öffentlichen Wohlfahrt in äußerlichen Kriegen oder bürgerlichen Unruhen wurden zuweilen auch für einzelne selbst unbedeutende Geschäfte Diktatoren gewählt, so für die Einschlagung des Jahresnagels in den kapitolinischen Jupitertempel, die Abhaltung der Komitien in Abwesenheit der Konsuln, die Vollziehung des Census und namentlich für die Er-

gänzung des Senats, die Leitung öffent=
licher Spiele, Aushebung u. dgl. m. Die
Diktatur dauerte höchstens sechs Monate,
und die Sitte forderte, daß bei der D.
schon vorher abtrat, sobald er seinen Auftrag
vollzogen hatte oder die Gefahr, die seine
Ernennung veranlaßte, beseitigt war.
Die Diktatur war gleich den übrigen Ma=
gistraten anfangs auf die Patricier be=
schränkt und den Plebejern besonders ver=
haßt. 356 ward aber der Plebejer Gajus
Marcius Rutilus zum D. erwählt und
damit auch dieses Amt den Plebejern zu=
gänglich gemacht. Da seit der Gleichstel=
lung der beiden Stände die innern Strei=
tigkeiten lange Zeit ruhten und nach dem
zweiten Punischen Krieg in Italien, wel=
ches die Diktatoren nicht verlassen durf=
ten, keine bedeutenden Kriege mehr zu
führen waren, so wurde die Anwendung
der Diktatur immer seltener und hörte
mit dem zweiten Punischen Krieg völlig
auf. Der letzte D. im ursprünglichen
Sinn wurde 202 v. Chr. gewählt. Die
Diktaturen Sullas und Cäsars waren
ungesetzlich und dienten nur als Namen
für die von ihnen geübte Alleinherrschaft.
44 wurde durch ein Gesetz des Marcus
Antonius die Diktatur abgeschafft; später
wurde sie Octavianus vom Volk wieder=
holt angeboten, aber immer abgelehnt.

Dilifi, s. Delion.

Dio Cassius Coccejanus (Cassius
Dio), griech. Geschichtschreiber, geboren
um 155 n. Chr. zu Nikäa in Bithynien,
Enkel des Redners Dio Chrysostomus
Coccejus, erhielt in der Rhetorenschule zu
Athen eine treffliche Bildung, erwarb das
römische Bürgerrecht und bekleidete unter
Kaiser Commodus und dessen Nachfolgern
sehr hohe Staatsämter als Prokonsul von
Pergamon, Smyrna, Afrika, Dalmatien
und Pannonien sowie als Konsul 222 und
229. Nach seinem zweiten Konsulat zog
er sich vor dem Haß der Prätorianer, den
er durch seine Strenge auf sich gezogen,
in seine Vaterstadt zurück, wo er bald dar=
auf starb. Er schrieb in griechischer
Sprache eine römische Geschichte von der
Gründung der Stadt bis zu seinem Kon=
sulat 229, an welcher er 22 Jahre arbei=
tete. Von den 80 Büchern des Werks sind

nur Buch 37—54, die Zeit vom Mithrida=
tischen Krieg bis zum Tod Agrippas, er=
halten; von Buch 55—60 haben wir Frag=
mente, von Buch 61—80 Auszüge eines
byzantinischen Mönchs aus dem 11. Jahrh.
Trotz des rhetorischen, schwülstigen Stils
und des Mangels an höhern Gesichtspunk=
ten ist die römische Geschichte wertvoll für
die Kenntnis der Verfassung, der Rechts=
pflege, des Kriegswesens u. a. Neuere
Ausgaben von Bekker (Leipz. 1849, 2 Bde.)
und Dindorf (das. 1863—65, 5 Bde.).

Diocletianus, Gajus Aurelius
Valerius, mit dem Beinamen Jovius,
röm. Kaiser, geb. 239 n. Chr. zu Dioklea
in Dalmatien, von niedriger Herkunft,
schwang sich durch Tapferkeit im Kriegs=
dienst unter Probus vom gemeinen Sol=
baten zum Statthalter von Mysien empor
und ward 284 nach der Ermordung des
Numerianus in Chalkedon vom Heer als
Kaiser ausgerufen. Nachdem er 285 durch
den Tod seines Gegners Carinus Herr des
ganzen Römerreichs geworden, ernannte er
den ihm befreundeten erprobten Feldherrn
Maximianus zum Mitregenten und Be=
herrscher des Westens, zuerst mit dem Ti=
tel Cäsar, dann 286 als Augustus; 292
ernannte er Galerius zu seinem Mitregen=
ten und Cäsar im Osten, Constantius Chlo=
rus zum Cäsar des Westens. Durch die ver=
einte, von Diocletians geistiger Überle=
genheit geleitete Thätigkeit dieser Fürsten
ward das durch die vorausgegangenen
langen innern Kämpfe erschütterte An=
sehen des Reichs nach allen Seiten wieder=
hergestellt. In Gallien wurde der Auf=
stand der Bagauden unterdrückt und die
Einfälle der Germanen zurückgeschlagen;
Britannien ward von Constantius wieder=
erobert; D. selbst unterwarf 297 das ab=
gefallene Ägypten, und Galerius errang
einen großen Sieg über den Perserkönig
Narses, durch den Mesopotamien wieder
an das Römische Reich kam, Armenien
unter deutschen Einfluß zurückgebracht und
der Friede im Osten auf 46 Jahre gesichert
wurde. Von Wichtigkeit war, daß D., um
den letzten Rest des Einflusses zu vernich=
ten, den Rom noch immer durch seinen
Senat, durch die republikanischen Magi=
strate, durch seine Erinnerungen und durch

die Prätorianer geübt hatte, die Residenz von dort wegverlegte, indem er selbst seinen Wohnsitz in Nikomedeia, Maximianus in Mailand aufschlug. Ferner umgab er sich mit einem orientalischen Hofceremoniell, um die durch die rohen Soldatenkaiser gesunkene Kaiserwürde mit einem neuen Glanze zu umgeben und in den Augen der Welt zu heben: er legte das königliche Diadem an, ließ sich »Herr« (Dominus) nennen, zog sich von jedem vertraulichen Verkehr zurück und verlangte von allen, die vor ihm erschienen, erniedrigende Formen der Verehrung. Die heidnische Religion suchte er als Stütze des Throns neu zu beleben und verhängte daher 303 über die Christen eine blutige Verfolgung, welche namentlich im Osten von Galerius grausam ausgeführt wurde. 305 legte er die Regierung freiwillig nieder zu Gunsten seines Cäsars und zwang auch Maximianus, das Gleiche zu thun, wodurch er neue Wirren und innere Kriege hervorrief. Er zog sich in seinen prachtvollen Palast bei Salonä in Dalmatien zurück, wo er 313 in Zurückgezogenheit starb. Vgl. Vogel, Der Kaiser Diocletian (Gotha 1857); Th. Bernhardt, Geschichte Roms von Valerian bis zu Diocletians Tod (Berl. 1867, Bd. 1); Th. Preuß, Kaiser Diocletian und seine Zeit (Leipz. 1869).

Diodōrus Sículus, Geschichtschreiber, aus Argyrion in Sicilien gebürtig (daher Sículus, Sikeliotes genannt), lebte zur Zeit Cäsars und des Augustus und machte 30 Jahre lang Reisen durch Europa und Asien, um die Schauplätze der historischen Begebenheiten kennen zu lernen, welche er in seiner »Historischen Bibliothek«, einer ethnographisch geordneten Universalgeschichte, beschreiben wollte; dieselbe umfaßt in 40 Büchern die Geschichte der Welt von den ältesten Zeiten bis zum Jahr 60 v. Chr. Nur Buch 1—5 (die äthiopische, ägyptische, asiatische und griechische Urgeschichte) und 11—20 (von den Perserkriegen bis zu den Diadochen) sind erhalten, außerdem ansehnliche Bruchstücke. Die Darstellung ist oberflächlich und ohne tiefere Einsicht in den Zusammenhang der Dinge, dabei flach moralisierend, dennoch aber wertvoll wegen der darin enthaltenen Auszüge aus ältern verlornen historischen Werken, wie Ephoros, Ktesias, Timäos u. a., wenn er diese Quellen auch ohne Kritik und ohne Beherrschung des Stoffs verarbeitet hat. Der Stil ist einfach und klar, wenn auch oft breit und einförmig. Ausgaben von Wesseling (Amsterd. 1746, 2 Bde.), Dindorf (Leipz. 1828—31, 5 Bde.; Par. 1842—44, 2 Bde.; Leipz. 1867—68, 5 Bde.) und Bekker (das. 1853—54, 4 Bde.).

Diomēdes, griech. Held, Sohn des Tydeus und Herrscher von Argos, nahm als Enkel des Abrastos durch seine Mutter Deïpyle am Zug der Epigonen gegen Theben teil und zog mit 80 Schiffen gegen Troja, vor dem er sich durch seine Heldenthaten auszeichnete und einer der mutigsten Krieger war. Selbst Götter wie Ares und Aphrodite scheute er sich nicht anzugreifen. Mit Odysseus überfiel er den thrakischen König Rhesos und raubte das Palladion. Nach der Zerstörung Trojas kehrte er, wie die Sage erzählt, nach Argos zurück, unternahm aber, da sein Weib Aigialeia, von Aphrodite verleitet, ihm untreu geworden, einen Zug nach Ätolien, um seinen Großvater Öneus in die Herrschaft wiedereinzusetzen, und ward auf der Rückfahrt nach Italien verschlagen, wo er dem König Daunus in Apulien gegen die Messapier beistand und mit der Hand von dessen Tochter Euippe die Herrschaft über Daunia (Campi Diomedei) erhielt, in denen er mehrere Städte gründete. Er starb in Daunia oder in Argos; nach andern Angaben verschwand er auf den Diomedeischen Inseln im Adriatischen Meer. In Argos und in mehreren italischen Städten wurde er als Heros verehrt.

Dion, berühmter Syrakusaner, geb. 409 v. Chr., Sohn des Hipparinos, Bruder der Aristomache, der Gemahlin des ältern Dionysios, deren Tochter er heiratete, ward von Platon früh für die Philosophie gewonnen und stand durch seine Freimütigkeit und Sittenstrenge bei dem ältern Dionysios in Ansehen. Der jüngere Dionysios aber verbannte ihn 366 auf die Verdächtigungen des Philistos hin, und D. ging nach Griechenland, wo er hochgeachtet im Umgang mit Platon und andern Philosophen lebte, bis er hörte, daß Dionysios seine Gemahlin Arete zu einer andern Heirat gezwungen und seinen Sohn Aretäos zu schändlichen Ausschweifungen verführt habe. Da beschloß er, den Tyrannen zu stürzen, schiffte sich 357 mit 800 Söldnern auf drei Schiffen in Zakynthos ein und ward von den Syrakusanern freudig aufgenommen; Dionysios flüchtete. Da er jedoch gegen das Volk herb und streng war und sich dem von dem Demagogen Herakleides gemachten Vorschlag einer allgemeinen Güterverteilung widersetzte, wurde er als Feind der Freiheit verdächtigt und mußte zu den Leontinern fliehen. Als aber die Stadt sich gegen die vom Sohn des Dionysios noch besetzt gehaltene Burg nicht schützen konnte, ward er wieder zurückgerufen und sicherte die Stadt durch Eroberung der Burg. Zwar verfolgte er seine Feinde nicht, gab aber, als Herakleides trotzdem seine Ränke von neuem begann, seine Erlaubnis zu dessen Ermordung. Reue über diese That und Kummer über den Selbstmord seines entarteten Sohns machten ihn finster und schroff gegen seine Umgebung. Dies benutzte einer seiner Gefährten, der Athener Kallippos, um eine Verschwörung gegen ihn zu stiften und ihn zu ermorden (353). Plutarch und Cornelius Nepos haben sein Leben beschrieben.

Dionysios, 1) D. der Ältere, Tyrann von Syrakus, geb. 431 v. Chr., Sohn eines armen Maultiertreibers, ward Schreiber, nahm aber gleichzeitig am politischen Parteitreiben teil und schloß sich der Partei des Hermokrates an, zu deren kühnsten und tapfersten Führern er gehörte. Er klagte 406 nach der Zerstörung Agrigents durch die Karthager die syrakusischen Feldherren des Verrats an und erreichte mit Hülfe des Hipparinos und des reichen Geschichtschreibers Philistos die Absetzung derselben, worauf er selbst zum Heerführer gewählt und mit einer Expedition nach Gela zum Schutz dieser Stadt gegen Karthago beauftragt wurde. Hier stürzte er die Oligarchen und gewann

mit deren Geld die Söldner für sich; darauf kehrte er nach Syrakus zurück, ließ seine Mitfeldherren absetzen, umgab sich mit einer Leibwache und bemächtigte sich der Burg auf der Insel Ortygia. Gestützt auf die Soldaten und die Hermokratische Partei, die er durch Zurückberufung aller Flüchtlinge und Verbannten verstärkte und dadurch an sich kettete, daß er die Tochter des Hermokrates heiratete, herrschte er nun als Tyrann mit unbeschränkter Machtvollkommenheit über die Stadt. Nach einem unglücklichen Feldzug gegen Karthago, auf welchem er diesem Gela und Kamarina preisgeben mußte, brach zwar 405 in Syrakus ein Aufstand gegen D. aus; doch gelang es ihm mit Hülfe der Söldner, denselben zu bewältigen und mit dem Vermögen der getöteten oder geflüchteten Bürger seine Herrschaft noch fester zu begründen. Darauf schloß er einen Frieden mit den Karthagern, der ihm den Besitz der Ostküste sicherte, und verstärkte Ortygia durch großartige Befestigungen. Ein neuer Aufstand im Heer, als er die Stadt Herbessos belagerte, zwang ihn zur Flucht nach Ortygia, wo er sich so lange behauptete, bis ihm kampanische Söldner zu Hülfe kamen. Nun unterwarf er die Stadt von neuem und entwaffnete die Bürger. Darauf bemächtigte er sich 401 der Städte Naros und Katane und unternahm, nachdem er Syrakus mit einer neuen großen Mauer umgeben und ein Heer von 80,000 Mann und eine Flotte von 200 großen Kriegsschiffen ausgerüstet hatte, wofür er das Geld durch Erpressungen und Tempelraub sich verschaffte, 397 einen Krieg gegen Karthago, um ganz Sicilien zu erobern und von den Karthagern zu befreien. Zwar eroberte er Motye, aber 397 erlitt seine Flotte eine Niederlage bei Katane, und die Karthager schlossen Syrakus ein. D. geriet in große Bedrängnis, bis eine Seuche in seinem Heer den karthagischen Feldherrn Himilko 394 zum Abzug zwang. Nun erweiterte D. seine Macht durch Kriegszüge gegen die griechischen Städte in Sicilien und Unteritalien, eroberte Tauromenion, Kroton und Rhegion, dessen Bürger wegen höhnischer Zurückweisung eines Heiratsantrags des D. grausam bestraft wurden, plünderte im Bund mit den Galliern zahlreiche Städte in Etrurien und gründete am Adriatischen Meer mehrere Militärkolonien. Mit den Karthagern schloß er 383 nach wechselvollen Kämpfen Frieden und überließ ihnen Sicilien westlich von Halhkos. Auch in Griechenland suchte er Einfluß zu gewinnen, indem er die Spartaner mit gallischen und spanischen Söldnern unterstützte und 384 eine prächtige Festgesandtschaft zu den Olhmpischen Spielen schickte; doch wurden seine Chorgesänge von den Griechen in Olhmpia verhöhnt und ausgezischt, und die Gesandtschaft kehrte ohne Siegeskranz zurück. Als aber die Athener 367 seiner Tragödie »Hektors Lösung« am Feste der Lenäen den ersten Preis erteilten, freute er sich so sehr, daß er ein großes Trinkgelage veranstaltete, an dessen Folgen (oder nach andern an einem von seinem Sohn gereichten Gifttrank) er starb, nachdem er 38 Jahre über Shrakus geherrscht.

D. war ein tapfrer und kühner Mann, mäßig in sinnlichen Genüssen und edler Regungen fähig, dabei klug und witzig. Herrschaft und Ehre waren das Ziel, nach dem er unabläßig strebte, und das zu erreichen war kein Mittel der Grausamkeit und Raubsucht scheute. Die Hinterlist und Gewaltthätigkeit, mit der er selbst die Herrschaft erlangt, sowie seine Eitelkeit machten ihn aber auch argwöhnisch und launisch. Ein unbedachtes Wort konnte seine vertrautesten Genossen in Gefahr bringen, wie er denn selbst Philistos verbannte, den Dichter Philorenos wegen eines ungünstigen Urteils über seine Gedichte in die Steinbrüche werfen und den Philosophen Platon, durch ein freimütiges Wort desselben beleidigt, als Sklaven verkaufen ließ. Über seine Furcht vor Nachstellungen, seine Mittel, sich davor zu schützen (wie das »Ohr des D.«), und sein Bewußtsein von der Jämmerlichkeit eines solchen mißtrauischen, in ewiger Furcht schwebenden Lebens (Schwert des Damokles) erzählten die Alten viele Anekdoten.

2) D. II., der Jüngere, Sohn des vorigen und der Lokrierin Doris, war talentvoll und höherer Regungen fähig,

aber von seinem argwöhnischen Vater absichtlich von allen Geschäften fern gehalten und schlecht erzogen worden und hatte sich früh gewöhnt, der Genußsucht zu frönen und allen Launen nachzugeben. Er folgte seinem Vater 367 v. Chr. in der festbegründeten Herrschaft über Shrakus, und sein Oheim und Schwager Dion suchte ihn für edle und erhabene Grundsätze zu gewinnen. Zu diesem Zweck lud er Platon zur Rückkehr nach Shrakus ein. Anfangs zeigte D. Liebe zur Weisheit und idealistischen Schwärmerei, und Dion und Platon arbeiteten an der Errichtung eines Musterstaats, der ihre idealen Grundsätze von Gesetz und Recht verwirklichen sollte. Aber bald wurde D. der beiden Philosophen überdrüssig und ließ sich 366 von Philistos bewegen, Dion zu verbannen und Platon zu verabschieden; auch ein zweiter Aufenthalt Platons am Hof des D. 361—360 war nutzlos. Dieser überließ sich ganz der Schwelgerei und seinen despotischen Gelüsten, so daß er die Volksgunst völlig verlor und nach der Rückkehr Dions 357 aus Shrakus vertrieben wurde. Er begab sich nach der Heimatstadt seiner Mutter, Lokroi Epizephhrioi, wo er die freundliche Aufnahme, welche er fand, mißbrauchte, um sich der Herrschaft zu bemächtigen und die ärgsten Gewaltthätigkeiten zur Befriedigung seiner Habsucht und Wollust zu begehen. Die Wirren in Shrakus nach dem Tode Dions ermutigten ihn, 346 dahin zurückzukehren. Er bemächtigte sich der Burg Orthgia und machte sich zum unbeschränkten Herrn der Stadt. Mit grausamer Nachsucht verfolgte er seine Feinde und bemühte sich, durch rücksichtslose Strenge die trotzigen Gemüter zu beugen und seine Habsucht zu befriedigen. Aber dieser unerträgliche Druck, der viele Bürger zur Flucht trieb, hatte den baldigen Sturz der Tyrannei zur Folge. Unterstützt von den Korinthiern unter Timoleon, kehrten die Flüchtlinge 343 nach Shrakus zurück, als D. in Orthgia vom Kontinent Hiketas belagert wurde. Der Tyrann ergab sich gegen das Versprechen ungefährdeter Abreise dem Timoleon und ging nach Korinth, wo er sein Vermögen vergeudete und im Elend starb.

Dionysios aus Halikarnassos, Geschichtschreiber, kam um 30 v. Chr. nach Rom, wo er mit vielen angesehenen Männern verkehrte und als Rhetor lehrte und schrieb, hauptsächlich aber sein großes historisches Werk verfaßte und 8 v. Chr. vollendete. Er starb vermutlich bald darauf. Dieses Werk, neben dem er nur kleinere rhetorische und kritisch-ästhetische Schriften geschrieben hat, die »Römische Archäologie«, in griechischer Sprache verfaßt, behandelte in 20 Büchern die römische Geschichte von ihrem mythischen Anfang bis zum Beginn der Punischen Kriege, wo das Werk des Polybios anfängt. Nur die neun ersten Bücher sind vollständig, das zehnte und elfte größtenteils, von den übrigen nur Bruchstücke erhalten. D. wollte durch dasselbe die Griechen mit der wahren Geschichte der Römer bekannt machen, ihnen deren Verwandtschaft mit dem Hellenentum und die Weisheit der römischen Gesetzgebung und Politik darlegen und sie mit ihrer Unterwerfung unter die römische Herrschaft versöhnen. Seine Quellen benutzte er mit Sorgfalt und Streben nach Wahrheit und bekundete reifes Urteil, doch behandelte er die Geschichte rhetorisch und flocht zahlreiche Reden hinein; auch vermischte er zu viel Griechisches und Römisches und zeigte oft kein Verständnis für das eigentlich römische Wesen. Seine Schreibweise ist würdevoll und anziehend. Neue Ausgabe von Kießling (Leipz. 1860 bis 1870, 4 Bde.).

Dnjepr, s. Borysthenes.

Dodekarchie (»Zwölfherrschaft«), in der griechischen Überlieferung der ägyptischen Geschichte die Zeit nach der Vertreibung der äthiopischen Könige, in welcher das Land unter zwölf Herrscher geteilt war, bis Psammetich die Alleinherrschaft mit Hülfe griechischer Söldner erlangte; in Wirklichkeit stand Ägypten in jener Zeit, 672—655 v. Chr., unter assyrischer Herrschaft und wurde von 20 Statthaltern regiert.

Dodona, berühmtes Heiligtum des Zeus Naïos in Epeiros, in der Landschaft Hellopia am Fuß des Tomaros auf einem Hügelrücken im jetzigen Thal von Tscharakovista 530 m hoch gelegen. Den Mittelpunkt des Heiligtums bildete die heilige Eiche des Zeus, an deren Fuß eine Quelle sprudelte; durch das Rauschen der Blätter und das Murmeln der Quelle gab der unsichtbare Gott seine Gegenwart und seinen Willen kund. Ein weiter Kreis von Dreifüßen umringte den Altar zum Zeichen, daß Zeus zuerst die Feuerstätten der Häuser und Gemeinden zu einer Genossenschaft um sich vereinigt habe. Die Verehrung des Gottes reichte bis in die Zeit zurück, wo noch Griechen und Italiker ungetrennt Epeiros bewohnten; der Name des pelasgischen Stammes, in dessen Gebiet D. lag, der Gräken, ward bei den Italikern Name der Griechen, während der Name der Auserwählten des Volks, die den Dienst des Zeus verwalteten, der Selloi oder Helloi, in der Form Hellenen Nationalname wurde. Später kam noch der von Priesterinnen, den Peleiaden, verwaltete Dienst der Dione, der Göttin der fruchtbaren Erde, hinzu, welche als Gemahlin des Zeus angesehen wurde. Das dodonäische Orakel stand bei den Griechen in hohem Ansehen, auch als Epeiros sich dem geistigen und politischen Leben der Griechen mehr und mehr entfremdete. Namentlich seit das delphische Orakel wegen seiner politischen Parteilichkeit an Autorität verlor, ward der bodonäische Zeus oft befragt, der später seinen Willen mittelst des dodonäischen Erzes, einer künstlichern Art der Weissagung, verkündete. Auch ein Tempel wurde später erbaut. 219 v. Chr. zerstörten die Ätoler das Heiligtum, welches zu Strabons Zeit verschwunden war, aber später wiederhergestellt und viel, freilich bei den unwichtigsten Dingen, befragt wurde, bis es Ende des 4. Jahrh. verschwand. 1876 ist seine vielfach streitige Stelle wieder von Karapanos entdeckt und Überreste der Akropolis, eines großen Theaters, des Tempels und seiner Umfriedigung sowie zahlreiche Inschriften (Anfragen und Antworten) und Weihgeschenke aufgefunden worden. Vgl. Lasaulx, Das pelasgische Orakel des Zeus zu D. (Würzb. 1841); Gerlach, D. (Bas. 1859); Karapanos, Dodone et ses ruines (Par. 1878, 2 Bde.).

Dolabella, Publius Cornelius, Schwiegersohn Ciceros, dessen Tochter Tullia er gegen den Willen des Vaters heiratete, führte ein ausschweifendes Leben, weswegen sich Tullia bald von ihm trennte, und stürzte sich in große Schulden. Im Bürgerkrieg stand er anfangs auf seiten des Pompejus, ging aber bald zu Cäsar über und ward 47 v. Chr. Volkstribun. In Abwesenheit Cäsars suchte er nun einen Antrag auf Erlaß aller Schulden durchzubringen, was zu ernstlichen Unruhen führte. Cäsar schritt nach seiner Rückkehr gegen den Antrag ein. Er begleitete darauf Cäsar in den Kriege nach Afrika und Spanien und war 44, trotz seiner Jugend, zum Konsul designiert, als Cäsar ermordet wurde. Anfangs schloß er sich den Mördern an und bemächtigte sich mit ihrer Hülfe des Konsulats, ließ sich aber von Antonius durch Geld und die Übertragung der Provinz Syrien und des Oberbefehls im Parthischen Krieg gewinnen. In Kleinasien ließ er den Prokonsul Trebonius, einen von Cäsars Mördern, töten und ward deshalb vom Senat geächtet. Bei dem Versuch, Cassius die Provinz Syrien zu entreißen, ward er 43 in Laodikeia eingeschlossen und ließ sich nach Einnahme der Stadt von einem seiner Soldaten töten.

Doloper (Dolopes), griech. Volk im hoch gelegenen Gebirgsland, südlich von Epeiros und Thessalien, zu beiden Seiten des Pindos wohnhaft, Mitglied des Amphiktyonenbunds und bis zur makedonischen Zeit unabhängig.

Domitiānus, Titus Flavius, röm. Kaiser, geb. 51 n. Chr., zweiter Sohn des Vespasianus, warb nach der Erhebung seines Vaters auf den Thron zum Prätor, dann zum Konsul und von seinem Bruder Titus sogar zum Mitregenten ernannt, benutzte diese hohe Stellung aber nur, um seine Ausschweifungen zu frönen. Nach dem frühen Tode des Titus, den er herbeigeführt haben soll, bestieg D. im September 81 den Thron und regierte anfangs, bis etwa 84, gerecht und gemäßigt; besonders steuerte er dem Unwesen der Delatoren. Allmählich aber trat seine mißtrauische, neidische, bösartige Natur,

die an der Grausamkeit um ihrer selbst willen Gefallen fand und sich am Anblick ihrer Opfer weidete, immer deutlicher hervor und wurde noch durch seine Habsucht gesteigert, indem seine Verschwendung ihn nötigte, durch Hinrichtungen Reicher seine Kassen zu füllen. Namentlich aber seit der übrigens rasch unterdrückten Empörung des Lucius Antonius Saturninus 93 wütete er gegen die angesehensten und vornehmsten Männer mit ungezügelter Blutgier; die Hinrichtungen erfolgten ohne Unterbrechung Schlag auf Schlag. Auch Juden und Christen wurden verfolgt. Nach außen war seine Regierung schmachvoll. 83 unternahm er einen Feldzug gegen die Katten und feierte 84 einen glänzenden Triumph über sie, ohne aber einen einzigen Feind gesehen zu haben; er pflegte die Heere nur bis zum Kriegsschauplatz zu begleiten. In dem Kriege gegen die Markomannen, Quaden und Sarmaten an der Donau erlitten seine Feldherren empfindliche Niederlagen, und dem König der Dacier, Decebalus, kaufte D. sogar den Frieden durch eine jährliche Geldzahlung, das erste Beispiel eines Tributs in der römischen Geschichte, ab. Dennoch wurden auch diese Niederlagen wie Siege mit Triumph und Ovation gefeiert. Nur in Britannien wurde der Krieg von Agricola ruhmvoll geführt; ebendeshalb rief ihn der neidische und mißtrauische Kaiser ab, ehe er die Insel völlig unterwerfen konnte. Trotzdem wurde die Schmach dieser unwürdigen und grausamen Regierung 15 Jahre ertragen, und erst als die Wut des D. sich auch gegen die Anführer der Leibwache und seine Gemahlin Domitia, die Tochter des Corbulo, richtete, verschworen sich diese und ermordeten ihn in seinem Palast 18. Sept. 96. Vgl. Imhof, T. Flavius D. (Halle 1857).

Domitius, Name eines röm. plebejischen Geschlechts, welches in die Familien der Calvini und Ahenobarbi zerfiel.

1) Gnäus D. Calvinus, war 59 v. Chr. Volkstribun und unterstützte den Konsul Bibulus gegen dessen Kollegen Cäsar. Er wurde 56 Prätor und 53, obwohl er an schmachvollen Wahlumtrieben sich beteiligt hatte, Konsul. Bei Beginn

des Streits zwischen der Senatspartei und
Cäsar schloß er sich diesem an, befehligte in
der Schlacht bei Pharsalos das Mitteltref=
fen, wurde 47 nach Kleinasien geschickt, um
die Fortschritte des Pharnakes zu hem=
men, erlitt aber bei Nikopolis eine schwere
Niederlage. 46 begleitete er Cäsar nach
Afrika, diente nach Cäsars Ermordung
den Triumvirn, befehligte 42 die Flotte im
Jonischen Meer, welche von Gnäus D.
Ahenobarbus vernichtet wurde, ward 40
zum zweitenmal Konsul, 39 Statthalter in
Spanien und feierte wegen der Unterwer=
fung der Cerretaner 36 einen Triumph.
2) Lucius D. Ahenobarbus, Sohn
des Censors Gnäus D. Ahenobarbus, war
einer der eifrigsten Anhänger der Senats=
partei und Gegner des Pompejus und
opponierte als Prätor 58 v. Chr. und als
Konsul 54 den Triumvirn, schloß sich aber
nach der Aussöhnung des Pompejus mit
dem Senat den Pompejanern an und
nahm auf deren Seite am Bürgerkrieg
bedeutenden Anteil. Gleich nach Cäsars
Einrücken in Italien 49 suchte er Corfi=
nium gegen ihn zu verteidigen, wurde aber
von Pompejus im Stiche gelassen und von
seinen Truppen gezwungen, sich Cäsar
zu ergeben, der ihn samt der Kriegskasse
großmütig entließ. Gleichwohl setzte er
den Kampf gegen Cäsar fort, begab sich
zuerst nach Massilia, das er gegen den=
selben aufreizte, dann zu Pompejus nach
Griechenland, wo er 48 in der Schlacht
bei Pharsalos fiel.
3) Gnäus D. Ahenobarbus, Sohn
des vorigen, war in Corfinium und bei
Pharsalos in der Begleitung seines Va=
ters, wurde 46 v. Chr. von Cäsar begna=
digt und kehrte nach Rom zurück. Nach
der Ermordung Cäsars schloß er sich den
Verschwornen an und erhielt von Brutus
und Cassius den Oberbefehl über die Flotte
im Jonischen Meer, mit der er 42 die der
Triumvirn besiegte. Asinius Pollio ver=
mittelte nach der Schlacht bei Philippi
eine Aussöhnung zwischen ihm und An=
tonius, der ihn zum Statthalter von Bi=
thynien ernannte. Er begleitete Antonius
auf dem Feldzug gegen die Parther 36
und begab sich, 32 Konsul, beim Ausbruch
des Kriegs zwischen Octavianus und An=

tonius in dessen Lager nach Ephesos, ver=
ließ ihn aber bald, um zu Octavianus über=
zugehen, und starb kurz vor der Schlacht
bei Actium. — Sein Sohn Lucius D.
Ahenobarbus, Gemahl einer Tochter
des Triumvirs Antonius, führte um 3 v.
Chr. als Feldherr in Germanien ein Heer
über die Elbe und drang weiter als bisher
irgend ein Römer in das Innere des Lan=
des vor. Dessen Sohn Gnäus, mit Agrip=
pina, des Germanicus Tochter, vermählt,
war der Vater des Kaisers Nero.

Don, s. Tanaïs.

Dordogne (spr. =dónnj, Duranius), s.
Garumna.

Dorier (Dorer), einer der Haupt=
stämme des griech. Volks, welcher seinen
Namen von Doros, Hellens Sohn, ab=
leitete. Sie wohnten in der ältesten Zeit
im nördlichen Thessalien am Olympos
und nahmen an den frühesten Ereignissen
der griechischen Geschichte so wenig An=
teil, daß sie der heroischen Zeit selbst dem
Namen nach unbekannt waren. Sie zer=
fielen in die drei Phylen der Hylleer,
Pamphyler und Dymanen. Erst infolge
der Zerstörung der achäisch=äolischen Herr=
schaft im Peneiosthal durch den Einfall
der thesprotischen Thessalier wurde ein
Teil der D. in die Völkerbewegung hin=
eingezogen und wanderte nach Mittel=
griechenland, während ein Teil am Olym=
pos zurückblieb und mit illyrischen und
thrakischen Stämmen zum Volk der Ma=
kedonier verschmolz. In Mittelgriechen=
land wuchsen die D. zu einem mächtigen
Stamm heran, der an der Spitze der del=
phischen Amphiktyonie stand, und unter=
nahmen, während ein Teil in der Land=
schaft Doris am Öta zurückblieb, eine neue
Völkerwanderung nach dem Peloponnes
(dorische Wanderung, 1104 v. Chr.),
welche die Sage mit dem Geschlecht der
Herakliden in Verbindung brachte, von
dem die dorischen Könige ihre Abstam=
mung herleiteten. Auf dem Peloponnes
gründeten die D. im Süden und Osten
die Staaten Messenien, Sparta, Argos,
Korinth, Sikyon und Phlius und von
da aus in Mittelgriechenland Megaris;
einem weitern Vordringen setzten die ioni=
schen Athener erfolgreichen Widerstand

entgegen. In diesen dorischen Staaten bildeten die D. die herrschende Bevölkerungsklasse, den kriegerischen Adel, der freilich nicht überall seine Stammesreinheit zu bewahren vermochte. Vom Peloponnes drangen die D. auch über das Meer nach den Inseln vor. In langwierigem Kampf eroberten sie Kreta und begründeten daselbst eine ganz neue Bevölkerung und Kultur. Auch die südlichen Kykladen wurden von dorischen Kolonien besetzt, und dorische Geschlechter, besonders aus Argos, führten Ansiedler nach der karischen Küste, wo sechs dorische Städte, namentlich Kos, Knidos und Halikarnassos und die Städte der Insel Rhodos, gegründet wurden. Bei der Anlegung weiterer dorischer Kolonien an der Propontis (Byzantion und Chalkedon) und am Pontos (Herakleia), an der thrakischen und makedonischen Küste und im Jonischen Meer (Ambrakia, Leukas, Korkyra, Epidamnos) thaten sich besonders Megara und Korinth hervor. Zahlreich waren die dorischen Kolonien in Unteritalien, wie Taras (Tarent), Herakleia, Kroton, und in Sicilien, wo Korinth Syrakus, die Messenier Messana, Rhodos Gela und dieses wieder Akragas gründeten. Von Thera aus ward die kyrenäische Pentapolis in Afrika angelegt. In allen diesen Kolonien bewahrten die D. dorische Institute, Verfassung, Sprache und Kultus; Apollon, der Gott des reinen Lichts, ward vorzugsweise von den Doriern verehrt.

Den dorischen Stammestypus bewahrte am reinsten Sparta, das auch politisch das Haupt der D. war. Eigentümlich war dem dorischen Charakter eine gewisse Rauheit und Schroffheit, welche alles einem allgemein gültigen Gesetz und Herkommen unterwarf und der Individualität und Besonderheit des Einzelnen keinen Spielraum ließ. Eine solche aufgenötigte Gleichheit mußte zur Unterdrückung der wahren geistigen Freiheit führen. Indem die dorische Jugend dazu angehalten wurde, den eignen Willen zu verleugnen und sich nur als Glied des Ganzen anzusehen, dem öffentlichen Dienst sich völlig zu widmen, wurden zwar Ausdauer und

Tapferkeit, Opfermut und Hingebung, Sittenstrenge und Mäßigkeit erreicht und die Bürgerschaft zu außerordentlicher Kraftentwickelung befähigt; aber die Bildung war eine durchaus einseitige, eine freie und höhere Entfaltung der geistigen Kräfte war ausgeschlossen und damit ein Fortschritt zu einer höhern Lebensauffassung und erhabenern Geistesbildung unmöglich gemacht. Wenn die Zeit der Gefahr vorbei war, welche zur Erstarkung der Volkskraft antrieb, wenn der geistige Inhalt jener strengen Satzungen erlosch, so trat an Stelle jener Tugenden ein Schein- und Heuchelwesen, welches den sittlichen Kern des Volks verdarb. War in den aristokratischen, ja mitunter oligarchischen Staaten der D. dem Volk nur geringe Teilnahme am politischen Leben eingeräumt, so waren die im Land wohnenden Nichtdorier zur strengsten Unterthänigkeit erniedrigt. Auch nach außen hin kennzeichnete sich die dorische Herrschaft als brutal und tyrannisch. Die Geschichte Spartas liefert den Beweis hierfür, während andre dorische Staaten, wie Korinth und besonders die Kolonien, unter dem Einfluß fremder Sitten und Anschauungen den specifisch dorischen Charakter allmählich verloren. Vgl. O. Müller, Die D. (2. Aufl., Bresl. 1844, 2 Bde.).

Doris, Landschaft in Mittelgriechenland, nur 220 qkm groß, das oberste Hochthal des Kephissos und der ihm zufließenden Bäche, von denen der Pindos der bedeutendste war, umfassend, ein armes, von den großen Verkehrsstraßen abgeschnittenes Hirtenland zwischen den südlichen Verzweigungen des Öta. Es wurde bei der Wanderung der Dorier vom Olympos nach Mittelgriechenland von denselben den Dryopern entrissen, und ein Teil der Dorier gründete hier die vier kleinen Städte Böon, Kytinion, Erineos und Pindos, die sogen. dorische Tetrapolis, und blieb auch bei der dorischen Wanderung nach dem Peloponnes da wohnen. D. ward als Ursitz und Metropolis des ganzen dorischen Stammes angesehen und von den Spartanern in seiner Unabhängigkeit geschützt. Nach dem Sturz Spartas wiederholt verwüstet,

ward es dauernd von den Ätolern er=
obert. — D. hieß ferner auch die von do=
rischen Kolonien besetzte Küste Kariens,
wo die dorische Hexapolis lag, welche
die Städte Jalysos, Lindos, Kameiros
(auf Rhodos), Knidos, Halikarnassos und
Kos umfaßte und ihr Bundesheiligtum
auf dem Triopischen Vorgebirge hatte; die
Hexapolis stand, wie die ionischen Städte,
bis zu den Perserkriegen unter lydischer
und persischer Fremdherrschaft, gehörte
dann bis zum Ende des Peloponnesi=
schen Kriegs zum Athenischen Seebund,
erlangte aber nie größere politische Be=
deutung.

Dorische Wanderung, der Zug der
Dorier, denen sich auch äolische Scharen
anschlossen, nach dem Peloponnes 1104
v. Chr., welcher zur Folge hatte, daß der
größte Teil der Halbinsel den Doriern
unterthan wurde; sie gründeten hier die
Staaten Messenien, Sparta, Argos, Ko=
rinth, Sikyon und Phlius und verbreite=
ten sich auch über die benachbarten In=
seln. Die Sage knüpft den Zug an die
Geschichte der Herakliden (s. b.), um ihn
als eine Wiedereroberung des Erbes des
Herakles erscheinen zu lassen.

Drakon, athen. Gesetzgeber, war 624
(oder 621) v. Chr. Archon Eponymos
und bewirkte eine schriftliche Aufzeichnung
der Rechtsgewohnheiten, namentlich des
peinlichen Rechts, wie das Volk der bis=
herigen Willkür des Adels gegenüber sie
verlangt hatte. Die Gesetze Drakons be=
zogen sich besonders auf die Bestrafung
und Sühnung von Totschlag und Mord,
worüber genaue Bestimmungen festgesetzt
wurden; der Urteilsspruch erfolgte durch
das Kollegium der 51 Gemeindevertreter
(Epheten). Im Altertum war die über=
große Strenge dieser Gesetze sprichwört=
lich, und man sagte, sie seien mit Blut
geschrieben. Jedenfalls waren sie nicht
geeignet, die Beschwerden des Volks über
den Druck der Adelsherrschaft zu beseiti=
gen und dem Staate den Frieden zurück=
zugeben.

Drangiane (Drangiana, pers. Da=
ranka oder Zaranka, »Land des Sees«),
Landschaft im iran. Hochland, das Gebiet
um den Sumpfsee Areia (Zare oder Ha=

mun), sehr fruchtbar, wenngleich im S.
und W. von Wüsten eingeschlossen. Die
Einwohner hießen Zaranken (Sarangen)
und trugen hohe Wasserstiefel und lange
Rohrlanzen. 130 v. Chr. wurde das Land
von den Saken erobert und Sakastane
genannt (daher jetzt Seistan).

Dreißig Thrannen, die nach der Er=
oberung Athens durch die Spartaner dort
eingesetzte oligarchische Regierung von 30
Männern, welche dem Staat eine neue
Verfassung geben sollte, aber unter Füh=
rung des Theramenes und Kritias eine
grausame Gewaltherrschaft ausübte, bis
sie 403 v. Chr. von den Flüchtlingen un=
ter Thrasybulos gestürzt wurde. Vgl.
Scheibe, Die oligarchische Umwälzung
in Athen (1841). Ohne begründeten An=
laß nannte man »D. T.« auch die zahl=
reichen (18—19) Statthalter und Feld=
herren, welche 260 n. Chr. in den ver=
schiedensten Provinzen des Reichs von
den Legionen gegen Gallienus als Kaiser
ausgerufen wurden. Vgl. Hoyns, Ge=
schichte der sogen. D. T. (Gött. 1852).

Drepänon (Drepanum, »Sichel«),
Name mehrerer sichelförmigen Landzun=
gen und Hafenstädte, z. B. auf der Süd=
seite von Kypros, in Achaia, in Bithynien.
Bemerkenswert: D. (Drepana) auf einer
Landzunge der Nordwestspitze Siciliens,
anfangs unbedeutender Hafenort, 261
v. Chr. im ersten Punischen Krieg von
Hamilkar befestigt, mit den Einwohnern
von Eryx bevölkert und ein wichtiger Waf=
fenplatz der Karthager, in dessen Hafen
eine römische Flotte unter Claudius Pul=
cher 249 v. Chr. eine Niederlage erlitt, auch unter
der Herrschaft der Römer (seit 241) durch
Schiffahrt und Handel blühend. Jetzt
Trapani.

Druentïa (jetzt Durance), s. Rho=
dänus.

Drusus, Beiname eines Zweigs des
röm. Geschlechts der Livier, welcher durch
Adoption auch auf eine Familie der Clau=
bier überging.

1) **Marcus Livius D.** war 122
v. Chr. mit dem jüngern Gracchus Volks=
tribun und ließ sich von den Optimaten
dafür gewinnen, Gracchus dadurch um
die Volksgunst zu bringen, daß er ihn

durch noch volksfreundlichere, freilich un=
ausführbare Vorschläge überbot. Nach=
dem Gracchus schon durch seinen Gesetz=
vorschlag über das Bürgerrecht der Bun=
desgenossen das Mißfallen des Volks er=
regt hatte, trat D. mit dem Vorschlag auf,
statt der von Gracchus beantragten we=
nigen Kolonien außerhalb Italiens zwölf
italische von je 3000 Ackerlosen für die
ärmern Bürger zu gründen. Gracchus
wurde daher für 121 nicht wieder zum
Volkstribunen gewählt. D. erhielt den
Ehrennamen Patronus senatus, ward
112 Konsul und bekam als Prokonsul
die Provinz Makedonien. Hier besiegte er
die Skordisker, wofür er einen Triumph
feiern durfte, ward 109 Censor, starb
aber noch in demselben Jahr.

2) Marcus Livius D., Sohn des
vorigen, geboren um 120 v. Chr., ein
Mann von unbescholtenen Sitten und
glänzender Beredsamkeit, gehörte der
aristokratischen Partei an, die er durch
Beseitigung der damaligen Mißstände,
wie der Verarmung der Volksmasse, der
Käuflichkeit der Gerichte und des Gegen=
satzes zwischen Bürgern und Nichtbürgern,
zu stärken und im Besitz der Herrschaft zu
erhalten suchte. Als Volkstribun 91 gab
er daher dem Senat die Gerichte zurück,
doch so, daß er zugleich 300 Ritter in den
Senat aufnahm, eine Maßregel, durch
welche kein Teil zufrieden gestellt wurde.
Das Volk suchte er durch Landanweisungen,
Getreideverteilung u. dgl. zu gewinnen
und die italischen Bundesgenossen in sein
Interesse zu ziehen, indem er den Gesetz=
antrag stellte, ihnen das Bürgerrecht zu
verleihen (lex de civitate sociis danda).
Dieses Gesetz stieß auf den heftigsten Wi=
derstand von seiten der Senatspartei,
und D. wurde von einem fanatischen An=
hänger dieser Partei unter der Thür sei=
nes Hauses ermordet. Seine Gesetze wur=
den aufgehoben, die in ihrer Hoffnung
getäuschten Bundesgenossen begannen dar=
auf den Bundesgenossenkrieg.

3) Nero Claudius D., Sohn des
Tiberius Claudius Nero und der Livia
und durch diese Stiefsohn des Kaisers
Augustus, geb. 38 v. Chr., bekleidete
früh die Quästur und in Stellvertretung

für seinen ältern Bruder die Prätur und
ward mit diesem 15 mit der Führung
des Kriegs gegen die Rätier und Vinde=
licier beauftragt. Er drang von Süden her
die Etsch aufwärts in das Land der Rä=
tier ein, schlug sie am Fuß der Tribenti=
nischen Alpen und unterwarf das ganze
mittlere Alpengebiet. Darauf begab er
sich zu Augustus nach Gallien und war
ihm behülflich, die Provinz gegen die
Germanen zu sichern, welche den Rhein
überschritten und ein römisches Heer un=
ter Lollius besiegt hatten. Er faßte den
Plan, die Niederlage des Lollius nicht
nur an den Germanen zu rächen, sondern
auch das Land zwischen Rhein und Elbe
der römischen Herrschaft zu unterwerfen.
Nachdem er die Rheinlinie durch zahl=
reiche Kastelle befestigt und, um eine Was=
serverbindung mit Germanien herzustel=
len, den Rhein mit der Zuidersee durch
einen schiffbaren Kanal (Fossa Drusiana,
Drususgraben) verbunden hatte, machte
er 12 zuerst einen Plünderungszug in
das Gebiet der Usipeter und Sigam=
brer und führte dann sein Heer durch
jenen Kanal und die Zuidersee nach der
Mündung der Ems und weiter stromauf=
wärts, wobei er den Bruksterern auf dem
Strom eine siegreiche Schlacht lieferte.
Im nächsten Jahr (11) drang er durch
das Land der Usipeter, Sigambrer und
Cherusker bis zur Weser vor und erbaute
das Kastell Aliso an der obern Lippe; auf
dem Rückmarsch geriet er in große Ge=
fahr in einer Schlucht eingeschlossen zu
werden; die Sorglosigkeit der Feinde,
welche sich mit der Teilung der Beute
beschäftigten, gab ihm Gelegenheit, sie zu
überfallen und zu besiegen. Nachdem er
10 einen Triumpheinzug in Rom gehal=
ten und die Befestigungen bei Mainz und
am Taunus verstärkt hatte, brach er 9 in
das Land der Katten ein und gelangte bis
zur Elbe, wo er durch die Wundererschei=
nung einer drohenden Frauengestalt von
übernatürlicher Größe zurückgeschreckt
worden sein soll; auf dem Rückzug starb
er noch in Germanien infolge eines Stur=
zes vom Pferd. Seine Leiche wurde nach
Rom gebracht, in Mainz aber ein Keno=
taphium errichtet (der »Eichelstein« in der

Mainzer Citadelle). Er war vermählt mit der jüngern Antonia, der Tochter des Triumvirn Marcus Antonius und der Octavia, und hinterließ drei Kinder: Germanicus, Livilla, die Gemahlin des Drusus Cäsar, und den spätern Kaiser Claudius. Er war durch Schönheit der Gestalt wie durch seine Geistesbildung und milde, edle Sitten ausgezeichnet.

4) D. Cäsar, einziger Sohn des Kaisers Tiberius und der Vipsania Agrippina, geboren um 10 v. Chr., erhielt früh mehrere kurulische Ämter und das Konsulat und unterdrückte 14 n. Chr. nach der Thronbesteigung seines Vaters den Aufstand der Legionen in Pannonien. Hierauf verwaltete er Illyricum und überwachte zugleich die germanischen Angelegenheiten. Er vermittelte 17 den Waffenstillstand zwischen Arminius und Marbod und trug 19 zu dem Sturz des letztern durch Catualda wesentlich bei. Als Erbe des Tiberius stand er dem allmächtigen Günstling Sejanus im Weg, der seine Gemahlin Livilla verführte und ihm ein schleichendes Gift beibringen ließ, an dem er 23 starb.

Dryoper (Dryōpes), ein illyr. Volksstamm, der in ältester Zeit im mittlern Griechenland am Öta wohnte, aber von den Doriern verdrängt wurde und sich unter den griechischen Einwohnern verlor.

Dschama, f. Zama.

Dschesireh el Sahir, f. Elephantine.

Dschilam, f. Hydaspes.

Duero, f. Durius.

Duilius (Duellius), Gajus, aus plebejischem Geschlecht, war 260 v.Chr. mit Gnäjus Cornelius Scipio Asina Konsul und erhielt den Oberbefehl über das römische Landheer in Sicilien. Als sein Kollege aber mit 16 Schiffen im Hafen von Lipara gefangen genommen wurde, trat er an die Spitze der Flotte, deren geringere Manövrierfähigkeit gegenüber der karthagischen er durch die von ihm erfundenen Enterbrücken ersetzte. Durch dieses Mittel errang D. bei Mylä an der Nordküste von Sicilien den ersten römischen Seesieg über die Karthager unter Hannibal, worauf er Egesta entsetzte. Außer dem Triumph erhielt er als Belohnung auf Lebenszeit das Vorrecht, sich nachts von einem Fackelträger und einem Flötenbläser begleiten zu lassen. Auch wurde sein Sieg verherrlicht durch eine auf dem Forum errichtete, mit den erbeuteten Schiffsschnäbeln verzierte Säule (Columna rostrata, »Duilische Säule«) mit einer Inschrift, welche in einer aus der Zeit des Kaisers Claudius herrührenden Nachbildung erhalten ist.

Duranius (jetzt Dordogne), Nebenfluß der Garumna (f. b.).

Düringe (Thüringer), f. Hermunduren.

Durius, bedeutender Fluß Hispaniens, floß an Numantia vorbei und bildete die Grenze zwischen Lusitanien und dem tarrakonensischen Hispanien. Jetzt Duero.

Durocortorum, Hauptstadt der Römer im belg. Gallien, später Remi genannt; jetzt Reims.

Durostorum (jetzt Silistria), f. Mösien.

Dyme, Stadt in Achaia (f. b.).

Dyrrhachion (Dyrrhachium), altillyr. Name von Epidamnos (f. b.), welcher nach der römischen Besitznahme wegen der für ominös gehaltenen Nebenbedeutung des griechischen Namens Epidamnos (von damnum, Schaden) hergestellt wurde.

E.

Eborācum (Eburacum), Stadt im nördlichen Teil des röm. Britannien, am Urus, im Lande der Briganten, von Agricola als Legionsquartier angelegt, seit Trajanus militärische Hauptstadt der Provinz und häufig kaiserliche Residenz, so unter Septimius Severus und Constantius Chlorus, die hier starben. Jetzt York.

Ebräer (Hebräer), f. Israel.

Ebro, f. Ibērus.

Eburonen, belgische, auch als germanische

nisch bezeichnete Völkerschaft an der mitt=
lern Maas, unterwarfen sich 57 v. Chr.
Cäfar, wurden aber 54 von bem Trevirer
Inbuciomarus zur Empörung aufgereizt
und überfielen unter ber Führung von
Ambioriх und Cativolcus die 1½ Legio=
nen, welche in ihrem Gebiet Standquar=
tier hatten. Sie vernichteten biefelben,
verfuchten barauf, mit ben benachbarten
Stämmen verbündet, vergeblich, bas La=
ger beß Quintuß Cicero zu erftürmen, und
wurden nach Unterbrückung beß Aufftandß
53 von Cäfar faft gänzlich ausgerottet.
An ihre Stelle traten bie Abuatufer ober
Tungern (f. b.).

Echinäden (bie »Seefterninfeln«, auch
Dreiä, bie »fpitzen«, genannt), eine
Gruppe von fleinen Felfeninfeln im
Jonifchen Meer an ber Küfte Afarna=
nienß, ber Mündung beß Fluffeß Acheloos
gegenüber. Ihre Zahl verminderte fich
mit ber Zeit, indem einige burch bie An=
fchwemmung beß vom Acheloos abgelager=
ten Schlammeß mit bem Feftland verbun=
ben wurden. Jetzt Dria.

Ecnömuß, f. Efnomos.

Edeffa, Hauptftabt ber Landfchaft Oß=
roene im nordweftlichen Mefopotamien,
hieß urfprünglich Urha (Ur) und ward von
ben Makeboniern nach ihrer heimatlichen
Stadt E. (in ber Landfchaft Emathia, f. b.)
mit bem Beinamen Orrhoe benannt. Nach
ber Verbrängung ber Seleufibenherr=
fchaft warb E. unter parthifcher Oberhoheit
Hauptftabt eineß fyrifchen Fürftentumß,
welcheß Osroeß 136 v. Chr. begründete,
und welcheß 217 n. Chr. nach bem Auß=
fterben ber Dynaftie mit bem Römifchen
Reich vereinigt wurde. E. wurde unter bem
Namen Colonia Marcia Edessenorum
Militärfolonie und Hauptfitz beß Chriften=
tumß in Mefopotamien. Jetzt Urfa.

Edomiter (Jbumäer), femit. Volkß=
ftamm, welcher in ber Landfchaft Edom
ober Jbumäa zwifchen bem Toten Meer
und bem Alanitifchen Meerbufen (bem
norböftlichen Außläufer beß Arabifchen
ober Roten Meerß) wohnte. Das Land
war vielfach von nadten, wilben Gebir=
gen und Felßflüften burchfchnitten, ent=
hielt aber namentlich in feinem öftlichen
Teil mehrere von zahlreichen Quellen

wohlbewäfferte, zum Aderbau geeignete
Thäler. Die Hauptftabt war Sela ober
Nefem (»Fels«), griechifch Petra. Die E.
galten ben Jsraeliten alß Abfömmlinge
Efauß, alfo alß nahe Stammverwanbte,
und ftanben unter felbftänbigen Fürften.
Da ihr Gebiet für bie Jsraeliten wegen ber
Verbinbung mit bem Arabifchen Meer=
bufen wichtig war, befiegten bie Könige
David und Salomo bie E. und machten
fie zinßpflichtig. Letzterer ließ von ebomi=
tifchen Häfen (Elath ober Ezeongeber)
bie Handelßfahrten nach Ophir außgehen.
Vom Reiche Juba fuchten fich bie E. wie=
berholt loßzureißen. Doch wurden fie von
ben Königen Jofaphat und Ufia wieder
unterjocht. Um 600 v. Chr. unterwarfen
fie fich bem babylonifchen Reich und ftan=
ben Nebufabnezar bei ber Eroberung Je=
rufalemß bei. Seit 300 wurden fie von
ben arabifchen Nabatäern nach Norb=
weften gebrängt und bemächtigten fich
beß fühlichen Jubäa. Hierburch entftan=
ben neue Kriege zwifchen ihnen und ben
Maffabäern. Doch erlangten fchließlich
bie E. Antipatros und Herodes fogar bie
Herrfchaft in Jubäa. In ber Römerzeit
verfchmolz Edom ober Jbumäa mit ber
römifchen Provinz Arabia Petræa.

Edoner (Edoni), thrafifcheß Volk in
ber Landfchaft Edonia am Strymon im
öftlichen Makebonien; in ihrem Gebiet
lag Amphipoliß (f. b.).

Egeria, eine Quelle bei Rom vor bem
Capenifchen Thor, von einem ben Kamö=
nen geweihten Hain umgeben, beren
Nymphe (eine Geburtßgöttin, welcher
weißfagenbe Kraft beiwohnte) nach ber
Sage Gemahlin beß römifchen Königs
Numa Pompiliuß war und biefen in ge=
heimen nächtlichen Zufammenfünften über
bie gottesbienftlichen Einrichtungen be=
lehrte. Nach Numaß Tob floh fie in ben Hain
am Heiligtum ber Diana bei Aricia und
warb von Diana in eine Quelle verwandelt.

Egefta, f. Segesta.

Eion (ber »Strand«), Stadt in Ma=
kebonien an ber Mündung beß Strymon,
von ben Perfern alß befeftigter Platz an=
gelegt und 476 v. Chr. ihnen von ben Athe=
nern entriffen, warb nach ber Gründung
von Amphipoliß 436 beffen Hafenftabt.

Eira (Ira), Bergfeste an der Nordgrenze Messeniens auf dem Berg Keraufion, berühmt durch die elfjährige Verteidigung unter Aristomenes im zweiten Messenischen Krieg.

Eirkte (Erkte), hoch gelegene Bergfeste bei Panormos auf der Nordküste von Sicilien (der jetzige Monte Pellegrino), welche Hamilkar im ersten Punischen Krieg besetzte.

Ekbatăna (Hagmatana, »Ort der Vereinigung«, griech. Agbatana, jetzt Hamadân), Hauptstadt Mediens, in einer kühlen, wald- und wasserreichen, 2000 m hohen Hochebene am nördlichen Fuß der Berggruppe Orontes (Elwend) gelegen, stieg in sieben mit verschiedenfarbig geschmückten Mauern umgebenen Terrassen aus der Ebene zu der königlichen Burg mit einem Sonnentempel auf und hatte einen Umfang von 40 Stadien (7½ km). Die Stadt soll schon 710 v. Chr. von Deiokes gegründet worden sein und war die Residenz der medischen Könige, aber auch ihres angenehmen Klimas wegen beliebter Sommeraufenthalt der persischen und parthischen Könige und wegen ihrer Festigkeit Hauptschatzkammer des Reichs. Nach dem Untergang des Partherreichs zerfiel die Stadt, von der nur wenige Trümmer vorhanden sind.

Ekklēsia, Volksversammlung, besonders die in Athen, wo sie als der versammelte Demos die volle Souveränität besaß. Jeder Bürger, der 20 Jahre alt war, konnte daran teilnehmen und empfing am Eingang ein Täfelchen, gegen dessen Abgabe er seit Perikles das Ekklesiastikon, den Sold von 1, später 3 Obolen, ausgezahlt erhielt. Die E. wurde auf dem Markt oder in einem Theater abgehalten, anfangs nach Solon nur 4mal, nach Kleisthenes 10mal, später 40mal im Jahr; außer diesen ordentlichen Versammlungen gab es noch außerordentliche. Die Redner waren bekränzt zum Zeichen ihrer Unverletzlichkeit. Die Abstimmung geschah durch Handaufheben oder durch Stimmtäfelchen oder Steinchen; das Phephisma (der Beschluß) wurde in das öffentliche Archiv eingetragen, oft in Stein oder Erz eingegraben. Die Geschäfte der athenischen E. umfaßten alle öffentlichen und Staatsangelegenheiten. — Die E. in Sparta, der nur die über 30 Jahre alten Bürger beiwohnen durften, hatte weit beschränktere Befugnisse, indem sie die Vorschläge der Könige oder der Gerusia nur zu genehmigen oder zu verwerfen hatte.

Eknŏmos (Ecnomus, jetzt Monte bi Licata), Berg an der Südküste Siciliens, westlich von der Mündung des Himeraflusses. Der Tyrann von Akragas, Phalaris, erbaute hier eine Burg, in welcher sich der berüchtigte eherne Stier befand. 311 v. Chr. siegten hier die Karthager unter Hamilkar über die Syrakusier unter Agathokles und 256 im ersten Punischen Krieg die Römer unter den Konsuln Marcus Atilius Regulus und Marcus Manlius Bulso über die karthagische Flotte.

Elagabălus, s. Heliogabalus.

Elam (Elymaïs), semit. Name der südöstlich vom untern Tigris bis zum Südwestrand von Iran gelegenen Landschaft, welche in einheimischer Sprache wahrscheinlich Afarti hieß, und welche die ältern Griechen Kissia, die spätern nach der Hauptstadt Susa Susiana nannten; mitunter wird der Name auf den südlichen, ans Meer grenzenden Teil der Landschaft beschränkt. Die Elamiter waren ein akkadischer Stamm, der ein bedeutendes Reich gründete, welches schon um 2300 v. Chr. unter dem König Kuburnachunbi Babylonien und Assyrien eroberte, diese Länder längere Zeit beherrschte und bis in das 7. Jahrh. seine Selbständigkeit gegen die assyrischen Eroberer behauptete.

Elatĕas, s. Kithäron.

Elateia (»Fichtenstadt«), die bedeutendste Stadt der griech. Landschaft Phokis, in fruchtbarer Ebene am Fuß des Knemisgebirges gelegen, am Ausgang eines wichtigen von Lokris nach Phokis führenden Passes, 480 v. Chr. von Xerxes und 346 durch Philipp von Makedonien zerstört, 339 von Philipp seiner wichtigen militärischen Lage wegen besetzt und befestigt und 85 von den Römern zur Freistadt erhoben.

Elaver (jetzt Allier), Fluß in Gallien, linker Nebenfluß des Liger (Loire).

11*

Elba, f. Jlva.

Eléa (jetzt Velia), griech. Kolonie in Lukanien in Unteritalien mit einem guten Hafen am Tyrrhenischen Meer, 540 v. Chr. von flüchtigen Phokern gegründet, Wiege der eleatischen Philosophenschule.

Eleia, f. Elis.

Elephantīne (jetzt Dschefireh el Sahir), Insel im Nil unterhalb der Katarakte, der Stadt Syene gegenüber, auf der die Stadt E. lag, wichtige Grenzfestung und lebhafter Handelsplatz mit einem Tempel des Knuphis und einem Nilmesser.

Eleusis (jetzt Lessina), alte Stadt in Attika, an der Nordküste des Eleusinischen Golfs, Salamis gegenüber, in der Thriasischen Ebene gelegen, mit Athen durch die mit Grabdenkmälern und Tempeln geschmückte Heilige Straße verbunden. Hier befand sich der berühmte, nach der Zerstörung durch die Perser von Perikles prächtig wiederaufgebaute Tempel der chthonischen Gottheiten Demeter und Persephone, zu deren Ehren die viel besuchten eleusinischen Mysterien gefeiert wurden.

Elis (Eleia, jetzt Valis), Landschaft im W. des Peloponnes, im N. von Achaia, im O. von Arkadien, im S. von Messenien, im W. vom Jonischen Meer begrenzt, zerfiel in das eigentliche E., die fruchtbare Ebene im NW., welche sich von dem Bergland Akroreia zunächst in das mittlere Thal des Peneios, das »hohle E.«, herabsenkte, dann sich am Meer ausbreitete, Pisatis, das Gebiet des untern Alpheios mit Pisa und Olympia, und in das gebirgige Triphylia im S. Reichlich bewässert, war E. einer der fruchtbarsten Landstriche Griechenlands; Ackerbau und Vieh-, namentlich Pferdezucht gediehen vortrefflich, und es war daher stark bevölkert. Die nördliche Ebene, das eigentliche E., ward in ältester Zeit von den Kaukonen und Epeiern bewohnt und wurde im Anschluß an die dorische Wanderung 1104 v. Chr. von Ätolern unter Oxylos erobert, welche fortan die herrschende Aristokratie im Land bildeten und erst 471 ihre große und volkreiche Hauptstadt E. beim Eintritt des Peneios in die Ebene erbauten. Hierauf unterwarfen die ätolischen Eleier Pisa, die alte achäische Burg der Pelopiden, und zerstörten dieselbe 572, nachdem sie mit messenischer Hülfe auf einige Zeit ihre Unabhängigkeit wiedererlangt hatte; das Gebiet von Pisa ward an die übrigen Städte verteilt, deren Bewohner fortan Periöken unter eleiischer Oberhoheit waren; auch die Verwaltung der Festspiele von Olympia ging seitdem auf die Eleier über. Triphylia war nur im 5. Jahrh. kurze Zeit E. unterworfen und wurde erst in römischer Zeit dauernd mit der Landschaft E. vereinigt. Seit alter Zeit im engen Bund mit Sparta und von diesem beschützt, riß sich E., nachdem die Hauptstadt gegründet worden und die demokratische Partei zur Herrschaft gekommen war, von Sparta los und schloß sich Argos und Athen an, das es auch im Peloponnesischen Krieg unterstützte. Hierfür ward es 401 von Sparta empfindlich gestraft, indem es durch einen Krieg gezwungen wurde, auf Triphylia, den größten Theil von Pisatis und Akroreia zu verzichten sowie die Mauern der Hauptstadt niederzureißen und die Kriegsschiffe auszuliefern. Die Demokratie wurde gestürzt und eine aristokratische Verfassung eingesetzt. Diesen Schlag konnte E. nicht verwinden. Innere Parteiungen lähmten seine Kraft. Der Wiedererwerbung Akroreias und Triphylias trat nach dem Fall Spartas Arkadien entgegen, und E. verzehrte sich in nutzlosen Kämpfen.

Elissa, die Gründerin von Karthago, war die Tochter des Königs Mutton von Tyros und Gemahlin von dessen Bruder Sicharbaal, Priester am Tempel des Melkart. Mutton hatte bei seinem Tod 852 v. Chr. bestimmt, daß E. und ihr jüngerer Bruder, Pygmalion, gemeinschaftlich regieren sollten. Doch Pygmalion tötete 846 Sicharbaal und zwang E., mit den Häuptern einiger tyrischen Geschlechter zu fliehen. E. fuhr zu Schiff nach dem Westen, landete in Afrika bei Ityke (Utica), kaufte von den eingebornen Maxyern ein Landgebiet und gründete darauf Karthaba (griech. Karchedon, röm. Karthago). Später wurde E. mit der phönikischen Göttin Dido verwechselt und Züge aus dem

Kultus dieser Mondgöttin, wie die Selbst=
verbrennung, in der Sage auf die Grün=
derin von Karthago übertragen.

Eltekuh, s. Altaku.

Elymaïs, s. Elam.

Emathia (»Küstenland«), die nach der
Küste hin flache Landschaft im mittlern
Makedonien zwischen den Mündungen
der Flüsse Arios und Haliakmon, vom
Lubias durchflossen, unter dem Namen
Makedonis Stammland des makedoni=
schen Reichs, mit den Städten Agää (spä=
ter Edessa), Pella und Beröa.

Embro, s. Imbros.

Emerita Augusta (jetzt Meriba),
Stadt in Lusitanien, s. Augusta 1).

Emesa (Hemesa, syr. Chemes, das
»fette«, jetzt Homs), Stadt in Cölesyrien
am obern Orontes, Hauptstadt eines selb=
ständigen arabischen Fürstentums, kam
unter Caracalla unter die Herrschaft der
Römer und ward Hauptstadt des libanen=
sischen Phönikien. Sie war berühmt
durch ihren prachtvollen Tempel des Son=
nengottes, an dem Bassianus (Heliogaba=
lus) Priester war, der 218 n. Chr. zum rö=
mischen Kaiser ernannt wurde. 273 siegte
Kaiser Aurelianus bei E. über Zenobia.

Emineh, s. Hämos.

Eneter, s. Veneter.

Engern, s. Angrivarier.

Enna (Henna), alte hoch gelegene und
stark befestigte Stadt der Sikuler in der
Mitte der Insel (daher »Nabel Siciliens«
genannt), von fruchtbarer Gegend umge=
ben, darum Hauptplatz des Kultus der De=
meter, deren Tochter Persephone hier von
Pluton geraubt sein sollte. Im Sklaven=
krieg unter Eunus sammelten sich hier die
aufständischen Sklaven und verteidigten
die Stadt 134—132 v. Chr. mit großer
Hartnäckigkeit. Jetzt CastroGiovanni.

Ennea Hodoi (»neun Wege«), s.
Amphipolis.

Epakria, s. Diakria.

Epameinondas (Epaminondas),
theban. Feldherr und Staatsmann, gebo=
ren um 418 v. Chr., Sohn des Polym=
nis, stammte aus einer angesehenen, aber
verarmten Familie und genoß eine aus=
gezeichnete leibliche und geistige Ausbil=
dung, besonders unter dem Einfluß des

Pythagoreers Lysis, welcher im Haus
des Polymnis gastliche Aufnahme gefun=
den hatte. Strenge Enthaltsamkeit und
Selbstverleugnung, Demut und hinge=
bende Liebe für Vaterland und Freunde,
gleichmäßiger Ernst und fester Wille
zeichneten den Jüngling aus, dessen Stre=
ben dahin ging, seine Vaterstadt zu er=
höhen und damit Griechenlands Macht
und Blüte zu befördern. Als die Theba=
ner 385 Sparta im Kriege gegen Man=
tineia beistanden, nahm E. am Feldzug
teil und rettete seinem Freund Pelopi=
das in einem Treffen das Leben. Wäh=
rend der Besetzung der Burg von Theben
durch die Spartaner und der Herrschaft
der Oligarchie 382—379 lebte er zurück=
gezogen und unbeachtet; auch an der Ver=
schwörung, welche 379 den Sturz der
Oligarchen und die Vertreibung der Spar=
taner zur Folge hatte, nahm er nicht teil,
weil er es für unrecht hielt, einen Bürger
ohne Richterspruch zu töten; doch nach
vollbrachter That war er die zuverlässigte
Stütze der Freiheit und der Machtent=
wickelung seiner Vaterstadt. Er bewog
die Bürger zur Mäßigung gegen die be=
siegte Partei, organisierte das Heerwesen
und half den Böotischen Bund begründen.
371 zum Böotarchen gewählt, vertrat er
auf dem Friedenskongreß zu Sparta die
Rechte Thebens auf den Böotischen Bund
mit Entschlossenheit und ermutigte die
Böotier, von denen ihre bisherigen Ver=
bündeten abfielen, zu tapferm Widerstand
gegen die Spartaner, welche unter König
Kleombrotos mit einem starken Heer in
Böotien einfielen. In der Schlacht bei
Leuktra siegte E. durch die sogen. »schiefe
Schlachtordnung«, indem er sich mit seiner
Hauptmacht auf die spartanische Phalanx
warf und diese durchbrach und vernichtete,
seinen rechten Flügel aber zurückhielt und
dadurch den linken Flügel des Feindes
lahmlegte. Der Verlust dieser Schlacht
stürzte Spartas Herrschaft über Griechen=
land. 370 unternahm E. mit einem großen
Heer einen Zug nach dem Peloponnes, um
im Bund mit den Argeiern, Arkadiern
und Eleiern, welche von Sparta abgefal=
len waren, dessen Macht völlig zu brechen.
Er drang zwar in Lakonien ein und ver=

heerte es, konnte aber Sparta nicht er=
obern. Seinen Zweck erreichte er bennoch,
indem er durch die Vereinigung der Arka=
bier zu einem Staatenbund und durch
Herstellung des messenischen Staats im
Peloponnes Sparta zwei erbitterte Feinde
schuf. Eine gegen ihn nach seiner Rück=
kehr 369 erhobene Anklage wegen eigen=
mächtiger Verlängerung seiner Amtsfüh=
rung wies er durch einfachen Hinweis auf
seine Erfolge zur Beschämung seiner Geg=
ner zurück. Ein neuer Feldzug nach dem
Peloponnes hatte außer der Eroberung
Sikyons keinen Erfolg, und E. wurde
deshalb abgesetzt. 368 biente er als Ge=
meiner in dem thebanischen Heer, welches
nach Thessalien gesandt wurde, um den
von Alexander von Pherä gefangenen Pe=
lopidas zu befreien; als dasselbe durch
ungeschickte Führung in Gefahr kam, über=
nahm er auf Verlangen der Soldaten den
Oberbefehl, führte das Heer glücklich zu=
rück und zwang auf einem zweiten Zug
Alexander zur Freigebung des Gefange=
nen. Da ein neuer Krieg im Peloponnes
wieder erfolglos blieb und Theben mit sei=
ner Landmacht allein die dortigen Verhält=
nisse gegen den Wankelmut der Pelopon=
nesier und die Feindseligkeit der Athener
nicht beherrschen konnte, strebte E. auch
nach Gründung einer Seemacht. Er ver=
mochte die Thebaner zum Bau von 100
Trieren und unternahm eine Expedition
nach der Propontis, welche allerdings
Theben noch keinen Gewinn brachte, aber
die athenische Seehegemonie erschütterte.
Der Abfall der Achäer und Eleier und der
Zwist zwischen den arkadischen Städten
nötigten ihn 362, wieder nach dem Pelo=
ponnes zu ziehen. Er überfiel Sparta,
zog sich aber dann nach Arkadien zurück
und lieferte bei Mantineia den Feinden
eine Schlacht, in welcher er deren Pha=
lanx durchbrach und sie in die Flucht schlug,
aber selbst tötlich verwundet wurde. Nach=
dem er noch die Kunde von seinem Sieg
erhalten, starb er auf dem Schlachtfeld
und wurde auch da begraben. Sterbend
riet er den Thebanern zum Frieden; er
hatte erkannt, daß Theben zu schwach sei,
um die Herrschaft über Hellas zu errin=
gen und zu behaupten. Sein Leben be=

schrieb Cornelius Nepos. Vgl. Bauch, E.
und Thebens Kampf um die Hegemonie
(Bresl. 1834); Pomtow, Das Leben des
E. (Berl. 1870).

Epeier (Epäi), s. Ätolien.

Epeiros (»Festland«, röm. Epirus),
die westliche Landschaft Nordgriechenlands,
im S. vom Ambrakischen Golf, Akarna=
nien und Ätolien, östlich vom Pindos,
westlich vom Jonischen Meer, im N. von
Jllyrien begrenzt, im O. von mehreren von
N. nach S. streichenden Hochgebirgsketten
durchzogen, zwischen denen einige Flüsse,
wie der Acheloos und der Arathtos, in Län=
genthälern nach S. fließen, während andre
sie durchbrechen. Auch an der Küste ziehen
sich Bergzüge hin, die steil und felsig zum
Meer abfallen und im Keraunischen Ge=
birge eine Höhe von über 2000 m er=
reichen. In der Mitte des Landes sind
mehrere Hochebenen mit Seen, nament=
lich dem Pambotis, und die fruchtbaren
Thäler des Thyamis und Acheron, die nur
durch niedrigere Berggruppen getrennt
sind. Die Gebirge waren mit üppigem
Eichen= und Buchenwald bedeckt. Die
Einwohner waren illyrischen Stammes
und zerfielen in mehrere Stämme, welche
gesonderte aristokratische Staaten bildeten.
Im Nordwesten, an der Küste, in der
Landschaft Chaonia mit der Hauptstadt
Phönike, wohnten die Chaoner, südlich
von ihnen in Thesprotia die Thespro=
ten. Im Binnenland wohnte das Volk
der Molosser (Molotter), das in mehrere
Fürstentümer zerfiel. Griechische Kolonien
verbreiteten seit dem 7. Jahrh. v. Chr.
griechische Sprache und Kultur. Die Mo=
losser galten noch zur Zeit der Perser=
kriege für Barbaren. Erst unter ihrem
Fürsten Tharypas, der in Athen erzogen
worden war, gewann gegen Ende des 5.
Jahrh. die griechische Civilisation unter
ihnen Verbreitung. Die Nachkommen des
Tharypas nahmen den Königstitel an,
aber erst Pyrrhos vereinigte durch Erobe=
rung des Küstengebiets und der Pindos=
landschaften ganz E. zu einem mächti=
gen Königreich, das jedoch unter seinen
Nachfolgern wieder zu Grunde ging und
230 in eine Föderativrepublik verwandelt
wurde. Da die Epeiroten König Perseus

von Makedonien gegen die Römer unterstützten, ward das Land zur Strafe hierfür und für Pyrrhos' italische Siege 168 dem Verderben geweiht; der Konsul Ämilius Paullus ließ 70 befestigte Ortschaften zerstören, 150,000 Menschen in die Sklaverei schleppen und die Äcker in Latifundien mit Viehzucht verwandeln. Als römische Provinz umfaßte E. auch Akarnanien westlich vom Acheloos, seit dem 4. Jahrh. n. Chr. ferner den südlichen Teil Jllyriens als Neu-E. (Epirus nova).

Ephesos (Ephēsus), eine der zwölf ionischen Städte in Kleinasien, an der Mündung des Kaystros in einer überaus fruchtbaren Ebene gelegen, war durch Handel und Ackerbau reich und blühend und wurde nach dem Fall von Miletos 494 v. Chr. die mächtigste und glänzendste der ionischen Städte. Berühmt war besonders der herrliche Tempel der Artemis, deren Kultus aus der vorgriechischen Zeit stammte (die Jonier fanden ihn bei ihrer Eroberung der Stadt im 11. Jahrh. schon vor und kämpften mit den bewaffneten Tempeldienerinnen) und von den Griechen von der ursprünglich asiatischen Göttin auf ihre Mondgöttin übertragen wurde. Der Tempel, dessen Bau 620 begonnen, aber erst um 540 vollendet wurde, brannte 356, von Herostratos angezündet, nieder; er wurde unter König Lysimachos vom Baumeister Deinokrates in ionischem Stil prächtiger als zuvor wiederaufgebaut. Die Stadt E. ward 560 von Krösos dem lydischen Reich unterworfen, war dann den Persern unterthan und gehörte von 476 bis zum Ende des Peloponnesischen Kriegs zum Athenischen Seebund. In den spätern Jahrhunderten wechselte sie öfter die Herrschaft und kam endlich an die Römer, die sie zur Hauptstadt eines der Gerichtssprengel der asiatischen Provinz machten. Wegen ihrer Größe und Bedeutung spielte sie auch in den Anfängen des Christentums eine bedeutende Rolle. Ihr Verfall wurde beschleunigt durch die Anschwemmungen des Kaystros, welche den alten Hafen ausfüllten und die Küste um 7 km weiter vorschoben. Auf der gänzlich veröbeten Stelle haben die Engländer seit 1868 Ausgrabungen veranstaltet, welche zur Aufdeckung der Reste des Artemisions, das außerhalb der Ringmauer im O. der Stadt lag, und zur Auffindung wertvoller Skulpturen und Inschriften führten. Vgl. J. T. Wood, Discoveries at Ephesus (Lond. 1877); Curtius, E., ein Vortrag (Berl. 1874).

Epheten (Ephetä, »Vorsteher«), ein Richterkollegium in Athen, aus 51 Richtern bestehend, welches besonders über Mord, Totschlag, Giftmischerei und Brandstiftung zu Gericht saß. Sie sollen von Drakon eingesetzt worden sein, bestanden aber wohl schon seit früherer Zeit und bildeten den eupatridischen Rat von 60 Mitgliedern, deren erste 9 als Archonten die Regierung des Staats führten. Durch die Solonische Gesetzgebung ward der größte Teil ihrer Gerichtsbarkeit dem Areopag übertragen, weshalb sie an Ansehen und Einfluß sehr verloren. Sie entschieden unter dem Vorsitz des Archon Basileus nur noch über einige besondre Fälle der Blutgerichtsbarkeit. Vgl. Lange, Die E. und der Areopag vor Solon (Leipz. 1871); Philippi, Der Areopag und die E. (Berl. 1874).

Ephialtes, 1) ein Maler, welcher 480 v. Chr. Xerxes einen Seitenweg über den Kallidromos zeigte, auf dem Hydarnes eine persische Heeresabteilung den bei Thermopylä aufgestellten Hellenen in den Rücken führte. Von den Amphiktyonen geächtet, ward er in Antikyra erschlagen.

2) Athener, Sohn des Sophonides, ein ehrenwerter, tüchtiger und uneigennütziger Bürger, Anhänger der demokratischen Partei und Freund des Perikles, widersetzte sich dem Vorschlag Kimons, den Spartanern gegen die aufständischen Heloten Hülfe zu leisten, beantragte, daß die Solonischen Gesetztafeln von der Akropolis in das Prytaneion am Markt gebracht würden, und gab 460 v. Chr. das sogen. »Gesetz des E.«, durch welches Areopag der Oberaufsicht über Staatsverwaltung, Gesetzgebung und die Sitten beraubt und auf die peinliche Gerichtsbarkeit beschränkt wurde. Auf Anstiften seiner politischen Gegner wurde er 457 ermordet.

Ephoren (Ephoroi, »Aufseher«),

spartan. Behörde, welche angeblich schon von Lykurgos, wahrscheinlich aber erst 757 v. Chr. durch Theopompos eingesetzt wurde. Ihre Zahl betrug fünf, und sie wurden vom Volk auf die Dauer eines Jahrs, das nach den E. benannt wurde, gewählt. Ihr Amt war anfangs neben der Aufsicht über die Marktpolizei ein richterliches. Aus ihrer Befugnis, die Verwaltung der Beamten zu prüfen und dieselben zur Verantwortung zu ziehen sowie in Prozessen gegen die Könige als Ankläger aufzutreten, erwuchs allmählich eine ausgedehnte politische Gewalt, welche sie zu Vertretern des Volks gegenüber den Königen und der Gerusia machte, über welche sie mit der Zeit ein Übergewicht erlangten, das die Lykurgische Verfassung untergrub. Sie beriefen die Volksversammlung, schlugen Gesetze vor, empfingen Gesandte und übten auf die auswärtige Politik einen maßgebenden Einfluß; in Kriegszeiten sandten sie Heere ab und ernannten deren Feldherren, meist die Könige, welche sie aber durch Beigeordnete und später durch zwei Abgeordnete 'aus ihrer Mitte überwachen ließen; sie schlossen die Verträge mit fremden Staaten und verfügten über Beute und Staatsschatz. Ihrer Macht erlag König Agis III., als er die Lykurgische Verfassung wiederherstellen wollte; Kleomenes III. begann daher seine Reform 226 mit der Aufhebung des Ephorats, doch ward es nach seinem Sturz 221 wiederhergestellt.

Ephoros, griech. Geschichtschreiber, geboren um 405 v. Chr. zu Kyme in Äolis, genoß mit Theopompos den Unterricht des Isokrates und wurde von diesem zur Behandlung der ältern Geschichte veranlaßt. Mit vielem Fleiße sammelte er auf Reisen und aus den mannigfaltigsten Quellen den Stoff zu einer allgemeinen Geschichte von dem Einfall der Herakliden in den Peloponnes bis auf seine Zeit, 340; er ging aus von der geographischen Beschreibung der einzelnen Länder und behandelte die Geschichte selbst in pragmatischer Weise, nicht frei von Rhetorik. In der Geschichte seiner Zeit zeigte er für das stammverwandte äolische Theben große Vorliebe. Das Werk wurde im Alter-

tum viel gelesen und hoch geschätzt und ist eine Hauptquelle des Diodor. Die Fragmente sind gesammelt von Marx (Karlsr. 1815) und von Müller in den »Fragmenta historicorum græcorum«, Bd. 1 (Par. 1842).

Ephrat, s. Euphrat.

Epidámnos, griech. Stadt am Adriatischen Meer, im südlichen Illyrien, 627 v. Chr. von Korinthiern und Korkyräern auf einer flachen, felsigen Halbinsel im Gebiet der Taulantier an Stelle des illyrischen Küstenorts Dyrrhachion gegründet, gab den Anlaß zu dem Ausbruch des Peloponnesischen Kriegs, indem die demokratische Partei gegen die vertriebenen Aristokraten und die Taulantier, welche die Stadt belagerten, die Korinthier zu Hülfe rief, diese darüber mit den Korkyräern 432 in Streit gerieten und, als sich die Athener einmischten, die Peloponnesier zur Kriegserklärung gegen Athen bewogen. Die Römer stellten nach der Besetzung der Stadt 229 den alten Namen Dyrrhachion wieder her und machten sie zum Ausgangspunkt der Egnatischen Straße, welche durch Illyrien nach Makedonien führte, da Dyrrhachion von Brundisium leicht zu erreichen war. Im Bürgerkrieg zwischen Pompejus und Cäsar 48 v. Chr. versuchte dieser vergeblich, E. zu erobern, und erlitt dabei eine Niederlage. Im 4. Jahrhundert n. Chr. wurde es Hauptstadt der Provinz Epirus nova.

Epidauros (jetzt Pidhavro), altion. Stadt auf der argolischen Halbinsel Akte am Saronischen Meerbusen, auf schmaler Felszunge an zwei natürlichen Häfen gelegen und so eng, daß es nicht einmal Raum zu einem Theater hatte. In der Nähe, ein paar Stunden landeinwärts, lag das Asklepieion, das berühmte Heiligtum des Asklepios, in einem hohen Waldthal, ein sehr besuchter Festversammlungs- und Kurort mit vielen Gebäuden und Anlagen sowie einem Theater für 12,000 Zuschauer; noch jetzt heißt die Stätte mit einigen überresten des Tempels und dem wohlerhaltenen Theater »das Heiligtum« (Hieron). Die Stadt wurde nach der dorischen Wanderung von Doriern besetzt, die von hier aus Ägina, Kos, Kalybnos und Nisyros kolonisierten. Im Handel und Verkehr wurde E. bald von Ägina überflügelt. Zu Argos stand es stets in feindlichem Verhältnis und schloß sich dem Peloponnesischen Bund unter Sparta, später dem Achäischen Bund an, sank aber allmählich zum bloßen Hafen des Äskle-pieion herab.

Epigonen (»Nachkommen«), die Söhne der sieben gegen Theben verbündeten und bis auf Abrastos im Kampf gefallenen Fürsten, welche, um den Tod der Väter zu rächen, 16 Jahre später unter Anführung des Alkmäon mit Heeresmacht gegen Theben zogen und die Stadt eroberten und zerstörten.

Epirus, s. Epeiros.

Epitädeus, ein spartan. Ephoros, der um 350 v. Chr. ein Gesetz zur Annahme brachte, welches gestattete, daß der ursprünglich unveräußerliche Grundbesitz der spartiatischen Familien durch Schenkung oder Testament auf andre übertragen wurde. Hierdurch kam der Grundbesitz allmählich in die Hände weniger, die Zahl der Spartiaten verminderte sich, und der spartanische Staat verlor seine Grundlage und verfiel.

Eratosthenes, berühmter Geograph, geb. 256 v. Chr. zu Kyrene in Afrika, ward 230 Vorsteher der Bibliothek in Alexandreia und starb 195 aus Gram über seine Erblindung freiwillig den Hungertod. Er begründete, unterstützt durch die Schätze der Bibliothek und durch ausgebreitete mathematisch-physikalische und historisch-philologische Kenntnisse, die wissenschaftliche Erdkunde und versuchte durch die erste Ausführung einer Gradmessung zwischen Alexandreia und Meroe eine Berechnung des Umfangs der Erdkugel. Sein Hauptwerk, »Geographia«, ist uns nur aus Bruchstücken bei Strabon bekannt. Die Fragmente seiner Werke gesammelt von Berger (Leipz. 1880).

Erechtheus (Erichthonios), athen. Heros, Sohn der Erde und Zögling der Athene, welche ihn nach Vertreibung des Amphiktyon in Athen als König einsetzte, und welcher er auf der Burg einen Tempel erbaute. Als er im Kampf mit Eleu-

sis den Sohn des Poseidon, Eumolpos, erschlug, ward er auf dessen Bitte von Zeus durch einen Blitz getötet. Er ward von den Athenern als Stifter ihres religiösen Kultus und des Ackerbaus geehrt und ihm zu Ehren auf der Akropolis das Erechtheion errichtet.

Eregli, s. Herakleia und Perinthos.

Eretria, Stadt auf Euböa am Euripos, von Joniern gegründet und durch Schiffahrt und Handel blühend. Es wetteiferte mit Chalkis, mit dem es auch im 7. Jahrh. v. Chr. einen großen Krieg um den Besitz der Lelantischen Ebene führte, in der Gründung von Kolonien in Makedonien, Thrakien und Italien und beherrschte das ganze südliche Euböa sowie die nördlichen Kykladen Andros, Tenos und Keos. Die Stadt schloß sich bald an Athen und sandte mit diesem den aufständischen Joniern in Kleinasien Schiffe zu Hülfe, wofür es 490 von den Persern zerstört und die Bevölkerung weggeschleppt wurde. Mit athenischer Hülfe wiederhergestellt, erlangte es zwar nicht die frühere Blüte wieder, war aber immer noch die zweite Stadt Euböas.

Erichthonios, s. Erechtheus.

Eridanos, s. Padus.

Erimokastro, s. Thespiä.

Erin, s. Hibernia.

Erkte, s. Eirkte.

Erüler, s. Heruler.

Erythrä (jetzt Ritri), eine der zwölf ionischen Städte in Kleinasien, Chios gegenüber, auf einer Halbinsel zwischen den Bergen Koryfos und Mimas gelegen, mit einem alten berühmten Tempel des Herakles. Die Stadt war nie bedeutend, erhielt sich aber bis lange nach Christi Geburt.

Eryx (jetzt San Giuliano), ein 750 m hoher, in schroffen Kalkwänden abfallender Berg auf der Westspitze der Insel Sicilien, auf dessen Gipfel ein weit berühmter und stark befestigter Tempel der erykinischen Aphrodite, einer ursprünglich phönikischen Göttin, stand. Am östlichen Abhang des Bergs, auf halber Höhe, lag die Stadt E., welche die Elymer gegründet hatten; sie war ein wichtiger befestigter Platz der Karthager, wurde 278 v. Chr. von Pyrrhos erobert und im ersten Punischen Krieg von Hamilkar zerstört, der die Einwohner nach dem neu angelegten Hafenplatz Drepanon verpflanzte. Der Tempel mit seinen Befestigungen diente Hamilkar·in der zweiten Hälfte des Kriegs zum Stützpunkt bei seinen Unternehmungen.

Esquilīnus mons, einer der sieben Hügel Roms (s. Rom).

Esra, jüd. Priester, zog, vom Perserkönig Artaxerxes Longimanus unterstützt, 458 v. Chr. mit 1800 Israeliten aus Babylonien nach Palästina, um der in Verfall geratenen Kolonie Serubabels in Jerusalem aufzuhelfen und eine Reinigung des Volks nach priesterlich-mosaischer Anschauung vorzunehmen. Die Heiden wurden rechtlos gemacht, die fremden Weiber vertrieben, ein stetiger Synagogengottesdienst eingerichtet und ein besonderer Stand der Schriftgelehrten begründet. Einen Bericht über seine Thätigkeit enthält die nach ihm benannte Fortsetzung der Chronik (»Buch Esra«).

Eteokles, Sohn des Ödipus und der Jokaste, vereinigte sich mit seinem Bruder Polyneikes nach der Entthronung des Vaters dahin, daß sie wechselsweise ein Jahr um das andre in Theben regieren wollten. Aber nach Ablauf seines Jahrs weigerte sich E., die Gewalt niederzulegen; Polyneikes flüchtete und bewog sechs griechische Fürsten zum Zuge gegen Theben. Während der Belagerung fand ein Zweikampf zwischen den Brüdern um die Herrschaft statt, in dem beide fielen.

Etrūrien (später Tuscia, griech. Tyrrhenia), Landschaft auf der westlichen Seite Mittelitaliens, südlich und westlich vom obern Apennin bis zum Thal des Tiber, an der Küste des Tyrrhenischen Meers, fruchtbar, in den Bergen mineralreich (Eisen und Kupfer) und mit guten Häfen an der Küste. Die Hauptflüsse waren: der Arnus (Arno), der Clanis (Chiana), der mit einem Arm dem Arnus, mit dem andern dem Tiber zufloß, und die Küstenflüsse Umbro (Ombrone), Albinia (Albegna), Armenta, Marta (Abfluß des Volsinischen Sees) und Mi-

nio. Die östlichen, am Fuß des Apennin gelegenen Gebiete waren ausgezeichnet durch mildes, angenehmes Klima und reiche Bewässerung. Der südliche Teil war vulkanischer Natur, und die erloschenen und eingestürzten Krater wurden von Seen ausgefüllt, wie dem Trasimenus, bem Volsiniensis (Lago di Bolsena), bem Ciminius (Lago di Vigo), dem Sabatinus (Lago di Bracciano) und dem Vadimonius (Lago di Bassano); andre Seen waren durch künstliche Abzugskanäle (Emissarien) abgeleitet. Das Land zerfiel in zwölf Stadtrepubliken mit aristokratischer Verfassung; den herrschenden Adel bildeten die Lukumonen, welche allein auf die höchsten Würden Anspruch hatten, auch auf die königliche, welche in den ältesten Zeiten bestand; erst später wurde der König (Lars) durch wechselnde Magistrate ersetzt. Die niedre Bevölkerung stand unter ziemlich hartem Druck. Die zwölf Städte bildeten einen Bund, dessen Zusammenhang ein lockerer war, und dessen Mitglieder mit der Zeit wechselten. Die Bundesversammlungen fanden beim Tempel der Göttin Voltumna (wahrscheinlich in der Nähe des Vadimonischen Sees) statt; auf denselben wurde ein Oberpriester und im Fall eines Kriegs ein Bundesfeldherr gewählt, dem jeder der zwölf Staaten einen Liktor sandte. Die bedeutendsten Städte waren im Küstengebiet: Pisä, Volaterrä, Populonia, Vetulonia, Rusellä, Tarquinii und Cäre; im Innern: Veji, Falerii, Volsinii, Clusium, Arretium, Cortona und Fäsulä.

E. war von einem Volk bewohnt, welches sich von den Nachbarstämmen durch Sprache und Sitte scharf unterschied. Dasselbe nannte sich selbst Rasenna, während der Name Tyrrhener (Etrusker) auf fremde Einwanderer von Osten her, von der Nord- und Ostküste des Ägäischen Meers, sich bezog, die auch als Pelasger bezeichnet werden, den herrschenden Adel bildeten, aber mit der Urbevölkerung so weit verschmolzen, daß sie deren Sprache annahmen. Reste dieser etruskischen Sprache, welche durch Häufung der Konsonanten eine gewisse Härte besaß, sind uns in zahlreichen kleinern Grabinschriften und wenigen größern (besonders der 1822 gefundenen Perusinischen) erhalten; dieselben sind im phönikisch = griechischen Alphabet, jedoch von rechts nach links geschrieben. Die Versuche, diese Sprache einem bekannten Sprachstamm zuzuweisen, sind bis jetzt ohne durchschlagenden Erfolg geblieben. Stickel hat 1859 das Etruskische für eine semitische Sprache erklären wollen, Corssen (»Über die Sprache der Etrusker«, Leipz. 1874—75, 2 Bde.) es als einen dem Lateinischen verwandten Zweig des indogermanischen Sprachstamms zu erweisen gesucht. Indes sind auch dieser Behauptung nicht unbegründete Zweifel entgegengesetzt worden (von Deecke). Die geschichtliche und kulturliche Bedeutung des rätselhaften Volks war jedenfalls eine nicht geringe. Neben dem Ackerbau war der Handel zu Land und zur See die Hauptbeschäftigung desselben, und neben den Griechen, den Phönikern und Karthagern waren sie das bedeutendste Handelsvolk der ältern Zeit; außer ihren reichen Naturprodukten führten sie besonders Thongeschirre und künstliche Erzarbeiten aus. Die Verbreitung ihrer Münzen, welche aus Kupfer gegossen wurden, beweist die Ausdehnung ihres Handels. Ihr Münzsystem, welches ebenso wie die Zeitrechnung auf dem Duodecimalsystem beruhte, wurde von den Einwohnern ganz Mittel= und Unteritaliens angenommen. Auch als Seeräuber waren sie berüchtigt und gefürchtet. Infolge ihres Wohlstands neigten die Etrusker zu Schwelgerei und Luxus in Wohnung, Kleidung und Mahlzeiten. Ihre Volksbelustigungen, Gladiatoren= und Faustkämpfe und die circensischen Spiele, wurden von den Römern angenommen, ebenso die Abzeichen ihrer Magistrate, die Liktoren, die kurulischen Sessel von Elfenbein, die toga prætexta, der Pomp der Triumphe ꝛc. Von ihnen lernten die übrigen Italiker die künstlichenEntwässerungsbauten, dieBauart des Wohnhauses und des Tempels, namentlich das Atrium, kennen. Von ihrer Plastik und Malerei haben wir in den zahlreichen Funden der Gräberstädte (Nekropolen) Proben erhalten: Götter=

bilder, herrliche Geräte und Kandelaber aus Bronzeguß, Reliefs und Porträtbilder aus Stein, Wandgemälde und bemalte Vasen und Terrakotten, welche besonders in der an trefflichem Thon reichen Gegend von Arretium und Clusium verfertigt wurden. Die Ausführung ist von bewunderungswürdiger Feinheit, die künstlerische Darstellung selbst aber eine meist unselbständige Nachahmung zuerst ägyptisch=phönikischen, dann des ältern strengen griechischen Stils, welche mitunter in Manier und Karikatur ausartet. Die etruskische Religion unterlag früh griechischen Einflüssen; den Etruskern eigentümliche Gottheiten waren: die Naturgottheit Vertumnus, die Schicksalsgöttin Nortia, die Göttin des Bundestempels, Voltumna, die Göttin der Geburt, Mater Matuta, u. a. Die auch von den Römern verehrten Gottheiten Janus und Minerva (Menrfa) waren ursprünglich etruskisch. Die Etrusker neigten zum Finstern und Dämonischen; sie glaubten an eine geheimnisvolle Geisterwelt und malten sich das Totenreich als einen Ort des Schreckens aus. Den Willen der Götter zu erforschen, waren sie eifrig bedacht, und sie pflegten daher das Divinationswesen und die Wahrsagekunst durch allerlei Institute und Ceremonien. Sie weissagten aus dem Flug der Vögel (Augurium), aus dem Fressen heiliger Hühner, den Erscheinungen des Himmels, den Eingeweiden der Opfertiere (Haruspicium). Auch diese Seite des Religionswesens ist auf die Römer übergegangen.

Die Blütezeit der etruskischen Macht fällt in die Zeit von 800—400 v. Chr. Damals bewohnten sie auch das Gebiet zwischen Po und Apennin und von der nördlichen Poebene den mittlern Teil und hatten hier auch zwölf Städte, von denen Felsina (Bologna), Melpum und Mantua genannt werden. Auch eroberten sie um 800 das kampanische Küstenland und beherrschten das nach ihnen benannte Tyrrhenische Meer, an welchem sie keine griechischen Kolonien duldeten, wie sie denn die Phokäer von Corsica vertrieben (538). Ihre Seemacht wurde

im 5. Jahrh. durch die Syrakusier er=
schüttert und im 4. Jahrh. wirklich ge=
stürzt. Um 400 verloren sie Kampanien
an die Samniter, die Poebene an die
Kelten und die Apenninlandschaft nörd=
lich vom Arnus an die Ligurer, und
gleichzeitig erlitten sie 396 durch die Er=
oberung und Zerstörung Bejis den ersten
empfindlichen Verlust seitens der Römer,
welche früher, zur Zeit Porsenas, vor=
übergehend von ihnen abhängig gewesen
waren. Da die Ausbreitung der römi=
schen Macht ihnen immer gefährlicher
wurde, verbanden sie sich 311 mit den Sam=
nitern, wurden aber von Quintus Fa=
bius besiegt und, nachdem sie sich auch im
dritten Samniterkrieg den Feinden Roms
angeschlossen, nach der Niederlage bei
Sentinum (295) die einzelnen Städte
bis 280 sämtlich unterworfen. Doch be=
standen Sprache, Sitte, religiöser Kultus
und die innere Verfassung der etruskischen
Stadtrepubliken noch fast zwei Jahrhun=
derte in ihrer Eigentümlichkeit fort, und
noch aus der frühern Kaiserzeit gibt es
Grabinschriften in etruskischer Sprache.
89 erhielten die Etrusker, weil sie im
Bundesgenossenkrieg treu geblieben wa=
ren, das römische Bürgerrecht. Da der
etruskische Adel sich der Marianischen Par=
tei anschloß, so ward er nach dem Sieg
Sullas im Bürgerkrieg 82 zum größten
Teil ausgerottet und römische Militär=
kolonien in den größern Städten ange=
legt, wodurch die Latinisierung des Lan=
des erheblich gefördert wurde. In der
Augusteischen Einteilung bildete E. die
siebente Region Italiens, in der Diocletia=
nischen Tuscia, wie es fortan hieß, mit
Umbrien zusammen eine Provinz. Aus
dem noch im Mittelalter gebräuchlichen
Namen Tuscia entstand später der Name
Toscana. Vgl. Inghirami, Monu=
menti etruschi (Flor. 1825, 10 Bde.);
Dennis, The cities and cemeteries
of Etruria (2. Aufl., Lond. 1876; deutsch
von Meißner, Leipz. 1852); O. Müller,
Die Etrusker (2. Aufl. von Deecke, Stuttg.
1877); Noel Desvergers, L'Étrurie
et les Étrusques (Par. 1863, 2 Bde.);
Gray, History of Etruria (Lond. 1843—
1870, 3 Bde. ; Genthe, über den etrus=

kischen Tauschhandel nach dem Norden
(Frankf. 1874).

Euagŏras (Evagoras), König von
Kypros, stammte aus der uralten Herrscher=
familie der Stadt Salamis auf Kypros,
welche durch die Phöniker der Herrschaft
beraubt worden war, und war schon als
Knabe von Salamis nach Kilikien ent=
flohen, von wo er 410 v. Chr. nach seiner
Vaterstadt zurückkehrte und nach Vertrei=
bung des von den Persern eingesetzten
Tyrannen den Thron seiner Väter wie=
dereinnahm. Durch Vermittelung Ko=
nons, der nach dem Fall Athens nach Ky=
pros geflüchtet war, ward er auch vom
Perserkönig Artaxerxes Mnemon als Kö=
nig anerkannt und brachte allmählich fast
die ganze Insel unter seine Botmäßigkeit.
391 wurde er aber von den Persern an=
gegriffen. Er verbündete sich mit dem
aufständischen König Akoris von Ägypten
und kämpfte anfangs, von den Athenern
mit Schiffen unterstützt, so glücklich, daß er
auch auf dem Festland, in Phönikien und
Kilikien, Eroberungen machte. Dem An=
talkibischen Frieden 387 wollte er sich nicht
unterwerfen, und nun gelang es den Per=
sern, welche große Streitkräfte ausgerüstet
hatten, auf der Insel zu landen und nach
einem Seesieg bei Kition E. in Sala=
mis einzuschließen. Doch verteidigte er sich
mit solcher Standhaftigkeit, daß die Per=
ser ihm nach zehnjährigem Kampf 376
einen ehrenvollen Frieden gewährten. Er
wurde 374 von einem Eunuchen ermor=
det und hinterließ seine Herrschaft seinem
Sohne Nikokles. Isokrates verfaßte ihm
zu Ehren eine Leichenrede, worin er seine
Herrschertalente, seine Bildung und seine
Tugenden preist.

Euandros, s. Evander.

Euböa (neugriech. Evvia oder Evri=
pos), griech. Insel im Ägäischen Meer,
welche sich in schmaler, lang gestreckter Ge=
stalt an der Ostküste Mittelgriechenlands
hinzieht und von diesem durch die schmale
Meerenge des Euripos und das Euböische
Meer getrennt ist. Ihre Länge beträgt
vom nördlichen Vorgebirge Artemision,
welches der thessalischen Halbinsel Mag=
nesia gegenüberliegt, bis zur Südspitze
Gerästos, welche nur durch einen schma=

len Meeresarm von der Insel Andros getrennt ist, 138 km; ihre größte Breite, 40 km, hat sie in der Mitte am Euripos. Ihr Flächeninhalt beträgt 4185 qkm. Ein wasserarmes und daher meist ödes und dürres, nur stellenweise mit Eichengebüsch, in seinen höhern Abhängen mit Tannenwäldern bedecktes, felsiges Gebirge aus Glimmerschiefer durchzieht die ganze Insel und erhebt sich in der Mitte nahe der Ostküste in der Dirphys (jetzt Delphi) zu 1750 m Gipfelhöhe, im S. in dem Marmorgebirge der Ocha (jetzt Hagios Elias) zu 1400 m. Nur der westliche Teil der mittlern Insel bacht sich zu einer größern, wohlbewässerten Ebene, der Lelantischen, ab, und im N., am Fuß des Telethrion, sind noch zwei kleine Küstenebenen. Der fruchtbare Ackerboden war daher unzureichend für eine stärkere Bevölkerung; im Gebirge ist nur Viehzucht möglich. Als älteste Bewohner werden im Norden die Hestiäer und Helloper, im Süden die Dryoper genannt, während in der Mitte der Insel, also in dem fruchtbarsten Teil derselben, die illyrischen Abanten wohnten, welche daher auch als das herrschende Volk bezeichnet werden. Die Abanten wurden um 1100 v. Chr. von den Joniern verdrängt, deren Sprache auch die Reste der Urbevölkerung annahmen. Die ionischen Städte Chalkis und Eretria blühten durch Handel und Industrie auf und entwickelten eine großartige kolonisatorische Thätigkeit. Doch schwächten sie sich durch einen langen, erbitterten Krieg um die Lelantische Ebene, der die Blüte Eretrias knickte, während Chalkis, das sich den Feinden Athens, Theben und Sparta, angeschlossen hatte, 506 von den Athenern erobert wurde, die in seinem Gebiet 4000 attische Kleruchen ansiedelten. Von da ab war E. den Athenern unterworfen, riß sich aber, nachdem ein Abfallsversuch 445 gescheitert war, nach dem Unglück der Athener in Sicilien und der Besetzung Dekeleias durch Sparta 411 los und behauptete seine Unabhängigkeit durch die Eifersucht Spartas, Athens und Thebens bis zur makedonischen Zeit 338. Nach Besiegung Philipps III. von Makedonien durch die Römer 194 für frei erklärt, bildeten die Städte

ber Insel einen unabhängigen Bund, der sich bis zur Unterwerfung ganz Griechenlands unter römische Herrschaft 146 behauptete. Vgl. Baumeister, Topographische Skizze der Insel E. (Lüb. 1864).

Eubulos, Athener aus dem Demos Anaphlystos, Gegner des Redners Demosthenes sowohl in den gerichtlichen Prozessen wie in politischen Angelegenheiten, wußte sich als gewandter Redner durch Schmeicheleien und Nachgiebigkeit die Gunst des Volks zu verschaffen. So bewirkte er die Annahme des Gesetzes, daß die Überschüsse der Finanzverwaltung, welche bisher in die Kriegskasse geflossen waren, dazu verwendet werden sollten, um den ärmern Bürgern freien Eintritt in das Theater zu verschaffen, und daß jeder mit dem Tod bestraft werden solle, der eine Änderung beantrage. Nachdem er als Mitglied der Gesandtschaft an Philipp von Makedonien 346 v. Chr. sich von diesem hatte gewinnen lassen, wirkte er in Athen für die makedonische Sache und nahm sich des Äschines, seines frühern Schreibers, mit Erfolg an, als derselbe von Demosthenes des Verrats zu Gunsten Makedoniens angeklagt wurde. Er starb 330.

Eudoxia, s. Arcabius.

Eugubium, s. Iguvium.

Euhesperida (jetzt Bengasi), s. Berenike 3.

Eukleides (Euklibes), Archon Eponymos in Athen 403 v. Chr., unter dessen Archontat, nach Vertreibung der 30 Tyrannen, eine allgemeine Amnestie erlassen und nach einer Gesetzesrevision bestimmt wurde, wovon man sich die Wiederkehr der frühern Blüte und Macht Athens versprach. Auch ward unter E. anstatt des alten Alphabets in Staatsschriften das ionische mit 24 Buchstaben eingeführt.

Eumenes, 1) E. aus Kardia in Thrakien, berühmter Feldherr, geb. 363 v. Chr. aus einer angesehenen griechischen Familie, welche mit Philipp von Makedonien befreundet war, trat 343 als Geheimschreiber in dessen Dienste und bekleidete dieselbe Stelle auch unter Alexander, den er nach Asien begleitete, und der ihn wegen seiner Treue und Klugheit hoch schätzte und besonders zu wichtigen diplomatischen Verhandlungen verwendete. Die Gunst des Königs, der ihn 324 in Susa mit einer Schwester seiner eignen persischen Gemahlin vermählte, erregte den Neid der makedonischen Großen gegen den griechischen »Schreiber«, dem sie Habsucht und Geiz vorwarfen. Nach Alexanders Tod schloß er sich an den Reichsverweser Perdikkas und die königliche Familie an und erhielt die Statthalterschaft von Kappadokien und Paphlagonien, die er aber erst erobern mußte. Als Perdikkas gegen Ägypten zog, übernahm er mit dem neu gebildeten eingebornen Heer die Verteidigung Asiens gegen Antipatros und Krateros und besiegte den letztern 321 in einer Schlacht, in welcher derselbe fiel und E. in persönlichem Kampf dessen Verbündeten, den Statthalter Neoptolemos von Armenien, tötete. Nach Perdikkas' Ermordung auf Betreiben seiner Feinde geächtet, verteidigte er sich 319—316 mit großer Geschicklichkeit und Ausdauer gegen die Übermacht des Antigonos und hielt mit unerschütterlicher Treue am makedonischen Königshaus. Schließlich mußte er sich in die kappadokische Bergfestung Nora werfen, in welcher er sich noch ein Jahr hielt. Als der Streit zwischen Antigonos und Polysperchon über die Reichsverweserschaft ausbrach, verließ er Nora, sammelte wieder ein Heer, mit dem er sich Phönikiens bemächtigte, und ward von Polysperchon zum Strategen Asiens ernannt. Er brachte nun die berittene Königsgarde, die Argyraspiden, auf seine Seite und zog in das Innere des Reichs, um Susa und Persepolis für das makedonische Königtum gegen die abtrünnigen Statthalter zu behaupten. Er schlug Antigonos bei Gabiene zurück, wurde aber 316 von den Argyraspiden, welche ihm untreu wurden, seinem Gegner ausgeliefert und im Gefängnis getötet. Plutarch und Cornelius Nepos beschrieben sein Leben.

2) E. II., König von Pergamon 197—159 v. Chr., Sohn Attalos' I., war während seiner ganzen Regierung ein treuer Freund und Verbündeter der Römer, un-

terstützte sie 195 im Kampf gegen den Tyrannen Nabis von Sparta, nahm 192—190 am Kampf gegen Antiochos von Syrien teil und verhalf den Römern 190 zum Sieg bei Magnesia, wofür er zum Dank vom römischen Senat die von Antiochos abgetretenen Länder diesseit des Tauros, außer Lykien und Karien, erhielt. Im Krieg mit König Prusias von Bithynien, welchem Hannibal mit seinem Rat zur Seite stand, ward er besiegt und nur durch die Einmischung der Römer 183 gerettet. Mit Hülfe der Römer überwand er auch den König Pharnakes von Pontos. Hierauf geriet er in einen Streit mit den Rhodiern, welchen die Römer absichtlich nährten, um E. nicht zu mächtig werden zu lassen. Doch erlangte er die Gunst des römischen Senats wieder, als er demselben bei einem Besuch in Rom 172 die Pläne des Königs Perseus von Makedonien enthüllte. Auf der Rückreise durch Griechenland entkam er mit Not den von Perseus gedungenen Meuchelmördern. Während des Kriegs zwischen Rom und Perseus stand er seinen frühern Bundesgenossen nicht mit demselben Eifer bei und knüpfte sogar, als der Krieg sich zu Ungunsten der Römer wendete, Verhandlungen mit Perseus an, um sich aus der drückenden Abhängigkeit von Rom zu befreien, die sich aber am Geiz des Perseus zerschlugen. Die Römer behandelten ihn daher nach ihrem Sieg sehr ungnädig und kränkten ihn auf alle Weise. Er starb 159 und hinterließ das Reich seinem Bruder Attalos. E. war ein Gönner der Künste und Wissenschaften, zog bedeutende Künstler und Gelehrte an seinen Hof, vollendete den Altar, den sein Vater Attalos (s. b. 1) begonnen, und vermehrte die von seinem Vater gegründete pergamenische Bibliothek.

Eunus, Anführer im sicil. Sklavenaufstand (134—132 v. Chr.), aus Apameia in Syrien gebürtig und nach Enna in Sicilien als Sklave verkauft, mußte sich durch Gaukler- und Zauberkünste bei den übrigen Sklaven großes Ansehen zu verschaffen, wiegelte sie zu einer Empörung auf und ward unter dem Namen Antiochos zum König ausgerufen. Er nahm Enna ein, das er stark befestigte, schlug mehrere römische Heere und setzte sich an der Spitze eines großen Heers in Tauromenium fest. Endlich von den Konsuln Gajus Calpurnius Piso und Publius Rutilius Lupus besiegt, warf er sich nach Enna, das er hartnäckig verteidigte. Als die Stadt nicht mehr zu halten war, schlug er sich mit 600 Mann durch, ward aber dann gefangen genommen und starb, bevor er im Triumph aufgeführt werden konnte.

Eupatriden, in Attika der Geburtsadel, welcher nach der Abschaffung des Königtums im ausschließlichen Besitz der Bürgerrechte und der Herrschaft im Staat war; durch die Solonische Verfassung verloren sie ihre Vorrechte, behielten aber durch ihren Grundbesitz und durch priesterliche Würden und Funktionen noch längere Zeit einen maßgebenden Einfluß.

Euphrat (Ephrat), der größte Fluß Vorderasiens, entsteht aus zwei im armenischen Hochland entspringenden Quellflüssen, dem kürzern westlichen E. und dem längern weit aus O. kommenden Arsanias, welche sich bei Zimara vereinigen, durchbricht bei Samosata das armenische Gebirge und tritt in die Steppe von Mesopotamien ein, die er in einem breiten Flußbett durchströmt. Die Schiffbarkeit des Stroms ist hier noch erschwert durch die starke Strömung und zahlreiche Felsriffe, Sandbänke und Wirbel. An Nebenflüssen erhält er nur links den kleinern Bilechas und bei Karchemis den größern Chabur. Nachdem der E. Babylonien durchströmt, vereinigt er sich bei Digba mit dem Tigris und mündet in den Persischen Meerbusen. Ende März beginnt sein Wasser infolge der Schneeschmelze im armenischen Hochland zu steigen, erreicht im Juli seine höchste Höhe, einen Teil des babylonischen Tieflands überschwemmend, und sinkt bis zum September. Seine Wassermasse vermindert sich infolge des Mangels größerer Zuflüsse, der Verdunstung im heißen Babylonien und der künstlichen Ableitung in Bewässerungskanäle so, daß der Strom, der bei Karchemis 400 m breit ist, bei Is nur eine Breite von 300, bei Babylon nur von 200 m hat.

Euripos (»Sund«, jetzt Evripo), die schmale und flache Meerenge zwischen der Insel Euböa und dem griechischen Festland, welche nach dem Abfall Euböas von Athen und dem Bündnis der am E. gelegenen Stadt Chalkis mit den Böotiern 411 v. Chr. überbrückt wurde.

Europa, Name des kleinsten der drei ben Alten bekannten Erdteile, von wahrscheinlich phönikischem Ursprung, mit dem anfangs die Griechen (und zwar zuerst im Homerischen Hymnos auf Apollon) einen Teil des westlich von Kleinasien gelegenen Festlands, insbesondere Thrakien, bezeichneten, der sich aber immer mehr ausbreitete, je weiter sich die Kenntnis der Hellenen über den Westen erstreckte. Als Ostgrenze Europas ward zu Herodots Zeiten der Phasis angesehen; später galt der Tanaïs als Nordgrenze; das Mittelmeer schied es von Libyen (Afrika), das selten zu E. gerechnet wurde; im W. reichte es bis an die Säulen des Herakles. Weiter ging die Kunde der phönikischen Seefahrer und des Massiliers Pytheas, aber ihre Kenntnisse wurden nicht Gemeingut. Erst Cäsars Eroberungszüge nach Gallien, Germanien und Britannien, dann die Unternehmungen des Germanicus auf der Nordsee verbreiteten über jene Regionen einiges Licht, und Ptolemäos nennt die Inseln Skandia und Thule. Doch beschränkte sich die nähere Kenntnis der Alten auf das südliche und westliche E., und über die Größe des Erdteils herrschten so unrichtige Vorstellungen, daß Plinius E. für den größten Erdteil hält und ihn fünf Zwölftel der ganzen Erdoberfläche einnehmen läßt. Schon Strabon erkannte das Klima, die reiche Küstengliederung und die Mannigfaltigkeit der Bodenverhältnisse als Vorteile Europas vor andern Erdteilen.

Europos, s. Rhagä.

Eurotas (jetzt Iri), Fluß in Lakonien, entspringt an der Nordgrenze dieser Landschaft bei Belemina, durchfließt zwischen dem Parnon im O. und dem Taygetos im W. in südlicher Richtung ein enges Thal, tritt dann in das weite, kesselartige Thal von Sparta, welches früher ein Seebecken war, und durchbricht in einer engen Schlucht (dem Aulon) den Höhenzug,

welcher Parnon und Taygetos verbindet.
Er tritt darauf in die fruchtbare, sumpfige
Küstenebene und mündet in den Lakoni-
schen Meerbusen.

Eurybiades, Sohn des Euryfleides,
Spartan. Feldherr und Oberbefehlshaber
der griechischen Seemacht im Kriege gegen
Xerxes 480 v. Chr., benahm sich unentschlossen und mutlos und wurde von
Themistokles nur durch Geschenke abgehalten, die Stellung bei Artemision vor-
zeitig aufzugeben. Hierauf wollte er sich
auf die Verteidigung des Peloponnes beschränken. Als sich Themistokles dem wi-
bersetzte, hob E. im Zorn den Stock gegen
ihn auf, wurde aber durch dessen ruhiges
Wort: »Schlage zu, aber höre!« entwaff-
net und stimmte endlich, als Themistokles
mit der Auswanderung der Athener nach
Italien drohte, selbst für die Annahme
des Kampfes bei Salamis. Nach dem Sieg
erkannten ihm die Spartaner einen Ehren-
franz von Ölzweigen zu.

Eurymedon (jetzt Köprü Su), Fluß
an der Südküste Kleinasiens, der in Pisidien entspringt und in Pamphylien unterhalb Aspendos in das Mittelmeer mündet; berühmt durch den Doppelsieg, welchen Kimon 466 v. Chr. über die persische
Flotte und das Landheer erfocht.

Eurymedon, athen. Feldherr, Sohn
des Thukles aus vornehmer Familie, wurde
427 v. Chr. mit einer Flotte nach Korkyra
und 425 nach Sicilien gesandt, wo er bis
424 blieb, aber nichts ausrichtete. 415
schickten ihn die Athener mit zehn Kriegsschiffen und Landtruppen Nikias zur Verstärkung vor Syrakus. Tapfer kämpfend,
fiel E. 413 in einer der letzten Schlachten
vor dieser Stadt.

Eurysthenes, Sohn des Herakliden
Aristomos, erhielt, wie die Sage berichtet, nach der Eroberung des Peloponnesos durch die Dorier mit seinem Bruder
Prokles Lakonien und ward Stammvater des einen der spartanischen Königsgeschlechter (vgl. Agis 1).

Eusebeia, f. Cäsarea.

Eutropius, röm. Geschichtschreiber, be-

kleidete unter Kaiser Konstantin die Stelle
eines Geheimschreibers, nahm unter Julian 363 n. Chr. am Feldzug gegen die
Perser teil und starb wahrscheinlich um
370. Er schrieb im Auftrag des Kaisers
Valens, dem er das Werk widmete, nach
guten Quellen (Livius und Suetonius)
in zehn Büchern einen kurzen Abriß der römischen Geschichte (»Breviarium ab urbe
condita«) bis zum Tod Jovians 354.
In älterer Zeit behandelt er nur die auswärtigen Angelegenheiten, Kriege und
Eroberungen, gibt aber in der Kaiserzeit
genauere, unparteiische Charakteristiken
der Herrscher. Die Darstellung ist korrekt
und leicht verständlich. Das Werk war
daher sehr beliebt, wurde mehrmals ins
Griechische übertragen und fortgesetzt.
Ausgaben von Hartel (Berl. 1872) und
Droysen (das. 1879).

Evagoras, s. Euagoras.

Evander (Euandros), ein Arkadier,
welcher der Sage nach 60 Jahre vor der
Zerstörung Trojas eine pelasgische Kolonie aus Pallantion in Arkadien nach
Latium führte und an der Mündung des
Tiber auf dem Palatinischen Hügel die
Stadt Pallantium (Palatium) gründete.
Er brachte den rohen Bewohnern Latiums
die Schrift, die Musik und andre Künste
des Friedens und führte den Kultus der
Ceres, des Neptunus Consus und des
Pan (Faunus) ein. Aneias schickte von
seinen Sohn Pallas gegen Turnus zu
Hülfe, doch fiel derselbe im Kampf. E.
wurde von den Römern als einer der ein-
heimischen Heroen (indigetes) verehrt
und hatte einen Altar am Aventinischen
Hügel; seiner Mutter Carmenta, die ihn
nach Latium begleitet hatte, wurde am
Carmentalischen Thor am Fuß des Kapitols ein Heiligtum errichtet, bei dem die
Carmentalia gefeiert wurden.

Evilmerodach, Sohn Nebukadnezars,
f. Babylonien.

Evripo, f. Euripos.

Evripos } f. Euböa.
Evvia }

Ezechia, f. Hiskias.

F.

Fabier, eins der ältesten und zur Zeit der Gründung der Republik durch die bedeutende Zahl seiner Mitglieder und deren Klienten eins der mächtigsten Patriciergeschlechter Roms; sie führten die Beinamen Bibulanus, Ambustus, Marimus, Pictor u. a. In den Jahren 485—479 v. Chr. war von drei Brüdern, Quintus Fabius Bibulanus, Käso Fabius Bibulanus und Marcus Fabius Bibulanus, stets einer Konsul. Sie waren die heftigsten Gegner der Plebejer und bekämpften auf das entschiedenste deren Bestrebungen, durch ein Ackergesetz Anteil an dem Gemeindeland zu erlangen. So war Quintus Konsul und Käso einer der Blutrichter, als 485 Spurius Cassius wegen eines den Plebejern günstigen Ackergesetzes zum Tod verurteilt wurde. Das Volk war daher gegen die F. so erbittert, daß, als 481 in einer Schlacht gegen die Vejenter die Reiterei den Feind bereits zurückgeschlagen hatte, das meist aus Plebejern bestehende Fußvolk sich weigerte, vorzurücken und den Sieg zu vervollständigen. Dies hatte zur Folge, daß die F. den Kampf gegen die Plebejer aufgaben und sich der Sache des Volks zuwendeten. Als nach hergestellter Eintracht das Heer unter Führung der F. 480 einen Sieg über die Vejenter errungen hatte, nahm sich der Konsul Marcus der Verwundeten mit besonderer Sorgfalt an, und Käso beantragte 479 eine Verteilung von Gemeindeland an Plebejer, was der Senat jedoch ablehnte. In demselben Jahr übernahmen es die F., da das Volk durch andre Kriege in Anspruch genommen war, allein die Grenzen Roms gegen Veji zu schützen. '306 F. mit ihren Klienten schlugen ein festes Lager an dem Flüßchen Cremera auf und führten den Krieg mit Glück. 477 aber wurden sie von den Vejentern in einen Hinterhalt gelockt und nach tapferster Gegenwehr sämtlich niedergemacht. Der Tag ihrer Niederlage galt fortan als Unglückstag (dies ater), und das Carmentalische Thor, durch welches sie ausgezogen waren, hieß

seitdem Porta scelerāta, durch welche kein Staatsbeamter gehen durfte. Nur einer aus dem ganzen Geschlecht, der als unerwachsener Knabe in Rom zurückgeblieben war, wurde vom Tod verschont und pflanzte das Geschlecht fort. Dieser, Quintus Fabius Bibulanus, Sohn des Konsuls Marcus, kämpfte als Konsul 467 und 465 glücklich gegen die Äquer und gehörte 450 zu den Decemvirn, welche auf Appius' Antrieb ihr Amt widerrechtlich verlängerten, um eine Gewaltherrschaft über Rom auszuüben; er wurde daher 449 verbannt. Zu der den Beinamen Ambustus führenden Familie der F. gehörten die drei Brüder Numerius, Käso und Quintus, welche 391 als Gesandte an die Clusium belagernden Gallier geschickt wurden und nach Ablehnung ihres Friedensantrags gegen das Völkerrecht sich am Kampf gegen die Gallier beteiligten. Diese verlangten die Auslieferung der F. Die Römer verweigerten aber nicht nur dieselbe, sondern wählten die F. sogar für 390 zu Konsulartribunen, worauf die Gallier gegen Rom zogen, das römische Heer an der Allia in die Flucht schlugen und die Stadt verbrannten. Der Enkel des Numerius war:

1) **Quintus Fabius Marimus Rullianus,** einer der bedeutendsten Kriegshelden Roms. 325 v. Chr. Magister equitum des Diktators Lucius Papirius Cursor, lieferte er in dessen Abwesenheit gegen das ausdrückliche Verbot den Samnitern ein Treffen. Obwohl er siegte, wurde er vom Diktator wegen seines Ungehorsams zum Tod verurteilt, und nur den vereinten Bitten des greisen Vaters, des Senats und des Volks gelang es, Papirius zur Begnadigung zu bewegen. 322 mit Lucius Fulvius Curvus Konsul, triumphierte er über die Samniter und Apuler, erlitt aber 315 als Diktator bei Lautulä eine Niederlage. In seinem zweiten Konsulat, 310, schlug er die Etrusker, welche Sutrium belagerten, und unternahm einen kühnen Zug in das nördliche Etrurien: er überschritt den Ciminischen Bergwald,

besiegte die Etrusker bei Perusia und eroberte ihr Lager und zwang die drei Hauptstaaten, Arretium, Cortona und Perusia, zu einem 30jährigen Waffenstillstand. Seinen selbstverleugnenden Patriotismus bewies er, indem er, als sein Mitkonsul Marcius in Samnium eine Niederlage erlitten hatte, seinen Todfeind Papirius als den tüchtigsten Mann zum Diktator ernannte. 308 war er zum drittenmal Konsul und gewann bei Mevania einen entscheidenden Sieg über die Umbrer, welche sich unterwerfen mußten. Als er 304 mit Publius Decius Mus die Censur verwaltete, erwarb er sich auch um die innern Verhältnisse Roms ein großes Verdienst, dem er, wie erzählt wird, den Beinamen Maximus (der »Größte«) verdankte. Er hob nämlich die Bestimmung des Censors Appius Claudius auf, durch welche 312 die Proletarier und Freigelassenen in alle Tribus verteilt und damit dem Pöbel in den Tributkomitien das Übergewicht verschafft worden war, und stellte das Übergewicht der tribus rusticæ wieder her, indem er die Proletarier und Freigelassenen, die turba forensis, in die städtischen Tribus verwies. Als er 297 zum viertenmal zum Konsul gewählt wurde, nahm er das Amt nur auf die einmütigen Bitten des Volks an und erbat sich seinen frühern Amtsgenossen, Publius Decius Mus, zum Kollegen, mit dem er auch 295 das Konsulat bekleidete. 297 erbeutete Fabius in der Schlacht am Tifernus 23 Feldzeichen; 295 griff er die vereinigten Samniter und Gallier bei Sentinum an und errang, nachdem sich sein Kollege Decius dem Tod geweiht hatte, einen glänzenden Sieg, für den er in Rom einen großartigen Triumph feierte. Sein Sohn Fabius Gurges bereitete ihm durch seine verschwenderische Lebensweise und durch eine Niederlage, die er als Konsul 292 in Kampanien erlitt, großen Kummer; die Niederlage machte er dadurch wieder gut, daß er als Unterfeldherr seines Sohns diesem zu einem herrlichen Sieg über den Samniter Gajus Pontius verhalf. Als er, 100 Jahre alt, starb, trug das dankbare Volk freiwillig zu den Kosten seiner Bestattung bei.

2) **Quintus Fabius Maximus Verrucōsus** (wegen einer Warze auf der Lippe), später Cunctator zubenannt, war neben seinem Großvater Rullianus der berühmteste seines Geschlechts. Er war fünfmal Konsul, zweimal Diktator und lange Zeit princeps Senatus. Schon in seinem ersten Konsulat, 233 v. Chr., triumphierte er über die Ligurer; 230 bekleidete er die Censur und war 228 zum zweitenmal Konsul. Im zweiten Punischen Krieg wurde er 217 in der gefahrvollen Zeit nach den Niederlagen an der Trebia und am Trasimenischen See zum Diktator gewählt und führte den Krieg in der damals durch die Lage der Dinge gebotenen Weise, indem er eine Schlacht aufs sorgfältigste vermied und Hannibal in Apulien und Kampanien durch Abschneiden der Zufuhr und kleine Gefechte Abbruch zu thun suchte. Obwohl sich Hannibal bei Casilinum aus der Gefahr, eingeschlossen zu werden, durch eine List befreite, so erreichte Fabius doch seinen Zweck insofern, als er dem Gegner keine Gelegenheit zu neuen Erfolgen gab, dadurch den Abfall der Bundesgenossen hinderte und Rom Zeit zu neuen Rüstungen verschaffte. Er erhielt dafür den Ehrennamen Cunctator (der »Zauderer«), weil er durch sein Zögern Rom gerettet habe. Das Volk aber, welches die Weisheit dieser Kriegführung nicht erkannte und die Beendigung des Kriegs sehnsüchtig herbeiwünschte, ging endlich in seiner Ungeduld so weit, daß es Fabius seinen Magister equitum, Minucius Rufus, welcher in Abwesenheit des Diktators über Hannibal einen Vorteil gewonnen, mit gleicher Vollmacht an die Seite stellte. Fabius fügte sich ohne Widerspruch, bestand aber darauf, daß zwischen ihm und Minucius das Heer geteilt werde, um wenigstens einen Teil zu retten. Wie er erwartet, ließ sich Minucius kurz darauf von Hannibal in einen Kampf verwickeln, in dem sein ganzes Heer zu Grunde gegangen wäre, wenn Fabius nicht schleunige Hülfe geleistet hätte. Minucius stellte sich nun freiwillig wieder unter seinen Oberbefehl. Gegen Ende des Jahrs 217 legte er die Diktatur nieder, und die Niederlage der neuen Konsuln

216 bei Cannä bewies aufs neue, wie klug Fabius gehandelt hatte. Auch in den folgenden Jahren, in denen er 215, 214 und 209 das Konsulat bekleidete, sonst als Legat kämpfte, bewährten sich seine Vorsicht und Ausdauer, und er wurde als »Schild Roms« gefeiert. 209 eroberte er Tarent, wo er große Beute machte, und feierte einen glänzenden Triumph. Als Vertreter des altrömischen Wesens bekämpfte er alle Neuerungen und war daher auch ein Gegner des Publius Scipio, dessen kühnem Plan, den Krieg nach Afrika hinüberzutragen, er sich vergeblich widersetzte. Er starb, noch vor dem Ende des Kriegs, 203.

3) Quintus Fabius Pictor, einem Zweig des Fabischen Geschlechts angehörig, welcher den Beinamen Pictor von einem Vorfahren führte, der 302 v. Chr. den Tempel der Salus mit Gemälden geschmückt hatte, geb. 254, kämpfte in den Kriegen gegen die Gallier und gegen Hannibal und wurde 216 nach der Schlacht bei Cannä an das delphische Orakel gesandt, um in dieser Zeit der Not und Gefahr dessen Rat einzuholen. Er schrieb in griechischer Sprache Annalen der römischen Geschichte von der Landung des Aneias an bis auf seine eigne Zeit, von welchen es auch eine lateinische Bearbeitung gab, und welche von Livius, Dionysios u. a. vielfach benutzt wurden. Die wenigen erhaltenen Fragmente sind gesammelt von Peter (»Veterum historicorum romanorum reliquiæ«, Bd. 1, Leipz. 1870).

Fabricius, Gajus F. Luscinus, röm. Feldherr, aus Aletrium im Gebiet der Herniker gebürtig, ward 285 v. Chr. nach Tarent gesandt, um diese Stadt von dem Kriege gegen Rom abzumahnen, aber von den Tarentinern eine Zeitlang als Gesangener zurückbehalten. 282 Konsul, besiegte er die Samniter, Lukaner und Bruttier bei Thurioi, entsetzte diese Stadt, welche ihm zum Dank eine Statue errichtete, brang bis Rhegion vor und machte durch Eroberung vieler Städte große Beute. Nach der Schlacht bei Herakleia, in welcher er als Legat mitgefochten hatte, ging er als Gesandter zu Pyrrhos nach Tarent, um über die Auswechselung der Gefangenen zu verhandeln. Pyrrhos suchte ihn durch glänzende Versprechungen für sich zu gewinnen, um durch ihn einen ehrenvollen Frieden zu erhalten; doch wies der unbestechliche F. alle Anerbietungen zurück. Ebensowenig ließ er sich durch einen Elefanten schrecken, den, wie die Sage berichtet, Pyrrhos plötzlich hinter einem Vorhang hervortreten und F. mit seinem Rüssel bedrohen ließ. Der König entließ darauf die gefangenen Römer unentgeltlich. Nachdem F. 279 in der Schlacht bei Asculum als Legat gekämpft hatte, ward er 278 zum zweitenmal Konsul und bezog Pyrrhos gegenüber ein Lager. Als sich hier der Arzt des Pyrrhos erbot, den König zu vergiften, lieferte F. den Verräter an Pyrrhos aus und bewog diesen hierdurch, den Krieg mit Rom aufzugeben und nach Sicilien zu gehen. Er besiegte darauf die unteritalischen Völker und feierte einen Triumph in Rom. Seine Einfachheit und Redlichkeit wurden von seinen Mitbürgern hoch gepriesen, und als er in gänzlicher Armut starb, wies ihm der Senat ein Familienbegräbnis innerhalb der Stadt an und stattete seine Töchter auf Staatskosten aus.

Faenza, s. Faventia.

Falerii, Stadt im südlichen Etrurien, auf felsiger Höhe zwischen den Bergen Ciminius und Soracte gelegen, von Einwohnern sabinischen Stammes (den Faliskern) bewohnt, aber den Etruskern unterworfen, ergab sich 394 v. Chr. den Römern freiwillig, als bei ihrer belagernde Camillus den Verrat eines Schulmeisters, der die Kinder der angesehensten Falisker in das römische Lager gelockt hatte, zurückwies. Als sie sich aber 293 und 291 empörte, wurde sie zerstört und die benachbarten Ebene als Colonia Junonia Falisca wiedererbaut (jetzt Ruinen bei Santa Maria di Falleri). Auf der Höhe des alten F. liegt jetzt Civitá Castellana, wo man altfaliskische Inschriften aufgefunden hat.

Fanum Fortunä (jetzt Fano), Stadt in Umbrien, am Adriatischen Meer in der Nähe der Mündung des Metaurus und an der Via Flaminia gelegen, verdankte seine Entstehung einem berühmten Tempel der

Glücksgöttin, welchen die Römer an dieser Stelle nach ihrem Sieg über Hasdrubal am Metaurus (207 v. Chr.) erbauten, und um welchen allmählich die Stadt erwuchs. Augustus erhob es unter dem Namen Colonia Julia Fanestris zur Kolonie und erbaute einen prächtigen, noch wohlerhaltenen marmornen Triumphbogen.

Farsistan, s. Persien.

Fäsülä (jetzt Fiesole), alte etrusk. Stadt nördlich vom Arnus, 300 m über dessen Thal auf einer runden Bergkuppe am Südabhang des Apennin gelegen, hatte eine starke Befestigungsmauer, spielte aber in der Geschichte keine bedeutende Rolle. 225 v. Chr. wird sie zuerst erwähnt und diente 63 — 62 Catilina als Hauptwaffenplatz, trat aber mit der Zeit hinter der neu gegründeten römischen Militärkolonie Florentia zurück.

Faustina, Annia, Tochter des Kaisers Antoninus Pius und der Annia Galeria F., wurde mit dem spätern Kaiser Marcus Aurelius vermählt. Ebenso gefeiert wegen ihrer Schönheit wie übel berüchtigt durch ihren sittenlosen Lebenswandel, ward sie von ihrem stoischgleichmütigen Gemahl mit Nachsicht behandelt und sogar nach ihrem Tod (175 n. Chr.) für eine Göttin erklärt, der mehrere Tempel errichtet wurden.

Faustulus, Name des Hirten, welcher nach der röm. Sage die am Tiber ausgesetzten Zwillingsbrüder Romulus und Remus auffand, in sein Haus nahm und durch seine Frau Acca Larentia aufziehen ließ.

Faventia, Stadt der Bojer in Gallia cispadana, an der Via Æmilia gelegen; jetzt Faenza.

Felix, Claudius (oder Antonius), Freigelassener des Kaisers Claudius und Gemahl der Drusilla, der Enkelin des Antonius und der Kleopatra, dann der Tochter des Herodes Agrippa, ward 48 n. Chr. zum Prokurator (Landpfleger) von Judäa ernannt und verwaltete sein Amt mit der größten Härte und Grausamkeit. 59 ward ihm durch Claudius Lysias von Jerusalem der Apostel Paulus zu richterlicher Aburteilung überwiesen; er lehnte zwar das Ansinnen der Juden, ihn sofort zu verurteilen, ab und pflog mit Paulus,

den er mild behandelte, mehrere Privatunterredungen, ließ ihn aber bei seiner Abberufung 61 zu Cäsarea in Haft zurück. Von den Einwohnern Cäsareas bei Nero verklagt, entging F. seiner Verurteilung nur durch die Fürsprache seines Bruders Pallas.

Fidenä, Stadt in Latium, 5 Millien (8 km) nordöstlich von Rom zwischen Tiber und Anio an der Via Salaria gelegen, stark durch ihre hohe Lage und künstliche Befestigung. Die Stadt soll latinischen Ursprungs gewesen sein, wurde aber von den Etruskern besetzt und war als fester Punkt am linken Tiberufer für diese von Wichtigkeit. Die Fidenaten waren namentlich mit Veji eng verbündet und setzten dem Vordringen der Römer stromaufwärts hartnäckigen Widerstand entgegen. Nach vielen Kämpfen ward die Stadt 435 v. Chr. und nochmals 426 von den Römern erobert und fast völlig zerstört, so daß sie zu einem unbedeutenden Flecken herabsank. Unter Tiberius stürzte das schlechte hölzerne Theater ein, wobei nach Tacitus 50,000 Menschen umkamen. Jetzt Castel Giubileo.

Fiesöle, s. Fäsülä.

Fimbria, Gajus Flavius, Anhänger der Volkspartei, machte sich in dem Bürgerkrieg zwischen Sulla und Marius durch Zügellosigkeit und Grausamkeit berüchtigt. Er begleitete 86 v. Chr. den Konsul Lucius Valerius Flaccus, der nach Asien geschickt wurde, um Sulla vom Oberbefehl im Mithridatischen Krieg zu verdrängen, als Legat, geriet in Byzantion mit demselben in Streit und wurde seiner Stelle entsetzt; aus Rache stiftete er eine Meuterei der Soldaten an und tötete den Konsul, der nach Nikomedeia geflüchtet war, aber von ihm eingeholt wurde. Nun übernahm F. den Oberbefehl über das Heer, besiegte Mithridates in mehreren Treffen und machte sich zum Herrn Kleinasiens, wo er alle, die von den Römern abgefallen waren oder es mit Sulla hielten, grausam verfolgte und Ilion auf barbarische Weise zerstörte. Als aber 84 Sulla nach Asien kam, wurde er besiegt und zu Thyatira in Lydien eingeschlossen. Da ein Versuch, Sulla durch

Meuchelmord zu beseitigen, mißglückte und das Heer von ihm abfiel, flüchtete F. nach Pergamon und ließ sich hier von einem Sklaven töten.

Flaccus, s. Fulvius.

Flamininus, Titus Quinctius, röm. Feldherr, einem alten patricischen Geschlecht entstammend, that seine ersten Kriegsdienste 208 v. Chr. unter Marcellus im zweiten Punischen Krieg und ward unmittelbar, nachdem er die Quästur bekleidet, 198, erst 30jährig, zum Konsul erwählt. Er erhielt den Oberbefehl im Makedonischen Krieg, schlug 197 den König Philipp III. bei Kynoskephalä und zwang ihn zum Frieden. Hierauf bekam er den Auftrag, die griechischen Angelegenheiten zu ordnen, wozu er um so geeigneter war, als er mit der griechischen Bildung vertraut war, die Griechen liebte und großes Geschick in politischen Dingen bewies. Er verkündete auf den Isthmischen Spielen 196 unter lautem Volksjubel den Griechen die alte, freilich nur noch scheinbare Freiheit und unterwarf mit Hülfe des Achäischen Bundes 195 den Tyrannen Nabis von Sparta. Hierauf kehrte er 194 nach Rom zurück und feierte einen dreitägigen Triumph. Als 192 der Krieg mit Antiochos von Syrien drohte, ward er nach Griechenland und Makedonien geschickt, um die Griechen und König Philipp beim Bündnis mit den Römern festzuhalten, bekleidete 189 die Censur und verlangte 183 als Gesandter des Senats vom König Prusias von Bithynien die Auslieferung Hannibals, worauf dieser sich vergiftete. Sein Leben beschrieb Plutarch. Vgl. Gerlach, Titus Quinctius F. (Bas. 1871).

Flaminius, Gajus, röm. Staatsmann, aus plebejischer Familie, ward 232 v. Chr. zum Volkstribun gewählt und setzte trotz des heftigen Widerstands des Senats und ohne dessen Genehmigung bei den Tributkomitien ein Ackergesetz durch, wonach das den senonischen Galliern entrissene Gebiet in Oberitalien unter die Plebejer verteilt werden sollte, was den Anlaß zu den spätern heftigen Kämpfen mit den Galliern gab. 227 verwaltete er als Prätor die Provinz Sicilien und machte sich beim Volk sehr beliebt.

223 ward er zum Konsul erwählt und begab sich zur Führung des Kriegs mit den Galliern nach dem cisalpinischen Gallien. Unterdes erklärte aber der Senat seine Konsulwahl für ungesetzlich und rief ihn zurück. F., der eben im Begriff war, den Insubrern an der Abdua eine Schlacht zu liefern, ließ das Schreiben des Senats uneröffnet, gewann einen entscheidenden Sieg und kehrte erst nach diesem nach Rom zurück, wo er vom Senat zur Rechenschaft gezogen wurde, aber vom Volk den Triumph bewilligt erhielt. 220 bekleidete er die Censur und baute den Circus Flaminius in Rom und die Via Flaminia nach Ariminum. Die Gunst des Volks sicherte er sich noch mehr, als er 218 als einziger Senator das Gesetz des Volkstribunen Claudius gegen das Handelsgewerbe der Senatoren unterstützte, und ward 217 zum zweitenmal zum Konsul erwählt. Er übernahm den Oberbefehl gegen Hannibal in Etrurien, ließ sich aber von demselben in einen Engpaß am Trasimenischen See locken, ward umzingelt und mit dem größten Teil seines Heers getötet.

Flavier, röm. Kaiserhaus, das mit Titus Flavius Vespasianus 69 n. Chr. den Thron bestieg, aber schon 96 mit der Ermordung von dessen zweitem Sohn, Domitianus, unterging.

Flevo lacus, Name der Zuidersee, welche im Altertum ein Binnensee war, der durch den Flevus (jetzt Vlie) mit der Nordsee in Verbindung stand.

Florentia (jetzt Florenz), röm. Militärkolonie, welche Sulla im fruchtbaren Thal des mittlern Arnus anlegte, und welche so rasch aufblühte, daß sie schon im 4. Jahrh. n. Chr. Hauptstadt der Provinz Tuscia war.

Florus, röm. Geschichtschreiber, lebte in der ersten Hälfte des 2. Jahrhunderts n. Chr. Seine Übersicht der römischen Geschichte von der Gründung der Stadt bis zur Schließung des Janustempels unter Augustus, betitelt: »Epitomæ de Tito Livio bellorum omnium annorum DCC libri duo« (gewöhnlich »Epitomæ rerum Romanarum« genannt), ist ein rhetorischer Panegyrikus auf die Herrlich-

keit des römiſchen Staats und daher von
Verſtößen gegen die hiſtoriſche Wahrheit
nicht frei. Der Stil zeigt wohl einen ge=
wiſſen poetiſchen Schwung, leidet aber oft
an geſchmackloſem Schwulſt. Livius, der
oft wörtlich ausgeſchrieben wird, iſt die
Hauptquelle, doch nicht die einzige. Die
römiſche Geſchichte wird von F. in die vier
Altersſtufen der Kindheit, der Jugend,
der männlichen Kraft und des Greiſen=
alters eingeteilt. Neue Ausgaben von
Jahn (Berl. 1852) und Halm (Leipz.
1854). Vgl. Reber, Das Geſchichtswerk
des F. (Freiſing 1865); Heyn, De
Floro historico (Bonn 1866).

Fokia, ſ. Phokäa.

Fondi, ſ. Funbi.

Formiä, Stadt in Latium, an der
Appiſchen Straße im innerſten Winkel
des Golfs von Cajeta reizend gelegen,
erhielt ſchon 338 v. Chr. das römiſche
Bürgerrecht. In der lieblichen Umgebung,
welche ſehr guten Wein erzeugte, lagen
zahlreiche Villen vornehmer Römer, ſo
auch das Landgut Ciceros, Formianum
(Ruinen bei der jetzigen Villa Rubino),
in deſſen Nähe er ſeinen Tod fand. Jetzt
Molo bi Gaeta oder Formia.

Forum, bei den Römern ein öffent=
licher Platz oder Verſammlungsplatz,
teils für öffentliche Geſchäfte und Gerichte
(fora civilia, berühmt beſonders das F.
romanum), teils für Kauf und Verkauf
(fora venalia). Auch die zahlreichen
Städtenamen, wie F. Julii (Fréjus), F.
Appii, F. Fulvii in Ligurien (jetzt Va=
lenza), F. Livii (jetzt Forli), F. Cor-
nelii (jetzt Imola) u. a., verdanken ihre
Entſtehung ſolchen Gerichtsplätzen oder
Jahrmärkten.

Fregellä, die bedeutendſte Stadt der
Volsker in Latium, auf einer Höhe am
linken Ufer des Liris gelegen, ward 328
v. Chr. von den Samnitern zerſtört, aber
im Thal des Liris ſelbſt als römiſche Ko=
lonie und Vormauer gegen Samnium
wiederaufgebaut, 125 wegen Teilnahme an
einem Aufſtand von Lucius Opimius zum
zweitenmal zerſtört und beſtand ſpäter
nur noch als kleine Ortſchaft fort. Über=
reſte beim jetzigen Ceprano.

Frentäner (Frentáni), ſabell. Volks=

ſtamm, bewohnte ein fruchtbares, wohl=
bewäſſertes Küſtenland im nördlichen
Samnium am Abriatiſchen Meer vom
Fluß Frento (jetzt Fortano) bis zum Ater=
nus, unterwarf ſich früh den Römern und
blieb denſelben treu; nur im Bundesge=
noſſenkrieg erhoben auch die F. die Waffen.
Ihre bedeutendſten Städte waren: Ortona,
Anxanum, Hiſtonium und Larinum.

Friſier (Frisōnes, Frieſen), germa=
niſches Volk, welches im nordweſtlichen
Germanien an der Küſte der Nordſee
zwiſchen Rhein und Ems wohnte. Von
Druſus den Römern zinspflichtig gemacht,
blieben ſie denſelben treu und leiſteten
Druſus wie Germanicus bei ihren krie=
geriſchen Unternehmungen gegen die Ger=
manen wichtige Dienſte. Erſt infolge der
Gewaltthätigkeiten des Centurio Olennius
bei Eintreibung des Tributs empörten ſie
ſich 28 n. Chr. Corbulo drängte ſie 47
in ihr früheres Gebiet zurück. 69 ſchloſſen
ſie ſich dem Aufſtand der Bataver unter
Civilis an und behaupteten auch nach
deſſen Unterdrückung ihre Unabhängigkeit.

Fucinerſee (Lacus Fucinus), See
in Mittelitalien im Gebiet der Marſer,
in einem Thal des Apennin 660 m hoch
gelegen, daher in jedem Winter gefrierend.
Der See war ſehr flach, hatte aber einen
ſehr ſchwankenden Waſſerſtand, und na=
mentlich wenn im Frühjahr der Schnee
ſchmolz, konnte der natürliche unterirdiſche
Abfluß unter dem nach SW. vorliegen=
den Kalkrücken zum Liristhal nicht den
ganzen Zufluß abführen, weswegen öfters
größere Uferſtrecken in Sumpf verwan=
delt wurden. Kaiſer Claudius ließ daher
einen künſtlichen, 4700 m langen Emiſſar
zum obern Liris durch den Felſen bohren,
der elf Jahre Arbeit erforderte (44—54 n.
Chr.) und von Hadrianus verbeſſert wurde,
aber nicht den ganzen See trocken legte.
Der Stollen verfiel und verſtopfte ſich, auch
infolge von Erdbeben, ſo daß der See ſich
wieder füllte. Neuerdings iſt der See,
der Lago di Celano hieß, durch einen
tiefern Abzug auf Koſten des Fürſten Tor=
lonia faſt vollſtändig trocken gelegt worden.
Am öſtlichen Ufer des Sees lag die Haupt=
ſtadt der Marſer, Marruvium, im N. die
Stadt der Fucenter, Alba Fucentia.

Fuffetius, Mettius, Diktator von Alba longa, s. Alba 2).

Fufius Calenus, Quintus, einem aus Cales in Kampanien stammenden plebejischen Geschlecht angehörig, bewirkte als Volkstribun 61 v. Chr., daß sein Freund Clodius, welcher des Frevels gegen die Bona Dea angeklagt war, freigesprochen wurde, indem er die Ernennung eines besondern Gerichthofs verhinderte und durchsetzte, daß er vor die (bestochenen) ordentlichen Richter gestellt wurde. Durch die Gunst Cäsars wurde er 59 Prätor und begleitete denselben als Legat nach Gallien und in den Bürgerkrieg. Als er 48 von Cäsar aus Griechenland mit der Flotte nach Brundisium zurückgeschickt wurde, um den Rest des Heers herüberzuholen, ward er von Bibulus überfallen, verlor fast alle Schiffe und rettete sich mit Mühe nach Italien. Nach der Schlacht bei Pharsalos nahm er Achaia für Cäsar in Besitz, bekleidete 47 das Konsulat und schloß sich nach Cäsars Ermordung Antonius an, als dessen Legat er in Gallien befehligte. Im Begriff, Lucius Antonius im Perusinischen Krieg zu Hülfe zu kommen, starb er 41.

Fulvia, Tochter des Marcus Fulvius Bambalio, eine der herrschsüchtigsten und sittenlosesten Frauen ihrer Zeit, war zuerst mit dem berüchtigten Clodius, dann mit Curio und, als dieser 49 v. Chr. in Afrika gefallen war, mit Marcus Antonius vermählt. Als unversöhnliche Feindin Ciceros mißhandelte sie noch sein abgeschlagenes Haupt. Sie stiftete durch ihre Ränke während der Abwesenheit des Antonius im Orient 41 den Perusinischen Krieg an und flüchtete nach dessen siegreicher Beendigung durch Octavianus 40 nach Athen zu Antonius, wurde aber von demselben zurückgewiesen und starb in Sikyon.

Fulvius, Name eines berühmten plebejischen Geschlechts in Rom, das wahrscheinlich aus Tusculum stammte. Bemerkenswert:

1) Quintus F. Flaccus, besiegte als Konsul 237 und 224 v. Chr. die Gallier, war 216 Pontifex maximus, 215 und 214 Prätor urbanus und mit dem Schutz der Stadt und der benachbarten Meeresküste beauftragt und wurde 212 zum drittenmal zum Konsul gewählt. Er kämpfte glücklich in Kampanien gegen Hanno und begann mit seinem Kollegen Appius Claudius Pulcher die Belagerung von Capua, eilte, als Hannibal 211 Rom bedrohte, zum Schutz der Hauptstadt herbei, kehrte aber bald nach Capua zurück und verhängte, als die Stadt sich ergeben mußte, ohne die Entscheidung des Senats abzuwarten, über die Bürger Capuas ein blutiges Strafgericht. 210 zum Diktator ernannt, um die Konsulwahl abzuhalten, ward er selbst für 209 zum Konsul erwählt und führte mehrere Jahre den Krieg in Lukanien und Bruttium.

2) Quintus F. Flaccus, Sohn des vorigen, zeichnete sich als Prätor durch seine glücklichen Kämpfe mit den Keltiberern in Spanien 182 und 181 v. Chr. aus. Er nahm die Stadt Urbicua ein und besiegte die Keltiberer in mehreren Schlachten, auch als sie ihn plötzlich in einer Gebirgsschlucht überfielen. Er feierte dafür in Rom einen Triumph und wurde 179 zum Konsul gewählt. Er unternahm einen Feldzug gegen die Ligurer und erhielt für seine Siege über sie einen zweiten Triumph. 174 bekleidete er die Censur und ließ, um ben von ihm in Spanien gelobten Tempel der Fortuna equestris ausschmücken zu können, die Marmorziegel vom Junotempel auf dem Lacinischen Vorgebirge nach Rom schaffen, von wo sie aber auf Befehl des Senats wieder zurückgebracht wurden. Dem Zorn der Juno schrieb man eine Geisteskrankheit zu, in welcher er sich selbst erhängte.

3) Marcus F. Flaccus, Anhänger der Gracchen, ward nach dem Tode des ältern Gracchus 133 v. Chr. an seiner Stelle zum Mitglied der Kommission für die Ackerverteilung (Triumvir agris dividundis) gewählt und beantragte als Konsul 125 die Verleihung des Bürgerrechts an die italischen Bundesgenossen, wurde aber, ehe er das Gesetz durchbringen konnte, vom Senat den Massiliern gegen die Salluvier zu Hülfe geschickt. Er besiegte die Gallier und Ligurer und feierte in Rom einen Triumph. Als es 121 zwischen den Optimaten und den An-

hängern des Gajus Gracchus zum offenen Kampf kam, besetzte F. mit seinem Freund Gajus Gracchus den Aventinischen Berg, wurde aber nach Erstürmung desselben auf der Flucht getötet.

Fundi (jetzt Fondi), Stadt im südlichen Latium, im Gebiet der Aurunker, an der Appischen Straße unweit des Lacus Fundanus. In der Nähe wuchs der berühmte Cäcuberwein.

G.

Gabii, Stadt in Latium, zwischen Rom und Präneste am Gabinischen See gelegen, soll von Alba longa gegründet worden sein und geriet durch eine List des Sextus Tarquinius, der sich in die Stadt schlich und sie seinem Vater, dem König Tarquinius Superbus, überlieferte, unter die Herrschaft der Römer. Jetzt Ruinen bei Castiglione.

Gabinius, Aulus, ein Römer aus plebejischem Geschlecht, beantragte als Volkstribun 67 v. Chr. die lex Gabinia, welche Pompejus den verschwenderischen und habgierigen Mann durch Geschenke und Versprechungen für sich gewonnen hatte, den Oberbefehl im Seeräuberkrieg mit außerordentlichen Vollmachten übertrug. 66 begleitete er Pompejus als Legat in den Mithridatischen Krieg und ward 65 mit dem Quästor Marcus Amilius Scaurus nach Judäa gesandt, um den Streit zwischen dem Hohenpriester Hyrkanos und dessen Bruder Aristobulos zu schlichten; er entschied ihn zu Gunsten des letztern, der ihm 300 Talente (1½ Mill. Mark) gezahlt hatte. 61 verwaltete er die Prätur und 58 das Konsulat. Als Anhänger der Triumvirn unterstützte er Clodius bei der Vertreibung Ciceros, dessen Güter er zum Teil an sich brachte, und erhielt auf Betrieb des Clodius vom Volk die Provinz Syrien zugeteilt, die er bis Ende 55, bis zur Ankunft seines Nachfolgers Marcus Crassus, verwaltete. Er unternahm ohne großen Erfolg mehrere Feldzüge gegen die Parther und die Araber und bekriegte in Judäa Aristobulos und seinen Sohn Alexander, welche den von Pompejus 63 eingesetzten Hyrkanos vertreiben wollten; auch zog er auf Pompejus' Geheiß entgegen einem Senatsbeschluß nach Ägypten und setzte daselbst den vertriebenen König Ptolemäos Auletes in die Herrschaft wieder ein. In der Provinz Syrien ließ er sich die schamlosesten Erpressungen zu schulden kommen. Er wurde daher nach seiner Rückkehr nach Rom von mehreren Seiten angeklagt und trotz aller Unterstützung durch hohe Gönner verurteilt; er wurde verbannt und seine Güter eingezogen. Nach Ausbruch des Bürgerkriegs 49 von Cäsar zurückgerufen, schloß er sich nach Pompejus' Tode diesem an und erhielt 48 den Auftrag, die in Italien neu geworbenen Legionen nach Illyrien zu führen, ward aber von den Dalmatiern bei Salonä überfallen und rettete sich nur mit Mühe in diese Stadt, in der er, von den Pompejanern belagert, 47 starb.

Gades (phönik. Gabir oder Agabir, »Festung«, griech. Gadeira, jetzt Cadiz), See- und Handelsstadt in Hispania Bätica, auf der nur durch einen schmalen Sandstreifen mit dem Festland verbundenen Felseninsel Erytheia (jetzt Isla de Leon), südlich von der Mündung des Bätis, 1100 v. Chr. von den Phönikern gegründet. Sie war deren bedeutendste Stadt außerhalb der Säulen des Melkart (Straße von Gibraltar) und blühte durch den Silberreichtum und die Fruchtbarkeit des Bätisgebiets rasch empor. Obwohl sie nur 20 Stadien (4 km) Umfang hatte, so war sie doch durch ihre nach phönikischer Weise hochgebauten Häuser stark bevölkert, so daß sich bald auf dem Festland eine Vorstadt bildete, welche später Portus Gaditanus hieß. Prächtige Tempel des Baal und Melkart, aus Cedernstämmen erbaut und innen mit Goldblech bekleidet, schmückten die Stadt. Aus Handelseifersucht gegen Karthago trat G. im zweiten Punischen Krieg sofort auf die Seite der Römer und erhielt

die günstige Stellung einer civitas fœ-
derata, welche ihre Blüte beförderte, sowie später von Cäsar das römische Bürgerrecht. Sie stand daher an Einwohnerzahl
nur Rom und Alexandreia nach und zählte
mehr als 500 in die Ritterklasse gehörige
Bürger. Seit Augustus führte G. den
Namen Augusta Julia urbs Gaditana.

Gadrosia, s. Gedrosien.

Galäter (Galatæ), griech. Name der
Kelten oder Gallier, besonders aber der-
jenigen keltischen Volksstämme, welche sich
im 3. Jahrh. v. Chr. in Kleinasien niederließen und die Landschaft Galatien
(Galatia) bewohnten. Als die Scharen
der Kelten, welche um 280 von Norden
her in Makedonien und Griechenland eingedrungen waren, sich vor Delphi zum
Rückzug genötigt sahen, zog ein Teil
von ihnen, dem sich in Thrakien noch andre keltische Scharen anschlossen, unter
Führung des Lutarius und Leonorius an
den Hellespont. Hier folgten sie 278 der
Einladung des Königs Nikomedes I. von
Bithynien, der ihrer Hülfe gegen die mäch-
tigern Nachbarreiche Pergamon und Syrien bedurfte. Obwohl nur 20,000 Mann
stark, aber durch Abhärtung und Kriegs-
gewohnheit gegenüber den verweichlich-
ten Asiaten mächtig, durchzogen sie plün-
dernd und verwüstend den Norden und
Westen Kleinasiens und ließen sich dann
in den reichsten Landschaften nieder, die
Trokmer in Mysien und am Hellespont,
die Tolistobojer in Lydien und die Tektosagen in Phrygien. Endlich 235 gelang
es den vereinigten Streitkräften des pergamenischen und syrischen Reichs, die G.
auf das nördliche Phrygien und das westliche Kappadokien zu beschränken. Diese
Landschaft, seitdem Galatia genannt, lag
hoch, war rauh und waldarm, im Norden
gebirgig und ging nach dem Süden zu in
Steppe und Salzwüste über, war aber
vortrefflich als Weideland und daher für
die dem Hirtenleben besonders ergebenen
Kelten sehr geeignet. Jeder der drei Stämme
hatte einen Senat von 100 Mitgliedern und
wurde von vier Häuptlingen (Tetrarchen)
regiert. Griechische Sprache und Sitte
drangen sehr rasch in Galatien ein, so
daß die Römer das Land Gallogræcia

nannten. Als kriegerisches Volk wurden
die G. noch öfter von den asiatischen Fürsten, namentlich den syrischen Königen, in
Sold genommen. Da sie König Antiochos
gegen die Römer zu Hülfe gezogen waren,
wurden sie nach der Schlacht bei Magnesia
vom Konsul Gnäus Manlius in ihrem
Land angegriffen und besiegt und, wenn
sie auch ihre Unabhängigkeit behielten,
doch zu friedlichem, seßhaftem Leben gezwungen. Pompejus übertrug 65 dem Tetrarchen Dejotarus zum Dank für dessen im
Mithridatischen Kriege geleistete Dienste
unter Beseitigung der altenaristokratischen
Stammesverfassung die Königsherrschaft
und erweiterte das Gebiet des neuen Königreichs durch den westlichen Teil von
Pontos. 25 v. Chr. wurde Galatien römische Provinz. Die wichtigsten Städte des
Landes waren: Ankyra (jetzt Angora), die
Stadt der Tektosagen und Hauptstadt der
römischen Provinz, schon im Altertum
berühmt durch die feine Wolle ihrer Schafe
und Ziegen; Tavia, die Stadt der Trokmer, und Pessinus, die der Tolistobojer.
Vgl. Perrot, Exploration archéologique de la Galatie (1862—72, 2 Bde.).

Galatien (Galatia), Landschaft in
Kleinasien, s. Galater.

Galba, Servius Sulpicius, röm.
Kaiser, aus vornehmem römischen Geschlecht, geb. 5 v. Chr., stieg rasch zu hohen
Ämtern auf, bekleidete 33 n. Chr. das
Konsulat und verwaltete mehrere Provinzen, wie Aquitanien und das obere Germanien, als Statthalter. Er zeichnete sich
überall durch seine militärische Tüchtigkeit
und seine Sittenstrenge aus. Kaiser Claudius gab ihm Afrika als Provinz und bewilligte ihm nach seiner Rückkehr die Ehre
eines Triumphs. Unter Nero lebte er
mehrere Jahre in Zurückgezogenheit und
übernahm erst 60 die Verwaltung des
tarrakonensischen Spanien. Als 68 in
mehreren Provinzen Aufstände gegen Nero
ausbrachen, riefen die Legionen des Vindex
in Gallien G. zum Kaiser aus. Dieser
zog nach Rom und wurde hier nach Neros
Tod von dem Senat und den Prätorianern als Kaiser anerkannt. Doch zeigte
er sich, schon 73 Jahre alt, seiner Aufgabe
nicht gewachsen. Gewohnt, streng und

rücksichtslos gegen seine Umgebung auf=
zutreten, geizig und mißtrauisch, erbitterte
er die Soldaten durch Verweigerung der
üblichen großen Geschenke und beleidigte
seine Anhänger durch Bevorzugung un=
würdiger Günstlinge. . Als die Legionen
in Germanien sich empörten, beschloß G.,
durch Adoption eines jüngern Gehülfen
und künftigen Nachfolgers seiner Herr=
schaft eine Stütze zu geben. Er wählte
dazu den talentvollen Piso Licinianus;
hierdurch verletzte er aber Otho, der als
Statthalter von Lusitanien einer der ersten
Anhänger Galbas gewesen war und ihn
nach Rom begleitet hatte und der jetzt eine
Empörung der Soldaten anstiftete, in
welcher G. 15. Jan. 69 nach neunmonat=
licher Herrschaft ermordet wurde.

Galerius, Gajus Valerius Maxi=
mianus, röm. Kaiser, aus Sardica in
Dacien gebürtig, ein Hirtenknabe, der sich
als Soldat zu den höchsten militärischen
Ehrenstellen aufschwang, wurde 292 n.Chr.
von Diocletianus zum Schwiegersohn er=
wählt, adoptiert, zum Cäsar ernannt und
mit der Verwaltung der Provinzen Thra=
kien und Jllyrien betraut. Jm Kriege
gegen die Perser 296 war er anfangs un=
glücklich, doch gelang es ihm später, den
Perserkönig Narses entscheidend zu schla=
gen. Als Diocletianus 305 abdankte, er=
hielt G. die Würde eines Augustus und
die Herrschaft über den ganzen Osten des
Reichs und nahm Licinius zum Mitregen=
ten an. Die Christenverfolgung, zu wel=
cher er schon 303 Diocletianus bewogen
hatte, setzte er in seinem Reich bis kurz
vor seinem Tod fort, der 311 erfolgte.

Galicia, s. Galläcia.

Galiläa, der nördliche Teil Palä=
stinas zwischen dem obern Jordan und
dem See von Tiberias (Genezareth) und
der phönikischen Küste vom Leontes bis
zum Berg Karmel. Es zerfiel in das ge=
birgige, aber von tiefen, reichen Anbaus
fähigen Thälern durchschnittene Ober=
galiläa und das fruchtbare Untergaliläa
mit der weiten Ebene des Kison und sei=
ner Nebenflüsse und der tief gelegenen
Landschaft am See Tiberias. Jn ältester
Zeit war es von heidnischen kanaanitischen
und syrischen Stämmen bewohnt, die nur

teilweise von den israelitischen Stäm=
men Sebulon und Naphtali verdrängt
wurden. Doch behaupteten sich die Juden
im bauernben Besitz des Landes, auch
nach dem Exil. Die wichtigsten Städte
waren Kinnereth oder Tiberias und Sep=
phoris. Seit 127 v. Chr. bildete es einen
Teil des neuen jüdischen Staats unter
den Makkabäern, dann den Jdumäern.
Beim großen jüdischen Aufstand 68 n.Chr.
leisteten die Juden in Obergaliläa, beson=
ders in der Festung Jotapata, hartnäckigen
Widerstand. Die Römer benannten die
alten Städte anders (so Diocäsarea statt
Sepphoris) und gründeten neue.

Galläcia (Gallæcia, jetzt Galicia),
die nordwestlichste Landschaft Hispaniens,
ganz von Gebirgen erfüllt, die an Silber=
und Zinnminen und heißen Quellen reich
sind, wurde bewohnt von dem Volk der
Callaici oder Galläker (jetzt Gallegos),
welche in zwei Stämme zerfielen: 1) die
Gallæci Bracarenses, die zwischen dem
untern Durius und Minius wohnten, in
24 Landgemeinden (civitates) zerfielen
und bereits 136—135 v.Chr. von den Nö=
mern unterworfen wurden. .Jhre Haupt=
stadt war Bracara (jetzt Braga) mit dem
Hafen Cale (jetzt Oporto); 2) die Gal=
læci Lucenses, 16 Kantone zählend, von
Augustus unterworfen und nach der von
ihm erbauten Stadt Lucus Augusti be=
nannt. An der äußersten Nordwestküste
Galläcias wohnte das keltische Volk der
Artabrer (Arotrebæ).

Gallien (Gallia), das Land der Gal=
lier, des Hauptvolks der Kelten im Alter=
tum. Die Kelten, deren Name uns von
den Griechen, nicht aber in ihrer eignen
Sprache überliefert ist, der jedoch in der=
selben Celtos, Plural Celti, lauten und
dem lateinischen celsus, celsi, entsprechen,
also die »Hohen, Erhabenen« bedeuten
würde, gehörten zum indogermanischen
oder arischen Sprachstamm und bewohn=
ten, in viele Stämme gespalten, den
Westen Europas, in ältester Zeit wohl
das nördliche und mittlere Gallien, von
wo sie nach Britannien und Spanien vor=
brangen, seit dem 5. Jahrh. v. Chr. auch
nach dem Osten sich wendeten und Oberita=
lien, dann das östliche Alpengebiet und das

mittlere Donauland eroberten; bis nach
Illyrien und Thrakien rückten die kriege=
rischen Kelten vor und setzten sich in Klein=
asien (s. Galater) fest. Sie waren von
hohem, kräftigem Wuchs, blondem Haar
und Bart und großen, hellen Augen u. be=
saßen eine große Beweglichkeit des Geistes,
dabei aber auch Leichtfertigkeit und Eitel=
keit, geringe Anhänglichkeit an die Heimat
bei lebhaftem Nationalgefühl und große
Vorliebe für Abenteuer und Kriegsleben;
daneben zeichneten sie geistige Bildsamkeit
und eine außerordentliche Begabung für
Rede und Dichtung aus. Sie waren tapfere
Krieger und als Söldner geschätzt, aber es
mangelte ihnen die Fähigkeit, unter Ge=
setzen zu leben, den Einzelwillen der Ge=
samtheit unterzuordnen und mit beharr=
lichem Sinn einem höhern Ziel zuzustreben.
Ein kräftiger, arbeitsamer Bauernstand
fehlte ihnen, und das Volk ließ sich von
einem übermütigen Adel beherrschen, der
nur im Krieg Heerkönige (Brennus ge=
nannt) duldete und seine eitle Ruhm=
sucht durch unaufhörliche Kriegsabenteuer
zu befriedigen suchte. So erklärt es sich,
daß die Kelten fast alle Staaten des Alter=
tums erschüttert, aber keinen gegründet
haben, daß weder ein dauerndes Reich,
noch eine eigne Kultur von ihnen ge=
schaffen wurde.

Unter dem Namen der Galli oder Gal=
lier, welcher von der keltischen Wurzel gal,
Kampf, abgeleitet wird, also »Kämpfer« be=
deutet, verstanden die Römer die in Ober=
italien und jenseit der Alpen, zwischen
dem Rhein, dem Mittelmeer, den Pyre=
näen, dem Atlantischen Ocean, dem Ka=
nal (Fretum Gallicum) und der Nordsee
wohnenden keltischen Stämme und unter=
schieden daher eine Gallia cisalpina und
eine Gallia transalpina.

Gallia cisalpina,
das von Italien aus diesseit der Alpen
liegende G., auch Gallia citerior oder
circumpadana (zu beiden Seiten des
Po) oder togata genannt, weil man
hier die römische Toga als Kleidung
trug, erstreckte sich über die fruchtbar=
sten Gebiete Oberitaliens: den mittlern
Teil der Ebene nördlich vom Po und
südlich der Alpen vom Ticinus bis zur

Athesis (Etsch), die Gallia transpa=
dana, und das Gebiet südlich des Po
bis zum Apennin, von der Mündung der
Trebia bis Ancona, die Gallia cispa=
dana. Diese Landschaften Oberitaliens
waren in ältester Zeit von Etruskern
bewohnt, welche zwölf Stadtrepubliken,
darunter Melpum, Mantua, Felsina,
Spina, Hatria und Ravenna, gründeten.
Um 400 v. Chr. drangen die Gallier über
die Alpen aus G. ein und siedelten sich in
der Weise an, daß die ersten das Land
nördlich vom Po besetzten und die spätern
das schon eroberte Land durchzogen und
sich weiterhin niederließen. So eroberten
die Insubrer, wahrscheinlich ein Teil
der Aduer, nach einer siegreichen Schlacht
über die Etrusker 396 das Gebiet zu bei=
den Seiten der Addua zwischen Ticinus
und Ollius, zerstörten die Stadt Melpum
und gründeten eine neue Hauptstadt, Me=
biolanium (Mailand). Ihnen folgten die
Cenomanen, die sich in dem Land am
Mincius zwischen Ollius und Athesis mit
der Hauptstadt Verona niederließen. Die
Etrusker wurden in die südlichen Alpen=
teile zurückgedrängt, wo sie als rätische
Volksstämme ihre Unabhängigkeit noch
lange behaupteten. Die Ananen, Lin=
gonen und Bojer gingen über den Po;
letztere, das mächtigste und ausgebreitetste
Volk, das 112 Tribus zählte, besetzten das
Gebiet am Rhenus mit der Hauptstadt
Bononia. Zuletzt kamen die Senonen,
welche am weitesten nach SO. vordran=
gen und sich der umbrischen Küstenland=
schaft von Ariminum bis Ancona bemäch=
tigten. Diese waren es, die 390 Rom
verbrannten, und mit den Samnitern und
Etruskern vereint gegen die Römer kämpf=
ten, aber auch zuerst von diesen besiegt und
283 fast gänzlich vernichtet wurden, wor=
auf ihr Gebiet wieder mit dem eigentlichen
Italien vereinigt wurde. Die übrigen gal=
lischen Stämme unterstützten die Etrus=
ker und Samniter ebenfalls gegen Rom
und erneuerten nach deren Unterwerfung
den Krieg 238, nachdem sie zahlreiche
Schwärme von Stammesgenossen aus
dem jenseitigen G. zu Hülfe gerufen
hatten. Sie wurden indes von den Rö=
mern 225 bei Telamon entscheidend be=

fiegt und darauf in ihren eignen Sitzen angegriffen. Die Bojer wurden 224 zur Unterwerfung gezwungen, die Insubrer 222; die Cenomanen hatten sich schon vorher aus Haß gegen die Insubrer freiwillig den Römern unterworfen. Diese suchten durch Anlegung von stark befestigten Militärkolonien, wie Placentia, Mutina und Cremona, und von Militärstraßen ihre Herrschaft über das eroberte Land zu sichern; doch verloren sie es wieder infolge des Einfalls Hannibals in Oberitalien, dem die Gallier sich anschlossen und während des zweiten Punischen Kriegs tapfer beistanden. Erst nach siegreicher Beendigung desselben wurde die römische Herrschaft in Gallia cisalpina wiederhergestellt, namentlich durch die Vernichtung des bojischen Adels 191. Das Land ward rasch romanisiert, und Gallia cispadana erhielt schon 89 das römische Bürgerrecht. Doch blieb es, mit Illyricum vereinigt, noch immer eine Provinz, die erst nach dem Mutinensischen Krieg 43 v. Chr. auch politisch mit dem übrigen Italien vereinigt wurde.

Gallia transalpina,

auch Gallia ulterior, propria, braccāta wegen der weiten Hosen oder comāta wegen des langen Haupthaars seiner Bewohner genannt, umfaßte das Ländergebiet zwischen den Alpen, Pyrenäen und dem Mittelländischen und Atlantischen Meer, im NO. bis an den Rhein reichend. Dasselbe war ausgezeichnet durch ausgedehnte ebene oder hügelige, zum Anbau wohlgeeignete Landschaften, welche von großen, weit ins Land hinein schiffbaren Strömen durchflossen wurden und miteinander durch bequeme Verkehrsstraßen in Verbindung standen. Außer den Grenzgebirgen der Pyrenäen und der Alpen, welche nach der noch heute gültigen Einteilung in Alpes maritimæ, Cottiæ, Graiæ und Penninæ zerfielen, gab es nur isolierte Gebirgsgruppen, von denen das Centralgebirge, der Mons Cebenna, in seinen vulkanischen Gipfeln bis 1800 m hoch, zwar breit, rauh und unfruchtbar war, aber von den Alpen durch das Rhônethal, von den Pyrenäen durch die Thalebene der Garumna getrennt wurde. Der Jura, der Vosagus (Wasgenwald, Vogesen) und die Silva Arduenna (Ardennen) waren Gebirge ohne größere Ausdehnung und Erhebung. Unfruchtbare, steinige oder sandige Strecken gab es wenige. Das Klima war im N. u. NW. nebelig und regnerisch, mehr als jetzt, weil G. im Altertum noch von zusammenhängenden Waldmassen erfüllt war. Zumal der Süden war reich bebaut und erzeugte außer Getreide besonders Öl und Wein. Das Mineralreich lieferte reichliche Ausbeute an Gold, Silber, Eisen, Blei und Salz. Der Handel war durch die vortrefflichen Wasserstraßen erleichtert. Die Flüsse waren weit wasserreicher als jetzt und daher leicht schiffbar. Unter ihnen waren bemerkenswert: der Rhodanus (Rhône) mit Druentia (Durance) und Arar (Saône), die Garumna (Garonne) mit dem Duranius (Dordogne), der Liger (Loire) mit dem Elaver (Allier), die Sequana (Seine) mit Icauna (Yonne), Matrona (Marne) und Isara (Oise), die Samara (Somme), Scalbis (Schelde), Mosa (Maas) und der Rhenus (Rhein) mit Mosella (Mosel). Über die niedrigen Wasserscheiden zwischen den einzelnen Stromgebieten ließen sich die Waren leicht transportieren.

Die Bevölkerung war überwiegend keltisch. Doch hatten sie später vom N. her einwandernden Kelten im SO. und im SW. Reste der ursprünglichen Einwohner nichtverdrängt, dort nämlich die Ligurer, zu denen die Salluvier gehörten, hier die iberischen Aquitanier. Im NO., in Belgicum, zwischen Maas und Rhein, hatten sich germanische Stämme festgesetzt. Die keltische Bevölkerung, die Gallier, zerfielen in zahlreiche (64) Stämme (civitates) von verschiedener Größe. Die Verfassung war eine aristokratische. Neben dem zahlreichen Adel, der nur Jagd und Krieg betrieb, gab es keinen freien Bürger- oder Bauernstand. Die Viehzucht und die Bebauung des jährlich neu verteilten Ackerbodens war den zahlreichen Leibeigenen, die aus den unterworfenen Ureinwohnern, Schuldsklaven und Kriegsgefangenen bestanden, überlassen. An der Spitze der Staaten standen vom Adel gewählte Häuptlinge, von denen einzelne durch die

Gunst der Zeitverhältnisse und hervor=
ragende Eigenschaften zuweilen zu größerm
Ansehen und zu königlicher Macht ge=
langten; aber meist waren sie vom Adel
abhängig, der in den Adelsversammlun=
gen, dem sogen. Senat, die öffentlichen
Geschäfte entschieb. Geleitet wurden diese
Versammlungen von den Druiden, den
Priestern, welche durch den Einfluß der
rohen und abergläubischen Religion der
Gallier eine bedeutende Gewalt erlangten
und einen mächtigen Stand bildeten, der,
im Alleinbesitz der Schrift, der Arznei=
kunde, des Rechts und der Politik, die ange=
sehenste Stellung im Staat noch über dem
Adel, aus welchem er hervorging, einnahm.
Ein gemeinschaftliches Band bestand zwi=
schen den gallischen Staaten nicht. Nur in
Zeiten der Gefahr that sich eine größere
Zahl von Staaten zusammen und hielt ge=
meinschaftliche Beratungen. Doch behaup=
teten einige Völkerschaften, wie die Bituri=
ger, Allobroger, Arverner, Aduer, eine
überwiegende Macht und veranlaßten klei=
nere Stämme, sich unter ihren Schutz und
ihre Führung zu begeben.
Die Gallier kämpften sowohl zu Fuß als
zu Pferd und auf Streitwagen. Auf Prunk
und Goldschmuck in der Bewaffnung hiel=
ten sie viel. Dieselbe war jedoch nur zum
Nahkampf geeignet; ihren Schutz bildeten
mannshohe Lederschilde. Gegen die Besieg=
ten waren die Gallier grausam, und Ge=
fangene wurden oft den Göttern geopfert.
Männer und Weiber waren schön und statt=
lich von Gestalt; ihr blondes Haar trugen
sie lang, nach dem Hinterkopf zurückgestri=
chen. Bekleidet waren die Männer mit
Hosen, langärmeligen Jacken und kurzen
Flausmänteln, alles aus Schafwolle. Ihre
Häuser waren rund, aus Holzfachwerk und
mit Stroh gedeckt. Ihre Nahrung bestand
in Schweine= und Gänsefleisch, Met und
Bier, seltener Wein. Von Charakter wa=
ren sie stolz, reizbar, veränderlich, unzu=
verlässig, nach Neuem begierig, aber rit=
terlich, kampfesmutig und kriegstüchtig.
Für fremde Kultur waren sie leicht em=
pfänglich und eigneten sich fremde Künste
und Fertigkeiten schnell an. Ihre eigne
Civilisation, wie die Römer sie vorfanden,
war nur in materieller Beziehung ent=

wickelt; die Römer lernten von ihnen die
Sägemühlen, die Bereitung der Seife
und die Verzinnung des Kupfers kennen;
ihre Metall= und Glasarbeiten waren
wertvoll.
Von den Kulturvölkern der alten Welt
besuchten zuerst die Phöniker die Küsten
Galliens sowohl am Mittelmeer wie am
Atlantischen Ocean und trieben Handel mit
den Einwohnern. Um 600 v. Chr. grün=
deten die Phokäer an der Südküste die Ko=
lonie Massalia (Massilia, jetzt Mar=
seille), die zu einer blühenden, großen Han=
delsstadt heranwuchs, und deren Bürger
Pytheas die Kenntnis des Landes erwei=
terte und verbreitete. Die Römer bemäch=
tigten sich zur Sicherung einer Verbin=
dungsstraße mit Spanien seit 154 des süd=
lichen, von den Ligurern bewohnten Kü=
stenlands. Um Massilia zu Hülfe zu
kommen, welches sich seit dem zweiten Pu=
nischen Krieg den Römern angeschlossen
hatte, besiegte der Konsul Fulvius Flaccus
125 und 124 die Salluvier. Spätere rö=
mische Feldherren drangen den Rhodanus
aufwärts bis zu den Allobrogern vor. 118
ward die Unterwerfung des Küstenlands
vollendet, das zu einer Provinz (Provin=
cia Narbonensis) gemacht, durch Anle=
gung von Militärkolonien, wie Aquä Ser=
tiä, Forum Julium, Narbo Martius u. a.,
gesichert und 106 durch das Gebiet der
Tektosagen mit ihrer Hauptstadt Tolosa
erweitert wurde. Der Sieg des Marius
über die Teutonen 102 bei Aquä Sertiä
schützte das eroberte Gebiet, dessen Gren=
zen vorläufig nicht weiter ausgedehnt wur=
den. Erst als Cäsar 58 G. zur Provinz
erhielt, wurde die römische Herrschaft aus=
gedehnt, zumal sie durch die Eroberungen
des Ariovistus und den Zug der Helvetier
selbst bedroht war. Nachdem Cäsar diese
zum Rückzug in die Schweiz gezwungen
und Ariovistus aus G. vertrieben hatte,
unterwarfen sich die Stämme des mittlern
eigentlichen G. oder der Gallia celtica,
wie Cäsar sie nennt, freiwillig den römi=
schen Waffen, welche sie von den fremden
Bedrückern befreit hatten. Die kriegeri=
schen, freiheitsliebenden Stämme des nord=
östlichen oder belgischen G. wurden 57,
die der nordwestlichen Halbinsel Aremorica

und Aquitaniens 56 bezwungen. Nach=
dem ein Aufstand der Belgier 53 unter=
brückt worden war, erhoben sich 52 fast alle
Stämme auch des mittlern G., durch die
Grausamkeiten des Eroberers gereizt, ge=
gen die Fremdherrschaft. Das Haupt der
Empörung, der Arverner Vercingeto=
rix, verteidigte zwar die Festung Ger=
govia mit Erfolg, wurde aber bei Ale=
sia besiegt und eingeschlossen, und alle
Anstrengungen der Gallier vermochten
nichts über die geistige Überlegenheit des
römischen Feldherrn und die Kriegstüch=
tigkeit und Ausdauer seiner Legionen.
Nach der Einnahme von Alesia und der
blutigen Züchtigung der Aufständischen
war 50 die Unterwerfung des ganzen
Landes bis zum Ocean und Rheinstrom
vollendet.

Die eroberte Provinz ward 27 v. Chr.
von Augustus und Agrippa neu organisiert.
Die ältere Provincia behielt unter dem Na=
men Gallia Narbonensis ihre nur im O.
durch Unterwerfung der Alpenvölker erwei=
terten Grenzen. Aquitanien wurde bedeu=
tend erweitert und umfaßte alle Stämme
zwischen Liger und Pyrenäen. Gallia
Lugdunensis bildete einen schmalen, lan=
gen Streifen von den Alpen bis Aremo=
rica, südlich vom Liger begrenzt, nördlich
nicht weit über das Gebiet der Sequana
reichend. Der nordöstliche Teil war Bel=
gica, wo nach und nach germanische Völ=
ker von jenseit des Rheins angesiedelt wur=
den, was Kaiser Claudius veranlaßte,
das Gebiet links des Rheins unter dem
Namen Germania superior und Ger=
mania inferior in besondre Provinzen
umzuwandeln. Die Gallier machten noch
21 n. Chr. unter dem Trevirer Julius
Florus und dem Äduer Sacrovir einen
Versuch, das drückende römische Joch ab=
zuschütteln, doch ohne Erfolg. Ebenso
mißlang der Aufstand des Aquitaniers
Julius Vinder 67 und der des Batavers
Civilis, dem sich einige gallische Stämme
angeschlossen hatten. Römische Sprache
und Bildung verbreiteten sich und ge=
langten bald zu fast ausschließlicher Herr=
schaft. Das römische Bürgerrecht war
anfangs nur Adligen erteilt worden,
Galba verlieh es dem gesamten Volk.

G. wurde eine der blühendsten Provinzen
des Reichs, eine der wichtigsten Stützen
der römischen Macht. Lateinische Bered=
samkeit und Dichtkunst wurden in G. in
den letzten Jahrhunderten der römischen
Zeit fast mehr gepflegt als in Italien.
Die größern Städte schmückten sich mit
antiken Tempeln, Aquädukten, Bädern
und Triumphbögen; Militärstraßen durch=
zogen das Land. Schon im 3. Jahrh.,
noch mehr im 4. Jahrh. erforderte die
Verteidigung der Rheingrenze größere An=
strengungen. Der Steuerdruck rief Auf=
stände der Bauern (Bagauden) hervor.
Diocletianus nahm noch eine Neueintei=
lung des Landes in 17 Provinzen vor,
welche teilweise nur mit Nummern be=
zeichnet waren: Narbonensis in I., II.,
Viennensis, Alpes Maritimæ, Alpes
Grajæ et Penninæ; Aquitania in I.,
II. und Novempopulana; Lugdunen=
sis in I., II., III. und IV.; Belgica in
I. und II.; Germania in I., II. und
Provincia Maxima Sequanorum. Im
5. Jahrh. wurde endlich ganz G. von den
Germanen überschwemmt, welche jedoch
die römische Kultur nur im nordöstlichen
Teil zurückdrängten.

Vgl. Bourguignon b'Auville, No=
tice de la Gaule ancienne (Par. 1760);
Walckenaer, Géographie des Gaules
(2. Aufl., das. 1862, 2 Bde.); Herzog,
Galliæ Narbonensis historia, descriptio,
institutorum compositio (Leipz. 1864);
Desjardins, Géographie de la Gaule
(Par. 1879, 2 Bde.); A. Thierry, Histoire
des Gaulois (10. Aufl., das. 1877, 2 Bde.);
Derselbe, Histoire de la Gaule sous
la domination romaine (3. Aufl., das.
1869, 3 Bde.); Falluc, Annales de la
Gaule (Evreux 1864); Derselbe, Con=
quête des Gaules (Par. 1862); Mais=
siat, Recherches historiques sur les
guerres des Gaulois contre les Ro=
mains (das. 1874 ff.); A. v. Goeler,
Cäsars gallische Kriege (Karlsr. 1859).

Gallienus, Publius Licinius,
röm. Kaiser, Sohn des Kaisers Valeria=
nus, geb. 218 n. Chr., ward 253 von
seinem Vater zum Cäsar ernannt und
folgte ihm nach dessen Gefangennahme
durch die Perser 259 auf den Thron, ohne

jedoch seines Vaters Befreiung durch einen Krieg gegen Persien zu versuchen. Er war ein gewandter Redner, eleganter Dichter, geschickter Gärtner, trefflicher Koch, aber kein Staatsmann und Krieger. Während die Germanen verheerende Streifzüge durch viele Provinzen des Reichs machten, empörten sich fast überall die Legionen und riefen ihre Anführer zu Kaisern aus, deren man in dieser Zeit 30 (eigentlich nur 18—19), die sogen. »dreißig Tyrannen«, zählte. Als der Gegenkaiser Aureolus von Illyrien aus in Italien einfiel, zog G. gegen ihn und schloß ihn in Mailand ein, wurde aber während der Belagerung 268 ermordet. Der Senat erklärte ihn nach seinem Tod für einen Feind des Staats, ließ seine Verwandten und Vertrauten vom Tarpejischen Felsen stürzen und seinen Namen aus allen öffentlichen Schriften vertilgen.

Gallipoli, Straße von, s. Helles-pontos.

Gallogräker (Gallogræci), späterer Name der Galater (s. d.).

Gallus, Gajus Vibius Treboni anus, röm. Kaiser, folgte 251 n. Chr. dem Kaiser Decius, bis 252 zusammen mit dessen Sohn Hostilianus, und beendigte den Krieg mit den Goten sogleich durch einen schimpflichen Frieden, indem er denselben einen jährlichen Tribut versprach, was neue Einfälle der Germanen zur Folge hatte. Gegen die Christen verhielt er sich feindselig. Wegen seines feigen, unthätigen Verhaltens empörten sich die Legionen in Pannonien unter Amilianus, und als G. gegen diesen zog, wurden er und sein Sohn Volusianus 253 von den eignen Soldaten ermordet.

Garamanten (Garamantes), großes Volk in Libyen, südlich von der Großen Syrte, im Land Phazania (jetzt Fezzan), mit der Hauptstadt Garama (jetzt Dscherme). Der römische Statthalter Cornelius Balbus drang 19 v. Chr. von Sa (Tripolis) aus in ihr Gebiet ein und feierte einen Triumph über sie.

Gargānus Mons (jetzt Gargano), isolierte Gebirgsmasse in Apulien, welche eine in das Adriatische Meer vorspringende Halbinsel bildet, 1460 m hoch.

Garigliano (spr. -rilljá-), s. Liris.

Garumna, Fluß in Aquitanien, jetzt Garonne, kelt. Garunda (Gironde), mit den Nebenflüssen Tarnis (Tarn) mit Veronius (Aveyron), Oltis (Lot) und Duranius (Dordogne).

Gastuni, s. Peneios.

Gath, eine der fünf Städte des Philistäerbunds, Heimat des Riesen Goliath, von David erobert und von Rehabeam befestigt; Lage unbekannt.

Gätüler (Gætūli), Nomadenvolk im nordwestlichen Libyen, in den Oasen der westlichen Sahara, nach N. bis zum Atlas und zu den Grenzen Mauretaniens wohnend, von kleinerer Statur und dunklerer Hautfarbe als die Libyer des Küstenlands, namentlich die südlichen Stämme, die daher auch Melanogätuler (»schwarze G.«) genannt wurden.

Gaugamēla, unbedeutender Ort in der assyr. Landschaft Aturia, zwischen den Ruinen von Ninive und dem Zabatos gelegen, wo Alexander d. Gr. König Dareios von Persien 1. Okt. 331 v. Chr. zum zweitenmal besiegte. Mitunter wird die Schlacht auch nach Arbela, dem ersten Hauptquartier Alexanders d. Gr. nach der Schlacht, benannt.

Gaumata, s. Smerdis.

Gaurion, Hafen von Andros (s. d.).

Gaurus (Gaurus Mons), vulkan. Gebirgsgruppe in Kampanien, nördlich von Cumä, deren Abhänge die edelsten Reben des Falerner und Massiker Weins trugen; bekannt durch den ersten Sieg der Römer unter Marcus Valerius Corvus über die Samniter, 343 v. Chr.

Gaza, Stadt in Palästina, Hauptstadt des Bundesstaats der Philistäer, die südlichste der Fünfstädte, 7 km vom Mittelmeer auf einem flachen Hügel gelegen, aber durch gewaltige Mauern befestigt, wegen seiner Lage im südwestlichsten Syrien in der Nähe Ägyptens von strategischer Bedeutung. Alexander b. Gr. konnte die Stadt 332 v. Chr. erst nach zweimonatlicher Belagerung erobern; er verstärkte die Bevölkerung durch die Umwohner, legte eine starke makedonische Besatzung hinein und machte es zu einem großen Waffenplatz. Unter dem Einfluß der

Makedonier wurde die Stadt völlig helle=
nisiert und zeichnete sich durch ihre Pflege
der Wissenschaft aus. 315 erlitt Deme=
trios Poliorketes bei G. durch den Lagiden
Ptolemäos eine Niederlage, und G. fiel
an Ägypten. 96 wurde es vom jüdischen
König Alexander Jannäos erobert und
zerstört. Dennoch blühte G. wieder auf
und war in der römischen Kaiserzeit eine
der größten und reichsten Städte Syriens.
Vgl. B. Stark, G. (Jena 1852).

Gebal, s. Byblos.

Gedoz=Tschai, s. Hermos.

Gedrosien (Gedrosia oder Gadro=
sia), Landschaft des alten Perserreichs
im südöstlichen Iran, etwa dem heutigen
Belutschistan entsprechend. Besonders
das Küstenland war heiß, wasser= und
vegetationsarm und deswegen seit dem
Zug Alexanders b. Gr., dessen Heer auf
dem Rückzug aus Indien 325 v. Chr. hier
sehr litt, berüchtigt. Das Innere war da=
gegen ziemlich wohl bewässert und ange=
baut. Die Einwohner, welche Brahūi
hießen, von den Griechen aber Athio=
pen genannt werden, waren keine Arier,
sondern den dunkelfarbigen Einwohnern
Dekhans verwandt; der persische Stamm
der Belutschen ist erst in neuerer Zeit
eingewandert.

Gela, Stadt an der Südküste Sici=
liens, 689 v. Chr. von dorischen Kretern
und Rhodiern aus Lindos am Fluß G.
(jetzt Fiume bi Ghiaccio) gegründet und
nach diesem benannt, inmitten der frucht=
baren Gelaischen Ebene gelegen, gelangte
durch seine Tyrannen Kleandros, Hippo=
krates und Gelon zu großer Macht und
wurde von letzterm 485 mit Syrakus zu
einem Staat verbunden, war aber 466—
405 wieder selbständig. 405 von den
Karthagern zerstört, wurde es zwar von
Timoleon wiederaufgebaut und mit Ein=
wanderern aus Keos besetzt, 280 jedoch
von dem agrigentinischen Tyrannen Phin=
tias zum zweitenmal zerstört und blühte
nicht wieder auf.

Gelon, Tyrann von Gela und Syra=
kus, Sohn des Deinomenes, war unter
dem Tyrannen Hippokrates Anführer der
Reiterei und bemächtigte sich nach dessen
Tod 491 v. Chr. unter dem Schein, die

Söhne desselben gegen die Befreiungs=
versuche der Gelaner zu schützen, selbst der
Herrschaft. Als die Gamoren (die reichen
Grundbesitzer) von Syrakus vom Volk
vertrieben und nach Kasmena geflohen
waren, führte er sie nach Syrakus zurück
und erlangte mit ihrer Hülfe die Tyran=
nis daselbst, worauf er 485 seine Resi=
denz nach Syrakus verlegte und die Herr=
schaft in Gela seinem Bruder Hieron
überließ. Er herrschte mit Einsicht und
Thatkraft und vergrößerte Syrakus, in=
dem er die Einwohner unterworfener
Städte zum Teil dorthin verpflanzte. Als
480 Xerxes die Griechen bedrohte,
baten sie G. um Hülfe; doch forderte
dieser den Oberbefehl über alle griechischen
Streitkräfte, was abgelehnt wurde. Über=
dies wurde die Herrschaft der Griechen in
Sicilien gleichzeitig durch einen gewal=
tigen Angriff der Karthager bedroht,
welche G. bei Himera zu Wasser und zu
Land glänzend besiegte. Durch diesen Er=
folg wie durch seine Milde gegen Bundes=
genossen und Besiegte erlangte G. solches
Ansehen, daß das Volk ihm, als er frei=
willig seine Herrschaft niederlegen wollte,
den Königstitel erteilte. Nach einer ge=
rechten und glücklichen Regierung starb
er 478 und wurde in einem prächtigen
Grabmal beigesetzt und als Heros ver=
ehrt. In der Herrschaft über Syrakus
folgte ihm sein Bruder Hieron (s. b.).
Vgl. Lübbert, Syrakus zur Zeit des G.
und Hieron (Kiel 1875).

Genĕva (Genēva, jetzt Genf), Stadt
der Allobroger im narbonensischen Gal=
lien, am Ausfluß des Rhodanus aus dem
Lacus Lemanus.

Genŭa, wichtige Handelsstadt der Li=
gurer am Ligurischen Meerbusen (jetzt
Golf von G.).

Germānen (Germāni), Name der Be=
wohner des jetzigen Deutschland bei den
Kelten und Römern im Altertum. Derselbe
ist wohl keltischen Ursprungs, bedeutete
»Waldner, Bewohner eines Waldlands«
und bezeichnete ursprünglich die kultur=
und städtelosen Stämme an der Nordost=
grenze Galliens, auch keltische; erst später
wurde er auf die verschiedensprachige, in
viele Stämme zerfallende große Nation

jenseit des Rheins als Gesamtname übertragen. Von diesem seitdem als G. bezeichneten Volk erhielten die Völker des Altertums zuerst durch Pytheas Kunde, der es
um 350 v. Chr. an den Küsten der Nord-
und Ostsee kennen lernte; in feindliche Berührung gerieten die G. mit den Römern
zuerst durch die Kriegszüge der Cimbern
und Teutonen 113—101. Ihr Land aber
war den Römern bis auf Cäsars Zeiten fast
ganz unbekannt, und auch Cäsars kurze
Feldzüge im O. des Rheins erweiterten
die Kenntnis nicht beträchtlich. Erst die
Kriegszüge des Drusus, Tiberius, Germanicus u. a. in das Innere Germaniens
bis zur Weser und Elbe verschafften den
Römern eine deutlichere Anschauung von
der Beschaffenheit des Landes, wie sie uns
von Tacitus überliefert ist. Dasselbe
nannten sie Germania magna, auch
barbara oder transrhenana; seine Westgrenze bildete der Rhein, die südliche die
Donau, im O. grenzte es an das Land
der Sarmaten, im N. an das Meer, dessen Inseln, Scandinavia, auch noch zu
Germanien gerechnet wurden. Als Gebirge nennen die Römer die Hercynia
silva, den Mons abnoba (Schwarzwald),
Taunus, Silva Bacenis (Harz), Teutoburger Wald u. a. Die Flüsse des nordwestlichen Deutschland waren ihnen meist
bekannt. Bodenbeschaffenheit und Klima
erschienen ihnen wenig einladend. Nach
ihren Berichten war Germanien ein
rauhes Land voll von Sümpfen und dich-
ten Wäldern, über welchem ein düsterer
Himmel und eine nebelige, regenreiche Luft
sich ausbreiteten. Dem kurzen Sommer
folgte ein langer Winter mit furchtbaren
Stürmen, und die Ströme bedeckten sich
auf lange Zeit mit Eis. Von Germania
magna zu unterscheiden ist die römische
Provinz Germania, wie seit dem Kaiser Claudius das meist von germanischen
Stämmen bewohnte linksrheinische Gebiet
genannt wurde, welches bis dahin zur
Gallia belgica (s. Gallien, S. 190) gehört hatte. Die römische Provinz zerfiel
in zwei Teile: Germania superior oder
prima, vom Jura, bis zur Nahe, und
Germania inferior oder secunda, von
der Nahe bis zum Meer. Dazu kamen

Alte Geschichte.

seit 100 die Agri decumates rechts des
Oberrheins, welche ebenso wie das römische
Germanien durch zahlreiche feste Plätze
und Militärstraßen der römischen Herrschaft gesichert waren.

Die Völkerschaften der G. teilt Tacitus
in drei große Gruppen: die Ingävonen am Meer, die Herminonen in der
Mitte des Landes und die Istävonen am
Rhein, denen die spätern Hauptgruppen
der Sachsen, Thüringer und Franken entsprechen. Die ostgermanischen Völker werden auch mit dem gemeinsamen Namen der Sueven bezeichnet. Politischen
Zusammenhang untereinander hatten die
germanischen Stämme nur zum Teil
und bloß in Zeiten der Not und Gefahr.
Die G. hatten eine große und kräftige
Gestalt, weiße Haut, blondes Haar und
glänzende blaue Augen. Krieg und Jagd
in den an allerlei Wild reichen Wäldern
waren die Beschäftigungen des freien
Mannes. Viehzucht und Ackerbau wurden betrieben, aber von den Hörigen und
Leibeignen. Städte gab es nicht; jeder
wohnte in einem Gehöft inmitten seiner
Äcker, und eine Anzahl solcher Höfe bildete ein Dorf oder eine Markgenossen-
schaft. Ihr Familienleben war ein reines
und edles, die Stellung der Frau hochgeachtet. Der Zusammenhang unter den
Mitgliedern einer »Sippe«, eines Geschlechts, war besonders in allen Rechtsver-
hältnissen ein enger. Die Staatsgewalt
lag in den Händen der Versammlung aller
freien Männer eines Stammes, welche
sich zu gewissen Zeiten an der »Malstätte«
vereinigten, unter der Leitung der Fürsten oder Edlen beratschlagten und in
Kriegszeiten einen Heerführer (»Herzog«)
wählten; erbliche Könige hatten nur
einige suevische Stämme im O. Einen
einflußreichen Priesterstand gab es nicht.
Die Götter wurden in heiligen Hainen
oder auf Höhen verehrt und auf ihren
Altären auch Menschenopfer dargebracht.
Im Krieg waren die G. sehr tapfer, ihr
Angriff, dem ein Schlachtgesang (baritus)
voraufging, äußerst stürmisch, ihre Kriegskunst dagegen gering und der römischen
nicht gewachsen. Doch zeigten sich die G.
auch in dieser Beziehung äußerst bildungs-

fähig, und die germanischen Söldner bil=
deten in den römischen Heeren eine Kern=
truppe; tapfere germanische Krieger
schwangen sich im römischen Kriegsdienst
zu den höchsten Ehrenstellen empor. Die
Gewerbe, Schiffahrt und Handel waren
noch wenig entwickelt; Schriftzeichen (Ru=
nen) kannte man, doch wurde bloß im
religiösen Kultus davon Gebrauch ge=
macht. Zu Aufzeichnungen ihrer Geschichte
und ihres Rechts waren die G. noch nicht
vorgeschritten; die Thaten ihrer Helden
bewahrten sie nur münblich in Liedern
und Gesängen. Nachdem Cäsar im Galli=
schen Krieg die auf das linke Rheinufer
vorgedrungenen G. vernichtet oder unter=
worfen hatte und 55 und 53 v. Chr. über
den Rhein in das Innere Germaniens
vorgedrungen war, begann Drusus 12 die
Unterwerfung der nordwestlichen Stämme
zwischen Rhein und Elbe. Mehr noch
als die Waffenthaten der Römer wirkten
der Reiz der römischen Kultur und die
Eifersucht der Stämme dazu mit, die G.
dem Einfluß und allmählich der Herrschaft
Roms zu unterwerfen. 20 Jahre später
konnte Quinctilius Varus schon als Statt=
halter in Germanien auftreten. Da wurde
der Gefahr der Romanisierung des Landes
durch die Erhebung des Arminius und
die Teutoburger Schlacht 9 n. Chr.
vorgebeugt. Auch die siegreichen Unterneh=
mungen des Germanicus 14 – 16 hatten
keinen dauernden Erfolg. Die Römer be=
gnügten sich, ihre bisherigen Grenzen ge=
gen die G. zu behaupten und durch Be=
setzung des Landes zwischen der obern
Donau und dem Oberrhein zu verstär=
ken. Mit den Markomannenkriegen
unter Marcus Aurelius begannen darauf
die Angriffe der G. auf das Römische Reich,
welche sich im Lauf der Jahrhunderte im=
mer mehr verstärkten und öfter wiederhol=
ten, die Römer zu fortwährenden Kriegen
an ihrer Nordgrenze nötigten und im 4.
Jahrh. mit einer allgemeinen Überflutung
derselben durch die siegreichen G. endigten.
Vgl. Zeuß, Die Deutschen und ihre
Nachbarstämme (Münch. 1837); Barth,
Teutschlands Urgeschichte (2. Aufl., Er=
lang. 1841—46, 5 Bde.); v. Bethmann=
Hollweg, über die G. vor der Völker=

wanderung (Bonn 1850); Linden=
schmit, Die Altertümer der heidnischen
Vorzeit (Mainz 1858 ff.); Derselbe,
Handbuch der deutschen Altertumskunde
(Berl. 1880); Müllenhoff, Deutsche
Altertumskunde (bas. 1870).
Germanicus Cäsar, röm. Feldherr,
geb. 14 v. Chr., war ein Sohn des Nero
Claudius Drusus, dem wegen seiner
tapfern Thaten in Germanien vom Se=
nat der Beiname Germanicus für sich und
seine Nachkommen verliehen worden war,
und der jüngern Antonia, einer Tochter
des Triumvirs Marcus Antonius. Schon
in seiner Jugend zeigte er die trefflichsten
Eigenschaften, so daß Augustus, als er 4
u. Chr. Tiberius zu seinem Nachfolger
ernannte, die Bedingung daran knüpfte,
daß er Germanicus adoptiere. Als Quästor
begleitete er 7 Tiberius auf seinem Kriegs=
zug gegen die aufständischen Pannonier
und Dalmatier und zeichnete sich in demsel=
ben so aus, daß er nach seiner Rückkehr nach
Rom 10 die Insignien des Triumphs und
das Amt eines Prätors erhielt. Hierauf
nahm er 11 an einem Einfall des Tibe=
rius in Germanien teil. 12 bekleidete er
das Konsulat und erwarb sich die Liebe
und Zuneigung des Volks durch seine Leut=
seligkeit und Freigebigkeit; die Verteidi=
gung Angeklagter übernahm er oft selbst.
Kurz vor dem Tode des Augustus erhielt
er den Befehl über die acht am Rhein
stehenden Legionen, welche sich beim Tode
des Kaisers 14 empörten, Germanicus zum
Kaiser ausriefen und Abkürzung des Dien=
stes und Erhöhung des Soldes verlangten.
Nur mit eigner Lebensgefahr konnte Ger=
manicus den Aufstand dämpfen und erbat
sich darauf von Tiberius die Erlaubnis,
um die Legionen zu beschäftigen, den An=
griffskrieg gegen die Germanen wieder=
aufzunehmen. Noch im Jahr 14 fiel er
in das Gebiet der Marsen an der Ems
ein und vernichtete dies Volk auf grausame
Weise; auch zerstörte er den berühmten
Tempel der Göttin Tamfana. 15 brang
er über den Taunus in das Land der Kat=
ten vor und nahm, von Arminius' Schwie=
gervater Segestes zu Hülfe gerufen, dessen
Tochter Thusnelda, die Gattin des Armi=
nius, gefangen. Auf einem zweiten Zug,

ben er selbst durch den Drususkanal und
die Zuidersee nach der Nordsee und von
dieser aus in das Wesergebiet unternahm,
während sein Legat Cäcina zu Lande da=
hin marschierte, verwüstete er das Gebiet
der Brukterer, bestattete auf dem Schlacht=
feld im Teutoburger Walde die Gebeine
der im Jahr 9 gefallenen Römer und lie=
ferte Arminius eine blutige, aber unent=
schiedene Schlacht, erlitt jedoch auf dem
Rückzug durch einen Sturm und durch
die heftige Verfolgung der Germanen em=
pfindliche Verluste. Gleichwohl versuchte
er 16 wiederum von der Nordsee aus in
das innere Germanien vorzubringen, er=
rang an der mittlern Weser bei Idisiavi=
sus und am Steinhuder Meer über
die Germanen unter Arminius zwei blu=
tige Siege, wurde aber durch seine großen
Verluste zum Rückzug genötigt, auf wel=
chem noch ein großer Teil des Heers
durch Schiffbruch zu Grunde ging. Ehe
er durch neue Feldzüge die Unterwerfung
Germaniens vollenden konnte, ward er
von Tiberius, der auf seinen Kriegsruhm
neidisch war und wegen seiner Beliebtheit
bei den Soldaten Argwohn hegte, abberu=
fen und, nachdem er 17 in Rom einen
glänzenden Triumph gefeiert hatte, mit
ausgedehnten Vollmachten zur Ordnung
der Verhältnisse nach dem Orient gesandt.
18 trat er seine Reise an, auf der er alle
wichtigen Punkte Griechenlands und Klein=
asiens berührte, setzte in Armenien einen
Rom ergebenen König ein, verwandelte
Kappadokien und Kommagene in römische
Provinzen und bereiste Ägypten bis zu
den Nilkatarakten. Bei seiner Rückkehr
nach Syrien fand er durch den Statthal=
ter Piso, den Tiberius mit geheimen Auf=
trägen borthin geschickt, alle seine Anord=
nungen umgestürzt. Es kam darüber zu
heftigem Streit mit Piso, und 9. Oft. 19
starb Germanicus in Epidaphne bei An=
tiocheia, erst 33 Jahre alt, so plötzlich, daß
sich der Verdacht einer Vergiftung gegen
Piso richtete. Allgemein war die Trauer
über den Tod des Germanicus, und als
seine Gemahlin Agrippina (s. b.) seine Asche
nach Rom brachte, wetteiferten Senat und
Volk in Ehren= und Trauerbezeigungen.
Es überlebten ihn von seinen neun Kin=

dern drei Töchter: Agrippina, Drusilla,
Livilla, und drei Söhne: Nero, Drusus
und Caligula. Die grausame Behandlung
dieser Kinder und der Witwe des Ger=
manicus durch Tiberius bekräftigte die
Beschuldigung, die man gegen diesen er=
hob, der Anstifter des Mordes zu sein.
Tiberius konnte einen Prozeß gegen Piso
nicht hindern, doch hatte derselbe kein Er=
gebnis. Tapferkeit, Edelmut und Milde
des Charakters zeichneten Germanicus
aus; dabei war er geistig hochbegabt und
fein gebildet. Von seinen Reden und sei=
nen in griechischer Sprache abgefaßten
Komödien hat sich nichts erhalten; nur
von einer lateinischen Übersetzung der
»Phænomena« des Aratos ist uns ein
größeres Bruchstück überkommen, das dich=
terischen Schwung und geschickten Versbau
zeigt. Die Fragmente seiner Werke sind
von Brehsfig (Berl. 1877) herausgegeben.
Vgl. Peteref, Germanicus (Czemeszno
1843); v. Wietersheim, Der Feldzug
des Germanicus im Jahr 16 v. Chr.
(Leipz. 1850).

Gerrhäer, Volksstamm am Persischen
Meerbusen, s. Arabien.

Gerusia, Rat der Geronten (Greise)
oder Alten, der höchste Rat in Sparta,
welcher aus 28 Männern bestand, die das
60. Jahr überschritten und ein tabelloses
Leben geführt hatten und vom Volk auf
Lebenszeit gewählt wurden. Mit den
beiden Königen, die den Vorsitz führten,
zählte die G. 30 Mitglieder. Das Amt
eines Geronten galt für die höchste Ehre
im Staat und war von jeder Rechenschaft
befreit. Ihre Amtspflichten betrafen die
Vorberatung aller dem Volk vorzulegen=
den Beschlüsse und Gesetze und die Ge=
richtsbarkeit über die Könige sowie über
alle Verbrechen, die mit dem Tod oder der
Ehrlosigkeit (Atimie) bestraft wurden.
Die wachsende Macht der Ephoren drängte
die G. allmählich in den Hintergrund.

Geten (Getæ), der bei den Griechen
gebräuchliche Name des thrak. Volks an
der untern Donau und am Schwarzen
Meer, welches von den Römern Dacier
oder Daker genannt wurde (s. Dacien).
Sie wohnten in älterer Zeit nördlich vom
Hämos und wurden in diesen Wohnsitzen

13*

515 v. Chr. von Dareios auf seinem Sky=
thenzug unterworfen. Später setzten sie
sich nördlich von der untern Donau fest und
wurden hier von Alexander d. Gr. 335 und
von Lysimachos 292 bekriegt. Seit der
Gründung des großen getisch=bacischen
Reichs durch König Börebistes um 50
wurde der Name Dacier der gebräuch=
lichere, doch blieb bei den Griechen den am
Schwarzen Meer wohnenden Stämmen
auch noch später der Name G. In der
Völkerwanderung verschmolzen die Reste
des Volks mit den Goten; die Ähnlich=
keit des Namens veranlaßte griechische
und römische Schriftsteller, ja die Goten
selbst zu der irrigen, aber noch von Neueren
(Grimm) festgehaltenen Meinung, daß
die Goten die Nachkommen der G. gewe=
sen seien. Vgl. J. Grimm, über die
G. (Berl. 1847); Rösler, Die G. und
ihre Nachbarn (Wien 1864).

Gibéon, Stadt in Palästina, bei der
Josua die Amoriter schlug.

Gibraltar, Straße von, s. Säu=
len des Herakles.

Gidéon, Held und Heerführer (Rich=
ter, Schophet) der Israeliten im 12. Jahrh.
v. Chr., Sohn des Joas aus dem Stamme
Manasse, erfocht einen glänzenden Sieg
über die Midianiter und befreite Israel
von deren Raubzügen; darauf rottete er
den Baalsdienst in Ophra aus und er=
richtete dem Jehovah ein Bild daselbst. Er
erlangte eine fast königliche Macht und An=
sehen, schlug jedoch die ihm angetragene Kö=
nigswürde aus. Er hinterließ 70 Söhne,
von denen Abimelech die höchste Macht an
sich riß u. darauf alle seine Brüder erwürgte.

Gilbōa, Hügelreihe in Palästina, im
Gebiet des Stammes Isaschar, zwischen
der Ebene Jesreel und dem Jordanthal
bei Bethsean gelegen, an der König
Saul 1033 v. Chr. von den Philistäern
besiegt wurde und sich selbst in sein
Schwert stürzte.

Gilĕad, Gebirge in Palästina an der
Ostseite des Jordans, aus Kalkstein be=
stehend, mit Gipfeln bis 1060 m Höhe,
dessen Name auch auf die Landschaft öst=
lich vom Jordan übertragen wurde.

Girgenti (spr. dschirdschénnti), s. Agri=
gentum.

Gnidus, s. Knidos.
Gnossos, s. Knosos.
Gordiānus, Name dreier röm. Kai=
ser, Vaters, Sohns und Enkels, welche
238—244 n. Chr. regierten. Marcus
Antonius G. Africanus, aus einer
der edelsten und reichsten Familien Roms,
die ihren Ursprung von den Gracchen her=
leitete, auch dem Kaiser Marcus Aurelius
nahe verwandt, wurde 158 geboren und ge=
noß eine ausgezeichnete Erziehung. Schon
als Jüngling verfaßte er ein Gedicht in 30
Büchern, »Antoninias«, in dem er das
Leben und die Thaten der beiden Antonine
feierte. Als Ädil erfreute er das Volk
durch großartige Kampfspiele. Das Kon=
sulat bekleidete er zweimal und erhielt
darauf vom Senat die Statthalterschaft
von Afrika übertragen, die er mehrere Jahre
zur großen Zufriedenheit der Einwohner
verwaltete. So hatte er das 80. Jahr er=
reicht, als ihm einige Verschworne, welche
einen Profurator des Kaisers Maximi=
nus wegen seiner unmenschlichen Härte
ermordet hatten, 238 aus Furcht vor der
Rache des Maximinus den Thron anbo=
ten. G. nahm das Anerbieten an und
wurde mit seinem Sohn Marcus Anto=
ninus G. Africanus, der ihn als Legat
nach Afrika begleitet hatte, zum Augustus
ausgerufen, worauf sie in kaiserlichem
Pomp in Karthago einzogen und auch
vom römischen Senat anerkannt wurden.
Doch rückte der von G. abgesetzte Statthal=
ter von Mauretanien, Capellianus, mit
einem Heer gegen ihn, und als der jün=
gere G. von Capellianus besiegt und ge=
tötet wurde, erdrosselte sich der greise Va=
ter. Die Regierung der beiden Gordiane
hatte nur 36 Tage gedauert. — Der dritte
G., der Sohn einer Tochter des ersten,
Marcus Antonius G. Pius Felix,
wurde nach der Ermordung des Maximi=
nus 238 neben Maximus und Balbinus,
obwohl erst 13 Jahre alt, auf Verlangen
des Volks zum Cäsar ausgerufen und be=
stieg, als Maximus und Balbinus noch in
demselben Jahr ermordet worden waren,
den Kaiserthron. Von seinem trefflichen
Schwiegervater Misitheus, den er zum
Präfekten der Leibwache ernannt hatte, ge=
leitet, unternahm er 242 einen Krieg gegen

die Perser, welche Mesopotamien erobert hatten und in Syrien eingefallen waren, besiegte auf dem Marsch durch Mösien die Sarmaten und die Goten, drängte die Perser über den Euphrat zurück und eroberte Carrhä und Nisibis. Nach dem Tode des Misitheus (243) mußte er auf Wunsch des Heers Philippus Arabs, den er zum Oberbefehlshaber ernannt hatte, zum Mitkaiser annehmen und ward 244 auf dessen Befehl getötet.

Gordios, König von Phrygien, war der Sage nach ein einfacher Bauer und ward von den Phrygern auf den Thron erhoben, weil die Gottheit ihnen geboten hatte, ben zum König zu wählen, welchem sie auf dem Weg zum Heiligtum des Zeus zuerst auf einem Bauernwagen begegnen würden, und G. ihnen mit seinem mit Ochsen bespannten Wagen zuerst entgegenkam. So wurde er der Gründer der phrygischen Königsdynastie, von welcher noch mehrere Mitglieder den Namen G. führten. Er erbaute sich eine Königsresidenz, Gordieion (Gordion), am rechten Ufer des Sangarios und weihte den Wagen, welchem er die Herrschaft verdankte, dem Zeus, in dessen Heiligtum er aufbewahrt wurde. Das Joch desselben verknüpfte er mit der Deichsel durch einen so künstlichen Knoten vom Baste des Kornelbaums, daß niemand denselben zu lösen vermochte und sich die Weissagung an ihn knüpfte: der sei zur Herrschaft der Welt berufen, welcher ihn lösen werde. Alexander d. Gr. durchhieb ihn, wie berichtet wird, als er Gordion auf seinem Zuge gegen Persien 333 v. Chr. berührte, mit dem Schwert.

Gortyn (Gortyna), bedeutende Stadt in Kreta, südlich vom Jda in der Thalebene des Lethäos, kämpfte lange mit Knosos um die Oberherrschaft auf der Insel, entriß 185 v. Chr. Knosos einen großen Teil seines Gebiets und ward von den Römern zur Hauptstadt Kretas erhoben. Ruinen beim Dorf Hagii-Deka.

Gosen (ägypt. Kesem), Landschaft im östlichen Unterägypten, zwischen der Landenge von Suez und dem tanitischen Nilarm, mit den Städten Heliopolis, Pithom, Ramses, Tanis und Pelusium, in welcher die Israeliten zum Schutz der Nordostgrenze Ägyptens angesiedelt wurden, aber sich so vermehrten, daß König Ramses II. sie mit harten Fronbiensten bedrückte, bis sie unter seinem Nachfolger Menephta um 1320 v. Chr. nach der Sinaihalbinsel auswanderten. Vgl. Ebers, Durch G. zum Sinai (Leipz. 1872).

Goten (Gotōnes), german. Volk, welches zur Zeit des Tacitus östlich der Weichsel an der bernsteinreichen Küste der Ostsee wohnte, aber zur Zeit der Markomannenkriege im 2. Jahrh. n. Chr. nach dem weiten Flachland östlich und südlich von den Karpathen an den Gestaden des Schwarzen Meers bis zur Mündung der Donau zog. Sie besetzten die Länder, welche früher Skythen und Geten bewohnt hatten, und wurden daher von den alten Schriftstellern selbst für Skythen oder für identisch mit den Geten gehalten. Sie zerfielen in die Westgoten (Thervinger), welche südlich und östlich von den Karpathen wohnten, und die Ostgoten (Greuthungen) im N. des Schwarzen Meers. Die angrenzenden Völker germanischen und sarmatischen Ursprungs brachten sie teils durch Bundesverträge, teils durch Gewalt zum Anschluß und breiteten ihr Reich von der Theiß bis zum Tanaïs (Don), vom Pontos bis zum Baltischen Meer aus. Für mildere Sitten und höhere Kultur zeigten sie sich sehr empfänglich. Gesetzgebung und Wissenschaft wurden gepflegt, und das Christentum nahmen sie früh an. Schon im 2. Jahrh. n. Chr. unternahmen sie zu Wasser und zu Land Raubzüge in das Römische Reich, welche bis in das 4. Jahrh. fortdauerten. 244 brangen sie in Mösien, Thrafien und Makedonien ein und besiegten 251 den römischen Kaiser Decius in einer blutigen Schlacht. Zu gleicher Zeit plünderten sie die Küsten des Schwarzen Meers, fuhren 258—259 mit ihren flachen, leichten Schiffen durch die Meerengen in das Ägäische Meer, verwüsteten die Länder und Städte an demselben und steckten den Tempel der Artemis zu Ephesos in Brand. 269 aber wurde ein großes Gotenheer, das 320,000 Mann stark auf 2000 Fahrzeugen von der Mündung des Borysthenes ausgesegelt und nach vielen Plünderungsfahrten bis nach Kreta und Kypros bei Thessalonike in Makedonien gelandet war, von Kaiser Claudius bei Naissos ereilt und zersprengt. Nachdem Aurelianus 270 den G. das linke Donauufer (Dacien) abgetreten und diese sich zur Stellung von 2000 Reitern verpflichtet hatten, bestand längere Zeit Friede, bis der Einfall der Hunnen das große Gotenreich unter König Hermanrich stürzte und zunächst die Westgoten gezwungen wurden, die Grenzen des Römischen Reichs zu überschreiten.

Gracchus, Name einer berühmten Familie des Sempronischen Geschlechts, aus welchem die beiden Brüder Tiberius und Gajus, durch ihre volksfreundlichen Bestrebungen und ihr tragisches Ende bekannt, gewöhnlich schlechthin »die Gracchen« genannt werden.

1) **Tiberius Sempronius** G., Vater der Gracchen, Enkel des Konsuls Tiberius, der sich im zweiten Punischen Krieg als tüchtiger Feldherr ausgezeichnet hatte, bekleidete 187 v. Chr. das Volkstribunat und verwaltete 181—179 als Prätor das diesseitige Spanien, wo er die Keltiberer mit Erfolg bekämpfte, 103 Städte unterwarf und mit den besiegten Völkern einen billigen Vertrag schloß, der den Frieden in diesem Land auf 20 Jahre sicherte. Nach seiner Rückkehr feierte er 178 einen glänzenden Triumph und ward für 177 zum Konsul gewählt. Für die siegreiche Bekämpfung der aufständischen Sarden erlangte er die Ehre eines zweiten Triumphs. Als Censor 169 schritt er mit Strenge gegen die unwürdigen Mitglieder des Senats und des Ritterstands ein. Nachdem er 163 das Konsulat zum zweitenmal verwaltet, starb er um 150. Seine Gemahlin Cornelia, die edle Tochter des ältern Scipio Africanus, gebar ihm zwölf Kinder, von denen ihn drei überlebten: Tiberius und Gajus, die Gracchen, und Sempronia, die Gemahlin des jüngern Scipio Africanus.

2) **Tiberius Sempronius** G., der ältere Sohn des vorigen, geb. 163 v. Chr., erhielt nach dem Tode des Vaters durch seine Mutter eine treffliche Erziehung, zeichnete sich schon als 16jähriger Jüngling 147 vor Karthago aus und begleitete 137 den Konsul Hostilius Mancinus als Quästor nach Spanien, wo es ihm durch das Vertrauen, welches sein Name bei den Keltiberern genoß, gelang, das römische Heer, welches die Numantiner eingeschlossen hatten, durch einen Vertrag mit diesen gegen das Zugeständnis der Unabhängigkeit zu befreien. Der Senat genehmigte diesen Vertrag nicht und wurde nur durch das Volk, welches den Gracchen mit großer Zuneigung anhing, an der Auslieferung des Tiberius gehindert. 133 zum Volkstribunen gewählt, beantragte er sofort ein Ackergesetz, welches die Aufgabe seines Lebens, die Beseitigung der socialen Schäden im Staat und die Besserung der Lage des armen Volks durch eine **agrarische Reform**, verwirklichen sollte. Da der Grundbesitz in Italien, sowohl das Staatsland (ager publicus) wie die Privatgüter, fast ganz in die Hände weniger reichen und vornehmen Bürger, der sogen. Optimaten oder Nobiles, übergegangen war, welche ihre großen Latifundien durch Sklaven bewirtschaften ließen, während die ihres Besitzes beraubten frühern Bauern die arme und besitzlose Menge in Rom vermehrten, so stellte G. in Erneuerung eines der Licinischen Gesetze von 367 den Antrag, daß niemand mehr als 500 Jugera vom ager publicus besitzen und der herauszugebende Überschuß unter die besitzlosen Bürger verteilt werden sollte. Um die Härte des Gesetzes zu mildern, fügte er hinzu, daß außer jenen 500 Jugera noch 250 für erwachsene Söhne behalten und die zur Urbarmachung des Bodens und die errichteten Baulichkeiten auf dem abzutretenden Boden eine Entschädigung aus der Staatskasse gezahlt werden solle. Zur Feststellung des Abzutretenden sowie zur Abschätzung und Weiterverteilung des Abgetretenen sollte eine Kommission von drei Mitgliedern (triumviri agris dividundis) eingesetzt werden. Damit die armen Bürger die ihnen zugeteilten Landgüter nicht wieder an die Reichen verkauften, wurden dieselben für unveräußerlich erklärt. Die Optimaten setzten dem Antrag den heftigsten Widerstand entgegen und gewannen einen der Tribunen, Marcus Octavius, um durch

seine Einsprache die Abstimmung über das
Gesetz des G. zu verhindern. Vergeblich
suchte G. seinen Kollegen Octavius hiervon
abzubringen und den Senat von der Notwendigkeit und Zweckmäßigkeit seines Antrags zu überzeugen. Mit Hohn abgewiesen, ließ er, allerdings unter Verletzung
der Gesetze, Octavius durch eine Volks-
abstimmung absetzen. Hierauf wurde das
Gracchische Ackergesetz ohne jene milbern-
den Zusätze angenommen und die Kommission zur Ausführung desselben eingesetzt, zu deren Mitgliedern Tiberius
selbst, sein Bruder Gajus und sein Schwiegervater Appius Claudius gewählt wurden. Die Aufgabe derselben war schwierig
und zeitraubend, da es in vielen Fällen
zweifelhaft war, was ager publicus, was
Privateigentum sei, und die Optimaten
den Triumvirn alle möglichen Hindernisse
in den Weg legten. Um die Durchführung seines Gesetzes zu sichern, mußte G.
wünschen, für das nächste Jahr wieder zum
Volkstribunen gewählt zu werden. Er
suchte sich daher die Gunst des Volks durch
ein Gesetz zu verschaffen, nach welchem
die Schätze des Königs Attalos von Pergamon, die dem römischen Volk durch
Testament vermacht worden waren, unter
die ärmern Bürger verteilt werden sollten. Gleichwohl gelang es seinen Gegnern am ersten Wahltag, einen Aufschub
der Wahl durchzusetzen, da die Wieder-
erwählung desselben Tribunen ungesetzlich
sei. Am folgenden Tag kam es zwischen
den beiderseitigen Anhängern zu Thätlich-
keiten. Als der Konsul Quintus Mucius
Scävola im Senat sich weigerte, gegen
die Aufrührer mit Gewalt einzuschreiten,
stürmte der Pontifex Publius Scipio Nasica an der Spitze einiger Senatoren und
ihrer Klienten, welche sich mit Knütteln
und Stuhlbeinen bewaffneten, auf das Kapitol, welches G. mit seinen Anhängern
besetzt hatte. Das Volk, unbewaffnet und
bestürzt, ergriff die Flucht, in welche G.
selbst mit fortgerissen wurde. Er stürzte
aber vor dem Tempel des kapitolinischen
Jupiter nieder und ward erschlagen, mit
ihm 300 seiner Anhänger. Die Leichen
wurden in den Tiber geworfen. Die Optimaten hatten gesiegt, wagten aber nicht,

das Ackergesetz selbst aufzuheben, und entfernten auch den Urheber der blutigen
Gewaltthat, Nasica, unter einem Vorwand aus Rom.

3) Gajus Sempronius G., der jüngere Bruder des vorigen, geb. 154 v. Chr.,
übertraf seinen Bruder an geistiger Begabung, besaß eine feurige, hinreißende Beredsamkeit und war kühner, aber auch lei-
denschaftlicher. Trotz seiner Jugend wurde
er 133 zum Mitglied der Kommission erwählt, welche das Ackergesetz seines Bruders ausführen sollte. Er bezwang nach
dem Tod seines geliebten Bruders seine Erbitterung gegen die Optimaten und sein
Rachegefühl und stählte sich erst durch
gründliche Vorbereitung für die Vollendung des von jenem begonnenen Werks.
126 ging er als Quästor nach Sardinien;
um ihn von Rom fern zu halten, verlängerte ihm der Senat sein Amt auf ein zweites Jahr; als dies jedoch auch für ein drittes
Jahr geschah, kehrte er eigenmächtig nach
Rom zurück und wurde, nachdem er sich
vor dem Volk gerechtfertigt hatte, für 123
zum Volkstribunen gewählt. Jetzt begann
er seine auf eine gänzliche Umgestaltung
des Staats gerichtete Thätigkeit. Sein Ziel
war nicht nur, das Ackergesetz seines
Bruders zu erneuern, sondern es auch dadurch sicherzustellen, daß er die Macht des
Senats und der Magistrate beschränkte
und das Volk zum eigentlichen Herrn im
Staat machte, das er selbst durch die Macht
seiner Beredsamkeit und seine geistige
Überlegenheit nach seinem Willen zu len-
ken gedachte. Dem Ackergesetz folgten zunächst einige Gesetzanträge, welche für das
Wohl des Volks sorgen und dasselbe an
ihn ketten sollten. Ein Getreidegesetz
(lex frumentaria) bestimmte, daß den römischen Bürgern monatlich ein bestimmtes Quantum Getreide zu einem niedrigen
Preis aus Staatsmitteln verabreicht werden sollte. Er ließ ferner die Erleichterung des Kriegsdienstes durch Beschaffung
der Bekleidung der Soldaten auf Staatskosten und Abkürzung der Dienstzeit sowie die Aussendung mehrerer Kolonien
beschließen. Ein andres Gesetz verord-
nete, daß ein römischer Bürger zum Tod
oder zur Verbannung nur durch das Volk

verurteilt werden dürfe. Alle diese Ge=
setze wurden von G., der auch für 122 seine
Wiederwahl zum Tribunen durchsetzte, zur
Annahme gebracht. Seine Stellung an
der Spitze der Tributkomitien war eine
so mächtige, daß der Senat kaum zu op=
ponieren wagte. Nun ging G. auch gegen
den Senat vor, indem er ein Richterge=
setz (lex judiciaria) beantragte, wonach
die für bestimmte Verbrechen bestehenden
Geschwornengerichte (quæstiones perpetuæ), welche bisher ausschließlich durch
Senatoren gebildet worden waren, fortan
auf die Ritter übertragen wurden, wo=
durch der Ritterstand für die Volkspartei
gewonnen ward. Der Verlust der Gerichte
war für die Optimaten um so empfind=
licher, als dieselben hauptsächlich die Kla=
gen wegen Erpressungen der Statthalter
in den Provinzen abzuurteilen hatten
und die optimatischen Magistrate bisher
in solchen Fällen bei ihren Standesgenos=
sen am ersten Straflosigkeit erwarten
konnten. Dennoch wurde auch dieses Ge=
setz angenommen. Da beantragte G. ein
neues Gesetz über die Verleihung des
Bürgerrechts an die Bundesgenossen
(de civitate sociis danda). Dasselbe sollte
ihm in der zahlreichen Bevölkerung Jta=
liens, welche ihre Ausschließung von politi=
schen Rechten um so bitterer empfand, als
sie den Römern selbst sonst gänzlich gleich=
stand, einen zuverlässigen Anhang ver=
schaffen. Aber es verletzte den Stolz und
die Eigenliebe selbst der ärmern Römer
und bot auch sonst bei der damaligen Ver=
fassung Roms erhebliche Schwierigkeiten.
Es ging daher nicht wie die übrigen Ge=
setze sofort durch, und dies benutzte der
Senat, um G. aus der Volksgunst zu
verdrängen. Als derselbe 122 sieben Wo=
chen von Rom abwesend war, um eine der
von ihm bestimmten Kolonien, Junonia,
auf dem Boden des zerstörten Karthago
zu gründen, bewogen sie einen seiner Kol=
legen, den Volkstribun Marcus Livius
Drusus, dem Volk mit Zustimmung des
Senats noch größere Vorteile, als G.
ihm gewährt, in Aussicht zu stellen. Wirklich
wendete sich ein großer Teil des Volks
von G. ab; bei der Neuwahl der Tribu=
nen für 121 fiel er durch, dagegen wurde

einer seiner erbittertsten Gegner, Lucius
Opimius, zum Konsul gewählt. Jm Som=
mer beantragten darauf die Optimaten
die Aufhebung der Gracchischen Gesetze,
vor allen desjenigen über die Kolonien,
auf welches der städtische Pöbel immer
am wenigsten Gewicht gelegt hatte. Um
dies zu verhindern, beriefen G. und Jul=
vius Flaccus eine Volksversammlung
auf das Kapitol, die mit einem wilden
Tumult endete, als die Anhänger des G.
einen Liktor, der diesen beleidigt hatte, er=
schlugen. Nun erteilte der Senat dem
Konsul Opimius unbeschränkte Vollmacht
für den Schutz des Staats. G. besetzte
mit seinen Anhängern den Aventinus und
bot dem Senat vergeblich Verhandlungen
an. Der Konsul Opimius erstürmte viel=
mehr an der Spitze der Senatoren und
ihrer Anhänger mit Hülfe kretischer Bo=
genschützen den Aventinus und schlug
die Gegner in die Flucht. 3000 derselben
wurden dabei getötet; G. floh über den
Tiber, ließ sich aber im Hain der Furina
von einem Sklaven töten, um nicht leben=
dig seinen Feinden in die Hände zu fal=
len. Sein Kopf wurde der Ankündigung
des Konsuls gemäß dem Überbringer mit
Gold aufgewogen. Die Leichen der Ge=
fallenen wurden in den Tiber geworfen
und zum Andenken an diesen traurigen
Sieg auf Befehl des Senats der Concor=
dia ein Tempel erbaut. Das Volk aber
ehrte das Andenken der Gracchen und er=
richtete ihnen später Statuen.
Über die Geschichte der Gracchen besitzen
wir ausführliche Quellen in Appians »Ge=
schichte der römischen Bürgerkriege« und
bei Plutarch. Vgl. Nitzsch, Die Gracchen
und ihre Vorgänger (Berl. 1847); Lau,
Die Gracchen und ihre Zeit (Hamb. 1854).

Gräken (Græci), griech. Volksstamm
in Epeiros, dessen Name erst bei den be=
nachbarten Jllyriern, dann bei den Itali=
kern und Römern auf das griechische
Volk überging, welches sich selbst nach dem
spätern Namen jenes Volksstamms Hel=
lenen nannte (vgl. Dodona). Griechen=
land hieß daher bei den Römern Græcia.

Granada, s. Jlliberis.

Granikos (jetzt Tschan=tschai), Fluß
in der Landschaft Troas im nordwestlichen

Kleinasien, welcher nördlich vom Jda ent=
springt und, nach N. fließend, in die Pro=
pontis mündet. An demselben erfocht
Alexander d. Gr. im Mai 334 v. Chr. sei=
nen ersten Sieg über die Perser; 74 siegte
hier Lucullus über Mithridates.

Granius Licinianus, röm. Geschicht=
schreiber des 2. Jahrh. n. Chr., schrieb eine
römische Geschichte von der Erbauung der
Stadt bis zum Tod Cäsars in annalisti=
scher Form in 40 Büchern, von welcher
G. H. Pertz Bruchstücke mit einigen wert=
vollen Notizen aus den Jahren 173 und
78 v. Chr. in einem Londoner Palimpsest
entdeckte. Dieselben wurden von K. Pertz
(Berl. 1857) und von mehreren Bonner
Philologen (Leipz. 1858) herausgegeben.

Gratiānus, röm. Kaiser, ältester Sohn
Valentinianus' I., der ihn schon als neun=
jährigen Knaben 367 n. Chr. zum Au=
gustus ernannte, folgte seinem Vater 375
in der Herrschaft über die westliche Hälfte
des Reichs. Er überließ seinem Bruder
Valentinianus II. Italien und führte
selbst die Regierung in den Ländern jen=
seit der Alpen, die von den Germanen be=
droht waren. Er erfocht 378 einen großen
Sieg über die Alemannen bei Kolmar.
Als sein Oheim Valens in demselben
Jahr bei Adrianopel gegen die Westgoten
Sieg und Leben verlor, übertrug er die
Herrschaft über Ostrom dem kräftigen
Theodosius. Anfangs wegen seiner Ta=
pferkeit und Milde allgemein beliebt, ver=
scherzte er sich bald die Gunst des Volks
und der Soldaten durch seine Unthätig=
keit und durch die Bevorzugung fremder
Söldner. Als sich daher Marimus in
Britannien empörte und in Gallien lan=
dete, fiel ihm alles zu. G. flüchtete, wurde
aber auf der Flucht in Lyon ereilt und
getötet (25. Aug. 383).

Griechenland (Hellas, Graecia), die
südöstliche Halbinsel Europas, welche im
N., wo sie mit dem Festland zusam=
menhängt, von Makedonien und Illy=
rien, im O. vom Ägäischen und im W.
vom Jonischen Meer begrenzt wird; der
Flächenraum beträgt etwa 90,000 qkm.

Geographisches.

Das Ganze zerfiel in drei Hauptteile:
Nordgriechenland (Epeiros und Thes=
salien), Mittelgriechenland (in spä=
terer Zeit vorzugsweise Hellas genannt)
und die nur durch den schmalen Isthmos
von Korinth mit dem Festland zusam=
menhängende Halbinsel Peloponnesos.
Es zeigt die größte Entwickelung und
Gliederung von Land und Meer, und den
durch tief einschneidende Meeresbuchten
gebildeten Halbinseln schließen sich zahl=
reiche Inseln in dem östlichen und dem
westlichen Meer an. Auch die Gebirge
sind vielfach und verschiedenartig gestaltet.
Während die Gebirge Westgriechenlands
von NW. nach SO. laufen, zieht sich die
Wasserscheide zwischen den beiden Meeren
auf der Mitte der Halbinsel von N. nach
S., die östlichen Gebirge von O. nach W.,
und die des Peloponnesos lagern sich um
ein centrales Hochland. Das aus Kalk
bestehende Centralgebirge, der Pindos,
welcher nach N. hin durch den Skardos
mit dem Hämos und den Dinarischen
Alpen zusammenhängt, beginnt beim Lak=
mon, von dem auch das Keraunische
Gebirge nach NW. bis zum Akrokerau=
nischen Vorgebirge, die Kambunischen
Berge nach O. bis zum Olympos gehen,
und reicht nach S. bis zum Gebirgskno=
ten des Tymphrestos (2300 m), von
dem ber Othrys und der Öta mit seinen
Fortsetzungen Kallidromon und Knemis
nach O., der Korax (2500 m) nach S. bis
zum Korinthischen Meerbusen sich hinzieht.
Südlich vom Tymphrestos löst sich die
Hauptkette in einzelne Berggruppen auf,
wie den Parnassos, Helikon, Kithäron,
Parnes, Pentelikon und Laurion, welche
im Vorgebirge Sunion enden, aber in den
Bergen der westlichen Kykladen noch eine
Fortsetzung haben. An der Ostküste Grie=
chenlands zieht sich eine mehrfach unter=
brochene Gebirgskette vom Olympos aus
in gleicher Richtung wie der Pindos, näm=
lich südlich vom Thal Tempe der Ossa und
der Pelion mit dem Gebirge der Halbinsel
Magnesia, dann dem Gebirge Euböas
und der Fortsetzung auf die äußere Reihe
der Kykladen. Während nun Westgrie=
chenland vorherrschend ein Bergland von
geringer durchschnittlicher Erhebung und
mit kleinen vorgelagerten Küstenebenen
ist, welches von nicht unbeträchtlichen

Strömen, wie dem Arachthos, Acheron, Acheloos, durchströmt wird, sind im O. zwischen den hohen Gebirgsketten kessel= artige Thalebenen eingesenkt, welche von kleinern Flußläufen bewässert werden, so: die Ebene von Thessalien mit dem Pe= neios, die Malische Thalebene mit dem Spercheios und Böotien mit dem in den Kopaïssee mündenden Kephisos. Der Pe= loponnesos hat eine eigne, durch das cen= trale Hochland und die vier von diesem auslaufenden Gebirgszungen bedingte Bildung: eine größere Ebene nur im W. mit den Flüssen Peneios und Al= pheios, zwei kleinere im S. am Messeni= schen und Lakonischen Meerbusen und eine dritte kleine am Argolischen Busen.

Scheint die Ostseite durch ihre vertikale Gestaltung weniger begünstigt als die Westseite, so ist sie es desto mehr durch ihre reichere Küstengliederung und ihre Lage an einem Meer, das die bequemste Verbindung mit zahlreichen Inseln und der Westküste Kleinasiens gewährte. Meh= rere Buchten des Ägäischen Meers drin= gen tief in das Festland ein, so der Paga= säische Meerbusen im N., der Malische und der Saronische in der Mitte, der Argolische im S. Große und kleine In= feln, wie Euböa, Salamis, Ägina, Ky= thera u. a., sind der Küste vorgelagert, und ihnen schließen sich dann die Kykla= den an, welche sich im S. bis nach Kreta, im O. bis zu den Sporaden und der Küste Kleinasiens erstrecken.

Nordgriechenland, namentlich die west= liche Landschaft Epeiros, war zum großen Teil von Stämmen nichthellenischer (illy= rischer) Abstammung bewohnt und wurde von den Griechen selbst als halbbarbarisch betrachtet. Mittelgriechenland zerfiel in die Landschaften: Akarnanien, Ato= lien, das ozolische Lokris, Doris, Phokis, das epiknemidische und das opuntische Lokris, Böotien, Attika und Megaris. Der Pelopon= nesos war in neun Landschaften geteilt: Arkadien, Achaia, Elis, Messe= nien, Lakonien, Argolis, Korinth, Sikyon und Phlius. Der Boden Griechenlands war zwar nicht unfruchtbar, doch auch nicht allzu freigebig

und bot fast nirgends seine Gaben ganz frei= willig und mühelos oder in solchem Über= fluß dar, daß er zur Trägheit und Sorg= losigkeit verlockt hätte; vielmehr trieb er die Bewohner zu Fleiß und Erfindsamkeit an. Der brauchbare Ackerboden betrug kaum ein Viertel des Areals und wurde meist mit Gerste, seltener mit Weizen be= baut. Der steinige und dürre Boden der Bergabhänge war mit Weinreben, Oliven= bäumen und Feigen bepflanzt, die einen reichlichen Ertrag lieferten; ihre teilweise vorzüglichen Produkte bildeten einen wert= vollen Ausfuhrartikel zum Austausch ge= gen Getreide. Der größte Teil des Bo= dens, namentlich im Bergland, war nur als Weideland benutzbar für Schaf= und Ziegenherden, deren Wolle das Material für eine lebhafte Industrie in Weberei und Färberei lieferte. Die Rinder waren von kleiner Rasse und nicht zahlreich, Pferde konnten nur in den wenigen Ebenen ge= züchtet werden; im Gebirge gab es starke Maulesel. Die Seen und das Meer wa= ren außerordentlich fischreich und ergänz= ten die dürftige Fleischnahrung. Die Wäl= der, welche die Gebirge noch in ziemlicher Ausdehnung bedeckten, waren reich an Wild und bestanden aus Eichen, Ulmen, Eschen und Tannen, lieferten aber nicht genügendes Bauholz, das auch von aus= wärts eingeführt wurde. An Mineralien war G. nicht reich; nur an wenigen Stel= len fanden sich Eisen (in Lakonien), Sil= ber (in Attika auf dem Laurion), Kupfer (in Euböa) u. a. m. Dagegen lieferten die Gebirge der Ostküste und der Inseln vortrefflichen Kalkstein und Marmor zum Bauen und für die Skulptur. Das Klima war im ganzen mild, aber nicht gleich= mäßig, vielmehr reich an starken Gegen= sätzen infolge des schroffen Wechsels der vertikalen Bodenformen, der Thäler und Hochgebirge und infolge der hydrographi= schen Verhältnisse, welche wasserreiche Ebe= nen wie Böotien neben trocknen Gegenden wie Attika aufwiesen. Doch trug diese Verschiedenheit dazu bei, das Klima erfri= schend und gesund zu machen und die Be= wohner vor Erschlaffung zu bewahren.

Bevölkerung.

Die verschiedenartige Beschaffenheit des

griechischen Landes, welches Hochgebirge und reiche Ebenen, geschlossene Thalbecken und offene Stromlandschaften, einförmige Plateaus und vielgegliederte Küstenstriche sowie zahlreiche Inseln von verschiedenster Größe und Gestalt umfaßte, bewirkten, daß dasselbe trotz seiner Kleinheit den größten Reichtum an den verschiedensten Gestaltungen des politischen und privaten Lebens darbot. Während die Bewohner von Epeiros, Ätolien und Arkadien ein halb primitives, rauhes Hirten- und Bauernleben führten, der thessalische und böotische Adel in Üppigkeit und Schwelgerei seine Kraft vergeudete, bildeten die Spartaner einen Militärstaat aus, entwickelten sich Handel und Industrie in den Seestädten des Ägäischen Meers und blühten Künste und Wissenschaften in Athen. Die innere politische Entwickelung der einzelnen Landschaften bot die größten Verschiedenheiten dar, und infolge des Mangels eines natürlichen Mittelpunkts entstand ein Partikularismus, der die politische Einigung des griechischen Volks außerordentlich erschwerte.

Doch beschränkte sich der Schauplatz der griechischen Geschichte nicht auf den G. genannten südlichen Teil der Balkanhalbinsel nebst den benachbarten Inseln, sondern umfaßte das Gebiet des gesamten Ägäischen Meers nebst der Küste Makedoniens und Thrakiens im N. und der Westküste Kleinasiens und seiner Inselwelt, welche durch die bequeme Verkehrsstraße des Meers mit G. verbunden waren. Die Bewohner dieser Lande, die Griechen oder Hellenen, gehören dem großen arischen oder indbogermanischen Völkerstamm an und zwar dem südeuropäischen Zweig desselben, welcher, von den Ursitzen der Arier nach W. wandernd, Kleinasien und dann die Balkanhalbinsel besetzte, von wo die Italiker sich noch weiter nach Italien wendeten. Über diese Einwanderung der Griechen liegt uns weder in geschichtlichen Aufzeichnungen noch in der Sage eine Überlieferung vor. Nur erkennen wir aus dem gemeinsamen Sprachschatz der arischen Völker, daß die Griechen aus der Urheimat schon einen gewissen Grad von Kultur mitbrachten: sie kannten die Haustiere, den Ackerbau, die Kunst des Malens, Webens, Schmiedens 2c.; auch die Verehrung segensreicher Naturmächte als Gottheiten haben sie mit den übrigen Indbogermanen gemein. Die Griechen betrachteten sich selbst als Autochthonen, als in G. eingeborne, doch nicht als die ersten Einwohner. Diese waren nach antiker Vorstellung die Pelasger, welche von den Griechen selbst also für ein fremdes Volk angesehen wurden, deren Name (die »Alten«) aber in Wirklichkeit nur die Griechen in der ältesten Periode ihrer Entwickelung nach ihrer Einwanderung in G. bezeichnet. Die Pelasger trieben Jagd, Viehzucht, Fischfang, auch Ackerbau, zerfielen in zahlreiche kleine Stämme unter Königen oder Häuptlingen, welche patriarchalisch herrschten, und führten ein einfaches und gleichförmiges Dasein; als Götter verehrten sie die gewaltigen Naturmächte, den Himmelsgott Zeus, die Erdgöttin Dione, Demeter, den Schutzgeist des Ackerbaus, Hestia, das Herdfeuer, Hermes, den Regengott, Poseidon und Hades, und zwar ohne Tempel und Bilder und oft mit Menschenopfern. Unter dem Einfluß der Phöniker, welche schon früh (um 1300 v. Chr.) das Ägäische Meer des Handels wegen aufsuchten und auf vielen Inseln und auch an einzelnen Stellen des Festlands Niederlassungen gründeten, entwickelten sich eine höhere Kultur und neue Götterdienste. Der Stamm der Jonier, welcher sich an der Westküste Kleinasiens und auf den benachbarten Inseln ausgebreitet hatte, war der erste, welcher von den Phönikern die Schiffahrt lernte und selbst Handel zu treiben anfing. Von den Phönikern und den ihnen nacheifernden kleinasiatischen Völkern, den Joniern und Karern, nahmen die Pelasger höhere staatliche Ordnungen und manche Künste des Friedens an. Argos, Böotien, Euböa, der Pagasäische Meerbusen waren die wichtigsten Schauplätze dieser Entwickelung; die Sagen von den fremden Einwanderern, welche Staaten gründeten und feste Burgen (Larissen) zum Schutz gegen räuberische Angriffe erbauten, wie Danaos, Kekrops, Pelops, Kadmos u. a., sind Zeugnisse der Erinnerung noch späterer

Zeit an den ausländischen Einfluß. Das Reich des M i n o s auf Kreta war in dieser ältesten Periode der griechischen Geschichte das bedeutendste Staatswesen: Minos beherrschte den größten Teil des Archipels, machte dem Seeräuberwesen ein Ende und eröffnete der Schiffahrt neue Bahnen bis Sicilien hin; Ordnung und Recht und die ältesten Formen des Kultus führten ihren Ursprung auf Kreta zurück. Am Pagasäischen Meerbusen und in Böotien am Kopaïssee gründeten die M i n y e r Reiche, K a d m o s in Theben, die P e l o p i d e n in Argos und Sparta. Die Jonier setzten sich auf Euböa, in Attika, auf dem Isthmos und in Agialeia fest. Teils die überlegene Bildung der Eingewanderten, teils tapfre Heldenthaten in den unaufhörlichen Kämpfen mit den Nachbarn ließen einen Adel entstehen, und während man die Gesamtheit der durch Vermischung mit Einwanderern zu höherer Kultur gelangten Pelasgerstämme A o l i e r zu nennen pflegt, faßt man den kriegerischen Adel derselben unter dem Namen A c h ä e r zusammen. Ihre Zeit ist die H e r o e n z e i t des griechischen Adels, in der die Sage H e r a k l e s zum Ideal eines Helden erhob und Unternehmungen zur See und zu Land in dem Argonautenzug und dem Zug der Sieben gegen Theben sowie im Trojanischen Krieg verherrlichte.

Eine folgenreiche Umwälzung bezeichnete den Anfang der hellenischen Periode. Das Vordringen illyrischer Stämme in Epeiros, wo um das Heiligtum von Dodona und Hellopia der pelasgische Stamm der G r ä k e n (nach welchem die Griechen benannten) oder H e l l o i (Selloi) wohnte, zwang die zu den Thesprotiern gehörigen T h e s s a l i e r, aus Epeiros über den Pindos nach dem Thal des Peneios auszuwandern, das fortan Thessalien hieß. Sie unterwarfen hier die Arnäer oder Böotier und die Minyer und machten sie zu Zinsbauern (Penesten). Nur die vornehmern Geschlechter der B ö o t i e r wandten sich nach S. und ließen sich in der Ebene des Kopaïssees nieder, wo sie die Minyer von Orchomenos und die Kadmeionen verdrängten und die Städte der nach ihnen benannten Landschaft Böotien zu

einem Staatenbund vereinigten, dessen Hauptstadt Theben war. Der Einfall der Thessalier in Thessalien bedrohte auch die D o r i e r, welche am Olympos wohnten. Ein Teil derselben wich nach Makedonien zurück, ein andrer bahnte sich mit dem Schwert einen Weg durch Thessalien nach dem Öta und entriß hier den Dryopern die kleine Berglandschaft Doris. Schon im Besitz fester staatlichen Ordnungen, suchten die Dorier diese auch über die Nachbarschaft auszubreiten und gründeten einen Bund der Hauptstämme Mittelgriechenlands, die d e l p h i s c h e A m p h i k t y o n i e; als Gesamtname für die Völker dieses Bundes kam der Name H e l l e n e n auf. Durch Teile andrer Stämme verstärkt, brachen die Dorier unter der Führung der H e r a k l i d e n (s. b.) 1104 v. Chr. nach S. auf, überschritten die schmale Meerenge, welche den Korinthischen Golf im W. begrenzt, und eroberten in hartnäckigem, langem Kampf mit den Achäern den größten Teil des Peloponnesos. Arkabien umgehend, erreichten sie den Isthmos von Korinth, besetzten Megaris und waren im Begriff, indem sie den Doriern am Öta die Hand reichten, ganz Hellas zu unterjochen, als der Heldenmut Athens ihrem Vordringen ein Ziel setzte. Die aus Elis, wo die den Doriern verbündeten Ätoler sich festsetzten, M e s s e n i e n, L a k o n i e n und A r g o s verdrängten Achäer zogen sich nach Arkadien zurück und breiteten sich von hier über Agialeia aus, dessen ionische Einwohner sie vertrieben, und dem sie ihren Namen A c h a i a gaben.

So wie nun die Wohnsitze der hellenischen Stämme verteilt waren, blieben sie im wesentlichen in der geschichtlichen Zeit. Doch hatte die gewaltsame Umwälzung, welche sich vor allem gegen die unter dem Einfluß östlicher Einwanderung gegründeten Staaten richtete, eine große Rückströmung der Griechen nach den Inseln des Ägäischen Meers und der Westküste Kleinasiens zur Folge. Drei große K o l o n i e n z ü g e lassen sich unterscheiden: der ä o l i s c h e im N., der i o n i s c h e in der Mitte, der d o r i s c h e im S. Der letztere umfaßte auch ionische und achäische Ansiedler, welche unter dorischer Führung ausjogen. Von ihm wurden die Küste Kariens, Rhodos und Kos kolonisiert, Kreta nach langwieriger Eroberung fast ganz dorisch gemacht. Die Jonier, welche von Attika, dem Zufluchtsort der aus dem Peloponnesos Vertriebenen, auszogen, fanden an der Küste Lydiens ihre dort zu= rückgebliebenen Stammesgenossen wieder, auf deren politische und geistige Ent= wickelung sie einen ungemein fördernden Einfluß ausübten. Vor allem war die Einigung der asiatischen Jonier zu einem Bund von zwölf Städten ihr Werk. Die Aolier endlich sammelten sich, meist unter Führung achäischer Geschlechter, in Böo= tien, gründeten von hier mehrere Kolonien an der thrakischen Küste, besetzten Lesbos und eroberten in erbitterten Kämpfen mit den Dardanern Mysien und Troas. Unter die drei Stammnamen, welche in Klein= asien besonders zur Geltung kamen: Do= rier, Jonier und Aolier, wurden nun auch die Griechen in Hellas zusammenge= faßt, so daß man die Stämme, welche nicht zu den beiden ersten gehörten, wie Böotier, Thessalier, Lokrer, Eleier u. a., als Aolier bezeichnete. Die drei Stämme unterschieden sich durch ihren Dialekt und durch manche Geistes= und Charaktereigentümlichkeiten. Gemeinsam waren aber den Hellenen ein warmes Gefühl für das Schöne und Ideale, Liebe zu den Künsten, den reden= den wie den bildenden, reiche und rasche geistige Empfänglichkeit; glühende Phan= tasie, glänzende Intelligenz und scharfer Verstand waren bei ihnen in wunderba= rer Weise verbunden, und ihre Regsam= keit, ihre unermüdliche Wißbegierde, ihre Freude am rüstigen Üben ihrer körper= lichen und geistigen Kräfte befähigten sie zur Bildung einer ebenso großartigen wie harmonischen Kultur, einer herrlichen Sprache, einer Religion voll sinniger Ideen und mit einer poetisch gestalteten Mythologie, der Grundlagen des Rechts= und Staatslebens. Es fehlte ihnen nicht der Sinn für Regel und Ordnung, für das Maßvolle; derselbe wurde freilich oft unterdrückt durch die Leidenschaftlichkeit des Volks, welche sich in Parteigeist, maß= loser Erhebung, Grausamkeit im Krieg und rücksichtsloser Gewinnsucht äußerte.

Religion.

Die Religion der alten Pelasger er= fuhr eine wesentliche Umwandlung. Zu den alten Gottheiten traten neue, wie Pallas, die Tochter des Zeus, die Göttin der Gewitter, die den Blitzstrahl und den Ägisschild schwingt, die unbezwungene Göttin siegreicher Schlachten; Phöbos Apollon, der Gott der Sonne, des Lichts, der Dunkel und Unheil abwehrt und die Frevler durch seine ferntreffenden Ge= schosse mit Fieber, Pest, Hunger bestraft; Mondgöttin ist Artemis, zugleich die Göttin des Waldes und der wilden Tiere. Als Geber des Feuers und Schützer des Herdes, dann auch als Gott der mit Feuershülfe betriebenen Künste erscheint Hephästos, während Hera als Ge= mahlin des Zeus an Stelle der ältern Dione tritt. Dionysos endlich wurde als Gott der Fruchtbäume, vor allem des Weinstocks, verehrt. Unter dem Einfluß der Berührung mit den Phönikern und den kleinasiatischen Völkern und deren Kultus wurden den griechischen Gottheiten fremde Züge und Eigenschaften beigelegt, ja die semitische Liebesgöttin als Aphrodite in den Kreis der griechischen Götter auf= genommen. In der Zeit der Heldendich= tung, der Homerischen Gedichte, verloren sodann die Götter ihre ausschließliche Be= deutung als Naturmächte. Sie beherrsch= ten nach wie vor die physische Welt, aber es wurden ihnen sittliche Ideen beigelegt und ihre Gestalten zu scharf ausgepräg= ten Persönlichkeiten ausgebildet, deren Wesen und Eigenschaften, allerdings mit idealer Färbung, nach der Analogie der damaligen Menschen gedacht wurden. In der Heimat der Homerischen Gedichte, in Jonien, ging dieser Anthropomorphismus so weit, den Göttern auch menschliche Leidenschaften und Schwächen beizulegen, während in Hellas sich eine höhere und strengere Auffassung der sittlichen Bedeu= tung der Götter behauptete. Indem die Griechen danach strebten, ein mythologi= sches System herzustellen, welches die Entstehung der Welt erklärte und von der göttlichen Regierung ein Bild gab, schufen sie eine viel verzweigte Genealogie der Götter (Theogonie) und einen Göt=

terstaat mit dem Olympos als Mittelpunkt. Manche nur an vereinzelten Orten verehrte Gottheiten, viele nicht mehr
verständliche Beinamen der Götter wurden zu Heroen gemacht, Vorgänge in der
Natur symbolisch zu heroischen Thaten und
Ereignissen umgestaltet. Die Auffassung
der Natur als eines belebten Wesens vertraten fortan mehr die niedern Gottheiten oder Geister, die Nymphen, die Sa-
tyrn, die Flußgötter u. a. Die Verehrung
der Hauptgottheiten der griechischen Welt
wurde erst allmählich eine allgemeine, und
der Dienst mancher Gottheiten wurde in
verschiedenen Landschaften, bei verschie-
benen Stämmen auch noch später besonders gepflegt und hochgehalten, so der
des Apollon bei den Doriern, der Pallas
Athene bei den Athenern 2c. Die delphische
Priesterschaft wirkte besonders darauf hin,
daß eine Zwölfzahl der olympischen Gottheiten, Zeus, Poseidon, Apollon,
Ares, Hermes und Hephästos, Hera,
Athene, Artemis, Aphrodite, De-
meter und Hestia, festgesetzt wurde.
Über diese herrschte Zeus als König des
Himmels und der Erde, als Vater der
Götter und Menschen, als Schützer des
Rechts und der Ordnung; die übrigen
Gottheiten sind seine Diener und Gehül-
fen, die wie Apollon, der Lichtgott, seinen
Willen verkünden oder wie Pallas Athene
seine Einsicht und Besonnenheit den
Menschen einflößen. Die Griechen kannten keinen feindlichen Gegensatz zwischen
Natur und Geist, auch nicht zwischen
Göttern und Menschen. Wenn sie auch
im Gottesdienst an dem hergebrachten Kultus streng festhielten und die zahlreichen
Götterfeste wie die Reinheitsgebräuche genau beobachteten, so waren sie doch frei
von sklavischer Angst und grausamer As-
kese. Wie ihr Götterdienst vorwiegend
ein heiterer war, so beruhte auch ihre
Moral auf gesunder Empfindung, auf
dem natürlichen sittlichen Gefühl. Dies
sittliche Bewußtsein aber kräftigten sie
durch Selbstprüfung, weise Mäßigung
und klare Besonnenheit; die »Sophro-
syne«, das schöne harmonische Maß, galt
den Griechen stets als das Ziel sittlichen
Strebens.

Staatsverfassung, Kolonisation.

Staatsverfassung der Griechen in dieser
Zeit war noch die des patriarchalischen Königtums. Der König (Basileus) herrschte
mit erblicher, von Zeus verliehener Gewalt
als oberster Feldherr, Richter und Priester,
doch nicht als Despot; öffentlich, auf dem
Markt beriet er mit den Greisen und den
Edlen des Volks die öffentlichen Angelegenheiten und sprach mit ihrem Beirat Recht.
Er war zwar der reichste Grundbesitzer,
lebte aber einfach und in traulichem Verkehr mit seinen Unterthanen, und Heldenmut und tapfre Thaten im Krieg mußten
seinen Vorrang rechtfertigen. Die Edlen
erfreuten sich an Krieg und Jagd, in den
Zeiten der Muße an festlichen Gelagen und
an den Gesängen der Dichter. Das Volk
erwarb seinen Lebensunterhalt durch Ackerbau und Viehzucht, Seefahrt und Handel.
Das streng beobachtete, weil unter den
Schutz von Zeus gestellte Gastrecht machte
den friedlichen Verkehr zwischen den verschiedenen Stämmen trotz unaufhörlicher
Fehden möglich. Der Mörder war der
Blutrache preisgegeben, doch konnte er sich
durch ein Sühnegeld lösen. Das Familienleben war ein edles, die Frau geachtet,
Liebe und Ehrfurcht der Kinder gegen
die Eltern eine heilige Pflicht. Freilich
fehlte es auch nicht an Ausbrüchen wilder
Leidenschaft u. ungebändigter Naturkraft.
In der hellenischen Zeit nahmen unter
den griechischen Stämmen die Dorier
und Jonier die bedeutendste Stellung
ein. Unter den Staaten, welche jene auf
dem Peloponnesos gegründet haben, war
Sparta der kräftigste, namentlich seitdem die Verfassung des Lykurgos die
Dorier daselbst zu dem ausschließlich
herrschenden Stand gemacht und ihnen
durch Erziehung und Gesetzgebung militärische Tüchtigkeit, kriegerischen Geist und
unbedingte Hingebung an den öffentlichen
Dienst eingepflanzt hatte. Die Spartaner
erlangten hierdurch die Kraft, nicht nur
in Lakonien die noch zahlreichen achäischen
Bewohner völlig zu unterwerfen und zu
dorisieren, sondern auch in zwei langwierigen Kriegen Messenien zu erobern und
die Hegemonie über die ganze Halbinsel
zu gewinnen. Das Heiligtum des Zeus

zu Olympia und die alle vier Jahre dort gefeierten Spiele bildeten den Mittelpunkt eines Bundes, in welchem ſie die mäch= tigſte Stellung einnahmen. Durch vor= ſichtiges Eingreifen in die innern Wirren der Nachbarſtaaten wußten ſie das poli= tiſche Übergewicht der doriſchen Bevölke= rung zu befeſtigen und die konſervative ariſtokratiſche Verfaſſung nach Umſturz der Tyrannen wiederherzuſtellen, welche in mehreren doriſchen Staaten, wie in Argos, Korinth, Sikyon, Megaris, ſich erhoben hatten und durch die Befreiung des Volks und Begünſtigung fremder Elemente der materiellen Entwickelung einen mächtigen und raſchen Aufſchwung gaben, aber die griechiſche Bildung zu über= ſtürzen und ihre Eigenart zu gefährden drohten. Die Hegemonie auch in Mittel= griechenland und damit die Oberleitung aller helleniſchen Angelegenheiten zu er= ringen, glückte aber Sparta nicht; dort er= hob ſich Athen als ebenbürtiger Nebenbuh= ler, wo Solon durch ſeine Geſetzgebung den harten Druck der Ariſtokratie beſei= tigte und eine freiheitliche Entwickelung ermöglichte. Parteiſtreitigkeiten verhalfen auch hier den Peiſiſtratiden zur Tyrannis, welche die Spartaner 510 v. Chr. ſtürzen halfen. Aber die Vertreibung der Ty= rannen hatte in Athen nicht die Wieder= herſtellung der ariſtokratiſchen Verfaſſung, ſondern die Umwandlung der Soloniſchen Verfaſſung in eine Demokratie zur Folge. Die neu erworbene Freiheit verlieh den Athenern die Kraft, Spartas Verſuch einer ariſtokratiſchen Reſtauration abzuwehren, einen Angriff der eiferſüchtigen Thebaner zurückzuweiſen und Euböa zu unterwerfen. Nun trat Athen als Vertreter des ioniſchen Stammes dem doriſchen Sparta ebenbür= tig gegenüber. Wie dieſem auf dem Pelo= ponnesos der ſtammverwandte Freiſtaat Korinth anregend und mäßigend zur Seite ſtand, ſo in Hellas die ackerbautrei= bende Bevölkerung von Böotien unter Thebens Führung neben Athen. Außer dieſen vier Staaten war um 500 auf dem europäiſchen Feſtland kein griechiſcher Staat von größerer Bedeutung.

Großartig war in dieſen erſten Jahr= hunderten der helleniſchen Zeit die ko=

loniſatoriſche Thätigkeit der Grie= chen. Unermüdlich in ihrem Trieb, einen neuen Handelsweg aufzuſuchen, bei allem Heimatsgefühl zur Auswanderung in die Ferne geneigt, verbreiteten ſie ſich über das ganze Mittelmeergebiet, aus dem ſie die Phöniker größtenteils verdrängten, und gründeten an den Küſten der Mäotis, an den Mündungen des Nils, in Italien, auf den weſtlichen Inſeln bis nach Gallien und Spanien hin Pflanzſtädte, welche den Handel mit dem Mutterland vermittelten, die Produkte des fremden Landes mit den Erzeugniſſen des heimiſchen Gewerbfleißes austauſchten und durch betriebſame Aus= beutung des Landbaus bald zu eignem Wohlſtand und zu großem Volksreichtum gelangten, ſo daß ſie bald ihre Mutterſtädte übertrafen. Mit der materiellen Ent= wickelung hielt auch meiſt die intellektuelle gleichen Schritt. Dabei blieben die Ko= lonien mit der Heimat in regem Verkehr. Wenn ſie auch eine politiſche Oberhoheit der Mutterſtadt gewöhnlich nicht aner= kannten, hielten ſie doch ein Pietätsver= hältnis aufrecht. Ihre griechiſche Natio= nalität bewahrten ſie nicht nur, ſondern ſie breiteten auch ihre Sprache und Bildung bei den Völkerſchaften aus, in deren Mitte ſie ſich anſiedelten. Die Übervölkerung, welche dem griechiſchen Gemeinweſen hätte gefährlich werden und aufreibende innere Kämpfe hervorrufen können, wurde durch dieſe Koloniſation nicht nur abgelenkt, ſondern zur Steigerung der nationalen Machtſtellung und zur Förderung des Geiſteslebens auch im Mutterland ver= wertet. Vor allem zeichneten ſich durch koloniſatoriſche Thätigkeit die Jonier und unter dieſen wieder die Städte Chalkis auf Euböa und Miletos aus. Auch bei den unter Führung doriſcher und äoliſcher Geſchlechter ausgeſandten Anſiedelungen waren in der Regel Jonier beteiligt. Die bedeutendſten Kolonien Milets waren am Schwarzen Meer: Sinope, Trapezus, Odeſſos, Olbia, Pantikapäon, an der Pro= pontis Kyzikos, im Nilland Naukratis. Die euböiſchen Städte koloniſierten die thrakiſche Küſte, Chalkis gründete hier allein 32 Pflanzſtädte. Von den Joniſchen Inſeln, namentlich von Korkyra aus, wurden Ansiedelungen nach der illyrischen Küste und nach Unteritalien entsendet, welche hier schon ältere Handelsniederlassungen der Jonier und Karer aus Kleinasien vorfanden; Kyme (Cumä), Zankle (Messana), Rhegion, Katane, Naros, Syrakus, Leontinoi verdankten der Vereinigung und dem Wetteifer verschiedener griechischen Staaten ihre Entstehung. Achäische Geschlechter von der Nordküste des Peloponnesos führten ionische Kolonisten nach dem Tarentinischen Meerbusen und gründeten Sybaris und Kroton, lakonische Ansiedler Taras, Rhodier Gela an der Südküste Siciliens und dieses wieder östlicher Akragas (Agrigentum), das an Glanz und Macht bald die Mutterstadt überbot. Die kühnen Seeleute von Phokäa drangen bis zur Küste Galliens vor, wo Massalia Mittelpunkt ihrer Handelsplätze war, und auch in Spanien setzten sich Griechen fest und machten den Karthagern die Herrschaft über den dortigen Handel streitig. Von der Kykladeninsel Thera aus wurde auf der Nordküste von Afrika die »kyrenäische Pentapolis« angelegt.

Geschichte.

Diese Ausbreitung des Hellenentums über fast sämtliche Küsten des Mittelmeers und die bisher ungestörte Ausbeutung des Hinterlands riefen endlich Widerstand seitens andrer Völker hervor. Wie die Karthager die Griechen aus Sicilien zu verdrängen suchten und aus Corsica wirklich vertrieben, so wurden die griechischen Städte in Kleinasien vom lydischen Reich bedroht, als dort die eroberungslustige Dynastie der Mermnaden den Thron bestieg. Bereits Gyges begann den Kampf, in dem die ionischen Städte Smyrna, Miletos und Ephesos, allein auf sich angewiesen, mit Heldenmut kämpften. Nur vorübergehend verschafften kriegerische Bedrängnisse Lydiens von Osten her den Küstenstädten einige Ruhe. Krösos (560—548) vollendete die Unterwerfung, welche Ephesos und Smyrna hart betraf, den übrigen Städten aber nur Anerkennung der Landeshoheit Lydiens und einen mäßigen Tribut auferlegte. Der Sturz des lydischen Reichs brachte den Griechen ein noch schlimmeres

Los. Da sie die Anträge des Perserkönigs Kyros auf freiwilligen Anschluß zurückwiesen und einen Befreiungsversuch machten, wurden sie von Harpagos mit Waffengewalt unterjocht. Viele Einwohner wanderten in entfernte Pflanzstädte aus, zwei ganze Stadtgemeinden, Teos und Phokäa, suchten sich in Thrakien und Gallien eine neue Heimat. Die zurückbleibenden behielten zwar ihre Religion, Sprache und Sitte; aber im übrigen wurden sie dem fremden Staat einverleibt, dem sie Abgaben zahlen und Heeresfolge leisten mußten. Die Perser beherrschten nicht nur das ganze Festland von Kleinasien, sondern auch die Inseln Chios, Lesbos und Samos und befestigten ihre Herrschaft dadurch, daß sie in jeder Stadt einen Tyrannen an die Spitze des Gemeinwesens stellten, der durch ihren Einfluß in seiner Macht erhalten wurde und aus eignem Interesse dem Großkönig treu diente. Nach dem Skythenzug des Dareios I. (515), bei dem die kleinasiatischen Griechen mit ihrer Flotte ersprießliche Dienste leisteten, begannen die Perser auch die Unterwerfung Europas. Der ionische Aufstand (500—494), mit Unbedacht unternommen und ohne Plan und Thatkraft geleitet und daher mit der Unterjochung Joniens endend, unterbrach die persischen Eroberungen nur kurze Zeit. Thrakien wurde dem persischen Reich einverleibt, der Makedonierkönig Amyntas gezwungen, dessen Oberhoheit anzuerkennen, und die Unterwerfung der griechischen Staaten in Hellas unter die Perser schien nur noch eine Frage der Zeit zu sein und den Griechen unabwendbar das Schicksal der Phöniker zu drohen: daß zwar ihre Existenz erhalten blieb, ihr Handel u. Verkehr fortblühten konnten, ihre eigenartige Entwickelung zu einer großen Nation aber für immer abgeschnitten wurde.

Die Griechen sahen anfangs der drohenden Gefahr unthätig zu. Sparta hatte das Hülfsgesuch des Milesiers Aristagoras (500) zurückgewiesen, die delphische Priesterschaft that nichts, um die Hellenen zum gemeinsamen Kampf gegen die Barbaren aufzurufen; bloß Athen und Eretria hatten den Joniern mit 25 Schiffen

Hülfe geleistet, aber nach dem Mißerfolg des Zugs gegen Sardes sich zurückgezogen. Als nun aber 492 Mardonios einen großen Heereszug gegen G. unternahm, der freilich am Berg Athos scheiterte, traten Athen und Sparta, als die kräftigsten Staaten, als die Retter der griechischen Freiheit auf und erhoben das eigentliche Hellas, welches vor der üppigen Entwickelung der Kolonien fast zurückgetreten war, zum Mittelpunkt der griechischen Welt und zu einer dem asiatischen Reich ebenbürtigen politischen Macht. In den Perserkriegen (490 — 449) entwickelte Sparta zwar an der Spitze der Peloponnesier eine bedeutende militärische Kraft: die Halbinsel, blühend und volkreich, konnte 60,000 Hopliten stellen. Aber seine Staatsmänner und Feldherren zeigten sich kleinlich eifersüchtig gegen Athen, langsam, engherzig und ungeschickt. Ganz anders die Athener. Unter der Führung von Männern wie Miltiades, Themistokles und Aristeides nahmen sie den Freiheitskampf mit dem vollen Bewußtsein seiner Bedeutung und mit Aufbietung aller Kräfte auf und entwickelten eine Kühnheit und Thatkraft, welche auch die übrigen feigen oder schwankenden Griechen mit fortriß. Den Athenern dankte G. die herrlichen Siege von Marathon, Salamis, Platää und Mykale, und es war eine wohlverdiente Anerkennung, daß die von der Fremdherrschaft befreiten Inseln und Städte des Ägäischen Meers Athen 476 die Führung des Seebunds und damit die Hegemonie zur See übertrugen, deren es sich durch siegreiche Fortführung des Kriegs gegen die Perser würdig zeigte. Während die Spartaner mit Argwohn und Haß das Emporsteigen des Nebenbuhlers verfolgten, ohne eine gewaltsame Unterdrückung desselben wagen zu können, nahm Athens Macht einen immer glänzendern Aufschwung; ja, es versuchte jetzt unter Perikles' Leitung, nachdem es den Seebund völlig unter seine Botmäßigkeit gebracht und Ägina unterjocht hatte, auch zu Land seine Herrschaft auszubreiten. Nachdem die Spartaner einen Sieg bei Tanagra (457) ungenutzt gelassen, erlangten die Athener durch die Schlacht von Onophyta (456) die Hege-

monie über Böotien, in dessen Städten sie überall demokratische Verfassungen einrichteten. Phokis, Lokris, die Achäer schlossen sich dem Bündnis mit Athen an, und Sparta erkannte 450 in einem fünfjährigen Waffenstillstand Athens Machtstellung an. Die Hegemonie zu Land ging zwar durch die Niederlage von Koroneia (447) wieder verloren; im Perikleischen Frieden (445) verzichtete Athen auf dieselbe. Es begnügte sich mit der Seeherrschaft, welche durch Unterwerfung der bedeutendsten Inseln und Auflegung eines hohen Tributs, der weit mehr einbrachte, als die Kosten der Kriegsflotte betrugen, bedeutend verstärkt wurde, und rüstete sich unter Perikles' weiser Leitung zu dem Entscheidungskampf mit Sparta um die politische Hegemonie über ganz G. Auf dem geistigen Gebiet besaßen aber die Athener schon die unbestrittene alleinige Herrschaft über das ganze Hellenenvolk. Athen war im Perikleischen Zeitalter der Mittelpunkt, nach dem alle bewegenden Kräfte sich hingezogen fühlten, von wo das geistige Leben der Griechen Anregung und Leitung empfing. Die berühmtesten Philosophen, Anaxagoras, Parmenides, Zenon, Protagoras, der Sophist Prodikos, siedelten nach Athen über; die Geschichtschreiber, wie Herodotos, feierten die Thaten der Athener. Die attische Mundart wurde durch ihre knappe Form und ihre feine und kunstvoll gegliederte Syntax die herrschende Schriftsprache. Die politische und gerichtliche Beredsamkeit erlangten in Athen ihre Ausbildung. Hier wurde das griechische Drama geschaffen, hier gediehen Malerei, Bildhauerei und Baukunst zu herrlicher Blüte, von der die Denkmäler der Akropolis unvergängliche Zeugen sind. Die künstlerischen Kräfte von ganz Hellas wirkten in edlem Wetteifer zusammen, um Athen mit Bauten und Bildwerken zu schmücken. Geistesbildung und edle Kunst fanden hier ihre höchste Entwickelung; die attische Bildung war auch eine nationalgriechische, und Athen als die geistige Hauptstadt, als das Herz des ganzen Hellenentums auch von denen anerkannt, die seinem politischen Vorrang widerstrebten. Daß es aber auch diesen erhielt, daß es unter seiner Füh-

Alte Geschichte. 14

rung G. politisch einigte, das schien die natürliche Lösung des Wettstreits mit Sparta um die Hegemonie zu sein und die Größe der griechischen Nation auf die Dauer zu verbürgen.

Diese Hoffnungen zerstörte der Peloponnesische Krieg (431—404), der, auf Antrieb Korinths von Sparta begonnen, alle Feinde und Neider Athens gegen dasselbe zu den Waffen rief und nach einem langwierigen, hartnäckigen Kampf den Sturz des glänzenden Staats herbeiführte. Der furchtbare Krieg schlug nicht allein der hellenischen Kultur unheilbare Wunden, steigerte den Haß zwischen den einzelnen Staaten und die Parteisucht im Innern derselben und schwächte die äußere Macht Griechenlands, er war verhängnisvoll besonders dadurch, daß es den vereinten Kräften der Griechen und des Erbfeinds, der Perser, zwar gelang, den einzigen griechischen Staat, welcher imstande gewesen wäre, Hellas politisch zu einigen, zu Grunde zu richten, nicht aber den innern Frieden durch eine neue politische Organisation zu sichern. Obwohl der Krieg unternommen worden war, um die Unabhängigkeit der Kleinstaaten gegen Athens Hegemonie zu verteidigen, versuchte das siegreiche Sparta nach Athens Fall, G. seiner Hegemonie unterzuordnen. Aber es war nicht mehr fähig, diese zu behaupten; auch der Lykurgische Staat war entartet und entkräftet. Der spartanische Feldherr Lysandros setzte in allen den Athenern entrissenen Städten anstatt der demokratischen Verfassung oligarchische Regierungen (Dekarchien) unter dem Schutz spartanischer Besatzungen und spartanischer Feldherren, der Harmosten, ein. Die Roheit und niedre Bildung dieser Harmosten verletzten auch die Bestgesinnten. An Stelle der freien Selbstregierung aller Gemeinden, welche Sparta bei Beginn des Kampfes gegen Athen versprochen hatte, herrschte jetzt in G. ein willkürlicher Terrorismus. Die Mittelstaaten, deren eifriger Beistand Sparta zum Sieg verholfen, sahen sich vom Anteil an der Siegesbeute und der Neuordnung der Dinge in Hellas gänzlich ausgeschlossen. Dazu kam, daß Sparta seine

Herrschaft dadurch schändete, daß es die kleinasiatischen Griechen den Persern preisgab und, als es sich endlich entschloß, dieselben vor völliger Unterwerfung unter die Fremdherrschaft mit Waffengewalt zu schützen, den Krieg drei Jahre lang (400—397) ohne Energie und mit geringem Erfolg führte. Als König Agesilaos endlich sich anschickte, den Kampf mit Ernst und Thatkraft aufzunehmen, und seine Siege Aussicht auf Erreichung des Ziels eröffneten, kam es in G. zu einer Schilderhebung gegen die spartanische Gewaltherrschaft.

Lysandros hatte Theben mit Krieg überzogen, weil es die opuntischen Lokrer in einem Streit mit den Phokern unterstützt hatte, war aber bei Haliartos besiegt und getötet worden. Dieser Erfolg ermutigte Theben, Korinth, Argos und Athen, das 403 die Herrschaft der Dreißig abgeschüttelt und die demokratische Verfassung wiederhergestellt hatte, einen Bund zur Befreiung von Sparta zu schließen, dem die meisten Staaten Mittel- und Nordgriechenlands beitraten (Korinthischer Krieg 395—387). Die Spartaner behaupteten zwar ihr militärisches Übergewicht zu Land namentlich durch den Sieg bei Koroneia (394). Aber ihre mühsam errungene Seeherrschaft ging durch die Vernichtung ihrer Flotte durch die persische bei Knidos (394) mit Einem Schlag verloren. Ein neuer athenischer Seebund bildete sich, während der Landkrieg um Korinth in blutigen Gefechten ohne Entscheidung sich jahrelang hinzog. Endlich gelang es dem Spartaner Antalkidas, den Perserkönig zu gewinnen und durch Abtretung Kleinasiens die Hegemonie Spartas im Frieden von 387 dadurch zu sichern, daß bestimmt wurde, alle griechischen Städte sollten autonom sein und keine Bündnisse untereinander schließen dürfen. So endete der Krieg, der die Kräfte des Landes wiederum aufrieb, mit der Schmach der Preisgebung der asiatischen Kolonien und der Zerbröckelung Griechenlands in eine Menge kleiner Gemeinwesen, die im Innern von Parteiungen zerfleischt wurden, untereinander in ewigen Fehden lagen, und über die Sparta als stärkster Militärstaat eine

schiedsrichterliche, gebietende Stellung be=
hauptete.

Unter den willkürlichen Gewaltthaten,
welche sich die Spartaner im Bewußtsein
ihrer Macht gestatteten, gab die Besetzung
der Kadmeia, der Burg Thebens, 382 den
Anlaß zu dem erschütternden Fall des
spartanischen Staats. 379 erhoben sich die
Thebaner unter Epameinondas und
Pelopidas, vertrieben die Spartaner
und wiesen alle Angriffe auf Böotien zu=
rück, während die Athener die spartanische
Seemacht in den beiden Schlachten von
Naxos (376) und Leukas (375) vernichte=
ten; 371 endlich brachten die Thebaner dem
spartanischen Landheer bei Leuktra eine
vollständige Niederlage bei. Durch die Er=
richtung eines arkadischen Bundes mit der
Hauptstadt Megalopolis und die Herstel=
lung des messenischen Staats zerstörten die
Führer Thebens die Macht Spartas auf
dem Peloponnes und faßten den Plan, nun
für ihre Vaterstadt die Hegemonie über G.
zu gewinnen. Aber die geistigen und ma=
teriellen Kräfte Thebens reichten hierfür
nicht aus, und die Herrschaft der Thebaner
überlebte ihre berühmten Feldherren Pe=
lopidas (gest. 364) und Epameinondas,
der 362 bei Mantineia fiel, nicht lange.
Thebens Erhebung vermehrte nur die Zer=
splitterung und die Ohnmacht Griechen=
lands. Die beiden neuen Staaten Messe=
nien und Arkadien lähmten Sparta, ohne
selbst zu größerer Kraft und Bildung zu
gedeihen; auch der Peloponnes, welcher
bisher in allen Stürmen eine geschlossene
Einheit, einen unversehrten Kern helleni=
scher Kriegsmacht gebildet hatte, war nun
innerlich zerrissen und wehrlos.

In verhängnisvoller Verblendung ver=
zehrten die Griechen in unaufhörlichen
Kämpfen gegen sich selbst ihre Kräfte. Der
neu gegründete Athenische Seebund ward
durch den Bundesgenossenkrieg (358
bis 355) wieder zerstört, welchen die Hab=
gier und willkürliche Gewalt der Athener
gervorriefen. Die Thebaner ließen aus
Haß gegen Phokis dieses durch das Amphik=
tyonengericht verurteilen und begannen
den dritten Heiligen Krieg (355—
346), in welchem sie, von den mit dem
Mute der Verzweiflung kämpfenden

Phokern hart bedrängt, König Philipp
von Makedonien zu Hülfe riefen, der
346 Phokis unterwarf, in den Amphik=
tyonenbund aufgenommen wurde und den
Vorsitz bei den Pythischen Spielen erhielt.
Schon vorher hatte Athen dem fremden
Eroberer entgegenzutreten versucht, aber
ohne Entschlossenheit und Thatkraft. Als
339 Philipp, um das von den Amphik=
tyonen verurteilte Amphissa zu züchtigen,
wiederum in Hellas einrückte, vereinigten
sich Athen und Theben zu energischem
Widerstand, unterlagen aber 1. Aug. 338
bei Chäroneia der überlegenen make=
donischen Kriegskunst. Theben mußte eine
makedonische Besatzung in die Kadmeia
aufnehmen und den Böotischen Bund auf=
lösen, Athen der Seeherrschaft entsagen.
Auf einer Tagsatzung der griechischen
Staaten in Korinth 337 wurde die Auto=
nomie derselben verkündet und allgemeiner
Landfriede geboten; die Oberhoheit des
makedonischen Königs wurde anerkannt
und ihm der unbeschränkte Oberbefehl auf
dem Kriegszug gegen die Perser übertra=
gen, von dem sich bloß Sparta ausschloß.

So endete die politische Selbständigkeit
der Hellenen. Es war keiner ihrer staat=
lichen Schöpfungen gelungen, durch die
Hegemonie die Nation zu einem politischen
Ganzen zu einigen; auch hatten sie keine
föderative Gestaltung gefunden, welche in
gleichberechtigter Stellung alle Stämme
zu einer gemeinschaftlichen Politik verbun=
den hätte. In dem Kampf um die Herr=
schaft, welchen Sparta und Athen führten,
verlor das letztere seine glänzende Macht,
beide aber den sittlichen Schwung, den
Idealismus, der zu großen Thaten be=
geistert. Das hellenische Volk war seit dem
Peloponnesischen Krieg erschlafft. Es ver=
lor seine Freiheit an einen mächtigen Er=
oberer und erhielt dafür keinen Ersatz.
Die griechischen Staaten wurden nicht in
ein größeres Ganze aufgenommen, um als
Glieder desselben ein neues Leben zu be=
ginnen; ebensowenig erlangten sie unter
makedonischer Herrschaft die Einheit; sie
blieben unverändert in ihren abgeschlosse=
nen Existenzen, feindselig gegeneinander,
im Innern von Parteiungen zerfleischt.
Hohe Ziele, wie sie früher die Staaten und

Parteien geeinigt hatten, waren nicht mehr
vorhanden; bloß die Schwächen und Nach-
teile der Kleinstaaterei erhielten sich und
wurden immer fühlbarer. In politischer
Hinsicht hat die makedonische Fremdherrschaft G. keinen Segen gebracht, vielmehr
den letzten Rest staatlichen Wesens zerstört.
Aber die hellenische Bildung blieb,
zwar nicht mehr in der idealen Höhe und
Reinheit, in der künstlerischen Schöpfer-
kraft des Perikleischen Zeitalters. Der
Hellenismus ging mehr ins Breite; wissenschaftliche Erörterung trat an die Stelle
philosophischen Denkens, formale Vollendung in der Kunst an die Stelle originaler
Schöpfung; die Bildung hielt sich nicht frei
von fremdartigen Bestandteilen. Trotzdem beugten sich die rauhen makedonischen
Eroberer willig vor der Hoheit des hellenischen Geistes, betrachteten es mit Stolz als
ihre Aufgabe, ihn zu verbreiten, und während das griechische Volk in G. in Knecht-
schaft und Verachtung verkümmerte, beherrschte es die Welt durch seine Sprache,
Kunstbildung und Denkformen.

Auch nach der Schlacht bei Chäroneia
versuchten es die Griechen wiederholt, ihre
Unabhängigkeit wieder zu erringen, aber
nie mit dauerndem Erfolg. 335 erhoben
sich Theben und Athen auf die falsche
Kunde von Alexanders Tode; der Aufstand endete mit Thebens Untergang. König
Agis II. von Sparta fiel, während Alexander in Persien war, in Arkadien ein, wurde
aber 330 von Antipatros bei Megalopolis
besiegt. Mehr Aussicht auf Gelingen bot
die Erhebung der meisten Staaten Mittelgriechenlands nach Alexanders Tod, welche
zum Lamischen Krieg führte; aber auch
diese Hoffnung zerstörte die Niederlage bei
Krannon (322). Jetzt wurde auch das bisher geschonte Athen der makedonischen
Herrschaft völlig unterworfen. Selbst
während der Diadochenkämpfe vermochten
die griechischen Staaten sich nicht zu einigen und die fremden Heere von griechischem
Boden zu vertreiben. In der Mitte des 3.
Jahrh. bildeten sich der Ätolische Bund
in Mittelgriechenland und der Achäische
auf dem Peloponnes, aber nur um sich gegenseitig in unversöhnlicher Feindschaft zu
bekämpfen und aufzureiben. Als Sparta

unter König Kleomenes III. einen Versuch
der Wiedererhebung machte, rief der Achäische
Bund den Makedonierkönig Antigonos
Doson herbei, der die Spartaner bei Sellasia 221 besiegte und unterwarf. Als
König Philipp von Makedonien mit den
Römern Krieg begann und besiegt wurde,
legten ihm die Römer den Verzicht auf die
Herrschaft über G. als Friedensbedingung
auf, und Flamininus verkündete 196
auf den Isthmischen Spielen den Griechen
die Wiederherstellung ihrer Freiheit. Doch
war dies Geschenk von den Römern nicht
ernst gemeint, und die Griechen verstanden
es nicht zu benutzen. Ihre Streitigkeiten
veranlaßten die Römer zu wiederholter
Einmischung, diese reizte die Griechen zu
Empörungen. 191 schloß sich der Ätolische
Bund dem syrischen König Antiochos an
und verlor nach dessen Niederlage bei Thermopylä seine Unabhängigkeit. Der Achäische
Bund erhob sich 147, wurde aber zweimal
besiegt und 146 nach der Eroberung und
Zerstörung Korinths G. unter dem Namen
Achaia zu einer römischen Provinz gemacht. Die Überlegenheit der griechischen
Kultur bewährte sich auch den neuen Er-
oberern gegenüber, die griechische Sprache
und Bildung sich anzueignen strebten, und
bis zur Eroberung durch die Araber herrschte
im ganzen Orient die griechische Sprache.
Aber G. selbst veröbete unter dem fremden
Joch trotz der Fürsorge mancher römischen
Kaiser mehr und mehr, bis die hellenische
Nation in den Stürmen der Völkerwande-
rung fast ganz zu Grunde ging.
Vgl. Grote, History of Greece
(4. Aufl., Lond. 1872, 10 Bde.; deutsch,
Leipz. 1852—57, 6 Bde.); E. Curtius,
Griechische Geschichte (4. Aufl., Berl. 1874,
3 Bde.); Jäger, Geschichte der Griechen
(3. Aufl., Gütersl. 1877); Hertzberg,
Hellas und Rom, Bd. 1 (Berl. 1880);
O. Müller, Geschichte der hellenischen
Stämme und Städte (2. Aufl., das. 1844,
3 Bde.); Droysen, Geschichte des Helle-
nismus (2. Aufl., Gotha 1877); Hertzberg, Geschichte Griechenlands unter der
Herrschaft der Römer (Halle 1866—68,
2 Bde.).

Großgriechenland (»das große Hellas«, Magna Graecia), Name Unterita-

liens bei den Griechen und Römern wegen der zahlreichen griechischen Städte, welche seit dem 8. Jahrh. v. Chr. an den Küsten dieses Landes gegründet wurden. Die Kolonisten waren meist Achäer, wenige Lokrer, Jonier und Dorier. Einzelne Städte, wie Kroton, Sybaris, das vier Völker und 25 Städte beherrscht haben soll, und Tarent (Taras), gelangten zu großer Blüte und Macht. Die Ureinwohner, Italer und Sikeler im S., Chaoner und Önotrer im nördlichen Teil, wurden nach Sprache und Sitte völlig hellenisiert. Um 400 begannen die Lukaner und die ihnen stammverwandten Bruttier das Land zu erobern, gegen welche die griechischen Städte vergeblich auswärtige Hülfe, Dionysios von Syrakus, Archidamos von Sparta und Alexander von Epeiros, herbeiriefen. Schließlich unterlagen die Städte den Lukanern und den mit diesen verbündeten Römern, unter deren Herrschaft G. die Landschaften Bruttii, Lukanien und Kalabrien bildete.

Gubbio, s. Iguvium.

Guluffa, Sohn Masinissas von Numidien, ward 172 und 171 v. Chr. wegen der Streitigkeiten seines Vaters mit den Karthagern nach Rom geschickt, um seinen Vater gegen deren Anklagen zu verteidigen, und sollte 152 die Sache Masinissas in Karthago selbst führen, ward aber nicht in die Stadt eingelassen und auf der Rückreise verräterisch überfallen. Er entkam jedoch der Gefahr und rächte sich durch grausame Niedermetzelung eines Haufens Karthager, welche sich seinem Vater hatten ergeben müssen. Im dritten Punischen Krieg leistete er den Römern als Oberbefehlshaber des numidischen Heers nützliche Dienste, starb aber bald darauf und hinterließ einen Sohn, Masiva, der 111 in Rom auf Befehl Jugurthas ermordet wurde, weil man in Rom daran dachte, ihn an Stelle Jugurthas zum König von Numidien zu erheben.

Gyges, König von Lydien, Begründer der einheimischen Dynastie der Mermnaben, war Leibwächter und Günstling des Königs Kandaules aus der assyrischen Dynastie der Sandoniben. Kandaules rühmte ihm, wie Herodot erzählt, einst die Reize seiner Gemahlin und verbarg ihn in deren Schlafgemach, damit er sich von der Schönheit der Königin überzeugen könne. Diese bemerkte ihn aber und stellte ihm am andern Tag die Wahl, entweder Kandaules zu töten und sie zu heiraten, oder selbst ermordet zu werden. G. zog das erstere vor und bestieg nach Kandaules' Tode den Thron. Die Lyder wollten ihn anfangs nicht als König anerkennen, bis das delphische Orakel ihn bestätigte. Aus Dankbarkeit sandte G. kostbare Weihgeschenke nach Delphi, darunter sechs goldene Mischkrüge, deren Gewicht 30 Talente betrug. Er herrschte darauf 35 Jahre (689—654 v. Chr.), dehnte sein Reich aus, machte einen Angriff auf Miletos und Smyrna und eroberte Kolophon. Nach Plutarch verschaffte er sich die Herrschaft durch Empörung und mit Heeresmacht. Platon dagegen erzählt, G. habe einst als Hirt einen Ring in einer unterirdischen Höhle gefunden, welcher die Kraft besessen habe, seinen Besitzer unsichtbar zu machen, sobald er den Stein einwärts drehte. Mit Hülfe dieses Ringes habe er die Königin gewonnen und Kandaules ermordet.

Gylippos, spartan. Feldherr, Sohn des Kleandridas und einer Helotin, also ein Mothake, wurde 414 v. Chr. dem von den Athenern bedrängten Syrakus zu Hülfe geschickt und landete mit vier Schiffen in Himera, von wo er zu Lande, durch sicilische Hülfstruppen verstärkt, nach Syrakus zog und auch glücklich in die Stadt gelangte. Hier belebte er den Mut und den Kampfeseifer der Bürger von neuem und verschaffte ihnen eine bedeutende Vermehrung der Streitkräfte, indem er die sicilischen Städte zum Beistand bewog. Ein kühner Angriff auf die Verschanzungen der Belagerer fügte diesen große Verluste zu und setzte ihn in den Besitz von Labbalon. 413 eroberte er auch die athenischen Befestigungen auf der Halbinsel Plemmyrion und zwang hierdurch die Athener, nachdem ihr Sturm auf die Stadt abgeschlagen und die Abfahrt ihrer Flotte verhindert worden war, zum Abzug zu Lande, auf dem er sie am Fluß Asinaros vernichtete. Auf der Rückkehr nach

Sparta wurde G. bei Leukabia von einer überlegenen athenischen Flotte überrascht, erlitt aber nur geringen Verlust. Später befleckte er seinen Ruhm durch Entwendung eines Teils der athenischen Beute und ward zum Tod verurteilt; doch gelang es ihm, zu entfliehen.

Gytheion (Gythïon), Hafenstadt in Lakonien am Lakonischen Meerbusen im Thal des Flüßchens Gytheios, von den Phönikern gegründet und nach der vorigen Eroberung Hauptkriegs- und Handelshafen Spartas. 455 v. Chr. wurde es vom Athener Tolmides verwüstet und 195 von Titus Quinctius Flamininus erobert. Die Römer machten es zur Hauptstadt des seitdem von Sparta unabhängigen eleutherolakonischen Gebiets. Auch unter der Herrschaft der Römer war G. eine blühende Handelsstadt. Von dieser Nachblüte zeugen die Ruinen beim jetzigen Paläopolis.

H.

Hachamanis, s. Achämeniben.

Hadria, s. Abria.

Hadrianopölis (Abrianopolis, jetzt Abrianopel), Stadt in Thrakien am Hebros, ursprünglich Uskabama oder Orestia genannt und Hauptstadt der thrakischen Bessier, von Kaiser Hadrianus vergrößert und verschönert und mit dem neuen Namen versehen, bekannt durch die Niederlage und den Tod des Kaisers Valens 8. Aug. 378 n. Chr. in der Schlacht gegen die Westgoten.

Hadriānus, Publius Alius, röm. Kaiser, wurde 24. Jan. 76 n. Chr. zu Rom geboren, wo sein Vater Alius H. Afer als Senator und gewesener Prätor lebte, stammte aber aus dem Municipium Italica in Spanien, wohin seine Vorfahren zur Zeit Scipios aus Hadria (Hatria) in Picenum übergesiedelt sein sollen. Früh verwaist, wurde er unter der Vormundschaft seines Verwandten und Landsmanns, des spätern Kaisers Trajanus, erzogen und widmete sich mit Eifer dem Studium der griechischen und römischen Litteratur. Erst 15 Jahre alt, that er in Spanien seine ersten Kriegsdienste und wurde dann als Legionstribun nach Niedermösien, von da 97 nach Obergermanien gesandt. Als Trajanus den Kaiserthron bestiegen hatte, vermählte H. sich mit einer Enkelin von dessen Schwester Marciana, Sabina, und bekleidete nacheinander die höchsten Staatsämter, 101 die Quästur, 105 das Volkstribunat, 107 die Prätur, 109 das Konsulat. In der Zwischenzeit begleitete er den Kaiser auf seinen Feldzügen in Dacien und verwaltete 108 mit großer Umsicht die Provinz Pannonien. Auch in den Krieg gegen die Parther folgte er Trajanus und blieb 117, als dieser die Rückreise nach Italien antrat, als Statthalter Syriens in Antiocheia zurück, wo er die Nachricht vom Tode des Kaisers und seiner Adoption empfing. Er wurde sofort von den Truppen zum Imperator ausgerufen, doch ließ er seine Erhebung nachträglich vom Senat bestätigen. Nachdem er den Frieden mit dem Partherkönig Chosroes durch Verzicht auf die Eroberungen Trajans jenseit des Euphrat erkauft hatte, begab er sich nach Rom, wo er in Trajans Namen einen Triumph feierte. Während seiner Regierung (117—138) bestrebte er sich, das Reich durch die Segnungen des Friedens, durch die Fürsorge für das materielle Wohl der Unterthanen und durch Förderung von Kunst und Wissenschaft zu beglücken. Zugleich vermied er in seiner Erscheinung und in seinem Verhalten alles, was als Anspruch auf eine bevorzugte Stellung verletzen konnte; er schien mehr Philosoph als Kaiser sein zu wollen. Gleich zu Beginn seiner Herrschaft erließ er die bei jedem Thronwechsel unter dem Namen »Krongeld« übliche Abgabe den Bewohnern von Italien ganz und den Provinzialen zum großen Teil und schlug die rückständigen Steuern an den Fiskus für 16 Jahre nieber. Nachbem er 120 einen Krieg in ben Donauländern gegen bie Roxolanen unb Sarmaten geführt unb burch einen Vergleich beenbet hatte, trat er seine Reisen burch fast alle Länber bes Reichs an, bie mit einer einzigen längern Unterbrechung 15 Jahre bauerten. Auf seiner ersten Reise (120—126) besuchte er Gallien, bie römische Provinz Germanien, Britannien, Spanien, Mauretanien, Syrien, Kleinasien, bie Inseln bes Ägäischen Meers unb Griechenlanb, von wo er nach einem längern Aufenthalt in Athen (Winter 125—126) über Sicilien nach Rom zurückkehrte. Nachbem er in ber Zwischenzeit noch Afrika besucht hatte, trat er 129 seine zweite Reise an, auf ber er bis 135 in Athen, Palästina, Arabien, Ägypten, Syrien unb nochmals in Athen verweilte. Auf biesen Reisen verfolgte er mit großer Aufopferung unb Ausbauer ben Zweck, bie Provinzen selbst kennen zu lernen, Anorbnungen für ihr Bestes zu treffen, in ben Stäbten wissenschaftliche Anstalten zu grünben, sie burch öffentliche Bauten zu schmücken unb burch ben Verkehr mit ausgezeichneten Männern seinen eignen Geist weiter auszubilben; außerbem ließ er es sich angelegen sein, bie Grenzen bes Reichs zu sichern, wie er benn ben Grenzwall ber Zehntlanbe gegen bie Germanen(ben »Pfahlgraben«)vollenbete unb in Britannien ben Habrianswall anlegte, unb für bie zweckmäßige Verteilung unb bie Mannszucht ber Truppen zu sorgen. Am liebsten verweilte er in Athen unb Alexandreia, ben Hauptsitzen griechischer Wissenschaft unb Kunst. Er beschenkte Athen mit einer kostbaren Wasserleitung, vollenbete bas von Peisistratos begonnene Olympieion, vergrößerte bie Stabt burch einen neuen, nach ihm benannten Stabtteil unb setzte für bie Lehrer ber bortigen Philosophenschule Besolbungen aus; in Alexandreia erbaute er ebenfalls einen neuen Stabtteil. Auch in Rom unb seiner Umgebung, wo er ben Rest seines Lebens zubrachte, errichtete er mehrere prächtige Bauten, so ben großartigen Tempel ber Venus unb Roma, bas im Kerne noch in ber Engelsburg erhaltene Mausoleum (Moles Hadriani), bie Grabstätte für sich

unb seine Familie, ferner eine mit prächtigen Kunstwerken geschmückte großartige Villa in Tibur. Doch verfiel er in ben letzten Jahren infolge körperlicher Leiben in eine krankhaft gereizte Stimmung, in welcher er sich zu manchen Grausamkeiten, so zur Ermorbung bes 90jährigen Servianus, bes Gemahls seiner Schwester, unb bessen Enkels Fuscus, hinreißen ließ. In Palästina brach 132 ein blutiger Aufstanb aus, weil H. auf ben Trümmern Jerusalems eine römische Kolonie, Ælia Capitolina, unb an ber Stelle bes ehemaligen Salomonischen Tempels einen Tempel bes Jupiter Capitolinus erbauen ließ; bie Juben kämpften unter Bar-Cochba mit äußerster Erbitterung, unb ber Aufstanb wurbe erst 135 nach bem Untergang von 580,000 Menschen unterbrückt. Ein wichtiges Werk Habrians war bie Sammlung ber Ebikte ber Prätoren, welche er burch ben Rechtsgelehrten Salvius Julianus ausführen ließ, bas sogen. Edictum perpetuum, an welches bie weitere Entwickelung bes römischen Rechts anknüpfte. Er starb 10. Juli 138 in Bajä, nachbem er Titus Aurelius aboptiert hatte, ber ihm unter bem Namen Antoninus Pius folgte. Vgl. Gregorovius, Geschichte bes römischen Kaisers Habrian unb seiner Zeit (Königsb. 1851).

Habrumetum (Abrymeton), alte tyrische Kolonie in Afrika, süblich von Karthago am Mittelmeer gelegen, seit Trajanus römische Kolonie, später unter bem Namen Sozusa Hauptstabt ber byzacenischen Provinz; jetzt Susa.

Häbuer, s. Abuer.

Hagion Oros, s. Athos.

Hagmatäna, s. Ekbatana.

Hafu-Schasu, s. Hyksos.

Haliakmon (jetzt Vistriza), Fluß in Makebonien, entspringt auf bem Gebirge Tymphe an ber Grenze von Epeiros unb Jllyrien, strömt erst süböstlich, bann norböstlich unb ergießt sich in ben Thermäischen Meerbusen.

Haliartos, Stabt in Böotien, am Sübenbe bes Kopaïssees, zwischen biesem unb ben norböstlichen Ausläufern bes Helikon an ber einzigen Verbindungsstraße zwischen Norb- unb Sübhellas gelegen und deswegen militäriſch wichtig, ward 480 v. Chr. von Xerxes zerſtört, erhob ſich aber wieder aus den Trümmern und war im Peloponneſiſchen Krieg eine der bedeutendſten Städte Böotiens. 395 verlor Lyſandros vor H. Schlacht und Leben. 171 von den Römern wegen ſeiner Anhänglichkeit an Perſeus von Makedonien zum zweitenmal zerſtört, erholte es ſich nicht wieder.

Halikarnáſſos, berühmte Stadt in der kleinaſiat. Landſchaft Karien, am Abhang eines ſteilen Felſens an der Nordküſte des Keramiſchen Meerbuſens gelegen, ward um 1050 v. Chr. von Joniern aus Trözene, aber unter Führung doriſcher Geſchlechter, neben der ältern Stadt Salmakis gegründet, welche ſpäter mit H. verſchmolz und eine zweite Burg desſelben bildete. Die Stadt gehörte in älterer Zeit, obwohl ihre Bevölkerung ioniſch war, zum Bunde der doriſchen Herapolis, wurde aber infolge eines Streits ausgeſtoßen. Nach der Unterwerfung unter die Herrſchaft der Perſer ſchwang ſich Lygbamis zum Tyrannen von H. empor, deſſen Witwe Artemiſia tapfer in der Schlacht bei Salamis (480) kämpfte, und deſſen Nachfolger allmählich die Herrſchaft über ganz Karien erlangten. Unter ihnen iſt Mauſolos berühmt, der Bruder und Gatte der Artemiſia, welche ihm nach ſeinem Tod (353) ein prächtiges, mit herrlichen Bildwerken des Skopas und ſeiner Schule geſchmücktes Grabmal, das Mauſoleion, errichtete, deſſen Überreſte bei dem jetzigen Kaſtell Budrun ausgegraben worden ſind. 334 wurde die Stadt nach hartnäckiger Verteidigung von Alexander d. Gr. erobert und verwüſtet, wovon ſie ſich nicht wieder erholte. H. war die Vaterſtadt der Geſchichtſchreiber Herodotos und Dionyſios ſowie der Dichter Hekatäos und Kallimachos. Vgl. Newton, History of discoveries at Halicarnassus (1862).

Halys (jetzt Kiſil Irmak), der größte Fluß Kleinaſiens, entſpringt auf dem Antitauros, fließt zuerſt nach W., dann aber, zwiſchen Kappadokien und Phrygien (ſpäter durch Galatien) ſtrömend, nach N. und bildet in ſeinem Unterlauf bis zu ſeiner Mündung in den

Pontos Eureinos die Grenze zwiſchen Pontos und Paphlagonien. Er war in älteſter Zeit die Oſtgrenze des lydiſchen Reichs; in ſeiner Nähe fand 30. Sept. 610 v. Chr. die durch eine Sonnenfinſternis unterbrochene Schlacht zwiſchen Kyarares und Alyattes und 549 die Niederlage des Kröſos durch Kyros ſtatt.

Hamadân, ſ. Ekbatana.

Hamilkar (phöniſ., »Gnade des Melkart«), Name mehrerer karthag. Heerführer: 1) H., war Befehlshaber des karthagiſchen Landheers auf Sicilien im erſten Puniſchen Krieg nach der Eroberung Agrigents durch die Römer 262 v. Chr., ſiegte 260 über die Römer bei Thermä und führte auch in den nächſten Jahren den Krieg mit Glück, ward aber als Anführer der Flotte 257 in der Seeſchlacht bei Tyndaris und nochmals 256 am Berg Eknomos geſchlagen. Nachdem der römiſche Konſul Atilius Regulus in Afrika gelandet war, wurde H. dorthin gerufen, mit Hasdrubal und Boſtar an die Spitze des Heers geſtellt und erlitt mit dieſen zuſammen bei Abys in der Nähe von Tunis 255 eine völlige Niederlage, in welcher er ſelbſt in die Gefangenſchaft der Römer fiel.

2) H. Barkas (»Blitz«), Sohn eines Hannibal, Vater des berühmten Hannibal, erhielt, faſt noch Jüngling, 247 v. Chr. den Oberbefehl über Heer und Flotte in Sicilien, wo er ſich aus Söldnerſchaften ein tüchtiges, ergebenes Heer ſchuf und auf dem Berg Eirkte (jetzt Monte Pellegrino bei Palermo), dann in Eryx eine feſte Stellung einnahm, von wo aus er die Römer fünf Jahre lang durch fortwährende Überfälle und Gefechte ermüdete und die Küſten Siciliens und Italiens plünderte. Nach der Niederlage der letzten karthagiſchen Flotte bei den Agatiſchen Inſeln vermittelte er 241 für ſeine Vaterſtadt einen verhältnismäßig günſtigen Frieden. Als die Karthager gegen ſeinen Rat alle Söldner nach Afrika kommen ließen, ohne ihnen den Sold bezahlen zu können, und dieſelben ſich empörten, ward H., da der Aufſtand immer gefährlicher wurde, 237 wieder an die Spitze des Heers geſtellt. Er bemächtigte

sich durch List der Führer des Aufstands und vernichtete darauf die Heere der Söldtruppen. Um die geschwächte Macht Karthagos zu verstärken und ihm Geld und Hülfstruppen zu sichern, unternahm er darauf die Eroberung Spaniens. In neun Jahren unterwarf er einen großen Teil der Halbinsel, bildete sich ein tüchtiges, großes Heer und sammelte alle finanziellen und kriegerischen Hülfsmittel für die Erneuerung des Kampfes mit Rom. Er fiel 228 in einem Gefecht gegen die Vettonen.

Hämos (Amos), Gebirge zwischen Thrakien und Mösien, 600 km vom Skardos bis zum Pontos Euxeinos sich erstreckend, wo es in einem steilen Felsengebirge (noch jetzt Emineh genannt) endet, bis 2300 m hoch, mit wenigen gangbaren Querpässen und nur vom Thal des Oskios, der nach N. zum Istros abfließt, durchbrochen. Jetzt Balkan.

Hannibal, oft vorkommender karthagischer Name:
1) Karth. Feldherr, befehligte 269 v.Chr. eine karthagische Flotte bei der Insel Lipara und bewirkte zwar, daß die Mamertiner die Stadt Messana nicht an König Hieron von Syrakus übergaben, bemühte sich aber vergeblich, jenen wichtigen Platz den Karthagern in die Hände zu spielen. Nach Beginn des ersten Punischen Kriegs verteidigte er 262 den Waffenplatz der Karthager, Agrigent, sieben Monate lang mit großer Geschicklichkeit und Tapferkeit gegen die Römer und wußte sich, als das von Hanno zum Entsatz herbeigeführte Heer eine Niederlage erlitten, mit dem Reste der Besatzung, von den Feinden unbemerkt, nach Lilybäon zu retten. 260 Befehlshaber der karthagischen Flotte, wurde er in der berühmten Seeschlacht bei Mylä von Duilius besiegt und, als er 258, in einem Hafen Sardiniens eingeschlossen, die Flotte preisgab und ans Land flüchtete, von seinen hierüber entrüsteten Soldaten an das Kreuz geschlagen.
2) Sohn des Hamilkar Barkas, einer der größten Feldherren des Altertums, geb. 247 v. Chr., verlebte seine Jugend in einer Zeit, wo Karthago von dem siegreichen Rom tief gedemütigt wurde, und es war seinem Vater leicht, in sein Gemüt den unversöhnlichsten Haß gegen den Feind seines Vaterlands zu pflanzen. Wie H. am Ende seines Lebens Antiochos selbst erzählte, erwirkte er sich durch den Eidschwur, mit dem er als neunjähriger Knabe vor dem Aufbruch seines Vaters ewigen Haß gegen Rom gelobte, die Erlaubnis, denselben nach Spanien begleiten zu dürfen. Er wuchs im Kriegslager zum Jüngling heran und bekundete unter dem Oberbefehl seines Schwagers Hasdrubal früh neben seltener Kühnheit, Tapferkeit, Ausdauer und Enthaltsamkeit die umsichtige Klugheit, Geistesgegenwart und Entschlossenheit eines gebornen Heerführers. 26jährig ward er 221 nach Hasdrubals Ermordung durch den Willen des Heers dessen Nachfolger im Oberbefehl über die karthagische Kriegsmacht in Spanien und trotz der Opposition der Feinde seines Hauses vom karthagischen Senat bestätigt. Sofort schritt er dazu, seine Lebensaufgabe zu erfüllen und den Rachekampf gegen Rom herbeizuführen. Nachdem er 221 und 220 durch glückliche Kriegszüge die Herrschaft Karthagos in Spanien befestigt und sein Heer bedeutend verstärkt hatte, begann er den Angriff auf die mit Rom verbündete Stadt Sagunt und eroberte sie nach achtmonatlichem heldenmütigen Widerstand. Die Römer sahen darin eine Vertragsverletzung und forderten von Karthago die Auslieferung Hannibals; als dieses sich weigerte, erklärten sie ihm den Krieg (zweiter Punischer Krieg 218—201). Um den Römern zuvorzukommen und den Krieg in Feindesland zu führen, zog H. 218 von Spanien, wo er seinen Bruder Hasdrubal mit einem Heer zurückließ, mit 90,000 Mann Fußvolk, 12,000 Reitern und 37 Elefanten über die Pyrenäen nach Gallien, wich am Rhône einem Kampf mit den Römern unter Scipio geschickt aus, überstieg Ende September, das Thal der Isara aufwärts marschierend, unter steten Gefechten mit den eingebornen Stämmen in 15 Tagen die schneebedeckten Westalpen (wahrscheinlich über den Kleinen St. Bernhard) und betrat fünf Monate nach seinem Aufbruch aus Spanien den Boden Oberitaliens. Allerdings war mehr als die Hälfte des Heers den uner-

hörten Anstrengungen und Gefahren er-
legen, der Rest ermattet und der Ruhe
und Erholung bedürftig. Da kam es ihm
sehr zu statten, daß die gallischen Völkerschaften in Oberitalien, welche sich erst
wenige Jahre vorher den Römern hatten
unterwerfen müssen, sich ihm sofort anschlossen und ihn mit Lebensmitteln und
Hülfstruppen unterstützten. Noch vor
Ende des Jahrs fand die erste der Schlachten mit den Römern statt. Der eine Konsul, Publius Scipio, war auf die Kunde
von Hannibals Zug über die Alpen auf dem
Weg nach Spanien in Gallien umgekehrt
und rückte von Placentia aus auf dem
linken Poufer H. entgegen. Es kam am
Ticinus zu einem Reitergefecht, in welchem die treffliche numidische Reiterei siegte.
Die Ankunft des andern Konsuls, Sempronius Longus, aus Sicilien verstärkte
das römische Heer; aber H. wußte den ungestümen Sempronius zu verleiten, an der
Trebia den Kampf unter so ungünstigen
Umständen anzunehmen, daß das römische
Heer in wenigen Stunden geschlagen und
aufgelöst war. Bei Beginn des Jahrs 217
überschritt H. den westlichen Apennin bei
Luna und zog durch die Moräste des Arnus, in denen er selbst ein Auge und den
Rest der Elefanten bis auf einen verlor,
nach dem mittlern Etrurien, wo der römische Konsul Flaminius mit einem
großen Heer stand. Indem er an demselben vorbei auf Rom zu marschierte, zog er
ihn hinter sich her bis zu einem Engpaß
am Trasimenischen See, wo er ihn
plötzlich überfiel und umzingelte. 15,000
Römer bedeckten das Schlachtfeld, eine
gleiche Zahl wurde gefangen genommen.
Diese Niederlagen erregten in Rom den
größten Schrecken und bewirkten die Wahl
eines Diktators, Quintus Fabius Marimus. Indes Rom selbst anzugreifen war
nicht eher entschlossen, als bis er durch H.
den Abfall der Bundesgenossen die Grundlage der römischen Macht erschüttert
hatte. Er zog daher durch Umbrien nach
Apulien, um den Italikern seine Macht
zu zeigen und sie zum Abfall zu bewegen.
Ein neuer Sieg über die Römer wäre
ihm hierfür sehr erwünscht gewesen. Indessen Fabius wußte jede Schlacht geschickt

zu vermeiden. Selbst ein Einfall Hannibals in Kampanien bewog ihn nicht, aus
seiner vorsichtigen Zurückhaltung heraus-
zutreten, und H. sah sich in seinem Sieges-
lauf gehemmt. Jedoch nach Ablauf von
Fabius' Diktatur wurden 216 zwei Konsuln gewählt, Lucius Ämilius Paullus und
Gajus Terentius Varro, von denen letzterer eine Entscheidungsschlacht suchte, zumal das neue römische Heer acht Legionen
und das doppelte Aufgebot der Bundesgenossen, also 80,000 Mann, zählte. H.
nahm die Schlacht bei Cannä am Aufidus in Apulien an und vernichtete das
römische Heer vollständig, indem er es
mit seinen Flügeln umfaßte und einschloß.
70,000 Römer wurden getötet.
In Rom fürchtete man einen Angriff
Hannibals auf die Stadt. Aber auch diesmal wagte H. ihn nicht, da sein Heer geschwächt war, ihm kein Belagerungsmate-
rial zu Gebote stand und die Bundesgenossen in Mittelitalien mit wenigen
Ausnahmen Rom treu blieben. Er trug
Bedenken, seine bisherigen Erfolge durch
einen Verzweiflungskampf gegen eine
große, wohlbefestigte Stadt aufs Spiel zu
setzen. Außer den unteritalischen Völkern
schloß sich ihm nur die wichtige Stadt Capua in Kampanien an. Ferner suchte er
sich durch Bündnisse mit Philipp von Makedonien und König Hieronymos von Syrakus zu verstärken. Aber Philipp wurde
durch einen Angriff der Römer auf sein
eignes Land zurückgehalten, und die Syrakusier wurden besiegt und in ihre Stadt
eingeschlossen, welche nach längerer Belagerung 212 erobert wurde. In Italien
aber traten die Römer unter Aufbietung
aller ihrer Kräfte H. mit so bedeutenden
Truppenmassen entgegen, daß sie den
Krieg zugleich in Apulien und Kampanien führen konnten, den Abfall weiterer
Bundesgenossen verhinderten und auch in
offenen Feldschlachten Vorteile davontrugen. 212 konnten sie die Belagerung
Capuas unternehmen. H. machte die
größten Anstrengungen, die Stadt zu entsetzen; er zog sogar jetzt (211) vor Rom,
wo sein Erscheinen im ersten Augenblick
die größte Bestürzung hervorrief, so daß
der Schreckensruf: »H. ante portas!«

(»H. ist vor den Thoren!«) sprichwört=
lich blieb. Aber seine Hoffnung, hierdurch
das Belagerungsheer von Capua abzu=
ziehen, täuschte ihn. Rom selbst anzu=
greifen, konnte er damals gar nicht wa=
gen, und so mußte er nach Apulien zu=
rückkehren. Capua fiel, und seine strenge
Züchtigung mahnte andre Städte, durch
freiwillige Unterwerfung sich Roms Ver=
zeihung zu sichern. 209 ging auch Tarent
verloren, obwohl H. mit seinem erheblich
verringerten Heer unermüdlichen tapfern
Widerstand leistete und zu gleicher Zeit
mehreren feindlichen Heeren nicht ohne Er=
folg die Spitze bot. Sehnsuchtsvoll harrte
er auf die Hülfe, die ihm sein Bruder
Hasdrubal aus Spanien bringen sollte.
Derselbe langte 207 glücklich auf italischem
Boden an, doch vereitelten unglückliche
Umstände seine Vereinigung mit H. Ohne
daß dieser von der Nähe seines Bruders
wußte, ward Hasdrubal von den Konsuln
Livius Salinator und Claudius Nero bei
Sena am Metaurus in Umbrien ange=
griffen und büßte Heer und Leben ein.

Noch immer hielt H. an der Hoffnung
fest, von der Heimat unterstützt zu wer=
den und den Krieg in Italien zu einem
glücklichen Ende führen zu können; noch
behauptete er sich in Bruttium und hielt
mehrere römische Heere in Schach. Aber
die ersehnte Hülfe blieb aus; Karthagos
Kräfte wurden durch Roms staunens=
werte Machtentfaltung auf verschiedenen
Kriegsschauplätzen in Anspruch genom=
men; überdies hatte H. in seiner Vaterstadt
heftige Feinde. Als Scipio in Afrika ge=
landet war und nach Besiegung des Syphax
von Numidien Karthago selbst bedrängte,
erhielt H. 203 den Befehl, zum Schutz des=
selben nach Afrika zurückzukehren. Er ge=
horchte nicht ohne Widerstreben und lan=
dete mit seinen Kerntruppen Anfang 202
in Hadrumetum. Nachdem er sein Heer
durch karthagische Truppen und Söldner
verstärkt hatte, rückte er Scipio entgegen
und traf auf ihn bei der Stadt Naraggara,
unweit von Zama (201). In einer per=
sönlichen Zusammenkunft mit dem römi=
schen Feldherrn machte er einen Friedens=
versuch und bot Abtretung aller karthagi=
schen Besitzungen außerhalb Afrikas an.

Aber sein Anerbieten wurde für unge=
nügend befunden, und in der darauf fol=
genden Schlacht unterlag das karthagische
Heer, dem es weder an Zahl noch an
Zahl noch an Tüchtigkeit gewachsen war.
H. flüchtete nach Karthago und riet hier
zur Annahme der harten Friedensbedin=
gungen Scipios, indem er die Trostlosig=
keit der gegenwärtigen Lage seines Vater=
lands einsah, aber auf künftige Wieder=
erhebung hoffte, und trat bald nach dem
Abschluß des Friedens (201), um die Re=
organisation des Staats zu leiten, als
Suffet an die Spitze desselben. Er regelte
die Zölle und Einkünfte und stellte die
zerrütteten Finanzen wieder her; ferner
reformierte er die Verfassung und Verwal=
tung, um das Volk fester an den Staat
zu ketten. Seine Maßregeln reizten aber
seine aristokratischen Gegner auf, und
seine Erfolge erweckten den Argwohn
Roms. Auf eine Anklage karthagischer
Senatoren gegen ihn, daß er mit Roms
Feinden in Verbindung stehe, forderten die
Römer in Karthago seine Auslieferung,
welcher er sich 195 durch die Flucht entzog.

Er fand Aufnahme bei König An=
tiochos von Syrien, der sich gerade zum
Kriege gegen Rom rüstete. Aber vergeb=
lich bemühte er sich, denselben zu einer
kühnen Kriegführung, einer Landung in
Italien und einem Bund mit Karthago
zu bewegen; seine Feinde setzten es durch,
daß Karthago die Teilnahme am Krieg
ablehnte, und Antiochos führte den Krieg
so lässig und ungeschickt, daß er unterlag.
Zu den Friedensbedingungen, welche die
Römer Antiochos auferlegten, gehörte auch
die Auslieferung Hannibals, der im Syri=
schen Krieg die Flotte befehligt hatte. Er
floh daher über Kreta zu König Prusias
von Bithynien, dem er im Kriege gegen
den mit den Römern verbündeten König
Eumenes von Pergamon nützliche Dienste
leistete. Aber auch von diesem forderten
die Römer Hannibals Auslieferung, und
da Prusias ihn nicht schützen konnte, nahm
H., um nicht in die Gewalt seiner Tod=
feinde zu fallen, 183 Gift. Er starb im
64. Jahr seines Lebens.

Seine Bedeutung als Feldherr und
Staatsmann ward selbst von römischen

Schriftstellern im Altertum nicht bestritten. Die Kühnheit seiner Pläne, die mit ruhiger Besonnenheit gepaarte Schnelligkeit und Energie bei ihrer Ausführung, sein Mut, der vor keiner Gefahr zurückbebte, die Ausdauer, der kein Hindernis unüberwindlich schien, der schnelle Blick, womit er die Absicht des Gegners durchschaute, die kluge Berechnung, mit der er mitten im Schlachtgewühl seine Anordnungen traf, die Gewalt, welche er über die Gemüter der Soldaten übte, und durch die er ein aus den verschiedensten Elementen zusammengesetztes Heer zu einem festen Ganzen verschmolz, können nicht verdunkelt werden durch den Vorwurf der Treulosigkeit, Hinterlist und Grausamkeit, welchen ihm die Römer aus Nationalhaß machten. H. ist eine der großartigsten Erscheinungen der alten Geschichte, und sein tragischer Untergang vermehrt die Sympathien, die seine feurige Vaterlandsliebe und seine wunderbaren Heldenthaten erwecken müssen.

Hanno, 1) karthag. Suffet, unternahm in der Blütezeit Karthagos um 500 v. Chr. mit 60 Fünfzigruderern eine große Seefahrt von Karthago über die Säulen des Herakles hinaus und gelangte, an der Westküste Afrikas nach Süden fahrend, bis jenseit des Krokodilflusses (Senegal); Mangel an Lebensmitteln nötigte ihn zur Umkehr. Er weihte nach seiner Rückkehr in dem Tempel des Kronos eine Inschrift, welche in punischer Sprache einen Reisebericht (Periplus, »Umschiffung«) enthielt und uns in griechischer Übersetzung erhalten ist; es ist dieser Bericht Hannos, obwohl manches Fabelhafte darin vorkommt, doch eins der wertvollsten und ältesten Denkmäler der geographischen Kunde des Altertums. Ausgaben von Kluge (Leipz. 1829) und Hirscher (Ehing. 1832).

2) H. der Große wurde bei Ausbruch des Söldnerkriegs 241 v. Chr. mit der Führung des karthagischen Heers beauftragt und besi gte anfangs die mit den Libyern verbündeten Söldner bei Utica, ließ sich aber dann von ihnen überfallen und wurde gänzlich geschlagen. Es wurde ihm daher Hamilkar Barkas zur Seite gestellt und, als der Krieg wegen der Uneinigkeit der beiden Feldherren unglücklich verlief, H. abgesetzt. Seitdem war er ein unversöhnlicher Feind der Barkiden und infolge dieser Feindschaft Haupt der Friedenspartei in Karthago. Er bekämpfte im Senat Hannibals Ernennung zum Oberfeldherrn in Spanien und befürwortete nach der Zerstörung Sagunts dessen Auslieferung an die Römer. Nach der Schlacht bei Zama stand er an der Spitze der Gesandtschaft, die Scipio um Frieden bat, und blieb Führer der römerfreundlichen Partei bis zu seinem in hohem Alter erfolgenden Tod.

Haran, s. Carrhä.

Hareiva, s. Areia.

Harmodios und Aristogeiton, die Mörder des Peisistratiden Hipparchos in Athen. Durch jugendliche Schönheit ausgezeichnet, war H. Aristogeitons Liebling und ließ sich um so leichter für dessen Plan zum Sturz der Peisistratiden Hippias und Hipparchos gewinnen, als ihn der letztere zu unkeuscher Liebe hatte verleiten wollen und seine Schwester beschimpft hatte. Die Verschwornen beschlossen, am Feste der Panathenäen ihr Werk zu vollführen, eilten aber in der Meinung, ihr Vorhaben sei verraten, noch vor Beginn des Festzugs in die Stadt und stießen den bei dem Leokorion beschäftigten Hipparchos nieder. H. wurde dafür von der Leibwache auf der Stelle niedergehauen und auch der entflohene Aristogeiton bald festgenommen und hingerichtet (514 v. Chr.). Obwohl Hippias am Leben blieb, seine Herrschaft durch Schrecken zu befestigen suchte und erst 510 mit fremder Hülfe gestürzt wurde, feierte man doch H. und Aristogeiton als die ersten Märtyrer der republikanischen Freiheit und ihre That als Anfang der Befreiung Athens. Ihre Bildsäulen wurden an dem Aufgang der Akropolis aufgestellt (sie wurden 480 von Xerxes nach Persepolis entführt und erst von Alexander d. Gr. nach Athen zurückgeschickt), ihre Ahnen unter die Heeren des Landes erhoben und ihren Nachkommen die höchsten Ehren zuerkannt. Zu ihrer Verherrlichung dichtete Kallistratos ein Skolion (Tischlied), das die Athener beim geselligen Mahl zu singen pflegten.

Harmoſten (Harmostæ), die Vor-
ſteher der Periökenbiſtrikte in Sparta,
deren Name auf die Statthalter übertragen
wurde, welche die Spartaner zur Zeit
ihrer Hegemonie nach dem Peloponneſiſchen Krieg über die abhängigen Städte
ſetzten, um als Befehlshaber der ſpartaniſchen Beſatzungen die Sparta ergebenen
oligarchiſchen Parteien zu ſchützen. Der
übermut der H. trug beſonders dazu bei,
die Herrſchaft der Spartaner verhaßt zu
machen.

Harpagos, Günſtling des mediſchen
Königs Aſtyages, erhielt von dieſem, wie
Herodot erzählt, den Befehl, den jungen
Kyros zu töten, umging ihn aber, indem
er den Knaben einem Hirten gab, der ihn
aufzog, und ward von dem grauſamen
König damit beſtraft, daß er ihn mit dem
gebratenen Fleiſch ſeines Sohns bewir-
tete, von dem er, ohne es zu ahnen, genoß.
H. unterdrückte ſeinen Schmerz und Groll,
verband ſich aber aus Rache 559 v. Chr.
mit Kyros zum Sturz des Aſtyages. Als
perſiſcher Feldherr unterwarf er nach der
Zerſtörung des lydiſchen Reichs (548) die
griechiſchen Städte in Kleinaſien.

Harpalos, ein Makedonier, wurde
336 v. Chr. von Alexander d. Gr. als
treuer Anhänger ſeiner Mutter Olympias
an den Hof, von dem ihn Philipp verbannt
hatte, zurückgerufen, mit Auszeichnung
behandelt und zum königlichen Schatz-
meiſter ernannt. Obwohl er 333 mit
einer aus dem königlichen Schatz geſtoh-
lenen Geldſumme aus Kleinaſien nach
Megara entfloh, wurde er dennoch begnadigt und 330 mit der Verwaltung der in
Ekbatana aufgehäuften Schätze beauftragt.
Während Alexanders Abweſenheit in
Indien verpraßte er aber durch unerhörte
Ausſchweifungen und maßloſe Verſchwendung ſo viel Geld und machte ſich ſo ver-
ächtlich, daß er bei Alexanders Rückkehr
325 mit 5000 Talenten und 6000 griechiſchen Söldnern auf 30 Dreiruderern
nach Athen entfloh, wo er anfangs zurück-
gewieſen wurde, dann aber ſich durch Be-
ſtechung und großartige Freigebigkeit gegen
das Volk das Ehrenbürgerrecht erwarb;
ſeine von den Makedoniern verlangte
Auslieferung verweigerten die Athener,

deponierten indes die von H. mitgebrachte
Geldſumme von angeblich 700 Talenten
in der Schatzkammer des Staats. H. begab ſich darauf nach Kreta, wo er von
ſeinem Genoſſen, dem Spartaner Thimbron, erſchlagen wurde. Als bei der Auslieferung jener deponierten Summe an die
Makedonier die Hälfte fehlte, wurde von
den Athenern eine Anzahl der angeſehenſten Männer, darunter Demoſthenes, die
mit H. in Verbindung geſtanden hatten,
der Veruntreuung beſchuldigt (»Harpali-
ſcher Prozeß«) und Demoſthenes und einige
andre vom Areopag zu hohen Geldbußen
verurteilt.

Hasdrubal (griech. Aſdrubas),
Name mehrerer karthagiſchen Feldherren:
1) Sohn Hannos, einer der drei karthag.
Heerführer, die von Marcus Atilius Regulus bei Adys in Afrika beſiegt wurden,
ward 254 v. Chr. mit bedeutenden Streitkräften nach Sicilien geſandt, aber 250
vom Prokonſul Lucius Cäcilius Metellus
bei Panormos geſchlagen und abweſend
von den Karthagern zum Tod verurteilt.
2) Schwiegerſohn des Hamilkar Barkas,
zog mit dieſem nach Spanien, kämpfte
darauf einen Aufſtand der Numidier, erhielt 228 v. Chr. nach Hamilkars Tode
den Oberbefehl in Spanien und ſchloß
mit den Römern einen Vertrag, wonach
die Karthager bei ihren Eroberungen den
Iberus nicht überſchreiten und keine den
Römern verbündete Stadt angreifen
ſollten. Er unterwarf darauf einen großen
Teil Spaniens und gründete als Hauptwaffenplatz der Karthager Neukarthago
(Carthago nova, jetzt Cartagena), wurde
aber ſchon 221 von einem Gallier ermordet.
3) Jüngerer Bruder Hannibals, nächſt
dieſem der tüchtigſte Feldherr. Feldherr
im zweiten Puniſchen Krieg, erhielt nach
ſeines Bruders Hannibal Abmarſch nach
Italien den Oberbefehl in Spanien,
kämpfte daſelbſt mit wechſelndem Erfolg
im Verein mit ſeinem Bruder Mago und
dem andern H., Sohn des Giszo, gegen die
Scipionen und unternahm einen teils verunglückten Verſuch 216 v. Chr., obwohl 209
von Publius Scipio Africanus bei Bäcula
geſchlagen, doch 207 den Zug über die Pyrenäen und Alpen nach Italien, um Hanni-

bal Hülfstruppen zuzuführen. Ehe er sich jedoch mit Hannibal vereinigen konnte, an den seine Botschaften nicht gelangten, warb er von den römischen Konsuln Livius Salinator und Claudius Nero bei Sena am Metaurus 207 zur Schlacht gezwungen; als er dieselbe verloren sah, stürzte er sich mitten unter die Feinde und fand den gesuchten Tod. Sein Kopf wurde in das Lager Hannibals geworfen, der dadurch die erste Kunde von seines Bruders Ankunft in Italien und seinem Untergang erhielt.

4) Sohn Gisgos, eines karthag. Feldherrn, den die Söldner 237 v. Chr. unter grausamen Martern getötet hatten, führte mit den beiden Brüdern Hannibals, Hasdrubal und Mago, seit 214 den Krieg gegen die Römer in Spanien, bewirkte 212 hauptsächlich den Untergang der Scipionen, erlitt aber 208 mit Mago zusammen durch Publius Scipio Africanus bei Bäcula eine entscheidende Niederlage und verließ 207 Spanien, das er den Römern preisgab. Nach Scipios Landung in Afrika 204 gewann er den numidischen König Syphax dadurch für das karthagische Bündnis, daß er ihm seine durch Schönheit und Vaterlandsliebe ausgezeichnete Tochter Sophonisbe vermählte, und führte mit Syphax den Krieg gegen die Römer in Afrika, jedoch unglücklich. Nach zwei Niederlagen wurde H. von den entrüsteten Karthagern zum Tod verurteilt, rettete sich aber durch die Flucht und sammelte einen Heerhaufen um sich, mit dem er den Kampf gegen die Römer auf eigne Hand fortsetzte. Als Hannibal 202 nach Afrika zurückkehrte, schloß er sich diesem an und erlangte durch dessen Vermittelung seine Begnadigung. Nach der Schlacht bei Zama wurde er aber vom wütenden Volk verfolgt und gab sich im Grabmal seines Vaters durch Gift selbst den Tod.

5) Feldherr der Karthager gegen Masinissa 151 v. Chr., ließ sich von diesem unter ungünstigen Verhältnissen zu einer Schlacht verlocken, wurde besiegt und eingeschlossen und mußte, durch Krankheiten in seinem Heer und Mangel an Lebensmitteln genötigt, einen schimpflichen Frieden mit Masinissa abschließen. Er wurde daher zum Tod verurteilt, entfloh aber und unterstützte, als sich Karthago 149 zum letzten Kampf gegen Rom erhob, seine Vaterstadt mit einem Heer, welches er gesammelt hatte. Er brachte in einigen Kämpfen mit dem Konsul Manilius den Römern empfindliche Verluste bei und erlangte die Aufhebung seines Todesurteils. 147 bemächtigte er sich des Oberbefehls in der Stadt und leitete die Verteidigung derselben gegen Scipio mit Mut und Umsicht, während er die Herrschaft daselbst mit der größten Grausamkeit und Willkür ausübte. Als Scipio die Stadt erstürmte, zog er sich mit 900 Überläufern auf die Burg zurück und leistete noch hartnäckigen Widerstand. Endlich aber verlor er den Mut, stahl sich heimlich aus der Burg weg und flehte den Sieger fußfällig um Gnade an. Seine Schar zündete die Burg an und verbrannte mit derselben; seine Gattin mordete vor seinen Augen ihre Kinder und stürzte sich, den Gatten verfluchend, in die Flammen. H. starb als Gefangener in Italien.

Hasmonäer, s. Makkabäer.

Hatria, s. Adria.

Hebräer, s. Israel.

Hebron, alte Stadt in Palästina, in deren Nähe, in der Höhle Makphela, Abrahams Grab sich befindet, Hauptort des Stammes Juda, südlich von Jerusalem in einem fruchtbaren Thal gelegen, Residenz Davids in der ersten Zeit seiner Regierung und Stützpunkt seines aufrührerischen Sohns Absalom, von Rehabeam befestigt und im letzten Jüdischen Krieg von den Römern zerstört.

Hebros (jetzt Maritza), Hauptstrom Thrakiens, entspringt auf dem von dem Skomios und dem Rhodope gebildeten Gebirgsknoten, fließt durch ganz Thrakien, empfängt an Nebenflüssen rechts die Arda, links den Tonzos und Erginos (Agrianes) und mündet in zwei Armen bei Änos in das Ägäische Meer.

Hegemonie (»Führerschaft«), das Übergewicht eines griech. Staats über andre verbündete Staaten und die damit verbundene Leitung der Bundesangelegenheiten, ein Verhältnis, welches bei der

rechtlich bestehenden Autonomie der grie=
chischen Staaten notwendig war, wenn
sich ein Bund zur Erreichung allgemeinerer
Zwecke bildete. Unter den formell gleich=
berechtigten Bundesgenossen nahm der
mächtigste Staat eine faktisch bevorrech=
tete Stellung ein, indem er die Führung
im Krieg hatte, auch über die Kontingente
der Verbündeten Befehlshaber einsetzte,
die Gelbbeiträge einforderte und die zu
stellenden Streitkräfte feststellte. Eine
solche Stellung nahm von alters her
Sparta auf dem Peloponnes ein und
dehnte sie in den Perserkriegen zu der H.
über die gesamten Streitkräfte der Grie=
chen aus. Nach den Perserkriegen er=
langte Athen durch die Stiftung des
Seebunds die H. zur See und strebte un=
ter Perikles auch nach der zu Land, um
ganz Griechenland unter seiner Herr=
schaft zu vereinigen. Es führte zum
Zweck der Entscheidung über die Frage der
griechischen H. mit Sparta den Pelopon=
nesischen Krieg, dessen Ergebnis Athen
für immer der H. beraubte und sie in die
Hände Spartas gab. Dieses wußte die=
selbe aber nicht dauernd zu befestigen,
reizte vielmehr durch gewaltthätige Poli=
tik die übrigen Staaten zum Widerstand.
Auf kurze Zeit erlangte Theben die H.
In diesen Kämpfen ging aber die Macht
Griechenlands zu Grunde, das endlich
unter die Herrschaft Makedoniens fiel.
Vgl. Manso, über den Begriff und
Umfang der griechischen H. (Berl. 1804);
Groen van Prinsterer, über die
griechische H. (Leiden 1820).

Heilige Kriege, die in Griechenland
auf Beschluß des Amphiktyonenbunds
zum Schutz des delphischen Heiligtums
und seiner Besitzungen gegen räuberische
Nachbarn geführten Kriege. Den ersten
Heiligen Krieg unternahmen Athen und
der Tyrann Kleisthenes von Sikyon
600—590 v. Chr. gegen die phokische
Stadt Krisa, welche Pilgerscharen, die
nach Delphi zogen, belästigt hatte; er en=
dete mit der Zerstörung dieser Stadt,
und zur Feier des Siegs wurden die
Pythischen Spiele erneuert, welche fortan
im Krisäischen Gefilde gefeiert wurden.
Der zweite wurde 448 von Sparta gegen
Phokis unternommen, welches ein Gebiet
des delphischen Orakels besetzt hatte. Der
dritte (oder zweite, wenn der von 448
nicht mitgerechnet wird) dauerte von
355—346 und wurde von Theben veran=
laßt, welches unter dem Vorwand des
Schutzes Delphis und unter der Autori=
tät der Amphiktyonen die Phoker, die
einer Grenzverletzung beschuldigt wurden,
unterjochen wollte. Diese raubten aus dem
Tempelschatz 10,000 Talente, verteidig=
ten sich mit hartnäckiger Tapferkeit und
wurden erst überwunden, als Philipp
von Makedonien den Thebanern und
ihren Verbündeten, den Thessaliern, zu
Hülfe kam. Den vierten (oder dritten)
führte König Philipp im Auftrag der
Amphiktyonen gegen das der Verletzung
von Tempelgebiet angeklagte Amphissa,
das 338 zerstört wurde.

Heilige Schar (Hiëros Lochos), eine
auserlesene Schar von 300 edlen und
hochherzigen thebanischen Jünglingen,
welche Epameinondas nach der Befreiung
Thebens von den Spartanern 379 v. Chr.
bildete, um durch Vaterlandsliebe und
Tugend dem Volk zum Muster und Vor=
bild zu dienen und als Vorkämpfer in
der Schlacht durch ihren Kriegsmut das
übrige Heer zur Tapferkeit zu entflam=
men. Unter Pelopidas' Führung zeich=
nete sich die H. S. besonders in der Schlacht
bei Leuktra 371 aus. In der Schlacht bei
Chäroneia 338 kämpfte sie für die Frei=
heit Griechenlands so lange, bis der letzte
Mann gefallen war.

Heilöten, s. Heloten.

Hekatäos, Logograph, um 550 v. Chr.
aus einem edlen Geschlecht in Miletos ge=
boren, machte weite Reisen und faßte de=
ren Resultate in zwei großen Werken zu=
sammen, in denen er nicht, wie die frü=
hern Logographen (Vorläufer Herodots),
bloß die Dichtwerke in Prosa umschrieb,
sondern Kritik zu üben anfing, die My=
then pragmatisch deutete und die Geschichte
des Auslands behandelte. Das eine Werk,
»Umfahrt der Erde«, enthielt in zwei
Büchern eine Beschreibung Europas,
Asiens und Libyens, das andre, »Genea=
logien«, eine nach Geschlechtern geordnete
Zusammenstellung der alten Mythen;

beide Werke waren in reinem ionischen Dialekt einfach und schmucklos geschrieben. Die wenigen noch vorhandenen Bruchstücke sind gesammelt von Klausen (»Hecatæi Milesii fragmenta«, Berl. 1831). H. nahm auch am ionischen Aufstand lebhaften Anteil, doch wurden seine weisen Ratschläge in seiner Vaterstadt nicht beachtet. Er starb bald nach der Schlacht von Mykale (479).

Hektor (»Halter«, »Herrscher«), berühmter trojan. Held, der älteste Sohn des Königs Priamos und der Hekabe, Gemahl der Andromache, Vater des Astyanar, mit phrygischem Namen Dares (Dareios) benannt, erscheint in Homers Ilias als Ideal eines Kriegshelden, der sein Vaterland verteidigt, zugleich als edler Mensch und liebevoller Sohn, Gatte und Vater. Ergreifend ist sein Abschied von Andromache und seinem Söhnchen. An Mut, Entschlossenheit, Klugheit und Ausdauer über alle seine Genossen hervorragend, von den Göttern Apollon und Ares begünstigt, verrichtete er die tapfersten Kriegsthaten, verteidigte den verwundeten Sarpedon, kämpfte mit dem Telamonier Aias, erstürmte den Wall des griechischen Lagers und steckte die Schiffe in Brand, erschlug sodann im Zweikampf Patroklos, wurde aber, von Athene getäuscht, nach tapferm Widerstand von Achilleus getötet, der seinen Leichnam dreimal um das Grab des Patroklos schleifte, denselben aber auf Bitten des Priamos auslieferte. Die Leiche, welche die Götter vor Verwesung und Verletzung geschützt hatten, wurde darauf in Troja feierlich bestattet. Sein Sohn Astyanar wurde bei der Zerstörung der Stadt getötet, seine Gemahlin Andromache fiel in die Gewalt des Neoptolemos.

Helena, Tochter des Zeus und der Leda, Schwester der Dioskuren, das schönste Weib ihrer Zeit, ward mit dem Atriden Menelaos vermählt, dem sie das Königreich Sparta als Brautschatz zubrachte, diesem aber von dem Trojaner Paris entführt. Da die Trojaner sie nicht auslieferten, so bewogen Menelaos und sein Bruder Agamemnon die griechischen Fürsten zu dem Zuge gegen Troja. Während der Belagerung lebte sie als Gemahlin des Paris in Troja und ward von den Troern trotz des schweren Leides, welches sie über ihre Stadt gebracht, wegen ihrer Schönheit bewundert; sie selbst aber bereute ihren Leichtsinn und sehnte sich nach ihrer Heimat und ihrem frühern Gemahl. Nach Paris' Tod ward sie Gemahlin des Deiphobos. Bei der Einnahme der Stadt war sie den Griechen behülflich und lieferte Deiphobos in die Gewalt des Menelaos, den sie nach Sparta begleitete, wo sie nach mancherlei Irrfahrten anlangte und noch längere Zeit mit Menelaos in Frieden und Eintracht lebte. H. ist ihrer ursprünglichen Bedeutung nach eine Mondgöttin, auf welche die im Mythus der Mondgottheiten öfter vorkommende Entführung und Wiederkehr hindeutet.

Heliäa (»Volksversammlung«), ursprünglich die als Volksgericht konstituierte Volksversammlung zu Athen, dann (seit Solon) ein aus der Bürgerschaft gebildetes Volksgericht, das in vielen Fällen das Urteil selbst fällte, in den übrigen die höchste Instanz war. Kleisthenes ordnete 509 v. Chr. ihre Zusammensetzung so, daß für jedes Jahr aus den zehn Phylen je 500, also im ganzen 5000, über 30 Jahre alte Bürger (Heliasten) als Geschworne und dazu noch 1000 Ersatzgeschworne ausgelost wurden. Die 5000 Heliasten zerfielen in zehn Sektionen, deren Mitglieder aus allen Phylen gemischt waren, und jede Sektion bildete einen Gerichtshof; doch hing es von der Bedeutung der einzelnen Rechtssachen ab, ob die ganzen Sektionen saßen oder nur Teile derselben oder auch mehrere Sektionen vereinigt wurden. Das Verfahren war öffentlich. Die Richter verpflichteten sich durch einen besondern Eid, unparteiische und unbestechliche Hüter der Gesetze sein zu wollen. Die Kompetenz der H. erweiterte sich immer mehr, namentlich seit der Machtverringerung des Areopags (460), und seitdem man den Bürgern gestattete, sich in allen Sachen sofort an die H. zu wenden, und die Bundesgenossen zwang, in Athen ihr Recht zu nehmen. Perikles führte den Richtersold (Heliastikon), 1 Obolos für ben Tag, ein, ben Kleon auf eine halbe Drachme erhöhte.

Heliaſten, ſ. Heliäa.

Helike, Hauptſtabt Achaias, an der Mündung des Selinus in den Meerbuſen von Korinth, mit einem berühmten Tempel bes Poſeidon Helikonios, warb 373 v. Chr. infolge eines Erdbebens mit der benachbarten Stabt Bura vom Meer verſchlungen.

Helikon (jetzt Paläo-Bunos oder Zagora genannt), Gebirgsgruppe im weſtlichen Böotien, zwiſchen dem Kopaïsſee und dem korinthiſchen Meerbuſen, 1750 m hoch, beren öſtlicher Teil, an Bächen, walbigen Schluchten und Abhängen und lieblichen, grasreichen Thälern reich, von ben alten Dichtern als Sitz der Muſen gefeiert wurde. Auf bem Gipfel ſtand ein Altar bes Zeus, in der Nähe entſprang die Muſenquelle Hippokrene; am Nordabhang befanden ſich bie Quelle Aganippe und der ben Muſen geweihte Hain, eine kleine, mit Statuen und Gebäuden geſchmückte Hochebene.

Heliogabālus (Elagabalus, eigentlich Name bes Sonnengotts in Emeſa, beſſen Prieſter er war), röm. Kaiſer, geb. 201 n. Chr., hieß urſprünglich Varius Avitus Baſſianus und war der Sohn des Varius Marcellus und der Säomis und Enkel der Julia Mäſa, der Schwägerin des Septimius Severus, welche ſich nach dem Sturz des Kaiſers Caracalla mit einem ungeheuren Vermögen nach ihrer Vaterſtabt Emeſa in Syrien zurückgezogen hatte. Hier warb der Knabe zum Oberprieſter bes Sonnengotts geweiht und gewann burch ſeine Schönheit, beſonders durch die Ähnlichkeit ſeiner Geſichtszüge mit denen Caracallas, bie Zuneigung der in der Nähe Emeſas befindlichen Truppen, welche ihn, als Mäſa ihn für einen natürlichen Sohn Caracallas ausgab und den Soldaten reiche Geſchenke ſpendete, unter bem Namen Marcus Aurelius Antoninus 218 zum Kaiſer ausriefen. Doch nahm er den Namen des Sonnengotts an, bem er gebient hatte. H. beſiegte den Uſurpator Macrinus bei Immä in der Nähe von Antiocheia und begab ſich über Nikomedeia nach Rom, wo

er vor allem ben ausſchweifenben Dienſt bes Sonnengotts einführte und bemſelben auf dem Palatinus einen prächtigen Tempel errichtete. Um die Staatsgeſchäfte kümmerte er ſich gar nicht, ſondern brachte ſein Leben in ſinnloſeſter Verſchwendung und ben wollüſtigſten, gemeinſten Ausſchweifungen hin. Auch an Grauſamkeit übertraf er bie unwürdigſten ſeiner Vorgänger. Endlich ſchämten ſich ſelbſt die Soldaten der Schändung des Throns burch ihre Verbrechen des H., und als berſelbe ſeinem Vetter, dem eblen Alexander Severus, ben er auf Verlangen der Truppen adoptiert hatte, nach bem Leben trachtete, ermordeten ſie ihn 222, ſchleiften ſeinen verſtümmelten Leichnam burch die Straßen und warfen ihn in den Tiber.

Heliopolis (»Sonnenſtadt«), 1) Stabt in Köleſyrien, ſyr. Baalbek (»Stadt des Baal«) genannt, am Fuß des Libanon unweit der Quelle bes Orontes gelegen, warb unter Auguſtus römiſche Kolonie und war berühmt burch den Kultus des Sonnengotts, beſſen viel beſuchte Feſte und Drakel ben Ort bereicherten und zu einer bebeutenden Handelsſtadt machten. Dem Zeitalter der Antonine gehören die großartigen Tempelbauten in korinthiſchem Stil an, beren prachtvolle Ruinen, ber umfangreiche Sonnentempel, ber kleinere Jupitertempel und ber runde Tempel, die bebeutenbſten aus bem Altertum erhaltenen in ganz Syrien ſind. —2) Stadt in Unterägypten, an der ſüblichen Grenze bes Deltas, an bem vom Nil zum Arabiſchen Meerbuſen führenden Kanal gelegen, ägypt. Pera (»Haus der Sonne«), in der Vulgärſprache Anu (hebr. On), in der ältern Zeit bebeutenbſte Stadt Unterägyptens, berühmt durch ben Kultus des Sonnengotts Ra ober Atum, ber in einer Inkarnation als Stier Mnevis verehrt wurde. Der Sonnentempel war ein herrliches Bauwerk mit großartigen Hallen, Sphinralleen und Obelisken. Die Prieſter besſelben, zu benen Moſes gehört haben ſoll, waren burch ihre Weisheit und aſtronomiſchen Kenntniſſe berühmt; Plato war ihr Schüler. Die Stadt verfiel unter den Ptolemäern und war ſchon zu

Alte Geſchichte. 15

Strabons Zeit gänzlich verödet. Nur wenige Trümmer und ein Obelisk sind von der frühern Pracht übrig.

Hellada, s. Spercheios.

Hellanīkos, griech. Logograph, geboren um 480 v. Chr. zu Mitylene auf Lesbos, gestorben um 395 in Perperena, verfaßte eine große Zahl Schriften historischen und geographischen Inhalts, deren erhaltene Bruchstücke gesammelt sind von Sturz (2. Aufl., Leipz. 1826) und in Müllers »Historicorum græcorum fragmenta«, Bd. 1 (Par. 1841).

Hellas, Name einer Stadt und Landschaft im südlichen Thessalien, welcher ebenso wie der der Bewohner (der Hellenen) zur Zeit des Amphiktyonenbunds auf die Gesamtheit der diesen bildenden Staaten und Stämme überging und etwa seit dem 9. Jahrh. v. Chr. alle nach Sprache, Sitte und Kultus als echte Griechen anerkannten Völkerschaften umfaßte. In geographischer Beziehung bezeichnete H. alles Land südlich vom Olympos und vom Ambrakischen Meerbusen als das eigentliche Griechenland. Die Beschränkung des Namens auf den mittlern Teil Griechenlands ohne Thessalien und den Peloponnes rührt erst von römischen Geographen (Mela und Plinius) her. Doch hatte noch öfter der Name den ethnographischen Sinn der Gesamtheit aller hellenischen Städte und Staaten nicht bloß in Griechenland, sondern auch am Ägäischen Meer, in Kleinasien, Kypros, Kyrenaika, Italien und Sicilien, so daß er die ganze, wenn auch weit verstreute hellenische Welt umfaßte.

Hellēnen, Nationalname der alten Griechen, nach dem sie einen gemeinsamen Stammvater Hellen fingierten, von dem die Äolier, Dorier, Jonier und Achäer ihren Ursprung herleiteten. Der Name wird auf die Helloi in Epeiros (s. Dodona) zurückgeführt. Vgl. Hellas.

Hellenotamien, Finanzbehörde, welche die Kasse des 476 v. Chr. gestifteten Athenischen Seebunds zu verwalten, die Beiträge der Bundesgenossen (anfangs 460 Talente) in Empfang zu nehmen und im Schatz, der zuerst zu Delos, seit 454 in Athen aufbewahrt wurde, niederzulegen hatte. 403, nach Auflösung des Seebunds, wurden die H. abgeschafft.

Hellespontos (»Meer der Helle«), die schmale Meerenge, welche die Thrakische Chersones von der asiatischen Landschaft Troas trennte und zwischen Sestos und Abydos nur 7 Stadien breit war. Sie hatte ihren Namen der Sage nach von Helle, der Tochter des Athamas und der Nephele, welche auf der Flucht mit ihrem Bruder Phrixos nach Kolchis hier von dem goldnen Widder herabfiel und ertrank. 480 v. Chr. ließ Xerxes Schiffbrücken über die Meerenge schlagen. Jetzt Straße der Dardanellen oder von Gallipoli.

Helōten (Heilotes, Helōtes), die Staatssklaven in Sparta, deren Name schon von den Alten von der lakonischen Stadt Helos abgeleitet wurde, deren Einwohner erst nach hartnäckigem Widerstand von den dorischen Spartiaten unterjocht wurden, wahrscheinlicher jedoch »Kriegsgefangene« bedeutet. Die H. wurden dem Staate den einzelnen Spartiaten überwiesen und durften von ihren Herren weder verkauft, noch getötet werden. Sie lebten auf den spartiatischen Ackerlosen, welche sie bebauten; von jedem Gut mußten sie jährlich 82 Scheffel Getreide und ein entsprechendes Maß an Öl und Wein für den Lebensunterhalt der Spartiaten abgeben; was sie darüber gewannen, gehörte ihnen. Auch waren sie zum Kriegsdienst verpflichtet, wurden aber gewöhnlich bloß als Leichtbewaffnete, nur in außerordentlichen Fällen als Hopliten verwendet; auf der Flotte dienten sie als Matrosen. Ihre Lage war im allgemeinen eine sehr gedrückte. Sie standen zwar über den gemeinen Sklaven und konnten es bei einigem Fleiße selbst zu einer gewissen Wohlhabenheit bringen, sowie ihnen auch manchmal die Freiheit von Staats wegen als Belohnung für Auszeichnung im Kriege gewährt wurde; solche Freigelassene hießen Neodamoden. Aber zum Bürgerrecht wurden sie nur ausnahmsweise zugelassen, wie dies z. B. nach den bedeutenden Verlusten der Spartaner im zweiten Messenischen Kriege geschehen sein soll. In Gemäßheit des Lykurgischen Grundsatzes, daß die Berechtigung des Vollbürgers nicht sowohl auf seiner Geburt als auf seiner Erziehung als Spartiate beruhe, wurden von Spartiaten mit Helotinnen erzeugte. Kinder mit den jungen Spartiaten gemeinsam erzogen und erhielten nicht bloß volle Freiheit, sondern auch durch eine Art von Adoption das Bürgerrecht; sie hießen Mothaken (oder Mothonen); solche Mothaken waren Gylippos, Kallikratidas, Lysandros. Immer aber blieb das Verhältnis zwischen Spartiaten und H. ein gespanntes, fast feindseliges, indem die H. ihren Bedrückern, diese aber wieder den eine gefährliche Mehrzahl (224,000 Köpfe, davon 56,000 Waffenfähige) bildenden H. gegenüber stets auf der Hut waren. Einzelne verzweifelte Maßregeln, wie die Niedermetzelung von 2000 H. im Peloponnesischen Krieg, und die Krypteia hatten in diesem Mißtrauen der Spartaner ihren Grund. Die Krypteia war eine Helotenjagd; die Ephoren pflegten bei ihrem Amtsantritt den H. den Krieg zu erklären, und dann war für einige Zeit ihre Tötung erlaubt, wohl mehr um Schrecken zu erregen, als um ein Blutbad anzurichten. Die H. ergriffen daher wiederholt die Gelegenheit, sich zu empören und ihr schweres Joch abzuschütteln. Am gefährlichsten war der Aufstand, welcher 464 v. Chr. nach einem großen Erdbeben ausbrach. Die H. wurden zwar in Lakonien vom König Archidamos besiegt, vereinigten sich aber mit den aufständischen Messeniern und konnten erst 455 völlig unterworfen werden.

Helvetier (Helvetii), kelt. Volksstamm, welcher in ältester Zeit in Süddeutschland zwischen Schwarzwald, Rhein und Main wohnte, dann nach der westlichen Schweiz auswanderte, wo er in 4 Gaue eingeteilt war und 12 Städte und 400 offene Ortschaften zählte. Der Gau der Tiguriner schloß sich den Cimbern an und vernichtete 107 v. Chr. ein römisches Heer unter dem Konsul Lucius Cassius am Lemanischen See. Um 60 beschlossen die H. auf Rat des Orgetorix, ihre rauhe Heimat mit einer mildern, fruchtbarern Gegend im südlichen Gallien zu vertauschen, und traten 58 mit den benachbarten Volksstämmen der Raurater, Latobrigen und Tulinger und einer Abteilung der

Bojer den Marsch an. Als der römische Prokonsul Cäsar ihnen den Weg den Rhône abwärts verlegte, zogen sie durch das Gebiet der Sequaner nach Westen, wurden aber bei Bibracte von Cäsar ereilt und besiegt und nach ungeheuren Menschenverlusten zur Rückkehr in die Schweiz gezwungen. Ihr Gebiet, in dem die römischen Kolonien Noviodunum (Nyon) und Augusta Rauracorum (Augst bei Basel) gegründet wurden, ward mit der römischen Provinz Gallia Belgica, später mit Gallia Lugdunensis vereinigt. Hauptorte des Landes in römischer Zeit waren Vindonissa (Windisch) und Aventicum (Avenches). 69 n. Chr. ward Helvetien von dem Legaten des Vitellius, Cäcina, furchtbar verwüstet. Um 260 begannen die Einfälle der Alemannen, welche nach wiederholter Zurückdrängung um 400 das Land der H. besetzten und die christlich romanisierte keltische Bevölkerung unterjochten oder in den südwestlichen Teil des Landes zurückdrängten.

Hemēsa, s. Emesa.

Henna, s. Enna.

Hephästion, Feldherr und Freund Alexanders d. Gr., der, sich selbst mit Achilleus vergleichend, ihn seinen Patroklos nannte, war der Sohn des Amyntor aus Pella und gehörte zu den sogen. Somatophylakes (Flügeladjutanten) des Königs, der ihn mit den wichtigsten Kommandos betraute. Er war einer der wenigen Makedonier, die Alexanders asiatische Politik verstanden und würdigten; er vermittelte daher hauptsächlich den Verkehr desselben mit den Eingebornen. Auf dem Zug nach Ägypten (332 v. Chr.) befehligte er die Flotte, ward bei Gaugamela verwundet, führte 328 im Krieg in Sogdiana eine der fünf Heeresabteilungen und wurde 327 im indischen Feldzug mit seiner und Perdikkas' Hipparchie abgesendet, um das südliche Ufer des Kabul bis zum Indus, die Landschaft Peukelaotis, zu unterwerfen und über letztern Fluß eine Brücke zu schlagen. 326 eroberte er das Gebiet des Hydraotes. Auf dem Rückzug aus Indien befehligte er das Hauptheer, das auf dem linken Ufer des Hydaspes abwärts zog, vereinigte sich an der Grenze des Gebiets

15*

der Maller wieder mit Aleranders Abteilung und führte darauf das Landheer durch das Land der Arabiten, während Alexander gegen die Oreiten nach der Meeresküfte zog. Nach der Rückkehr nach Perfien erhielt er aus der Hand des Königs die Drypetis, eine Tochter des Dareios und Schwefter der Gemahlin Aleranders, nebft reichem Brautschatz zur Gattin und bei der allgemeinen Preisverteilung einen goldnen Kranz. Seine letzte Dienftpflicht leiftete er dem König auf dem Zug den Tigris aufwärts nach Opis; er erkrankte darauf in Efbatana und ftarb nach fieben Tagen (324), von Alexander tief betrauert und im Tod noch mit den höchften Auszeichnungen geehrt.

Herakleia, sehr oft (etwa 40mal) vorkommender Name von Städten. Bemerkenswert: 1) H. Trachinia oder am Ota, Stadt in der griechischen Landschaft Malis, ganz in der Nähe der Thermopylen gelegen, 427 v. Chr. von den Spartanern gegründet, besaß einen berühmten Tempel der Artemis und ward in dem Krieg der Römer mit dem Achäischen Bund erobert und verwüftet. — 2) H. in Lukanien (jetzt Policoro), in der Nähe des Tarentinischen Meerbufens am Fluß Aciris gelegen, ward 432 v. Chr. von den vereinigten Tarentinern und Thuriern gegründet und zur Bundesstadt der Städte Großgriechenlands gemacht, die hier ihre gemeinsamen Fefte feierten. Als Hafenstadt diente das früher mächtige, dann zerstörte und wiederhergeftellte Siris. 280 schlug Pyrrhos bei H. die Römer unter dem Konsul Publius Valerius Lävinus. Nach der Unterwerfung durch die Römer gehörte H. zu den verbündeten Städten (civitates fœderatæ). — 3) H. Minoa, an der Südfüfte von Sicilien, an der Mündung des Fluffes Halyfos, ward von Phönifern gegründet und Rus Melfart (Vorgebirge des Melfart, eines phönifischen Gottes, den die Griechen mit Herakles identifizierten) genannt, um 500 v. Chr. von den Spartiaten Dorieus und Eurpleon befetzt und H. Minoa genannt, 403 aber von den Karthagern zerstört. Später war die Stadt römische Kolonie. — 4) H. Pontifa (jetzt Eregli), bedeutendfte Stadt

Bithyniens, am Schwarzen Meer im Lande der Marianbyner gelegen, die ihr unterthan waren, ward um 560 v. Chr. von megarischen und böotischen Anfieblern gegründet, hatte zwei vortreffliche Häfen und gedieh bald zu hoher Blüte und Macht, so daß sie die ganze Küfte zwischen dem Sangarios und dem Parthenios beherrschte. Noch in byzantinischer Zeit blühte die Stadt unter dem Namen Penteraflia. — 5) H. Cherfonefos (auch Cherfonefos Herafleiotife), griech. Stadt auf der Taurischen Cherfones (Krim), an der südweftlichen Spitze derselben auf einer kleinen Halbinsel, welche durch eine Grenzmauer zwischen den beiden Hafenbuchten gegen die Angriffe der Taurier gesichert war, von dorischen Anfieblern aus Herakleia am Pontos zur Zeit des Peloponnesischen Kriegs gegründet, blühte durch Fischfang und Handel auf und beftand unter dem Schutz der bosporanischen Könige, dann des Römischen Reichs als Freiftaat bis zur Zeit Juftinians. Ihre ansehnlichen Überrefte find erft Anfang des 19. Jahrh. durch den Neubau der benachbarten Feftung Sebaftopol verbraucht worden und jetzt verschwunden.

Herakleion, s. Herculaneum.
Heraklesfäulen (Herkulesfäulen), s. Säulen des Herakles.
Herakliden (Herakleidæ), die zahlreichen Nachkommen des Heroen Herakles, von dem Königsgeschlechter, wie das makedonische, felbft römische Geschlechter, wie die Politier, Pinarier und Fabier, ihren Ursprung herleiteten; auch die lybische Dynastie der Sandoniben wird als H. bezeichnet. Gewöhnlich verfteht man unter diesem Namen diejenigen durch die Sage mit den Eroberungen der Dorier in Verbindung gebrachten Nachkommen des Herakles, als deren Stammvater Hyllos, der ältefte der vier Söhne des Herakles von Dëianeira, genannt und nach dessen die dorische Wanderung (1104 v. Chr.) auch als Rückfehr der H. bezeichnet wird. Die Sage berichtet hierüber: Nach dem Willen des Zeus follte Herakles Herrscher in Argolis sein, wurde aber durch die Lift der Hera dieser Herrschaft beraubt, welche Euryftheus erhielt. Sein Sohn Hyllos, der

König der Dorier war, weil der dorische König Agimios Herakles für die gegen die Lapithen geleisteten Dienste ein Dritteil seines Landes und die königliche Würde abgetreten hatte, und dem sich die Söhne des Agimios, Dymas und Pamphylos, freiwillig unterordneten, erhob nun Anspruch auf Argos als väterliches Erbe und unternahm, als das delphische Orakel auf seine Frage antwortete, wenn die H. die dritte Frucht abwarteten, würden sie nach Argos zurückkehren, im dritten Jahr einen Eroberungszug, fiel aber auf dem Isthmos im Zweikampf gegen König Echemos von Tegea, den Bundesgenossen der Atriden, den Nachfolger des Eurystheus. Des Hyllos Sohn Kleodäos erkannte, daß das Orakel die dritte Generation gemeint habe, und hielt sich ruhig; sein Sohn Aristomachos erneuerte, nachdem das Orakel die Wasserenge als Kampfplatz bezeichnet hatte, den Angriff auf den Isthmos, fiel aber im Kampf mit Tisamenos, dem Sohn des Orestes. Erst als die Söhne des Aristomachos, Temenos, Aristodemos und Kresphontes, in richtiger Deutung des Orakels an der Stätte, die seitdem den Namen Naupaktos (»Schiffswerfte«) führte, sich Schiffe erbauten und unter Leitung des einäugigen Ätoliers Oxylos über die Meerenge von Rhion setzten, gelang die Eroberung des Peloponnes. Eine einzige Schlacht, in welcher der Atride Tisamenos fiel, entschied über das Schicksal der Halbinsel. Die Sieger verteilten das Land durch das Los unter sich: Temenos erhielt Argos; die Zwillingssöhne des vom Blitz erschlagenen Aristodemos, Prokles und Eurysthenes, Lakonien; Kresphontes durch eine List das fruchtbare, schöne Messenien; dem Ätolier Oxylos wiesen sie Elis an. Diese Sage von der Führung der Dorier durch die H. hat ihren Ursprung daher, daß an der dorischen Wanderung auch andre Stämme, und zwar die achäischen Hylleer als Führer, teilnahmen und man diesen auffälligen Umstand, ohne den dorischen Stolz zu verletzen, erklären wollte, und daß die Griechen überhaupt es liebten, ihre Eroberungszüge als die Erneuerung eines alten, widerrechtlich unterbrochenen Erbrechts darzustellen.

Herculanēum (griech. Herakleion), Küstenstadt Kampaniens, am Golfe von Neapel, am westlichen Fuß des Vesuvius gelegen, deren Bevölkerung überwiegend oskisch war, in der aber das griechische Element eine durch Bildung einflußreiche Minderheit bildete, ward unter der Herrschaft der Römer römische Kolonie, aber schon 63 n. Chr. unter Nero durch ein Erdbeben stark verwüstet und 16 Jahre später durch den furchtbaren Ausbruch des Vesuvius 24. Aug. 79 gänzlich verschüttet. Auf dem bie Stadt bedeckenden vulkanischen Tuff ward die Stadt wiederaufgebaut, aber 472 durch einen neuen Ausbruch völlig vernichtet. 1719 wurden beim Graben eines Brunnens die Trümmer des alten H. entdeckt und seitdem kostbare Kunstwerke ausgegraben.

Herkulessäulen, s. Säulen des Herakles.

Herminōnen (Hermiones, Herminōnes), einer der drei Hauptstämme der Germanen, welcher seinen Ursprung von Hermino, einem Sohn des Mannus, herleitete und die Völkerschaften des mittlern Germanien (Thüringen) umfaßte.

Hermiŏne (Hermion, jetzt Kastri), Stadt in Argolis am Fuß des Bergs Pron und am hermioneischen Meerbusen, der Insel Hydrea gegenüber, von Dryopern bewohnt, zu denen dann dorische Einwanderer kamen, hatte einen als Asyl berühmten Tempel der Demeter Chthonia und gedieh, begünstigt durch seine abgeschiedene, geschützte Lage, zu einer blühenden Handelsstadt, welcher die Städte Mases und Halike sowie die vorliegenden Inseln Hydrea, Pithussa u. a. untertan waren.

Hermiŏnen, s. Herminonen.
Hermokopidenprozeß, der Prozeß, welcher aus Anlaß des Hermenfrevels (in der Nacht vom 10. auf den 11. Mai 415 v. Chr. wurden in Athen fast alle Marmorhermen von unbekannter Hand zerschlagen oder verstümmelt) das athenische Volk lange Zeit in Aufregung versetzte und von den oligarchischen Hetärien, die den Frevel wahrscheinlich auch angestiftet hatten, benutzt wurde, um in Abwesenheit der großen sicilischen Expedition durch

falsche Angebereien Alkibiades und andre
angesehene Bürger ins Verderben zu
stürzen und die demokratische Verfassung
zu erschüttern. Vgl. Götz, Der H.
(Nürnb. 1875).

Hermokrátes, Sohn des Hermon, ein
Syrakusier, der eifrig bestrebt war, im
Innern der Stadt den Frieden zwischen
den Parteien zu wahren und Sicilien von
fremder Einmischung frei zu halten, bewog 424 v. Chr., als die Leontiner die
Athener zu Hülfe gerufen hatten, auf dem
Friedenskongreß zu Gela die dorischen und
die chalkibisch=ionischen Städte Siciliens,
untereinander einen allgemeinen Frieden
abzuschließen, riet den Syrakusiern, als
die Athener 415 mit ihrer großen Expedition in Rhegion landeten, anfangs vergeblich zu energischer Zurüstung für die
Verteidigung der Stadt und ward, als
die Athener zum Angriff schritten, zum
Oberfeldherrn erwählt. Er leitete mit
Ausdauer und Geschick die Verteidigung
der Stadt und zog nach dem Untergang
der Athener mit 22 Schiffen 412 den
Spartanern nach dem Ägäischen Meer zu
Hülfe, wo er rühmlichen Anteil an mehreren Schlachten nahm. Während seiner
Abwesenheit ward er aber auf Betrieb der
demokratischen Partei unter Diokles 410
als Aristokrat verbannt und beim Versuch, mit bewaffneter Hand seine Rückkehr nach Syrakus zu erzwingen, 408 im
Straßenkampf erschlagen. Um seine Partei an sich zu fesseln, heiratete später der
ältere Dionysios eine Tochter des H.

Hermos (jetzt Sarabad oder Gedoz=
Tschai), Fluß Kleinasiens, entspringt
auf dem Didymos in Phrygien, durchfließt in gekrümmtem Lauf die lydische
Ebene, in welcher er links den Paktolos
aufnimmt, und mündet zwischen Phokäa
und Smyrna in den Hermäischen Meerbusen (jetzt Busen von Smyrna).

Hermunduren (Hermundŭri), german. Volksstamm, hatte in Thüringen seine
Wohnsitze hatte und kurz vor Christi Geburt von Domitius Ahenobarbus auch das
Land südlich vom Main bis zur Donau
eingeräumt erhielt, da die H. treue Verbündete der Römer waren und als die einzigen
von allen unabhängigen Germanen mit

denselben in friedlichem Handelsverkehr
standen. 19 n. Chr. stürzten sie den Goten
Catualda, der sich der Herrschaft über die
Markomannen in Böhmen bemächtigt
hatte, und vertrieben 50 im Bund mit den
Lygiern den Suevenkönig Vannius. 58
stritten sie glücklich mit den Katten um
den Besitz der Salzquellen in der Nähe
des Grenzflusses (Werra oder Fränkische
Saale), welcher ihr Gebiet von dem der
Katten trennte. Der spätere Name der
H. ist Düringe (Thüringer).

Herniker (Hernīci, vom sabin. herna,
»Felsen«), ital. Volksstamm, den Sabinern stammverwandt, der im Flußthal
des Trerus (Sacco), durch welches die Via
latina führte, und auf den angrenzenden
Höhen (»Hernikergebirge«) des Apennin
neben Marsern, Äquern und Volskern
wohnte und schon 486 v. Chr. dem Römisch=
Latinischen Bund beitrat, aber nach dem
Gallischen Krieg (390) von Rom abfiel
und erst 306 völlig unterworfen wurde.
Ihre Hauptstadt war Anagnia (Anagni); kleinere Orte waren: Ferentinum
(Ferentino), Frusino (Frosinone), Aletrium (Aletri) und Verulä (Veroli).

Herodes, Name mehrerer jüd. Kö-
nige idumäischen (edomitischen) Stammes:
1) H. der Große, geboren um 72 v. Chr.,
Sohn des Antipatros, welcher von Cäsar
dem jüdischen Fürsten Hyrkanos II. als
Staatsverwalter zur Seite gesetzt worden
war, erhielt von seinem Vater im Alter von 25 Jahren die Verwaltung der
Provinz Galiläa übertragen, wurde später
Statthalter von Kölesyrien und schlug
den Thronprätendenten Antigonos, den
Sohn des Aristobulos, zurück. Als das
Synedrion, welches auf die Macht der
Familie des Antipatros eifersüchtig war,
sich bei Marcus Antonius beschwerte,
wußte der schlaue und gewandte H. den
Triumvir ganz für sich zu gewinnen und
wurde zum Tetrarchen von Judäa ernannt. Er wurde aber bald von Antigonos vertrieben und begab sich nach Rom,
wo er durch den Einfluß seines Gönners
Antonius 40 vom Senat die Königswürde von Judäa erhielt. Von römischen
Truppen begleitet, kehrte er nach Palästina
zurück, setzte sich zuerst in den Besitz

Galiläas und erstürmte 37 nach zwei=
maliger Belagerung Jerusalem, wo er
Antigonos gefangen nahm und als erster
Ausländer den jüdischen Thron bestieg. In
dem Bürgerkrieg zwischen Antonius und
Octavianus stand er anfangs auf Seiten
des erstern, wußte aber nach der Schlacht
bei Actium (31) auch des Octavianus
Gunst zu erlangen, der ihn nicht nur
in seiner Würde bestätigte, sondern auch
sein Reich durch die Landschaften Tracho=
nitis, Auranitis und Batanäa vergrößerte.
Er regierte mit Klugheit und Energie,
verfolgte aber aufs grausamste alle, die sei=
ner Herrschaft gefährlich schienen. So ließ
er alle noch vorhandenen Mitglieder der
Makkabäischen Dynastie, sogar seine Gattin
Mariamne und deren Söhne Alexander
und Aristobulos, ermorden. Die Juden
entfremdete er sich durch die Duldung
heidnischer Gebräuche und die Annahme
ausländischer Sitten, obwohl er den Sa=
lomonischen Tempel aufs prachtvollste
neu erbaute. Er starb an einer qualvollen
Krankheit 4 v. Chr. (b. h. zwei Jahre
nach der wirklichen Geburt Christi).

2) H. Antipas (Antipatros), Sohn
des vorigen und der Samariterin Mal=
thake, erhielt nach seines Vaters Tod
gemäß dessen Testament Galiläa und
Peräa als Tetrarchie und bemühte sich
vergeblich, die Königswürde zu erlangen.
Er war zuerst mit Arete, der Tochter des
arabischen Fürsten Aretas, vermählt, ver=
heiratete sich aber dann mit Herodias,
der Gemahlin seines Halbbruders Herodes,
der zuliebe er, nach dem Evangelium des
Matthäus, Johannes den Täufer ent=
haupten ließ. Als er auf Antrieb seiner
eitlen Gemahlin nach Rom reiste, um
von Caligula den Königstitel zu erbitten,
ward er auf die Anklage seines Neffen
Herodes Agrippa 39 n. Chr. des Throns
für verlustig erklärt und erst nach Lyon
in Gallien, dann nach Spanien verbannt,
wo er starb.

3) H. Agrippa I., Enkel Herodes' b.
Gr., Sohn des Aristobulos und der Be=
renike, ward in Rom zusammen mit dem
spätern Kaiser Claudius erzogen und mit
Caligula befreundet. Deswegen von dem
mißtrauischen Kaiser Tiberius eingekerkert,

erhielt er 37 n. Chr. nach Caligulas
Thronbesteigung die Herrschaft über Ju=
däa mit dem Königstitel und 41 von Clau=
dius das gesamte Reich seines Groß=
vaters. Er regierte mit Wohlwollen und
Einsicht und that viel zum Besten des Lan=
des, starb aber schon 44 in Cäsarea.

4) H. Agrippa II., Sohn des vorigen,
war bei dessen Tod 17 Jahre alt und ward
deshalb auf Antrieb der Günstlinge des
Claubius von der Thronfolge ausge=
schlossen; er erhielt bloß das Fürstentum
Chalkis, 48 n. Chr. aber Judäa mit dem
Königstitel, welche Herrschaft Nero noch
vergrößerte. Er that viel für Jerusalems
Verschönerung, stand aber bei den Juden
wegen seiner Willkür in der Besetzung
des Hohenpriesteramts in geringer Ach=
tung. Nach dem Ausbruch des jüdischen
Aufstands hielt er treu zu den Römern,
wohnte der Belagerung von Jerusalem
durch Titus bei und starb um 100 n. Chr.

Herodiãnos, Geschichtschreiber, war
aus Alexandreia gebürtig, lebte um 170—
240 n. Chr., bekleidete in Rom mehrere
hohe Ämter und schrieb während seines
Aufenthalts daselbst in griechischer Sprache
eine Geschichte der römischen Kaiserzeit
vom Tode des Marcus Aurelius bis auf
Gordianus III. (180—238) in acht Bü=
chern. Die Darstellung ist einfach und
klar, beschränkt sich aber fast ausschließlich
auf die persönlichen Verhältnisse der Kai=
ser und auf die äußern Vorgänge. Neue
Ausgabe von J. Bekker (Leipz. 1855).

Herodõtos (Herodot), griech. Ge=
schichtschreiber, der »Vater der Geschichte«,
geb. 484 v. Chr. zu Halikarnassos in Klein=
asien, stammte aus einem angesehenen
Geschlecht, dem auch der Dichter Panyasis,
der Oheim Herodots, angehörte, wurde
aber von dem Tyrannen Lygdamis ver=
trieben und begab sich nach Samos. Er
kehrte zwar, nachdem Lygdamis mit seiner
Beihülfe gestürzt worden war, nach Hali=
karnassos zurück, verließ es aber infolge
der politischen Verhältnisse zum zweiten=
mal und lebte längere Zeit in Athen,
von wo er 443 die Kolonie begleitete,
welche an Stelle des alten Sybaris in
Unteritalien Thurioi gründete. Hier starb
er während des Peloponnesischen Kriegs

(etwa um 424). Einen großen Teil sei=
nes Lebens brachte er, wie sein Geschichts=
werk beweist, auf Reisen zu, die sich im
Osten bis nach Babylon, nach Norden
bis zu den Küsten des Schwarzen Meers
und in Ägypten bis Elephantine erstreck=
ten. Überall sammelte er mit dem regsten
Interesse für alles Wissenswerte und
mit der frischesten, lebendigsten Auffassung
eine Fülle von Kenntnissen, die er mit
der größten Treue und Gewissenhaftigkeit
in seinem Werk niederlegte. Er war zwar
eifrig bemüht, die Wahrheit zu ergründen,
und übte an dem, was er von andern
hörte, eine gewisse Kritik, während von
dem, was er selbst beobachtete, manches
lange angezweifelt, neuerdings aber in
überraschender Weise bestätigt wurde.
Dennoch war er von dem Wunderglau=
ben seiner Zeit nicht frei und nahm daher
viel Märchenhaftes und Unglaubliches
arglos auf. Das Werk, später in neun
Bücher eingeteilt, welche die Alexandriner
mit den Namen der neun Musen bezeich=
neten, und wahrscheinlich nicht vollendet,
behandelt in großem Rahmen das Zeit=
alter der Perserkriege von Kröfos bis zur
Einnahme von Sestos (479). Ju die erste
Hälfte, welche die Geschichte Lydiens und
Persiens enthält, sind viele anderweite
Erzählungen und ausführliche Länder=
beschreibungen, namentlich von Ägypten
im zweiten und von Skythien im vierten
Buch, eingeflochten, während die vier letz=
ten Bücher eine ausführliche Darstellung
der eigentlichen Perserkriege (492—479)
geben. Indem das Werk die Geschichte
der ganzen damals bekannten Kulturwelt
umfaßt, repräsentiert es den gesamten
Umfang der historischen Kenntnis jener
Zeit. Die Sprache ist der wohllautende
ionische Dialekt, da die Bewohner von
Halikarnassos meist Jonier waren, die
Darstellung sehr lichtvoll und anschau=
lich. Die Zeit seiner Abfassung ist unbe=
stimmt; es wird berichtet, daß er Teile
desselben 456 in Olympia und 446 in
Athen öffentlich vorgelesen habe. Neuere
Ausgaben von Bähr (2. Aufl., Leipz.
1856—61, 4 Bde.), Stein (Berl. 1869—
1871, 2 Bde.) und Abicht (3. Aufl., Leipz.
1870—74, 5 Bde.). Vgl. Dahlmann,

Herodot, aus seinem Buch sein Leben
(Altona 1823); Hoffmeister, Sittlich=
religiöse Lebensansicht des Herodot (Essen
1832), und Kirchhoff, über die Abfas=
sungszeit des herodoteischen Geschichts=
werks (Berl. 1866).

Heroopolis, Stadt im nordöstlichen
Ägypten an dem vom Nil nach dem Ro=
ten Meer führenden Kanal, unweit der
Mündung desselben in den Heroopoliti=
schen Golf (jetzt Golf von Suez), war lange
Zeit wegen seiner für den Handel günsti=
gen Lage eine blühende Stadt, bis der Ka=
nal von Flugsand verschüttet wurde. Es
ist wahrscheinlich identisch mit dem von
Ramfes II. angelegten Ramefu.

Heroftratos, ein Ephesier, steckte 356
v. Chr. den berühmten Tempel der Arte=
mis zu Ephesos in Brand, um seinen Na=
men auf die Nachwelt zu bringen. Er
wurde grausam hingerichtet, und die Ephe=
sier beschlossen, seinen Namen der ewigen
Vergessenheit zu übergeben; doch ist er von
Theopompos überliefert worden.

Herüler (Heruli, auch Eruli), ger=
man. Volksstamm, welcher, ursprünglich
an der Ostsee seßhaft, nach dem Süden
auswanderte und sich an Einfällen der
Goten in die östlichen Provinzen des Rö=
mischen Reichs beteiligte; aber auch am
Rhein erschienen Abteilungen des un=
stäten Volks, andre traten als Hülfstrup=
pen in römische Kriegsdienste. Solche
Söldner bildeten einen erheblichen Teil
der Scharen Odoakers, welche 476 n. Chr.
das weströmische Kaiserreich stürzten. Nach
dem Einfall der Hunnen schlossen sie sich
diesen an, siedelten sich 512 auf dem Bo=
den des oströmischen Reichs in Unterpan=
nonien an und leisteten den Oströmern
in den Kriegen gegen die Vandalen und
Ostgoten als tapfre Soldaten nützliche
Dienste, blieben aber roh und zügellos und
gingen in den stürmischen Zeiten allmäh=
lich zu Grunde. Vgl. Aschbach, Ge=
schichte der H. und Gepiden (Frankf. 1835).

Hetärie (»Verein«, »Klub«) nannte
man in Griechenland eine Vereinigung
von Parteigenossen zum Zweck gegen=
seitiger Unterstützung bei Bewerbungen,
Prozessen u. dgl. Besonders in demokra=
tischen Staaten erlangten sie in Zeiten

von innern Kämpfen Bedeutung und, als Geheimbünde organisiert, deren Mitglieder sich durch feierliche Eide verpflichteten, großen, oft verderblichen Einfluß; so namentlich die oligarchischen Hetärien in Athen zur Zeit des Peloponnesischen Kriegs, welche durch Schürung der Parteileidenschaften, ränkesüchtige Verfolgung bedeutender Männer, politische Prozesse u. dgl. den Staat im Innern zerrütteten und 411 v. Chr. sogar einen Staatsstreich versuchten, dann aber durch verräterische Verbindung mit dem Feinde die Verteidigungskraft des Staats lähmten und endlich die Herrschaft der Dreißig Tyrannen aufrichteten. Vgl. Büttner, Geschichte der politischen Hetärien in Athen (1840).

Hibernien (Hibernĭa, Ivernĭa, griech. Jerne, kelt. Erin), das heutige Irland, war den Griechen schon um 500 v. Chr. bekannt, wird neben Albion als britannische Insel von Aristoteles genannt und ward von Pytheas umsegelt. Genaueres erfuhren die Alten durch Agricola, der die Insel 84 umfuhr, und von Ptolemäos, der wohl aus phönikischen Quellen zutreffende Nachrichten über Irland enthält. Danach war die Insel reich an Wiesen und Viehtriften, während der Ackerbau gering war; es bestanden auf derselben mehrere Reiche; von Bewohnern, welche zum gälischen Zweig der Kelten gehörten, werden die Briganten und Nagnatä (Connaught) genannt, während die Namen der Menapii und Cauci auf fremde Einwanderung hinweisen; von Flüssen werden der Senos (Shannon) im W., Bubinda (Boyne) und Oboca (Aroca) im O. erwähnt. Die Römer haben die Insel nie besetzt.

Hiempsal, König von Numidien, s. Jugurtha.

Hieron, 1) H. der Ältere, König von Syrakus, Bruder des Gelon, der ihn, als er 485 v. Chr. die Herrschaft von Syrakus übernahm, in Gela zum Regenten einsetzte, folgte Gelon 478 auch in Syrakus und erhob sich durch Klugheit und Tapferkeit zum mächtigsten Fürsten Siciliens. Als sein Bruder Polyzelos 477 den Tyrannen Theron von Agrigent zum Kriege gegen H. aufreizte, bewog dieser Theron zu einem Vergleich, nachdem er ihn von einem in Himera gegen ihn beabsichtigten Aufstand in Kenntnis gesetzt hatte. Er unterwarf Naxos und Katane, das er Ätna benannte, und kämpfte, von den Cumäern zu Hülfe gerufen, glücklich gegen die Etrusker, welche er 476 besiegte. Auch vermochte er, nachdem er den grausamen Tyrannen Thrasybäos, Therons Sohn, vertrieben hatte, 472 Agrigent zu einem Bündnis mit Syrakus. Obwohl er zur Aufrechterhaltung seiner Alleinherrschaft Grausamkeit und Gewaltthaten nicht scheute, so war er doch wegen seiner Freigebigkeit und der Beschützung der Schwachen nicht unbeliebt beim Volk und ein Gönner der Künste und Wissenschaften. Er zog berühmte Dichter, wie Pindaros, Simonides, Bakchylides, Epicharmos und Äschylos, an seinen Hof und beschenkte sie reichlich; Pindaros hat in seinen Siegesliedern vier von H. in Olympia und bei den Pythischen Spielen gewonnene Siege gefeiert. H. starb 467 in Ätna.

2) H. II., der Jüngere, König von Syrakus, Sohn des Hierokles, der sein Geschlecht von Gelon ableitete, bildete sich unter Pyrrhos in den Kriegen gegen Karthago zum Heerführer aus und ward 270 v. Chr., als in Syrakus ein Aufstand zu Gunsten der demokratischen Partei ausbrach, von dem gegen die Mamertiner ausgesandten Söldnerheer in Megara Hybläa nebst Artemidoros zum Feldherrn ernannt. Mit Hülfe der befreundeten aristokratischen Partei begab er sich heimlich in die Stadt, bekämpfte den Aufstand und bewies bei der neuen Einrichtung der Staatsverwaltung so viel Mäßigung und Tüchtigkeit, daß ihn die Syrakusier zum Oberfeldherrn und, nachdem er 269 bei Mylä die Mamertiner glänzend besiegt hatte, zum König erwählten. Bei Ausbruch des ersten Punischen Kriegs verband er sich mit den Karthagern und zog ihnen zu Hülfe gegen Messana, ward aber vom römischen Konsul Appius Claudius geschlagen und schloß 263 mit den Römern ein Freundschaftsbündnis, wonach er die Herrschaft über den Osten Siciliens behielt, aber Tribut (100 Talente) zahlen und den Römern gegen die Karthager Beistand leisten

mußte. H. erfüllte den Vertrag auf das pünktlichste, indem er besonders Schiffe und Lebensmittel lieferte, und erwarb sich das Vertrauen der Römer, die ihm 248 den Tribut erließen. Aber auch die Freundschaft der Karthager erlangte er durch die Unterstützung, welche er ihnen im Söldnerkrieg gewährte. Durch weise Gesetze suchte er die Ruhe im Land zu sichern, durch Beförderung des Ackerbaus, des Handels und gewerblicher Thätigkeit den Handel zu heben und seine Hauptstadt durch großartige Bauten zu schmücken; besonders wurde das prachtvolle Schiff gerühmt, das er unter Archimedes' Leitung bauen ließ und dem König von Ägypten schenkte. Auch im zweiten Punischen Krieg blieb er den Römern treu und ließ sich selbst nach der Schlacht bei Cannä weder durch die Versprechungen noch die Drohungen der Karthager zum Abfall verlocken. Er starb, 90 Jahre alt, nach 54jähriger Herrschaft 215. Nach ihm sank die Macht von Syrakus.

Hieronymos, König von Syrakus, Enkel und Nachfolger Hierons II., Sohn des Gelon und der Nereis, der Tochter des Pyrrhos, bestieg, erst 13 Jahre alt, 215 v. Chr. den Thron. Der Vormünder, welche sein Großvater über ihn gesetzt, wußte er sich bald zu entledigen, schloß sofort ein Bündnis mit den Karthagern und herrschte willkürlich und grausam, so daß sich schon 214 eine Verschwörung gegen ihn bildete und er im 15. Monat seiner Regierung ermordet wurde.

Hieros Lochos, s. Heilige Schar.

Himera, Stadt auf der Nordküste Siciliens, an der Mündung des Flusses H. (der »Rauschende«, welchen Namen auch noch ein andrer aus derselben Quellgegend nach der Südküste fließender Strom führte), ward um 650 v. Chr. von Zoniern aus Zankle gegründet, zu denen später noch syrakusische Flüchtlinge und 476 auch dorische Kolonisten kamen. Sie geriet unter die Herrschaft des Tyrannen Terillos, welcher, durch Theron von Agrigent vertrieben, die Karthager zu Hülfe rief. Diese schickten 480 ein Heer von 300,000 Mann unter Hamilkar nach Sicilien, welches aber bei H. von den sicilischen Griechen

unter Gelon gänzlich geschlagen wurde. H. blieb darauf der grausamen Herrschaft Therons unterworfen, und erst 472 gelang es mit Hülfe des Hieron von Syrakus, den Sohn Therons, Thrasydäos, zu vertreiben. 408 wurde die Stadt von den Karthagern erobert und zur Sühne jener Niederlage gänzlich zerstört sowie 3000 Gefangene geopfert. Der Rest der Bewohner ließ sich bei den westlich gelegenen heißen Quellen (Thermæ Himeræ) nieder und gründete hier die neue Stadt Thermä (jetzt Termini).

Hipparchos, Sohn des Peisistratos, erbte mit seinem Bruder Hippias 527 v. Chr. des Vaters Herrschaft über Athen, zeichnete sich durch Liebe zur Kunst und Wissenschaft aus, war aber sinnlich und lüstern und verfolgte den jungen Harmodios mit Gunstbezeigungen. Als dieser sie zurückwies, schloß H. 514 bei den Panathenäen dessen Schwester von der Ehre des Korbtragens aus und ward dafür von Harmodios und Aristogeiton beim Fest selbst auf dem Markt zu Athen ermordet.

Hippias, Tyrann von Athen, ältester Sohn des Peisistratos, folgte diesem 527 v. Chr. mit seinem Bruder Hipparchos in der Tyrannis. Obwohl stolz und hochfahrend, regierte er doch mit Einsicht und Wohlwollen. Als aber 514 sein Bruder Hipparchos infolge einer Verschwörung ermordet wurde, welche er mit grausamer Energie unterdrückte, ward er mißtrauisch und gewaltthätig. Die Unzufriedenheit, welche hierdurch in Athen entstand, bewog die von den Peisistratiden vertriebenen Alkmäoniden, den Sturz des H. zu versuchen; sie gewannen durch den Einfluß der delphischen Priesterschaft den König von Sparta, Kleomenes, für sich und vertrieben mit eignen und spartanischen Streitkräften die Tyrannen, der, bei Pallene besiegt, um seine in Athen gefangenen Kinder zu befreien, das Land räumen mußte (510). H. begab sich erst nach Sigeion zu seinem Stiefbruder Hegesistratos, dann, nachdem er seine Hoffnung, durch die Spartaner wieder auf den Thron zu gelangen, getäuscht sah, zu Dareios von Persien, der 490 eine große Flotte gegen Attika schickte, um H. zurückzuführen. Der

Sieg der Athener bei Marathon vereitelte dies Unternehmen, und H. starb in hohem Alter zu Lemnos.

Hippo (phönik. Jppo, »Festung«, jetzt Bizerta), mit dem Beinamen Zarytos oder Diarrhytos, an der Mündung eines Binnensees in das Mittelmeer, westlich von Utica gelegen, war eine der ältesten phönikischen Städte in Afrika und gehörte später zum karthagischen Gebiet. Weiter westlich, in Numidien, an der Mündung des Ubus in das Meer, lag ein zweites H., ebenfalls eine alte phönikische Seestadt, welche der numidische König Masinissa zur Hauptstadt seines Reichs erhob, weshalb sie von den Römern zum Unterschied von H. Zarytos H. regius genannt wurde; aus der spätlateinischen Form des Namens, Hippona, ist der Name der jetzigen Stadt Bona entstanden, welche 3 km von den Ruinen des alten H. liegt.

Hiram, König von Tyros 1001—967 v. Chr., Sohn des Abibaal, unterwarf das aufständische Kypros, schloß zur Sicherung und Erweiterung des phönikischen Handels ein Bündnis mit den Königen David und Salomo von Israel und unternahm mit letzterm die Handelsfahrt nach Ophir. Auch lieferte er Salomo Material und Bauleute für den Tempelbau in Jerusalem, wofür er ansehnlichen Tribut und 20 Ortschaften abgetreten erhielt. Unter seiner Herrschaft wurde Neutyros auf den Felseninseln gegenüber der Altstadt erweitert, befestigt und mit herrlichen Bauwerken geschmückt.

Hirpiner (Hirpini), samnit. Volksstamm, hatte den schönsten und fruchtbarsten südlichen Teil Samniums inne, in dessen Mitte ihre uralte Hauptstadt Maleventum (später Beneventum) lag; andre Städte der H. waren: Abellinum, Aquilonia und Compsa.

Hirtius, Aulus, röm. Konsul, begleitete 58 v. Chr. Cäsar als Legat nach Gallien und hielt sich auch im Bürgerkrieg zu dessen Partei, ohne sich aber an den Kämpfen selbst zu beteiligen. Er blieb vielmehr meist in Rom, wo er Cäsars Interessen auch durch Schriften wahrnahm. 46 wahrscheinlich Prätor, schlug er ein Gesetz vor, welches die Pom-

pejaner von allen Ämtern ausschloß, und ging 45 mit Cäsar nach Spanien. Nach Cäsars Ermordung schloß er sich nicht Antonius an, sondern zog sich auf sein Landgut zurück, auf dem er durch schwere Krankheit festgehalten wurde, bis er 43 mit Gajus Vibius Pansa das ihm schon von Cäsar bestimmte Konsulat antrat und im Auftrag des Senats mit Octavianus gegen Antonius zu Felde zog, welcher Decimus Brutus in Mutina belagerte. Er besiegte Antonius 15. April 43 bei Forum Gallorum, fiel aber in der großen siegreichen Schlacht bei Mutina 27. April. Er war zu weichlichem, schwelgerischem Leben geneigt und als Feinschmecker bekannt, aber hoch gebildet; von seinem Freund Cicero ließ er sich in der Beredsamkeit unterrichten. Von den unter seinem Namen gehenden Fortsetzungen der Kommentarien Cäsars: »De bello Gallico lib. VIII«, »De bello Alexandrino«, »De bello Africano« und »De bello Hispaniensi« ist nur das erstgenannte Buch sicher und das zweite wahrscheinlich von ihm verfaßt.

Hiskias (Ezechia), König von Juda, Sohn des Ahas, folgte demselben 728 v. Chr. auf dem Thron und blieb der assyrischen Oberherrschaft auch während der Vernichtung des Nachbarreichs Israel getreu. Erst 704, als sich Babylonien empörte, versuchte er, nachdem er in der langen Friedenszeit seinen Schatz gefüllt und die Befestigungen Jerusalems verstärkt hatte, im Bund mit andern syrischen Fürsten und im Vertrauen auf ägyptische Hülfe das assyrische Joch abzuschütteln. Um den Aufstand zu unterbrechen, unternahm der assyrische König Sanherib 701 einen Zug nach Syrien und bemächtigte sich des südlichen Teils von Palästina vor Ankunft der Ägypter. Obwohl H. 30 Talente Gold und 300 Talente Silber (über 6 Mill. Mark) zahlte, wurde er dennoch in Jerusalem eingeschlossen und belagert, aber durch den Sieg Tirhakas von Ägypten bei Altaku gerettet, was den Juden als eine H. für seine Frömmigkeit und seine Unterdrückung des fremden Götzendienstes erwiesene Gnade Jehovahs galt. Von einer gefährlichen Krankheit heilte ihn der Prophet Jesaias. Er starb

697 und hinterließ den Thron seinem zwölf-
jährigen Sohn Manasse.

Hispalis, bedeutende Stabt in Hispania Bætica, am schiffbaren Bätis, schon
vor der Zeit der Römer ein wichtiger Handelsplatz der Turdetaner, unter Cäsar römische Kolonie (Julia Romula) und Sitz
eines Gerichtsbezirks; jetzt Sevilla.

Hispanien (Hispania, Spanien),
die westliche Halbinsel des südlichen Europa, bei den Griechen Hesperia, später
Iberia genannt, durch das Gebirge der
Pyrenäen von Gallien geschieden, sonst
vom Meer umgeben und von mehreren
Gebirgen durchzogen, von denen die Namen Jlipula (Sierra Nevada), Orospeda
(Sierra de Segura), Herminius (Sierra
de Estrella) und Bindius (Peñas blancas)
erwähnt werden. Die Ströme Minius,
Durius, Tagus und Anas (Guadiana),
welche in den Atlantischen Ocean münden,
gehören meist dem Hochland an und sind
nur in ihrem Unterlauf schiffbar; der
Bätis (Guadalquivir), der ebenfalls in
den Ocean fließt, und der Iberus (Ebro),
der zum Mittelmeer gehört, strömen durch
größere Ebenen. Das Klima war mit
Ausnahme der Nordküste und des westlichen Teils trocken. Die Fruchtbarkeit
war eine sehr ungleichmäßige. Das Innere war rauh und zum Anbau wenig
geeignet. Dagegen waren der Süden,
Bätika, und der Westen, Lusitanien,
reich an Früchten allerlei Art, edlem Vieh
(besonders Wollschafen), Fischen, die in
großer Menge nach Italien gingen, wie
auch an Metallen, vorzüglich an Silber,
Zinn, Blei und Eisen. Der Norden war
gut bewaldet und lieferte treffliches Holz.
Den größten Teil des Landes hatten die
Iberer inne, deren Nachkommen die
Basken sind, ein Volk von kleinem
Wuchs und dunkler Haar- und Hautfarbe,
das mit keinem andern bekannten Volk
stammverwandt war; sie waren mäßig,
stolz, tapfer und schlau im kleinen Krieg,
aber träge. Von Norden her wanderten
die Kelten ein, die sich durch ihren hohen
Wuchs und ihre helle Farbe von den
Iberern unterschieden; sie drängten diese
in die rauhern Teile der mittlern Halbinsel und nach dem Süden und Westen zurück und verschmolzen teilweise mit ihnen
zu dem Volk der Keltiberer. Schon
1100 v. Chr. siedelten sich Phöniker an
der Südküste an, gründeten Kolonien, wie
Malacca, Gades, Carteja u. a., und beuteten die Bergwerke aus; sie nannten das
Land nach dem im Bätisthal wohnenden
Volk der Turdetaner Tarschisch (griech.
Tartessos). An der Ostküste setzten sich
später Griechen fest. Nach dem ersten Punischen Krieg 237—219 eroberten die Karthager Süd- und Ostspanien und gründeten als starken Waffenplatz Neukarthago.
In dem zweiten Punischen Krieg jedoch, der
auch in H. geführt wurde, verloren die Karthager 206 das Land an die Römer, denen
es aber erst nach 200jährigen Kämpfen gelang, die ganze Halbinsel unter ihre Botmäßigkeit zu bringen; namentlich die Keltiberer und Lusitanier leisteten hartnäckigen
Widerstand, die Kantabrer wurden erst
unter Augustus bezwungen, und die Basken in den Pyrenäen behaupteten ihre Unabhängigkeit. Unter Augustus wurde die
ältere Einteilung in Hispania citerior
und ulterior aufgehoben und die Halbinsel in drei Provinzen: Lusitania, Bätika
und Tarraconensis, eingeteilt, von welcher letztern größten Provinz Hadrianus
die neue Provinz Gallæcia et Asturia
abzweigte. Diocletianus teilte H. in sechs
Provinzen. Unter der Herrschaft der Römer, welche Militärstraßen anlegten und
zahlreiche Soldatenkolonien gründeten,
wurde das Land sehr rasch romanisiert
und hatte schon unter den ersten Kaisern
ein ganz römisches Ansehen. Handel und
Verkehr blühten, Gewerbe und Ackerbau
standen auf einer hohen Stufe der Ver-
vollkommnung, und die Bevölkerung war
eine äußerst zahlreiche. Es gehörte zu den
blühendsten Provinzen des Römischen
Reichs, und römische Kaiser, Staatsmänner, Feldherren, Dichter und Schriftsteller gingen aus H. hervor.

Hissarlyk, s. Troja.

Histiäos, Tyrann von Miletos unter
persischer Oberhoheit, leistete dem Perserkönig Dareios I. dadurch einen großen
Dienst, daß er sich als einer der Befehlshaber der an der Donau zurückgelassenen
Flotte dem Rate des Atheners Miltiades,

die Brücke über die Donau abzubrechen, widersetzte und dadurch das von dem skythischen Feldzug 515 v. Chr. zurückkehrende persische Heer vom Untergang rettete. Dareios schenkte ihm dafür Myrkinos am Strymon in Thrakien, wo H. eine Kolonie anlegte. Als aber der persische Feldherr Megabazos den König warnte, H. könnte sich leicht zum unabhängigen Herrn von Thrakien und den Inseln machen, erhielt derselbe eine Einladung an den Hof nach Susa, wo er unter äußerlichen Ehren festgehalten wurde. Er beförderte, um frei zu kommen, durch eine geheime Botschaft an seinen Schwiegersohn Aristagoras in Miletos die Empörung der ionischen Städte 500 und ließ sich sodann vom König nach Jonien schicken, angeblich um den Aufstand zu unterdrücken. Als er sich aber vom Satrapen Artaphernes in Sardes entlarvt sah, entfloh er, führte mit einigen Schiffen den Krieg einige Jahre auf eigne Faust, wurde aber bei einer Landung in Jonien 494 von den Persern gefangen genommen und in Sardes gekreuzigt. Sein eingesalzenes Haupt wurde dem König nach Susa geschickt.

Historia Augusta, Geschichte der römischen Kaiser, besonders der spätern, welche die Scriptores historiæ Augustæ (s. b.), Spartianus, Lampridius, Pollio, Capitolinus u. a., geschrieben haben.

Histria, s. Istria.

Homeriten, Volk in Arabien (s. b.).

Honorius, Flavius, erster Kaiser des weström. Reichs, Sohn des Kaisers Theodosius I., geb. 384 n. Chr., erhielt schon 393 zum Augustus ernannt, nach seines Vaters Tod (17. Jan. 395) unter der Vormundschaft Stilichos, dessen Tochter Maria er später heiratete, das sogen. abendländische oder weströmische Reich, welches außer Italien, Gallien, Britannien, Spanien und Afrika auch Dalmatien, Noricum, Pannonien und Rätien umfaßte. Während Stilicho Italien vor den Einfällen der Germanen schützte, war H. ein Spielball seiner Günstlinge, von denen er sich sogar 408 verleiten ließ, seinen Schwiegervater ermorden zu lassen. Nun wurden Gallien, Spanien und auch

Italien von den Germanen überflutet; H., der sich in Ravenna einschloß, wurde sogar 409 auf Befehl Alarichs, des Westgotenkönigs, vom römischen Senat abgesetzt, während sich in Britannien ein Gegenkaiser, Constantinus, erhob. Dieser wurde von Constantius gestürzt, den H. 417 mit seiner Schwester Placidia vermählen und zum Mitregenten annehmen mußte. H. starb 27. Aug. 423 in Ravenna an der Wassersucht, ohne männliche Erben zu hinterlassen.

Hophra (griech. Apries), König von Ägypten, folgte seinem Vater Psammetich II. 589 v. Chr. und unternahm 587 einen Kriegszug zum Entsatz Jerusalems, wurde aber von Nebukadnezar geschlagen. Er gewährte nun vielen Juden Zuflucht in seinem Land. Als er 571 die ägyptischen Krieger gegen Kyrene schickte und diese eine Niederlage erlitten, empörten sich dieselben gegen H., den sie der Begünstigung der fremden Söldner beschuldigten, und stellten sich unter die Führung des Amasis, der H. und die griechischen Söldner 570 bei Momemphis besiegte. H. wurde gefangen und der Wut des Volks preisgegeben, das ihn erwürgte.

Horatius, altes patricisches Geschlecht in Rom von latinischem Ursprung; bemerkenswert: 1) Die drei Horatier, Drillingssöhne des Publius H., die nach der Sage zur Zeit des Königs Tullus Hostilius (672 bis 640 v. Chr.), um den Kampf zwischen Rom und Alba longa zur Entscheidung zu bringen, mit den albanischen Curiatiern, ebenfalls Drillingsbrüdern und Söhnen einer Schwester der Mutter der Horatier, auf der Ebene zwischen beiden Heeren kämpften. Lange ward ohne Erfolg gestritten. Endlich fielen zwei Horatier, während alle drei Curiatier verwundet waren. Als der dritte Horatier, Marcus, dies bemerkte, floh er zum Schein, verfolgt von den Gegnern, die einzeln in Zwischenräumen nacheilten. Plötzlich kehrte der Horatier um, tötete die Curiatier nacheinander und verschaffte dadurch seinem Vaterland den Sieg und die Oberherrschaft über Alba longa. Mit den Spolien der Überwundenen beladen, zog er

triumphierend in Rom ein, und als ihn seine Schwester, die Verlobte eines Curiatiers, mit Thränen und Wehklagen empfing, tötete er sie. Deshalb von den Duumvirn zum Tod verurteilt, appellierte er an das Volk, das die Strafe dahin milderte, daß er unter dem Joch hinweggehen mußte. Als die Albaner später im Kriege gegen die Fidenaten und Vejenter sich treulos zeigten, vollzog Marcus H. die Zerstörung von Alba longa.
2) Publius H. Cocles (»der Einäugige«), ein Nachkomme des vorigen, Bruder des Konsuls Marcus H. Pulvillus, der 509 v. Chr. den Tempel des Jupiter auf dem Kapitol weihte, rettete, als die Etrusker unter Porsena 507 bereits den Janiculus erobert hatten und die Römer nach dem Tiber zu verfolgten, die Stadt dadurch, daß er erst mit Titus Herminius und Spurius Lartius, dann allein die Sublicische Brücke so lange gegen die anbringenden Feinde verteidigte, bis die Römer sie hinter ihm abgebrochen hatten, worauf er sich in den Strom stürzte und zu den Seinigen entkam (nur Polybios berichtet, daß der Held den Tod gefunden habe). Die Römer belohnten ihn durch die Schenkung von so viel Land, als er an Einem Tag umpflügen konnte, und errichteten ihm ein ehernes Standbild.
3) Marcus H. Barbatus, Gegner der Decemvirn, bewog nach dem Sturz derselben 449 v. Chr. die auf den Heiligen Berg gewanderten Plebejer zur Rückkehr nach Rom und zur Versöhnung mit den Patriciern, ward darauf mit seinem Freund und Gesinnungsgenossen Lucius Valerius Publicola zum Konsul erwählt und gab mit seinem Kollegen die leges Horatiæ et Valeriæ, welche bestimmten, daß die Beschlüsse der Tributkomitien für das ganze Volk bindend sein und keine Obrigkeit ohne Berufungsrecht ernannt werden sollte. Nach Ordnung der innern Angelegenheiten kämpfte er glücklich gegen die Sabiner.

Hoseas, letzter König von Israel, stürzte und tötete 734 v. Chr. den König Pekah und ward von dem Herrscher der Assyrer, Tiglath Pilesar II., als König anerkannt. Auf ägyptische Hülfe vertrauend, empörte

er sich 726 gegen den König Salmanassar IV., unterwarf sich aber, als derselbe mit Heeresmacht in Syrien erschien, und ward in Gefangenschaft abgeführt, worauf Samaria nach dreijähriger Belagerung 722 erobert und das Reich Israel zerstört wurde.

Hyänten, Name der ältesten Bewohner von Ätolien (s. d.).

Hydaspes (jetzt Dschilam), linker Nebenfluß des Indus im Pandschab, an welchem Alexander d. Gr. 326 v. Chr. den indischen König Poros schlug und die Städte Nikäa und Bukephala gründete.

Hydrëa (jetzt Hydra), kleine Insel von 55 qkm Flächeninhalt an der Küste von Argolis vor der Bucht von Hermione, gehörte dieser Stadt.

Hydruntum (jetzt Otranto), Stadt an der Ostküste Kalabriens, von Tarent gegründet, mit einem kleinen, aber guten Hafen, der als Überfahrtspunkt nach Griechenland über die schmälste Stelle der Meerenge viel benutzt wurde.

Hydrussa (jetzt Zia), s. Keos.

Hykkara (jetzt Carini), alte Sikanerstadt an der Nordküste Siciliens, westlich von Panormos, welche im peloponnesischen Krieg von den Athenern überrumpelt und geplündert wurde; unter der Beute befand sich die Hetäre Timandra, die spätere Geliebte des Alkibiades, mit ihrer Tochter Laïs.

Hyksos (Haku-Schasu, »Könige der Hirten«), semit. Hirtenvolk, welches von Nordosten aus 2100 v. Chr. Ägypten (s. d.) eroberte, aber nach 500jähriger Herrschaft um 1600 wieder vertrieben wurde.

Hyllos, Sohn des Herakles und der Deianeira, ward König der Dorier und führte sie an der Spitze der Herakliden nach dem Peloponnes, um das Erbe seines Vaters zu erobern, fiel aber im Zweikampf mit König Echemos von Tegea.

Hymettos (jetzt Trelovuni), Berg in Attika, südöstlich von Athen, ein langer, einförmiger, 1027 m hoher Rücken, berühmt durch seinen trefflichen bläulich schimmernden und namentlich bei den Römern beliebten Marmor und durch seinen Honig.

Hypanis, Fluß im Skythenland, der

sich bei Olbia in den Pontos Eureinos ergoß; jetzt der Bug im südlichen Rußland.

Hypäta, Stadt der Anianen in der griechischen Landschaft Malis, am Nordabhang des Öta im Thal des Spercheios, mit heißen Quellen; der militärisch wichtige befestigte Ort wurde vom Ätolischen Bund in Besitz genommen und war zeitweilig Sitz der ätolischen Bundesversammlungen. Jetzt Neopatra oder Hypati.

Hyperakria, s. Diakria.

Hyperasia, Stadt in Achaia (s. b.).

Hyperbolos, athen. Demagog während des Peloponnesischen Kriegs, war von niedrer Herkunft, seines Berufs Töpfer und Lampenfabrikant, leistete Kleon als Sykophant Dienste und suchte nach dessen Tod an seine Stelle zu treten, indem er den Launen und Leidenschaften des großen Haufens, anfangs mit Erfolg, schmeichelte. Er ward mit dem Oberbefehl über das Heer betraut und als Hieromnemon zur Amphiktyonenversammlung gesandt. Indes seine Schlechtigkeit und Unfähigkeit traten doch zu deutlich hervor und wurden von den komischen Dichtern zu scharf gegeißelt, als daß er sich hätte halten können. Als 417 v. Chr. der Parteikampf zwischen Nikias und Demosthenes durch ein Scherbengericht entschieden werden sollte, trat er so unverschämt gegen beide auf, daß die Parteien sich gegen H. vereinigten und ihn verbannten. Er wurde 411 in Samos ermordet.

Hypereides (Hyperides), athen. Redner, Sohn des Glaukippos aus dem Demos Kollytos, Schüler des Platon und Isokrates, schloß sich in seinem politischen Streben dem patriotischen und volkstümlichen Partei des Demosthenes an. Er machte den Zug nach Byzantion mit, trat im Gesandtschaftsprozeß als Mitankläger des Philokrates auf und wirkte 339 v. Chr. für das Bündnis mit Theben. Nach Philipps Tod (336) betrieb er eifrig die Erhebung Griechenlands gegen die makedonische Herrschaft, und Alexander verlangte daher nach der Vernichtung Thebens seine

Auslieferung, welcher er sich durch die Flucht entzog. Trotzdem trat er gegen seinen eignen Gesinnungsgenossen Demosthenes im Harpalischen Prozeß als Ankläger auf. Nach Alexanders Tod (323) erwachte seine patriotische Hoffnung aufs neue, und er bewog die Athener zum Anteil am Lamischen Krieg, nach dessen unglücklichem Ausgang er nach Ägina floh, aber von den Häschern des Antipatros ergriffen und 322 grausam hingerichtet wurde. Von seinen 52 Reden sind neuerdings vier mehr oder weniger vollständig in Papyrusrollen im ägyptischen Theben aufgefunden worden, nämlich die Reden für Lykophron und Eurenippos fast vollständig, die gegen Demosthenes und für die im Lamischen Kriege Gefallenen nur fragmentarisch. Ausgabe von Blaß (Leipz. 1869).

Hyphäsis (jetzt Bjâsa), linker Nebenfluß des Indus im Pandschab, bis zu welchem Alexander d. Gr. 326 v. Chr. vordrang, an dem er aber von den Truppen genötigt wurde, umzukehren. Der H. wurde von den Griechen als der Hauptfluß angesehen, doch ist er nur ein Nebenfluß des Zadadros (jetzt Satledsch).

Hyrkänien (altbaktr. Vehrkâna, »Wolfsland«), Landschaft in Asien, nördlich vom Nordrand (dem Gebirge Elbrus) des Hochlands in Iran, umfaßte die südöstliche Küste des Kaspischen Meers, das danach auch »Hyrkanisches Meer« genannt wurde. Das Klima war feuchtwarm, das Land meist mit Wald bedeckt und wildreich, an den Küsten fruchtbar. In der ältesten Zeit bewohnten es die barbarischen Völker der Tapurer, Marder, Gelen und Kadusier; als die Hauptstadt des Landes war Hyrkania. Die Assyrer eroberten es um 800 v. Chr. Dann gehörte es zum Perserreich und bildete einen Distrikt der medischen Provinz; ihre Hauptstadt war Zadrakarta.

Hysiä, Stadt im südlichen Argolis, bei der Pheidon von Argos 670 v. Chr. die Spartaner besiegte.

J.

Jaber (jetzt Zara), Stadt in Liburnia (s. b.).

Japhgia, griech. Name des südöstlichen Italien bis zum Promontorium Japygium (jetzt Capo di Leuca) oder auch nur der italischen Landschaft Apulien nach dem illyrischen Volksstamm der Japygen (lat. Apuler).

Jason, s. Argonautenzug.

Jason von Pherä, s. Pherä.

Jaxartes (jetzt Sir Darja), Fluß in Centralasien, der in den Aralsee mündete, die äußerste Nordostgrenze des Perserreichs, welche das Land der Skythen von der Satrapie Sogdiana trennte; auch Alexander d. Gr. drang bis zum J. vor und gründete südlich des Flusses das äußerste Alexandrien (Alexandreia eschate).

Jberien (Ibēria), 1) das fruchtbare obere Gebiet des Flusses Kyros (Kur) in Kaukasien, das jetzige Georgien. Die Einwohner, welche sich selbst Kartveli, das Land Karthli nannten, während der Name Jberer (Ver) den Griechen durch die Armenier vermittelt wurde, waren unkriegerisch, trieben Ackerbau und wohnten in wohlgebauten Häusern; sie schieden sich in vier kastenartig gesonderte Stände: Adel, Priester, Gemeinfreie und Leibeigne. Sie waren nichtarischen Stammes, arisch aber wohl der herrschende Stand infolge früherer Eroberung durch die Meder; auf arische Kultureinflüsse lassen ihre Personennamen und der Kultus des Armazi (Ahuramazda) schließen. Ihre Hauptstadt war Harmazika (Harmastika), dessen Trümmer sich bei Tiflis finden. In älterer Zeit wenig bekannt, wurde J. erst durch einen Geheimschreiber des römischen Feldherrn Pompejus, der J. 65 v. Chr. eroberte, genauer beschrieben. Obwohl ein selbständiges Reich bildend, stand es doch unter römischem Einfluß, später unter der Oberhoheit der Sassaniden.
2) Griech. Name von Hispanien, der von dem Fluß Jberus (Ebro) herrührte und von den ersten griechischen Ansiedlern anfangs auf das Gebiet desselben und die zunächst wohnenden Völkerschaften über-

tragen, dann aber auf die ganze Halbinsel ausgedehnt wurde, während der Volksname Jberer die nichtkeltische Urbevölkerung Hispaniens, die Vorfahren der jetzigen Basken, bezeichnete.

Jbērus, alter Name des Flusses Ebro in Spanien, der bis zum zweiten Punischen Krieg die Nordgrenze des karthagischen Gebiets in Hispanien bildete.

Jcauna, linker Nebenfluß der Sequana (Seine) in Gallien (jetzt Yonne).

Jcilius, Lucius, aus einem plebejischen röm. Geschlecht, war 456 v. Chr. Volkstribun und brachte das Gesetz über die Überweisung des Aventinus an die Plebejer im Senat durch; als Bräutigam der unglücklichen Virginia rief er 449 das Volk zur Erhebung gegen die Decemvirn auf, brachte das gegen die Sabiner im Feld liegende Heer zum Abfall und unterhandelte im Namen des auf den Heiligen Berg ausgewanderten Volks mit den vom Senat gesandten Vertretern Horatius u. Valerius über die Bedingungen der Aussöhnung.

Jconĭum, s. Jkonion.

Jda, 1) Gebirge in der kleinasiatischen Landschaft Troas, nördlich vom Abramyttenischen Meerbusen zu 1750 m Höhe steil ansteigend und sich nach W. und N. weit verzweigend. Von seinen waldreichen Abhängen fließt der Skamandros nach W. in das Ägäische Meer, der Granikos nach N. in die Propontis. Jetzt Kar Dagh. —
2) Gebirge in der Mitte der Insel Kreta, 2450 m hoch und auf seinen höchsten Gipfeln meist mit Schnee bedeckt, nach S. und SW. steil abstürzend. In den Höhlen des J. ward Zeus von den Nymphen aufgezogen.

Jdisiavisus (Jdisiaviso, unrichtig Jdistavisus), Name der Thalebene auf dem rechten Ufer der Weser oberhalb der Porta Westfalica bei Minden, wo 16 n. Chr. Germanicus die Germanen unter Arminius besiegte. Derselbe bedeutet »Wiese der Jdisen« (Walküren, Feen).

Jdomeneus, Sohn des Deukalion, Königs von Kreta, Enkel des Minos, führte die Kreter auf 80 Schiffen den Achäern vor Troja zu Hülfe und gehörte zu den hervorragendsten Helden des Trojanischen Kriegs. Auf der Rückfahrt gelobte er während eines Sturms, Poseidon für seine Rettung das zu opfern, was ihm in seiner Heimat zuerst entgegenkommen werde. Dies war sein Sohn, und als er denselben opferte und infolgedessen eine Pest ausbrach, vertrieben ihn die Kreter.

Idumäer, s. Edomiter.

Idumäische Dynastie, das Haus der Herobianer (s. Herodes), weil dasselbe von dem Idumäer (Edomiter) Antipatros (Antipas), dem Freund und Ratgeber des Johannes Hyrkanos, abstammte.

Igubium (Eugubium, jetzt Gubbio), Stadt in Umbrien am Südabhang des Apennin, in deren Nähe ein Tempel des Jupiter Apenninus lag, in dessen Ruinen 1444 die sieben sogen. »Eugubinischen Bronzetafeln« gefunden wurden, welche Urkunden des Heiligtums in umbrischer Sprache enthalten. Ausgaben von Kirchhoff (Berl. 1849—51), Huschke (Leipz. 1859) und Bréal (Par. 1875).

Ikária (Ikaros, jetzt Nikaria), Insel im Ikarischen Meer an der Westküste Kleinasiens, reich an Holz, aber sonst wenig ergiebig und schwach bevölkert, war Samos unterthänig.

Ikárisches Meer, s. Ägäisches Meer.

Ikónion (Iconium), Hauptstadt von Lykaonien (s. d.).

Ilérda (jetzt Lerida), Stadt der Ilergeten am Sicoris in der Hispania Tarraconensis, auf einer Anhöhe gelegen und daher als fester Platz von Bedeutung; hier belagerte Cäsar 49 v. Chr. die Pompejanischen Legaten Afranius und Petrejus und zwang sie zur Kapitulation.

Ilergeten, iberisches Volk in Hispania Tarraconensis, zwischen Sicoris und Iberus, mit den Städten Ilerda und Salbuba (später Cæsarea Augusta, jetzt Saragossa). Ihr König Indibilis vernichtete 212 v. Chr. im zweiten Punischen Krieg im Bund mit den Karthagern die römischen Feldherren Publius und Gnäus Cornelius Scipio mit dem größten Teil ihrer Truppen, fiel aber dann selbst im Kampf mit den Römern 205.

Iliberris, s. Illiberis.

Ilion (Ilios) s. Troja.

Alte Geschichte.

Ilissos, kleiner, meist wasserarmer Fluß in Attika, welcher am Hymettos entspringt, südlich von Athen vorbeifließt und sich unterhalb der Stadt mit dem Kephisos vereinigt.

Illiberis (Iliberris, »Neustadt«, jetzt Granada), Stadt der Turdetaner in Hispania Bætica am Singulis (Jenil).

Illiturgis (Illiturgi), bedeutende Stadt der Turduler auf einem steilen Felsen am Bätis, in Hispania Bætica beim jetzigen Andujar, ward wegen ihres Abfalls zu den Karthagern 206 v. Chr. von Scipio zerstört, später aber unter dem Namen Forum Julium wiederaufgebaut.

Illyrien (griech. Illyris, röm. Illyricum), das östliche Küstenland des Adriatischen Meers nebst dem Hinterland bis zur mittlern Donau, ist seiner ganzen Länge und fast seiner ganzen Breite nach von einem sehr zerrissenen, schroffen, rauhen und wasserarmen Kalkgebirge erfüllt, dessen zahlreiche Ketten (mit Gipfeln von 1200—2000 m Höhe) sich von den Ostalpen parallel der Küste erst nach SO., vom Gebirgsknoten des Skardos ab nach S. ziehen. Im nördlichen Teil (Dalmatien) fallen diese Gebirge steil ins Meer ab, und hier sind die felsigen Küste, welche nur von wenigen Flußläufen, wie dem Naro, durchbrochen wird, zahlreiche Felsinseln vorgelagert; im südlichen Teil erstreckt sich westlich vom Gebirge eine breite Küstenebene, die von mehreren größern Flüssen, wie dem Aoos (jetzt Vovussa), dem Apsos (Uzumi), Mathis (Mati) und dem Drilon (Drin), durchschnitten wird, aber längs der flachen Küste weite sumpfige Lagunen enthält, welche die sonst fruchtbare Ebene ungesund machen. Der obere Drilon bildet ein hoch gelegenes Längenthal mit dem See Lychnitis (jetzt Ochrida), während dem Meer näher, nordwestlich, der Labeatische See (jetzt der von Skutari) liegt, welcher durch die Barbana ins Meer abfließt. Nach N. dacht sich das Land zum Thal des Savus oder Saus (Save) ab, in welchen mehrere größere Flüsse fließen. Die Einwohner (die Illyrier) lebten, da nur einige Strecken des Landes für den Ackerbau geeignet waren, meist von Viehzucht oder Fischfang, auch

16

von Seeräuberei. Sie bildeten einen besondern Zweig des indogermanischen Sprachstamms; ihre Nachkommen sind die jetzigen Albanesen. Sie zerfielen in eine Anzahl Stämme, wie die Dassareten im obern Gebiet des Drilon, die Taulantier und Parthiner an der südlichen Küste, die Autariaten und Arbiäer im mittlern J., die Japyder, Dalmaten und Liburner im N. Sie waren tapfre, tüchtige Krieger, wurden aber von den Griechen und Römern, welche oft empfindliche Niederlagen von ihnen erlitten, treulos und hinterlistig gescholten. Sie lebten in patriarchalischer Stammverfassung unter erblichen Stammhäuptern. Nur an den Küsten siedelten sich Griechen an und gründeten die Kolonien Epidamnos, Apollonia, Epidauros, Lissos u. a. Von D. her versuchten die Makedonier das Land zu unterwerfen, doch verteidigten sich die Illyrier mit großer Hartnäckigkeit und fügten den Makedoniern wiederholt große Verluste zu. Doch unterwarf König Philipp II. von Makedonien die Dassareten und Alexander d. Gr. die Taulantier und Parthiner. Zu gleicher Zeit wurden die Illyrier von N. her durch das massenhafte Vordringen keltischer Völkerschaften in die mittlern Donaulandschaften bedrängt. Zum Schutz gegen das fremden Eroberer vereinigte ein Häuptling Bardylis um 380 v.Chr. zunächst die Stämme des mittlern J. zu einem illyrischen Königreich, das unter König Agron (250—240) auch die südlichen Stämme der Taulantier und Parthiner unter seine Herrschaft brachte, die von den Grenzen von Epeiros nördlich bis zu den Alpen reichte. Damals beherrschten die illyrischen Seeräuber das ganze Adriatische Meer, bemächtigten sich der griechischen Städte, 230 sogar Ambrakias und 229 Korkyras, und plünderten die Küsten Griechenlands und Italiens. Deswegen begannen die Römer 229 den Illyrischen Krieg gegen Agrons Witwe und Nachfolgerin, die Königin Teuta, welche die römischen Gesandten, die sich über die Seeräubereien beklagten, hatte ermorden lassen. Die römischen Konsuln Gnäus Fulvius Centumalus und Lucius Posthumius Albinus besetzten, durch

ben Abfall der Unterthanen Teutas unterstützt, 229 die Küste des südlichen J. und Korkyra, und Teuta mußte 228 dies Gebiet abtreten und sich zu Tribut verpflichten. Ihr Sohn Pineus, für den Demetrios von Pharos die Vormundschaft führte, machte einen Versuch, im Bund mit König Philipp III. von Makedonien das Verlorne wiederzuerobern; doch blieb er 205 auf die nördliche Hälfte Illyriens beschränkt. König Gentius schloß sich 171 dem König Perseus von Makedonien zu einem neuen Kriege gegen Rom an, wurde aber vom Prätor Lucius Anicius 168 besiegt und nach Eroberung seiner Hauptstadt Scodra (Skutari) gefangen genommen. J. ward nun unter dem Namen Illyricum (d. h. regnum) römische Provinz, anfangs mit Makedonien vereinigt, seit 118 selbständig, doch ohne das südliche Gebiet, das bei Makedonien blieb, bis es unter Diocletianus als Epirus nova Provinz wurde. In der Kaiserzeit ward die Provinz mit Dalmatien vereinigt Dalmatia genannt, jedoch wurde der Name J. von Konstantin 324 n. Chr. erneuert für eine der vier großen Präfekturen des Reichs. Das Land ward völlig der Kultur gewonnen und lieferte dem Reich tüchtige Soldaten, welche sich teilweise, wie Septimius Severus, Probus, Aurelianus, Diocletianus und Constantinus, zum Kaiserthron emporschwangen. Vgl. Zippel, Die römische Herrschaft in J. (Leipz. 1877).

Ilba (griech. Athalia, jetzt Elba), Insel im Tyrrhenischen Meer an der Küste Etruriens, Populonia gegenüber, welcher Stadt sie auch gehörte, mit reichen Eisenerzgruben.

Imäos, Gebirge im Innern Asiens (jetzt Thianschan).

Imbros (jetzt Embro), Insel im nördlichen Teil des Ägäischen Meers, westlich von der Thrakischen Chersones, mäßig hohen (600 m), aber scharfen Felsrücken, reich an Wäldern, doch auch fruchtbare Thäler enthaltend, mit einer Stadt gleichen Namens. Die Insel war von Pelasgern (Minyern) bewohnt. Zuerst siedelten sich Phönifer an, die hier den Dienst der Kabiren einführten. Im 6.

Jahrh. v. Chr. wurde es durch den Athe=
ner Miltiades von der Thrakischen Cher=
sones aus erobert, dann mit attischen Kle=
ruchen besetzt und blieb bis zur makedoni=
schen Zeit im Besitz Athens.

Imperātor, Titel des röm. Magistra=
tus, welchem durch eine lex curiata de
imperio das Imperium, d. h. der Ober=
befehl im Krieg mit dem Recht über Le=
ben und Tod der Soldaten und das Rich=
teramt im Frieden, übertragen worden
war, also vornehmlich Bezeichnung des
Feldherrn im Krieg; dann auch Titel, der
einem Feldherrn nach erfochtenem Sieg
von seinen Soldaten in feierlichem Ausruf
zuerkannt wurde, mit der Rückkehr nach
Rom aber wieder wegfiel. Eine besondre
Bedeutung erhielt der Titel, seit er Ju=
lius Cäsar vom Senat erteilt worden
war. Derselbe sollte nämlich nicht, wie
bisher, nach, sondern vor dem Namen
stehen, Cäsar lebenslänglich verbleiben
und auf seine Nachkommen forterben, wo=
mit ihm die höchste Gewalt über das Heer
verliehen wurde. Denselben Titel erhiel=
ten sobann Augustus und die Prinzen sei=
nes Hauses, und er galt in der Kaiserzeit
als der Inbegriff der monarchischen Macht=
fülle, also s. v. w. Princeps oder Kaiser.

Imperīum, in der röm. Republik die
höchste Gewalt, welche ursprünglich dem
Volk allein zukam, das sie in den Magi=
stratswahlen, der Gesetzgebung und Ober=
gerichtsbarkeit ausübte; dann die als Aus=
fluß der Volkssouveränität geltende Macht=
befugnis der höchsten Magistrate (der Kon=
suln, Prätoren und Diktatoren), welche
von dem römischen Volk durch eine lex
curiata de imperio übertragen wurde
und in dem Oberbefehl im Krieg mit dem
Recht über Leben und Tod der Soldaten
und dem Richteramt im Frieden bestand.
Den Prokonsuln und Proprätoren wurde
das J. verlängert, aber nur für den Bereich
der ihnen zugeteilten Provinz; bloß aus=
nahmsweise wurde ein unbeschränktes J.
ertheilt, wie Pompejus 67 v. Chr. im See=
räuberkrieg. Selbst in der Kaiserzeit
wurde die Machtvollkommenheit des Im=
perators wenigstens der Form nach auf
den Willen des Volks zurückgeführt.

Inächos, der bedeutendste Fluß der grie=
chischen Landschaft Argolis, der auf dem
Lyrkeion in Arkadien entspringt und durch
die Ebene von Argos fließt, in welcher er
zahlreiche, aber nur im Winter fließende,
im Sommer versiegende Bäche aufnimmt;
er verliert sich an der Küste des Argo=
lischen Meerbusens in Sümpfe. Seinen
Namen übertrug die Sage auf den älte=
sten König von Argos, den Sohn des
Okeanos und der Thetis, der nach der
Deukalionischen Flut die Argeier in die
Ebene geführt und diese wohnlich gemacht
habe, indem er die Gewässer in den nach
ihm benannten Fluß zusammenleitete.

Indien, das große, fruchtbare Land öst=
lich vom iranischen Hochland, welches sich
südlich vom Imaos oder Emodos (Hima=
laya) zwischen dem Indischen Meer und
dem Gangetischen (Bengalischen) Meer=
busen ausbreitet und sich weit nach S. hin
erstreckt. Die nördliche Tiefebene wurde
von zwei großen Strömen durchflossen,
dem Ganges und dem Indos (Sindhus,
d. h. Fluß) nebst seinen fünf Nebenflüssen;
letzterer gab auch dem Lande den Namen.
Zwar hatten die Alten auch vom Ganges=
gebiet, dem südlichen Hochland (Dekhan)
und der Insel Taprobane oder Salike (Cey=
lon), ja sogar von Hinterindien geogra=
phische Kenntnisse. In die Geschichte der
antiken Staaten wurde aber nur der nord=
westliche Teil der Halbinsel, das Gebiet des
Indos mit seinen Nebenflüssen Hydaspes,
Akesines, Hydraotes und Zarabros, einbezo=
gen. Dasselbe wurde von dem Volk der Arja,
einem Hauptvolk des indogermanischen
Sprachstamms, bewohnt, das die Perser
nach dem Fluß Hindu, die Griechen In=
der nannten; sie bildeten mehrere meist
monarchische Staaten, wie den der Pau=
rava=(Poros=) und der Takshasila=(Ta=
riles=) Dynastie im Pandschab, den der
Abhisara (Abisares) im Thal Kaschmir,
während die Maller und Uratrier (die »Kö=
nigslosen«) republikanische Gemeinwesen
bildeten. Schon Dareios I. unterwarf das
Gebiet des Indos der persischen Herrschaft.
Alexander d. Gr. erneuerte die Eroberung
des Landes, welches er in eine obere und
in eine untere Satrapie teilte, und wel=
ches auch noch kurze Zeit zum Reich der
Seleukiden gehörte. Schon Seleukos I.

16*

trat es an das Reich der Prasier am Gan=
ges ab. Doch wurde es von den in Bak=
trien herrschenden griechischen Königen
Agathokles und Euthydemos um 230 v.
Chr. von neuem unterworfen und blieb
unter griechischer Herrschaft bis um 100,
wo es von den skythischen Saken erobert
wurde. Vgl. Lassen, Indische Alter=
tumskunde (2. Aufl., Leipz. 1867 ff., 4
Bde.); Cunningham, Ancient geo=
graphy of India (Lond. 1871).

Indos (Indus), s. Indien.

Ingävonen (Ingævones oder In-
guæones), einer der drei Hauptstämme
der Germanen, welcher seinen Namen
von Ingo, einem Sohn des Mannus, ab=
leitete; er umfaßte die an der Küste der
Nordsee wohnenden Völkerschaften, die
spätern Sachsen.

Insübrer (Insubres), mächtiges kelt.
Volk in Gallia transpadana, wahrschein=
lich ein Teil der Abuer im transalpinischen
Gallien. Sie besiegten 396 v.Chr. die Etrus=
ker, deren Hauptstadt Melpum sie zerstör=
ten, und vertrieben sie aus dem fruchtbar=
sten Gebiet der Poebene zwischen dem Tici=
nus und dem Mincius, wo sie ihre Haupt=
stadt Mediolanium (Mailand) grün=
beten. Sie wurden 222 nach hartnäckigem
Widerstand von den Römern unterworfen,
schlossen sich im zweiten Punischen Krieg
Hannibal an und mußten nach ihrer Wie=
berunterjochung ihr östliches Gebiet den
Cenomanen abtreten.

Interamna (jetzt Terni), Stadt im
südlichen Umbrien am Nar, angeblich
Heimat des Geschichtschreibers Tacitus
sowie der Kaiser Tacitus und Florianus.
Eine andre gleichnamige Stadt mit dem
Beinamen Lirinas lag am Liris in Latium
(vielleicht das jetzige Terame).

Interrex (»Zwischenkönig«), in Rom
der Magistratus, welcher im Fall der Er=
ledigung des Throns die Stelle des Königs
oder in der Zeit der Republik die der obersten
Magistrate zum Zweck der Neuwahl ver=
trat; die Amtszeit desselben hieß Inter=
regnum. Die Ernennung des J. geschah
durch den Senat (nach andern durch die
Patricier aus den zehn Ersten des Senats)
und zwar nur auf fünf Tage, nach deren
Ablauf der J. einen Nachfolger ernannte;

oft regierten mehrere (bis 14) Interregen,
ehe die Neuwahl der Konsuln veranstaltet
werden konnte. Da die Königswürde nicht
erblich war, so fand nach dem Tod eines
Königs immer ein Interregnum statt;
weil Servius Tullius und Tarquinius
Superbus ohne ein solches den Thron be=
stiegen hatten, galten sie nicht als gesetzlich
gewählt. Zur Zeit der Republik fand ein
Interregnum nur statt, wenn die Kon=
suln während ihrer Amtsführung starben
oder ihr Amt niederlegten oder die Neu=
wahl beim Ablauf des Amtsjahrs noch
nicht zustande gekommen war.

Jolkos, Stadt in der thessal. Land=
schaft Magnesia, auf einer Anhöhe an der
innersten östlichen Bucht des Pagasäischen
Meerbusens gelegen, von wo die Argonau=
ten ausfuhren. Später verfiel J., da die
Bewohner zur Bevölkerung des 290 v.Chr.
gegründeten, 7 Stadien entfernten De=
metrias herangezogen wurden, und nur
die Bucht behielt den Namen der Stadt.

Jonier, einer der vier Hauptstämme
der Hellenen, welcher seinen Ursprung von
Jon, einem Sohn des Xuthos und Enkel
des Hellen, ableitete, der in Attika König
wurde. Der älteste Wohnsitz der J. war
die Westküste Kleinasiens, wo sie von
den Phönikern die Seefahrt lernten und
unter dem Namen »Kinder Javan« den
Morgenländern bekannt wurden. All=
mählich besetzten sie die Inseln des Agäi=
schen Meers und ließen sich auf der Ost=
küste von Hellas nieder, namentlich in At=
tika, Südböotien, dem Isthmos und Agia=
leia, der Nordküste des Peloponnes. Von
hier infolge der dorischen Wanderung durch
die Achäer vertrieben, wanderten sie im
11. Jahrh. v. Chr. nach Kleinasien zurück,
ließen sich in der alten Heimat, inmitten
der zurückgebliebenen Stammesgenossen,
nieder, drängten die vorgerückten Lyder
zurück und gründeten neue Städte. Fer=
ner behaupteten die J. die Kykladen. Auf
dem Festland von Hellas blieb den Joniern
bloß Attika, und als der athenische Staat
nach den Perserkriegen zur herrschenden
Seemacht sich emporschwang, wurde er
als Haupt und Urheimat des ionischen
Stammes angesehen. Das von ihnen be=
setzte Küstenland Kleinasiens war aber in

älterer Zeit das Hauptland der J. und hieß Jonien (Ionia) schlechtweg. Die zwölf Städte, welche den Jonischen Städtebund bildeten, waren in der Richtung von N. nach S. folgende: an der lydischen Küste: Phokäa, Erythrä, Klazomenä, Teos, Lebedos, Kolophon, Ephesos; an der karischen: Priëne, Myus, Miletos; auf den der Küste nahen Inseln: Samos und Chios; später (um 700) kam auch das äolische Smyrna zum Jonischen Bunde, der seitdem 13 Städte umschloß. Jede einzelne Stadt bildete einen selbständigen Staat mit demokratischer Verfassung; einen vereinigenden Mittelpunkt gewährte das jährliche Fest des Poseidon Helikonios in einem heiligen Hain am Vorgebirge Mykale (Panionion), wo die J. ihre Bundestage abhielten.

Durch die alle Vorteile für den Verkehr in sich vereinigende Lage ihres Landes, dessen herrliches Klima und ausnehmende Fruchtbarkeit begünstigt, entwickelten sich die J., welche trotz ihres Leichtsinns, ihrer Weichlichkeit und Genußsucht doch der geistig empfänglichste und thätigste Stamm der Hellenen waren, in Handel und Verkehr, Gewerbthätigkeit, Kunst und Wissenschaft bald zu einer außerordentlichen Blüte. Hier nahmen griechische Dichtkunst, Philosophie und Historiographie ihren Ausgang und gediehen auch schon zu einer gewissen Vollendung. Jonien ist die Heimat der Homerischen Gesänge wie auch der Lyriker Mimnermos aus Kolophon und Anakreon aus Teos. Hier ward zuerst der Geist philosophischer Forschung in Thales, Anaximandros und Anaximenes aus Miletos, Xenophanes aus Kolophon und Anaxagoras aus Klazomenä rege; hier entstanden die Anfänge griechischer Historiographie und Erdbeschreibung durch die Topographen Kadmos, Dionysios und Hekatäos aus Milet. Der ionische Dialekt bildete sich zuerst zu einer Schriftsprache aus, welche auch außerhalb Joniens zur Geltung und in Gebrauch kam. Handel und Gewerbthätigkeit nahmen besonders infolge einer großartigen, ausgebreiteten Kolonisation einen mächtigen Aufschwung. Namentlich Miletos gründete zwischen 800 und 600,

um Rohstoffe für seine Industrie und Lebensmittel zu holen und seine Fabrikate zu vertreiben, ferner um den Verkehr zur See zu sichern, zahlreiche Pflanzstädte am Hellespont, an der Propontis und am Pontos Euxeinos; bis zum Tanaïs brangen die kühnen Kaufleute vor und verbreiteten nebst den Erzeugnissen ihrer Kunst und ihres Gewerbfleißes griechische Sprache und Kultur. In Ägypten war Naukratis ein wichtiger Handelsplatz der J., deren Söldner selbst in der politischen Geschichte Ägyptens eine einflußreiche Rolle spielten. Im westlichen Mittelmeer gründeten die J. Kolonien in Unteritalien, Sicilien, Sardinien, Corsica und Gallien, wo Massalia eine blühende Handelsstadt wurde, und gaben dem Meer zwischen Griechenland und Italien den Namen »Jonisches Meer«.

Seit der Regierung des lydischen Königs Gyges (689—654) wurden die J. von den Lydern bekriegt, welche die reichen, blühenden Städte in ihre Gewalt zu bringen suchten. Trotz tapfern Widerstands einzelner Städte gelang es Krösos um 560, das ganze Küstenland sich zu unterwerfen, welches nach dem Sturz des lydischen Reichs (548) unter persische Herrschaft kam. Die Perser bemächtigten sich unter Dareios I. auch der Inseln und befestigten ihre Macht dadurch, daß sie in allen Städten die demokratischen Verfassungen beseitigten und Tyrannen einsetzten. Der Verlust ihrer politischen Freiheit und nationalen Unabhängigkeit drückte die J. um so empfindlicher, als ihnen hohe Tribute auferlegt wurden und sie zu den kriegerischen Unternehmungen des Großkönigs viele Schiffe und Mannschaften stellen mußten. Daher brach, angestiftet von dem frühern Tyrannen von Miletos, Histiäos, und dessen Schwiegersohn Aristagoras, 500 der ionische Aufstand aus, dem sich außer den ionischen Städten auch die übrigen griechischen Staaten Kleinasiens und Kypros anschlossen; von den Griechen in Hellas kamen ihnen bloß die Athener und Eretrier mit 25 Schiffen zu Hülfe. Die Aufständischen drangen 499 bis Sardes, der Residenz des persischen Satrapen, vor und steckten die Stadt in Brand, wurden aber durch die überlegene Macht der Perser bis Ephesos zurückgedrängt und hier in einer blutigen Schlacht gänzlich geschlagen. Die Athener und Eretrier kehrten nach Hellas zurück, Kypros wurde wieder unterworfen, und die Perser eroberten darauf die einzelnen Städte Joniens. 494 sammelten die J. eine Flotte von 350 Schiffen und wagten bei Lade eine Seeschlacht, erlitten aber infolge des Verrats der Samier eine Niederlage. Hierauf ward auch Miletos, das den Widerstand am längsten und hartnäckigsten fortgesetzt hatte, erobert und fast gänzlich zerstört, die Einwohner an den Tigris verpflanzt. Ganz Jonien mußte sich wieder unter das persische Joch beugen, und ionische Schiffe und Mannschaften bildeten einen Hauptteil der persischen Heeresmacht, welche 480 die Unterjochung von Hellas unternahm. Erst die Siege der Griechen über die Perser 480 und besonders die Schlacht bei Mykale (479), in welcher die J. zu ihren Landsleuten übergingen, sowie Kimons Sieg am Eurymedon (465) machten der persischen Oberherrschaft im hellenischen Kleinasien ein Ende. Die ionischen Städte schlossen sich dem Athenischen Seebund an und gerieten in politische Abhängigkeit von dem stammverwandten Athen, aus welcher sie sich am Ende des Peloponnesischen Kriegs befreiten, aber nur um, von Sparta nicht genügend beschützt, im Frieden des Antalkidas (387) wieder unter die Herrschaft der Perser zu kommen. Ihre Blüte ging unter bei dieser zu Grunde, wenn sie auch in dem makedonischen Reich von neuem Wohlhabenheit und eine gewisse politische Bedeutung erlangten. Unter den Römern sanken die ionischen Städte zu bloßen Provinzialstädten herab.

Jonische Inseln, die Inseln des Jonischen Meers zwischen Griechenland und Italien: Korkyra, Leukas, Jthaka, Kephallenia und Zakynthos, von denen aber keine von Joniern kolonisiert war.

Jphikrates, athen. Feldherr, ward trotz seiner niedern Herkunft als 20jähriger Jüngling zum Befehlshaber über die für den Korinthischen Krieg (395—387 v.Chr.) angeworbenen Söldner ernannt und er-

hob diese bald zu einer gefürchteten Macht, indem er eine neue Truppengattung, die Peltasten, bildete, welche, mit kleinem, rundem Schild, Gamaschen (»Jphikratiden«) statt Beinschienen, langer Lanze und großem Schwert bewaffnet und durch strenge Zucht und Übung zu taktischer Geschicklichkeit ausgebildet, sowohl im kleinen Krieg verwendbar wie der spartanischen Phalanx gewachsen war. Über die letztere errang er auch, nachdem er 391 Lechäon gegen Agesilaos nicht hatte behaupten können, 390 einen wichtigen Sieg bei Sikyon, in dem er 600 Spartaner vernichtete. Er besetzte Akrokorinth und beherrschte den Jsthmos, bis ihn die Athener in seinem Streit mit Argos im Stiche ließen. Er legte nun den Oberbefehl in Korinth nieder und ging mit 1200 Peltasten nach dem Hellespont, wo er 389 den Spartaner Anaribios bei Abydos schlug. Nach dem Frieden des Antalkidas unternahm er Kriegszüge gegen die Thraker, schloß aber dann ein Bündnis mit dem thrakischen König Kotys und heiratete dessen Tochter. Auf Wunsch des persischen Satrapen Pharnabazos, welcher das abgefallene Ägypten wiedererobern sollte, übernahm er 379 den Oberbefehl über die griechischen Söldner in Ägypten, entzweite sich aber mit Pharnabazos über einen Angriff auf Memphis und kehrte 374 nach Athen zurück, wo er die Absetzung des Timotheos veranlaßte und mit Kallistratos und Chabrias den Oberbefehl über eine Flotte von 70 Schiffen erhielt, mit welcher er 372 das von den Spartanern bedrängte Korkyra entsetzte und die feindlichen Küsten brandschatzte. Nach dem Frieden (371) ward er in Athen mit Ehrenbezeigungen überhäuft, richtete aber weder 369 im Peloponnes gegen Epameinondas, noch 368 in Makedonien gegen Amphipolis etwas aus. Im Bundesgenossenkrieg befehligte er 358 eine Flotte von 60 Schiffen und vereinigte sich 357 mit Chares, weigerte sich aber, bei heftigem Sturm im Kanal von Chios ein Treffen zu wagen, wie Chares verlangte, und ward daher von diesem des Verrats beschuldigt. Er wurde zwar abgesetzt und nach dem Frieden der Bestechung angeklagt, erwirkte aber seine Freisprechung und zog sich in das Privatleben zurück. Er starb um 353. Vgl. Rehbanz, Vita Iphicratis, Chabriæ, Timothei (Berl. 1845).

Ippo, s. Hippo.

Ipsos, kleine Stadt in Phrygien, berühmt durch die Schlacht 301 v. Chr., in der Antigonos von den Heeren des Kassandros, Lysimachos, Ptolemäos und Seleukos besiegt wurde und das Leben verlor.

Ira, messen. Bergfeste, s. Eira.

Isaak, s. Abraham.

Isagoras, Führer der Adelspartei in Athen nach dem Sturz der Peisistratiden, rief, als Kleisthenes die Verfassung in demokratischem Sinn umgestaltete, den spartanischen König Kleomenes zu Hülfe, vertrieb mit dessen Beistand 508 v. Chr. Kleisthenes und 700 Familien und setzte, zum Archonten ernannt, einen oligarchischen Rat von 300 Mitgliedern ein, wurde aber vom Volk, das sich von ihm abwendete, nebst den Spartanern in der Akropolis eingeschlossen. J. selbst entkam, seine Anhänger wurden hingerichtet.

Isära, Name zweier Flüsse in Gallien, eines linken Nebenflusses des Rhodanus (jetzt Isère) und eines rechten Nebenflusses der Sequana (jetzt Oise).

Isaurien (Isauria), Landschaft im südlichen Kleinasien auf der Höhe und am Nordabhang des Tauros, zwischen Kilikien im S. und Lykaonien im N., wurde von dem rohen, aber freiheitsliebenden und kriegerischen Volk der Isaurier bewohnt, welches in die Nachbarlande räuberische Einfälle machte, später, mit den Kilikiern vereint, Seeräubereien trieb. Sie wurden in den Diadochenkriegen zuerst von Perdikkas besiegt, dann 75 v. Chr. von den Römern, deren Feldherr Servilius den Beinamen »Isauricus« erhielt, und die das Land dem König Amyntas von Lykaonien überließen. Dieser baute die zerstörte Hauptstadt Isaura an einer benachbarten Stelle wieder auf. Gleichwohl setzten die Isaurier ihre Raubzüge in die Nachbarlande und zur See fort und eroberten den westlichen gebirgigen Teil von Kilikien, der seitdem auch J. hieß. Erst im 3. Jahrh. n. Chr. wurden sie vom Kaiser Probus wieder unterworfen.

Ischia, s. Anaria.

Iskanderun, s. Alexandreia.

Iskäbönen (Iscævōnes), s. Istävonen.

Ismid, s. Nikomedeia.

Isnik, s. Nikäa.

Israel (»Gotteskämpfer«), nationaler Gesamtname der semitischen Stämme, welche von jenseit des Jordans aus (daher Hebräer oder Ebräer, »die Jenseitigen«, genannt) in Kanaan erobernd eindrangen und daselbst das Reich J. gründeten; in der Zeit nach dem Babylonischen Exil wurde der Name »Juden« allgemein gebräuchlich für das Volk J., weil die meisten aus der Verbannung Zurückkehrenden dem auch schon früher besonders wichtigen Stamm und Reich Juda angehörten. Der Name J. blieb den auswärtigen Nationen stets unbekannt, der Name »Hebräer« wurde von den Griechen nur für Sprache und Sitte des Volks gebraucht. — Die Israeliten führten in ihren Geschichtsbüchern ihren Stammbaum bis zur Erschaffung der Welt zurück, betrachteten aber als ihren besondern Stammvater unter der Nachkommen Sems Abraham, der um 2000 v. Chr. von der mesopotamischen Stadt Haran nach Palästina gewandert sein und hier den Bund mit Jehovah geschlossen haben soll, welcher seinen Nachkommen Kanaan als Eigentum verlieh und für das Festhalten am Glauben an seinen Gott den besondern göttlichen Schutz verhieß. Unter seinem Enkel Jakob, dem Sohn Isaaks, der den Beinamen J. zuerst führte, wanderte der Stamm nach Ägypten, wo einer von Jakobs Söhnen, Joseph, von seinen neidischen Brüdern als Sklave verkauft, sich zum Minister emporgeschwungen hatte. Die Israeliten wurden an der nordöstlichen Grenze Ägyptens im Land Gosen angesiedelt, wo sie, eigne Sitten, Sprache und Gebräuche bewahrend, während eines mehrhundertjährigen Aufenthalts zu einem mächtigen Volk heranwuchsen, welches aber im 14. Jahrh. von den auf ihre große Zahl mißtrauischen Ägyptern hart bedrückt und zu schweren Frondiensten am Suezkanal gezwungen wurde. Daher wanderten die Israeliten unter Führung des Moses um

1320 zur Zeit des Königs Menephta aus
Ägypten aus, zunächst nach der Sinai=
halbinsel, wo Moses den religiösen Kul=
tus und das Rechtswesen ordnete und das
Volk in zwölf nach zehn Söhnen Jakobs
und den zwei Söhnen Josephs benannte
Stämme (Ruben, Simeon, Juda, Isa=
schar, Sebulon, Dan, Naphtali, Gad,
Asser, Benjamin, Ephraim und Manasse)
einteilte. Nachdem ein Angriff auf Ka=
naan von Süden her mißlungen war, zo=
gen die Israeliten nach dem Land östlich
vom Jordan (Peräa) und drangen unter
Führung Josuas von hier um 1250 in
Kanaan ein, wo sie das Reich der Amo=
riter stürzten, aber, nachdem dies geschehen,
sich teilten. Während 2½ Stämme auf
dem linken Jordanufer zurückblieben, er=
oberte sich in Kanaan selbst jeder Stamm
ein eignes Gebiet. Daher kam es, daß sie
nicht bis zur Küste vorzudringen vermoch=
ten, und daß in ihrer Mitte bedeutende
Reste kanaanitischer Bevölkerung wohnen
blieben. Diese Zersplitterung, welche oft zu
offenem Kampf ausartete, schwächte das
Volk so, daß es durch die Angriffe der krie=
gerischen Nachbarn, der Philistäer, Edo=
miter, Moabiter und Amalekiter, in große
Gefahren geriet, aus denen es die Hel=
denthaten einzelner tapferer Männer, der
sogen. »Richter«, kaum befreiten. Endlich
wählte das Volk 1055, um seine Kraft
unter einheitlicher Leitung zu sammeln,
in Saul, dem Sohn des Kis aus dem
Stamm Benjamin, einen König. Saul
schlug die Feinde zurück, vertrieb nament=
lich die gefährlichsten, die Philistäer, aus
dem Land, wurde aber von dem eifersüch=
tigen Priesterstand unter Samuel ange=
feindet, der einen von Sauls Kriegsge=
fährten, David aus dem Stamm Juda,
gegen den König aufreizte. Zwar verjagte
Saul den verräterischen Freund, aber
dieser suchte Zuflucht bei den Philistäern
und veranlaßte diese zu einem neuen Ein=
fall in I., bei dem Saul 1033 in der
Schlacht bei Gilboa besiegt wurde und den
Tod fand. David (1033—993) wurde zu=
nächst nur von seinem Stamm Juda als
König anerkannt, die übrigen Stämme
hingen Sauls Sohn Isboseth an. Aber
1025 wurde dieser von Abner ermordet

und nun David vom ganzen Volk in He=
bron als König ausgerufen. Er führte
glückliche Kriege gegen die benachbarten
Stämme, befreite I. von der Übermacht
der Philistäer, die er in ihre Grenzen zu=
rückwies, unterwarf die Moabiter, Edo=
niter und Ammoniter, vernichtete die
letzten Reste heidnischer Kanaaniter im
Reich selbst und dehnte seine Herrschaft
über das ganze Land von Damaskos bis
zum Meerbusen von Elath (Akaba) aus.
Er befestigte darauf das Reich im Innern,
indem er das Heerwesen ordnete, die
Steuern und Abgaben regelte und ihm in
Jerusalem, der frühern Burg der Je=
busiter, eine feste Hauptstadt gab. Diese
machte er auch zum religiösen Mittelpunkt
des Reichs, indem er die Bundeslade dort=
hin verpflanzte, und übertrug die Pflege des
neu geordneten Religionswesens dem als
»Stamm Levi« organisierten Priesterstand.
Nachdem er einen Aufstand seines Sohns
Absalom unterdrückt, hinterließ er sein
Reich seinem Sohn, König Salomo (993
bis 953). Dieser führte meist eine friedliche
Regierung, hielt aber die Macht des Reichs
nach außen hin aufrecht. Er verschönerte
Jerusalem, baute sich selbst einen großen
Palast sowie Jehovah einen prachtvollen
Tempel und förderte Kunst und Bildung.
Mit Phöniken knüpfte er freundschaft=
liche Beziehungen an und unternahm in
Gemeinschaft mit König Hiram von Ty=
ros eine einträgliche Handelsfahrt nach
dem Land Ophir. Die Pracht und der
Luxus seines Hofhalts erschöpften aber die
Einkünfte, und er sah sich zur Erhebung
drückender Steuern gezwungen, die ebenso
wie seine Hinneigung zu ausländischen
Sitten das Volk erbitterten. Als er 953
starb, weigerte sich die Mehrzahl der
Stämme, seinen Sohn Rehabeam an=
zuerkennen, und es kam zu einer Teilung
des Reichs, indem nur die Stämme
Simeon, Juda und Benjamin dem Haus
Davids treu blieben und das Reich Juda
bildeten, während die übrigen Stämme
in Sichem Jerobeam zum König des
Reichs I. wählten.

Das Reich I., der nördliche und östliche
Teil des Landes, gelangte nie zu innerer
Festigkeit. Bedrängt von mächtigen Fein=

ben, von religiösen Parteiungen im In=
nern zerrissen, sank es mehr und mehr.
Eine erbliche Dynastie vermochte sich auf
dem Throne nicht zu behaupten. Schon
der Sohn Jerobeams I., Nadab, wurde
von dem Heerführer Baesa 925 ermordet,
dessen Sohn Elah wieder 899 von Simri.
Unter der Herrschaft des Hauses Omri
(899 — 843) erhob sich der Priesterstand
unter Elias gegen den tapfern König Ahab,
der unter dem Einfluß seiner phönikischen
Gemahlin Isebel den Baalsdienst begün=
stigte. Auf Anstiften Elisas rottete 843
Jehu das ganze Haus Omri aus und be=
stieg selbst den Thron, den er aber nicht
zu befestigen vermochte. Unter Jero=
beam II. (790—749) wurden die Ruhe im
Innern und die äußere Sicherheit wieder=
hergestellt. Aber während der zwölfjähri=
gen Anarchie nach seinem Tod kam das
Reich unter die Botmäßigkeit des assyri=
schen Königs Tiglath Pilesar, und als
Hoseas sich gegen die Assyrer empörte,
machte König Sargon 722 mit der Er=
oberung Samarias dem Reich ein Ende.
Der größte Teil der Bevölkerung wurde
nach Mesopotamien verpflanzt und dafür
Einwohner aus den Euphrat= und Tigris=
ländern in I. angesiedelt, aus deren Ver=
schmelzung mit den Israeliten die Sama=
ritaner entstanden sein sollen.

Das Reich Juda hatte einen längern
Bestand. Es war durch natürliche Festig=
keit geschützt, im Süden nicht von gefähr=
lichen Feinden bedroht, hatte eine legitime
Dynastie und war im Besitz der Haupt=
stadt und des Nationalheiligtums. Es
fanden daher nur selten Thronstreitigkei=
ten statt, und die zahlreiche Priesterschaft
hielt den reinen Jehovahdienst aufrecht.
Unter Rehabeam wurde 949 Jerusalem
nebst dem Tempel vom ägyptischen König
Sisak geplündert. Sonst blieb das Land
meist von Kriegen verschont. Unter König
Josaphat (873—848) erlebte es eine glück=
liche Zeit innern Friedens und äußerer
Sicherheit. Die Gemahlin seines Sohns
Joram, Athalja, die Tochter des Königs
Ahab von I., versuchte nach Ermordung
ihres Sohns Ahasja durch Jehu das ganze
Geschlecht Davids auszurotten und die
Herrschaft an sich zu reißen. Doch wurde

sie von einer von dem Hohenpriester Jojada
angestifteten Verschwörung getötet und
ihr Enkel Joas 837 auf den Thron er=
hoben. Unter dessen Enkel Usia (792—
740) genoß das Reich eines blühenden
Wohlstands und erstarkte an innerer Fe=
stigkeit und äußerer Macht. Seine Nach=
folger Jotham (740—734) und Ahas
(734—728) wurden aber von der assyri=
schen Macht bedrängt und gezwungen,
derselben Tribut zu zahlen und assyrischen
Götzendienst in Jerusalem einzuführen,
während der Prophet Jesaias einen rei=
nern, erhabenern Gottesbegriff dem Volk
einzupflanzen bemüht war. Hiskias (728—
697) versuchte eine Empörung gegen die
assyrische Herrschaft. Aber König San=
herib fiel in Juda ein und eroberte das
ganze Land außer Jerusalem; nur seine
Niederlage durch die Ägypter bei Altaku
(701) rettete die Existenz des Reichs.
Unter Josias (640 — 609) ward unter
dem Einfluß begeisterter Propheten der
Götzendienst unterdrückt und das mosai=
sche Gesetz erneuert und weiter ausgebil=
det. Der König fiel 609 in der Schlacht
bei Megiddo gegen Necho von Ägypten,
der Syrien mit Krieg überzog. Als Necho
vom babylonischen König Nebukadnezar
vertrieben wurde, kam Juda 598 unter
dessen Oberherrschaft, und als König Ze=
dekia sich, auf ägyptische Hülfe vertrauend,
von derselben loszureißen suchte, ward Je=
rusalem nach hartnäckiger Verteidigung
586 erobert und zerstört; auch der Tempel
Salomos ging in Flammen auf, nachdem
alle Schätze aus demselben fortgeschleppt
worden waren. Der geblendete letzte Kö=
nig und der größte Teil des Volks wurden
nach Babylonien in die Gefangenschaft ab=
geführt (Babylonisches Exil). Viele
Juden flüchteten auch nach Ägypten.

Als der Perserkönig Kyros 538 Baby=
lonien eroberte, erlaubte er den »Juden«,
wie das Volk fortan hieß, nach ihrer Hei=
mat zurückzukehren. 42,000 Menschen zo=
gen 536 unter Führung Serubabels und
des Hohenpriesters Josua mit den ihnen
zurückgegebenen Tempelgefäßen nach Je=
rusalem und begannen den Wiederauf=
bau des Tempels, der unter vielen An=
feindungen seitens der Samaritaner 516

vollendet wurde. Esra brachte 458 eine neue Kolonie Juden von Babylonien nach Palästina und war mit Nehemia für Hebung der verfallenen Zustände, Reinigung des Kultus, Wiederbelebung des religiösen Sinnes und Herstellung politischer Ordnung eifrig thätig. Der jüdische Staat ward unter persischer Oberhoheit von den Hohenpriestern regiert. Nach Alexanders d. Gr. Zeit gehörte Judäa zuerst 320—224 zu Ägypten, dessen Könige das Land mild behandelten, dann zu dem syrischen Reich der Seleukiden. Als König Antiochos IV. Epiphanes (175—163) den griechischen Gottheiten in Palästina Altäre errichtete, die Bildsäule des Zeus im Tempel zu Jerusalem aufstellen ließ, die Feier der Festtage und die Beschneidung bei Todesstrafe verbot, erhoben sich die Juden unter Führung der Makkabäer (Hasmonäer) zu einem erbitterten Kampf gegen den Hellenismus. Simon Makkabäus schlug zuletzt die Syrer zurück, zog 141 triumphierend in Jerusalem ein und erlangte von den Römern die Anerkennung Judäas als freien Staats. Er regelte als unabhängiger Fürst die Angelegenheiten desselben, organisierte das Heer und förderte Handel und Ackerbau. Seine Nachkommen regierten als »Dynastie der Hasmonäer« 135—37. Johannes Hyrkanos (135—106) eroberte Samaria und das Land östlich vom Jordan und unterwarf die Edomiter. Nach zweijähriger grausamer Regierung des Judas Aristobulos (106—105) bestieg Alexandros Jannäos (105—79) den Thron; ein schwelgerischer Tyrann, führte er durch seine Despotie einen sechsjährigen Bürgerkrieg herbei, den er nur durch die äußerste Grausamkeit zu unterdrücken vermochte. Nach der vormundschaftlichen Regierung Salome Alexandras (79—70) brach unter seinen Söhnen Hyrkanos und Aristobulos ein erbitterter Kampf aus, bis der römische Feldherr Pompejus 63 Jerusalem eroberte, Hyrkanos als Hohenpriester und abhängigen Fürsten einsetzte und das Land der Juden auf das Gebiet beschränkte, das vor den Makkabäern dazu gehört hatte. Die Römer behielten auch das Land militärisch besetzt und riefen durch Erpressungen

und Plünderungen wiederholt Aufstände hervor. Unter Hyrkanos erlangte der Idumäer Antipatros herrschenden Einfluß und wurde von Cäsar zum Landeshauptmann ernannt. Er verlieh seinem Sohn Herodes die Verwaltung von Galiläa, und nach Hyrkanos' Tod vertrieb dieser 37 mit römischer Hülfe den von den Parthern eingesetzten Sohn des Aristobulos, Antigonos, und erlangte die Herrschaft über Judäa. Er regierte bis 4 v. Chr., schmückte Jerusalem durch Prachtbauten und stellte den Tempel prächtig wieder her, war aber grausam und gewaltthätig und beim Volk verhaßt. Nach seinem Tod regierte sein Sohn Archelaos als Ethnarch, wurde aber schon nach drei Jahren von den Römern abgesetzt und Judäa zu einer von Prokuratoren (Landpflegern) verwalteten römischen Provinz gemacht. Nur kurze Zeit (41—44 n. Chr.) war es unter Herodes' Enkel Herodes Agrippa dem Namen nach wieder ein Königreich. Sein Sohn Agrippa II. erhielt 48 den Titel eines jüdischen Königs. In Wirklichkeit herrschten die römischen Statthalter, welche durch drückende Steuern und grausame Tyrannei das Volk zum Aufstand reizten, der 66 nach der Niederlage des römischen Feldherrn Cestius Gallus allgemein ausbrach. Kaiser Nero beauftragte Vespasianus mit der Dämpfung desselben. Zuerst wurde 69 Galiläa nach verzweifelter Gegenwehr erobert. Dann rückte Vespasianus' Sohn Titus vor Jerusalem, dessen Bevölkerung sich zwar heldenmütig verteidigte, aber durch Parteikämpfe im Innern, Hunger und Pest aufgerieben wurde. Jerusalem fiel 70 und wurde nebst dem Tempel gänzlich zerstört. Das jüdische Volk wurde zu Hunderttausenden in die Sklaverei abgeführt, das Land mit römischen Soldaten besiedelt. So verlor J. seine politische Selbständigkeit und existierte nur noch in der Zerstreuung. Ein Aufstand Bar-Cochbas unter Kaiser Hadrianus 132—135 wurde von Julius Severus blutig unterdrückt und Jerusalem unter dem Namen Ælia Capitolina zu einer römischen Kolonie gemacht.

Vgl. Leo, Vorlesungen über die Geschichte des jüdischen Staats (Berl. 1828);

Jost, Allgemeine Geschichte des israeliti=
schen Volks (baf. 1831—32, 2 Bde.);
Herzfeld, Geschichte des Volks J.
(Braunschw. 1847); Ewald, Geschichte
des Volks J. bis auf Christus (Gött.
1851—59, 7 Bde.); Weber und Holtz=
mann, Geschichte des Volks J. (Leipz.
1867, 2 Bde.); Grätz, Geschichte der Ju=
ben von den ältesten Zeiten bis auf bie
' Gegenwart (baf. 1853—70, 11 Bde.);
Wellhausen, Geschichte Jsraels (Berl.
1878, 2 Bde.).

Jssos, Stadt in Kilikien, im innersten
Winkel des nach ihr benannten Jssischen
Meerbusens (jetzt Busen von Jskanderun),
berühmt durch den Sieg Alexanders b. Gr.
über Dareios im November 333 v. Chr.

Jstävönen (Istævōnes, auch Jskä=
vonen), einer ber brei Hauptstämme ber
Germanen, nach Jsto, einem Sohn des
Mannus, benannt und bie Völkerschaften
am Niederrhein (Franken) umfassend.

Jster, f. Jstros.

Jsthmos (Isthmus), Landenge, insbe=
sondere bie von Korinth zwischen dem
Korinthischen und dem Saronischen Meer=
busen, welche den Peloponnes mit dem
eigentlichen Hellas verbindet. Sie besteht
aus einem Landrücken, auf dem sich das
Gebirge Geraneia erhebt, und ist an ihrer
schmälsten Stelle im S. 8 km breit. Hier
befanden sich ber Tempel und Fichtenhain
des Poseidon, bei dem die Jsthmischen
Spiele abgehalten wurden, sowie der
»Diolkos«, b. h. die hölzerne Schleifbahn,
auf ber die Schiffe von einem Meer zum an=
bern geschafft wurden. Die Durchstechung
der Landenge burch einen Kanal ist wie=
berholt versucht, aber nie vollendet worden.

Jstria (Histria), eine in das nördliche
Abriatische Meer vorspringende Halbinsel
zwischen dem Tergestinischen und dem
Jlanatischen Meerbusen, von wasser=
armem Kalkgebirge erfüllt, baher mehr
zum Wein= und Öl= als zum Ackerbau
geeignet, wurde von dem illyrischen Volk
ber Jstrer bewohnt, welche als Seeräuber
berüchtigt waren und 177 v. Chr. von den
Römern unterjocht wurden. Da J. balb
ganz romanisiert war, so vereinigte Augu=
stus den größern westlichen Teil 12 v. Chr.
mit Italien. Die Hauptstadt Pola war

als Colonia Pietas Julia ein großer
Kriegshasen ber Römer.

Jstros (Jster, Danuvius), alter Name
ber Donau. Der J. galt ben Alten als
ber größte Strom Europas, welcher bie
Mitte bieses Erbteils bilbete. Er ent=
sprang auf dem Abnobagebirge, trennte in
seinem obern Lauf Germanien von Nä=
tien und Noricum, dann Dacien von Pan=
nonien und Mösien und mündete in sieben
Armen in den Pontos Eureinos.

Italien (Italia, oskisch Vitellium),
die mittlere Halbinsel des südlichen Eu=
ropa. Der Name rührt von dem kleinen
Volk ber Jtaler her, das an ber äußersten
Südspitze ber Halbinsel wohnte, und nach
bem bie sikeliotischen Griechen zunächst bie
südlichste Halbinsel (bas jetzige Kalabrien)
benannten; von da verbreitete sich der Name
über die eigentliche Halbinsel außer ben
Gallia genannten Poebene, welch letztere
erst burch Cäsar offiziell mit J. vereinigt
wurde. Seit Augustus unterschied man
Ober=, Mittel= und Unteritalien.
Andre, jedoch nur bei Dichtern vorkom=
mende Namen der Halbinsel sind: Hespe=
ria (das Abendland), Saturnia, Ausonia,
Opica, Önotria. Die im N. durch die Al=
pen von dem übrigen Europa geschiedene
Halbinsel wird ihrer ganzen Länge nach
vom Apennin burchzogen, welcher sich
in seinem mittlern Teil im Mons Fis=
cellus (Gran Sasso) zu 2920 m erhebt.
Der mittlere Apennin zieht sich nahe bei
Ostseite entlang und läßt nur auf der
Südwestseite Raum für größere Längs=
thäler und Ebenen. Der untere Apennin
nähert sich wieder der Westseite und er=
füllt die ganze südlichste Halbinsel mit dem
Granitgebirge des Silawalds (1960 m
hoch); auf der Ostseite ist hier die größere
apulische Ebene, aus der sich an der
Küste der Mons Garganus erhebt. Die
Westküste des untern J. ist vulkanisch.
Das Klima ist milb; bie Sommerwärme
ist in ganz J. fast gleich, bie Winter=
temperatur im N. und O. aber erheblich
niedriger als im W. und S., wo Fröste
höchst selten vorkommen. Die Westseite
ist regenreicher als der Osten und Norden.
Die Ebenen und Hügellandschaften eig=
neten sich für den Anbau von Getreibe

(Weizen und Gerste) und Hülsenfrüch-
ten; auch der Weinstock und der Ölbaum,
welche von den Griechen nach J. verpflanzt wurden, gediehen hier. In den
höhern Gebirgslagen (1000—1600 m)
bildeten Eiche und Buche noch große, zusammenhängende Bergwälder, während
die höchsten Berge (bis 2000 m) von Na-
delhölzern bedeckt waren. Ein großer
Teil des Gebirges, welches eine reiche
Fülle aromatischer Kräuter trug, diente
als Weideland für Schafe und Rinder.
Die Ost- und Südküste ist arm an Häfen.
Auch in dieser Beziehung ist die Westküste
reicher entwickelt und daher auch der historisch hervortretende, die Schicksale der
Halbinsel bestimmende Teil gewesen.

Oberitalien zerfiel in Ligustica, das
Gebiet der auf dem Apennin und dem
südwestlichen Abhang wohnenden Ligurer,
welche nicht zu den Italikern gehörten,
Gallia cispadana, Gallia transpadana
und Venetia, das Gebiet der illyrischen
Veneter, und war von Mittelitalien durch
die Flüßchen Macra im W. und Rubico
im O. getrennt. Mittelitalien enthielt
drei Landschaften im W.: Etrurien bis
zum Tiber, Latium bis zum Liris und
Kampanien bis zum Silarus, und drei
im O.: Umbrien bis zum Nar und Äsis,
Picenum bis zum Aternus, Samnium
bis zum Frento. Unteritalien bestand
aus den vier Landschaften: Lukanien und
Bruttium im W., Apulien und Kalabrien
im O. Unter Konstantin wurde J. in
zwölf Provinzen geteilt.

Die älteste Bevölkerung bestand aus Illyriern im NO. (Veneter und Liburner)
u. SO. (Japygier in Apulien), Ligurern
im NW., denen die Sikuler (im äußersten
Süden und auf Sicilien) stammverwandt
waren, den Etruskern (Tyrrhenern) im
N. und in Etrurien und den eigentlichen
Italikern in Mittelitalien, welche in
Umbrer, Volsker, Sabiner oder Sabeller,
Osker und Latiner zerfielen. Diese letztern
fünf Völkerschaften, welche man auch unter
dem Namen der Ausonier zusammenfaßt,
gehörten zum indogermanischen Sprachstamm und waren den Griechen nahe verwandt. Seit dem 8. Jahrh. v. Chr. ließen
sich die Griechen an den Küsten Unterita-

liens und Kampaniens nieder und grün-
beten zahlreiche blühende Kolonien, weswegen Unteritalien auch »Großgriechenland« (s. b.) genannt wurde. Um 400 fielen
keltische Völker in Oberitalien ein, ver-
brängten die Etrusker und bemächtigten
sich der Poebene, welche seitdem Gallia
cisalpina hieß; eins derselben, die Senonen, überschritt auch die Grenze Oberitaliens und entriß den Umbrern ihr
Küstenland. Vgl. Cluverius (Klüver),
Italia antiqua (Leib. 1624 u. öfter), nebst
Holsteins Noten (»Adnotationes ad
Cluverii Italiam«, Rom 1660 u. öfter);
Abeken, Mittelitalien (Stuttg. 1843).

Italika (Italica), Stadt in Hispania
Bætica im Gebiet der Turbetaner, wurde
6 Millien nordwestlich von Hispalis auf
dem rechten Ufer des Bätis 206 v. Chr.
von Publius Scipio als Militärkolonie
gegründet und wiederholt mit Veteranen
bevölkert; sie war zeitweise Sitz der Pro-
vinzialverwaltung und als Heimat der
Kaiser Trajanus und Hadrianus bekannt.
Vgl. Corfinium.

Ithäka (jetzt Thiaki), Insel im Jonischen Meer, nordwestlich von der größern
Insel Kephallenia, besteht aus zwei steil
aufragenden Felsmassen, deren Verbindung durch einen schmalen, niedrigen
Isthmos eine geräumige, sichere Hafenbucht bildet; hier lag die Stadt Alalko-
menä. In der Geschichte Griechenlands
wird die Insel nie erwähnt und erregte
nur Beachtung, weil Homer, der sie nie
gesehen, dieselbe in der Odyssee zur Heimat seines Helden Odysseus machte. Her-
cher (»Homer und das J. der Wirklichkeit«,
im »Hermes«, Bd. 1) hat nachgewiesen,
daß die Örtlichkeiten der Insel den Schil-
berungen Homers nicht im geringsten entsprechen, daß also diese freie dichterische
Gestaltung sein müssen, während Gell,
Thiersch und neuerdings Schliemann an
der Identität des Homerischen und des
historischen J. festhalten.

Ithome, ein 800 m hoher Bergkegel
inmitten der Ebene Messeniens, auf welchem der Landesgott, Zeus Ithomatas,
ohne Tempel und Bild verehrt wurde.
Der mit Mauern umschlossene Berg diente
als Hauptfestung des Landes und wurde

besonders berühmt durch die heldenmütige Verteidigung des Aristobemos gegen die Spartaner im ersten Messenischen Krieg (743—724 v. Chr.). Auch im dritten Messenischen Krieg (464—455) wurde sie zehn Jahre lang von den Spartanern belagert. Der 370 gegründeten Stadt Messene diente J. als Akropolis.

Ituräer (Jeturi), arab. Volksstamm in Syrien, welcher in dem Hauranischen Gebirge, südlich von Damaskos am Rande der Wüste, wohnte, als räuberisch berüchtigt war und 107 v. Chr. von dem jüdischen König Aristobulos unterworfen wurde. Unter römischer Herrschaft bewährten sie sich als tüchtige Bogenschützen.

Ityke, s. Utica.

Ivernien (Ivernia), s. Hibernien.

J (Jot).

Jaffa, s. Joppe.

Jakob, zweiter Sohn Isaaks, jüngerer Bruder Esaus, gilt als Stammvater des Volks Israel, dessen zwölf Stämme sich nach seinen Söhnen und Enkeln benannten, und dem der Name des Volks selbst als Beiname beigelegt wurde. In seinem sanften, ängstlichen und vorsichtig berechnenden Wesen spiegelt sich der israelitische Volkscharakter wieder. Vgl. Bernstein, Ursprung der Sagen von Abraham, Isaak und J. (Berl. 1870).

Janiculum, Hügel Roms auf dem rechten Tiberufer, mit der Stadt durch den Pons sublicius verbunden.

Japho, hebr. Form des Namens Joppe (s. d.).

Jarden, hebr. Form des Namens Jordan (s. d.).

Jebusiter, kanaanit. Völkerschaft in Palästina, ward zwar von Josua beim Einfall der Israeliten besiegt, behauptete sich aber auf dem Hochland Judäas bis zur Zeit Davids, der ihre Hauptstadt Jebus eroberte und unter dem Namen Jerusalem zu seiner eignen Residenz machte.

Jehu, Feldherr des Königs Joram von Israel, ward von dem Propheten Elisa zur Empörung gegen diesen aufgereizt und zum König gesalbt. Er ermordete 843 v. Chr. Joram und die ganze Familie (70 Menschen) des dem Priesterstand verhaßten Ahab und rottete alle Baalspriester aus; auch den mit Joram verbündeten König Ahasja von Juda ließ er töten und 42 seiner Brüder und Verwandten niedermetzeln, um auch die Herrschaft über Juda zu erlangen. Doch dies gelang ihm nicht,

und auch in Israel war seine Herrschaft nicht erfolgreich. Obwohl er sich durch knechtische Unterwürfigkeit den Schutz Assyriens zu verschaffen suchte, ward er doch vom König von Damaskos besiegt und verlor das ganze Gebiet östlich vom Jordan. Er starb 815, und ihm folgte sein Sohn Joachas.

Jericho (Hiericus), Stadt in Palästina, 8 km westlich vom Jordan, in dem fruchtbaren, an Dattelpalmen und Balsamsträuchen reichen Thal dieses Flusses gelegen, wurde als Schlüssel Kanaans von den Israeliten unter Josua zuerst erobert, blühte zu einer reichen Stadt auf und wurde von Herodes verschönert. Jetzt Ruinen bei Erriha.

Jerobeam, Name zweier Könige von Israel: 1) J. I., Sohn Nebaths aus dem Stamm Ephraim, erwarb sich als Aufseher der Fronen durch Milde die Gunst seines Stammes und erweckte dadurch das Mißtrauen Salomos, der ihm nach dem Leben trachtete. J. floh nach Ägypten, ward aber nach Salomos Tod 953 v. Chr. zurückgerufen und in Sichem von den Stämmen, die von Rehabeam abfielen, zum ersten König von Israel erwählt. Er weihte die alten Opferstätten zu Bethel und Dan von neuem und errichtete Jehovah daselbst goldne Stierbilder. Um die Herrschaft über die Ammoniter zu behaupten, befestigte er Pniel jenseit des Jordans. Er starb 927. Mit seinem Sohn Nadab, der 925 von Baesa erschlagen wurde, erlosch bereits seine Dynastie.

2) J. II., der vierte Herrscher aus dem Haus Jehus, Sohn des Joas, regierte

790—749 v. Chr. und richtete die Macht
Israels wieder auf. Es gelang ihm, das
ganze Gebiet östlich des Jordans Damas=
kos wiederzuentreißen und seinem Lande
bauernden Frieden zu verschaffen, wäh=
rend dessen der Anbau sich hob, der Handel
sich belebte und der Wohlstand sich bedeu=
tend vermehrte. Mit seinem Sohn Sa=
charja, der ein halbes Jahr nach seiner
Thronbesteigung 749 ermordet wurde, er=
losch das Haus Jehus.

Jerusälem (hebr. Jeruschalajim,
griech. u. lat. Hierosolyma), Hauptstadt
Paläftinas, auf einem Plateau inmitten
Judäas, aber im Gebiet des Stammes
Benjamin gelegen, war ursprünglich die
Hauptstadt der Jebusiter, welche von Da=
vid erobert und anstatt Hebrons zur Re=
sidenz gemacht wurde. David erbaute die
Feste Zion. Salomo vergrößerte und ver=
schönerte die Stadt durch einen prächtigen
Palast und den großartigen Tempelbau
auf dem Berg Morijah, der mit Zion
durch einen Wall verbunden wurde. Schon
949 v. Chr. wurde die Stadt vom ägypti=
schen König Sisak eingenommen und ge=
plündert, später auch vom König Joas von
Israel. Hiskias und Manasse befestigten
es von neuem und schlossen auch die Vor=
städte auf der südöstlichen Vorhöhe Ophel
und in den zwischenliegenden Thälern,
die sogen.»untere Stadt«, in die Mauern
ein. 586 wurde J. nach hartnäckiger Ver=
teidigung von Nebukadnezar erobert und
zerstört, aber von Esra und Nehemia um
450 in dem frühern Umfang wiederher=
gestellt. Die Makkabäer erbauten zum
Schutz des Tempelbergs an dessen flacher
Nordseite eine Burg, Baris, welche von
Herodes d. Gr. verstärkt und dem Triumvir
Marcus Antonius zu Ehren »Antonia«
benannt wurde. Herodes verwandelte auch
Serubabels einfachen Tempel in einen be=
wundernswerten Prachtbau, erbaute sich
auf dem Berg Zion einen Palast mit drei
Türmen und ein Theater. Die Stadt er=
weiterte sich nach N. und NW. durch
Vorstädte, welche von Herodes Agrippa
(41—44 n. Chr.) durch die Anlage einer
dicken Mauer mit der Stadt vereinigt wur=
den. Diese dreifache Befestigung, die Da=
vids und Salomos, die Hiskias', welche

von Nehemia erneuert wurde, und die
Agrippas, ermöglichte den Juden die
hartnäckige Verteidigung der Stadt ge=
gen Titus vom April bis September 70.
Mit der Eroberung und Zerstörung durch
Titus verlor J. seine politische Bedeutung.
Hadrianus erbaute später auf der Stelle
des alten J. eine römische Kolonie, Ælia
Capitolina, deren Ringmauer den Berg
Ophel und den südlichen Teil von Zion
nicht umfaßte, deren Umfang aber dem des
jetzigen J. entspricht.

Jeschúa, hebr. Form des Namens Jo=
sua (s. d.).

Jeturi, s. v. w. Ituräer.

Joab, Feldherr König Davids, dessen
Schwestersohn er war, ermordete Abner
und tötete Davids Sohn Absalom auf der
Flucht. Obwohl er David große Dienste
geleistet, viele Kriege selbständig mit glück=
lichem Erfolg geführt hatte und stets treu
geblieben war, so ward er doch, weil er
sich für das Thronrecht von Davids älte=
stem Sohn, Adonia, erklärt hatte, auf
Davids Befehl von Salomo sofort nach
seiner Thronbesteigung getötet.

Joas, König von Juda 837—797
v. Chr., Sohn des Ahasja, ward als ein=
jähriges Kind bei der Thronusurpation
seiner Großmutter Athalja und der Er=
mordung aller Brüder und Kinder Ahas=
jas 843 in den Tempel gerettet, dort
heimlich aufgezogen und siebenjährig 837
nach Ermordung der Athalja vom Hohen=
priester Jojada auf den Thron erhoben.
Jojada führte auch für den jungen König
die Vormundschaft. J. regierte aber auch,
als er selbständig geworden, ganz nach
dem Willen der Priesterschaft. Um die in
Juda eingefallenen Damaskener zum Ab=
zug zu bewegen, lieferte er ihnen den
Tempelschatz aus. Er ward 797 von zwei
seiner Diener ermordet.

Jojäkim, König von Juda 609—598
v. Chr., ward nach der Niederlage und
dem Tode des Josias bei Megiddo (609)
und der Gefangennahme seines Bruders
Joahas vom König Necho von Ägypten
als abhängiger Fürst von Juda eingesetzt,
unterwarf sich 600 nach dessen Vertrei=
bung aus Syrien dem siegreichen König
von Babylonien, Nebukadnezar, versuchte

aber 598, auf ägyptische Hülfe vertrauend, eine Empörung. Noch ehe Nebukadnezar zur Unterdrückung derselben herbeigeeilt war, starb J. Ihm folgte sein Sohn Jechonja, der nach dreimonatlicher Herrschaft sich 597 Nebukadnezar ergeben mußte und als Gefangener nach Babylonien abgeführt wurde.

Joppe (hebr. Japho, jetzt Jaffa), Hafenstadt in Palästina am Mittelmeer, 56 km von Jerusalem, für das es den Seeverkehr vermittelte, war von Phöniketn besetzt, denen es erst Simon Makkabäus entriß, und später ein berüchtigter Piratensitz, der von Vespasianus zerstört wurde.

Jordan (hebr. Jarben, »Abfluß«), der einzige große Fluß Palästinas, entspringt aus mehreren Quellen am südlichen und westlichen Fuß des Hermon, fließt nach S. und bildet, durch basaltische Dämme zurückgehalten, zwei Süßwasserbecken, den schlammigen Schilfsee Merom (griech. Samachonitis), darauf nach Durchbrechung einer tiefen Felsschlucht den See von Kinnereth (Genezareth), und tritt dann in ein unter dem Meeresspiegel gelegenes heißes und fruchtbares Thal, bis er in das 394 m unter dem Meer liegende Tote Meer (lacus Asphaltites) mündet. Vgl. Ritter, Der J. (Berl. 1850).

Josáphat, König von Juda, Sohn Asas, bestieg 873 v. Chr. den Thron, vertrieb die Götzendiener, zwang die Edomiter von neuem zur Unterwerfung und herrschte bis zum Roten Meer, von dem aus er die Schiffahrt nach Ophir wiederaufnahm. Mit Israel trat er in ein friedliches Verhältnis, vermählte seinen Sohn Jehoram mit Athalja, der Tochter Ahabs von Israel, und unterstützte Ahab im Kriege gegen Damaskos, dessen Sohn Joram gegen die Moabiter. Er starb 848, ihm folgte sein Sohn Jehoram.

Josephos, später Flavius Josephus genannt, jüd. Geschichtschreiber, geb. 37 n. Chr. zu Jerusalem, stammte aus einem Priestergeschlecht und war mütterlicherseits mit den Makkabäern verwandt. Er erhielt eine gelehrte Bildung und schloß sich der Sekte der Pharisäer an. 63 begab er sich nach Rom, wo er sich die Gunst der Pop-

päa, Neros Gemahlin, zu verschaffen wußte, und bemühte sich nach seiner Rückkehr in die Heimat, die Juden von einer Empörung gegen die römische Herrschaft abzuhalten. Als dies erfolglos war, schloß er sich dem Aufstand an, ward Befehlshaber in Galiläa, geriet bei der Einnahme von Jotapata in römische Gefangenschaft, wußte sich aber bei Vespasianus beliebt zu machen und erhielt, nachdem er der Belagerung Jerusalems im Gefolge des Titus beigewohnt hatte, die Freiheit und das römische Bürgerrecht. Er lebte bis nach 93 in Rom, mit schriftstellerischen Arbeiten beschäftigt. Sein erstes Werk war eine »Geschichte des jüdischen Kriegs« in sieben Büchern, die er zuerst in syrischchaldäischer Sprache verfaßte, gegen 75 für seine römischen Gönner aber ins Griechische übersetzte. 93 schrieb er in griechischer Sprache »Die jüdischen Altertümer« in 20 Büchern, eine Geschichte des jüdischen Volks von Erschaffung der Welt bis 66 n. Chr., welche den Römern eine günstigere Vorstellung von dem verachteten Volk der Juden beibringen sollte. Beide Werke sind trotz der sehr hervortretenden persönlichen und nationalen Eitelkeit des Verfassers und der Schmeichelei gegen die römischen Machthaber von großem Interesse und historischem Wert. Außerdem schrieb er noch eine Selbstbiographie und zur Verteidigung seiner jüdischen Geschichte und des hohen Alters des jüdischen Volks eine Schrift: »Gegen Apion«. Neue Ausgaben von Dindorf (Par. 1845—47, 2 Bde.), Bekker (Leipz. 1855—56, 6 Bde.).

Josias, König von Juda, Sohn Amons, folgte diesem achtjährig 640 v. Chr. Unter seiner Regierung ward 622 das zweite Gesetz Moses', das »Deuteronomium«, im Tempel angeblich aufgefunden und durch Verkündigung desselben der Jehovahdienst in gereinigter und verstärkter Form wiederhergestellt und zur ausschließlichen Staatsreligion erhoben; durch diese im Sinne der Propheten durchgeführte Reform wurde das nationale Bewußtsein der Juden sehr gekräftigt. Der Götzendienst und die Opfer auf den Höhen wurden gänzlich unterdrückt. Nachdem schon 626 das Reich von den Skythen verwüstet worden war, fiel 609 Necho von Ägypten in Juda ein. J. rückte ihm mit einem Heer entgegen, erlitt aber bei Megibbo eine Niederlage und fiel selbst auf dem Schlachtfeld.

Josūa (hebr. Jeschūa, f. v. w. Jesus), Sohn Nuns vom Stamm Ephraim, nach Moses' Tod Führer der Israeliten, führte dieselben um 1250 v. Chr. über den Jordan, eroberte Jericho, besiegte die Kanaaniter bei Gilgal und verteilte das eroberte Land unter die israelitischen Stämme. Er starb im Alter von 110 Jahren.

Joviānus, Flavius Claudius, röm. Kaiser, wurde nach Julians Tod 363 n. Chr. vom Heer auf den Thron erhoben, schloß mit den Persern einen schimpflichen Frieden, in dem er alle Eroberungen jenseit des Tigris und einen Teil Mesopotamiens abtrat, hob die von seinem Vorgänger gegen das Christentum erlassenen Verbote auf, erließ aber zu gleicher Zeit ein Toleranzedikt für die Heiden und starb auf der Reise nach Konstantinopel 364 nach einer Regierung von kaum acht Monaten zu Dadastana in Bithynien.

Juba, König von Numidien, Sohn Hiempsals II. und Urenkel Masinissas, trat beim Ausbruch des Bürgerkriegs zwischen Cäsar und Pompejus auf die Seite der letztern, der seinen von Marius verjagten Vater wiedereingesetzt hatte, lockte 49 v. Chr. Cäsars Legaten Curio bei Utica in einen Hinterhalt und vernichtete fast das ganze Heer desselben. Als die Pompejaner sich nach der Niederlage von Pharsalos in Afrika sammelten, beanspruchte er den Oberbefehl und schloß sich erst kurz vor der Schlacht bei Thapsos ihrem Heer an. In der Schlacht 46 ergriff er zuerst die Flucht, fand aber weder bei Cato in Utica noch in Zama, wo er seine Familie und seine Schätze untergebracht hatte, Aufnahme und gab sich daher selbst den Tod. Sein Sohn J. II. wurde in Zama gefangen genommen und von Cäsar nach Rom geschickt, wo er eine römische Erziehung erhielt. Octavianus vermählte ihn mit Kleopatra Selene, einer Tochter des Antonius und der Kleopatra, und übergab ihm einen Teil seines väterlichen Reichs. Er zeichnete sich als historischer und geographischer Schriftsteller aus.

Judäa, der südliche Teil Palästinas westlich vom Jordan, erhielt seinen Namen von dem israelitischen Stamm Juda, welcher den größten und volkreichsten Teil des Landes bewohnte, und nach welchem auch bei der Teilung des Reichs 953 v. Chr. das südliche Königreich Juda (s. Israel) benannt wurde. Auch nach der Zerstörung dieses Reichs 586 und der Wegführung eines Teils des Volks behielt dieser Teil Palästinas seinen nationalen Charakter und gab dem nach der Rückkehr aus dem Babylonischen Exil neu gegründeten israelitischen Gemeinwesen den Namen Juda oder J., der dann auch auf bie von den Makkabäern eroberten Gebiete, ja unter Herodes auch auf Samaria und Galiläa ausgedehnt wurde. Bei den Römern ist J. gleichbedeutend mit Palästina.

Juden, s. Israel.

Jugurtha, König von Numidien, Sohn des Mastanabal, eines Sohns des Masinissa, erhielt durch seinen Oheim Micipsa dieselbe fürstliche Erziehung wie dessen Söhne Adherbal und Hiempsal. Seine reichen Talente, seine Klugheit und seine Herrschbegierde erregten die Besorgnisse Micipsas, der ihn, um ihn aus Numidien zu entfernen, mit Hülfstruppen zum Heer des Scipio vor Numantia sandte. Hier erwarb er sich durch seine kriegerische Tüchtigkeit die Gunst der Römer und Micipsa entschloß sich daher, J. zu adoptieren und ihn bei seinem Tod 118 v. Chr. zum Miterben zu erklären. Dieser begann aber über die Teilung des Reichs sofort einen Streit mit seinen Vettern, ließ Hiempsal 117 ermorden und zwang Adherbal zur Flucht nach Rom. Als auf bessere Bitten der römische Senat einschritt und zehn Gesandte nach Afrika schickte, wußte J. diese durch Bestechung für sich zu gewinnen, so daß sie das Reich zwischen ihm und Adherbal so teilten, daß er die bessere westliche Hälfte bekam. Aber er wollte auch die andre beherrschen, griff daher ohne Ursache Adherbal an, schlug ihn bei Cirta und ließ nach Eroberung dieser Stadt ihn nebst einem großen Teil der Einwohner, darunter viele römische Bürger, umbringen (112). Nun wurde auf Anbringen des Volkstribunen Memmius 111 in Rom der Krieg gegen J. (Jugurthinischer Krieg, 111—106) beschlossen. Derselbe wurde im ersten Jahr von dem Konsul Calpurnius Bestia, der sich bestechen ließ, mit einer Scheinunterwerfung Jugurthas beendet, die ihn im Besitz seines ganzen Reichs ließ. Memmius setzte jedoch durch, daß J. nach Rom geladen wurde, um sich zu verantworten. Von seinen bestochenen Gönnern unterstützt, benahm er sich in Rom anfangs frech; als er aber unter den Augen des Senats einen Verwandten, Massiva, ermorden ließ, wurde er aus der Stadt gewiesen und die Erneuerung des Kriegs beschlossen. Als J. Rom verließ, soll er ausgerufen haben: »O, die feile Stadt! sie wird zu Grunde gehen, sobald sie einen Käufer findet!« 110 führte der Konsul Spurius Albinus den Krieg, aber ohne Erfolg, da das Heer ganz zuchtlos und verwildert war, und sein Bruder Aulus ließ sich gar von J. in das Innere des Landes locken, wo er überfallen und zu einem Vertrag genötigt wurde, wonach das römische Heer unter dem Joch hinweg= gehen und ganz Numidien räumen mußte. Hiermit war das Maß der Schmach für die Senatspartei erfüllt, deren Angehö= rige bisher den Krieg geführt hatten. Ge= gen die schuldigen Optimaten wurde eine Untersuchung eingeleitet und der Krieg gegen J. mit Energie aufgenommen. Quintus Cäcilius Metellus, ein tüchtiger Feldherr und unbestechlicher Charakter, erhielt 109 den Oberbefehl, stellte die Mannszucht im Heer wieder her, schlug J. 109 am Muthul, eroberte mehrere feste Plätze in Numidien und zwang J. nach einer zweiten Niederlage zur Flucht nach Mauretanien zu König Bocchus, seinem Schwiegervater. Von diesem unterstützt, suchte er sein Reich wiederzuerobern, er= litt aber 107 und 106 durch den neuen römischen Feldherrn Marius bei Cirta zweimal eine Niederlage und ward dar= auf von Bocchus an Sulla, den Quästor des Marius, ausgeliefert. Beim Triumph, den Marius 1. Jan. 104 in Rom feierte, ward J. mit seinen zwei Söhnen in Fes= seln vor dem Feldherrn einhergeführt und starb in einem unterirdischen Kerker den Hungertod. Sein Reich ward teils an

Bocchus, teils an Hiempsal II. und Hiarbas als römische Vasallen gegeben, teils mit der römischen Provinz Africa vereinigt. Eine meisterhafte Geschichte der Kriegs haben wir von Sallustius.

Julia, einzige Tochter des Augustus von seiner zweiten Gemahlin, Scribonia, geb. 39 v. Chr., ausgezeichnet durch Schön= heit, Geist und Bildung, aber wegen ihrer Sittenlosigkeit berüchtigt, ward 25 mit Augustus' Schwestersohn Marcus Claudius Marcellus, nach dessen Tod 22 mit Agrippa, dem sie drei Söhne und zwei Töchter gebar, und nach Agrippas Tod auf Betrieb ihrer Stiefmutter Livia 11 mit Tiberius vermählt, um diesem An= spruch auf die Thronfolge zu geben. Wegen ihres ausschweifenden Lebenswandels ward sie 2 v. Chr. nach der Insel Pandataria bei Neapel verbannt, später nach Rhegion gebracht und mußte nach Augustus' Tod 14 n. Chr. auf Befehl des Tiberius den Hungertod sterben, nachdem vorher ihr einziger noch überlebender Sohn, Agrippa, ermordet worden war. Ihre Tochter, die jüngere J., wurde ebenfalls wegen ihrer Ausschweifungen von Augustus nach der Insel Trimetus an der apulischen Küste verbannt, wo sie 28 starb.

Julianus, 1) Flavius Claudius, mit dem Beinamen Apostata (»der Ab= trünnige«, weil er vom Christentum abfiel), röm. Kaiser, geb. 331 n. Chr., Sohn des Julius Constantius, Bruders Konstantins d. Gr., war nebst seinem Bruder Gallus der einzige der Verwandten des Kaiserhauses, der nach Konstantins Tod (337) von den Söhnen desselben verschont wurde, lebte anfangs bei seiner Mutter, dann 345—351 auf einem ein= samen Schloß bei Macellum in Kappa= dokien, wohin er nebst Gallus verwiesen wurde, und erhielt erst 351, nachdem Kai= ser Constantius seinen Bruder Gallus zum Cäsar des Westens ernannt hatte, größere Freiheit. Er brachte einige Jahre in Nikomedeia und in Athen mit dem Studium der neuplatonischen Philosophie zu, bis er, nach Gallus' Ermordung 354 auf Fürsprache der Kaiserin Eusebia ver= schont, 355 zum Cäsar ernannt und mit dem Oberbefehl am Rhein beauftragt wurde. Hier machte er sich durch die Einfachheit seiner Sitten, durch Teilnahme an allen Strapazen sowie durch liebevolle Fürsorge für das Wohl der Soldaten bei den Legionen und bei den Einwohnern ebenso beliebt wie durch seinen Ernst, seine Gerechtigkeit und strenge Disciplin geachtet und bei den Feinden durch Mut und Feldherrntalent gefürchtet. Er schlug die Alemannen 357 in der großen Schlacht bei Straßburg zurück und drang wiederholt über den Rhein in das Innere Germaniens vor. Als ihm Ende 360 der neidische und argwöhnische Kaiser Constantius den Befehl erteilte, den tüchtigsten Teil seines Heers nach dem Orient zu schicken, machten die Legionen einen Aufstand und riefen ihn zum Augustus aus. Er weigerte sich lange, den Titel anzunehmen, und richtete, als er sich endlich dazu bereit erklärte, 361 an Constantius die Bitte, seine Erhebung anzuerkennen. Dieser verweigerte es nicht nur, sondern brach sofort mit seinem Heer gegen J. auf, der ihm entgegenrückte, aber in Dacien die Nachricht erhielt, daß Constantius 3. November 361 in Kilikien gestorben sei. Er wurde nun allgemein als Kaiser anerkannt. Die Verbrechen im christlichen Constantinischen Kaiserhaus, die dogmatischen Streitigkeiten in der Kirche, der Zwang, den diese in seiner Jugend auf ihn ausgeübt, und das eifrige Studium der griechischen Philosophie hatten ihm einen großen Widerwillen gegen das Christentum eingeflößt und in ihm den Gedanken erweckt, das Heidentum wiederherzustellen, wodurch er auch die Größe und den Ruhm des römischen Reichs erneuern zu können glaubte. Er verhängte zwar keine blutigen Verfolgungen über die Christen, entzog ihnen aber alle von den frühern Kaisern gewährten Vorteile und Privilegien, die er den Heiden zuwandte, förderte den Bau heidnischer Tempel und den heidnischen Kultus sowie heidnische Schulen. Indes konnte dies Beginnen keinen Erfolg haben, da das Heidentum gänzlich abgestorben war, und entfremdete ihm nur das Volk, dessen Achtung er auch durch die Geringschätzung

des gewohnten kaiserlichen Ceremoniells und durch Vernachlässigung seiner äußern Erscheinung verscherzte. Obwohl er unermüdlich thätig, gerecht, wohlwollend und eifrigst bemüht war, die Wohlfahrt des Reichs zu fördern, wurde sein Streben doch nicht anerkannt und er von den christlichen Schriftstellern angefeindet und verspottet. Im Frühjahr 363 unternahm er einen Feldzug gegen die Perser, siegte in mehreren Schlachten, überschritt den Tigris und drang in die westlichen Grenzgebirge des Perserreichs ein, wurde aber durch Mangel an Lebensmitteln zur Umkehr genötigt und starb an einer im Gefecht erhaltenen Wunde 26. Juni 363. Von seinen Schriften sind 83 Briefe, 8 Reden und 2 satirische Schriften erhalten, nämlich eine witzige Schilderung der römischen Kaiser und eine Verteidigungsschrift gegen die Spötteleien der Antiochener über den Bart, welchen er als griechischer Philosoph trug, unter dem Titel: »Misopogon«; eine Schrift gegen das Christentum ist verloren gegangen. Neue Ausgabe von Hertlein (Leipz. 1876). Vgl. Neander, über den Kaiser Julian (2. Aufl., Gotha 1867); Strauß, Der Romantiker auf dem Thron der Cäsaren (Halle 1847); Semisch, Julian der Abtrünnige (Berl. 1862); Mücke, Flavius Claudius J. (Gotha 1866—69, 2 Bde.).

2) Marcus Didius Salvius, röm. Kaiser, s. Didius J.

Julius, Name eines patricischen röm. Geschlechts, das aus Albalonga stammte und seinen Ursprung von Julus, dem Sohn des Aneias, herleitete; es trat besonders in den ersten und den letzten Jahrhunderten der Republik hervor, und die Familie des Julius Cäsar (s. b.), das Julische Kaiserhaus, hatte 31 v. Chr. bis 68 n. Chr. den römischen Kaiserthron inne.

Junius, Name zweier röm. Geschlechter, die den Beinamen Brutus führten, eines patricischen, das mit den Söhnen des ersten Konsuls, Brutus, erlosch, und eines plebejischen, dem der Mörder Cäsars, Marcus J. Brutus, angehörte. S. Brutus.

K.

Kabalia, Landschaft in Kleinasien, das obere Thal des Indos, zwischen Phrygien im N., Karien im W., Lykien im S. und Pisidien im O., ein überaus fruchtbares ehemaliges Seebecken (1000 m hoch gelegen), stark bevölkert, bewohnt von dem Volk der Kabalier, welche um 200 v. Chr. ein unabhängiges Fürstentum mit der Hauptstadt Kibyra (daher auch Kibyratis genannt) stifteten und 32,000 bewaffnete Männer stellen konnten, später ein freies Gemeinwesen von vier Städten (Tetrapolis) bildeten. K. wurde unter der Herrschaft der Römer 43 n. Chr. geteilt und der nördliche Teil mit Kibyra zu Phrygien, der südliche zu Lykien geschlagen.

Kabeira, Stadt in Pontos im Thal des Lykos am Fuß des Paryadresgebirges, war Hauptquartier des Mithridates in den Kriegen mit Rom, und Lucullus siegte hier 72 v. Chr.; Pompejus nannte die Stadt Diospolis, noch später hieß sie Neokaisareia (jetzt Niksar).

Kabuja, persische Form von Kambyses (s. d.).

Kadmos, der Sage nach Sohn des phönik. Gottes Agenor und der Telephassa, Bruder der Europa. Ausgesandt, diese zu suchen, gelangte er nach mehreren Inseln des Ägäischen Meers, schließlich nach Böotien, wo er die Burg von Theben (»Kadmeia«) gründete, mit Einführung der Buchstabenschrift und der Metallurgie eine höhere Kultur begründete und Ahnherr des Königsgeschlechts von Theben in der Heroenzeit wurde. Während er von den einen als eine lokale Gestaltung des Hermes angesehen und sein Name als »Ordner« erklärt wird, halten ihn andre für eine Personifikation des phönikischen Gottes Melkart und der phönikischen Kolonisation in Griechenland und deuten seinen Namen als »Morgenländer«.

Kadurker (Cadurci), kelt. Volk im aquitanischen Gallien (im jetzigen Quercy) mit den Städten Urellodunum und Divona (jetzt Cahors), welches 53 v. Chr. von Cäsar unterworfen wurde.

Kadusier, Volk in Hyrkanien (s. d.).

Kaisareia (Kaisarieh), s. Cäsarea.

Kalabrien (Calabria), die südöstliche Halbinsel Italiens, flach, mit steinigem Kalkboden und niedrigen, aber steilen Uferrändern, wurde von den illyrischen Stämmen der Messapier, Sallentiner und Kalabrer bewohnt und von dorischen Griechen an den Küsten kolonisiert. Die Römer besetzten das Land 266 v. Chr. Die mächtigsten Städte griechischen Ursprungs waren Brundisium und Hydruntum. Unter den byzantinischen Kaisern ging im 10. Jahrh. der Name K. auf die südwestliche Halbinsel, das frühere Bruttii, über.

Kalauria (Kalaureia, jetzt Poros), Insel im Saronischen Meerbusen, an der Küste von Argolis, der Stadt Trözene gegenüber, berühmt durch einen Tempel des Poseidon, der den Mittelpunkt einer sehr alten, ursprünglich ionischen Amphiktyonie von sieben Seestädten der Ostküste bildete und ein Asyl war; hierhin floh Demosthenes vor den Makedoniern und tötete sich im Tempel durch Gift (322 v. Chr.).

Kalchedon, s. Chalkedon.

Kaledonien (Caledonia, »Wald-bidicht«), der nördlich von dem Wall des Antoninus gelegene Teil der Insel Albion (Britannia). Agricola umfuhr die Küste und drang auch tief in das Innere ein, doch verzichteten die Römer auf die Eroberung des rauhen, unfruchtbaren Landes. Die Bewohner (Kaledonier) waren Kelten und roh und kriegerisch.

Kallikratidas, spartanischer Feldherr, ein Mothake, folgte, noch sehr jung, 406 v. Chr. Lysandros, der ihm aus Eifersucht viele Schwierigkeiten verursachte, im Oberbefehl über die Flotte in Kleinasien, eroberte Methymna auf Lesbos, nahm dem athenischen Flottenführer Konon 30 Schiffe weg und schloß ihn mit dem Rest seiner Flotte in Mytilene ein. Eine andre athenische Flotte von 150 Schiffen, die Konon entsetzen wollte, gedachte K. durch einen nächtlichen Überfall zu überrumpeln, wurde aber durch ein Gewitter daran verhindert. Als die Athener ihm am andern Morgen bei den Arginusen eine Schlacht

17*

anboten, nahm er sie an, obwohl er nur 120 Schiffe hatte; lange schwankte der Sieg, bis K. beim Anprall seines Schiffs an ein feindliches über Bord stürzte und ertrank (406); die spartanische Flotte wurde darauf gänzlich besiegt.

Kallisthénes, griech. Geschichtschreiber, geboren um 360 v. Chr. zu Olynthos, war mit Aristoteles verwandt, der ihn zusammen mit Alexander d. Gr. unterrichtete. Nachdem er mehrere Jahre in Athen den Studien obgelegen, begleitete er 334 Alexander auf dem Zug nach Persien. Jedoch verlor er durch seine Freimütigkeit und seine rauhen, strengen Sitten die Gunst des Königs und wurde, als er die kriechende Verehrung, die Alexander von seiner Umgebung forderte, mißbilligte, von diesem der Teilnahme an einer Verschwörung beschuldigt und 327 hingerichtet. Von seinen historischen Schriften: »Hellenika«, einer Geschichte der Jahre 387—357 in zehn Büchern, »Makedonika« und »Persika«, einer Beschreibung des Feldzugs Alexanders, hat sich nichts erhalten; doch sind sie von andern Geschichtschreibern benutzt worden. Die unter seinem Namen gehende Geschichte Alexanders (s. d.), der sogen. »Pseudo-Kallisthenes«, ist ein Machwerk viel späterer Zeit.

Kamarīna (jetzt Camerina), Stadt an der Südküste von Sicilien, ward 599 v. Chr. von den Syrakusiern gegründet, aber, als es sich unabhängig zu machen suchte, 552 wieder zerstört und erst 495 und 461 von Gela aus wieder bevölkert; die Stadt sank jedoch von neuem zu einem unbedeutenden Ort herab und wurde 258 von den Römern gänzlich vernichtet.

Kambýses (pers. Kabuija), König von Persien, Sohn des Kyros und der Kassandane, bestieg nach dem Tod seines Vaters 529 v. Chr. den Thron und rüstete sofort zu einem Heereszug gegen Ägypten. Durch den Verrat des Phanes, eines griechischen Söldnerführers in ägyptischen Diensten, unterstützt, durchzog er die Arabische Wüste, besiegte die Ägypter 525 bei Pelusium, eroberte Memphis und nahm den König Psammetich III. gefangen. Die Griechen in Kyrene und die Libyer anerkannten seine Oberherrschaft, die

Unterjochungspläne gegen Karthago mußte er aber aufgeben, da die Phöniker, welche seine Seemacht bildeten, sich weigerten, gegen ihre Pflanzstadt zu ziehen. Ein nach dem Ammonion in der Oase Siûah gesandtes Heer ging in der Wüste durch einen Sandsturm zu Grunde. Durch Spott von dem König der Äthiopier gereizt, zog K. gegen denselben, sah sich aber durch eine Hungersnot zum Rückzug genötigt und kam nach dem Verlust eines großen Teils des Heers nach Memphis, als die Ägypter gerade die Erscheinung eines neuen Apis mit Jubelfesten feierten. Da er dies für Schadenfreude über sein Unglück hielt, ward er zur Wut gereizt, befahl, die Behörden der Stadt hinzurichten, die Priester zu geißeln, verwundete den Apis und ließ die Götterbilder im Tempel des Ptah verbrennen. Sein durch Trunksucht gesteigerter Jähzorn verleitete ihn, seinen Bruder Bardija (Smerdis), seine Schwester und Gattin Meroe und viele seiner Freunde und Diener grausam ermorden zu lassen. Während er in Ägypten wütete, machten die Magier in Persien einen Aufstand und riefen Gaumata, den sie für den Bruder des Königs, Smerdis oder Bardija, ausgaben, zum König aus. Auf dem Rückweg nach Persien verwundete sich K. in Syrien beim Besteigen des Pferdes mit seinem eignen Schwerte tödlich und starb 522 ohne Nachkommen.

Kampānien (Campania, »Ebene«), Landschaft Mittelitaliens am Tyrrhenischen Meer, im NW. von Latium, im O. von Samnium, im SO. von Lukanien begrenzt, umfaßte ursprünglich bloß die üppig fruchtbare, mit dem herrlichsten Klima gesegnete Ebene, welche, dem samnitischen Apennin vorgelagert, im NW. vom Berg Massicus, im SO. von dem Gebirge der Halbinsel von Surrentum abgeschlossen und durch den Vesuvius und die Phlegräischen Berge vom Cumäischen Meerbusen (Golf von Neapel) getrennt wurde. Der Volturnus und seine kleinen Parallelflüsse Sarnus und Clanis durchströmen und bewässern die Ebene. In späterer Zeit wurde der Name der Landschaft nach S. auch über das ganze Küstenland des Golfs und das Gebiet der Picentiner am Silarus ausgedehnt. Die bedeutendsten Städte waren in der eigentlichen Ebene: Capua, Abella, Nola, Nuceria, Teanum Sidicinum, Cales, Casilinum; an der Küste lagen die griechischen Kolonien Cumä, Misenum am gleichnamigen Vorgebirge, Bajä, Puteoli, Paläopolis und Neapolis, Herculaneum, Pompeji, dann die italischen Städte Surrentum und Salernum, ferner die Inseln Prochyta, Änaria oder Pithekussa und Capreä. Die ältesten Bewohner italischen Stammes waren die Osker (Opiker). Um 800 v. Chr. wurde das Land von den Etruskern erobert, welche auch hier eine Bundesrepublik von zwölf Städten gegründet haben sollen; jedenfalls war Capua (Volturnum) eine ursprünglich etruskische Stadt. Die Herrschaft der Etrusker wurde gestürzt durch die Samniter um 420; deren Staat unterwarf sich aber 344 den Römern, um bei diesen Schutz gegen neue samnitische Eroberer zu finden, was zum Ausbruch der Samniterkriege Anlaß gab, in denen Rom K. behauptete. Zahlreiche röm. Ansiedelungen sicherten seine Herrschaft. Vgl. Beloch, K. (Berl. 1879).

Kanäan (»Tiefland«), alter Name des Westjordanlands mit Einschluß von Philistäa und Phönikien, bewohnt von zahlreichen semitischen Völkerschaften (den Kanaanitern), welche im 13. Jahrh. v. Chr. von den von Osten einwandernden Israeliten verdrängt wurden, seit deren Herrschaft auch der Name schwand.

Kandaules, letzter König von Lydien aus dem Geschlecht der Sandoniden, ließ seinen Leibwächter Gyges (s. b.) die Reize seiner Gemahlin, auf die er eitel war, im Schlafgemach bewundern. Erzürnt über die ihr zugefügte Schmach, ließ diese Gyges zu sich kommen und stellte ihm die Wahl, entweder den König zu ermorden, oder selbst erdrosselt zu werden. Darauf tötete Gyges den K. (689 v. Chr.).

Kandia, s. Kreta und Knosos.

Kanëa, s. Kydonia.

Kaninefaten, ein Stamm der Bataver (s. b.).

Kanöbos (Canōpus), Stadt in Unterägypten an der Mündung des westlichsten kanobischen Nilarms, bis zur Gründung

Alexandreias bedeutende Handelsstadt, seitdem verfallend.

Kantabrer (Cantăbri), kriegerisches Bergvolk in dem nördlichen Spanien, im Gebiet des obern Durius und im Quellgebiet des Iberus, das erst von Augustus im Kantabrischen Krieg (25—19 v. Chr.) unterworfen wurde.

Kapitol (Capitolĭum), die Burg von Rom (s. b.).

Kappadökien (Cappadocĭa), Landschaft in Kleinasien, umfaßte zur Zeit der Assyrer, welche sich das Land unterwarfen, und der Perser das ganze östliche Kleinasien nördlich vom Tauros bis zum Schwarzen Meer und zerfiel in zwei Satrapien, das südliche oder eigentliche K. am Tauros und das nördliche am Pontos, welches später das Reich Pontos (s. b.) bildete. Das eigentliche K., welches seit der Zeit der Diadochen unter einem von den persischen Achämeniden abstammenden Königshaus stand und seit 17 n. Chr. eine römische Provinz bildete, hatte ein rauhes Klima und war vorwiegend Weideland, durch Viehzucht, namentlich ausgezeichnete Pferde, berühmt. Der Antitauros, welcher sich vom Tauros nach N. abzweigte, teilte das Land in zwei Hälften, Melitene im O. bis zum Euphrat und Kilikia im W., während die südl. Gebirgslandschaft Kataonia hieß. In der westlichen Landschaft, welche vom Halys und seinem Nebenfluß Melas durchflossen wurde, und in der sich der Vulkankegel des Argäos zu 3840 m Höhe erhob, lag die Hauptstadt der kappadokischen Könige, Mazaka, nach der Zerstörung durch Tigranes von Armenien Eusebeia, von Kaiser Tiberius als römische Provinzialstadt Cäsarea benannt. Die Kappadokier waren indogermanischen (arischen) Stammes und den Armeniern verwandt, tapfer und mutig. Die Einwohner des pontischen Gebiets wurden von den Griechen wegen ihrer Vermischung mit Assyrern Leukosyrer (»weiße Syrer«) genannt. Die Kappadokier nannten sich selbst Ducha (daher der Name Katpa-Ducha, »Land der Ducha«).

Karamänien, s. Karmanien.

Karchedon, s. Karthago.

Karchĕmis, s. Kirkesion.

Kardia, Stadt auf der Westseite der Thrakischen Chersones am Meerbusen Melas, eine Kolonie der Milesier und Klazomenier, mit gutem Hafen, ward von Lysimachos zerstört, der in der Nähe die neue Stadt Lysimachia erbaute.

Karien (Caria), die südwestlichste Landschaft Kleinasiens, im N. durch das Gebirge Messogis von Lydien, im NO. durch den Kadmos von Phrygien, im O. durch den Salbakos von Kabalia und Lykien getrennt, südlich und westlich an das Ägäische Meer stoßend, bestand, die fruchtbare Ebene des untern Mäandros und die kleinern Küstenebenen von Mylasa und Kaunos ausgenommen, überwiegend aus Gebirgsland, welches teils vortreffliche Schafweide bot, teils mit Eichen- und Fichtenwäldern bedeckt war. Nach der Küste zu lief K. in vier Halbinseln aus, zwischen welchen der Jassische und der Keramische Meerbusen tief eindrangen. Diese reiche Küstenentwickelung begünstigte Schiffahrt und Handel. Die Karer, ein semitisches Volk, beherrschten daher in ältester Zeit die Inseln und Küsten des Ägäischen Meers. Neben ihnen erscheinen die Leleger als die unterworfenen Ureinwohner des Landes. Die Karer wurden allmählich aus ihrer Seeherrschaft verdrängt von den Griechen, welche an der karischen Küste ionische u. namentlich dorische Kolonien (Miletos, Knidos, Halikarnassos u. a.) gründeten; doch blieben die Karer im Besitz eines Teils des Küstenlands und traten zu den griechischen Kolonien in ein freundschaftliches Verhältnis; sie beteiligten sich daher auch am ionischen Aufstand und schlossen sich nach den Perserkriegen dem Athenischen Seebund an, dem 50 karische Städte angehörten; die bedeutendsten unter diesen waren Mylasa und Kaunos. Nach dem Peloponnesischen Krieg kam K. wieder unter die Herrschaft der Perser, nach Alexander d. Gr. an das syrische Seleukidenreich, dessen König Antiochos I. Antiocheia am Mäandros und Stratonikeia gründete. Nach der Besiegung Syriens durch die Römer fiel das nördliche K. 189 v. Chr. an das pergamenische Reich, das südliche an Rhodos, bis es 168 wieder

für frei erklärt und 129 mit der römischen Provinz Asia vereinigt wurde.

Karmänien (Karamanien, jetzt Kirmân), Landschaft des Hochlands von Iran, östlich von Persis, einen Teil des Hochlands und den heißen Küstenstrich am Persischen Meerbusen umfassend, von dem persischen Stamm der Utier, deren Hauptstadt Tarua (jetzt Tarun) war, bewohnt, dessen Gebiet wegen seiner Empörung gegen Dareios I. von dem steuerfreien Persis getrennt und zu einer Satrapie mit der Hauptstadt Karmana gemacht wurde; an der Küste lag Harmozia, dessen Name Ormus auf eine Insel in der Persischen Meerenge übergegangen ist.

Karmel (jetzt Dschebl Mar Elias), Vorgebirge an der Küste von Palästina, an der Südseite des Golfs von Akka.

Karner (Carni), kelt. Volk, welches um 400 v. Chr. die südöstlichen (Karnischen) Alpen und die nördlichste Küste des Adriatischen Meers besetzte, also das jetzige Krain, Kärnten und Friaul bewohnte und 115 von den Römern unterworfen wurde; ihr Gebiet wurde mit Gallia cisalpina vereinigt.

Karnuten (Carnūtes), kelt. Völkerschaft im Lugdunensischen Gallien am mittlern Liger, mit der Hauptstadt Cenabum, später zubenannt Aureliani (jetzt Orléans). Ihr Staat war der religiöse Mittelpunkt Galliens, wo die Versammlungen der Druiden abgehalten wurden. Bei der großen Erhebung der Gallier gegen Cäsar 52 v. Chr. gaben sie durch ihre Empörung das Signal, wurden aber unterworfen.

Karpäthos (Carpăthus, jetzt Karpatho), Insel im Ägäischen Meer zwischen Kreta und Rhodos, ward von dorischen Ansiedlern aus Argos besetzt, welche lebhafte Schiffahrt u. Handel trieben. Die Hauptstadt Arkesine lag auf der Westseite.

Karrhä, s. Carrhä.

Kartha, s. Cirta.

Karthāgo (phönik. Karthada, »Neustadt«, griech. Karchedon), berühmte Stadt an der Nordküste Afrikas, auf einer durch einen schmalen Isthmus mit dem Festland verbundenen Landzunge im Innern eines Meerbusens in der Nähe der

Verengerung des Mittelmeers zwischen Sicilien und Afrika günstig gelegen, warb im 9. Jahrh. v. Chr. (846 oder 814) von der tyrischen Königstochter Elissa (Dido) und mehreren angesehenen Geschlechtern von Tyros gegründet; als von den Phönikern abstammend, hießen die Einwohner Pönier oder Punier. Die älteste befestigte Ansiedelung war die Byrsa (birtha, »Burg«), eine 60 m hohe, 15 Stadien im Umfang haltende Höhe, auf der sich der prächtige Tempel des Esmun (Asklepios) befand. Um die Byrsa, welche nun zur Akropolis wurde, erwuchs allmählich die Altstadt, welche enge Straßen mit hohen Häusern hatte; von dem Marktplatz in der Mitte führten drei solche Straßen nach W. zu auf die Byrsa. Die Altstadt war nach der Seeseite (S.), wo das Ufer steil abfiel, von einer einfachen, an der Landseite (W. und N.) von einer starken Mauer umgeben, welche sich an die Byrsa anlehnte und auch den kleinern innersten Hafen, den eigentlichen Kriegshafen (für 220 Schiffe), Kothon genannt, einschloß; diese größere Mauer, welche 16 m hoch und 9 m breit und mehrstöckig war, enthielt in ihrem Erdgeschoß Stallungen für 300 Kriegselefanten, im mittlern für 4000 Pferde. Nördlich von der Altstadt, auf einer flachen Höhe, Magalia (»Höhe«), bildete sich bei stärkerm Anwachsen der Bevölkerung (700,000 Einw. zur Zeit des dritten Punischen Kriegs) eine Neustadt, welche ebenfalls mit Mauern umgeben und durch eine 75 km lange Wasserleitung mit Wasser versorgt wurde.

Die Verfassung der Stadt war ursprünglich aristokratisch. An der Spitze des Staats standen zwei Suffeten (Richter), welche gewählt wurden (auf wie lange, ist unbekannt) und den Vorsitz im Senat und Gericht, nicht selten auch den Oberbefehl im Krieg führten. Meist wurden besondre Feldherren gewählt, welche beim Abschluß von Bündnissen und Verträgen an die Zustimmung von begleitenden Senatoren gebunden waren, sonst aber unbeschränkte Gewalt hatten, aber auch Niederlagen und Unglücksfälle oft mit grausamem Tod büßen mußten, wenn sie es nicht vorzogen, freiwillig zu sterben. Nächst den Suf-

feten und Feldherren genossen die Priester das höchste Ansehen, wenn es auch keinen besondern Priesterstand gab. Die höchste beratende und vollziehende Behörde war der aus den Häuptern der Aristokratie bestehende Senat, der in einen Großen und einen Kleinen Rat zerfiel. Er hatte die Leitung der auswärtigen Angelegenheiten, die Oberaufsicht über das Kriegs-, Finanz- und Polizeiwesen sowie die gesetzgebende Gewalt; nur wenn Senat und Suffeten nicht übereinstimmten, mußten die Gesetzvorschläge zur letzten Entscheidung an das Volk gebracht werden. Später wurde dem aristokratischen Senat ein zweiter von 104 Mitgliedern, der Hundertmänner, an die Seite gesetzt, der im Namen des Volks eine Art Kontrolle übte und, obwohl aus den reichsten Bürgern bestehend, einen demokratischen Charakter hatte, was im Lauf der Zeit zu zerrüttenden innern Parteikämpfen führte. Die Einkünfte des Staats bestanden in Tributen, welche die verbündeten oder unterworfenen Städte in Geld, die Landbewohner in Naturalien entrichten mußten, in Zöllen, welche in K. und den andern Hafenplätzen erhoben wurden, und in dem Ertrag der Bergwerke, namentlich der spanischen. Die meisten Ausgaben erforderten Heer und Flotte. Letztere war die Hauptmacht und bestand zur Zeit der Kriege mit Syrakus aus 150 bis 200, im ersten Punischen Krieg aus 350 Kriegsschiffen mit 150,000 Mann Besatzung. Die trefflich ausgebildeten Ruderer waren gewöhnlich afrikanische Sklaven. Seit der Herrschaft der Barkiden wurde die Landmacht bedeutend vermehrt, die Flotte vernachlässigt. Das Heer bestand nur aus wenigen karthagischen Reitern und Schwerbewaffneten; in der Regel dienten karthagische Bürger nur als Befehlshaber. Den Kern des Landheers machten die Libyer als schwer bewaffnete Reiter und Fußsoldaten aus; dazu kamen angeworbene Söldner, Spanier, Gallier, Kampanier, Ligurer, Griechen, endlich numidische Reiter. Die Sitte, Elefanten zum Gebrauch im Krieg abzurichten, nahmen die Karthager vermutlich erst von Pyrrhos an.

Sprache und Religion der Karthager waren phönikisch. Baal, Moloch, Mel-

kart und Aſtarte werden als Gottheiten ge=
nannt. Namentlich war der grauſame
Dienſt des Feuergotts Moloch in K. hei=
miſch; um ſeinen Zorn zu verſöhnen,
wurde jedes Jahr ein Kind vornehmer
Eltern, in Zeiten großer Gefahr Hunderte
von Kindern geopfert. Von karthagiſcher
Litteratur iſt nur das Werk eines Mago
über den Ackerbau durch die lateiniſche
Überſetzung des Silanus und der »Peri=
plus« des Hanno (ſ. b.) in griechiſcher Be=
arbeitung bekannt.

Die Hauptthätigkeit der Karthager und
die Grundlage des Reichtums der Stadt
waren der Handel und die damit in Ver=
bindung ſtehende Induſtrie. Namentlich
ſeit Phönikien und Tyros unter die Ge=
walt fremder Eroberer gekommen waren,
wurde K. in dieſer Beziehung die herr=
ſchende Macht im weſtlichen Mittelmeer.
Die Karthager bezogen aus Libyen Sklaven,
Edelſteine, Gold, Früchte und Wollwaren,
von den Inſeln des Mittelmeers Lebens=
mittel, aus Spanien edle Metalle. Jen=
ſeit der Säulen des Melkart drangen ſie
im Atlantiſchen Ocean bis zum Grünen
Vorgebirge, nach N. bis zu den britiſchen
Inſeln, von wo ſie Zinn bezogen, und
vielleicht auch des Bernſteins wegen bis
zur Oſtſee vor. Doch wachten ſie mit
ängſtlicher Eiferſucht darüber, daß ihnen
in dieſen entfernten Gebieten nicht fremde
Kaufleute Konkurrenz boten, denen ſie
daher die Häfen ihrer Kolonien ſtreng
verſchloſſen. Zu Lande erſtreckte ſich ihr
Handel bis nach Ägypten ſowie über die
ganze Wüſte bis in das fruchtbare Innere
des Erdteils.

Um ihren Handel auszubreiten und
Geld und Menſchen für die Entwickelung
ihrer Kriegsmacht zu gewinnen, ſuchten
die Karthager ihr Gebiet zu Lande und zu
Waſſer mehr und mehr zu vergrößern.
Zunächſt unterwarfen ſie ſich das Feſtland
ſüdlich bis an den Tritoniſchen See, öſt=
lich bis zu den Altären der Philänen
(aræ Philænorum) an der Großen Syrte
und weſtlich bis in die Gegend von Hippo
Regius. Die Einwohner dieſes Landes,
die Libyer, nahmen allmählich phöniſche
Kultur an und wurden daher Libyphöni=
ter genannt. Das Land war außerordent=

lich fruchtbar und zählte 300 Städte, von
denen die größern und ältern phöniki=
ſchen Kolonien, wie Utica, Groß=Leptis,
Hadrumetum, Klein=Leptis und Hippo
Zarytos, zu K. in einem Bundesverhält=
nis ſtanden. Die Küſten Numidiens und
Mauretaniens beſetzten ſie mit ihren Han=
delskolonien und brachten die phönikiſchen
Städte an der Südküſte Spaniens zum
Anſchluß an ihre Macht. Schon ſehr früh
richteten ſie ihr Augenmerk auf Corſica,
Sardinien und Sicilien. Sie ver=
bündeten ſich mit den ſeemächtigen Etrus=
kern zur Vertreibung der Griechen aus
dem Tyrrheniſchen Meer und zwangen 544
die ioniſchen Phokäer durch eine See=
ſchlacht, ihre Kolonie Alalia auf Corſica
aufzugeben, deſſen Küſten nun die Kartha=
ger beſetzten. Durch einen Handelsver=
trag mit Rom 509 ſchloſſen ſie die Römer
von den Gebieten ſüdlich vom Schönen
Vorgebirge aus. Um Sicilien ſtritten ſie
zwei Jahrhunderte lang mit den Grie=
chen. Zuerſt ſetzten ſie ſich auf dem weſt=
lichen Teil der Inſel feſt, bemächtigten ſich
der alten phöniſiſchen Niederlaſſungen in
Motye und Panormos und dehnten, be=
günſtigt durch die Streitigkeiten unter
den griechiſchen Städten, ihre Herrſchaft
weiter nach Oſten aus. 480 verſuchte ein
300,000 Mann ſtarkes Heer unter Ha=
milkar die griechiſche Macht auf Sicilien
völlig zu vernichten, erlitt aber durch Ge=
lon von Syrakus bei Himera eine völlige
Niederlage, welche den karthagiſchen Un=
ternehmungen für längere Zeit Einhalt
that. Erſt 408, als die Segeſtäer nach
dem Untergang der ſiciliſchen Expedition
der Athener, von den Selinuntiern hart
bedrängt, die Karthager um Hülfe anrie=
fen, ſchickten dieſe Hannibal, den Enkel
des bei Himera gefallenen Hamilkar,
mit einem großen Heer nach Sicilien,
wo er Selinus, Himera, Agrigent (406)
und Gela (405) eroberte, aber durch eine
Peſt in ſeinem Heer genötigt wurde, mit
dem Tyrannen von Syrakus, Dionyſios,
einen Vertrag abzuſchließen, der den Kar=
thagern die gemachten Eroberungen ließ.
Dreimal erneuerte Dionyſios den Krieg
(398—392, 383 und 368), um den Kar=
thagern Sicilien zu entreißen, aber ohne

Erfolg. Erst Timoleon beschränkte sie 340 durch seinen Sieg am Krimissos auf den kleinen Teil der Insel westlich vom Halykos. Durch Agathokles wurden die Karthager darauf in Afrika selbst bedroht (310—306), und Pyrrhos bemächtigte sich 278—275 der ganzen Insel außer Lilybäon. Nachdem dieser aber Sicilien verlassen, eroberten die Karthager es wieder, mit Ausnahme von Syrakus und Messana, und schon waren sie im Begriff, auch das letztere in Besitz zu nehmen, als 264 der erste Punische Krieg mit Rom ausbrach. Durch diesen wurden schließlich die Kräfte Karthagos erschöpft, und es mußte 241 den Frieden mit dem Verzicht auf Sicilien und der Zahlung einer Summe von 3200 Talenten erkaufen. Unmittelbar darauf brach der mehr als dreijährige (241—237) blutige Krieg gegen die aufrührerischen Söldner aus, an dem sich auch die libyschen Städte beteiligten, und der K. an den Rand des Verderbens brachte. Neue Kriegsdrohungen der Römer zwangen es zur Abtretung von Sardinien und Corsica und zur Zahlung eines neuen Tributs von 1200 Talenten. Der Barkide Hamilkar beendete schließlich den Söldnerkrieg und erlangte die Zustimmung des Senats zu der Eroberung Spaniens, welche er 237 begann und sein Schwiegersohn Hasdrubal und sein Sohn Hannibal mit Erfolg fortsetzten. Spanien lieferte den Barkiden die Mittel an Geld und Truppen, um 218 den Entscheidungskampf mit Rom zu unternehmen, der trotz Hannibals Feldherrngenie zu Gunsten der römischen Republik endete, welcher sich der egoistische Handelsstaat auf die Dauer nicht gewachsen zeigte; seine Bürger und Unterthanen besaßen weder die patriotische Hingebung, noch die unerschöpfliche, nachhaltige Kraft, welche die Italiker entwickelten. Am Schluß des zweiten Punischen Kriegs 201 mußte K. auf alles Gebiet außerhalb Afrikas verzichten, alle Schiffe bis auf 10 und die Elefanten ausliefern, 10,000 Talente zahlen, sich zur Entschädigung Masinissas von Numidien verpflichten und versprechen, ohne Erlaubnis der Römer die Waffen nicht mehr zu ergreifen.

Der Versuch Hannibals, durch weise Reformen das gebeugte Vaterland wiederaufzurichten, scheiterte an dem Widerstand der römisch gesinnten aristokratischen Partei. Masinissa ließ K. nicht zur Ruhe kommen und entriß ihm ein Stück seines Gebiets nach dem andern im Vertrauen auf den Schutz der Römer, welche die Nebenbuhlerin, die sich einst so gefährlich gezeigt, nicht erstarken lassen wollten, vielmehr eine Gelegenheit herbeiwünschten, sie gänzlich zu vernichten. Diese bot sich, als die Karthager, zum Äußersten getrieben, 151 Masinissa den Krieg erklärten. Nach vierjährigem Kampf (dritter Punischer Krieg 149—146) eroberte Scipio die Stadt, welche sich hartnäckig verteidigte. 17 Tage wütete das Feuer in K., ein großer Teil der Bewohner kam um; der Rest wurde in die Sklaverei verkauft, die Stadt dem Erdboden gleich gemacht und das karthagische Gebiet in die römische Provinz Africa verwandelt. 122 beschlossen die Römer auf Antrag des Gajus Gracchus, die Stadt unter dem Namen Junonia wiederaufzubauen und eine Kolonie von 6000 Bürgern daselbst anzusiedeln; doch wurde der Beschluß nicht ausgeführt. Erst 19 v. Chr. ließ Augustus nach einem Plan Cäsars die Stadt neu erbauen, bevölkerte sie mit 3000 römischen Kolonisten und zahlreichen Eingebornen und erhob sie unter dem Namen Colonia Julia Carthago zur Provinzialhauptstadt. Sie gelangte in der Kaiserzeit wieder zu hoher Blüte und gehörte zu den volkreichsten Städten des Reichs, wurde aber 439 n. Chr. von den Vandalen unter Geiserich erstürmt, und, nachdem sie 533—692 wieder zum oströmischen Reiche gehört hatte, unter der Herrschaft der Araber verwüstet, welche ihre Trümmer zum Bau von Tunis verwendeten. Daher sind selbst die Reste des römischen K. bis auf wenige Trümmer verschwunden.

Vgl. Falbe, Recherches sur l'emplacement de Carthage (Par. 1835); Dureau de la Malle, Recherches sur la topographie de Carthage (das. 1835); Beulé, Fouilles à Carthage (das. 1860); Davis, K. und seine Überreste (a. d. Engl., Leipz. 1863); Bötticher,

Geschichte der Karthager (Berl. 1827); Pland, K. und seine Heerführer (Ulm 1874); Meltzer, Geschichte der Karthager (Berl. 1880, Bd. 1); Münter, Religion der Karthager (2. Aufl., Kopenh. 1821).

Karthveli (Karthli), einheimischer Name der Bewohner des kaukasischen Jberien (s. Jberien 1).

Karystos, Stadt an der Südspitze Euböas, unterhalb des Bergs Ocha, ward 490 v. Chr. von den Persern erobert und stellte 480 diesen Schiffe für die Schlacht bei Salamis, weshalb sie 467 von den Athenern unterworfen wurde. Jhr grünlicher Marmor war in der römischen Kaiserzeit sehr beliebt.

Kasdier (Kasbim), biblischer Name der Chaldäer (s. b.).

Kaspische Pforte (Caspiæ pylæ), Engpaß in den Kaspischen Bergen (Elbrus), führte 8 Millien lang in der Breite eines Wagens durch senkrechte Felswände von Rhagä in Medien nach Hyrkanien und Parthien und ward von den Persern durch eiserne Thore geschlossen.

Kassandreia, s. Potidäa.

Kassandros (Cassander), makedon. Feldherr, geb. 355 v. Chr., ältester Sohn des Antipatros, blieb bei diesem in Makedonien, als Alexander nach Asien zog, und kam erst kurz vor dessen Tod 323 nach Babylon, um seinen Vater gegen eine Verleumdung zu verteidigen. Nach Alexanders Tod ernannte ihn Perdikkas zum Führer der Edelschar und gab ihn 321 Antigonos als Chiliarchen bei. Als sein Vater bei seinem Tod 319 wegen seines ungestümen, aufbrausenden Wesens nicht K., sondern Polysperchon die Reichsverweserschaft übertrug, verband er sich gegen diesen mit Antigonos und Ptolemäos und bemächtigte sich 318 Athens und vieler griechischen Städte. Von der Königin Eurydike darauf zum Reichsverweser ernannt, eilte er nach Makedonien, fand aber bei seiner Ankunft daselbst sie sowie seinen Bruder Nikanor besiegt und getötet. Er begann nun die Eroberung des Landes, ließ seine Gegnerin Olympias ermorden und verheiratete sich mit Alexanders Halbschwester Thessalonike, um sich die Herrschaft über Makedonien zu sichern.

Hierauf schloß er sich dem Bunde des Ptolemäos, Lysimachos und Seleukos gegen den herrschsüchtigen Antigonos an, verlor aber im Kriege gegen diesen Epeiros und Griechenland und behielt 311 nur Makedonien und Thessalien sowie die Strategie in Europa für den jungen Alexander, Roxanes Sohn. Diese beiden ließ er umbringen und bewog Polysperchon durch Bestechung, auch den letzten Sohn Alexanders b. Gr., Herakles, zu vergiften (309). Hierdurch befestigte er seine Herrschaft in Makedonien. Ein neuer Versuch jedoch, sich Griechenlands zu bemächtigen, endete 303 mit seinem verlustreichen Rückzug durch die Thermopylen und dem Vordringen des Demetrios Poliorketes gegen Makedonien selbst, aus welcher Gefahr ihn erst die Niederlage und der Tod des Antigonos bei Jpsos (301) befreiten. Bei der Neuteilung des Reichs verschaffte K. seinem Bruder Pleistarchos Kilikien, er selbst begnügte sich mit Makedonien; Griechenland wiederzuerobern, glückte ihm nicht. Er starb 297, seine Söhne wurden bald nach seinem Tod von Demetrios verdrängt.

Kassiteriden (»Zinninseln«), Name der zuerst von den Phönikern und Karthagern, dann um 300 v. Chr. vom Griechen Pytheas besuchten britischen Inseln, von denen Zinn geholt wurde. Der Name wurde von den Römern aus Unkunde auf die kleine Inselgruppe an der Südwestspitze Britanniens, die jetzigen Scillyinseln, welche gar keine Zinngruben haben, übertragen.

Kastri, s. Hermione.

Katane (Catina, jetzt Catania), Stadt an der Ostküste Siciliens, am Südostfuß des Ätna in der reichen Symäthosebene am Flüßchen Amena gelegen. Die Stadt wurde um 730 v. Chr. von chalkidischen Joniern gegründet und blühte rasch empor. 476 wurde sie von Syrakus unterworfen, erlangte aber schon 461 ihre Unabhängigkeit wieder, die sie später allerdings zeitweise an Dionysios und Agathokles verlor. Jm zweiten Punschen Krieg ward sie von den Römern unterworfen und durch Ansiedelung von Veteranen, namentlich unter Augustus, so blühend und volkreich, daß sie neben Messana als die größte Stadt Siciliens galt. Von ben

Ausbrüchen des Ätna hatte K. viel zu leiden. Vgl. Holm, Das alte Catania (Lüb. 1873).

Katten (Chatti), german. Volksstamm, welcher zu den Herminonen gehörte, bewohnten das jetzige Hessen, das Land zwischen Rhein und Werra, Taunus und Diemel, waren mutige, tapfre Krieger, hielten strenge Mannszucht und verstanden sich auf Belagerungskunst. Die Jünglinge schoren sich Bart und Haupthaar erst nach Erlegung eines Feindes ab. Ein eiserner Ring bekundete das Gelübde des Trägers, sich von der schimpflichen Fessel durch den Tod eines Feindes zu befreien; solche Ringträger bildeten die ersten Schlachtreihen und eröffneten den Kampf. Anfangs waren sie Drusus' Bundesgenossen, der 11 v. Chr. durch ihr Land gegen die Cherusker zog, doch schlossen sie sich 9 n. Chr. der Erhebung des Arminius an und erbeuteten einen Legionsadler, den sie 51 gegen Sulpicius Galba wieder verloren. Mit den Hermunduren lagen sie wegen heiliger Salzquellen am Grenzfluß (Werra oder Fränkische Saale) im Streit. Unter Trajanus und Hadrianus wurde ihnen das Taunusgebiet entrissen. Im 3. Jahrh. verschwand der Name des Volks, das in dem der Franken aufging.

Kaukasos (Caucasii montes), Name zweier Gebirge, nämlich des jetzigen Kaukasus, zwischen dem Schwarzen und dem Kaspischen Meer, welcher auch »Skythischer K.« genannt wurde, und des Indischen K., des heutigen Hindukusch.

Kayßtros (jetzt Kütschük Menber), Fluß in Kleinasien, entsprang auf dem Tmolosgebirge, floß durch eine fruchtbare Ebene im südlichen Lydien und mündete bei Ephesos in das Ägäische Meer. Er war berühmt durch die Scharen von Schwänen, welche sich an seinen Ufern niederzulassen pflegten.

Kekrops, erster König und Begründer der Kultur in Attika, vereinigte nach der Sage die wilden Urbewohner des Landes in zwölf Demen, baute die Burg Kekropia (Akropolis) und führte die Ehe, die ersten staatlichen Einrichtungen und das Recht des Eigentums ein. Später wurde er für einen Einwanderer aus Ägypten erklärt.

Kekryphaleia, kleine Insel im Saronischen Meerbusen an der Küste von Argolis zwischen Ägina und Epidauros, bei welcher die Athener 458 v. Chr. einen Sieg über die vereinigte Flotte der Korinthier, Epidaurier und Agineten gewannen.

Kelänä (Celaenae), große und blühende Stadt am Mäandros im südlichen Phrygien, mit einem von Xerxes auf steilem Felsen erbauten festen Schloß und großem Park, einst Residenz des jüngern Kyros. Ruinen bei Dineir.

Kelten, s. Gallien.

Keltiberer (Celtiberi), mächtiges Volk in Hispanien, welches aus der Verschmelzung der eingewanderten Kelten mit den eingebornen Iberern entstand. Sie hatten die Hochebene im Besitz, welche die Wasserscheide zwischen dem Iberus und den dem Westen zufließenden Gewässern bildet, also das südwestliche Aragonien und das östliche Altkastilien, ein von steilen Bergketten durchzogenes, rauhes und unfruchtbares Land. Deshalb waren sie aber das kriegerischste Volk in Hispanien und leisteten den Römern, denen sie anfangs gegen die Karthager beigestanden hatten, den hartnäckigsten Widerstand. Ihr Abfall von den Römern 212 v. Chr. führte den Untergang der beiden Brüder Publius und Gnäus Scipio herbei. Cato und Gracchus bekriegten sie mit Erfolg. Doch wehrte sich ihre Stadt Numantia mit großer Tapferkeit und Ausdauer und brachte mehreren römischen Heeren Niederlagen bei, bis es mit Aufgebot bedeutender Streitkräfte 133 von Scipio erobert wurde. Noch unter Sertorius erneuerten die K. den Krieg mit Rom und wurden erst nach dessen Untergang völlig unterworfen und romanisiert.

Kenchrää (Cenchreae), Haupthafen Korinths am Saronischen Meerbusen.

Keos (früher Hydrussa, jetzt Zia), Insel der Kykladen im Myrtoischen Meer, östlich vom Vorgebirge Sunion, 183 qkm groß, sehr fruchtbar und bevölkert, enthielt vier Städte: Julis, Koressia, Pöeessa und Karthäa, und war Heimat der Dichter Simonides und Bakchylides.

Kephallenia (Cephalonia, jetzt Kefa-

Ionia), die größte der Inseln des Jonischen Meers, vor dem Golfe von Paträ gelegen, von Ithaka nur durch eine schmale
Meerenge getrennt, 660 qkm groß, von
einem Gebirgsrücken durchzogen, der im
Anos zu 1620 m aufsteigt, fruchtbar und
reich an Buchten und Baien, hieß in älterer
Zeit Same oder Samos und ward von den
Kephallenern bewohnt. Sie zerfiel in vier
selbständige Stadtgebiete (Tetrapolis):
Same, Pronoi, Kranioi und Pale,
letzteres wohl eine korinthische Kolonie,
während die drei erstern im 5. Jahrh.
v. Chr. Bundesgenossen der Athener waren. Seit dem 3. Jahrh. gehörte die
ganze Insel dem Ätolischen Bund an und
ward nach der Eroberung durch Fulvius
(189) mit der röm. Provinz Epirus vereinigt.

Kephisos (**Kephissos**, **Cephīsus**),
Name mehrerer Flüsse in Griechenland.
Zwei davon, wasserarme Flüßchen, waren
in Attika: der eine (jetzt Sarandapotamo) kam vom Kithäron herab und
mündete bei Eleusis in die Eleusinische
Bucht; der andre (jetzt Kephisso) entsprang auf dem Parnes und floß durch
die Ebene westlich von Athen vorüber, um
sich nach Vereinigung mit dem Ilissos in
den Hafen von Phaleron zu ergießen. Der
dritte Fluß (jetzt Mavronero), der
größte Fluß Böotiens, entsprang in
Phokis auf dem Pindos, durchströmte das
nördliche Böotien und mündete in den
Kopaïssee.

Kerasos (**Cerāsus**), Name zweier
Städte in Pontos in Kleinasien, am
Schwarzen Meer; die östlich gelegene,
welche Xenophon auf dem Rückzug der
Zehntausend berührte, verschwand später;
die westliche, welche Pharnakes in Phar-
nakeia umnannte, blieb bestehen (jetzt
Kerasonda). Lucullus soll von hier
nach dem Mithridatischen Krieg die ersten
Kirschbäume nach Rom verpflanzt und
die Frucht daher ihren Namen haben,
während umgekehrt die Städte nach der
Kirsche (armen. Keraz) benannt wurden.

Keraunisches Gebirge, s. Akrokeraunia.

Kerkyra, s. Korkyra.

Kesem, s. Gosen.

Keturäer, Volksstamm in Arabien.

Khurush, s. Kyros.

Kibyra (**Cibȳra**), große Stadt in der
Kleinasiat. Landschaft Kabalia, an einem
Nebenfluß des Indos, in einer fruchtbaren
Ebene gelegen, bildete mit den drei andern
Städten Kabalias, Balbura, Bubon u.
Onoanda, eine Tetrapolis oder freies
Gemeinwesen. 84 v. Chr. wurde sie von
Murena den Römern unterworfen und,
nachdem sie durch ein Erdbeben zerstört,
aber von Tiberius wiederaufgebaut worden, 43 n. Chr. unter dem Namen Kaisareia mit Phrygien vereinigt. Von
ihren Überresten ist noch ein großes Theater mit 35 Sitzreihen beim jetzigen Chor-
sum erhalten.

Kilikien (Cilicia), südöstlichste Provinz
Kleinasiens, welche, von Syrien durch
das Amanosgebirge getrennt, im W. und
N. vom Tauros begrenzt war und durch
Gebirgspässe mit Isaurien, Pisidien und
Kappadokien zusammenhing. Es zerfiel
in das östliche ebene K. (Kilikia Pedias), eine äußerst fruchtbare, an der
Küste versumpfte Landschaft mit heißem
Klima, die stark bevölkert war, und das
westliche gebirgige oder rauhe K.
(Kilikia Tracheia), ganz von Bergketten durchzogen, mit nur einem größern
Flußthal, dem des Kalykadnos, aber
reich an guten Häfen und Tannenwäldern, daher für Entwickelung von Schiff-
fahrt und Seeräuberei sehr geeignet. Die
wichtigsten Flüsse Ostkilikiens waren der
Pyramos, Saros und Kydnos, aus dessen oberm Thal die Kilikischen Thore nach
Tyana in Kappadokien führten. Hauptstadt des Landes war Tarsos; andre
wichtige Städte waren: Issos, von wo
die Amanischen und die Syrischen Thore
nach Syrien führten, Adana, Soloi,
Seleukeia und Korakesion. Die
Einwohner waren semitischen Stammes
und wurden in sehr früher Zeit vom assyrischen Reich unterjocht, während an
der Küste die Phöniker Niederlassungen
gründeten. Nach dem Sturz des assyrischen Reichs (606 v. Chr.) wurde K. unter der Dynastie der Syennesis ein
selbständiges Königreich, welches seine
Herrschaft auch über das südliche Kappa-

bokien und Isaurien ausdehnte und auch unter persischer Oberhoheit fortbestand; in diese Zeit fielen die griechischen Kolonisationen an der Küste, von denen aus das Land mehr und mehr hellenisiert wurde. Um 400 war das persische Vasallenreich auf das eigentliche K. beschränkt. In der Zeit der Diadochen war es ein ewiger Zankapfel zwischen Ägypten und Syrien, dem es zuletzt blieb, und ward zeitweise auch von Mithridates und Tigranes erobert und verwüstet. In dieser Zeit der Wirren entwickelte sich das Seeräuberunwesen besonders im westlichen K., von wo aus das ganze Mittelmeer gebrandschatzt wurde. Pompejus unterbrückte dasselbe 67 und machte K. 63 zu einer römischen Provinz; nur in den östlichen Gebirgsthälern behaupteten sich noch längere Zeit freie Kilikier.

Killa, Stadt in Äolien, s. Äolier.

Kimmérier, bei Homer ein fabelhaftes Volk, das im äußersten Westen am Okeanos, ewig in Nebel und Finsternis eingehüllt, wohnt (daher »kimmerische Finsternis«). Die historischen K. waren ein nomadisches Räubervolk, welches an der Nordküste des Schwarzen Meers wohnte; sie bemächtigten sich anfangs des 7. Jahrh. v. Chr. Sinopes in Kleinasien und überzogen von da aus Kleinasien, namentlich Lydien, mit verheerenden Kriegszügen. Um 650 plünderten sie Sardes und fielen auch in Jonien ein, belagerten Ephesos und zerstörten Magnesia, bis sie von den Lydiern aufgerieben wurden.

Kimon (Cimon), berühmter Athener, Sohn des Miltiades und der thrakischen Fürstentochter Hegesipyle, Enkel des unter Peisistratos aus Athen vertriebenen und von dessen Söhnen ermordeten K., geb. 504 v. Chr., verlebte eine traurige Jugend, da sich wegen der Geldstrafe von 50 Talenten, zu der sein Vater 489 verurteilt wurde, und die K. nach Miltiades' Tod nicht bezahlen konnte, die Atimie auf ihn forterbte, bis er durch die Verbindung seiner Halbschwester Elpinike mit dem reichen Kallias die Summe erhielt. Geläutert durch das Unglück, entsagte er dem frühern leichtsinnigen Leben und erwarb sich in den Kämpfen gegen Xerxes durch Beweise

von Mut und kriegerischer Befähigung die Achtung des Volks und die Freundschaft des Aristeides, dem er an Wahrheitsliebe und Gerechtigkeit ähnlich war. Beide wurden nach Besiegung der Perser an die Spitze der athenischen Flotte gestellt und erwarben sich das Verdienst, die mit den Spartanern unzufriedenen Bundesgenossen für Athen und für bessen Hegemonie zu gewinnen. K. eroberte die persische Feste Eion, unterwarf die durch Seeräuberei ihrer Bewohner berüchtigte Insel Skyros und brachte von da die Gebeine des Theseus nach Athen. 465 errang er den berühmten Doppelsieg am Eurymedon, indem er die Flotte und das Landheer der Perser vernichtete und auch noch eine zu Hülfe eilende phönikische Flotte zerstreute, eroberte die Thrakische Chersones und bezwang 462 das abgefallene Thasos. Er stand nun im vollen Glanze seines Ruhms und war seit Themistokles' Verbannung und Aristeides' Tode der mächtigste Mann in Athen. Er stand auf Seite der konservativen Partei und suchte durch weise Mäßigung den Frieden im Innern zu erhalten sowie durch den Bund mit den übrigen Hellenen, namentlich mit Sparta, die Machtentfaltung Griechenlands gegen die Perser zu steigern. Deswegen wurde er von der demokratischen Partei angefeindet; nachdem eine Anklage gegen ihn wegen Bestechung durch Freisprechung vereitelt worden, gelang es seinen Gegnern, als das auf Kimons Rat den Spartanern während des dritten Messenischen Kriegs zu Hülfe geschickte Heer schmählich zurückgewiesen wurde, 461 seine Verbannung durch den Ostrakismos durchzusetzen. Wohin er sich begab, ist unbekannt. Kurz vor der Schlacht bei Tanagra, als Athens Lage eine bedrängte war, erschien er 457 wieder, um am Kampf teilzunehmen. Da man aber seine patriotische Absicht verdächtigte, verließ er das Heer, nachdem er seine politischen Freunde zu hingebender Tapferkeit ermahnt hatte. Die Niederlage der Athener und ihr Wunsch, mit Sparta Frieden zu schließen, veranlaßten Perikles 454, Kimons Zurückrufung zu beantragen, und derselbe brachte 450 einen fünfjährigen

Waffenstillstand zwischen Athen und Sparta zustande, worauf er die Athener bewog, ihm zur Wiedereroberung von Kypros eine Flotte von 140 Schiffen anzuvertrauen. Während der Belagerung von Kition starb K. auf Kypros 449; nach seinem Tod noch errang die Flotte seinen Befehlen gemäß über die Perser den Sieg bei Salamis. Er wurde in Athen bestattet und ihm daselbst ein Denkmal errichtet; er war ein Mann von reinster Vaterlandsliebe, ohne Selbstsucht, fein gebildet, leutselig und freigebig. Der sogen. »Kimonische Friede« ist von K. jedenfalls nicht abgeschlossen worden, da K. stets für die Fortsetzung des Kriegs mit Persien war, und bezeichnet nur den thatsächlichen Friedenszustand, der nach Kimons Siegen zwischen Griechenland und Persien eintrat und dem Zeitalter der Perserkriege ein Ende machte.

Kineas, griech. Redner, aus Thessalien gebürtig, Schüler des Demosthenes, trat in die Dienste des Königs Pyrrhos von Epeiros, dem er durch seine diplomatische Gewandtheit so viel nützte, daß Pyrrhos zu sagen pflegte, K.' Beredsamkeit habe mehr Städte gewonnen als sein Heer. Als Pyrrhos den Zug nach Italien beschloß (280 v. Chr.), sandte er K. mit 3000 Mann nach Tarent voraus und schickte ihn nach der Schlacht bei Herakleia mit Friedensanträgen an den römischen Senat, den K. als eine »Versammlung von Königen« bezeichnete. Doch waren seine Bemühungen um den Frieden vergeblich, ebenso 279, als er römische Kriegsgefangene nach Rom geleitete. Er wurde darauf nach Sicilien geschickt, um mit den dortigen Städten Unterhandlungen anzuknüpfen, und ist da wohl gestorben.

Kirkesion (Circesium), feste Stadt in Mesopotamien am Einfluß des Chaboras (Chabur) in den Euphrat; es wurde im 3. Jahrh. n. Chr. als Grenzfestung gegen die Perser von den Römern an Stelle der alten Ortschaft Phagila angelegt. Ob es identisch ist mit dem Karchemis der Bibel, wo Nebukadnezar 605 v. Chr. den König Necho von Ägypten besiegte, ist zweifelhaft.

Kirmân, s. Karamanien.

Kirrha, Stadt in Phokis am Kri-

säischen Meerbusen, Hafen von Krisa und nach dessen Zerstörung (um 590 v. Chr.) von Delphi.

Kisil Irmak, s. Halys.

Kissabos, s. Ossa.

Kissia, alter griech. Name der Landschaft Elam oder Susiana, nach dem Volk der Kissier oder Kossäer (s. b.).

Kithäron (Cithäron, jetzt Elateas), ein waldbedeckter Bergrücken an der Grenze von Böotien, Attika und Megaris, 1410 m hoch, durch den Paß von Phyle von dem östlichen Parnes getrennt; an seinem Nordabhang entsprangen die Flüsse Asopos und Oeroe; im S. der eleusinische Kephisos.

Kition (Kittim, »Stadt der Chetiter«, jetzt Kiti), eine der Hauptstädte der Insel Kypros, an der Südostküste, Phönisien gegenüber, von diesem besetzt und blühend durch Handel und Schiffahrt, stand unter eignen Fürsten, welche auch unter assyrischer, syrischer und persischer Fremdherrschaft fortregierten. Bei der Belagerung von K. starb der Athener Kimon 449 v. Chr.

Klazomenä (Clazomenæ), eine der zwölf ion. Städte in Kleinasien, an der Südküste des Hermäischen oder Smyrnäischen Meerbusens, teils auf einer kleinen Gestadeinsel, teils auf dem gegenüberliegenden Festland gelegen; beide Teile wurden in der makedonischen Zeit durch einen Damm verbunden. Der Philosoph Anaxagoras war hier geboren.

Klearchos, spartan. Heerführer, befehligte im zweiten Teil des Peloponnesischen Kriegs mehrmals spartanische Flottenabteilungen, ward nach dem Krieg von den Spartanern der Stadt Byzantion als Feldherr empfohlen, warf sich aber 403 v. Chr. zum Tyrannen der Stadt auf und wurde von den Spartanern deshalb vertrieben. Er ward darauf für den jüngern Kyros ein griechisches Söldnerheer, an dessen Spitze er Kyros auf seinem Zug nach Persien begleitete und in der Schlacht bei Kunara 401 siegreich kämpfte, während Kyros unterlag und fiel. Er leitete den Rückzug der Zehntausend bis zum Zabatos, fand aber hier mit vier andern Heerführern und vielen Soldaten durch bie Hinterlift des Tiffapherenes feinen Untergang.

Kleifthenes (Klifthenes), 1) Ty= rann von Sikyon, aus dem Haus der Orthagoriden, unterbrückte die dorischen Einwohner, gewann die Priefterschaft des belphischen Orakels für sich, indem er im erften Heiligen Krieg (600—590 v. Chr.) die Delphi feindliche Stadt Krifa zerftörte und die Pythischen Spiele erneuerte, und lud als Sieger zu Olympia (582) alle Hellenen nach Sikyon ein, sich um seine Tochter Agarifte zu bewerben. Bei der glänzenden Feftfeier verscherzte sich der bisher begünftigte Freier Hippokleides aus Athen burch einen unanftänbigen Tanz die Hand der Agarifte, bie dem Alkmäo= niden Megakles zu teil wurde. K. ftarb 570.

2) **Athener**, Sohn des Megakles und ber Agarifte, Enkel des vorigen, bewog als Haupt der Alkmäoniben burch ben Einfluß ber biesen günftig gefinnten bel= phischen Priefterschaft ben Spartaner= könig Kleomenes, ihm 510 v. Chr. bei der Vertreibung des Peififtratiden Hippias aus Athen behülflich zu fein, und ftellte barauf 509 die Solonifche Verfaffung wie= ber her, jeboch mit einigen Anberungen in bemokratischem Sinn, indem er die alten Phylen aufhob und das Volk in zehn neue einteilte, die Mitgliederzahl bes Rats auf 500, die Zahl der Volks= verfammlungen auf 10 erhöhte, die Be= fetzung ber Ämter burch bas Los und ben Oftrakismos (»Scherbengericht«) ein= führte sowie zahlreiche Metöken in die Bürgerschaft aufnahm. Durch ben oli= garchifchen Staatsftreich bes Ifagoras mit Hülfe bes Kleomenes aus Athen ver= trieben, kehrte er noch in bemfelben Jahr (507) zurück, wurde aber wegen eines fchimpflichen Bündniffes mit bem perfifchen Satrapen von Sarbes, Arta= phernes, 505 burch ben Oftrakismos ver= bannt.

Kleitos (Clitus), 1) ber Schwarze, Sohn bes Dropibas, Feldherr Alexanders b. Gr., beffen Amme feine Schwefter Hellanike gewesen war, rettete bem Kö= nig in ber Schlacht am Granikos (334 v. Chr.) bas Leben und warb nach Phi= lotas' Tob nebft Hephäftion zum Befehls=

haber ber Leibwache, fpäter zum Satrapen von Baktrien ernannt, reizte aber 328 bei einem Gelage in Marakanda, als Schmeichler ben König übermäßig prie= fen, burch feine fpöttifchen Reben Alexan= ber zu folchem Jähzorn, baß biefer ihn mit einem Lanzenwurf tötete.

2) **Der Weiße**, einer von Alexanbers b. Gr. Phalangenführern, führte 323 v. Chr. unter Krateros die Veteranen nach Makedonien zurück, befehligte im Lami= fchen Krieg 322 die makedonifche Flotte und befiegte die Athener bei Amorgos und bei ben Echinabifchen Jnfeln. Bei ber Tei= lung, die zu Triparabeifos 321 vorgenom= men wurde, erhielt er die Satrapie Lybien, wurde aber 319 von Antigonos vertrieben und trat in Polyfperchons Dienfte. Als Flottenführer beSfelben fchlug er bie ver= einigte Flotte beS Antigonos u. Kaffanbros bei Byzantion, erlitt aber burch Unvorfich= tigkeit am folgenben Tag eine Nieberlage und verlor auf ber Flucht bas Leben (318).

Kleombrötos, König von Sparta, Sohn bes Paufanias, ber 394 v. Chr. aus Sparta vertrieben wurde, folgte 380 feinem Bruber Agefipolis I. in ber Herr= fchaft und befehligte nach ber Vertreibung ber Spartaner aus ber Kabmeia die erfte (378) und die vierte (376) erfolglofe Ex= pebition gegen Theben. 375 eilte er ben von ben Thebanern bebrängten Phokern zu Hülfe und befreite fie, verlor aber 371 in ber Schlacht bei Leuktra gegen Epa= meinonbas Schlacht und Leben.

Kleomenes, Name mehrerer fpartan. Könige: 1) K. I., Sohn bes Anaran= bribas, kühn, energifch, klug und ge= wanbt in kurzer, nachbrücklicher Rebe, aber ftolz und tyrannifch, unternahm 520 v. Chr. einen Zug gegen Argos und ließ 6000 Argeier niebermetzeln. 510 be= fehligte er die Spartaner, welche auf ben Rat bes belphifchen Orakels ben Alkmäo= niben nach Attika zu Hülfe zogen, um die Peififtratiben zu ftürzen. Als aber hierdurch ganz gegen bie Abficht bes K. bie Demokratie zur Herrschaft gelangte, rückte er mit ein paar hundert Spar= tiaten wieder in Attika ein, befetzte die Akropolis und vertrieb Kleifthenes und 700 bemokratifch gefinnte Familien, wor=

auf Jsagoras einen oligarchischen Rat von 300 Mitgliedern bildete. Aber infolge eines Aufstands der Athener ward K. in der Akropolis eingeschlossen und durch Hunger zu schimpflichem Abzug gezwungen. Um sich zu rächen, führte er 507 ein peloponnesisches Heer gegen Attika und verwüstete Eleusis; indes der Widerspruch seines Mitkönigs Demaratos und der Korinthier nötigte ihn zur Rückkehr. Den Milesier Aristagoras, der 500 in Sparta um Unterstützung des ionischen Aufstands bat und große Summen Geldes für dieselbe bot, wies K., von seiner neunjährigen Tochter Gorgo gewarnt, ab. Als 492 ein Kriegszug gegen Ägina, das den Gesandten des Perserkönigs Erbe u. Wasser gegeben hatte, infolge der Umtriebe des Demaratos scheiterte, brachte er gegen denselben die Klage vor, er sei nicht der echte Sohn des Königs Ariston, und da das von ihm bestochene delphische Orakel die Klage bestätigte, wurde jener verbannt; als jedoch die Bestechung bekannt wurde, mußte K. nach Thessalien fliehen. Als er dann nach Arkadien ging und hier die Einwohner zum Aufstand gegen Sparta aufreizte, riefen ihn die Spartaner, hierdurch erschreckt, zurück; er verfiel aber bald darauf in Wahnsinn und tötete sich selbst auf gräßliche Weise. Da er keine Söhne hinterließ, folgte ihm sein jüngerer Bruder, Leonidas I., der Held von Thermopylä.

2) K. III., Sohn des Königs Leonidas II. und der Kratesikleia, einer der ausgezeichnetsten spartanischen Frauen, übernahm 235 v. Chr. im Alter von 19 Jahren das Königtum. Mit Agiatis, der Witwe Agis' III., vermählt, beschloß er, den Plan desselben, den Staat zu reformieren, der 240 gescheitert war, wiederaufzunehmen. Es kam dabei vor allem darauf an, die Macht im Staate den Ephoren zu entreißen und wieder dem Königtum zu übertragen, ferner durch eine neue Verteilung des Grundbesitzes und Aufnahme von Periöken eine zahlreiche, tüchtige Vollbürgerschaft zu bilden. Durch ruhmvolle Kriegsthaten gedachte er zuerst das königliche Ansehen zu heben. So besiegte er 226 das Heer des Achäischen Bundes beim Berg Lykäon und vereitelte den Versuch des Aratos, die den Spartanern verbündeten arkadischen Städte für sich zu gewinnen; 225 ließ er die der Reform abgeneigten Bürger im Lager in Arkabien zurück, zog plötzlich nach Sparta, tötete vier Ephoren und hob das Ephorat auf, verbannte 80 angesehene Bürger und erließ ein Gebot, wonach alle Schulden aufgehoben und der Grundbesitz neu geteilt werden sollte. Er nahm eine Anzahl Periöken in die Zahl der Spartiaten auf, stellte die altspartanische Jugenderziehung und die Syssitien wieder her und gab durch Einfachheit und Strenge gegen sich selbst dem Volk ein Beispiel echt spartanischen Lebens. Um der neuen Staatsordnung Achtung zu verschaffen, erneuerte er den Kampf mit dem Achäischen Bund. Er verheerte das Gebiet von Megalopolis, gewann Mantineia und Tegea und schlug die Achäer bei Hekatombäon unweit Dyme; auch Argos und Korinth schlossen sich ihm an. Aber Aratos rief 223 den makedonischen König Antigonos Doson zu Hülfe, der K. zum Rückzug zwang und Argos und Arkadien besetzte. Zwar gelang es K., 222 Mantineia zu erobern und zu zerstören und, nachdem er viele Heloten freigelassen, ein Heer von 20,000 Mann zu sammeln; aber die erwartete ägyptische Hülfe blieb aus, und so unterlag er 221 in der Schlacht bei Sellasia nach einem langen und heißen Kampf. Er flüchtete nach Ägypten, um bei Ptolemäos Euergetes Hülfe zu suchen, während Antigonos in Sparta die alten Zustände wiederherstellte. Aber Euergetes starb, ehe er die versprochene Hülfe leisten konnte; sein Nachfolger Philopator kümmerte sich, in Lüsten versunken, nicht um K., ja ließ ihn wegen Spöttereien über seine Lebensweise gefangen setzen. K. entkam und rief das Volk von Alexandreia zur Freiheit; dies blieb aber unthätig, und da die Besetzung der Burg mißlang, gab sich K. mit seinen Genossen selbst den Tod (220). Philopator ließ seine Leiche in eine Haut nähen und aufhängen, seine Familie hinrichten.

Kleon, athen. Demagog, Sohn des Kleänetes, von dem er eine durch Sklaven betriebene Gerberei erbte, trat bei Beginn des Peloponnesischen Kriegs, als das Volk mit Perikles unzufrieden war, mit dem Antrag auf, denselben zur Rechenschaft zu ziehen, unterlag aber schließlich dem Ansehen des berühmten Mannes. Erst nach dessen Tod (429 v. Chr.) gelang es ihm, über alle Mitbewerber um die Volksgunst den Sieg davonzutragen: ungebildet und roh, aber begabt mit natürlicher Beredsamkeit, rücksichtslos in der Wahl seiner Mittel, schmeichelte er bald den Leidenschaften und gemeinen Gelüsten des Volks, das er überdies durch Erhöhung des Richtersolds für sich gewann, bald ängstigte er es durch Gerüchte von Verschwörungen, entstellte mit unerhörter Frechheit die Wahrheit, berief sich bei seinen Vorschlägen nicht selten auf göttliche Eingebungen, prahlte mit seinen Verdiensten um die Demokratie und verfolgte Andersgesinnte mit pöbelhaftem Spott oder mit groben Schimpfreden; einflußreiche Gegner beseitigte er durch das Unwesen der Angeber (Sykophanten). Um diese Herrschaft über das Volk zu behaupten, verhinderte er eine Versöhnung mit Sparta und hetzte zur Fortsetzung des Kriegs, indem er die Athener über die Kräfte des Staats täuschte. Zum Unglück Athens war das Haupt der Gemäßigten, der edle, aber furchtsame, vorsichtige Nikias, kein ihm gewachsener Gegner. Nach der Unterwerfung von Lesbos (427) verleitete er das Volk zu dem übereilten (nachher zurückgenommenen) Entschluß, alle erwachsenen Lesbier zu töten. Als 425 die Spartaner wegen der Einschließung von 420 Spartanern auf Sphakteria Athen den Frieden antrugen, war es K., der dessen Abschluß hintertrieb und, auf seinen Gegner Nikias anspielend, erklärte, einem tüchtigen Feldherrn müsse es ein Leichtes sein, sich der wenigen Spartaner zu bemächtigen; wäre er Stratege, würde er sich dazu anheischig machen. Man nahm ihn beim Wort, und er sah sich wider Willen genötigt, die Befehlshaberstelle anzunehmen; großsprecherisch verkündete er, er werde die Spartaner binnen 20 Tagen lebend oder tot in seiner Gewalt haben. Wirklich ging dies Versprechen, freilich nur durch das Verdienst seines tüchtigen Mitfeldherrn Demosthenes, in Erfüllung. Trunken von dem unverdienten Feldherrnruhm, zog K. 422 in der Hoffnung, gegen den spartanischen Feldherrn Brasidas ebenfalls glücklich zu sein, mit einer beträchtlichen Anzahl Fußvolk und Reiterei nach Thrakien, verlor aber in der Schlacht bei Amphipolis Sieg und Leben. Aristophanes hat ihn in den »Rittern« scharf, aber gerecht verspottet.

Kleonä (Cleonæ), Stadt im nordwestlichen Argolis, auf der Straße von Argos nach Korinth nördlich vom Gebirge gelegen, erst nach dem Peloponnesischen Krieg von Argos unterworfen und zur Zeit des Achäischen Bundes wieder selbständig. In ihrem Gebiet lag Nemea (s. d.).

Kleonymos, Sohn des spartan. Königs Kleomenes II., machte nach dem Tode seines Vaters (310 v. Chr.) Ansprüche auf die Königswürde, wurde aber, weil er für gewaltthätig und despotisch galt, vom Thron ausgeschlossen, der seinem Neffen Areus I. zufiel. Um ihn zu entfernen, übertrugen ihm die Ephoren den Befehl über eine Söldnerschar, welche den Tarentinern gegen die Lukaner zu Hülfe geschickt wurde. K. kämpfte zwar glücklich, machte sich aber durch Erpressungen lästig. 303 bemächtigte er sich Korkyras, griff, als Tarent Frieden schloß, Unteritalien an, wurde aber von den Römern verjagt und nach Oberitalien verschlagen, wo er 302 Heer und Flotte verlor. Er kehrte nun nach Sparta zurück, machte 293 einen erfolglosen Zug nach Böotien gegen Demetrios Poliorketes und rief 272, als ihm seine Gattin Chelidonis um des jugendlichen Akrotatos, des Sohns des Königs Areus, willen, untreu wurde, Pyrrhos von Epeiros nach dem Peloponnes, in dessen Begleitung er als Feind in Sparta erschien, es aber nicht einnehmen konnte. Seitdem verschwand er.

Kleopatra, Königin von Ägypten, älteste Tochter des Königs Ptolemäos Auletes, wurde 52 v. Chr., 17 Jahre alt, durch das Testament desselben zur Mitregentin und Gemahlin ihres erst neunjährigen Bruders Ptolemäos XII. bestimmt, aber von dessen allmächtigem

Alte Geschichte.

18

Günstling Achilles 48 vertrieben. Sie floh nach Syrien und sammelte hier ein Heer, um Ägypten wiederzuerobern, als Cäsar nach Pompejus' Tod nach Ägypten kam und die Vermittelung zwischen den Geschwistern übernahm. K. gewann durch ihre Schönheit Cäsar, den sie in Alexandreia persönlich aufsuchte, völlig für sich, so daß er sich für die Aufrechterhaltung des Testaments aussprach und, als Ptolemäos XII. im Kampf mit ihm umgekommen, ihr und ihrem jüngsten Bruder, mit dem sie sich vermählen sollte, die Regierung übertrug. Sie hielt Cäsar durch die Macht ihrer Reize noch mehrere Monate in Alexandreia fest, bereitete ihm schwelgerische Feste und fuhr mit ihm auf einem Prachtschiff den Nil aufwärts, um ihm die Wunder des Landes zu zeigen. Ein Sohn, den sie 47 gebar, wurde von Cäsar anerkannt und Cäsarion genannt, und 46 kam sie selbst nach Rom, wo sie in Cäsars Garten wohnte und ihre Freunde und Bundesgenossen Roms aufgenommen wurde. In den Kriegen nach Cäsars Tod unterstützte sie die Triumvirn, wurde aber, weil ihr Statthalter von Kypros, Serapion, Cassius begünstigt hatte, von Marcus Antonius nach der Schlacht bei Philippi nach Kilikien zur Verantwortung geladen. Sie erschien 41 vor Antonius als Aphrodite und erlangte durch ihre Erscheinung und ihre verführerische Liebenswürdigkeit eine unbedingte Herrschaft über ihn. Indem sie ihn in Schwelgerei und Unthätigkeit verstrickte, ward sie die Hauptursache seines Untergangs. Antonius war fortan stets in ihrer Begleitung, meist in Alexandreia, verstieß ihretwegen Octavia und schenkte ihr und ihren Kindern mehrere Provinzen des Ostens, was den Senat veranlaßte, Antonius den Krieg zu erklären. In der Schlacht bei Actium 31 ergriff K. mit ihren 60 Schiffen zuerst die Flucht, trieb in Ägypten den willenlosen Antonius durch die falsche Nachricht von ihrem Selbstmord in den Tod, endete aber, als es ihr nicht gelang, Octavianus durch ihre Reize zu bestricken, als die letzte Königin der Ptolemäischen Dynastie ihr Leben 30 durch Gift (vielleicht durch die Bisse einer giftigen Natter), um nicht den Triumph des Siegers verherrlichen zu müssen.

Klerüchen, die attischen Kolonisten, welche in einem unterworfenen Land angesiedelt wurden und Landgüter als erbliche Besitztümer (Kleroi) erhielten. Sie behielten ihr athenisches Bürgerrecht und konnten die Güter auch verpachten, um in Athen zu bleiben oder vorübergehend ihr Bürgerrecht auszuüben. Die Kleruchien standen unter Oberaufsicht Athens, und die K. waren zum Kriegsdienst verpflichtet. Die ersten K., 4000 ärmere Bürger, wurden nach der Unterwerfung von Chalkis (507 v. Chr.) nach Euböa geschickt. Andre Kleruchien wurden auf Lesbos, Skyros, der Chersones, Andros zc. gegründet. Infolge der Niederlage Athens im Peloponnesischen Kriege gingen alle verloren, und nur vorübergehend wurden im 4. Jahrh. neue ausgesendet. s. Kleisthenes.

Klisthenes, s. Kleisthenes.

Knemis, niedriger bewaldeter Gebirgsrücken in Mittelgriechenland, Fortsetzung des Ota südlich vom Malischen Meerbusen, nach dem die »epiknemidischen« Lokrer benannt wurden.

Knidos (bei den Römern Gnidus), Stadt in Karien, auf dem westlichen Ende einer schmalen, weit ins Meer vorspringenden Halbinsel in der Nähe des Vorgebirges Triopion gelegen, auf dem im Heiligtum des Apollon die Bundesversammlungen und Festfeiern der dorischen Städte Kariens abgehalten wurden. K. war von den Lakedämoniern gegründet worden, hatte zwei durch einen Kanal verbundene Häfen und war eine blühende Handelsstadt. Berühmt war die nackte Statue der hier besonders verehrten Aphrodite von Praxiteles, die einen ihrer Tempel schmückte. 394 v. Chr. besiegte Konon mit einer persischen Flotte den Spartaner Peisandros bei K. Bei dem jetzigen Kavo Krio finden sich noch ansehnliche Trümmer von mehreren Tempeln und drei Theatern.

Knosos (Knossos, bei den Römern Gnossos, Ruinen beim jetzigen Makrotichos), alte Stadt auf Kreta, im mittlern Teil der Insel in der nördlichen Küstenebene 4 km vom Meer gelegen, mit dem

Hafenplatz Mation oder Herakleion, jetzt Kandia. K. war die Residenz des Königs Minos und Hauptsitz des Kultus des kretischen Zeus. 68 v. Chr. ward die Stadt im Seeräuberkrieg von Metellus Creticus erobert und zur römischen Kolonie gemacht.

Ko, f. Kos.

Kodros (Cobrus), letzter König von Athen, Sohn des Neliden Melanthos, begab sich der sagenhaften Überlieferung zufolge, als bei einem Einfall der Dorier in Attika 1068 v. Chr. das Orakel erklärte, der Teil würde siegen, dessen König falle, als Bauer verkleidet in das Lager der Feinde, fing dort Streit an und ward unerkannt erschlagen, worauf die Dorier, am Sieg verzweifelnd, abzogen. Unter dem Vorwand, es sei niemand würdig, K. als König zu folgen, hoben die Eupatriden das Königtum auf und wählten seinen Sohn Medon nur zum lebenslänglichen Archon.

Kokytos (Cocytus), f. Acheron.

Kolchis, das Ziel des Argonautenzugs (f. b.), die vom Phasis oder Rhion durchströmte fruchtbare, aber sumpfige Niederung an der Ostseite des Pontos Eureinos, südlich vom Kaukasos, von den Kolchiern bewohnt, einem Volk, das Herodotos wegen seines krausen Haars, seiner schwärzlichen Hautfarbe und der Sitte der Beschneidung und des Flachsbaus für Ägypter erklärte, die vielleicht zur Zeit der Herrschaft der Assyrer über Ägypten (672—655 v. Chr.) borthin verpflanzt wurden. Zur Perserzeit wurde auch das Bergland zu K. gerechnet, welches einen Tribut von schönen Knaben und Mädchen an den Hof zu liefern hatte. Die Milesier legten an der Küste die Kolonien Phasis, Dioskurias und Pityos an. Später bildete K. eine Provinz des pontischen, seit Trajanus des römischen Reichs. In dieser Zeit verschwanden Volk und Name der alten Kolchier, und die kaukasischen Lazen bildeten das herrschende Volk, welches im 5. Jahrh. u. Chr. das Königreich Lazika gründete.

Kölesyrien (»das hohle Syrien«, Coelesyria), griech. Bezeichnung der von den Syrern selbst Bika (»Thal«) genannten Thalmulde zwischen dem Libanon und Antilibanos, welche vom Orontes und Lita durchströmt wird. Hauptstadt war Heliopolis (Baalbek). In der Römerzeit ward der Name Coelesyria auch auf die Thallandschaften östlich vom Antilibanos, ja auf das ganze Gebiet bis zum Euphrat ausgedehnt.

Kolophon, eine der zwölf ionischen Städte an der Küste Lydiens, nördlich von der Mündung des Kaystros, 20 Stadien vom Meer entfernt, aber mit ihrem Hafen Notion durch Mauern verbunden; sie war bedeutend durch ihre Seemacht und ihre vortreffliche Reiterei. In der Nähe lag bei Klaros das berühmte Orakel des klarischen Apollon. Von der Stadt K. hat das Kolophonium den Namen.

Komāna, Stadt in Kappadokien am Pontos im obern Iristhal, zum Unterschied von der gleichnamigen Stadt im südlichen Kappadokien das »pontische« genannt, Mittelpunkt des Handels nach Armenien, berühmt durch einen Tempel der Göttin Ma (Artemis), der Hauptwallfahrtsort und Mittelpunkt eines mächtigen Priesterfürstentums war; 6000 meist weibliche Hierodulen versahen den Dienst der bewaffneten Göttin und feierten sie durch orgiastische Waffentänze.

Komitien (Comitia), die röm. Volksversammlungen, nach Comitium, dem in Rom zwischen dem Forum und der Kurie gelegenen, für Volksversammlungen bestimmten Ort, benannt. Sie übten die Volksgewalt oder die Hoheitsrechte aus, während dem Senat die Vorberatung der Vorlagen an das Volk und die Entscheidung über die Verwaltungssachen, den Magistraten die Ausführung der von Volk und Senat gefaßten Beschlüsse zustand. Man unterschied drei Arten von K.: 1) Kuriatkomitien (Comitia curiata), die Volksversammlung der Patricier, welche in 30 Kurien zerfielen und bis zur Servianischen Verfassung allein das römische Volk bildeten. Sie wählten den König, stimmten nach Kurien über die vom König gestellten Anträge mit Ja oder Nein ab und entschieden in Provokationsfällen. Nach der Einsetzung der Centuriatkomitien hatten sie das Recht, die Beschlüsse dieser, später auch die der Tributkomitien zu bestätigen, bis dasselbe 286 v. Chr. auf eine leere Förmlichkeit beschränkt wurde, und berieten die besondern Angelegenheiten des Patricierstands, wie Testamente, Adoptionen, Sakralsachen u. a. Nach dem Aufhören des politischen Gegensatzes zwischen Patriciern und Plebejern verloren die Kuriatkomitien jede Bedeutung und wurden durch 30 Liktoren als Vertreter der 30 Kurien abgehalten.

2) Centuriatkomitien (Comitia centuriata), so genannt nach den 193 Centurien, in welche durch die Servianische Verfassung die ganze Bürgerschaft der Patricier und Plebejer, der populus romanus, geteilt wurde (s. Centurie). Sie erhielten die Wahl der Magistrate, die Gesetzgebung, die Entscheidung in Provokationsfällen und Kapitalsachen und den Beschluß über Krieg und Frieden übertragen. Den Vorsitz führten die Konsuln. Zur Verhandlung kamen nur solche Anträge, über welche der Senat bereits einen Vorbeschluß (senatus auctoritas) gefaßt hatte. Die Abstimmung geschah nach Centurien, und zwar stimmten die Centurien der ersten Klasse der reichern Bürger, welche auch die meisten Centurien zählte, zuerst, wodurch das Übergewicht der Wohlhabenden gesichert war; denn die Rittercenturien und die Centurien der ersten Klasse hatten mit ihren 98 Stimmen allein die Majorität. Im 3. Jahrh. wurde dies Verhältnis zu Gunsten der untern Klassen geändert, indem eine neue Centurieneinteilung vorgenommen wurde. Fortan bildete nämlich jede der 35 Tribus (Gaue) für jede der fünf Klassen je zwei Centurien, eine seniores und eine juniores, so daß jede der fünf Vermögensklassen 70 Centurien zählte, die zusammen mit den Rittercenturien und den einzelnen Centurien 373 Centurien oder Stimmen ausmachten, so daß also der erste Klasse mit den Rittern von 373 nur 88 Stimmen hatte.

3) Tributkomitien (Comitia tributa), ursprünglich Versammlungen der Plebejer oder der Plebs, die bei der Einsetzung des Volkstribunats 493 auch politische Bedeutung erhielten; in ihnen wurde nach den Tribus oder Gauen abgestimmt, in welche Rom und sein Gebiet durch Servius Tullius eingeteilt worden war; man zählte 4 städtische und 26, später 31 ländliche Tribus. Die Tributkomitien erhielten 471 das Recht, die Volkstribunen, die in ihnen den Vorsitz führten, und die Abilen zu wählen, und 448 wurde zuerst bestimmt, daß die Gutachten der Tributkomitien, die sogen. plebiscita, durch welche diese bisher ihre Wünsche und Ansichten über Staatsangelegenheiten ausgesprochen hatten, Gesetzeskraft haben sollten. 338 und 286 wurde dies Gesetz erneuert und in dem letztern Jahr auch das Bestätigungsrecht der Kuriatkomitien für die Beschlüsse der Centuriat- und der Tributkomitien aufgehoben. Beide Komitien waren also fortan souverän. Während den erstern die Wahl der höhern Magistrate vorbehalten blieb, die Tributkomitien nur die niedern, Volkstribunen, Abilen und Quästoren u. a., wählten, erhielten die letztern, in welchen das gesamte Volk, Patricier und Plebejer, nach Tribus abstimmte, also jedes Übergewicht der Reichern beseitigt war und nur die Kopfzahl entschied, dadurch das Übergewicht über die Centuriatkomitien, daß sie das Recht der Initiative hatten, d. h. nicht an einen Vorbeschluß des Senats gebunden waren. Sie hatten einen durchaus demokratischen Charakter und bildeten das Werkzeug ehrgeiziger Volkstribunen, die sie beriefen und abhielten und in ihnen Beschlüsse und Gesetze über alle öffentlichen Angelegenheiten zur Abstimmung bringen lassen konnten, gegen welche namentlich in der letzten Zeit der Republik der Senat sich oft vergeblich sträubte.

Unter den Kaisern wurden die K. für die Gesetzgebung nur selten berufen. Tiberius nahm ihnen auch die Wahl der Beamten, die dem Senat übertragen wurde, so daß ihnen nur die Verkündigung der Gewählten blieb. Gegen Ende des 2. Jahrh. n. Chr. fielen die K. ganz weg.

Kommagene, nordöstlichste Landschaft Syriens am Südabhang des Tauros, zwischen dem Euphrat und dem Amanosgebirge, gehörte zu den vorderasiatischen Reichen Assyrien, Persien und Syrien

und ward unter der Herrschaft der Seleukiden selbständiger Besitz eines Zweigs
dieser Dynastie, welcher sich mit kurzer
Unterbrechung durch römische Okkupa-
tion (17—38 n. Chr.) bis 73 behauptete. Unter Vespasianus ward K. ein
Distrikt der römischen Provinz Syrien
und litt sehr durch Einfälle der Parther
und Perser. Hauptstadt war Samosata
(jetzt Samsat) am Euphrat.

Konon, athen. Flottenführer, war erst
409 v. Chr. mit Alkibiades und Thrasybulos und zum zweitenmal 406 Strateg.
Er erhielt den Oberbefehl über die bei Lesbos stationierte Flottenabteilung, wurde
aber von Kallikratidas geschlagen und in
Mytilene eingeschlossen und erst durch den
Sieg seiner Mitfeldherren bei den Arginusen befreit. Da er an dieser Schlacht nicht
teilgenommen, behielt er seinen Oberbefehl und gebrauchte bei Aigospotamos
405 die Vorsicht, als Lysandros zum
Überfall heransegelte, in der Eile neun
Schiffe zu bemannen, von denen er acht
zu Euagoras nach Kypros rettete. Als 400
zwischen den Spartanern und Persern
ein Krieg ausbrach, bot er letztern seine
Dienste an und ward nach Karien gesandt,
um eine Flotte zu sammeln, mit der er
394 bei Knidos die spartanische Flotte
unter Peisandros vernichtete. Er verwüstete darauf die Küste des Peloponnes und
begab sich 393 nach Athen, wo er die
langen Mauern wiederherstellte. Er wurde
darauf als Gesandter an Tiribazos, den
Satrapen von Kleinasien, geschickt und
von diesem gefangen gehalten, entkam
aber zu Euagoras nach Kypros, wo er
um 390 starb. Vgl. M. Schmidt, Das
Leben Konons (Leipz. 1873).

Konstantinopōlis, die an Stelle des
alten Byzantion (s. b.) vom Kaiser Constantinus I. gegründete neue Hauptstadt
des Römischen Reichs, welche Roma nova
(Neurom) oder nach dem Gründer »Kon-
stantinsstadt« genannt wurde. Am 4. Nov.
326 n. Chr. fand die Grundsteinlegung der
westlichen Ringmauer statt, 11. Mai 330
die feierliche Einweihung der neuen Stadt.
Das ganze Reich wurde seiner besten Kunstschätze beraubt, um die neue Residenz zu
zieren. Die Ansiedelung von Bewohnern

wurde befördert, indem die Bürger Neu-
roms die Vorrechte Altroms erhielten: die
Ratsherren hießen Senatoren, das Bür-
gerrecht gewährte dieselben Vorteil• an
Spenden und Belustigungen. 395 ward die
Stadt die Residenz der oströmischen Kaiser.

Konsuln (lat. Consūles), die zwei
höchsten Magistratspersonen in Rom,
welche nach dem Sturz des Königtums
509 v. Chr. an die Stelle der Könige traten; doch führten sie den Titel K. erst seit
dem Decemvirat (449); bis dahin hießen
sie Prätores oder Judices. Ihr Amt,
das Konsulat, dauerte nur ein Jahr,
und sie konnten nach Ablauf desselben zur
Rechenschaft gezogen werden. Im Frieden hatten sie den Vorsitz und die Leitung
der Verhandlungen im Senat und in den
Centuriatkomitien, die Verwaltung der
Gerichte und die Schätzung der Bürger
und ihre Einteilung in Klassen (den
Census); in Kriegsfällen hatten sie die
Heere auszuheben und den Oberbefehl
zu führen. Diese Geschäfte teilten sie
unter sich oder wechselten in der Führung
von Monat zu Monat ab; bei außerordentlichen Aufträgen hatten sie sich untereinander zu vergleichen, oder das Los
entschied, wenn nicht schon der Senat
den einen oder den andern bestimmt hatte.
Im Krieg führte entweder jeder Konsul
selbständig ein konsularisches Heer von
zwei Legionen und einer gleichen Anzahl
Hülfstruppen, oder beide vereinigten sich
und wechselten von Tag zu Tag im Oberbefehl. Im Frieden hatten sie das Recht,
jeden Bürger verhaften zu lassen und mit
einer Geldstrafe zu belegen; im Krieg empfingen sie mit dem Imperium eine abso-
lute Gewalt und das Recht über Leben
und Tod; doch konnte von einem Konsul an den andern und seit der Einführung der Provokation (509) von den
Maßregeln und Urteilen der K. an das
Volk appelliert werden. Die Wahl der K.
erfolgte in den Centuriatkomitien unter
dem Vorsitz eines Konsuls für das nächste
Jahr, welches nach seinen K. benannt
wurde; der Termin des Amtsantritts
war bis 153 wechselnd, von da ab der
1. Januar. Starb ein Konsul während
seines Amtsjahrs, so wurde ein neuer

(consul suffectus) gewählt. War bei Ablauf der Amtsdauer der K. noch kein neuer gewählt, so ernannte der Senat einen Interrex. Die Ehrenzeichen des Konsulats bestanden in der Sella curulis (dem elfenbeinernen Stuhl), der Toga prætexta (der mit Purpur besetzten Toga), welche Abzeichen auch auf die andern höchsten Magistrate übergingen, und den zwölf Liktoren mit den Rutenbündeln (fasces). Das Konsulat war anfangs den Patriciern allein vorbehalten. Die Plebejer, zu deren Gunsten schon 493 durch die Einsetzung der Volkstribunen, welche kraft ihrer Amtsgewalt K. verhaften und den Senat berufen konnten, das Konsulat in seiner Macht beschränkt war, strebten sehr früh nach Anteil am Konsulat und setzten es schon 445 durch, daß außer den K. Konsulartribunen (tribuni militum consulari potestate) gewählt werden durften und zu diesem Amt Plebejer wählbar sein sollten, was übrigens selten geschah. Eins der 367 angenommenen Licinischen Gesetze bestimmte, daß immer einer der K. ein Plebejer sein sollte; Lucius Sertius Lateranus war 366 der erste plebejische Konsul. Doch wurde aus Anlaß dieser Zugeständnisse von den Patriciern 443 durch Einsetzung der Censur die Schätzung des Volks und 366 durch Einsetzung der Prätur das Richteramt vom Konsulat abgetrennt. Seit 366 war immer einer der K. ein Patricier, der andre ein Plebejer, bis nach dem zweiten Punischen Krieg der Unterschied der beiden Stände ganz verschwand. Die Bedeutung des Konsulats stieg wieder, als ihnen als Prokonsuln seit der Erwerbung auswärtiger Besitzungen ihr Imperium für Verwaltung und Kriegführung in einer Provinz verlängert zu werden pflegte und ferner seit Abschaffung der Diktatur ihnen vom Senat durch die Formel: »Videant consules, ne quid respublica detrimenti capiat« diktatorische Gewalt übertragen werden könnte. In den Zeiten der Bürgerkriege wurde durch den Einfluß der Machthaber und durch außerordentliche Maßregeln die Macht des Konsulats wiederholt beschränkt, ja fast ganz aufgehoben und 52 sogar durch Ernen-

nung des Pompejus zum alleinigen Konsul (consul sine collega) eine wesentliche Eigenschaft des Konsulats beseitigt. In der Kaiserzeit wurde die Ernennung der K. bem Senat übertragen; ihre Amtsgewalt war gering, und das Konsulat sank zu einer bloßen Ehrenstellung herab, die, um sie vielen zugänglich zu machen, alle zwei Monate wechselte; auch die bloßen Ehrenzeichen der K. (insignia ober ornamenta consularia) wurden verliehen. Doch dauerte das Konsulat im weströmischen Reich bis 534, im oströmischen bis 541 n. Chr. fort. Von da ab galt der oströmische Kaiser als consul perpetuus.

Kopaïssee, Sumpfsee im nördlichen Böotien, fischreich, aber flach. Er erhält seine Gewässer vom Kephisos, der von W. her einmündet, aber im Sommer so wenig Wasser hat, daß der ganze westliche Teil des Sees austrocknet, so daß auf dem Boden desselben zweimal gesäet und geerntet werden kann. Seinen Abfluß hatte der See durch unterirdische Spalten im Kalkgebirge der Küste, die sogen.»Katabothren«, nach dem Euböischen Meer, aber nur in der mittlern Höhe des Wasserstands. Die Minyer legten daher, um den See zu verkleinern und die Umgegend vor Überschwemmungen im Winter und Frühjahr zu schützen, einen künstlichen Abzugskanal durch das Gebirge an, welcher aber schon im Altertum infolge von Erdbeben und Verschlammung verstopft wurde.

Köpri = Su, s. Eurymedon.

Korfu, s. Korkyra.

Korinth (Korinthos, Corinthus), berühmte Stadt Griechenlands im nördlichen Peloponnes, Hauptstadt der Landschaft Korinthia, welche durch den Isthmos mit Mittelgriechenland in Verbindung stand; die Landschaft umfaßte außer dem größern Teil der Landenge nur einen kleinen Teil des Peloponnes und war steinig, wasserarm und außer dem: Ölbau wenig ergiebig, aber wegen der Lage an dem Saronischen und dem Korinthischen Meerbusen doch von Bedeutung und für die Entwickelung von Handel und Schiffahrt äußerst günstig. Die Stadt K. lag inmitten der Landschaft unter dem steilen Nord-

abfall der 500 m über der Stadt sich er=
hebenden Felsenburg **Akrokorinthos**,
welche stark befestigt und durch den Besitz
der reichen Quelle Peirene fast uneinnehm=
bar war; ihre Lage am Eingang des Pe=
loponnes war daher von großer strategi=
scher Wichtigkeit. Am Saronischen Meer=
busen hatte K. zwei Häfen, **Kenchreä** und
Schönus, am Korinthischen einen, **Le=
chäon**. Die Fülle der Purpurschnecken am
Saronischen Golfe veranlaßte schon früh
die Phöniker, sich hier anzusiedeln, welche
mehrere Götterkulte, der Athene Phönike,
der Aphrodite (Aschera) und des Meliker=
tes (Melkart), sowie die Kunst der Webe=
rei und des Erzgusses hier begründeten.
Als älteste griechische Bewohner der an=
fangs **Ephyra** genannten Stadt werden
Äolier genannt, deren erster König **Si=
syphos** war. 1074 v. Chr. stürzte der He=
raklide **Aletes** die Herrschaft der Äolier,
und die eingewanderten **Dorier** bildeten
den herrschenden Adel des Staats; auch
in der Sprache wurde der dorische Dialekt
vorherrschend, obwohl Handel und Ver=
kehr eine große nichtdorische Menschen=
menge in K. vereinigten. Unter dem dori=
schen Adel nehmen die **Bakchiaden**, die
Nachkommen des Königs Bakchis, die vor=
nehmste Stelle ein und begründeten auch
nach dem Sturz des Königtums eine
oligarchische Herrschaft von 200 Familien,
aus denen jedes Jahr ein Prytan gewählt
wurde. Mit Hülfe der zahlreichen nicht=
dorischen Volksmenge wurde aber die Oli=
garchie 657 von dem Tyrannen **Kypse=
los** gestürzt, und unter besser und seines
Sohns **Periandros** Herrschaft erreichte
Korinths See= und Kolonialmacht ihre
höchste Blüte. Zahlreiche Pflanzstädte
wurden in den westlichen Meeren gegrün=
det, wie Chalkis am Korinthischen Golf,
Solion und Anaktorion in Akarnanien,
weiter nördlich Ambrakia, Korkyra, Epi=
damnos und Apollonia, ferner Syrakus
auf Sicilien und Potidäa auf Chalkidike.
Eine Kriegsflotte von Trieren wurde ge=
baut, zur Überführung von Schiffen von
Lechäon nach Schönus eine Fahrbahn mit
hölzernen Schienen, der **Diolkos**, über
den Isthmos angelegt, die Töpferscheibe
erfunden, Gewerbe und Kunsthandwerk

eifrig gepflegt und hoch entwickelt. 582
wurde Periandros' Neffe Psammetichos
mit Hülfe der Spartaner gestürzt und die
alte dorische Verfassung wiederhergestellt.
In frühern Zeiten mit Athen befreun=
det, hielt sich K. nach den Perserkriegen,
auf Athens wachsende Seemacht und auf=
blühenden Handel eifersüchtig, zu dem
Bündnis der dorischen Staaten. Nachdem
es bereits 458 einen erfolglosen Krieg
gegen Athen begonnen, hetzte es, gereizt
durch die Einmischung der Athener in
seine Beziehungen zu seinen Kolonien, die
Peloponnesier 431 zu dem Beginn des
großen Kriegs, der mit der Besiegung
Athens endete, aber K. nicht den gehofften
Gewinn brachte, die erste Seestaat von
Hellas zu sein. Vielmehr hatte der Han=
del sehr gelitten, und es mußte sich Sparta
unterordnen, welches einer spartanisch ge=
sinnten Aristokratie die Macht im Staat
übertrug. K. verband sich daher mit Ar=
gos, Theben und Athen zu einer Schild=
erhebung gegen die spartanische Gewalt=
herrschaft, und es entspann sich daraus der
Korinthische Krieg (s. d.), der beson=
ders um und in K. spielte und die Stadt
sehr schädigte. Auch er verschaffte K. nicht
die gewünschte unabhängige Macht, und
nach dem Frieden des Antalkidas wurde
die 392 gestürzte Aristokratie wiederherge=
stellt. 366 bemächtigte sich Timophanes
der Alleinherrschaft, wurde aber von sei=
nem Bruder Timoleon gestürzt und er=
mordet. 337 und 336 wurden in K. die
Versammlungen der Griechen abgehalten,
auf denen die makedonischen Könige Phi=
lipp und Alexander zu Heerführern gegen
Persien ernannt wurden. Unter der ma=
kedonischen Herrschaft waren K. und seine
Burg, eine der »Fesseln Griechenlands«,
stets von einer starken Garnison besetzt;
der Handel ging mehr und mehr in den
Besitz des aufsteigenden Rhodos über.
Eine neue Blüte erlebte K., nachdem es
sich 243 dem Achäischen Bund angeschlos=
sen hatte, der dort seine Bundesversamm=
lungen abhielt. Großartige Prachtbauten
schmückten die Stadt, welche damals allein
½ Mill. Sklaven beherbergt haben soll.
Baukunst und Malerei entwickelten sich
zu schönster Blüte. Nach dem Untergang

des Achäischen Bundes wurde K. 146 von Mummius gänzlich zerstört und lag ein Jahrhundert lang gänzlich öbe; nur einige Tempel und die Burg waren erhalten. Erst 46 stellte sie Cäsar als latinische Kolonie, Colonia Julia Corinthus, wieder her und machte sie zur Hauptstadt der Provinz Achaia und zum Sitz des Prokonsuls; durch Handel und Industrie blühte sie von neuem auf und wurde erst 1858 durch ein Erdbeben gänzlich zerstört. Die neue Stadt K. liegt an der Stelle des alten Lechäon.

Korinthischer Krieg, 395—387v.Chr., wurde von den verbündeten Staaten Korinth, Argos, Theben und Athen begonnen, um die drückende Herrschaft der Spartaner abzuschütteln. Ein Streit zwischen den opuntischen Lokrern, den Verbündeten Thebens, und den von Sparta begünstigten Phokern gab den Anlaß zum Ausbruch des Kampfes, dessen glücklicher Anfang (Niederlage und Tod des Lysandros vor Haliartos 395) zur Bildung eines Bundesrats seitens der genannten Staaten führte, der den Krieg von Korinth aus leiten sollte. Mit persischem Geld unterstützt, rief der Korinthische Bund alle Hellenen zur Freiheit auf. Zwar siegten die Spartaner 394 bei Nemea im Peloponnes und bei Koroneia in Böotien, indes die Früchte dieser Siege gingen durch die Niederlage ihrer Flotte bei Knidos wieder verloren. Der Seeherrschaft beraubt, sahen sich die Spartaner auf den Peloponnes beschränkt, wo sie unter Führung des Agesilaos, von den vertriebenen korinthischen Aristokraten unterstützt, 393 bis 390 mit wechselndem Glück um den Besitz Korinths und des Isthmos kämpften. Der Landkrieg erlahmte bald infolge der Uneinigkeit des Bundes und der Erschöpfung der beiderseitigen Streitkräfte. Nur Athen suchte nach Herstellung seiner langen Mauern mit Eifer und Erfolg seine Hegemonie im Ägäischen Meer wiederherzustellen, erregte aber hierdurch den Argwohn Persiens, das sich Sparta näherte und nach dem Vorschlag des Spartaners Antalkidas auf dem Kongreß zu Sardes 387 die Bedingungen des Friedens vorschrieb, wonach Persien die kleinasiati-

schen Griechen unterworfen und unter der Form, daß alle griechischen Staaten autonom sein sollten, die Übermacht Spartas befestigt wurde.

Korkyra (auch Kerkyra, röm. Corcyra), die nördlichste der Inseln im Jonischen Meer, an der Küste von Epeiros, 588 qkm groß, wird von zwei Bergketten durchzogen, deren nördliche sich im Pantokratoras zu 945 m erhebt. Die Insel war reich an Waldungen, gut bewässert und fruchtbar und lieferte viel Öl, Wein, Salz und Schiffbauholz. Die Hauptstadt lag auf der Ostseite, dem Festland gegenüber und hatte zwei Akropolen (daher später Koryphoi, »die Gipfel«, jetzt Korfu genannt). Die Insel wurde in ältester Zeit von den illyrischen Liburnern bewohnt. Die ersten griechischen Ansiedler waren Jonier aus Eretria, später Korinthier, welche 734 v. Chr. die Insel definitiv besetzten. Durch Handel und Verkehr entwickelte sich die Kolonie, durch ihre das Jonische und Adriatische Meer beherrschende Lage begünstigt, so rasch zu Macht und Blüte, daß sie sich 665 nach einem Seesieg über die Korinthier auf dem Adriatischen Meer, der ersten Seeschlacht in der griechischen Geschichte, von ihrer Mutterstadt losreißen konnte. Unter Periandros war sie aber 625—585 derselben wieder unterworfen. Sie gründete zahlreiche Handelsniederlassungen am Abriatischen Meer. Ein neuer Streit mit Korinth wegen der gemeinschaftlichen Kolonie Epidamnos 434—432 gab den Anlaß zum Peloponnesischen Krieg, während dessen K. auf seiten der Athener stand, aber durch blutige Bürgerkriege zerrüttet wurde, so daß es durch Syrakus vom Handel im Jonischen und Adriatischen Meer verdrängt wurde und mehr und mehr sank. 299 eroberte sie Agathokles und trat sie Pyrrhos von Epeiros ab. Später besetzten sie illyrische Seeräuber, denen sie die Römer 229 entrissen, um ihr die nominelle Freiheit zurückzugeben, bann sie aber mit der Provinz Epirus zu vereinigen.

Koroneia, Stadt in Böotien an der Westseite des Gebirges Tilphossion, Mitglied des Böotischen Bundes, der in der Nähe der Stadt beim Tempel der Athene

Itonia das Bundesfest der Panböotia feierte, war berühmt durch zwei Schlachten, 447 v. Chr., in welcher die Athener von den Böotiern überfallen und besiegt wurden und die Hegemonie über Böotien verloren, und 394, in welcher Agesilaos die Böotier schlug und sich den Weg nach dem Peloponnes bahnte.

Koryphoi (jetzt Korfu), s. Korkyra.

Kos (jetzt Ko oder Stanchio), Insel an der Küste Kariens, am Eingang des Keramischen Meerbusens, ward von dorischen Argeiern, Epidauriern und Megarern besetzt; es war nur teilweise von mäßig hohen Bergen erfüllt und fruchtbar sowie wegen seines vortrefflichen Weins und der feinen, durchsichtigen gewebten Kleidungsstoffe berühmt. Beim Heiligtum des Äsklepios in der Hauptstadt K. war eine berühmte ärztliche Schule, aus der Hippokrates hervorging.

Kossäer (Kussäer), räuberisches Bergvolk im nördlichen Susiana, das nach ihnen bei den Griechen Kissia oder Kyssia, bei den Syrern Schusistan hieß; in ihren rauhen Gebirgen zwischen Medien, Persien und Assyrien behaupteten sie ihre Unabhängigkeit selbst gegen die Perserkönige und wurden erst im Winter 324—323 v. Chr. von Alexander d. Gr. bezwungen.

Krannon, große und reiche Stadt in der thessalischen Landschaft Pelasgiotis, Sitz des Fürstengeschlechts der Skopaden. Hier schlug im Lamischen Krieg (s. d.) Krateros 322 v. Chr. die verbündeten Athener und Ätolier.

Krateros (Craterus), Feldherr Alexanders d. Gr., befehligte im Kriege gegen Persien zuerst einen Teil der Leibwache zu Fuß, dann während des Feldzugs in Indien eine Reiterabteilung und führte auf dem Rückzug einen Teil des Heers auf dem nördlichen Weg durch Arachosien nach Karamanien. Er ward von Alexander wegen seiner Treue und Tüchtigkeit hochgeschätzt und gehörte zu dessen unbedingten Anhängern; bei der Verschwörung des Philotas zeigte er sich besonders verfolgungssüchtig und grausam. 324 v. Chr. erhielt er den Befehl, die Veteranen nach Makedonien zurückzuführen und dort an Antipatros' Stelle, der nach Asien kommen sollte, die

Regierung zu übernehmen. Da aber Alexander starb, ehe K. Europa erreichte, so wurde bei der Verteilung des Reichs unter die Feldherren Makedonien nebst Epeiros und Griechenland K. und Antipatros gemeinschaftlich übertragen, welche ihren Bund noch dadurch befestigten, daß K. nach der Verstoßung seiner ersten Gemahlin, Amastris, die Tochter des Antipatros, Phila, heiratete. Er begleitete darauf Antipatros in den Lamischen Krieg und im Frühjahr 312 in den Krieg gegen Perdikkas in Kleinasien, fiel aber in einer Schlacht gegen Eumenes in Kappadokien.

Kreta (jetzt Kandia), große Insel im S. des Ägäischen Meers, das sie gegen das Mittelmeer abschließt, erstreckt sich von O. nach W. in einer Länge von 255 und in einer Breite von 12—56 km und hat einen Flächeninhalt von 8617 qkm. Sie ist zum größten Teil von Kalksteingebirgen erfüllt, welche nur in der Mitte der Nordabdachung und im W. schmale Küstenebenen übrig lassen, jedoch keine zusammenhängende Kette bilden, sondern in mehrere Berggruppen zerfallen, von denen die Weißen Berge im W. und der Ida (jetzt Psiloritis) in der Mitte zu 2460 m, der Dikte im O. zu 2160 m Gipfelhöhe aufsteigen. Zahlreiche Bäche stürzen in steil abfallenden Querthälern besonders nach N. herab, nur im S. ist ein größeres Längenthal. Die Südseite hat ein heißes, fast afrikanisches Klima; im übrigen ist dasselbe wegen der Verbindung von Gebirgs- und Seeluft sehr gesund. Die Produkte des Pflanzen- und Tierreichs waren ausgezeichnet, namentlich Wein, Öl und Quitten. Die Wälder an den Abhängen der Berge bestanden aus Eichen, Tannen, Zedern und Cypressen; auf den höchsten Felsgraten waren noch vortreffliche Weiden mit aromatischen Kräutern, welche auch berühmten Honig lieferten. Die Ureinwohner hießen Kreter; im W. saßen die Kydoner. Die inmitten der drei Erdteile gelegene, mit zahlreichen guten Häfen versehene Insel wurde schon früh das Ziel seefahrender Völker, und Pelasger, Minyer, Karer und Phöniker ließen sich auf K. nieder. Unter dem sagenhaften König Minos bildete K.

einen mächtigen Seestaat, von dem sich höhere Kultur und viele Götterdienste nach Griechenland verbreiteten, weshalb es in der griechischen Mythologie und Heroensage eine wichtige Rolle spielte und man viele Mythen und Einrichtungen auf K. zurückführte, welches Homer schon »das hundertstädtische« (Hekatompolis) nannte. Später wanderten Jonier und Achäer ein und gründeten im W. mehrere Gemeinwesen; zuletzt kamen von Lakonien Dorier, welche in langwierigem Kampf, während dessen sie festgeschlossene staatliche Ordnungen gründeten, die ganze Insel eroberten und ihr in Sprache und Sitte den dorischen Charakter aufprägten. Die Dorier bildeten fortan den kriegerischen Adel, die übrigen Griechen lebten unter ihnen als Gemeinfreie; die Ureinwohner, die Eteokreter (»echte Kreter«), wurden zu Leibeigenen gemacht. Die Insel bildete jedoch nicht ein politisches Gemeinwesen, sondern zerfiel in viele (mehr als 30) Stadtrepubliken, von denen Knosos, Gortyn und Lyttos in der Mitte, Hierapytna im O., Rhithymna und Kydonia im W. die bedeutendsten waren. Wegen dieser Zersplitterung spielte K. in der Geschichte keine wichtige Rolle, nur waren die Kreter als Bogenschützen und Schleuderer geschätzt und traten vielfach in fremde Söldnerdienste. Wegen der Beteiligung kretischer Städte an der Seeräuberei wurde die Insel 68—66 von Metellus Creticus den Römern unterworfen und mit Kyrenaika zu einer Provinz vereinigt. Die kretischen Städte bildeten fortan einen Bund. Die Einwohner waren in späterer Zeit als Lügner und Betrüger berüchtigt. Vgl. Höck, K. (Götting. 1823—29, 3 Bde.).

Krimissos, Fluß im westlichen Sicilien, an dem Timoleon 340 v. Chr. die Karthager besiegte.

Krisa (Krissa), Stadt in Phokis, südwestlich von Delphi am Fluß Pleistos, in älterer Zeit durch Handel blühend, zu welchem Zweck an der Krisäischen Bucht des Korinthischen Meerbusens die Hafenstadt Kirrha gegründet wurde. Da die Krisäer von den nach Delphi wallfahrenden Pilgern einen schweren Zoll erhoben und Tempelgebiet besetzten, ward K. auf Befehl der Amphiktyonen im ersten Heiligen Krieg um 590 v. Chr. zerstört und ihr Gebiet, auf dem fortan die Pythischen Spiele gefeiert wurden, dem delphischen Apollon geweiht.

Kritias, athen. Parteimann, Sohn des Kalläschros, Enkel des ältern K., des Verwandten Solons, Schüler des Sophisten Gorgias und dann des Sokrates, begabt und feingebildet, aber von unruhigem Ehrgeiz beseelt, wurde 415 v. Chr. in den Hermokopidenprozeß verwickelt und eingekerkert, half, obwohl Aristokrat durch seine Familienbeziehungen, 411 die Oligarchie der Vierhundert stürzen, setzte die Zurückberufung des Alkibiades durch, ward aber nach dessen zweitem Sturz 407 verbannt und kehrte erst nach der Einnahme Athens durch Lysandros 404 zurück. Dieser ernannte ihn zum Mitglied der im Interesse der Spartaner eingesetzten neuen Regierung, und K. wurde der einflußreichste und mächtigste der Dreißig Tyrannen, der selbst Theramenes zu beseitigen vermochte. Er fiel im Kampf gegen Thrasybulos 403. Als Dichter, Redner, Geschichtschreiber und Philosoph erwarb er sich einen Namen; doch sind nur von seinen Elegien Bruchstücke erhalten.

Krösos (Crösus), letzter König von Lydien, aus der Dynastie der Mermnaden, Sohn des Alyattes, war Statthalter von Mysien, bis er 560 v. Chr. seinem Vater auf dem Thron folgte. Er regierte mit Klugheit und Kraft, unterwarf die kleinasiatischen Griechen völlig und dehnte nach Osten seine Herrschaft bis zum Halys aus. Die unermeßlichen Schätze, die er in seiner glänzenden Hauptstadt Sardes aufhäufte, waren sprichwörtlich. In dieser Zeit des Glücks, erzählt Herodot nach einer sagenhaften Überlieferung, besuchte ihn der athenische Weise Solon und erklärte, als K. ihm seine Schätze zeigte und ihn fragte, wen er für den glücklichsten Sterblichen halte, nicht ihn, sondern einen schlichten Athener Tellos und das Brüderpaar Kleobis und Biton dafür, da niemand vor seinem Tode glücklich zu preisen sei. Mit Recht durch den Sturz des medischen Königs Asyages auch für seine Herrschaft besorgt gemacht, beschloß K., der ihm vom Perserreich drohenden Gefahr durch kühnen Angriff zuvorzukommen. Er befragte hierüber das Orakel zu Delphi, das er reich beschenkt hatte, und erhielt die Antwort, wenn er den Halys überschreite, werde er ein großes Reich zerstören. Den Doppelsinn dieses Orakels übersehend und es zu seinen Gunsten deutend, drang er mit einer ansehnlichen Heeresmacht über den Halys vor und lieferte 549 den Persern eine Schlacht bei Pteria, welche unentschieden blieb. K. ging nach Sardes zurück und entließ die Hülfstruppen, um sich während des Winters von neuem zu rüsten. Kyros aber folgte ihm, schlug durch eine List die lydische Reiterei vor Sardes in die Flucht und belagerte die Stadt, welche nach 14 Tagen 548 in seine Gewalt fiel. K. geriet in die Gefangenschaft des Perserkönigs, welcher ihn mit Großmut behandelte und ihm an seinem Hof eine ehrenvolle Stelle als Ratgeber einräumte, die K., auch unter Kambyses innehatte und trotz dessen Grausamkeit durch Klugheit behauptete. Die Erzählung Herodots, daß K., zum Feuertod verurteilt, sich auf dem Scheiterhaufen der Warnung Solons erinnert und dreimal dessen Namen ausgerufen, Kyros aber auf die Erzählung des Vorfalls ihm das Leben geschenkt habe, ist eine unbegründete Sage.

Kroton (jetzt Cotrone), Stadt an der Ostküste Bruttiums in Unteritalien, nördlich vom Lacinischen Vorgebirge, am Äsaros, 710 v. Chr. von Achäern gegründet, war besonders durch seinen ausgedehnten Landbesitz, der bis zum Tyrrhenischen Meer und nördlich bis zum Fluß Träis reichte und mehrere ansehnliche Städte zählte, mächtig und blühend. Der Staat war wohlgeordnet, für leibliche und geistige Ausbildung wurde vortrefflich gesorgt. Die Ärzte von K. galten lange für die besten in Hellas. Hier lebte und lehrte Pythagoras; einer seiner Schüler war der Athlet Milon, und sieben Krotoniaten erhielten in Einer Olympiade den ersten Preis. Unter Milons Führung zerstörten die Krotoniaten 510 das reiche und mächtige Sybaris, mit dem sie in Grenzstreit lagen, erlitten aber später am Sa-

gras eine große Niederlage durch die Lokrer, und die Stadt geriet durch Kämpfe mit Syrakus und den Verlust ihres Landgebiets an die Lukaner in Verfall. Als die Römer sie 277 besetzten, war nur noch die Hälfte des von den weiten Mauern umgebenen Raums bewohnt. Hannibal benutzte sie mehrere Jahre als Waffenplatz. 194 wurde die Einwohnerschaft durch eine römische Kolonie verstärkt. Vgl. Grotzer, Geschichte und Altertum der Stadt K. (Mind. 1867).

- **Ktesias**, griech. Geschichtschreiber, aus Knidos in Karien gebürtig, kam 416 v. Chr. an den persischen Hof und wurde Leibarzt des Königs Artaxerxes Mnemon, dessen in der Schlacht bei Kunaxa empfangene Wunde er heilte. Nachdem er sich genaue Kenntnis von den Zuständen und der Geschichte des persischen Reichs verschafft hatte, kehrte er 399 in seine Heimat zurück, wo er seine »Persika« in 23 Büchern verfaßte; die ersten sechs Bücher enthalten die Geschichte des assyrisch-babylonischen, die folgenden die des persischen Reichs bis zu seiner Rückkehr nach Knidos. Das wertvolle Werk, in ionischem Dialekt geschrieben, ist nur in Bruchstücken bei Athenäos, Plutarch u. a., besonders ein Auszug aus den ersten sechs Büchern bei Diodor (2. Buch), erhalten. Auch über Indien schrieb K. eine kleinere Schrift, von der Photios einen dürren Auszug überlieferte. Die Fragmente sind gesammelt von Bähr (Frankf. 1824) und Müller (Par. 1858). Vgl. Blum, Herodot und K. (Heidelb. 1836).

Ktesiphon, Vorstadt von Seleukeia am linken Ufer des Tigris, welche von den parthischen Königen zur Winterresidenz gewählt und mit prächtigen Bauwerken geschmückt wurde. Sie war sehr stark bevölkert. Die Römer eroberten sie 116 n. Chr. unter Trajanus, 162 unter den Legaten des Verus und 201 unter Septimius Severus, der 100,000 Gefangene wegführte. Auch die Sassaniden wählten K. zur Residenz und erbauten einen großen Palast, von dem Ruinen unter dem Namen Tak-i-Kesra sich bei El Madain erhalten haben.

Kujundschik, s. Ninive.

Kunáxa, Ort in Babylonien zwischen Euphrat und Tigris, 90 km oberhalb Babylons, bekannt durch die Schlacht zwischen dem Perserkönig Artaxerxes Mnemon und seinem jüngern Bruder, Kyros, Ende September 401 v. Chr., in welcher letzterer fiel.

Kureten, älteste Bewohner von Atolien (s. b.).

Kurie (Curia), Name der 30 Abteilungen, in welche die drei Stämme (Tribus) der römischen Patricier sich gliederten; jede enthielt eine Anzahl Geschlechter (gentes), und sie bildeten die Grundlage der patricischen Volksversammlungen, der Kuriatkomitien (s. Komitien). Jede hatte einen Vorsteher, Curio, und alle zusammen einen Obervorsteher, Curio maximus.

Kuffäer, s. Koffäer.

Kütschük Mender, s. Kaystros.

Kyaxáres (Uvakshátra), der Gründer des medischen Reichs, folgte seinem Vater Phraortes, des Deïokes Sohn, der mit einem großen Teil des medischen Volks im Kampf gegen die Assyrer um 633 v. Chr. fiel, befreite sein Land von der Herrschaft der Skythen, die ganz Vorderasien überschwemmt hatten, und begann einen Krieg mit Lydien. Er lieferte dem lydischen König Alyattes (s. b.) 30. Sept. 610 am Halys eine Schlacht, welche durch eine Sonnenfinsternis unterbrochen wurde. Darauf verbündete er sich mit Nabopolassar von Babylonien, dessen Sohn Nebukadnezar seine Tochter Amuhit heiratete, gegen Assyrien, und beide eroberten und zerstörten 606 Ninive, worauf das östliche Teil des assyrischen Reichs an Medien fiel. Nach seinem Tode 593 folgte ihm sein Sohn Astyages.

Kydnos (jetzt Tarsus-Tschai), Fluß in Kilikien, entsprang am Südabhang des Tauros und floß an Tarsos vorbei. Sein Wasser war berühmt wegen seiner Klarheit und Kälte; ein Bad in ihm hätte Alexander d. Gr. beinahe das Leben gekostet.

Kydonia (jetzt Kanea), Stadt an der Nordküste des westlichen Kreta, Hauptstadt der Kydoner, der Urbevölkerung des westlichen Teils der Insel, berühmt durch seine Quitten, die »kydonische Äpfel« hießen.

Kykläden (Cyclades, »Ringinseln«), Inselgruppe im Ägäischen Meer, welche eigentlich alle Inseln im südlichen Myrtoischen Meer (20 größere und viele kleinere) umfassen müßte, deren Name sich aber im gewöhnlichen Sprachgebrauch auf die vom ionischen Stamm besetzten Inseln im Myrtoischen Meer beschränkte. Meist zählt man zwölf, nämlich: Andros, Keos, Kythnos, Seriphos, Siphnos, Paros, Naros, Jos, Mykonos, Delos, Syros, Tenos.

Kyllene (jetzt Ziria), nordöstlicher Eckpfeiler des arkadischen Hochlands an der Grenze Achaias, 2375 m hoch, dem Hermes heilig, der auf seinem Gipfel geboren sein sollte und da einen Tempel hatte.

Kylon, ein Athener aus edlem Geschlecht und von hohem Ansehen, siegte 640 v. Chr. bei den Olympischen Spielen, vermählte sich mit der Tochter des Tyrannen Theagenes von Megara und suchte sich 612, im Vertrauen auf den Haß des Volks gegen die Eupatriden, durch einen Gewaltstreich die Alleinherrschaft in Athen zu bemächtigen. Er überrumpelte die Akropolis; als er jedoch sah, daß sein Anschlag vom Volk gemißbilligt wurde, das die Burg zu belagern begann, entfloh er. Seine Anhänger suchten Schutz beim Altar der Athene, verließen diesen aber auf die Zusage freien Abzugs. Dennoch wurden sie auf Anstiften der Alkmäoniden ermordet. Diese Blutschuld, der »Kylonische Frevel«, wurde in dem darauf heftiger entbrennenden Parteikampf zur Verfolgung der fluchbeladenen Alkmäoniden benutzt, und auch nachdem Epimenides von Kreta eine Entsühnung vorgenommen, wurde der Frevel wiederholt in Erinnerung gebracht, um die Alkmäoniden zu vertreiben.

Kyme, Stadt in der kleinasiatischen Landschaft Aolis mit gutem Hafen am Elaïtischen Meerbusen, angeblich von Lokrern vom Berg Phrikion gegründet, daher Phrikonis genannt. Kolonisten von K. halfen Cumä in Kampanien gründen.

Kynoskephälä (röm. Cynocephǎlæ, »Hundsköpfe«), ein 800 m hoher Bergzug bei Skotussa im südlichen Thessalien, wo Pelopidas 364 v. Chr. von Alexander von Pherä geschlagen wurde und fiel und 197 Titus Quinctius Flamininus über Philipp III. von Makedonien siegte.

Kynuria, Landschaft an der Ostküste des Peloponnes am Argolischen Meerbusen, östlich von Lakonien, von welchem es durch den hohen Parnon getrennt war, und südlich von Argos, ein rauhes, gebirgiges Land, gehörte in ältester Zeit zu Argos, ward diesem nach jahrhundertelangen Kämpfen um 600 v. Chr. durch Sparta entrissen, aber von Philipp von Makedonien nach der Schlacht bei Chäroneia (338) an Argos zurückgegeben und später von den Römern so geteilt, daß der nördliche Teil mit dem Hauptort Thyrea (Thyreatis) an Argos, der südliche mit Prasiä an Lakonien fiel.

Kypros (Cyprus, Cypern), große Insel in der nordöstlichen Ecke des Mittelmeers, zwischen Kilikien und Syrien vor dem Golfe von Issos gelegen, 5926 qkm groß, wird von W. nach O. von zwei Gebirgsketten durchzogen, dem nördlichen Küstengebirge, das im Pentedaktylon zu 1000 m aufsteigt, und dem südwestlichen breitern Gebirge, dessen höchste Gipfel der Aoos (2000 m) und der Olympos sind. Zwischen diesen Gebirgen zieht sich von der Westküste bis zur Ostküste eine weite, fruchtbare Ebene, welche vom Pediäos durchflossen wird. Die Insel war reich an Metallen, besonders Kupfer, das von ihr den Namen hat, und an Schiffbauholz. Die ältesten Bewohner waren Semiten vom Stamm der Chetiter. Sehr früh siedelten sich Phöniker an, gründeten die bedeutendsten Städte der Insel, wie Salamis, Amathus, Paphos, Soloi u. a., und verpflanzten ihre Götterkulte dahin. Später kamen griechische Einwanderer verschiedener Stämme, vorzugsweise Jonier und Dorier, welche mehrere (neun) monarchische Kleinstaaten gründeten. Seit dem 8. Jahrh. v. Chr. war K. dem assyrischen Reich unterworfen, unter welchem aber die griechischen Fürsten als Vasallen weiter herrschten. Nach dem Fall von Assyrien übte Tyros eine Art Oberherrschaft, bis Amasis von Ägypten es um 560 eroberte. 525 kam es an das persische Reich, dem es die Griechen 478—449 entrissen. 410 vereinigte König Euagoras von Salamis die ganze Insel zu einem der Sprache nach schon fast ganz griechischen Reich, das bis zu seinem Tode (374) bestand. Nach der Teilung des Reichs Alexanders b. Gr. bildete K. lange Zeit den Zankapfel zwischen Syrien und Ägypten, welch letzteres es endlich behauptete. Die Ptolemäer beherrschten es entweder selbst, oder überließen es einem jüngern Zweig ihres Hauses als Sekundogenitur. 58 machte es Cato zu einer mit Kilikien vereinigten römischen Provinz. Vgl. Engel, K. (Berl. 1841); Unger, Die Kotschy, Die Insel Cypern (Wien 1865); Cesnola, Cypern, seine alten Städte, Gräber und Tempel (deutsch, Jena 1879).

Kypselos (Cypselos), Tyrann von Korinth, Sohn des Eetion und der Labbe aus dem Geschlecht der Bakchiaden, welche das neugeborne Kind in einem Kasten (kypsele, daher der Name) versteckte, um es vor Nachstellungen zu sichern, da ein Orakel verkündet hatte, ihr Sohn werde den Häuptern Korinths furchtbar werden. Nachdem K. herangewachsen, stürzte er die Oligarchie der Bakchiaden und übernahm 657 v. Chr. die Herrschaft, regierte aber gerecht und mild, förderte Handel und Gewerbe und schmückte Korinth durch mehrere prachtvolle Bauten und Kunstwerke. Er starb 629 und vererbte seine Herrschaft auf seinen Sohn Periandros. Eine künstlerische Nachbildung des erwähnten Kastens, welche die Nachkommen des K. später im Heräon in Olympia als Weihgeschenk niederlegten, wo sie sich noch am Ende des 2. Jahrh. n. Chr. befand, aus Cedernholz gefertigt mit eingelegten Elfenbeinreliefs, galt im Altertum als ein vorzügliches Kunstwerk.

Kyrenaïka (Cyrenaïca), Landschaft an der Nordküste Afrikas, Griechenland gegenüberliegend, ein 500—700 m hohes Tafelland, welches südlich an die Libysche Wüste grenzte, aber durch starken Winter- und Frühlingsregen und viele Quellen gut bewässert, fruchtbar, reich an Wein, Öl, aromatischen Kräutern und Waldungen war. Im 7. Jahrh. v. Chr. gründeten dorische Ansiedler aus Thera und dem Peloponnes in diesem Land mehrere mon-

archisch regierte Kolonien, unter denen
Kyrene, welches 80 Stadien vom Meer
auf dem Hochland selbst lag, die bedeutendste
war und der Landschaft den Namen gab.
Unter der Herrschaft der Battiaden (battos heißt im Libyschen »König«) gelangte
Kyrene durch Schiffahrt und Handel,
Kunst und Gewerbe bald zu hoher Blüte,
verstärkte sich durch Zuzug aus Griechenland und gründete neue Städte, wie die
Hafenstadt Apollonia und im W. Barka,
Taucheira und Euhesperidä. Gegen
Ägypten und Karthago behauptete Kyrene in langen, harten Kämpfen seine Unabhängigkeit. Die Brüder des Königs
Arkesilaos II. empörten sich um 540 und
bildeten aus den westlichen Städten einen
unabhängigen Staat, Barka. Die Macht
der Battiaden wurde 524 durch den Perserkönig Kambyses gebrochen, und unter
persischer Oberhoheit war Kyrene 200
Jahre lang eine Republik, in welcher die
kyrenäische Philosophenschule blühte. 321
brachte Ptolemäos von Ägypten K. unter
seine Oberhoheit; die fünf Städte des
Landes: Kyrene, Apollonia, Ptolemaïs
(Barka), Arsinoe (Taucheira) und Berenike (Euhesperidä), bildeten einen Bund
von fünf Staaten, die kyrenäische Pentapolis, welcher 117 in ein Königreich
des jüngern Zweigs der Ptolemäischen
Dynastie umgewandelt wurde und nach
dessen Aussterben 90 durch Testament an
das Römische Reich fiel; 67 vereinigten
die Römer K. mit Kreta zu einer Provinz. Ansehnliche Baureste und vortreffliche Gold- und Silbermünzen zeugen noch
von der hohen Kultur des Landes.

Kyrnos, s. Corsica.

Kyros (Cyrus, pers. Khurush),
1) König der Perser, Gründer des persischen Reichs, war der Sohn des Kambyses, eines vornehmen Persers aus dem
Geschlecht der Achämeniden, und, wie Herodot nach einer Sage berichtet, der Mandane, einer Tochter des medischen Königs
Astyages, welcher dieselbe einem Mann aus
dem unterworfenen Volk der Perser vermählte, weil ein Traum ihm verkündet
hatte, er werde durch einen Sohn der
Mandane der Krone beraubt werden;
deshalb befahl er, als Mandane einen

Knaben gebar, seinem Vertrauten Harpagos, diesen zu töten. Harpagos übergab ihn einem Hirten, der ihn auferzog
und K. nannte. Als er einst im Spiel mit
andern Knaben, die ihn zum König erwählt hatten, den Sohn eines hohen Beamten hatte züchtigen lassen und vor
Astyages geführt wurde, erkannte ihn
dieser, verschonte ihn aber, da die Magier
den Traum schon für erfüllt erklärten,
und sandte ihn nach Persien zu seinen
Eltern, bestrafte aber Harpagos aufs
grausamste. Um sich zu rächen, reizte
dieser K. zur Empörung auf; Astyages
wurde besiegt und K. Herrscher des me-
disch-persischen Reichs. Der wirkliche
Sachverhalt aber war der, daß K., als
Haupt des Königsgeschlechts der Achämeniden Unterkönig von Persien, sich
559 v. Chr. gegen Astyages empörte, die
Meder erst in Persien bei Pasargadä, dann
in Medien selbst besiegte und Astyages
gefangen nahm, dessen Tochter Amytis
oder Mandane er heiratete. So machte
er die Perser zum herrschenden Volk im
iranischen Reich. Er unterwarf darauf
Armenien und die Kaukasosländer, schlug
den König Krösos von Lydien und eroberte sein Reich 548, worauf sein Feldherr Harpagos die griechischen Städte in
Kleinasien bezwang. 538 besiegte er die
Babylonier und eroberte ihre Hauptstadt,
indem er den Euphrat ableitete und durch
das trockne Flußbett in die Stadt eindrang; den Juden erlaubte er die Rückkehr aus der Babylonischen Gefangenschaft
nach Palästina. Darauf organisierte er
das Reich. Er fiel 529 im Kampf gegen
die Derbiker im nordöstlichen Iran und
ward zu Pasargadä in einem noch jetzt
vorhandenen Grabmal beigesetzt. Nach
Herodot wurde er im Kriege gegen die
skythischen Massageten getötet, deren Königin Tomyris seinen Kopf in einen mit
Blut gefüllten Schlauch tauchte, damit er
seinen Blutdurst stillen könne. Ihm
folgte sein Sohn Kambyses.
2) K. der Jüngere, zweiter Sohn
des Dareios Nothos und der Parysatis,
erhielt 407 v. Chr. durch den Einfluß seiner Mutter die Verwaltung über ganz
Kleinasien und den Oberbefehl über die

gesamte Kriegsmacht daselbst und leistete den Spartanern gegen Athen wirksamen Beistand. Er machte sich auch Hoffnung auf den Thron, und als kraft väterlicher Bestimmung auf Dareios 405 sein älterer Sohn, Artaxerxes Mnemon, folgte, stiftete er eine Verschwörung gegen diesen an, welche entdeckt wurde. K. wurde zwar zum Tode verurteilt, aber auf Bitten seiner Mutter begnadigt und behielt auch Kleinasien. Trotzdem setzte er seine Ränke fort, warb griechische Soldaten und zog 401 mit 100,000 Mann persischer Truppen und 13,000 Söldnern unter Klearchos durch Kilikien und Syrien nach dem Euphrat, wo er bei Kunaxa auf das Heer des Artaxerxes stieß. K.' Heer wurde geschlagen, und er selbst fiel im Kampf, als er die Leibwache des Königs zu durchbrechen und auf diesen einzudringen versuchte.

Kythēra (Cythēra, jetzt Cerigo), Insel an der Südseite des Peloponnes, nahe dem Vorgebirge Malea, von kahlen Felsbergen erfüllt und nur an den Hängen und in den Thälern fruchtbar, aber mit einem vortrefflichen Hafen bei der gleichnamigen Hauptstadt und reich an Purpurmuscheln, weshalb die Phöniker die Insel früh besetzten und den Kultus der Aphrodite dort

begründeten. Nach der dorischen Wanderung kam die Insel an die Spartaner und gehörte seitdem politisch zu Lakonien; sie wurde durch einen jährlich wechselnden Beamten, den Kytherobikes, verwaltet. 455 und 424 v. Chr. wurde sie im Krieg mit Sparta von den Athenern besetzt.

Kyzikos (Cyzicus), Stadt in Kleinphrygien, auf der Südspitze der Insel Arktonnesos in der Propontis, die jetzt mit dem Festland durch einen schmalen Isthmus verbunden ist, mit zwei trefflichen Häfen, von den Milesiern gegründet, war bis zum Peloponnesischen Krieg, in welchem 410 v. Chr. Alkibiades die Spartaner bei K. schlug, unbedeutend, ward aber von den Persern zu einer starken Festung umgewandelt, welche Alexander d. Gr. langen Widerstand leistete. Als freie Stadt mit dem pergamenischen Reich verbündet, beherrschte K. die Inseln der Propontis und einen Teil von Mysien und verteidigte sich 74 mit Erfolg gegen Mithridates. Die Römer erkannten es auch als verbündete Stadt an, und es war bis zur Gründung Konstantinopels eine der reichsten und prachtvollsten Städte Kleinasiens, deren Geldmünzen weit verbreitet waren. Vgl. Marquardt, K. und sein Gebiet (Berl. 1836).

L.

Labiēnus, Titus Atius (Attius), war 63 v. Chr. Volkstribun und klagte Rabirius auf Cäsars Veranlassung des Mordes an Saturninus an, um die Senatspartei einzuschüchtern, begleitete 58 Cäsar als Legat nach Gallien, wo er im Gallischen Krieg durch Tüchtigkeit und Zuverlässigkeit sich auszeichnete und sich kriegerischen Ruhm und Reichtümer erwarb, ging aber nach Ausbruch des Bürgerkriegs zu der Pompejanischen Partei über und nahm als einer der obersten Anführer an den Kämpfen in Griechenland, Afrika und Spanien teil. Er fiel in der Schlacht bei Munda (17. März 45). Sein gleichnamiger Sohn kam im Kampf gegen die Triumvirn 39 um.

Laches, athen. Feldherr, Sohn des Melanopos, wurde 427 v. Chr nebst Charöades mit einer Flotte nach Sicilien gesandt, um Leontinoi und die übrigen ionisch-chalkidischen Städte gegen Syrakus zu unterstützen, und zwang, nachdem Charöades gefallen, 426 Mylä und Messana zur Übergabe. 425 abberufen, wurde er von Kleon angeklagt, in Sicilien Unterschleife begangen zu haben, aber freigesprochen. Doch erhielt er kein Kommando wieder und begleitete 424 das Heer des Hippokrates als Hoplit nach Böotien. Nach Kleons Tod wieder zu Einfluß gelangt, unterhandelte er 421 mit Nikias gemeinsam den Frieden mit Sparta. 418 befehligte er neben Nikostratos die Argos nach dem Peloponnes zu Hülfe geschickten Truppen, und beide Feldherren fielen in der Schlacht bei Mantineia. Nach L. ist der Platonische Dialog über die Tapferkeit benannt.

Lacinium Promontorium (Lacinisches Vorgebirge), felsiges Vorgebirge an der Ostküste von Bruttium, die südwestliche Grenze des Tarentinischen Meerbusens, berühmt durch einen Tempel der Juno Lacinia, in deren Hain Hannibal eine Bronzetafel mit dem Verzeichniß seiner Thaten in punischer und griechischer Sprache aufstellen ließ, welche Polybios sah und benutzte. 174 v. Chr. schleppte der Censor Fulvius Flaccus die Ornamente des Tempels nach Rom, von wo sie der Senat zurückschickte. Nach einer noch aufrecht stehenden Säule des Tempels heißt das Vorgebirge jetzt Capo della Colonna.

Lade, kleine Insel, an der karischen Küste vor der Mündung des Mäandros und dem Hafen von Miletos gelegen, wo 494 v. Chr. im ionischen Aufstand die Flotte der kleinasiatischen Griechen von den Persern besiegt wurde, jetzt durch Anschwemmung mit dem Festland vereinigt.

Ladikïeh, s. Laodikeia.

Lagïde (»Sohn des Lagos«), Beiname des Ptolemäos und seiner Dynastie, s. Ptolemäos.

Lago di Celano, s. Fucinersee.

Lakonien (Lakonike), Landschaft im Peloponnes, den südöstlichen Teil der Halbinsel, das Flußthal des Eurotas, umfassend, das ebenso wie der Lakonische Meerbusen, in den dieser mündet, an der Ost- und Westseite von zwei hohen, aus Marmor und Glimmerschiefer bestehenden Gebirgen, dem Parnon (1960 m) und dem Taygetos (2410 m), eingeschlossen wird; diese Gebirge bilden, nach S. auslaufend, zwei schmale felsige Halbinseln, auf denen der Parnon in dem wegen seiner Stürme berüchtigten südöstlichsten Vorgebirge Malea und der Taygetos im Tänaron endet. Beide Gebirgsketten sind in ihrer Mitte quer verbunden durch einen 500 m hohen Höhenzug, welcher das obere Thal des Eurotas, Lakedämon mit der Hauptstadt Sparta und Amyklä, im S. abschließt, und welchen der Fluß in enger Schlucht durchbricht, ehe er in die Küstenebene eintritt; hier lagen Gytheion und Helos am Meerbusen. Der Taygetos bildete die Grenze gegen Messenien, während östlich vom Parnon noch die Landschaft Kynuria (s. b.) lag, welche zeitweilig zu L., dann auch wieder zu Argos gehörte. Der gebirgige und der obere Teil Lakoniens waren rauh und nur wenig zu Ackerbau, meist nur zur Viehzucht geeignet; die Küstenebene dagegen war fruchtbar. Die ältesten Bewohner waren Pelasger; an der Küste des Meerbusens ließen sich Phöniker nieder, um die dort häufigen Purpurschnecken zu sammeln. Zur Zeit der Achäer herrschten hier die Königsgeschlechter der Tyndariden, dann der Atriden, bis 1104 v. Chr. die dorischen Eroberer die neue Hauptstadt Sparta und den danach benannten Staat der Spartaner gründeten.

Lälius, Name eines aus Tibur stammenden plebejischen Geschlechts in Rom, dem folgende bemerkenswerte Männer angehörten:

1) **Gajus L.**, ein Freund des ältern Scipio Africanus, begleitete denselben 211 v. Chr. nach Spanien, befehligte bei der Einnahme von Neukarthago 210 die Flotte und nahm an allen weitern Kriegsereignissen, namentlich an der Schlacht bei Bäcula, hervorragenden Anteil. 205 wurde er mit einem Teil der Flotte nach Afrika vorausgeschickt, dessen Küsten er verwüstete, besiegte 203 König Syphax und nahm ihn gefangen und trug in der Schlacht bei Zama als Befehlshaber der italischen Reiterei wesentlich zum Sieg bei. 197 bekleidete er die plebejische Ädilität, 196 die Prätur und 190 mit Lucius Scipio das Konsulat, erhielt aber nicht den Oberbefehl im Kriege gegen Antiochos von Syrien. Er war ein liebenswürdiger, beredter und fein gebildeter Mann und ein Freund griechischer Sitte und Litteratur.

2) **Gajus L. Sapiens**, Sohn des vorigen, Freund des jüngern Scipio Africanus, war im dritten Punischen Krieg 147 und 146 v. Chr. dessen Legat und leistete bei der Einnahme von Karthago wesentliche Dienste; 145 bekleidete er die Prätur und

führte den Krieg gegen Viriathus in Spanien mit Erfolg; 140 war er Konsul. Obwohl er früher im Senat ein Ackergesetz zu Gunsten des Volks vorgeschlagen hatte, stand er während der Gracchischen Unruhen auf der Seite der Patricier und zog sich dadurch den Haß der demokratischen Partei zu. Er widmete sich mit Eifer dem Studium der Philosophie, der Beredsamkeit und der Dichtkunst; man schrieb ihm einen bedeutenden Anteil an den Komödien des ihm befreundeten Terentius zu. Die griechische Bildung suchte er in Rom heimisch zu machen. Ciceros Gespräch über die Freundschaft ist nach ihm benannt.

Lamachos, athen. Feldherr, Sohn des Xenophanes, zeichnete sich durch ungestüme Tapferkeit und Uneigennützigkeit aus und wurde wegen seines kriegslustigen, martialischen Wesens von Aristophanes in den »Rittern« und im »Frieden« verspottet. Er befreite im Auftrag des Perikles 453 v. Chr. Sinope vom Tyrannen Timesilaos, unternahm 424 noch eine Expedition nach dem Pontos, scheiterte aber mit der Flotte bei Herakleia und wurde 415 mit Nikias und Alkibiades zum Befehlshaber der Unternehmung gegen Sicilien gewählt. Er gab im Kriegsrat zu Rhegion den verständigen Rat, Syrakus sofort anzugreifen, um die erste Bestürzung auszubeuten, drang aber nicht damit durch. Beim Sturm auf die Landbefestigungen von Syrakus fiel er 414.

Lamia, Stadt in der griech. Landschaft Malis, beherrschte den niedrigsten über den Othrys nach Thessalien führenden Paß und war daher militärisch wichtig und Mittelpunkt des Lamischen Kriegs (s. b.) zwischen Makedoniern und Griechen.

Lamischer Krieg, der Krieg, welchen der größte Teil der Griechen 323 v. Chr. nach Alexanders d. Gr. Tod gegen Makedonien begann, so genannt, weil er zum Teil in der Nähe von Lamia geführt wurde. Sobald nämlich die Nachricht vom Tode des Königs in Babylon nach Athen gekommen war, wurde der Krieg beschlossen, um Griechenland von der makedonischen Herrschaft zu befreien; 200 Kriegsschiffe wurden ausgerüstet, und an der Spitze eines Heers von 30,000 Schwerbewaffne-

ten, aus Athenern, Ätoliern, Argeiern und andern Bundesgenossen bestehend, rückte der Athener Leosthenes aus, um Antipatros anzugreifen. Er überwand bei Platää die Böotier, bewog die Thessalier zum Anschluß und zwang Antipatros, der nur 13,000 Mann bei sich hatte, sich in die feste Stadt Lamia zu werfen, wo er ihn belagerte. Wegen der natürlichen Festigkeit der Stadt und der tapfern Verteidigung des Antipatros zog sich die Belagerung in die Länge. Leosthenes fand bei einem Ausfall seinen Tod, und sein Nachfolger Antiphilos gab bie Belagerung auf, um Leonnatos entgegenzuziehen, der Antipatros zu Hülfe kam. In einem hitzigen Reitertreffen nördlich von Lamia fand Leonnatos den Tod, Antipatros aber gelang es, durch geschickte Märsche sich mit den Veteranen, welche Krateros aus Asien heranführte, zu vereinigen, wodurch das makedonische Heer auf 40,000 Schwerbewaffnete, 3000 Schleuderer und 5000 Reiter stieg, während die Griechen nur 25,000 Mann Fußvolk und 3500 Reiter zählten. Bei Krannon in Thessalien, südlich vom Peneios, kam es 5. Aug. 322 zur Entscheidungsschlacht, in der die Griechen besiegt wurden. Das Bundesheer löste sich auf, die meisten Städte unterwarfen sich den Makedoniern freiwillig, die Athener und Ätolier wurden von Antipatros und Krateros dazu gezwungen.

Lampsakos, Stadt in Troas am Hellespontos, Ägospotamos gegenüber, von ionischen Phokäern an der Stelle einer phönikischen Kolonie gegründet, Hauptsitz des Kultus des Priapos, durch seine Lage militärisch wichtig.

Langres (spr. längr), das alte Andematunum, s. Lingonen.

Lanuvium, alte Stadt in Latium unweit der Appischen Straße am Südabhang des Albanergebirges, seit 338 v. Chr. römisches Municipium, besaß einen berühmten Tempel der Juno Sospita. Jetzt Civitá Lavigna.

Laodikeia (Laodicēa), Name mehrerer von den Seleukiden, in deren Dynastie der Frauenname Laodike häufig vorkam, gegründeten Städte: 1) L. am Meer, Hafenstadt in Syrien, gegenüber von Kypros, südwestlich von Antiocheia, von Seleukos Nikator erbaut, durch ihren Wein berühmt, erhielt von Cäsar die Autonomie und nahm daher 43 v. Chr. dessen Anhänger Dolabella auf, ward aber von Cassius eingenommen und empfindlich gestraft. Septimius Severus erteilte der Stadt die Vorrechte einer italischen Kolonie, wodurch sie sich zu einer der ersten Städte Syriens erhob. Jetzt Labikieh. — 2) L. am Lykos, Stadt in Phrygien, hieß früher Diospolis und ward von Antiochos II. neu erbaut. Sie gehörte später zum pergamenischen Reich und erreichte unter römischer Herrschaft eine bedeutende Blüte. Unbedeutendere Städte waren L. am Libanon, in Syrien am Orontes gelegen, und L. Katakekaumene (die »Verbrannte«) in Lykaonien.

Lariffa (Larisa), häufig vorkommender Name alter pelasgischer Städte in Griechenland. Am bedeutendsten war L. in der thessalischen Landschaft Pelasgiotis, am Peneios in fruchtbarer Ebene gelegen, daher groß und blühend und Sitz des Fürstengeschlechts der Aleuaden.

Latiner, ital. Volk, welches nach der Ansicht der Alten durch Mischung aus zwei Urvölkern, den Aboriginern und den Sikelern, zu denen dann die unter Führung des Aneias eingewanderten Trojaner kamen, entstand, welches aber nach seiner Sprache, dem Lateinischen, zum indogermanischen Sprachstamm gehörte, wenn es auch eine von den übrigen italischen Sprachgruppen, dem Umbrischen, Volskischen, Sabinischen und Oskischen, abgesonderte Stellung einnahm. Das Gebiet der L. umfaßte in ältester Zeit nur die Ebene zwischen dem Tiber und den Apenninen- und Vorapenninketten rings um das Albanergebirge, etwa 1500 qkm Flächeninhalt, und sie bildeten einen Bund von 30 Städten mit dem Vorort Alba longa und dem Bundesheiligtum des Jupiter Latiaris auf dem Mons Albanus, während die übrigen östlichen Teile des spätern Latium (das sogen. Latium adjectum) von Sabinern, Aquern, Hernikern, Volskern und Aurunkern bewohnt waren.

Das alte Latium (Latium vetus) wurde nach dem Fall Alba longas von Rom

als Vorort beherrscht, machte sich nach der Vertreibung der römischen Könige wieder unabhängig, trat aber nach der Schlacht am See Regillus (496 v. Chr.) wieder zu Rom in ein Bundesverhältnis, dem 486 auch die Herniker beitraten. Nach der Zerstörung Roms durch die Gallier (390) lockerte sich dieser Bund, und die L. verlangten von Rom völlige Gleichberechtigung mit den römischen Bürgern und Verschmelzung Latiums und Roms zu Einem Staat, wurden aber im Latinerkrieg (340—338) völlig unterworfen. Nur einzelne Städte, wie Tibur und Präneste, wurden in dem Bundesverhältnis belassen, die übrigen zu Municipien gemacht, d. h. sie erhielten das römische Bürgerrecht ohne Stimmrecht (jus sine suffragio oder jus Latii) und mit einer verschieden abgestuften Beschränkung ihrer städtischen Selbstverwaltung; doch bekamen sämtliche L. das Recht, wenn sie in ihrer Heimat ein öffentliches Amt bekleidet hatten oder einen Nachkommen daselbst zurückließen, nach Rom überzusiedeln und daselbst in das volle römische Bürgerrecht einzutreten. Dies trug wesentlich dazu bei, daß die L. trotz der schweren Last der Aushebung und der Steuern den Römern unverbrüchlich treu blieben und mit denselben völlig verschmolzen, so daß die Römer nicht nur ihre Heere zur Hälfte aus Latinern bilden, sondern auch zur Sicherung ihrer Herrschaft latinische Kolonien aussenden konnten. Während des Bundesgenossenkriegs (91—88) erhielten sämtliche freie L. das römische Bürgerrecht, und das jus Latii wurde unter den Kaisern auf zahlreiche Städte in den Provinzen übertragen.

Der Name der Landschaft Latium wurde von dem engern Gebiet des Latium vetus durch die römischen Eroberungen allmählich bis zum Liris ausgedehnt und umfaßte schließlich das ganze Gebiet zwischen Tiber und Liris, Apennin und Tyrrhenischem Meer. Dasselbe ist vulkanischen Ursprungs und Charakters und war wohl Meeresboden, aus dem nur das Volskergebirge mit seinen Ausläufern und das Vorgebirge von Circeji als Inseln hervorragten, bis durch eine vulkanische Bewegung, welche auch den Kern des Landes, das vulkanische Albanergebirge mit seinen sechs Kratern, bildete, die ganze Landschaft gehoben wurde; außerdem gab es noch einige Seen in Latium, welche aus eingestürzten Kratern entstanden waren, wie der Lacus Regillus und der See bei Gabii. Die bedeutendsten vulkanischen Seen sind der Lacus Albanus und der Lacus Nemorensis im Albanergebirge, deren überflüssiges Wasser durch künstliche Emissarien nach der südlichen Ebene geleitet wurde, während das Seebecken von Aricia gänzlich ausgetrocknet war. Die bedeutendsten Flüsse waren der Tiber mit dem Anio (Teverone) und der Liris (Garigliano) mit dem Tretus (Sacco). Die Küste ist fast durchaus einförmig, hafenlos und in ziemlicher Breite sandig, nur mit dürftigem Fichtenwald bedeckt; die Ebene selbst (Campagna di Roma), in ihrem östlichen Teil, den Pomptinischen Sümpfen, welche durch die kleinen Flüsse Ufens und Amasenus, die kein Gefälle haben und nicht ins Meer abfließen können, gebildet wurden, sumpfig und unbewohnt, besteht aus Mergelboden und Tuff und steigt zum Gebirge allmählich bis zu 200 bis 300 m Höhe an, ist nicht sehr fruchtbar und in ihren niedrigen Teilen von der durch den herrschenden Südwind herübergetragenen Fieberluft (Malaria) der Pomptinischen Sümpfe beherrscht und daher ungesund. An den Abhängen der Berge aber, wo die Luft gesund ist und daher auch die meisten Städte lagen, gebeihen Wein und Obst in vorzüglicher Güte. Die bedeutendsten Städte waren, außer Rom, am Albanergebirge: Alba longa, Tusculum, Veliträ, Aricia und Lanuvium; am Volskergebirge: Signia, Norba und Cora; am Apennin: Tibur, Präneste, Gabii, Anagnia, Fregellä; an der Küste: Ostia, Laurentum, Lavinium, Ardea, Antium, Circeji, Tarracina (Anxur), Fundi, Formiä und Minturnä. Unter den Latium durchschneidenden Straßen waren die Via Appia, welche in gerader Linie von Rom nach Tarracina führte, und die am Apennin entlang laufende Via latina bemerkenswert.

Latobrigen (Latobrigi), gall. Völkerschaft, den Helvetiern (s. d.) benachbart.

Latoviker, kelt. Volksstamm in Pannonien (s. d.).

Laurentum, Stadt in Latium, südwestlich von Rom, unweit der Küste gelegen, war Residenz des sagenhaften Königs Latinus, wo Aneias landete; die Stadt war, weil sie im Latinischen Krieg treu blieb, eine Bundesstadt Roms, wenngleich sie gegen Ende der republikanischen Zeit infolge ihrer ungesunden Lage völlig veröbet war.

Laurion, Berggruppe im südlichen Attika, 360—650 m hoch, bekannt durch reiche Silbergruben, die dem Staat gehörten, und deren Ertrag zuerst an die Bürger (10 Drachmen jährlich) verteilt, seit Themistokles aber zum Bau der Flotte verwendet wurde.

Lautulä, Ort im Volskergebiet, bei dem der Diktator Fabius Rullianus von den Samnitern 315 v. Chr. eine Niederlage erlitt.

Lavinium, Stadt in Latium südlich von Rom unweit der Meeresküste, der Sage nach von Aneias gegründet und seiner Gattin Lavinia zu Ehren benannt, politisch unbedeutend und wegen seines ungesunden Klimas bald veröbet.

Lazika, s. Kolchis.

Lebadeia (jetzt Livadia), Stadt in Böotien, westlich vom Kopaïssee, berühmt durch das Orakel des Zeus Trophonios in einer benachbarten Felsgrotte und den Tempel desselben mit einer Statue des Gottes von der Hand des Praxiteles.

Lebedos, eine der zwölf ionischen Städte in Kleinasien, an der Küste des Ägäischen Meers nordwestlich von Ephesos gelegen, einst durch Handel und Fruchtbarkeit ihres Gebiets blühend, bis Lysimachos den größten Teil ihrer Bewohner nach Ephesos verpflanzte. Zu Ehren des Dionysos fanden hier Wettkämpfe unter den ionischen Schauspielern statt.

Lechäon, Hafenort Korinths am Korinthischen Meerbusen, 12 Stadien von der Stadt entfernt und durch Mauern mit ihr verbunden.

Lekton (jetzt Kap Baba), das südwestlichste Vorgebirge der kleinasiatischen Landschaft Troas, der Nordküste von Lesbos gegenüber, der westlichste Ausläufer des Ida.

19*

Leleger (Leléges), altes Volk in Ka=
rien, wohl die Urbevölkerung dieser Land=
schaft, welche, von den Karern unterworfen,
mit diesen zusammen sich an den Küsten
Griechenlands ansiedelten und auch als
Karer selbst bezeichnet werden, während ihr
Name von den Alten auch als Gesamtname
für die in ältester Zeit aus Kleinasien nach
Hellas hinübergewanderten Ansiedler ge=
braucht wurde. L. werden als Einwohner
erwähnt auf den Kykladen, an den Küsten
von Megaris, Lakonien und Messenien,
besonders aber am Jonischen Meer, wo
die Epeier, Taphier und Kephallenier den
Namen L. beibehielten. Vgl. Deimling,
Die L. (Leipz. 1862).

Lemanischer See (Lacus Lemanus),
der Genfersee, bildete in der römischen
Zeit die Grenze zwischen Gallia Narbonensis und Gallia Belgica.

Lemnos, Insel im nördlichen Teil des
Ägäischen Meers, südöstlich vom Berg
Athos, 506 qkm groß, durch zwei Buchten
in eine östliche und eine westliche Hälfte
geteilt, vulkanischen Ursprungs, ziemlich
flach und nur von vereinzelten Hügelgrup=
pen aus Bimsstein bedeckt, aber frucht=
bar und reich an Getreide, Öl, Wein und
Honig. Die rote »lemnische Erde« (terra
Lemnia), eine Art Bolus, diente als
Farbstoff und als Heilmittel gegen giftige
Schlangenbisse und Wunden. Die In=
sel war dem Hephästos heilig. Als älteste
Bewohner werden tyrrhenische Pelasger
oder Minyer genannt. Im 6. Jahrh. v. Chr.
wurde L. von der Thrakischen Chersones
aus durch Miltiades für Athen erobert und
gehörte diesem Staat, mit Ausnahme einer
kurzen Zeit persischer Herrschaft (514—
479), bis zur makedonischen Zeit; es wurde
von attischen Kleruchen besetzt. Selbst
unter den Römern gehörte daher L. zur
Provinz Achaia. Die wichtigsten Städte
waren Myrina an der West= und He=
phästia an der Ostküste. Vgl. Rhode,
Res lemnicæ (Bresl. 1829).

Lentini, s. Leontinoi.

Lentulus, patricische Familie des röm.
Geschlechts der Cornelier, welche 390 v. Chr.
zuerst erwähnt wird. Bemerkenswert:

1) **Publius Cornelius L. Sura,**
ward 81 v. Chr. unter Sulla Quästor, 75

Prätor und 71 Konsul, aber 70 wegen un=
sittlichen Lebenswandels aus dem Senat
gestoßen. Trotzdem erhielt er 63 die Prätur
und verband sich, da er glaubte, nach Sulla
und Cinna der dritte von den drei Corne=
liern zu sein, denen in den Sibyllinischen
Büchern die Herrschaft über die Stadt
prophezeit war, mit Catilina, um mit
dessen Hülfe emporzukommen. Als dieser
nach Etrurien ging, blieb er an der Spitze
eines Teils der Verschwornen in der
Stadt zurück, um den Konsul Cicero zu
ermorden und bei der Annäherung Cati=
linas die Stadt anzuzünden. Allein die
Ermordung Ciceros wurde durch dessen
Vorsicht vereitelt und die Verschwörung
selbst durch die allobrogischen Gesandten
verraten, denen L. einen Brief an Cati=
lina mitgab. L. wurde nun von Cicero
selbst verhaftet, vom Senat zum Tod
verurteilt und 5. Dec. 63 im Gefängnis
hingerichtet.

2) **Publius Cornelius L. Spin=
ther,** war 63 v. Chr. kurulischer Ädil, gab
während dieses Amtes und 60 als Prä=
tor prachtvolle Spiele, verwaltete 59 als
Proprätor das diesseitige Spanien und
bekleidete 57 das Konsulat, während dessen
er sich eifrig für Ciceros Rückberufung
bemühte. Darauf verwaltete er bis 53
Kilikien und Kypros auf gerechte und
milde Weise und erhielt für einen Streif=
zug gegen die wilden Völkerschaften im
Amanosgebirge den Titel eines Impera=
tors und die Ehre des Triumphs. Im
Bürgerkrieg zwischen Cäsar und Pompe=
jus schloß er sich letzterm an, obwohl ihm
Cäsar große Gunst erwiesen, geriet schon
49 zu Corfinium in Gefangenschaft, begab
sich, wieder freigelassen, von neuem zu
den Pompejanern und kam auf der Flucht
nach der Schlacht bei Pharsalos um.

Leonidas, Name zweier spartan. Kö=
nige: 1) L., Sohn des Königs Anaxandri=
das, folgte 491 v. Chr. seinem Bruder Kleo=
menes in der Regierung, übernahm 480
den Oberbefehl über das Heer der Hellenen
welches den Paß von Thermopylä ver=
teidigen sollte, und harrte bei dem ihm ge=
gebenen Befehl gemäß mit seinen 300
Spartanern, denen sich die Thespier an=
schlossen, auf seinem Posten aus, auch

nachdem die Stellung umgangen und unhaltbar geworden war. Er fiel, nachdem er bis zum letzten Atemzug heldenmütig gekämpft hatte. Über den großen Verlust seines Heers ergrimmt, ließ Xerxes der Leiche des L. das Haupt abschlagen und den Körper an das Kreuz nageln. Der Name des L. als der eines Helden wurde bei den Hellenen in Liedern und Denkmälern hochgefeiert.

2) L. II., Sohn des Kleonymos, war im Söldnerdienst der Könige von Syrien und Ägypten reich geworden und widersetzte sich, nach Sparta zurückgekehrt, den Reformen des Königs Agis III., wurde aber deshalb 241 v. Chr. von den Ephoren abgesetzt und flüchtete nach Tegea. An der Spitze bewaffneter Flüchtlinge kehrte er darauf nach Sparta zurück, stellte die oligarchische Verfassung wieder her und gebot fünf Jahre als strenger Gewalthaber über den Staat. Er starb 236; sein Sohn Kleomenes III. nahm die Reformen des Agis wieder auf.

Leonnatos, makedon. Feldherr, stammte aus einem Fürstengeschlecht zu Pella, trat in die Leibwache König Philipps und begleitete Alexander auf seinem Zug nach Asien. Er befehligte eine Abteilung des Heers und zeichnete sich namentlich in Indien beim Kampf mit den Mallern aus, in dem er schwer verwundet wurde. Nach Alexanders Tod erhielt er die Provinz Kleinphrygien, kam im Lamischen Krieg 322 v. Chr. Antipatros zu Hülfe, fand aber in einem Reitertreffen bei Lamia den Tod.

Leontinoi (Leontini, Leontion, jetzt Lentini), Stadt am Lissos an der Ostseite Siciliens, von chalkidischen Joniern um 730 v. Chr. in der reichen, fruchtbaren Symäthosebene gegründet, wurde 476 von Syrakus unterworfen und mehr und mehr dorisiert, im zweiten Punischen Krieg von den Römern erobert und geplündert.

Leotychides, König von Sparta, aus dem Geschlecht der Eurypontiden, war der Nachfolger des durch Kleomenes und seine Ränke 491 v. Chr. verdrängten Königs Demaratos, zeichnete sich in den Perserkriegen durch seine Klugheit und Tapferkeit aus und befehligte 479 die griechische Flotte in der Schlacht bei Mykale. Später

wurde er nach Thessalien geschickt, um die persisch gesinnten Aleuaden zu bekriegen, ließ sich aber von diesen bestechen und verließ Thessalien. Mit einer Anklage bedroht, flüchtete er nach Tegea, wo er 466 starb.

Lepanto, s. Naupaktos.

Lepidus, Marcus Ämilius, Triumvir, Sohn des Marcus Ämilius L., welcher, 78 v. Chr. Konsul, den vergeblichen Versuch machte, mit Heeresmacht die Sullanische Verfassung umzustürzen, ward 49 durch die Gunst Cäsars, dessen eifriger Anhänger er war, Prätor und ließ denselben nach seiner Rückkehr aus Spanien vom Volk zum Diktator ernennen, verwaltete sodann das diesseitige Spanien, war 46 mit Cäsar Konsul und mehreremal dessen Magister equitum. Als Cäsar ermordet wurde, hatte er gerade den Oberbefehl über die Legionen im Narbonensischen Gallien und im diesseitigen Spanien übernommen und nahm 43 den bei Mutina geschlagenen Antonius bei sich auf, weswegen ihn dieser zu seinem Bündnis mit Octavianus als dritten Triumvir hinzuzog. Er erhielt zu seinem Anteil erst Gallien und Spanien, dann wurde er auf Afrika beschränkt und, da er an den Kämpfen gegen die Verschwornen nicht teilnahm, von den beiden andern Triumvirn immer mehr zurückgesetzt. Als er 36 während des Kriegs zwischen Octavianus und Sextus Pompejus zwar mit einem Heer in Sicilien erschien, aber eine sehr zweideutige Haltung einnahm, wurde er, nachdem Octavianus gesiegt und seine Legionen zum Abfall bewogen hatte, seiner Würde als Triumvir entsetzt und auf das Amt eines Pontifex maximus beschränkt, das er seit 43 besaß. Er starb in Vergessenheit 13 v. Chr.

Leptis (jetzt Ruinen bei Lebda), auch »das große L.« genannt, Stadt an der Nordküste von Afrika, zwischen der Großen und der Kleinen Syrte, in einer vom Fluß Kinyps bewässerten fruchtbaren Ebene im Gebiet der Maken von Sidoniern um 1200 v. Chr. gegründet und von einer starken libyschen Bevölkerung bewohnt, blühte durch den Handel mit dem Innern

Afrikas auf und behauptete seine Unabhängigkeit gegen Karthago längere Zeit, bis die Karthager die Nebenbuhlerin durch Verschüttung ihres Hafens unschädlich machten. Erst die Römer stellten die Stadt wieder her, welche von neuem eine ansehnliche Handelsstadt wurde. Ein andres L., »das kleine«, lag nordwestlich im karthagischen Gebiet in der Landschaft Byzazion an der Kleinen Syrte und war ebenfalls eine phönikische Kolonie, die jedoch von Karthago bald unterworfen wurde.

Lerida, s. Jlerda.

Lesbos, die größte Insel im Agäischen Meer, an der Küste von Äolis vor dem Abramyttenischen Meerbusen gelegen, 1600 qkm groß, durch einen von SW. her tief einschneidenden Meerbusen, Euripos Pyrrhäos, in zwei Teile geteilt, besonders in ihrem nördlichen und im südöstlichen Teil, wo sich der Olympos zu 938 m erhebt, gebirgig, hatte ein vortreffliches Klima, war gut bewässert und fruchtbar; ihre Hauptprodukte waren: Holz, Getreide, Wein, Feigen, Oliven und Marmor. Die ältesten Bewohner waren Pelasger, zu denen in frühesten Zeiten ionische, in der Zeit der großen Wanderung um 1050 v. Chr. äolische Einwanderer kamen, welche fünf Stadtrepubliken gründeten: Mytilene mit einem trefflichen Hafen an der Ostseite, Methymna an der Nordküste, Antissa, Eresos und Pyrrha im SW. Die Insel wurde bald volkreich und blühend und war die mächtigste unter den äolischen Kolonien, indem sie sogar einen Teil des Festlands beherrschte. Philosophie und Geschichtschreibung wurden gepflegt; namentlich ist L. die Wiege der lyrischen Poesie der Griechen. Doch waren die Lesbier wegen ihrer Weichlichkeit und Üppigkeit berüchtigt. Um die Mitte des 6. Jahrh. von den Lydern, dann den Persern unterworfen, schloß sich die Insel 476 nach den Perserkriegen dem Athenischen Seebund an, fiel aber (mit Ausnahme von Methymna) im Peloponnesischen Krieg 428 ab und wurde nach ihrer Wiederunterwerfung durch Paches 427 hart gezüchtigt. 1000 Lesbier wurden hingerichtet, ein großer Teil des Bodens an Kleruchen verteilt, die Insel ihrer politischen Selbständigkeit beraubt. Nach dem Fall von Athen wieder frei, kam es später unter die Herrschaft der Makedonier, dann Syriens und des pontischen Reichs, endlich der Römer. Vgl. Plehn, Lesbiacorum liber (Berl. 1826); Conze, Reise auf der Insel L. (Hannov. 1865).

Lessina, s. Eleusis.

Leukas (die »weiße«, jetzt Levkas oder Santa Maura), Insel im Jonischen Meer an der Küste von Akarnanien, von dem es nur eine schmale, flache, oft versandete Meerenge (Dioryktos) trennt, ist 285 qkm groß. Sie besteht aus einer Bergkette von weißem Kalk, die sich bis zu 1180 m erhebt und, im SW. spitz zulaufend, im Vorgebirge Leukate endet, auf welchem ein Apollontempel stand. Nur im NO. ist die Insel eben, und hier lag an der Meerenge die 640 v. Chr. von den Korinthern gegründete Stadt L., welche sich nach dem Peloponnesischen Krieg dem Akarnanischen Bund anschloß und eine Zeitlang Hauptstadt desselben wurde. Bei L. siegte 375 die athenische Flotte unter Timotheos über die Spartaner.

Leuktra, Ort im südlichen Böotien im Gebiet von Thespiä, berühmt durch die Schlacht, welche Epameinondas 371 v. Chr. durch die sogen. schiefe Schlachtordnung über die Spartaner unter Kleombrotos gewann, und welche die Macht Spartas brach.

Levkas, s. Leukas.

Libanon (Libanos, »weißes Gebirge«), hohes Gebirge an der Küste des nördlichen Syrien, dessen Gipfel bis 3060 m aufsteigen, berühmt durch seine Cedernwälder. Die östliche im Hermon endende Parallelkette wird gewöhnlich Antilibanos genannt.

Liburnia, das Küstenland und die Inseln am Adriatischen Meer, am Flanatischen Meerbusen zwischen Dalmatien und Jstrien, wurde von der illyrischen Völkerschaft der Liburner bewohnt, welche, durch Seeräuberei berüchtigt, aus Haß gegen die Dalmatier sich schon in der Mitte des 2. Jahrh. v. Chr. den Römern anschlossen und einen aus 14 Städten bestehenden Bund und einen besondern Gerichtsbezirk mit der Hauptstadt Scarbona am Titius bildeten. Die bedeutendste Handelsstadt war Jader (jetzt Zara).

Libyen (Libye, Libya), der älteste griech. Name für Afrika, der schon bei Homer vorkommt und später auf den nördlichen Teil westlich von Ägypten, die Wüste und das Atlasgebiet, deren Bewohner Libyer genannt werden, beschränkt ward, während das Innere und der Süden von Herodot Äthiopien genannt werden.

Licinius, 1) berühmtes röm. plebejisches Geschlecht, welches in die Familien Crassus, Lucullus, Murena, Nerva (s. d.) und Calvus Stolo zerfiel. Aus letzterer Familie ist: Gajus L. Calvus Stolo, der sich durch die Licinischen Gesetze berühmt machte, welche er als Volkstribun in Gemeinschaft mit seinem Kollegen Lucius Sertius zum erstenmal 376 v. Chr. vorschlug. Diese Gesetzanträge bestimmten: 1) daß kein römischer Bürger über 500 Jugera Staatsland besitzen und keiner mehr als 100 Stück Groß- und 500 Stück Kleinvieh auf die Gemeindetrift treiben dürfe; 2) daß alles, was die verschuldeten Plebejer bis jetzt an Zinsen bezahlt hätten, von dem Kapital abgezogen und der Rest in drei jährlichen Raten abgezahlt werden solle; 3) daß einer der Konsuln immer ein Plebejer sein müsse. Die Patricier widersetzten sich diesen Gesetzen auf das hartnäckigste. Aber indem die Antragsteller fünf Jahre lang die Wahl aller kurulischen Magistrate hintertrieben, jede Trennung und Einzelverhandlung ihrer Gesetze ablehnten, um eine Spaltung zwischen den vornehmen und den armen Plebejern zu verhüten, und zehn Jahre hintereinander immer wieder zu Tribunen gewählt wurden, erreichten sie 367 die Annahme der Gesetze. L. wurde selbst 364 und 361 zum Konsul erwählt. Die üble Nachrede berichtet, daß er 357 wegen Umgehung seines eignen Gesetzes, indem er selbst 1000 Morgen Staatsland besaß, zu einer Buße von 10,000 As verurteilt worden sei.

2) Römischer Kaiser, in Dacien aus niederm Stand geboren, stieg im Kriegsdienst zu höhern Ämtern auf und ward 307 n. Chr. vom Kaiser Galerius zum Augustus erhoben und mit der Verwal-

tung Jllyriens beauftragt. Durch die Niederlage und den Tod Maximinus' wurde er 313 Alleinherrscher des Ostens, geriet jedoch 314 mit Constantinus, dessen Schwester Constantia er kurz zuvor geheiratet, in Streit, wurde zweimal besiegt und mußte Jllyrien abtreten. In einem zweiten Krieg 323 ward er von Constantinus bei Adrianopel und bei Chalkedon geschlagen, geriet in dessen Gefangenschaft und ward, trotzdem ihm Constantinus das Leben versprochen, 324 in Thessalonike getötet.

Liger, großer Fluß in Gallien, die jetzige Loire.

Ligurien (Liguria), das Land der Ligurer (Ligyer, Ligures), eines Volks in Oberitalien, das, vielleicht aus einer Vermischung nichtarischer Urbevölkerung mit eingewanderten Jtalikern und Kelten hervorgegangen, das Gebiet südlich vom obern Padus über den Apennin hinweg bis zur Küste des Ligurischen Meerbusens (Golf von Genua), westlich bis zum Rhônegebiet, östlich bis zum Macra bewohnte. Sie hatten keinen Adel, sondern bloß Gemeinfreie, trieben Schiffahrt, auch Seeraub und Viehzucht und waren als tüchtige Schleuderer und Kletterer sowie als tapfre Krieger bekannt, die in fremden Heeren, bei den Karthagern schon 480 v. Chr., Söldnerdienste thaten. Erst nach langwierigen Kämpfen 200—191 wurden die Ligurer von den Römern unterworfen, die Bergvölker noch später. Jhre wichtigsten Städte waren: im Pogebiet Augusta Taurinorum (Turin), Dertona (Tortona), an der Küste Genua.

Liktoren (Lictores), die Diener, welche in Rom den Königen, später den höhern Magistraten, den Diktatoren, Konsuln und Prätoren, von Staats wegen zur Dienstleistung und als Ehrengeleit beigegeben waren. Die Diktatoren hatten 24, die Konsuln je 12, die Prätoren je 2, wenn sie als Befehlshaber im Feld standen, je 6 L. bei sich. Sie gingen dem Magistrat voran, machten ihm Platz und führten Verhaftungen aus. Sie führten als Amtszeichen die fasces (Rutenbündel), und zwar seit Einführung der Provokation (509 v. Chr.) in der Stadt ohne Beile, im Krieg, wo die Befehlshaber Recht über Leben und Tod hatten, mit Beilen. Außer diesen Amtsdienern gab es noch Lictores curiati, welche, seitdem die Kuriatkomitien ihre Bedeutung verloren hatten, sich an Stelle der Kurien versammelten und deren Obliegenheiten formell erledigten.

Lilybäon (Lilybäum), westliches Vorgebirge Siciliens (jetzt Capo Böo), auf welchem der Karthager Himilko 397 v. Chr. eine starke Festung mit vortrefflichem Hafen, L. (jetzt Marsala), erbaute, welche einen Hauptstützpunkt der karthagischen Herrschaft bildete und weder von Pyrrhos noch von den Römern, die sie zehn Jahre lang blockierten, erobert werden konnte. Erst im Frieden von 241 kam die Stadt an die Römer und ward Hauptort der Provinz Sicilien, später Sitz eines der Quästoren von Sicilien.

Limasos, s. Amathus.

Limes Germanicus, s. Agri decumates.

Lingonen (Lingónes), kelt. Volk in Gallien am westlichen Fuß des Vosegus an den Quellen der Maas, Seine und Marne, zwischen den Trevirern und Sequanern wohnhaft, mit der Hauptstadt Andematunum (Langres), erhielt vom Kaiser Otho das römische Bürgerrecht.

Liparische Inseln (Insulæ Vulcaniæ, auch Æoliæ), vulkanische Inselgruppe an der Nordküste von Sicilien, sieben größere und mehrere kleinere Inseln, welche sich als kegelförmige Massen von 300—900 m Höhe aus dem Meer erheben. Die bedeutendsten waren: Thermessa (Vulcani insula, jetzt Bulcano) und Strongyle (jetzt Stromboli), welche noch thätige Vulkane trugen, und Lipara (jetzt Lipari), auf welcher die Hauptstadt der 580 v. Chr. auf den Inseln von Rhodiern und Knidiern angelegten dorischen Kolonie lag.

Liris (jetzt Garigliano), Fluß in Mittelitalien, entspringt auf dem Apennin in der Nähe des Fucinersees, durchströmt, von mehreren Flüssen, besonders dem Trerus, verstärkt, in ruhigem Lauf das östliche Latium und mündet bei Minturnä in das Tyrrhenische Meer.

Livadia, s. Lebadeia.

Livia, mit dem Beinamen Drusilla, Gemahlin des Kaisers Augustus, Tochter des Livius Drusus Claudianus, geb. 55 v. Chr., war zuerst mit Tiberius Claudius Nero vermählt, dem sie zwei Söhne, Tiberius und Drusus, gebar, wurde aber 38 von diesem an Octavianus abgetreten, auf den sie durch ihre Schönheit und Klugheit großen Einfluß gewann. Sie benutzte diesen, um ihrem ältesten Sohn (Drusus starb schon 9 v. Chr.) die Bahn zum Thron frei zu machen, und man gab ihr daher schuld, daß sie zu diesem Zweck die Verbannung von Augustus' sittenloser Tochter Julia veranlaßt habe und deren Söhne Gajus und Lucius Cäsar vergiftet habe, da diese ihr im Weg standen. Sie erlangte auch wirklich 4 n. Chr. die Adoption des Tiberius durch Augustus, welcher ihr bei seinem Tode, den sie ebenfalls herbeigeführt haben soll, 14 ein Drittel seines Privatvermögens vermachte und ihre Aufnahme in das Julische Geschlecht mit dem Namen Julia Augusta bestimmte. Ihr auf seine Macht eifersüchtiger und mißtrauischer Sohn räumte ihr indes nur geringen Einfluß ein. Sie starb 29.

Livius, 1) Marcus, mit dem Beinamen Salinator, weil er als Censor den Salzpreis erhöhte, aus einem plebejischen Geschlecht, welches später den Beinamen Drusus (s. d.) führte, war 219 v. Chr. mit Lucius Ämilius Paullus Konsul und besiegte die Jllyrier, wurde aber wegen Verkürzung des Heers bei Verteilung der Beute angeklagt und verurteilt, worauf er sich mehrere Jahre von den öffentlichen Geschäften zurückzog. 207 wiederum Konsul, besiegte er mit Gajus Claudius Nero den Bruder Hannibals, Hasdrubal, am Metaurus und feierte dafür einen glänzenden Triumph. 204 bekleidete er mit Nero zusammen die Censur und rächte sich für den Schimpf seiner Verurteilung dadurch, daß er alle Bürger, bis für diese getimmt hatten, in die Strafklasse der Ärarier versetzte. Der Dichter Livius Andronicus war sein Sklave und Freigelassener.

2) Titus, röm. Geschichtschreiber, geb. 59 v. Chr. zu Patavium, verbrachte den größten Teil seines Lebens in Rom, wo ihn die Freundschaft der angesehensten Männer,

auch die Gunst des Augustus gewann, und starb in seiner Vaterstadt 17 n. Chr. Sein Hauptwerk ist die römische Geschichte in 142 Büchern (»Titi Livii ab urbe condita libri«), die von Erbauung der Stadt bis 9 v. Chr. reichte, von der uns aber nur 35 Bücher erhalten sind, nämlich 1—10, welche die Zeit bis 293, und 21—45, welche die Zeit von 218 bis 193 umfassen; außerdem sind von sämtlichen Büchern (außer 136 und 137) noch kurze Inhaltsangaben, Epitomæ, aus späterer Zeit erhalten. Er begann das Werk vor 25 und arbeitete bis zu seinem Tode daran. Sein Zweck dabei war, wie er in der Vorrede sagt, einmal, sich selbst in die Vergangenheit zu versenken und so die Not und das Elend der Gegenwart zu vergessen, dann seinen Zeitgenossen das große, erhebende Bild der großen.alten Zeit vorzuhalten. So hat er ein patriotisches Nationalwerk geschaffen, das im Altertum hoch bewundert wurde und zu den bedeutendsten Erzeugnissen der römischen Litteratur gehört. Es kam ihm weniger auf eine kritische Erforschung der römischen Geschichte an als auf eine wirksame, lebendige, den Patriotismus anregende Darstellung; deshalb nahm er das Material für die ältere Zeit aus den sogen. Annalisten, welche Sage und Geschichte nicht trennten, für den Punischen Krieg besonders aus Polybios, und begnügte sich, das, was ihm wahrscheinlich und angemessen deuchte, in einer gewählten, geschmackvollen Sprache wiederzugeben und es durch eingeflochtene Reden und Charakterschilderungen zu beleben. über die ältere Verfassung Roms hatte er eine unklare Vorstellung; bei der Darstellung der spätern Bürgerkriege stand er auf aristokratischem Standpunkt. Die erste gedruckte Ausgabe erschien wahrscheinlich 1469 in Rom. Neuere Ausgaben von Drakenborch (Stuttg. 1820—28, 15 Bde.), Alschefski (Berl. 1841—46, 3 Bde.), Weißenborn (das. 1850, 10 Bde.), Hertz (Leipz. 1857—66, 4 Bde.) und Madvig und Ussing (Kopenh. 1861 ff.). Vgl. Lachmann, De fontibus historiarum Titi Livii (Gött. 1822—28, 2 Bde.); Sölt, Titus L. in seiner Geschichte (Münch. 1832).

Logographen, die ältesten griech. Geschichtschreiber, welche, ohne Kritik anzuwenden, die mündlich überlieferten und im Umlauf befindlichen Nachrichten über die Vorzeit, die Gründung und Einrichtung der einzelnen Städte und Staaten, die Geschlechter und Volksstämme zuerst in Prosa aufzeichneten. Als die Heimat der Logographie ist Jonien anzusehen; Kadmos, Dionysios und Hekataos waren aus Miletos, Hellanikos aus Mytilene, Damastes aus Sigeion, Charon aus Lampsakos c. Mit Akusilaos aus Argos und Pherekydes von Leros zu Anfang des 5. Jahrh. v. Chr. wird die Reihe der L. gewöhnlich geschlossen. Die Fragmente bei Müller, Historicorum græcorum fragmenta (Par. 1841, Bd. 1).

Lokris, Landschaft Mittelgriechenlands, welche, von den hellenischen Lokrern bewohnt, durch die Einwanderung von Aoliern in Böotien und Phokis in drei Teile geteilt wurde: 1) das westliche L., nördlich vom Korinthischen Meerbusen, von den »ozolischen« Lokrern (den »übelriechenden«, wie die Griechen sie spottweise nannten) bewohnt, durchaus gebirgig und durch Korinths, später Athens Übergewicht von der See verdrängt, mit den Städten Amphissa und Naupaktos; 2) das epiknemibische L., am Berg Knemis längs der Küste des Malischen Meerbusens, und weiter östlich 3) das opuntische L., von jenem durch phokisches Gebiet geschieden, am Euböischen Meer, nach der Stadt Opus benannt. Die epiknemibischen und opuntischen Lokrer, welche auch zusammen die östlichen (eoischen) genannt wurden, bildeten einen Staat mit der Hauptstadt Opus in einer fruchtbaren Küstenebene; im epiknemibischen L. war der einzige größere Ort Thronion.

Lokroi Epizephyrioi, griech. Stadt in Unteritalien nördlich vom südlichsten Vorgebirge Zephyrion, um 700 v. Chr. von ozolischen Lokrern gegründet, erhielt von Zaleukos eine treffliche Verfassung, litt aber durch Karthago, Syrakus und die Bruttier sehr. Um sich gegen diese zu schützen, unterwarf sich die Stadt den Römern, fiel aber im zweiten Punischen Krieg ab und ward erst 205 von Scipio wiedererobert. Es behielt zwar seine Verfassung und Freiheit, sank aber zu völliger Bedeutungslosigkeit herab.

Londinium (jetzt London), bedeutende Handelsstadt in Britannien, an der Tamesa günstig gelegen, ward 61 n. Chr. bei einem Aufstand gegen die Römer zerstört, erhob sich aber bald wieder und ward von Constantinus in eine große Festung umgewandelt.

Luca (jetzt Lucca), Stadt in Oberitalien, am Südabhang des Apennin nördlich von Pisä gelegen, welche 178 v. Chr. als römische Kolonie im Gebiet der Ligurer gegründet und zu Gallia cisalpina, später zu Etrurien gerechnet wurde. Hier hielt sich Cäsar im Winter 56 auf und erneuerte sein Triumvirat mit Pompejus und Crassus. Von dem alten L. sind noch ansehnliche Reste eines Amphitheaters erhalten.

Luceres, s. Tribus.

Luceria (jetzt Lucera), Stadt in Apulien, in den Vorbergen des Apennin auf steiler Höhe gelegen, wurde von den Samnitern erobert, denselben aber 320 v. Chr. durch die Römer entrissen und 314 mit einer starken römischen Kolonie besetzt. Es bildete fortan einen Hauptstützpunkt der römischen Herrschaft in Unteritalien.

Lucretia, Tochter des Römers Spurius Lucretius Tricipitinus, Gemahlin des Tarquinius Collatinus, erregte durch ihre Schönheit die Begierde des Sextus Tarquinius, ward von demselben gewaltsam entehrt und tötete sich, nachdem sie ihre Verwandten zur Rache aufgefordert, mit einem Schwerte. Der Sturz des Tarquinius 510 v. Chr. war die Folge dieser That.

Lucullus, Lucius Licinius, röm. Feldherr, that sich im Marsischen Krieg 90 v. Chr. zuerst hervor, nahm als Legat unter Sullas Oberbefehl am ersten Mithridatischen Krieg teil und ward, nachdem er 79 die kurulische Ädilität und 77 die Prätur bekleidet und Afrika verwaltet hatte, 74 Konsul und mit Führung des Kriegs zu Land gegen Mithridates beauftragt. Es gelang ihm, diesem, der Kyzikos belagerte, alle Zufuhr abzuschneiden, wodurch er ihn nötigte, die Belagerung aufzugeben und nach Pon-

tos zurückzukehren. L. vernichtete einen großen Teil des Mithridatischen Heers auf dem Rückzug am Fluß Äsepos, siegte über Mithridates in einer zweiten Schlacht bei Kabeira (71) und verfolgte ihn auf seiner Flucht nach Armenien bis Talaura, kehrte aber dann um und vollendete die Eroberung der nördlichen Provinzen Kleinasiens, Bithynien, Paphlagonien und Pontos. Da Tigranes sich weigerte, seinen Schwiegersohn Mithridates auszuliefern, brach L. 69 mit einem Heer von noch nicht 15,000 Mann von Pontos auf, überschritt den Euphrat bei Melita und schlug das Heer des Tigranes, welches 226,000 Mann stark war, 6. Okt. bei Tigranokerta am Fluß Nikephorios. Hierauf eroberte er Tigranokerta, erfocht einen zweiten Sieg am Arsanias und bedrohte Artaxata, wurde aber durch eine Meuterei des Heers gezwungen, den Weitermarsch nach Osten aufzugeben und nach Mesopotamien zu ziehen, wo er 68 Nisibis eroberte. Währenddessen drang Mithridates in Pontos ein und eroberte es wieder. L. brach 67 dorthin auf, um Mithridates zu vertreiben; auf dem Marsch aber kam es unter den durch zu große Strenge gereizten Truppen zu offenem Aufstand, und gleichzeitig erhielt er die Nachricht, daß er auf Betreiben der Ritter, deren Erpressungen in Asien er Einhalt gethan hatte, des Oberbefehls entsetzt sei. Er kehrte nach Rom zurück und feierte 63 nach Überwindung vieler Schwierigkeiten einen Triumph. Fortan lebte er als Privatmann im üppigen Genuß der ungeheuren Reichtümer, die er aus Asien mitgebracht, und beschäftigte sich mit dem Studium der griechischen Philosophie. Er zog viele Gelehrte nach Rom, für die sein Haus ein Sammelpunkt war, und gründete eine große Bibliothek, die er zum Gebrauch für das Publikum öffnete. Im politischen Leben war er ein eifriger Anhänger der Senatspartei und heftiger Gegner des Pompejus und der Triumvirn. Er starb zwischen 58 und 56.

Lugdunum (kelt., »Rebenhügel«), Name mehrerer Städte in Gallien: 1) L. am Zusammenfluß des Rhodanus (Rhône) und Arar (Saône) im Gebiet der

Ambarrer, seit 43 v. Chr. römische Kolonie (Copia Claudia Augusta), Mittelpunkt eines großen Straßennetzes, große Handels- und Fabrikstadt und Hauptstadt der Provinz Gallia Lugdunensis, war unter den Kaisern die erste und größte Stadt Galliens mit prächtigen Palästen und großartigen, teilweise noch erhaltenen Wasserleitungen; jetzt Lyon. — 2) L. Batavorum, Hauptstadt der Bataver an der Mündung des Rhenus (Rhein) in die Nordsee; jetzt Leiden.

Lukanien (Lucania), Landschaft Unteritaliens zwischen dem Tarentinischen Meerbusen und dem Tyrrhenischen Meer, im N. von Kampanien, Samnium und Apulien, im S. von Bruttium begrenzt, ward zwischen 800 und 700 v. Chr. von den Griechen, welche hier zahlreiche Kolonien, wie Metapontion, Siris (Herakleia), Pyrus (Buxentum), Elea (Velia) und Poseidonia (Pästum), gründeten, besetzt; die Urbevölkerung, Önotrer genannt, wurde gräcisiert. Um 400 eroberten die samnitischen Lukaner (Leukaner), welche dem oskischen Sprachstamm angehörten, das Land und gründeten im Binnenland Potentia und Grumentum. Die Römer bemächtigten sich des Landes, nachdem sie mit den Lukanern gegen die griechischen Städte verbündet gewesen, 272 nach der Unterwerfung Tarents. Im zweiten Punischen Krieg fielen die Lukaner von Rom ab und schlossen sich Hannibal an. Das Land wurde infolgedessen lange Jahre Kriegsschauplatz und furchtbar verheert, ebenso im Sklavenkrieg 73—72; der größte Teil des Bodens ward in Latifundien mit Sklavenbevölkerung und Weideland verwandelt.

Lukrinersee (Lacus Lucrinus), die innere Bucht des Golfs von Cumä (Bajä), welche durch einen Basaltdamm nicht völlig vom Meer getrennt und durch ihre Austern berühmt war. Augustus ließ den See mit dem nördlich gelegenen Avernersee mittelst Durchstechung des Isthmus verbinden und beide Seen zu einem Kriegshafen, Portus Julius, umschaffen. Durch vulkanische Erhebungen wurde der L. im 15. Jahrh. vom Avernersee und vom Meer getrennt.

Lupia (Lippe), Nebenfluß des Rhenus (f. b.).

Lusitanien (Lusitania), der südwestlichste Teil von Hispanien, nach dem lapfern, kriegerischen Volk der Lusitanier benannt, welches zwischen Tagus und Durius wohnte und unter Führung des Viriathus 148—140 v. Chr. den Römern erfolgreichen Widerstand leistete. Erst nach Ermordung des Viriathus (140) ward das Volk 138 von Decimus Junius Brutus unterworfen. Bei der Teilung des jenseitigen Spanien in zwei Provinzen wurde die westliche Lusitania genannt; außer den Lusitaniern wohnten in ihr noch die Kuneten im südwestlichsten Küstenstrich (Algarbien) und die Vattonen im NO. mit der Stadt Salmantica (Salamanca). Hauptstadt wurde anstatt des lusitanischen Osilipo (Lissabon) die Veteranenkolonie Emerita Augusta (jetzt Merida).

Lutatius, Name eines röm. plebejischen Geschlechts, f. Catulus.

Lutetia (Lukotitia) **Parisiōrum**, Hauptstadt der gallischen Völkerschaft der Parisier im Lugdunensischen Gallien, auf einer Insel der Sequana gelegen und wichtiger Handelsplatz; Residenz des Kaisers Julianus; jetzt Paris.

Lydien (Lydia), Landschaft an der Westküste Kleinasiens, in ältester Zeit nach dem Volk der Mäonen oder Mäonia genannt, welcher Name später auf den östlichen, an Phrygien stoßenden Teil beschränkt wurde, welcher von vulkanischen Gebirgen erfüllt war (auch Katakekaumene, die »verbrannte« Gegend, genannt). L. wurde im N. durch das Gebirge Temnos von Mysien, im S. durch das Gebirge Messogis von Karien geschieden. Im Innern erhob sich der goldreiche Tmolos mit seinen westlichen Ausläufern Drakon und Sipylos und bildete die Grenze zwischen der größern Ebene des Hermos, dem vom Tmolos der Paktolos zufloß, im N. und der kleinern des Kayitros im S. Beide Ebenen waren außerordentlich fruchtbar und stark bevölkert. Die ältesten Bewohner waren arischen Stammes, welche von hier aus sich als Jonier über die Inseln des Ägäischen Meers und nach Hellas verbreiteten, im Innern aber um 1300 v. Chr. durch das semitische Volk der Lybier verdrängt wurden; die Küste am Agäischen Meer aber wurde von den Joniern behauptet oder vielmehr bei ihrer Rückwanderung nach Asien wiedererobert. Die Lybier gründeten ein Reich mit der Hauptstadt Sarbes, welches zuerst von der assyrischen Dynastie der Sandoniden (Herakliden) beherrscht wurde, bis mit Gyges 689 die einheimische Dynastie der Mermnaden den Thron bestieg. Der vierte König dieser Dynastie, Alyattes, legte den Grund zu der Macht des lydischen Reichs, indem er die Kimmerier vertrieb und das phrygische Reich eroberte. Sein Sohn Krösos unterwarf sich die griechischen Städte an der Küste und ganz Kleinasien (außer Lykien) bis zum Halys. Aber schon 548 ward dies Reich von Kyros gestürzt und L. ein Teil des persischen Reichs. Die Lybier entwöhnten sich unter der Fremdherrschaft der kriegerischen Tüchtigkeit und wurden weichlich, zeichneten sich aber durch Kunstfertigkeit in allerlei Gewerben aus. Das Land besaß daher einen blühenden Wohlstand und zahlte unter gerechter Verwaltung mehr Steuern als das ganze übrige Kleinasien. Als Gottheiten verehrten sie den Sonnengott Sandon, die Göttinnen Bla (Mylitta-Aschera) und Ma (Kybele, in Ephesos als Artemis gefeiert). Unter makedonischer, syrischer und römischer Herrschaft verloren die Lybier mehr und mehr ihre Nationalität und nahmen die griechische Sprache an.

Lygdamis, Tyrann von Halikarnassos (s. d.).

Lykaonien (Lycaonia), Landschaft in Kleinasien, welche sich nördlich vom Tauros zwischen Pisidien und Kappadokien bis zum großen Salzsee Tatta erstreckte und im N. an Galatien grenzte. Der größere Teil des Landes war eine rauhe und wasserarme Steppe, die nur als Weideland benutzbar wurde. Die Einwohner hießen Lykaonen und waren den Pisidern stammverwandt. Sie behaupteten ihre Unabhängigkeit gegen die Perser, wurden aber von den Makedoniern und den Römern unterworfen,

die anfangs einheimische Dynasten einsetzten, 25 v. Chr. aber das Land mit Galatien zu einer Provinz vereinigten. Die Hauptstadt war Jkonion.

Lykien (Lycia), Landschaft an der Südküste Kleinasiens, ein halbinselartig in das Mittelmeer zwischen Karien und Pamphylien vorspringendes, im N. von den Landschaften Kabalia und Milyas begrenztes Gebirgsland, von schönen Wäldern bedeckt und namentlich im Thal des größten Flusses, Xanthos (Sirbes), zwischen den gewaltigen Bergwänden des Kragos (3000 m hoch aufsteigend) und Antikragos (1800 m), sehr fruchtbar. Die Einwohner, von den Griechen Lykier, in ihrer eignen Sprache Termilen oder Tremilen genannt, waren ein arisches Volk, vielleicht den Phrygiern verwandt, welche aus O. hier einwanderten und eine sehr alte Kultur besaßen, wie die zahlreich erhaltenen Grabdenkmäler und Marmorskulpturen beweisen. Sie behaupteten gegen das lydische Reich ihre Unabhängigkeit. An der Küste siedelten sich Phönizier und Griechen an, namentlich im O., wo der Stamm der Solymer am Solymagebirge semitisch und den Lykiern feindlich gesinnt war und die griechische Stadt Phaselis lag. Unter Kyros wurde L. nach hartnäckigem Widerstand der persischen Herrschaft durch den Feldherrn Harpagos unterworfen, dessen Nachkommen eine fürstliche Herrschaft ausübten. Nach den Perserkriegen bildete L. einen Bund von 23 Stadtrepubliken (im ganzen 70 Städten), deren bedeutendste Xanthos, die Hauptstadt, Patara, Pinara, Tlos, Myra und an der Ostküste Olympos waren, und schloß sich dem Athenischen Seebund an. Diese lykische Bundesrepublik bestand fort unter syrischer Oberhoheit (bis 190 v. Chr.), ward von den Römern an Rhodos abgetreten, war aber thatsächlich frei, bis sie 43 n. Chr. unter Kaiser Claudius mit Pamphylien zu einer römischen Provinz verschmolzen wurde. In der hellenistischen Zeit erlangte die griechische Sprache in L. das Übergewicht; die griechische Kunst erlebte daselbst in der Bildhauerei und dramatischen Poesie noch eine Nachblüte. Die Grabdenkmäler u. Skulpturen wurden besonders von dem Engländer Fellows 1836—38 erforscht. Vgl. Fellows, Discoveries in Lycia (Lond. 1841); Spratt und Forbes, Travels in Lycia (das. 1847, 2 Bbe.); Bachofen, Das lykische Volk und seine Bedeutung für die Entwickelung des Altertums (Freiburg 1862); M. Schmidt, Neue lykische Studien (Jena 1869); Sabelsberg, Beiträge zur Entzifferung der lykischen Sprachdenkmäler (Bonn 1874—78, 2 Bbe.).

Lykortas, s. Achäischer Bund.

Lykurgos, 1) Gesetzgeber Spartas, dessen Ordnungen dieser Staat seine geschichtliche Bedeutung zu danken hat. Die überlieferung über die Zeit und die Ereignisse seines Lebens ist freilich so schwankend, seine als göttliches Wesen verehrte Gestalt so mit Legenden und symbolischen Ausschmückungen umwoben, daß wenig mehr festzustellen ist, als daß er in der zweiten Hälfte des 9. Jahrh. v. Chr. (um 820) gelebt, als Vormund eines minderjährigen Königs (Leobotes oder Charilaos) den Staat geordnet, vorher die politischen Einrichtungen Kretas erforscht hat und wahrscheinlich gar kein Dorier gewesen ist. Mit der Priesterschaft des delphischen Orakels stand er in engster Verbindung und bestellte sie auch zur authentischen Auslegung seiner Gesetze. Sein Hauptverdienst war, zwischen den verschiedenen Parteien in Sparta, deren erbitterter Streit den Staat zerrüttet hatte, den beiden Königsfamilien, den Doriern und den alten achäischen Einwohnern, eine Aussöhnung vermittelt und ein nach allen Seiten vorteilhaftes Vertragsverhältnis hergestellt zu haben. Viele einzelne Gesetze und Anordnungen, die L. zugeschrieben werden, sind nachweislich spätern Ursprungs; sein Name ist so sehr zur typischen Bezeichnung der vielgerühmten spartanischen Verfassung geworden, daß man sogar die Existenz seiner Person geleugnet hat. Aber die Grundlage des Staatswesens hat er geschaffen und die fruchtbringenden Keime gepflanzt, der spätern Entwickelung ihr Ziel vorgesteckt. Um seiner Verfassung dauernde Geltung zu verschaffen, gab er, wie berichtet wird, vor, den Rat des delphischen Orakels einholen zu

müssen, und ließ die Könige, die Geronten und die übrigen Spartiaten schwören, an der neuen Verfassung bis zu seiner Rückkehr nichts ändern zu wollen. Er ging darauf nach Delphi, erhielt von der Pythia den Bescheid, daß Sparta, wenn es bei den von ihm getroffenen Einrichtungen beharre, groß und glücklich werden würde, und machte, um seine Landsleute nicht von ihrem Eid zu lösen, seinem Leben durch freiwilligen Hungertod ein Ende; ja, er soll befohlen haben, daß seine Asche ins Meer gestreut würde, damit nicht etwa seine sterblichen überreste nach Sparta gebracht würden und die Spartaner dann glauben möchten, sie seien ihres Eides entbunden. In Sparta erwies man ihm in einem besondern Heiligtum göttliche Ehren. Plutarch beschrieb sein Leben. 2) Athen. Redner und Staatsmann, Sohn des Lykophron aus dem edlen Geschlecht der Eteobutaden, geboren um 395 v. Chr., gebildet von Platon und Isokrates, gehörte zu den eifrigen athenischen Patrioten, die mit Demosthenes gegen die makedonische Herrschaft ankämpften, und erwarb sich große Verdienste um den Staat als Staatsschatzmeister. Zwölf Jahre lang (341—329) verwaltete er die Finanzen Athens, hob die Einkünfte, vermehrte die Kriegsmittel und Waffenvorräte, vollendete das Arsenal und schmückte die Stadt durch öffentliche Bauten und Kunstwerke; auch Wissenschaft und Dichtkunst förderte er und erließ sittenpolizeiliche Gesetze. Vor Gericht war er als Ankläger wie als Verteidiger gleich siegreich. Seine Gerechtigkeit, Unbescholtenheit und Charakterfestigkeit wurden von seinen Mitbürgern hochgeehrt. Er starb vor 323. Von seinen 15 Reden ist (außer Fragmenten) nur eine, die gegen Leokrates, erhalten, welche sich durch Kraft und Größe der Gedanken auszeichnet, aber in Sprache und Darstellung schwerfällig und ungelenk ist. Neue Ausgaben von Jenicke (Leipz. 1856), Nicolai (Verl. 1875), Rehbantz (Leipz. 1876). Vgl. Nissen, De Lycurgi vita et rebus gestis (Kiel 1833); Blume, Narratio de Lycurgo (Potsb. 1834).

Lysandros (Lysander), spartan. Feldherr, Sohn des Aristokritos aus Heraklibiſchem Geſchlecht und einer Helotin, alſo ein Mothake und in Armut aufge= wachſen, erhielt 408 v. Chr. als Nauarch den Oberbefehl über die peloponneſiſche Flotte in Kleinaſien. Seitdem war er raſtlos bemüht, durch energiſche Krieg= führung beſonders zur See und ſchlaue Politik für Sparta die unbeſtrittene Herr= ſchaft über Griechenland, namentlich über Athen, für ſich ſelbſt aber nach Umſturz der Lykurgiſchen Verfaſſung die höchſte Macht im ſpartaniſchen Staat zu erlan= gen. 407 ſchlug er die Flotte der Athener unter Antiochos bei Notion, ward nach Kallikratidas' Tod (406) zum Gehülfen (Epiſtoleus) des nur formell ernannten Nauarchen Arakos eingeſetzt, eroberte 405 Lampſakos und überfiel an der Mün= dung des Aigospotamos die letzte atheni= ſche Flotte von 180 Schiffen, die er bis auf wenige in ſeine Gewalt brachte; 3000 atheniſche Gefangene ließ er hinrichten und verſagte ihnen die Beſtattung. Nach= dem er ſich der von den Athenern abhängi= gen thrakiſchen und kleinaſiatiſchen Städte und Inſeln bemächtigt und überall unter dem Schutz ſpartaniſcher Harmoſten oli= garchiſche Regierungen eingeſetzt hatte, eroberte er 404 Athen durch Hunger, ſetzte die 30 Tyrannen daſelbſt ein und beendete damit den Peloponneſiſchen Krieg. Von der reichen Beute errichtete er ſich und jedem der Flottenführer eine eherne Statue in Delphi. Im Beſitz unumſchränkter Macht und hohen Anſehens, hielt er ſich meiſt in Kleinaſien auf, wo er Spartas Herrſchaft befeſtigte und den Untergang des Alkibia= des herbeiführte. Von Pharnabazos der Bedrückung angeklagt, ward er von den Ephoren nach Sparta zurückgerufen, ent= ging aber durch Klugheit einer Verur= teilung. Er lebte nun einige Jahre tha= tenlos in Sparta, bis er nach dem Tode des Königs Agis (397) in dem Streit über die Erbfolge für Ageſilaos II. ein=

trat und dieſem zum Thron verhalf. Beim Ausbruch des Korinthiſchen Kriegs zum Befehlshaber ernannt, fiel er 395 beim Sturm auf Haliartos in Böotien. Sein Leben beſchrieben von den Alten Corne= lius Nepos und Plutarch. Vgl. Gerlach, Alkibiades und L. (Baſ. 1846); Nitzſch, De Lyſandro (Bonn 1847).

Lyſimachos, makedon. Feldherr, Sohn des Agathokles, eines theſſaliſchen Pene= ſten, geboren um 361 v. Chr. zu Pella, trat in das makedoniſche Heer ein, beglei= tete Alexander d. Gr. nach Aſien und zeichnete ſich beſonders in Indien aus, wo er zum Leibwächter des Königs (General= adjutanten) ernannt wurde. Bei der Tei= lung des Reichs nach Alexanders Tod (323) erhielt er als Satrapie Thrakien, wo er an Stelle Kardias die Stadt Lyſimachia gründete, verbündete ſich mit den übrigen Feldherren gegen Antigonos und behielt im Frieden 311 Thrakien, für das er 306 den Königstitel annahm. 302 ſchloß er ein zweites Bündnis mit Seleukos, Kaſ= ſandros und Ptolemäos gegen Antigonos und deſſen Sohn Demetrios, wurde zwar von dieſem bei Lampſakos geſchlagen, ſiegte aber 301 mit Seleukos bei Ipſos, wo Antigonos fiel, und erhielt ganz Klein= aſien bis zum Tauros. Er führte darauf Krieg mit den Geten nördlich der untern Donau, in dem er in die Gefangenſchaft des getiſchen Königs Dromichätes geriet, verbündete ſich 287 mit Seleukos und Pto= lemäos gegen Demetrios Poliorketes und eroberte 286 Makedonien, das Demetrios dem Sohn Kaſſandros', Antipatros, entri= ſen hatte, gab es aber dieſem nicht zurück, obwohl derſelbe ſein Schwiegerſohn war, ſondern ließ ihn töten. Als er, von ſeiner ägyptiſchen Gemahlin Arſinoe aufgeſtachelt, ſogar ſeinen Sohn Agathokles ermorden ließ, flüchteten deſſen Anhänger zu Se= leukos von Syrien, gegen den L. 281 bei Korupedion Schlacht und Leben verlor.

M.

Mäandros (Mäander, jetzt Menderes), Fluß in Kleinasien, wegen seiner
vielen Krümmungen berühmt, entsprang
bei Kelänä in Phrygien, floß durch das
nördliche Karien in einem überaus fruchtbaren Thal und mündete bei Miletos in den
Latmischen Busen des Agäischen Meers.

Macedonien, s. Makedonien.

Mäcēnas, Gajus Cilnius, Freund
des Augustus, stammte aus der alten
etruskischen Familie der Cilnier, schloß
sich während der Bürgerkriege dem Octavianus an und leistete demselben nützliche
Dienste, indem er als Gesandter Verhandlungen leitete und während seiner Abwesenheit von Rom dort die Staatsgeschäfte
verwaltete. Alle öffentlichen Ehren und
Würden schlug er aus und blieb römischer
Ritter. Dem Kaiser gegenüber machte
er mit Freimut seine Ansicht geltend und
mäßigte dessen Leidenschaftlichkeit. Doch
huldigte er epikureischem Lebensgenuß.
Die Dichter Vergilius und Horatius genossen seine Gunst. Er starb 8 v. Chr.
Vgl. Frandsen, M. (Altona 1843).

Macriānus, Marcus Fulvius,
röm. Kaiser, bestieg 261 n. Chr. nach
Valerianus' Gefangennahme in Persien
den Thron und zog an der Spitze von
45,000 Mann gegen seinen Nebenbuhler
Gallienus, wurde aber in Jllyrien von
Domitianus, dem Feldherrn des Aureolus, geschlagen und getötet.

Macrīnus, röm. Kaiser, aus Numidien gebürtig und von niedrer Herkunft,
trat ins Heer ein und schwang sich zum
Praefectus praetorio empor. 217 n. Chr.
stiftete er in Edessa die Ermordung Caracallas an und wurde von den Legionen
zum Kaiser ausgerufen und vom Senat bestätigt. Seinen neunjährigen Sohn Dia-
dumenianus, den er Antoninus nannte,
nahm er zum Mitregenten an. Da er
aber den Krieg mit den Parthern durch
einen schimpflichen Frieden beendigte und
das Heer mit übertriebener Strenge behandelte, riefen die Legionen Heliogabalus
zum Kaiser aus. M. zog gegen die Aufständischen, wurde aber 8. Juni 218 ge-

schlagen und auf der Flucht nebst seinem
Sohn getötet.

Mada, s. Medien.

Madianiter, s. Midianiter.

Magier (Magi), die Priester bei den
Medern und Persern, welche einen einflußreichen Stand bildeten.

Magister equītum (»Reiteroberst«),
in Rom der Gehülfe und Stellvertreter
des Diktators, der ihn ernannte, und mit
dem zugleich er auch sein Amt niederlegte.
Er hatte einen hohen Rang, die sella
curulis, die praetexta und sechs Liktoren.

Magnentius, röm. Kaiser, ein Franke
aus Gallien, wurde vom Kaiser Constans
zum Anführer der kaiserlichen Leibgarden,
der Jovianer und Herkulianer, ernannt,
stürzte 350 n. Chr. in Augustodunum
mit Hülfe des Marcellinus den verhaßt
gewordenen Constans vom Thron und
wurde von den Legionen in Gallien, Jtalien und Afrika als Kaiser anerkannt,
aber 28. Sept. 351 von Constantius,
Constans' Bruder, bei Mursa (Essek) geschlagen, worauf er sich 10. Aug. 353 in
Lugdunum das Leben nahm.

Magnesīa, 1) der östliche Küstenstrich
Thessaliens von dem Thal Tempe bis
zum Vorgebirge Sepias, von den Gebirgen des Ossa und Pelion erfüllt, welche
nach O. zu der felsigen und hafenlosen
äußern Küste steil abfallen, nach W. aber
am Pagasäischen Meerbusen Hafenbuchten
bilden; um eine derselben, Jolkos, erstreckte sich eine reich bewässerte, fruchtbare
Küstenebene, in welcher Demetrios Poliorketes Demetrias erbaute. M. wurde
von den Thessaliern nicht erobert und
bildete bis zur Zeit Philipps II. von Makedonien ein von Aoliern bewohntes
selbständiges Gemeinwesen. — 2) M. am
Sipylos, am Nordabhang dieses Gebirges am Fluß Hermos gelegene Stadt in
Lydien, berühmt durch den Sieg der Römer
unter Lucius Scipio über Antiochos von
Syrien 190 v. Chr. — 3) M. am Mäandros in Karien, angeblich von Magneten
aus Thessalien erbaut und nach ihrer
Zerstörung durch die thrakischen Treren

im 7. Jahrh. v. Chr. von Milesiern und Ephesiern wiedererbaut, ward vom Perserkönig Artaxerxes dem Themistokles geschenkt, dessen Nachkommen hier als Fürsten herrschten. Der prachtvolle Tempel der Artemis Leukophryene war berühmt.

Mago, karthag. Feldherr, Sohn des Hamilkar Barkas, begleitete seinen ältern Bruder, Hannibal, 218 v. Chr. nach Italien und nahm an den großen Siegen bis 216 teil. Nach der Schlacht bei Cannä eroberte er einige Städte in Samnium und Bruttii und wurde nach Karthago geschickt, um Verstärkungen für Hannibal zu verlangen. Von hier begab er sich nach Spanien und befehligte daselbst mehrere Jahre einen Teil des karthagischen Heers. 205 landete er mit beträchtlichen Streitkräften in Genua und versuchte durch Mittelitalien vorzurücken, um sich mit seinem Bruder zu vereinigen, wurde aber 203 geschlagen und starb auf der Rückfahrt nach Afrika an den in der Schlacht empfangenen Wunden.

Majorianus, Kaiser des weströmischen Reichs, ward 457 n. Chr. von dem Söldnerführer Ricimer auf den Thron erhoben, suchte die Ordnung im Innern des Reichs herzustellen und dessen Grenzen zu sichern. Er schlug 458 die Vandalen zurück, die eine Landung bei Ostia versuchten, und durchzog Gallien und Spanien, wurde aber schon 461 von Ricimer wieder gestürzt und ermordet.

Makedonien (röm. Macedonia), große Landschaft im N. Griechenlands, das Gebiet der drei Ströme Haliakmon, Arios und Strymon umfassend, im W. durch die Ketten des Pindos von Epeiros getrennt, im N. an ein flaches Hochland stoßend, über dem sich die Gebirgsgruppen des Skardos und des Skomios erheben, im O. vom Orbelos und Rhodopegebirge von Thrakien geschieden, im S. an das Ägäische Meer grenzend, in welches die Halbinsel Chalkidike zwischen dem Thermäischen und dem Strymonischen Meerbusen weit vorspringt, während der Olympos und die niedrigern Kambunischen Berge die Grenze gegen Thessalien bilden. Mehrere Gebirgserhebungen im Binnenland, wie der Bermios, Bora u. a.,

trennen von der tiefer gelegenen Küstenlandschaft beckenförmige Stufenebenen, durch welche die Ströme Haliakmon, Arios mit seinem Nebenfluß Erigon und der Strymon in ihrem Ober- und Mittellauf fließen, und welche zwar kühl und im Winter schneereich, aber fruchtbar sind. Die Zahl der Binnenseen war beträchtlich. Die Gebirge waren mit schönen Wäldern bedeckt und reich an Metallen. Am Thermäischen Meerbusen lagen die Landschaften Emathia oder das eigentliche M. mit den Städten Edessa (Ägää) und Pella, durch welches Arios und Haliakmon und zwischen ihnen der kürzere Ludias fließen, Bottiäis (nach dem später verdrängten Volk der Bottier) mit Berrhöa und südlich am Fuß des Olympos Piëria mit den griechischen Kolonien Pydna und Methone. Westlich vom Bermios lagen die höher gelegenen Landschaften Eordäa, Elimeia, Orestis am obern Haliakmon und Lynkestis am mittlern Erigon. Das nördliche M. bildete die Landschaft Päonien mit der Stadt Stoboi. Östlich vom Arios lag Mygdonien mit Therme (Thessalonike), einer ursprünglich griechischen Kolonie, endlich Edonia am Strymon. Die ganz hellenisierte Halbinsel Chalkidike bildete fast ein Land für sich.

Die Einwohner Makedoniens waren im W. und N. illyrische, im O. thrakische Stämme. Das Volk der Makedoner im S., welches ursprünglich nur Emathia bewohnte und von da aus das ganze Land allmählich unterwarf, gehörte zum hellenischen Volk und war den Doriern stammverwandt, wie denn ihre Könige ihre Abstammung von den Herakliden ableiteten und als Hellenen zu den Olympischen Spielen zugelassen wurden. Als erster König und Gründer des Reichs wird Perdikkas (um 700 v. Chr.) genannt. Unter seinen vier Nachfolgern dehnten sich die Grenzen des Landes im S. schon bis zum Olympos und zu den Kambunischen Bergen, im O. bis zum Strymon aus, bis unter Amyntas I. (540—498) das Eindringen der Perser in Europa den Eroberungen ein Ziel setzte; dessen Nachfolger Alexander I. (498—454) mußte sich der persischen Oberhoheit unterwerfen u. 480 Xerxes Heeresfolge leisten. Während Alexanders vier Söhne um die Herrschaft stritten, gelang es den Athenern, sich vieler Küstenstädte zu bemächtigen und das wichtige Amphipolis zu gründen. Als aber einer der Brüder, Perdikkas II. (436—413), die Alleinherrschaft erlangt hatte, machte er mit kluger Benutzung des Peloponnesischen Kriegs M. wieder frei und mächtig. Ihm folgte nach Ermordung der näher berechtigten Erben sein natürlicher Sohn Archelaos (413—399), welcher, ein Freund hellenischer Bildung, diese auch unter den Makedoniern zu verbreiten bemüht war. Er legte Landstraßen an, richtete das Heer nach griechischem Muster ein, befestigte die Städte und verlegte selbst seine Residenz von Ägää (Edessa) näher an die Küste nach Pella, wohin er bedeutende griechische Männer, wie Hippokrates, Zeuxis, Euripides u. a., berief. Nach der kurzen Regierung des Orestes und Aropos (399—393) trat unter Amyntas II. (393—369) und seinen Söhnen Alexander II. (369—368) und Perdikkas III. (365—360) wieder eine trübe Zeit voll von Unruhen und Aufständen ein; 368—365 regierte sogar ein Usurpator, Ptolemäos. Die Macht Makedoniens war ganz geschwunden, griechische Staaten mischten sich in die Thronstreitigkeiten ein. Aber 359 bestieg Philipp II. den Thron, stellte die königliche Macht wieder her, schuf ein geregeltes Finanzwesen, errichtete ein vorzügliches, von dem kriegerischen Adel befehligtes Heer und unterwarf die ganze Küste sowie die Binnenlandschaften Makedoniens, ferner Thrakien und Illyrien seiner Herrschaft. Durch die Schlacht bei Chäroneia brachte er auch Griechenland in seine Gewalt und rüstete sich mit dieser vereinigten Macht, Persien anzugreifen, als er 336 ermordet wurde. Diesen Zug nach Asien führte sein Sohn Alexander d. Gr. (336—323) aus und erhob die Makedonier zum herrschenden Volk der Welt, doch führte sein früher Tod die Auflösung seines Reichs herbei. Bei der Teilung desselben in Statthalterschaften fiel M. nebst Griechenland Antipatros zu, der das Land

schon während Alexanders Zug nach Asien verwaltet und 330 einen Versuch der Spartaner, die makedonische Herrschaft in Griechenland zu stürzen, vereitelt hatte. Antipatros behauptete dieselbe auch gegen eine zweite Erhebung der Griechen im Lamischen Krieg (322). Nach seinem Tod 319 stritten sich sein Sohn Kassandros und Polysperchon, den er selbst zum Nachfolger eingesetzt hatte, um die Herrschaft, bis Kassandros Sieger blieb, 306, nachdem inzwischen alle Mitglieder des alten makedonischen Königshauses den Tod gefunden hatten, auch den Königstitel annahm und bei der Neuteilung des Reichs 301 nach der Schlacht bei Ipsos im Besitz von M. und Griechenland bestätigt wurde. Nach seinem Tod 297 folgten seine Söhne Philipp, Antipatros und Alexander IV., wurden aber schon 294 von Demetrios Poliorketes, dieser 286 von Lysimachos vertrieben. Nachdem derselbe 281 gegen Seleukos gefallen war, wechselte die Herrschaft in M. zwischen mehreren Prätendenten, während gleichzeitig die Gallier das Land verwüsteten. 276 endlich bemächtigte sich Antigonos I. Gonatas, Sohn des Demetrios Poliorketes, der Herrschaft, vertrieb die Gallier, stellte die Ruhe und Ordnung wieder her und unterwarf von neuem Griechenland. Ihm folgte 240 Demetrios II. und diesem 229 für den unmündigen König Philipp III. Antigonos II. Doson, der Enkel des Demetrios Poliorketes, der sich mit Demetrios' II. Witwe vermählte. Antigonos unterdrückte einen Aufstand in M., besiegte als Verbündeter der Achäer die Spartaner bei Sellasia, starb aber schon 221. Philipp III. bestieg nun selbst den Thron, führte mit Ätoliern, Illyriern und dem König von Pergamon Krieg, schloß 215 ein Bündnis gegen die Römer mit Hannibal, kämpfte aber, nachdem seine Flotte 214 bei Apollonia geschlagen worden, ohne allen Nachdruck und schloß 205 Frieden, ohne sich gegen eine Rache der Römer sicherzustellen. Während er, von unruhigem Eroberungseifer beseelt, sich gegen Asien wendete, erklärten ihm die Römer 200 den Krieg, und seine Niederlage bei

Kynoskephalä 197 zwang ihn zum Frieden, in welchem er sich verpflichten mußte, die Herrschaft über Griechenland aufzugeben, 1000 Talente zu zahlen, sein Heer uf 5000 Mann zu vermindern und keinen Krieg ohne Erlaubnis der Römer zu führen. Nach seinem Tod 179 bestieg sein Sohn Perseus den Thron, welcher sofort für einen neuen Krieg mit Rom rüstete und im Beginn desselben 171 und 170 auch große Erfolge errang, aber diese nicht auszubeuten verstand und durch seinen Geiz sich die Bundesgenossen entfrembete. 168 drang Lucius Ämilius Paullus in M. ein und schlug 4. Sept. Perseus bei Pybna. Auf der Flucht wurde der König gefangengenommen, mußte den Triumph des Siegers in Rom verherrlichen und starb in Italien. Die Römer teilten M. in vier dem Namen nach freie, in Wirklichkeit ohnmächtige Republiken. Als 149 unter dem Sklaven Andriskos (Pseudo-Philipp), der sich für einen Sohn des Perseus ausgab, ein Aufstand ausbrach und Quintus Cäcilius Metellus »Macedonicus« diesen nach blutigen Kämpfen 148 und 147 bewältigt hatte, ward M. 146 mit Jllyrien zu einer römischen Provinz vereinigt; unter Constantinus I. wurde M. eine besondre Provinz. Vgl. Desbevises du Dezert, Géographie ancienne de la Macédoine (Par. 1863); Flathe, Geschichte Makeboniens (Leipz. 1832—34, 2 Bde.); Abel, M. vor König Philipp (das. 1847).

Maken, Volksstamm an der Südostküste von Arabien (s. b.).

Makkabäer, jüd. Herrscherfamilie, stammte von Mattathias ab, nach dessen Urgroßvater Hasmonäos das Geschlecht auch die Hasmonäer genannt wurde. Mattathias gab als Priester zu Modin in Palästina 167 v. Chr. durch Ermordung eines königlichen Vogts das Zeichen zum Aufstand gegen die drückende Herrschaft des syrischen Königs Antiochos IV. Bei seinem Tod 166 übergab er die Führung des Kriegs seinem dritten Sohn, Judas Makkabäus, welcher den syrischen Feldherren mehrere siegreiche Schlachten lieferte, aber 160, mit Heldenmut gegen die feindliche Über-

macht kämpfend, fiel. Ihm folgte Jonathan, der jüngste der fünf Söhne des Mattathias; dieser behauptete sich längere Zeit durch geschickte Benutzung der Thronstreitigkeiten im Seleukidenreich und gelangte durch einen der Prätenbenten, Aleranber Balas, dem er sich anschloß, 152 zum Hohenpriestertum und zur Herrschaft in Jubäa, warb aber 144 von Tryphon, einem andern Prätenbenten, nach Ptolemaïs gelockt und baselbst 143 ermorbet. Nun übernahm der älteste, allein noch übrige Bruder, Simon, die Herrschaft und riß sich ganz von Syrien los; einen Angriff des Königs Antiochos Sibetes wies er glücklich zurück und regierte Jubäa, auf ein Bündnis mit den Römern gestützt, in Frieden bis 135, wo er mit zweien seiner Söhne durch Meuchelmord ums Leben kam. Sein Sohn Johannes Hyrkanos I. wurde zwar anfangs von den Syrern besiegt und mußte, als Antiochos Sibetes Jerusalem belagerte, einen schimpflichen Frieden schließen. Indes der Verfall des syrischen Reichs und der Beistand der Römer machten es ihm nicht nur möglich, die Unabhängigkeit wiederzugewinnen, sondern auch Samaria, Jbumäa und das Land jenseit des Jordans zu erobern. Ihm folgten seine Söhne Aristobulos (106—105), der zuerst den Königstitel annahm, und Alexander Jannäos (105—79), grausame Herrscher, welche das Land unter drückender Thrannei hielten. Nach der vormundschaftlichen Regierung der Witwe Alexanders, Salome Aleranbra (79—69), brach zwischen ihren Söhnen Hyrkanos II. und Aristobulos ein erbitterter Streit aus, den Pompejus 63 zu Gunsten des Hyrkanos entschied. Dieser herrschte als Ethnarch und Hoherpriester unter dem Schutz der Römer, unterstützt durch die Klugheit des Jbumäers Antipatros, der thatsächlich die Regierung führte, bis 40, wo Antigonos, Aristobulos' Sohn, von den Parthern als Herrscher eingesetzt, Hyrkanos aber verstümmelt und nach Parthien abgeführt wurde. Aber schon 37 warb Antigonos von Herodes, dem Sohn des Antipatros, gestürzt und getötet und damit der Herrschaft der M. ein Ende gemacht. Herodes ließ die Abkömmlinge des Geschlechts sämtlich umbringen. Die zwei Bücher der M. in den apokryphischen Büchern der Bibel erzählen die Geschichte der ältern M. (175—135).

Malĕa, das südöstlichste Vorgebirge des Peloponnes, welches den Lakonischen Meerbusen im O. begrenzt, wegen der Veränderlichkeit des Windes und Wetters berüchtigt.

Malevéntum, s. Beneventum.

Malis, Landschaft in Mittelgriechenland, zu beiden Seiten des untern Spercheios und des Malischen Meerbusens, zwischen Öta und Othrys, im W. an das Gebiet der Änianen, im O. an das epiknemidische Lokris grenzend und von diesem durch den Vorsprung des Öta, den Kallibromos, welcher mit dem Meerbusen den Paß von Thermopylä bildet, getrennt. Die Einwohner waren der Stamm der Malier, denen 427 v. Chr. das Land südlich vom Spercheios von den Spartanern entrissen wurde, welche daselbst die Stadt Herakleia Trachinia gründeten. Das malische Gebiet beschränkte sich seitdem auf das Gebiet zwischen Spercheios und Othrys mit der Hauptstadt Lamia.

Mälius, Spurius, ein reicher Plebejer in Rom, welcher 440 v. Chr. bei einer Hungersnot aus eignen Mitteln wohlfeile Getreidezufuhr beschaffte und dadurch die Liebe des Volks in einer Weise gewann, die der herrschenden Aristokratie gefährlich schien. Er ward daher beschuldigt, er habe durch einen bewaffneten Aufstand die königliche Würde für sich erlangen wollen, und von dem zu diesem Zweck ernannten Diktator Cincinnatus zur Verantwortung gezogen. Als er dem von dem Magister equitum Servilius Ahala ausgesandten Liktor nicht folgte und das Volk zu seiner Verteidigung aufforderte, tötete ihn Servilius (439), ohne dafür bestraft zu werden.

Malta, s. Melita.

Mamertiner (»Söhne des Mamers oder Mars«, **Mamertīni**), kampanische Söldner, welche den Syrakusiern unter Agathokles gedient hatten und sich nach dessen Tod (289 v. Chr.) der Stadt Messana bemächtigten, wo sie einen Räuber-

staat gründeten. Von Hieron, dem König von Syrakus, 266 bei Mylä besiegt, nahm ein Teil der M. Karthager zum Schutz in die Stadt auf, während sich ein andrer um Hülfe an Rom wandte. Indem die Römer die erbetene Hülfe 264 leisteten und dadurch mit Karthago in Krieg verwickelt wurden, entstand der erste Punische Krieg.

Mandāne, Tochter des Astyages (s. d.).

Manĕthōs (**Manethou,** eigentlich **Ma-n-thoth,** »geliebt von Thoth«), aus Sebennytos in Ägypten, Tempelschreiber zu Theben, schrieb um die Mitte des 3. Jahrh. v. Chr. auf Grund der heiligen Schriften der Ägypter in griechischer Sprache die Geschichte Ägyptens von den ältesten Zeiten bis auf die makedonische Eroberung in drei Büchern. Dies Werk ist frühzeitig untergegangen, nur das Verzeichnis der Dynastien, ein Drittel der Königsnamen und einige Fragmente sind übrig; auch diese Reste besitzen wir bloß in Auszügen aus zweiter und dritter Hand, welche durch die christlichen Chronographen, namentlich Julius Africanus und Eusebios, für ihre Zwecke gemacht worden waren und aus deren ebenfalls verlorenen Werken durch Syncellus (im 8. Jahrh.) erhalten worden sind. Ausgaben der Fragmente von Fruin (Leid. 1847) und Müller (»Fragmenta historicorum græcorum«, Bd. 2, Par. 1848). Das astrologische Gedicht »Apotelesmata«, das M. zugeschrieben wird, ist unecht. Vgl. Böckh, Manetho und die Hundssternperiode (Berl. 1845); Lauth, M. und der Turiner Königspapyrus (Münch. 1865).

Manilius, Gajus, röm. Volkstribun 66 v. Chr., setzte gleich nach seinem Amtsantritt eine lex de libertinorum suffragiis durch, wonach die Freigelassenen in allen Tribus sollten stimmen können, welche aber von den Konsuln wiederaufgehoben wurde, und brachte dann die lex de bello Mithridatico (lex Manilia) in Vorschlag, wodurch Pompejus bis zur Beendigung des Kriegs gegen Mithridates mit unbeschränkter Vollmacht über Verwendung des Heers und der Flotte im Osten ausgestattet werden sollte. Das Ge-

20*

ſetz, welches Cicero in der noch vorhande=
nen Rede »De imperio Cn. Pompeji«
befürwortete, wurde trotz des Widerſtands
der Senatspartei angenommen, M. ſelbſt
aber nach Niederlegung ſeines Amtes zur
Verantwortung gezogen und trotz Ciceros
Verteidigung verurteilt. **Manlius,** patric. Geſchlecht in Rom.
Bemerkenswert:
1) M a r c u s M. C a p i t o l i n u s,
zeichnete ſich 392 v. Chr. als Konſul
gegen die Äquer aus, verteidigte 390
das Kapitol gegen die Gallier, indem er,
von den heiligen Gänſen der Juno ge=
weckt, die den Tarpejiſchen Felſen erſtei=
genden Feinde wieder hinabſtieß. Er ſoll
hiervon den Beinamen Capitolinus er=
halten haben, den die Familie aber wohl
ſchon früher führte, weil ſie ein Haus auf
dem Kapitol beſaß. Von Mitleid für die
durch die Schuldgeſetze hart bedrückten
Plebejer angetrieben, kaufte er mit Auf=
opferung ſeines Vermögens viele derſelben
aus der Schuldhaft los und erwarb ſich
dadurch einen großen Anhang unter dem
Volk, ward aber deshalb von den Patri=
ciern 384 des Strebens nach der Allein=
herrſchaft angeklagt, verurteilt und vom
Tarpejiſchen Felſen herabgeſtürzt. Nach
ſeinem Tod wurde durch Volksbeſchluß be=
ſtimmt, daß kein Patricier auf dem Kapi=
tol wohnen ſolle, und M.' Haus daſelbſt
niedergeriſſen; die gens Manlia aber be=
ſchloß, es ſolle fortan kein Manlier den
Vornamen Marcus führen.
2) Titus M. Imperioſus, Sohn
des Lucius M. Capitolinus, der 363 v. Chr.
Diktator war, tötete 361 im Angeſicht des
Heers einen galliſchen Häuptling im
Zweikampf und erbeutete deſſen goldne
Halskette (torques), von der er den Bei=
namen T o r q u a t u s erhielt. In ſeinem
dritten Konſulat 340 erhielt er mit Publius
Decius Mus den Oberbefehl über die La=
tiner und ließ ſeinen Sohn hinrichten,
weil ſich derſelbe gegen ſein Verbot mit
den Latinern in einen Kampf eingelaſſen
hatte; daher »imperia Manliana« ſprich=
wörtlich für ſtrenge Befehle. Darauf er=
rang er am Veſuv einen entſcheidenden
Sieg über die Latiner, nachdem ſich Decius
für das Vaterland geopfert hatte.

Mantineia, Stadt in Arkabien, in der
Mitte der öſtlichen Hochebene an dem nie=
brigſten aus Arkabien nach Argolis füh=
renden Paß gelegen, daher ein Knoten=
punkt aller Verkehrsſtraßen Arkabiens,
gelangte hierdurch zur Blüte in Handel
und Gewerbe und beherrſchte ein nicht
unbeträchtliches Gebiet; die Verfaſſung
der Stadt war demokratiſch. Seiner Lage
wegen war M. auch militäriſch wichtig.
418 v. Chr. beſiegten hier die Spartaner
die Argeier und ihre atheniſchen Hülfs=
truppen. 385 ward es von den Sparta=
nern zerſtört und die Einwohner in die
benachbarten Dörfer zerſtreut, aber 370
wurde es von Epameinondas wiederer=
baut, der 362 hier ſiegte und fiel. 222
ward es zum zweitenmal von den Achäern
und dem makedoniſchen König Antigonos
Doſon zerſtört, ihre Einwohner in die
Sklaverei verkauft, und die Stadt führte
von da ab, von Achäern neu bevölkert, den
Namen Antigoneia, bis Kaiſer Hadrianus
den alten Namen wiederherſtellte. Ruinen
der Mauern und eines Theaters beim
jetzigen Paleopoli.
Mäonien (Mæonla), ſ. Lydien.
Mæōtis Palus (griech. M ä o t i s
L i m n e), der nach dem anwohnenden Volk
der Mäoten (Maïten) benannte Meer=
buſen, welcher mit dem Pontos Euxeinos
durch den Kimmeriſchen Bosporos in Ver=
bindung ſtand, das jetzige Aſowſche
Meer. Die Alten hielten ihn bis zur Zeit
Alexanders d. Gr. für einen Teil des
großen nördlichen Oceans.
Marakánda (jetzt S a m a r k a n d),
Hauptſtadt der perſ. Provinz Sogdiana, in
der ſich Alexander d. Gr. im Winter 328
bis 327 v. Chr. aufhielt und Kleitos tötete.
Maráthon, Ort der ioniſchen Tetrapo=
lis, in der attiſchen Landſchaft Diakria am
Fuß des Pentelikon in einer kleinen Ebene
an der Oſtküſte gelegen, berühmt durch
den Sieg der Athener 12. Sept. 490 v. Chr.
Die Perſer unter Datis und Artaphernes
waren hier nach Zerſtörung Eretrias mit
100,000 Mann gelandet, um auf dem
Landweg nach Athen vorzudringen und
die Stadt anzugreifen. 10,000 Athener,
über welche Miltiades den Oberbefehl er=
hielt, und denen 1000 Platäer zu Hülfe

kamen, verlegten ihnen den Weg, indem sie am Fuß des Pentelikon ein festes Lager aufschlugen. Die Perser entschlossen sich daher, auf der Flotte um Sunion herumzufahren und im Peiräeus zu landen. Als sich schon ein Teil eingeschifft hatte, griffen die Athener plötzlich an, indem sie die weite Strecke zwischen ihrem und dem persischen Lager im Laufschritt zurücklegten. Die Flügel des athenischen Heers siegten, die Mitte geriet aber in Bedrängnis, aus der sie Miltiades befreite, indem er die Perser durch die Flügel in den Flanken angreifen ließ. Dieselben wurden gänzlich besiegt, doch gelang es den Athenern nur, wenige Schiffe zu erobern. Die Flotte fuhr nach dem Peiräeus ab, aber Miltiades schützte Athen, indem er noch an demselben Tag von M. dorthin marschierte. Der Grabhügel der gefallenen Athener, 12 m hoch und 150 m im Umfang, ist in der Mitte der Ebene noch zu sehen, ebenso die Fundamente des marmornen Tropäons und des Denkmals des Miltiades.

Marbod (Marobobuus), König der Markomannen, hatte als Jüngling in Rom sich mit dem Kriegswesen und der Staatskunst der Römer vertraut gemacht und durch seine edle Gestalt und seinen Mut die Gunst des Augustus erlangt. Um 12 v. Chr. zu seinem Volk zurückgekehrt, trat er an die Spitze desselben, bildete ein großes Heer und verbündete sich mit benachbarten Völkern zu einem mächtigen Reich. Deshalb wurden die Römer mißtrauisch, und 6 n. Chr. führte Tiberius ein Heer gegen ihn, wurde aber durch einen Aufstand in Pannonien und Dalmatien gezwungen, mit M. einen für diesen vorteilhaften Frieden zu schließen. Nach den Kämpfen des Arminius mit Germanicus gerieth M. in Streit mit dem Cheruskerbund, zu welchem die Langobarden und Semnonen von ihm abgefallen waren. Nach einer unentschiedenen Schlacht zwischen Arminius und M. ging dieser in sein Reich zurück, wurde aber 20 auf Anstiften der Römer von dem Goten Catualba gestürzt und flüchtete nach Italien, wo ihm durch Tiberius Ravenna als Aufenthaltsort zugewiesen wurde, und wo er nach 18 Jahren starb.

Marcéllus, röm. plebejische Familie des Geschlechts der Claudier, welche zur Nobilität gehörte. Bemerkenswert: 1) Marcus Claudius M., geboren um 270 v. Chr., diente im Heer zuerst in Sicilien, ward 222 zum erstenmal zum Konsul gewählt und erhielt mit seinem Kollegen Gnäus Scipio den Oberbefehl gegen die Insubrer in Oberitalien, welche er bei Clastidium besiegte; in einer andern Schlacht tötete er den feindlichen Anführer und gewann die Auszeichnung der spolia opima. 216 bekleidete er die Prätur und befehligte in Kampanien, wo er nach der Schlacht bei Cannä durch einen glücklichen Ausfall aus Nola Hannibal einen Verlust beibrachte und den gesunkenen Mut der Römer wiederbelebte. Es war das der Beginn zu einer Reihe von erfolgreichen Kämpfen gegen Hannibal, welche ihm den Ehrentitel »das Schwert Roms« eintrugen. 215 schlug er die Karthager bei Nola, ging, 214 zum zweitenmal Konsul, nach Sicilien und eroberte nach langer Belagerung 212 Syrakus. 210 lieferte er Hannibal ein unentschiedenes Treffen bei Numistro in Lukanien, siegte 209 bei Canusium und fiel 208 in seinem fünften Konsulat, von Hannibal in einen Hinterhalt gelockt, bei Venusia. 2) Marcus Claudius M., Sohn des Gajus Claudius, der 50 v. Chr. Konsul war und Octavianus' jüngere Schwester, Octavia, geheiratet hatte, geboren um 43, ein Jüngling von ausgezeichneten Gaben und edlem Charakter, von Vergilius und Horatius hochgefeiert, ward 25 mit Augustus' einziger Tochter, Julia, vermählt, starb aber schon 23 in Bajä. Augustus ließ ihn auf dem Marsfeld begraben, hielt ihm selbst die Leichenrede und weihte seinem Andenken das Theatrum Marcelli.

Marcius, altes röm. Geschlecht, dem der König Ancus M. (s. d.) und Gnäus M. Coriolanus (s. d.) angehörten.

Marcus Aurelius Antoninus Philosöphus, röm. Kaiser, geb. 26. April 121 n. Chr. zu Rom aus einer angesehenen, in Spanien einheimischen Familie, Sohn des Prätors Annius Verus, studierte in frühester Jugend unter Leitung des Herodes Atticus, Fronto, Junius Rusticus u. a.

Philosophie und gewann die Liebe des Kaisers Hadrianus, seines Verwandten, der seinen Nachfolger Antoninus Pius ihn zu adoptieren verpflichtete. Nach der Adoption nahm er statt des Namens Älius Verus den seines Adoptivvaters an und vermählte sich mit dessen Tochter Faustina. Er bekleidete mehreremal das Konsulat und ward 147 zum Mitregenten ernannt. 161 trat er nach Antoninus' Tode die Regierung an. Edel, gerecht und mild, erfüllte er aus Pflichtgefühl alle Obliegenheiten seines Herrscheramts mit der größten Gewissenhaftigkeit und unermüdlichster Thätigkeit. Der Lehre der stoischen Philosophie treu ergeben, übte er an sich selbst die strengste Kritik, war aber um so nachsichtiger gegen andre und sorgte unermüdlich für das Wohl der Menschheit. Seinen Bruder Lucius Verus ernannte er zu seinem Mitregenten und ertrug bis zu seinem Tod 169 dessen Fehler und Laster ebenso wie die seiner Gemahlin Faustina mit Geduld. Er erweiterte die Stiftung Trajans für die Erziehung armer Kinder, setzte für das Vormundschaftswesen einen eignen Prätor ein, erließ 176 die Schulden und rückständigen Abgaben auf 46 Jahre und sorgte für die Verwaltung der Provinzen in freigebigster Weise. Nur die Christen wurden als staatsgefährlich verfolgt. Aufstände in Britannien und Germanien wurden unterdrückt, ein Krieg gegen die Parther siegreich beendet. 167 brach in Pannonien ein langwieriger Krieg gegen die Markomannen und Quaden aus, der, mit wechselndem Erfolg geführt, 175 durch einen Frieden unterbrochen wurde, da im Osten Aridius Cassius sich zum Imperator hatte ausrufen lassen. M. zog gegen ihn; ehe er aber mit ihm zusammentraf, ward derselbe 176 ermordet. Er feierte darauf in Rom einen Triumph, und der Senat errichtete ihm auf dem Kapitol eine (noch erhaltene) Reiterstatue. 178 zog er von neuem gegen die Markomannen, schlug sie bei Carnuntum, starb aber vor Beendigung des Kriegs 17. März 180 an der Pest. Ihm folgte sein Sohn Commodus. Außer Briefen haben wir von ihm zwölf Bücher Selbstbetrachtungen in griechischer

Sprache, welche er zum Teil auf seinen Donaufeldzügen verfaßte, und in denen er die Grundsätze der stoischen Philosophie auf sich selbst anwandte. Ausgaben von Schulz (1802) und Dübner (1840).

Mardonios, pers. Feldherr, Sohn des Gobryas und Gemahl der Artazostra, der Tochter des Königs Dareios I., gehörte zu den einflußreichsten Männern am persischen Hof, wo er eine griechenfreundliche Politik vertrat, ward 492 v. Chr. mit einer Flotte und einem Landheer abgeschickt, um die Griechen dem persischen Reich zu unterwerfen, und zog, nachdem er in den ionischen Städten die demokratischen Verfassungen wiederhergestellt hatte, um die Griechen durch gütliche Mittel und Freundschaft zu gewinnen, über den Hellespontos nach Makedonien. An dessen Küste scheiterte seine Flotte am Berg Athos, während das Landheer durch die Bryger große Verluste erlitt, worauf M. nach Asien zurückkehrte. 480 befehligte er das persische Landheer, welches in Griechenland eindrang, und blieb nach der Schlacht bei Salamis mit 300,000 Mann in Thessalien zurück, wo er überwinterte. 479 rückte er wieder nach Hellas, zerstörte Athen zum zweitenmal, ward aber im September von den Griechen bei Platää besiegt und fiel, tapfer kämpfend, von der Hand des Spartaners Aeimnestes.

Mareotis, Strandsee bei Alexandreia (s. d.) in Ägypten.

Margiane (Margiana), fruchtbare Landschaft des pers. Reichs, westlich von Baktrien an der Grenze Parthiens, vom Fluß Margos (jetzt Murghab) durchflossen, von Antiochos I. von Syrien durch einen 300 km langen Wall gegen die wilden Völker der Wüste im N. geschützt; Hauptstadt war Antiocheia Margiana (jetzt Merw).

Mariaba (Marib), Hauptstadt der Sabäer (s. d.).

Marius, Gajus, röm. Feldherr, geb. 157 v. Chr. als Sohn eines Landmanns in dem Dorf Cereatä bei Arpinum im Volskerland, trat früh in den Kriegsdienst und zeichnete sich zuerst 134 vor Numantia aus. 119 zum Volkstribunen erwählt, beschränkte er durch die **lex Maria** den

Einfluß der Senatspartei auf die Abstimmungen in den Komitien und erlangte 114, freilich nicht ohne den Verdacht der Bestechung, die Prätur, worauf er als Proprätor das jenseitige Spanien verwaltete. Um diese Zeit heiratete er Julia, eine Schwester von Cäsars Vater. Seinen Ruhm begründete er 109 und 108 als Legat des Konsuls Quintus Cäcilius Metellus im Jugurthinischen Krieg. Die Gunst, die er sich durch seine Kriegsthaten beim Heer und beim Volk erworben hatte, ermutigte ihn, sich für 107 um das Konsulat zu bewerben, was für einen Neuling (homo novus, einen, der nicht zum Amtsadel gehörte) damals kühn war. Metellus, auf seine Erfolge neidisch, erteilte ihm den Urlaub mit Widerstreben und mit höhnischen Bemerkungen. M. ließ sich aus Rache, nachdem er zum Konsul gewählt war, auch den Oberbefehl gegen Jugurtha übertragen. Er beendigte den Krieg 106 durch eine Reihe glänzender Erfolge, obwohl die Ergreifung Jugurthas nicht ihm, sondern seinem Quästor Sulla gelang, der sich dessen rühmte und sich dadurch den bittersten Haß des M. zuzog. Dieser sicherte sich seinen Einfluß auf die Legionen noch dadurch, daß er bei der Aushebung auch die bisher vom Kriegsdienst ausgeschlossenen ärmsten Bürger, die Proletarier, in das Heer aufnahm. 104 zum zweitenmal Konsul, erhielt er den Oberbefehl gegen die Cimbern und Teutonen in Gallien, und da es in den ersten Jahren zu keiner Entscheidungsschlacht kam und M. das Heer mit Erfolg reorganisierte, ward er 103, 102, 101 zum dritten-, vierten- und fünftenmal und, nachdem er bei glänzenden Siege von Aquä Sextiä (102) und Vercellä (101) gewonnen, 100 zum sechstenmal zum Konsul gewählt. Während seines sechsten Konsulats begünstigte er die aufrührerischen Unternehmungen des Volkstribunen Apulejus Saturninus und des Prätors Servilius Glaucia, um sich durch einen Staatsstreich der Alleinherrschaft zu bemächtigen, hatte aber schließlich nicht den Mut, sich offen auf ihre Seite zu stellen, und nahm, als der Senat energisch einschritt, an ihrer Unter-

drückung teil. Hierdurch verlor er beim Volk und beim Senat alles Ansehen und verließ Rom für einige Zeit; auch nach seiner Rückkehr erlangte er seinen Einfluß nicht wieder. Erst nach dem Bundesgenossenkrieg, in welchem er als Legat erfolgreich gekämpft hatte, wagte er wieder in den Vordergrund zu treten, indem 88 der Volkstribun Sulpicius Rufus auf seine Veranlassung beim Volk den Antrag stellte, Sulla den ihm vom Senat übertragenen Oberbefehl gegen Mithridates zu entziehen und M. zu erteilen. Doch Sulla eilte, sobald er von der Annahme dieses Antrags Kunde erhalten, an der Spitze seines Heers von Kampanien nach Rom, besiegte M. und Sulpicius in einer förmlichen Schlacht auf dem Esquilinischen Hügel und bemächtigte sich der Gewalt in Rom. M. wurde geächtet und mußte unter großen Gefahren und mancherlei Abenteuern nach Afrika fliehen, von wo ihn Cinna 87 zurückrief. Er sammelte in Etrurien ein zuchtloses Heer, eroberte mit Cinna die Hauptstadt und veranstaltete ein furchtbares Morden unter seinen Gegnern, dem viele der angesehensten Männer zum Opfer fielen. Cinna und Sertorius mußten endlich gegen die blutdürstige Wut der Marianer einschreiten. M. und Cinna ernannten sich darauf selbst zu Konsuln, und damit erlangte M. das ihm von einer Wahrsagerin verheißene siebente Konsulat; doch starb er schon am 18. Tag desselben 86. Sein Leben ist von Plutarch beschrieben. Vgl. Gerlach, M. und Sulla (Bas. 1856).

Der jüngere M., Gajus, des Konsuls Sohn, geb. 109, ward 82 von der Volkspartei mit Papirius Carbo zum Konsul gewählt, wurde aber bei Sacriportus von Sulla geschlagen und warf sich in das feste Präneste, wo er sich tapfer verteidigte und sich selbst tötete, als die Stadt nicht mehr zu halten war.

Markomannen, germanisches, dem Suevenbund angehöriges Volk, dessen Name von Cäsar zuerst im Heer Ariovists erwähnt wird. Sie zogen von ihren ältesten Wohnsitzen zwischen Oder und Elbe nach der Maingegend, von da um 10 v. Chr. unter Marbod nach Böhmen, wo fie ben Kern von deffen mächtigem Reich bildeten und in friedlichem Verkehr mit den Römern standen. Seit der Mitte des 2. Jahrh. n. Chr. begannen fie, mit andern germanischen u. sarmatischen Stämmen vereint, von Pannonien aus in das Römische Reich einzubringen, weswegen Marcus Aurelius 169 den Markomannenkrieg unternahm, in welchem die M. und Quaden zwar 174 eine Niederlage erlitten, aber 178 bis Aquileja vorrückten, wo fie von Paternus geschlagen wurden. Kaifer Commodus schloß 180 Frieden mit ihnen, wonach fie zwar Hülfstruppen zu stellen hatten, aber einen jährlichen Tribut bezogen und ihre Wohnsitze an der Donau behielten. 270 fielen fie wieder in Italien ein, wurden aber von Aurelius zurückgewiesen. Im 4. Jahrh. verschwindet ihr Name, indem er nebst dem der Quaden in den der Baiwaren (Bayern) überging. Vgl. Wittmann, Die älteste Geschichte der M. (Münch. 1855).

Marmärameer, f. Propontis.

Marobodúus, f. Marbod.

Marrucīner (Marrucini), kleines, aber tapfres Volk sabellischen Stammes in Samnium am rechten Ufer des Flusses Aternus mit der Hauptstadt Teate, ward in den Samniterkriegen unterworfen, nahm am Bundesgenossenkrieg (91—88 v. Chr.) teil und erhielt infolge desselben das römische Bürgerrecht.

Marsala, f. Lilybäon.

Marser (Marsi), 1) kleines, aber tapfres sabellisches Volk in Samnium, in der vom Apennin umschlossenen Hochebene des Fucinersees wohnend, meist mit Marrucinern, Bestinern und Pälignern verbunden, kämpfte mit den Samnitern gegen die Römer und nahm 91—88 v. Chr. am Bundesgenossenkrieg, der daher auch »Marsischer Krieg« heißt, hervorragenden Anteil. Ihre Hauptstadt war Marruvium. — 2) Volk im nordwestlichen Germanien zwischen Lippe und Ruhr, nahm am Kampf gegen Varus 9 n. Chr. teil, wurde aber von Germanicus durch zwei Einfälle 14 und 16 fast völlig vernichtet und verschwindet seitdem aus der Geschichte.

Masiniffa, König von Numidien, Sohn des Gala, geboren um 238 v. Chr., verlebte seine Jugendzeit in Karthago, erhielt hier eine treffliche Erziehung und verlobte sich mit Sophonisbe, der Tochter des Hasdrubal, Gisgos Sohn. Nachdem er fein Königreich Ostnumidien (das Land der Massylier) angetreten, kämpfte er als Bundesgenosse der Karthager gegen Syphax von Westnumidien, Roms Verbündeten, und ging, nachdem derselbe zum Frieden gezwungen worden, 212 mit Hasdrubal nach Spanien, wo er mit seinen numidischen Reitern zur Besiegung der Scipionen viel beitrug und auch nachher den Karthagern erhebliche Dienste leistete. Als jedoch Publius Scipio in Spanien die Macht Karthagos vernichtete, knüpfte M. in kluger Berechnung freundschaftliche Beziehungen zu ihm an und trat offen auf Roms Seite, als die Karthager Sophonisbe mit Syphax vermählten, um diesen für sich zu gewinnen. Zwar wurde er von den Karthagern und Syphax aus seinem Reich vertrieben und erschien, als Scipio 204 in Afrika landete, als Flüchtling im römischen Lager. Er leistete aber den Römern in dem Kriege gegen Karthago und Syphax sehr nützliche Dienste, war bei dem Überfall, durch welchen 203 die zwei feindlichen Heere vernichtet wurden, beteiligt und eroberte darauf mit Lälius das Reich des Syphar. In Cirta nahm er Sophonisbe gefangen und vermählte sich sofort mit ihr, reichte ihr aber, als Scipio ihre Auslieferung verlangte, selbst den Giftbecher. Zum Lohn erhielt er das Reich des Syphar, so daß er nun ganz Numidien unter seiner Herrschaft vereinigte; außerdem wurde in dem Frieden 201 Karthago die Verpflichtung auferlegt, M. alles zurückzuerstatten, was früher zu Numidien gehört hatte. Diese Bestimmung benutzte M. mit rücksichtsloser Härte, um den Karthagern, welche ohne Erlaubnis der Römer keinen Krieg beginnen durften, einen Teil ihres Gebiets nach dem andern zu entreißen, während er zugleich die Parteiungen in der Stadt nährte und steigerte. Die Römer gaben M. immer recht, bis endlich die Karthager, zur Verzweiflung getrieben, 150 zu den Waffen griffen, aber der Macht des Königs unterlagen. Hasdrubals Heer wurde eingeschlossen, und der Feldherr mußte einen Vertrag eingehen, in welchem die Karthager auf das streitige Gebiet verzichteten und 5000 Talente zu zahlen versprachen. Als nun aber die Römer den Vertragsbruch Karthagos benutzten, um diesem den Vernichtungskrieg zu erklären, erkannte M. zu spät, daß er in seinem Haß gegen Karthago nur Roms Übermacht gefördert habe zum Nachteil seines eignen Reichs. Er unterstützte daher die Römer nur widerwillig, starb aber schon im Beginn des dritten Punischen Kriegs (149), 90 Jahre alt. Sein Reich wurde durch den jüngern Scipio Africanus unter seine drei Söhne Micipsa, Gulussa und Mastanabal verteilt.

Massagéten (Massagétæ), kriegerisches Nomadenvolk im östlichen Skythenland nördlich vom Aralsee und Jaxartes, turanischen Stammes, waren von sehr rohen Sitten; sie hatten Weibergemeinschaft und schlachteten und verzehrten ihre Greise. Als Gottheit verehrten sie die Sonne, der sie Pferde opferten. Gold und Kupfer kamen bei ihnen in Menge vor. Kyros, der erste Perserkönig, soll 529 v. Chr. einen Feldzug gegen ihre Königin Tomyris unternommen und auf diesem den Tod gefunden haben.

Massalia, s. Massilia.

Massäsylier, Volk in Numidien (s. b.).

Massilia (griech. Massalia, jetzt Marseille), Stadt an der Südküste Galliens, um 600 v. Chr. von ionischen Phokäern im Gebiet der Salyer gegründet, besaß einen vortrefflichen Hafen und blühte, durch seine Lage in der Nähe der Rhodanusmündung begünstigt, zu einer großen Handelsstadt auf, namentlich seitdem die Bevölkerung durch die Auswanderung aller Phokäer nach Unterwerfung Joniens durch die Perser (546) beträchtlich vermehrt und die Hauptrivalin im westlichen Mittelmeer, Karthago, gefallen war. Der massaliotische Handel, welcher auch eine bedeutende Industrie hervorrief, beherrschte ganz Gallien bis nach Britannien, Oberitalien und das Alpengebiet. Die Verfassung der Stadt war eine aristokratische mit strenger Sittenzucht. Griechische Kunst und Wissenschaft wurden

eifrig gepflegt, und die griechische Sprache herrschte noch bis 300 n. Chr. vor. Vgl. Brückner, Historia reipublicæ Massiliæ (Götting. 1826).

Massylier, Volk in Numidien (s. b.).

Matapan, s. Tänaron.

Matróna, Nebenfluß der Sequana (Seine) in Gallien (jetzt Marne).

Mauretänien, der nordwestlichste Teil Afrikas im N. des Atlasgebirges bis zum Mittelmeer im N. und dem Atlantischen Ocean im W., benannt nach dem Volk der Mauri oder Maurusii, einem tapfern, stattlichen Volk. Das Land war fruchtbar, die Küste mit zahlreichen phönikischen Ansiedelungen besetzt. Die Bewohner dienten als Söldner, namentlich als Reiter, schon im 4. Jahrh. v. Chr. in den Heeren der Karthager. Ihre Könige aus der Dynastie der Sophaken schlossen sich aus Eifersucht gegen Numidien früh an die Römer an. Bocchus lieferte 106 Jugurtha, der zu ihm geflüchtet war, an Sulla aus und erhielt dafür 104 Westnumidien. Nach dem Tode des letzten Bocchus (32) gab Augustus M. an den numidischen König Juba II., der die alte phönikische Stadt Jol unter dem Namen Cäsarea zur Hauptstadt machte. Nach dem Erlöschen seiner Nachkommenschaft wurde das Land durch Kaiser Claudius 43 n. Chr. zur römischen Provinz gemacht und in zwei durch den Molochat getrennte Provinzen, Mauretania Tingitana im W. mit der Hauptstadt Tingis (jetzt Tanger) und Mauretania Cæsariensis im O., geteilt.

Mausölos, König von Halikarnassos in Karien 377—353 v. Chr., aus einem alten karischen Fürstengeschlecht gebürtig, das früher in Mylasa residierte, machte sich von Persien unabhängig und vernichtete durch Anstiftung des Bundesgenossenkriegs die Seemacht Athens im Ägäischen Meer. Nach seinem Tod ließ ihm seine Schwester und Gemahlin Artemisia ein prachtvolles, großartiges Grabmal, das Mausoleion, erbauen.

Mavronero, s. Kephisos.

Maxentius, röm. Kaiser, Sohn des Maximianus, wurde 306 n. Chr. von den Prätorianern zum Augustus erhoben

und von dem Volk und dem Senat zu
Rom anerkannt. Er lud seinen Vater,
der 305 die Regierung niedergelegt hatte,
zur Teilnahme an der Herrschaft ein,
entzweite sich aber mit ihm und vertrieb
ihn nach Gallien. Er führte darauf die
Herrschaft allein, obwohl er sich durch
Grausamkeit und Ausschweifungen verhaßt machte, bis er 27. Okt. 312 von seinem Mitkaiser Constantinus, den er zum
Kriege gereizt hatte, an der Milvischen
Brücke besiegt wurde und auf der Flucht
im Tiber ertrank.

Maximiänus, Marcus Aurelius
Valerius, röm. Kaiser, geboren um
250 n. Chr. bei Sirmium aus niebrigem
Stand, ward wegen seiner kriegerischen
Tüchtigkeit 285 von Diocletianus zum
Cäsar und 286 zum Augustus ernannt;
er erhielt die Herrschaft über den Westen
des Reichs mit der Residenz in Mailand.
Er unterdrückte den Aufstand der Baga-
den in Gallien, wies die Einfälle der Germanen über den Rhein zurück und vertrieb 297 die in Nordafrika eingefallenen
maurischen Völkerschaften. Aber er war
ohne alle Bildung und von hartem, grausamem Charakter. Auf Veranlassung des
Diocletianus dankte er 1. Mai 305 zugleich mit diesem ab und begab sich nach
Lukanien. Als sein Sohn Marentius
306 von den Truppen zum Kaiser ausgerufen wurde und dieser seinen Vater
zur Teilnahme an der Herrschaft einlud,
begab sich M. nach Rom, suchte aber
Marentius die Herrschaft zu entreißen,
wurde daher zur Flucht nach Gallien genötigt und, als er hier eine Verschwörung gegen Constantinus anzettelte, 310
in Massilia getötet.

Maximīnus, 1) Gajus Julius
Verus, mit dem Beinamen Thrax (der
Thraker), röm. Kaiser, Sohn eines thra-
tischen Hirten, ward wegen seiner Größe
und Stärke vom Kaiser Severus in die
Leibwache aufgenommen, stieg in Rom
zum Senator und Anführer einer Legion
empor und kämpfte glücklich gegen die
Perser und die Alemannen am Rhein.
Hier ward er nach Severus' Ermordung
235 n. Chr. in Mainz vom Heer zum
Kaiser ausgerufen. Er sicherte die Gren-

zen des Reichs am Rhein und an der
Donau durch erfolgreiche Kriege gegen
die Germanen und Sarmaten, erregte
aber durch seine rohe Grausamkeit und
seine Habgier allgemeine Unzufriedenheit,
so daß die Legionen in Afrika die beiden
Gordianus, der Senat in Rom Maximus
und Balbinus zu Gegenkaisern ausriefen.
Auf die Kunde hiervon eilte M. 238 nach
Italien, wurde aber bei der Belagerung
von Aquileja von seinen erbitterten Soldaten erschlagen.

2) Gajus Galerius Valerius,
ein Jllyrier von niederer Geburt, Namens
Daja, ward von seinem Oheim Galerius
305 v. Chr. zum Cäsar ernannt und mit
der Verwaltung des Ostens beauftragt.
Als sein Mitcäsar Licinius 307 von Galerius zum Augustus erhoben wurde, nahm
er eigenmächtig denselben Titel an und
geriet 313 mit demselben in Streit. Er
brach von Syrien gegen ihn auf, überschritt den Bosporos und nahm Byzantion
und Perinthos ein, ward aber von Licinius
bei Adrianopel geschlagen und tötete sich
auf der Flucht in Tarsos.

Medien (pers. Maba, Media), das
Land der Meder im nordwestlichen Teil
des Hochlands von Jran, zwischen den
Randgebirgen Elbrus und Zagros bis
nordwestlich zum Araxes, vorwiegend Gebirgsland mit trefflichen, durch Roßzucht
berühmten Weiden und fruchtbaren Hochebenen und Thälern; eine größere Ebene
befindet sich im NW., im spätern Atropatene, um den Matianischen See (See von
Urmia). Die Hauptstadt war Rhagä,
später das meist westlich gelegene Ekbatana. Die Meder waren Arier, welche
von NO. her aus Baktrien einwan-
berten und das Land eroberten, in dem
sie neben der unterworfenen alten Bevölkerung als herrschendes Volk wohnten;
sie bildeten die drei herrschenden Klassen
der Arizanter (edeln Geschlechter), der
Magier (der Priester) und der Budier
(Landbauer). Nach hartnäckigen Kämpfen
wurde M. um 800 v. Chr. der Oberhoheit Assyriens unterworfen. 715 ward
ein Aufstand der Meder unter Dajauku
(Deïokes) von Sargon unterdrückt und
Dajauku gefangen weggeführt; die Sage,

die Herodot überlieferte, berichtet freilich, daß Deïokes schon das medische Reich begründet und die Hauptstadt Ekbatana erbaut habe. Um 640 vereinigte Phraortes die Stämme der Meder und begann von neuem den Kampf gegen das Joch der Assyrier, unterlag aber dem König Assurbanipal und fand seinen Tod. Erst seinem Sohn Kyarares gelang es, nachdem er 620 die in Vorderasien eingefallenen Skythen vertrieben, die durch diese erschütterte Macht des assyrischen Reichs zu brechen und im Bund mit Babylonien 606 Ninive zu erobern. Er begründete das medische Reich, das die Völker Irans, Armenien, Assyrien und Elam (Susiana), umfaßte. Ihm folgte 593 sein Sohn Asthages, der 559 von dem Perser Kyros gestürzt wurde. Die Herrschaft über das Reich ging damit auf das stammverwandte persische Volk über; die Meder haben indes auch nachher im persischen Reich stets eine hervorragende Rolle gespielt, hohe Ämter innegehabt u. dgl., so daß die Griechen die Perser selbst oft »Meder« nannten. Doch ging der große Aufstand des falschen Smerdis besonders von M. aus. Nach Alexander d. Gr. fiel es an das syrische Reich der Seleukiden; jedoch bildete den nordwestliche Teil ein besondres Fürstentum unter syrischer Oberhoheit und ward von dem achämenidischen Fürstengeschlecht des Atropates beherrscht, daher auch Atropatene genannt, während das östliche Land unter dem Namen Großmedien Provinz des syrischen, seit 152 des parthischen Reichs blieb. Vgl. Lenormant, Sur la monarchie des Mèdes (Par. 1871); Oppert, Le peuple et la langue des Mèdes (das. 1879).

Mediolanium (Mediolanum, jetzt **Mailand**), Hauptstadt der keltischen Insubrer in Gallia transpadana, nach deren Einfall in Italien um 400 v. Chr. gegründet, 222 von den Römern erobert, ward bald eine der bedeutendsten Städte in Oberitalien und war berühmt durch seine Lehranstalten. Kaiser Hadrianus machte es zur römischen Kolonie. Besonders hob sich die Stadt, als sie 303 n. Chr. vom Kaiser Maximianus zur kaiserlichen

Residenz gemacht wurde wegen ihrer größern Nähe an der stets von Kriegen bedrohten nördlichen Reichsgrenze; sie blieb ein Jahrhundert lang Hauptstadt.

Mediomatriker, kelt. Volksstamm in Gallia Belgica an der mittlern Mosel mit der Hauptstadt Divoburum (später Mediomatrici, jetzt Metz).

Medische Mauer, eine 600 Stadien (112 km) lange, 32 m hohe und 6½ m dicke Mauer, welche an der Nordgrenze Babyloniens vom Euphrat bis hinüber zum Tigris reichte und den Schutz Babylons gegen die nördlichen Feinde, Assyrier und Meder, bildete.

Megalopölis (Megale Polis, die »große Stadt«), Stadt in Arkadien in der Thalebene des obern Alpheios an dessen Nebenfluß Helisson, nach der Schlacht bei Leuktra als Hauptstadt des neuen Arkadischen Bundes durch Vereinigung der Bevölkerung von 44 arkadischen Ortschaften von Epameinondas gegründet und 368 v. Chr. vollendet, hatte einen Mauerumfang von 50 Stadien (fast 10 km) und eine Bevölkerung von 60—70,000 Seelen. Sie schloß sich später dem Achäischen Bund an und ward 222 von Kleomenes von Sparta erobert und zerstört, worauf die Einwohner sich in ihre alten Wohnorte zerstreuten. Hier wurden Philopömen und Polybios geboren. Jetzt Ruinen beim Dorf Sinano.

Megära Hybläa, Stadt an der Ostküste von Sicilien, nördlich von Syrakus, um 725 v. Chr. auf der Stelle der sikulischen Stadt Hyblä von Megarern gegründet, ward vom König Gelon von Syrakus unterworfen und blieb fortan eine syrakusische Landstadt.

Megäris, Landschaft Mittelgriechenlands, nördlich vom Isthmos vom Korinthischen zum Saronischen Meerbusen hinüberreichend, im N. durch den Kithäron von Böotien, im O. von Attika durch die Kerata (»Hörner«) getrennt, der Länge nach durchzogen vom hohen und unwegsamen Gebirge Geraneia (1370 m), über welches die einzige stets gangbare Verbindung zu Lande nach dem Peloponnes führte; der schmale Weg an der Südküste über die gefährlichen Skironischen Felsen wurde erst vom Kaiser Hadrianus zu einer Fahrstraße ausgebaut. Das Land brachte wenig Getreide, dagegen Gemüse, Zwiebeln und Feigen hervor, welche auf den athenischen Markt gingen. Geschätzt waren die Töpferarbeiten aus dem feinen weißen Thon von Kimolia. Die Hauptstadt **Megara** lag in der Nähe des Saronischen Meerbusens und war von den Karern gegründet, weswegen ihre alte Burg Karia hieß. Mit seiner Hafenstadt Nisäa war Megara seit der Zeit nach den Perserkriegen durch lange Mauern verbunden. Ein zweiter Hafen, Pagä, lag am Halkyonischen Meerbusen. Nach den Karern wurde M. von den Joniern besetzt. Im 11. Jahrh. v. Chr. eroberten es die Dorier und bildeten die herrschende Aristokratie. Als es sich als selbständiger dorischer Staat von Korinth losriß, behielt dies die westliche Hälfte des Landes. M. war fortan einer der kleinsten Staaten Griechenlands, aber durch Handel und Industrie blühend, besonders im 7. und 6. Jahrh. Damals gründete es entfernte Kolonien, wie Byzantion, Chalkedon, Herakleia am Pontos, Megara Hybläa in Sicilien. Das inzwischen erheblich vermehrte nichtdorische Volk stürzte die dorische Aristokratie und verlieh die oberste Gewalt an Tyrannen, von denen Theagenes (um 600) der mächtigste und letzte war. Das Emporkommen Athens schädigte die Blüte von M. Nach den Perserkriegen schloß es sich dem Athenischen Seebund an, fiel aber 447 wieder ab und hatte fortan von den Athenern viel zu leiden, so daß es gänzlich verfiel.

Megiddo, Stadt in Palästina in der Ebene Jesreel, bei der König Necho von Ägypten 609 v. Chr. den König Josias von Juda, der in der Schlacht fiel, besiegte.

Mela, Pomponius, röm. Geograph, aus Tingentera in Hispanien gebürtig, verfaßte zur Zeit des Kaisers Claudius (41—54) unter dem Titel: »De chorographia« (früher »De situ orbis«) ein geographisches Kompendium in drei Büchern, für uns die früheste Beschreibung der alten Welt. Dasselbe ist aus den besten M. zugänglichen Quellen. Hipparchos, Hanno und Nepos, geschöpft

und in gutem Stil geschrieben. Ausgaben von Tzschucke (Leipz. 1806, 7 Bde.) und Parthey (Berl. 1867).

Melanogätuler, s. Gätuler.

Melīta (Melite, jetzt Malta), Insel im Mittelmeer südlich von Sicilien, ward nebst dem benachbarten Gaulos (Gozzo) schon früh von den Phönikern besetzt und sorgfältig angebaut. Es diente ihnen und den Karthagern als Schiffsstation. 218 v. Chr. bemächtigten sich die Römer der Inseln und vereinigten sie mit der Provinz Sicilien, doch bekümmerten sie sich wenig um dieselben, so daß sie Schlupfwinkel für Seeräuber wurden.

Melos (jetzt Milo), die südwestlichste der Kykladen im Ägäischen Meer, vulkanischen Ursprungs. Der Boden, welcher sich im höchsten Berg bis 770 m erhebt, ist porös und fruchtbar und reich an mineralischen Produkten (Schwefel, Alaun, Salz, Gips u. a.). Die ursprünglich phönikische Bevölkerung wurde durch Dorier aus Lakonien ersetzt. Die Insel schloß sich nach den Perserkriegen dem Athenischen Seebund an, wollte aber im Peloponnesischen Krieg neutral bleiben. Deshalb wurde sie 416 v. Chr. von den Athenern gewaltsam besetzt, sämtliche Männer niedergemetzelt, Frauen und Kinder in die Sklaverei verkauft und so die Blüte derselben vernichtet.

Memmius, Gajus, röm. Volkstribun 111 v. Chr., deckte die Bestechlichkeit und die Verräterei der Optimaten bei den Verhandlungen mit Jugurtha auf und bewirkte durch energische Bekämpfung der Senatspartei die Kriegserklärung an Jugurtha sowie die Wahl des Metellus und dann des Marius zu Feldherren. Nachdem er 104 die Prätur bekleidet, ließ er sich 100 von der gemäßigten Partei als Kandidat für das Konsulat aufstellen, wurde aber von den Demagogen Glaucia und Saturninus in einem Pöbelaufstand mit Knütteln erschlagen.

Memphis (Men Nefer, »guter Platz«), alte Hauptstadt von Ägypten, am westlichen Nilufer am Fuß des Plateaus von Gizeh, ward von Menes um 3000 v. Chr. gegründet. Ein prächtiger Ptahtempel schmückte die Stadt. Unter der Herrschaft der Hyksos geriet es in Verfall und war jahrhundertelang nicht Königsresidenz; erst unter den letzten Pharaonen hob es sich wieder, bis es durch die Gründung von Alexandreia den Todesstoß erhielt. Die Stadt veröbete, wenn auch ihre Bauwerke noch das Staunen Diodors und Strabons erregten, bis der Bau von Kairo ihr Material in Anspruch nahm. Jetzt nur noch wenige Ruinen bei den Dörfern Mitraheni und Sakara 15 km südlich von Kairo.

Mendeli, s. Pentelikon.

Menderes, s. Mäandros.

Menelãos, König von Sparta, Sohn des Atreus, floh nach der Ermordung desselben durch Ägisthos von Mykenä nach Sparta, wo er sich mit Tyndareos' Tochter Helena vernählte und durch sie Erbe des Königreichs wurde. Nach Entführung der Helena durch Paris bot er die Fürsten der Griechen zum Zuge gegen Troja auf, stellte für denselben 60 Schiffe und war einer der tapfersten Helden. Paris tötete er im Zweikampf. Nach dem Fall Trojas kehrte er mit Helena in die Heimat zurück, ward aber beim Vorgebirge Malea durch einen Sturm nach Ägypten verschlagen und gelangte erst, nachdem er acht Jahre im Orient umhergeirrt, nach Sparta, wo er in Frieden herrschte, und wo man sein und Helenas Grab bei Therapnä zeigte.

Menenius Agrippa, röm. Patricier, bekleidete 503 v. Chr. das Konsulat und ward bei der ersten Secession des Volks auf den Heiligen Berg (494) von den Patriciern an die Plebejer gesandt, um sie zur Rückkehr zu bewegen. Er erreichte diesen Zweck durch die Fabel von den Gliedern des Leibes, welche sich gegen den Magen, als müßigen Verzehrer aller Nahrung, empörten, aber an ihrer eignen Ermattung bald erkannten, daß sie sich dadurch selbst den größten Schaden zufügten und der Magen keineswegs unthätig sei.

Menephta, König von Ägypten, Sohn Ramses' II., herrschte 1322—1302. Unter ihm fand der Auszug der Israeliten aus Ägypten statt.

Menes (Mena), ältester König von Ägypten, um 3000 v. Chr., erbaute Mem-

phis und lehrte die Ägypter die Verehrung der Götter und die Darbringung der Opfer.

Menkera (Mykerinos), König von Ägypten, Sohn des Cheops, Erbauer der drittgrößten und am besten erhaltenen Pyramide, in welcher man seinen Sarg und seine Mumie mit einer Inschrift fand.

Men Nefer, s. Memphis.

Mermnaden, altes lydisches Königsgeschlecht, welches, von den Sandoniden vertrieben, mit karischer Hülfe diese stürzte und mit Gyges 689 v. Chr. den lydischen Königsthron bestieg. Gyges machte nach Vertreibung der Kimmerier Lydien zum mächtigsten Reich Kleinasiens. Der letzte Mermnade, Krösos, ward 548 vom Perserkönig Kyros gestürzt.

Meröe, alter Staat am obern Nil, der nach griechischen Berichten auf einer Insel in Äthiopien liegen sollte, in Wirklichkeit aber oberhalb des untersten östlichen Zuflusses des Nils, des Astaboras, in einer fruchtbaren Ebene lag. Es war ein von einer Priesterschaft altägyptischen Ursprungs beherrschter halbcivilisierter Staat, dem zahlreiche Negerstämme unterworfen waren. Die Zeit seiner Gründung ist unbestimmt. Doch verbreitete sich die Kunde von seinem fabelhaften Reichtum durch Kaufleute und verlockte Kambyses 524 v. Chr. zu dem unglücklichen äthiopischen Zug. Im 1. Jahrh. n. Chr. empörte sich ein einheimischer Häuptling, Ergamenes, und ließ die ganze Priesterkaste ermorden. Die Hauptstadt fanden schon die Abgesandten Kaiser Neros in Trümmern; dieselben waren sehr bedeutend, Tempel, Paläste, 80 Pyramiden, Alleen von Sphinxen u. a. Überreste jetzt bei Bebscherauieh in Dar Schendi.

Merw, s. Margiane.

Mesa, ein König der Moabiter, dessen um 896 v. Chr. in Dibon (jetzt Dhibân, östlich vom Toten Meer) errichtete Siegessäule, der sogen. »Mesastein«, kürzlich aufgefunden und als ältestes erhaltenes Denkmal in semitischer Schrift von Bedeutung ist.

Mesambria (Mesembria, jetzt Misivri), berühmte Hafenstadt Thrakiens am Pontos Euxeinos, 493 v. Chr. von flüchtigen Byzantinern und Chalkedoniern gegründet.

Mesopotämien, »das Land zwischen den Flüssen« Tigris und Euphrat südlich vom armenischen Hochland und von diesem durch das Masiosgebirge und von Babylonien durch die Medische Mauer getrennt; doch ist diese Bezeichnung »zwischen den Flüssen« nicht genau zu nehmen, da das rechte Ufer des Tigris zu Assyrien, das rechte des Euphrat dagegen zu M. gehörte. Das Land, welches noch von den Nebenflüssen des Euphrat Bilechas (Belik) und dem Chaboras mit dem Mygdonios durchflossen wird, ist meist steinige und sandige, nach S. sich abdachende Ebene. Die Grenze zwischen dem obern und untern M. bildete der Chaboras. Die Einwohner waren Semiten, im S. arabischen, im NW. syrischen (aramäischen) Stammes. M. ist nie ein selbständiges Reich gewesen, sondern hat immer zu Nachbarreichen gehört, zu Assyrien, Babylonien, Persien, zum Seleukidenreich und zu Parthien. Obermesopotamien eroberte Trajanus 115 n. Chr., und Verus machte es 156 zur römischen Provinz, während das untere nur vorübergehend zum Römerreich gehörte. Zu dem obern gehörten die Landschaften Mygdonia im S. mit der Hauptstadt Nisibis und Osroene im NW. mit der Hauptstadt Edessa (s. b.), welch letzteres 136 v. Chr. bis 217 n. Chr. ein eignes Fürstentum unter parthischer Oberhoheit war u. 217 an die Römer kam.

Messala Corvinus, Marcus Valerius, röm. Staatsmann, geb. 59 v. Chr., begab sich 45 nach Athen, um griechische Kunst und Wissenschaft zu studieren, schloß sich im Krieg des Brutus und Cassius gegen die Triumvirn an die erstern an, ergriff aber nach der Schlacht bei Philippi die Partei des Antonius, dann die des Octavianus, mit dem er 31 Konsul war und bei Actium kämpfte. 27 siegte er über die Aquitanier. Die Zeit seines Todes ist ungewiß; nur so viel ist sicher, daß er ein hohes Lebensalter erreichte. Von seinen historischen Schriften (über die Bürgerkriege und über die römischen Familien) ist nichts, von seinen Reden nur Bruchstücke erhalten. Vgl. Wiese, De M. Val.

Messalæ Corvini vita et studiis doctrinæ (Berl. 1829).

Messalina, Valeria, Gemahlin des röm. Kaisers Claudius, Tochter des Marcus Valerius Messala Barbatus, beherrschte ihren schwachen Gemahl, dem sie die Octavia und den Britannicus gebar, völlig und gab sich einem wollüstigen Lebenswandel und roher Grausamkeit hin. Als sie sich gar während der Abwesenheit des Claudius mit ihrem damaligen Günstling Gajus Silius öffentlich vermählte, bewogen die Freigelassenen des Kaisers, Pallas und Narcissus, welche durch fernere Duldung ihrer Schamlosigkeit mit in das Verderben gerissen zu werden fürchteten, den Kaiser 48 n. Chr. zum Befehl, sie hinzurichten, den sie sofort ausführen ließen.

Messāna (Messene, jetzt Messina), Stadt an der Nordostecke Siciliens, an der schmalen Meerenge (Fretum Siculum), welche die Insel vom Festland Italien trennt, ward um 740 v. Chr. von der südlich gelegenen Stadt Naxos und von andern euböischen Kolonisten gegründet und nach der den tiefen Hafen umschließenden sichelförmigen Landzunge Zankle (sikulisch »Sichel«) genannt, später aber durch messenische Auswanderer verstärkt und nach diesen M. benannt. Die Stadt stand längere Zeit unter der Herrschaft des Tyrannen Anaxilas von Rhegion, befreite sich 461, ward aber 396 von den Karthagern erobert und zerstört. Dionysios I. von Syrakus baute sie wieder auf. Sie ward nach dem Sturz Dionysios' II. auf kurze Zeit wieder frei, fiel aber 312 wieder in die Gewalt des Agathokles und ward 282 von den Söldnern desselben, den Mamertinern, besetzt, welche die Stadt Mamertina nannten und einen Räuberstaat daselbst errichteten. 264 riefen die Mamertiner die Römer herbei, welche sich der Stadt bemächtigten und sie dauernd behaupteten. Bei der für den Handel außerordentlich günstigen Lage und der großen Fruchtbarkeit ihres Gebiets ward M. wieder eine der blühendsten und volkreichsten Städte der Insel.

Messapier, Stamm der illyrischen Japyger in Kalabrien, welches daher auch Messapia genannt wird.

Messēne, s. Messana und Messenien.

Messenien (Messana oder Messene), die südwestlichste Landschaft des Peloponnes, umfaßt die von dem kurzen, aber wasserreichen Fluß Pamisos durchströmte Ebene westlich vom Taygetos und südlich vom arkadischen Hochland, welche in die obere Ebene Stenyklaros und die untere Küstenebene Makaria am Messenischen oder Karnäischen Golf zerfiel, und die südwestlichste gebirgige Halbinsel des Peloponnes bis zum Vorgebirge Akritas; durch isolierte Berggruppen, wie den Mathia (960 m), Agaleos (1220 m) und Ithome (802 m), war das Land gegliedert. Durch Milde des Klimas und Fruchtbarkeit des Bodens war M. vor allen andern Landschaften Griechenlands ausgezeichnet. Die Hauptstadt Messene lag in der Mitte des Landes, ward aber erst 369 v. Chr. erbaut. Am Messenischen Meerbusen lag die Hafenstadt Korone, am westlichen Jonischen Meer Kyparissiä und Pylos, an der Südwestspitze Methone und Rhion (Asine). Die ältesten Bewohner waren Achäer; unter ihnen siedelten sich Leleger an, als deren Hauptstadt Andania genannt wird. Um 1100, bei der borischen Wanderung, siedelten sich die Dorier in der obern Ebene von Stenyklaros fest; die Achäer behielten unter ihrer Herrschaft als Periöken die Küstenlandschaften. Die Dorier verschmolzen rasch mit ihnen und verloren ihre herrschende Stellung. Das Königtum ging auf das arkadische Geschlecht der Apytiden über. In Ithome wurde wieder der pelasgische Zeus verehrt. Das Land verlor fast ganz den borischen Charakter, gedieh aber zu außerordentlichem Wohlstand durch die üppige Fruchtbarkeit des Bodens und lebhaften Handel. Dies erregte den Neid und die Eroberungsgier der Spartaner, welche das Land in zwei Kriegen, dem ersten Messenischen Krieg 743—724 und dem zweiten 645—628, nach tapferm Widerstand unterwarfen. Im ersten Krieg verteidigte der König Aristodemos die Bergfeste Ithome mehrere Jahre; im zweiten errang der messenische Held Aristomenes über die Spartaner glänzende Erfolge, bis er in

Eira der Übermacht unterlag. Die meisten Messenier wanderten nach der Unterjochung unter Sparta aus, nach Arkadien oder übers Meer nach Italien. Die Zurückbleibenden mußten als Heloten die Ackerlose der Sieger bebauen. Was nicht als Landgut verteilt ward, blieb als Weide liegen; die Küsten veröbeten, und das herrliche Land verfiel in einen traurigen Zustand. Die Verwüstung Spartas durch ein Erdbeben 464 benutzend, erhoben sich die Messenier zugleich mit den lakonischen Heloten gegen die Fremdherrschaft, unterlagen jedoch nach zehnjähriger tapfrer Gegenwehr und nach hartnäckiger Verteidigung Ithomes (dritter Messenischer Krieg 464—455) und wurden von den Athenern in Naupaktos angesiedelt, von wo sie 425 das Unternehmen des Demosthenes gegen Pylos unterstützten und nach dem Fall Athens nach Euhesperibä in Kyrenaika auswanderten. M. lag nun veröbet und blieb spartanische Provinz bis 370, wo Epameinondas nach der Schlacht bei Leuktra die Messenier zurückrief. 369 wurde am Berg Ithome die neue befestigte Hauptstadt Messene gegründet. Die Messenier gaben ihrem neuen Staat eine demokratische Verfassung und waren erbitterte Feinde Spartas, traten auch später dem Achäischen Bund bei; doch blieb die Bevölkerung eine geringe, und der Staat erlangte keine größere Macht, bis er 146 unter die Herrschaft Roms kam. Vgl. Hertzberg, Die Geschichte der Messenischen Kriege (3. Aufl., Halle 1875).

Messenische Kriege, s. Messenien.

Messina, s. Messana.

Metapóntum (griech. Metaponti on), griech. Stadt in Unteritalien, am Tarentinischen Meerbusen in der Nähe von Tarent von Achäern gegründet, reich und blühend, bis Hannibal die Einwohnerschaft im zweiten Punischen Krieg wegführte und die Stadt veröbete; schon zu Anfang der Kaiserzeit war sie Ruine. Jetzt Ruinen (15 Säulen eines borischen Tempels) bei Torre di Mare.

Metaurus (jetzt Metauro), Fluß in Umbrien, der vom Apennin kommt und zwischen Fanum Fortunä und Sena in das Adriatische Meer mündet; an ihm er-

litt Hannibals Bruder Hasdrubal 207
v. Chr. durch die Konsuln Livius Salina=
tor und Tiberius Claudius Nero eine
Niederlage und fand seinen Tod.
Metellus, angesehene Familie des röm.
plebejischen Geschlechts der Cäcilier. Be=
merkenswert:
1) Lucius Cäcilius M., der Be=
gründer der Größe seines Hauses, war
251 v. Chr. Konsul, schlug als Prokonsul
250 das karthagische Heer unter Hasdru=
bal bei Panormos in Sicilien, bekleidete
247 zum zweitenmal das Konsulat und
ward 243 Pontifex maximus; 241 bei
einem Brande des Vestatempels rettete er
mit Verlust beider Augen das Palladium.
Er starb 221.
2) Quintus Cäcilius M., besiegte
148 v. Chr. als Prätor Andriskos, der sich
in Makedonien zum König aufgeworfen
hatte, und unterwarf Makedonien von
neuem, wofür er den Beinamen Mace=
donicus erhielt, schlug darauf 146 die
Achäer bei Skarpheia und Chäroneia und
besetzte Theben und Megara, mußte aber
die Beendigung des Achäischen Kriegs
Mummius überlassen und feierte in Rom
einen glänzenden Triumph. 143 beklei=
dete er das Konsulat und führte 142 als
Prokonsul des diesseitigen Spaniens den
Krieg gegen Viriathus. 131 war er mit
Quintus Pompejus Censor und stieß Lu=
cius Atinius Labeo aus dem Senat. Des=
halb wollte ihn dieser als Volkstribun 130
vom Tarpejischen Felsen herabstürzen las=
sen. Das Dazwischentreten der andern
Tribunen rettete ihn aber. Er starb 115.
Sein ältester Sohn, Quintus, erhielt
wegen der Unterwerfung der Balearen
(123) den Beinamen Balearicus.
3) Quintus Cäcilius M. Numi=
dicus, Bruder des Lucius, welcher wegen
der Besiegung der Dalmatier den Bei=
namen Dalmaticus erhielt, bekleidete
109 v. Chr. das Konsulat und erhielt den
Oberbefehl im Jugurthinischen Krieg, den
er nach der Wiederherstellung der Manns=
zucht im Heer mit Kraft und Erfolg
führte. Er besiegte Jugurtha am Muthul
und eroberte einen großen Teil Numi=
biens, mußte aber 107 den Oberbefehl an
seinen frühern Legaten Marius abtreten;

doch erhielt er die Ehre des Triumphs.
102 bekleidete er die Censur, wurde aber
100 auf Antrag des Volkstribunen Sa=
turinus, weil er sich weigerte, ein von
diesem gegebenes Ackergesetz zu beschwören,
verbannt und begab sich nach Smyrna.
99 zurückgerufen, starb er 91, wahrschein=
lich von Quintus Varius vergiftet.
4) Quintus Cäcilius M., Sohn
des vorigen, wegen seines Eifers für die
Zurückberufung seines Vaters Pius ge=
nannt, war 89 v. Chr. Prätor, befehligte
ein Heer im Bundesgenossenkrieg und
schloß sich im Bürgerkrieg der Sullani=
schen Parteian. Er bekleidete 80 mit Sulla
das Konsulat und führte dann acht Jahre
lang den Krieg mit Sertorius ohne großen
Erfolg, feierte aber gleichwohl 71 einen
Triumph. Er starb 64 oder 63.
5) Quintus Cäcilius M. Creti=
cus, bekleidete 69 v. Chr. das Konsulat
und unterwarf als Prokonsul 68—66 die
Insel Kreta, vereinigte sich aber mit
Pompejus, als dieser den Oberbefehl im
Seeräuberkrieg erhielt und ihn auch in
Kreta beanspruchte, und ward dessen bit=
terster Feind. 63, während der Catilina=
rischen Verschwörung, ward er gegen die
Catilinarier nach Apulien gesandt. Sein
Todesjahr ist unbekannt.
6) Quintus Cäcilius M. Celer,
nahm als Legat des Pompejus am Mithri=
datischen Krieg teil, war 63 v. Chr. Prätor
und besetzte gegen Catilina die Pässe über
die Alpen in das jenseitige Gallien, ver=
waltete sodann das cisalpinische Gallien
und ward 60 Konsul. Er war ein eifriger
Anhänger der Senatspartei und widersetzte
sich dem im Interesse des Pompejus vom
Tribunen Flavius beantragten Ackergesetz,
welches die Landverteilung an dessen Ve=
teranen regelte; selbst als Flavius ihn
verhaften ließ, gab er nicht nach und ver=
hinderte das Gesetz. Er starb bald darauf,
wie man glaubte, von seiner Gemahlin
Clodia vergiftet.
7) Quintus Cäcilius M. Nepos,
Bruder des vorigen, war 67—63 v. Chr.
Legat des Pompejus im Kriege gegen die
Seeräuber und gegen Mithridates, kehrte
63 nach Rom zurück und ward 62 Volks=
tribun. Er verfocht eifrig die Interessen

des Pompejus und bekämpfte die Senats=
partei, namentlich Cicero, den er wegen
der Hinrichtung der Catilinarier im Se=
nat und vor dem Volk heftig angriff.
Mit Cäsar stellte er den Antrag, Pompejus
solle mit dem Heer aus Asien zurückberu=
fen werden, um die Ordnung in Rom
herzustellen. Der Senat verwarf denselben
und entsetzte M., der zu Pompejus floh.
Durch dessen Einfluß ward er 60 Prätor,
57 Konsul und dann Prokonsul des dies=
seitigen Spanien, wo er mit den Vaccäern
Krieg führte.

8) Quintus Cäcilius M. Pius
Scipio, Sohn des Publius Cornelius
Scipio Nasica, Adoptivsohn des M. Pius
(s. 4), durch seine Tochter Cornelia Schwie=
gervater des Pompejus, unterstützte Cicero
bei der Unterdrückung der Catilinarischen
Verschwörung, ward 60 v. Chr. Volkstri=
bun und 52 von Pompejus zum Kollegen
im Konsulat ernannt. Ein eifriger An=
hänger der Senatspartei, betrieb er 49 den
Beschluß, welcher Cäsar für einen Feind des
Vaterlands erklärte und das Zeichen zum
Ausbruch des Bürgerkriegs gab. Er be=
gab sich nach Syrien, um hier für Pom=
pejus ein Heer zu rüsten, befehligte in der
Schlacht bei Pharsalos das Mitteltreffen,
floh darauf nach Afrika, wo er ein neues
zahlreiches Heer sammelte, und stellte sich
46 an der Spitze desselben bei Thapsos
Cäsar entgegen. Nach seiner Niederlage
suchte er nach Spanien zu entkommen,
fiel aber in die Hände der Cäsarianer und
tötete sich selbst.

Methone (Mothone), Stadt an der
Südwestspitze von Messenien mit einem
guten Hafen, war die letzte Stadt, welche
die Messenier im zweiten Messenischen
Krieg behaupteten, und wurde dann von
Sparta den flüchtigen Naupliern einge=
räumt.

Methymna, Stadt auf der Nordküste
von Lesbos, nächst Mytilene die bedeu=
tendste der Insel, hielt treu zu Athen und
ward daher 407 v. Chr. von den Spar=
tanern erobert und zerstört, wodurch ihre
Blüte vernichtet wurde.

Metöken, die Fremden in Athen, welche
unter dem Schutz des Staats standen
und dafür ein Schutzgeld zahlten; doch

waren sie davon befreit, wenn sie als
Seesoldaten oder Matrosen Dienste tha=
ten. Grundeigentum konnten sie nicht
erwerben und mußten auch vor Gericht
einen Vollbürger als Vertreter haben.
Ihre Zahl war, namentlich seit Athen
als Handels= und Industriestadt bedeutend
wurde, sehr beträchtlich, und da sie, vom
Staats= und Kriegsdienst frei, ihre ganze
Thätigkeit dem Erwerb zuwenden konn=
ten, so erlangten sie eine bedeutende Han=
dels= und Geldmacht. Mitunter, wie 509
v. Chr. von Kleisthenes, wurden altange=
sessene Metökenfamilien in das volle Bür=
gerrecht aufgenommen.

Micipsa, s. Jugurtha.

Midianiter (griech. Madianiter),
semit. Volksstamm in Nordarabien, nach
der hebräischen Überlieferung Abkömm=
linge Midians, des Sohns von Abraham
und der Ketura, waren Nomaden und
hatten ihre Sitze zu beiden Seiten des
Meerbusens von Akaba in Arabia Peträa.

Miletos (Milet), berühmte Stadt an
der karischen Küste in Kleinasien, am La=
mischen Meerbusen, südlich von der Mün=
dung des Mäandros, wurde, durch diese
Lage begünstigt, als Kolonie der Jonier,
welche sie den Karern zur Zeit der großen
Wanderung entrissen, bald eine blühende
Handels= und Industriestadt. Die Zeit
ihrer höchsten Macht und Größe waren
das 8. und 7. Jahrh. v. Chr. In dieser
Zeit befuhren ihre Schiffe das ganze öst=
liche Mittelmeer. Die Milesier gründeten
an den Küsten der Propontis, des Pontos
Eureinos und der Mäotis zahlreiche (80)
Kolonien und hatten auch in Ägypten
eine feste Niederlassung, Naukratis. Künste
und Wissenschaften wurden gepflegt; der
berühmte Philosoph Thales, die Geo=
graphen Anaximenes und Anaximandros
sowie der Logograph Hekatäos lebten in
M. Nachdem die Stadt von den Lydern,
dann den Persern unterworfen worden
war, die an Stelle der demokratischen
Staatsverfassung Tyrannen einsetzten,
versuchte der Tyrann Aristagoras im
ionischen Aufstand (500) die Unabhän=
gigkeit wiederzuerringen. Indessen die
Erhebung scheiterte. M. leistete den hart=
näckigsten Widerstand, wurde jedoch nach

der Niederlage der ionischen Flotte in seiner Nähe bei Lade 494 von den Persern erobert und ihre Bewohner an den Tigris verpflanzt. Damit sank ihre Macht, und durch Alexander d. Gr. wurde die Stadt fast gänzlich vernichtet. Südlich von M., bei dem Ort Didyma, lag ein berühmtes Orakel des Apollon, welches das mächtige Priestergeschlecht der Branchiden verwaltete. Vgl. Solban, Res Milesiæ (Darmst. 1829).

Milo, Titus Annius, röm. Volkstribun 57 v. Chr., Prätor 54, spielte in dieser Zeit des Kampfes zwischen Senats- und Volkspartei eine wichtige Rolle, indem er als Anhänger des Senats den Führer der Volkspartei, Clodius, mit gleichen Waffen bekämpfte und ihm an der Spitze von Gladiatorenbanden in den Straßen von Rom wiederholt förmliche Schlachten lieferte. Als er im Januar 52 auf der Via Appia vor den Thoren Roms mit Clodius in Streit geriet und diesen töten ließ, wurde er des Mordes angeklagt und verurteilt, obwohl ihn Cicero aus Dankbarkeit für seine Unterstützung bei seiner Rückkehr aus dem Exil in der noch erhaltenen Rede (»pro Milone«) verteidigte. Er ging nach Massilia ins Exil, kehrte 48 während der langen Abwesenheit Cäsars nach Italien zurück, um im Interesse der Senatspartei einen Aufstand zu erregen, wurde aber bei der Belagerung eines Kastells bei Thurioi durch einen Steinwurf getötet.

Milo, s. Melos.

Miltiades, athen. Feldherr, Sohn des Kimon aus dem Geschlecht der Philaiden, war 524 v. Chr. Archon in Athen und übernahm 518 die von seinem Oheim M. begründete Herrschaft über die Dolonker auf der Thrakischen Chersones. Er eroberte Lemnos und Imbros und nahm 515 gezwungen an dem Zug des Perserkönigs Dareios gegen die Skythen teil, wo er mit den Joniern die Bewachung der Donaubrücke übertragen erhielt und vorschlug, dieselbe abzubrechen und so den König nebst seinem Heer dem Untergang preiszugeben. Histiäos verhinderte indes die Ausführung dieses Plans. Nach der Unterdrückung des ionischen Aufstands gab M. seine Herrschaft in der Chersones auf und kehrte 494 nach Athen zurück, wo man ihn zur Verantwortung zog, weil er in Thrakien Tyrann gewesen. Er rechtfertigte sich jedoch und ward freigesprochen. Als 490 die Perser Athen bedrohten, ward er zum Strategen gewählt, bewog die übrigen Feldherren, ihm den Oberbefehl abzutreten, und griff an der Spitze des athenischen Heers 12. Sept. die Perser bei Marathon an. Nachdem er einen glänzenden Sieg erfochten, marschierte er noch an demselben Tag nach Athen zurück, vereitelte den Versuch der Perser, Athen mit ihrer Flotte zu überrumpeln. Die Athener vertrauten ihm 489 eine Flotte an, um die Insel Paros zu erobern; da aber dies Unternehmen mißlang, ward er von dem undankbaren Volk zu einer Geldstrafe von 50 Talenten verurteilt und, da er dieselbe nicht bezahlen konnte, ins Gefängnis geworfen, in dem er bald darauf an einer auf Paros erhaltenen Verletzung starb.

Milvische Brücke (Pons Milvius oder Mulvius), eine Brücke über den Tiber oberhalb Roms (jetzt Ponte Molle), bei der Constantinus 312 n. Chr. den Gegenkaiser Marentius schlug.

Milyas, Berglandschaft im NO. von Lykien, an der Grenze von Pisidien.

Minäer, Volk in Arabien (s. b.).

Minos, sagenhafter König von Kreta, welcher in der Zeit der Besetzung dieser Insel durch semitische Völker eine mächtige Seeherrschaft begründete, die sich über das ganze Ägäische Meer erstreckte, und vortreffliche Gesetze gab. Auch in der griechischen Mythologie, der er als ein Sohn des Zeus galt, ward seine Person mit allerlei Sagen ausgeschmückt.

Minturnä, Stadt in Latium, im Gebiet der Aurunker an der Mündung des Liris und an der Via Appia gelegen, aber durch ungesunde Luft berüchtigt, mit gutem Hafen, schloß sich den Römern freiwillig an und ward von diesen 296 v. Chr. zur Seekolonie erhoben. Reste eines großen Amphitheaters beim heutigen Traetta.

Minyer, pelasg. Volk, das in verschiedenen Teilen Griechenlands, in Lako-

nien, Elis, Thessalien u. a. O., vor=
kommt, besonders aber in Böotien (südlich
vom Kopaïssee ein Reich gründete und
durch Bauten von Mauern und Häusern
sowie durch Wasseranlagen sich hervorthat;
sie trieben durch das Gebirge zwischen dem
Kopaïssee und dem Meer einen künst=
lichen Stollen, um das Wasser des Sees
abzuleiten und sein Gebiet zu entwässern.
Vgl. O. Müller, Orchomenos und die
M. (2. Aufl., Bresl. 1844).

Misēnum, Vorgebirge in Kampanien
(jetzt Punta di Miseno), südlich von
Cumä. Die Bucht bei demselben wurde
von Augustus zur Hauptstation für die
römische Flotte im Tyrrhenischen Meer
gemacht, infolgedessen hier die Stadt M.
entstand, welche jetzt verschwunden ist.
In M. schlossen 39 v. Chr. die Trium=
virn mit Sextus Pompejus einen Ver=
trag, in welchem sie diesem die italischen
Inseln und Achaia überließen.

Mithridātes (Mitrabates), ein
pers. Name, der besonders bei den Königen
von Pontos, Parthien und Bosporos oft
vorkommt. Am berühmtesten ist M. VI.
Eupator oder der Große, König des
pontischen Reichs, welcher, 132 v. Chr. ge=
boren und zu Sinope erzogen, 120 seinem
Vater M. V. Euergetes folgte und zwar
unter der Vormundschaft einiger Großen,
die ihn vergeblich aus dem Weg zu räumen
suchten. Gegen die Römer faßte er einen
unversöhnlichen Haß, als sie ihm Groß=
phrygien entrissen, das sie seinem Vater
zur Belohnung für geleistete Dienste über=
lassen hatten. Gleich nach übernahme
der Herrschaft (113) beschloß er den
Kampf gegen Rom und verfolgte diesen
Plan sein ganzes Leben hindurch mit
zähester Ausdauer. Um seine Macht zu
verstärken, unterwarf er Kolchis und die
Taurische Chersones sowie mehrere sky=
thische Völker und gründete sich so ein
zweites, das bosporanische Reich; auch
knüpfte er eine Verbindung mit Tigranes
von Armenien an, dem er seine Tochter
zur Frau gab. In Kappadokien und
Bithynien suchte er ihm ergebene Könige
einzusetzen, wobei er zuerst mit den Rö=
mern in Konflikt geriet. Diese nämlich
setzten in Bithynien Nikomedes III. auf

den Thron, und als dieser einen Einfall
in das pontische Reich machte, begann der
erste Mithribatische Krieg (88—84).
M. griff mit einem Heer von 250,000
Mann zu Fuß, 40,000 Reitern und
300 Kriegsschiffen die Römer und ihre
Verbündeten an, vertrieb sie aus Klein=
asien und befriedigte seinen Römerhaß,
indem er alle daselbst anwesenden Römer
(80,000, nach andern 150,000) nieder=
metzeln ließ. Hierauf schickte er seinen
Feldherrn Archelaos nach Griechenland,
um dieses zu erobern. Derselbe setzte sich
in Athen und dem Peiräeus fest, ward
aber 86 vom römischen Feldherrn Sulla
nach hartnäckigen Kämpfen daraus ver=
drängt und bei Chäroneia, der ihm nachge=
sandte Dorylaos aber 85 bei Orchomenos
gänzlich besiegt. Gleichzeitig wurde M.,
der durch Willkür und Grausamkeit die
Gemüter der Asiaten sich bereits wieder
entfremdet hatte, durch ein andres römi=
sches Heer unter Flaccus und nach dessen
Ermordung unter Fimbria hart bedrängt,
und als daher Sulla 84 selbst den Marsch
nach Asien antrat, suchte M. bei ihm um den
Frieden nach, den er auch in Dardanos
unter der Bedingung bewilligt erhielt, daß
er die Flotte ausliefern, alle in Asien ge=
machten Eroberungen wiederabtreten und
2000 Talente bezahlen sollte. Als zwei=
ter Mithridatischer Krieg (83—81)
wird ein Krieg bezeichnet, den der von
Sulla in Asien zurückgelassene Lucius Mu=
rena ohne Auftrag mit einem Einfall in
Pontos begann, der aber von Sulla miß=
billigt wurde und damit endete, daß M.
Murena wieder aus seinem Reich vertrieb.
Als M. sich wieder vollständig gerüstet
hatte, begann er 74 den dritten Mi=
thridatischen Krieg (74—63), in=
dem er mit einem Heer von 150,000 Mann
und 400 Kriegsschiffen Bithynien besetzte,
Chalkedon nahm und den Konsul Marcus
Aurelius Cotta in Kyzikos einschloß. Doch
wurde er bei der Belagerung dieser Stadt
selbst von dem andern Konsul Lucullus ein=
geschlossen und 73 nach großen Verlusten
genötigt, die Belagerung aufzugeben. Auf
dem Rückzug erlitt sein Landheer noch
eine völlige Niederlage, während die Flotte
teils durch die Römer, teils durch Sturm

21*

vernichtet wurde. Lucullus eroberte darauf die meisten Städte in Pontos, besiegte M. 72 noch einmal bei Kabeira, und als Tigranes, bei dem er Zuflucht gesucht hatte, sich weigerte, ihn auszuliefern, drang Lucullus in Armenien ein und schlug Tigranes bei Tigranokerta und am Fluß Arsanias. Als Lucullus durch die Meuterei seiner Truppen zur Umkehr gezwungen wurde, gelang es M., sein Reich wiederzuerobern. Jedoch wurde er 66 von dem neuen römischen Befehlshaber Pompejus bei Zela entscheidend geschlagen und gezwungen, in sein bosporanisches Reich zu flüchten, wo er zwar von neuem rüstete, um auf dem Landweg durch Thrakien, Makedonien und Pannonien nach Italien zu ziehen und die Römer in ihrem eignen Land anzugreifen, dabei aber von allen verlassen wurde. Sein eigner Sohn Pharnakes stellte sich an die Spitze eines Aufstands, worauf sich M. 63 selbst tötete. Sein Sohn behielt bloß das bosporanische Reich. Die alten Historiker haben zwar M. hervorragende geistige Gaben und Interesse für Kunst und Wissenschaft beigelegt; er soll die Sprachen sämtlicher 22 Völkerschaften seines Reichs gesprochen haben. Aber in Wirklichkeit unterschied er sich in nichts von den übrigen orientalischen Despoten.

Mitylēne, lesbische Stadt, s. Mytilene.

Mizraim, hebr. Name von Ägypten (s. d.).

Moabīter, semit. Volksstamm östlich vom Toten Meer, welcher nach der hebräischen Überlieferung von Lots Sohn Moab abstammte; er dehnte sein Gebiet zu Zeiten über das Land östlich vom Jordan bis zum Hauranischen Gebirge aus. Seine Hauptstadt war Rabbath Moab (später Areopolis). David unterwarf die M. und machte sie zinspflichtig; nach der Teilung des Reichs kamen sie an Israel, von dem sie sich aber unter König Mesa (s. d.) losrissen, bis sie von Jerobeam II. wieder unterjocht wurden. Seit Nebukadnezar Babylonien unterthan, widersetzten sie sich nach der Rückkehr der Juden (536 v. Chr.) dem Neubau von Jerusalem und bekämpften später die Makkabäer.

Modena, s. Mutina.

Moguntiăcum (Moguntia, jetzt Mainz), Stadt im Gebiet der Vangionen am linken Rheinufer, der Mündung des Moenus (Main) gegenüber, von Kelten angelegt, von Drusus stark befestigt und zum Hauptstandquartier der Legionen am Rhein gemacht, später Verwaltungssitz der Provinz Germania superior.

Molo di Gaeta, s. Formiä.

Moloffer (Molotter), griech. Volk in Epeiros, wo es im Binnenland um den See Pambotis und im Thal des Arachthos, welche Landschaft Molottis hieß, wohnte. Sie wurden von den Griechen bis zur Zeit der Perserkriege als Barbaren angesehen, obwohl Dodona in ihrem Gebiet lag, bis ihr König Tharypas, der in Athen gebildet war, griechische Kultur unter ihnen verbreitete. Dessen Nachkomme Pyrrhos erwarb sich die Herrschaft über die Nachbargebiete und nannte sich König von Epeiros. Ihre Hauptstadt war Passaron. Berühmt waren die molossischen Jagdhunde.

Momemphis, Stadt in Ägypten am westlichen Nilarm, bei der Psammetich I. 655 v. Chr. die Assyrer und Amasis 570 den Hophra schlug.

Monte Cimino (spr. -tschi-), s. Ciminischer Wald.

Möris (ägypt. Phiom nte Meri, »See der Überschwemmung«), See in Ägypten, im W. des Nils in der südöstlichen Ecke der Oase Fayûm, der Sage nach von König Möris, in Wirklichkeit von König Amenemha III., der den Beinamen Suten n Meri (»Seekönig«) führte, um 2200 v. Chr. angelegt, um bei der Nilüberschwemmung überflüssiges Wasser abzuleiten, den Abfluß zu regeln und die Umgebung zu befruchten. Er war durch riesige Kanalbauten (Josephskanal) mit dem Nil verbunden, durch die das Wasser zu- und abfloß, und stand noch mit einem andern See (Keirun) in Verbindung. Dieser See existiert noch, während der See M. verschlammt und jetzt fruchtbares Ackerland ist. Inmitten des Sees M. erheben sich zwei hohe Pyramiden mit steinernen Kolossalstatuen auf beiden Seiten, am Ufer der großartige Palast: das

Labyrinth. Vgl. Linant de Bellefonds, Mémoire sur le lac M. (Aler. 1843).

Mosa (jetzt **Maas**), linker Nebenfluß des Rhenus (f. b.).

Mosella (jetzt **Mosel**), linker Nebenfluß des Rhenus (f. b.).

Moses, Gesetzgeber der Israeliten, der Sohn Amrams aus dem Stamm Levi; seine Geburt und Jugend sind mit vielen Sagen ausgeschmückt und seine Herkunft nicht sicher zu ermitteln. Er wurde in ägyptischer Bildung unterrichtet und reifte zum Religionsstifter in der Einsamkeit der Halbinsel Sinai heran, wohin er sich zurückgezogen hatte. Nach Ägypten zurückgekehrt, bestärkte er die Israeliten in der Abwendung von den ägyptischen Götterdiensten und im Entschluß, sich von dem Druck der Pharaonen durch Auswanderung zu befreien. Am Sinai verkündete er die Zehn Gebote und stiftete den Bund zwischen Jehovah und Israel. Das Vordringen nach Kanaan verhinderte der Widerstand der Edomiter, und M. erreichte das Gelobte Land nicht mehr. Nach der Sage starb er auf dem Berg Nebo in Peräa, 120 Jahre alt. Die fünf Bücher Mosis sind spätern Ursprungs. Vgl. Lauth, M. der Ebräer (Münch. 1869); Schöbel, Le Moïse historique et la rédaction mosaïque du Pentateuque (Par. 1876).

Mösien (Mœsia, griech. Mysia), röm. Provinz im S. der untern Donau, erstreckte sich zwischen dieser und dem Hämos von der Mündung des Drinus in den Savus bis zum Schwarzen Meer (also das jetzige Serbien und Bulgarien). Der Fluß Kiabrus (Ciabrus, jetzt Zibritza) teilte das Land in zwei Teile, das westliche Obermösien und das östliche Niedermösien. In ältester Zeit saßen hier verschiedene Völkerschaften: Geten, Triballer, Skythen und Myser (Mösier), nach welchen letztern das Land später benannt wurde. Während im 3. Jahrh. v. Chr., nachdem die Makedonier schon unter Philipp und Alexander das Land unterworfen hatten, sich im W. die keltischen Skordisker festsetzten, rückten in Niedermösien um 200 die germanischen Bastarner ein. Die Römer drangen zuerst 75 v. Chr. in das

Land ein und eroberten 29 Obermösien, 6 u. Chr. auch das untere. Tiberius organisierte das Land als besondre Provinz, die er durch Befestigungen gegen Dacier und Sarmaten schützte, und Vespasianus teilte sie in zwei Teile. Die Romanisierung war eine vollständige, namentlich seitdem die Nordgrenze durch die Eroberung Daciens (106) gesichert war. Als Kaiser Aurelianus 271 dies aufgab, wurden die römischen Dacier in M. angesiedelt und der mittlere Teil dieser Provinz Dacia genannt. Im 5. Jahrh. ging die Provinz an die Slawen verloren. Die wichtigsten Städte in Mœsia superior waren: Viminacium (Kostolatz), Singidunum (Belgrad) und Naïssos (Nisch); in Mœsia inferior: Tomi (Küstendsche) und Salsovia (Tultscha) am Schwarzen Meer, Scaidava (Rustschuk) und Durostorum (Silistria) an der Donau, Ternobum (Tirnowa) im Innern.

Mothone, s. Methone.

Motye (Motya), älteste phönik. Kolonie auf Sicilien, auf einer kleinen, an der Nordwestspitze gelegenen, mit dem Festland durch einen Damm verbundenen Insel angelegt, ward 397 v. Chr. von Dionysios zerstört und von den Karthagern durch Lilybäon (f. d.) ersetzt.

Mucius, röm. plebejisches Geschlecht, das erst im 2. Jahrh. v. Chr. zu höhern Würden gelangte, aber seinen Ursprung von Gajus M. ableitete, der 507, als König Porsena Rom belagerte, in dessen Lager ging, um denselben zu töten, aber statt des Königs einen Schreiber erstach. Von Porsena mit Folter und Tod bedroht, streckte er zum Zeichen, daß ihn das nicht schrecke, seine rechte Hand über das Feuer eines nahen Altars und ließ sie unbewegten Gesichts verbrennen, worauf ihn Porsena, seinen Heldenmut bewundernd, entließ und, durch die Vorspiegelung, daß noch 300 gleich tapfre Jünglinge sich gegen sein Leben verschworen hätten, erschreckt, mit Rom Frieden schloß; M. erhielt davon den Beinamen Scävola, d. h. Linkhand. Bemerkenswert: Quintus M. Scävola, Sohn des Publius, der 133 Konsul war, wurde 95 Konsul und verwaltete die Provinz Asien so ausgezeichnet, daß ihm zu Ehren ein besondres Fest, Mucia, gefeiert wurde. Er war der erste, der das römische Civilrecht in einem Werk von 18 Büchern in ein System brachte. Als Anhänger Sullas ward er 83 auf Befehl des jüngern Marius ermordet. Sein gleichnamiger Vetter, 117 Konsul, war ebenfalls ein berühmter Rechtsgelehrter und Lehrer Ciceros.

Mummius, Lucius, röm. Feldherr, feierte 153 v. Chr. einen Triumph über die Lusitanier und erhielt 146 als Konsul den Oberbefehl im Kriege gegen den Achäischen Bund. Er besiegte die Achäer unter Diäos bei Leukopetra, zerstörte Korinth und machte Achaia zur römischen Provinz, weswegen er den Beinamen Achaicus erhielt. Aus Korinth führte er ganze Schiffsladungen von Kunstwerken nach Rom, um die Tempel daselbst mit ihnen zu schmücken, und empfahl, wie erzählt wird, den Schiffern Vorsicht bei der Fahrt, da sie, wenn die Kunstwerke zu Grunde gingen, neue anfertigen lassen müßten. 142 bekleidete er mit dem jüngern Scipio Africanus die Censur.

Munda, Stadt in Hispania Bætica, röm. Kolonie, südlich von Corduba, berühmt durch den Sieg der Scipionen über die Karthager 216 v. Chr. und durch die letzte Schlacht zwischen Cäsar und den Pompejanern 17. März 45. Die Stadt ist gänzlich verschwunden.

Munichia, s. Munychia.

Municipien (von municipium), diejenigen Städte Italiens, welche mit Rom ein Bündnis (fœdus æquum) geschlossen hatten und das römische Bürgerrecht, freilich zum Teil ohne Stimmrecht, ja ohne Selbstverwaltung, besaßen. Nach der Erteilung des vollen Bürgerrechts an alle Italiker durch die lex Julia (90 v. Chr.) und die lex Plautia Papiria (89) hießen alle italischen Landstädte M. Ihre Verfassung wurde durch die lex Julia municipalis (46) geregelt. Die Einwohner (municipes) zerfielen in Decuriones (Senatoren), Augustales (Ritter) und Plebeji, d. h. alle übrigen Bürger außer den Incolæ, den Insassen ohne Bürgerrecht. An der Spitze jeder Stadt standen Duumviri, Triumviri oder Quatuorviri.

Munychia (Munichia), felsige Landzunge an der Küste Attikas zwischen den Häfen Phaleron, Zea und Peiräeus mit einer Burg, welche diese beherrschte und daher strategisch wichtig war.

Muräna, Name einer Familie der Licinier, welche, aus Lanuvium gebürtig, denselben von den durch den Prätor Publius Licinius M. angelegten Fischteichen empfing. Dessen Sohn Lucius Licinius M. kämpfte unter Sulla 86 v. Chr. gegen Mithridates, wurde 84 Statthalter in Asien und führte 83—81 den zweiten Mithridatischen Krieg, in welchem er besiegt wurde. Sein Sohn gleichen Namens kämpfte unter Lucullus im dritten Mithridatischen Krieg, bekleidete 65 die Prätur, 62 das Konsulat, wurde der Bestechung angeklagt, aber von Cicero in einer glänzenden Rede (»pro Murena«) verteidigt und freigesprochen.

Mutina (jetzt Modena), Stadt in Gallia cispadana an der Via Æmilia, von den Etruskern gegründet, dann von den Galliern erobert und diesen von den Römern entrissen, welche 184 v. Chr. eine Kolonie dahin führten. Stark befestigt, ward sie 78 von Lepidus gegen Pompejus lange verteidigt. 44 schloß Antonius den Decimus Brutus in M. ein, belagerte ihn vier Monate vergeblich und wurde vor den Mauern der Stadt 43 von den Konsuln Hirtius und Pansa und von Octavianus besiegt (Mutinensischer Krieg 44—43).

Mykále, waldbedecktes Vorgebirge an der Küste Joniens, der westlichste Ausläufer des Messogis, Samos gegenüber, an welchem die Mannschaft der griechischen Flotte unter Leotychides und Xanthippos 479 v. Chr. das persische Schiffslager erstürmte (Schlacht bei M.).

Mykenä, alte Stadt im innersten nördlichsten Winkel der Ebene von Argos, auf den Vorhöhen des Argolischen Gebirges gelegen und von einer Burg überragt, Hauptstadt eines achäischen Reichs und Residenz der Atriden. 463 v. Chr. wurde die Stadt von den dorischen Argeiern erobert und zerstört. Ruinen derselben, Reste der kyklopischen Mauern mit dem Löwenthor und zwei unterirdische kuppelförmige Königsgräber, finden sich bei dem Dorf Charvati. Seit 1875 entdeckte Schliemann bei weitern Ausgrabungen noch mehrere Gräber mit Skeletten, vielen Waffen, goldnen Schmucksachen, Vasen ꝛc. Vgl. Schliemann, M. (Leipz. 1878).

Mykerinos, s. Menkera.

Mykonos, Insel der Kykladen, südöstlich von Tenos, ist felsig und wasserarm, erzeugt aber doch guten Wein und Früchte.

Mylä (jetzt Milazzo), griech. Kolonie an der Nordküste Siciliens in der Nähe von Messana, berühmt durch den ersten Seesieg der Römer unter Gajus Duilius über die Karthager 260 v. Chr., der durch die neu erfundenen Enterbrücken gewonnen wurde, und den Sieg, den die Flotte des Octavianus unter Agrippa 36 (bei Naulochos in der Nähe von M.) über Sertus Pompejus erfocht.

Myonnesos, Vorgebirge und Stadt an der ionischen Küste zwischen Teos und Lebedos, wo die Flotte des syrischen Königs Antiochos d. Gr. 190 v. Chr. von den Römern besiegt wurde.

Myrina, Stadt in der Landschaft Äolis in Kleinasien, s. Äolier.

Myrmidonen (Myrmidones), achäische Völkerschaft in Phthiotis in Thessalien, welche Ägina kolonisierte und von Achilleus vor Troja geführt wurde.

Myrtoisches Meer, s. Ägäisches Meer.

Mysien (Mysia), 1) Landschaft in Kleinasien, umfaßte die Nordwestecke der Halbinsel und zerfiel in fünf Teile: Kleinmysien am Hellespontos, Großmysien im Innern, Troas, Äolis und Teuthrania im S. Die Hauptberge der Landschaft waren der Jda und der Olympos. Die Bewohner bestanden aus Phrygiern, Troern, Äoliern und den eigentlichen Mysiern, einem einfachen Hirtenvolk, das die mittlern Gebirge bewohnte, und von dem ein Teil nach Thrakien (Mösien) ausgewandert war. Erst in römischer Zeit erhielt die Landschaft den Gesammtnamen M. — 2) S. Mösien.

Mytilene (Mitylene), die größte und mächtigste Stadt von Lesbos, lag an einem trefflichen natürlichen Hafen auf der Ostseite dem äolischen Festland gegenüber; durch viele Dichter, Gelehrte und Künstler berühmt. 428 b. Chr. bewirkten die Mytilenäer den Abfall der Insel vom Athenischen Seebund, die Stadt wurde aber nach langwieriger Belagerung 427 von Paches erobert und durch Hinrichtung vieler Einwohner, Schleifung ihrer Mauern und Vernichtung ihrer Flotte sowie Besetzung ihres Gebiets mit attischen Kleruchen hart bestraft. Durch ihre Lage begünstigt, blühte sie dennoch wieder auf.

N.

Nabatäer, arab. Nomadenstamm, welcher um 400 v. Chr. in das nordwestliche Arabien und den westlichen Teil der Sinaihalbinsel einwanderte und die Edomiter und Amalekiter nach Norden zurückdrängte. Sie gründeten ein Reich mit der Hauptstadt Petra, welches nach mehreren Kriegen mit Rom 105 n. Chr. von Trajanus erobert und zur Provinz Arabia gemacht wurde.

Nabis, Tyrann von Sparta, bemächtigte sich in den Kämpfen gegen den Achäischen Bund, nachdem der Tyrann Machanidas von Philopömen getötet worden war, 206 v. Chr. der Herrschaft in Sparta, regierte mit Härte und Grausamkeit, rottete das altlakonische Wesen aus und eroberte mit seinen räuberischen Söldnerscharen erst als Freund, dann als Gegner der Römer und Verbündeter Makedoniens Messenien und Argos. Nach Besiegung Makedoniens rückte daher Flamininus 195 gegen ihn und zwang ihn zur Unterwerfung und Abtretung aller Eroberungen und den lakonischen Küstenstädte. Darauf wurde er in einem neuen Krieg von den Achäern unter Philopömen bei Gytheion geschlagen und von Alerameno, dem Anführer der ätolischen Hülfstruppen, 192 ermordet.

Nabonetos (Nabunahid), letzter König von Babylon, warb 555 v. Chr. nach der Ermordung des Königs Labofoardhab durch eine Verschwörung auf den Thron erhoben, vollendete die Flußmauern in Babylon, ward 538 vom Perferkönig Kyros besiegt und bei der Einnahme der Stadt getötet.

Nabopolaffar, König von Babylon, ward 625 v. Chr. vom König von Affyrien als Statthalter nach Babylonien geschickt, beschloß nach dem Einfall der Skythen, sich von Affyrien loszureißen, und verbündete sich zu diesem Zweck mit Kyarares von Medien, deffen Krieg mit Lydien er 610 durch friedliche Vermittelung beendigte. 609 begann der Kampf mit Affyrien, der 606 mit der Einnahme Ninives und dem Untergang des Reichs endete. Mesopotamien fiel dem neuen babylonischen Reich zu, das N. begründete. Er starb 604 und hinterließ das Reich feinem größern Sohn Nebukadnezar.

Nabukuduruffur, f. Nebukadnezar.

Nabulus, f. Sichem.

Nabunahid, f. Nabonetos.

Nar (jetzt Nera), linker Nebenfluß des Tiber, der an der umbrisch-picenischen Grenze am Mons Fiscellus entspringt und den Avens (jetzt Velino) und den Tolenus (jetzt Turano) aufnimmt. Er mündet zwischen Horta und Otriculum in den Tiber.

Narbo (jetzt Narbonne), Stadt im cisalpinischen Gallien im Gebiet der Volsker, ward 118 v. Chr. von den Römern besetzt und zur erften außeritalifchen Bürgerkolonie unter dem Namen N. Martius und zur Hauptstadt der Provincia Gallia Narbonensis gemacht. Sie war im Altertum eine blühende Handelsstadt; der Hafen, den fie am Mittelmeer hatte, ist jetzt versandet.

Nafica, Beiname eines Zweigs der Scipionen (f. Scipio).

Naukrarien, örtliche Verwaltungsbezirke, in die in ältefter Zeit das athenische Volk zum Zweck der Besteuerung und der Stellung von Schiffen eingeteilt war; jede der vier Phylen hatte 12 N., also der ganze Staat 48, und jede hatte ein Schiff und zwei Reiter zu stellen. Die Vorfteher, welche auch richterliche Behörden waren, hießen Prytanen. Die N. bestanden auch nach der Verfassung des Solon und den Reformen des Kleisthenes, der fie auf 50 vermehrte, fort, bis fie im 5. Jahrh. v. Chr. durch die Trierarchien erfetzt wurden.

Naukratis, wichtige Handelsstadt Unterägyptens, von den Milefiern um 650 v. Chr. am kanobischen Nilarm gegründet, der einzige Ort Ägyptens, wo in älterer Zeit Griechen sich ansiedeln und Handel treiben durften. Alexandreias Emporkommen bewirkte den Verfall der Stadt.

Naulochos, f. Mylä.

Naupaktos (jetzt Lepanto), Stadt im ozolischen Lokris am Korinthischen Meerbusen östlich vom Vorgebirge Antirrhion mit vortrefflichem Hafen. Angeblich erhielt fie ihren Namen (»Schiffswerfte«) von den Schiffen, welche die Herakliden vor der dorischen Wanderung hier bauten. 455 v. Chr. besetzten es die Athener, welche bie nach dem dritten Messenischen Krieg flüchtigen Messenier hier ansiedelten. 405 wurden dieselben aber wieder vertrieben. 338 bemächtigten sich die Ätolier der Stadt und hielten zu Zeiten ihre Bundesversammlung dafelbft ab, bis sie von den Römern 189 wieder mit Lokris vereinigt wurde.

Nauplia, Stadt am Argolischen Meerbusen auf einer kleinen Felsenhalbinsel, in ältefter Zeit von Phönifern besetzt, dann von Argos erobert und zu deffen Hafenstadt gemacht.

Navarino, f. Pylos.

Naxos, 1) die größte und fruchtbarfte Insel der Kykladen, 374 qkm groß, zeichnete sich vor allem durch ihren Wein aus, weswegen auch der Dionyfoskultus auf N. heimisch war. Ein 1000 m hohes Gebirge durchzieht die Insel von Nord nach Süd. Die Hauptstadt N. lag auf der Nordwestküste. Die Insel war in ältefter Zeit von Karern besetzt, welche von den Joniern verdrängt wurden. Im 6. Jahrh. v. Chr. war N. sehr mächtig und übte eine Hegemonie über die Nachbarinseln aus. 536 geriet es in Krieg mit Peififtratos von Athen, der N. besiegte und Lygdamis als Tyrannen einfetzte. Diefer wurde 510 vertrieben, ebenso die Ariftokraten, und eine demokratische Verfaffung eingefetzt. Die von den Ariftokraten zu Hülfe gerufenen Perfer mußten 501 nach

viermonatlicher Belagerung unverrichte-
ter Sache wieder abziehen und rächten sich
490, indem sie auf ihrem Zuge gegen
Griechenland die Insel mit Feuer und
Schwert verwüsteten. Die Schiffe von N.
gingen in der Schlacht bei Salamis zu den
Griechen über, und N. trat dem Athenischen Seebund bei, fiel jedoch 466 ab und
wurde seiner Selbständigkeit beraubt;
athenische Kleruchen wurden auf der
Insel angesiedelt. 376 wollte der Athener
Chabrias es zum Anschluß an den neuen
Seebund zwingen und belagerte es; eine
zum Entsatz herbeikommende spartanische
Flotte besiegte er, worauf die Insel, jedoch
nur kurze Zeit, dem Seebund beitrat.
Die Römer traten es an Rhodos ab, vereinigten es aber bald wieder mit dem
übrigen Griechenland. Vgl. Grüter, De
Naxo insula (Halle 1833); Curtius, N.
(Berl. 1846).

2) Stadt auf der Ostküste Siciliens, am
Fuß des Ätna, die erste griechische Ansiedelung auf dieser Insel, 735 v. Chr. von
Chalkidiern gegründet, ward so mächtig
und blühend, daß es selbst wieder Kolonien
nach Leontinoi, Katane u. a. O. aussenden
konnte. 476—461 Syrakus unterworfen,
dann aber wieder unabhängig, schloß es
sich 415 den Athenern an und wurde zur
Strafe 403 von Dionysios gänzlich zerstört. Die vertriebenen Einwohner besetzten 396 Tauromenion.

Neapolis (jetzt Neapel), Stadt in
Kampanien, am Golf von N. und am
Fuß des Vesuvius, neben dem ältern Paläopolis von Chalkidiern aus Cumä und
von Athenern gegründet und zuerst eine
Gemeinde mit Paläopolis bildend, welche
Parthenope genannt wurde. Als Paläopolis 326 v. Chr. von den Römern erobert
wurde, siedelten die Einwohner nach N.
über, das als civitas foederata den Römern mit seiner Flotte wichtige Dienste leistete, von ihnen begünstigt, zu einer großen,
volkreichen Seestadt sich entwickelte und
wegen seiner herrlichen Lage zugleich Lieb-
lingsaufenthalt vornehmer Römer war.
Griechische Sprache und Sitte erhielten
sich bis lange nach Christi Geburt.

Nearchos, Flottenführer Alexanders
d. Gr., Sohn des Androtimos aus Am-

phipolis, Jugendfreund Alexanders, begleitete denselben auf seinem Feldzug nach
Asien und erhielt 334 v. Chr. die Statthalterschaft Lykiens und des angrenzenden
Gebiets bis an den Tauros. Im inbi-
schen Feldzug 327 ernannte ihn der König
zum Chiliarchen der Hypaspisten und
übertrug ihm 326 den Oberbefehl über
die auf dem Indos gebaute Flotte. Mit
dieser fuhr er von der Mündung des
Indos durch das Erythräische Meer in
den Persischen Meerbusen und entdeckte
den Weg zu den Mündungen des Euphrat
und Tigris. Einen Auszug seines Reise-
berichts (Paraplus) hat Arrian erhalten
(in Geiers »Alexandri historiarum
scriptores ætate suppares«, Leipz. 1844).

Nebukadnezar (Nabukuburussur),
König von Babylonien, Sohn Nabopolassars, schlug 605 v. Chr. den ägyptischen
König Necho bei Karchemis, bestieg nach
seines Vaters Tod 604 den Thron, unterwarf die Stämme Syriens und machte
600 den König Jojakim von Juda tribut-
pflichtig; 598 unternahm er einen neuen
Zug gegen die Juden und führte nach der
Eroberung Jerusalems 10,000 der vornehmsten nach Babylonien ins Exil. Als
der von ihm eingesetzte König Zedekia
588 abfiel und sich mit Ägypten verbündete, eroberte N. auf einem dritten Zug
nach Judäa Jerusalem nach einer Belagerung von 17 Monaten (im Juli 586),
zerstörte es, ließ Zedekia blenden und den
Rest des jüdischen Volks in die Gefangenschaft abführen. Die phönikische Stadt
Tyros belagerte er 13 Jahre vergeblich,
doch erkannten die Tyrier 573 durch Vertrag seine Oberhoheit an. Nun verwandte
N. seine ganze Kraft auf die Sicherung
seines Reichs und auf die Hebung des
Wohlstands seiner Bewohner. Er restau-
rierte und erweiterte das Kanalsystem Babyloniens, legte zur Regelung der überschwemmungen das große Wasserbecken
von Sippora an, beförderte den Handel
und erbaute Teredon an der Mündung
des Euphrat. Zur Befestigung seines
Reichs errichtete er die große Medische
Mauer zwischen Euphrat und Tigris
und die hohen Mauern Babylons und
schmückte diese Residenz mit prächtigen

Palaſtbauten ſowie den hängenden Gärten für ſeine mediſche Gemahlin Amytis. Nach 43jähriger ruhm= und ſegensreicher Regierung ſtarb er 561. Ihm folgte ſein unfähiger Sohn Evilmerobach.

Necho (ägypt. **Neku**), König von Ägypten, Sohn Pſammetichs I., folgte dieſem 610 v. Chr., unternahm 609 wäh= rend des Kriegs der Meder und Babylo= nier gegen Aſſyrien einen Feldzug nach Syrien, ſchlug König Joſias von Juda bei Megiddo und eroberte 609—606 ganz Syrien. Als er aber 605 bis zum Euphrat vordrang, erlitt er bei Karchemis eine vollſtändige Niederlage durch Nebukad= nezar, infolgedeſſen er alle Eroberungen außer Gaza wieder verlor. Er begann, den Plan Ramſes' II. wiederaufnehmend, die Anlegung eines Verbindungskanals zwiſchen dem Mittelländiſchen und dem Roten Meer, der aber nur bis zu den Bittern Seen vollendet wurde; die Aus= grabung des zweiten Teils bis zum Ro= ten Meer unterbrach Nechos Tod. Er ließ Afrika durch phöniliſche Seeleute um= ſchiffen, die vom Roten Meer abſegelten und im dritten Jahr durch die Säulen des Herakles zurückkehrten. N. ſtarb 595.

Nehemia, Mundſchenk im Dienſte des perſiſchen Königs Artarerres Longimanus, erwirkte 445 v. Chr. von dieſem die Er= laubnis, eine Kolonie Juden von Baby= lonien nach Judäa zurückzuführen, baute die Mauern Jeruſalems wieder auf, ord= nete den Gottesdienſt und kehrte dann nach Perſien zurück. Seine Thaten be= ſchreibt das bibliſche Buch N.

Neilos, ſ. **Nil.**

Neku, ſ. **Necho.**

Nemauſus (»Heiligtum«, jetzt **Nî= mes**), Stadt in **Gallia Narbonensis** im Gebiet der **Volcæ,** die zweitgrößte und volfreichſte der Provinz. Von ihrem Glanz in römiſcher Zeit zeugen noch die bedeutenden überreſte, ein Amphitheater, ein Forum mit korinthiſchem Tempel und die Waſſerleitung über den Fluß Varbo (Pont du Gard).

Nemĕa, kleines Thal bei Kleonä im nordweſtlichen Argolis, berühmt durch das Heiligtum des Zeus, bei welchem alle zwei Jahre die Nemeïſchen Spiele

(Nemeen) gefeiert wurden, deren Leitung Argos hatte.

Neonteichos, Stadt in Aolis in Klein= aſien, ſ. Aolier.

Nepos, Cornelius, röm. Geſchicht= ſchreiber, geboren um 95 v. Chr. in Ober= italien, lebte, mit Studien und Schrift= ſtellerei beſchäftigt, in Rom, wo er mit Cicero, Atticus und Catullus befreundet wurde, und ſtarb 29 oder 28. Er verfaßte zahlreiche Schriften: »Chronica«, eine chronologiſche Überſicht der Weltgeſchichte, »Exempla«, eine Sittengeſchichte des römi= ſchen Volks in fünf Büchern, ausführliche Biographien des ältern Cato und Ciceros und ein Werk »De viris illustribus« in 16 Büchern, von dem wir noch 23 Bio= graphien berühmter nichtrömiſcher Feld= herren (aus dem Buch »De excellentibus ducibus exterarum gentium«) ſowie die Biographien des ältern Cato und des Atticus (aus dem Buch »De historicis latinis«) erhalten haben. Dieſe 25 Vitæ ſind in einer gefälligen, einfachen, obwohl nicht ganz korrekten Sprache geſchrieben; der Inhalt iſt durch zahlreiche Irrtümer entſtellt. Neue Ausgaben von Nipperdey (6. Aufl., Berl. 1874) und Halm (Leipz. 1874).

Nera, ſ. **Nar.**

Nero, Lucius Domitius, nach der Adoption N. Claudius Druſus, röm. Kaiſer, geb. 15. Dec. 37 n. Chr. zu An= tium, Sohn des Lucius Domitius Aheno= barbus und der jüngern Agrippina, der Tochter des Germanicus, verlor ſeinen Vater im dritten Jahr und ward, nach= dem ſich ſeine Mutter mit Kaiſer Clau= dius vermählt, durch deren Einfluß vom Kaiſer 50 adoptiert, 53 mit deſſen Tochtre Octavia verheiratet und durch alle mög= lichen Auszeichnungen in den Augen des Volfs dem Sohn des Kaiſers, Britanni= cus, vorgezogen. Nachdem Agrippina ſich des Beiſtands der Prätorianer ver= ſichert hatte, wurde Claudius von ihr 54 vergiftet und N. durch die Prätorianer zum Kaiſer ausgerufen und vom Senat anerkannt. Anfangs ließ ſich N. ganz von ſeinem Lehrer Seneca und dem Be= fehlshaber der Prätorianer, Burrus, leiten und regierte verſtändig und wohlwollend.

Seine Mutter Agrippina, welche selbst zu herrschen gehofft hatte, war damit nicht zufrieden und drohte, Britannicus auf den Thron zu erheben. Darauf ließ N. 55 diesen vergiften und 59 auch seine Mutter ermorden. Von nun an gab er sich den sinnlosesten Ausschweifungen hin und wütete mit blutgieriger Grausamkeit gegen seine Umgebung. 62 ließ er seine Gemahlin Octavia ermorden, um Poppäa heiraten zu können, 64, nachdem ein bedeutender Brand einen großen Teil der Stadt zerstört hatte, die Christen in Rom als Anstifter desselben unter furchtbaren Martern töten und 65, als eine Verschwörung gegen ihn entdeckt wurde, eine Menge vornehmer Römer, unter ihnen auch Seneca, hinrichten. Bei seinen Ausschweifungen überschritt er in seinem Größenwahnsinn alle Grenzen und wälzte sich in den niedrigsten, gemeinsten Lüften. Auf seine künstlerischen Leistungen war er besonders eitel; er dichtete, malte, meißelte und trat als Sänger, Schauspieler und im Cirkus bei Wettrennen auf, erst in geschlossenen Kreisen, dann öffentlich, zu welchem Zweck er besondre Festspiele, 59 die Juvenalien und 60 die Neronien, stiftete, und machte 66 sogar eine Kunstreise nach Griechenland, wo er als Wettkämpfer im Wettrennen und Gesang sich von Schmeichlern feiern ließ. In Rom baute er sich einen großen Palast mit verschwenderischer Pracht, die domus aurea, welcher ebensowenig fertig wurde wie der Kanal durch den Isthmos, den er anfangen ließ. Die erfolgreichen Kriege, welche unter seiner Regierung in Armenien, Britannien, Germanien und Judäa geführt wurden, waren nicht sein, sondern seiner Feldherren Verdienst. Die allgemeine Unzufriedenheit kam nach seiner Rückkehr aus Griechenland 68 in Gallia Narbonensis zum Ausbruch, wo die Legionen den Galba zum Kaiser ausriefen. Von den Prätorianern verlassen, floh N. von Rom auf ein Landgut und ließ sich auf die Nachricht, daß der Senat ihn als Feind des Vaterlands zum Tod verurteilt habe, 11. Juni durch einen Freigelassenen töten. Mit ihm erlosch das Julisch-Claudische Kaiserhaus. Tacitus

in den »Annalen« und Suetonius beschrieben sein Leben. Vgl. Schiller, Geschichte des römischen Kaiserreichs unter N. (Berl. 1872).

Nerva, Marcus Coccejus, röm. Kaiser, stammte aus Narnia in Umbrien, bekleidete mit Vespasianus 71 n. Chr. und mit Domitianus 90 das Konsulat und wurde nach Ermordung des letztern 18. Sept. 96 von den Verschwornen als Kaiser ausgerufen und vom Senat anerkannt. Er erließ sogleich eine allgemeine Amnestie, verbesserte die Rechtspflege, verminderte die Steuerlast und führte die Regierung mit Einsicht und Milde. Schon hochbetagt, adoptierte er 97 Trajanus und nahm ihn zum Mitregenten an. Er starb 27. Jan. 98.

Nervier (Nervii), belg. Volk in Gallia belgica, zu beiden Seiten der Sabis (Sambre) wohnhaft, tapfer und kriegerisch und vor Cäsars Zeit so mächtig, daß es 50,000 Mann ins Feld stellen konnte, ward in einem verzweifelten Kampf an der Sambre 57 v. Chr. von Cäsar fast ganz vernichtet.

Nestor, Sohn des Neleus, sagenhafter König von Pylos in Messenien, führte als Greis 90 Schiffe in den Trojanischen Krieg, in dem er sich nicht nur als Held, sondern auch durch Beredsamkeit und weisen Rat auszeichnete. Sein Geschlecht, die Neleïden, wanderte später nach Attika aus und erlangte die Königsherrschaft in Athen.

Nestos (jetzt Mesto), Fluß in Thrakien (s. d. b.).

Neukarthago (Carthago nova, jetzt Cartagena), Stadt in Hispania Tarraconensis, an der Küste des Mittelmeers in einer öden, wasserarmen, felsigen Gegend gelegen, aber ausgezeichnet durch ein geräumiges natürliches Hafenbecken, ward 228 v. Chr. von Hasdrubal, dem Schwiegersohn des Hamilkar Barkas, gegründet, sehr stark befestigt und zu dem Hauptwaffenplatz der Karthager in Spanien gemacht. 210 eroberte sie Scipio, indem er die karthagische Flotte vernichtete, die Stadt von der Seeseite einschloß und durch Hunger zur Übergabe zwang. Sie war seitdem Hauptstadt der römischen

Provinz Hispania citerior und Sitz des Prätors bis zur Zeit des Augustus, der die Stadt unter dem Namen Colonia Victrix Julia zur Kolonie erhob. **Nicer** (jetzt Neckar), rechter Nebenfluß des Rhenus (s. b.).

Nikäa (Nicæa, jetzt Jsnik), Stadt in Bithynien am Askaniasee, von König Lysimachos an Stelle des alten Ankore erbaut und nach seiner Gemahlin benannt, wichtige Handelsstadt und oft Residenz der Könige von Bithynien.

Nikephórios, linker Nebenfluß des Tigris in Armenien, an dem die Hauptstadt Tigranokerta lag und Lucullus 69 v. Chr. den Tigranes besiegte.

Nikias, Sohn des Nikeratos, athen. Staatsmann und Feldherr, der reichste Mann der Stadt, war, nachdem er sich schon unter Perikles durch seine Tüchtigkeit als Heer- und Flottenführer hervorgethan, nach dessen Tod 429 v. Chr. fünf Jahre lang Strateg und trat an die Spitze der konservativen Partei. Er opponierte dem Demagogen Kleon in der innern wie in der äußern Politik, da er den Frieden mit Sparta wünschte, war aber nicht entschlossen und energisch genug und konnte daher nicht hindern, daß Kleon herrschenden Einfluß erlangte. 427 nahm er die Insel Minoa vor dem Hafen von Megara und befestigte sie und leitete dann mehrere Streifzüge. Nach dem Tod Kleons brachte er 421 den 50jährigen Frieden mit Sparta zu Stande, der auch »Friede des N.« genannt wird, konnte ihn jedoch gegen die Ränke des ehrgeizigen Alkibiades nicht aufrecht erhalten. Der sicilischen Expedition widersetzte er sich mit allen Kräften, wurde aber dennoch nebst Lamachos und Alkibiades zu deren Befehlshaber ernannt. Nach Alkibiades' Abberufung 415 ward er an die Spitze der Unternehmung gestellt, versäumte aber aus übertriebener Vorsicht die günstige Gelegenheit zur Einnahme von Syrakus, errang dann zwar 414 einen Sieg unter den Mauern der Stadt, verfiel aber nach Lamachos' Tod in seine alte Unschlüssigkeit und Ängstlichkeit, hinderte 413 auch Demosthenes an kräftiger Kriegführung und geriet bei der Vernichtung des

athenischen Heers am Asinaros in die Gefangenschaft der Syrakusier, die ihn hinrichten ließen. Die Athener brandmarkten sein Andenken durch Weglassung des Namens auf dem Denkstein zu Ehren der in Sicilien Gebliebenen. Sein Sohn Nikeratos ward unter den Dreißig Tyrannen hingerichtet.

Nikomedeia (Nikomebien, jetzt Jsmib), Hauptstadt Bithyniens, 264 v. Chr. von Nikomedes I. am nordöstlichen Winkel des Golfs von Astakos (oder Olbia) erbaut, ward bald eine der blühendsten Städte des Orients und von römischen Kaisern, wie Diocletianus und Constantinus, zur Residenz erwählt.

Nikomēdes, Name von drei bithyn. Königen: 1) N. I., Sohn eines Häuptlings Zipoetes, bemächtigte sich mit Hülfe der Gallier, denen er Galatien einräumte, der Herrschaft und regierte 281—246 v. Chr. — 2) N. II. Epiphanes, Sohn des Prusias II., folgte diesem 149 in der Herrschaft und starb 91. — 3) N. III. Philopator, Sohn des vorigen, wurde, nachdem er schon vorher einmal von Mithridates vertrieben, aber von den Römern wiedereingesetzt worden war, 88 beim Beginn des ersten Mithridatischen Kriegs von neuem verjagt und erst 84 nach Abschluß des Friedens wieder auf den Thron erhoben. Er starb 74 und vermachte sein Reich den Römern.

Nikopölis (jetzt Paleopreveza), Stadt an der Nordseite des Eingangs des Ambrakischen Meerbusens, Actium gegenüber, von Augustus zum Andenken an seinen 31 v. Chr. über Antonius erfochtenen Sieg gegründet und mit herrlichen Bauten, namentlich einem Apollontempel, geschmückt, bei dem alle vier Jahre Spiele gefeiert wurden. Später ward N. Hauptstadt der römischen Provinz Epirus.

Nil (Nilus, Neilos, bei den ältern Griechen Aigyptos), der heilige Strom Ägyptens (s. b.), welcher als Gottheit verehrt wurde, weil sein Wasser die Lebensbedingung des Landes, seine Überschwemmung die Quelle seiner Fruchtbarkeit ist, war den Alten in einem großen Teil seines Laufs bekannt, namentlich seit die Expedition unter Nero am Weißen N. bis zu

der Mündung des Gazellenflusses vor=
brang; Ptolemäos wußte, daß der N. auf
der südlichen Erdhälfte aus Seen ent=
springe. Doch war Nili caput quærere
(die Quellen des Nils suchen) sprichwört=
lich für ein aussichtsloses Unternehmen.

Nîmes (spr. nihm), s. Nemausus.

Ninive (Ninua), Hauptstadt des assyr.
Reichs seit 900 v. Chr., ward der Sage
nach von Ninos gegründet. Über ihre
Größe waren im Altertum übertriebene
Nachrichten verbreitet, als habe sie einen
Umfang von 480 Stadien (über 100 km)
und Mauern von 33 m Höhe mit 1500
Türmen gehabt. Sie lag am linken Ufer
des Tigris, hatte einen Gesamtumfang
von 12 km und etwa 200,000—250,000
Einw. 606 wurde sie nach langer Bela=
gerung durch Kyaxares von Medien und
Nabopolassar von Babylon gänzlich zer=
stört, und Xenophon sah an ihrer Stelle nur
Trümmerhügel. Botta und namentlich
Layard veranstalteten seit 1843 Nachgra=
bungen, die große Paläste mit Bildwer=
ken, Inschriften, Geräten ꝛc. zu Tage
förderten, aus welchen die assyrische Ge=
schichte rekonstruiert werden konnte. Vgl.
Layard, Niniveh and its remain (Lond.
1849 u. öfter, 2 Bde.; deutsch, Leipz. 1854).

Ninos, sagenhafter König von Assy=
rien, soll das Reich begründet und Ninive
erbaut haben. In 17 Jahren unterwarf
er alle Völker Vorderasiens, zog darauf
mit 2 Mill. Soldaten gegen Baktrien,
schlug den König dieses Reichs, Oxyartes,
und belagerte die Hauptstadt Baktra lange
vergeblich, bis Semiramis durch Klugheit
und kühne List sie eroberte. Er vermählte
sich darauf mit Semiramis, die ihm
Ninyas gebar, und ernannte sie zu seiner
Nachfolgerin. Statt Ninive gegründet zu
haben, verdankt N. vielmehr seine Existenz
in der medisch=persischen Sage allein dem
Namen dieser Stadt (s. Assyrien).

Ninua, s. Ninive.

Nisibis, Hauptstadt der Landschaft
Mygdonia im nordöstlichen Mesopota=
mien, am Mygdonios, als Handelsstadt
und befestigter Platz wichtig, ward von den
Seleukiden als Antiocheia Mygdonia zur
griechischen Kolonie gemacht und von den
Römern zuerst unter Lucullus 68 v. Chr.

erobert. Sie war dann lange zwischen
Römern und Parthern streitig, bis Kaiser
Severus sie stark befestigte und sie zur öst=
lichen Vormauer des Römischen Reichs
machte, welche die Perser wiederholt ver=
geblich belagerten.

Nobilität (Nobilĭtas), der röm. Amts=
adel, die Optimaten, d. h. diejenigen Fa=
milien, aus welchen die höhern Magistrate
hervorgingen. Seitdem die Plebejer zu
allen Ämtern zugelassen worden und der
Gegensatz zwischen Plebejern und Patri=
ciern geschwunden war, bildete sich nämlich
nach dem zweiten Punischen Krieg ein
neuer Unterschied heraus, indem die vor=
nehmen und reichen Familien, deren Mit=
glieder allein Vermögen genug besaßen, um
sich eine höhere Bildung zu erwerben und
die Kosten der Bewerbung und der Ver=
waltung eines Amtes zu bestreiten, dafür
aber auch durch den Besitz dieser Ämter,
aus deren Inhabern der Senat gebildet
wurde, Reichtümer und Macht erlangten,
sich als ein neuer Adel über die ärmern
Bürger ohne Vermögen oder ohne hohe
Verwandtschaft, welche als homines novi
(Neulinge) nur selten zu Ämtern gelangen
konnten, erhoben.

Nocera, s. Nuceria.

Nola, Stadt in Kampanien, von den
Ausonern gegründet, ward 313 v. Chr.
von den Römern erobert und fiel im zwei=
ten Punischen Krieg nicht zu Hannibal
ab, der 215 die Stadt vergeblich zu erobern
suchte und in ihrer Nähe mehrmals em=
pfindliche Verluste durch Marcellus erlitt.
Dafür erhielt die Stadt einen Teil des
capuanischen Gebiets und war bis zur
Herstellung Capuas der größte Ort im
kampanischen Binnenland.

Noricum, röm. Provinz zwischen Rä=
tien und Pannonien, das Gebiet der Ost=
alpen nördlich bis zur Donau umfassend,
von den Norikern (Tauriskern) bewohnt,
einem keltischen Volk, das um 400 v. Chr.
eingewandert war und ihre Königen
stand, die in Noreja (Neumarkt) residier=
ten. Sie waren mit den Römern befreun=
det, die ihnen 113 gegen die Cimbern zu
Hülfe kamen. Ein Raubzug norischer
Truppen führte aber 15 zur Besetzung des
Landes durch Drusus und zur Verwand=

lung in eine römische Provinz, deren Besitz durch Militärstraßen und feste Plätze gesichert wurde. Vgl. Muchar, Das römische N. (Graz 1825, 2 Bde.).

Notion (Notium), Hafen von Kolophon in Jonien, an einem gleichnamigen Vorgebirge, wo 407 v. Chr. Lysandros den Flottenführer des Alkibiades, Antiochos, in einer Seeschlacht besiegte.

Noviodūnum, kelt. Städtename, von der Lage an einem Hügel (Dun): N. Abuorum, jetzt Nevers; N. Helvetiorum, jetzt Nyon; N. Suessionum, jetzt Soissons, u. a.

Noviomāgus, Name kelt. Städte, von der Lage in einer Ebene (Mag), z. B. des jetzigen Noyon; ferner: N. Batavorum, jetzt Nimwegen; N. Lexoviorum, jetzt Lisieur; N. Nemetum, jetzt Speier; N. Trevirorum, jetzt Neumagen, u. a.

Nuceria (jetzt Nocera), Stadt in Kampanien am Sarnus, wurde im Samniterkrieg von den Römern 308 v. Chr. erobert.

Numantĭa, die Hauptstadt des keltiberischen Stammes der Pelendoner in Hispania Tarraconensis, lag am obern Durius unterhalb der Stadt Soria und war durch seine Lage auf einer steilen, 1100m hohen, nur von einer Seite zugänglichen Höhe fast uneinnehmbar. In dem Krieg der Römer mit den Keltiberern leistete sie mit ihren 8000 streitbaren Männern hartnäckigen und lange Zeit erfolgreichen Widerstand. 139 v. Chr. zwangen die Numantiner den Konsul Quintus Pompejus zu einem ehrenvollen Frieden, den der Senat aber nicht anerkannte, schlugen einen Angriff des Konsuls Marcus Popilius Länas mit Erfolg zurück und zwangen seinen Nachfolger Gajus Hostilius Mancinus 137 zur Kapitulation, die vom Konsul und den vornehmsten Führern beschworen, aber dennoch vom Senat verworfen wurde. Die Auslieferung des Mancinus nahmen die Numantiner nicht an. 134 ward der jüngere Scipio Africanus mit Führung des Numantinischen Kriegs beauftragt; dieser vermied jede Schlacht, umschloß aber die Stadt mit Wall und Graben, die er mit seinem 60,000 Mann starken Heer besetzte, und zwang sie nach langwie-

riger Belagerung durch Hunger zur Übergabe. Doch töteten sich die meisten Überlebenden vor derselben, der Rest wurde in die Sklaverei verkauft und die Stadt dem Erdboden gleich gemacht. Hiermit war die Unterwerfung der Keltiberer vollendet. Scipio erhielt die Ehre eines Triumphs und den Beinamen Numantinus. Die Stadt wurde später wiederaufgebaut, blieb aber unbedeutend. Ruinen beim jetzigen Garray bei Soria.

Numa Pompilĭus, der Sage nach der zweite König von Rom, Sohn des Sabiners Pompilius Pompo, wurde als Eidam des Königs Tatius von Cures im Sabinerland, wo er als Privatmann lebte, nach dem Tode des Romulus zur Herrschaft über Rom berufen (715 v. Chr.). Seine Regierung war eine durchaus friedliche und sein Bestreben nur darauf gerichtet, in dem jungen Staat einen geordneten, auf Religion gegründeten Zustand einzuführen. Er verteilte die von Romulus eroberten Ländereien unter die Bürger, setzte deren Grenzen fest und errichtete dem Gotte Terminus (Grenzstein) und der Göttin Fides (Treue) besondre Heiligtümer; er teilte das Jahr in zwölf (statt wie bisher zehn) Mondmonate und stellte durch bestimmte Schaltmonate einen regelmäßigen Cyklus her. Ferner setzte er bestimmte Priesterkollegien, die Pontifices, welche das ganze Religionswesen überwachten, die Augurn, Flamines, Salier, Fetiales und Vestalinnen, ein. Auch errichtete er dem Janus ein in einem Doppelthor bestehendes Heiligtum, welches nur während eines Kriegs geöffnet werden sollte und unter dessen Herrschaft stets geschlossen blieb. Er soll Schüler des griechischen Philosophen Pythagoras und Gemahl der Göttin Egeria gewesen sein, mit der er im Hain der Kamenen Zusammenkünfte hatte. Er starb 672.

Numidien (Numidia), Landschaft in Nordafrika, an der Küste des Mittelmeers, südlich vom Atlas begrenzt, im W. von Mauretanien durch den Fluß Muluchath getrennt, im O. bis zum Fluß Tusca an das karthagische Gebiet, das später römische Africa, und bis an die Kleine Syrte reichend. Die libyschen Einwohner, die Numibier(vom griechischen Wort Nomaden, ihrer Lebensweise wegen), als Reiter ausgezeichnet, zerfielen in die westlichen Massäsylier und die östlichen Massylier; der Fluß Ampsaga bildete die Grenze zwischen ihnen. N. bildete in ältester Zeit zwei unabhängige Reiche. Zur Zeit des zweiten Punischen Kriegs beherrschte das westliche größere Syphar, der auf seiten der Römer stand, das östliche Masinissa, Sohn des Gala, der mit Karthago verbündet war. Beide Könige waren erbitterte Feinde, und als Syphar 204 v.Chr. zu den Karthagern überging und Masinissa vertrieb, flüchtete dieser zu den Römern, welche ihm nach Besiegung des Syphar 201 das ganze Reich übertrugen und ihm auch von Karthago alles zurückzufordern gestatteten, was von dessen Gebiet einst zu N. gehört hatte. Masinissa erhob Hippo Regius zu seiner Hauptstadt. Die Römer teilten nach seinem Tod 148 das Reich unter seine drei Söhne Gulussa, Micipsa und Ma-

stanabal, von denen Micipsa, der Cirta zur Residenz erhob, schließlich Alleinherrscher wurde, um 119 das Land wieder unter seine Söhne Abherbal und Micipsa und seinen Neffen Jugurtha, Mastanabals Sohn, zu teilen. Der Streit Jugurthas mit seinen Vettern führte deren Untergang, aber auch den Jugurthinischen Krieg herbei, in dem Jugurtha 106 Roms Gefangener wurde. Doch verteilten die Römer das Land, nachdem der westliche Teil der Küstenstadt Salbä an mit Mauretanien vereinigt worden, an die noch übrigen Glieder der königlichen Familie, von denen König Juba I. im Bürgerkrieg zwischen Cäsar und Pompejus auf seiten der Pompejaner stand. Nach der Besiegung Jubas in der Schlacht bei Thapsos 46 wurde das Land westlich vom Ampsaga zu Mauretanien geschlagen, das östliche Gebiet als Numidia propria Teil der römischen Provinz Africa.

O.

Ochos, Beiname des Perserkönigs Artaxerxes (s. b.) III.

Octavia, Schwester des Kaisers Augustus, war zuerst mit Gajus Marcellus vermählt und wurde nach dessen Tod als Unterpfand der durch den brundisinischen Vertrag gestifteten Versöhnung 40 v.Chr. Gemahlin des Triumvirn Antonius. Es gelang ihr durch ihren edlen Charakter und ihre Liebenswürdigkeit, Antonius eine Zeitlang zu fesseln und die öfters drohenden Zwistigkeiten zwischen Gemahl und Bruder durch ihre Vermittelung auszugleichen. Nachdem aber Antonius sich 36 wieder ganz durch die Reize der Kleopatra hatte bethören lassen, erfuhr sie von ihm die empfindlichsten Zurücksetzungen und Beleidigungen, die sie mit bewundernswerter Gebuld und Güte ertrug. Nachdem Antonius sie 32 förmlich verstoßen hatte, widmete sie sich der Erziehung der Kinder desselben, sowohl ihrer eignen wie der von Fulvia und Kleopatra, und starb 11 v. Chr.

Octabianus, s. Augustus.
Octavius, Name eines röm. plebejischen Geschlechts, das aus dem volskischen Veliträ stammte. Bemerkenswert:
1) Gnäus O., zeichnete sich vornehmlich im Kriege gegen Perseus aus, in welchem er 168 v. Chr. als Prätor die Flotte befehligte und in Samothrake den flüchtigen König gefangen nahm. Er erhielt dafür die Ehre eines Triumphs und ward 165 Konsul. 162 ging er als Gesandter nach Syrien, ward aber in Laodikeia ermordet. Sein jüngerer Sohn, Marcus, ward 133 Volkstribun, ließ sich aber von der Senatspartei bestimmen, gegen die Annahme des Ackergesetzes seines Kollegen Tiberius Gracchus Einspruch zu erheben, und warb, da er trotz aller Bitten des Gracchus hartnäckig dabei beharrte, durch Volksbeschluß abgesetzt.
2) Gnäus O., (Enkel von O. 1), gelangte 87 v. Chr. durch Sullas Einfluß mit Cinna zum Konsulat, stellte sich, als dieser sich mit der Volkspartei verband

und Unruhen erregte, an die Spitze der Senatspartei und vertrieb ihn aus der Stadt, wurde aber, nachdem Cinna und Marius sich der Stadt mit Gewalt bemächtigt, bei dem großen Blutbad unter den Optimaten getötet. Sein Bruder Marcus O. ermäßigte durch die lex Octavia das Getreidegesetz des Gajus Gracchus.

3) Gajus O., einem jüngern Zweig des Geschlechts angehörig, erhielt, nachdem er die Abilität bekleidet hatte, 61 v. Chr. die Prätur und verwaltete 60 und 59 mit dem Titel eines Prokonsuls die Provinz Makedonien. Auf dem Weg dorthin vernichtete er in Lukanien noch einige Haufen von Spartacus' und Catilinas Heeren und führte in Makedonien einen glücklichen Krieg gegen das thrakische Volk der Bessier. Kurz nach der Rückkehr aus seiner Provinz starb er 58 in Nola. Durch seine zweite Gemahlin, Atia, die Tochter des Marcus Atius Balbus und der Schwester Cäsars, Julia, war er Vater des Gajus O., des spätern Kaisers Augustus, und der Octavia.

Odänathos, König von Palmyra (s. b.).

Odipus, sagenhafter König von Theben, Sohn des Laios und der Jokaste, der, durch Orakelsprüche irre geführt, unwissentlich seinen Vater ermordete und, nachdem er durch Lösung des Rätsels der Sphinx Theben von dieser befreit, König wurde und seine Mutter heiratete. Nach Enthüllung seiner Verbrechen blendete er sich und fand im Hain von Kolonos bei Athen den ersehnten Tod. Seine Söhne Eteokles und Polyneikes veranlaßten durch ihren Thronstreit den Zug der Sieben gegen Theben. Vgl. Schneidewin, Die Sage von Ö. (Götting. 1852).

Odrysen (Odrysæ), mächtige thrak. Völkerschaft, welche zu beiden Seiten des Artiskos, eines Nebenflusses des Hebros, wohnte. Um 450 v. Chr. gründete ihr König Teres ein Reich, welches das Binnenland von Thrakien und einen Teil der Küsten umfaßte, und welches sein Sohn Sitalkes, der über ein Heer von 100,000 Mann zu Fuß und 50,000 Reitern gebot, um 430 im N. bis zum Istros, im W. bis zum Nestos ausdehnte. Doch zerfiel es nach seinem Tod (424) in drei Teile und geriet 340 unter die Herrschaft Makedoniens, nach dessen Eroberung durch die Römer es 133 an diese kam.

Odysseus (Ulixes oder Ulysses), König von Ithaka, zog mit zwölf Schiffen vor Troja und zeichnete sich durch List, Gewandtheit und Beredsamkeit aus. Seiner Schlauheit war schließlich die Einnahme der Stadt zu danken. Bei der Rückkehr in seine Heimat erlebte er zahlreiche Abenteuer auf seinen weiten, zehn Jahre langen Irrfahrten. Diese in der »Odyssee« geschilderten Begebenheiten sind durchaus Gebilde dichterischer Phantasie, wie denn die Persönlichkeit des O., dessen Königreich, die Insel Ithaka, der Dichter nicht einmal nach dem Augenschein kannte, keinen historischen Kern zu enthalten scheint.

Ofanto, s. Aufidus.

Olbia (auch Borysthenes genannt), bedeutende, um 650 v. Chr. von den Milesiern gegründete Handelsstadt am Mündungsbusen des Hypanis (Bug), in der Nähe des Borysthenes, blühend durch Getreidehandel, ward 56 von den Geten zerstört, zwar wiederaufgebaut und unter Kaiser Trajanus freie Stadt, aber ohne je die frühere Blüte wieder zu erreichen.

Olenos, Stadt in Achaia (s. b.).

Oltis (jetzt Lot), Nebenfluß der Garumna (s. b.).

Olympia, der dem Zeus geheiligte Bezirk am Alpheios in der elischen Landschaft Pisatis, eine mit schönen Gartenanlagen, zahlreichen Bauten und Kunstwerken geschmückte Stätte, deren Mittelpunkt die mit einer Mauer umgebene Altis war, in der sich der große Tempel des olympischen Zeus in dorischem Stil, 440 v. Chr. vollendet, das Heräon (ein Tempel der Hera), das Pelopion (Heiligtum des Pelops) und andre Bauten erhoben; daneben lagen die Plätze und Gebäude für die Wettkämpfe und die Wohnungen der Festbeamten. Hier wurden alle vier Jahre die Olympischen Spiele gefeiert, welche im 9. Jahrh. von dem Eleier Iphitos gestiftet und nach welchen seit 776, wo zuerst die Sieger aufgezeichnet wurden, die Olympiaden, die Zeitabschnitte von vier Jahren zwischen den Festfeiern, gezählt wurden; dieselben wurden bis zur 283. oder bis 394

n. Chr. gezählt. Sie waren durch die Teil=
nahme aller Hellenen aus Griechenland
selbst und aus den Kolonien der bestimm=
teste Ausdruck ihrer nationalen Einheit.
Die Wettkämpfe waren hauptsächlich gym=
nastische, daneben Wettrennen mit Wagen
und zu Pferde. Der Sieger (Olympio=
nikes) erhielt einen Olivenkranz und
wurde hochgefeiert; er durfte sich in O. eine
Statue setzen lassen, Dichter verherrlichten
ihn in Gesängen, und seine Heimatstadt
ehrte ihn durch besondre Auszeichnungen
und Vorteile. Zu den Spielen strömten
zahlreiche Zuschauer zusammen, die Staa=
ten schickten Festgesandtschaften (Theorien).
Im 5. Jahrh. n. Chr. ward O., nachdem
es 396 von Alarich geplündert worden,
durch ein Erdbeben zerstört; die Trümmer
wurden von den Anschwemmungen des
Alpheios überdeckt, aber seit 1875 auf
Kosten des Deutschen Reichs vollständig
aufgedeckt und wertvolle Kunstschätze ge=
funden. Vgl. Krause, O. oder Dar=
stellung der großen Olympischen Spiele
(Wien 1838); Curtius, O. (Berl.
1852); Derselbe, Ausgrabungen zu O.
(mit Adler u. a., das. 1877—79, 3 Bde.).

Olympias, Tochter des Königs Neo=
ptolemos von Epeiros, ward 357 v. Chr.
mit König Philipp von Makedonien ver=
mählt und 356 Mutter Alexanders d. Gr.
Klug und schön, aber herrschsüchtig, ent=
zweite sie sich mit ihrem Gemahl und
wurde von ihm verstoßen. Sie reizte
ihren Sohn gegen Philipp auf, war an
der Ermordung desselben 336 beteiligt
und rächte sich grausam an seiner zweiten
Gemahlin Kleopatra. Während Alexan=
ders Abwesenheit in Asien lag sie in Feind=
schaft mit dem Reichsverweser Antipatros,
flüchtete nach dem Tod ihres Sohns 323
nach Epeiros, kehrte aber 319 nach Make=
donien zurück, um die Vormundschaft
über ihren Enkel zu übernehmen, und
opferte mehrere Mitglieder der königlichen
Familie, wie Alexanders Stiefbruder Ar=
chibäos und dessen Gemahlin, und andre
vornehme Makedonier ihrer Rache. Kas=
sandros, vom Volk zu Hülfe gerufen,
schloß sie in Pydna ein und ließ sie, als
sie sich endlich durch Hunger bezwungen,
ergab, 315 ermorden.

Alte Geschichte.

Olympos, Name mehrerer Gebirge,
so in Mysien, auf Kypros u. a. O. Am
bekanntesten ist der O. an der Grenze Ma=
kedoniens und Thessaliens, in welchem
die Kambunischen Berge an der Küste des
Thermäischen Meerbusens enden. Er ist
2973 m hoch und wird im S. durch das
Thal Tempe, den Durchbruch des Flusses
Peneios, vom Ossa getrennt. Er schien den
Alten bis über die Wolken zu reichen und
galt daher als Sitz der Götter, namentlich
des höchsten Gottes, Zeus, des Olympiers.

Olynthos, Stadt auf Chalkidike, zwi=
schen dem Thermäischen und dem Toro=
näischen Meerbusen nördlich der nach der
Halbinsel Pallene führenden Landenge ge=
legen, war eine Stadt der Bottier, ward
aber von Xerxes 480 v. Chr. zerstört und
432 von den chalkidischen Städten wieder=
aufgebaut und stark befestigt, um als
Hauptstadt und Schutz ihres Bundes ge=
gen die wachsende Macht Makedoniens zu
dienen. Als die Spartaner nach dem An=
talkidischen Frieden 382 die Auflösung
des Bundes verlangten und diese ver=
weigert wurde, belagerten sie O. und be=
setzten es 379, gaben es aber nach der
Schlacht von Leuktra auf. Philipp von
Makedonien vergrößerte das Gebiet der
Stadt erst durch Makedonien, verlangte dann
aber ihre Unterwerfung und eroberte und
zerstörte sie nach tapferm Widerstand 348,
da die Athener trotz des Demosthenes
»olynthischen Reden« nur ungenügende
Hülfe schickten. Vgl. Bömel, De Olyn=
thi situ, civitate, potentia et eversione
(Frankf. 1847).

Onöne, s. Agina.

Onophyta, Ortschaft im südlichen
Böotien an der Grenze Attikas, wo die
Athener unter Myronides 456 v. Chr. die
Böotier schlugen.

Onotrer, Name der ältesten ital. Be=
wohner der Westküste von Großgriechen=
land, nach welchen dies Land in ältester
Zeit von den Griechen Onotria (später
Italia) genannt wurde.

Opiker, s. Osker.

Optimaten (Optimates), in Rom Be=
zeichnung der aristokratischen Partei (vgl.
Nobilität) oder Senatspartei im Ge=
gensatz zur demokratischen Volkspartei;

22

der Kampf zwischen beiden, der mit den Gracchischen Unruhen heftig zu werden begann, endete mit dem Untergang der Republik und der Errichtung der Alleinherrschaft.

Opus, Hauptstadt der nach ihr benannten opuntischen Lokrer, unfern des Opuntischen Meerbusens gelegen.

Orchomĕnos, 1) Stadt im nordöstlichen Arkadien, Sitz des diesen Teil Arkadiens nebst den Städten Pheneos und Stymphalos umfassenden Reichs des Elatos, dessen Nachkommen noch zur Zeit des Peloponnesischen Kriegs herrschten. Später gehörte die Stadt zum Achäischen Bund. — 2) Stadt in Böotien an der Mündung des Kephisos in den Kopaïssee, Hauptstadt des Reichs der Minyer, aus deren Zeit sich noch Trümmer eines Schatzhauses erhalten haben, wurde später wegen Versumpfung der Gegend weiter nordwestlich am Abhang des Akontion neu erbaut und 367 v. Chr. von den Thebanern zerstört, aber von Philipp von Makedonien wiederaufgebaut. 85 erfocht hier Sulla einen glänzenden Sieg über die Feldherren des Mithridates. Vgl. O. Müller, O. und die Minyer (2. Aufl., Berl. 1844).

Orestes, Feldherr des weströmischen Reichs, aus Pannonien gebürtig, ward Geheimschreiber Attilas und ging nach dessen Tod (453 n. Chr.) in die Dienste der weströmischen Kaiser über. Er wurde zum Patricius und Anführer der barbarischen Hülfstruppen ernannt, empörte sich aber 475 gegen den Kaiser Julius Nepos, nach dessen Sturz er seinen Sohn Romulus Augustulus auf den Thron erhob. Doch wurde O. schon 476 von Odoaker angegriffen, in Ravenna eingeschlossen und nach dessen Einnahme enthauptet.

Oretaner (Oretāni), hispan. Volk in Hispania Tarraconensis im Quellgebiet des Anas (Guadiana) und des Bätis (Guadalquivir) zu beiden Seiten der Sierra Morena, mit den Städten Oretum und Castulo (jetzt Cazlona). Ihr Gebiet war seiner Lage wegen strategisch wichtig und daher in den Kriegen zwischen Römern und Karthagern wiederholt Kampfplatz.

Orgetŏrix, Häuptling der Helvetier (s. b.).

Orontes, Hauptfluß Syriens, entspringt 1140 m hoch am Antilibanos, fließt nach N. durch Kölesyrien, wendet sich bei Antiocheia nach SW. und mündet in das Mittelmeer.

Orōpos, Stadt an der Nordküste Attikas am Euripos, war ursprünglich böotisch und gehörte zum Gebiet von Tanagra, ward aber 506 v. Chr. von den Athenern in Besitz genommen. Auf ihrem Gebiet befand sich ein Tempel des Amphiaraos (s. b.) mit berühmtem Traumorakel.

Orthagŏras, ein ion. Agialeier aus Sikyon, dem es 665 v. Chr. mit Hülfe der ionischen Bevölkerung gelang, die dorische Aristokratie zu stürzen und sich die Alleinherrschaft zu verschaffen, welche seine Nachkommen (die Orthagoriden), unter denen der Tyrann Kleisthenes der berühmteste war, bis 565 behaupteten.

Osker (Osci, Opsci, griech. Opiker), Name der ältesten Bevölkerung Unteritaliens und eines Teils von Mittelitalien, welche von Illyriern, Griechen und Samnitern teilweise verdrängt und unterworfen wurde, deren Sprache, die oskische, sich aber in Kampanien, Apulien, Lukanien bis zur Zeit Christi behauptete und einen Zweig der italischen Sprachen indogermanischen Stammes bildete.

Osroene, eine Landschaft im nordwestlichen Mesopotamien, s. Edessa.

Osroes, Gründer einer syrischen Fürstendynastie, s. Edessa.

Ossa (jetzt Kissabos), Gebirge in der thessal. Landschaft Magnesia, vom Olympos im NW. durch das Thal Tempe getrennt, im SO. mit dem Pelion zusammenhängend, 1953 m hoch.

Ostia, Hafenstadt Roms, an der Mündung des Tiber (am linken Flußarm), von Ancus Marcius gegründet, gelangte durch Schiffahrt und Handel zu großem Wohlstand und ward nach der Zerstörung durch Marius prächtiger wiederaufgebaut, verfiel aber, seitdem Kaiser Claudius am rechten Tiberarm einen bessern Hafen (Portus Augusti) angelegt hatte. Doch war O. noch unter den spätern Kaisern volkreich und ein beliebter Badeort, obwohl der Hafen durch das Alluvium des Flusses gänzlich verschlammt war. Erst in den Stürmen der Völkerwanderung ging es zu Grunde. Durch Ausgrabungen seit 1855 sind die Überreſte der alten Stadt zum Teil wieder- aufgedeckt.

Oſtrakismos(Oſtracismus, Scher- bengericht), ein Volksgericht der Grie- chen, hauptſächlich in Athen, aber auch in Argos, Megara, Miletos, Syrakus, wo es Petalismos (»Blättergericht«) hieß, ge- bräuchlich, welches Männer, die der Freiheit oder der Ruhe des Staats gefährlich ſchie- nen, verbannte, ohne daß ſie an Ehre und Vermögen dadurch geſchädigt wurden. In Athen wurde der O. 509 v. Chr. durch Kleiſthenes eingeführt. Das Volk mußte alljährlich darüber abſtimmen, ob der O. ſtattfinden ſolle oder nicht. Wurde die Frage bejaht, ſo ſchrieb in der nächſten Volksverſammlung jeder Bürger den Na- men eines Bürgers auf ein Oſtrakon (Scherbe, Täfelchen) und gab dies ab, und wenn mehr als 6000 Scherben den Namen eines Bürgers enthielten, ſo war dieſer damit auf zehn, ſpäter auf fünf Jahre ver- bannt; doch konnte er auf Volksbeſchluß auch früher zurückgerufen werden. Der O. war in Athen eine rein politiſche Maß- regel, weniger um die Freiheit des Staats zu ſchützen, als um die friedliche Entwicke- lung des politiſchen Lebens durch Beſeiti- gung einer ſtörenden Oppoſition zu wah- ren. Der erſte durch den O. Verbannte war Hipparchos, des Charmos Sohn. Auch Kleiſthenes ward wegen ſeines Bünd- niſſes mit Perſien verbannt (507), ferner Ariſteides (483), Themiſtokles (471), Ki- mon (460), Thukydides, des Meleſias Sohn (444); der letzte war der Demagog Hyperbolos (417), nach deſſen Verban- nung der O. in Mißkredit kam und nicht mehr angewendet wurde. Vgl. Lugebil, über das Weſen und die hohe Bedeutung des O. (Leipz. 1861).

Öta (jetzt Katavothra), Gebirgs- kette in Mittelgriechenland, die ſich vom Tymphreſtos, einem Gebirgsknoten des Pindos, nach O. bis zur Südſeite des

Maliſchen Meerbuſens erſtreckt und hier im Kallibromos, der den Paß von Ther- mopylä bildet, endet. Seine höchſte Er- hebung beträgt 2150 m. Auf ſeiner Nord- ſeite wohnte das Volk der Ötäer.

Ötäa, das Gebiet des Öta (ſ. b.).

Otho, Marcus Salvius, röm. Kaiſer, geb. 32 n. Chr. zu Ferentinum in Etrurien, ward Neros Vertrauter und Ge- noſſe ſeiner Ausſchweifungen, trat dem- ſelben 59 ſeine Gemahlin Poppäa ab und ward, um ihn von Rom zu entfernen, vom Kaiſer als Statthalter nach Luſitanien ge- ſchickt, das er gut verwaltete. Als Galba ſich 68 gegen Nero empörte, trat O. zu ihm über, leiſtete ihm wichtige Dienſte und begleitete ihn nach Rom. Da aber Galba nicht ihn, ſondern Piſo zu ſeinem Nachfolger ernannte, gewann O. einen Teil der Prätorianer für ſich und ließ ſich 15. Jan. 69 von dieſen zum Kaiſer ausrufen, worauf Galba ermordet und O. vom Senat und Volk anerkannt wurde. Vitellius, der, in Gallien zum Kaiſer er- hoben, mit zwei Heeren nach Italien zog, rückte er an den Po entgegen, erlitt aber, nachdem er wiederholt ſiegreich geweſen war, bei Cremona eine entſcheidende Nie- derlage und gab ſich 16. April 69 ſelbſt den Tod.

Othrys, Gebirge im ſüdlichen Theſſa- lien, in der Landſchaft Phthiotis, welches, vom Tymphreſtos ausgehend, ſich parallel mit dem Öta in öſtlicher Richtung bis zum Pagaſäiſchen Meerbuſen erſtreckt und eine Höhe von 1700 m erreicht.

Otranto, ſ. Hydruntum.

Oreiä (jetzt Oria), ſ. Schinaben.

Oros (jetzt Amu Darja), Fluß in Baktrien, entſpringt auf dem indiſchen Kaukaſos, durchfließt in einem fruchtba- ren Thal Baktrien, dann die Steppen Innerafiens und mündete früher in das Kaſpiſche Meer, jetzt in den Aralſee.

Ozea, ſ. Parnes.

Ozöler (»die Stinkenden«), Beiname der weſtlichen Lokrer (ſ. Lokris).

P.

Pa=Baſt, ſ. Bubaſtis.

Padua, ſ. Patavium.

Padus (griech. Eridanos, jetzt Po), der größte Fluß Italiens, entſpringt auf dem Mons Veſulus (Mons Viſo) in den Weſtalpen, erhält zahlreiche Nebenflüſſe, links den Ticinus aus dem Lacus Verbanus (Lago Maggiore), die Abbua aus dem Lacus Larius (Comerſee), den Ollius aus dem Lacus Sebinus (Iſeoſee) und den Mincius aus dem Lacus Benacus (Gardaſee), rechts den Tanarus und die Trebia, führt ſehr viel Gebirgsſchutt mit ſich und bildet daher an ſeiner Mündung ein immer wachſendes Alluvialland, das er in mehreren Armen durchſtrömt, die ſich in das Adriatiſche Meer ergießen, und von denen der ſüdliche, die Paduſa, im Altertum der waſſerreichſte war.

Pagäſä, Küſtenſtadt in der theſſal. Landſchaft Pelasgiotis im innerſten Winkel eines durch die vorſpringende Halbinſel Magneſia gebildeten Meerbuſens, des Pagaſäiſchen Golfs (jetzt von Volo).

Paktölos (Pactölus), Fluß in Lydien, entſpringt auf dem Tmolos, fließt an Sardes vorbei und ergießt ſich in den Hermos; er war reich an Goldſand.

Paläopölis, griech. Kolonie am Golf von Neapel, ſ. Neapolis.

Paläo=Bunos, ſ. Helikon.

Paläftina, griech. Form des hebräiſchen Namens Pleſcheth, welcher urſprünglich bloß das Land der Philiſter, Philiſtäa, bezeichnete, d. h. den Küſtenſtrich Syriens ſüdlich vom Berg Karmel, aber allmählich auch über das Binnenland bis über den Jordan, alſo das ganze ſüdliche Syrien, ausgedehnt wurde und außer Philiſtäa die Landſchaften Judäa, Samaria und Galiläa rechts des Jordans und Peräa links deſſelben umfaßte. Die älteſten Bewohner waren außer den Philiſtäern an der Küſte die ſemitiſchen oder kanaanitiſchen Stämme der Chetiter, des mächtigſten Volks, deſſen Gebiet ſich um das Bergland von Hebron am Jordan bis zum Mittelmeer erſtreckte, der Cheviter und Amoriter nördlich und der Moabiter öſtlich von den Chetitern. Sie wohnten in anſehnlichen, ummauerten Städten und trieben nicht nur Ackerbau, ſondern auch Handel und Gewerbe. Ihre höchſten Götter waren Baal und Aſtarte. Heer und Hof ihrer Könige waren ſtattlich und wohlgeordnet. Die Chetiter konnten 2500 Streitwagen ſtellen. Von Elam und Babylonien ſowie von Ägypten wurden die Völker Paläſtinas wiederholt beſiegt und zur Tributzahlung gezwungen. Nachdem im 13. Jahrh. v. Chr. die Amoriter die Macht der Chetiter gebrochen hatten, drangen um 1250 die Israeliten unter Joſua von Oſten her in das Land ein und beſiegten mit Hülfe der Chetiter die Amoriter, worauf die israelitiſchen Stämme ſich inmitten der Kanaaniter Wohnſitze erkämpften, aber durch die Philiſtäer hart bedrängt wurden, bis Saul und David ein ſtarkes Königtum in P. errichteten (ſ. Israel), welches den größten Teil des Landes umfaßte. Das israelitiſche Reich, welches ſich 953 in die beiden Reiche Israel und Juda geteilt hatte, wurde 722 und 586 von den Aſſyrern und Babyloniern zerſtört, und P. gehörte ſeitdem zu Babylonien, dann zu Perſien, endlich nach Alexander d. Gr. zum ſyriſchen Reich der Seleukiden. Die Makkabäer (135—37) gründeten wieder ein unabhängiges Reich, welches aber unter den letzten Fürſten, noch mehr unter den Idumäern in Abhängigkeit von den Römern kam. Unter dieſen zerfiel P. in die Landſchaften Idumäa, Judäa, Samaria und Galiläa weſtlich vom Jordan, Peräa, Batanäa, Gaulonitis, Ituräa und Trachonitis öſtlich deſſelben.

Palatiniſcher Berg (Mons Palatinus), ſ. Rom.

Paleoprebeza, ſ. Nikopolis.

Palermo, ſ. Panormos.

Paleftina, ſ. Pränefte.

Päligner (Paeligni), tapfrer ſabell. Volksſtamm in Samnium im Hochland des Apennin, nördlich von den Marrucinern wohnhaft, mit den Städten Corfinium und Sulmo, wurde in den Samniterkriegen von den Römern unterjocht und nahm an dem Bundesgenossenkrieg hervorragenden Anteil.

Pallēne, die westliche Landzunge der Halbinsel Chalkidike (s. b.).

Palmyra (syr. Tadmor, »Palmenstadt«), Stadt in der Syrischen Wüste, zwischen Damaskos und Euphrat in einer Oase gelegen, soll von König Salomo angelegt worden sein, blühte, durch seine Lage geschützt, durch Handel auf, nahm unter der Herrschaft der Seleukiden griechische Kultur an und ward von griechischen Baumeistern mit griechischen Tempeln und Palästen herrlich geschmückt. Die Römer eroberten die Stadt zuerst im 1. Jahrh. v. Chr. unter Antonius, und Kaiser Trajanus unterwarf P. von neuem. Doch behauptete es zwischen dem römischen und dem parthischen Reich seine Unabhängigkeit und erlangte im 3. Jahrh. n. Chr. unter arabischen Fürsten, begünstigt durch die innern Wirren im Römischen Reich, eine große Macht: Odänathos ward 261 vom Kaiser Gallienus als Augustus anerkannt und eroberte das ganze nördliche Syrien. Nach seiner Ermordung 267 übernahm seine Witwe Zenobia die Herrschaft für ihren unmündigen Sohn Vallabathus, eroberte Kleinasien, Ägypten und Mesopotamien und nannte sich »Kaiserin des Morgenlands«. Erst Kaiser Aurelianus machte ihrer Herrschaft 272 durch Eroberung Palmyras ein Ende, und als sich die Stadt nochmals empörte, ward sie völlig zerstört. Nur großartige, 1691 wiederentdeckte Ruinen, ausgedehnte Kolonnaden und namentlich ein kolossaler Sonnentempel, sind noch erhalten. Vgl. Saint-Martin, Histoire de Palmyre (Par. 1823); v. Sallet, Die Fürsten von P. (Berl. 1867).

Pamīsos, Hauptfluß in Messenien, von kurzem Lauf, aber wasserreich, entspringt am Südabhang des arkadischen Hochlands und mündet in den Messenischen Meerbusen.

Pamphylĭen (Pamphylia), Landschaft an der Südküste Kleinasiens zwischen Lykien und Kilikien, südlich vom Taurus am Pamphylischen Meerbusen, ein schmaler, ebener Küstenstrich, teils flacher, sandiger oder sumpfiger Strand, teils wasserarme

Kalkebene, welche in tiefen Schluchten von mehreren vom Tauros herabkommenden Flüssen durchschnitten wird, wie dem Katarrhaktes, der zweimal unter der Erde verschwindet, dem Kestros, dem Eurymedon (s. b.) und dem Melas. Die Einwohner waren ein Mischvolk aus Ureinwohnern, Kilikiern und Griechen, daher ihr Name Pamphyler (»allerlei Völker«); sie trieben gleich ihren kilikischen Nachbarn Seeraub. Ihre Städte waren: Attaleia (früher Korykos, jetzt Adalia), Side und Kibyra am Meer, Aspendos am Eurymedon und Perge im Binnenland. Das Land gehörte zu den Kleinasien beherrschenden Reichen, zuletzt zum pergamnischen. Die Römer vereinigten es mit Pisidien zur Provinz Pamphylia.

Pandatarĭa (jetzt Benbotena), Insel an der Küste Kampaniens im Tyrrhenischen Meer, diente in der römischen Kaiserzeit häufig als Verbannungsort.

Pangäon (Pangæus, jetzt Pirnari), Gebirge im östlichen Makedonien zwischen dem untern Strymon und dem Nestos in der Nähe von Amphipolis, mit reichen Gold- und Silbergruben.

Pannonĭen(Pannonia), röm. Provinz, das Land zwischen den Ostalpen und dem rechten Ufer der mittlern Donau mit dem Gebiet ihrer Zuflüsse Draus und Saus umfassend, im W. von Noricum, im S. von Illyrien begrenzt; es ward in das westliche Oberpannonien (Pannonia superior) und das östliche Unterpannonien (Pannonia inferior) geteilt. Es galt für rauh, steinig und wenig ergiebig, obwohl es meist eben war. Holz war das wichtigste Produkt. Die Einwohner (Pannonier oder Päonier) waren illyrischen Stammes, tapfer und kriegerisch, aber wenig kultiviert. Außerdem wohnten keltische Stämme, wie die Skordisker und Latoviker, auch Teile der norischen Taurisker und Karner, im Land. Um 120 v. Chr. bemächtigten sich die aus Böhmen verdrängten keltischen Bojer Pannoniens, und um 50 gehörte es zum bacischen Reich des Börebistes. Nach dem dalmatischen Aufstand 35 unterwarf Octavianus den südlichen Teil und vereinigte ihn mit Illyrien. 12—9 machten die Pannonier einen großen Aufstand, nach dessen Bewältigung das ganze Land von den Römern unterjocht, mit sieben Legionen besetzt und in kurzer Zeit völlig romanisiert wurde. Trajanus teilte es in zwei, Galerius um 300 n. Chr. in vier Provinzen. Die wichtigsten Städte waren: Vindobona (Wien), Carnuntum, Sabaria (Stein am Anger), Arrabona (Raab), Siscia (Sissa), Celeja (Cilli) in Oberpannonien; Pötovio (Pettau), Aquincum (Altofen), Taurunum (Semlin), Mursa (Essek), Sirmium u. a. in Unterpannonien.

Panórmos (jetzt Palermo), Stadt im westlichen Teil der Nordküste von Sicilien an der Mündung des Flusses Orethos und am Fuß des 650 m hohen Bergs Cirkte, wurde von den Phönikern, die es Machanath (»Lager«) nannten, gegründet, dann von griechischen Ansiedlern nach der weit offenen Hafenbucht P. genannt und gehörte später den Karthagern, die es zu einer Hauptstation ihrer Flotte machten. Im ersten Punischen Krieg ward es ihnen 254 v. Chr. von den Römern entrissen, die 250 den Versuch des Hasdrubal, es wiederzuerobern, zurückwiesen. In der Kaiserzeit ward es römische Kolonie (Colonia Augusta Panormitanorum).

Pantikapäon (Bosporos, jetzt Kertsch), Kolonie der Milesier auf der Taurischen Chersonesos, an der Mündung der Mäotis, dem asiatischen Phanagoria gegenüber, mit Akropolis und gutem Hafen, daher bedeutender Handelsplatz; es ward um 500 v. Chr. Hauptstadt des bosporanischen Reichs und kam 115 unter die Herrschaft des Mithridates, dann der Römer.

Päonen, illyr. Volk im nördlichen Makedonien, welches später von den Thrakern und Makedoniern verdrängt wurde und nur noch das Gebiet des mittlern Axios, Päonia genannt, innehatte.

Päonier (Pannonier), das in Pannonien (s. d.) seßhafte Volk illyrischen Stammes.

Paphlagonïen, Landschaft an der Nordküste von Kleinasien, am Pontos Euxinos zwischen Bithynien, Galatien und Pontos, von dem sie der Halys trennte,

war zum größten Teil gebirgig, namentlich im S., wo sich der Olgassys erhob, und enthielt nur zwei fruchtbare Thäler an Nebenflüssen des Halys. Der Ackerbau war daher nicht bedeutend, wohl aber die Vieh=, namentlich die Maultierzucht. Die Einwohner, Eneter genannt, waren wegen ihres Aberglaubens, ihrer Grobheit und Beschränktheit berüchtigt. Sie standen unter einer einheimischen Dynastie, welche sich auch unter lydischer und persischer Oberhoheit behauptete und das nördliche Kappadokien beherrschte. In der Diadochenzeit gründeten sich Satrapen aus dem Geschlecht der Achämeniden hier ein Reich, aus dem das pontische entstand. Das Küstenland ward 64 v. Chr. von Pompejus zur römischen Provinz Pontus geschlagen; im Binnenland behauptete sich die einheimische Dynastie noch bis 7 v. Chr. Ihre Residenz war Gangra. Die bedeutendsten Küstenstädte waren die milesische Kolonie Sinope an dem nördlichsten Vorsprung der Küste und Sesamos (Amastris) im W.

Paphos, Stadt auf Kypros, phönik. Kolonie an der Westküste der Insel, berühmt durch den Kultus der Göttin Aschera (Aphrodite), deren Oberpriester eine königliche Herrschaft über die Umgebung besaß; in der römischen Zeit war P. Sitz des Prätors. 11 km landeinwärts lag Neupaphos.

Papirius (früher Papisius), röm. Geschlecht, dessen Familien mit dem Beinamen Cursor patricisch, die mit dem Beinamen Carbo plebejisch waren. Bemerkenswert:

1) **Lucius P. Cursor**, fünfmal Konsul und zweimal Diktator, der Hauptheld des zweiten Samniterkriegs (326—304 v. Chr.), ein ausgezeichneter Feldherr und ein Mann von altrömischer Strenge und Tüchtigkeit. Als 324 sein Magister equitum Quintus Fabius Rullianus während seiner Abwesenheit gegen seinen Befehl den Samnitern eine Schlacht lieferte, verurteilte er ihn zum Tod und ließ sich nur durch die vereinigten Bitten des Vaters desselben, des Senats und des Volks bewegen, ihn zu begnadigen. Die Niederlage der Römer bei Caudium rächte

er 320 durch die Eroberung von Luceria, wo er die verlornen Feldzeichen wieder= erbeutete, die Geiseln befreite und 7000 Samniter unter das Joch gehen ließ. 309 besiegte er die Samniter bei Longula und triumphierte zum zweitenmale über sie. 2) Gajus P. Carbo, Freund des Ti= berius Gracchus, ausgezeichneter Redner, setzte als Volkstribun im Dienste der Volkspartei 131 v. Chr. ein Gesetz (lex tabellaria) durch, wonach für alle die Ge= setzgebung betreffenden Beschlüsse die schrift= liche Abstimmung angeordnet wurde; da= gegen ward sein Antrag, daß Volkstribu= nen auch für das nächste Jahr wieder wählbar sein sollten, durch den Einfluß des jüngern Scipio Africanus zurückge= wiesen. Als daher Scipio 129 plötzlich, wahrscheinlich durch Meuchelmord, starb, hielt man P. für den Mörder. Er fiel als Konsul 120 von der Sache der Volks= partei ab und gab sich 119, als er von dem berühmten Redner Licinius Crassus angeklagt wurde, selbst den Tod. 3) Gajus P. Carbo Arvina, Sohn des vorigen, gab als Volkstribun mit sei= nem Kollegen Marcus Plautius Silva= nus die lex Plautia Papiria, durch welche allen italischen Bundesgenossen das Bür= gerrecht gewährt wurde, war 85 v. Chr. Prätor und ward im Bürgerkrieg zwischen Sulla und der Volkspartei als Anhänger der Optimaten 82 auf Befehl des jüngern Marius getötet. 4) Gnäus P. Carbo, eifriger An= hänger der Volkspartei, war 89 v. Chr. Prätor, 85 und 84 Kollege Cinnas im Konsulat, ließ sich 82 zum drittenmal zum Konsul ernennen und führte den Krieg gegen die Sullaner im Norden. Er lie= ferte Sulla bei Clusium eine unentschie= dene Schlacht, ward aber bei Faventia von Metellus geschlagen und floh nach Afrika, wo er ergriffen und nach Lilybäon ge= bracht wurde; hier ward er auf Befehl des Pompejus hingerichtet.

Paralia, das Küstenland im südlichen Teil von Attika (s. b.), dessen Bewohner zur Zeit des Peisistratos die Partei der Paralier bildeten.

Paris (Alexandros), zweiter Sohn des Priamos und der Hekabe, gab durch den Raub der Helena den Anlaß zum Trojanischen Krieg, nahm an demsel= ben teil und tötete Achilleus durch einen Bogenschuß, war aber von unstätem Cha= rakter und als Urheber des Kriegs den Seinigen verhaßt. Er wurde von Mene= laos getötet.

Parisier (Parisii), Völkerschaft im Lugdunensischen Gallien mit der Haupt= stadt Lutetia, dem heutigen Paris.

Parma, Stadt in Gallia cispadana, an der Via Æmilia, ward von den Etrus= kern gegründet, dann von den Kelten er= obert und 183 v. Chr. als römische Kolonie mit 2000 römischen Bürgern besetzt. Unter Augustus hieß sie Colonia Julia Augusta.

Parmenion, Vertrauter und Feldherr des Königs Philipp von Makedonien, führte 356 v. Chr. einen glücklichen Krieg gegen die Illyrier, zog 342 gegen Eretria und Oreos auf Euböa und eröffnete 337 in Kleinasien den Perserkrieg. Unter Alexander d. Gr. gehörte er zu den an= gesehensten Feldherren und ward an die Spitze der Phalangen gestellt, zeigte aber eine übertriebene Vorsicht, riet dem König von allen Entscheidungsschlachten ab und empfahl einen baldigen Frieden mit Per= sien. Nach der Schlacht bei Arbela, die er auch widerraten, ward er 330 zur Be= wachung der Schätze in Ekbatana zurück= gelassen. Als sein Sohn Philotas wegen einer Verschwörung 329 in Arachosien hingerichtet wurde, fürchtete Alexander die Rache des Vaters und ließ denselben durch ausgesandte Mörder ebenfalls töten.

Parnassos, Gebirge in Phokis, 2640 m hoch, den größten Teil des Jahrs mit Schnee bedeckt; an den Abhängen befinden sich dichte Fichtenwaldungen. Nach S. fiel es in die Schlucht von Delphi ab. Der Berg war Apollon, Dionysos und den Musen geweiht.

Parnes (jetzt Ozea), waldbedeckter Bergrücken im nördl. Attika, 1410 m hoch, vom westl. Kithäron durch eine tiefe Ein= sattelung mit dem Paß von Phyle getrennt.

Parnon, das von der Südostecke des arkad. Hochlands, dem Parthenion, nach S. sich erstreckende Gebirge, welches die südöstlichste Halbinsel des Peloponnes bildet, Lakonien und den Lakonischen

Meerbuſen im O. begrenzt und im Vor=
gebirge Malea endet.

Paropaniſos (Paropamiſos), ein=
heimiſcher Name des indiſchen Kaukaſos
(Hindukuſch), nach dem das umliegende
Gebiet unter den Seleukiden Paropa=
niſadä genannt wurde.

Paros, die mittelſte Inſel der Kykla=
den, 203 qkm groß, berühmt durch ihren
ausgezeichneten Marmor, der am Berg
Marpeſſa, inmitten der Inſel, gebrochen
wurde, ward von Joniern beſetzt, die von
hier aus Kolonien auf Thaſos anleg=
ten, verteidigte 489 ihre Unabhängigkeit
gegen Miltiades, ſchloß ſich aber nach den
Perſerkriegen Athen an und war eine der
bedeutendſten Inſeln des Atheniſchen See=
bunds, die den höchſten Tribut (30 Ta=
lente) zahlte. Die Hauptſtadt P. lag an
der Nordweſtſeite.

Parſa, altperſiſcher Name von Per=
ſepolis und Perſien (ſ. d.).

Parthenier (Jungfernkinder, Ba=
ſtarde), die Sprößlinge der Ehen, die
während des erſten Meſſeniſchen Kriegs
(743—724 v. Chr.) zwiſchen ſpartaniſchen
Frauen und Achäern mit Zuſtimmung
der Könige geſchloſſen worden waren; da
die Spartaner nach ihrer Rückkehr aus
dem Krieg dieſe Ehen nicht anerkennen
wollten und die Kinder ſpottweiſe P.
nannten, empörten ſich dieſe, und da die
Spartaner ihrer nicht Herr werden konn=
ten, ſo kam es zu einem Vertrag, wonach
die P. auswandern ſollten. Unter Füh=
rung des Herakliden Phalanthos zogen ſie
708 aus und gründeten in Unteritalien
Tarent.

Parthenöpe, alter Name von Neapo=
lis (ſ. d.).

Parthien (Parthia, richtiger Par=
thyäa oder Parthyene), Landſchaft in
Iran, öſtlich von Medien und ſüdöſtlich
von Hyrkanien, im N. von hohen Gebir=
gen erfüllt, im S. in wüſte Steppen über=
gehend, mit wenigen Städten, ward von
dem, vielleicht turaniſchen, Nomadenvolk
der Parther bewohnt, deſſen Reiterſcharen
ſich im Gebrauch von Lanze und Bogen
auszeichneten. Sie waren zuerſt den Aſſy=
riern unterworfen, dann dem mediſchen
und perſiſchen Reich, unter deſſen Herr=

ſchaft ſie perſiſche Sprache und Religion
annahmen. In der Zeit der Diadochen
gehörten ſie zum Reich der Seleukiden, fie=
len aber 256 v. Chr. von demſelben ab und
gründeten unter Arſakes I., der ſeinen
Urſprung vom altperſiſchen Königshaus
ableitete, ein ſelbſtändiges Reich mit der
Hauptſtadt Hekatompylos. Unterſtützt
von den Magiern, welche den altperſiſchen
Götterbienſt wiederherſtellten, erweiterte
Arſakes ſein Reich bis zum Indos im Oſten
und bis an das Kaſpiſche Meer im Weſten.
Seine Nachfolger, die Arſakiden, 29 Kö=
nige, führten neben ihrem eigentlichen
Namen alle den Namen Arſakes. Zunächſt
folgte Arſakes' I. Bruder Tiribates,
253—216, der alle Angriffe der ſyriſchen
Könige mit Erfolg abwehrte. Mithri=
dates I. (175—136) erhob P. zu einem
großen Reich durch Unterwerfung von Me=
dien, Baktrien und der Nachbarländer am
indiſchen Kaukaſos ſowie von einem großen
Teil des in Auflöſung begriffenen Seleu=
kidenreichs. Er vernichtete die letzten
Spuren helleniſcher Kultur und begrün=
dete die parthiſche Herrſchaft auf der altira=
niſchen Nationalität und Religion. Nach
Mithridates' II. Tod (87) brachen zwi=
ſchen Mnaskiras und Sanatroikes Thron=
ſtreitigkeiten aus, welche um ſo gefähr=
licher wurden, als gleichzeitig durch Ver=
wickelungen mit Armenien und Pontos
neue mit Rom eintraten, welches wäh=
rend der Mithridatiſchen Kriege zuerſt in
Meſopotamien in feindliche Berührung
mit den Parthern kam. Das Reich erlitt
beträchtliche Einbußen an Macht im Oſten.
Orodes I. (60—36) ſiegte über die Rö=
mer 53 bei Carrhä; auch ſein Nachfolger
Phraates IV. brachte Antonius 36 eine
Niederlage bei, trat aber den Römern, um
ſich gegen aufſtändiſche Große auf dem
Thron zu behaupten, Armenien ab und gab
ihnen die bei Carrhä erbeuteten Feldzeichen
zurück. Gleichwohl wurde er wegen ſeiner
Grauſamkeit 4 v. Chr. geſtürzt, und nun
brachen langjährige innere Kriege aus,
welche das Reich zerrütteten. Dieſelben
wurden von den Römern genährt, welche
mit Erfolg Gegenkönige aufſtellten und
unterſtützten, um ihre Macht auf Koſten
der Parther zu vergrößern. Trajanus er=

hob sogar 115 n. Chr. an Stelle Chosroes' I. einen armenischen Prinzen, Par-
thamaspates, auf den Thron von Ktesiphon. Doch gab Hadrianus Chosroes sein
Reich zurück und begnügte sich mit dem
Euphrat als Ostgrenze des Römischen
Reichs. Lange scheuten sich die Parther,
den Kampf mit Rom wiederzubeginnen.
Als Vologeses III. (150—192) es 162
wagte, drängte Avidius Cassius die Parther über den Tigris zurück, eroberte und
zerstörte Seleukeia und plünderte den
Königspalast in Ktesiphon (165). Armenien und Mesopotamien wurden wieder
dem Römischen Reich einverleibt. Da Vologeses IV. den römischen Thronbewer-
ber Pescennius Niger gegen Septimius
Severus unterstützte und in Mesopotamien einfiel, trieb Severus ihn zurück
und eroberte Ktesiphon zum zweitenmal.
Caracalla jetzte den Krieg fort, indem
er nach Vologeses' Tod von neuem
Zwistigkeiten in der Königsfamilie anstiftete; doch Macrinus beendete ihn 217
durch einen für Rom schimpflichen Frieden. Inzwischen erhoben sich gegen die
Parther neue Feinde in den Neupersern
unter Artaxerxes I., der 226 das parthische Reich nach einer Dauer von 481 Jahren stürzte. Obwohl die Parther tapfre
Krieger waren, hatten sie doch trotz Annahme der altpersischen Kultur und Religion ihren Ursprung als Fremdlinge
nicht verwischen und dem Reich keine feste
Einheit geben können. Vgl. Schneiderwirth, Die Parther oder das neupersische
Reich der Arsakiden (Heiligenst. 1874);
Rawlinson, Geography, history and
antiquities of Parthia (Lond. 1873).

Pasargadä, Stadt in Persis mit dem
Grabe des Kyros, der dieselbe im Gebiet
der Pasargaden, des edelsten Stammes
der Perser, 555 v. Chr. erbaut und zu
seiner Residenz gemacht hatte.

Pästum, Stadt an der Westküste Lukaniens, südlich von der Mündung des
Silarus, hieß ursprünglich Poseidonia
und war eine Kolonie von Sybaris, welche
im 6. Jahrh. v. Chr. gegründet worden
war, wurde aber um 400 von den Lukanern
erobert und umgenannt. Seit 273 war sie
römische Kolonie. Drei 1730 entdeckte

Prachttempel im dorischen Stil zeugen
von ihrer frühern Bedeutung.

Patavium (jetzt Padua), alte, der
Sage nach von Antenor angelegte Stadt in
Oberitalien, im Gebiet der Veneter, am
Medoacus minor (jetzt Brenta), in der Rö-
merzeit eine der reichsten Städte Italiens.

Paträ (jetzt Patras), Stadt in Achaia
am Eingang des Korinthischen Meerbusens, eine der zwölf Städte des Landes,
gründete 280 v. Chr. durch ihre Vereinigung mit Tritäa, Pharä und Dyme den
Achäischen Bund. Augustus gewährte der
Stadt die Rechte einer römischen Kolonie,
vergrößerte u. verschönerte sie und nannte
sie Colonia Augusta Aroe Patrensis.

Patricier (Patricii, v. lat. pater),
in der ältern Zeit Roms die eigentlichen
Bürger, welche den populus Romanus
ausmachten. Sie zerfielen in drei Tribus
(Stämme): Ramnes, Tities u. Luceres;
jede Tribus bestand aus zehn Kurien,
jede Kurie aus zehn Dekurien (gentes oder
Geschlechter). Nach Kurien stimmte die
Volksversammlung, Comitia curiata,
ab. Die Tribus der Luceres war die
jüngste, erst unter Tarquinius Priscus
hinzugekommene. Außer den Patriciern
und ihren Sklaven gab es in Rom noch
Klienten, d. h. Schutzverwandte der einzelnen B., welche diesen zu allerlei Diensten
verpflichtet waren. Seit der Ansiedelung
der Bewohner der unterworfenen latinischen Städte und andrer fremden Einwanderer bildete sich eine neue Bevölkerungsklasse, die Plebs oder die Plebejer, die anfangs ohne alle politischen Rechte,
namentlich ohne das jus honorum und
das jus suffragii, d. h. ohne Berechtigung
zu den Ämtern und ohne Stimmrecht in
der Volksversammlung, waren, aber durch
die Servianische Verfassung, um sie zum
Kriegsdienst heranziehen zu können, ein
beschränktes Stimmrecht erhielten, indem
sie mit den Patriciern zu den Centuriatkomitien vereinigt wurden, welche über
Krieg und Frieden zu entscheiden und den
König, später die Konsuln zu wählen
hatten. Ein zweiter wichtiger Schritt war
494 v. Chr. die Einsetzung eines besondern
Magistrats, des Volkstribunats, zum
Schutz der Plebejer, welche seit dem Sturz

des Königtums mit Hülfe der harten Schuldgesetze besonders bedrückt worden waren. 445 wurde durch die lex Canuleja das Eheverbot zwischen Patriciern und Plebejern aufgehoben, zugleich die Plebejer zu dem Amte der Konsulartribunen, welche statt der Konsuln gewählt werden durften, zugelassen. 409 gaben die P. ihr ausschließliches Anrecht auf die Quästur, 367 auf das Konsulat, 356 auf die Diktatur, 351 auf die Censur, 338 auf die Prätur, zwei neu geschaffene Ämter, endlich 300 auf die wichtigsten Priesterämter auf, so daß nun P. und Plebejer in Bezug auf das jus honorum gleichgestellt waren. Das Recht der Kuriatkomitien, die Beschlüsse der Centuriatkomitien zu bestätigen, wurde 286 aufgehoben und damit die Bedeutung dieser Komitien vernichtet, während die der Tributkomitien, in denen die Plebejer das Übergewicht hatten, stieg. Vor den Punischen Kriegen war hiermit der Unterschied der beiden Stände aufgehoben, nur einige priesterliche Ämter ohne politische Bedeutung behielten die P., und erst nach hundert Jahren bildete sich ein neuer Gegensatz zwischen der Nobilität und dem niedern Volk. Die Zahl der patricischen Familien schmolz, namentlich in den Bürgerkriegen, mehr und mehr zusammen; zu Ende der Republik soll es nicht mehr als 50 gegeben haben. Cäsar und Augustus vermehrten sie durch Aufnahme neuer Geschlechter, und die Kaiser verliehen seitdem das Patriciat als Auszeichnung. Unter Constantinus wurde »Patricius« ein persönlicher Titel, welcher den Rang unmittelbar nach den Konsuln gewährte.

Pätus, Cäcina, s. Arria.

Pausanias, 1) ein Spartaner aus dem Königshaus der Agiaden, Sohn des Kleombrotos, führte seit dessen Tod (480 v. Chr.) die Regierung als Vormund des minderjährigen Pleistarchos, des Sohns des Leonidas. 479 befehligte er das griechische Landheer und siegte, obwohl er sich vor der Schlacht unschlüssig zeigte, bei Platää über die Perser, erhielt darauf den Oberbefehl über die Flotte und eroberte Kypros und Byzantion. Hier aber ließ er sich in verräterische Umtriebe mit

Xerxes ein, um mit dessen Hülfe die Alleinherrschaft über Griechenland zu erlangen, und benahm sich hochmütig und gewaltthätig. Er ward daher 476 auf die Beschwerde der Bundesgenossen vom Oberbefehl abberufen und des Hochverrats angeklagt, 474 aber freigesprochen. 470 kehrte er nach Byzantion zurück, setzte sich hier mit thrakischen Söldnern fest und begann von neuem die Umtriebe mit Persien, wurde jedoch von den Athenern vertrieben und zum zweitenmal von den Ephoren zur Verantwortung gezogen. Anfangs gelang es ihm, diese zu täuschen, bis endlich der Sklave, den er mit Briefen an den Satrapen Artabazos gesandt hatte, entdeckte, daß in diesen seine Tötung befohlen war, und sie den Ephoren überlieferte. Da erst ward, nachdem man noch durch List ihm selbst das mündliche Eingeständnis der Schuld abgelauscht, seine Verhaftung beschlossen. P. floh in das Heiligtum der Athene, ward hier eingemauert und starb den Hungertod (467).
2) Griech. Geschichtschreiber und Geograph, geboren um 120 v. Chr. in Lydien, Schüler des Herodes Atticus, bereiste Griechenland, Italien, einen großen Teil von Asien und Afrika und beschrieb in der »Periëgesis« in 10 Büchern die religiösen und künstlerischen Merkwürdigkeiten der meisten Landschaften Griechenlands mit besondrer Rücksicht auf Mythologie und Geschichte; auch naturhistorische Notizen sind eingestreut. Obwohl vom Standpunkt eines Reisenden und für Reisende geschrieben, hat das Werk doch großen Wert für die Kunstgeschichte und Altertumsforschung. Der Ausdruck ist oft weitschweifig und unklar. Neue Ausgaben von Schubart und Walz (Leipz. 1838—1839, 3 Bde.), Dindorf (Par. 1845) und Schubart (Leipz. 1853).

Peiräeus (Piräus), der Hafen von Athen, wurde 493 v. Chr. unter dem Archontat des Themistokles statt der früheren, flachen Bucht von Phaleron am nördlichen Fuß der felsigen und befestigten Halbinsel Munychia angelegt. Der Hafen selbst bildete eine kleine, aber tiefe und sichere Bucht. Die Stadt war mit breiten, regelmäßigen Straßen angelegt und befestigt

sowie durch die langen Mauern, welche
Kimon und Perikles erbauten, mit Athen
verbunden. Infolge des blühenden Han=
dels und der wachsenden Seemacht ward
die Stadt sehr volkreich und ausgedehnt;
sie hatte große Magazine und Werften für
400 Schiffe.

Peisisträtos (Pisistratus), Tyrann
von Athen, geboren um 600 v. Chr., Sohn
des Hippokrates aus dem alten angesehe=
nen Geschlecht der Philaïden, Verwandter
Solons, wußte, gewandt und schlau, das
niedre Volk, die Diakrier, für sich zu ge=
winnen, indem er ihnen Befreiung aus
ihrer gedrückten Lage versprach, und wurde
bald das mächtigste Parteihaupt in Athen.
Nachdem er durch das Vorgeben, von der
aristokratischen Partei verfolgt zu werden,
trotz des Widerspruchs Solons eine Leib=
wache von 50 Keulenträgern und die Er=
laubnis, dieselbe beliebig zu vermehren,
vom Volk erhalten hatte, bemächtigte er
sich 560 der Akropolis und warf sich so
zum Herrscher der Stadt auf. Zwar wurde
er bald darauf durch die Vereinigung der
Pediäer und der Paralier, der Anhänger
des Lykurgos und des Megakles, aus
Athen vertrieben, doch 554 durch den letz=
tern zurückgerufen unter der Bedingung,
daß er seine Tochter heiraten solle. In=
folge neuen Zerwürfnisses mit seinem
Schwiegervater mußte P. 552 abermals
nach Eretria in die Verbannung gehen;
doch setzte er sich elf Jahre später (541) durch
den Sieg bei Pallene mit Gewalt wieder
in Besitz der Tyrannis von Athen, unter=
stützt durch die Thebaner, Argeier und
den Tyrannen Lygdamis von Naxos. Er
regierte fortan gerecht und mild. Nur die
oberste Leitung der Staatsangelegenheiten
und die Besetzung der höchsten und wich=
tigsten Staatsämter behielt er sich vor,
im übrigen ließ er die Gesetze Solons in
ungeschmälerter Geltung. Er begünstigte
den Landbau und suchte den Bauernstand
zu heben. Auch Künste und Wissenschaf=
ten fanden an ihm einen eifrigen Beför=
derer; er begann den Bau des Olym=
pieions, legte das Lykeion an und rief
andre Bauten zur Verschönerung und
Erweiterung der Stadt ins Dasein. Er
brachte eine ansehnliche Büchersammlung

zustande und ließ die Homerischen Ge=
sänge zusammenstellen. Als er 527 starb,
konnte er die Herrschaft anscheinend ge=
sichert seinen Söhnen Hippias und Hip=
parchos, den sogen. Peisistratiden, hinter=
lassen, während ein dritter Sohn, He=
gesistratos, die Herrschaft in Sigeion am
Hellespont erhielt.

Pelasger (Pelasgi), die ältesten Ein=
wohner Griechenlands in bogerman. Stam=
mes (einige, wie Röth, Kiepert u. a., halten
sie indes für Semiten). Der Name bezeich=
net nicht ein besondres Volk, sondern die
älteste Kulturperiode des griechischen Volks
vor der Einwanderung der Jonier und der
äolischen und dorischen Wanderung. Die
Griechen selbst betrachteten sie als ein
besondres Volk, jedoch gleicher Abstam=
mung mit ihnen, wie denn in Attika und
andern Landschaften viele Geschlechter
sich ihres pelasgischen Ursprungs rühm=
ten. Sie waren seßhaft und trieben Acker=
bau und Viehzucht, sie lichteten Wälder,
ebneten Felsen, trockneten Sümpfe aus,
legten in fruchtbaren Thalebenen Städte
mit festen Burgen an, die meist den Na=
men Larissa führten, und erbauten die
ältesten Bauwerke (kyklopische Mauern).
Berühmte Sitze der P. waren: Dodona
in Epeiros, Thessalien, Orchomenos in
Böotien, Mykenä in Argolis, Sikyon u. a.
Sie verehrten als höchsten Gott Zeus, den
leuchtenden Himmel, den Äther, ohne
Bild und Tempel auf hochragenden Berg=
gipfeln. Die Vielgötterei und der An=
thropomorphismus der spätern Zeit wa=
ren ihnen fremd. Ihr Name wurde von
dem der Hellenen verdrängt, in welchem
sich die Stämme der Jonier, Achäer,
Äolier und Dorier vereinigten, und sie
verschmolzen mit diesen.

Pelasgiötis, Landschaft in Thessalien
(s. b.), die Ebene zwischen dem mittlern
Peneios und dem Pagasäischen Meerbusen
umfassend.

Pelion (jetzt Plessidi), waldiges Ge=
birge auf der Halbinsel Magnesia, dessen
südliche Verlängerung den Pagasäischen
Meerbusen im O. begrenzt und Euböa
gegenüber in den Vorgebirgen Sepias und
Äantion endet.

Pella, Hauptstadt Makedoniens, an

einem vom Fluß Lubias gebildeten Sumpfsee in der Landschaft Emathia ungesund
gelegen, aber von Natur fest; hierher verlegte König Philipp II. die Residenz der
Könige, welche bisher in Ägää (Edessa)
gewesen war.

Pellēne, Stadt in Achaia (s. b.).

Pelopĭdas, thebän. Feldherr, Sohn
des Hippokles, stammte aus einer angesehenen Familie und gelangte noch jung
zu bedeutendem Vermögen. Dennoch
lebte er äußerst einfach und widmete sich
ganz dem Dienste des Vaterlands. Nach
der Besetzung der Kadmeia durch Phöbi-
das und der Errichtung einer oligarchischen Herrschaft (382 v. Chr.) floh er mit
vielen Demokraten nach Athen, traf von
hier aus Vorbereitungen zum Sturz der
Oligarchen und kehrte 379 mit zwölf Genossen heimlich nach Theben zurück, wo
er die Häupter der oligarchischen Partei
ermordete, die Spartaner zur Räumung
der Burg zwang und eine demokratische
Verfassung einrichtete. Zum Böotarchen
ernannt, organisierte er die Heilige Schar
auserlesener Jünglinge, an deren Spitze
er die Siege über die Spartaner bei Te-
gyra (376) und bei Leuktra (371) entschied. Auch nahm er an den Feldzügen
des Epameinondas in dem Peloponnes
(370—369) teil. Später war er vorzugsweise bemüht, den Einfluß Thebens
im Norden zu erweitern. Er befreite die
Thessalier von der makedonischen Besatzung in Larissa, nötigte den Tyrannen
Alexander von Pherä zu einem Vergleich,
in welchem den thessalischen Städten die
Freiheit zugesichert wurde, und übernahm
in den makedonischen Thronstreitigkeiten
mehrmals die Rolle eines entscheidenden
Vermittlers. 368 als Gesandter nach
Thessalien gesandt, ward er von Alexander von Pherä gefangen gesetzt, aber von
Epameinondas befreit. Darauf ging er
nach Susa und schloß mit dem Perserkönig, der ihn ehrenvoll empfing, einen
für Theben günstigen Vertrag. Er fiel
auf einem neuen Feldzug gegen den Tyrannen von Pherä 364 bei Kynoskephalä.
Wir besitzen seine Biographie von Cornelius Nepos und Plutarch.

Peloponnēs (die Peloponnesos,

»Pelopsinsel«), der südliche Teil Griechenlands, welcher durch die tief einschneidenden Meerbusen: den Korinthischen und
den Saronischen, vom Festland getrennt ist
und nur durch den 5 km breiten Isthmos
mit demselben zusammenhängt, daher im
Volksmund als »Insel« bezeichnet wurde,
deren Name auf ein verschollenes Volk
hinweist, in der Überlieferung aber auf
den aus Lydien eingewanderten Pelops
(s. b.) zurückgeführt wurde. Die Mitte
der Halbinsel nimmt das Hochland von
Arkadien ein, das nach N. in den Korinthischen Meerbusen abfällt, und von dem
nach O. und S. auslaufende Gebirge die
Halbinsel Akte und die drei südlichen
Landzungen erfüllen; zwischen diesen Halbinseln und auf der Westseite des Hochlands
lagern Ebenen, die von einigen Flüssen,
dem Peneios und dem Alpheios im
W., dem Pamisos und dem Eurotas
im S. und dem Inachos im O., bewässert werden. Hieraus ergibt sich die natürliche Einteilung des P. in sechs Landschaften: Arkadien in der Mitte, Achaia
im N., Elis im W., Messenien und
Lakonien im S., Argolis im O., wozu
noch die kleinen Landschaften Korinth,
Sikyon und Phlius am Isthmos
kommen. In ältester Zeit war der P.
von Pelasgern bewohnt, während an den
Küsten sich kleinasiatische Seevölker, Karer, Leleger, Jonier, ansiedelten. Das bedeutendste Reich war das von Argos mit
dem Königssitz Mykenä, wo das Geschlecht des Pelops, die Atriden, über den
Stamm der Achäer herrschte. Um 1104
v. Chr. wanderten Dorier und Äolier ein;
die letztern besetzten Elis, die erstern den
Süden und Osten; die Achäer wurden teils
zu Unterthanen gemacht, teils nach Arkadien und Achaia verdrängt, die Jonier
verließen die Halbinsel ganz. So teilte
sich der P. in geschichtlicher Zeit in die
achäisch-pelasgischen Landschaften Arkadien und Achaia, das äolische Elis und
die dorischen Staaten Messenien, Lakonien (Sparta), Argos, Korinth, Sikyon
und Phlius, unter denen Sparta durch
militärische Stärke das Übergewicht erhielt und die Peloponnesier unter seiner
Hegemonie politisch einigte. Die Halb-

insel war in jener Zeit (600—400) in blühendem Zustand und zählte 2 Mill. Einw. Nach dem Fall der spartanischen Macht 371 wurde auch der P. von innern Kriegen zerrüttet, da selbst der Achäische Bund nicht die unbestrittene Herrschaft erlangen konnte. Erst die römische Eroberung stellte den Frieden wieder her, ohne freilich die frühere Blüte wiedererwecken zu können. Vgl. Curtius, Peloponnesos (Gotha 1851—53, 2 Bde.).

Peloponnesischer Krieg, der Entscheidungskampf zwischen Athen und Sparta über die Hegemonie in Griechenland 431—404 v. Chr. Lange hinausgeschoben durch die Mäßigung beider Teile, kam er endlich zum Ausbruch durch Korinth, das auf Athens Seemacht eifersüchtig und durch die Unterstützung Korkyras in der Schlacht bei Sybota sowie durch den gewaltsamen Angriff der Athener auf die korinthische Kolonie Potidäa gereizt war, und durch Megara, welches sich über Beschränkungen seines Handels durch Athen beschwerte; beide rissen die Spartaner und die übrigen Peloponnesier 432 auf der Bundesversammlung in Sparta zu dem Beschluß fort, von Athen nicht bloß die Freigebung von Ägina und Potidäa, sondern auch die Auflösung des Athenischen Seebunds zu fordern und, als dies verweigert wurde, den Krieg zu erklären. Sparta kämpfte dem Scheine nach für die Befreiung Griechenlands von der Herrschaft der Athener und fand daher auch außerhalb des Peloponnes an Megaris, Lokris, Böotien und Phokis Bundesgenossen; mit diesen konnte es eine Landmacht von 60,000 Hopliten aufstellen, hatte aber keine bedeutende Seemacht und nur geringe Geldmittel, und überdies wurde seine natürliche Unbeholfenheit und Langsamkeit durch die Bundesverfassung gesteigert. Athen gebot über die gesamten Streitkräfte seines Seebunds, konnte eine Flotte von 300 Schiffen und ein Heer von 30,000 Hopliten aufbringen, hatte 6000 Talente im Schatz und 2000 Talente jährlicher Einkünfte, stand unter der weisen und thatkräftigen Regierung eines Perikles und konnte daher wohl auf den Sieg rechnen, welcher die Einigung Griechenlands unter seiner Hegemonie bedeutet hätte.

Der Krieg begann mit dem verunglückten nächtlichen Angriff der Thebaner auf Platää, worauf das peloponnesische Heer unter König Archidamos in Attika einfiel. Diese Einfälle wurden 430, 428, 427 und 425 wiederholt, aber ohne wesentlichen direkten Erfolg, da die Athener auf den Rat des Perikles das Land räumten, sich hinter die langen Mauern zurückzogen und sich durch Verwüstung von Megaris und der Küsten des Peloponnes sowie durch Vertreibung der Ägineten rächten. Aber 430 brach in dem übervölkerten Athen die Pest aus welche auch 429 fortdauerte, 5000 Hopliten, dann auch Perikles selbst wegraffte und die Bande der Sitte und Ordnung im Volk löste. Zwar wurde 429 Potidäa erobert, und Phormion kämpfte glücklich in den westlichen Meeren; aber schon war der Staatsschatz der Athener erschöpft, die Belastung mit hohen Steuern notwendig, Perikles durch keinen ebenbürtigen Staatsmann ersetzt und die anfangs vorhandene Überlegenheit des athenischen Staats verloren, so daß der Kampf den unentschiedenen, wechselvollen Charakter annahm, infolge dessen beide Teile ihre Kräfte aufrieben, Haß und Erbitterung zu furchtbaren Blutthaten gesteigert wurden und die Parteileidenschaften Nationalgefühl und Vaterlandsliebe erstickten. 428 fiel der erste der athenischen Bundesgenossen, Lesbos, ab und ward erst 427 von Paches wieder unterworfen und grausam gezüchtigt, während die Peloponnesier Platää eroberten und völlig zerstörten. 425 gelang dem Athener Demosthenes die Besetzung von Pylos in Messenien, das er gegen die Spartaner siegreich behauptete; 400 Spartaner wurden auf der Insel Sphakteria eingeschlossen und, nachdem die Athener die Friedensanträge Spartas auf den Rat Kleons zurückgewiesen, von diesem überwältigt, wobei 120 Spartiaten in die Hände der Athener fielen und als Geiseln festgehalten wurden, um neue Einfälle in Attika zu verhindern. Nikias besetzte 424 Kythera und Thyrea; aber sein Angriff auf Me-

gara ward durch Brasidas vereitelt, und
der Versuch der Athener, die Hegemonie
über Böotien zu gewinnen, endete mit
ihrer Niederlage bei Delion. Brasidas
zog hierauf mit einem spartanischen Heer
nach Makedonien und brachte hier zahl=
reiche mit Athen verbündete Städte zum
Abfall. Als er indes zugleich mit Kleon
422 bei Amphipolis fiel, kam auf Be=
treiben der gemäßigten Männer in beiden
Staaten 421 ein 50jähriger Friede (der
»Friede des Nikias«) sowie ein Bündnis
zwischen Athen und Sparta zustande,
wodurch der Status quo ante bellum
hergestellt und der sogen. Archidamische
Krieg (431—421) beendigt wurde.

Dieser Friede war zwar insofern ver=
ständig, als nach dem bisherigen Ergeb=
nis des Kriegs weder Sparta noch Athen
auf einen entschiedenen Sieg rechnen
konnten. Aber die Bundesgenossen, na=
mentlich Korinth, waren damit nicht zu=
frieden, da ja Athen im Besitz seiner See=
herrschaft blieb, und es bildete sich zwi=
schen Korinth, Elis, Argos und Manti=
neia ein neuer Peloponnesischer Bund,
den Alkibiades, der inzwischen in Athen
den meisten Einfluß gewonnen hatte und
wie Kleon durch die Erneuerung des
Kriegs seine ehrgeizigen Pläne verwirk=
lichen zu können hoffte, sofort zur Ver=
nichtung der spartanischen Macht im Pe=
loponnes benutzen wollte. Dieser Versuch
scheiterte an der Niederlage der Verbün=
deten bei Mantineia 418. Alkibiades
richtete darauf sein Augenmerk auf die
Erweiterung der athenischen Seemacht
und verleitete die Athener 415, alle ihre
Kräfte auf die gewagte Unternehmung
gegen Sicilien zu verwenden. Als er im
entscheidenden Zeitpunkt durch die Ränke
seiner Gegner in den Hermokopidenprozeß
verwickelt und durch eine Anklage auf
Leben und Tod zur Flucht nach Sparta
veranlaßt wurde, ging der sicilischen
Expedition der geeignete Leiter verloren.
Die Feldherren Nikias und Lamachos
versäumten den richtigen Zeitpunkt zur
Einnahme von Syrakus, und zwei Jahre
bemühte sich die durch Verstärkungen noch
vermehrte athenische Streitmacht vergeb=
lich, die Stadt zu erobern, bis sie 413

durch die Schwäche des Nikias, verschiede=
nes Mißgeschick und durch die Energie
und Schlauheit des Gylippos, den die
Spartaner auf den Rat des Alkibiades
den Syrakusiern zu Hülfe gesandt hatten,
gänzlich zu Grunde ging. Hiermit erlitt
Athens Kraft eine so empfindliche Schwä=
chung, daß es sich von diesem Verlust nie
wieder erholen und auf einen Sieg über
seinen Gegner in dem nun von neuem
beginnenden offenen Kampf nicht mehr
rechnen konnte.

Alkibiades hatte nämlich den Sparta=
nern 413 auch geraten, Dekeleia in At=
tika zu besetzen und mit persischer Hülfe
eine Seemacht zu errichten, welche die
athenischen Bundesgenossen zum Abfall
bringen könnte. Hiermit begann der
letzte Teil des Kriegs, der Dekeleiische
Krieg (413—404). Die Athener nahmen
den Kampf mannhaft auf; aber seit der
Besetzung Dekeleias war ihr Gebiet in
Attika fortwährender Plünderung preis=
gegeben und zugleich die Verbindung mit
Euböa unterbrochen, das auch 411 abfiel.
Die Inseln und Städte in Kleinasien
schlossen sich meist den Spartanern an,
und Athens Streitkräfte nahmen mehr
und mehr ab. Dazu kamen innere Zwistig=
keiten, die 411 sogar zum Umsturz der So=
lonischen Verfassung und zur Einsetzung
einer Oligarchie, welche jedoch nur drei
Monate bestand, führten. Eine günstige
Wendung für Athen schien einzutreten,
als Alkibiades, von der Flotte bei Samos
zurückgerufen, die Perser von kräftiger
Unterstützung der spartanischen Flotte ab=
hielt, diese bei Abydos und bei Kyzikos
(410) besiegte, die Städte an der Propon=
tis wiedereroberte und 408 in Athen
selbst zum Oberfeldherrn mit unbeschränk=
ter Vollmacht ernannt wurde. Jedoch
der jüngere Kyros, welcher inzwischen die
Statthalterschaft von Kleinasien über=
nommen, leistete jetzt den Peloponnesiern
wirksame Hülfe, und in Athen verhin=
derten gewissenlose Parteiführer sowohl
den Abschluß eines günstigen Friedens
wie eine energische, konsequente Kriegfüh=
rung. Als der Unterfeldherr des Alki=
biades 407 von Lysandros bei Notion be=
siegt wurde, setzten die Athener Alkibiades

ab und trieben ihn in die Verbannung und verurteilten die Feldherren, welche 406 bei den Arginusen über die Spartaner gesiegt hatten, zum Tod, weil sie die Leichen der Gefallenen nicht bestattet hätten. Lysandros vernichtete 405 die letzte athenische Flotte bei Agospotamos und erzwang, unterstützt von den verräterischen Oligarchen, im Frühjahr 404 die bedingungslose Übergabe der Stadt Athen, welche dem völligen Untergang entging, aber sich den von den Spartanern diktierten Friedensbedingungen unterwerfen mußte.

Das Ergebnis des 27jährigen Kriegs war also der Sturz der athenischen Macht, aber ohne daß das siegreiche Sparta den Zweck des Kriegs, die Unabhängigkeit der griechischen Staaten, ehrlich und entschieden ins Werk gesetzt hätte oder seinerseits imstande gewesen wäre, Griechenland unter seiner Herrschaft zu einigen. Durch die Vernichtung des geistigen Mittelpunkts des griechischen Volks, Athens, als politischer Macht, durch die Steigerung des Hasses und der Eifersucht zwischen den Staaten von Hellas war eine politische Einigung desselben unmöglich gemacht und damit sowie durch die Schwächung der Kraft des Volks und durch die Einmischung fremder Mächte auch seine Unabhängigkeit aufs höchste gefährdet worden. Die ausgezeichnete Geschichte des Kriegs von dem Zeitgenossen Thukydides reicht bloß bis 411; der Rest ist in Xenophons »Hellenika« beschrieben.

Pelops, Sohn des phrygischen Königs Tantalos, kam als Freier der Hippodameia, der Tochter des Königs Önomaos, nach Pisa in Elis, überwand den König im Wettkampf und erlangte mit der Hand der Hippodameia die Herrschaft, welche er und seine Söhne über die ganze nach ihm benannte Halbinsel ausdehnten.

Pelusion (Pelusium), ägypt. Perema, hebr. Sin), Stadt in Unterägypten an der Mündung des östlichsten nach ihm benannten Nilarms inmitten von Sümpfen, war der Schlüssel Ägyptens von O. her und deshalb stark befestigt. In den Kriegen Ägyptens mit den vorderasiatischen Reichen spielte es daher eine ebenso wichtige Rolle wie Gaza auf der syrischen Seite. 525 v. Chr. ward bei P. das ägyptische Heer von den Persern unter Kambyses besiegt. Ruinen beim jetzigen Tine.

Peneios, Name zweier Flüsse in Griechenland. Der P. in Thessalien, jetzt Salamvria, entspringt auf dem Pindos, durchfließt in einem großen Bogen, viele Nebenflüsse aufnehmend (links den Lethäos und Europos, rechts den Pamisos, Apidanos und Enipeus), die thessalischen Landschaften Hestiäotis und Pelasgiotis und mündet nach dem Durchbruch zwischen Olympos und Ossa, welcher das Thal Tempe bildet, in den Thermäischen Meerbusen. Der P. in Elis, jetzt Gastuni, entspringt am Westabhang des Erymanthos, nimmt links bei Pylos den Ladon auf, durchfließt das nördliche Elis und mündete im Altertum östlich vom Vorgebirge Chelonatas in das Ionische Meer.

Penesten (»arme Leute«), Name der hörigen Zinsbauern in Thessalien, deren Stellung der der Heloten in Sparta ähnlich war.

Pentapolis (»Fünfstadt«), besonders Name der fünf Städte in Kyrenaïka (kyrenäische P.).

Pentadaktylon, s. Taygetos.

Pentelikon (auch Brilessos, jetzt Mendeli), Berggruppe in Attika, 1110 m hoch, berühmt durch ihren gelblich schimmernden Marmor, welcher an den glatten Felswänden der Südseite gebrochen wurde, während die nördlichen und westlichen Abhänge mit Kiefernwald bedeckt waren.

Peräa, griech. Name für jenseit eines Meers oder Flusses gelegene Landstriche; so hieß das »P. der Rhodier« die der Insel gegenüberliegende Küste Kariens. Meist wird der Name für den östlich des Jordans liegenden Teil Palästinas, die Landschaften Gilead und Baschan umfassend, gebraucht.

Perdikkas, 1) Name mehrerer makedon. Könige, von denen der erste, ein Heraklide und Nachkomme des Temenos, um 700 v. Chr. das makedonische Reich gründete. P. II., Sohn Alexanders I., denn er 454 zuerst nebst seinen Brüdern Alketas und Philippos, 436 allein auf dem

Thron folgte, wußte während des Peloponnesischen Kriegs durch eine gewandte, listige Politik seine Macht bedeutend zu vermehren, indem er mit Hülfe der Spartaner die Städte an der Küste und auf Chalkidike zum Abfall von Athen brachte und so dessen Macht in Makedonien vernichtete, dann aber im Bund mit Athen die Spartaner abwehrte. Er starb 413. P. III., der zweite Sohn des Amyntas II., entriß 365 seinem Vormund und Reichsverweser Ptolemäos die Herrschaft, fiel aber 360 gegen die Illyrier.

2) Vertrauter Freund und Feldherr Alexanders d. Gr., war ein Verwandter der makedonischen Königsfamilie und begleitete als einer der Leibwächter (Generaladjutanten) Alexander d. Gr. nach Asien, wo er an allen Schlachten und Feldzügen teilnahm und auf dem Zug nach Indien einen Teil der Phalanx befehligte. Da Alexander d. Gr. ihm bei seinem Tod 323 n. Chr. seinen Siegelring als Zeichen seines Vertrauens übergab, ward P. von den Feldherren zum Reichsverweser ernannt. Er entfernte durch Verleihung von Satrapien seine gefährlichsten Nebenbuhler von Babylon, geriet aber schon 322 mit Antigonos in Streit, den er aus Kleinasien vertrieb. Dieser verbündete sich mit Antipatros und Ptolemäos, und als P. gegen letztern nach Ägypten zog, ward er von dem Heer, das er durch sein Mißgeschick und seine Strenge gegen sich aufgebracht hatte, 321 ermordet.

Perema, s. Pelusion.

Pergamon (Pergamus), Stadt in der mysischen Landschaft Teuthrania, nördlich vom Thal des Kaïkos auf einem Berge gelegen, wurde durch äolische Einwanderer hellenisiert und gehörte nach Alexander d. Gr. zum Reich des Lysimachos, der dort seine Schätze, 9000 Talente (über 32 Mill. Mark), aufbewahrte. Nach seinem Fall benutzte sein Statthalter Philhetäros dieses Geld dazu, um 282 v.Chr. sich ein selbständiges Reich, das pergamenische Reich, mit der Hauptstadt P. zu gründen, das seine Neffen Eumenes I. (263—241) und Attalos I. (241—197), der zuerst den Königstitel annahm, über Mysien, Lydien, Karien, Pamphylien und Phrygien ausbreiteten und durch ein

Bündnis mit den Römern sicherten. Sie erweiterten die Stadt am Fuß des Bergs und schmückten sie durch Prachtbauten, unter andern einen von Eumenes II. vollendeten prachtvollen Altar zur Erinnerung an die glückliche Abwehr der Gallier, dessen Skulpturen neuerdings von Humann aufgefunden und nach Berlin gebracht worden sind. (Vgl. »Die Ergebnisse der Ausgrabungen zu P.«, Berl. 1880). Eumenes II. (197—159) erhielt zum Lohn für die den Römern geleisteten Dienste nach der Niederlage des syrischen Königs Antiochos ganz Kleinasien diesseit des Tauros. Er begründete die berühmte »pergamenische Bibliothek« und errichtete mehrere Tempel und öffentliche Gebäude. Nach dem Tod seines Bruders Attalos II. Philadelphos (159—138) folgte dessen Sohn Attalos III. Philometor, welcher grausam und gewaltthätig regierte, seine Verwandten aus dem Weg räumte und bei seinem Tod 133 sein Reich den Römern vermachte, die, obwohl die Echtheit des Testaments angefochten wurde, die Erbschaft annahmen und nach Besiegung und Hinrichtung des Prätendenten Aristonikos, eines natürlichen Sohns von Eumenes II., 129 das Reich unter dem Namen Asia zu einer römischen Provinz mit der Hauptstadt P. machten. Die Stadt blühte noch lange als Sitz eines Obergerichtshofs und Knotenpunkt aller das westliche Kleinasien durchziehenden Straßen. Berühmte Erzeugnisse des Gewerbfleißes waren Salben, irdene Gefäße und Pergament (charta Pergamena). Die Bibliothek wurde durch Cäsar nach Alexandreia verpflanzt. Unter den byzantinischen Kaisern verfiel die Stadt. Jetzt Ruinen bei Bergama.

Periandros (Periander), Tyrann von Korinth, Sohn des Kypselos, folgte diesem 629 v. Chr. in der Herrschaft, die er durch wohldurchdachte Maßregeln zu befestigen suchte. Er hielt einen glänzenden, kostspieligen Hof, hob Handel und Verkehr, um seine Einnahmen zu vermehren, begünstigte Wissenschaften und Künste und erlangte eine große Macht und Beliebtheit; er galt als ein Muster fürstlicher Klugheit, auf den daher die meisten weisen Sprüche

über die Begründung einer Herrschaft zu=
rückgeführt zu werden pflegten. Aber Wi=
berstand gegen seine wohlgemeinten Maß=
regeln in Verbindung mit häuslichem Un=
glück machten ihn verbittert, gewaltthätig
und grausam. Er hatte im Zorn seine
Gemahlin Melissa, die Tochter des Ty=
rannen Prokles von Epibauros, getötet;
Prokles verriet das Geheimnis dem Sohn
des P., Lykophron, der seinen Abscheu ge=
gen den Mörder seiner Mutter in so
schroffer Weise zu erkennen gab, daß P.
ihn zuerst verstieß, dann nach Korkyra
verbannte. Als er, von Reue gequält,
Lykophron zur Rückkehr einlud, dieser aber
sie verweigerte, solange P. in Korinth
lebe, wollte dieser der Herrschaft in Korinth
entsagen und sich mit Korkyra begnügen;
die Korkyräer jedoch, vor der grausamen
Herrschaft des P. besorgt, ermordeten Ly=
kophron. P. rächte sich, indem er 300
korkyräische Knaben dem lydischen König
zu schändlicher Verstümmelung schickte. Er
starb 585, und ihm folgte sein Neffe Psam=
metich.

Perikles, athen. Staatsmann, aus dem
alten Geschlecht der Buzygen, Sohn des
Xanthippos, des Siegers von Mykale, und
der Agariste aus dem Geschlecht der Alk=
mäoniden, wuchs in einem hoch angesehe=
nen Haus inmitten großartiger, weltge=
schichtlicher Ereignisse auf, erwarb sich
als Schüler der bedeutendsten Philosophen
seiner Zeit, des Zenon, Anaragoras und
Protagoras, eine vorzügliche Bildung,
nahm unter Kimon an mehreren Kriegs=
zügen mit Auszeichnung teil und wandte
sich erst nach dem Tode des Aristeides
(468 v. Chr.) der Politik zu. Körperlich
kräftig und wohlgebildet, lebhaft, ideen=
reich und unermüdlich strebsam, dabei ge=
mäßigt und besonnen, erlangte er durch
die Macht der Beredsamkeit und durch die
Sicherheit und Freiheit seines Geistes bald
einen großen Einfluß auf das Volk. Er
erkannte die demokratische Verfassung
Athens nicht bloß als die zu Recht be=
stehende, sondern auch als die Verfassung
an, unter welcher allein das Volk zur größ=
ten Macht und zur höchsten Blüte seiner
geistigen und sittlichen Entwickelung ge=
langen könne. Die notwendige einheit=

liche Leitung des Staatswesens, welche eine
Volksversammlung nicht ausüben konnte,
sollte den Männern zufallen, welche durch
ihre geistige Überlegenheit, durch Einfluß
und Thatkraft das Vertrauen des Volks
sich erworben hatten, und deren Rat es
nun willig folgte. Um jede Schranke für
die Bethätigung des Volkswillens zu be=
seitigen, unterstützte er 460 den Antrag
des Ephialtes auf Beseitigung der Macht
des Areopags und ermöglichte durch
Einführung des Krieger= und Richter=
solds, durch Geldspenden und Fürsorge
für wohlfeile Lebensmittel auch den är=
mern Bürgern die volle Beteiligung an
den Staatsgeschäften. In der auswärti=
gen Politik strebte er nach der Hegemonie
Athens über ganz Griechenland. Deshalb
bewirkte er die Verbannung des Sparta
geneigten Kimon, verstärkte Athens Herr=
schaft über den Seebund und nahm 457
den Kampf mit Sparta auf. Doch brach
er denselben ab, da sich die Kräfte Athens
als noch unzureichend erwiesen, und
schloß 450 einen Waffenstillstand und 445
den 30jährigen »Perikleïschen Frieden« mit
Sparta, in welchem Athen auf die Hege=
monie zu Lande verzichtete. Nach Kimons
Tod (449) und der Verbannung des Füh=
rers der Konservativen, Thukydides (444),
erreichte P. sein Ziel, die höchste Leitung
des Staats bei völlig entwickelter Volks=
herrschaft ohne Gewalt und Verfassungs=
bruch, nur durch die Macht seines Geistes
zu besitzen, und behauptete sich in dieser
Stellung 15 Jahre lang bis zu seinem
Tod. Meist bekleidete er das mit außer=
ordentlichen Vollmachten ausgerüstete
Amt eines Strategen, ferner das eines
Finanzvorstehers und das Vorstehers der
öffentlichen Bauten; die Wahlen zu den
übrigen einflußreichen Ämtern lenkte er
nach seinem Wunsch. Durch die einfachste
Lebensweise, Uneigennützigkeit und un=
ermüdliche Thätigkeit und Selbstverleug=
nung hielt er den Neid und die Mißgunst
der Mitbürger fern. In den Volksver=
sammlungen trat er nicht oft als Redner
auf und redete kurz und klar. Er schmei=
chelte dem Volk nicht, wußte es aber zu
überzeugen, in seinen edlen Gesinnungen
und Gefühlen zu bestärken und es für eine

würbige, vernünftige Politik zu gewinnen. Nach außen hin vermied er jeden unnötigen Krieg und war bemüht, die Kräfte des Staats zu sammeln und zu organisieren, um für den unvermeidlichen Entscheidungskampf mit Sparta gerüstet zu sein. Die Seeherrschaft wurde durch Unterhaltung einer starken Flotte und strengere Unterordnung der Bundesgenossen befestigt; Samos, das sich empörte, unterwarf P. selbst mit erfolgreicher Energie (440—439). Wissenschaft und Kunst wurden befördert und zu solcher Blüte gebracht, daß Athen der geistige Mittelpunkt des ganzen Hellenenvolks wurde und das »Perikleische Zeitalter« die höchste Entwickelung der griechischen Kultur bezeichnete. Vor allem schuf sich P. durch die unter seiner Leitung vollendeten herrlichen Werke des Pheidias, Iktinos und Mnesikles (des Odeion, des Parthenon und der Propyläen) ein ewiges Andenken. Als die Peloponnesier 431 den Krieg erklärten, nahm ihn P. in der Zuversicht an, ihn siegreich durchführen zu können. Zwar hatte er gegen Ende seiner Wirksamkeit auch in Athen viele Anfechtungen zu erleiden, die sich, da er selbst zu hoch in der Gunst des Volks stand, anfangs gegen seine Freunde, Pheidias, Anaragoras und Aspasia, richteten. Der erstere starb im Gefängnis, Anaragoras verließ Athen, und seine Gattin Aspasia rettete P. nur durch Bitten und Thränen. 431 wurde sogar gegen ihn selbst eine allerdings erfolglose Anklage wegen Unterschlagung öffentlicher Gelder erhoben. Als der Krieg ausbrach, traf er alle Vorkehrungen gegen den feindlichen Angriff mit kluger Vorsicht. 430 unternahm er mit 150 Schiffen einen Rachezug nach dem Peloponnes, dessen Küsten er verwüstete. Aber das Unglück der Pest und andres Mißgeschick ermutigten seine Feinde zu einer neuen Anklage, welche mit seiner Verurteilung zu einer hohen Geldstrafe endete, die er nicht aufbringen konnte. Er trat von allen seinen Ämtern zurück; zwar wurde er von dem reuigen Volk in dieselben wiedereingesetzt, starb aber schon 429 an der Pest. Sein gleichnamiger Sohn von der Aspasia, der 430 auf Bitten des Vaters nach dem Tod von dessen

legitimen Söhnen Xanthippos und Paralos das Bürgerrecht erlangte, war einer der Strategen, die 406 bei den Arginusen siegten, aber wegen Nichtbestattung der Toten hingerichtet wurden. Vgl. Filleul, Das Zeitalter des P. (a. b. Franz. von Döhler, Leipz. 1875); Lloyd, The age of Pericles (Lond. 1875, 2 Bde.); A. Schmidt, Das Perikleische Zeitalter (Jena 1877—79, 2 Bde.).

Perinthos, Stadt in Thrakien an der Propontis, auf einem zwischen zwei Hafenbuchten vorspringenden felsigen Vorgebirge gelegen, ward 599 v. Chr. von Joniern aus Samos gegründet und gelangte durch Handel zu hoher Blüte; da es durch seine Lage fast uneinnehmbar war, wurde es 341 von Philipp von Makedonien vergeblich belagert. Später erhielt es den Namen Herakleia (jetzt Eregli).

Perioken (»Umwohner«), in verschiedenen griechischen Staaten, wie in Argos, Kreta, vor allem aber in Sparta, Benennung der in Abhängigkeit geratenen ältern Einwohner im Gegensatz zu den erobernden Einwanderern als Bewohnern der Hauptstadt; die lakonischen P., mit den Spartiaten unter dem Namen Lakedämonier zusammengefaßt, hatten bürgerliche Freiheit und freies Eigentum, aber keine politischen Rechte und trieben Ackerbau, Viehzucht, Handel und Gewerbe.

Perperna, Marcus, Anhänger der Marianischen Partei im ersten Bürgerkrieg, besetzte 83 v. Chr. nach dem Sieg Sullas in Italien Sicilien und ging, von hier durch Pompejus vertrieben, nach Spanien, wo er sich 77 mit Sertorius vereinigte, diesen 72 ermordete und die Führung des Heers übernahm, aber von Pompejus gefangen genommen und hingerichtet wurde.

Perrhäber (Perrhæbi), pelasgischer Volksstamm im südlichen Thessalien.

Persepolis (pers. Parsa), die Hauptstadt Persiens, von Dareios I. und Xerxes in dem fruchtbaren, wasserreichen Thal des Araxes angelegt, mit einem im assyrisch-babylonischen Kunststil neu erbauten Königspalast auf einer breifachen, aus dem natürlichen Felsen gehauenen Terrasse, zu der prachtvolle Treppen hinaufführten. Alexander d. Gr. ließ ihn 330 v. Chr. plündern und in Brand stecken. Die Treppenterrasse, mehrere Thore und 13 Säulen von der großen Halle nebst zahlreichen Skulpturen und Keilinschriften sind noch erhalten und führen heute den Namen Tschelminar (die 40 Säulen). Vgl. Baur, Niniveh and P. (Lond. 1851).

Perferkriege, die 490—449 v. Chr. zwischen den Persern und den Griechen geführten Kriege, unternommen von den Persern, um durch Unterwerfung von Hellas ihre Weltherrschaft zu vollenden, und, nachdem dies mißlungen, fortgesetzt von den Griechen, um sämtliche Städte griechischer Nationalität in Asien vom persischen Joch zu befreien und die Herrschaft im östlichen Mittelmeer zu erlangen. Sie sind die Heldenzeit des griechischen Volks und haben eine hervorragende weltgeschichtliche Bedeutung. Der unter dem Scepter der persischen Großkönige vereinigte Orient schien nicht nur an Macht, sondern auch an Kultur dem kleinen, politisch zersplitterten Griechenvolk so überlegen, daß dessen Unterordnung unter das Weltreich nicht nur von den Persern, sondern auch von vielen Griechen selbst für unvermeidlich und selbstverständlich gehalten wurde und diesen eine ehrenvolle, bedeutende Stellung versprach. Daher war der Widerstand der Griechen anfangs vereinzelt und unentschlossen. Erst allmählich wurden sie, namentlich die Athener, der Bedeutung des Kampfes sich bewußt und setzten, durch glückliche Erfolge in ihrem Selbstbewußtsein gehoben, alle ihre Kräfte an die Rettung ihrer nationalen Unabhängigkeit, deren Behauptung die freie Entwickelung der griechischen Kultur ermöglicht und so der Welt eine der herrlichsten Blüten geistigen Lebens erhalten hat. Die Ausbreitung der persischen Herrschaft über Europa begann schon 515 während Dareios' skythischem Feldzug; Thrakien und Makedonien wurden der persischen Oberhoheit unterworfen, die Aleuaden in Thessalien, die Thebaner und Argeier waren geneigt, sich freiwillig zu unterwerfen. Anwendung der Waffenge-

walt schien kaum noch notwendig. Da brach 500 der ionische Aufstand aus, den Athen und Eretria unterstützten. Nach seiner Unterdrückung sandte Dareios Marbonios aus, um Athen und Eretria zu züchtigen und ganz Griechenland zu erobern. Als aber die Flotte des Marbonios am Berg Athos scheiterte und das Landheer im Kampf mit thrakischen Völkern aufgerieben wurde, forderte 491 der Großkönig durch Herolde die Griechen zur freiwilligen Unterwerfung mittelst Überreichung von Wasser und Erde auf. Viele griechische Staaten verweigerten sie, ja die Spartaner und Athener verletzten durch Tötung der Gesandten das Völkerrecht. Gleichwohl thaten die Griechen nichts, um sich durch enge Verbindung und energische Rüstungen gegen den übermütigen Gegner, dessen Zorn sie gereizt hatten, zu schützen. Als daher 490 eine persische Flotte mit einem Landheer unter Datis und Artaphernes im Ägäischen Meer erschien, um die verweigerte Unterwerfung zu erzwingen, konnten sie ungehindert die Kykladen unterjochen und Eretria zerstören. Als sie bei Marathon in Attika landeten, zauberten die Spartaner absichtlich mit der Sendung von Hülfstruppen, und nur die Platäer leisteten den Athenern Beistand, welche unter Miltiades' Führung es wagten, mit 10,000 Mann den Persern entgegenzutreten, und 12. Sept. 490 den glänzenden Sieg bei Marathon erfochten.

Ein Aufstand in Ägypten, dann der Tod des Dareios (485) verzögerten die Erneuerung des Eroberungskriegs, zu dem die Perser mit aller Macht rüsteten. Wiederum aber versäumten es die Griechen, sich für die Abwehr der drohenden Gefahr vorzubereiten. Nur die Athener trafen auf den Rat des genialen Themistokles die geeigneten Maßregeln, um sich vor derselben zu schützen, indem sie die gesamten Kräfte ihres kleinen Staats auf den Bau einer Flotte verwendeten; denn nur auf dem Meer konnte sich ihre geistige Überlegenheit gegen die materielle Übermacht geltend machen, nur eine Flotte das athenische Volk nach einer neuen Heimat in Sicherheit bringen, wenn Athen selbst fiel. Als endlich Xerxes 481 das ungeheure Heer (800,000 Mann) und die große Flotte (1200 Schiffe) in Kleinasien sammelte, welche bestimmt waren, das kleine Griechenvolk sicher zu vernichten, und die Gefahr nicht mehr verkannt werden konnte, hielten zwar die Griechen im Herbst 481 auf dem Isthmos eine Bundesversammlung ab und beschlossen gemeinschaftliche Verteidigungsmaßregeln. Aber hatten Argos und Böotien an der Beratung schon nicht teilgenommen, Korkyra, Kreta und Sicilien ihre Hülfe verweigert, so wirkte bei der Ausführung der Beschlüsse die alte Stammeseifersucht wieder lähmend. Sparta namentlich zeigte sich kurzsichtig und eigennützig, und nur die heldenmütige Thatkraft und die bewundernswerte Entsagung und Aufopferung der Athener retteten Hellas. Sie traten den Spartanern den Oberbefehl über die Flotte ab, obwohl sie ihre sämtlichen Schiffe zu derselben stoßen ließen, während die Spartaner nur 300 Mann unter Leonidas nach den Thermopylen schickten, wo ein Landheer den Persern das Eindringen in Hellas verwehren sollte.

Xerxes, dessen Heer im Frühjahr 480 den Hellespont auf zwei Brücken in sieben Tagen und sieben Nächten überschritten hatte und, ohne Widerstand zu finden, durch Thrakien und Makedonien gezogen und in Thessalien eingedrungen war, erzwang sich bei Thermopylä den Weg nach Mittelgriechenland durch den Verrat des Ephialtes, welcher den heldenmütigen Untergang der Spartaner und der Thespier zur Folge hatte. Die griechische Flotte, welche 366 (darunter 200 athenische) Schiffe stark zur Deckung der Thermopylen am nördlichen Vorgebirge von Euböa bei Artemision sich aufgestellt und der persischen Flotte, die durch Stürme ungeheure Verluste erlitten, mehrere unentschiedene Gefechte geliefert hatte, begab sich hierauf nach dem Saronischen Meerbusen, während Xerxes Phokis verwüsten ließ und nach der freiwilligen Unterwerfung von Lokris und Böotien in Attika einfiel, dessen Einwohner nach Salamis, Agina und Trözene geflüchtet waren. Athen wurde ohne Widerstand von den Persern besetzt und verbrannt. Die Spartaner wollten sich nun auf die Verteidigung des Peloponnes beschränken; aber Themistokles zwang sie durch Drohungen und List dazu, den Kampf mit der doppelt so starken persischen Flotte aufzunehmen. Der glänzende, wiederum hauptsächlich durch die Athener erfochtene Sieg bei Salamis (20. Sept.) bewog Xerxes, nach Asien zurückzukehren und nur Mardonios mit 300,000 Mann in Thessalien zurückzulassen, um das unterbrochene Werk der Unterwerfung Griechenlands 479 wiederaufzunehmen. Wirklich gelang es Mardonios im nächsten Frühjahr, abermals infolge der Saumseligkeit der Peloponnesier, ganz Mittelgriechenland zu besetzen; erst im Sommer sammelte sich das griechische Heer unter Pausanias und Aristeides und lieferte nach verhängnisvollem Schwanken im September 479 den Persern bei Platää in Böotien eine Schlacht, in der Mardonios fiel und die Athener und Spartaner durch ihre wetteifernde Tapferkeit einen glänzenden Sieg über die Perser errangen; das persische Lager mit unermeßlicher Beute fiel in ihre Hände, Theben wurde für seinen Anschluß an die Perser gezüchtigt. Um dieselbe Zeit erstürmte die Bemannung der griechischen Flotte unter Leotychides und Xanthippos das persische Schiffslager auf dem Vorgebirge Mykale in Kleinasien und brach die Seeherrschaft der Perser im Ägäischen Meer.

Sofort schritten nun die Athener zur Befreiung der kleinasiatischen Städte von dem Joch der Perser und stifteten den Athenischen Seebund zur Verteidigung der Unabhängigkeit Griechenlands. Ein Versuch der Perser 465, das Verlorne wiederzugewinnen, wurde durch Kimons Doppelsieg am Eurymedon vereitelt. Kimon betrieb darauf mit Eifer die Fortsetzung des Angriffskriegs gegen Persien und veranlaßte eine Unternehmung der Athener zur Unterstützung des Aufstands des Inaros in Ägypten, die aber mit deren Untergang endete (455). 449 brachte er, nach längerer Unterbrechung der P. durch die innern Kämpfe in Grie=

chenland um die Hegemonie, einen neuen Zug nach Kypros zu ſtande. Er eroberte dort Kition, und nach ſeinem Tod beſiegten die Athener eine perſiſche Flotte bei Salamis; damit endeten für längere Zeit die Kämpfe, indem die Athener, von neuem durch ihre Nebenbuhlerſchaft mit Sparta in Anſpruch genommen, den Angriffskrieg aufgaben, die Perſer, deren Reich bereits durch Palaſtintriguen und Aufſtände der Satrapen in Verfall geriet, auf die Herrſchaft über die griechiſchen Städte in Aſien verzichteten und den griechiſchen Handel in ihrem Gebiet nicht weiter beläſtigten. Ein förmlicher Friede wurde nicht abgeſchloſſen.

Die P. ſind in ihrer welthiſtoriſchen Bedeutung als der große Zuſammenſtoß orientaliſcher und helleniſcher Bildung zuerſt von Herodot erkannt und in ſeinem klaſſiſchen Geſchichtswerk in ebenſo umfaſſender, großartiger Anlage wie in meiſterhafter Form dargeſtellt worden. In ähnlicher Weiſe hat ſie auf Grund erweiterter Kenntnis u. moderner Geſchichtsanſchauung Duncker in ſeiner »Geſchichte des Altertums« (5. Aufl. 1878 ff.) geſchildert.

Perſeus, letzter König von Makedonien, natürlicher Sohn Philipps III., geb. 212 v. Chr., folgte, nachdem er ſeinen jüngern Bruder, Demetrios, aus dem Wege geräumt, 179 ſeinem Vater auf dem makedoniſchen Thron. Während er in Rom um Erneuerung des Bündniſſes nachſuchte, rüſtete er für einen Rachekrieg mit den Römern, warb überall um Bundesgenoſſen, vermählte ſich zu dieſem Zweck mit der Tochter Seleukos' IV. und gab dem bithyniſchen König Pruſias II. ſeine Schweſter zur Gattin. 171 erklärte er den Krieg. Die Römer führten denſelben läſſig und unglücklich, und hätte P. mehr Energie beſeſſen und nicht aus Geiz ſein Heer vermindert, ſo würde er große Erfolge haben erringen können. Seine ſchwankende Haltung gab dem Konſul Lucius Ämilius Paullus Zeit, die verfallene Kriegszucht im römiſchen Heer wiederherzuſtellen, und 168 erfocht Ämilius bei Pydna einen entſcheidenden Sieg über P. Derſelbe floh nach Samothrake, mußte ſich aber, von allen verlaſſen, mit ſeinen Söh-

nen Philipp und Alexander ergeben und ben Triumph ſeines Siegers in Rom verherrlichen. Er ſtarb 166 in römiſcher Gefangenſchaft in Alba Fucentia. Vgl. Gerlach, P., König von Makedonien (Baſ. 1857).

Perſien (Perſis, altperſ. Parſa, jetzt Farſiſtan), der ſüdweſtliche Teil des Hochlands von Iran. Von dem Perſiſchen Meerbuſen, an dem ſich nur ein ſchmaler Küſtenſtrich hinzieht, und dem Tiefland des Tigris, der Landſchaft Suſiana, durch hohe Gebirge getrennt, im W. an Wüſte grenzend, ſteht es im O. mit Karamanien in Verbindung, welches bis zur Zeit des Dareios I. zu P. gerechnet wurde, und im N. durch einen ſchmalen Streifen fruchtbaren Landes mit Medien. Die Landſchaft iſt zum größten Teil Hochland, von mehreren Flüſſen, deren bedeutendſter der Araxes iſt, durchfloſſen; im S. ſchließen ſich daran mehrere durch parallele, von W. nach O. laufende Gebirgsketten getrennte fruchtbare Thalmulden. Die Einwohner (die Perſer) zerfielen in die drei edlen Stämme der Paſargaden, Maspier und Maraphier, die den herrſchenden Adel bildeten, die ackerbautreibenden Stämme der Germanier, Panthaliäer und Deruſiäer und die Nomadenſtämme der Daër, Sagartier, Marder und Dropiker. Sie waren Arier, wenn auch nur der Adel rein ariſchen Geblüts geweſen ſein mag, und aus dem Oſten eingewandert. Sie bekannten ſich zur Zendreligion und verehrten Ahuramasda, den Gott des Lichts, der Wahrheit und des Guten, und Mithra, den Gott der Sonne, denen Angramainyus, der Gott der Finſternis und des Böſen, feindlich gegenüberſtand. Ihre Prieſter hießen wie die der ſtammverwandten Meder Magier. Sie führten in älteſter Zeit eine abgehärtete, einfache Lebensweiſe und waren tapfer und kriegeriſch.

Die Perſer ſtanden gleich den Medern ſeit dem 8. Jahrh. v. Chr. unter der Oberhoheit des aſſyriſchen Reichs, wurden aber von Fürſten aus dem Herrſchergeſchlecht der Achämeniden beherrſcht, welches das vornehmſte des edelſten Stammes, der Paſargaden, war und zu Paſargadä, der alten Hauptſtadt des Landes, reſidierte. Als die Meder das Joch der Aſſyrier abgeſchüttelt hatten, gehörten die Perſer zu deren Reich, bis der Achämenide Kyros 559 den mediſchen König Aſthages ſtürzte und die Herrſchaft des mediſch-perſiſchen Reichs von den Medern auf die Perſer übertrug, ein Ereignis, welches ſchon früh von ſchönen Sagen umwoben und verdunkelt wurde. Hiermit begann die Geſchichte des ältern perſiſchen Reichs, welches von 559—330 beſtand. Nachdem Kyros das ganze Hochland von Iran, beſonders das kriegeriſche Volk der Saken, unterworfen hatte, zog er gegen den König Kröſos von Lydien, den er nach der unentſchiedenen Schlacht bei Pteria 548 in ſeiner Hauptſtadt Sardes gefangen nahm. Hierauf unterjochte Harpagos die griechiſchen Städte an der Küſte, und ſo ward ganz Kleinaſien mit dem perſiſchen Reich vereinigt. 538 eroberte Kyros Babylon und dehnte ſeine Herrſchaft über das Euphrat- und Tigrisland wie über Syrien aus. Nachdem er 529 im Kampf gegen die Derbiker ſeinen Tod gefunden, folgte ihm ſein Sohn Kambyſes, der 525 nach dem Sieg bei Peluſion das ägyptiſche Reich unterwarf. Während er aber einen unglücklichen Zug nach Äthiopien unternahm, zettelte in P. 522 ein mediſcher Magier, Gaumata, der ſich für den auf Kambyſes' Befehl heimlich bereits vor dem ägyptiſchen Feldzug ermordeten Bruder des Königs, Bardija (Smerdis), ausgab, einen Aufſtand an. Kambyſes eilte nach P. zurück, kam aber auf dem Weg um, nachdem er den perſiſchen Großen den Betrug entdeckt hatte. Trotzdem behauptete ſich Gaumata, unterſtützt von den Magiern, welche die Herrſchaft wieder an die Meder bringen wollten, ſieben Monate im Beſitz des Königtums, bis er vom Achämeniden Dareios in ſeiner Burg in Medien ermordet wurde. Dareios I., Sohn des Hyſtaspes, beſtieg nun 521 den Thron, hatte aber mit großen Schwierigkeiten zu kämpfen, da faſt alle Provinzen den Aufſtand Gaumatas benutzt hatten, um ſich von der perſiſchen Herrſchaft loszureißen. Indes gelang es dem König durch Energie und Umſicht, alle Empö-

rungen zu unterdrücken, auch Babylon nach langer Belagerung 518 wiederzuerobern und das wiederhergeſtellte Reich, welches ganz Vorderaſien nebſt Ägypten umfaßte, neu zu organiſieren. Das herrſchende Volk waren die Perſer, aus deren Adel die Hofbeamten, die Heerführer und oberſten Richter ſowie die Satrapen, die Statthalter der Provinzen, genommen wurden; ſie waren abgabenfrei und bildeten den Kern des Heers, weswegen auch ihre Erziehung, wenigſtens in älterer Zeit, eine ſtrenge und kriegeriſche war. Das Reich war in 20 Provinzen oder Satrapien geteilt, die außer einem nach ihrer Größe und ihrem Vermögen abgeſtuften Tribut und einer Anzahl Truppen noch bedeutende Naturallieferungen für den Hof und das Heer, namentlich bei einem Durchmarſch, zu leiſten hatten. Die Satrapen waren dem König unbedingten Gehorſam ſchuldig und wurden durch Späher, die »Augen« und »Ohren« des Königs, beaufſichtigt, waren aber in der Verwaltung der Provinz ziemlich ſelbſtändig und ihrer Willkür in der Ausbeutung derſelben geringe Schranken geſetzt. Übrigens ließen die Perſer den unterworfenen Völkern ihre Religion, ihre Sprache ſowie auch ihre eigne innere Verwaltung, was zwar die Bildung des großen Reichs erleichterte, aber die Verſchmelzung der verſchiedenartigen Teile desſelben zu einem Ganzen verhinderte, bald Abfallsgelüſte bei den Völkern und auch bei den Satrapen hervorrief und ſchließlich den raſchen Zuſammenbruch des Reichs herbeiführte. Die Reſidenz des Königs war in Perſis das neu erbaute Perſepolis, meiſt jedoch das wärmer gelegene Suſa, das mit den entferntern Reichsteilen durch Kunſtſtraßen und Poſten verbunden war; hier hielt er einen prachtvollen, koſtſpieligen Hofhalt (15,000 Perſonen).

Dareios erweiterte das Reich um das Gebiet des Indos. Dagegen blieb ein Zug gegen die Skythen in Europa 515 erfolglos. Zwar eroberte er Thrakien und zwang Makedonien zur Anerkennung der perſiſchen Oberhoheit, auch unterdrückte er den ioniſchen Aufſtand (500—494) der

kleinaſiatiſchen Griechen; aber dieſer Ge=
winn ging durch die Kriege mit den Hel=
lenen (ſ. Perſerkriege), welche ſein
Sohn Xerxes I. (485—465) mit Aufbie=
tung aller Kräfte fortſetzte, in denen das
gewaltige Perſerreich aber dennoch dem
kleinen Griechenvolk unterlag, wieder ver=
loren. Ja, die Griechen entriſſen den Per=
ſern die ganze Küſte Kleinaſiens und die
Seeherrſchaft, während Xerxes ſich einem
üppigen Serailleben überließ. Von nun
ab war das Reich in merklichem Sinken
begriffen; die Könige und auch die Per=
ſer ſelbſt entarteten durch Verweichlichung,
Luxus und Wolluſt, und die Satrapen ge=
wannen eine immer ſelbſtändigere Stel=
lung. Xerxes ward 465 ermordet und hatte
ſeinen zweiten Sohn, Artarerxes I.
Longimanus (»Langhand«), zum
Nachfolger. Derſelbe dämpfte einen Auf=
ſtand in Baktrien, unterwarf 462—456
das abgefallene Ägypten wieder u. zwang
aufrühreriſche Satrapen zum Gehorſam.
Er ſtarb 425, und ihm folgte ſein einziger
legitimer Sohn, Xerxes II. Doch ſchon
nach 45 Tagen ermordete ihn ein natür=
licher Sohn des Artarerxes, Sogdianos,
der 424 von einem andern natürlichen
Bruder, Dareios II. Nothos, beſeitigt
wurde. Dareios II. ließ ſich ganz von ſeinen
Frauen beherrſchen; die Geſchichte ſeiner
Regierung war eine Kette von Empörun=
gen bald königlicher Prinzen, bald mäcti=
ger Satrapen, bald unterworfener Völker.
Nur in Kleinaſien verhalf der Krieg der
Hellenen untereinander den Perſern wie=
der zur Herrſchaft. Nach Dareios' Tod
(404) folgte ihm ſein älteſter Sohn, Arta=
rerxes II. Mnemon, der ſeinen jüngern
Bruder, Kyros, welcher ihn ſtürzen wollte,
bei Kunara 401 beſiegte und tötete und
im »Frieden des Antalkidas« 387 die Herr=
ſchaft über ganz Kleinaſien und einen
maßgebenden Einfluß in Griechenland er=
langte, indem die uneinigen griechiſchen
Staaten ihn ſelbſt zur Einmiſchung auf=
forderten und ſich wetteifernd um ſeine
Gunſt bewarben. Aber der Verfall des
Reichs ward damit nicht aufgehalten; die
Aufſtände in allen Teilen des Reichs
wurden immer häufiger und von längerer
Dauer, Ägypten riß ſich völlig los. Ar=
tarerxes II. ſtarb 361. Sein Sohn Arta=
rerxes III. Ochos unterwarf Phöni=
kien und Ägypten wieder und herrſchte
kraftvoll und erfolgreich, ward aber 338
von dem Eunuchen Bagoas vergiftet, der
auch ſeinen Sohn und Nachfolger Arſes,
als derſelbe ſelbſtändig auftreten wollte,
336 ermordete. Hierauf wurde ein Sei=
tenverwandter des königlichen Hauſes,
Dareios III. (Kobomannos), auf
den Thron erhoben, ein edler, milder Herr=
ſcher, welcher aber nicht die Kraft beſaß,
das Reich gegen den großen makedoniſchen
Eroberer zu verteidigen. Nachdem ſeine
Satrapen von Alerander d. Gr. 334
am Granikos beſiegt worden waren,
erlag der König ſelbſt mit ſeinem unge=
heuren Heer der kleinen makedoniſchen
Streitmacht 333 bei Iſſos und 331 bei
Arbela (Gaugamela) und ward 330
auf der Flucht nach dem Norden von dem
Satrapen Beſſos ermordet. Hiermit en=
dete das altperſiſche Reich.

Alerander d. Gr. begünſtigte die Perſer
und bemühte ſich, ſie mit den Makedoniern
zu verſchmelzen, wie er ſich ja ſelbſt mit
einer Tochter des Dareios vermählte.
Doch ſein Tod 323 führte den Zerfall des
Reichs herbei. P. kam in den Diadochen=
kämpfen an das Reich der Seleukiden,
ſchloß ſich aber dann dem ſeit 256 be=
ſtehenden Reich der Parther an, in wel=
chem es unter der Dynaſtie der Saſſani=
den ein faſt unabhängiges Fürſtentum
bildete. 226 n. Chr. ſtürzte den Saſſanide
Artarerxes I. Babegan die Herrſchaft
der Parther und gründete das neuper=
ſiſche Reich der Saſſaniden. Er leitete
ſeinen eignen Urſprung von den Achäme=
niden her und ſuchte altperſiſche Religion
und Sitte wiederherzuſtellen; das neue
Reich ſollte eine Fortſetzung des alten ſein=
diſch=perſiſchen ſein und auch deſſen Um=
fang wiedererhalten. Zu dieſem Zweck
führten die ſaſſanidiſchen Könige viele
wechſelvolle Kriege mit den Römern um
den Beſitz von Meſopotamien, Armenien
und Syrien. Doch nur die beiden erſten
Länder wurden vorübergehend erobert,
nie dauernd behauptet. Das Reich der Saſ=
ſaniden erlag 636 den Arabern. Vgl.
Juſti, Geſchichte des alten P. (Berl.

1878); Rawlinſon, Geography, history and antiquities of the Sassanian or New-Persian empire (Lond. 1876).

Pertīnax, Publius Helvius, röm. Kaiſer, geb. 126 n. Chr. in Ligurien, trat in das römiſche Heer, kämpfte unter Marcus Aurelius gegen die Markomannen, wurde Prätor und Senator und erhielt die Verwaltung von Syrien. Später befehligte er die Legionen in Britannien und Afrika. Als Präfekt von Rom nach des Commodus Ermordung 31. Dez. 192 auf den Thron erhoben, regierte er mit Weisheit, ward aber ſchon 28. März 193 von den Prätorianern ermordet, die er durch ſeine ſtrenge Disciplin gegen ſich aufgebracht hatte.

Peruſia (jetzt Perugia), große Stadt in Etrurien, auf einem Berg 400 m über dem Tiber gelegen, ward 310 v. Chr. von dem römiſchen Konſul Quintus Fabius nach harter Belagerung erobert. Als Lucius Antonius ſich 41 gegen Octavianus erhob und durch deſſen Heere von allen Seiten bedroht wurde, warf er ſich nach P. und hielt hier eine längere Belagerung (den Peruſiniſchen Krieg) aus. Die furchtbare Hungersnot (fames Peruſina) zwang die Stadt endlich (40), ſich zu ergeben. Die Stadt ward von einem angeſehenen Bürger, Ceſtius, angezündet und ging in Flammen auf, mehrere Hundert vornehme Peruſiner wurden hingerichtet. Auguſtus baute die Stadt wieder auf, befeſtigte ſie ſtark und nannte ſie P. Auguſta; eins der Stadtthore iſt noch erhalten.

Pescennius Niger, röm. Kaiſer, verwaltete unter Commodus Syrien und ließ ſich 193 n. Chr., nach dem Tode des Pertinax, als Didius Julianus den Thron von den Prätorianern erkauft hatte, von ſeinen Truppen zum Kaiſer ausrufen. Er wurde auch im ganzen Orient anerkannt, aber von ſeinem Gegenkaiſer Septimius Severus in mehreren Schlachten beſiegt und ſtarb 194.

Peſſinūs, Hauptſtadt der Toliſtobojer in Galatien, am Südabhang des Dindymos und unweit des Fluſſes Sangarios, berühmt durch den Kultus der Kybele, deren prachtvoller Tempel auf einem Berg vor der Stadt lag, und deren Prieſter, die Galli, in faſt königlichem Anſehen ſtanden.

Petalismos, ſ. Oſtraki smos.

Petra (griech. »Fels«), Hauptſtadt der Edomiter in Arabien in einem Felſenthal zwiſchen dem Arabiſchen Meerbuſen und dem Toten Meer, hieß eigentlich Sela und ward nach Verdrängung der Edomiter um 300 v. Chr. nach dem Norden Hauptſtadt des Reichs der Nabatäer. Durch den Handelsverkehr zwiſchen Arabien, Syrien und Ägypten wurde es eine blühende und reiche Stadt. 105 n. Chr. wurde P. vom Kaiſer Trajanus erobert und zur Hauptſtadt des Peträiſchen Arabien gemacht. Die großartigen Bauten, welche teilweiſe in den lebendigen Felſen gehauen waren, Tempel, Amphitheater, Gräber ꝛc., von denen noch anſehnliche Ruinen bei Wadi Muſa erhalten ſind, ſtammen aus der Römerzeit. Vgl. Laborde, Voyage dans l'Arabie Pétrée (Par. 1830—34).

Petrēius (Petreïus), Marcus, röm. Feldherr, vernichtete 62 v. Chr. als Unterfeldherr des Konſuls Antonius bei Piſtoria das Heer des Catilina, befehligte 54—49 nebſt Afranius die Pompejaniſchen Legionen in Spanien, wurde 49 von Cäſar bei Jlerda zur Ergebung gezwungen und ging nach Afrika, wo er die Reſte der Pompejaniſchen Truppen ſammelte. Nach der Niederlage derſelben bei Thapſos 46 tötete er ſich ſelbſt.

Phalāris, Tyrann von Akragas (Agrigent) 565—549 v. Chr., aus Aſtypaläa gebürtig, wanderte nach Akragas aus, bemächtigte ſich, da er als Bauherr eines Zeustempels viele Werkleute und Arbeiter in ſeinem Sold hatte, mit ihrer Hülfe der Burg und der Herrſchaft, vergrößerte und verſchönerte die Stadt, führte glückliche Kriege gegen die Nachbarn, ward aber nach 16jähriger Herrſchaft von dem Eumeniden Telemachos geſtürzt. Er galt für einen grauſamen, blutgierigen Tyrannen, durch den dieſer Titel in der Geſchichte zuerſt gebrandmarkt wurde. Berüchtigt war beſonders der von Perillos verfertigte eherne Stier, in welchem er Menſchen verbrennen ließ, eine Erinnerung an den phönikiſchen Molochsdienſt, der früher auch in Sicilien verbreitet war. Die sogen. »Briefe des P.« sind unecht, wie Bentley bewiesen hat (»Die Briefe des P.«, deutsch von Ribbeck, Leipz. 1857), und ein Machwerk aus der Zeit der Antonine.

Phaleron, Bucht bei Athen und ältester Hafen, weil er Athen zunächst gelegen war. Da er jedoch offen und flach war und nicht befestigt werden konnte, wurde der Kriegshafen 493 v. Chr. von Themistokles nach dem Peiräeus verlegt, der durch die Halbinsel Munychia von P. getrennt war.

Phanagoria, Stadt auf der asiat. Seite des Kimmerischen Bosporos, im innern Winkel des Mündungsbusens des Hypanis (Kuban) gelegen, von Phanagoras aus Teos in Jonien gegründet, wichtiger Handelsplatz und Residenz der bosporanischen Könige.

Pharä, Stadt in Achaia (s. b.).

Pharaonen, Titel der Könige von Ägypten (s. b.).

Pharnakes (Pharnäces) **II.,** Sohn des berühmten Mithridates, Urenkel des Königs P. I. von Pontos (gest. 156), erhielt 63 v. Chr., nachdem er seinen Vater durch seine verräterische Empörung in den Tod getrieben, von den Römern zur Belohnung das bosporanische Reich und benutzte den Bürgerkrieg zwischen Pompejus und Cäsar, um 48 Kleinarmenien und Kappadokien zu erobern. Er schlug Gnäus Domitius Calvinus bei Nikopolis, ward aber von Cäsar, der nach Beendigung des Alexandrinischen Kriegs herbeieilte, bei Zela (2. Aug. 47) völlig besiegt. Hiermit war der Krieg beendet, so daß Cäsar nach Rom schreiben konnte: »Veni, vidi, vici«. P. floh in sein bosporanisches Reich, wo er bald darauf in einem Aufstand Leben und Reich verlor.

Pharos, schmale Insel des Mittelmeers vor der Stadt Alexandreia in Ägypten, durch einen künstlichen Damm mit der Stadt verbunden, auf deren Nordostspitze sich der von Sostratos im 3. Jahrh. v. Chr. erbaute 130 m hohe prächtige Leuchtturm erhob, dessen Licht 300 Stadien (50—60 km) weit sichtbar war.

Pharsalos (Pharsälus), bedeutende Stadt am Apidanos in Thessalien, denkwürdig durch die Schlacht (9. Aug. 48 v. Chr.), in welcher Cäsar das an Zahl weit überlegene Heer des Pompejus besiegte und den Kampf um die Herrschaft Roms zu seinen Gunsten entschied.

Phasis (Rhion), Fluß in Kolchis (jetzt Rioni), entspringt auf den Moschischen Bergen und mündet als schiffbarer Fluß in den Pontos Euxeinos auf der östlichen Seite desselben; er galt als Grenze von Europa und Asien. An seiner Mündung lag die Stadt P., eine Kolonie der Milesier und wichtige Handelsstadt, jetzt Poti.

Pheidon, König von Argos aus dem Geschlecht der Temeniden im 7. Jahrh. v. Chr., befreite seine Gewalt von den durch die Dorier aufgelegten Beschränkungen und machte sie zu einer absoluten, weswegen er auch als Tyrann bezeichnet wurde, begünstigte die nichtdorische Bevölkerung durch Beförderung von Handel und Verkehr, führte ein Maß-, Gewichts- und Münzsystem nach asiatischem Muster ein, dehnte seine Herrschaft über ganz Argolis aus, entriß den Spartanern durch den Sieg bei Hysiä (669) die Landschaft Kynuria bis zum Vorgebirge Malea und erlangte die Hegemonie über den ganzen Peloponnes. Doch fiel er schon 660 in einem Kampf gegen Korinth.

Pherä, Stadt in der thessal. Landschaft Pelasgiotis unweit des Pagasäischen Meerbusens, war im 4. Jahrh. v. Chr. Sitz eines Fürstentums, das unter Jason (378—370) und Alexander (370—359) fast ganz Thessalien beherrschte und vergeblich von Theben bekämpft wurde.

Phigalïa (auch Phigaleia), Stadt im südwestlichen Arkadien, nahe der messenischen Grenze auf steiler Höhe über dem Nedafluß gelegen, berühmt durch den Tempel des Apollon Epikurios, welcher zwei Stunden nordöstlich auf dem Berg Kotilion bei Bassä lag und von Iktinos in dorischem Stil erbaut war. 36 Säulen stehen noch; der Fries bei Cella, welcher den Kampf der Amazonen darstellte, befindet sich in London.

Philä (P'Ilak), Nilinsel an der Südgrenze Ägyptens oberhalb Syene, berühmt durch ihre landschaftliche Schönheit und -

ihre Tempelbauten; sie war der Isis ge=
weiht. Die teilweise noch wohlerhaltenen
Gebäude stammen aus dem 4. Jahrh.
v. Chr. und der Zeit der Ptolemäer.

Philänen (Philæni), zwei Brüder
in Karthago, welche durch edelmütige
Selbstaufopferung für ihr Vaterland die
Grenzen desselben erweitert haben sollen.
Ein Streit zwischen Karthago und Kyrene
über die Grenze ihres Gebiets an der
Syrte wurde nämlich nach längerm Krieg
dadurch beigelegt, daß zu gleicher Zeit von
beiden Seiten Gesandte ausgehen und
da, wo sie zusammentreffen würden, die
Grenze sein sollte. Die von Karthago
ausgesandten P. kamen nun viel weiter
als die kyrenäischen Abgeordneten und
wurden daher von diesen beschuldigt, zu
früh abgegangen zu sein. Die P. leug=
neten dies und erboten sich zur Erhärtung
der Wahrheit ihrer Aussage, sich lebendig
an der Stelle des Zusammentreffens be=
graben zu lassen, was auch geschah. Die
Karthager errichteten auf ihren Gräbern
Altäre (aræ Philænorum), welche seit=
dem die Grenzscheide zwischen Kyrenaika
und Karthago bildeten.

Philipp (Philippos), Name meh=
rerer makedon. Könige:
1) P. I., Sohn des Argäos, der dritte
König aus dem Haus der Herakliden,
regierte 644—640 v. Chr.
2) P. II., der Begründer der makedo=
nischen Macht, Sohn Amyntas' II. und
der Eurydike, geb. 382 v. Chr., ward, als
sein Bruder Alexander mit Hülfe des
thebanischen Feldherrn Pelopidas den
Thron bestiegen, 369 als Geisel nach The=
ben gebracht, wo er im Haus des Pamme=
nes in griechischer Bildung erzogen wurde.
366 nach Makedonien zurückgekehrt, be=
herrschte er seit seines zweiten Bruders Per=
dikkas III. Thronbesteigung (365) ein klei=
nes Teilfürstentum und übernahm nach
dessen Tod (360) an Stelle seines un=
mündigen Neffen Amyntas III. die Re=
gierung unter den schwierigsten Verhält=
nissen. Die Illyrier rüsteten sich zu einem
Einfall, die Päonier verheerten die Gren=
zen; im Innern machten ihm Pausanias,
von den Thrakern, und Argäos, von den
Athenern unterstützt, den Thron streitig.

Er beseitigte seine Nebenbuhler, indem er
die Thraker und Athener für sich gewann,
und besiegte die Illyrier in einer Feld=
schlacht. Den Adel des Landes fesselte er
dadurch an sich, daß er ihn an den Hof
zog und ihm die höchsten Ehrenstellen
übertrug; namentlich wählte er aus ihm
seine Leibwache und die Offiziere des neu
organisierten Heers, das aus einer vor=
trefflichen Reiterei, dem berühmten schwe=
ren Fußvolk, der Phalanx, und den Leicht=
bewaffneten bestand. So bewirkte er, daß
359 das Volk mit Übergehung des Amyntas
ihm die Krone übertrug. P. war zugleich
ein ausgezeichneter Feldherr und Staats=
mann. Sein Charakter vereinigte viele
Widersprüche: er war großmütig und frei=
gebig gegen Freunde, liebenswürdig im per=
sönlichen Umgang, voll Begeisterung und
Ehrfurcht für die Größe und Schönheit der
hellenischen Kultur, tapfer und ausdauernd
im Kampf, aber zugleich verschlagen und
hinterlistig, rachsüchtig und gefühllos im
Zorn, zügellos und roh bei Gelagen. Sein
großes Ziel, die Unterwerfung der Grie=
chen und die Begründung einer Welt=
herrschaft, suchte er auf Umwegen, durch
unredliche List zu erreichen. Während er
die Athener durch Freundschaftsversiche=
rungen täuschte, besetzte er Amphipolis,
dann Pydna und Potidäa, überließ den
letztern Ort den mächtigen Olynthiern,
welche er dadurch zu Bundesgenossen ge=
wann, und bemächtigte sich der Goldberg=
werke des Pangäon, an dem er die Stadt
Philippi gründete. Dann nahm er die
athenischen Inseln Lemnos und Imbros
weg und zerstörte in Thrakien die Stadt
Methone; hier verlor er durch einen feind=
lichen Pfeil ein Auge. 353 drang er zuerst
in Griechenland ein, indem ihn die Thes=
salier im Heiligen Kriege gegen Pho=
kis zu Hülfe riefen; er unterlag zwar dem
phokischen Feldherrn Onomarchos in zwei
Schlachten, schlug ihn aber 352 entschei=
dend aufs Haupt. Das weitere Vor=
dringen in Hellas verwehrten ihm die
Athener durch Besetzung der Thermopylen,
aber die gegenseitige Eifersucht verhinderte
eine Erhebung der griechischen Staaten
zur Verteidigung ihrer Freiheit. Über=
dies verstand es P., sich überall durch Be=

stechung Anhänger zu verschaffen, welche die Pläne seiner Gegner durchkreuzten. So konnte er 348 Olynthos trotz des Bündnisses desselben mit Athen erobern und zerstören. Die Athener bewog er 346 zum Frieden des Philokrates, leistete aber, indem er die Gesandten durch Vorspiegelungen und Geldgeschenke hinhielt, den Eid auf den Frieden erst, nachdem er sich der Thermopylen bemächtigt hatte. Auch schloß er die Phoker von demselben aus, verwüstete ihr Land und ließ sich statt ihrer in den Amphiktyonenbund aufnehmen, wodurch er einen herrschenden Einfluß auf die hellenischen Verhältnisse gewann, den er zur Schürung des innern Zwistes benutzte. Ein Krieg in Thrakien hatte allerdings nicht den gewünschten Erfolg, indem er Perinthos und Byzantion vergeblich belagerte. Aber 339 im letzten Heiligen Krieg vom Amphiktyonenrat zum Oberfeldherrn des zur Bestrafung von Amphissa bestimmten Heers ernannt, zerstörte er diese Stadt, besetzte darauf das wichtige Elateia und besiegte, als nun ein Teil der Griechen sich zur Verteidigung der bedrohten Freiheit erhob, die Athener und Thebaner 1. Aug. 338 bei Chäroneia. Die Burg von Theben wurde mit einer makedonischen Besatzung belegt, Athen aber verschont. Eine Versammlung der Vertreter der griechischen Staaten (außer Sparta) in Korinth 337 erkannte Philipps Hegemonie über Griechenland an und wählte ihn zum Oberfeldherrn im Kriege gegen die Perser. Nach Makedonien zurückgekehrt, wurde er 336 in Agää von dem jungen Leibwächter Pausanias, der vergeblich vom König Genugthuung für eine ihm widerfahrene Schmach verlangt hatte, erstochen, als er eben die Vermählung seiner Tochter Kleopatra mit dem epeirotischen König Alexander feierte. Für die Anstifterin des Mordes hielt man Olympias, Philipps erste, von ihm verstoßene Gemahlin. Von dieser hatte er zwei Kinder, den berühmten Alexander und Kleopatra, von seiner zweiten Gemahlin, Kleopatra, der Nichte seines Feldherrn Attalos, einen Säugling, der nebst seiner Mutter dem Haß der Olympias zum Opfer fiel. Natürliche Kinder Phi-

lipps waren: Arrhidäos, der nach Alexanders Tod 323 als P. III. zum König ausgerufen, aber 317 auf Befehl der Olympias ermordet wurde, Ptolemäos und Thessalonike, die Gemahlin des Kassandros. Vgl. Brückner, König P. (Götting. 1837).

3) P. III., Sohn Demetrios' II., war bei dem Tod seines Vaters (229 v. Chr.) erst vier Jahre alt, weshalb Antigonos Doson an seiner Statt den Thron bestieg, dem er 221 als König folgte. Er wurde anfangs von Aratos beraten und unterstützte den Achäischen Bund gegen die Ätolier. 215 schloß er mit Hannibal ein Bündnis gegen die Römer, unternahm aber nichts Energisches gegen dieselben; vielmehr ließ er sich durch die Ätolier, welche von Rom aufgereizt waren, und durch die Übermacht der Römer zur See von einem Angriff auf Italien so lange abhalten, bis derselbe unmöglich geworden war. 205 schloß daher P. mit den Römern Frieden und begann 203 im Bund mit Antiochos von Syrien einen Krieg gegen Ägypten und Pergamon, wurde aber 202 von der vereinigten Flotte der Pergamenier und Rhodier bei Chios geschlagen, und als er die Thrakische Chersones besetzte, erklärten ihm die Römer, von Pergamon und Rhodos zu Hülfe gerufen, 200 den Krieg. Ohne alle Bundesgenossen (auch die Achäer fielen von ihm ab), ward er 197 von Titus Quinctius Flamininus bei Kynoskephalä besiegt und zu einem Frieden gezwungen, in welchem er Griechenland freigeben, seine Flotte ausliefern, 1000 Talente zahlen, sein Heer vermindern und sich verpflichten mußte, außerhalb Makedoniens ohne römische Erlaubnis keinen Krieg zu führen. Während des Kriegs der Römer mit Antiochos leistete er ihnen Heeresfolge, ward aber nach dem Sieg aufs demütigendste behandelt. Von Rachsucht erfüllt, rüstete er zum Kriege gegen Rom, starb aber schon 179 aus Gram über die von ihm befohlene Hinrichtung seines Sohns und Erben Demetrios, den sein natürlicher Sohn Perseus fälschlich des Verrats beschuldigt hatte.

Philippi (Philippoi), Stadt im östlichen Makedonien nahe der thrakischen

Grenze und der Küste des Ägäischen Meers, von Philipp von Makedonien an Stelle der thasischen Kolonie Krenides auf steiler Höhe am Pangäon erbaut, wichtig wegen der nahen Goldbergwerke. Hier besiegten in zwei Schlachten die Triumvirn Antonius und Octavianus 42 v. Chr. die Häupter der Verschwörung gegen Cäsar, Brutus und Cassius, die beide den Tod fanden.

Philippopolis, Stadt in Thrakien in weiter Ebene am südöstlichen Ufer des Hebros, hieß anfangs Eumolpias, ward aber von Philipp II. von Makedonien, der sie verschönerte und vergrößerte, umgenannt und war in römischer Zeit Hauptstadt von Thrakien.

Philippus Arabs, Marcus Julius, röm. Kaiser, von Geburt ein Araber aus Bostra in Syrien, schwang sich im römischen Kriegsdienst zum prätorianischen Präfekten in Asien empor, bewies sich als kühnen und geschickten Feldherrn und bestieg nach dem Sturz Gordianus' III., der ihn zum Mitregenten ernannt hatte, 244 n. Chr. den Thron. 248 feierte er mit außerordentlicher Pracht das 1000jährige Gründungsfest der Stadt Rom. Nachdem er mehrere Aufstände glücklich besiegt hatte, unterlag er 249 dem Decius, den die Legionen in Pannonien zum Kaiser ausgerufen hatten, und fiel in der Schlacht bei Verona.

Philistäer (Philister), kanaanit. Volk, welches den schmalen Küstenstrich Syriens (Philistäa) von Gaza im S. bis zum Karmel im N. bewohnte. Sie bildeten einen Staatenbund von fünf durch Fürsten (Seranim) beherrschten Gemeinwesen: Gaza, Asdod, Askalon, Gath und Ekron. Sie waren ein ziemlich kultiviertes und kriegerisches Volk und trieben Landbau, Handel und Gewerbe. Ihre Städte waren volkreich, mit Mauern umgeben und mit großen Tempeln geschmückt. Ihre Religion wie ihre Sprache glichen der phönikischen. Um 1100 v. Chr., als die Israeliten durch innere Spaltungen geschwächt waren, begannen die P. ihre Herrschaft nach dem Binnenland zu auszudehnen. Sie unterwarfen mehrere Stämme Israels, legten in ihrem Gebiet feste Plätze an und erbeuteten die

Bundeslade. König Saul befreite zwar Israel von ihrer Herrschaft, hatte aber noch während seiner ganzen Regierung ihre Einfälle abzuwehren und fiel auch gegen sie 1033 bei Gilboa. David, der erst bei ihnen Zuflucht gefunden hatte und in ihre Dienste getreten war, brach nach harten Kämpfen ihre Macht und fügte ihnen solche Verluste zu, daß sie von der Eroberung Israels abstanden. Ihr Name hat sich in dem Namen Palästina erhalten.

Philistos, griech. Geschichtschreiber, geboren um 433 v. Chr. zu Syrakus, unterstützte den ältern Dionysios bei Erlangung und Behauptung der Herrschaft über seine Vaterstadt, wurde aber 386 nach Epeiros verbannt und erst von dem jüngern Dionysios zurückgerufen, bei dem er durch Schmeichelei großen Einfluß erlangte und 361 die Verbannung Dions und Platons bewirkte. Im Kampf gegen Dion, gegen den er als Befehlshaber einer Flotte eine Seeschlacht verlor, gefangen, ward er vom Volk 353 umgebracht. Er schrieb in der Verbannung ein Werk, »Sikelika«, über sicilische Geschichte in 13 Büchern, von denen die ersten sieben die Geschichte der Insel bis 409, vier die des ältern und zwei die des jüngern Dionysios behandelten. Er ahmte Thukydides nach, erreichte ihn aber weder in der Kunst der Darstellung, noch in der Tiefe der Auffassung und Wahrheitsliebe. Nur geringe Bruchstücke sind erhalten (bei Müller, Historicorum græcorum fragmenta, Bd. 1).

Philopömen, Strateg des Achäischen Bundes, geb. 253 v. Chr. zu Megalopolis in Arkadien, that sich schon als Jüngling bei Streifzügen nach Lakonien hervor, zeichnete sich in der Schlacht bei Sellasia (221) aus und trat 208 als Strateg an die Spitze des Achäischen Bundes; er bekleidete dieses Amt siebenmal. P. bemühte sich rastlos um Wiederherstellung der Kriegszucht und Belebung des Gemeingeistes unter den Achäern und errang auch über die spartanischen Tyrannen Machanidas und Nabis 206 und 202 glänzende Siege. Durch Zurücksetzung gekränkt, verweilte er 200—195 auf Kreta. 195 schlug er

Nabis von neuem, drang in Lakonien ein und bewog nach Ermordung des Nabis 192 die Spartaner, sich dem Achäischen Bund anzuschließen; als sie 189 wieder abfielen, eroberte er Sparta, riß die Mauern nieder und schaffte 188 die Lykurgische Verfassung ab. Doch hatte er eine schwierige Stellung, da die Römer, um den Achäischen Bund zu schwächen, Sparta und andre Staaten fortwährend zum Abfall reizten. Als 183 Messene, von den Römern angestachelt, abfiel, rückte P. nochmals ins Feld, fiel aber in feindliche Gefangenschaft und mußte den Giftbecher trinken. Sein Leben ist von Plutarch beschrieben.

Philotas, Sohn des Parmenion, befehligte im makedonischen Heer unter Alexander d. Gr. die Reiterei der Hetärien und nahm am Feldzug gegen Persien teil. Tapfer, aber hochmütig und unzufrieden mit der angeblichen Zurücksetzung der Makedonier und der Begünstigung der Perser durch den König, machte er in Arachosien von einer Verschwörung gegen Alexanders Leben keine Anzeige, ward deswegen gefoltert und nach seinem Geständnis vom Heer in Prophthasia zum Tode verurteilt und gesteinigt (329 v. Chr.).

Phlius, Stadt im nordöstlichen Peloponnes, Hauptort des obern Thals des Asopos, in der Landschaft Phliasia, ward bei der dorischen Wanderung von den Dorern besetzt und behauptete seine Unabhängigkeit gegen Argos und Sikyon. Es stellte zum peloponnesischen Heer der Spartaner 4000 Hopliten. Als 394 v. Chr. die oligarchische Regierung gestürzt wurde, entstanden heftige innere Kämpfe, bis mit Hülfe der Spartaner 379 die Oligarchie wiederhergestellt wurde. Später trat P. dem Achäischen Bund bei.

Phokäa (Phocäa, jetzt Fokia), Stadt an der Küste Lydiens auf einer nach W. vorspringenden Halbinsel zwischen dem Elaïtischen und Smyrnäischen Meerbusen, welche zuerst Äolier besetzt hatten, wurde von Joniern gegründet, hatte zwei treffliche Häfen, vor denen die Insel Bakchion mit Tempel und Prachtbauten lag, wurde sehr bald zur See mächtig und dehnte ihre Fahrten bis nach dem westlichen Mittelmeer aus, wo Phokäer um 600 v. Chr. Massalia in Gallien gründeten. Als Harpagos Jonien 546 der persischen Herrschaft unterwarf, wanderten die Phokäer aus; ein Teil ging nach Massalia, ein andrer ließ sich in Alalia auf Corsica nieder. Doch kehrte ein Teil in die alte Heimat zurück und baute P. von neuem auf.

Phokion (Phocīon), athen. Feldherr und Staatsmann, war ein Schüler Platons und ein Freund des Xenokrates, einfach und streng in seiner Lebensweise, mild und freundlich im Privatleben, herb und schroff im öffentlichen, aber uneigennützig und gerecht. Im Krieg zeichnete er sich zuerst 376 v. Chr. unter Chabrias in der Schlacht bei Naxos aus. 351 führte er die karischen Hülfstruppen für den Perserkönig Artaxerxes gegen Kypros. 350 ward er Plutarchos von Eretria gegen Philipp von Makedonien zu Hülfe gesandt, erfocht über denselben bei Tamynä einen Sieg, vertrieb 341 die von Makedonien bestochenen Tyrannen aus den Städten Euböas und stellte den athenischen Einfluß auf der Insel wieder her. 339 entsetzte er das von Philipp belagerte Byzantion. Doch war er durchaus kein Gegner Makedoniens; vielmehr hielt er, jedes idealen Schwunges entbehrend und von der Unfähigkeit des Volks für die Freiheit überzeugt, die Herrschaft Philipps zur Herstellung von Zucht und Ordnung für das Beste und riet daher 338 nach der Schlacht von Chäroneia zur Unterwerfung. Ebenso stimmte er 335 trotz des Unwillens des Volks für die von Alexander verlangte Vertreibung der Volksredner. Auch nach dem Tod Alexanders widerriet er den Abfall von Makedonien, übernahm aber den Befehl über ein Heer, das den im Rhamnus gelandeten makedonischen Feldherrn Mikion zurückschlug, und ging nach der Schlacht bei Krannon 322 als Friedensvermittler zu Antipatros, konnte aber keine milden Bedingungen auswirken. Nach der Errichtung einer aristokratischen Verfassung trat er mit Demades als Strateg an die Spitze des Staats, wurde aber 319 von Alexander, Polysperchons Sohn, gestürzt und der Verräterei angeklagt; 317 mußte er, 80 Jahre alt, den Giftbecher trinken. Die Athener bereuten bald die Hinrichtung des ehrenwerten, pflichtgetreuen Mannes und errichteten ihm eine eherne Bildsäule. Sein Leben beschrieben Nepos und Plutarch.

Phokis (Phocis), Landschaft in Mittelgriechenland, 2260 qkm groß, westlich von Böotien, vom Euböischen Meer bis zum Korinthischen Meerbusen reichend, von ersterm durch die Knemis, von letzterm durch das hohe, mächtige Gebirge des Parnassos und den südöstlich sich anschließenden Kirphis geschieden, daher überwiegend gebirgig, öder Fels oder Weideland für Schafe und Ziegen, teilweise auch mit Wald bedeckt; nur im N. bildet der obere Kephisos eine breite, aber hoch gelegene und wenig ergiebige Thalebene. Als älteste Bewohner werden Leleger und Thraker genannt. Zur Zeit der Wanderungen wurde das Land von Aoliern besetzt, die sich Phoker (Phocier, Phocenses) nannten. Sie gründeten 22 untereinander zu einem Bund vereinigte Städte. Die bedeutendsten unter diesen waren neben Delphi mit dem berühmten Orakel Daphnus am Euböischen Meer, das 346 v. Chr. an Lokris verloren ging, Elateia im Kephissosthal, Abä, Daulis, Krisa, das 590 zerstört wurde, und Antikyra am Korinthischen Meerbusen. P. nahm am Kampf gegen die Perser teil und wurde daher von Xerxes 480 verwüstet, gehörte zeitweise zum Athenischen Bund und stand den Athenern im Peloponnesischen Krieg bei. Nach der Schlacht bei Leuktra den Böotiern unterthan, fiel es nach Epameinondas' Tod (362) von ihnen wieder ab. Die Böotier rächten sich, indem sie die Phoker in einen Streit mit der delphischen Priesterschaft, die P. schon zweimal sogen. »heilige Kriege« verursacht hatte, verwickelten und sie durch die Amphiktyonen wegen Verletzung des Tempelgebiets zu 1000 Talenten Geldbuße verurteilen ließen. Dies gab den Anlaß zum Ausbruch eines neuen »heiligen Kriegs« (356—346), in dem die Phoker, nachdem sie den delphischen Tempelschatz geplündert hatten, ein ansehnliches Heer rüsteten und unter Philomelos und Onomarchos sich mit Erfolg gegen die The-

baner und Thessalier verteidigten, so daß diese Philipp von Makedonien zu Hülfe rufen mußten. Dieser bezwang die Phoker, zerstörte ihre Städte und machte Elateia zu einem Hauptstützpunkt der makedonischen Herrschaft; aus der Amphiktyonie ward P. ausgestoßen. Im Lamischen Krieg erhob es sich vergeblich gegen Makedonien.

Phönikien (Phoinike, Phœnicia), der schmale Küstenstrich Syriens zwischen dem Libanon und dem Mittelmeer, vom Vorgebirge Karmel im S. bis gegenüber der Insel Kypros. Nur an wenigen Stellen, wie am Karmel und am Nordende des Libanon, dehnt sich eine größere Ebene aus; sonst ist die Küstenebene sehr schmal und stellenweise durch Bergvorsprünge unterbrochen, aber überall gut bewässert und fruchtbar. Das Hochgebirge lieferte treffliches Bauholz, Eisen und Kupfer. Daher entwickelte sich frühzeitig eine höhere Kultur. Das Land wurde bewohnt von den semitischen Stämmen der Sidonier, Gibliter und Arvabiter in ihren alten Städten Sidon, Tyros, Byblos, Berytos und Arvad (Arabos). Diese waren unabhängig voneinander und standen unter der Herrschaft von Königen, deren Gewalt jedoch durch ein mächtiges Priestertum sowie durch einen aus den ältesten Geschlechtern und den reichsten Bürgern gebildeten Rat beschränkt war. Ihre Religion war der der übrigen Semiten, namentlich der Babylonier, ähnlich. Sie verehrten die Lichtmächte des Himmels und die schaffende Naturkraft; doch blieb ihre Auffassung der Gottheiten wie deren Kultus sinnlich: benjenigen Göttern, welche dem natürlichen Leben fremd und feindselig galten, dienten sie mit strenger Asketik, Selbstverstümmelung und Menschenopfern, den Göttern der Zeugung und der Geburt, welche als dem Menschen günstig angesehen wurden, mit zügelloser Wolluft und Ausschweifung, welche um so mehr ausarteten, je üppiger sich das Leben in den reichen Städten entfaltete. Der höchste Gott war Baal, die wohlthätig wirkende Kraft des Lichts und der Sonne; ihm stand als Göttin der schaffenden Naturkraft, des Liebestriebs, Baaltis oder Aschera zur Seite. Der Gott der sengenden Gluthitze, der verzehrenden, aber auch reinigenden Kraft des Feuers, war Moloch, mit einem Stierkopf dargestellt, Göttin des Kriegs und des Todes Astarte, die jungfräuliche Göttin. Eine Zusammenfassung der wohlthätigen und verderblichen Mächte des Himmels waren der Baal von Tyros, Melkart, der Gott der Sonne, der in der Gluthitze des Sommers sich selbst verbrennt, um im Frühling neu zu erstehen, der Beschützer der Schiffahrt und Kolonisation, und Dido, die Mondgöttin. Ein Frühlingsgott war Adonis. Diese Gottheiten wurden zu einem System, zu der »heiligen Sieben= zahl der Kabirim« (der Gewaltigen), zu= sammengefaßt.

Sehr früh wendeten sich die Phöniker dem Meer zu und betrieben neben Acker= bau und Viehzucht lebhaften Fischfang. Die Kriege in Kanaan, die Vertreibung der Chetiter und Chewiter im 14., dann der Amoriter im 13. Jahrh. v. Chr. aus diesem Land hatten die Ansammlung zahlreicher Flüchtlinge in P. zur Folge, welche die Phöniker zu deren Ansiede= lung auf der Insel Kypros veranlaßte. Von hier aus drangen sie nach dem Ägäischen Meer vor, dessen Inseln und Küsten sie mit Handelsfaktoreien, festen Plätzen und Städten besetzten, dessen Handel und Verkehr sie beherrschten, und in dessen Gebiet sie ihren Kultus, ihre Schrift u. dgl. verbreiteten; sie tauschten gegen die Erzeugnisse ihrer Industrie und Kunst Sklaven, Felle und Wolle ein, beu= teten Bergwerke aus und bereiteten aus den an der Ostküste von Hellas zahlreich vorhandenen Purpurschnecken den für ihre Färbereien erforderlichen Farbstoff. Bald gingen sie noch weiter nach Westen, kolonisierten Malta, Sardinien und Si= cilien, gründeten auf der Nordküste von Afrika Leptis, Hippon und Ityke, und bereits 1100 durchfuhren sie die »Säulen des Melkart« (Straße von Gibraltar) und legten jenseit derselben, an der Küste des silberreichen Tarsis, Gades (Cadiz) an, welches sofort Mittelpunkt und Haupt= stapelplatz eines ausgedehnten Handels auf dem Atlantischen Ocean wurde. Die

Phöniker besuchten Madeira und die Ka= narischen Inseln und holten von den bri= tischen Inseln Zinn sowie von der deut= schen Nordsee Bernstein. Während sie so nach Westen in Gebiete vordrangen, welche andern Kulturvölkern noch lange Zeit unbekannt blieben, erstreckte sich ihr Handel auch im Osten und Süden in weit entfernte Gegenden. Sie vermittel= ten den Austausch der Waaren Ägyptens gegen die Syriens und Babyloniens und machten ihre Städte zu Stapelplätzen des ganzen Handels zwischen dem Osten und Westen. Karawanenstraßen, welche durch Verträge mit den Herrschern des Landes gesichert und mit Waren= häusern versehen waren, führten in das Innere Vorderasiens sowie nach Süd= arabien, von wo sie die Produkte Indiens (Ophir) und Ostafrikas holten. Die Me= talle des Westens, das griechische Gold, das italische Kupfer, das spanische Silber, wanderten nach Babylonien und Ägyp= ten, Waffen und Erzgefäße, Schmuck= sachen und Gewänder von da nach Ita= lien und an die Gestade des Atlantischen Oceans. Vor allem war P. selbst Sitz einer thätigen und umfangreichen Fabri= kation. Die Glasbereitung gedieh daselbst zu einer hohen Vollendung, die Purpur= färberei erfanden die Phöniker und blieben in dieser Kunst, namentlich in dem schim= mernden Glanz ihrer Purpurgewänder, unübertroffen. Die Weberei und Bunt= wirkerei standen hiermit in engster Ver= bindung. Vorzüglich verstanden es die Phöniker, den Bergbau zu betreiben und die gewonnenen Erze kunstmäßig zu ver= arbeiten. Ihre Gefäße und Schmucksachen aus Gold, Silber und Edelgestein waren hochberühmt. Auch die Baukunst stand in großer Blüte, und im Schiffbau waren sie unerreichte Meister. Ihre Schiffe, aus dem besten Material, aus Cedern= und Eichenholz, erbaut, wurden durch Segel und Ruder sehr schnell bewegt; ihre Ma= trosen waren geschickt und kühn; schon früh nahmen sie den Polarstern zu ihrem Führer.

Über die Veränderungen, welche diese großartige Entwickelung von Handel und Industrie in den innern Verhältnissen

Phönikiens hervorbrachte, sind wir nur höchst unvollkommen unterrichtet. Während in früherer Zeit Sidon die mächtigste und reichste Stadt gewesen war, erlangte unter König Hiram (1001—967) Tyros den Vorrang vor den andern Städten und die höchste Blüte. Von hier aus wurde um 850 Karthago gegründet. Schon um diese Zeit begann die Macht Assyriens den Phönikern gefährlich zu werden, und König Mutton von Tyros mußte sich zu einem Tribut verstehen, damit der Handel in dem großen assyrischen Reich nicht gesperrt wurde; derselbe wurde bennoch durch die fortwährenden Kriege in Syrien arg geschädigt. Zugleich erstanden ihnen im Mittelmeer in den Griechen gefährliche Nebenbuhler, welche sie aus dem Ägäischen Meer verdrängten, in Sicilien, Sardinien und Gallien sowie zu Kyrene in Afrika sich festsetzten. Als die Phöniker nach dem Tode des assyrischen Königs Tiglath Pilesar II. (727) in Gemeinschaft mit den Israeliten und Philistäern und im Vertrauen auf ägyptische Hülfe sich vom assyrischen Joch zu befreien suchten, wurden sie von Salmanassar wieder unterworfen und von Sargon 715 auch Tyros bezwungen und Kypros erobert. Nach dem Sturz des Assyrerreichs kamen sie unter babylonische Herrschaft. Eine Erhebung gegen dieselbe ward 593 von Nebukadnezar unterdrückt und nach 13jähriger Belagerung 573 auch Tyros erobert. Im Perserreich bildeten die Phöniker einen Städtebund mit der Hauptstadt Tripolis, der seine innern Angelegenheiten selbst verwaltete, und ihre Schiffe machten den Kern der persischen Flotte aus. Sidon und Tyros blühten von neuem auf, aber jenes ward nach einem Aufstandsversuch 350 von Artarerxes III. Ochos gänzlich vernichtet, Tyros nach siebenmonatlicher hartnäckiger Verteidigung 332 von Alexander d. Gr. erobert und zerstört. Das Aufblühen Alexandreias vernichtete den phönikischen Welthandel. P. hatte fortan nur als Küstenland Syriens Bedeutung. Vgl. Movers, Die Phöniker (Berl. 1840—56, 3 Bde.); Levy, Phönikische Studien (das. 1856—70, 4 Hefte); Renan, Mission de Phénicie (Par. 1874).

Phraátes, Name mehrerer parthischen Könige, s. Parthien.

Phraórtes, der Sage nach König von Medien, der seinem Vater Deïokes 655 v. Chr. folgte, die Perser und andre asiatische Völker der medischen Herrschaft unterwarf, aber 633 den Assyriern unterlag. Nach den assyrischen Inschriften war P. nur ein medischer Häuptling, der bei einem Aufstandsversuch umkam. Erst sein Sohn Kyaxares befreite Medien vom assyrischen Joch.

Phrygien (Phrygĭa), Landschaft in Kleinasien, umfaßte ursprünglich das ganze Binnenland westlich vom Halys sowie die später zu Mysien gerechnete Südküste der Propontis (Kleinphrygien oder P. am Hellespont). Nachdem der ganze Nordosten mit den Städten Pessinus, Ankyra und Gorbïeïon 278 v. Chr. von den Bithyniern und Galatern erobert worden und im SO. Ikonion an Lykaonien verloren war, umfaßte es bloß das Quellgebiet des Sangarios und seines Nebenflusses Thymbres, des Hermos, Mäandros und Lykos sowie die Becken einiger Salzseen (des Askaniasees). Die bedeutendsten Gebirge waren der Kabmos und der Dibymos inmitten des Landes. Im N. und O. Hochebene und wenig wasserreich, war es hier überwiegend Weideland; im W. und S. waren aber namentlich die tief eingeschnittenen Flußthäler sehr fruchtbar. Die bedeutendsten Städte waren: Keläna, Apameia Kibotos, Kolossä, Laodikeia, Doryläon, Synnada und Ipsos. Die Einwohner (die Phrygier) waren ein den Armeniern nahe verwandtes arisches Volk und vom Osten her eingewandert. Sie hatten nicht nur den ganzen Westen der Halbinsel inne, sondern drangen auch nach Europa vor, wo sie sich in Thrakien und Makedonien niederließen und Bryger genannt wurden. Durch Karer, Lyder und thrakische Völkerschaften wurden sie in das Binnenland zurückgedrängt. Noch im 8. Jahrh. v. Chr. bildeten sie ein selbständiges Reich unter dem König Midas, dessen Dynastie der sagenhafte König Gordios begründete. Sie trieben Viehzucht, Ackerbau, Handel und allerlei Gewerbe und waren ein friedliebendes Volk. Als höchste Götter verehrten sie den Men (Manes), die Kybele (Rhea, Agdistis) und Attys. Ihre Gräber und auch oft ihre Wohnungen höhlten sie in Felshügeln aus, so daß ganze Höhlenstädte noch jetzt zu sehen sind. Um 600 ward P. dem lydischen Reich einverleibt und teilte fortan Lydiens Schicksale. Nachdem es 189 von Syrien an das pergamenische Reich abgetreten worden, kam es mit diesem 133 an die Römer, die es 129 mit der Provinz Asia vereinigten.

Phthiotis (Achaia), der südlichste Teil Thessaliens zu beiden Seiten des Othrys, südlich vom Malischen, östlich vom Pagasäischen Meerbusen begrenzt, nach der sagenhaften Stadt Phthia benannt, in ältester Zeit von Myrmidonen und Achäern bewohnt, 280—217 v. Chr. zum Ätolischen Bund gehörig.

Phyle, Stamm, durch Abstammung von Einem Stammvater verbundener Teil eines Volks. Die Jonier bildeten vier Phylen, welche sich in Attika bis in spätere Zeit erhielten: die Geleonten, Hopleten, Agikoreer und Argadeer. Sie bildeten die Grundlage des attischen Staatswesens und waren eingeteilt in je drei Phratrien, diese wieder in je 30 Geschlechter. Solon behielt die vier altionischen Phylen bei, Kleisthenes setzte an die Stelle derselben zehn nach altattischen Heroen benannte, welche in »Demen« eingeteilt waren und 307 v. Chr. um zwei und noch 123 n. Chr. um eine, dem Kaiser Hadrianus zu Ehren »Hadrianis« genannt, vermehrt wurden. Die Dorier hatten drei Phylen, Hylleer, Dymanen und Pamphyler, welche in allen dorischen Staaten die Grundlage des Staatswesens bildeten u. in Sparta in je zehn »Oben« geteilt waren.

Picenum, Landschaft in Mittelitalien, südlich von Umbrien am Adriatischen Meer gelegen, westlich vom Apennin begrenzt, dessen Ausläufer sich bis zur Küste erstrecken, und von dem viele kleine parallele Flüsse herabkommen. Die Landschaft war sehr fruchtbar und dicht bevölkert, aber, von Ancona abgesehen, ganz hafenlos. Die Einwohner, die Picenter (auch Piceni), deren Name von dem Specht (picus), dem heiligen Vogel des

Mars, abgeleitet wurde, gehörten zum sabellischen Volksstamm und waren ein friedliebendes Volk. Sie schlossen zwar 299 v. Chr. ein Bündnis mit Rom, fielen aber 269 ab und wurden darauf 268 in einem Feldzug gänzlich unterworfen. Am Bundesgenossenkrieg nahmen sie bedeutenden Anteil und erlangten das römische Bürgerrecht. Ihre bedeutendsten Städte waren: Ancona, eine 380 v. Chr. von Syrakus gegründete Kolonie, Firmum, Asculum, die politische Hauptstadt des Volks, und Interamnium.

Piérien (Piëria), Landschaft in Makedonien, südlich vom Haliakmon, zwischen dem Olympos und dem Thermäischen Meerbusen, mit den griechischen Kolonien Methone und Pydna. Als P. um 700 v. Chr. von den Makedoniern erobert wurde, wanderte ein Teil der Bewohner nach dem Osten aus und siedelte sich jenseit des Strymon am Pangäon an, welches Gebiet von da ab auch P. hieß.

P'Ilak, ägyptischer Name der Nilinsel Philä (s. d.).

Pindos, Hauptgebirge im nördlichen Griechenland, auf der Grenze zwischen Thessalien und Epeiros, mit den Quellen des Peneios, Acheloos, Arachthos u. a. Im N. bildete er den Gebirgsknoten Lakmon, von dem die Kambunischen Berge, und im S. den Tymphrestos, von dem Othrys und Orta ausgehen.

Piräeus (Piräus), s. Peiräus.

Pisä (jetzt Pisa), Stadt in Etrurien am Arnus, an der Mündung des Nebenflusses Auser (jetzt Serchio), welcher jetzt direkt ins Meer fließt, nur 4 km von der Küste entfernt, hatte einen guten Hafen und wurde durch die Ausfuhr von Marmor und Bauholz vom Apennin eine blühende Handelsstadt. 180 v. Chr. ward es zur römischen Kolonie gemacht und gegen die Ligurer stark befestigt. Unter den Kaisern wurde ein (jetzt verschwundener) Hafen an der Küste selbst, der Portus Pisanus, angelegt.

Pisatis, der mittlere Teil der griech. Landschaft Elis, das fruchtbare Gebiet des Alpheios, zerfiel in acht Stadtgebiete und war benannt nach der alten achäischen Stadt Pisa, der Sitz der Pelopiden, in deren Gebiet Olympia lag; Pisa wurde 572 v. Chr. von den Eleiern zerstört und die Landschaft unterjocht.

Pisidien (Pisidĭa), Landschaft im südlichen Kleinasien, nördlich von Pamphylien und Lykien; die Nordgrenze gegen Phrygien war schwankend. Ein hohes, rauhes Gebirge, ein Zweig des Tauros, erfüllt das Land; von ihm fließen die Flüsse Katarrhaktes, Kestros, Eurymedon und Melas nach S. in den Pamphylischen Meerbusen. Im N. liegen zwei große Salzseen. Die Einwohner (Pisider), über deren Ursprung nichts feststeht, waren ein tapfres, freiheitsliebendes Bergvolk, das die umwohnenden Völker häufig durch Einfälle beunruhigte, und dessen naturfeste Felsenstädte nur äußerlich die Oberhoheit des lydischen, persischen und syrischen Reichs anerkannten. Die Römer vereinigten P. mit Pamphylien zu einer Provinz. Erst in der Römerzeit drangen griechische Kultur und Sprache in P. ein. Die wichtigsten Städte waren: Sagalassos, Termessos, Kremna und Selge.

Pisistratus, s. Peisistratos.

Pistoria (jetzt Pistoja), Stadt im nördlichen Etrurien am Fuß des Apennin, bekannt durch die Niederlage der Catilinarier 62 v. Chr.

Pitāne, Stadt in Äolis in Kleinasien, s. Äolier.

Pithekussa, s. Änaria.

Pittakos (Pittacus), Sohn des Thrakers Kaïkos, einer der sieben Weisen Griechenlands, geboren um 648 v. Chr. zu Mytilene auf Lesbos, befreite seine Vaterstadt von der Herrschaft des Tyrannen Melanchros und erhielt von 590 von den Bürgern als Äsymnet die höchste Gewalt übertragen. Er herrschte mit Mäßigung und Uneigennützigkeit und gab dem Staat eine weise Verfassung und Gesetzgebung. 581 legte er die Regierung nieder und starb 570. Sein Wahlspruch war: »Erkenne die rechte Zeit«. Von seinen Gedichten hat sich nur ein kleines Stück erhalten; auch seine Schrift über die Gesetze ist verloren.

Pityusen (»Fichteninseln«), Inselgruppe im Mittelmeer, zwischen Spanien und den Balearischen Inseln, aus zwei Inseln, der größern Ebusus (jetzt Jviza)

und der kleinern Ophiussa (jetzt Formentera) bestehend.

Placentia (jetzt Piacenza), Stadt am rechten Ufer des Padus in Gallia cispadana, ward 219 v. Chr. von den Römern im Gebiet der Bojer neu erbaut, mit 6000 Kolonistenfamilien besetzt und stark befestigt, um als Stützpunkt für ihre Herrschaft in Oberitalien zu dienen. In der Nähe schlug Hannibal 218 die Römer an der Trebia, doch behaupteten sich diese im Besitz der Stadt. Erst 200 wurde sie von den Bojern zerstört, aber wiederaufgebaut und durch die Via Æmilia mit Ariminum verbunden.

Platää (Platäa), Stadt im südlichen Böotien am Nordabhang des Kithäron, an der Grenze von Attika. Seit 519 v. Chr. mit Athen eng verbündet, stellte es in der Schlacht bei Marathon 1000 Hopliten, ward 480 auf Anstiften der P. stets feindlich gesinnten Thebaner von Xerxes zerstört, aber nach dem glänzenden Sieg, welchen die Griechen unter Pausanias und Aristeides 479 unter ihren Mauern über die Perser unter Mardonios erfochten, wiederaufgebaut und unter den Schutz der gesamten Hellenen gestellt. Gleichwohl ward sie im Peloponnesischen Krieg, nachdem sie einen thebanischen Überfall glücklich abgewehrt, nach langer Belagerung und heldenmütiger Verteidigung 427 von den Peloponnesiern zerstört, während die meisten Bewohner in Athen eine Zuflucht fanden. Erst nach dem Antalkidischen Frieden von neuem aufgebaut, ward sie 372 zum drittenmal von den Thebanern zerstört, erhob sich aber unter der makedonischen Herrschaft nochmals aus den Trümmern und erhielt sich bis in die späteste Zeit. Die Hauptzierde der Stadt war der nach den Perserkriegen errichtete Tempel der Athene Areia mit einem Kolossalbild der Göttin von Pheidias und Wandgemälden von Polygnotos. Vor der Ostmauer befanden sich die Grabmäler der i. J. 479 gefallenen Hellenen, denen jährlich ein feierliches Totenopfer gebracht und zu deren Ehren die Spiele der Eleutherien gefeiert wurden. Vgl. Münscher, De rebus Platæensĭum (Berl. 1841).

Plebs und **Plebejer** (Plebeji), Name eines Teils der Bevölkerung Roms, dessen Ursprung auf die Könige Tullus Hostilius und Ancus Marcius und die von diesen nach Rom verpflanzten besiegten Latiner zurückgeführt wird, und der lange Zeit im Gegensatz zu den Patriciern einen streng abgeschlossenen Stand bildete. Die Plebejer hatten anfänglich nur das passive Bürgerrecht ohne Stimm= und Ehrenrechte, aber auch ohne die Pflicht des Kriegsdienstes. Um sie zu dieser heranzuziehen, wurden sie mit den Patriciern zu den Centuriatkomitien vereinigt und nahmen an deren Rechten teil. Infolge der ersten Auswanderung auf den Heiligen Berg (secessio plebis in montem sacrum) erhielten sie 494 v. Chr. das Volkstribunat und eigne Komitien, die Tributkomitien, deren Beschlüssen (plebiscita) schon 448 allgemeine Gültigkeit erteilt wurde. In hartnäckigem Kampf mit den Patriciern (s. b.) errangen sie auch gleichen Anteil an den Magistraten; nach 300 blieben den Patriciern nur einige unbedeutende Ämter vorbehalten. Die Plebejer verschmolzen nun gänzlich mit den Patriciern, und eine ganze Reihe von plebejischen Familien gehörte zum Amtsadel (Nobilität) und zur Partei der Optimaten, denen das niedre, besitzlose Volk gegenüberstand, auf welches fortan der Name Plebs überging.

Plescheth, hebräische Form des griechischen Namens Palästina (s. b.).

Plutárchos, griech. Geschichtschreiber, geboren um 50 n. Chr. zu Chäroneia in Böotien, studierte in Athen, machte längere Reisen und hielt sich in Italien und Rom einige Zeit auf, wo er an den Hof gezogen, mit dem Unterricht des jungen Hadrianus beauftragt und mit der konsularischen Würde bekleidet wurde. Während er in seiner Vaterstadt das Amt eines Archon und Priesters des Apollon versah, ernannte ihn Hadrianus zum Prokurator von Griechenland. Er starb um 120. Sein Hauptwerk sind die Parallelbiographien der hervorragendsten Männer des Altertums, von denen immer ein Grieche und ein Römer zusammengestellt und verglichen sind (Theseus und Romulus, Ly-

kurgos und Numa Pompilius, Solon und Valerius, Themistokles und Camillus 2c.). Wir besitzen noch 46 solcher Parallelbiographien, außerdem die gesonderten des Artaxerxes Mnemon, Aratos, Galba und Otho. Begeistert für die Größe des Altertums, wollte er bei seinen Helden den edeln, erhabenen Charakter als Vorbild schildern, nicht eine streng kritische Geschichte geben. Er sammelte also aus seinem reichen Schatz geschichtlicher Kenntnisse die passenden Züge, aus denen er mit großer Kunst sein Bild zusammenstellte. Wenn daher die Grundsätze moderner Kritik nicht zur Geltung kommen, wenn man sogar eine gewisse Parteilichkeit für sein Vaterland Böotien und gegen Athen hat bemerken wollen, so war es P. doch um Wahrheit und Treue zu thun. Sein sittlicher Ernst, sein milder, menschenfreundlicher Sinn, sein tiefes Gefühl und seine echt religiöse Gesinnung kommen bei der Schilderung seiner größten Männer recht zur Geltung und machen einen wohlthuenden Eindruck. Die Sprache befleißigt sich des reinen Atticismus, der Periodenbau ist jedoch etwas schwerfällig. Die zahlreichen übrigen moralphilosophischen, antiquarischen und litterargeschichtlichen Schriften werden gewöhnlich unter dem Namen »Moralia« zusammengefaßt. Ausgaben der Biographien besorgten in neuerer Zeit Sintenis (neue Aufl., Leipz. 1873—75, 5 Bde.), Döhner (Par. 1846—1848, 2 Bde.) und Bekker (Leipz. 1855—1857, 5 Bde.). Vgl. Volkmann, Leben, Schriften und Philosophie des P. (Berl. 1869, 2 Bde.).

Po, s. Padus.

Poblilius, s. Publilius.

Pola, Stadt an der Südspitze der Halbinsel Istrien, in der Nähe des Promontorium Polaticum, mit einem geräumigen und sichern natürlichen Hafen am Adriatischen Meer, ward von den Römern 178 v. Chr. erobert und, nachdem sie von Augustus im Bürgerkrieg zerstört worden war, auf Bitten von dessen Tochter Julia als Colonia Pietas Julia wiederaufgebaut. Sie wurde neben Salonä der bedeutendste Kriegshafen des Adriatischen Meers und blühte namentlich unter

24*

Septimius Severus auf. Damals zählte die Respublica Polensis 50,000 Einw. Bedeutende Ruinen, ein großes Amphitheater, ein Tempel des Augustus und der Roma, ein Triumphbogen u. a., sind noch Zeugen der frühern Größe.

Poliorkētes, Beiname des Königs Demetrios I. von Makedonien (s. b.).

Pollio, s. Asinius.

Polybios, griech. Geschichtschreiber, geboren um 202 v. Chr. zu Megalopolis in Arkadien, bildete sich unter seinem Vater Lykortas und unter Philopömen zum Staatsmann und Feldherrn aus und nahm eifrigen Anteil an den Angelegenheiten des Achäischen Bundes, dessen Unabhängigkeit er unter Aufrechterhaltung des Friedens mit Rom zu wahren bemüht war. Als dennoch die Römer 167 nach dem dritten Makedonischen Krieg 1000 Achäer als Geiseln nach Rom schleppten, befand sich P. unter ihnen, fand aber daselbst im Haus des Ämilius Paullus freundliche Aufnahme, unterrichtete dessen Söhne und ward mit dem jüngern Scipio Africanus eng befreundet. Er begleitete denselben nach einem kurzen Aufenthalt in der Heimat in den dritten Punischen Krieg. Als sein Vaterland 146 gänzlich unterworfen wurde, suchte er durch seinen Einfluß bei den Römern das harte Los der Besiegten möglichst zu mildern. Bis zu seinem Tod (um 122) widmete er sich sodann der Bearbeitung seines Geschichtswerks, machte ausgedehnte Reisen nach den Schauplätzen der Ereignisse und zog bei Mithandelnden und Mitlebenden genaue Erkundigungen ein. Auf Grund dieser Studien und der vorhandenen historischen Aufzeichnungen verfaßte er die allgemeine Geschichte der Zeit von 220—146 in 40 Büchern, welche nachweisen will, wie die Römer die Herrschaft über das Mittelmeer erlangten, und durch ausführliche Darlegung der Ursachen und Folgen die Leser zu belehren und zur Führung von Staatsgeschäften heranzubilden sucht. Obgleich P. die Römer und ihren Staat bewunderte, ist er doch durchaus unparteiisch, und neben seiner Gründlichkeit und Sachkenntnis ist seine Wahrheitsliebe zu rühmen. Von den 40 Bü-

chern besitzen wir nur die fünf ersten (Einleitung und zweiter Punischer Krieg bis zur Schlacht bei Cannä) vollständig, von den übrigen Bruchstücke und Auszüge. Ausgaben von Bekker (Berl. 1844, 2 Bde.), Dindorf (Leipz. 1866—68, 4 Bde.) und Hultsch (Berl. 1868—72, 4 Bde.). Vgl. La Roche, Charakteristik des P. (Leipz. 1857); Markhauser, Der Geschichtschreiber P. (Münch. 1858).

Polykrātes, Tyrann von Samos, Sohn des Aakes, regierte erst gemeinsam mit seinen Brüdern Pantagnotos und Syloson, dann nach Ermordung des erstern und Vertreibung des andern seit 535 v. Chr. allein. Durch eine fremde Leibwache befestigte er seine Herrschaft. Im Besitz einer Flotte von 100 Fünfzigruderern eroberte er viele Inseln und Städte auf dem Festland, namentlich Miletos und Lesbos, und machte Samos zum Mittelpunkt eines großen Seestaats, der das Ägäische Meer beherrschte. Er zog die ausgezeichnetsten Künstler von Hellas an seinen Hof, welche ihm einen prachtvollen Palast bauten, denselben mit schönen Statuen schmückten und, wie Anakreon und Ibykos, seine Feste mit ihren Gesängen verherrlichten. Sein Siegelring war von der Meisterhand des Theodoros. Auch wissenschaftliche Bestrebungen förderte er und berief den größten Arzt jener Zeit, Demokedes von Kroton, zu sich. Ein großer Kriegshafen wurde angelegt, eine Wasserleitung erbaut und der Tempel der Hera, das Heräon, zum schönsten hellenischen Heiligtum gemacht. Aber wegen des harten Drucks, unter welchem das Volk seufzte, war P. verhaßt, und seine unersättliche Geld- und Machtbegierde stürzte ihn endlich. Ein Aufstand der Kambyses gegen Ägypten zu Hülfe geschickten Flotte wurde zwar 525 unterdrückt und ein Angriff der Peloponnesier auf Samos 524 abgewiesen. Aber 522 ließ sich P. unter dem Vorwand eines gemeinschaftlichen Unternehmens gegen Persien vom persischen Satrapen Orötes nach Magnesia locken, wo er ans Kreuz geschlagen wurde. Die Sage von seiner Freundschaft mit Amasis von Ägypten war schon im Altertum verbreitet.

Polyneikes (Polynīces), Sohn des Ödipus und der Jokaste, ward von seinem Bruder Eteokles aus Theben vertrieben, veranlaßte den Zug der Sieben gegen Theben, um seine Herrschaft wiederzugewinnen, und fiel im Zweikampf mit Eteokles.

Polysperchon, Feldherr Alexanders d. Gr., ein Ätolier, begleitete als Phalangenführer den König auf seinem asiatischen Feldzug, kämpfte bei Jsos und Gaugamela und kehrte 324 v. Chr. mit den Veteranen nach Makedonien zurück. Als Antipatros nach Alexanders Tod gegen Antigonos in den Krieg zog, ließ er P. als Befehlshaber in Makedonien zurück und ernannte ihn 319 bei seinem Tod zu seinem Nachfolger und Reichsverweser. Deshalb ward er von Kassandros bekämpft, gegen den er Olympias nach Makedonien zurückrief und in Griechenland durch Begünstigung der demokratischen Partei sich Anhänger zu gewinnen suchte. Doch wurde er aus Makedonien vertrieben und flüchtete in seine Heimat, von wo ihn Antigonos abrief, um für ihn den Befehl im Peloponnes zu übernehmen. Als er 310 einen neuen Versuch machte, Makedonien zu erringen, und sich von Kassandros bereden ließ, den letzten Erben Alexanders, Herakles, zu ermorden, verlor er jedes Ansehen und mußte sich mit Lokris begnügen, wo er 303 in Vergessenheit starb.

Pompeji (Pompeii), Stadt in Kampanien am Golf von Neapel, lag am südlichen Fuß des Vesuvius auf einer Anhöhe an der Mündung des Sarnus, war von den Oskern gegründet und ward unter Sulla in eine Militärkolonie umgewandelt. Sie war eine belebte Provinzialstadt von etwa 30,000 Einw. und wurde auch von vornehmen Römern als Aufenthalt gewählt. Nachdem schon 63 n. Chr. ein Teil der Stadt durch ein Erdbeben zerstört worden war, wurde sie nebst Herculaneum und Stabiä bei dem furchtbaren Ausbruch des Vesuvs 79 durch einen Regen von Lavasand und Asche gänzlich verschüttet. Erst 1748 wiederentdeckt, ist seitdem ein Drittel der Stadt ausgegraben worden und zwar der bedeutendste Teil mit dem Forum und den meisten öffentlichen Gebäuden, wodurch man ein treues Bild einer antiken griechisch-italischen Stadt erhalten hat, deren künstlerische Pracht und Großartigkeit überraschend sind. Vgl. Overbeck, P. in seinen Gebäuden, Altertümern und Kunstwerken (3. Aufl., Leipz. 1875, 2 Bde.); Schöner, P. (Stuttg. 1877); Wedell, P. und die Pompejaner (Leipz. 1877).

Pompejus (Pompēius), röm. plebejisches Geschlecht, welches erst seit dem 2. Jahrh. v. Chr. genannt wird. Bemerkenswert: Gnäus P. Magnus, Sohn des Gnäus P. Strabo, der 89 als Konsul im Bundesgenossenkrieg befehligte und 87, von der Nobilität gegen Marius und Cinna zu Hülfe gerufen, vor den Thoren Roms vom Blitz erschlagen wurde, geb. 106, focht 87 unter seinem Vater gegen die Volkspartei, sammelte, als Sulla 83 aus dem Mithridatischen Krieg nach Italien zurückkehrte, in Picenum ein Heer von zwei Legionen und führte es Sulla zu, der ihn als Imperator begrüßte. Er nahm nun am Bürgerkrieg in Italien teil, unterwarf 82 Sicilien, wo er Papirius Carbo hinrichten ließ, und vernichtete die Reste der Volkspartei in Afrika, worauf er seinen ersten Triumph feierte u. von Sulla den Beinamen Magnus (»der Große«) erhielt. Als 77 Lepidus die Sullanische Verfassung umzustürzen versuchte, besiegte er dessen Anhänger in Oberitalien, zwang Marcus Brutus in Mutina zur Ergebung und machte durch den in Gemeinschaft mit Quintus Catulus bei Cosa in Etrurien erfochtenen Sieg über Lepidus dem Aufstand ein Ende. Darauf erhielt er den Oberbefehl gegen Sertorius in Spanien. Anfangs vermochte er nichts gegen denselben auszurichten, doch ward er vom Glück begünstigt, indem der tüchtige Sertorius 72 von Perperna ermordet und dieser von jenem leicht besiegt und hingerichtet wurde. Auf dem Rückweg aus Spanien vernichtete P. in Oberitalien den Rest des aufrührerischen Sklavenheers und konnte sich rühmen, auch zur glücklichen Beendigung des Kriegs gegen Spartacus beigetragen zu haben. Nachdem er 31. Dez. 71 einen zweiten glänzenden Triumph gefeiert hatte, trat er am folgenden Tag sein Konsulat an, zu dem er mit Marcus Licinius

Crassus gewählt worden war, obwohl er noch keins der niedern Ämter bekleidet hatte und nur die Würde eines Ritters besaß. Während er bisher der Sache der Nobilität und des Senats gedient hatte, suchte er sich nun auch die Gunst des Volks zu erwerben, indem er den Volkstribunen die ihnen von Sulla entzogene volle Gewalt zurückgab und auch in betreff der Geschwornengerichte durch den Prätor Aurelius Cotta eine dem Volk günstige Änderung treffen ließ. Zum Dank hierfür erhielt er auf Antrag des Volkstribunen Gabinius durch Volksbeschluß 67 den Oberbefehl gegen die Seeräuber mit außerordentlichen, ungewöhnlichen Vollmachten und beendete diesen Krieg mit der größten Energie und Schnelligkeit, indem er erst das westliche Mittelmeer in 40 Tagen reinigte, dann im östlichen Meer die Feinde an der Küste von Kilikien zusammentrieb und ihnen hier in der Schlacht bei Korakesion eine völlige Niederlage beibrachte. Er war noch mit der Unterwerfung Kilikiens beschäftigt, als ihm 66 durch die lex Manilia auch die Führung des dritten Mithridatischen Kriegs übertragen wurde, den Lucullus bisher geführt hatte. P. besiegte Mithridates entscheidend bei Nikopolis, unterwarf Tigranes von Armenien, verfolgte Mithridates bis an den Phasis, kehrte aber dann um und eroberte ganz Syrien, während der Tod des Mithridates 63 dem Krieg ein Ende machte. Er regelte nun die Organisation der Provinzen Pontos, Kilikien und Syrien und kehrte erst 62 nach Italien zurück, wo er einen britten, außerordentlich glänzenden Triumph feierte. Er schien jetzt auf der Höhe seines Glücks und seiner Macht zu stehen und sein Ziel, die höchste Gewalt im Staat, mit leichter Mühe erringen zu können. Indes P. verschmähte es, dazu seine militärische Überlegenheit anzuwenden; vielmehr entließ er bei seiner Landung in Brundisium sein Heer. Er schmeichelte sich mit der Hoffnung, auch ohne gewaltsamen Bruch der Verfassung durch die Gunst des Volks und des Senats die höchste Staatsleitung übertragen zu erhalten. Doch hatte der Senat während seiner Abwesenheit die Catilinarische Ver-

schwörung unterbrückt und dadurch wieder ein Bewußtsein seiner Macht und Würde erlangt. Die heimlichen Gegner und Neider des P. bewirkten es daher, daß der Senat die Forderung des P., seine Anordnungen in Asien und die Belohnung der Veteranen durch Landanweisungen zu genehmigen, ablehnte. Um den Senat einzuschüchtern und zu seinem Willen zu zwingen, schloß P. mit Cäsar und Crassus 60 das erste Triumvirat und erlangte durch Cäsar 59 die Bewilligung seiner Wünsche seitens des römischen Volks. Da er jedoch nur den Senat unter seinen Willen beugen wollte, vor jedem Gewaltmittel aber zurückscheute, so vergingen mehrere Jahre in Unschlüssigkeit und Unthätigkeit, die Cäsar trefflich benutzte, um P. den Vorsprung abzugewinnen. Durch die Erneuerung des Triumvirats 56 erlangte zwar P. seine zweite Wahl zum Konsul und nach Ablauf seines Konsulats (55) die Übertragung der Provinz Spanien mit der Befugnis, sie durch Legaten verwalten zu können, sowie endlich 52 infolge der Unruhen nach der Ermordung des Clodius auch durch seine Ernennung zum alleinigen Konsul die ersehnte höchste Gewalt. Er verbündete sich nun auf das engste mit der Senatspartei und begann 49 den Krieg mit Cäsar, seinem einzigen Nebenbuhler seit dem Tode des Crassus, aber so übereilt und unvorbereitet, daß er, sobald Cäsar in Italien einbrang, nach Griechenland flüchten mußte. Hier fügte er zwar bei Dyrrhachion dem ungeduldigen Gegner einen empfindlichen Verlust zu, erlitt aber, als er sich wider Willen von den Optimaten zur Schlacht verleiten ließ, 9. Aug. 48 bei Pharsalos eine vollständige Niederlage. Niedergeschmettert durch das unerwartete Unglück, floh er nach Ägypten, wurde aber bei der Landung in Pelusion von den Abgesandten des Königs Ptolemäos ermordet (29. Sept. 48). Seine Asche wurde in der Pompejanischen Villa bei Alba beigesetzt. Neuerdings ist die Statue des P. ausgegraben worden, zu deren Füßen Cäsar 44 ermordet wurde. P. war fünfmal vermählt, mit Antistia, Ämilia, Mucia, Julia (Cäsars Tochter) und Cornelia

(Tochter des Metellus Scipio). Außer einer Tochter, Pompeja, überlebten ihn zwei Söhne von der Mucia, Gnäus und Sertus. Von diesen befehligte Gnäus einen Teil der Pompejanischen Flotte, als sein Vater den Tod fand, begab sich darauf nach Afrika und nach der Schlacht bei Thapsos nach Spanien, wo er an der Schlacht bei Munda 45 teilnahm und auf der Flucht in den iberischen Gebirgen ermordet wurde. Der jüngere, Sertus P., geb. 74, war Augenzeuge der Ermordung seines Vaters, kämpfte ebenfalls 46 bei Thapsos und führte nach der Schlacht bei Munda einen Guerillakrieg gegen Cäsars Legaten. Die Bürgerkriege nach Cäsars Tod machten es ihm möglich, eine große Flotte zusammenzubringen, mit der er sich der Inseln Sicilien, Sardinien und Corsica bemächtigte und Rom die Getreidezufuhr abschnitt, so daß die Triumvirn sich sogar genötigt sahen, ihm im Vertrag von Misenum (39) den Besitz jener Inseln und des Peloponnes zuzugestehen. Indes war der Friede nur von kurzer Dauer. 38 begann Octavianus den Krieg gegen P. (den sogen. Sicilischen Krieg), und nach mehreren unglücklichen Gefechten gelang es Agrippa, die Flotte des P. 36 bei Naulochos entscheidend zu schlagen. Sertus floh nach Kleinasien und wurde in Miletos von dem Legaten des Antonius, Marcus Titius, gefangen genommen und 35 getötet.

Pompilius, s. Numa Pompilius.

Pomptinische Sümpfe (Paludes Pomptinæ), eine Sumpfgegend im südlichen Latium, welche, ursprünglich Meeresboden, der durch die Berge von Circeji vom offenen Meer getrennt war, durch die Alluvionen der Flüsse Astura, Ufens, Amänus u. a. nur unvollkommen ausgefüllt wurde, so daß die Wasserläufe keinen genügenden Abfluß hatten. Mit der Anlegung der Via Appia (312 v. Chr.) begannen die Versuche, die Sumpfgewässer zu regulieren und das Gebiet trocken zu legen und urbar zu machen, doch ohne Erfolg, da ein Gefälle für das Wasser nicht herzustellen war, so daß die Sumpfluft die Gegend bis Rom verpestete.

Pontos (Pontus), der nördliche Teil Kappadokiens (s. b.) am Pontos Eureinos, dessen westlicher Teil mit der Hauptstadt Amaseia, von den Leukosyrern, einem überwiegend semitischen Mischvolk, bewohnt, fruchtbar war und von den Flüssen Iris, Thermodon und Lykos durchströmt wurde; an der Küste lagen die griechischen Kolonien Amisos, Themiskyra, Trapezus u. a. Der östliche Teil war von dem Gebirge Paryadres erfüllt, an dem die rohen, kriegerischen Bergvölker der Tibarener, Mosynöken, Chalyben, Kolchier und Sannen wohnten. Unter Artaxerxes II. von Persien gelang es dem Satrapen Ariobarzanes, mehrere dieser Stämme zu unterjochen und dadurch 363 v. Chr. den Grund zu einem unabhängigen Reich zu legen, welches sich unter einer persischen Dynastie, die ihren Ursprung von den Achämeniden ableitete, auch in der Diadochenzeit behauptete. Die Könige desselben nannten sich seit der Eroberung von Kolchis, Kaukasien und dem Kimmerischen Bosporus Könige von Paphlagonien und P., schließlich von P. allein. Die höchste Macht, aber auch sein Ende erreichte das pontische Königreich unter Mithridates VI. (120—63). Nach dem Sturz desselben wurde der Küstenstrich 62 mit Bithynien zu der römischen Provinz Bithynia Pontus vereinigt, das Binnenland (Pontus Galaticus, Polemoniacus und Cappadocius) an einheimische Fürsten verteilt, bis es im 1. Jahrh. n. Chr. mit der römischen Provinz Pontus wieder vereinigt wurde.

Pontos Eureinos (Pontus Euxīnus), das Schwarze Meer; dasselbe hieß bei den Griechen ursprünglich nur Pontos (Meer), dann wegen seiner Winterstürme axeinos (das unwirtliche), was man aus religiöser Scheu in euxeinos (gastlich) umwandelte. Die Küsten desselben wurden seit 660 v. Chr. besonders von den Milesiern kolonisiert und lieferten den Griechen Rohprodukte.

Populonia, alte etrusk. Stadt auf der steilen Höhe des Populonischen Vorgebirges am Tyrrhenischen Meer, war eine Kolonie von Volaterra und lag seit der Zerstörung durch Sulla in Trümmern.

Porcia, Tochter des jüngern Cato Uticensis, ihrem Vater an Freiheitsliebe und Seelenstärke gleich, war erst mit Marcus Bibulus, dann mit Marcus Brutus, dem Mörder Cäsars, vermählt, nach dessen Niederlage und Tod bei Philippi 42 v. Chr. sie sich selbst und zwar angeblich durch Verschlingen glühender Kohlen den Tod gab.

Poros, s. Kalauria.

Porsena (Porsenna), König von Clusium in Etrurien, zog, um die Tarquinier in Rom wieder auf den Thron zu setzen, 507 v. Chr. vor Rom, bemächtigte sich des Janiculus, trieb die Römer über den Tiber zurück und schloß die Stadt ein, wurde aber durch den Mut des Mucius Scävola so erschreckt, daß er den Römern gegen die Stellung von Geiseln, die er später auch freigab, Frieden bewilligte und nach Clusium zurückkehrte. Doch widerspricht dieser Sage die bei Tacitus und Plinius erhaltene Nachricht, daß P. Rom zur Unterwerfung und zur Auslieferung der Waffen gezwungen und ihm ein Drittteil seines Gebiets genommen habe.

Porto d'Anzo, s. Antium.

Poseidonia, s. Pästum.

Poti, s. Phasis.

Potidäa, Stadt auf Chalkidike, auf der schmalen Landenge, welche zur Halbinsel Pallene führt, ward von Korinth gegründet und schloß sich nach den Perserkriegen dem Athenischen Seebund an. Als P. 432 v. Chr. von demselben abfiel, belagerten es die Athener, was zum Ausbruch des Peloponnesischen Kriegs Anlaß gab, und eroberten es 429. Die alten Einwohner wurden zur Auswanderung gezwungen und athenische Kolonisten daselbst angesiedelt. 356 zerstörte es Philipp von Makedonien und verschenkte sein Gebiet an Olynthos, doch baute es Kassandros unter dem Namen Kassandreia wieder auf, und es wurde die bedeutendste Stadt Makedoniens bis zur Völkerwanderung.

Präneste (jetzt Palestrina), alte Stadt in Latium, 23 Millien östlich von Rom, auf einem steilen Vorberg des Sabinergebirges am Eingang des Tolerusthals gelegen, war berühmt durch ein Orakel der Fortuna, das viel besucht wurde. In fünf Terrassen stieg die Stadt zu der 340 m (760 m ü. M.) hohen Burg auf und war infolgedessen eine fast uneinnehmbare Fe-

stung. In der Zeit seiner Unabhängigkeit beherrschte P. mehrere benachbarte Orte, ward um 380 v. Chr. von den Römern unterworfen und als verbündete Stadt anerkannt. Im Bürgerkrieg warf sich der jüngere Marius in die Stadt, welche 82 nur durch Hunger bezwungen wurde. Hierauf wurden ihre Befestigungen geschleift und an Stelle der meist umgekommenen Bewohner Veteranen angesiedelt.

Prätor (Prætor) war in der ersten Zeit der römischen Republik bis 449 v. Chr. der Name der höchsten Beamten (Konsuln), welcher 367, als die richterliche Gewalt vom Konsulat abgezweigt wurde, auf den mit ihr bekleideten Magistrat überging, welcher bis 337 den Patriciern allein vorbehalten war. Da Ein P. für die sich mehrenden richterlichen Geschäfte nicht hinreichte, so wurde 247 ein zweiter hinzugefügt; der P. urbanus hatte die Prozesse der römischen Bürger untereinander, der P. peregrinus die der Bürger mit den Fremden zu entscheiden. 227 wurde die Zahl der Prätoren auf 4 und 197 auf 6, von Sulla auf 8 und von Cäsar auf 16 vermehrt. Diese neuen Prätoren wurden zuerst zur Verwaltung der neu erworbenen Provinzen verwendet; als aber 149 die Quästiones perpetuæ eingerichtet wurden, blieben die Prätoren während ihres Amtsjahrs in Rom und gingen erst nach Ablauf der Prätur als Proprätoren in die Provinzen. Sie galten als Kollegen der Konsuln, wurden wie diese in den Centuriatkomitien gewählt und vertraten dieselben während ihrer Abwesenheit; ihre Insignien waren die Toga prätexta und zwei oder sechs Liktoren. In der Kaiserzeit wurde ihre Amtsgewalt verringert, indem die Gerichtsbarkeit auf den Senat oder andre Beamte übertragen wurde.

Prätoriäner (Prætoriani), die Leibwache der röm. Kaiser, welche in einer Stärke von neun Kohorten zu je 1000 Mann schon von Augustus gebildet und von Tiberius in einem festen Lager (castra prætoria) zwischen dem Viminalischen und Esquilinischen Thor vereinigt wurde. Sie standen unter einem oder mehreren Präfekten (præfecti prætorio) und waren vor ben übrigen Truppen burch höhern Solb und eine kürzere Dienstzeit ausgezeichnet. Auf die politischen Verhältnisse gewannen sie als die einzige Militärmacht in Rom großen Einfluß, so daß sie Kaiser ab= und einsetzten und 193 n. Chr. sogar ben Thron an ben Meistbietenden verkauften. Constantinus löste die Truppe auf.

Priämos (Priämus), König von Troja, Sohn des Laomebon, war der letzte trojanische König und regierte 40 Jahre. Von seiner Gemahlin Hefabe und mehreren andern Frauen hatte er 50 Söhne und 50 Töchter. Er beherrschte ein ansehnliches Gebiet, welches Lesbos, Mysien und den Hellespontos umfaßte. Im Trojanischen Krieg kämpfte er, schon hochbetagt, nicht mit, sondern erschien nur auf dem Schlacht= feld, um den Vertrag über den Zwei= kampf zwischen Paris und Menelaos ab= zuschließen, und im griechischen Lager, um von Achilleus die Leiche Hektors zu erbit= ten. Er fiel bei der Einnahme Trojas von der Hand des Neoptolemos.

Priëne, eine der ion. Städte an der Küste Kleinasiens, Miletos gegenüber, nördlich von der Mündung des Mäandros am Fuß des Gebirges Mykale gelegen, in älterer Zeit Hafenstadt, zu Strabons Zeit 40 Stabien vom Meer entfernt.

Probus, Marcus Aurelius, röm. Kaiser, aus niederm Stand in Sirmium geboren, trat früh in das römische Heer, zeichnete sich unter den Kaisern Valeria= nus, Gallienus, Claudius und Aurelia= nus in vielen Feldzügen aus und wurde nach dem Tode des Tacitus 276 n. Chr. von den Truppen des Ostens als Kaiser ausgerufen und, nachdem der Gegenkaiser Florianus ermordet worden, vom Senat anerkannt. Er schlug die Germanen am Rhein, die Sarmaten und Geten an der Donau zurück und züchtigte die räuberi= schen Isaurier und die Blemmyer an der Grenze Ägyptens. Um die Agri decu= mates gegen die Germanen zu schützen, stellte er den limes Romanus wieder her und verpflanzte zahlreiche Germanenhau= fen auf den Boden des Römischen Reichs. Seine Strenge gegen die Soldaten rief aber einen Aufstand des Heers hervor, in dem er 282 bei Sirmium erschlagen warb.

Propóntis (»Vormeer«, jetzt Mar= marameer), bas kleine Meerbecken, welches durch ben Hellespontos mit dem Ägäischen und durch ben Thrakischen Bos= poros mit bem Pontos Eureinos in Ver= binbung steht und auf ber europäischen Seite von Thrakien, auf ber asiatischen von Bithynien und Mysien (Phrygien am Hellespontos) begrenzt wird.

Proskriptionen, s. Sulla.

Prytanen (»Vorsteher«), in Athen ber Ausschuß des Rats, der die Geschäfte leitete. Der Rat der Fünfhundert zerfiel nach der Zahl der Phylen in zehn Abtei= lungen von je 50 Mitgliedern, von denen jede 35—36 Tage die Verwaltung des Staats führte. Die Funktion eines der 50 P. sowie die Dauer der Funktion hieß Prytanie, ihr Versammlungshaus, wo sie auch während ihrer Geschäftsführung öffentlich gespeist wurden, das Pryta= neion.

Psammenit, s. Psammetichos 3).

Psammetichos, Name dreier Könige von Ägypten:
1) P. I., Sohn Nechos, des assyr. Statthalters von Memphis und Saïs, der 672 v. Chr. von Assarhabbon eingesetzt worden war, erhielt ebenfalls vom assyri= schen König eine Statthalterschaft, em= pörte sich aber 655 und befreite mit Hülfe des Königs Gyges von Lydien und den Jonier durch die Schlacht von Momem= phis Ägypten von der Fremdherrschaft. Als König regierte er bis 610, sicherte die Nordostgrenze des Reichs, indem er ioni= sche und karische Söldner bei Pelusion in stehende Lager legte, stellte den alten Kul= tus wieder her und baute prächtige Tempel und Paläste. Zugleich öffnete er Ägypten bem fremden Handel, gestattete den Mi= lesiern den Bau von Naukratis und be= günstigte die fremden Söldner, so baß, erbittert hierüber, 200,000 Mann der einheimischen Kriegerkaste nach Äthio= pien auswanderten. — 2) P. II. (Psam= mis), Sohn Nechos, 595—589, unter= nahm einen Zug nach Äthiopien. — 3) P. III. (Psammenit) folgte seinem Vater Amasis 526, wurde aber nach einer Regierung von sechs Monaten vom Perserkönig Kambyses bei Pelusion ge=

schlagen und bei Memphis zur Übergabe gezwungen. Aus Mitleid mit seinem Unglück behandelte ihn Kambyses anfangs gnädig; da er aber die Ägypter zum Aufstand zu reizen suchte, wurde er zum Tode verurteilt.

Pseudo-Smerdis, s. Smerdis.

Pteria, alte Stadt, östlich vom Halys, im leukosyrischen Gebiet von Kappadokien, ward 549 v. Chr. vom König Krösos von Lydien bei seinem Angriff auf Persien erobert und zerstört; in der Nähe fand darauf die erste unentschiedene Schlacht zwischen Krösos und Kyros statt. Neuerdings glaubt man ihre Ruinen, Felsenhallen mit Ruinen in assyrischem Stil, entdeckt zu haben.

Ptolemäos, gemeinschaftlicher Name der makedonisch-griech. Könige von Ägypten (Ptolemäer oder Lagiden), deren man im ganzen elf zählt. Der erste ist P. I., der Sohn des Lagos, auch Soter (»Retter«) genannt, welchen Beinamen ihm die Rhodier gaben, als er ihnen gegen Demetrios Poliorketes Hülfe leistete (305 v. Chr.), war Feldherr Alexanders d. Gr. und zeichnete sich in Baktrien und Indien besonders aus. Nach Alexanders Tod 323 erhielt er Ägypten und Libyen als Statthalterschaft. Er beseitigte den habgierigen Unterbefehlshaber von Ägypten, Kleomenes, und bemächtigte sich der Schätze desselben (8000 Talente), die er zu nützlichen Einrichtungen, zu Kriegsrüstungen und zur Verschönerung von Alexandreia benutzte, wo er das Museum erbaute. Auch brachte er die Kyrenaika unter seine Gewalt. Nachdem ein Angriff des Perdikkas auf Ägypten 321 durch dessen Ermordung vereitelt worden war, strebte P. vor allem nach dem Besitz von Syrien, zu welchem Zweck er sich 318 mit Kassandros und Antigonos gegen Seleukos, dann mit diesem gegen Antigonos verbündete; er besiegte auch 312 dessen Sohn bei Gaza, unterlag aber 306 in der Seeschlacht bei Salamis auf Kypros und erhielt bei der neuen Reichsteilung nach der Schlacht bei Ipsos (301) wegen seines zweideutigen Benehmens keine Erweiterung seines Reichs, für das er 306 den Königstitel angenommen hatte. Er übergab 285 die Regierung seinem Sohn und starb 283. — P. II. Philadelphos (285—247), »der Schwesterliebende« genannt, weil er seine Schwester Arsinoe heiratete, erweiterte das Reich, indem er in Äthiopien vordrang (264—258), hier und an der Südküste Arabiens Eroberungen machte und sich in Phönikien und an der Südküste Kleinasiens festsetzte. — Unter P. III. (247—221), den die Priester Euergetes (»Wohlthäter«) nannten, weil er aus Asien ägyptische Götterbilder zurückbrachte, erreichte die äußere Macht des Ptolemäerreichs ihren Höhepunkt und begann schon zu sinken unter seinem Sohn P. IV. (221—205), der sich selbst Philopator (»der Vaterliebende«) nannte, dem aber das Volk seiner Wollust und Schwelgerei wegen den Beinamen Tryphon (»Schwelger«) beilegte; ein langer Krieg mit Syrien brachte trotz des Siegs der Ägypter bei Raphia (216) großes Verderben über das Land und hatte den Verlust Phönikiens und der Plätze in Kleinasien zur Folge. Zugleich begann Rom sich in die innern Angelegenheiten Ägyptens einzumischen und erhielt sogar die Vormundschaft über P. V. Epiphanes (»der Erlauchte«), der 205 mit vier Jahren den Thron bestieg und 181 starb. — Unter P. VI. (181—145) Philometor (»der Mutterliebende«) entstand wieder ein Krieg zwischen Ägypten und Syrien. Antiochos von Syrien erfocht einen glänzenden Sieg bei Pelusion und nahm 171 P. VI. gefangen. Als er nach Alexandreia vordrang, zwangen ihn die Römer 168 durch Drohungen zur Räumung Ägyptens. — Auf P. VI. folgte 145 sein Bruder P. VII. Euergetes II. Physkon (»der Dicke«), der sich früher gegen Philometor empört und ihn einige Zeit vertrieben hatte; nach diesem kam 116 P. VIII. Lathyros auf den Thron als Mitregent seiner Mutter Kleopatra, die ihn zu Gunsten des jüngern Sohns, P. IX. Alexander, beseitigte, aber wieder anerkennen mußte. Nach dem Tode des Lathyros ward 81 von Sulla P. X. Alexander II. eingesetzt, der aber wegen Ermordung seiner Gemahlin Berenike in einem Aufstand getötet wurde. Obwohl er in seinem Testament Ägypten den Römern ver-

macht hatte, so buldeten diese boch, daß
ein illegitimer Sohn des Lathyros, P. XI.
(81—51) mit dem Beinamen Auletes
(»der Flötenbläser«), den Thron bestieg,
während beffen jüngerer Bruder Kypros
erhielt. Diesem wurde sein Besitz 58 von
Cato entriffen, worauf er sich selbst tötete.
P. XI. wurde zwar auch vom Volk vertrieben, das wegen seiner Feigheit und
Unterwürfigkeit gegen Rom erbittert war.
Doch erlangte er es durch großartige Bestechungen der Triumvirn und andrer
einflußreichen Römer (16,000 Talente),
daß Gabinius, der Statthalter von Syrien, ihn zurückführte. Als er 51 starb,
bestimmte er, daß seine 17jährige Tochter
Kleopatra und sein 13jähriger Sohn
P. XII. Dionysos gemeinsam regieren
sollten. Aber auf den Rat des ehrgeizigen Eunuchen Pothinos vertrieb Dionysos seine Schwester, die nach Syrien
floh, aber 48 die Gunst Cäsars gewann.
Dieser besiegte P. XII. im Alexandrinischen Krieg, in welchem derselbe 47 im
Nil ertrank. Cäsar übertrug nun die
Herrschaft Kleopatra und ihrem jüngsten
Bruder, P. XIII., der, ein Kind, schon 42
starb. Mit dem Tode der Kleopatra, der
letzten Ptolemäerin, endete 30 v. Chr. das
Reich der Ptolemäer. Vgl. Champol-
lion-Figeac, Annales des Lagides
(Par.1819,2 Bde.); Lepsius, Zur Kenntnis der Ptolemäergeschichte (Berl. 1853).

Ptolemäos, Klaudios, griech. Geograph und Astronom, lebte im 2. Jahrh.
n. Chr. zu Alexandreia in Ägypten. Er ist
der Begründer des Ptolemäischen Welt-
systems. Außer seinem grundlegenden
Werk über Astronomie schrieb er eine
Geographie (herausgeg. von Nobbe, Leipz.
1843—45, 3 Bde.), welche vorzugsweise
die mathematische Geographie behandelte,
und einen Königskanon, ein chronologi-
sches Verzeichnis einer Anzahl Herrscher
verschiedener Völker (herausgeg. von
Halma, Par. 1820).

Publilius (Poblilius), Name eines
röm. plebejischen Geschlechts. Bemerkenswert: P. Volero, der als Volkstribun
471 v. Chr. das Gesetz durchbrachte, daß
die plebejischen Magistrate (Volkstribunen) von den Tributkomitien gewählt

werden sollten, und Quintus P. Philo,
der 339 Konsul und Diktator war und die
leges Publiliæ gab, welche bestimmten,
daß die Beschlüsse der Tributkomitien allgemein gültig sein, die der Curiat-
komitien nicht mehr der Bestätigung der
Kuriatkomitien bedürfen und einer der
Censoren ein Plebejer sein solle; P. war
337 der erste plebejische Prätor, 332 der
erste plebejische Censor, bekleidete 327 wieder das Konsulat und erhielt, um die Belagerung von Paläopolis zu Ende zu
führen, als der erste Konsul den Oberbefehl als Prokonsul für 326 verlängert;
320 und 315 war er wieder Konsul.

Punische Kriege, Name der drei großen
Kriege (264—241, 218—201, 149—146
v. Chr.) zwischen Römern und Karthagern
(Puniern), welche mit dem Untergang
des karthagischen Staats endeten.

1) Der erste Punische Krieg, 264
bis 241 v. Chr., hatte seine Ursache in der
Nebenbuhlerschaft zwischen diesen beiden
größten Staaten des westlichen Mittelmeers, welche seit der vollständigen Eroberung Italiens durch die Römer zu einem
Konflikt führen mußte. Den Anlaß zum
Ausbruch bot die Einmischung Roms in
Messana, deffen Burg die Karthager bereits
besetzt hatten, um ganz Sicilien in ihre Gewalt zu bringen, deffen sich aber auf Bitten eines Teils der Mamertiner (s. b.)
der Konsul Claudius Cauder 264 bemächtigte. Die Römer eroberten darauf 263
einen großen Teil der Insel, bewogen
Hieron von Syrakus zu einem Bündnis
und schloffen 262 ein großes karthagisches
Heer unter Hannibal in Agrigent
ein, das sich, nachdem ein Entsatzheer unter Hanno geschlagen worden war, ergeben
mußte. Um den Besitz Siciliens zu sichern,
erbauten die Römer eine Flotte, mit der
der Konsul Gajus Duilius 260 bei
Mylä einen glänzenden Sieg erfocht, und
beschloffen 256, den Krieg in Feindesland
zu tragen, indem sie 330 Schiffe unter
Marcus Atilius Regulus und Lucius
ManliusVulso nach Afrika schickten, welche
nach einem Sieg über die karthagische Flotte
bei Eknomos in Afrika landeten. Hier
schlug Regulus die Karthager 255 bei
Adys, erlitt aber, nachdem ein Friedens-

verſuch an ſeinen übermäßigen Forderun=
gen geſcheitert war, durch Xanthippos
bei Tunes eine völlige Niederlage. Der
Verluſt zweier Flotten durch Stürme er=
ſchöpfte die Kräfte der Römer ſo, daß ſie ſich
auf die Verteidigung Siciliens beſchrän=
ken mußten. Hier errangen ſie zwar 250
wieder einen Erfolg, indem ſie Hasdrubal
bei Panormos beſiegten; aber weitere
Unglücksfälle und der tapfre Widerſtand
Hamilkars auf Eirkte und Eryr hinderten
ſie an der völligen Eroberung der Inſel,
bis es der römiſchen Flotte unter Gajus
Lutatius Catulus 241 gelang, die
karthagiſche unter Hanno bei den Agati=
ſchen Inſeln zu überfallen und zu ver=
nichten. Hierauf ſahen ſich die Karthager
genötigt, den Frieden durch die Abtretung
Siciliens und der Inſeln zwiſchen dieſem
und Italien und durch Zahlung von 3200
Talenten binnen zehn Jahren zu erkaufen.
2) Der zweite Puniſche Krieg, 218
bis 201 v. Chr., brach aus, als Hannibal
die den Römern verbündete Stadt Sa=
guntum in Spanien eroberte und die Kar=
thager beren Auslieferung verweigerten.
Derſelbe wurde hauptſächlich in Italien
durch Hannibal (ſ. b.) geführt, außerdem
aber auch in Sicilien, wo 212 Syrakus von
Marcellus erobert wurde, und in Spa=
nien, welches den Karthagern die Mittel
zur Wiederaufnahme des Kampfes gelieſert
hatte. Hier kämpften die beiden Brüder
Publius und Gnäus Scipio mit
Glück, bis ſie 212 durch Verrat der Kelti=
berer ihren Untergang fanden, worauf Pu=
blius Scipio, des erſtern Sohn, 210 Neu=
karthago einnahm und 206 die Karthager
aus Spanien vertrieb. Zuletzt vermochten
die Römer wieder den Krieg in Feindes=
land zu tragen, und die Niederlage Hanni=
bals bei Zama zwang Karthago 201 zu
einem Frieden, welcher ſeine politiſche
Machtſtellung vernichtete: es mußte auf
alle Beſitzungen außer Afrika verzichten,
alle Elefanten und Schiffe bis auf zehn
ausliefern, 10,000 Talente zahlen und ſich
verpflichten, keinen Krieg ohne Erlaubnis
der Römer anzufangen.
3) Der dritte Puniſche Krieg, 149
bis 146 v. Chr., wurde den Karthagern von
den Römern aufgezwungen, die ihnen als

Buße für den eigenmächtigen Beginn eines
Kriegs gegen ihren Bedränger Maſiniſſa
erſt die Stellung von 300 Geiſeln, dann
die Auslieferung aller Waffen und end=
lich die Zerſtörung Karthagos und ſeinen
Wiederaufbau 2 Meilen vom Meer auf=
erlegten. Dieſe letztere Forderung trieb
die Karthager zur Verzweiflung und zum
entſchiedenſten Widerſtand. Die Römer
erlitten in den erſten Jahren des Kriegs,
149 und 148, mehrere Mißerfolge. Erſt der
Konſul des Jahrs 147, Publius Sci=
pio Amilianus, wandte das Kriegs=
glück. Er vernichtete das Heer Hasdru=
bals, das außerhalb der Stadt ſich be=
hauptet hatte, ſchloß dieſe zu Waſſer und
zu Land ein und erſtürmte ſie nach hart=
näckiger Verteidigung im Frühjahr 146.
Die 50,000 Einw., die noch übrig waren,
wurden in die Sklaverei verkauft, die
Stadt ging in Flammen auf. So erlag
Karthago trotz ſeines Reichtums und ſeiner
Macht dem politiſch beſſer organiſierten,
kräftigern Rom. Vgl. Jäger, Die Pu=
niſchen Kriege (Halle 1869—70, 2 Bde.).

Puteoli, Stadt in Kampanien am
Sinus Puteolanus, an der Nordſeite des
Golfs von Neapel, um 520 v. Chr. von
Joniern von Samos auf cumäiſchem Ge=
biet gegründet und mit Dikäarchia, ſpäter
wegen der Schwefelquellen P. (»Brun=
nen«, oskiſch Phiſtlus) benannt, ward
während der Samniterkriege von den
Römern beſetzt und zu einer Seekolonie
gemacht. Es wurde wegen ſeines treffli=
chen Hafens eine bedeutende Handelsſtadt,
welche einen großen Teil des Handelsver=
kehrs von Rom vermittelte.

Pydna, Stadt in der makebon. Land=
ſchaft Piëria unfern des Thermäiſchen
Meerbuſens, von ioniſchen Griechen ge=
gründet, in deren Nähe der letzte make=
boniſche König, Perſeus, 22. Juni 168
v. Chr. von den Römern unter Lucius
Amilius Paullus gänzlich beſiegt wurde.

Pylos (jetzt Navarino), Stadt an der
Weſtküſte Meſſeniens auf dem Vorgebirge
Koryphaſion, einſt Sitz des Neſtor und des
Königshauſes der Neleïden, ward im zwei=
ten Meſſeniſchen Krieg von den Sparta=
nern zerſtört, im Peloponneſiſchen Krieg
425 v. Chr. von den Athenern unter De=

mosthenes besetzt, die von hier aus die vor dem
Hafen liegende Insel Sphakteria eroberten,
und von Epameinondas wiederaufgebaut.

Pyrrhos (Pyrrhus), König von Epei=
ros, aus einem Geschlecht, das seinen Ur=
sprung von Neoptolemos, dem Sohn des
Achilleus, ableitete, geboren um 318 v.Chr.,
ward, zwölf Jahre alt, als Nachfolger sei=
nes Vaters König der Molosser, aber 301
vertrieben und begab sich zu Demetrios
Poliorketes, dem Gemahl seiner Schwester
Deidameia, nach Makedonien, dann nach
Alexandreia zu Ptolemäos, mit dessen
Tochter er sich vermählte. Von seinem
Schwiegervater unterstützt, bemächtigte
er sich 296 wieder seines Reichs, eroberte
auch ganz Epeiros und nannte sich fortan
König dieses Landes. 287 setzte er sich in
den Besitz Makedoniens, verlor es aber
nach sieben Monaten wieder. Von den
Tarentinern gegen Rom zu Hülfe gerufen,
schiffte er sich 280 mit 30,000 Mann und
20 Elefanten nach Italien ein, um sich
hier ein großes Reich zu gründen. Er
schlug den römischen Konsul Publius Va=
lerius Lävinus bei Herakleia am Siris
und, nachdem die Römer Friedensvor=
schläge abgelehnt hatten, 279 ein zweites
Heer der Römer bei Asculum, erlitt aber so
große Verluste, daß er die Hoffnung, Ita=
lien zu erobern, aufgab und nach Sicilien
ging, um den Syrakusiern gegen die Kar=
thager Beistand zu leisten. Er führte den
Krieg anfangs mit Glück und bemächtigte
sich, mit Ausnahme der Städte Lilybäon
und Messana, der ganzen Insel. Doch
trat er als Herr auf und reizte durch seine
Strenge und Willkür die griechischen
Städte zum Aufstand. Als er daher hörte,
daß die Römer Unteritalien fast ganz er=
obert hatten, kehrte er dahin zurück, wurde
aber von Manius Curius Dentatus bei
Beneventum 275 völlig geschlagen und
begab sich wieder nach Epeiros. 274 er=
oberte er Makedonien zum zweitenmal
und zog 272 auf die Aufforderung des
Spartaners Kleonymos nach dem Pelo=
ponnes, um die Herrschaft über Griechen=
land zu erlangen. Als er Argos erstürmen
wollte, wurde er im Straßenkampf durch
einen vom Dach herabgeworfenen Ziegel=
stein getötet. In Epeiros folgte ihm sein
zweiter Sohn, Alexander. Vgl. Hertz=
berg, Rom und König P. (Halle 1870).

Pythēas, kühner Seefahrer und Geo=
graph, gebürtig aus Massilia, unternahm
um 330 v. Chr. ausgedehnte Reisen im
Atlantischen Ocean, erreichte die Nord=
spitze der britischen Inseln und die germa=
nischen Nordseeküsten (Thule) und machte
wichtige astronomische Breitenbeobach=
tungen, indem er die Sonnenhöhe maß.
Seine Berichte, die von andern Geogra=
phen benutzt wurden, namentlich von Stra=
bon, machten teilweise den Eindruck des
Fabelhaften und stießen auf Widerspruch;
doch waren sie auf eigner Beobachtung
und Erfahrung begründet. Von seinem
in griechischer Sprache verfaßten »Peri=
plus« haben sich einige Bruchstücke er=
halten (gesammelt von Schmekel, Mersed.
1848). Vgl. Bessel, P. von Massilien
(Götting. 1858); Ziegler, Die Reise
des P. nach Thule (Dresd. 1861).

Q.

Quaden (Quadi), german. Volk, wel=
ches in Mähren wohnte und mit den Mar=
komannen vereint 167 n. Chr. das Römi=
sche Reich angriff. Nachdem Commodus
180 mit ihnen Frieden geschlossen, fielen
sie noch mehrmals in das römische Gebiet
ein, gingen aber dann mit den Marko=
mannen in den Baivaren (Bayern) auf.

Quästor, röm. Magistrat, welchem
unter den Königen die Kriminalgerichts=
barkeit (daher Quästores parricidii), spä=
ter die Verwaltung der Staatskasse (des
Ærarium) übertragen war. Ursprüng=
lich waren es zwei, seit 421 v.Chr. vier, seit
267 acht, seit Sulla zwanzig und seit Cäsar
vierzig. Zwei (die Quästores urbani)
blieben immer in Rom, wo sie die Einnah=
men und Ausgaben des Staats zu besorgen,
Rechnung darüber zu führen, Kontrakte
abzuschließen und sonstige finanzielle Ge=

schäfte zu erledigen, auch die Senats= beschlüsse im Tempel des Saturn, wo das Ærarium war, aufzubewahren hatten. Die übrigen Quästoren begleiteten die Statthalter in die Provinzen als deren Finanzbeamte oder waren an wichtigen Punkten, wie in Ostia, Cales und im cisalpinischen Gallien, zur Oberaufsicht über Zölle, Abgaben 2c. stationiert. An= fangs war das Amt nur den Patriciern, seit 409 auch den Plebejern zugänglich; die Wahl fand erst in den Kuriat=, dann in den Tributkomitien statt. Die Quästur, für welche das vollendete 30. Jahr erfor= derlich war, war die unterste Stufe in der amtlichen Laufbahn und seit Sulla mit dem Eintritt in den Senat verbunden.

Quinctius, s. Cincinnatus und Flamininus.

Quirinālis, einer der sieben Hügel Roms (s. b.).

Quiriten (Quirites), Name des röm. Volks (populus Romanus Quiritium oder Quirites) in bürgerrechtlicher Be= ziehung, während Romani der politische und militärische Name blieb; der über= lieferung nach soll er von der Stadt Cures abzuleiten sein und ursprünglich die unter Titus Tatius mit den Römern vereinig= ten Sabiner bezeichnet haben.

R.

Ramnes, s. Tribus.

Ramses, Name mehrerer Könige von Ägypten. Bemerkenswert: 1) R. II. (griech. Sesostris), 1388—22 v. Chr., Sohn des Sethos, unternahm Kriegszüge nach Syrien, wo er bis Berytos vordrang, und das er vorübergehend unterwarf, befestigte die ägyptische Herrschaft über Äthiopien und einen Teil Arabiens und begann den Bau des Kanals zwischen dem Mittelländischen und dem Roten Meer, an dem er die Stadt Ramesu anlegte, und an dem die Israeliten Frondienste verrichten mußten. Er errichtete zahlreiche glänzende Bauten, einen großen Tempel (»Ramesseum«) in Theben mit seinem eignen, fast 20 m hohen sitzenden Stand= bild, ferner einen in den Felsen gehauenen bei Abu Simbal und einen zweiten bei Beth el Wali und stellte vor dem Tempel des Amenophis in Luksor zwei Stand= bilder und zwei Obelisken auf. 2) R. III. (griech. Rhampsinitos), 1269—44 v. Chr., verherrlichte seine großen Kriegsthaten in Nubien und Syrien an einem prächtigen Tempel und Palast in Medinet=Abu. In der griechischen über= lieferung wird besonders sein Reichtum hervorgehoben, und bekannt ist die rei= zende Erzählung Herodots vom Schatz des Rhampsinit. Ihm folgten 1244—1091 noch elf Könige Namens R.

Raphia (jetzt Repha), Stadt an der Küste Palästinas, südwestlich von Gaza, wo 217 v. Chr. Antiochos d. Gr. von den Ägyptern besiegt wurde.

Rätien (Rætia), röm. Provinz, welche das Gebiet der Mittelalpen zwischen Hel= vetien im W. und Noricum im O. von der Tiefebene des cisalpinischen Gallien bis zur Donau umfaßte. Dies Gebiet wurde 15 v. Chr. durch Drusus und Tiberius erobert, aber noch unter Augustus lie nach S. sich öffnenden Alpenthäler, mit Ausnahme des obern Thals der Athesis (Etsch) und des Thals des Isarcus (Eisack) oder der Saue der Venoster (Vintschgau) und Isarci, mit Italien vereinigt, wäh= rend unter Constantinus das Alpengebiet zur Rætia prima, Vindelicien zur Ræ= tia secunda gemacht wurde. Der Name ist herzuleiten von dem Namen Ræti, welchen die Bewohner Oberitaliens der Gesamtheit der zahlreichen Stämme des Alpengebiets gegeben hatten. Sie wa= ren vermutlich Etrusker. Sie wurden erst spät und unvollkommen romanisiert und blieben trotz mehrerer ihr Land durchziehenden Alpenstraßen ein einfaches, Viehzucht treibendes Volk. Von diesen Straßen führte eine von Tridentum über den Brenner, eine andre durch den Vintsch= gau nach dem Lacus Brigantinus, die dritte vom Lacus Larius (Comersee) über ben Abula (Splügen) nach Curia (Chur). Vgl. Planta, Das alte R. staatlich und kulturhistorisch dargestellt (Berl. 1872); Steub, Zur rätischen Ethnologie (Stuttg. 1854).

Raudische Felder (Campi Raudii), Ebene in Gallia transpadana bei Vercellä unweit der Mündung der Sesia in den Po, auf der 30. Juli 101 v. Chr. die Römer unter Marius und Catulus die Cimbern vernichteten.

Rauräker (Rauráci), helvet. Volksstamm am linken Ufer des Oberrheins mit der Hauptstadt Augusta Rauracorum (jetzt Augst bei Basel).

Ravenna, alte Stadt in Gallia cispadana, nach den griechischen Schriftstellern von Thessaliern gegründet, später aber von Etruskern besetzt. Sie lag im Altertum in der Lagune und war auf Inseln und Pfahlrosten erbaut und von Kanälen durchschnitten; erst durch die Alluvion eines künstlichen zur Stadt führenden Poarms, der Fossa Augusta, wurde es mit dem Festland vereinigt. Neben seinem Handelshafen legte Augustus näher dem offenen Meer zu den Kriegshafen Classes an. Wegen der Festigkeit seiner Lage ward R. von den Kelten nicht erobert und 404 n. Chr. vom Kaiser Honorius zur Hauptstadt erwählt, welche es auch im ostgotischen Reich blieb.

Rea (Rhea) **Sylvia**, nach der Sage Mutter des Romulus und Remus, Tochter des albanischen Königs Numitor, ward von ihrem Oheim Amulius, der ihren Vater vom Thron gestoßen hatte, zur Vestalin gemacht, damit ihm kein Nachkomme des rechtmäßigen Königs gefährlich werden könne, ward aber von Mars die berühmten Zwillingsbrüder und wurde getötet.

Reate (jetzt Rieti), Hauptstadt der Sabiner, im Seebecken des Lacus Velinus an der Salarischen Straße gelegen.

Reggio (spr. reddscho), s. Regium Lepidi und Rhegion.

Regillus, kleiner See in Latium, südöstlich von Rom, ein alter Krater, bekannt durch den dort erfochtenen Sieg der Römer über die Latiner 496 v. Chr.; wahrscheinlich der jetzt abgelassene See Laghetto bei Frascati.

Regium Lepidi, alte Stadt in Gallia cispadana an der Via Æmilia, vom Konsul Marcus Amilius Lepidus zur Kolonie erhoben; jetzt Reggio.

Regulus, Marcus Atilius, röm. Feldherr, stammte aus einem plebejischen Geschlecht, gelangte 267 v. Chr. zum Konsulat, focht gegen die Sallentiner, eroberte Brundisium und feierte einen Triumph. 256 zum zweitenmal Konsul, segelte er mit seinem Kollegen Lucius Manlius Vulso an der Spitze einer Flotte von 330 Schiffen nach Sicilien, schlug hier am Vorgebirge Eknomos die karthagische Seemacht, setzte dann nach Afrika über und siegte 255 bei Abys, verlor aber darauf gegen den karthagischen Söldnerführer Xanthippos die Schlacht bei Tunes und geriet in Gefangenschaft. Als 250 die Karthager bei Panormos geschlagen worden waren, schickten sie, wie erzählt wird, R. mit einer karthagischen Gesandtschaft nach Rom, um den Frieden auszuwirken. Obwohl er geschworen hatte, wenn ihm dies nicht gelinge, in die Gefangenschaft zurückzukehren, sprach er im Senat dennoch gegen den Abschluß eines Friedens und kehrte, seinem Wort getreu, nach Karthago zurück, wo er aufs grausamste umgebracht wurde.

Remer (Remi), mächtigster belg. Stamm in Belgium an der Matrona (Marne) und Axona (Aisne), unterwarf sich den Römern freiwillig; seine Hauptstadt war Durocortorum (Reims).

Remus, s. Romulus.

Repetundæ (b. h. pecuniæ), Gelder, welche ein andrer zurückfordern kann; daher crimen repetundarum das in Rom häufig vorkommende Verbrechen der Erpressung, welches besonders Statthalter und Beamte in den Provinzen begingen.

Repha, s. Raphia.

Rhagä (Rhaga), die Hauptstadt des östlichen Medien am Südfuß des Elbrus, ward, nachdem sie durch Erdbeben zerstört war, von Seleukos unter dem Namen Europos wieder erbaut. Ruinen bei Rai unfern Teheran.

Rhakotis, Stadtteil in Alexandreia (s. b.) in Ägypten.

Rhampsinitos, s. Ramses 2).

Rhea, f. Rea.

Rhegion (Rhegĭum), älteste griech. Stadt in Unteritalien nächst Cumä, ward an der Meerenge von Messana um 720 v. Chr. von chalkidischen Joniern gegründet, welchen sich messenische Flüchtlinge angeschlossen hatten, die von R. aus Zankle besetzten und Messana benannten. Mit Messana bildete R. unter dem Tyrannen Anarilas (495—476) einen Staat. Es blühte durch den Handel so auf, daß es 70 Schiffe stellen konnte. Nach langer Belagerung ward es 387 von dem Tyrannen Dionysios von Syrakus erobert und zerstört, erlangte aber 351 seine Unabhängigkeit wieder. 280—270 litt es sehr durch die kampanische Söldnerschar, welche die Römer dorthin verlegt hatten, bis diese von den Römern vernichtet und R. als civitas foederata unter römische Hoheit kam. Erdbeben fügten der Stadt wiederholt Schaden zu. Jetzt Reggio di Calabria.

Rheneia, eine der Kykladischen Inseln, f. Delos.

Rhēnus (jetzt Rhein), der Grenzfluß zwischen Gallien und Germanien, entsprang in den Rätischen Alpen auf dem Abula, durchfloß den Lacus Brigantinus oder Venetus (Bodensee), nahm links die Mosella (Mosel) und die Mosa (Maas), rechts den Nicer (Neckar), Mœnus (Main) und die Lupia (Lippe) auf und teilte sich beim Gebiet der Bataver in zwei Arme, den linken, Vacalus (Waal), der sich mit der Mosa vereinigte, und den rechten, Rhenus; beide mündeten in die Nordsee. Erst Drusus legte einen Kanal (Fossa Drusi) an, der den Rhenus mit dem Flevosee (Zuidersee) verband.

Rhion, f. Phasis.

Rhodānus (jetzt Rhône), Hauptstrom Galliens, entsprang in den Lepontischen Alpen, durchfloß den Lacus Lemanus, empfing rechts bei Lugdunum den Arar (Saône), links die Isara (Isère) und Druentia (Durance) und mündete in mehreren Armen (sieben wurden gezählt) in das Mittelmeer.

Rhodos (Rhodus), östlichste Insel des Ägäischen Meers an der Küste Kariens, 78 km lang und 30 km breit, wird zwar von N. nach S. von einem Gebirge durchzogen, das sich im Atabyrios zu 1340 m erhebt, ist aber zum größten Teil hügelig und außerordentlich fruchtbar. Älteste Bewohner waren die Telchinen, von Kreta eingewanderte Phöniker, zu denen sich Karer gesellten. Im 11. Jahrh. v. Chr. besetzten Dorier unter dem Herakliden Tlepolemos die Insel und gründeten die drei Stadtgemeinden Lindos, Jalysos und Kameiros, welche mit Knos, Knidos und Halikarnassos die »dorische Herapolis« bildeten. Obwohl die Rhodier einige Kolonien, wie Gela in Sicilien, gründeten, gelangten sie doch erst zu höherer Bedeutung, als die drei Städte auf der Nordspitze der Insel 408 die neue Hauptstadt R. gründeten, welche stark befestigt war und einen durch große Molenbauten gesicherten Hafen hatte. Die Hauptblütezeit von R. fällt in die Zeit der Diadochen, wo seine neutrale Stellung in einer hartnäckigen, erfolgreichen Verteidigung gegen Demetrios Poliorketes (304) behauptet und von den übrigen Staaten allgemein anerkannt wurde. Die Stadt hatte 30—40,000 Einw. und eine der größten Kriegs- und Handelsflotten; sie beherrschte den Handel und Verkehr des Ägäischen Meers. Auch Künste und Wissenschaften blühten. Die Metallgießerei war seit alters in Schwung, und berühmt war die 280 errichtete 32 m hohe Kolossalstatue des Sonnengotts am Hafen, welche 223 durch ein Erdbeben umgestürzt und erst in römischer Zeit wiederhergestellt wurde. Der aus Athen flüchtige Redner Äschines gründete in R. eine Rednerschule, die von Römern viel besucht wurde. Nachdem die Insel als treue Bundesgenossin der Römer nach Besiegung des syrischen Königs Antiochos 189 Karien erhalten hatte, wovon ihr aber 168 bloß die Rhodische Peräa oder Chersonesos, die nächstgelegene Landzunge des Festlands, blieb, und 42 v. Chr. von Cassius furchtbar verwüstet worden war, wurde sie 44 n. Chr. der römischen Provinz Asia einverleibt. Vgl. Schneiderwirth, Geschichte der Insel R. (Heiligenst. 1868).

Rhypes, Stadt in Achaia (f. b.).

Ricimer, weström. Feldherr suevischer Abkunft, stürzte 456 n. Chr. den Kaiser Avitus und setzte Majorianus, 461 Libius Severus, endlich 467 Anthemius auf den Thron. Diesen ließ er 472 ermorden, starb aber kurze Zeit darauf.

Rïeti, s. Reate.

Rimini, s. Ariminum.

Rioni (Rhion), s. Phasis.

Risinium, röm. Koloniestadt an der Rhizäischen Bucht (jetzt Cattaro), s. Dalmatien.

Ritri, s. Erythrä.

Rom (Roma), die Hauptstadt des römischen Weltreichs.

Beschreibung der Stadt.

R. lag im mittlern Teil des westlichen Italien, an der Nordwestgrenze der Landschaft Latium gegen Etrurien hin am linken Ufer des Tiber an einer Stelle des Flußlaufs, bis wohin die Schiffahrt von dem Tyrrhenischen Meer aus bequem und wo das Thal durch vorspringende Hügel auf beiden Seiten eingeengt war. Während der auf dem rechten Ufer herantretende Janiculus 70 m über den Fluß sich erhebt, sind die Erhebungen auf dem linken Ufer nur 30—40 m hoch. Sie bestehen aus Tuffablagerungen, und während die Hügel (colles) Quirinalis und Viminalis sowie die Berge (montes) Esquilinus und Cälius sowie der südwestlich bis an den Fluß reichende Aventinus zwar durch Thäler getrennt sind, nach rückwärts aber zusammenhängen und in eine Hochfläche auslaufen, sind die fast in der Mitte der übrigen Erhebungen nahe am Fluß gelegenen Berge, der Palatinus und der Capitolinus, rings vom Niederungen umgeben; namentlich ist die Senkung zwischen beiden Bergen, das Belabrum, tief und daher sumpfig. Die älteste Ansiedelung wurde auf dem Palatinischen Hügel angelegt, die sogen. Roma quadrata, und durch eine um den Hügelrand laufende Mauer befestigt. Außerhalb dieser ältesten Stadt wurde auch der Capitolinus, der kleinste, aber durch den Steilabfall des Tarpejischen Felsens besonders feste Hügel, der überlieferung nach von den Sabinern, besetzt und zu einer Burg (arx oder capitolium) gemacht, ebenso die Süd-

spitze des Quirinalischen Hügels (Capitolium vetus). Dann wurden die nördlichen Abhänge des Palatinus, Germalus und Velia, der Esquilinus (exquiliæ, die Vorstadt) und der Cälius bebaut. Unter dem König Ancus Marcius wurden Latiner auf dem Aventinus angesiedelt; dieser König legte auch auf dem Janiculus eine Befestigung an und verband sie durch eine Brücke (Pons sublicius) mit der Stadt. Der ältere Tarquinius legte durch die großartige Kloakenanlage und Aufschüttungen das Velabrum und das Forum trocken, so daß sie bebaut werden konnten, und begann den Bau einer Mauer aus Quadersteinen, die sein Nachfolger Servius Tullius vollendete. Diese an einigen Stellen durch einen Erdwall verstärkte Ringmauer mit 16—18 Thoren umfaßte die sieben Hügel (septem montes) auf dem linken Tiberufer, Palatinus, Capitolinus, Quirinalis, Viminalis, Esquilinus, Cälius und Aventinus, und berührte den Fluß nur auf der kurzen Strecke vom Kapitol bis zum Aventinus. Da bei der Anlage der Befestigung der umschlossene Raum erst zum kleinern Teil bebaut war, so genügte sie so lange, als R. überhaupt von auswärtigen Feinden bedroht werden konnte; nach dem Verschwinden jeder Gefahr, also nach dem zweiten Punischen Krieg, verfiel die Serbianische Mauer, und die Stadt dehnte sich über dieselbe aus; doch können wir ihren Zug und Umfang aus den bedeutenden Resten und der Lage der Hauptthore noch bestimmen. Diese waren: die Porta Carmentalis unter dem Kapitol, welche zum Marsfeld führte; die Porta Trigemina zwischen dem Tiber und dem Aventinus, durch welche der Weg nach Ostia ging; die Porta Capena, das Hauptthor nach dem Süden; die Porta Esquilina und die Porta Collina an der östlichen Seite der Stadt.

In der republikanischen Zeit war R. in vier den vier tribus urbanæ der Bürgerschaft entsprechende Bezirke (regiones) eingeteilt: Suburana, Collina, Palatina, Esquilina, in welche das Kapitol und der Aventinus nicht eingeschlossen waren. Diese Einteilung wurde auch auf Servius Tullius zurückgeführt. Dessen Nachfolger, der letzte König, vollendete die

Alte Geschichte. 25

von Tarquinius Priscus begonnenen Bauten, namentlich den kapitolinischen Tempel. Nach der Zerstörung durch die Galier (390 v. Chr.) wurde die Stadt eilig und unregelmäßig mit engen, krummen Gassen, meist in Ziegelbau, wiederaufgebaut. Das öffentliche Bauwesen und die städtische Polizei standen unter der Aufsicht der Censoren; aber nur wenige, wie Appius Claudius (312), machten sich durch gemeinnützige Anlagen, wie die Via Appia, die Aqua Appia u. a., verdient. Später steuerte die reiche Nobilität freigebig zur Errichtung öffentlicher Gebäude, Denkmäler, Hallen und Tempel bei und führte die griechische Architektur in R. ein. Aquädukte, wie der Anio vetus (273), die Aqua Marcia (146) u. a., Marktplätze (Fora), Brücken, wie der Pons Aurelius, Pons Fabricius (später Æmilius) neben der alten Holzbrücke (Pons sublicius), Pons Cestius u. a., wurden angelegt. Trotzdem war bloß der Campus Martius, auf dem sich die Neubauten bequem ausbreiten konnten, ein regelmäßiges und schönes Quartier. Nachdem schon Pompejus und Cäsar großartige Bauten für die öffentlichen Spiele, für die Unterhaltung des Volks u. dgl. begonnen hatten, schmückte Augustus die Stadt mit prächtigen Anlagen von kostbarem Baumaterial, beschränkte durch strengere Baupolizei die Höhe der Häuserkomplexe (insulæ) und teilte die Stadt in 14 Regionen ein, deren jede eine Wache (vigiles, 7 Kohorten) für den Sicherheitsdienst und als Feuerwehr hatte. Unter Nero wütete 64 n. Chr. eine Woche lang ein furchtbarer Brand, welcher bloß drei Regionen verschonte, drei gänzlich, acht zum Teil zerstörte. Nun wurden besonders auf dem Palatinus kolossale neue Paläste erbaut, die verbrannten Tempel und Staatsgebäude aufs prächtigste wiedererrichtet und gerade und breite Straßen mit bedeckten Säulenhallen angelegt, deren Häuser von gutem Material massiv erbaut waren. Die folgenden Kaiser, namentlich Trajanus, Hadrianus, die Antonine, dann Septimius Severus und Caracalla, verherrlichten ihre Herrschaft durch Errichtung großartiger und schmuckreicher Markt- und Gerichtsplätze, durch prächtige Tempel und Basiliken, umfangreiche Amphitheater und Bäder, ungeheure Grabmonumente 2c. Aurelianus umgab die bisher offene Stadt wieder mit einer Befestigungsmauer, welche alle Regionen, Altstadt und Vorstädte, auch bie 14. Region rechts des Tiber (Trans Tiberim) umfaßte. Diese Aurelianische Mauer und ihre Thore stimmen mit den jetzigen Mauern und Thoren Roms im wesentlichen überein; die wichtigern Thore, nach den durch sie führenden Landstraßen benannt, waren: die Porta Flaminia, Aurelia, Osticarii, Appia, Asinaria, Nomentana 2c. Die letzten Kaiser, welche bedeutendere Restaurationen und Neubauten vornahmen, waren Diocletianus und Constantinus, aus dessen Zeit auch das Regionenverzeichnis herrührt, die einzige einigermaßen vollständige Übersicht der ganzen Stadt, welche wir aus dem Altertum noch besitzen. Im 4. Jahrh. n. Chr. beginnt schon die Errichtung kirchlicher Prachtgebäude und die Veröbung der Profanbauten, seit den Stürmen der Völkerwanderung im 5. Jahrh. die Zerstörung dieser, die bis in das 15. Jahrh. fortdauerte.

Der Umfang der Stadt betrug etwa 22 km, die Seelenzahl zur Zeit des Augustus etwa 1,600,000 Einw. Diese Bevölkerung war in hohen Miethäusern zusammengedrängt; die Reichern wohnten in Palästen (domus), die teilweise von Gärten umgeben waren. Die gepflasterten Fahr- und Hauptstraßen hießen Viæ oder Plateæ; die wichtigsten waren: die Via sacra am Forum, die Via nova am Palatinus, die Via lata (der jetzige Korso). Clivi hießen die zu den Hügeln hinaufführenden gleichfalls gepflasterten Fahrwege (besonders der Clivus Capitolinus), Vici die kleinern Verbindungswege, deren mehrere ein Häuserviertel (compitum oder vicus) begrenzten. Unter den Plätzen waren die Areæ die zahlreichsten, freie Räume um Denkmäler, Tempel und Paläste. Ein größerer, von vielen Gebäuden verschiedenster Art, Tempeln, Basiliken und Hallen, eingeschlossener freier Platz bildete ein Forum. Diese Plätze dienten sowohl als Märkte, wie das

Forum olitorium, suarium u. a., als auch zu öffentlichen Versammlungen, wie das Forum Romanum und die kaiserlichen Foren. Die größten und weitesten Plätze, welche mit Rasen bewachsen, auch wohl mit Gartenanlagen versehen waren, hießen Campi und wurden zu militärischen Übungen, Wettrennen, volkstümlichen Lustbarkeiten und Spielen benutzt; so der Campus Martius, der Campus Flaminius, der Campus Esquilinus (vormals der gewöhnliche Begräbnisplatz) u. a. Endlich sind noch die Horti zu erwähnen, weitläufige Park- und Gartenanlagen mit Prachtgebäuden, Villen, Tempeln, Theatern ꝛc., von denen die namhaftesten die Horti Sallustiani, Luculliani und Pompejani auf dem Mons Pincius (Collis hortorum), die Horti Neronis und Horti Cæsaris auf dem rechten Tiberufer waren.

Das Forum Romanum, der Mittelpunkt des städtischen Verkehrs und des politischen Lebens in den Zeiten der Republik, lag in der Einsenkung zwischen dem Kapitol und dem Palatinus; es erstreckte sich von W. nach O. in einer Länge von 200—250 und in einer Breite von 30—60 Schritt und zerfiel in das eigentliche Forum, von Buden und Verkaufsläden eingefaßt, das dem Marktverkehr und den Volksversammlungen der Comitia tributa diente, und das nördlich anstoßende, um einige Stufen erhöhte Comitium, wo die Patricier sich versammelten und die öffentlichen Gerichtsverhandlungen stattfanden; auf dem Comitium befand sich auch das alte Amtshaus des Senats, die Curia Hostilia, später die Curia Julia, und die alte Rednerbühne, Rostra vetera, während dieselbe zu Cäsars Zeit an das Ostende des Forums verlegt wurde (Rostra Julia). Auf der Westseite, am Fuß des Capitolinus, lagen der Carcer Mamertinus, der Tempel des Saturnus, der als Schatzhaus (Ærarium) diente, der Bogen des Janus und der Tempel der Concordia, im S. am Palatinus der Tempel der Diosturen (Ædes Castorum), der der Vesta und die Regia, der alte Königspalast, später die Wohnung des Pontifex Maximus.

Als Räume für die Gerichtsverhandlungen wurden mehrere Basiliken (offene, von Säulenhallen umgebene Höfe) erbaut, so 184 v. Chr. von Cato Major die Basilica Porcia, 179 die Basilica Fulvia, 169 die Basilica Sempronia. Großartig waren die von Cäsar begonnenen und von Augustus vollendeten Bauten: die Basilica Julia an der Südwestecke des Forums, die Ædes Divi Julii an der Ostseite, die Basilica Æmilia auf dem Platz der alten Basilica Fulvia und an Stelle der zu Sullas Zeit abgebrannten Curia Hostilia die Curia Julia. Augustus und Tiberius errichteten auch die ersten Triumphbögen. Die alten Buden und Laubengänge wurden, um für diese Prachtbauten Raum zu schaffen, beseitigt, dadurch aber das Forum verengert. Schon Cäsar legte daher, um dem gesteigerten Bedürfnis nach Plätzen des geschäftlichen Verkehrs zu genügen, hinter der Curia Julia das ForumJulium oder ForumCæsaris mit einem prächtigen Venustempel an; ihm folgten Augustus, Vespasianus, Nerva und Trajanus. Diese Foren, wegen deren, um Platz zu schaffen, das ganze Stadtquartier nordöstlich vom Forum Romanum weggeräumt wurde, waren mit außerordentlicher Pracht ausgestattet, gewöhnlich in der Mitte mit einem Tempel, mit Basiliken, Denkmälern und ringsum mit Säulenhallen umgeben und standen untereinander in Verbindung. Die großartigste Anlage war das Forum Trajani, das bis zum Marsfeld reichte, und um dessen willen der das Kapitol mit demQuirinal verbindende Rücken durchstochen wurde; die Höhe desselben (39 m) gab die Trajanssäule (Columna Trajana) an.

Nächst dem Forum war zur Zeit der Republik der wichtigste Stadtteil das Kapitol, welches aus drei Teilen bestand, dem nördlichen Gipfel (Arx, jetzt Santa Maria in Ara Celi), dem südwestlichen Gipfel (Capitolium, jetzt Palazzo Caffarelli) und der Einsenkung zwischen beiden (Inter duos lucos, jetzt Piazza del Campidoglio). Auf der Arx stand der Tempel der Juno Moneta, auf dem Capitolium, welches nach dem Tiber in dem steilen Tarpejischen Felsen abfiel, der große Tempel des Jupiter, der 509 v. Chr. bediziert wurde, zweimal, 83 v. Chr. und 69 n. Chr., abbrannte und zuletzt von Domitianus prächtig wiederhergestellt wurde. Auf der Seite nach dem Forum zu, von wo allein der Berg Zugänge hatte, lag das Tabularium. Auf dem Palatinus lagen die kaiserlichen Paläste, der des Augustus mit dem prachtvollen Tempel des palatinischen Apollon und der des Tiberius. Das »goldne Haus« (domus aurea) des Nero erstreckte sich über den Palatinus hinaus bis zum Esquilinus. Doch beschränkte Vespasianus den kaiserlichen Palast wieder auf den alten Umfang, und in diesem wurde er von Domitianus mit dem höchsten Aufwand an Glanz und Pracht vollendet und blieb bis zum Ende der Kaiserzeit Residenz. Das Marsfeld (Campus Martius) zwischen dem Tiber und der Via lata oder Flaminia, außerhalb der Stadtmauer gelegen und in ältester Zeit unbewohnt, war zu bürgerlichen und kriegerischen Versammlungen, besonders den Centuriatkomitien, sowie zu gymnastischen Übungen der Jugend bestimmt und stand unter dem Schutz des Kriegsgottes Mars, dessen Altar, die Ara Martis, den Mittelpunkt religiöser und politischer Feierlichkeiten bildete. Privatgebäude wurden erst in späterer Zeit hier errichtet, dagegen erhoben sich zahlreiche prächtige öffentliche Gebäude, Theater, Tempel, Thermen und Mausoleen, so der 221 v. Chr. erbaute Circus Flaminius, das Theatrum Pompeji, die Septa Julia mit dem Diribitorium für die Centuriatkomitien, die Thermen des Agrippa mit dem Pantheon, die Thermæ Neronianæ (später Alexandrinæ), der Triumphbogen und die Triumphalsäule des Marcus Aurelius, endlich das Mausoleum des Augustus, in welchem auch die meisten folgenden Kaiser beigesetzt wurden, bis Hadrianus mit dem Bau seines kolossalen Grabmals, das der Pons Ælius mit dem Marsfeld verband, die Anlage neuer Kaisergräber jenseit des Tiber im Ager Vaticanus begann. Zahlreiche Wasserleitungen (Aquädukte) versorgten R. mit vortrefflichem Trinkwasser. Außer den ältern, der Aqua Appia, dem Anio vetus, der Aqua Marcia, waren die Aqua Claudia und der Anio novus, welche Caligula und Claudius er-

bauten, und die Aqua Trajana auf dem rechten Tiberufer (jetzt Acqua Paola) riesenhafte Anlagen. Sie speisten die Lacus, große, mit Bildwerken geschmückte Wasserbassins mit Springbrunnen, deren es 1532 gab, die Piscinæ, offene oder bedeckte Teiche zum Schwimmen, und die Babeanstalten (balnea), deren Zahl sich auf 856 belief; außerdem gab es viele Naturquellen (fontes), von denen einige von prächtigen kuppelförmigen Gebäuden (nymphæa) überdeckt waren. Die Thermen waren nicht bloß Bäder, sondern großartige Anlagen mit Sälen und Hallen für Spiele, Ringkämpfe, gesellschaftliche Unterhaltung, mit Kunstsammlungen und Bibliotheken und daher, wie die Thermen des Caracalla und des Diocletianus in ihren Ruinen beweisen, sehr ausgedehnt. Die Theater wurden anfangs nur aus Holz erbaut und nach geschehener Benutzung wiederabgebrochen. Pompejus erbaute 55 v. Chr. das erste steinerne mit 18,000 Sitzplätzen und schönen Säulenhallen, ein andres 13 v. Chr. Cornelius Balbus, endlich Augustus das des Marcellus mit 20,000 Plätzen, alle drei auf dem Marsfeld. Domitianus errichtete für Wettkämpfe in der Musik und Poesie das Odeum. Für die beliebten Gladiatorenspiele u. Tierkämpfe wurden die Amphitheater gebraucht, unter denen das Amphitheatrum Flavianum (Kolosseum) das großartigste war. Triumphbögen, Riesensäulen, Obelisken, Kolossalstatuen schmückten endlich die Straßen und Plätze in großer Menge u. später etwas überladener Pracht. Vgl. Platner, Bunsen, Gerhard u. a., Beschreibung der Stadt R. (Stuttg. 1830–43, 3 Bde.; Auszug 1845); Becker, Handbuch der römischen Altertümer, Bd. 1 (Topographie, Leipz. 1843); Preller, Die Regionen der Stadt R. (Jena 1846); Jordan, Topographie der Stadt R. im Altertum (Berl. 1871–79, 2 Bde.); Reber, Die Ruinen Roms (2. Aufl., Leipz. 1877); Parker, Archæology of Rome (Lond. 1874–77, 12 Bde.).

Der Staat: Verfassung, Heerwesen, Gerichtsbarkeit und Religion.

Der Überlieferung nach ging das römische Volk aus der Vereinigung von Teilen breier Völker, der Latiner, Sabiner und Etrusker, hervor und zerfiel demnach in drei Stämme (tribus): Ramnes, Tities und Luceres. Jeder Stamm hatte 10 Kurien, jede Kurie 10 Dekurien oder Gentes, welche wieder in Familien geteilt waren. Die Angehörigen dieser drei Stämme bildeten den Populus Romanus und hießen Patricier; neben ihnen gab es in ältester Zeit nur Klienten (Hörige), die in persönlicher Abhängigkeit von den Vollbürgern standen, und Sklaven. Schon unter den Königen, namentlich unter Ancus Marcius, kamen zahlreiche Einwohner der benachbarten latinischen Städte hinzu, die Plebejer, welche anfangs bloß persönliche Freiheit hatten und unter dem Schutz des Staats standen, durch die Servianische Verfassung aber politische Rechte erhielten und in langem Kampf mit den Patriciern Gleichberechtigung mit diesen erlangten. Nach Beendigung dieses Kampfes im 3. Jahrh. v. Chr. bildete sich ein neuer Stand, die Nobilität oder die Optimaten, aus den Familien, welche vorzugsweise im Besitz der Ehrenstellen und des Reichtums waren und sich gegen das niedre Volk, die Plebs, streng abschlossen; eine Mittelstellung nahm der Ritterstand (equites, ordo equester) ein, welcher ohne alle Beziehung zum Kriegsdienst alle diejenigen umfaßte, die ein bestimmtes Vermögen besaßen, und welcher eine gewisse politische Bedeutung erlangte.

Die Verfassung des Staats war ursprünglich eine monarchische. An der Spitze desselben stand ein vom Volke gewählter König, der die Funktionen des obersten Richters, Feldherrn und Priesters in sich vereinigte. Starb ein König, so wurde die Regierung bis zur Neuwahl von Zwischenkönigen (interreges) geführt. Das äußere Abzeichen der königlichen Würde bestand in der purpurverbrämten Toga (toga prætexta) und in den zwölf Liktoren, welche dem König als Symbole seiner Strafgewalt das Rutenbündel (fasces) mit den Beilen (secures) vorantrugen; zu seinem Unterhalt war ihm ein Anteil an dem Gemeindeland (ager publicus) zugewiesen, für dessen Bebauung von Staats wegen gesorgt wurde. Die Ge-

walt des Königs war nicht völlig unbeschränkt, vielmehr war er, wenn auch nicht formell, so doch durch das Gewohnheitsrecht, an den Rat des Senats gebunden, der aus 300 dem Patricierstand angehörigen Mitgliedern bestand. Auch das Volk hatte seine Vertretung, die Kuriatkomitien, welche den König wählten und über die Anträge des letztern mit Ja oder Nein abstimmten. Die Verfassung, die Servius Tullius gab, zog die Plebejer zum Kriegsdienst heran und vereinigte sie mit den Patriciern in den Centuriatkomitien, welche über Krieg und Frieden zu entscheiden hatten.

Nach dem Sturz des Königtums (510 v. Chr.) und Begründung der Republik wurden zwei Konsuln an die Spitze des Staats gestellt, welche dieselben Obliegenheiten und Ehrenzeichen wie die Könige hatten, aber nur auf ein Jahr gewählt wurden, nach dessen Ablauf sie Rechenschaft schuldig waren. Die Macht des Senats und der Volksversammlungen wuchs daher beträchtlich. In bedrängten Zeiten stellte man jedoch durch Ernennung eines Diktators die völlige monarchische Gewalt, wenn auch höchstens auf sechs Monate, her; der erste Diktator wurde 498 ernannt. 443 wurde die Censur, 366 die Prätur vom Konsulat abgezweigt und jener der Census, dieser die Rechtspflege übertragen. Die Abilität und die Quästur entwickelten sich zu einflußreichen Ämtern, letztere bildete die unterste Stufe in der Magistratur. Der Kampf zwischen den Patriciern und Plebejern, welcher sofort nach Errichtung der Republik ausbrach, führte zur Einsetzung besondrer Beamten zum Schutz der Plebejer, der Volkstribunen, und einer neuen Art von Volksversammlung, den Tributkomitien, welche, ursprünglich nur eine Versammlung der Plebejer, allmählich politische Rechte erhielten, für den ganzen Staat bindende Beschlüsse fassen konnten, daher das ganze Volk umfaßten und sich von den Centuriatkomitien, mit denen sie sich in die Souveränität des Volks teilten, dadurch unterschieden, daß diese die höchsten Beamten, Konsuln und Prätoren, zu wählen hatten, bei ihren Beschlüssen aber an die Anträge der Konsuln und einen

Vorbeschluß des Senats gebunden waren, die Tributkomitien aber das Recht der Initiative hatten, außerdem die Tribunen, Äbilen und Quästoren wählten. Da in den Tributkomitien nach der Kopfzahl abgestimmt wurde, so wurden sie das Organ der Volkspartei, deren Kampf mit dem Senat den Sturz der Republik und die Errichtung einer zweiten Monarchie, des Kaiserreichs, herbeiführte, welches die Ämter und Institutionen der Republik lange Zeit der Form nach bestehen ließ, dessen Kern und Stütze aber das Heer war.

Der Überlieferung nach bestand das römische Heer unter Romulus aus einer Legion von 3000 Mann Fußvolk und 300 Reitern. Die Servianische Verfassung verpflichtete alle Bürger vom 17.—45. Jahr zum Dienst im Feld, bis zum 60. zur Bewachung der Stadt. Die Römer mußten nicht nur ihre Ausrüstung auf eigne Kosten bestreiten, sondern dienten bis 406 v. Chr. auch ohne Sold. Demnach leisteten auch nur die Reichern, die erste Klasse, den Dienst als Reiter und volle Schwerbewaffnete; die letzte Klasse stellte nur Leichtbewaffnete. Die Zahl der Reiter wurde auf 18 Centurien (1800 Mann) vermehrt, die Legionen auf vier von je 4200 Mann. Die Aufstellung des Fußvolks war enggeschlossen, gleich der makedonischen Phalanx, und acht Glieder tief. Camillus gliederte die Schwerbewaffneten jeder Legion, welche allein aus den drei ersten Klassen hervorgingen, in drei Treffen, die Hastati, Principes und Triarii; jedes Treffen bestand aus 10 Manipeln, jede Manipel aus 2 Centurien; die Manipel der zwei ersten Treffen war 120, die der Triarier 60 Mann stark. Jeder Legion waren 1200 Leichtbewaffnete (velites) aus den zwei letzten ärmern Klassen beigegeben und auf die Manipeln verteilt. Die Proletarier waren vom Kriegsdienst ausgeschlossen. Den Oberbefehl über eine Legion führten sechs von 2 zu 2 Monaten wechselnde Militärtribunen. In der Regel wurden jedes Jahr vier Legionen ausgehoben, zwei für jeden Konsul; doch konnten ihre Stärke und Zahl unter Umständen erhöht werden. Dazu kamen die Hülfstruppen der italischen Bundesgenos-

sen (socii), deren Zahl allmählich die der römischen Bürgersoldaten überstieg. Eine folgenreiche Änderung in dem Heerwesen trat ein, seitdem Marius (107 v. Chr.) die Proletarier in das Heer aufgenommen und die Aushebung durch Werbung ersetzt hatte. Nun wurde der Kriegsdienst zum Handwerk und die bisherigen Bürgerheere zu Söldnerheeren, die von ihren ehrgeizigen Feldherren als Werkzeuge für ihre politischen Zwecke gebraucht werden konnten. Der Unterschied der drei Treffen hörte auf; jede Legion zerfiel in 10 Kohorten zu je 6 Centurien, erhielt den Adler als Feldzeichen und stand unter dem Befehl eines Legaten; ihre Normalstärke ward auf 6000 Mann festgesetzt. Seit der Erteilung des Bürgerrechts an alle Italiker hörten die Hülfstruppen der Bundesgenossen auf; an ihre Stelle traten in den Provinzen ausgehobene Hülfstruppen (auxilia) von verschiedener Bewaffnung. Die Kaiser führten die stehenden Heere ein, über welche sie den Oberbefehl hatten. Schon Augustus verfügte über 25 in den Grenzprovinzen stationierte Legionen; später stieg die Zahl noch höher. Die dem Imperator bisher beigegebene prätorische Kohorte wurde beträchtlich vermehrt und nach R. und dessen nächster Umgebung verlegt, um als Leibwache zu dienen. Neben den 9 Kohorten der Prätorianer gab es noch 10 (3 cohortes urbanæ und 7 cohortes vigilum) für den Polizeidienst in R.

Die Verwaltung des Rechts lag ursprünglich in der Hand des Königs, der für Kapitalverbrechen auch Blutrichter (duumviri perduellionis) einsetzte, dann in der der Konsuln und seit 366 v. Chr. der Prätoren. Doch war deren Gewalt durch die 509 v. Chr. eingeführte Berufung an das Volk geschmälert, und 454 wurde als höchstes Strafmaß eine Buße von 30 Schafen und 2 Rindern, später eine Geldsumme festgesetzt. Alle Kapitalverbrechen, bei denen es sich um Tod oder Verbannung handelte, wurden von den Centuriatkomitien abgeurteilt. Für die Civilgerichtsbarkeit standen den Prätoren zwei stehende Gerichtshöfe zur Seite, das Centumviralgericht für Familien- und Erbrecht, die Zehnmänner (decemviri) für die Eigentumsstreitigkeiten. Für die Anklagen wegen Erpressungen in den Provinzen und andrer Vergehen wurden 149 v. Chr. die Quæstiones perpetuæ eingesetzt, die höchst wichtig waren, und deren Zusammensetzung, ob bloß aus Senatoren oder aus Rittern, einen Hauptstreitpunkt zwischen der Senats- und der Volkspartei bildete. Die Hauptquelle für das römische Recht war das Zwölftafelgesetz, welches allmählich durch die Edikte der Prätoren erweitert wurde. Das Familienrecht war genau geordnet, die väterliche Gewalt (patria potestas) sehr groß.

Die Religion war im römischen Staat mit dem gesamten öffentlichen und Privatleben aufs engste verknüpft. Sie entstand aus einer Verschmelzung von latinischen, sabinischen und etruskischen Elementen, wurde aber im Lauf der Zeit hauptsächlich durch griechische Einflüsse immer mehr verändert und in Bezug auf die Götterlehre so gut wie völlig verdrängt. Die römische Götterlehre unterscheidet sich in ihrer ursprünglichen Gestalt von andern Religionen vornehmlich dadurch, daß sie ebensowohl aller poetischen Ausschmückung wie einer tiefern Spekulation entbehrt. Die Götter der alten Römer sind teils die Kräfte der Natur, teils Abstraktionen der Güter und Übel, deren Gewährung oder Abwehr man von der Gottheit erwartete. So wurde eine Statina, welche die Kinder stehen, ein Fabulinus, der sie reden lehrt, die Tugenden Clementia, Concordia, die Glücksgötter Felicitas, Salus, Victoria, aber auch Furcht und Schrecken (Pallor und Pavor) verehrt. Götterbilder kannte man nicht, auch nicht den griechischen Anthropomorphismus und betete die Götter unter Symbolen, Jupiter unter dem eines Kieselsteins, Mars unter einem Speer, an. Der ältere Tarquinius begann den Bau eines Nationalheiligtums für die drei Hauptgottheiten, Jupiter, Juno und Minerva, und errichtete diesen Statuen wie die Griechen. Ebenfalls im Anschluß an die griechische Religion wurde die Zahl der Hauptgottheiten auf folgende zwölf festgestellt: Jupiter (der Vater der Götter), Mars (der Kriegsgott), Apollo, Neptunus (der Gott des Meers), Vulcanus (der Gott des Feuers) und Mercurius

(der Gott des Handels); Juno, Vesta, Ceres, Diana, Minerva und Venus, deren Bedeutung der der griechischen Göttinnen Hera, Hestia, Demeter, Artemis, Pallas Athene und Aphrodite völlig entsprach. Ebenso äußerlich wie die Götterlehre war der Kultus. Derselbe bestand in einem ungemein ausgedehnten, an die strengsten Vorschriften gebundenen und mit der peinlichsten Genauigkeit beobachteten Ceremoniendienst. Keine politische Gemeinschaft, keine Familie entbehrte ihrer besondern Heiligtümer und Opfer, und kein irgend erhebliches öffentliches oder Privatunternehmen wurde ohne religiöse Handlungen begonnen, namentlich nicht ohne die Auspizien, d. h. ohne die Erforschung des Götterwillens aus dem Vögelflug und aus andern Anzeichen. Die Römer gingen bei der strengen Beobachtung ihrer religiösen Pflichten von der Ansicht aus, daß nun auch die Götter ihnen ihre Gunst gewähren müßten, und glaubten sogar durch Wiederholung der ungünstig ausgefallenen Auspizien dieselben zur Erteilung glücklicher zwingen zu können. Die Aufsicht über den Götterdienst hatten die Patricier und waren daher im ausschließlichen Besitz der Priesterämter, zu denen die Plebejer erst 300 v. Chr. Zutritt erhielten. Die wichtigsten dieser Ämter waren die der Pontifices, des obersten Priesterkollegiums, der Flamines (Opferpriester), der vestalischen Jungfrauen, der Augurn und Haruspices, der Fetialen, der Salier und der Fünfzehnmänner, deren Hauptobliegenheit die Bewahrung und Befragung der Sibyllinischen Bücher war. Obwohl der römischen Religion jeder tiefere Ideengehalt fehlte, so hat doch ihr strenger und ernster Dienst unter den Bürgern lange Zeit Zucht und Gehorsam gegen die Obrigkeit erhalten. Im 2. Jahrh. v. Chr. begann ihre Kraft nachzulassen, der Glaube an die Götter und an die Wirksamkeit der Religionsübungen zu schwinden. Fremde Kulte rissen ein, die Schriften griechischer Philosophen fanden Eingang, und während die Gebildeten an nichts glaubten und die Mythologie als Spielerei betrachteten, fiel die Masse des Volks rohem Aberglauben anheim.

Vgl. Becker, Handbuch der römischen Altertümer (fortgesetzt von Marquardt, Leipz. 1843—67, 5 Teile); Lange, Röm. Staatsaltertümer (3. Aufl., das. 1876, 3 Bde.); Mommsen, Röm. Staatsrecht (2. Aufl., Berl. 1877, 2 Bde.); Marquardt, Röm. Staatsverwaltung (das. 1873—79, 3 Bde.); Hartung, Die Religion der Römer (Erlang. 1836, 2 Bde.); Preller, Röm. Mythologie (2. Aufl., Berl. 1865, 2 Bde.).

Geschichte des römischen Staats.

Die Zeit der Könige.

Der Ursprung Roms wurde durch die Sage mit Äneas und der Sage vom Trojanischen Krieg in Verbindung gebracht, indem Romulus und Remus, welche die Stadt 21. April 753 v. Chr. auf dem Palatinus gründeten, als Abkömmlinge des Königsgeschlechts von Alba longa bezeichnet wurden. Die älteste Geschichte der Stadt, welche ihrer günstigen Lage wegen durch Handel und Verkehr sich, rasch zu einem großen Gemeinwesen entwickelte, ist vielfach dunkel und ihre historische Begründung unsicher. Die sieben Könige, welche bis 510 herrschten, erscheinen sämtlich als Begründer des Reichs nach den verschiedensten Seiten hin, als die Stifter der bürgerlichen und religiösen Institutionen und als die Schöpfer seiner äußern Macht und seines kriegerischen Ansehens. Romulus (753—716) eröffnete auf dem Kapitol ein Asyl für die Flüchtlinge und Unzufriedenen der Nachbarstädte, verschaffte ihnen Frauen durch den Raub der Sabinerinnen, verdoppelte das Volk durch die Verschmelzung desselben mit den Sabinern unter Tatius, führte glückliche Kriege mit einigen latinischen Städten sowie mit Fidenä und Veji und wurde nach einer ruhmvollen Regierung zum Himmel erhoben und unter dem Namen »Quirinus« unter die Götter aufgenommen. Ihm folgte nach einem Interregnum der Sabiner Numa Pompilius (715—672), der während seiner durchaus friedlichen Herrschaft den religiösen Kultus begründete. Tullus Hostilius (672—640) eroberte Alba longa und vermehrte durch Verpflanzung seiner Einwohner nach R. dessen Bevölkerungszahl, ebenso Ancus

Marcius (640—616), der eine große Anzahl latinischer Städte unterwarf und durch Ansiedelung ihrer Bewohner auf dem Aventinus den plebejischen Stand begründete; auch baute er die Pfahlbrücke (Pons sublicius) und legte die Hafenstadt Ostia an. Tarquinius Priscus (616—578) bildete den Stamm der Luceres, nahm die bei den Etruskern üblichen Ehrenzeichen des Königtums an und begann den Bau des Jupitertempels auf dem Kapitol sowie der Kloaken. Nicht unwahrscheinlich ist es, daß er und seine zwei Nachfolger etruskische Könige waren, die R. zu bedeutender Macht erhoben und etruskische Kultur dorthin verpflanzten. Servius Tullius (578—534) schuf die für die weitere Entwickelung des Staats so wichtige Centuriatverfassung, umgab die nach Einschluß des Esquilinus und Viminalis nun siebenhügelige Stadt mit einer Mauer und vereinigte die Latiner zu einem Bündnis unter der Vorortschaft Roms. Lucius Tarquinius Superbus endlich (534—510) brachte die Latiner durch List und Gewalt völlig unter seine Botmäßigkeit, tötete oder verbannte alle, die ihm im Weg waren, drückte das niedre Volk durch Fronarbeiten und herrschte unumschränkt und despotisch, bis die Frevelthat seines Sohns Sextus an der Lucretia eine Empörung zum Ausbruch brachte, infolge deren Tarquinius mit seinem Geschlecht vertrieben und das Königtum abgeschafft wurde.

Die Zeit der Republik bis zur Unterwerfung Italiens (510—272 v. Chr.).

An Stelle des Königs wurden zwei Konsuln an die Spitze des Staats gestellt, die ersten waren Marcus Junius Brutus und Lucius Tarquinius Collatinus. Die Träger des republikanischen Staatswesens waren die Patricier, aus denen der Senat, die Beamten und Priester allein hervorgingen. Dieselben wiesen die Versuche der vertriebenen Königsfamilie, die Herrschaft wiederzugewinnen, zurück; doch erlitt die Macht Roms namentlich durch Porsena empfindliche Verluste, indem es das rechte Tiberufer abtreten und auf die Hegemonie über die Latiner verzichten mußte. Die vielen Kriege erweckten auch in dem von ihnen besonders betroffenen armen Volk, den

Plebejern, große Unzufriedenheit. Die Patricier suchten dieselbe durch Einsetzung der Diktatur (498 v. Chr.), während welcher die Berufung an das Volk ruhte, zu unterdrücken und durch rücksichtslose Anwendung der harten Schuldgesetze die ihnen verschuldeten Plebejer völlig zu knechten. Endlich wanderten die Plebejer mit der Drohung, sich ganz von den Patriciern zu trennen, auf den benachbarten Heiligen Berg aus (secessio plebis in montem sacrum), von wo sie erst zurückkehrten, nachdem ihnen ein eigner Magistrat mit der Befugnis, sie vor Unbilden zu schützen, das Volkstribunat, zugestanden war. Sie erhielten nun auch eigne Komitien, die Tributkomitien, und das Recht, Verletzungen ihres Vertrags mit den Patriciern zu bestrafen, wie sie z. B. 491 Coriolanus deswegen verbannten, während auf der andern Seite die Patricier Spurius Cassius zum Tode verurteilten, als er durch eine lex agraria ihre Standesprivilegien verletzt hatte. Der Kampf zwischen beiden Ständen war ein erbitterter. 451 gaben die Patricier endlich dem seit 462 durch den Tribunen Gajus Terentilius Arsa gestellten Antrag auf schriftliche Aufzeichnung der Gesetze nach, und es ward unter Aufhebung aller Magistrate eine besondre Kommission von zehn Männern (decemviri legibus conscribendis) an die Spitze des Staats gestellt. Diese erfüllte ihre Aufgabe, herrschte aber dann willkürlich und gewaltthätig und wurde 449 durch einen Aufstand des Volks gestürzt. Die volksfreundlichen Konsuln Valerius und Horatius ließen durch ein besondres Gesetz die Unverletzlichkeit der Volkstribunen von neuem bestätigen, verliehen den Tributkomitien das Recht, gültige Beschlüsse über Staatsangelegenheiten zu fassen, und verboten für alle Zeiten die Wahl eines Magistrats ohne Provokation (d. h. ohne Berufung an das Volk). Durch das Gesetz des Gajus Canulejus erhielten die Plebejer 445 das Conubium, das Recht, gültige Ehen mit dem andern Stand zu schließen, und in demselben Jahr wurde bestimmt, daß statt der Konsuln Konsulartribunen (tribuni militum consulari potestate) gewählt werden dürften und Plebejer zu diesem Amt wählbar sein soll-

ten. Allerdings trennten die Patricier die Censur vom Konsulat und behielten dieselbe sich vor. Auch verhinderten sie lange die Wahl von plebejischen Konsulartribunen. Aber 400 wurden schon vier gewählt, nachdem 409 die Plebejer die Zulassung zur Quästur erreicht hatten.

Nach außen hin wurde die Macht Roms in langwierigen Kämpfen mit den Nachbarvölkern allmählich wiederhergestellt. Nach der Schlacht am See Regillus (496) bewogen die Römer die Latiner zum Abschluß eines Bündnisses zu gegenseitigem Schutz und zu gemeinsamer Kriegführung, in welches 486 auch die Herniker aufgenommen wurden. Mit den Sabinern, Äquern, Volskern und Bejentern führten die Römer fast unaufhörlich und mit wechselndem Glücke Krieg, erlangten aber schließlich doch die Übermacht. Nach zehnjähriger Belagerung (405—396) ward das mächtige Veji von Camillus erobert und zerstört, sein Gebiet mit dem römischen vereinigt, worauf die römische Herrschaft über das südliche Etrurien bis zum Ciminischen Wald ausgedehnt wurde. Diese Erfolge wurden wieder vernichtet durch den Einfall der Gallier, welche in Etrurien eingedrungen waren und 390 durch eine Verletzung des Völkerrechts seitens der römischen Gesandten veranlaßt wurden, R. anzugreifen. Sie schlugen das römische Heer 18. Juli in der Schlacht an der Allia in die Flucht, eroberten und verbrannten die Stadt R., deren Einwohner geflüchtet waren mit Ausnahme einer kleinen Schar, welche das Kapitol besetzt hielt. Diese belagerten die Gallier, und wenn auch ein Versuch derselben, die Burg in der Nacht zu ersteigen, durch die Wachsamkeit der heiligen Gänse und den Mut und die Geistesgegenwart des Marcus Manlius vereitelt wurde, so mußten die Römer dennoch den Abzug des Feindes durch ein hohes Lösegeld erkaufen. Die Etrusker, Volsker, Äquer, ja auch ein Teil der Latiner rissen sich nun wieder von der Oberhoheit Roms los, und es bedurfte langer und schwerer Kämpfe, in denen Camillus sich besonders auszeichnete, um sie ebenso wie die wiederholten Einfälle der Gallier abzuwehren. Endlich aber gelang es, die römische Herrschaft über Latium, die Sabiner, Volsker und Äquer herzustellen. Auch im Innern hatte das Unglück von 390 wieder Bürgerzwist verursacht. Die durch die Vernichtung ihres Eigentums geschädigten ärmern Bürger wurden von ihren patricischen Gläubigern hart bedrückt und, als der edle Marcus Manlius sich der Bedrängten annahm, derselbe unter der Beschuldigung, er strebe nach der Königskrone, 384 zum Tode verurteilt. Um die Lage der Plebejer zu bessern, ihre Schuldverhältnisse zu regeln, ihnen Anteil am ager publicus zu gewähren und durch Zulassung zum Konsulat ihnen völlige Gleichberechtigung mit den Patriciern zu verschaffen, beantragten die Tribunen Licinius und Sertius 376 die Licinischen Gesetze, welche nach zehnjährigem hartnäckigen Widerstand der Patricier 367 angenommen wurden. 366 wurde der erste plebejische Konsul gewählt und nun auch die übrigen Ämter von den Plebejern nach und nach erobert: 356 wurde zuerst ein plebejischer Diktator, 351 ein plebejischer Censor ernannt; 337 wurde auch die Prätur, welche 366 für die Rechtspflege eingesetzt und den Patriciern vorbehalten worden war, mit einem Plebejer besetzt, und 300 erlangten die Plebejer durch die lex Ogulnia die Zulassung zu den wichtigsten Priesterämtern. Indem 339 durch die Publilischen Gesetze und 286 nochmals durch die lex Mænia et Hortensia die Kuriatkomitien das Recht der Bestätigung für die Beschlüsse der Centuriat- und der Tributkomitien verloren, erlangten diese Komitien die volle Souveränität.

Die völlige Gleichstellung beider Stände steigerte die Kraft des Staats in außerordentlichem Maß. Ihren staatsmännischen Sinn und ihren Patriotismus hatten beide Stände dadurch bewährt, daß sie in den langen und heftigen Streitigkeiten niemals die Macht und die Autorität der Magistrate und des Senats zu verringern oder zu erschüttern gesucht hatten. Bereitwillig ordnete sich das Volk jenen unter und entwickelte unter ihrer klugen, zielbewußten Leitung eine kriegerische Tüchtigkeit, welche von den glänzendsten Erfolgen begleitet war. Mochte auch

die Politik Roms gegen seine Feinde oft rücksichtslos und schroff egoistisch sein und großherzigen Edelmuts entbehren, so traten die Vaterlandsliebe, die Uneigennützigkeit und die Pflichttreue der römischen Bürger in allen Ständen und Stellungen auf das glänzendste hervor in den mehr als 70jährigen Kämpfen mit den italischen Völkern, welche mit der völligen Unterwerfung von Mittel- und Unteritalien endeten. Diese Kriege wurden 343 mit dem ersten Samnitischen Krieg eröffnet, der wegen der Einmischung der Römer in Kampanien entstand, aber schon 341 abgebrochen wurde, da ein Aufstand der Latiner die Kräfte der Römer in Anspruch nahm. Der Latinische Krieg (340—338) endete mit der Unterwerfung der latinischen Städte und der mit ihnen verbündeten Kampanier und Volsker. Mit den Samnitern brach der Krieg 326 von neuem aus. Durch die Einschließung des römischen Heers in den Caudinischen Pässen (321) geriet R. in große Gefahr, auch schlossen sich allmählich sämtliche sabellische Völker sowie die Umbrer und Etrusker den Samnitern an; aber die kriegerische Tüchtigkeit und Ausdauer der Römer, der Heldenmut und die Kühnheit ihrer Feldherren, namentlich des Papirius Cursor und des Fabius Rullianus, überwanden alle Feinde, die 304 der römischen Herrschaft unterworfen wurden. Zwar empörten sich die meisten dieser Völker 298 wieder, und die Gallier verbündeten sich mit ihnen. Jedoch die Schlacht bei Sentinum (295) entschied zu Gunsten der Römer, und Mittelitalien war unterjocht. Die Eroberung Unteritaliens, besonders des mächtigen Tarent, suchte Pyrrhos von Epeiros zu hindern und siegte auch anfangs in den Schlachten von Herakleia (280) und Asculum (279), aber mit so großem Verlust, daß er Italien verließ und nach Sicilien ging. Während dessen faßten die Römer in Unteritalien festen Fuß, schlugen den zurückkehrenden Pyrrhos 275 bei Beneventum und vollendeten 272 mit der Einnahme Tarents die Unterwerfung Italiens.

Die besiegten Völker wurden verschieden behandelt, um ihre Interessen zu teilen und ihre Treue zu sichern. Die latinischen

und die kampanischen Städte erhielten
meist römisches Bürgerrecht, aber ohne
Stimmrecht (jus sine suffragio) und mit
einer verschieden abgestuften innern Selb=
ständigkeit; sie hießen nun Municipien
und ihre Einwohner latinische Bun=
desgenossen. Die übrigen Völker ver=
loren einen größern oder geringern Teil
ihres Gebiets und wurden durch einen Ver=
trag zu bestimmten Leistungen an Trup=
pen und Tribut verpflichtet; sie hießen
Bundesgenossen (socii). Ihre Unter=
würfigkeit wurde durch ein dichtes Netz
von Kolonien gesichert, welche die Rö=
mer über ganz Italien ausbreiteten; sie
wurden von römischen Bürgern und La=
tinern gebildet, dienten als Festungen und
waren durch Militärstraßen mit R. und
untereinander verbunden. Die Verwal=
tung der unterworfenen Teile Italiens lag
in den Händen des Senats.

Die Blütezeit der Republik (272—133 v. Chr.).
Die Ausbreitung des Römischen Reichs
machte nun immer schnellere Fortschritte.
Entscheidend für die Entwickelung dessel=
ben zur Weltmacht war sein Sieg über
die Nebenbuhlerin Karthago in den Pu=
nischen Kriegen. Es errang denselben
trotz der Macht des blühenden Handels=
staats und trotz der genialen Größe eines
Hamilkar und eines Hannibal durch seine
unerschöpfliche Volkskraft (R. konnte in
jener Zeit mehr als 700,000 Mann waffen=
fähiger Mannschaft aufbringen), die Ein=
tracht und Vaterlandsliebe seiner Bürger,
durch die staatsmännische Weisheit u. uner=
schütterliche Standhaftigkeit seines Senats.
Nachdem die Römer im ersten Puni=
schen Krieg (264—261 v. Chr.) Sicilien
erobert und 238 auch Sardinien und Cor=
sica den Karthagern entrissen, darauf in den
zwei Illyrischen Kriegen (229—228
und 219) ihre Herrschaft in den dortigen
Küstenländern begründet und in einem
mehrjährigen Kampf (225—222) die Gal=
lier Oberitaliens unterworfen hatten, ward
R. im zweiten Punischen Krieg
(218—201) durch den kühnen Zug Hanni=
bals über die Alpen und seine Siege an der
Trebia (218), am Trasimenischen See (217)
und bei Cannä (216) in die äußerste Ge=
fahr völligen Untergangs gebracht, aus

welcher es hauptsächlich die Treue der mei=
sten Bundesgenossen, die Ausdauer seiner
Feldherren und Staatsmänner und die
mangelhafte Unterstützung Hannibals
durch die Karthager erretteten. Die römi=
schen Waffen erhielten trotz aller Feld=
herrntalente Hannibals in Italien, Sici=
lien und Spanien das Übergewicht, 204
setzte Scipio nach Afrika über und zwang
Karthago nach dem Sieg bei Zama 201
zum Frieden, in welchem dessen Groß=
macht vernichtet wurde; Spanien kam un=
ter Roms Herrschaft. Im dritten Pu=
nischen Krieg (149—146) wurde die
verhaßte Nebenbuhlerin endlich gänzlich
zerstört. Schon vorher war R. in Krieg
verwickelt worden mit den Reichen des
Ostens, welche aus dem Weltreich Alexan=
ders d. Gr. hervorgegangen waren. In zwei
Kriegen, 200—197, in welchem König
Philipp III. von Makedonien bei Kynos=
kephalä besiegt wurde, und 171—168, bei die
Niederlage des Königs Perseus bei Pydna
entschied, ward die Macht des makedoni=
schen Reichs gebrochen. Griechenland
wurde anfangs für frei erklärt, aber schon
146 zur Provinz Achaia gemacht; gleich=
zeitig wurde auch Makedonien in eine rö=
mische Provinz verwandelt. Als König
Antiochos d. Gr. von Syrien den Rö=
mern 192 den Krieg erklärte, wurde er
durch die Schlacht bei Magnesia (190) zum
Verzicht auf Kleinasien gezwungen, von
dem ein großer Teil 133 als Provinz Asien
unter direkte römische Herrschaft kam.
Durch Thronstreitigkeiten und Kämpfe
untereinander schwächten sich die Reiche
Syrien und Ägypten, veranlaßten die
Römer zur Einmischung und gerieten bald
völlig unter deren Einfluß. Auch in Spa=
nien wurde die römische Herrschaft nach
siegreicher Beendigung des Viriathi=
schen (148—140) und des Numantini=
schen Kriegs (143—133) fest begründet.
Um 130 umfaßte also das Römische
Reich außer ganz Italien die Provinzen
Sicilien, Sardinien nebst Cor=
sica, Spanien, Afrika, Makedo=
nien, Achaia und Asien, fast alle
Kulturländer des Altertums. Diese Pro=
vinzen wurden als unterthänige Lande
durch Statthalter verwaltet, welches Amt

die gewesenen Konsuln und Prätoren be=
kleideten. Ihre Leistungen bestanden
hauptsächlich in Steuern und Zöllen, und
die Einkünfte des römischen Staats aus
diesen, ferner aus den Tributen der besieg=
ten Könige und Völker erreichten eine solche
Höhe, daß um 170 v. Chr. den römischen
Bürgern alle Staatsabgaben erlassen wer=
den konnten. Außerdem hatten die Statt=
halter bequeme Gelegenheit, sich in den
Provinzen ungeheure Reichtümer zu ver=
schaffen, die ihnen und ihren Familien die
Mittel gewährten, sich um die höhern Ma=
gistrate zu bewerben und sie glänzend zu
verwalten. So schloß sich allmählich eine
Anzahl vornehmer Familien ab, aus wel=
chen die höhern Beamten und die Senato=
ren fast ausschließlich hervorgingen, und
welche einen Amtsadel (Nobilität, auch
Senats= oder Optimatenpartei ge=
nannt) bildeten, der an Stelle des frühern
Patriciats trat. Diese reichen Familien
brachten durch Aufkauf der kleinen Bauern=
güter den Grundbesitz in Italien an sich,
den sie in ausgedehnten Güterkompleren
(Latifundien) durch Sklaven bewirt=
schaften ließen. Der kleine Bauernstand
verschwand, und angelockt durch bie in R.
zusammenströmenden Reichtümer, durch
die Spiele und sonstigen Genüsse, mit wel=
chen die Nobilität sich die Gunst des Volks
zu erwerben suchte, sammelte sich in der
Hauptstadt eine immer größere Menge
besitz= und gesinnungsloser Bürger. Da
diese leicht erregbare Menge in den Tribut=
komitien souverän war, so lag die Gefahr
nahe, daß ehrgeizige Volksführer ihren
Neid und Haß gegen die Reichen und Vor=
nehmen aufreizten und sie dadurch ihren
selbstsüchtigen Zwecken dienstbar machten.
Dieser Gegensatz zwischen einer reichen und
mächtigen Minderzahl, der Nobilität oder
Senatspartei, und einer dürftigen, unbe=
ständigen, durch Demagogen leicht lenkba=
ren Menge, der Volkspartei, führte endlich
zu Unruhen und Bürgerkriegen, welche den
Untergang der Republik zur Folge hatten.

**Die Zeit der innern Unruhen und Bürger=
kriege (133—31 v. Chr.).**

Diese Unruhen begannen mit den Re=
formversuchen der beiden Brüder Tibe=
rius und Gajus Gracchus, welche an=

fangs nur auf eine Änderung der Agrar=
verhältnisse und die Neubildung eines zahl=
reichen, tüchtigen Bauernstands abzielten,
dann aber auch die Schwächung des Senats
und die Übertragung der Staatsgewalt auf
das souveräne Volk bezweckten. Die Opti=
maten unterdrückten die Bewegung durch
rücksichtslose Gewaltakte und beuteten ih=
ren Sieg in schamloser Weise aus. Ihre
Unfähigkeit, Habsucht und Bestechlichkeit
traten aber vor und während des Jugur=
thinischen Kriegs (111—106 v. Chr.) so
grell zu Tage, daß die Volkspartei sich wieder
erhob und in Gajus Marius einen glän=
zenden Vertreter fand, der den Jugurthini=
schen Krieg siegreich beendete, Rom von der
Gefahr eines Einfalls der Cimbern und
Teutonen in Italien befreite und ein sol=
ches Ansehen gewann, daß er mehrere Jahre
die Geschicke des Staats leitete. Ein vorzei=
tiger und tumultuarischer, daher unglück=
licher Versuch des Glaucia und Saturninus
(100), die bestehende Staatsverfassung
umzustürzen und eine Militärdiktatur zu
errichten, gab auf einige Jahre der Senats=
partei die Herrschaft zurück. Aber wiederum
verstand es diese nicht, die Volkspartei zu
versöhnen und wohlthätige Reformen an=
zubahnen. Ein Vermittelungsversuch des
Volkstribunen Marcus Livius Drusus
(91) wurde vom Senat zurückgewiesen.
Drusus versprach darauf den italischen
Bundesgenossen, um sie auf seine Seite zu
ziehen, das Bürgerrecht, wurde aber des=
halb ermordet. Erbittert über die erlittene
Enttäuschung, erhoben sich die Italiker;
der Bundesgenossen= oder Marsische
Krieg (91—88) hatte in der That das Er=
gebnis, daß den italischen Bundesgenossen
das römische Bürgerrecht erteilt und damit
die Zahl der Bürger verdoppelt wurde, ob=
wohl damit der Nachteil verbunden war,
daß nun die Majorität in den Komitien eine
ganz schwankende und von Zufällen oder
Parteiränken abhängige wurde, je nach=
dem von den über Italien verstreuten Bür=
gern große Scharen zur Ausübung ihres
Stimmrechts nach R. strömten oder nicht.
Um leichter konnte der Volkstribun Pu=
blius Sulpicius Rufus 88 mehrere re=
volutionäre Gesetze zustande bringen, un=
ter andern auch den Beschluß, daß der

Oberbefehl im Mithridatischen Krieg vom Konsul Sulla auf Marius übertragen wurde. Sulla widersetzte sich jedoch demselben, rückte mit seinem Heer gegen R., erstürmte es, vertrieb die Führer der Volkspartei und setzte Anhänger des Senats in die höchsten Ämter ein (erster Bürgerkrieg, 88—81). Während er daraufin Griechenland den Krieg gegen Mithridates führte, bemächtigten sich 87 die Marianer unter Cinna der Herrschaft in R. und richteten unter der Senatspartei ein Blutbad an. Als Sulla 83 nach siegreicher Beendigung des Mithridatischen Kriegs nach Italien zurückkam, stellten ihm die Marianer zahlreiche Heere entgegen. Sie wurden aber in einem blutigen, verheerenden Krieg 83—81 völlig geschlagen, und nun ließ sich Sulla die Diktatur übertragen, nicht um die Alleinherrschaft an sich zu reißen, sondern umdurch eine Reihe von Gesetzen (leges Corneliæ) die Macht der Senatspartei wieder fest zu begründen und die aristokratische Republik, die alte Verfassungsform, neu zu beleben. Namentlich gab er dem Senat, der aus den gewesenen Beamten gebildet wurde, die Gerichte zurück und drückte die Volkstribunen zu einer machtlosen Stellung herab.

In diesen Kämpfen hatte sich gezeigt, daß die Entscheidung über die Macht im Staat beim Heer lag, welches seit der Aufnahme von Proletariern in dasselbe den Charakter eines Söldnerheers angenommen hatte und den Feldherren anhing und als gefügiges Werkzeug diente, deren Kühnheit und Glück ihnen reiche Belohnung versprach. Den Oberbefehl über das Heer zu verleihen hatten aber in höchster Instanz die Komitien, das Volk, und alle ehrgeizigen Römer strebten daher vor allem nach der Gunst des Volks und des Heers. Diesen gegenüber war daher die Senatspartei ohnmächtig, und die Sullanischen Gesetze, welche ihre Macht sichern sollten, wurden bereits 70 von Pompejus wiederaufgehoben, welcher sich schon im Bürgerkrieg, im Kampf gegen Sertorius (80—72) und bei der Unterdrückung des Sklavenaufstands (73—71) reiche Lorbeeren verdient hatte und nun vom dankbaren Volk mit außergewöhnlichen Vollmachten zum

Oberfeldherrn gegen die Seeräuber (67), dann gegen Mithridates ernannt wurde. Er besiegte Mithridates und Tigranes von Armenien, machte Syrien, Pontos und Kilikien zu römischen Provinzen und würde sich mittelst seines großen, treu ergebenen Heers zum Herrn von R. haben machen können. Doch scheute er vor einem offenen Rechtsbruch zurück und zog es vor, die höchste Gewalt sich vom Senat übertragen zu lassen, indem er, sobald er 61 den Boden von Italien betrat, sein Heer entließ. Der Senat indes, dessen Selbstbewußtsein inzwischen durch die glückliche Unterdrückung der Catilinarischen Verschwörung sehr gestiegen war, setzte seinen Wünschen auf Anerkennung seiner Anordnungen in Asien und auf Belohnung des Heers entschiedenen Widerspruch entgegen. Es kam zum Bruch zwischen dem Senat und Pompejus, und dieser schloß 60 mit Cäsar und Crassus das erste Triumvirat, um seine Forderungen durchzusetzen. Nach dem Willen der drei Männer wurden nun alle Angelegenheiten des Staats geordnet, aber den Hauptvorteil des Bundes trug Cäsar davon, der nach Ablauf seines Konsulats (59) Gallien eroberte, sich Kriegsruhm, Geldmittel und ein wohlgeschultes, zuverlässiges Heer erwarb und nach Crassus' Tod (53) als Nebenbuhler des Pompejus um die Alleinherrschaft auftrat. So brach der zweite Bürgerkrieg (49—45) aus: die Heere des Pompejus und der Senatspartei, die sich verbündet hatten, unterlagen den Legionen Cäsars 49 bei Ilerda in Spanien, 48 bei Pharsalos, 46 bei Thapsos in Afrika und 45 bei Munda in Spanien. Pompejus und die Häupter der aristokratischen Republikaner fanden ihren Tod, und Cäsar ward als Alleinherrscher anerkannt. Durch Großmut und Milde suchte er die Gegner zu versöhnen, den Kampf der Parteien zu beschwichtigen und durch weise Reformen eine gedeihliche Entwickelung des Gemeinwesens anzubahnen. Seine Ermordung 15. März 44 infolge einer Verschwörung stürzte den Staat von neuem in die Wirren eines Bürgerkriegs (dritter Bürgerkrieg, 44—42). Die Mörder, deren Ziel die Wiederherstellung

der ariftokratifchen Republik war, erwiefen
fich ebenfo wie der Senat unfähig, dies zu
erreichen. Marcus Antonius wußte
mit Mut und Geschick ihre Pläne zu vereiteln. Der Senat gewann den Erben Cä-
fars, Octavianus, für fich und begann
gegen Antonius den Mutinenfischen
Krieg; doch wendete fich Octavianus
plötzlich gegen ben Senat und schloß 43
mit Antonius und Lepibus bas zweite
Triumvirat. Die Triumvirn riffen nun
die oberfte Gewalt im Staat an fich, teilten fich in die Provinzen, vernichteten ihre
Gegner durch Proskriptionen und besiegten die Häupter der republikanifchen Verschwörung, Brutus und Cassius, 42 in
der Schlacht bei Philippi, in der beide
fielen. Während Antonius im Often des
Reichs feine Kraft in Schwelgereien am
Hof der Kleopatra und in ruhmlofen Kriegen gegen die Parther verzehrte, brach Octavianus in Italien ben Widerftand des
Lucius Antonius im Perufinifchen
Krieg (40), vernichtete Sextus Pompejus
durch ben Sicilifchen Krieg (38—36),
beseitigte Lepibus und fetzte fich in ben
Besitz des ganzen Weftens des Reichs. Senat und Volk hingen ihm an, und fo gelang es ihm im letzten Entscheidungskampf
mit Antonius um die Alleinherrschaft,
diefen bei Actium 31 zu besiegen und
bamit die höchfte Gewalt zu erringen.

**Das römifche Kaiferreich (31 v. Chr. bis 476
n. Chr.).**
Octavianus' Herrschaft war burch das
Heer gewonnen und wurde durch das Heer
behauptet; ihre Hauptftützen waren die
zahlreichen Legionen, welche über die vom
Kaifer direkt verwalteten Provinzen zer-
ftreut waren, und die Leibwache in R.
Im Innern ließ er, um die republikanischen Erinnerungen zu schonen, die bisherigen Ämter und Formen fortbeftehen,
übertrug auch dem Senat die Verwaltung
der Provinzen, in welchen kein Krieg geführt wurde und keine Truppen ftanden,
bewirkte aber, baß ihm von Senat und
Volk die wesentlichften Herrscherbefugniffe
beigelegt wurden. Auch erhielt er 27 den
Ehrentitel Auguftus. Sein Hauptaugenmerk war auf die Herstellung von feften
Ordnungen in dem zerrütteten Reich und

auf bie Gewöhnung ber Römer an bie
neuen Zuftände und an bie Unterordnung
unter ein Oberhaupt gerichtet. Die Menge
in R. wurde durch ben Glanz ber neuen
Herrschaft, bie Spiele und Geld- und Ge-
treidefpenden leicht gewonnen; bie Bewohner ber Provinzen erfuhren eine erhebliche Befferung ihrer Lage, indem ber
willkürliche Druck ber Statthalter, bie
hohen Abgaben und Erpreffungen aufhörten. Nur ber Abel erlitt einen wirklichen
Verluft, ba er bie Leitung bes Staats verlor. Aber er war in ben Bürgerkriegen arg
gelichtet und übte bie durch ben Senat immer
noch einen von Auguftus refpektierten
Einfluß aus. Trotz feiner Friedensliebe
mußte ber neue Herrscher an ben Grenzen
viele Kriege führen, welche durch Aufftände
barbarischer Völkerschaften und durch Einfälle in römifches Gebiet veranlaßt wur-
ben; fo in Spanien, in Arabien, im Alpengebiet und am Rhein. Wenn bie römischen Legionen auch nicht immer fieg-
reich waren, ja bebenkliche Niederlagen,
wie 9 n. Chr. im Teutoburger Wald, erlitten, fo endeten biefe Kriege boch unter
Auguftus wie unter feinen Nachfolgern
meift mit Erweiterungen ber Grenzen bes
Römischen Reichs, bas nun bas ganze
Mittelmeergebiet und fämtliche Kulturländer bes Altertums umfaßte. Nach
Auguftus' Tod (14) folgte ihm fein Stief-
fohn Tiberius (14—37), welcher ben
Frieden an ben Grenzen faft immer aufrecht erhielt, bie Provinzen vortrefflich
verwaltete, aber ben Senat und bie römifche Ariftokratie durch feine hinterliftige
Graufamkeit einfchüchterte und burch feine
Menschenverachtung aufs tieffte bemü-
tigte. Caligula (37—41) fchändete feine
kurze Regierung durch bie unfinnigfte
Graufamkeit und bie tollften Ausschweifungen und Schwelgereien. Die Prätorianer ermordeten ihn und erhoben Claubius (41—54) auf ben Thron, ber gut-
willig, aber fchwach war und ganz von
feinen Frauen Meffalina und Agrippina
und beren Günftlingen beherrscht wurde;
auch unter ihm gab ber Hof bas Schau-
fpiel ber Üppigkeit und fchamlofer Sitten-
lofigkeit. Das Römifche Reich befand fich
in materieller Blüte, bie Grenzen wurden

erweitert, Mauretanien zur Provinz umgewandelt und die Unterwerfung Britanniens begonnen; die Hauptstadt war volkreich und der Sitz eines geschmackvollen, fast schon allzu verfeinerten Luxus. Die politische und kriegerische Tüchtigkeit des römischen Volks war aber gänzlich geschwunden; auch den geistigen Bestrebungen fehlte es an Schwung und Größe der Ideen. Nur in den Legionen lebte die kriegerische Kraft und Schulung der alten Römer fort. Seinen Gipfelpunkt erreichte der Cäsarenwahnsinn in Nero (54—68), dem letzten Kaiser des Julischen Hauses. Er ließ seine nächsten Verwandten, seine Mutter Agrippina, seine Gemahlin Octavia, seinen Lehrer Seneca und eine große Anzahl der angesehensten Männer in R. ermorden, verhängte 64 über die Christen eine blutige Verfolgung und trat nicht nur in Rom, sondern auch in Griechenland öffentlich als Sänger und Wettkämpfer auf. Keine Ausschweifung war für ihn zu gemein. Die Menge in R. ertrug diese unwürdige Herrschaft. Von den Legionen in den Provinzen ging die Empörung aus: Julius Vinder, der Statthalter in Gallien, ließ durch sein Heer Galba zum Kaiser ausrufen. Als derselbe mit seinen Legionen in R. erschien, wurde Nero von allen verlassen und auf der Flucht von einem Freigelassenen auf sein Verlangen getötet.

Galba wurde allerdings von dem Senat, aber nicht von allen Truppen anerkannt. Schon im Januar 69 wurde er von den Prätorianern gestürzt und Otho auf den Thron erhoben. Derselbe unterlag im April Vitellius, der von den Legionen des untern Germanien zum Kaiser ernannt worden war, und dieser wieder im Dezember den Legionen des Flavius Vespasianus, welcher in Syrien mit Unterdrückung des jüdischen Aufstands beschäftigt war. Mit Vespasianus (69—79) bestieg das Geschlecht der Flavier den römischen Kaiserthron. Mit ihm beginnt eine längere, bis 180 reichende, nur durch Domitianus unterbrochene Reihe trefflicher Fürsten, unter denen sich das Römische Reich fast immer des Friedens und innerer Ordnung und einer großen materiellen Wohlfahrt erfreute. Vespasianus stellte Zucht und Ordnung im Heer wieder her und regelte die Finanzen des Reichs durch weise Sparsamkeit. Unter ihm wurde 70 der Jüdische Krieg durch Titus mit der Eroberung und Zerstörung Jerusalems beendet, ferner der Aufstand der Bataver unter Civilis unterdrückt und die Eroberung Britanniens, namentlich seit 77 durch Agricola, über einen größern Teil der Insel erstreckt. Nach der kurzen, milden und wohlwollenden Regierung des Titus (79—81) folgte Domitianus (81—96), der in die Laster eines Caligula und Nero zurückfiel und den römischen Namen durch wüste Ausschweifungen, blutige Grausamkeit und unrühmliche Kriege gegen die Katten, Sarmaten und Dacier schändete; dem rühmlichen Krieg des Agricola in Britannien setzte er 83 aus Neid durch dessen Abberufung ein Ziel. Nach seiner Ermordung benützten sich Nerva (96—98) und namentlich Trajanus (98—117), ein Nichtrömer, die Schäden seiner Regierung zu heilen. Trajans Herrschaft ist nicht nur durch die Weisheit und Milde, mit welcher er die bürgerliche Verwaltung führte, ausgezeichnet, sondern auch durch den Glanz, welchen er durch seine ruhmvollen Kriege über das Reich verbreitete. Er unterwarf in zwei Kriegen (101—102 und 105—106) Dacien, eroberte 113—117 Armenien und Mesopotamien, überschritt den Tigris, nahm Ktesiphon und zwang den Partherkönig zur Flucht. Sein Nachfolger Hadrianus (117—138) teilte nicht seine kriegerischen Neigungen, gab die Eroberungen Trajans jenseit des Euphrat auf und errichtete, um den Kriegen in Britannien und Germanien ein Ende zu machen, die Grenzwälle zwischen Thne und Solway und zwischen Rhein und Donau. Nur durch einen neuen jüdischen Aufstand (132—135) wurde die Ruhe seiner Regierung gestört, welche er meist auf Reisen in den Provinzen zubrachte, um deren Wohlfahrt zu fördern. Ebenso friedlich und sowohl geachtet nach außen wie glücklich im Innern war die Herrschaft des Antoninus Pius (138—161). Der treffliche Kaiser Marcus Aurelius (161—180) hatte dagegen einen neuen Krieg mit den

Parthern zu führen, der allerdings 166 glücklich beendet wurde, aber eine verhee= rende Pest, die die heimkehrenden Soldaten mitschleppten, zur Folge hatte, und kämpfte seit 167 trotz vieler Siege ohne nachhalti= gen Erfolg gegen die Germanen, die das Donaugebiet immer wieder überfluteten. Nach dem Tode des Marcus Aurelius trat der Verfall des Reichs immer deut= licher hervor. An der Nordgrenze des Reichs wurde das Anbrängen der germa= nischen Volksstämme drohender und furcht= barer, und im Osten steigerte sich die Ge= fahr dadurch, daß 226 das kräftige neu= persische Reich der Sassaniden an Stelle des Partherreichs trat. An den Grenzen wurden daher fast immer Kriege geführt, die nicht alle glücklich waren, und dies hatte die Folge, daß die ganze Kraft des Reichs auf das Heer verwendet wurde, für die innere Verwaltung nichts geschah und die Bevölkerung mit unerschwingli= chen Steuern belastet war, die ihren Wohl= stand vernichteten. Für siegreiche Heere unter tüchtigen Führern lag die Ver= suchung nahe, diese auf den Kaiserthron zu erheben, und es brachen daher Bürger= kriege aus, die das Reich völlig zerrütteten. Der unwürdige Sohn und Nachfolger des Marcus Aurelius, Commodus (180— 192), schloß mit den Germanen an der Donau einen schimpflichen Frieden und eilte nach Rom, um sich dort den niedrig= sten Lüsten und Ausschweifungen hinzu= geben. Während er die Regierung gemei= nen Günstlingen überließ, trat er in der Arena als Gladiator und römischer Her= kules auf. Er wurde endlich ermordet und vom Senat Pertinar zum Kaiser ge= wählt, der aber schon nach 87 Tagen von den Prätorianern getötet wurde. Diese verkauften den Thron für 25,000 Sester= tien (5000 Mark) für den Mann, also im ganzen für 300 Mill. Sestertien (60 Mill. Mark), an den reichen Senator Didius Julianus, gegen den sich aber sofort in verschiedenen Provinzen drei Gegenkaiser, Pescennius Niger, Clodius Albinus und Septimius Severus, erhoben. Letzterer ging aus dem Kampf um die Herrschaft als Sieger hervor. Septimius Seve= rus (193—211) stützte sich ganz aus=

schließlich auf das Heer und die Prätoria= ner, deren Zahl er auf 50,000 Mann ver= mehrte, stellte aber das Ansehen des Reichs und die Sicherheit der Grenzen wieder her. Ihm folgten mit einer kurzen Unterbre= chung durch Macrinus (217—218) sein Sohn Caracalla (211—217) und sein Großneffe Heliogabalus (218—222), welche alles übertrafen, was von den schlechtesten Kaisern bisher an Ausschwei= fung, Willkür und Grausamkeit geleistet worden war. Caracalla schmeichelte den Soldaten auf alle Art und beschenkte sie verschwenderisch. Die Kosten brachte er auf, indem er 212 allen freien Einwoh= nern des Reichs das römische Bürgerrecht verlieh, sie aber auch allen Lasten desselben unterwarf. Nachdem Heliogabalus von den Prätorianern ermordet worden, folgte ihm ein andrer Großneffe des Septimius, Alexander Severus (222—235), der einen allerdings wenig erfolgreichen Feld= zug gegen das Perserreich unternahm und am Rhein die Grenze gegen die Germanen zu schützen bemüht war. In einer Solda= tenmeuterei wurde er erschlagen und Ma= ximinus (235—238) auf den Thron er= hoben, ein roher, aber tapfrer Thrakier, welcher glückliche Kriege gegen Germanen und Sarmaten führte. Doch brachen Auf= stände gegen ihn aus, in Afrika erhoben sich die Gordiane, und der Senat ernannte zwei seiner Mitglieder, Pupienus und Bal= binus, zu Kaisern. Aus den allgemeinen Wirren ging schließlich der von den Prä= torianern begünstigte jüngere Gordia= nus III. (238—244) als Sieger hervor, welcher aber während des Kriegs gegen die Perser von Philippus Arabs (244— 249) ermordet wurde. Dieser ward von Decius (249—251) gestürzt, einem ta= pfern Herrscher, welcher jedoch bald in einer Schlacht gegen die Goten fiel. Die näch= sten Kaiser waren Gallus (251—254), Amilianus (254), Valerianus (254—260) und Gallienus (260— 268). Unter ihrer Herrschaft erhoben sich überall in den Provinzen, oft durch ihre Truppen gezwungen, Gegenkaiser, so daß man ihre Zeit »die Zeit der 30 Tyran= nen« nannte. Durch Kriege untereinan= der zerrütteten sie das Reich; Franken,

Alemannen, Goten und Perser machten verheerende Einfälle über die Grenzen; endlich wütete 15 Jahre lang eine verheerende Pest und raffte die Hälfte der Bevölkerung hinweg. Claudius (268—270), Aurelianus (270—275), Tacitus (275—276) und Probus (276—282) stellten durch tapfre Kämpfe die Sicherheit der Grenzen wieder her. Aurelianus gab zwar Dacien preis, sicherte aber die Donaulinie gegen die Goten und vernichtete das palmyrenische Reich in Syrien. Probus trieb die Germanen über den Rhein zurück und verstärkte den Grenzwall zwischen Rhein und Donau.

Nach der kurzen Regierung des Carus und seiner Söhne Carius und Numerianus (282—284) ward Diocletianus (284—305) von den Truppen zum Kaiser ausgerufen, welcher wichtige Einrichtungen traf, um das wankende Reich auf neuer Grundlage zu befestigen. Er teilte dasselbe, um die Verteidigung der Grenzen zu erleichtern, in vier Teile und ernannte Marimianus als Augustus und Galerius und Constantius Chlorus als Cäsaren zu Mitregenten; ferner befreite er das Kaisertum von dem Einfluß des Senats und der Prätorianer, indem er seine Residenz nach Nikomedeia in Bithynien verlegte, und umgab es mit einem strengen Ceremoniell, das sein Ansehen steigerte; endlich schuf er einen zahlreichen, hierarchisch gegliederten Beamtenstand. Die Aufstände im Reich wurden unterdrückt, die Grenzen nicht nur geschützt, sondern sogar erweitert, namentlich durch einen glücklichen Perserkrieg des Galerius (297); Ordnung und Wohlstand herrschten wieder, und nur die blutigen Christenverfolgungen störten die Ruhe. Aber nach Diocletianus' freiwilligem Rücktritt von der Regierung 305 brachen zwischen Galerius, Marimianus und seinem Sohn Marentius, Constantinus, dem Sohn des Constantius, und Licinius von neuem blutige Kämpfe aus, in denen nach dem Tode der beiden ersten Constantinus 312 durch den Sieg über Marentius an der Milvischen Brücke die Herrschaft im Westen und 323 durch den Sturz des Licinius die über das ganze Reich gewann. Constantinus I. (324—337)

setzte das Werk des Diocletianus fort, indem er das an der Stelle von Byzantion neu erbaute Konstantinopolis zur Hauptstadt erhob, das Reich in 4 Präfekturen, 13 Diöcesen und 116 Provinzen teilte, die Militär- und Civilverwaltung trennte und die Regierung und die Steuererhebung durch zahlreiche Beamte geschehen ließ. Außerdem aber that er den folgenreichen Schritt, daß er das Christentum zur Staatsreligion erhob. Ihm folgten 337 seine Söhne Constantinus II., Constantius und Constans, von denen Constantinus schon 340, Constans 350 ihren Tod fanden, so daß Constantius, nachdem er einen Gegenkaiser, Magnentius, besiegt hatte, über das ganze Reich herrschte. Gegen ihn riefen 360 die Legionen in Gallien seinen Vetter Julianus zum Kaiser aus; noch ehe es zum Kampf kam, starb Constantius. Julianus (361—363) versuchte das Heidentum und damit die Größe des alten Römertums wiederherzustellen, fiel aber schon 363 in einem glücklichen Kriege gegen die Perser. Sein Nachfolger Jovianus (363—364) schloß mit dem Persern einen schimpflichen Frieden. Nach ihm übernahm Valentinianus I. (364—375) die Herrschaft über den Westen, Valens (364—378) die über den Osten. Valens fiel 378 im Kampf gegen die Westgoten, welche infolge der Völkerwanderung in das Reich eingedrungen waren, worauf Gratianus, der seinem Vater Valentinianus als Kaiser im Westen gefolgt war, den Spanier Theodosius (379—395) zum Beherrscher des Ostens ernannte, der nach dem Tod Gratians (383) und seines Bruders Valentinianus II. (392) wie der Gegenkaiser Maximus (388) und Eugenius (394) das ganze Reich unter seiner Herrschaft wiedervereinigte. Bei seinem Tod (395) teilte er es jedoch unter seine Söhne Arcadius und Honorius, und fortan zerfiel es in zwei Teile, das oströmische oder griechische Kaiserreich mit der Hauptstadt Konstantinopel, welches bis 1453 bestand, und das weströmische Reich.

Das weströmische Reich hatte nur einen kurzen Bestand. Die Herrscher desselben waren unfähig und schwach, und nur die tüchtigen Feldherren, welche meist

Barbaren waren, schützten es gegen ben Anbrang ber Germanen. Unter Honorius (395—423) schlug Stilicho die Westgoten und die Scharen des Rabagaisus aus Italien zurück, aber Gallien und Spanien gingen bereits verloren. Unter Valentinianus III. (425—455) eroberten die Vandalen Afrika, bie Angelsachsen Britannien, und nur Italien und ein kleiner Teil von Gallien wurden gegen ben gewaltigen Hunnenkönig Attila behauptet. Nach der Ermordung Valentinianus' durch Petronius Maximus rief des erstern Witwe Eudoria die Vandalen herbei, welche 455 bie Hauptstadt R., bie 410 schon der Westgote Alarich erobert und geplündert hatte, nachdem sie 800 Jahre von Feinden nicht betreten worden, zum zweitenmal verwüsteten. Nun rissen bie germanischen Söldnerführer alle Macht in bem zerrütteten Reich an sich. Ricimer stürzte Avitus und setzte nacheinander Majorianus (457—461), Libius Severus (461—465), Anthemius (467—472) und endlich Olybrius (472) als Kaiser ein. Nach einer kurzen Regierung des Julius Nepos (474—475) ernannte ber Söldnerführer Orestes seinen Sohn Romulus Augustus zum Kaiser, ber aber schon 476 von bem Feldherrn der germanischen Hülfstruppen, Odoaker, gestürzt wurde. Indem Odoaker als König von Italien selbst die Herrschaft übernahm und seine germanischen Scharen in Italien ansiedelte, machte er bem weströmischen Kaiserreich ein Ende. Vgl. Niebuhr, Römische Geschichte (neue Ausg. von Isler, Berl. 1873—74, 3 Bbe.); Derselbe, Vorträge über die römische Geschichte (herausgeg. von Isler, das. 1846—48, 3 Bbe.); Peter, Geschichte Roms (4. Aufl., Halle 1881, 3 Bbe.); Mommsen, Römische Geschichte (6. Aufl., Berl. 1874, 3 Bbe.); Ihne, Römische Geschichte (Leipz. 1868—79, 5 Bbe.); Drumann, Geschichte Roms in seinem Übergang von der republikanischen zur monarchischen Verfassung (Königsb. 1834—44, 6 Bbe.); Merivale, History of the Romans under the empire (2. Aufl. 1865, 8 Bbe.; deutsch, Leipz. 1866—74, 4 Bbe.); Laurentie,

Histoire de l'empire romain (Par. 1861 bis 1862, 4 Bbe.); Gibbon, History of the decline and fall of the Roman empire (neue Ausg., Lond. 1854—58, 8 Bbe.; deutsch, Leipz. 1862, 12 Bbe.); Richter, Das weströmische Reich (Berl. 1865). Kürzere Darstellungen sind: Peter, Römische Geschichte in kürzerer Fassung (2. Aufl., Halle 1878); Jäger, Geschichte der Römer (4. Aufl., Gütersl. 1877); Herzberg, Hellas und R., Bd. 2 (Berl. 1880).

Romulus, der Gründer der Stadt Rom. R. und Remus, nach der Sage Zwillingssöhne des Mars und der Rea Sylvia, wurden auf Befehl ihres Großoheims Amulius am Tiber ausgesetzt, aber von einer Wölfin gesäugt und von bem Hirten Faustulus und seiner Gattin Acca Larentia aufgezogen. Zu Jünglingen erwachsen und von ihrem vertriebenen Großvater Numitor erkannt, stürzten sie Amulius und setzten Numitor in Alba longa wieder ein. Hierauf gründeten sie an der Stelle, wo sie ausgesetzt u. gerettet worden waren, eine neue Stadt, über deren Benennung sie in Streit gerieten; im Handgemenge kam Remus um. R. gab nun ber Stadt ben Namen Rom und herrschte über sie 753—716 v. Chr. Nachdem er bie Zahl der Einwohner durch Eröffnung eines Asyls auf bem Kapitol vermehrt hatte, bilbete er ben Senat, teilte das Volk in Tribus und Kurien und setzte Priester ein. Da es ben Römern an Frauen fehlte, so veranstaltete er ein großes Fest und lud bie Bewohner von Cänina, Crustumerium und Antemna sowie bie Sabiner von Cures mit ihren Frauen und Töchtern bazu ein; während ber Festspiele wurden bie Jungfrauen geraubt. Die Bürger ber brei ersten Städte überzogen Rom sofort mit Krieg, wurden aber besiegt; R. erschlug selbst ben König ber Cäninenser, Acron, und brachte dessen Rüstung als spolia opima bem Jupiter Feretrius bar. Die Sabiner bagegen bemächtigten sich des Kapitols und waren in einer entscheidenden Schlacht bereits im Vorteil, als bie geraubten Sabinerinnen Frieden stifteten. Die Römer vereinigten sich nun mit ben Sabinern zu bem Volk ber Quiriten und siedelten sich auf bem Kapitolinischen und Quirinalischen

Berg an; ihr König Titus Tatius teilte mit R. die Herrschaft, bis er nach sechs Jahren in Lavinium erschlagen wurde. Auch mit Fidenä, das er eroberte, und mit Veji, dem er einen Teil seines Gebiets nahm, führte R. Krieg. Nach 37jähriger Regierung ward er auf dem Marsfeld durch eine Wolke in den Himmel entrückt u. unter dem Namen Quirinus als Gott verehrt.

Romŭlus Augŭstus (Augustŭlus), der letzte weström. Kaiser, wurde 475 n. Chr. von seinem Vater Orestes, dem Anführer der barbarischen Soldtruppen, auf den kaiserlichen Thron erhoben, aber schon 476 von Odoaker gestürzt und auf das Lucullanische Kastell in Kampanien verwiesen.

Roxäne, Tochter des sogdianischen Fürsten Oxyartes, fiel 328 v. Chr. in makedonische Gefangenschaft und wurde ihrer Schönheit wegen von Alexander d. Gr. zur Gemahlin gewählt. Drei Monate nach dessen Tod gebar sie einen Sohn, Alexander Agos, der nach des Vaters Verfügung mit Arrhidäos König von Makedonien werden sollte. R. brachte ihn nach Makedonien, wo sie sich an Olympias anschloß. Mit dieser wurde sie 316 in Pydna von Kassandros gefangen genommen und in Amphipolis in enger Haft gehalten; nach Abschluß des Friedens zwischen den

Diadochen 311 wurde sie mit ihrem Sohn daselbst ermordet.

Roxolanen (Roxolāni), sarmatisches Volk an der Mäotis, zwischen Borysthenes und Tanaïs; sie waren vortreffliche Reiter und verwüsteten öfter die römischen Donauprovinzen, bis Hadrianus sich durch einen jährlichen Tribut mit ihnen abfand.

Rubīco, Grenzflüßchen zwischen Gallia cisalpina und Italien, an der Küste des Adriatischen Meers, nördlich von Ariminum, berühmt durch Cäsars Übergang 49 v. Chr. Es ist der jetzt aus den drei kleinen Flüßchen Pisatello, Fiumicino und Rugona gebildete kurze Wasserlauf.

Ruphīa, s. Alpheios.

Rusellä, Stadt in Etrurien, im Thal des Umbro (Ombrone) gelegen, unweit der Küste, in ältester Zeit, wie die noch vorhandene, aus kolossalen Felsblöcken bestehende Ummauerung zeigt, bedeutend, ward 294 v. Chr. von den Römern erobert und unter August römische Kolonie, geriet aber in Verfall, als die Küste versumpfte und ungesund wurde.

Rutüler (Rutŭli), kleines Volk an der Küste von Latium mit der Hauptstadt Ardea, dessen König Turnus den Aneias bekämpfte. In der historischen Zeit werden sie nicht mehr genannt.

S.

Sabäer (Sabæi, arab. Seba), semit. Volk im südlichen Glücklichen Arabien, welches ein blühendes Reich mit der auf dem Hochland gelegenen glänzenden Hauptstadt Mariaba (jetzt Marib) bildete und bedeutenden Handel trieb. Der römische Statthalter von Ägypten, Alius Gallus, unternahm 24 v. Chr., von den Nabatäern unterstützt, einen Feldzug gegen das jabäische Reich, konnte aber Mariaba nicht erobern. Der Durchbruch der künstlichen Dämme, welche ihre großen Wasserbehälter umgaben, soll nach der arabischen Tradition den Untergang der S. herbeigeführt haben.

Sabako (Saba), König von Ägypten (s. b.).

Sabataka (Sebichos), König von Ägypten (s. b.).

Sabīner (Sabīni), ital. Volk indogermanischen Stammes, bewohnte in ältester Zeit die Westabhänge der höchsten Apenninketten südlich von Umbrien und drang von hier in das Thal von Reate und dann nach Süden bis zum Tiber und an den Anio vor, wo es das Städtchen Cures besaß. Der Sage nach vereinigten sich die S. von Cures mit den Römern. Die übrigen S. führten mit den Römern sehr viele Kriege und wurden erst von Manius Curius Dentatus 290 v. Chr. völlig unterworfen. Ihre bedeutendsten Städte waren außer Reate: Amiternum und Nomentum. Durch die wiederholten Auswanderungen der jungen

Mannschaften der S., die seit ältester Zeit infolge eines besondern Gelübdes, des Ver sacrum, zu geschehen pflegten, wurde der Stamm der S. über das ganze Gebiet östlich und südlich verbreitet. Die Stämme der Picenter, Marser, Marruciner, Päligner, Vestiner, Hirpiner, Frentaner, vor allen die Samniter, welche das Hochland des Apennin innehatten und von da aus auch in Lukanien und Kampanien eindrangen, waren alle sabinischen Ursprungs oder Sabeller (Sabinuli), welche als das Hauptvolk Italiens den Römern lange Zeit tapfern Widerstand leisteten.

Sacco, s. Trerus.

Saguntum, Stadt an der Ostküste Spaniens im Gebiet der Edetaner, am Fluß Palantias in einer sehr fruchtbaren Ebene gelegen. Sie wurde von griechischen Kolonisten, welche der Sage nach (wegen der Ähnlichkeit des Namens) von der Insel Zakynthos gekommen sein sollten, gegründet, gelangte durch Handel zu großem Reichtum, trat nach dem ersten Punischen Krieg mit den Römern in ein Bündnis und ward deshalb von Hannibal 219 v.Chr. angegriffen und nach heldenmütiger Verteidigung erobert und zerstört, aber später von den Römern glänzend wiederaufgebaut und zur Kolonie erhoben. Ruinen der alten Stadt bei Murviedro (»altes Gemäuer«), das neuerdings den Namen Sagunto wieder angenommen hat.

Saïda, s. Sidon.

Saïs, Hauptstadt von Unterägypten, am westlichen bolbinitischen Hauptarm des Nils, Residenz dreier Dynastien, besonders der letzten zwei nationalen des Psammetichos und Amasis, ward namentlich von diesem mit prächtigen Bauten, unter andern einem von einem gegrabenen See umgebenen Tempel der Göttin Neith, geschmückt und galt als Sitz der ägyptischen Priesterweisheit, wo auch die griechischen Weisen bei den ägyptischen Gelehrten sich Belehrung holten. Trümmer beim Dorf Sael Hagar.

Sakaria, s. Sangarios.

Sakastane (jetzt Seistan), s. Drangiane.

Saken (Saker, Sakä), mächtiges,

tapfres Nomadenvolk in der turanischen Tiefebene, südlich von den Massageten. Sie wurden zu den Skythen (Turaniern) gerechnet und standen unter eignen Königen, waren aber der Herrschaft des persischen Reichs unterworfen und stellten zum persischen Heer ausgezeichnete Reiter und Bogenschützen. 165 v. Chr. eroberten sie Baktrien und drangen auch in das Innere Irans vor, wo sie sich in Drangiane (s. b.) niederließen.

Salamis, 1) Insel an der Küste von Attika im Saronischen Meerbusen, Eleusis gegenüber und durch zwei schmale Meerengen den Eleusinischen Golf abschließend, durch eine von W. her tief einschneidende Bucht in zwei Teile geteilt, vorwiegend dürr und gebirgig (bis 380m), aber an den Küsten fruchtbar. Von phönikischen Ansiedlern, welche hier den mit Menschenopfern verbundenen Kultus des Baal Schalam (»Herr des Friedens«, Zeus Epikoinios) begründeten, erhielt sie den Namen. Später ward sie von Joniern besetzt und bildete in der Heroenzeit einen unabhängigen Staat. Den Athenern, welche sie mit ihrem Staat vereinigten, ward sie im 7. Jahrh. v. Chr. von Megaris entrissen, aber von Solon wiedererobert. 318—230 bildete sie unter makedonischem Schutz wieder ein selbständiges Gemeinwesen. Berühmt ist die Insel besonders durch die östlich von der Insel in der Bucht und der Meerenge, welche noch durch die Insel Psyttaleia verengt wird, gelieferte Seeschlacht 20. Sept. 480, in welcher die griechische Flotte unter Eurybiades und Themistokles die weit überlegene persische, welche sich durch eine List des Themistokles in die ihr gefährliche Enge locken ließ, unter den Augen des Xerxes glänzend besiegte, worauf dieser nach Asien zurückkehrte.

2) Stadt auf der Ostseite von Kypros am Pediäos, wurde von den Phönikern gegründet und sehr bald durch den vortrefflichen Hafen und die fruchtbare Umgegend die bedeutendste Stadt der Insel. Seit dem 6. Jahrh. v. Chr. siedelten sich Griechen an. 449 besiegte die athenische Flotte die Perser bei S. Im 4. Jahrh. bemächtigte sich der König Euagoras von S. der Herrschaft

über die ganze Insel. 306 fand eine zweite große Seeschlacht bei S. statt, in welcher Demetrios Poliorketes die griechisch = ägyptische Flotte unter Menelaos und Ptolemäos schlug. Unter Constantinus durch ein Erdbeben zerstört, ward sie unter dem Namen Constantia wieder-aufgebaut. Ruinen beim jetzigen Hagios Sergis.

Salásser (Salassi), tapfrer, wahrscheinlich kelt. Volksstamm in Gallia transpadana, im Thal der Duria, ward zwar 143 v. Chr. von den Römern unterworfen, erhob sich aber unter Augustus gegen die Fremdherrschaft. Um den wichtigen Alpenübergang zu sichern, verkaufte Augustus fast das ganze Volk, 36,000 Menschen, in die Sklaverei und legte in ihrem Gebiet die Kolonien Eporedia (Ivrea) und Augusta Prätoria (Aosta) an.

Sallentiner (Sallentīni), Volksstamm in Kalabrien, 266 v. Chr. von den Römern unterworfen.

Sallustius Crispus, Gajus, röm. Geschichtschreiber, geb. 86 v. Chr. zu Amiternum im Sabinerland, bekleidete 52 das Volkstribunat und bekämpfte die Senatspartei, wurde deswegen 50 von den Censoren aus dem Senat gestoßen und schloß sich Cäsar an, der ihn 49 zum Quästor ernannte. Er nahm am Bürgerkrieg thätigen Anteil und ward nach der Beendigung desselben durch die Schlacht bei Thapsos 46 in Afrika als Statthalter von Numidien zurückgelassen, wo er sich ein so großes Vermögen sammelte, daß er in Rom die berühmten Sallustischen Gärten (horti Sallustiani) zwischen Quirinal und Pincius anlegen konnte. Einer Anklage wegen Erpressungen entging er nur durch Cäsars Gunst. Nach dessen Tod lebte er zurückgezogen, ausschließlich mit der Abfassung seiner Werke beschäftigt, und starb 35. Er schrieb die Geschichte der Catilinarischen Verschwörung (»De conjuratione Catilinæ«), die Geschichte des Jugurthinischen Kriegs (»De bello Jugurthino«) und eine allgemeine Geschichte der Jahre 78—67 (»Historiæ«) in fünf Büchern. Die beiden ersten Werke sind ganz, von dem letzten nur Bruchstücke erhalten. Diese Bücher sind für die innere

Geschichte Roms außerordentlich lehrreich und wertvoll. Zugleich sind sie sehr kunstvoll komponiert und geschrieben, da S. litterarische Kunstwerke liefern wollte; er strebte nach der Kürze und Prägnanz des Ausdrucks bei Thukydides, artete aber öfter in Härte und rhetorische Manier aus. Von kleinen Ungenauigkeiten abgesehen, ist seine Glaubwürdigkeit nicht anzufechten und der Vorwurf der Parteilichkeit für Cäsar und gegen die Senatspartei unbegründet. Ausgaben von Kritz (Leipz. 1828—53, 3 Bde.), Jacobs (6. Aufl., Berl. 1874) und Dietsch (das.1859, 2 Bde.).

Sallúvier, s. Salyer.

Salmanássar, Name mehrerer Könige von Assyrien: S. I. regierte um 1310 v. Chr. und erbaute die Stadt Chalah. — S. II., Sohn Assurnasirpals, regierte 859—823, kämpfte in zahlreichen Feldzügen siegreich gegen die Könige Syriens, namentlich gegen Damaskos, unterwarf Babylonien und drang zuerst in Medien und Persien ein. Ein Obelisk und zwei geflügelte Stiere verherrlichen in ihren Inschriften seine Thaten; auch sind noch ansehnliche Überreste eines von ihm erbauten Turms erhalten. — S. III. regierte 781—771 und kämpfte ohne große Erfolge in Armenien und Syrien. — S. IV. regierte 727—722 als Nachfolger Tiglath Pilesars II., hatte einen Aufstand des Königs Hosea von Israel zu bekämpfen, den er gefangen nahm, unterwarf 725 Phönikien und schloß Samaria ein, während dessen Belagerung er starb.

Salómo (»der Friedliche«), König von Israel, Sohn Davids und der Bathseba, folgte seinem Vater mit Übergehung seines ältern Bruders, Adonia, 993 v. Chr. auf dem Thron und regierte friedlich. Er beförderte, um den Glanz und die Pracht seines Hofs zu erhöhen, Handel, Künste und Gewerbe und erbaute in sieben Jahren auf dem Berg Moriah den prachtvollen Tempel und auf Zion einen herrlichen Palast, wozu ihm der König Hiram von Tyros Baumaterial, Erzgußwerke und Bauleute lieferte; die Kosten waren so bedeutend, daß er den Phönikern 20 israelitische Dörfer abtreten mußte. Obwohl ihm die gemeinsame Handelsunterneh-

mung mit Hiram nach Ophir bedeutende
Geldsummen einbrachte, so waren doch
die Kosten seines verschwenderischen Hof=
halts, seines großen Harems und sei=
ner kostbar ausgerüsteten Leibwache so
bedeutend, daß er das Volk mit immer
neuen und höhern Steuern bedrücken
mußte. Kriege führte er selten, behauptete
aber das von seinem Vater Eroberte. Sei=
nen ausländischen Frauen (auch eine
ägyptische Prinzessin hatte er geheiratet)
zu Gefallen duldete er fremde Götter=
dienste in Jerusalem. Dies und der harte
Steuerdruck erregten große Unzufrieden=
heit im Volk, die nach seinem Tod 953
gegen seinen Sohn Rehabeam zum Aus=
bruch kam.

Salonä, Hauptstadt Dalmatiens, am
Golf von S., ward gleich nach der römi=
schen Eroberung 118 v. Chr. zur Kolonie
erhoben und durch Straßen mit dem In=
nern verbunden, weswegen es ein bedeu=
tender Handelsplatz wurde. Kaiser Dio=
cletianus, der aus S. gebürtig war, baute
in dem 3 Millien von S. entfernten
Vorort Spalatum einen großartigen Pa=
last, in welchem er die letzten Jahre seines
Lebens verbrachte. Nach der Zerstörung
Salonäs in den Stürmen der Völker=
wanderung wanderten die Einwohner
nach Spalatum (jetzt Spalato) aus, wäh=
rend die alte Stadt zu Grunde ging, so
daß jetzt nur noch Trümmer beim Dorf
Salona zu finden sind.

Saloniki (**Thessalonike**), s.
Thermä.

Salvius, s. die röm. Kaiser Otho und
Didius Julianus.

Salyer (**Salluvier**), der mächtigste
unter den ligur. Volksstämmen, wohnte
an der Küste des Mittelmeers zwischen
dem Rhodanus und den Seealpen. In
ihrem Gebiet legten die Griechen Massilia
an. Die Römer führten mit ihnen einen
langen, blutigen Krieg, bis 123 v. Chr.
Gajus Sertius ihre Unterwerfung gelang,
der die Kolonie Aquä Sertiä begründete.

Samaria (**Schomron**, »Warte«),
Stadt in Palästina, ward vom König Omri
von Israel um 880 v. Chr. an Stelle Si=
chems als Hauptstadt des nördlichen Reichs
erbaut und 722 vom König Sargon von

Assyrien nach dreijähriger Belagerung er=
obert und zerstört, aber später wiederauf=
gebaut und befestigt. Herodes d. Gr.
nannte sie Augustus zu Ehren Sebaste
(Augusta) und verschönerte sie. S. gab
dem mittlern Palästina den Namen, wel=
ches vom Jordan bis zum Meere reichte,
im N. von Galiläa, im S. von Judäa
begrenzt und vom Gebirge Ephraim durch=
zogen war. Es war ein schönes, sehr frucht=
bares und bevölkertes Land und in ältester
Zeit Sitz der Stämme Ephraim und Ma=
nasse. Nach dem Untergang des Reichs
Israel und der Wegführung zahlreicher
Israeliten wurden Einwohner der östlichen
Provinzen des assyrischen Reichs in S. an=
gesiedelt, wodurch ein Mischvolk, die Sa=
mariter oder Samaritaner, entstand,
welches den reinen Jehovahdienst nicht be=
wahrte, deshalb von den aus Babylon
zurückkehrenden Juden nicht zum Tempel=
bau in Jerusalem zugelassen wurde und
in fortwährender Feindschaft mit den Ju=
den stand. Sie gründeten 409 auf dem
Berge Garizim bei Sichem einen eignen
Tempel, der aber 120 von Hyrkanos zer=
stört wurde. Unter den letzten Makka=
bäern und den Idumäern stand S. unter
jüdischer Herrschaft und beteiligte sich
auch am jüdischen Aufstand 69—70 n.
Chr., der mit der fast gänzlichen Vernich=
tung des Volks endete.

Samarkand, s. Marakanda.

Samniter (**Samnitæ**), mächtiges ital.
Volk in Mittelitalien, zum sabellischen
Völkerstamm gehörig und von den Sabi=
nern abstammend, welches die Landschaft
Samnium (Sabinium) im höchsten Teil
des Apennin zwischen dem Adriatischen
Meer, Apulien, Lukanien, Kampanien
und Latium innehatte und in mehrere Völ=
kerschaften zerfiel, die Frentaner, Cara=
cener, Caudiner, Pentrer und Hirpiner,
welche einen lockern Staatenbund bilde=
ten. Der nördliche Teil der Landschaft
war rauh und gebirgig und nur zur Vieh=
zucht geeignet, die südliche Abdachung da=
gegen mild und fruchtbar. Die S. spra=
chen oskisch. Um 420 v. Chr. eroberten
sie Kampanien und darauf Lukanien und
Bruttium, wo sie die Macht der griechi=
schen Städte brachen. Als Capua 344

von ihnen abfiel und bei Rom Schutz suchte, begann der Krieg mit den Römern. Im ersten Samniterkrieg (343—341) gewann der Konsul Marcus Valerius Corvus in Kampanien zwei Siege, am Berge Gaurus und bei Suessula, während sein Kollege Aulus Cornelius Cossus, der in Samnium selbst einzubringen versuchte, in Gefahr kam, eingeschlossen zu werden, und durch Publius Decius gerettet wurde. Da auch Cossus noch einen Sieg erfocht, so hatten die Römer die Überlegenheit erlangt, schlossen aber wegen des drohenden Latinerkriegs 341 Frieden, während die S. durch einen Krieg mit Alexander von Epeiros beschäftigt waren. Als aber die Römer 328 die Kolonie Fregellä im Samnitischen anlegten und die den Samnitern verbündete Stadt Paläopolis angriffen, entstand der zweite Samniterkrieg (326—304), in welchem die Römer 321 sich aus der Einschließung in den Caudinischen Pässen nur durch schimpfliche Unterwerfung retteten, endlich aber, obwohl seit 311 auch die Etrusker sich den Samnitern anschlossen, durch die Feldherrnkunst des Papirius Cursor, der mehrere Schlachten gewann, den Sieg davontrugen. Im gleich darauf entbrannten dritten Samniterkrieg (298—290) waren die S. mit Etruskern, Umbrern und Galliern verbündet, wurden aber dennoch 295 bei Sentinum überwunden und unterworfen. Zum viertenmal erneuerten die S. den Krieg, als 280 Pyrrhos in Italien erschien, wurden aber, nachdem dieser 275 Italien wieder verlassen hatte, durch die allmähliche Eroberung ihrer Städte bis 272 wieder unterjocht. Das Ergebnis dieser Kriege war, daß sie in die Stellung von Bundesgenossen (socii) zu Rom traten, einen großen Teil ihres Gebiets verloren und durch starke Militärkolonien in Gehorsam gehalten wurden. Noch einmal erhoben sie die Waffen im Bundesgenossenkrieg (90—88) und verteidigten sich mit großer Hartnäckigkeit und Tapferkeit; im Bürgerkrieg schlossen sie sich an die Marianer an. Sulla vernichtete ihr Heer 82 in der Schlacht am Collinischen Thor, ließ 3000 Gefangene niedermetzeln und gab darauf Samnium einer so furcht-baren Zerstörung preis, daß es ganz entvölkert wurde und die meisten Städte völlig verschwanden; auf den großen Latifundien des römischen Adels lebten seitdem meist fremde Sklaven.

Samos, Insel im Ägäischen Meer, an der ionischen Küste, vom Vorgebirge Mykale nur durch einen 2 km breiten Sund getrennt, hat einen Flächeninhalt von 551 qkm und ist im O. hügelig, in der Mitte und im W., wo sich der Kerketeus zu 1440 m erhebt, gebirgig. Die Insel ist landschaftlich schön, reich bewässert und fruchtbar; ihr Wein und ihr Thon waren berühmt. Auch auf S. waren zuerst Semiten, Phönifer und Karer, angesiedelt. Diese wurden von Joniern aus Epidauros verdrängt, unter denen S. ein Mitglied des Jonischen Bundes wurde und eine hohe Kulturstufe erreichte. Architektur und Plastik, namentlich die Kunst, Erz zu gießen und Steine zu schneiden, blühten schon im 7. Jahrh. v. Chr. in den Schulen des Rhöfos und Theodoros; der erstere begann den Bau des berühmten Heratempels in ionischem Stil, der die an der Südostküste liegende Hauptstadt S. schmückte. In der Schiffbaukunst wetteiferten die Samier mit den Korinthiern. Große Macht erlangte S. unter der Tyrannis des Polykrates (535—522), dessen Flotte das Ägäische Meer beherrschte. Nach dem ionischen Aufstand, welcher durch den Verrat der Samier in der Schlacht bei Lade 494 unglücklich endete, eroberte des Polykrates Bruder Syloson die Insel mit persischer Hülfe und herrschte über sie als persischer Vasall, bis die Schlacht bei Mykale 479 sie befreite. Sie schloß sich darauf dem Athenischen Seebund an, verweigerte aber in einem Streit mit Miletos den Gehorsam und ward 440 von Perikles unterworfen. Im Peloponnesischen Krieg war sie die Hauptflottenstation der Athener, wurde 404 von Lysandros erobert, der eine oligarchische Regierung unter dem Schutz spartanischer Harmosten einsetzte, und kam 387 wieder unter persische Herrschaft. 365 ward S. von dem Athener Timotheos erobert, der die Samier vertrieb und attische Kleruchen ansiedelte, die hier ein eignes Gemeinwesen bildeten, aber 322 von Perdikkas den Samiern zurückgegeben und später unter syrische Oberhoheit gestellt, bis es 84 v. Chr. an die Römer kam und mit der Provinz Asia vereinigt wurde. Vgl. K. Curtius, Urkunden und Denkmäler von S. (Leipz. 1878).

Samosata, Hauptstadt der syr. Landschaft Kommagene und Residenz der Könige derselben vom Verfall des Seleukidenreichs bis 73 n. Chr., am westlichen Ufer des Euphrat gelegen. Ruinen bei Samsat.

Samothrake, Insel im nördlichen Ägäischen Meer, 40 km von der thrakischen Küste entfernt, durchaus gebirgig und im Saoke zu 1600 m ansteigend, in alter Zeit von phönikischen Ansiedlern besetzt, die hier den Kultus der Kabiren, der »großen Götter«, begründeten, zu deren Ehren viel besuchte Mysterien gefeiert wurden. Politisch war die Insel nie bedeutend und wurde erst spät hellenisiert. In den Ruinen der Hauptstadt S., die auf der Nordküste lag, hat man neuerdings ansehnliche Reste eines dorischen Marmortempels und eines Rundbaus mit Skulpturen ausgegraben. Vgl. Conze, Hauser u. a., Archäologische Untersuchungen auf S. (Wien 1875—80, 2 Bde.).

Samuel, Sohn Elkanas aus dem Stamm Ephraim, Prophet und Richter des Volks Israel nach Elis Tod (1070 v. Chr.), mußte, weil er die Philistäer und andre Feinde nicht abzuwehren vermochte, die Erhebung Sauls zum König (1055) dulden, maßte sich aber eine große Macht über diesen an und hetzte, als Saul sich nicht willig fügte, David zur Empörung auf.

Sandoniden, lydische Dynastie, s. Lydien.

San Felice, s. Circeji.

Sangarios (jetzt Sakaria), bedeutender Fluß Kleinasiens, entsprang in Phrygien auf dem Berg Adoreus, floß in sehr gekrümmtem Lauf erst nordöstlich, dann nordwestlich, zuletzt nördlich und mündete zwischen Chela und Diospolis in den Pontos Eurcinos; sein bedeutendster Nebenfluß war der Thymbres (Pursak).

San Giuliáno (spr. -dschu-), s. Etyr.

Sanherib (Sin=achi=irib), König von Assyrien, folgte 705 v. Chr. seinem

Vater Sargon, unterdrückte 703 einen Aufstand der Babylonier und zog 701 nach Palästina, um die aufrührerischen Könige daselbst zu züchtigen. Er belagerte aber vergeblich den jüdischen König Hiskias in Jerusalem, ward vom König Tirhaka von Ägypten bei Eltekeh (Altaku) geschlagen und erlitt so große Verluste, daß er Syrien räumen mußte, worauf ein neuer Aufstand in Babylonien ausbrach, der erst 689 mit der Eroberung der Stadt Babylon endete. Ninive verschönerte S. durch Bauten von Kanälen, Tempeln und Palästen, von denen der am Tigris und Khosr gelegene (bei Kujundschik) das größte unter allen assyrischen Bauwerken ist; 70 Gemächer darin sind aufgedeckt. S. wurde 681 von zwei seiner Söhne ermordet, nach deren Besiegung ihm sein Sohn Assarhaddon folgte.

Santa Maura, s. Leukas.

Santorin, s. Thera.

Sarabad, s. Hermos.

Sarandapotamo, s. Kephisos.

Sardanápal, nach der von Ktesias (bei Diodoros) überlieferten Sage der 30. und letzte König von Assyrien, der durch seine Üppigkeit, Schwelgerei und Weichlichkeit sprichwörtlich geworden ist: fern von allen Regierungsgeschäften, verkehrte er nur im Harem, kleidete sich weiblich und spann Wolle mit den Frauen. Als der medische Statthalter Arbakes 883 v. Chr. seine Hauptstadt Ninive angriff, verbrannte sich S. mit seinen Weibern und Schätzen auf einem hohen Scheiterhaufen, der 15 Tage brannte. Diese Sage, medisch=persischen Ursprungs wie die von Semiramis, stellte diesem Mannweib am Anfang der assyrischen Geschichte am Ende einen weibischen Mann gegenüber, dessen Charakter sie, wie bei der Semiramis in der Göttin Istar oder Derketo, in dem semitischen Gott vorfand, der sein Wesen mit der ihm zur Seite gestellten Göttin tauscht, Frauenkleider trägt und von Priestern in Weibergewändern verehrt wird. Der letzte wirkliche König von Assyrien, dessen Name noch nicht feststeht, verbrannte sich erst 606 bei der Eroberung Ninives.

Sardes (Sardeis oder Sardis), Hauptstadt von Lydien, lag, von einer

Burg geschützt, in einer fruchtbaren Ebene (Sardiëne) am Nordabhang des Tmolos zu beiden Seiten des Paktolos, ward 548 v. Chr. von den Persern erobert und 499 von den Joniern in Brand gesteckt, war aber auch nach der Zerstörung des lydischen Reichs Residenz der persischen und syrischen Satrapen. Wenige Ruinen beim jetzigen Dorf Sart. Von der frühern Größe der Stadt zeugt die ausgedehnte Nekropolis nördlich vom Hermos am Gygäischen See mit zahlreichen konischen Grabhügeln.

Sardinien (Sardinia, griech. Sardo), Insel im Mittelmeer, nach der Ansicht der Alten die größte der Mittelmeerinseln, 24,342 qkm groß, meistenteils von schroffen, zerklüfteten, aber mineralreichen Kalkgebirgen, die bis zu 1600 m aufsteigen, erfüllt; nur im SW. ist eine größere, stellenweise sumpfige, aber fruchtbare Ebene, eine kleinere im NW. Die Ureinwohner, Sarden, waren vermutlich iberischen Stammes und wegen ihrer Bosheit und Trägheit berüchtigt (daher »Sardi venales«, feile Sarden). Von ihnen rühren die zahlreichen konischen Türme (2000), griech. tholoi, ital. nuraggi, her, die als Gräber dienten. Die ersten fremden Ansiedler waren Etrusker, seit dem 6. und 5. Jahrh. Karthager, die Caralis (jetzt Cagliari) an der Südküste und Sulci auf einer Insel im SW. gründeten. Die Griechen versuchten mehrmals, Niederlassungen zu gründen, und bauten auch Neapolis an der West- und Olbia an der Nordostküste, konnten aber ihre Unabhängigkeit gegen die Karthager nicht behaupten. Die Römer eroberten die Insel 238 während des Karthagischen Söldnerkriegs und machten sie mit Corsica vereinigt zu einer römischen Provinz, deren Hauptstadt Caralis war, hatten aber wiederholt (215, 181 und 115) mit Aufständen der kriegerischen Bergbewohner zu kämpfen. Obwohl die Insel viel Getreide ausführte, ward sie doch von den Römern vernachlässigt und als Verbannungsort und zur Ansiedelung unbequemer Volkselemente benutzt; so siedelte Tiberius 4000 Juden und Ägypter hier an.

Sardis, s. Sardes.

Sardo, griechischer Name von Sardinien (s. d.).

Sargon (Sarrukin), König von Assyrien 722—705 v. Chr., eroberte 722 Samaria, das sein Vorgänger Salmanassar IV. 725 zu belagern begonnen, und führte die Einwohner Israels nach Medien, nahm 720 die Städte der Philistäer ein und zerstörte sie und besiegte den König Sabako (Sevech) von Ägypten, der diesen zu Hülfe kam, bei Raphiä. Hierauf unterwarf er die nördlichen Araberstämme sowie Kypros und Kilikien und bezwang die Inselstadt Tyros. Auch unterdrückte er 715 einen Aufstand der Meder und führte ihren Fürsten Dajauku (Deïokes) gefangen fort; endlich unterjochte er Babylonien völlig und nannte sich König von Babylon. Um seine Thaten zu verherrlichen, baute er 15 km oberhalb Ninive am Khosr eine neue Residenz, Dur Sarrukin (Feste Sargon, das heutige Chorsabäd), deren große Paläste er mit Reliefs und Inschriften schmückte. Er wurde 705 ermordet.

Sarmaten (Sauromaten), ein gewöhnlich zu den Skythen gerechnetes Nomadenvolk zwischen dem Tanaïs und dem Kaspischen Meer, welches beständig zu Pferde lebte, und dessen Frauen sogar am Kampf teilnahmen. Um 300 v. Chr. stürzten sie das Reich der Skythen und breiteten sich über das Land nördlich vom Schwarzen Meer bis zu den Karpathen aus, das fortan Sarmatia genannt wurde. Die Hauptstämme der S. waren die Mäeten (an der Mäotis), die Alanen, Rorolanen und Jazygen.

Sarmizegethüsa, Hauptstadt von Dacien, 104 n. Chr. von den Römern unter Trajanus besetzt und 107 zur römischen Kolonie (Colonia Ulpia Trajana Augusta) erhoben; Ruinen bei Várhely.

Saronischer Meerbusen (Sinus Saronicus, jetzt Meerbusen von Ägina), Meerbusen des Ägäischen Meers, zwischen Attika und Argolis in das griechische Festland tief einschneidend und nur durch den Isthmos vom Korinthischen Meerbusen getrennt, umschließt die Inseln Ägina, Salamis und einige kleinere Inseln an der Küste von Argolis.

Sarrukin, s. Sargon.

Sassaniden, die Dynastie des neupers.
Reichs, von Artaxerxes I. Babegan 226
n. Chr. gegründet und 636 mit Jesdegerd
von den Arabern gestürzt.

Satrapen (pers. Schoithra-paiti,
»Herr der Provinz«), Titel der Statthalter
der Provinzen des persischen Reichs, welche,
mit großer Machtvollkommenheit ausgestattet, zur Zeit des Verfalls des Reichs
oft wie unumschränkte Herren herrschten
und harten Druck übten. In der Blütezeit zählte das persische Reich 20 Satrapien.

Saturninus, Lucius Appulejus,
röm. Volkstribun, der 100 v. Chr. im
Verein mit dem Prätor Servilius Glaucia und im geheimen Einverständnis mit
Marius, der in diesem Jahr das Konsulat bekleidete, eine Reihe aufrührerischer
Gesetze gab, welche den Staat verwirren
und Marius die Ergreifung der höchsten
Gewalt erleichtern sollten. Als er den
Senat durch Gewaltmaßregeln zu terro-
risieren suchte, Metellus in die Verbannung zu gehen zwang und ben gemäßigten Memmius, der sich um das Konsulat
bewarb, ermorden ließ, wurde er von den
Senatoren und einer Menge ordnungs-
liebender Bürger unter Führung des
Marius genötigt, mit seinem Anhang
erst auf dem Kapitol, dann im Tempel
des kapitolinischen Jupiter Zuflucht zu
suchen. Indem man ihnen das Wasser
abschnitt, wurden die Aufrührer zur Übergabe gezwungen und in der Hostilischen
Kurie erschlagen.

Saul, erster König von Israel, Sohn
des Kis aus dem Stamm Benjamin,
befreite, ausgezeichnet durch stattlichen
Wuchs, tapfer und mutig, Jabes von
den Ammonitern und ward nach diesem
Sieg, als das Volk in seiner Bedrängnis
durch die Philistäer einen kräftigen Herrscher begehrte, 1055 v. Chr. in Gilgal
zum König ausgerufen. Er begann sofort den Kampf gegen die Philistäer, eroberte deren festes Lager bei Michmas und
besiegte die Amalekiter bei Karmel. Unterstützt von seinem Sohn Jonathan und
seinem Feldhauptmann Abner, befreite
er Israel von seinen Bedrängern und rettete die Einheit des Volks. War er nicht

im Krieg, so lebte er ohne königlichen
Prunk auf seinem Hof zu Gibea mit seinen Söhnen und Freunden. Er diente
Jehovah mit Eifer und befolgte seine Gebote aufs strengste, auch entriß er den
Philistäern die geraubte Bundeslade.
Trotzdem ward er von der auf ihre Macht
eifersüchtigen Priesterschaft und deren
Oberhaupt Samuel angefeindet; dieser
reizte 1036 Sauls Waffenträger und
Schwiegersohn David zum Aufstand im
südlichen Juda, und als S. denselben nie-
derschlug, floh David zu den Philistäern
und bewog diese zu einem neuen Einfall in
Israel. S. zog ihnen entgegen, ward aber
1033 am Berge Gilboa geschlagen und
stürzte sich, als er die Schlacht verloren
und drei seiner Söhne gefallen sah, in
sein Schwert. Sein Kopf wurde von den
Philistäern im Tempel des Dagon aufgehängt, sein Rumpf in Jabes bestattet.
Die Israeliten betrauerten Sauls Tod
aufrichtig, und die Mehrzahl der Stämme
erkannte seinen Sohn Isboseth als König
bis zu seiner Ermordung 1025 an.

Säulen des Herakles (Herkules),
die Meerenge von Gibraltar, die von den
Phönikern »Säulen des Melkart« (ihres
Sonnengotts, des Beschützers der Schiff-
fahrt und Kolonisation) genannt wurde;
die Griechen setzten an Stelle des Melkart
den mit diesem identifizierten Herakles.

Sauromäten, s. Sarmaten.

Scävola, s. Mucius.

Scherbengericht, s. Ostrakismos.

Schomron, s. Samaria.

Scipio, Name einer patricischen Familie des römischen Geschlechts der Cornelier. Der älteste S., der erwähnt wird, ist
Publius Cornelius S., der 395 und
394 v. Chr. Konsulartribun war. Von
Lucius Cornelius S. Barbatus,
der 290, und Lucius Cornelius S.,
der 259 Konsul war, sind in neuerer Zeit
Grabschriften entdeckt worden, die zu den
merkwürdigsten Sprachdenkmälern der
Römer gehören; der erstere war auch Censor und zeichnete sich in den Kämpfen
gegen die Etrusker, Samniter und Lukaner aus; der andre befehligte im ersten
Punischen Krieg. Die Söhne dieses letztern, Publius und Gnäus Corne-

lius S., waren 218 dazu bestimmt, den Krieg gegen die Karthager in Spanien zu führen. Publius, der Konsul war, kehrte auf die Kunde, daß Hannibal über die Alpen gezogen sei, von Massilia nach Italien zurück und ward am Ticinus geschlagen und verwundet; da seine Wunde noch nicht geheilt war, nahm er nicht an der Schlacht an der Trebia teil und folgte 217 seinem Bruder Gnäus nach Spanien, wo beide Brüder den Krieg gegen die Karthager mit Erfolg führten, aber 212, als sie sich trennten, um den Krieg auf mehreren Punkten zugleich zu führen, infolge des Verrats ihrer Hülfsvölker besiegt und getötet wurden. Des Publius Sohn Publius Cornelius S. Africanus (major) zeichnete sich schon als 17jähriger Jüngling in der Schlacht am Ticinus aus, indem er seinem Vater das Leben rettete, und bewies in und nach der Schlacht bei Cannä seine Tapferkeit und seinen Patriotismus in glänzender Weise. Durch seinen liebenswürdigen, edlen Charakter gewann er das Vertrauen des Volks, so daß er 213 zum Ädilen gewählt und ihm 211 nach dem Tod seines Vaters und seines Oheims der schwierige Krieg in Spanien übertragen wurde. Er eroberte 210 durch einen kühnen, raschen Zug Neukarthago, den Hauptwaffenplatz der Karthager in Spanien, schlug 209 bei Bäcula den Barkiden Hasdrubal und 207 in einer zweiten Schlacht bei Bäcula Hasdrubal, Gisgos Sohn, und vollendete 206 die Unterwerfung Spaniens. Nach seiner Rückkehr nach Rom ward er 205 zum Konsul gewählt und ihm der Oberbefehl in Sicilien und die Befugnis, nach Afrika überzusetzen, übertragen. Nachdem er in Sicilien alle Vorbereitungen für dies Unternehmen mit großer Sorgfalt getroffen, landete er Ende 204 bei Utica, brachte 203 den Karthagern und ihrem Verbündeten, Syphax von Numidien, eine große Niederlage bei und besiegte 201 Hannibal bei Zama, worauf die Karthager 201 Frieden schließen mußten. Er feierte darauf einen glänzenden Triumph und erhielt den Beinamen Africanus. Er bekleidete 199 die Censur, 194 zum zweitenmal das Konsulat und leistete seinem

Bruder Lucius im Kriege gegen Antiochos von Syrien 190 als Legat ausgezeichnete Dienste. Als er 187 von seinen Gegnern, die seinen Ruhm beneideten, der Veruntreuung der Beute des Syrischen Kriegs angeklagt wurde, gelang es ihm zwar, durch sein Ansehen beim Volk diese Anklage zu vereiteln; doch zog er sich vom politischen Leben zurück und starb 183 in Liternum. Er war einer der ersten Römer, welche die griechische Litteratur und Sprache sich zu eigen machten und Künste und Wissenschaften förderten. Von seinen Kindern sind zu nennen: Publius, der Adoptivvater des jüngern Africanus, und Cornelia, die Mutter der Gracchen. Sein Bruder Lucius Cornelius S. war 193 Prätor, 190 Konsul und erhielt den Oberbefehl gegen Antiochos, doch erst, als sein Bruder Publius sich erbot, ihn als Legat zu begleiten. Nach der glücklichen Beendigung dieses Kriegs durch die Schlacht bei Magnesia triumphierte er und erhielt den Beinamen Asiaticus, wurde aber später, wie sein Bruder, der Veruntreuung angeklagt und zu einer hohen Geldbuße verurteilt. Publius Cornelius S. Africanus (minor), Sohn des Lucius Ämilius Paulus und darum Ämilianus zubenannt, geb. 185, ward von dem Sohn des ältern Africanus adoptiert, zeichnete sich früh durch Tapferkeit und Feldherrngeschick aus und wurde deshalb 147, obschon er das gesetzliche Alter noch nicht erreicht hatte, zum Konsul gewählt und mit der Führung des dritten Punischen Kriegs beauftragt. Nachdem er die verfallene Mannszucht im Heer in Afrika hergestellt, trieb er die Karthager hinter ihre Mauern zurück und eroberte 146 Karthago von der Hafenseite aus, nachdem er künstliche Belagerungsarbeiten aufgeführt hatte. Er bekleidete darauf 142 die Censur und 134 zum zweitenmal das Konsulat, während dessen ihm die Beendigung des Kriegs gegen Numantia aufgetragen wurde, die er 133 auch mit der Eroberung der Stadt bewerkstelligte. Er erhielt dafür den Beinamen Numantinus. Mit den Agrargesetzen seines Schwagers Tiberius Gracchus (S. war mit dessen Schwester Sempronia vermählt) war er nicht einverstanden und erklärte bei seiner Rückkehr nach Rom 132, daß derselbe mit Recht getötet worden sei; auch bewirkte er, daß die Entscheidung über die Ackerverteilung vom Senat der von Gracchuß eingesetzten Kommission entzogen und den Konsuln übertragen wurde. Da er so entschieden für die Partei der Optimaten eintrat, warb er 129, wahrscheinlich auf Anstiften der Volkßpartei, ermordet. — Der von Gnäuß S. abstammende Zweig der Familie führte den Beinamen Nasica.

Scriptōres historiæ Augustæ, sechs spätlat. Geschichtschreiber, welche um 300 n. Chr. die Geschichte der römischen Kaiser von Hadrianuß bis Caruß (117—288), mit Ausnahme von Philippuß und Deciuß, beschrieben, nämlich: Aliuß Spartianuß, Vulcatiuß Gallicanuß, Trebelliuß Pollio, Flaviuß Vopißcuß, Aliuß Lampridiuß und Juliuß Capitolinuß. Die Sammlung, wahrscheinlich erst in späterer Zeit zusammengestellt, ist zwar in roher Sprache geschrieben, auch geistloß und ohne Kritik auß ältern und gleichzeitigen Quellen zusammengestellt und voller Fehler, aber bei dem Mangel andrer Quellen nicht ohne Wert. Ausgaben von Jordan und Eyssenhardt (Berl. 1864, 2 Bde.) und Peter (Leipz. 1865, 2 Bde.).

Scythen, s. Skythen.

Seba, s. Sabäer.

Sebäste, s. Samaria.

Sebichoß (Sabataka), König von Ägypten (s. b.).

Secessio (lat.), Auswanderung der römischen Plebs auß der Stadt. Die erste S., genannt in Montem sacrum (»auf den Heiligen Berg« oberhalb Rom), fand 494 v. Chr. statt, weil die Plebejer durch die Schuldgesetze und andre harte Maßregeln der Patricier zu schwer bedrückt wurden, und hatte die Einsetzung deß Volkßtribunatß und der Tributkomitien zur Folge. Die zweite S. auf den Aventinuß erfolgte 449 wegen der Gewaltherrschaft der Decemvirn. Nach der Wiederherstellung der alten Verfassung durch die Konsuln Horatiuß und Valeriuß fügte sich die Plebß.

Segésta (griech. Egesta), Stadt der Elymer auf der Insel Sicilien zwischen Drepanon und Panormoß, 15 km von der Nordküste gelegen, der gänzlich unbegründeten Sage nach von den Trojanern gegründet, galt noch zur Zeit deß Thukydideß, alß sie 415 v. Chr. die Athener um Hülfe gegen Selinuß anrief und dadurch den Anlaß zu der unglücklichen Sicilischen Expedition gab, alß Barbarenstadt, ward aber später hellenisiert. Die Karthager, welche sich im 4. Jahrh. der Stadt bemächtigt hatten, wurden im ersten Punischen Krieg von den Segestanern vertrieben und die Stadt den Römern übergeben, welche sie auf Grund jener Sage alß stammverwandt betrachteten und mit besondern Vorrechten begabten. Von der alten Stadt sind noch ein Theater fast vollständig und ein schöner dorischer Tempel zum größten Teil erhalten. Vgl. Hittorff, Architecture antique de la Sicilie: Segeste (Par. 1870).

Segéstes, Cheruskerfürst, Feind deß Arminiuß, warnte 9 n. Chr. Varuß vergeblich vor der ihm drohenden Gefahr, entriß Arminiuß seine Tochter Thußnelda, die dieser ihm entführt hatte, und wurde von Arminiuß in seiner Burg belagert, aber von Germanicuß entsetzt, der ihn und Thußnelda nach Gallien bringen ließ, wo S. seinen Wohnsitz angewiesen erhielt.

Seisachtheia (»Lastenabschüttelung«), die drei Gesetze, welche Solon 594 v. Chr. noch vor seiner Verfassung erließ, und durch welche 1) die persönliche Schuldknechtschaft aufgehoben und die Freigebung der wegen Schulden in Leibeigenschaft geratenen sowie der Loßkauf der nach außwärtß verkauften Athener auf Staatßkosten angeordnet, 2) durch Herabsetzung deß Münzfußeß (100 neue Drachmen waren 70 alten an Silberwert gleich) die Rückzahlung der Schulden erleichtert und 3) der Zinßfuß ermäßigt wurden.

Seistan (Sakastane), s. Drangiane.

Sejānuß, Aliuß, Günstling deß Kaiserß Tiberiuß, lenkte alß Befehlßhaber der Prätorianer, die er 23 n. Chr. in einem festen Lager in der Stadt vereinigte, eine Zeitlang unumschränkt die Geschicke Romß. Um sich den Weg zum Thron selbst zu bahnen, ließ er 23 den Sohn des Tiberius, Drusus, durch dessen von ihm verführte Gemahlin Livilla vergiften und räumte auch die Witwe des Germanicus sowie deren Söhne Nero und Drusus aus dem Weg. Um sich der Herrschaft in Rom noch mehr zu versichern, bewog er 26 den Kaiser, sich auf die Insel Capreä zurückzuziehen; da er aber zu rücksichtslos seine Pläne kundgab und eine Verschwörung gegen des Kaisers Leben anzettelte, ließ ihn dieser 31 nebst seiner ganzen Familie hinrichten.

Sela, s. Petra.

Seleukeia (Seleucia), Name mehrerer meist von Seleukos I. gegründeten Städte, von denen zwei bedeutend waren: 1) S. am Tigris, am rechten Ufer des Flusses und am Schiffahrtskanal Naarsares, der zum Euphrat führte, lag nordöstlich von Babylon und gelangte durch seine günstige Lage für den Handel zu Größe (500,000 Einw.) und Reichtum, ward aber im Kriege gegen die Parther 116 n. Chr. von Trajanus und noch vollständiger 165 von Avidius Cassius zerstört. Mit dem auf dem andern Tigrisufer gelegenen Ktesiphon zusammen hieß S. bei den Syrern Madain (»die Städte«). — 2) S. Piëria, Stadt an der Küste Syriens, nördlich von der Mündung des Orontes, mit gutem Hafen und durch Natur und Kunst stark befestigt, war die Hafenstadt Antiocheias und wegen seiner Lage in den Kriegen zwischen den Seleukiden und Ptolemäern von großer Bedeutung. Noch jetzt sind ansehnliche Trümmer, namentlich eine in den Pieriaberg eingehauene Nekropolis, vorhanden. — Andre Städte Namens S. lagen in Kilikien, Pisidien, Pamphylien, Karien u. a.

Seleukos (Seleucus)), Name mehrerer Könige von Syrien, deren Ahnherr S. I. Nikator, Sohn des Antiochos, geb. 356 v. Chr., als einer der Führer der makedonischen Phalanx Alexander d. Gr. nach Asien begleitete und nach dessen Tode die Satrapie Babylonien und von Antigonos 317 noch Susiana erhielt. Von letzterm wegen seiner Verwaltung zur Rechenschaft gezogen, floh er nach Ägypten, wo er 315 ein Bündnis der übrigen Diadochen gegen

Antigonos zu stande brachte. Er gewann seine Satrapie wieder, eroberte ganz Iran, drang in Indien bis zum Ganges vor und nahm 306 den Königstitel an. Durch seine entscheidende Teilnahme an der Schlacht bei Ipsos (301) erlangte er Syrien, Mesopotamien, Armenien, einen Teil von Kappadokien und Kilikien. Auch mit Demetrios Poliorketes kämpfte er siegreich, und 281 unterlag ihm auch, als der letzte seiner Feinde, Lysimachos bei Koros in Mysien. Sein Reich umfaßte jetzt das ganze von Alexander eroberte Gebiet in Asien. Als er sich 280 zur Eroberung von Makedonien rüstete, ward er von einem seiner Höflinge, Ptolemäos Keraunos, ermordet. Obwohl von unersättlicher Eroberungssucht, besaß S. doch die Eigenschaften eines tüchtigen Herrschers, organisierte sein Reich mit Geschick und gründete zahlreiche Städte, von denen er 9 Seleukeia, 16 Antiocheia (nach seinem Vater) und 5 Laodikeia (nach seiner Mutter) benannte; auch begünstigte er Künste und Wissenschaften und schickte die einst von Xerxes entführten Kunstschätze nach Griechenland zurück. Seine Nachkommen heißen Seleukiden; sie beherrschten das syrische Reich bis zu seinem Untergang. Die hervorragendsten Könige der Seleukidendynastie sind: Antiochos I. Soter (280—263), Antiochos III., d. Gr. (224 bis 187), und Antiochos IV. Epiphanes (176—163). Den Namen S. führten noch fünf unbedeutende Könige: S. II. Kallinikos (247—227), S. III. Keraunos (227—224), S. IV. Philopator (187—176), S. V. (125—123) und S. VI. (95—93). Seit der Mitte des 2. Jahrh. ging das Reich seiner Auflösung entgegen und ward 64 von Pompejus zur römischen Provinz gemacht.

Selinus (Selinunt), Stadt im westlichen Sicilien, an der Südküste, 628 v. Chr. von hybläischen Megarern gegründet und nach dem in der Gegend wild wachsenden Eppich benannt, gelangte bald zu großer Blüte, lag aber mit Segesta in fortwährendem Streit. 409 ward es, obwohl es 25,000 bewaffnete Krieger aufbringen konnte, von den Karthagern erobert und die Mauern niedergerissen; während des ersten Puniſchen Kriegs zerſtörten es die Karthager vollſtändig und verpflanzten die Einwohner nach Lilybäon; die Stadt ward nicht wiederaufgebaut. Von ihren überreſten haben ſich beim jetzigen Caſtelvetrano die anſehnlichen Trümmer von ſechs großen doriſchen Tempeln erhalten, welche durch den altertümlichen Stil ihrer Bildwerke ausgezeichnet ſind; der des Apollon iſt der größte aller bekannten griechiſchen Tempel, 113 m lang, 53 m breit und von 17½ m Säulenhöhe. Vgl. Hittorf und Zanth, Architecture antique de la Sicilie (Par. 1870).

Sellaſia, Stadt in Lakonien, nördlich von Sparta, am Onus, einem Nebenfluß des Eurotas; berühmt durch die Niederlage des ſpartaniſchen Königs Kleomenes III. durch den König von Makedonien, Antigonos Doſon, 221 v. Chr.

Semiramis, ſagenhafte Königin von Aſſyrien, Tochter der ſyriſchen Göttin Derketo, ward die Gemahlin des Statthalters von Syrien, Onnes, aber, als ſie auf dem baktriſchen Feldzug die feindliche Burg kühn erſtieg, von König Ninos zur Gemahlin erwählt und übernahm nach deſſen Tod für ihren unmündigen Sohn Ninyas die Regierung. Sie erbaute Babylon, wo ſie die hängenden Gärten anlegte, ließ Gebirge durchbrechen, um Straßen hindurchzuführen, und in den Ebenen Felſen und Berge aufrichten. Der Wolluſt ergeben, ließ ſie die, welche ihre Liebe genoſſen hatten, umbringen. Sie unternahm Feldzüge nach Perſien, dann nach Ägypten, Libyen, Äthiopien und endlich mit 3 Mill. Mann zu Fuß, ½ Mill. Reitern und 100,000 Streitwagen nach Indien, ward aber vom König Stabrobates beſiegt und entkam nur mit einem Drittel des Heers. Da Ninyas ihr nach dem Leben trachtete, verſchwand ſie in Geſtalt einer Taube und ward als Gottheit verehrt. S. hat in der Geſchichte nicht exiſtiert; ihr Name iſt der einer ſemitiſchen Göttin des Kriegs und der Liebesluſt, die bei den Aſſyriern Iſtar, bei den Kanaanitern Derketo hieß, und der die Taube geheiligt war. Vgl. Lenormant, La légende de Sémiramis (Brüſſ. 1873).

Semnonen(Semnōnes), german. Volk,

das mächtigſte der Sueven, wohnte zwiſchen der mittlern Oder und Elbe, ſtand eine Zeitlang unter Marbods Herrſchaft, trennte ſich aber 17 n. Chr. von ihm und ſchloß ſich an den Cheruskerbund an. In ihrem Gebiet lag das gemeinſchaftliche Heiligtum der Sueven.

Sempronius, ſ. Gracchus.

Sena Gallica (jetzt Sinigaglia), Stadt in Umbrien im Ager gallicus, von den keltiſchen Senonen an der Mündung der Sena in das Adriatiſche Meer erbaut, 289 v. Chr. zur römiſchen Kolonie gemacht. Hier wurde Hasdrubal (ſ. d. 3) von den Römern beſiegt und getötet.

Senat (Senātus), der Rat der Alten, in den Republiken des Altertums, beſonders in Rom, der aus der Bürgerſchaft hervorgegangene Ausſchuß zur Leitung der Geſchäfte. Der römiſche S. beſtand aus 300 Mitgliedern. Erſt der jüngere Gracchus vermehrte deren Zahl durch Aufnahme von 300 Rittern auf 600, Cäſar auf 900; Auguſtus ſetzte ſie auf 600 feſt. Die Berufung in den S. (lectio senatus), ebenſo wie die Ausſtoßung, erfolgte durch die Konſuln, ſpäter die Cenſoren. In der erſten Zeit der Republik wurden auch plebejiſche Ritter zu Senatoren ernannt (conscripti, daher die Anrede »patres [et] conscripti«). Meiſt wurden in den S. die geweſenen Beamten berufen. Seit Sulla war jeder, der die Quäſtur bekleidet hatte, Mitglied des Senats. Derſelbe verſammelte ſich auf Einladung eines Magiſtrats (Konſuls, Diktators, Prätors oder Tribunen), der auch den Vorſitz führte, in einem Tempel oder einem andern geweihten Raum und beriet öffentlich. Seine Macht war in der Blütezeit der Republik ſehr ausgedehnt; er war die Seele und der Mittelpunkt des Staats. Aufſicht über das Religionsweſen, die Finanzverwaltung, Verwaltung der Provinzen, Kontrolle der Beamten, Leitung des Kriegs, Verhandlungen mit den auswärtigen Staaten waren ſeine Befugniſſe. Auch eine richterliche Gewalt beſaß er in gewiſſen Fällen, namentlich über die Beamten, die Bundesgenoſſen und die Fremden, und für alle Anträge an die Centuriatkomitien bedurfte es eines Senats beschlusses (senatus auctoritas) sowie für die Beschlüsse seiner Bestätigung. Abzeichen der Senatoren waren der Ring und der Purpurstreifen an der Tunika. Seit den Gracchen war das Ansehen des Senats erschüttert, er war fortan die Hauptstütze der Nobilität oder aristokratischen Partei. In der Kaiserzeit verwaltete der S. einen Teil der Provinzen und das Ärarium (den Staatsschatz) und wurde von den ersten Kaisern fast in allen wichtigen Fällen zu Rate gezogen, entehrte sich aber durch Servilität. Auch bestätigte er die Kaiser, wählte die Beamten und beschloß die Gesetze. Allmählich schwand seine politische Macht. Vgl. Hofmann, Der römische S. zur Zeit der Republik (Berl. 1847).

Senonen (Senŏnes), kelt. Volk, das teils in Gallia Lugdunensis an der Yonne seßhaft war (Hauptstadt Agedincum, jetzt Sens), teils um 400 v. Chr. nach Italien zog, bis nach Umbrien vordrang und einen Teil desselben, den Ager gallicus, dauernd besetzte. Sie schlossen sich im dritten Samniterkrieg den Samnitern an, wurden aber 295 bei Sentinum besiegt und 283 vom Konsul Publius Dolabella unterworfen.

Sentinum (jetzt Sentino), Stadt in Umbrien, am Ostfuß des Apennin, im obern Thal des Äsis, bekannt durch die Schlacht 295 v. Chr., in welcher die Römer unter Quintus Fabius Maximus Rullianus und Publius Decius Mus über Samniter, Etrusker, Umbrer und Gallier infolge des Opfertods des Decius siegten.

Sequāna, die jetzige Seine, s. Gallien.

Sequaner (Sequāni), kelt. Volk in Gallia Belgica, zwischen Jura und Arar (Saône), mit der Hauptstadt Visontio (Besançon), Feinde der Äduer, gegen die sie 70 v. Chr. Ariovist zu Hülfe riefen, welcher sie aber dann selbst unterwarf und ihnen den größten Teil ihres Gebiets entriß, bis 58 Cäsar ihn vertrieb und die S. unter römische Herrschaft brachte.

Sergius, s. Catilina.

Seriphos (jetzt Serpho), eine der Kykladen zwischen Kythnos und Siphnos, kahl, felsig und unfruchtbar, aber reich an Magnet- und Roteisenstein, ward von den Joniern kolonisiert und war Mitglied

des Athenischen Seebunds. Von den Römern ward es als Verbannungsort benutzt.

Sertōrius, Quintus, röm. Feldherr, geboren zu Nursia im Sabinerland, bahnte sich durch Tapferkeit und Feldherrngaben im Kriege gegen die Cimbern und Teutonen und im Bundesgenossenkrieg den Weg zu Ansehen und Ehrenstellen, schloß sich im ersten Bürgerkrieg zwischen Marius und Sulla (88—81 v. Chr.) der Volkspartei an und begab sich nach deren Niederlage 82 nach Spanien, das ihm zur Provinz bestimmt worden war, um hier den Kampf gegen Sulla fortzusetzen. Anfangs durch ein Heer Sullas vertrieben, irrte er mit einer Schar Getreuer auf dem Meer umher, kehrte aber 81 auf die Aufforderung der Lusitanier nach Spanien zurück und schuf sich hier aus Eingebornen und römischen Flüchtlingen ein tüchtiges Heer, mit dem er 80 den gegen ihn entsandten Lucius Fusidius besiegte und sich auch, als 79 Quintus Metellus Pius und 76 Pompejus mit großen Heeren nach Spanien geschickt wurden, unter wechselndem Kriegsglück behauptete, bis er 72 von Perperna ermordet wurde. Er hatte die Absicht, in Spanien ein neues Rom gründen, und errichtete daher einen Senat von 300 Mitgliedern und Osca sowie eine Schule für die Söhne der vornehmsten Spanier. Neben seinem Feldherrntalent und seiner Tapferkeit wird auch die Geschicklichkeit, mit der er durch Milde und Einsicht die Eingebornen zu gewinnen wußte, gerühmt.

Servilius, röm., teils patricisches, teils plebejisches Geschlecht. Bemerkenswert: Quintus S. Cäpio, gab 106 v. Chr. ein Gesetz (lex Servilia judiciaria), welches den Senatorenstand die ihm durch Gracchus entzogenen Geschwornengerichte zurückgab, erlitt 105 als Prokonsul mit dem Konsul Gnäus Manlius von den Cimbern bei Arausio eine schwere Niederlage und ward deshalb des Oberbefehls schimpflich entsetzt und verbannt. Er begab sich nach Smyrna, wo er starb. — Gajus S. Glaucia, war 100 Prätor und Genosse des Saturninus (s. d.) in dem Aufruhr dieses Jahrs, in welchem er erschlagen wurde. — Publius S.

Vatia, bekleidete 79 das Konsulat und bekriegte 78 als Prokonsul die Seeräuber in Kleinasien; er eroberte viele Städte in Lykien und unterwarf die Isaurier, wofür er einen Triumph und den Beinamen Jsauricus erhielt.. Er starb 44.

Servius Tullius, der sechste röm. König, 578—534 v. Chr., nach der Überlieferung Sohn einer latinischen Sklavin und eines Gottes, wuchs im Haus des Tarquinius Priscus auf und wurde infolge von Wunderzeichen als zu etwas Höherm bestimmt erkannt und von Tarquinius zu seinem Nachfolger und Eidam erwählt. Er führte einen glücklichen Krieg gegen die Etrusker, schloß mit den Latinern ein Bündnis und zog den Esquilinischen und Viminalischen Hügel in den Umfang der Stadt, die er mit einer Mauer umgab. Sein Hauptwerk war die **Servianische Verfassung,** durch welche das Patricier und Plebejer umfassende Volk für den Krieg und für die gemeinsamen Komitien in 193 Centurien neu eingeteilt wurde und die Plebejer zuerst einen Anteil an den Volksrechten erlangten. S. wurde von Lucius Tarquinius, den er mit seiner Tochter Tullia vermählt hatte, gestürzt und ermordet; im Vicus sceleratus fuhr Tullia über den Leichnam ihres Vaters hinweg.

Sesonchis (Sisak), König von Agypten (s. b.).

Sesostris, s. Ramses.

Sestos, Stadt auf der Thrakischen Chersonesos, an der engsten Stelle des Hellespontos, Abydos gegenüber, wo Xerxes 480 v. Chr. die Schiffbrücke schlug; es wurde 479 von den Griechen unter Xanthippos erobert.

Sesurtesen (Sesortosis), König von Agypten (s. b.).

Sethos, König von Agypten (s. b.).

Severus, 1) Lucius Septimius, röm. Kaiser, geb. 146 n. Chr. zu Leptis in Afrika, ward vom Kaiser Marcus Aurelius in den Senat aufgenommen und war, nachdem er mehrere hohe Ämter bekleidet hatte, 193 Oberbefehlshaber der Legionen in Jllyrien, als er nach der Ermordung des Pertinax vom Heer zum Kaiser ausgerufen wurde. Nachdem er seinen Neben-

buhler Pescennius Niger 195 bei Kyzikos, einen andern, Clodius Albinus, 196 bei Lugdunum geschlagen hatte, zog er gegen die Parther und eroberte und verwüstete 198 Babylon, Seleukeia und Ktesiphon. 208 unternahm er, von seinen Söhnen Caracalla und Geta und seiner sittenlosen Gemahlin Julia Domna begleitet, einen Feldzug in Britannien gegen die Kaledonier; er trieb dieselben zurück, starb aber noch während des Kriegs 4. Febr. 211 in Eboracum (York). Tüchtig als Feldherr, stellte er das Ansehen des Reichs nach außen wieder her; doch erhöhte er die Macht der Prätorianer, indem er ihre Zahl auf 50,000 Mann vermehrte, und vernachlässigte den Senat. Vgl. Höfner, Untersuchungen zur Geschichte des Kaisers Septimius S. (Gieß. 1874).

2) **Marcus Aurelius Alexander,** röm. Kaiser, geb. 208 n. Chr. zu Akko in Phönikien, hieß eigentlich Alerianus, ward von seiner Mutter Julia Mammäa sorgfältig erzogen und auf Verlangen des Heers 220 von Heliogabalus adoptiert, nach dessen Ermordung 222 er von Senat, Volk und Heer als Kaiser anerkannt wurde. Unter dem Beirat seiner Mutter und erfahrener Männer, wie des Juristen Ulpianus, widmete er sich den Staatsgeschäften mit Eifer, beseitigte den syrischen Götzendienst, übte strenge Gerechtigkeit und Ordnung und bemühte sich, im Heer eine schärfere Disciplin einzuführen; in seinen Mußestunden las er die Werke der großen Philosophen und Dichter. 232—234 führte er gegen das neupersische Reich einen erfolglosen Krieg und ward 19. März 235 auf einem Feldzug gegen die Germanen im Feldlager am Rhein von den über die strenge Kriegszucht erbitterten Soldaten ermordet.

Sichem, Stadt in Samaria, zwischen den Bergen Ebal und Garizim, wurde nach der Teilung des Reichs 953 v. Chr. von Jerobeam zur Hauptstadt von Jsrael gemacht. Später ward die römische Kolonie mit dem Namen Flavia Neapolis (jetzt Nabulus).

Sicilien (Sicilia, griech. Sikelia, altertümlich Trinakria), die größte zu Italien gehörige Insel (29,241 qkm), wird

von Italien nur durch die Straße von Mes=
sina (Fretum Siculum) getrennt und hat
eine dreieckige Gestalt mit den Vorgebirgen
Pelorum im NO., Pachynum im SO.
und Lilybäon im W. An der Nordküste
zieht sich ein zur Küste steil abfallendes
Granitgebirge hin, die Nebrodes, welches
im Berg Maroneus (jetzt Monte Mabo=
nia) zu 1970 m Höhe ansteigt. Der übrige
Teil der Insel ist ein Kalkplateau, welches
in der Mitte bei Henna als Heräisches
Gebirge 1200 m hoch ist und an den Kü=
sten nur vereinzelte u. schmale, aber frucht=
bare Tiefebenen übrig läßt, die größte
an der Ostseite, das fruchtbare Thal des
Symäthos; über dem Plateau erhebt sich
im O. der vulkanische Gipfel des Ätna
zu 3310 m, der ein Areal von 1100 qkm
bedeckt. Auch die Hochebene hat fruchtbaren
Ackerboden; nur die höchstgelegenen Striche
waren auf die Zucht von feinwolligen Scha=
fen beschränkt. Als älteste Einwohner
werden Sikaner und Elymer genannt,
welche von den Sikulern, die, um 1100
v. Chr. aus Italien verdrängt, über die
Meerenge einwanderten, auf den westli=
chen Teil der Insel beschränkt wurden. Um
dieselbe Zeit schon gründeten die Phöniker
hier ihre ersten Handelsniederlassungen,
wie Rus Melkart (Herakleia Minoa),
Mothe, Machanath (Panormos) u. a.
Ihnen folgten seit dem 8. Jahrh. ionische
Griechen, welche den Norden der Ostküste,
dann dorische, welche den südlichen Teil
derselben kolonisierten und dann sich auch
über die Nord= und Südküste ausbreiteten.
Jonische Städte waren: Naxos, Zankle
(später Messana), Katane, Leonti=
noi, Himera; dorische: Syrakus, Me=
gara, Kamarina, Gela, Akragas,
Selinus. Die griechische Kolonisation
der sogen. Sikelioten (sicilischen Grie=
chen) war so zahlreich und mächtig, daß sie
bald die ganze Insel, auch den später kar=
thagischen Teil, hellenisierte. Die Entwicke=
lung der Städte zu Größe und Reichtum
war eine außerordentlich rasche, hatte aber
auch das Auftreten von Tyrannen, wie
Phalaris und Theron in Akragas,
Gelon in Syrakus u. a., zur Folge.
Seit 500 trat an die Stelle der Phöniker,
die bloß Handelsniederlassungen gegrün=

bet hatten, Karthago, das auch nach po=
litischer Macht auf S. strebte und 480 den
ersten Versuch machte, mit einem großen
Heer die ganze Insel zu erobern, welcher
aber durch den großen Sieg der Griechen
unter Gelon bei Himera vereitelt wurde.
Die Uneinigkeit unter den griechischen
Städten rief bald neue Eroberungsversuche
hervor. So unternahmen die Athener 415
mit großen Streitkräften einen Zug nach S.,
um es sich zu unterwerfen. Dieser schei=
terte zwar 413 an dem tapfern Widerstand
von Syrakus, aber die Macht der Griechen
in S. war doch so geschwächt, daß die Kar=
thager 408—405 mehrere griechische Städte
(Selinus, Himera, Agrigent und Gela)
erobern und zerstören und den westlichen
Teil der Insel dauernd behaupten konn=
ten. Dionysios von Syrakus vereinigte
376 fast ganz S. unter seiner Herrschaft,
mußte aber im definitiven Frieden mit
Karthago 362 diesem das Gebiet west=
lich von den Flüssen Himera und Haly=
kos überlassen. Auch die Kämpfe des
Agathokles und Pyrrhos änderten an
diesem Besitzstand nichts. Im ersten Puni=
schen Krieg drehte sich der Kampf zwischen
Rom und Karthago um den Besitz Sici=
liens, und im Frieden 241 mußten die
Karthager auf ihren Anteil verzichten,
welcher römische Provinz wurde, während
die Osthälfte unter der Herrschaft von
Syrakus blieb und erst 212 mit dem
Westen zur Provincia Sicilia vereinigt
wurde. Als Kornkammer war S. für
Rom sehr wichtig, wurde aber durch die
Aufstände der zahlreichen Sklavenbevöl=
kerung auf den Latifundien und Weide=
plätzen im Innern, besonders die großen
Sklavenkriege 138—132 und 103—100,
arg verwüstet und durch die Erpressungen
und Räubereien der römischen Beamten
schwer geschädigt. Griechische Sprache und
Sitten blieben noch lange herrschend; erst
in der Kaiserzeit wurde die Insel latini=
siert. Vgl. Holm, Geschichte Siciliens
im Altertum (Leipz. 1870—74, 2 Bde.).

Sidon (jetzt Saïda), alte Stadt der
Sidonier (»Fischer«) an der Küste Phö=
nikiens mit einem Doppelhafen, gelangte
unter den phönikischen Städten am frühe=
sten zu Wohlstand und Macht und er=

warb eine Art Oberherrschaft über dieselben; von 1600—1100 v. Chr. gründeten die Sidonier Niederlassungen im Agäischen Meer und beherrschten den Handel daselbst mit ihren Purpurgewändern, Glaswaren und Schmuckarbeiten. Seit 1100 trat S. hinter Tyros zurück, blieb aber auch unter der Fremdherrschaft der Assyrer, Babylonier und Perser bedeutend. Nach einer Empörung gegen Artaxerxes III. Ochos ward es 351 nach hartnäckigem Widerstand eingenommen und zerstört, später aber wiederaufgebaut.

Sifanto, s. Siphnos.

Sigambrer (Sugamber), german. Volksstamm der Istävonen, wohnte rechts des Rheins zwischen Sieg und Ruhr, machte schon zu Cäsars Zeit Einfälle in Gallien, wurde aber von Drusus 12 v. Chr. der römischen Oberhoheit unterworfen und von Tiberius zum Teil (40,000 Menschen) auf das linke Rheinufer verpflanzt. Sie gingen später im Bunde der Franken auf. Vgl. Esselen, Geschichte der S. (Leipz. 1868—71).

Sigeion (Sigeum), Vorgebirge und Stadt im nordwestlichen Troas am südlichen Eingang des Hellespontos. Die Stadt ward im 5. Jahrh. v. Chr. von den Peisistratiden besetzt und war später Hafenstadt von Ilion.

Sikuler (griech. Sikeler), s. Sicilien.

Sikyon, Stadt in der Landschaft Sikyonia im nördlichen Peloponnes am Korinthischen Meerbusen, welche das untere Asoposthal mit einigen kleinern Parallelthälern umfaßte. Die Stadt war ursprünglich von Joniern besetzt und hieß Mekone, erst seit der Besetzung durch die Dorier um 1100 v. Chr. S. (»Gurkenstadt«). Handel und Gewerbfleiß, durch Lager trefflichen Thons und Kupfergruben begünstigt, blühten namentlich unter der Tyrannis der Orthagoriden auf, welche 666 die politische Macht der dorischen Aristokratie brachen und 100 Jahre über S. herrschten. Nach deren Sturz gehörte es zum Bunde der Peloponnesier bis 371, wo es von Sparta abfiel. 298 wurde S. von Demetrios Poliorketes zerstört und die Akropolis zu einer makedo-

nischen Festung Demetrias erweitert. 251 ward S. von Aratos befreit und schloß sich dem Achäischen Bund an. Vgl. Gompf, Sicyonica (Berl. 1832).

Sin, s. Pelusion.

Sin-achi-irib, s. Sanherib.

Sinigaglia (spr. -galja), s. Sena Gallica.

Sinope, Stadt in Kleinasien am Pontos Euxeinos, auf dem schmalen Hals einer kleinen felsigen Halbinsel der Landschaft Paphlagonien zwischen zwei natürlichen Häfen gelegen, ward von den Assyrern gegründet, später (um 750 v. Chr.) von Joniern aus Miletos besetzt und 632 durch eine neue Kolonie verstärkt. Durch seine Lage begünstigt, ward es bald eine mächtige Handelsstadt, deren Gebiet um 400 bis zum Halys reichte, und die selbst wieder mehrere Pflanzstädte gründete. Unter persischer Herrschaft war es Sitz der Satrapen, 183 wurde es Hauptstadt des pontischen Reichs und von Mithridates d. Gr., der hier geboren war, beträchtlich vergrößert und verschönert. 72 von Lucullus erobert, ward es von den Römern für frei erklärt und 45 mit einer Kolonie besetzt.

Siphnos (jetzt Sifanto), Insel der Kykladen nordöstlich von Melos, 96 qkm groß, gebirgig, aber fruchtbar, hatte reiche Gold- und Silberbergwerke, welche später durch Grubenwasser zerstört wurden, und fabrizierte beliebte Geschirre aus Topfstein. Die Hauptstadt S. lag auf einem steilen Vorsprung der Ostküste.

Sipontum (griech. Sipus), Stadt in Apulien am Adriatischen Meer, am Südfuß des Mons Garganus, ward 194 v. Chr. von den Römern zu einer Kolonie gemacht und später durch Erdbeben zerstört. Unter dem heutigen Manfredonia hat man seit 1877 bedeutende Überreste der alten Stadt ausgegraben.

Sir Darja, s. Jaxartes.

Sirmium, Stadt in Unterpannonien am Savus, von Tauriskern erbaut, unter den Römern Hauptwaffenplatz gegen die Dacier und militärisch wichtig. Ruinen beim jetzigen Mitrowitz.

Sisak (Sesonchis), König von Ägypten (s. d.).

Sithonĭa (jetzt Longos), die mittlere Landzunge der Halbinsel Chalkidike zwischen dem Toronäischen und dem Singitischen Meerbusen.

Siuah, s. Ammonion.

Sizeböli, s. Apollonia 2).

Skiäthos, Insel im Ägäischen Meer gegenüber der Südostspitze der Halbinsel Magnesia, dem Vorgebirge Sepia, mit einer gleichnamigen Hauptstadt an einem geräumigen Hafen der Ostseite, gehörte zum Athenischen Seebund und ward 200 v. Chr. von Philipp von Makedonien zerstört.

Sklavenkriege, die Kriege, welche die Römer zur Zeit des Verfalls der Republik mit aufständischen Sklaven zu führen hatten, welche durch harte Behandlung aufs äußerste gereizt und sehr zahlreich waren. Der erste brach 138 v. Chr. in Sicilien aus, wo sich der Syrer Eunus (s. d.) an die Spitze des Aufstands stellte. Die Sklaven schlugen mehrere römische Heere zurück und wuchsen auf 200,000 Mann an; sie wurden erst 132 durch die Einnahme von Enna überwältigt und massenweise hingerichtet. Der zweite Sklavenkrieg fand auch in Sicilien statt und dauerte von 103—100. Unter ihren Königen Tryphon und Athenion errangen die Sklaven mehrere Siege, ehe sie vom Prokonsul Publius Rutilius unterworfen wurden. Der dritte Sklavenkrieg, auch Gladiatorenkrieg genannt, brach 73 in Kampanien aus und dauerte bis 71 (vgl. Spartacus).

Skolöten, s. Skythen.

Skordisker, kelt. Volksstamm in Pannonien (s. b.).

Skyros, Insel im Ägäischen Meer nordöstlich von Euböa mit gleichnamiger Hauptstadt, felsig, aber reich an buntem Marmor, war schon der griechischen Sage bekannt, indem Theseus hier von dem König Lykomedes ermordet und Achilleus von Thetis unter den Töchtern dieses Königs in Mädchenkleidern verborgen wurde; die ältesten Bewohner waren Pelasger, bann seeräuberische Doloper, welche 469 v. Chr. von Kimon unterworfen wurden, der die Gebeine des Theseus nach Athen zurückbrachte. Die Insel blieb

auch nach dem Peloponnesischen Krieg im Besitz der Athener.

Skythen (Scythæ), großes Volk, mit dessen Namen die Griechen die Völker des Nordens, d. h. nördlich vom Paropanisos, Kaukasos und Schwarzen Meer, bezeichneten: die Massageten, Saken, Sarmaten und Skoloten. Diese letztern, von Herodotos als die eigentlichen S. bezeichnet, wohnten an den Küsten der Mäotis und des Pontos Eureinos vom Tanaïs (Don), der ihr Gebiet von dem der Sarmaten trennte, bis an den Istros (Donau) auf 20 Tagereisen in das Binnenland hinein. Ihr Gebiet, aus dem sie die Kimmerier verdrängt hatten, war von großen Flüssen, dem Borysthenes (Dnjepr), Hypanis (Bug) und Tyras (Dnjestr), durchflossen und eine baumlose Steppe. Deshalb trieben sie wenig Ackerbau; dies thaten nur die westlichen Stämme, welche vielleicht andern (arischen) Stammes wie die S. und von diesen unterworfen worden waren. Die große Masse des Skythenvolks trieb nur Viehzucht und führte ein Nomadenleben. Ihre mit Ochsen bespannten und mit einer Filzdecke versehenen Wagen dienten zugleich als Haus. Sie zerfielen in eine Anzahl Stämme, an deren Spitze Vorsteher oder Stammesfürsten standen; ein Stamm in der Landschaft Gerrhos am Borysthenes hatte den Vorrang, und aus ihm wurde der König erwählt. Ihre ehrenvollste Beschäftigung war der Krieg, sie kämpften als Bogenschützen zu Pferde. Als höchste Gottheiten verehrten sie den Himmelsgott (Papäos), das Herdfeuer und den Kriegsgott und zwar ohne Götterbilder und Altäre, aber mit blutigen, auch Menschenopfern. Sie waren tapfer, gutartig, sorglos und gesellig, neigten aber zu Unmäßigkeit und wüstem Genuß und lebten in größter Unreinlichkeit. Ihre Vorliebe für Pferdefleisch, Pferdemilch und Pferdekäse, die Berauschung durch Dampfbäder von Hanfsamen, das Vergiften der Pfeilspitzen und andre Züge äußerster Roheit, namentlich bei den mit massenhaften Menschenopfern verbundenen Begräbnissen der Fürsten und andern religiösen Ceremonien, weisen auf turanische Abstammung der S. hin, während die skythischen Namen ari-

27*

schen Ursprungs fremde Entlehnungen sein können, wie denn die S. auch mit den Griechen, welche an ihren Küsten zahlreiche Kolonien anlegten, in lebhaftem, freundlichem Verkehr standen und gern griechische Sprache und Sitte annahmen. Um 630 v. Chr. fielen die S. in Medien ein und drangen in das Euphrat= und Tigrisgebiet und in Syrien bis Ägypten vor. Nachdem sie die Macht des assyrischen Reichs gebrochen, wurden sie um 620 von Kyarares wieder aus Asien vertrieben. Um sie für diesen Einfall in Medien zu züchtigen, drang der persische König Dareios I. 515 nach Überschreitung des Bosporos und des Istros mit einem Heer von 700,000 Mann in das Land der S. ein. Diese zogen sich, eine Schlacht vermeidend, zurück, worauf die Perser bis zum Tanaïs vorrückten, dann aber, des nutzlosen, aufreibenden Verfolgens müde, wieder auf demselben Weg unter großen Verlusten zurückkehrten. Lange Zeit wurden die S. nicht von fremden Eroberern belästigt und standen in friedlichem Verkehr mit den griechischen Kolonien, bis ihre Herrschaft um 300 von den Sarmaten gestürzt wurde. Doch blieb der Name S. auch unter den pontischen Königen und anfangs auch unter den Römern den Ländern nördlich vom Schwarzen Meer und wurde erst später auf das innere Asien, das jetzige Turan, übertragen. Dieses von Ptolemäos beschriebene asiatische Skythia wurde in zwei Teile geschieden, Skythia innerhalb und Skythia außerhalb des Imaos (eines großen Gebirges), und war von den Flüssen Paropanisos, Rhymnos (jetzt Gasuri), Dair (Jaik), Oxos und Jaxartes durchflossen. Vgl. Neumann, Die Hellenen im Skythenland (Berl. 1855); Cuno, Forschungen im Gebiet der alten Völkerkunde, Bd. 1: Die S. (das. 1871).

Smerdis, griech. Name des Bruders des Perserkönigs Kambyses, den die persischen Inschriften Bardija nennen. Derselbe wurde auf Befehl des Kambyses, der auf ihn neidisch war und infolge eines Traumgesichts durch ihn vom Thron gestürzt zu werden fürchtete, vor seinem Zug nach Ägypten durch Prexaspes heimlich ermordet. Dies benutzte 522 v. Chr.,

während des Kambyses langer Abwesenheit in Ägypten, ein Magier, Gaumata, um sich für S.=Bardija auszugeben und die Herrschaft von den Persern wieder auf die Meder zu übertragen. Der Pseudo=S. gewann durch Steuererlaß die Völker des Reichs für sich und behauptete sieben Monate den königlichen Thron, wurde aber endlich als Betrüger erkannt und 521 von Dareios getötet.

Smyrna, Stadt an der Westküste Kleinasiens, ward im 11. Jahrh. v. Chr. von Äoliern aus Kyme an der Nordseite der Smyrnäischen Bucht am Fuß des Sipylos gegründet und 688 von Joniern aus Kolophon und Ephesos besetzt. Um 600 von dem lydischen König Alyattes zerstört, blieb die Stadt 300 Jahre öde, während die Einwohner in kleinen Ortschaften der Umgegend zerstreut lebten. Nach Alexanders d. Gr. Tod baute König Lysimachos 20 Stadien südlich der alten Stadt im innersten Winkel des Meerbusens ein neues S., das, mit einem trefflichen Hafen versehen, sich zu einer der reichsten Handelsstädte Asiens emporschwang. 178 und 180 n. Chr. wurde es durch Erdbeben fast vernichtet, aber von Marcus Aurelius wiederhergestellt.

Sogdiâna (altpers. Sughuda, d. h. rein), die nordöstlichste Satrapie des pers. Reichs, nördlich bis zum Jaxartes reichend, eine von dem Polytimetos (jetzt Seraffchan) durchflossene sehr fruchtbare Thalebene, in deren Mitte die Hauptstadt Marakanda lag. Die Sogdianer waren ein den Baktrern verwandtes, doch noch rohes und wildes Volk und zerfielen in mehrere Stämme. Kyros gründete nach der Eroberung im nördlichen Gebiet Kyreschata, Alexander d. Gr., der 328—327 v. Chr. in S. sich aufhielt, am Jaxartes Alexandreia eschate (»das äußerste Alexandreia«). Später gehörte S. zum baktrischen Reich.

Solon, Gesetzgeber Athens, geboren um 640 v. Chr., Sohn des Exekestides, aus einem alten edlen Geschlecht, welches Kodros zu seinen Ahnen zählte, widmete sich dem Handel und ging frühzeitig auf Reisen. Die hierbei gesammelten Erfahrungen und die vielseitigen Berührungen, in die er mit ausgezeichneten Männern des Auslands kam, trugen wesentlich dazu bei, ihn in jener praktischen Lebensweisheit auszubilden, welche er später zum Besten seiner Vaterstadt bethätigte. Zum erstenmal trat er 604 öffentlich auf, indem er trotz des strengen Verbots der Athener unter der Maske eines Wahnsinnigen durch seine Elegie »Salamis« das Volk so entflammte, daß es die lange vergeblich umstrittene Insel Salamis den Megarern entriß. Nicht lange nachher (600) betrieb er den ersten Heiligen Krieg gegen Krisa zum Schutz des delphischen Orakels. Vor allem trat er im Innern des Staats, der durch den Zwiespalt der Parteien unheilbar zerrüttet schien, als Friedensstifter und Retter auf. Er bewirkte eine allgemeine Sühnung des Volks durch Epimenides und unternahm, als ein Eupatride bei seinen Standesgenossen geachtet und als ein Mann von edler, gemäßigter Gesinnung und von Einsicht beim Volk bekannt, das schwierige Werk der Versöhnung der Parteien und des gedrückten Volks durch eine Verfassungsreform, nachdem er durch die Seisachtheia (s. b.) dem Wucher ein Ende gemacht und die Abwälzung der Schulden ermöglicht hatte. Er wurde zum Zweck der Verfassungsänderung 594 zum ersten Archon gewählt. Seine Absicht ging vornehmlich dahin, die bisherige Kluft zwischen Adel und Volk auszufüllen, die Anmaßung des erstern zu brechen, die Entwürdigung des letztern zu beseitigen, Standesvorrechte und Beamtenwillkür abzuschaffen und eine nach den Leistungen abgestufte Beteiligung aller Staatsbürger an der Staatsregierung einzuführen. Indem also in seiner timokratischen Verfassung Rechte und Pflichten der Bürger einander entsprachen und die reichern, vornehmern Bürger, welche in Kriegsdienst und Steuern das meiste leisteten, auch den Anspruch auf höhere Ehren und Ämter hatten, schädigte er die bisherige Aristokratie nicht wesentlich in ihrem Besitzstand und gewährte doch jedem Bürger Anteil an der Volksversammlung und die Möglichkeit, sich zu den höchsten Ehrenstellen emporzuschwingen. Außerdem gab er dem Volk

eine das ganze bürgerliche Leben umfassende Gesetzgebung, deren segensreiche Wirkungen seine Verfassung überbauert haben. Nach der Sage verpflichtete S. die Athener, während eines zehnjährigen Zeitraums an seiner Gesetzgebung nichts zu ändern, und machte, um nicht selbst Hand an die Abänderung seiner Gesetze legen zu müssen, eine Reise ins Ausland, auf der er in Ägypten Umgang mit den Priestern von Heliopolis und Saïs pflegte und nach der gewöhnlichen Überlieferung in Sardes die (historisch unmögliche) Unterredung mit Krösos über die Nichtigkeit menschlicher Glückseligkeit hatte. Nach seiner Rückkehr nach Athen suchte er vergeblich den von neuem ausbrechenden Zwistigkeiten daselbst zu steuern und mußte noch sehen, daß Peisistratos sich zum Tyrannen aufwarf. Er starb 559; sein Leichnam soll nach seiner Anordnung auf Salamis verbrannt und seine Asche auf der ganzen Insel umhergestreut worden sein. Sein Spruch war: »Nichts zu viel«. Auch als Dichter war er ausgezeichnet, und zwar gingen seine Gedichte aus dem Bedürfnis hervor, seinen Mitbürgern die Notwendigkeit und Weisheit der von ihm getroffenen Staatseinrichtungen darzuthun. Dieselben sind gesammelt von Bergt (»Poetæ lyrici græci«, 3. Aufl., Leipz. 1866). Solons Leben beschrieb Plutarch.

Solus (lat. Soluntum), phönik. Stadt in Sicilien, auf der Nordküste zwischen Himera und Panormos hoch gelegen, durch neuere Ausgrabungen beim jetzigen Solanto freigelegt.

Sophonisbe (Sophoníbe), Tochter des Karthago Feldherrn Hasdrubal, ausgezeichnet durch Schönheit, Geist und Vaterlandsliebe, ward früh mit Masinissa (s. b.) verlobt, aber dann mit König Syphax von Westnumidien vermählt, damit dieser Karthago Hülfe leiste. Nach der Niederlage und Gefangennahme des Syphar (203 v. Chr.) vermählte sich Masinissa mit ihr, um ihr der Gewalt der Römer zu entziehen; als aber Scipio, den Einfluß der unversöhnlichen Feindin Roms auf Masinissa fürchtend, ihre Auslieferung forderte, trank sie heldenmütig den Giftbecher.

Sor, phönik. Name von Tyros (s. b.).

Soracte (jetzt Monte Sant'Oreste), Berg im südlichen Etrurien, 45 km nördlich von Rom, die 715 m hohe Spitze eines zwischen der Via Flaminia und dem Tiber sich hinziehenden Bergrückens. Auf dem Gipfel stand ein berühmter Tempel des Apollo Soranus.

Sozopolis (jetzt Sizeboli), s. Apollonia 2).

Spanien, s. Hispanien.

Sparta, Hauptstadt der Landschaft Lakonien, welche dem lakonischen Staate den Namen gab. Die Stadt lag am rechten Ufer des mittlern Eurotas, die Akropolis mit dem Tempel der Athena Chalkiökos auf einem mäßigen, wenig hervortretenden Hügel, und war weitläufig mit vielen Gärten bebaut. Mauern erhielt sie erst unter dem Tyrannen Nabis. Im Komos (Quartier) Pitana lag die Agora mit den Gebäuden der Gerusia, der von der persischen Beute erbauten Persischen Halle und dem großen, mit weißem Marmor überkleideten Theater; nur geringe Überreste sind von den zahlreichen Bauwerken und Monumenten der alten Stadt erhalten. Diese ward nach der Eroberung Lakoniens durch die Dorier (um 1100 v. Chr.) gegründet an Stelle der alten achäischen Hauptstadt Amyklä. Doch war diese Eroberung eine unvollständige. Die alten Einwohner des Landes, die Achäer, behaupteten sich in einem großen Teil Lakoniens, und die Dorier vermischten sich mit ihnen, wie denn von einem der beiden Königsgeschlechter in S., welche die Sage von den beiden Söhnen des Herakliden Aristodemos, Prokles und Eurysthenes, ableitete, welche aber in Wirklichkeit Eurypontiden und Agiaden hießen, das letztere achäisch war. Diese unfertigen Zustände stürzten den Staat in eine Verwirrung, aus der ihn erst die Gesetzgebung des Lykurgos, welche freilich so, wie sie später bestand, nicht auf einmal angeordnet wurde, sondern sich allmählich entwickelte, herausriß. Lykurgos stellte den innern Frieden her und begründete hierauf eine neue Staatsordnung auf der Vorherrschaft und der straffen Organisation der dorischen Bevölkerung, der Spartiaten, in deren Zahl auch achäische Familien

aufgenommen wurden. Die Spartiaten wurden in der Mitte des Landes vereinigt und 4500 gleiche Ackerlose unter sie verteilt, über welche sie weder durch Kauf oder Verkauf, noch durch Schenkung oder Testament frei verfügen durften. Sie waren in die drei Phylen der Hylleer, Pamphyler und Dymanen, diese wieder in je zehn Oben geteilt und standen an Rang und Rechten einander gleich. Außer den Spartiaten gab es noch zwei untergeordnete Klassen der Bevölkerung, Periöken und Heloten. Die Periöken (Lakedämonier) waren persönlich frei, aber ohne politische Rechte, leisteten Zins an den Staat und wurden mit den Spartiaten zur Verteidigung des Staats aufgeboten. Die Heloten waren Leibeigne des Staats und wurden hauptsächlich dazu verwandt, die Landgüter der Spartiaten zu bebauen und letztere im Krieg als Leichtbewaffnete zu begleiten. Zur Zeit der Blüte Spartas zählte man an Einwohnern ungefähr 40,000 Spartiaten, 120,000 Periöken und 200,000 Heloten. Die Verfassung war eine aristokratische. An der Spitze des Staats standen die zwei Könige, ihnen zur Seite die Gerusia, der Rat der Alten, mit Einschluß der beiden Könige aus 30 Mitgliedern, den Ältesten der Oben, bestehend. Die Volksversammlung (Ekklesia) hatte nur die Anträge des Rats der Alten (später auch die der Ephoren) entweder anzunehmen, oder zu verwerfen, nicht aber selbst Anträge zu stellen; jeder über 30 Jahre alte Spartiate war zum Stimmrecht berechtigt. Die Könige gelangten nach Erbrecht und Erstgeburt zur Regierung. Durch Wohnung, Grundbesitz, bestimmte Nutzungen und größern Anteil an der Beute vor allen andern Bürgern ausgezeichnet, waren sie Oberpriester, Feldherren und Richter. Aber ihre Macht, in älterer Zeit nicht genau begrenzt, war späterhin, namentlich seit dem Aufkommen der Ephoren, sehr beschränkt. Möglichste Gleichheit der Bürger, kriegerische Tüchtigkeit und ausschließliche Unterordnung unter die Zwecke des Staats sollten durch die Gütergleichheit und die Lebensweise der Spartiaten erzielt werden, deren Zeit durch Jagden, Leibesübungen, Teilnahme an den Volksversammlungen, an Opfern und religiösen Ceremonien, durch Zuschauen bei den Spielen der Jugend u. dgl. ausgefüllt war; Gewerbe und Künste, Schiffahrt und Handel zu treiben, galt eines Spartiaten für unwürdig, und Bereicherung durch Handel war infolge der Einführung des eisernen Geldes ausgeschlossen. Die Erziehung der Jugend war Sache des Staats, öffentlich und gemeinschaftlich und hatte körperliche Kräftigung und Abhärtung, selbst der Mädchen, und Gewöhnung an strenge militärischen Gehorsam zum Zweck. Die geistige Ausbildung beschränkte sich darauf, die Knaben in der Kürze des Ausdrucks (»Lakonismus«) und in Geistesgegenwart und Schärfe des Urteils zu üben. Die dorische Lyrik, nationale und religiöse Gesänge, in ihrer Vereinigung mit Orchestik und Gymnastik machte einen wesentlichen Teil der Erziehung aus. Hauptbestreben der ausgedehnten Polizeigewalt des Staats war Erhaltung des bestehenden Zustands. Damit nicht von außen sich Gefährliches einschleiche, durfte kein Spartaner ohne Erlaubnis in das Ausland reisen, und Fremde wurden nur eingelassen, wenn und solange sie mit den Behörden zu verhandeln hatten. Der Staat wachte über Einfachheit in dem Bau und der Einrichtung der Häuser, über die Kleidung, über die Zucht der Frauen, selbst über die Musik. Die Männer (immer je 15) mußten sich, um jeden Luxus im Essen zu verhindern, zu gemeinsamen einfachen Mahlzeiten (Pheiditien oder Syssitien) vereinigen. Die Ehe war geboten, und diejenigen, welche sich gar nicht oder zu spät oder unpassend verehelichten, wurden zur Verantwortung gezogen. Eine kinderlose Ehe wurde von Staats wegen aufgelöst. Mißgestaltete und schwächliche Kinder wurden in den Schluchten des Taygetos ausgesetzt, d. h. als Periökenkinder erzogen, während Kinder von Periöken oder Heloten, wenn sie spartiatische Erziehung genossen und von einem Spartiaten adoptiert waren, mit Erlaubnis der Könige in die Doriergemeinde aufgenommen werden konnten. Durch diese feste Organisation der dorischen Spartiaten

als der herrschenden Bevölkerung wurde Lakonien erst zu einem dorischen Staat gemacht. Das gesteigerte Stammesgefühl traf zusammen mit der nur auf kriegerische Tüchtigkeit und Thatkraft gerichteten Lebensordnung, um den Eroberungsgeist in den Spartanern zu wecken und zu nähren.

Der erneuerte Kampf mit den alten Einwohnern hatte deren völlige Unterwerfung zur Folge. Durch Grenzstreitigkeiten entstanden die zwei Kriege mit Messenien, die 628 mit der völligen Unterjochung dieses Landes endigten, welche die Vermehrung der spartiatischen Ackerlose und damit auch der spartiatischen Familien auf 9000 ermöglichte. Langwierige Kriege hatte S. mit Arkadien zu führen. Erst um 600 gewannen die Spartaner die Oberhand und zwangen Tegea zur Anerkennung ihrer Hegemonie, die sich damals bereits über den größten Teil des Peloponnes erstreckte. Die Olympischen Spiele waren das gemeinschaftliche Fest der unter Spartas Oberhoheit vereinigten Staaten. Mit Klugheit und Umsicht waren die Spartaner darauf bedacht, durch Erhaltung der alten staatlichen Ordnungen in den Nachbarländern, namentlich durch Bekämpfung der Tyrannis, ihren politischen Einfluß zu befestigen, und wurden hierbei von der delphischen Priesterschaft unterstützt. Auf Athen durch Vertreibung der Peisistratiden (510) seine Hegemonie auszudehnen, gelang S. nicht; vielmehr schuf es sich gerade hierdurch einen gefährlichen Nebenbuhler.

Beim Beginn der Perserkriege scharte sich ganz Griechenland um die Spartaner, welche den Oberbefehl führten. Aus Eifersucht jedoch gegen Athen nahmen sie an der Schlacht bei Marathon nicht teil, kämpften nur gezwungen bei Salamis und stellten 480 bloß eine geringe Streitmacht für das Landheer, welche aber durch ihre heldenmütige Aufopferung unter Leonidas bei Thermopylä den Kriegsruhm der Spartaner rettete. Gleichwohl behielten sie auch nach der Schlacht bei Mykale (479) die Leitung der Kriegsführung an der Küste Kleinasiens, und erst als die Verräterei des Pausanias den

Groll der Bundesgenossen erregte, verloren sie dieselbe und damit auch die Hegemonie zur See. Zu einer kühn aufstrebenden Politik waren die streng abgeschlossene, entwickelungsunfähige Verfassung und der dadurch bedingte engherzige, schwerfällige Charakter der Spartaner nicht geeignet. Sie überließen die Seeherrschaft und die Fortsetzung des Kriegs gegen die Perser den Athenern, zumal sie durch Aufstände der Arkadier und Argeier, die glücklich gedämpft wurden, und durch eine gefährliche Erhebung der Heloten und Messenier gelähmt wurden. Der dritte Messenische Krieg (464—455) zwang sie sogar, bei Athen um Hülfe zu bitten. Als sie aber das Hülfskorps, das Kimon ihnen 461 zuführte, schimpflich zurückschickten, kam es zum offenen Bruch zwischen Athen und S. Um den Athenern in Mittelgriechenland ein Gegengewicht zu schaffen, stellten die Spartaner Thebens Hegemonie in Böotien her und besiegten die Athener 457 bei Tanagra. Nachdem 450 ein fünfjähriger Waffenstillstand die Streitigkeiten unterbrochen hatte und ein Einfall der Spartaner unter Pleistoanax in Attika 445 erfolglos geblieben war, schlossen S. und Athen 445 einen 30jährigen Frieden, in dem S. Athens Seeherrschaft anerkannte, dafür aber die Hegemonie zu Lande behielt.

Der tiefer liegende Gegensatz jedoch zwischen dem ionischen und dorischen, dem demokratischen und aristokratischen Element sowie der Neid der auf Athen eifersüchtigen Verbündeten Spartas, namentlich Korinths und Thebens, ließen es zu keiner dauernden Versöhnung kommen, und 431 beschlossen die Spartaner plötzlich den Entscheidungskampf. S. ging zwar aus dem Peloponnesischen Krieg (431—404) als Sieger und scheinbar mächtiger hervor, als es je gewesen war. Alle frühern Bundesgenossen Athens waren ihm zugefallen. Aber im Innern geschwächt und durch Beseitigung weiser Gesetze der Grundlagen seiner Verfassung beraubt, verstand es nicht, den gewonnenen Besitz mit Mäßigung und Klugheit zu behaupten. Gewalt und Treulosigkeit waren die Grundsätze der Politik eines

Lysandros und Agesilaos. überall wurden unter Spartas bewaffnetem Schutz oligarchische Verfassungen eingerichtet, die feindlichen Parteien mit blutiger Gewalt unterdrückt. Zwar machten die Spartaner den Versuch, die im Peloponnesischen Krieg den Persern preisgegebenen kleinasiatischen Griechen wieder zu befreien, indem sie Thimbron, dann Derkyllidas, endlich Agesilaos mit Heeresmacht nach Kleinasien schickten. Aber die Erfolge des letztern wurden 395 durch den Korinthischen Krieg unterbrochen, den die Mehrzahl der griechischen Staaten unternahm, um Spartas drückendes Joch zu brechen, und den S. nur durch den mit den Persern vereinbarten schmählichen Antalkidischen Frieden (387) beendigen konnte. In diesem überlieferte es die kleinasiatischen Griechen den Persern und suchte durch die Bestimmung, daß alle griechischen Staaten autonom sein und keine Bündnisse bestehen sollten, seine Herrschaft dauernd zu begründen. Es zwang Theben, die böotischen Städte freizugeben, Argos, seine Besatzung aus Korinth herauszuziehen, und Olynth, den Chalkidischen Städtebund aufzulösen. Die Besetzung der Kadmeia in Theben 382 führte jedoch den Sturz von Spartas Gewaltherrschaft herbei. Die Besatzung der Burg wurde 379 von den Thebanern zum Abzug gezwungen, und als S. deshalb Theben den Krieg erklärte, verlor es die Herrschaft in Mittelgriechenland durch die Wiederherstellung des Böotischen Bundes und die Hegemonie zur See durch mehrere Siege der Athener, welche sich mit Theben verbündeten. 371 gelang es zwar, Athen von Theben zu trennen; aber in der Schlacht bei Leuktra unterlag die spartanische Kriegsmacht der überlegenen Feldherrnkunst des Epameinondas, der 370 in den Peloponnes einbrang, Lakonien verwüstete und den Arkadischen Bund und die Unabhängigkeit Messeniens wiederherstellte. Hierdurch verlor S. auch seine Hegemonie im Peloponnes, und seine Kräfte rieben sich in fortwährenden Grenzkriegen auf. Seine auswärtige Macht war für immer vernichtet.

Gleichzeitig war auch der Staat im Innern in Verfall geraten. Die spartiatische Bevölkerung war trotz der Aufnahme zahlreicher Mothaken (Helotenkinder) so zusammengeschmolzen, daß sie nicht mehr als 1000 waffenfähige Männer zählte. Das Gesetz des Ephoren Epitadeus hatte die freie Verfügung über die Ackerlose durch Schenkung oder Testament gestattet. Die Folge war, daß sich der Grundbesitz in den Händen weniger ansammelte und die Gewalt allmählich in die Hände einer engherzigen, selbstsüchtigen Oligarchie überging, die den Luxus und die Schwelgerei des Orients auch nach S. verpflanzte. Am Kampf der Athener und Thebaner gegen die makedonische Übermacht nahmen die Spartaner nicht teil und weigerten sich nach der Schlacht bei Chäroneia, König Philipp als griechischen Oberfeldherrn gegen Persien anzuerkennen. Sie wurden dafür durch Verwüstung ihres Gebiets bestraft. Während Alexanders Abwesenheit in Asien machten die Spartaner unter König Agis II., nachdem sie die Perser zur See unterstützt hatten, 330 einen Versuch, die Herrschaft im Peloponnes wiederzugewinnen und die makedonische Macht in Griechenland zu stürzen, wurden aber von Antipatros bei Megalopolis geschlagen. Doch bewahrten sie wenigstens die Unabhängigkeit ihres lakonischen Gebiets sowohl gegen Demetrios Poliorketes 286 wie 272 gegen Pyrrhos. Die Könige Agis III. und Kleomenes III. unternahmen es auch, durch innere Reformen, durch Wiederherstellung der Lykurgischen Verfassung, den Staat neu zu beleben und zu kräftigen sowie durch Aufnahme von Periöken in die Zahl der auf 700 herabgeschmolzenen Spartiaten und durch neue Länderverteilung einen tüchtigen Bürgerstand neu zu bilden. Indes Agis ward durch einen Aufstand im Innern gestürzt und Kleomenes vom Achäischen Bunde, der den makedonischen König Antigonos Doson zu Hülfe rief, 221 bei Sellasia besiegt und zur Flucht genötigt. S. wurde von Antigonos besetzt und nach Abschaffung der Reformen und Herstellung der Macht der Ephoren zum Eintritt in den Achäischen Bund gezwungen. Zwar riß es sich im Bundesgenossenkrieg 218

von diesem wieder los, aber nur um 211 unter die Gewalt des Tyrannen Machanibas (211—207) zu kommen, nach dessen Tod bei Mantineia Nabis sich der Herrschaft bemächtigte und sie unter fortwährenden aufreibenden Kämpfen mit den Achäern, in denen 195 das Küstengebiet verloren ging und als eleutherolakonisches Gebiet unter achäischen Schutz kam, bis 192 behauptete. Nach Nabis' Ermordung schloß sich S. wieder dem Achäischen Bund an, empörte sich aber 191 und 188 und wurde von Philopömen völlig unterworfen, der die letzten Reste der Lykurgischen Verfassung beseitigte. Gänzlich ohnmächtig, fiel S. 146 an die Römer, die ihm eine Scheinfreiheit und eine gewisse Sonderstellung ließen. Vgl. Manso, S. (Leipz. 1800—5, 3 Bde.); Lachmann, Die spartanische Staatsverfassung (Bresl. 1836); Trieber, Forschungen zur spartanischen Verfassungsgeschichte (Berlin 1871); Gilbert, Studien zur altspartanischen Geschichte (Götting. 1872); Busolt, Die Lakedämonier und ihre Bundesgenossen (Leipz. 1878, Bd. 1).

Spartácus, Anführer im Sklavenkrieg 73—71 v. Chr., Thraker von Geburt, war früher Soldat gewesen, aber entlaufen und, nachdem er ergriffen worden, zur Aufnahme in die Gladiatorenschule zu Capua verurteilt worden. 73 entfloh er mit etwa 70 Genossen, brachte am Vesuv dem Gajus Cassius, dem Legaten des Prätors Publius Varinius, eine Niederlage bei, schlug noch zwei andre römische Heeresabteilungen und auch den Prätor selbst und erreichte hierdurch, daß sich durch allgemeinen Zulauf der Sklaven bald ein Heer von mehr als 100,000 Mann um ihn sammelte. Mit diesem trat er 72 den Marsch nach Norden an, um die Sklaven in ihre Heimat zurückzuführen. Zwar wurde ein Teil des Heers, der sich unter Crixus von ihm trennte, am Garganus besiegt. S. selbst aber schlug die beiden Konsuln Gnäus Lentulus und Lucius Gallius, die ihm den Weg verlegen wollten, sowie den Prokonsul Lucius Cassius bei Mutina und würde seinen Zweck erreicht haben, wenn ihn nicht die raublustigen Sklaven zu einem Beutezug nach dem südlichen Italien genötigt hätten. Nun glückte es dem 71 mit dem Oberbefehl betrauten Prätor Crassus, ihn vom Norden abzuschneiden und nach Bruttium zurückzudrängen. Zwar gelang es S., die Befestigungslinie des Crassus zu durchbrechen; aber in Lukanien wurde er zur Schlacht gezwungen, in welcher er, tapfer kämpfend, fiel. 60,000 Sklaven sollen in derselben getötet, 6000 auf der Straße von Rom nach Capua gekreuzigt worden sein. Ein Trupp, der sich nach dem Norden rettete, wurde von dem aus Spanien zurückkehrenden Pompejus vernichtet.

Spartiäten, die dorischen Vollbürger in Sparta (s. b.).

Spercheios (Sperchīus, jetzt Hellada), Fluß in Mittelgriechenland, entspringt auf dem Tymphrestos und fließt nach O. in einem breiten, von Othrys und Öta begrenzten Thal, die Grenze zwischen Phthiotis und Malis bildend, in den Malischen Meerbusen.

Sphaktēria (Sphagia), Insel an der Westküste Messeniens vor dem Hafen von Pylos, 5 km lang, schmal und felsig, ward während des Peloponnesischen Kriegs 425 v. Chr., beim Angriff der peloponnesischen Flotte auf Demosthenes in Pylos, von 420 Lakedämoniern besetzt, welche, nach der Niederlage der Flotte abgeschnitten, sich nach 72tägiger Verteidigung den Athenern unter Kleon ergeben mußten, wobei 292 Lakedämonier, darunter 120 Spartiaten, in die Gewalt Athens fielen.

Spoletium (jetzt Spolēto), bedeutende Stadt in Umbrien, ward 241 v. Chr. zur römischen Kolonie gemacht und verteidigte sich 217 hartnäckig gegen Hannibals Angriffe.

Sporáden (Sporades), die im Ägäischen Meer zerstreut liegenden Inseln außer den Kykladen, sowohl die an der Westküste Kleinasiens wie die im nördlichen Teil des Meers.

Stabiä, Stadt in Kampanien, am Golf von Neapel und am Fuß des Vesuvius, ward beim Ausbruch desselben nebst Pompeji und Herculaneum verschüttet; neuerdings hat man die alten, mit Asche bedeckten Gebäude auszugraben begonnen.

Stageiros (Stageira, Stagīrus),

Stadt an der Ostküste der Halbinsel Chalkidike, am Strymonischen Meerbusen, eine Kolonie von Andros, berühmt als Geburtsort des Aristoteles, der ihren Wiederaufbau nach ihrer Zerstörung durch Philipp von Makedonien veranlaßte.

Stanchio, s. Kos.

Stilicho (Stilīco), röm. Feldherr, Sohn eines in römischen Kriegsdiensten stehenden Vandalen, schwang sich durch Kriegstüchtigkeit und Treue unter Kaiser Theodosius zu den höchsten Ehrenstellen empor und ward von ihm zum Gemahl seiner Nichte Serena und zum Vormund seines Sohns Honorius, der 395 n. Chr. als elfjähriger Knabe die Herrschaft des weströmischen Reichs antrat, erwählt. S. vertrieb den Gotenkönig Alarich 396 aus Griechenland, unterdrückte 398 den Aufstand des Gildo in Afrika, brachte 403 Alarich, als derselbe in Italien einfiel, zwei entscheidende Niederlagen bei Pollentia und Verona bei, durch die derselbe genötigt wurde, in Illyrien feste Wohnsitze zu nehmen, und schlug das große Barbarenheer des Radagaisus, als dasselbe 406 über die Alpen hereinbrach, bei Fäsulä ein und vernichtete es fast gänzlich. Dagegen vermochte er Gallien gegen die Germanen nicht zu schützen und die Empörung des Constantinus in Britannien nicht zu unterdrücken. Obwohl Honorius sich mit seiner Tochter Maria vermählt hatte, ließ er es doch geschehen, daß einer seiner römischen Höflinge, Olympius, S. aus Neid und Haß 408 in Ravenna ermordete.

Strabon, griech. Geograph, geb. 66 v. Chr. zu Amaseia in Pontos aus einer griechischen Familie, unternahm ausgedehnte Reisen in die Länder des Schwarzen Meers, nach Vorderasien und Afrika und kam 29 nach Italien, wo er sich längere Zeit in Rom aufhielt; hierauf begleitete er Älius Gallus auf dessen Expedition nach dem obern Nil. Er starb 24 n. Chr. Sein Werk »Geographica«, in 17 Büchern, ist neben dem des Ptolemäos die Hauptquelle der alten Geographie und widmet auch den Sitten und Gebräuchen der Völker, ihrer Verfassung und Geschichte sorgfältige Aufmerksamkeit. Namentlich wurde die Kenntnis des westlichen und nördlichen Europa durch S. sehr gefördert. Neue Ausgaben von Kramer (Berl. 1844—52, 3 Bde.; kleine Ausg. 1852, 2 Bde.), Müller und Dübner (Par. 1853—56, 2 Bde.) und Meineke (Leipz. 1852—53, 3 Bde.).

Strymon (jetzt Struma oder Karasu), Fluß im östlichen Makedonien, entspringt auf dem Skombros bei Pantalia, durchfließt den Sumpfsee Prasias oder Kerkinitis und mündet südlich von Amphipolis in den Strymonischen Meerbusen.

Suessonen (Suessones), tapferes und mächtiges kelt. Volk in Gallia Belgica, konnte 50,000 Bewaffnete stellen. Sein König Divitiacus beherrschte vor Cäsars Zeiten einen großen Teil Galliens und der Südküste Britanniens. Die S. bewohnten das Gebiet zwischen Seine und Aisne und hatten zwölf Städte, deren größte Noviodunum (jetzt Soissons) war.

Suetonius Tranquillus, Gajus, röm. Geschichtschreiber, lebte um 70—140 n. Chr., widmete sich in Rom rhetorischen und grammatischen Studien, trat daselbst als gerichtlicher Redner auf und ward von Hadrianus zum Magister epistolarum ernannt, verlor aber diese Stelle wieder und widmete sich ganz der schriftstellerischen Thätigkeit. Er verfaßte 120 die fast vollständig erhaltenen Biographien der zwölf Kaiser von Julius Cäsar bis Domitianus (»De vita Cæsarum«), welche in einfacher und klarer Sprache eine Fülle wertvollen Materials bieten, ferner ein Werk: »De viris illustribus«, von dem uns nur einige Dichter- und Gelehrtenbiographien erhalten sind. Neue Ausgabe von Roth (Leipz. 1858).

Sueven (Suevi), ein german. Völkerbund, welcher die Völker des nordöstlichen Germanien, welche weniger vom Ackerbau als von Jagd und Viehzucht lebten, umfaßte. Dieselben waren sehr kriegs- und wanderlustig und drangen unter Ariovistus schon 70 v. Chr. nach Gallien vor. Der mächtigste Stamm waren die Semnonen (s. b.), in deren Gebiet sich auch das gemeinsame Heiligtum der Nerthus befand. Auf sie beschränkte sich auch in den Zeiten der Völkerwanderung der Name S.

Suffeten (»Richter«), die obersten Beamten in Karthago (s. b.).

Sugamber, s. Sigambrer.

Sughuda, s. Sogbiana.

Sulla, Lucius Cornelius, röm. Diktator, geb. 138 v. Chr. aus einer vornehmen Familie, erhielt eine treffliche Bildung, verlebte aber eine ausschweifende Jugend und ward 107 Quästor des Konsuls Marius während des Jugurthinischen Kriegs. Es glückte ihm 106, die Auslieferung Jugurthas vom König Bocchus von Mauretanien zu erlangen, wodurch er den Ruhm des Marius schmälerte und sich dessen Haß zuzog. Nachdem er 93 die Prätur bekleidet und sich im Bundesgenossenkrieg ausgezeichnet hatte, ward er für 88 zum Konsul gewählt und mit der Führung des Kriegs gegen Mithridates beauftragt. Während er sich schon auf dem Marsch in Nola befand, übertrug auf Antrag des Sulpicius das Volk den Oberbefehl Marius. Doch S. rückte mit seinen Legionen sofort vor Rom, besiegte die Führer der Volkspartei im Straßenkampf, ächtete diejenigen, welche nicht gefallen waren, und begab sich, nachdem er zwei Konsuln für 87 hatte wählen lassen und diese zur Treue verpflichtet hatte, nach Griechenland, wo er 87 Athen eroberte, den Mithridatischen Feldherrn Archelaos 86 bei Chäronea und 85 bei Orchomenos schlug und durch den Marsch nach Asien Mithridates 84 zum Frieden zwang, unbekümmert darum, daß inzwischen in Rom Cinna und Marius sich der Herrschaft bemächtigt hatten und die Volkspartei große Rüstungen zu ihrem Schutz traf. 83 kehrte S. mit 40,000 Mann nach Italien zurück, schlug die Truppen des Konsuls Norbanus in Kampanien, bewog das Heer Scipios zum Übertritt, besiegte den jüngern Marius bei Sacriportus und vernichtete ein Samniterheer am Collinischen Thor. 82 wurde er in Rom zum Diktator auf unbestimmte Zeit gewählt. Nachdem er seine Gegner durch die blutigen Ächtungen (Proskriptionen) ausgerottet und seine Veteranen in den furchtbar verwüsteten Landschaften Italiens angesiedelt hatte, suchte er durch die leges Corneliæ die aristokratische Regierungsform neu zu

beleben und zu befestigen, da er es verschmähte, die Alleinherrschaft an sich zu
reißen. Namentlich kräftigte er die Macht
und das Ansehen des Senats, indem er
seine regelmäßige Ergänzung aus den
Beamten anordnete und ihm die Gerichte
zurückgab, und schränkte die Macht der
Volkstribunen und der Tributkomitien
ein. Nachdem er seine Reorganisation
des Staats vollendet, zog er sich 79 nach
Puteoli zurück, um ganz dem Genuß und
der Schwelgerei zu leben, starb aber schon
78. S. gehörte zu den Römern, welche
geniale Geistesanlagen und energische
Thatkraft mit epikureischem, frivolem
Sinnengenuß zu vereinigen wußten; seine
Erfolge maß er alle dem Glück bei und ließ
sich daher »Felix« nennen. Seine lateinischen Denkwürdigkeiten, die sein Freigelassener Epicadus vollendete, hat Plutarchos in seiner Biographie benutzt.
Neuere Biographien von Zachariä (Heidelb. 1834) und Lau (Hamb. 1855). —
Sein Sohn Faustus Cornelius S.
war mit einer Tochter des Pompejus vermählt und ward nach der Schlacht bei
Thapsos 46 von Cäsars Soldaten ermordet.

Sulpicius Rufus, Publius, röm.
Volkstribun, geb. 124 v. Chr., war ein
trefflicher Redner, zeichnete sich im Bundesgenossenkrieg 89 auch als Feldherr aus,
indem er die Marruciner unterwarf, und
wurde für 88 zum Volkstribunen erwählt.
Er beantragte ein Gesetz, wonach die italischen Neubürger nicht in 8 neue Tribus
vereinigt, sondern auf die 35 alten Tribus
verteilt werden sollten, stieß damit aber
auf heftigen Widerstand bei der Optimatenpartei und schloß sich daher Marius
an, dem er durch Volksbeschluß den Oberbefehl im Mithridatischen Krieg übertragen
ließ. Doch Sulla eilte von Nola nach
Rom, schlug die Anhänger der Volkspartei
im Straßenkampf und ächtete S., der in
seiner Villa entdeckt und getötet wurde.

Sumerier, s. Akkadier.

Sunion, die Südspitze Attikas, mit
einem berühmten Tempel der Athene, der
mit Mauern umgeben war, und von dem
noch 13 Säulen stehen (daher jetzt Kap
Kolonnäs).

Susa (Schuschan, »Lilienstadt«, noch

heute Sus), Hauptstadt der Provinz Susiana (jetzt Chusistan), welche das Gebiet
am linken Ufer des untern Tigris bis zum
Rande des Plateaus von Iran umfaßte,
von den Elymäern, Kossäern und Uxiern
bewohnt wurde und früher Elam (s. b.)
hieß. S. lag mitten im Land zwischen den
Flüssen Choaspes (Euläos, jetzt Kercha)
und Kopratas und hatte eine stark befestigte Burg, welche den königlichen Palast, die Winterresidenz der persischen Könige seit Kyros, und die Schatzkammer
des Reichs enthielt. Die Stadt war sehr
weitläufig gebaut und hatte einen großen
Umfang. Neuerdings sind von Loftus und
Churchill die Ruinen von Prachtsälen
ausgegraben worden, welche Dareios I.,
Xerxes und ihre Nachfolger erbauten, wie
die Inschriften bezeugen.

Sybaris, Stadt in Unteritalien an
der Westseite des Tarentinischen Meerbusens, in einer fruchtbaren Ebene zwischen dem Krathis und seinem Nebenfluß
Sybaris, war um 720 v. Chr. von Achäern
und Trözenern gegründet und gelangte
durch die Ausdehnung und Fruchtbarkeit
ihres Gebiets und ihren blühenden Handel
bald zu bedeutender Macht und Größe.
Sie gründete mehrere Pflanzstädte an der
Westküste Lukaniens und beherrschte 25
Städte. Infolge ihres Reichtums ergaben sich die Sybariten einem so üppigen
und weichlichen Leben, daß das Sybariten-
leben sprichwörtlich wurde. 510 wurde
die Stadt von den Krotoniaten zerstört
und an ihrer Stelle 443 Thurioi (s. b.)
gegründet.

Sybotainseln, kleine Inselgruppe
dem Kanal zwischen Epeiros und der Südspitze von Korkyra, bei der 432 v. Chr. die
Seeschlacht zwischen den Korinthiern und
Korkyräern stattfand, welche zum Ausbruch des Peloponnesischen Kriegs Anlaß gab.

Syene (jetzt Assuan), südliche Grenz-
stadt Ägyptens, innerhalb der letzten Nil-
katarakte, der Insel Elephantine gegenüber, mit großen Steinbrüchen, in denen
ein vortrefflicher Stein (»Syenit«) für
Obelisken, Statuen und Säulen gebrochen wurde.

Synoikismos, s. Theseus.

Syphax, König der Massäsylier im westlichen Numidien, ward im zweiten Punischen Krieg 207 v. Chr. von Scipio für die Sache Roms gewonnen, aber bald darauf durch die Vermählung mit der schönen Sophonisbe, der Tochter Hasdrubals, wieder auf die Seite Karthagos gezogen und kam diesem mit einem Heer zu Hülfe. Er führte den Krieg gegen die Römer anfangs nicht ohne Glück, ward aber 203 erst von Scipio, dann von Lälius und Masinissa besiegt und gefangen genommen. Er wurde im Triumph des Scipio aufgeführt und starb als Gefangener in Tibur.

Syra, s. Syros.

Syrakus (Syracūsæ), die größte und reichste Stadt Siciliens, an der Ostküste gelegen, ward 734 v. Chr. von den Korinthiern auf der schon von Phönikern besetzten felsigen Insel Ortygia gegründet, zu deren beiden Seiten zwei treffliche Häfen sich befanden, von denen der westliche große der geräumigste und sicherste in ganz Sicilien war und durch Ketten gesperrt werden konnte. Ihrer günstigen Lage wegen entwickelten sich Handel und Gewerbe, und die Stadt dehnte sich auch über die westlich vom großen Hafen gelegene sumpfige Ebene Syrako aus, welche der Stadt den Namen gab. Die Verfassung war eine aristokratische, indem die Nachkommen der ersten Kolonisten, die Gamoren, erst unter einem König, dann ohne einen solchen die Regierung in den Händen hatten und die Beamten und den Rat aus ihrer Mitte wählten. Diese Aristokratie ward 491 durch die demokratische Partei gestürzt. Die vertriebenen Gamoren wandten sich an den Tyrannen Gelon von Gela um Beistand, der sie auch zurückführte und sich mit ihrer Hülfe 485 der Herrschaft in S. bemächtigte. Er verlegte seine Residenz dahin, verpflanzte die Einwohner mehrerer unterworfenen Städte nach dem großen Felsplateau Achradina (»Birnbaumfeld«) im Norden Ortygias und verband die Neustadt mit der Insel durch einen Damm; er umgab die ganze Stadt mit einer kolossalen Mauer, deren Material aus den in Achradina selbst ausgehöhlten Steinbrüchen (Latomien) gebrochen wurde. Nament-

lich nach Gelons Sieg über die Karthager am Himera 480 ward S. die mächtigste Stadt der Insel, deren Flotten das westliche Mittelmeer beherrschten. Auch auf dem westlich von Achradina gelegenen Felsplateau erhoben sich Vorstädte, so Tycha, Neapolis und Epipolä. Auf Gelon folgte sein Bruder Hieron I. (477—467), auf diesen der dritte Bruder, Thrasybulos, der aber 466 vertrieben wurde, worauf S. eine demokratische Verfassung erhielt. Doch schwächten innere Parteiungen die Macht der Stadt und lockerten ihre Herrschaft über die griechischen Städte Siciliens. Die ionischen Städte wandten sich an Athen, und dies unternahm 415 die große Expedition gegen S., welche aber die passende Zeit für eine überrumpelung versäumte und, als sie 414 die regelrechte Belagerung begann, von den Syrakusiern unter Hermokrates und den vom Spartaner Gylippos zugeführten Hülfstruppen zurückgeschlagen und 413 auf dem Rückzug am Fluß Asinaros vernichtet wurde. Hierauf wurde durch Diokles eine rein demokratische Regierungsform eingeführt, die Wahl der Beamten durchs Los angeordnet und geschriebene, sehr strenge Gesetze gegeben. Aber der innere Friede ward dadurch nicht hergestellt, die äußere Macht gleichzeitig durch Karthagos Eroberungspläne bedroht. Da bemächtigte sich der ältere Dionysios I. der Herrschaft, drängte in mehreren hartnäckigen Kriegen die Karthager nach dem westlichen Teil der Insel zurück und befestigte die Herrschaft von S. über den größern Teil Siciliens und einen Teil Unteritaliens. Er zog auch die Vorstädte Tycha, Neapolis und Epipolä in die Stadt, indem er sie mit einer hohen Quadermauer umgab und durch die Felsenburg Euryalos an der Westspitze schützte; der Umfang der Stadt stieg hierdurch auf über 20 km und ihre Einwohnerzahl auf 1 Million. Auf der Nordspitze der Insel Ortygia baute er einen zum Schutz ihrer Verbindung mit dem Festland die Feste Herapylon und legte im kleinern Außenhafen (Lakkios) 50, im großen innern 100 Docks für Kriegsschiffe an. Die Stadt war so fest, daß die Karthager sie 397 und 311 vergeblich belagerten. Auf Dionysios I. folgte 367 sein unfähiger Sohn Dionysios II., gegen den sich sein Verwandter Dion vergeblich erhob. Doch gelang es 344 Timoleon, die Thrannis zu stürzen und die demokratische Verfassung herzustellen, worauf sofort 60,000 Einwanderer nach S. strömten. Neue Streitigkeiten nach Timoleons Tod hatten zur Folge, daß sich 317 Agathokles zum Alleinherrscher aufwarf, der durch Strenge im Innern die Ruhe aufrecht erhielt und nach außen den Karthagern erfolgreich die Spitze bot. Nach seinem Tod 289 bemächtigte sich erst sein Mörder Mänon, dann Hiketas der Herrschaft. Um sich der Karthager zu erwehren, riefen die Syrakusier Pyrrhos zu Hülfe, nach dessen Weggang sie Hieron II. zu ihrem Feldherrn und 268 zum König wählten. Hieron hielt sich während des ersten Punischen Kriegs zu den Römern und erhielt daher die Herrschaft über den ganzen Osten der Insel. Als aber sein Enkel Hieronymos 215 mit den Karthagern ein Bündnis schloß, ward S. 214 von Marcellus angegriffen und nach zweijähriger Belagerung und tapfrer Verteidigung durch Archimedes 212 durch Hunger zur Übergabe gezwungen. Damals war S. noch die volkreichste, schönstgebaute und schönstgelegene Stadt Siciliens und ward auch Hauptstadt der römischen Provinz.

Syrien (Syria), das östliche Küstenland des Mittelmeers, welches sich in das Binnenland hinein bis zum Euphrat erstreckt und im N. durch den Tauros mit Kleinasien, im Süden mit dem arabischen Hochland zusammenhängt, in dessen Wüste sich auch der ganze südöstliche Teil Syriens verläuft. An der Küste erhebt sich im N. zunächst das Kalkgebirge Amanos, an das sich im Süden der Libanon (bis 3000 m hoch) anschließt, dessen südliche Fortsetzung die Hügellandschaften von Galiläa und Samaria und das Plateau von Judäa bilden. Östlich vom Libanon erhebt sich der Antilibanos mit dem Hermon (2860 m), der nach O. allmählich in eine zum Euphrat sich sanft abdachende Hochebene übergeht, die, regen- und wasserarm, von einzel-

nen oasenartigen Landschaften abgesehen, mehr und mehr den Charakter der Wüste annimmt. Die Hauptflüsse entspringen am Hermon und durchfließen die Thalmulde zwischen Libanon und Antilibanos, das »hohle S.« (Kölesyrien, s. b.), nämlich der Orontes nach N., der Lita nach Süden, beide in das Mittelmeer, der Jordan auch nach Süden in das Tote Meer. Das obere nördliche S. wurde von dem semitischen Volksstamm der Aramäer bewohnt, das südliche (Palästina) von den Kanaanitern, während die Araber die südlichen und östlichen Grenzgebiete besetzten und namentlich seit dem 1. Jahrh. n. Chr. immer mehr vordrangen. Ein einheitliches Reich bildete S. nicht, sondern zerfiel in eine Menge von Stämmen und Städten mit eignen Oberhäuptern, unter denen die westlichen und südlichen, die Phöniker und Israeliten, hervorragende Bedeutung erlangten. Schon im 9. Jahrh. v. Chr. begannen die Eroberungszüge der Assyrer, welche unter Tiglath Pilesar II. um 730 ganz S. unterwarfen; die Griechen, welche das Land zuerst als assyrische Provinz kennen lernten, gaben ihm davon den Namen Syria. Es erlangte seine Selbständigkeit lange nicht wieder, sondern ward um 600 von Nebukadnezar dem babylonischen Reich unterworfen, kam 538 an Persien und 333 an Makedonien und wurde erst in der Diadochenzeit 301 ein unabhängiges Reich, indem sich Seleukos I. Nikator, der Gründer der Dynastie der Seleukiden, König von S. nannte. Durch Gründung zahlreicher Städte, wie Antiocheia und Seleukeia, suchte er den Wohlstand des Landes zu heben. Das syrische Reich wurde durch glückliche Eroberungen bis zum Oros und Indos ausgedehnt und umfaßte 72 Satrapien. Doch verfiel es unter Seleukos' Nachkommen, und 150 ward es von den Parthern auf das eigentliche S. beschränkt, das 85 von Tigranes von Armenien erobert und 64 von Pompejus zur römischen Provinz gemacht wurde.

Syros (jetzt Syra), eine der Kykladen, fast mitten im Ägäischen Meer gelegen, 110 qkm groß und bis zu 430 m aufsteigend, gehörte dem Athenischen Seebund an.

T.

Tacitus, 1) Publius(?)Cornelius, röm. Geschichtschreiber, geboren um 54 u. Chr., bahnte sich als Redner den Weg zu den Ehrenstellen in Rom, wurde 88 Prätor, brachte dann, vielleicht als Statthalter einer Provinz, vier Jahre außerhalb der Hauptstadt zu, bekleidete 97 das Konsulat und starb nach 117. Seine früheste Schrift ist der »Dialogus de oratoribus«, der ihm früher mit Unrecht abgesprochen wurde. Hierauf folgten 98 die »Vita Agricolæ«, seines Schwiegervaters, und die »Germania« (»De origine, situ, moribus ac populis Germaniæ«), eine wertvolle Schilderung des damaligen Deutschland. Sein Hauptwerk ist die römische Kaisergeschichte vom Tode des Augustus (»ab excessu divi Augusti«) bis zum Tode Domitians (14—96) in 30 Büchern, welche in zwei Abteilungen zerfällt, die »Annalen« (16 Bücher, 14—68) und die früher abgefaßten »Historien« (14 Bücher, 69—96), von denen uns aber nur Teile erhalten sind, nämlich von den Annalen die 6 ersten Bücher (mit Lücken im 5. und 6. Buch) und die 6 letzten (zu Anfang und zu Ende unvollständig), von den Historien bloß die 4 ersten und ein Teil des 5. (bis 70). Von Bewunderung für die Größe Roms unter der aristokratischen Republik erfüllt, gibt T. eine schwermütige, ja herbe und bittere Schilderung von der mißtrauischen, grausamen Herrschaft des Tiberius, der Günstlingswirtschaft unter Claudius, dem wahnsinnigen Despotismus des Nero und den Bürgerkriegen nach dessen Tod sowie von dem unheilbaren Sittenverfall seiner Zeit. Seine Sprache ist kurz, präcis, prägnant und gedankenreich und wenn auch mitunter maniert, doch von der ergreifendsten Wirkung. Gesamtausgaben von Orelli (Zür. 1846—48, 2 Bde.), Haase (Leipz. 1855), Halm (3. Aufl., das. 1874) und Nipperdey (Berl. 1871—76, 4 Bde.). Vgl. Guchan, Tacite et son siècle (Par. 1862, 2 Bde.). 2) Marcus Claudius, röm. Kaiser, geb. 200 n. Chr., leitete sein Geschlecht vom Geschichtschreiber T. ab, weswegen er später befahl, dessen Werke in allen Bibliotheken aufzustellen und zehnmal jährlich auf Staatskosten abzuschreiben. Er ward nach Aurelianus' Tod 25. Sept. 275 gegen seinen Willen vom Senat zum Kaiser erhoben, entsprach durch Milde und Weisheit vollkommen dem Vertrauen, das ihn auf den Thron gebracht hatte, führte auch trotz seines hohen Alters einen glücklichen Krieg gegen die Alanen, ward aber schon im April 276 von den zügellosen Soldaten zu Tyana in Kleinasien erschlagen. Ihm folgte sein Bruder Florianus T., der aber nach drei Monaten dasselbe Schicksal hatte.

Tadmor, s. Palmyra.

Tahalka (Tirhaka), König von Ägypten (s. d.).

Tanagra, Stadt in Böotien, am Asopos, beherrschte das Gebiet dieses Flusses bis zum Euripos mit dem Hafenorten Aulis und Delion und blühte noch in römischer Zeit. 457 v. Chr. erlitten die Athener bei T. eine Niederlage durch die Spartaner. Neuerdings hat man herrliche Thonstatuetten im Gebiet der Stadt gefunden.

Tanaïs, alter Name des Don und einer milesischen Kolonie an der Mündung desselben in den Mäotis.

Tänaron (jetzt Matapan), das mittlere und südlichste Vorgebirge an der Südküste des Peloponnes, in welchem der Taygetos endet, mit einem Tempel des Poseidon Asphaleios.

Taormina, s. Tauromenion.

Tarabulus, s. Tripolis.

Tarentum (griech. Taras), Stadt in Unteritalien an der Westküste Kalabriens, im innersten Winkel des Tarentinischen Meerbusens, ward 708 v. Chr. von den lakedämonischen Partheniern unter dem Herakliden Phalanthos gegründet und durch seine geschützte Lage und seinen vorzüglichen Hafen eine der blühendsten Städte Großgriechenlands. 280 nahm es den Kampf mit Rom auf, das es durch schnöde Behandlung römischer Gesandten herausgefordert hatte, und rief Pyrrhos zu Hülfe, nach dessen Weggang

(275) es von der Besatzung desselben 272
den Römern überliefert wurde. Im
zweiten Punischen Krieg ward die Stadt
211 von Hannibal besetzt, aber von den
Römern, die sich in der Burg behaupteten,
209 wiedererobert und hart gezüchtigt, indem sie geplündert und 30,000 Einw. in
die Sklaverei verkauft wurden. Nachdem
123 eine römische Kolonie dahin geführt
worden, hob sich die Stadt wieder. Vgl.
Döhle, Geschichte Tarents bis auf seine
Unterwerfung unter Rom (Straßb. 1877).

Tarnis (jetzt Tarn), Nebenfluß der
Garumna (s. d.).

Tarpejischer Fels, südlicher Abhang
des Kapitolinischen Hügels in Rom, von
wo Verbrecher und Vaterlandsverräter
herabgestürzt wurden.

Tarquinii, Stadt im südlichen Etrurien auf einem Hügel am Fluß Marta,
war uralt und in frühester Zeit mächtig;
auch griechische Kolonisten siedelten sich
hier an. Durch die Kriege mit Rom im
4. Jahrh. v. Chr. sank die Stadt und verlor alle politische Bedeutung; in der Kaiserzeit war sie nur noch Ruine. Die überreste befinden sich beim jetzigen Corneto,
namentlich eine ausgedehnte Nekropolis
mit reichen Schätzen an Vasen und Bronze-
gußwerken.

Tarquinius Priscus, Lucius, fünf-
ter röm. König (616—578 v. Chr.), nach
der Sage Sohn des Korinthiers Demaratos und einer Tarquinierin, geboren zu
Tarquinii, wanderte auf den Rat seiner
Gemahlin Tanaquil nach Rom aus, erlangte die Gunst des Ancus Marcius
und ward beim Tode desselben zum Vormund seiner Söhne ernannt, an deren
Stelle er aber selbst den Thron bestieg. Er
vollendete die Unterwerfung Latiums,
besiegte die Sabiner und verwendete die
gewonnene Beute zur Ausführung großer
Bauten, so der Cloaca maxima, des Circus maximus, und zum Beginn des Baues
der Stadtmauer und des kapitolinischen
Tempels. Er nahm die dritte Stammtribus, die Luceres, in den Senat auf,
dessen Mitglieder er auf 300 vermehrte.
Auch führte er die etruskischen Abzeichen
des Königtums in Rom ein. Er wurde
578 von den Söhnen des Ancus ermordet.

Tarquinius Superbus, Lucius,
letzter König von Rom, Sohn des Tarquinius Priscus, ward von Servius
Tullius mit seiner Tochter Tullia vermählt, stürzte aber benselben 534 v. Chr.
und ermordete ihn. Er herrschte gewaltthätig und grausam. Er unterwarf die
Latiner, bemächtigte sich der Stadt Gabii
durch die List seines Sohns Sextus und
eroberte Suessa Pometia. Auch setzte er
den Bau der unterirdischen Kanäle fort
und vollendete den kapitolinischen Tempel, bedrückte aber dabei das niedere Volk
mit Fronarbeiten. Während er mit dem
Heer vor Ardea lag, brach 510 infolge
der Gewaltthat des Sextus an Lucretia
in Rom ein Aufstand aus, durch den er
gestürzt wurde. Vergeblich suchte er mit
Hülfe der Tarquinier, welche am Wald
Arsia geschlagen wurden, des Königs Porsena und endlich der Latiner, die 496 am
See Regillus unterlagen, seine Krone
wiederzugewinnen. Er starb als Flüchtling 495 zu Cumä. Seine Söhne Titus
und Aruns waren am Regillus gefallen,
Sextus wurde in Gabii ermordet.

Tarracina (jetzt Terracina), Stadt
an der Küste Latiums, an der Südgrenze
der Pomptinischen Sümpfe, mit einer
Burg der Volsker, die Anxur hieß, ward
400 v. Chr. von den Römern erobert und
329 mit einer Kolonie besetzt.

Tarraco (griech. Tarrakon, jetzt
Tarragona), alte Stadt auf einem Felsen an der Ostküste Spaniens, ward von
Augustus zur Hauptstadt des diesseitigen
Spanien erhoben, welches seitdem nach
ihr Hispania Tarraconensis genannt
wurde.

Tarsos, Stadt in Kilikien am Kydnos,
ward von dem assyrischen König Sanherib
um 700 v. Chr. gegründet und seit 607
Sitz der kilikischen Könige, welche später
unter persische Oberhoheit kamen. Unter
den Seleukiden siedelten sich viele Griechen
an, und T. wurde ein Sitz griechischer
Wissenschaft; besonders die Philosophenschule daselbst hatte Ruf.

Tarsus-Tschai, s. Kydnos.

Tartessos (Tartessus), s. Bätika.

Tatius, Titus, nach der röm. Sage
König der Sabiner von Cures, zog, um

ben Raub der Sabinerinnen zu rächen, gegen Rom, besetzte den Quirinalischen und den Kapitolinischen Hügel, schloß aber mit Romulus Frieden und herrschte nach der Vereinigung seines Volks (der Quiriten oder Titier) mit den Römern gemeinschaftlich mit Romulus, bis er bei einem feierlichen Opfer zu Lavinium von Laurentern, die er beleidigt hatte, erschlagen wurde.

Tauriner (Taurīni), ligur. Volksstamm am obern Padus mit der Hauptstadt Taurasia (später als römische Kolonie Augusta Taurinorum, jetzt Turin).

Taurische Chersones, s. Chersonesos.

Tauromenion (jetzt Taormina), Stadt an der Ostküste Siciliens, ward 396 v. Chr. von den Einwohnern des etwas südlicher gelegenen, 403 von Dionysios I. zerstörten Naxos am Berg Tauros gegründet und war unter der Römerherrschaft eine civitas foederata. Erhalten ist noch ein großes, zum Teil in Felsen gehauenes Theater.

Tauros (v. semit. tûr, »Gebirge«), das südliche Randgebirge des Hochlands von Kleinasien, welches sich vom obern Euphrat bis an das Ägäische Meer hinzieht und in Kilikien seine höchsten Gipfel (über 3000 m) hat.

Taygetos (Taygeton, jetzt Pentedaktylon), Gebirge im südlichen Peloponnes, füllte die mittlere Halbinsel aus, bildete die Grenze zwischen Lakonien und Messenien und endete im Vorgebirge Tänaron. Die höchsten Gipfel, Taleton und Euoras, stiegen bis 2400 m.

Teanum Sidicinum, Hauptstadt der Sidiciner in Kampanien am nördlichen Abhang des Massicus, jetzt Teano.

Tegea, Stadt im südöstlichen Arkadien, war in ältester Zeit der mächtigste Staat Arkadiens mit eignen Königen und einem großen Gebiet (Tegeātis) und verteidigte sich hartnäckig gegen die Spartaner, denen T. 600 v. Chr. das obere Thal des Eurotas überlassen mußte. Berühmt war der Tempel der Athene Alea, den Skopas 394 baute, der größte im Peloponnes.

Tektosagen (Tectosāges), kelt. Volksstamm, s. Galater und Volcä.

Alte Geschichte.

Temenos, König von Argos, s. Herakliden.

Temnos, Stadt in Äolis in Kleinasien, s. Äolier.

Tempe, das untere Thal des Peneios zwischen dem Olympos und Ossa, die vor dem Ausgang desselben eine enge, wilde Schlucht bildeten, durch welche die Straße in Felsen gehauen führte, war ein wichtiger Paß zwischen Makedonien und Thessalien.

Tenchterer, s. Tenkterer.

Tenedos, Insel im Ägäischen Meer an der Küste von Troas, mit einer an der Nordküste gelegenen gleichnamigen Hauptstadt, ward im 6. Jahrh. v. Chr. von den Persern besetzt und gehörte dann zum Athenischen Seebund.

Tenkterer (Tenchterer, Tenchteri), german. Volksstamm, der auf dem rechten Rheinufer zwischen Lahn und Wupper wohnte. Sie vereinigten sich 59 v. Chr. mit den Usipetern, um über den Rhein vorzudringen, wurden aber 55 in der Nähe von Nimwegen von Cäsar fast vernichtet. Der Rest des Volks nahm 69—70 n. Chr. am Aufstand der Bataver teil.

Tenos (jetzt Tinos), Insel der Kykladen, südöstlich von Andros, 210 qkm groß, gebirgig, aber gut angebaut, hieß früher Ophiussa und ward von Joniern besetzt, die mit Athen verbündet waren.

Teos, eine der ionischen Städte an der (lydischen) Küste Kleinasiens, nördlich von Samos, trieb bedeutenden Handel bis nach Ägypten.

Terni, s. Interamna.

Terracina, s. Tarracina.

Tessino, s. Ticinus.

Teukrer (Dardaner), s. Troas.

Teutoburger Wald (Teutoburgiensis Saltus), ein von Tacitus erwähntes Gebirge in Germanien, welches gewöhnlich mit dem mittelalterlichen Osning (jetzt T.) identifiziert wird, während neuere Lokalforscher es nach der Hügelgegend um Beckum nördlich der Lippe verlegen. In ihm fand 9.—11. Sept. 9 n. Chr. die berühmte Schlacht statt, in welcher die Germanen unter Arminius die drei Legionen des Varus vernichteten. Vgl. Meinking, Die Kriege der Römer in

28

Germanien (Münst. 1863); Effellen, Geschichte der Sigambrer (Leipz. 1868—1871); Mibdendorf, über die Gegend der Varusschlacht (Münst. 1868); Deberich, Kritik der Quellenberichte über die Varianische Niederlage im T. (Paderb. 1868).

Teutonen, s. **Cimbern.**

Thapſakos, bedeutende Handelsstadt am Euphrat bei der untersten Furt desselben, daher wichtiger Übergangspunkt über den Strom. Ruinen beim jetzigen El Hammâm.

Thapſos (Thapſus), feste Stadt an der Nordküste von Afrika, auf einem Vorgebirge an der Kleinen Syrte, berühmt durch den Sieg Cäsars über die Pompejaner 6. April 46 v. Chr.

Thaſos, Insel im nördlichen Teil des Ägäiſchen Meers an der Küste Thrakiens, der Mündung des Neſtos gegenüber, vulkaniſchen Urſprungs und gebirgig, war von Thrakern bewohnt, neben denen sich Phöniker anſiedelten. Um 700 v. Chr. ward ſie von Joniern aus Paros beſetzt. Nach den Perserkriegen ſchloß ſie ſich dem Atheniſchen Seebund an, fiel aber 464 ab und ward nach der Eroberung der feſten Stadt T. an der Nordküste 462 Athen unterworfen.

Theagenes, Tyrann von Megaris, ſtürzte 625 v. Chr. mit Hülfe des Volks die doriſche Oligarchie und machte ſich zum Alleinherrſcher. Er entriß den Athenern Salamis und unterſtützte 612 den Verſuch ſeines Schwiegerſohns Kylon, ſich zum Tyrannen von Athen zu machen. Er verſah Megara mit einer Waſſerleitung und beförderte Handel und Gewerbe, ward indes bald geſtürzt.

Theben (Thebæ), 1) das »hundertthorige«, Hauptstadt Oberägyptens (Thebais) am Nil, hieß eigentlich Ape, woraus Thabe und griechiſch Thebä entſtanden iſt. Unter den Ptolemäern hieß es Diospolis (Nut-Amen, »Ammonsſtadt«). Nach der Vertreibung der Hykſos (1600 v. Chr.), die nun Oberägypten ausging, ward es die Hauptstadt und von Sethos, Ramſes und andern Königen mit großartigen Tempeln und Paläſten geſchmückt. In der Perſerzeit begann der Verfall, 84 ward es wegen einer Empörung von Ptolemäos Lathy-

ros nach dreijähriger hartnäckiger Verteidigung zerſtört. Anſehnliche Ruinen bei den Dörfern Karnak, Lukſor und Medinet Abu.

2) Hauptſtadt Böotiens, auf den Vorhöhen des Teumeſſos, das »ſiebenthorige« genannt, ward nach der Sage von Kadmos gegründet, nach dem die Burg Kadmeia hieß, und deſſen Geſchlecht, den Kadmeionen, die Könige Laios und Ödipus angehörten. Der Streit der Söhne des letztern, Polyneikes und Eteokles, veranlaßte den »Zug der Sieben gegen T.« und nach deſſen Scheitern 20 Jahre ſpäter den »Zug der Epigonen«, welcher mit der Niederlage der Thebaner bei Gliſas und der Zerſtörung der Stadt endete. Seit der Einwanderung der Äolier in Böotien war T. die bedeutendſte Stadt der Landſchaft und Haupt des Böotiſchen Städtebunds. Mit Athen ſtand T. ſeit 507 v. Chr. in Feindſchaft, da es dann Thebanern Platää und Theſpiä abſpenſtig gemacht hatte, und hielt auch aus Haß gegen Athen in den Perſerkriegen zu den Perſern, wofür es nach der Schlacht bei Platää 479 durch Hinrichtung der Häupter der perſiſchen Partei beſtraft wurde. Athen verſuchte nun, durch Einführung demokratiſcher Verfaſſungen in den böotiſchen Städten Thebens Einfluß zu brechen, beſiegte auch die Thebaner 456 bei Önophyta, unterlag aber 447 bei Koroneia, worauf T. wieder die Herrſchaft in Böotien erlangte. Im Peloponneſiſchen Kriege gehörte T. zu den erbittertſten Feinden Athens und rächte ſich an Platää, das zu übertrumpeln 431 nicht gelungen war, durch Zerſtörung desſelben 427. Nach dem Krieg mußte es aber ſeine Hegemonie gegen Sparta verteidigen, nahm deshalb am Korinthiſchen Krieg teil, in welchem die Thebaner 394 bei Koroneia beſiegt wurden, und ward 382 von den Spartanern durch einen Handſtreich beſetzt, worauf eine Oligarchie eingeſetzt wurde. Die geflüchteten Demokraten unter Pelopidas ſtürzten aber 379 die oligarchiſche Regierung und erzwangen die Räumung der Burg durch die Spartaner. Im Bund mit Athen wieſen die Thebaner unter Epameinondas und Pelopidas die

Angriffe der Spartaner zurück und erlangten durch den Sieg bei Leuktra (371) die Hegemonie über Griechenland, die sie auch auf die See auszubehnen strebten. Doch konnten sie nach dem Tod ihrer Führer die Herrschaft nicht behaupten. Neid und Haß trieben T. an, Phokis, das sich ihm nicht unterwerfen wollte, durch das Amphiktyonengericht wegen Verletzung des delphischen Tempelgebiets zu einer hohen Geldstrafe verurteilen und sich zum Vollstrecker bestellen zu lassen. Hierdurch entstand der zweite Heilige Krieg, in dem T. unterlag und Philipp von Makedonien zu Hülfe rief. Hierdurch gelang es Philipp, sich in Griechenland festzusetzen, und als T. im Bund mit Athen sich 338 gegen ihn erhob, mußte es nach der Niederlage bei Chäroneia makedonische Besatzung aufnehmen. Auf die falsche Nachricht von Alexanders b. Gr. Tod empörte sich T. 335 gegen Makedonien, ward aber von dem rasch herbeieilenden Alexander erobert und völlig zerstört. 6000 Thebaner waren im Kampf gefallen, 30,000 wurden als Sklaven verkauft. Zwar ward die Stadt 315 von Kassandros wiederaufgebaut, gelangte aber nie wieder zu Macht und Blüte und verödete in der Römerzeit.

Themistokles, berühmter Athener, geboren um 527 v. Chr., Sohn des Neokles aus dem altattischen Geschlecht der Lykomiden, aber einer fremden (thrakischen oder karischen) Mutter, weswegen er nicht vollbürtig war, zeigte schon als Knabe hellen Verstand, treffende Urteilskraft, großes Selbstbewußtsein und hochstrebenden Geist, aber auch ein leidenschaftliches, trotziges Gemüt. Er gelangte durch seine geistige Überlegenheit und Kühnheit bald zu maßgebendem Einfluß bei der Bürgerschaft und war bemüht, sie für Schaffung einer starken Seemacht zu gewinnen. 493 zum Archonten erwählt, bewirkte er die Anlage des neuen Hafens im Peiräeus, und nachdem er in der Schlacht bei Marathon 490 als einer der zehn Strategen gefochten hatte, bewog er die Athener, da er die Rückkehr der Perser mit verstärkter Macht voraussah, welchen nur zur See erfolgreich entgegengetreten werden konnte, zu dem Beschluß, daß die Einkünfte der Silber-

bergwerke auf dem Laurion zum Bau von 100 neuen Schiffen verwendet und jährlich von Staats wegen 20 neue Schiffe erbaut werden sollten. Da Aristeides diese Beschlüsse für verderblich ansah und ihrer Ausführung entgegenwirkte, wurde er 483 auf T.' Betrieb durch den Ostrakismos verbannt, und nun hatte T. allein die Herrschaft in Athen und benutzte sie zur Vermehrung der Seemacht bis auf 200 Schiffe. An der Spitze derselben nahm er 480 am Kriege gegen Xerxes teil: ihm war es zu danken, daß die griechische Flotte bei Artemision aushielt und die ersten Kämpfe wagte; er bewog die Athener, ihre ganze Existenz der Flotte anzuvertrauen, und führte endlich durch Ausdauer und List die Schlacht bei Salamis herbei, die mit dem glänzenden Sieg der Griechen endete. Hierauf zwang er die Kykladen zur Unterwerfung und zur Zahlung ansehnlicher Bußgelder. Mißgunst und Eifersucht bewirkten, daß T. nicht nur den ihm gebührenden Siegespreis nicht erhielt, sondern auch für 479 nicht zum Feldherrn ernannt wurde. Ein neues Verdienst um seine Vaterstadt erwarb er sich 478, indem er den Wiederaufbau derselben und ihre Befestigung leitete und den Einspruch der Spartaner gegen den Bau von Mauern geschickt beseitigte. Auch der Peiräeus wurde von ihm befestigt, der Hafenbau vollendet und durch Beförderung der Einwanderung die junge Stadt bevölkert. Trotzdem verlor T. bald sein Ansehen und seinen Einfluß, weil er nicht frei von Eitelkeit, willkürlicher Gewaltthätigkeit und Bestechlichkeit war und deshalb von Aristeides verdunkelt wurde; da er diesem entgegenwirkte und das gute Einvernehmen mit Sparta störte, wurde er 471 durch den Ostrakismos verbannt. Er begab sich nach Argos, mußte aber, als seine Feinde, die Spartaner, ihn der Teilnahme am Hochverrat des Pausanias beschuldigten und in Athen seine Verurteilung und Verfolgung durchsetzten, 466 von da flüchten. Er begab sich über Korkyra nach Epeiros zu dem Molosserkönig Admetos und, als die Spartaner auch von diesem seine Auslieferung verlangten, 465 über Ephesos nach Susa zum König Artaxerxes, der ihm die Einkünfte von drei Städten überwies, Magnesia zum Brot, Lampsakos zum Wein und Myus für die Zukost. In Magnesia lebte T. längere Zeit in fürstlichem Prunk. Als er nach Ausbruch des ägyptischen Aufstands eine persische Flotte gegen seine Heimat führen sollte, starb er plötzlich (um 460), vielleicht freiwillig durch Gift. Seine Freunde brachten seine Gebeine heimlich nach Attika und setzten sie am Peiräeus bei. Sein Leben beschrieben Cornelius Nepos und Plutarch. Vgl. Finck, De Themistoclis vita etc. (Götting. 1849).

Theodosius I., der Große, röm. Kaiser, geb. 345 n. Chr., war der Sohn des Spaniers T., der unter Valentinianus I. durch Unterdrückung von Aufständen in Britannien und Afrika dem Reich bedeutende Dienste geleistet hatte, aber 376 in Ungnade fiel und hingerichtet wurde. Er begleitete seinen Vater auf seinen Feldzügen und lernte unter ihm die Kriegskunst, zog sich aber nach dessen Tod auf ein Landgut in Spanien zurück, bis ihn 379 Gratianus nach dem Tode des Valens in der Schlacht bei Adrianopel (378) zum Kaiser des Ostens ernannte, um die Westgoten zur Ruhe zu zwingen. Es gelang ihm auch, teils durch erfolgreiche Kriegszüge, teils durch Unterhandlungen die Goten 382 zu unterwerfen, worauf er ihnen feste Wohnsitze in Thrakien und Dacien anwies und einen Teil in sein Heer aufnahm. Als im Westen Maximus die Herrschaft Valentinians II. bedrohte und in Italien einfiel, zog T. gegen ihn, besiegte ihn 388 bei Siscia und ließ ihn töten, und als 392 Valentinianus II. vom Franken Arbogast ermordet und Eugenius auf den westlichen Thron gesetzt wurde, schlug er den Usurpator und dessen Gönner 394 bei Aquileja und bemächtigte sich des ganzen Römischen Reichs, das zum letztenmal unter ihm unter der Herrschaft Eines Kaisers vereinigt war. Im Innern war T. besonders bemüht, dem Heidentum ein Ende zu machen und die arianische Ketzerei auszurotten. 381 ließ er auf dem Konzil zu Konstantinopel das Nicäische Glaubensbekenntnis für allein gültig erklären, und 392 verbot er

durch ein Edikt jeden heidnischen Kultus. Doch mußte er bereits die Macht der Kirche fühlen, indem er 390 vom Bischof Ambrosius zur Kirchenbuße für die blutige Bestrafung eines Aufstands in Thessalonike gezwungen wurde. Er starb zu Mailand 17. Jan. 395, nachdem er das Reich unter seine zwei Söhne Arcadius und Honorius geteilt hatte. Vgl. Gülbenpenning und Ifland, Kaiser T. d. Gr. (Halle 1878). — Sein Enkel T. II. herrschte 408 bis 450 über das oström ische Kaiserreich.

Theopompos, griech. Geschichtschreiber, geboren um 380 v. Chr. auf Chios, lernte in Athen unter Isokrates die Beredsamkeit und zeichnete sich als Sachwalter vor Gericht aus, widmete sich aber dann der Historiographie und schrieb eine »Hellenika« betitelte Fortsetzung des Thukydides bis zur Seeschlacht bei Knidos und »Philippika«, eine Geschichte Griechenlands im Zeitalter Philipps von Makedonien, welchen Werken Weitschweifigkeit, Tadelsucht und Mangel an Kritik vorgeworfen wurden. Von seinen Lebensumständen ist nichts weiter bekannt, als daß er sein Vaterland Chios seiner aristokratischen Gesinnung wegen zum zweitenmal verließ und Ägypten unter der Herrschaft des Ptolemäos besuchte. Von seinen Werken sind nur Bruchstücke erhalten (herausgeg. von Theiß, Nordh. 1857, und Müller in den »Historicorum graecorum fragmenta«, Bd. 1, Par. 1841). Vgl. Pflugk, De Theopompi vita et scriptis (Berl. 1827).

Thera (jetzt Santorin), die südlichste der Kykladen, vulkanischen Ursprungs, aus steil aus dem Meer aufsteigenden Lavafelsen bestehend, aber vortrefflichen Wein erzeugend, wurde von dorischen Ansiedlern besetzt, die von hier Kyrenaïka kolonisierten. 237 v. Chr. ward die Insel zum Teil vom Meer verschlungen, und die kleine Insel Therasia trennte sich von ihr.

Theramenes, Athener, Sohn Hagnons, gehörte anfangs zur gemäßigten Partei der Oligarchen und nahm 411 v. Chr. am Umsturz der Solonischen Verfassung, dann aber, zur Volkspartei übergehend, an ihrer Herstellung teil; auch bewirkte er die Verurteilung Antiphons (s. d.). Er kämpfte darauf bei Kyzikos, vor

Byzantion und bei den Arginusen mit; da er sich aber zurückgesetzt und seinen Ehrgeiz nicht befriedigt fand, so ging er wieder zur volksfeindlichen Partei über und betrieb die Verurteilung der Feldherren, welche bei den Arginusen gesiegt, wegen Versäumnis der Aufsammlung der Leichen, die eigentlich ihm selbst zur Last fiel. Nachdem er 405—404 durch seine langwierigen Verhandlungen mit Lysandros die Athener an einer mutigen Verteidigung der Stadt gehindert und sie zum schimpflichen Frieden gezwungen hatte, erreichte er das Ziel seiner Herrschsucht, indem er zu einem der Dreißig Tyrannen ernannt wurde. Anfangs einer der grausamsten Verfolger der Demokratie, spielte er aus Eifersucht gegen Kritias bald den Gemäßigten, ward aber 403 von diesem zum Tod verurteilt und mußte den Giftbecher leeren.

Thermä, griech. Kolonie in der makedonischen Landschaft Mygdonia, im innersten Winkel des nach ihr benannten Thermäischen Meerbusens (Sinus Thermaicus), westlich von Chalkidike, ward von Kassandros vergrößert, mit Prachtbauten geschmückt und zu Ehren seiner Gemahlin, König Philipps Tochter, Thessalonike (jetzt Saloniki) benannt, unter welchem Namen die Stadt unter den Römern Hauptstadt der Provinz Makedonien wurde und zu einer volkreichen, blühenden Handelsstadt sich entwickelte. Südlich von T. lagen die heißen Quellen, nach denen die Stadt benannt wurde. — Ein andres T. (jetzt Termini) lag in Sicilien (s. Himera).

Thermopylen (Thermopylæ, »Thor der warmen Quellen«, Engpaß an der Grenze der griech. Landschaften Lokris und Malis, zwischen dem Malischen Meerbusen und dem Kallidromos, dem östlichen Ausläufer des Öta, so benannt nach den daselbst entspringenden warmen Schwefelquellen, war im Altertum, wo der Berg fast unmittelbar an das Meer stieß, bei einer Länge von mehr als einer Stunde nur 50—60 Schritte breit, an manchen Stellen noch enger und daher als Haupteingang von Thessalien nach Hellas ein wichtiger strategischer Punkt, während

die Alluvion des Spercheios jetzt die Küste hinausgeschoben und eine stundenbreite Ebene geschaffen hat. Berühmt ist der Paß besonders durch die heldenmütige Aufopferung der Griechen unter Leonidas 480 v. Chr. Während die Flotte am Vorgebirge Artemision Anker warf, um die Perser am Einlaufen in den Malischen Meerbusen zu hindern, stellte sich ein kleines griechisches Landheer von 6000 Mann, darunter bloß 300 Spartiaten, unter dem Oberbefehl des spartanischen Königs Leonidas bei den T. auf, um dem Perserheer unter Xerxes den Weg nach Hellas zu verlegen. Leonidas ließ die alte Befestigung des Passes erneuern und den Gebirgsweg über den Kallidromos durch 1000 Phoker bewachen. Als die Perser zum Angriff schritten, wurden sie zwei Tage lang von den Griechen zurückgeschlagen; selbst die 10,000 Unsterblichen des Perserheers vermochten die kleine Schar der Verteidiger nicht zu überwinden. Da führte der Malier Ephialtes 20,000 Perser auf dem Fußpfad, den die Phoker zu bewachen versäumten, über den Kallidromos in den Rücken der Griechen. Als Leonidas sich umgangen sah, entließ er das Heer zur Verteidigung der Heimat; er selbst blieb mit den Spartiaten, um dem erhaltenen Befehl, den Paß zu hüten, gehorsam bis zum letzten Mann zu kämpfen, mit ihm 700 Thespier, ferner 400 Thebaner, welche als Geiseln für die Treue dieser Stadt mitgenommen worden waren. Als die Perser am dritten Tag zum Angriff schritten, warf sich Leonidas mit seiner Schar mitten unter sie und verkaufte sein Leben so teuer wie möglich; nur die Thebaner hielten sich vom Kampfe fern und unterwarfen sich nach dem Tod aller Spartaner und Thespier den Sieger. Xerxes ließ das Haupt des Leonidas abschlagen und auf einen Pfahl stecken. Die Griechen ehrten das Andenken des Helden durch ein Denkmal mit einer von Simonides verfaßten Inschrift. — Im Lamischen Krieg 323 siegten bei den T. die verbündeten Griechen über Antipatros und 191 der römische Konsul Manius Acilius Glabrio über Antiochos von Syrien und die Ätolier, indem der Legat

Marcus Porcius Cato die Umgehung über das Gebirge ausführte.

Theron, Sohn des Anesidemos aus Gela, Tyrann von Akragas (Agrigent) seit 489 v. Chr., zeichnete sich durch Gerechtigkeit und Milde aus, eroberte Himera, kämpfte daselbst 480 in der großen Schlacht gegen die Karthager und starb 472.

Theseus, ion. Heros, Sohn des Königs Ageus von Attika, befreite Athen von dem Tribut für den Minotauros und der Herrschaft des Königs Minos von Kreta und vereinigte als König die zwölf attischen Gemeinden zu einem Staat mit dem Hauptort Athen. Dieser »Synoikismos« wurde durch das Fest der Panathenäen gefeiert. Er fand seinen Tod in Skyros, von wo 469 v. Chr. Kimon die Gebeine nach Athen zurückbrachte; hier wurde über seinem Grab ein prachtvoller Tempel in dorischen Stil, das Theseion, errichtet.

Thespiä, Stadt in Böotien, westlich von Theben, am östlichen Fuß des Helikon, beherrschte das Gebiet südlich von diesem Gebirge bis zum Korinthischen Meerbusen und war gegen Theben feindlich gesinnt, weswegen es auch wiederholt ein Bündnis mit Athen schloß. 700 Bürger der Stadt starben 480 v. Chr. bei Thermopylä den Heldentod. Die Stadt ward deswegen von Xerxes zerstört, aber nach den Perserkriegen wiederaufgebaut und 372, als sie sich weigerte, dem Böotischen Bund beizutreten, zum zweitenmal vernichtet und von Philipp von Makedonien hergestellt. Bedeutende Ruinen der alten Stadt beim jetzigen Erimokastro.

Thesprotia, Landschaft in Epeiros, den südwestlichen Teil vom Fluß Thyamis südlich bis zum Ambrakischen Meerbusen umfassend und von den Flüssen Acheron und Kokytos in fruchtbarer Ebene durchströmt. Die Thesproter, ein illyrischer Stamm, bildeten einen aristokratischen Staat, welcher zur Zeit des Peloponnesischen Kriegs der mächtigste in Epeiros war, später aber durch die Molosser auf den Küstenstrich beschränkt wurde. Die Thesproter nahmen erst in der geschichtlichen Zeit hellenische Sprache und Bildung an.

Thessalien (Thessalĭa), Landschaft im nördlichen Griechenland, im W. vom Pindos begrenzt, der es von Epeiros scheidet, im N. durch die Kambunischen Berge und den Olympos von Makedonien, im O. durch den Ossa und Pelion vom Ägäischen Meer, im S. von Mittelgriechenland durch den Othrys getrennt. Es ist also ein rings von ziemlich hohen Gebirgen umgebener Kessel, der bloß im SO. nach dem tief einschneidenden Pagasäischen Meerbusen und im NO. durch das enge Thal Tempe offen ist. Die nur 800 m hohe Hügelkette der Kynoskephalä teilt die thessalische Ebene, welche einst ein Binnensee gewesen ist, in eine höhere, aber kleinere südliche und eine niedrigere, aber größere nördliche Hälfte. Diese wird vom Peneios durchflossen, der, aus der nordwestlichen Ecke vom Pindos kommend, in einem Halbkreis die Ebene durchströmt und durch die Schlucht von Tempe im NO. einen Ausweg in das Meer findet; die Gewässer der südlichen Ebene empfängt er durch den Enipeus. Im O. liegen die Seen Böbeïs und Nessonis. Der Boden der Tiefebene war außerordentlich fruchtbar, an den Abhängen der Gebirge waren treffliche Weiden; daher war die Roßzucht verbreitet und die thessalische Reiterei sehr berühmt. Als älteste Bewohner werden Pelasger genannt, ferner Minyer am Pagasäischen Meerbusen in Halos und Jolkos, äolische Böotier am Pindos und Dorier am Olympos. Im 12. Jahrh. v. Chr. wanderten von Epeiros die thesprotischen Thessaler ein, welche vermutlich illyrischen Stammes waren. Sie verdrängten die Dorier und Böotier, welche nach S. auswanderten, und machten einen Teil der alten Einwohner zu Leibeignen (Penesten), nahmen aber von diesen den äolischen Dialekt der hellenischen Sprache an. Sie gründeten Stadtgemeinden mit aristokratischer Verfassung, welche vier Einzelbünde, nach den Landschaften Phthiotis im S., Pelasgiotis in der Mitte, Magnesia im SO. und Histiäotis im NW. benannt, bildeten, an deren Spitze in Kriegszeiten ein Feldherr (Tagos) trat. Am griechischen Geistesleben nahmen die Thessaler keinen Anteil und waren wegen üppiger Schwelgerei und wüsten Aber-

glaubens berüchtigt. Im 5. Jahrh. ver=
suchte das Fürstengeschlecht von Larissa, die
Aleuaden, T. unter ihrer Herrschaft zu
vereinigen, im 4. Jahrh. die Tyrannen
von Pherä, Lykophron, Jason und
Alexander. Doch wurden deren Be=
mühungen, welche auch Theben bekämpfte,
unterbrochen durch Philipp von Makedo=
nien, der das Land der Botmäßigkeit Ma=
kedoniens unterwarf. Nach der Besiegung
Makedoniens durch die Römer (197)
ward T. nominell befreit, aber schon 146
mit der römischen Provinz Makedonien
vereinigt und unter Alexander Severus
(um 230 n. Chr.) zu einer besondern Pro=
vinz gemacht.

Thessalonike (jetzt Saloniki), Stadt
in Makedonien, s. Thermä.

Thiaki, s. Ithaka.

Thianschan, s. Imaos.

Thrakien (griech. Thrake, lat. Thra-
cia), bei den ältern Griechen Bezeichnung
der nördlichen Küstenländer des Ägäischen
Meers, in der spätern römischen Zeit das
im W. vom Fluß Nestos (Mesto) und
dem Rhodopegebirge, im N. vom Hämos,
im O. vom Pontos Eurcinos und dem
Thrakischen Bosporos, im S. von der Pro=
pontis, dem Hellespontos und dem Ägäi=
schen Meer begrenzte Land. Das Haupt=
gebirge war der Hämos, der bedeutendste
Fluß der Hebros (Maritza). Das Land
war fruchtbar und erzeugte Getreide in
Menge wie auch Wein; auch an edlen
Metallen war es reich. Die Einwohner
(Thraker) waren indogermanischen
Stammes, hatten die Sitte der Polyga=
mie, während anderseits die Frauen große
Freiheit genossen und an den Kämpfen
teilnahmen, und brachten ihren Göttern
Menschenopfer dar. Die Männer über=
ließen den Ackerbau den Sklaven und
widmeten sich nur der Jagd und dem Krieg
in zahlreichen Fehden untereinander und
in auswärtigem Söldnerdienst. An den
Küsten siedelten sich schon früh Griechen
an und gründeten Kolonien. Bei seinem
Skythenzug unterwarf der Perserkönig
Dareios I. 515 v. Chr. das Land. Nach
dem Fall der persischen Macht vereinigte
Teres, der König der Odrysen, des mäch=
tigsten thrakischen Stammes, um 450 bis
Binnenland am Hebros zu einem Reich,
welches sein Sohn Sitalkes, der über
100,000 Mann zu Fuß und 50,000 Rei=
ter gebot, um 430 nach N. bis zum Istros,
nach O. bis zum Schwarzen Meer, nach
W. bis zum Nestos erweiterte. Die spä=
tern Könige, Seuthes I., Seuthes II.
und Kotys, behaupteten sich in der Herr=
schaft, obwohl sie Grenzgebiete verloren, bis
Chersobleptes 340 durch Philipp von
Makedonien unterworfen und T. unter
makedonische Herrschaft gebracht wurde.
Um 280 eroberten die Kelten das Land und
behielten es bis 220, wo die einheimischen
Stämme wieder unabhängig wurden.
Seit 133 setzten sich die Römer fest und
beschränkten das odrysische Königreich auf
das Mittelland; nach dem Tode des letz=
ten odrysischen Königs, Rhömetalkes,
ward T. 46 n. Chr. römische Provinz.
Vgl. Cary, Histoire des rois de Thrace
(Par. 1825).

Thrakische Chersones, s. Cherso=
nesos.

Thrakischer Bosporos, s. Bosporos.

Thrakisches Meer, s. Ägäisches
Meer.

Thrasybulos, athen. Feldherr, Sohn
des Lykos, stand 411 v. Chr. als einer der
Strategen an der Spitze der athenischen
Flotte bei Samos, erklärte sich, als in
Athen die Oligarchen die Solonische Ver=
fassung stürzten, für die Sache der Demo=
kratie und rief, um die Herrschaft der
Vierhundert zu beseitigen, Alkibiades zu=
rück. Er kämpfte darauf unter diesem
am Hellespontos und 406 als Trierarch
bei den Arginusen. Nach der Einsetzung der
Dreißig Tyrannen ging er in die Verban=
nung nach Theben, fiel von da aus 403
mit 70 Freunden in Attika ein, eroberte
das Kastell Phyle und bemächtigte sich des
Peiräeus. Nachdem er die Dreißig Tyran=
nen in einem Gefecht besiegt und gestürzt
hatte, betrieb er die Wiederherstellung der
Solonischen Verfassung und den Erlaß
einer allgemeinen Amnestie. Er begnügte
sich, als Lohn für seine Verdienste einen
Olivenkranz zu erhalten. Im Korinthi=
schen Krieg befehligte er die athenischen
Truppen in Böotien und vor Korinth,
stellte 391 den Einfluß Athens an der Küste

Kleinasiens wieder her, indem er Lesbos eroberte und Rhodos verteidigte, und fiel 390 bei Aspendos in Pamphylien, das er angegriffen hatte.

Thrasyllos, athen. Feldherr, war einer der Strategen, welche 411 v. Chr. die athenische Flotte bei Samos befehligten und zum Schutz der Demokratie Alkibiades zurückriefen, kämpfte unter diesem tapfer in Kleinasien und war 406 wieder Strateg, ward aber nach der siegreichen Schlacht bei den Arginusen nebst fünf andern Strategen wegen Nichtbestattung der Gefallenen verurteilt und hingerichtet.

Thukydides (Thucydides), 1) Sohn des Melesias, athen. Staatsmann, übernahm nach dem Tod seines Verwandten Kimon (449 v. Chr.) die Leitung der konservativen Partei in Athen, wußte durch seinen uneigennützigen Charakter und seine Rednergabe viele Anhänger zu gewinnen, ward aber, als er Perikles zu stürzen suchte, 444 selbst durch den Ostrakismos verbannt und setzte auch nach seiner Rückkehr nach Athen seine Opposition gegen Perikles fort. 2) **Griech.** Geschichtschreiber, geboren um 455 v. Chr. im attischen Gau Halimus, Sohn des aus Thrakien stammenden Oloros, von dem er Goldminen in Skapte Hyle erbte, und Verwandter des Miltiades, war ein Schüler des Redners Antiphon und des Philosophen Anaxagoras und hielt sich teils in Athen, teils in Thrafien auf, wo er auch eine thrakische Frau heiratete. Nachdem er zu Anfang des Peloponnesischen Kriegs an der Pest erkrankt war, befehligte er 424 ein athenisches Geschwader bei Thasos, mit dem er zwar Eion beschützte, aber Amphipolis selbst gegen Brasidas nicht retten konnte. Er ward daher 423 von Kleon angeklagt und verbannt und lebte 20 Jahre in der Verbannung, meist in Skapte Hyle. 403 kehrte er nach Athen zurück und ward wahrscheinlich um 403—401 ermordet, entweder in Athen oder in Skapte Hyle. Sein Geschichtswerk über den Krieg der Peloponnesier und der Athener, während des Kriegs begonnen, aber erst nach demselben vollendet, umfaßt in 8 Büchern, deren letztem die Durcharbeitung fehlt, die

ersten 21 Jahre des Kriegs (bis 411). Es ist die erste kritische Geschichte und zeichnet sich ebenso sehr durch Wahrheitsliebe und politische Einsicht wie durch klare Darstellung und kräftige, gedankenvolle Sprache aus; die den handelnden Personen in den Mund gelegten Reden geben die gedankenreichen Betrachtungen des Verfassers über die Beweggründe der Parteien und die Ursachen der Ereignisse wieder. Ausgaben von Poppo (Leipz. 1821—40, 11 Bde.; Handausg., daf. 1875, 2 Bde.), Schöne (Berl. 1874), Classen (2. Aufl., daf. 1870—77, 7 Bde.) und Böhme (2. Aufl., Leipz. 1862). Vgl. Roscher, Leben, Werk und Zeitalter des T. (Götting. 1842), und Welzhofer, T. und sein Geschichtswerk (Münch. 1877).

Thurioi (Thurii), griech. Stadt in Unteritalien, 443 v. Chr. von den Athenern an Stelle des zerstörten Sybaris (s. b.) gegründet, ward während des Kriegs mit Pyrrhos von den Römern besetzt und erhielt 194 eine latinische Kolonie, ging aber früh spurlos zu Grunde.

Thusnelda, Tochter des Segestes, Gemahlin des Arminius, der sie ihrem Vater raubte, wurde Arminius von Segestes wieder entführt und 15 n. Chr. an Germanicus ausgeliefert; nebst ihrem Sohn Thumelicus, den sie in der Gefangenschaft gebar, ward sie 17 zu Rom im Triumph aufgeführt.

Thutmosis, König von Ägypten (s. b.).

Thyestes, s. Atreus.

Thyreätis, s. Kynuria.

Tiber (Tiberis), Hauptfluß Mittelitaliens, früher Albula genannt, entsprang im nordöstlichen Etrurien bei Tifernum auf dem Apennin, bildete in seinem nach S. gerichteten Lauf die Grenze zwischen Etrurien einerseits und Umbrien, dem Sabinerland und Latium anderseits, empfing links den Clanis, rechts den Clitumnus, den Nar mit dem Velinus und den Anio und mündete, nachdem er durch Rom geflossen, bei Ostia ins Tyrrhenische Meer. Da der Hafen daselbst durch das Alluvium des Flusses versandete, ließ Kaiser Claudius einen künstlichen Kanal nach dem nördlich gelegenen Hafen Portus Augusti stechen, der jetzt einen zweiten Mündungsarm bildet.

Tiberias, Stadt in Paläſtina, in der Landſchaft Galiläa, am weſtlichen Geſtade des Sees Genezareth, der daher auch »See von T.« genannt wird, ward vom Tetrarchen Herodes Antipas gegründet und zu Ehren des Kaiſers Tiberius benannt. Sie war ganz in römiſch=griechiſchem Stil mit Amphitheater, Hippodrom ꝛc. erbaut, wurde zwar von Vespaſianus zerſtört, aber wiederhergeſtellt und Sitz einer berühmten jüdiſchen Akademie.

Tiberius Claudius Nero, röm. Kaiſer, geb. 42 v. Chr., Sohn des Tiberius Claudius Nero und der Livia Druſilla und nach deren Verheiratung mit Octavianus (38) Stiefſohn des nachmaligen Kaiſers Auguſtus, unterwarf in Gemeinſchaft mit ſeinem Bruder Druſus 16—15 die Rätier und Vindelicier, unterdrückte in drei Feldzügen 12—10 einen Aufſtand der Pannonier und Dalmatier und machte 8 einen Einfall in das Gebiet der Sigambrer, die er beſiegte, und von denen er 40,000 auf das linke Rheinufer verpflanzte. Seit 12 mit Julia, der Tochter des Kaiſers, vermählt, wurde er durch deren Ausſchweifungen und durch die Eiferſucht auf ihre bevorzugten Söhne Gajus und Lucius Cäſar bewogen, ſich 6 in ein freiwilliges Exil nach Rhodos zu begeben, aus dem er erſt 2 n. Chr. zurückkehrte, worauf er, da die beiden Cäſaren geſtorben waren, 4 von Auguſtus adoptiert und damit zum Nachfolger auf dem Kaiſerthron beſigniert wurde; zugleich wurde ihm die tribuniciſche Gewalt verliehen. Nachdem er 6—9 einen neuen langen und ſchwierigen Krieg in Pannonien geführt und 11 die Rheingrenze gegen die Germanen geſchützt hatte, beſtieg er 14 nach dem Tode des Auguſtus den Thron und führte 23 Jahre lang die Regierung mit Klugheit und Energie und mit wohlwollender Fürſorge für die Provinzen, aber mit Mißgunſt und heimtückiſcher Grauſamkeit gegen die römiſche Ariſtokratie, deren wahre Geſinnungen er durch heuchleriſche Beſcheidenheit herausforderte, um ſie dann um ſo härter zu züchtigen. Anfangs ließ er ſich zu einiger Zurückhaltung beſtimmen durch die Rückſicht auf Germanicus, den Sohn ſeines Bruders Druſus, den er auf

Anordnung des Auguſtus hatte adoptieren müſſen, und der durch den gegen die Germanen erworbenen Kriegsruhm ſeinen Neid und Argwohn erregt hatte; doch ſtarb Germanicus ſchon 19 nicht ohne den Verdacht der Vergiftung durch T., und 23 ſand letzterer für ſeine Gewaltherrſchaft ein geeignetes Werkzeug in Sejanus, dem Präfekten der Prätorianer, der dieſe in einem feſten Lager in Rom ſelbſt vereinigte, um die Stadt ganz unter ſeine Gewalt zu bringen. Nun nahmen die Verfolgungen der angeſehenſten Männer durch die Delatoren (»Angeber«), welche im Dienſte des T. alle, die deſſen Verdacht oder Mißfallen erweckten, anklagten und ihre Verurteilung im knechtiſch geſinnten Senat erwirkten, immer mehr zu. Zwar wurde Sejanus 31 geſtürzt, nachdem er, um ſich ſelbſt den Weg zum Thron zu bahnen, 23 Druſus, den Sohn des T., durch ſeine Gemahlin hatte vergiften laſſen, die Familie des Germanicus zum großen Teil bei Seite geräumt und T. bewogen hatte, ſich nach Capreä zurückzuziehen. Aber indem alle, welche der Mitſchuld an den Plänen des Sejanus gezogen wurden, der Grauſamkeit des T. zum Opfer fielen, ſteigerte ſich noch die Zahl der blutigen Gewaltthaten, bis T. endlich 16. März 37, als er ſchon im Todeskampf lag, von Macro, dem Nachfolger des Sejanus in der Gunſt des Kaiſers, mit den Kiſſen ſeines Lagers erſtickt wurde. Vgl. Stahr, T. (2. Aufl., Berl. 1873); Freytag, T. und Tacitus (daſ. 1870), und Beulé, T. und das Erbe des Auguſtus (deutſch von Döhler, Halle 1874).

Tibur, Stadt in Latium, auf einem 250 m hohen Plateau über dem Anio gelegen, der hier in mehreren ſchönen Waſſerfällen herabſtürzt, war ſeit 335 v. Chr. eine verbündete Stadt Roms und in der ſpätern Zeit mit zahlreichen Landhäuſern vornehmer Römer, unter denen die Villa des Kaiſers Hadrianus durch ihre Pracht hervorragte, geſchmückt. Jetzt Tivoli.

Ticinus (jetzt Teſſino), Nebenfluß des Padus auf der linken Seite, durchfloß den Lacus Verbanus (jetzt Lago Maggiore) und mündete unterhalb der Stadt Ticinum (jetzt Pavia) in den Padus. An ihm besiegte 218 v. Chr. Hannibal in einem Reitertreffen den römischen Konsul Publius Cornelius Scipio.

Tiglath Pilesar, Name von zwei assyrischen Königen: 1) T. I., 1130—1100 v. Chr., unternahm Eroberungszüge nach Armenien und Syrien. — 2) T. II., Sohn Assurninars II., folgte diesem 745, dehnte die Grenzen des assyrischen Reichs über Iran bis zum Persischen Golf und nach Arabien aus und vollendete in zahlreichen Feldzügen die Unterwerfung Syriens, setzte nach der Ermordung Pekahs Hosea als König von Israel ein, führte viele angesehene Einwohner in die Gefangenschaft ab und eroberte 732 Damaskos, dessen König Rezin er hinrichten ließ. Er starb 727. Die Thaten, welche die Bücher des Alten Testaments einem König Phul zuschreiben, kommen in Wirklichkeit T. II. zu.

Tigra, s. Tigris.

Tigrānes, König von Armenien 95—60 v. Chr., eroberte Atropatene, Mesopotamien, das nördliche Syrien und Kappadokien, gründete die neue großartige Hauptstadt und Residenz Tigranokerta am Fluß Nikephorios und nannte sich König der Könige. Als er den Römern die Auslieferung seines zu ihm geflüchteten Schwiegervaters Mithridates verweigerte, wurde er 69 von Lucullus bei Tigranokerta besiegt und bis Artarata verfolgt, wo Lucullus durch eine Soldatenmeuterei zur Umkehr gezwungen wurde. Nach der zweiten Niederlage des Mithridates durch Pompejus unterwarf er sich 66 den Römern und empfing Großarmenien unter römischer Oberhoheit zurück, mußte aber Kleinarmenien sowie alle seine Eroberungen abtreten.

Tigris (semit. Diglat, pers. Tigra, »Pfeil«), einer der Hauptströme Vorderasiens, welcher mit dem Euphrat das Tiefland zwischen Iran und Syrien durchströmt, entspringt in mehreren Quellflüssen am Südabhang von Armenien in den Vorketten des Taurus und fließt in südöstlicher Richtung durch Assyrien, nähert sich in seinem mittlern Lauf dem Euphrat auf 30 km und ist durch Kanäle mit ihm verbunden, bildet sodann die Grenze zwischen Babylonien und Susiana

und vereinigt sich bei Digba mit dem Euphrat, mit dem er in den Persischen Meerbusen mündet. Da er vom Zagrosgebirge mehrere nicht unbedeutende Nebenflüsse (Zabatos, Kapros und Gyndes) erhält und einen reißenden Lauf hat, der die Verdunstung des Wassers hindert, so ist er weit wasserreicher als der Euphrat, aber wegen Felsenriffen im obern Teil schwer schiffbar. Sein Wasser beginnt im März zu steigen, und das Hochwasser erreicht im Mai und Juni seine höchste Höhe.

Tigurīner (Tigurīni), kelt. Volk, welches den helvetischen Pagus Tigurinus bewohnte (s. Helvetier). Sie vereinigten sich mit den Cimbern, mit denen sie 107 v. Chr. den Konsul Lucius Cassius schlugen, dann mit den Teutonen und Ambronen, mit denen sie Gallien durchzogen und 102 bei Aquä Sertiä von Marius vernichtet wurden.

Timäos, griech. Geschichtschreiber, geboren um 350 v. Chr. zu Tauromenion in Sicilien, ward von da durch Agathokles vertrieben und lebte 50 Jahre zurückgezogen in Athen, bis er in hohem Alter nach seiner Heimat zurückkehrte und 256 starb. Er schrieb eine ausführliche Geschichte Siciliens von der ältesten bis auf seine Zeit, welche aber mehr ein gelehrtes Sammelwerk als ein Geschichtswerk war, und eine Geschichte der Kriege des Pyrrhos; die erhaltenen Bruchstücke bei Müller in »Historicorum græcorum fragmenta« (Par. 1841).

Timolĕon, ein Korinthier, geboren um 411 v. Chr., war, obwohl edel und mild, doch ein so unversöhnlicher Gegner aller Tyrannei, daß er sogar, als sein Bruder Timophanes 366 sich an die Spitze von 1100 Söldnern der Alleinherrschaft bemächtigen wollte, sich an der Ermordung desselben beteiligte. Er lebte dann in Zurückgezogenheit, bis er 347 auf den Hülferuf der Syrakuser mit einem kleinen Heer nach Syrakus geschickt wurde, um die gänzlich zerrütteten Verhältnisse in dieser Stadt zu ordnen. Er bemächtigte sich der Stadt Syrakus, 343 auch der Burg, die er zerstören ließ, stellte dann die demokratische Verfassung wieder her und leitete den Staat mit Gerechtigkeit und Uneigennützigkeit. Durch den Sieg am Krimissos (340) trieb er die Karthager zurück, stellte in den übrigen griechischen Städten Siciliens die republikanische Staatsform wieder her und vereinigte sie mit Syrakus zu einem Bund. Er starb hochgeehrt 337. Vgl. Arnoldt, T. (Gumb. 1850).

Timotheos, athen. Feldherr, Sohn Konons, mit dem er 393 v. Chr. nach Athen zurückkehrte, zeichnete sich im Kriege gegen Sparta aus, indem er Korkyra eroberte und 375 die spartanische Flotte bei Leukas vernichtete, befehligte mit Iphikrates im Bundesgenossenkrieg und ward, weil er nebst diesem des Sturms wegen bei Chios eine Schlacht zu liefern sich geweigert hatte, von Chares 355 der Bestechung und des Verrats angeklagt. Zu 100 Talenten Strafe verurteilt, ging er freiwillig in die Verbannung nach Chalkis, wo er starb.

Tinos, s. Tenos.

Tirhaka, König von Ägypten (s. d.).

Tiryns, Stadt in Argolis, südöstlich von Argos auf einem nur 15 m hohen, schmalen Felshügel in der Nähe des Argolischen Meers gelegen, war der Sage nach von lykischen Kyklopen mit riesigen, zum Teil noch erhaltenen Mauern, die aus großen Steinen in roher Weise zusammengesetzt sind, befestigt und Herrschersitz des Perseus und des Herakles. Da sich hier die achäische Bevölkerung im Gegensatz zur dorischen in Argos erhielt, so bestand zwischen beiden Städten fortwährende Feindschaft, die mit der Zerstörung von T. durch die Argeier 468 v. Chr. endigte. Die Ruinen wurden 1876 von Schliemann ausgegraben.

Tissaphernes, pers. Satrap von Lydien, schloß 413 v. Chr. mit den Spartanern ein Bündnis, wandte sich aber dann Alkibiades zu und stand in dem Thronstreit des Königs Artarerres Mnemon und seines Bruders Kyros auf der Seite des Königs, mit dem er 401 bei Kunara focht. Nach dieser Schlacht ließ er die Anführer der griechischen Söldner hinterlistig ermorden und erhielt dafür die Hand einer Königstochter und die

Statthalterschaft des gefallenen Kyros. Als er die ionischen Städte in Kleinasien der persischen Herrschaft zu unterwerfen suchte, riefen diese die Spartaner zu Hülfe, und T. wurde von Agesilaos 395 am Paktolos besiegt und infolgedessen seiner Satrapie entsetzt. Sein Nachfolger Tithraustes ließ ihn später hinrichten.

Tities, s. Tribus.

Titus Flavius Vespasianus, röm. Kaiser, ältester Sohn des Kaisers Vespasianus, geb. 41 n. Chr., wurde am Hof Neros mit Britannicus erzogen, that als Tribun in Germanien und Britannien die ersten Kriegsdienste und begleitete 67 seinen Vater nach Palästina in den Jüdischen Krieg. Hier ward er 69, als Vespasianus zum Kaiser ausgerufen war, als Oberbefehlshaber zurückgelassen und beendete den jüdischen Aufstand 70 durch die Eroberung und Zerstörung von Jerusalem. Nachdem er mit seinem Vater einen glänzenden Triumph gefeiert hatte, zu dessen Andenken der sogen. »Triumphbogen des T.« errichtet wurde, ward er zum Mitregenten ernannt und bestieg nach Vespasianus' Tod 79 den Thron. Während er früher im Verdacht der Ausschweifung und Grausamkeit gestanden hatte, zeigte er sich als Herrscher gütig und mild, bemühte sich ohne Unterlaß, andern Wohlthaten und Freundlichkeiten zu beweisen, und pflegte, wenn ihm bies an einem Tag nicht gelungen war, am Abend zu seinen Freunden zu sagen: »Ich habe einen Tag verloren« (»Diem perdidi«). Er erhielt deshalb den Beinamen: »Lust und Liebe des Menschengeschlechts« (amor et deliciæ generis humani). Schwere Unglücksfälle, wie der Ausbruch des Vesuvs 24. Aug. 79, welcher die Städte Stabiä, Herculaneum und Pompeji verschüttete, eine große Feuersbrunst in Rom und eine Pest, gaben ihm Gelegenheit, seine Menschenfreundlichkeit zu bethätigen. Auch baute er prächtige Thermen. Doch starb er schon 13. Sept. 81. Vgl. Beulé, T. und seine Dynastie (deutsch, Halle 1875).

Tivoli, s. Tibur.

Tolistobojer, kelt. Volksstamm, s. Galater.

Tolosa (jetzt Toulouse), Hauptstabt der Tektosagen in der Gallia Narbonensis an der Garumna; hier lag das große Nationalheiligtum des Volks, in dessen heiligem Teich die ungeheuren Schätze von 15,000 Talenten (Aurum Tolosanum) versenkt waren, die 106 v. Chr. der Prokonsul Servilius Cäpio raubte. Die Stadt war sehr groß, wohlhabend und volkreich und Mittelpunkt des westeuropäischen Handels.

Torquātus, s. Manlius 2).

Toscāna (Tuscia), s. Etrurien.

Toulouse (spr. tuluß), s. Tolōsa.

Trajānus, Marcus Ulpius, röm. Kaiser, geboren wahrscheinlich 53 n. Chr. zu Italica in Hispania Bætica, war 91 Konsul und befehligte 97 die Legionen am Niederrhein, als er von Nerva adoptiert und zum Mitregenten ernannt wurde. Nach dessen Tod 98 zur Herrschaft gelangt, bemühte er sich während derselben unablässig, die Wohlfahrt und den Glanz des Reichs zu erhöhen. Namentlich sein Briefwechsel mit dem jüngern Plinius, der 111—113 Bithynien verwaltete, gibt von seiner Milde, Einsicht und Gerechtigkeit Zeugnis; nur die Christen wollte er als staatsgefährlich mit Strenge verfolgt wissen. Zu Rom und in Italien errichtete er eine Anzahl reich ausgestatteter Anstalten für die Erziehung mittelloser Kinder. 101—102 und 105—106 unternahm er einen Krieg gegen den König Decebalus von Dacien, der mit dessen völliger Besiegung und der Umwandlung Daciens in eine römische Provinz endete. Während des Dacischen Kriegs hatte er am Eisernen Thor 104 eine feste Brücke über die Donau schlagen lassen; zu Ehren seines Siegs errichtete er auf dem neuen, nach ihm benannten Forum die noch vorhandene 37 m hohe, mit Reliefs von Kriegsscenen aus den Dacischen Kriegen gezierte Trajanssäule. Hierauf unternahm T. 113 einen Krieg gegen die Parther, in dem er Armenien und Mesopotamien zu römischen Provinzen machte und über den Tigris bis nach Ktesiphon vordrang. Während er im fernen Osten weilte, brachen in seinem Rücken mehrere Aufstände aus, namentlich unter den Juden in Ägypten und Kyrene, und ehe er diese

unterdrücken konnte, starb er 117 zu Selinus in Kilikien plötzlich am Schlagfluß. Vgl. Francke, Zur Geschichte Trajans (Quedlinb. 1840); Dierauer, Beiträge zu einer kritischen Geschichte Trajans (Leipz. 1868).

Trapani, s. Drepanon.

Trapezūs (Trapezunt, jetzt Trebisonde), Stadt an der Südküste des Schwarzen Meers in Pontos, eine Kolonie der Milesier, welche sie um 700 v. Chr. von Sinope aus gründeten, war als Ausgangspunkt einer über den Paryadres aus Armenien kommenden Straße ein nicht unwichtiger Handelsplatz, wurde aber erst in der römischen Kaiserzeit eine bedeutende Stadt.

Trasimenischer See (Lacus Trasimēnus), See in Etrurien, zwischen Perusia und Cortona, 115 qkm groß und von anmutigen Gebirgen umgeben, berühmt durch die Niederlage, welche 217 v. Chr. die Römer unter Gajus Flaminius durch Hannibal erlitten.

Trebĭa, rechter Nebenfluß des Padus, welcher am Nordabhang des ligurischen Apennin entsprang und oberhalb Placentia mündete; an ihm besiegte Ende 218 v. Chr. Hannibal den römischen Konsul Sempronius Longus.

Trebisonde, s. Trapezus.

Trerus (jetzt Sacco), rechter Nebenfluß des Liris (s. d.).

Treviri (Treviri), Volk im belg. Gallien, welches sich germanischer Abstammung rühmte; wahrscheinlich war der Adel germanischer Abkunft, hatte aber keltische Sprache angenommen. Sie bewohnten das untere Gebiet der Mosel und beherrschten eine Anzahl kleinerer Stämme. Cäsar unterwarf sie sich 57 v. Chr. freiwillig, machten aber 54 unter Induciomarus einen Aufstand, der von Labienus unterdrückt wurde; dasselbe Schicksal hatte ein Empörungsversuch des Julius Florus 21 n. Chr. Ihre Hauptstadt war Augusta Trevirorum (Trier). Vgl. Steininger, Geschichte der T. (Trier 1845).

Treboluni, s. Hymettos.

Tribünen (Tribūni) wurden in Rom die Vorsteher der alten drei Stammtribus

genannt, dann überhaupt die Vorsteher
von Abteilungen, so: die Anführer der
Reiterei Tribuni celerum, die der Legionen Tribuni militum; ferner gab es
Tribuni ærarii, welche den Tribut ein-
zuziehen und den Sold an das Heer zu
zahlen hatten. Eine besondre Art von
T. waren die Kriegstribunen mit konsularischer Gewalt (Tribuni militum consulari potestate), welche nach einem 445
v. Chr. gegebenen Gesetz bis 366 öfters
statt der Konsuln ernannt wurden, um
auch den Plebejern, welche für dieses Amt
wählbar waren, den Zugang zu der höchsten obrigkeitlichen Gewalt zu eröffnen.
Die geschichtlich bedeutendsten sind aber die
Volkstribunen (Tribuni plebis), die
494 eingesetzt wurden, um den Plebejern
Schutz gegen die Amtsgewalt der patricischen Magistrate zu gewähren, zu welchem
Zweck sie für unverletzlich (sacrosancti)
erklärt wurden. Ihre Wirksamkeit beschränkte sich anfangs auf die Einsprache
(intercessio) zu Gunsten einzelner von
den Magistraten bedrohten Plebejer, die
ihnen überdies nur in der Stadt selbst
und im Umkreis einer römischen Meile
zustand. Sie dehnten ihre Gewalt aber
mehr und mehr aus, richteten ihre hin-
dernde Einsprache gegen Amtshandlungen
jeder Art, luden Patricier vor das Gericht
der Tributkomitien, in denen sie den
Vorsitz führten, wohnten den Sitzungen
des Senats bei und hinderten Beschlüsse
desselben durch ihr Verbot (veto) und erlangten, als die Tributkomitien 448 das
Recht erhielten, bindende Beschlüsse in
Staatsangelegenheiten zu fassen, an der
Spitze derselben eine große Macht. Sie
konnten hier Anträge stellen und Gesetze
beschließen lassen, ohne an einen Vorbeschluß des Senats gebunden zu sein. Nur
der Einspruch eines andern T. konnte die
Beschlußfassung verhindern, was die Patricier und der Senat oft benutzten, indem sie einen T. für sich gewannen. Nach
dem Schwinden des Gegensatzes zwischen
Patriciern und Plebejern traten die T.
als Vertreter der Interessen des niedern
Volks auf, oft freilich nur zu persönlichen
ehrgeizigen Zwecken. Auch in dieser Zeit
blieb es Regel, daß nur Plebejer das

Amt bekleiden konnten. Gewählt wurden
die T. in den Tributkomitien. Ihre Zahl
belief sich anfangs auf 5 (oder 2), seit 457
auf 10. Sulla versuchte bei seiner Verfassungsreform (82—79) die Gewalt des
Volkstribunats auf das Recht der intercessio zu beschränken und bestimmte, daß
niemand nach dem Tribunat ein höheres
Amt bekleiden dürfe. Doch hob schon Pompejus 70 diese Beschränkungen auf. Augustus und seine Nachfolger ließen sich die tribunicische Gewalt (tribunicia potestas)
für immer verleihen. Doch bestanden die
T. als Beamte bis Constantinus fort.
Tribus, Name der drei Stämme der
röm. Patricier, der Ramnes, Tities und
Luceres, von denen der erste aus dem Volk
des Romulus, der zweite aus den Sabinern des Titus Tatius, der dritte angeblich aus Etruskern bestand. Jede T. zerfiel in zehn Kurien. Ganz verschieden
von diesen Stammtribus sind die örtlichen
T. der Servianischen Verfassung, welche
Patricier und Plebejer umfaßten und auf
der Einteilung Roms und seines Gebiets in Regionen beruhten, so daß die
Einwohner einer Region eine T. bildeten.
Es sollen anfangs 30, seit dem Gebiets-
verlust durch Porsena nur 20 gewesen
sein, bis ihre Zahl 241 v. Chr. auf 35
stieg, bei welcher Zahl es blieb. Es gab
4 städtische T. (urbanæ) und 31 ländliche (rusticæ). Diese 35 T. bildeten die
Grundlage für die Tributkomitien (s. Komitien), in denen innerhalb jeder T. nach
Köpfen abgestimmt wurde, und die daher
einen demokratischen Charakter hatten.
Trier (Augusta Trevirorum), s.
Treverer.
Trinakria, s. Sicilien.
Triphylia, s. Elis.
Tripolis (jetzt Tarabulus), Stadt
in Phönikien am Fuß des Libanon un-
fern des Mittelmeers, von Tyros, Sidon
und Arados zur Zeit der persischen Herr-
schaft als Hauptstadt ihres Bundes ge-
meinsam gegründet und daher griechisch
T. genannt.
Tritäa, achäische Stadt am Berg
Skolis, s. Achaia.
Triumvirn (Triumviri oder Tresviri,
»Dreimänner«), in Rom Bezeichnung

mehrerer aus drei Mitgliedern bestehen=
den Kollegien, dann aber auch der politi=
schen Vereinigungen von je drei Män=
nern (Triumvirate) zum Zweck, die
gesamte Staatsgewalt an sich zu reißen.
Das erste dieser Triumvirate, 60 v. Chr.
zwischen Pompejus, Cäsar und Crassus
geschlossen, war eine bloße Privatvereini=
gung. Das zweite ward 43 auf einer In=
sel des Rhenus zwischen Antonius, Octa=
vianus und Lepidus abgeschlossen, welche
nach ihrem Einzug in Rom (27. Nov.)
als Triumviri reipublicæ constituen=
dæ (»Neuordnung des Staats«) mit höch=
ster Gewalt für die Zeit bis Ende 38 durch
Gesetz vom Volk bestätigt wurden; diese
Vollmacht ward 38 auf weitere fünf Jahre
verlängert.

Troas, die zwischen der Propontis und
dem Hellespontos im N. und dem Abra=
myttenischen Meerbusen im S. vorsprin=
gende Halbinsel Kleinasiens, die großen=
teils von den Verzweigungen des Ida=
gebirges erfüllt ist, zwischen denen nur das
eine größere Thal des Skamandros (Men=
deres) in mehreren breiten Stufenebenen
bis zum Hellespontos sich hinzieht. Nach
dem vorhistorischen Volk der Troer (Tro=
janer) benannt, wurde es später von
peloponnesischen Achäern und böotischen
Äoliern besetzt, während sich im Binnen=
land Reste und auch der Name des mit
den Troern eng verbundenen Volks der
Dardaner oder Teukrer bis in die
Perserzeit erhielten. Vgl. E. Meyer, Ge=
schichte von T. (Leipz. 1877).

Trogus Pompejus, röm. Geschicht=
schreiber, stammte aus Gallien und lebte
zur Zeit des Augustus; er schrieb eine
Universalgeschichte bis 6 v. Chr., »Histo=
riæ Philippicæ« genannt, weil die Ge=
schichte der Völker um die des makedoni=
schen Reichs gruppiert war. Nur die »Pro=
logi« zu den 44 Büchern (herausgeg. von
Bielowski, Lemb. 1853) und der Auszug
des Justinus sind auf uns gekommen.

Troja (Ilion, Ilios), Hauptstadt
des vorhistorischen Volks der Troer in
der Landschaft Troas, am Fuß eines Aus=
läufers des Ida in der Küstenebene des
Skamandros gelegen, war mit starken,
der Sage nach von Apollon und Poseidon

erbauten Mauern umgeben und durch die
feste, auf der Spitze jener Anhöhe gelegene
Burg Pergamon geschützt, in welcher sich
sämtliche Tempel, vor allen das Palla=
dion, der der Pallas geweihte Haupttempel,
befanden. Der Sage nach ward T. 1184
v. Chr. von den Griechen zerstört. Die
Lage dieses ältesten Homerischen T. wurde
bald auf den Höhen von Bunarbaschi,
bald bei Hissarlyk gesucht, während Her=
cher (»über die Homerische Ebene von T.«,
Berl. 1876) bewies, daß Homers Schilde=
rung rein dichterisch die natürlichen Ver=
hältnisse gestaltet hat und mit der wirk=
lichen Örtlichkeit nicht zu vereinigen ist.
Auf Hissarlyk entstand ein neues äolisches
Ilion, welches, unter lydischer und persi=
scher Herrschaft unbedeutend, den Dia=
dochen und dann den Römern, die ja ihre
Abstammung von T. herleiteten, Vergröße=
rung und Verschönerung verdankte; auf
seiner Stelle hat Schliemann bedeutende
Reste uralter Stadtanlagen mit merk=
würdigen rohen Kunstüberresten aufge=
graben. Vgl. Schliemann, Trojanische
Altertümer (Leipz. 1874); Derselbe,
Ilion, das Land der Trojaner (das. 1881).

Trojanischer Krieg, der sagenhafte
Krieg, welchen die Griechen und die Tro=
janer 1193—1184 v. Chr. führten. Als
Paris, der zweite Sohn des Königs Pria=
mos von Troja, das Recht der Gastfreund=
schaft verletzend, die Gemahlin des Königs
Menelaos von Sparta, die ihm von
Aphrodite bestimmte schöne Helena, ent=
führt hatte, verweigerte Priamos der an
ihn geschickten Gesandtschaft deren Her=
ausgabe. Darauf wurde von den griechi=
schen Fürsten der Rachezug gegen Troja
beschlossen. Die hervorragendsten unter den
Helden, welche sich zu Aulis in Böotien
versammelten, waren: Menelaos und
dessen Bruder Agamemnon, Odys=
seus, Diomedes, Achilleus, Patro=
klos, Nestor, Aias der Oilier und Aias
der Telamonier und Idomeneus. Aga=
memnon wurde zum Oberanführer er=
wählt, und nach einem durch Windstille
verursachten Aufenthalt segelte die Flotte
von Aulis nach Troas ab. Die Trojaner
hatten sich inzwischen auch gerüstet und an
den Makedoniern, Thrakern, Assyrern und

Äthiopiern Bundesgenossen gefunden; ihr vornehmster Held war Hektor, des Priamos ältester Sohn. Neun Jahre währte der Krieg ohne Entscheidung, und die Griechen unternahmen währenddessen zahlreiche Plünderungszüge in Kleinasien. Im zehnten Jahr brach der Zwist zwischen Agamemnon und Achilleus aus, infolge dessen sich dieser mit seinen Myrmidonen vom Kampf zurückzog. Dies ermutigte die Trojaner zum Angriff auf die Griechen; schon hatten sie dieselben in das Schiffslager zurückgetrieben und waren in dieses eingedrungen, als Patroklos den Griechen zu Hülfe kam und nach seinem Tod im Zweikampf mit Hektor Achilleus wieder in den Kampf eingriff und Hektor tötete. Endlich ereilte Troja sein Geschick: durch die von Odysseus ersonnene List mit dem hölzernen Pferd gelangten die Griechen in die Stadt, öffneten in der Nacht die Thore, und nach einem blutigen Kampf, in dem Priamos seinen Tod fand, ward die Stadt den Flammen preisgegeben. Nur einer kleinen Schar Trojaner unter Anführung des Aneias gelang es, sich durch die Flucht zu retten und in Italien eine neue Heimat zu begründen. Viele der heimkehrenden Griechen fanden auf der Heimkehr ihren Untergang oder erreichten erst nach mancherlei Irrfahrten ihr Vaterland. Das ist der Inhalt der Sage, wie sie uns in den Homerischen Gedichten, vor allem in der »Iliade«, welche aber nur den Zorn des Achilleus und den Tod Hektors erzählt, dann in den Epen der Kykliker und nach diesen in Vergils »Aneide« überliefert ist. Die griechischen Historiker haben den Trojanischen Krieg für wirkliche Geschichte gehalten und ihn als festen Punkt angenommen, an den sie ihre Zeitrechnung anknüpften. Auch neuere Gelehrte nehmen wenigstens einen historischen Kern der Sage an, während die Ansicht mehr Wahrscheinlichkeit für sich hat, daß die Sage nur ein Spiegelbild der Kämpfe ist, welche die Äolier und Achäer um 1050 v. Chr. bei der Kolonisation der nordwestlichen Küste Kleinasiens mit den Dardanern am Hellespontos zu bestehen hatten; an den Thaten ihrer Vorfahren, welche sie in ihren Gesängen ver-

herrlichten, ermutigten und stärkten sich die Hellenen in dem langwierigen Krieg und glaubten auch durch die Annahme einer frühern Eroberung Trojas durch ihre Väter ein Anrecht auf die begehrten Länder zu erwerben.

Trokmer, kelt. Volksstamm, s Galater.

Trözene, altion. Stadt in Argolis, 20 Stadien vom Saronischen Meerbusen entfernt, an welchem die Häfen Kelenderis und Pogon lagen, ward nach der dorischen Wanderung von Doriern besetzt, behielt aber eine starke ionische Bevölkerung und war daher meist in engerm Bund mit Athen. Zu ihrem Gebiet gehörte Kalauria.

Tulinger (Tulingi), gall. Völkerschaft am Rhein, den Helvetiern (s. b.) benachbart.

Tullius, s. Cicero.

Tullus Hostilius, der dritte röm. König, 672—640 v. Chr., Nachfolger des Numa Pompilius, Enkel des Hostius Hostilius, der unter Romulus gegen die Sabiner gekämpft hatte, zerstörte Alba longa und siedelte die Einwohner auf dem Mons Cälius in Rom an. Auch mit den Sabinern führte er glückliche Kriege. Da er aber den Dienst der Götter vernachlässigte, schickten diese zuerst einen Steinregen, dann eine Pest und schlugen endlich ihn selbst mit einer schweren Krankheit, und als er Jupiter Elicius durch gewisse geheime Gebräuche zwingen wollte, ihm die Mittel der Sühne zu offenbaren, zerschmetterte ihn Jupiter mit dem Blitz.

Tunes (Tunis), Stadt an der Nordküste Afrikas, westlich von Karthago im innersten Winkel des Meerbusens gelegen; hier erlitt der römische Feldherr Regulus 255 v. Chr. durch die Karthager unter Xanthippos eine Niederlage.

Turdetäner (Turdetāni), Volksstamm in Hispanien, welcher das Gebiet des untern Bätis in Hispania Bætica bewohnte, während die stammverwandten Turduler (Turduli) das obere Thal innehatten. Sie nahmen von den fremden Ansiedlern früh eine höhere Kultur, den Gebrauch der Schrift, das Wohnen in wohlgebauten Städten und den Betrieb vieler Handwerke, an und entwöhnten sich ber kriegerischen Thätigkeit; als friedliches Kulturvolk wurden sie nach der römischen Eroberung rasch romanisiert.

Turin (Augusta Taurinorum), s. Tauriner.

Turter (Turti), Name der Einwohner von Bätika (s. b.), die in Turbetaner und Turduler zerfielen.

Tuscia (jetzt Toscana), s. Etrurien.

Tusculum, Stadt in Latium am Albanergebirge, schloß sich nach der Niederlage der Latiner am See Regillus 496 v. Chr. an Rom an, erhielt 379 das Bürgerrecht und ward auch nach dem Latinerkrieg mild behandelt. In der spätern Zeit hatten viele vornehme Römer Villen in der Umgegend, von denen Ciceros Tusculanum berühmt ist. Die Ruinen von T. liegen oberhalb von Frascati.

Tusker (Tusci), die alten Bewohner Etruriens (s. b.); daher Tuscia (jetzt Toscana) s. v. w. Etruria.

Tyrann (Tyrannos), in Griechenland ursprünglich Bezeichnung jedes unbeschränkten Herrschers, dann insbesondere eines Alleinherrschers, der nicht durch Erbschaft, sondern durch den gewaltsamen Umsturz der bestehenden Verfassung an die Spitze des Staats gekommen war. Die Tyrannis war im 7. und 6. Jahrh. v. Chr. in vielen griechischen Staaten die Zwischenstufe zwischen der oligarchischen oder der aristokratischen Staatsform und der Demokratie, indem sich ein ehrgeiziges Mitglied des Adels an die Spitze des unterdrückten Volks stellte, sich eine Leibwache geben ließ und mit dieser den Staat mit unumschränkter Gewalt beherrschte; während der reiche Adel unterdrückt wurde, hoben die Tyrannen das Volk durch Erhaltung des Friedens, Begünstigung von Handel und Gewerbe, Bauten ꝛc. Daher gab es unter den Tyrannen viele treffliche Herrscher, wie Pheidon in Argos, Periandros in Korinth, Kleisthenes in Sikyon, Peisistratos in Athen, Gelon und Hieron II. in Syrakus, während andre wegen ihrer Härte und Grausamkeit berüchtigt waren, wie Phalaris von Akragas, Polykrates von Samos und die beiden Dionysios von Syrakus. Aber auch die guten Tyrannen führten meist durch Gewaltthaten, zu welchen sie der ungesetzliche Ursprung ihrer Macht verleitete, ihren Sturz herbei. Als daher nach dem allgemeinen Sieg der republikanischen Verfassung in Griechenland die Monarchie überhaupt für eine unwürdige, sklavische Staatsform gehalten wurde, verband man mit dem Namen T. den Begriff eines grausamen, willkürlichen Herrschers, wie es deren in den Zeiten des Verfalls mehrere gab. In diesem Sinn heißen auch die von Lysandros 404 in Athen zur Einführung einer neuen Verfassung eingesetzten 30 Männer, welche ihr Amt zu grausamer Willkürherrschaft mißbrauchten, die Dreißig Tyrannen, während in der römischen Geschichte die zahlreichen Gegenkaiser, die 260—268 n. Chr. aufgestellt wurden, die Dreißig Tyrannen genannt wurden. Vgl. Plaß, Die Tyrannis bei den Griechen (Leipz. 1859, 2 Bde.).

Tyros (phönik. Sor, »Felsen«), Stadt an der Küste Phönikiens, seit dem 12. Jahrh. v. Chr. die wichtigste und reichste Handelsstadt der Phöniker, lag auf dem Festland und einigen nur 1600 Schritte entfernten felsigen, flachen Inseln, welche König Hiram (um 1000) durch künstliche Aufschüttungen vereinigte und zum Sitz der eigentlichen Stadt machte, welche, obwohl die Insel nur 22 Stadien im Umfang hatte, in hohen (5—6 Stock) Häusern gegen 30—40,000 Einw. fassen konnte. Unter den Gebäuden war besonders der Tempel des Melkart (»Baal von T.«) berühmt. Nördlich und südlich der Insel, welche durch hohe Mauern geschützt war, lagen Häfen, die durch Molenbauten erweitert wurden. Auf dem gegenüberliegenden Festland breitete sich die volkreiche Vorstadt Alttyros aus. Die Tyrier befuhren besonders das westliche Mittelmeer und drangen in den Atlantischen Ocean vor. Von ihnen wurden an den bortigen Küsten zahlreiche Kolonien, namentlich Karthago, gegründet. Als die Assyrer 725 Phöniken unterwarfen, blieb die Inselstadt trotz fünfjähriger Belagerung unabhängig; erst Nebukadnezar zwang sie nach 13jähriger Belagerung zur Unterwerfung, worauf sie 538 unter persische Herrschaft kam, aber eigne Könige behielt. Als

Alexander d. Gr. nach der Schlacht bei Issos 333 die syrische Küste südwärts zog, verweigerte ihm T. die Öffnung seiner Thore und wurde nach siebenmonatlicher schwerer Anstrengung des makedonischen Heers, welches auf einem vom Festland über die Meerenge gebauten Damm vorging und die Mauern erstürmte, 332 erobert. Die Stadt wurde hart gezüchtigt; 8000 Bürger waren umgekommen, die übrigen Einwohner, 30,000, wurden in die Sklaverei verkauft. Die Stadt blieb erhalten und ward zu einem Hauptwaffenplatz und Kriegshafen gemacht. Auch Handel und Industrie blühten wieder auf, und in der römischen Zeit ward es zur Kolonie erhoben.

Tyrrhener (Tyrrhenoi), griech. Name der Etrusker (s. Etrurien), welcher als Volksname auch an der Nordküste des Ägäischen Meers vorkommt; nach den Tyrrhenern in Etrurien ward das Meer an der Westküste Italiens, welches im S. von Sicilien, im W. von Sardinien und

Corsica begrenzt wird, Tyrrhenisches Meer (Mare Tyrrhenum oder inferum) genannt.

Tyrtäos, griech. Dichter, Sohn des Archembrotos, ward nach der Sage, die ihn zu einem aus Aphidnä in Attika gebürtigen lahmen Grammatisten (Schreiber) macht, von den Athenern, welche von ben im zweiten Messenischen Krieg in große Bedrängnis geratenen Spartanern auf Weisung des delphischen Orakels um einen Führer gebeten wurden, nach Sparta geschickt und wußte durch seine erfahrenen Rat und seine begeisternden Gesänge die Spartaner so zu ermutigen, daß sie die Messenier völlig besiegten. Seine Elegien, von denen uns drei nebst einem Marschlied erhalten sind, erhielten sich bis auf die spätesten Zeiten im Munde der spartanischen Jugend. Daß T. ein Jonier und kein Spartaner war, beweist die ionische Mundart seiner Gedichte. Ausgabe seiner Fragmente von Bergk u. a.

U.

Ubier (Ubii), german. Volksstamm, wohnte zu Cäsars Zeit auf dem rechten Rheinufer zwischen Lahn und Sieg und schloß sich den Römern an, die sie, als die U. von ihren noch unabhängigen Nachbarn bedrängt wurden, unter Kaiser Augustus nach dem linken Rheinufer verpflanzten, wo Colonia Agrippina (Köln) ihre Hauptstadt war. Sie verschmolzen später mit den Franken.

Ulpius, s. Trajanus.

Umbrer (Umbri), ital. Volk, welches in ältester Zeit sehr mächtig war und den ganzen östlichen Teil Nord- und Mittelitaliens, auch das untere Pogebiet und Etrurien innehatte, aber von den Etruskern erst aus Oberitalien und Etrurien verdrängt wurde, dann auch noch das Küstengebiet an die Picenter und Senonen verlor, so daß die Landschaft Umbria schließlich nur das Gebiet des mittlern Apennin östlich vom Tiber, die Thäler des Clitumnus und Nar, umfaßte; erst unter Augustus wurde der Ager gallicus, das den Umbrern von

den Senonen entrissene, aber von den Römern zuerst zu Picenum geschlagene Küstenland, wieder mit Umbrien vereinigt. Die wichtigsten Städte waren: Eugubium (Jgubium), Asisium, Nuceria, Spoletium, Interamna und Narnia; am Adriatischen Meer: Ariminum, Pisaurum und Sena Gallica. Die U. nahmen 309 v. Chr. am Krieg der Samniter und Etrusker gegen die Römer teil, wurden 308 bei Mevania besiegt und unterworfen, erhoben sich nochmals gegen Rom 295, wurden aber nach der Schlacht bei Sentinum zu Bundesgenossen der Römer gemacht und erhielten nach dem Bundesgenossenkrieg 89 das römische Bürgerrecht. Ihre Sprache, beren wichtigstes Denkmal die »Eugubinischen Tafeln« sind, gehörte zum indogermanischen Sprachstamm und war mit der lateinischen verwandt. Vgl. Grotefend, Rudimenta linguæ umbricæ (Hannov. 1835—39, 8 Bde.); Aufrecht und Kirchhoff, Die umbrischen Sprach-

benkmäler (Berl. 1851, 2 Bde.); Sa=
velsberg, Umbrische Studien (baf. 1873).
Urfa, s. Edessa.
Usipeter (Usipētes oder Usipii), ger=
man. Volksstamm, war, nebst den Tenk=
terern von den Sueven aus seinen frü=
hern Wohnsitzen vertrieben, über den Nie=
derrhein in Gallien eingebrungen, ward
aber hier 55 v. Chr. von Cäsar durch
Verrat besiegt und größtenteils aufge=
rieben. Der Rest des Volks ward von den
Sigambrern in ihr Gebiet aufgenommen
und ließ sich nördlich der Lippe nieder, wo
er von Drusus unterworfen wurde. 70
n. Chr. beteiligten sich die U. am Aufstand
der Bataver. Später gingen sie in den
Franken auf.

Utica (Itykе, »Ansiedelung«), Stadt
an der Nordküste Afrikas, in der Nähe
der Mündung des Flusses Bagradas, auf
einer flachen, felsigen Halbinsel am Meer
nördlich von Karthago gelegen, ward schon
1100 v. Chr. von Phönikern aus Tyros
gegründet, also bedeutend früher als Kar=
thago, neben dem U. seine Unabhängigkeit
mit eignem Senat und Suffeten längere
Zeit bewahrte, und gegen welches es, als
es sich hatte unterwerfen müssen, in den
Punischen Kriegen wiederholt feindlich auf=
trat. Es nahm 240—238 am Söldner=
krieg teil und schloß sich 149 sofort den
Römern an, die ihm nach dem Untergang
Karthagos 146 den größten Teil von bes=
sen Stadtgebiet gaben und es zur Haupt=
stadt der Provinz Afrika machten. Im
Bürgerkrieg zwischen Pompejus und Cä=
sar besetzte es 46 der jüngere Cato und
gab sich nach der Schlacht bei Thapsos dort
selbst den Tod, weswegen er Uticensis
genannt wurde. Von dem römischen U. ha=
ben sich ansehnliche Ruinen (Amphitheater,
Aquädukt ic.) erhalten, welche aber jetzt
7—8 km von der Küste entfernt liegen.
Uvakshâtra, s. Kyarares.

B.

Babuka (Ochos), s. Artaxerxes III.
Valens, Flavius, röm. Kaiser, ge=
boren zu Cibalä in Pannonien, diente
unter Kaiser Julianus im Heer, ward
364 n. Chr. von seinem Bruder Valenti=
nianus I. zum Mitregenten angenommen
und erhielt die Herrschaft über den Osten
des Reichs. Obwohl er selbst kein fähiger
Feldherr war, so wurden doch unter seiner
Regierung mehrere Kriege gegen die West=
goten, vor allem aber gegen Persien von
seinen Feldherren nicht unglücklich ge=
führt. Als er 378 selbst gegen die West=
goten zog, die in das oströmische Reich ein=
gefallen waren, erlitt er bei Adrianopel
eine völlige Niederlage und fand auf der
Flucht den Tod. Seine eifrige Begün=
stigung des Arianismus hatte dessen Ver=
breitung im Osten zur Folge.
Valentiniänus I., Flavius, röm.
Kaiser, aus Pannonien gebürtig, gelangte
im Kriegsdienst durch Tapferkeit und Be=
gabung zu hohen Ehrenstellen und ward
26. Febr. 364 n. Chr. in Nikäa nach dem
Tode des Jovianus zum Kaiser ernannt.
Er übertrug die Herrschaft im Osten sei=
nem Bruder Valens und bemühte sich be=
sonders, die Grenzen des Westreichs gegen
die andringenden Barbaren zu schützen
und im Innern durch weise Maßregeln
das Wohl des Volks zu fördern. Er schlug
die Alemannen und drang über die Do=
nau in das Land der Quaden ein, starb
aber 17. Nov. 375 zu Bregetio (in der Nähe
des heutigen Komorn). Ihm folgte sein
ältester Sohn, Gratianus, der den erst
vierjährigen Bruder Valentinianus II.
als Mitaugustus anerkannte und ihm
Italien, Illyrien und Afrika zuwies. Nach
dem Sturz Gratians wurde auch B. II.
von Maximus 387 vertrieben, aber von
Theodosius 388 in die Herrschaft über
Westrom wiedereingesetzt, bis er 392 von
dem Franken Arbogast in Vienna ermor=
det wurde. Ein dritter Kaiser dieses Na=
mens, Flavius Placibius Valen=
tinianus III., Sohn der Placidia, einer
Tochter des Theodosius, und des Constan=
tius, ward, sechs Jahre alt, nach dem Tode
des Honorius 425 von Theodosius II. von

Oſtrom zum Herrſcher von Weſtrom eingeſeßt und führte eine unrühmliche Regierung, während welcher Gallien, Spanien, Afrika und Britannien an die Barbaren verloren gingen und Attila auch in Italien einbrach. Er warb 455 von Petronius Maximus aus Rache ermordet.

Valeriānus, Publius Licinius, röm. Kaiſer, warb, nachdem er 251 n. Chr. die Cenſur bekleidet und eine Reihe von Jahren hindurch rühmliche Kriegsdienſte geleiſtet hatte, nach der Ermordung des Kaiſers Gallus 253 vom Heer in Gallien zum Kaiſer ausgerufen und nahm ſeinen Sohn Gallienus zum Mitregenten an. Er begann 258 einen Krieg gegen die Perſer, wurde aber 260 beſiegt und geriet in perſiſche Gefangenſchaft, in welcher er ſtarb.

Valerius, Name eines röm. patriciſchen Geſchlechts, welches ſeinen Urſprung von dem Sabiner Voleſus, der zwiſchen Romulus und Titus Tatius Frieden ſtiftete, herleitete. Publius V. Poplicola bekleidete, nachdem er den Sturz der Tarquinier mit herbeigeführt, 509—504 v. Chr. viermal das Konſulat und focht gegen die Vejenter, gegen Porſena, die Etrusker und Sabiner. Die Geſetze (leges Valeriæ), welche er zur Begründung der neuen Freiheit gab, namentlich die Einführung der Provokation an das Volk, verſchafften ihm den Beinamen Poplicola (»Volksfreund«). Sein Enkel Lucius V. Potitus war 448 mit Marcus Horatius nach dem Sturz des Decemvirats Konſul und vermittelte mit ſeinem Kollegen durch die leges Valeriæ Horatiæ, welche die Freiheit des Volks herſtellten, den Frieden zwiſchen den Patriciern und den Plebejern. Marcus V. beſiegte, als er 349 Kriegstribun war, durch den Beiſtand eines Raben, der ſich auf ſeinen Helm ſeßte, einen vornehmen Gallier im Zweikampf, weswegen er den Beinamen Corvus (»Rabe«) erhielt. Er war ſechsmal Konſul und zweimal Diktator und bekleidete 21mal kuruliſche Ämter. Unter ſeinen zahlreichen Siegen ſind die am Berge Gaurus und bei Sueſſula über die Samniter 343 die berühmteſten. Das Geſchlecht der Valerier, von dem

eine Familie, die den Beinamen Flaccus führte, im leßten Jahrhundert der Republik eine Rolle ſpielte, erhielt ſich bis in das 4. Jahrh. n. Chr.

Valerius Maximus, röm. Geſchichtſchreiber, gelangte aus niedrigen Verhältniſſen durch die Gunſt des Sertus Pompejus, den er 13 n. Chr. auf ſeinem Feldzug nach Aſien begleitete, in eine beſſere Lage und verfaßte 28—32 ein noch erhaltenes Werk: »Factorum dictorumque memorabilium libri IX ad Tiberium Cæsarem Augustum«, eine zur Verherrlichung römiſcher Familien ohne Sorgfalt und Kritik und unter niedrigen Schmeicheleien gegen Tiberius zuſammengeſtellte Anekdotenſammlung, welche in einer ſchwülſtigen, geſchmackloſen und inkorrekten Sprache geſchrieben iſt, aber im Altertum viel geleſen wurde. Ausgaben von Kempf (Berl. 1854) und Halm (Leipz. 1865).

Valis, ſ. Elis.

Vallum Hadriāni, ſ. Agri decumātes.

Vardar, ſ. Arios.

Varus, Publius Quinctilius, Sohn des Publius Attius V., der 45 v. Chr. als Anhänger des Pompejus bei Munda fiel, war 13 Konſul, übernahm 6 als Prokonſul die Verwaltung Syriens, wo er einen Aufſtand der Juden unterdrückte, und erhielt 6 n. Chr. den Oberbefehl in Germanien, wo er durch ſeine Härte einen Aufſtand hervorrief und 9 vom Cheruskerbund unter Arminius im Teutoburger Wald überfallen wurde; nachdem ſeine drei Legionen vernichtet waren, ſtürzte er ſich in ſein Schwert.

Veji, Stadt im ſüdlichen Etrurien auf einem hohen, ſteilen Felſen, an dem kleinen Fluß Cremera, 12 Millien nördlich von Rom, war einer der mächtigſten etruskiſchen Staaten und führte einen 100jährigen Krieg mit Rom, in welchem die Vejenter endlich unterlagen. 396 v. Chr. wurde V. nach zehnjähriger Belagerung von Camillus erobert und zerſtört, die Einwohner als Sklaven verkauft und das Gebiet für Staatseigentum erklärt. In der Kaiſerzeit wurde die Stadt als Municipium Augustum Vejens wiederaufgebaut, deſſen Reſte bei dem jeßigen Iſola

Farnese liegen, während die Lage der alten Stadt durch die ausgedehnte Nekropolis auf dem andern Ufer der Cremera bezeichnet wird.

Velathri, s. Volaterrä.

Velia, s. Elea.

Velīnus (jetzt Velino), Fluß in Mittelitalien, floß durch das Sabinerland, bildete bei Reate den Lacus Velinus, den Manius Curius Dentatus durch einen Bergdurchstich größtenteils ableitete, und mündete, einen prachtvollen Wasserfall bildend, in den Nar.

Vellēda, berühmte Seherin der Brukterer (s. d.).

Vellējus Patercŭlus, Marcus, röm. Geschichtschreiber, geboren um 19 v. Chr. aus angesehenem Geschlecht, trat 1 n. Chr. in den Kriegsdienst und begleitete Gajus Cäsar als Kriegstribun nach dem Orient, Tiberius als Præfectus equitum nach Germanien und Pannonien. Nachdem er 15 die Prätur bekleidet hatte, zog er sich vom öffentlichen Leben zurück, genoß aber der Gunst des Tiberius. 30 verfaßte er einen Abriß der gesamten römischen Geschichte unter dem Titel: »Historiæ romanæ ad Marcum Vinicium libri II«, von dem jedoch das erste, bis zur Zerstörung Karthagos reichende Buch bis auf wenige Kapitel verloren gegangen ist. Das Werk ist nicht ohne Geist, aber ohne tiefere Einsicht und gründliche Studien in einer gekünstelten, überladenen Sprache geschrieben und nicht frei von niedriger Schmeichelei gegen Augustus und besonders gegen Tiberius und dessen Günstling Sejanus. Es wurde 1515 von Rhenanus in der elsässischen Abtei Murbach aufgefunden. Neue Ausgaben von Haase (Leipz. 1858) und Halm (das. 1876).

Vendotena, s. Pandataria.

Venēter (Enĕti), illyr. Volk im nordöstlichen Oberitalien (Venetia); sie standen mit den Galliern in fortwährendem Krieg und unterwarfen sich 215 v. Chr. den Römern ohne Widerstand. Ihre Hauptstadt war Patavium. Ein keltisches Volk gleichen Namens, Veneti, wohnte in Aremorica und war in der Schiffahrt ausgezeichnet, die es nach Spanien und Ibernien betrieb; ihre Haupt-

stadt hieß Dariorigum (Vannes). Cäsar unterjochte sie 56.

Ventidius, Publius V. Bassus, Sohn eines Picenters, welcher wegen seines Anteils am Bundesgenossenkrieg hingerichtet wurde, schmückte als Knabe 89 v. Chr. den Triumph des Pompejus Strabo, ward von Cäsar begünstigt, dem er auf seinen Feldzügen gute Dienste leistete, und in den Senat berufen. Nach Cäsars Tod schloß er sich Antonius an, ward 43 an Stelle des bei Mutina gefallenen Hirtius Konsul und kämpfte 39—38 in Syrien glücklich gegen die Parther. Sein Todesjahr ist ungewiß.

Venusīa (jetzt Venōsa), Stadt in Apulien, auf einer Höhe südlich vom Aufidus, 291 v. Chr. zur römischen Kolonie gemacht, bekannt als Geburtsort des Horatius.

Vercellä (Vercelli), Hauptstadt der Libici in Gallia transpadana, bekannt durch den Sieg des Marius über die Cimbern 101 v. Chr. auf den nahegelegenen Raudischen Feldern (Campi Raudii).

Berginia, s. Virginia.

Veröna, Stadt in Gallia transpadana am Athesis, eine ursprünglich rätische Stadt, welche später Hauptort des keltischen Volks der Cenomanen wurde. Augustus erhob sie zur römischen Kolonie, und sie erreichte eine ansehnliche Größe, wie die überreste aus der Römerzeit beweisen. Auch militärisch war sie wegen ihrer Lage am Ausgang des Athesisthals wichtig.

Veronius (jetzt Aveyron), Nebenfluß der Garumna (s. d.).

Ver sacrum (»der geweihte Frühling«), s. Sabiner.

Berus, Lucius Älius Commodus, Sohn des von Kaiser Hadrianus adoptierten Lucius V., wurde von Antoninus Pius adoptiert und von Marcus Aurelius 161 n. Chr. zum Mitregenten angenommen, ergab sich aber einem trägen, schwelgerischen Leben und starb 169.

Vescus, s. Vesuvius.

Besontio (Visontio, jetzt Besançon), Hauptstadt der Sequaner, am Dubis auf schwer zugänglicher, halbinselförmiger Felsenplatte gelegen, 58 v. Chr. von Cäsar erobert.

Vespasiānus, Titus Flavius, röm. Kaiser, geb. 9 n. Chr. auf einem Landgut bei Reate, warb unter Caligula Kriegstribun in Thrakien, dann Quästor, Äbil und Prätor und, nachdem er sich in Britannien als Anführer einer Legion ausgezeichnet hatte, 51 Konsul. 66 erhielt er von Nero den Oberbefehl im Jübischen Krieg und führte denselben 67—69 mit glücklichem Erfolg, so daß das ganze Land, mit Ausnahme von Jerusalem, unterworfen war, als er 1. Juli 69 von den Legionen in Ägypten, dann von seinen eignen Truppen zum Kaiser ausgerufen wurde. Auch die Legionen in Syrien, Pannonien und Mösien erklärten sich für ihn. Während sich B. nach Ägypten und von da zu Schiff nach Rom begab, hatte sein Feldherr Antonius mit den pannonischen und mösischen Legionen die des Vitellius bei Cremona geschlagen und 22. Dez. 69 Rom erobert, wobei Vitellius umkam. B. konnte also 70 ohne weitere Schwierigkeit von der Herrschaft Besitz ergreifen, die er mit Klugheit führte. Während er Einfachheit und Verachtung äußern Scheins in seinem Auftreten bewies, bemühte er sich, die Mannszucht im Heer herzustellen und durch Sparsamkeit die Finanzen zu regeln. Er führte, nachdem 70 Jerusalem erobert worden, keine Kriege und schloß 71 den Janustempel. Rom schmückte er durch prächtige Bauten, wie den 75 vollendeten Tempel des Friedens und das Amphitheatrum Flavium (Kolosseum). Er starb 23. Juni 79 und hinterließ die Herrschaft seinem ältesten Sohn, Titus.

Vestiner (Vestīni), sabell. Völkerschaft im nördlichen Samnium an der Grenze von Picenum mit der Hauptstadt Pinna und dem Küstenort Aternum.

Vesuvius (Vesevus), vulkan. Berg in Kampanien am Golf von Neapel, galt für einen ausgebrannten Vulkan. Erst durch den furchtbaren Ausbruch 79 n. Chr., der die Städte Herculaneum, Pompeji und Stabiä begrub, lernten die Alten den B. als thätigen Vulkan kennen. Später folgten mehrere Ausbrüche.

Via, Name der röm. Militärstraßen in Italien, welche nach ihren Erbauern zubenannt wurden. Die älteste ist die V. Appia, welche von Rom nach Capua führte und 312 v. Chr. vom Censor Appius Claudius Cäcus erbaut, später bis Brundisium verlängert wurde; sie war aus viereckigen Quadern ohne Lücken zusammengefügt, so breit, daß zwei Lastwagen bequem ausweichen konnten, und mit erhöhten Fußwegen eingefaßt. Die V. Flaminia, 220 vom Censor Gajus Flaminius angelegt, führte von Rom durch Umbrien nach Ariminum, von wo eine V. Æmilia, 188 von Marcus Ämilius Lepidus erbaut, nach Aquileja, die andre V. Æmilia nach Placentia führte. Die V. Cassia führte durch Etrurien, die V. latina nach dem Liristhal und nach Kampanien.

Victor, Sextus Aurelius, röm. Geschichtschreiber, lebte 350—400 n. Chr. und verfaßte eine kurze Kaisergeschichte (»Cæsares«), welche bis 360 reicht; andre Schriften, die ihm zugeschrieben werden: »De viris illustribus«, »Origo gentis romanæ« und »Epitome«, rühren nicht von ihm her. Ausgabe von Schröter (Leipz. 1829—31, 2 Bde.).

Vienna (jetzt Vienne), Stadt in Gallia Narbonensis, am Rhodanus, Hauptstadt der Allobroger, ein blühender, volkreicher Ort, von dem noch ansehnliche überreste, unter andern ein wohlerhaltener korinthischer Tempel des Augustus, vorhanden sind.

Viminālis, einer der sieben Hügel Roms (s. d.).

Vindelicien, röm. Provinz, das Land der keltischen Vindeliker zwischen Donau und Alpen, Inn und Bodensee, ward 15 v. Chr. von Tiberius unterworfen, um 100 n. Chr. mit Rätien zu einer Provinz verbunden, unter Diocletianus als Rætia secunda wieder getrennt. Die Römer legten zur Sicherung ihrer Herrschaft mehrere feste Plätze an, wie Augusta Vindelicorum (Augsburg), Regina Castra (Regensburg) und Castra Batava (Passau).

Vindobona, röm. Name für Wien.

Vindonissa, Stadt der Helvetier in Gallia belgica, an der Aare, jetzt Windisch mit den Ruinen einer Wasserleitung und eines Amphitheaters.

Vipsanius, s. Agrippa.

Virginĭa (Verginia), Tochter des

röm. Plebejers Virginius, Verlobte des Jcilius, erregte durch ihre Schönheit die Begierden des Decemvirs Appius Claubius, der sie als Tochter eines seiner Klienten in Anspruch nahm, um sie in seine Gewalt zu bekommen; als er in öffentlicher Gerichtssitzung auf dem Forum in Rom das Mädchen seinem Klienten zugesprochen und Virginius keine Rettung mehr sah, erstach er seine eigne Tochter und rief das Volk zum Aufstand auf, worauf die Decemvirn gestürzt wurden (449 v. Chr.).

Viriäthus, ein lusitan. Hirt, der sich 148 v. Chr. an die Spitze seines Volks stellte und den Krieg gegen die Römer (Viriathischer oder Lusitanischer Krieg) mit so viel Tapferkeit, Geschick und Erfolg führte, daß die Römer 141 einen Frieden schließen und die Unabhängigkeit der Lusitaner anerkennen mußten. Doch wurde der Friede schon 140 gebrochen und V. auf Anstiften des Konsuls Quintus Servilius Cäpio durch Verräter ermordet.

Visontio, s. Besontio.

Vitellius, Aulus, mit dem Beinamen Germanicus, röm. Kaiser, Sohn des Lucius V., geb. 15 n. Chr., erwarb sich, gleich seinem Vater, durch Schmeichelei und niedrige Dienste die Gunst der Kaiser und wurde nach Neros Sturz von Galba zum Oberbefehlshaber der Legionen am Rhein ernannt, die ihn nach Galbas Ermordung Anfang 69 zum Kaiser ausriefen. Er schickte sofort einen Teil des Heers unter Cäcina und Valens nach Italien gegen Otho, der bei Bebriacum unterlag, worauf V. in Rom einzog und sich gänzlich der Trägheit und Schwelgerei hingab, unbekümmert darum, daß Vespasianus im Osten zum Kaiser erhoben worden war. Dessen Feldherr Antonius drang Ende 69 in Italien ein, schlug das Heer des V. bei Cremona und erstürmte 22. Dez. Rom, wobei V. einen schimpflichen Tod fand.

Volaterrä (etrusk. Velathri), eine

der ältesten und größten Städte Etruriens, auf einem steil ansteigenden, 490 m hohen Plateau nördlich vom Thal des Cäcina gelegen und mit einer mächtigen kyklopischen Mauer umgeben; überreste von Bauwerken und Gräber sind noch beim jetzigen Volterra erhalten.

Volcä, mächtiges kelt. Volk in Gallia Narbonensis, zwischen dem Rhodanus und der Garumna, zerfiel in zwei Stämme, die westlichen Tektosagen mit den Hauptstädten Narbo und Tolosa und die östlichen Arecomiker mit Nemausus.

Vologeses, König der Parther, s. Parthien.

Volsinii, Stadt in Etrurien, auf steiler Höhe über dem Thal des Clanis gelegen, ward nach 30jährigem Widerstand 280 v. Chr. von den Römern erobert, die daselbst 2000 Statuen erbeuteten; die Altstadt (später Urbs vetus, jetzt Orvieto) wurde zerstört und ein neues römisches V. (jetzt Bolsena) am nördlichen Ufer des Lacus Volsiniensis erbaut.

Volsker (Volsci), ital. Volk arischen Stammes, wohnte am südwestlichen Abhang des Apennin im Thal des Liris und breitete sich auch über den Ager pomptinus aus; auch altlatinische Städte, wie Setia, Cora und Veliträ, sowie das hernikische Ferentinum wurden von ihnen erobert, aber 420—390 v. Chr. ihnen durch die Römer wieder entrissen, welche 338 das Gebiet der V. gänzlich unterwarfen und mit Latium verschmolzen. Ihre bedeutendsten Städte waren: Antium, Tarracina und Satricum.

Volterra, s. Volaterrä.

Volturnus (jetzt Volturno), Fluß in Kampanien, entspringt auf den samnitischen Bergen bei Aesernia, durchfließt in trägem, gewundenem Lauf die Ebene und mündet bei Volturnum in das Tyrrhenische Meer. Auch Capua, das am V. lag, hieß in älterer Zeit Volturnum.

Vosagus (nicht Vogesus), alter Name des Wasgaus (Vogesen).

X.

Xanthippos, 1) athen. Feldherr, Sohn
des Ariphron aus dem vornehmen Ge=
schlecht der Buzygen, unterstützte die Ver=
fassungsreform des Kleisthenes, stand 489
v. Chr. an der Spitze der Ankläger des
Miltiades und erhielt 479 den Befehl über
die athenische Flotte, mit der er bei My=
kale siegte und Sestos eroberte. Später
ward er verbannt. Der berühmte Perikles
war sein Sohn. — 2) Karthag. Sölbner=
führer, aus Sparta gebürtig, trat während
des ersten Punischen Kriegs in karthag.
Kriegsdienste, erhielt 255 den Oberbefehl
über das Heer und schlug bei Tunes den
röm. Feldherrn Regulus (s. b.), wurde aber
von den Karthagern mit Undank belohnt,
ja, wie berichtet wird, sogar ermordet.

Xanthos, Hauptstadt von Lykien, am
Fluß X. 12 km von seiner Mündung ge=
legen, ward 546 v. Chr. von den Persern
unter Harpagos und 43 von den Römern
erobert und zerstört und ging dann durch
Erdbeben völlig zu Grunde. Unter den
Bauwerken der prächtigen Stadt waren
besonders die Tempel des Sarpedon und
des lykischen Apollon berühmt; die groß=
artigen Ruinen, in denen Fellows 1843
wichtige Marmorskulpturen entdeckt hat,
liegen beim heutigen Gün ik.

Xenophon, griech. Geschichtschreiber,
Sohn des Gryllos, geboren um 440 (oder
431) v. Chr. zu Athen, Schüler des So=
krates, begab sich nach dem Peloponnesi=
schen Krieg nach Sardes zu dem jüngern
Kyros, in dessen griechisches Sölbnerheer
er eintrat, und den er 401 auf dem un=
glücklichen Zuge gegen König Artaxerxes
begleitete. Nach der Ermordung des Klear=
chos und der übrigen griechischen Feld=
herren durch Tissaphernes führte er die
10,000 Griechen auf einem schwierigen
Weg durch Mesopotamien und Armenien
nach der Küste des Schwarzen Meers und
von da nach Thrakien zurück und schloß
sich, nachdem er wegen seiner Vorliebe für
Sparta 399 aus Athen verbannt worden,
dem Heer des Agesilaos an, mit dem er
in Kleinasien und 394 bei Koroneia
kämpfte. Die Spartaner schenkten ihm

ein Landgut bei Skillus in Elis, wo er
sich mit Landbau, Jagen, Reiten und
Schriftstellerei beschäftigte. Als ihn die
Eleier von Skillus vertrieben, begab er
sich, obwohl ihn die Athener inzwischen
zurückgerufen hatten, nach Korinth, wo
er um 355 starb. Seine Schriften, deren
Hauptvorzug die klare, lichtvolle, rein
attische Sprache ist, zerfallen in historische
und philosophische. Zu jenen gehören die
»Anabasis«, eine Schilderung des Rück=
zugs der 10,000 Griechen unter X., vor 371
verfaßt (Ausgabe von Krüger, 6. Aufl.,
Berl. 1871), und die »Hellenika«, eine
Fortsetzung der Geschichte des Thukydides
bis zur Schlacht bei Mantineia (362); von
einigen kleinern Schriften, wie »über
Agesilaos«, »über die Staatsverfassung
der Lakedämonier« 2c., wird die Echtheit
angezweifelt. Die »Kyropädie« ist ein mo=
ralischer Roman. Gesamtausgaben seiner
Werke von Schneider (neue Aufl., Leipz.
1825—40, 6 Bde.), Dindorf (Par. 1839)
und Bornemann, Breitenbach und Küh=
ner (Gotha 1828—54, 4 Bde.).

Xerxes, Könige von Persien: 1) X.,
Sohn des Dareios I., wurde 485 v. Chr.
seinem ältern Bruder, Artabazanes, unter
Mitwirkung seiner Mutter Atossa, einer
Tochter des Kyros, in der Thronfolge vor=
gezogen. Nachdem er das empörte Ägyp=
ten 485 durch einen einzigen Feldzug un=
terworfen, sammelte er, um die von sei=
nem Vater schon zweimal versuchte Er=
oberung Griechenlands auszuführen, 481
in Kleinasien ein ungeheures Heer, über=
schritt 480 den Hellespontos auf zwei
Schiffbrücken und zog durch Thrakien und
Makedonien nach Hellas, wo er die Ther=
mopylen erstürmte, aber bei Salamis eine
Niederlage erlitt. Er kehrte nach Asien
zurück und versank in träge Wollust; durch
Gewaltthaten rief er Zwist im Königshaus
hervor und wurde 465 von Artabanos,
dem Anführer der Leibwache, ermordet. —
2) X. II., Sohn Artaxerxes' I., Enkel des
vorigen, bestieg 425 den Thron, wurde
aber schon nach 45tägiger Regierung von
seinem Halbbruder Sogdianos ermordet.

Z.

Zabrakarta, s. Hyrkanien.

Zakynthos (jetzt Zante), die südlichste Insel im Jonischen Meer, 300 qkm groß, von mäßig hohen Bergen erfüllt und guten Ackerboden und vortreffliche Weinberge enthaltend, ward von peloponnesischen Achäern besetzt, die auf der Ostküste die einzige gleichnamige Stadt gründeten, spielte politisch nie eine bedeutende Rolle.

Zaleukos, Gesetzgeber der epizephyrischen Lokrer, soll ein Schüler oder Sklave des Pythagoras gewesen sein. Seine Gesetzgebung, die älteste schriftliche, war der Lykurgischen nachgebildet und sehr streng.

Zama (jetzt Dschama), Stadt in Afrika, fünf Tagereisen südlich von Karthago, Residenz des Königs Juba, in deren Nähe bei Naraggara 19. Oktober 201 v. Chr. Scipio (s. d.) Hannibal schlug und den zweiten Punischen Krieg entschied, ward von den Römern zerstört, aber von Hadrianus zur Colonia Ælia Hadriana erhoben.

Zankle, alter Name von Messana (s. b.).

Zante, s. Zakynthos.

Zara (Jader), s. Liburnia.

Zariaspa, s. Baktra.

Zedekia, letzter König von Juda, Sohn des Josias, ward nach Wegführung des Königs Jechonja 597 v. Chr. von Nebukadnezar als König eingesetzt, versuchte aber 588, auf ägyptische Hülfe vertrauend, von Babylonien abzufallen, und wurde nach der Eroberung Jerusalems 586, nachdem seine Söhne hingerichtet worden, geblendet und in Ketten nach Babylonien abgeführt, wo er im Kerker endete.

Zehntland, s. Agri decumates.

Zela (jetzt Zilleh), Stadt in Pontos, wo Cäsar 47 v. Chr. den Pharnakes besiegte.

Zenobia, Septimia, Gemahlin des palmyrenischen Königs Odänathos, durch Schönheit, Tapferkeit und griechische Bildung ausgezeichnet, übernahm nach dessen Tod (266 oder 267 n. Chr.) an Stelle ihres unmündigen Sohns Vaballathus die Herrschaft über das Reich von Palmyra und breitete dieselbe über ganz Syrien und Ägypten aus, so daß sich der römische Kaiser Aurelianus genötigt sah, ihren Sohn als Mitregenten anzuerkennen und ihr den Titel Kaiserin zuzugestehen. Da sich Z. aber gänzlich unabhängig zu machen strebte, zog Aurelianus 272 gegen Palmyra, eroberte es und nahm Z. und ihren Sohn gefangen. Z. wurde in Rom im Triumph aufgeführt, dann aber mild behandelt und mit einem Landgut bei Tibur beschenkt.

Zia (Hydrussa), s. Keos.

Zilleh, s. Zela.

Ziria, s. Kyllene.

Zopyros, vornehmer Perser, Sohn des Megabyzos, verhalf, nach Herodots sagenhafter Überlieferung, dem Perserkönig Dareios I. zur Wiederunterwerfung des empörten Babylon, indem er sich selbst verstümmelte, unter dem Vorwand, sich an Dareios, der ihn so mißhandelt habe, rächen zu wollen, zu den Babyloniern überging, deren Vertrauen und den Oberbefehl in der Stadt erlangte und dieselbe darauf den Persern überlieferte, wofür er zum Lohn die Satrapie Babylonien auf die Zeit seines Lebens erhielt, ohne daß er Tribut zu zahlen brauchte.